Schriftenreihe
der Juristischen Schulung

Geschäftsführender Herausgeber
Rechtsanwalt Prof. Dr. Hermann Weber

Heft 85

Materielles Recht im Zivilprozeß

Schwerpunkte der zivilrichterlichen Praxis

von

Dr. Otto Tempel
Vorsitzender Richter am Landgericht a.D. Frankfurt am Main

3. überarbeitete Auflage

C. H. BECK'SCHE VERLAGSBUCHHANDLUNG
MÜNCHEN 1999

Die Deutsche Bibliothek – CIP-Einheitsaufnahme

Tempel, Otto:
Materielles Recht im Zivilprozess : Schwerpunkte der zivilrichterlichen Praxis / von Otto Tempel. – 3. Aufl. – München : Beck, 1999
(Schriftenreihe der Juristischen Schulung ; H. 85)
ISBN 3-406-45373-2
NE: GT

ISBN 3-406-45373-2

Satz: Fotosatz H. Buck, Kumhausen
Druck: C.H. Beck'sche Buchdruckerei, Nördlingen
Gedruckt auf säurefreiem, alterungsbeständigem Papier
(hergestellt aus chlorfrei gebleichtem Zellstoff)

Meiner lieben Frau

Vorwort zur 3. Auflage

Die hiermit vorgelegte dritte Auflage bedurfte im Hinblick auf zahlreiche Gesetzesänderungen und die weiterhin expandierende Rechtsprechung einer grundlegenden Überarbeitung. Dabei habe ich mich um weitgehende Strukturierung der dargestellten Rechtsgebiete bemüht und versucht, zwischen diesen Strukturen und Detailfragen eine angemessene Balance zu finden. Zielsetzung des Werkes ist nach wie vor, dem angehenden Juristen (Referendar und Assessor) eine Hilfe bei dem Eindringen in die wichtigsten Gebiete zu geben, mit denen die Alltagspraxis des Zivilrechts befaßt ist. Ich verweise im übrigen auf das – anschließend wiedergegebene – Vorwort zur ersten Auflage, das nach wie vor Gültigkeit hat.

Weggefallen ist der Abschnitt über das Bauherrenmodell, das aus steuerlichen Gründen als Auslaufmodell zu bezeichnen ist und in der alltäglichen Praxis des Zivilrichters keine ausschlaggebende Rolle mehr spielt. Neu eingefügt wurde – auf vielfachen Wunsch (vgl. etwa *Becht*, NJW 1993, 314) – ein Kapitel über die Räumungsklage im Mietrecht über Wohnraum. Nicht entschließen konnte ich mich dazu, die Darstellung des Reisevertrags wegzulassen, da dieser mE in der Praxis doch eine wesentliche Rolle spielt und die Erörterung einzelner Fälle in Arbeitsgemeinschaften zur Auflockerung der Atmosphäre beitragen kann.

Rechtsprechung und Schrifttum wurden im Grundsatz bis 31. 12. 1998 berücksichtigt. Einige grundlegende Urteile und Gesetzgebungsakte aus der Zeit von Januar bis Mai 1999 konnten während der Korrekturen noch eingearbeitet werden, vor allem in den Fußnoten Berücksichtigung finden.

Trotz einiger Kürzungen gegenüber der Vorauflage ließ sich ein weiteres Anwachsen des Werkes auf ca. 825 Seiten nicht vermeiden. Der Verfasser dankt Herausgeber und Verlag für das Verständnis und die Entscheidung, das Buch trotz der Erweiterung in der JuS-Schriftenreihe zu belassen. Ein weiterer Dank gilt zahlreichen Einsendern, die auf Druckfehler und sachliche Fehler hingewiesen oder Ergänzungswünsche geäußert haben. Solche Hinweise werden auch in Zukunft gerne entgegengenommen.

Ich hoffe, daß das Werk in der dritten Auflage dem juristischen Nachwuchs eine Hilfe bei der Einarbeitung in die Schwerpunkte der zivilrechtlichen Praxis gibt.

Ich widme auch die dritte Auflage wiederum meiner lieben Frau, die – wie bei den Vorauflagen – meine Arbeit mit viel Verständnis, Geduld und Unterstützung unter Verzicht auf manchen familiären Kontakt begleitet hat. Ohne sie wäre die Neuauflage nicht zustandegekommen.

Frankfurt am Main, August 1999 *Otto Tempel*

Aus dem Vorwort zur 1. Auflage

Das vorliegende Buch ist in Zusammenhang mit der Ausbildung von Referendaren der Station Zivilkammer in der sie begleitenden Arbeitsgemeinschaft entstanden. Es verfolgt in erster Linie didaktische Zwecke. Die Referendare haben auf der Universität zwar ein Grundwissen im Zivilrecht erworben. Es fehlt ihnen jedoch in der Regel das Detailwissen, das in der Praxis für die sachgemäße Führung und Entscheidung von Zivilprozessen notwendig ist. In Übereinstimmung mit den Hessischen Richtlinien für die Ausbildung in der Arbeitsgemeinschaft werden typische Fallkonstellationen in der Arbeitsgemeinschaft besprochen. Hierzu heißt es in den genannten Richtlinien: „Der Referendar soll durch eine zusammenfassende Betrachtung typische materiell-, verfahrens- und vollstreckungsrechtlicher Fragen anhand typischer Aktenfälle über technische Einzelheiten hinaus Erkenntnisse über die soziale Funktion von Zivilgerichtsbarkeit gewinnen. Aus den hierbei aufzusuchenden Querverbindungen zwischen unterschiedlichen Rechtsgebieten und den Auswirkungen einzelner Entscheidungen auf die beteiligten Verkehrskreise soll er Einsicht in die sozialen Folgen der konkreten Einzelfallentscheidungen gewinnen“ (HessJMBl 1977, 732).

Inhaltsverzeichnis

§ 1. Ansprüche des Käufers aus Gebrauchtwagenkauf

§ 2. Der Mietsprozeß (Räumungsklage des Vermieters)

§ 3. Der Konsumentenkredit

§ 4. Der Bauprozeß

§ 5. Ansprüche aus Architektenvertrag

§ 6. Der Bauträgervertrag

§ 7. Der Reisevertrag

§ 8. Der Provisionsanspruch des Immobilienmaklers

§ 9. Der Unfallhaftpflichtprozeß

Abkürzungsverzeichnis

a.A.	anderer Ansicht
ABlEG	Amtsblatt der Europäischen Gemeinschaften
AbzG	Abzahlungsgesetzt (jetzt VerbrKrG)
AcP	Archiv für die civilistische Praxis
AfP	Archiv für Presserecht
AGB	Allgemeine Geschäftsbedingungen
AGBG	Gesetz zur Regelung des Rechts der Allgemeinen Geschäftsbedingungen
AIZ	Allgemeine Immobilienzeitung
AKB	Allgemeine Bedingungen für die Kraftverkehrsversicherung
AnfG	Anfechtungsgesetz
AngVG	Angestelltenversicherungsgesetz (jetzt SGB VI)
AnwBl	Anwaltsblatt
AÜG	Arbeitnehmerüberlassungsgesetz
BAGE	Entscheidungen des Bundesarbeitsgerichts (Amtliche Sammlung)
BAnz	Bundesanzeiger
BauR	Zeitschrift für Baurecht
BayObLGZ	Entscheidungen des Bayerischen Obersten Landgerichts in Zivilsachen (Amtliche Sammlung)
BB	Betriebsberater
BBG	Bundesbeamtengesetz
BeamtVG	Beamtenversorgungsgesetz
BeurkG	Beurkundungsgesetz
BGB	Bürgerliches Gesetzbuch
BGBl	Bundesgesetzblatt
BGHSt	Entscheidungen des Bundesgerichtshofs in Strafsachen (Amtliche Sammlung)
BGHZ	Entscheidungen des Bundesgerichtshofs in Zivilsachen (Amtliche Sammlung)
BFHE	Entscheidungen des Bundesfinanzhofs (Amtliche Sammlung)
BlGBW	Blätter für Grundstücks-, Bau- und Wohnungsrecht
BNotO	Bundesnotarordnung
BRAGO	Bundesgebührenordnung für Rechtsanwälte
BRAO	Bundesrechtsanwaltsordnung

BSGE	Entscheidungen des Bundessozialgerichts (Amtliche Sammlung)
BSHG..........	Bundessozialhilfegesetz
BStBl...........	Bundessteuerblatt
BVerfGE........	Entscheidungen des Bundesverfassungsgerichts (Amtliche Sammlung)
BVerwGE.......	Entscheidungen des Bundesverwaltungsgerichts (Amtliche Sammlung)
CR.............	Computerrecht
DAR...........	Deutsches Autorecht
DB.............	Der Betrieb
DGVZ..........	Deutsche Gerichtsvollzieherzeitung
DJ	Deutsche Justiz
DJT............	Deutscher Juristentag
DNotZ.........	Deutsche Notarzeitschrift
DRiG	Deutsches Richtergesetz
DStR...........	Deutsches Steuerrecht
DÖV...........	Deutsche Öffentliche Verwaltung
DtZ	Deutsch-Deutsche Rechtszeitschrift
DVBl...........	Deutsches Verwaltungsblatt
DVGT..........	Deutscher Verkehrsgerichtstag
DZWir	Deutsche Zeitschrift für Wirtschaftsrecht
EFG	Entgeltfortzahlungsgesetz
EStG...........	Einkommensteuergesetz
EuZW..........	Europäische Zeitschrift für Wirtschaftsrecht
EWG...........	Europäische Wirtschaftsgemeinschaft
EWiR	Entscheidungen zum Wirtschaftsrecht
EWS	Zeitschrift für Europäisches Wirtschafts- und Steuerrecht
FamRZ.........	Familienrechtszeitschrift
Festschr. (oder FS)	Festschrift
FeV	Fahrerlaubnisverordnung
FGG	Gesetz über die Angelegenheiten der freiwilligen Gerichtsbarkeit
FGPrax.........	Praxis der freiwilligen Gerichtsbarkeit
GBO...........	Grundbuchordnung
GewA..........	Gewerbearchiv
GewO..........	Gewerbeordnung
GKG...........	Gerichtskostengesetz
GOA...........	Gebührenordnung für Architekten (jetzt HOAI)
GrEStG.........	Grunderwerbssteuergesetz
GRUR	Gewerblicher Rechtsschutz und Urheberrecht
GVG...........	Gerichtsverfassungsgesetz

GVÜ .... Übereinkommen der Europäischen Gemeinschaft über die gerichtliche Zuständigkeit und die Vollstreckung gerichtlicher Entscheidungen in Zivil- und Handelssachen
GWB .... Gesetz gegen Wettbewerbsbeschränkungen
HGB .... Handelsgesetzbuch
h.M. .... herrschende Meinung
HOAI .... Honorarordnung für Architekten und Ingenieure
HPflG .... Haftpflichtgesetz
HRR .... Höchstrichterliche Rechtsprechung
HWiG .... Gesetz über den Widerruf von Haustürgeschäften
InfVO .... Verordnung über die Informationspflichten von Reiseveranstaltern
InsO .... Insolvenzordnung
IPrax .... Praxis des internationalen Privat- und Verfahrensrechts
JABl .... Juristische Arbeitsblätter
JMBlNRW ...... Justizministerialblatt für Nordrhein-Westfalen
JR .... Juristische Rundschau
JurA .... Juristische Analysen
Jura .... Juristische Ausbildung
JurBüro .... Das Juristische Büro
JuS .... Juristische Schulung
Justiz .... Amtsblatt des Justizministeriums Baden-Württemberg
JW .... Juristische Wochenschrift
JZ .... Juristenzeitung
KfzPflVV .... Kraftfahrzeugpflichtversicherungsverordnung
KG .... Kammergericht (Berlin)
KO .... Konkursordnung (jetzt InsO)
KTS .... Zeitschrift für Insolvenzrecht (Konkurs-Treuhand-Sanierung)
LFZG .... Lohnfortzahlungsgesetz (jetzt EFG)
LM .... Lindenmaier-Möhring, Nachschlagewerk des Bundesgerichtshofs
LuftVG .... Luftverkehrsgesetz
MaBV .... Makler- und Bauträgerverordnung
MDR .... Monatsschrift für Deutsches Recht
MiethöheG ...... Gesetz zur Regelung der Miethöhe
MK .... Münchener Kommentar zum BGB
MwSt. .... Mehrwertsteuer
NJW .... Neue Juristische Wochenschrift
NJWE-MietR .... NJW-Entscheidungsdienst Miet- und Wohnungsrecht (jetzt NZM)

NJWE-VHR .... NJW-Entscheidungsdienst Versicherungs- und Haftungsrecht (jetzt NZVersR)
NJW-RR........ NJW-Rechtsprechungs-Report Zivilrecht
NVwZ.......... Neue Zeitschrift für Verwaltungsrecht
NVwZ-RR...... NVwZ-Rechtsprechungs-Report Verwaltungsrecht
NZI............ Neue Zeitschrift für Insolvenzrecht
NZM........... Neue Zeitschrift für Mietrecht
NZS............ Neue Zeitschrift für Sozialrecht
NZV .... Neue Zeitschrift für Verkehrsrecht
NZVersR .... Neue Zeitschrift für Versicherungsrecht
OLGE.......... Rechtsprechung der Oberlandesgerichte
OLGR .... OLG-Report
OLG-NL....... Entscheidungen der Oberlandesgerichte – Neue Länder
OLGZ.......... Entscheidungen der Oberlandesgerichte in Zivilsachen (jetzt FGPrax)
PflVG .... Kraftfahrzeug – Pflichtversicherungsgesetz
PreisangVO ..... Preisangaben-Verordnung
ProdHG .... Produkthaftungsgesetz
RGZ .... Entscheidungen des Reichsgerichts in Zivilsachen
RRa............ Reiserecht aktuell
r + s............ Recht und Schaden
RVO .... Reichsversicherungsordnung (jetzt SGB)
SchlHA......... Schleswig-Holsteinsche Anzeigen
SGB............ Sozialgesetzbuch
SGb............ Die Sozialgerichtsbarkeit
SFH............ Schäfer-Finnern-Hochstein, Rechtsprechung zum privaten Baurecht
StBerG .... Steuerberatungsgesetz
StVG........... Straßenverkehrsgesetz
StVO........... Straßenverkehrsordnung
StVZO .... Straßenverkehrs-Zulassungs-Ordnung
UmsStG .... Umsatzsteuergesetz
VerbrKrG....... Verbraucherkreditgesetz
VerglO .... Vergleichsordnung (jetzt InsO)
VersR .... Versicherungsrecht
VGT .... Verkehrsgerichtstag
VOB .... Verdingungsordnung für Bauleistungen
VRS............ Verkehrsrechtssammlung (zitiert nach Band und Seite)
VuR............ Verbraucher und Recht
VVG .... Versicherungsvertragsgesetz
WA (a. WarschAbk) Warschauer Abkommen
WEG.......... Wohnungseigentumsgesetz

WM............ Wertpapiermitteilungen (Teil IV)
WoVermG ...... Wohnungsvermittlungsgesetz
WuM........... Wohnungswirtschaft und Mietrecht
WuV .... Wirtschaft und Verwaltung (Beilage GewA)
ZAP............ Zeitschrift für die Anwaltspraxis
ZBB............ Zeitschrift für Bankrecht und Bankwirtschaft
ZEuP........... Zeitschrift für europäisches Privatrecht
ZfBR........... Zeitschrift für deutsches und internationales Baurecht
ZfIR .... Zeitschrift für Immobilienrecht
ZfS............. Zeitschrift für Schadensersatz
ZHR .... Zeitschrift für das gesamte Handels- und Wirtschaftsrecht
ZIP .... Zeitschrift für Wirtschaftsrecht
ZMR........... Zeitschrift für Miet- und Raumrecht
ZPO .... Zivilprozeßordnung
ZRP............ Zeitschrift für Rechtspolitik
ZRVergl .... Zeitschrift für Rechtsvergleichung
ZuSEG .... Gesetz über die Entschädigung von Zeugen und Sachverständigen
ZZP............ Zeitschrift für Zivilprozeß

§ 1. Ansprüche des Käufers aus Gebrauchtwagenkauf

Literatur: Pfeiffer, Gebrauchtwagenkauf (1995) in *Graf von Westphalen*, Vertragsrecht und AGB-Klauselwerke; *Reinking/Eggert*, Der Autokauf, 6. Aufl. (1996).

Vorbemerkung

1. Die unterschiedliche Interessenlage

Der Handel mit gebrauchten Kraftfahrzeugen[1] hat sich mit der Zunahme der Automobile in den letzten Jahrzehnten ständig erweitert. Die hierbei auftauchenden Probleme beruhen auf den technischen Gegebenheiten und den mit dem Alterungsprozeß verbundenen Abnutzungserscheinungen, die bei einem Verkauf des Gebrauchtwagens zu einer unterschiedlichen Interessenlage auf seiten der Vertragsparteien führen.

Der bisherige Eigentümer und Besitzer will sein Fahrzeug zu einem möglichst günstigen Preis abstoßen, ohne für etwa vorhandene Mängel einstehen zu müssen (Problem des Gewährleistungsausschlusses). Der Käufer ist dagegen daran interessiert, ein Fahrzeug zu einem günstigen Preis zu erwerben, das – von den altersbedingten Verschleißerscheinungen abgesehen – keine Mängel aufweist und vor allem fahrtüchtig ist (Problem der Gewährleistung und eventuell zugesicherter Eigenschaften). Es ist Aufgabe der Rechtsprechung, diese unterschiedlichen Interessen anhand der Vorschriften des BGB, insbesondere der Gewährleistungsvorschriften, sowie des AGBG zu einem sachgerechten Ausgleich zu führen.

2. Die unterschiedlichsten Vertragstypen

Bei der Abwicklung des Gebrauchtwagenkaufs lassen sich verschiedene Vertragstypen unterscheiden.

a) Der Kauf zwischen Privatleuten

Auf dieses sogenannte „private Direktgeschäft“, bei dem Händler oder Agenten nicht eingeschaltet sind, entfallen derzeit etwa 50 % der Gebrauchtwagengeschäfte.[2]

---

[1] Zur Abgrenzung gegenüber Neuwagen vgl. *LG Gießen*, NJW-RR 1992, 186; *OLG Oldenburg*, DAR 1992, 380; *OLG München*, NJW-RR 1998, 1210; *OLG Zweibrücken*, NJW-RR 1998, 1211; *Schmid*, DAR 1981, 43; *Eisenhardt*, JuS 1982, 170; *Reinking-Eggert*, Rdnr. 1301.

[2] Graphische Übersicht bei *Reinking-Eggert*, Rdnr. 1302.

b) Das Händlereigengeschäft

Es handelt sich hierbei um den Verkauf durch einen Neuwagenhändler an private Kunden.

Der Neuwagenhändler nimmt bei dem Verkauf eines Neuwagens den alten Wagen des Käufers in Zahlung[3] und muß ihn nun wieder an interessierte Gebrauchtwagenkäufer abstoßen. Außerdem liegt ein Händlereigengeschäft vor, wenn der Händler Fahrzeuge aus ausgelaufenen Leasingverträgen bei privaten Kunden absetzt. Das Händlereigengeschäft nimmt etwa 40 % des Gebrauchtwagenmarktes ein.[4]

c) Der Verkauf unter Einschaltung eines Agenten (Gebrauchtwagenhändlers)

Er nimmt einen Marktanteil von etwa 10 % ein.[5] Hierbei sind zwei unterschiedliche Vertragsgestaltungen zu unterscheiden:

(1) Das sogenannte Agenturgeschäft

Bei ihm wird der Gebrauchtwagenhändler von dem bisherigen Eigentümer mit der Vermittlung eines Kaufvertrages beauftragt (Vermittlungsauftrag).[6]

Nach Ermittlung eines geeigneten Kaufinteressenten wird der Kaufvertrag zwischen dem bisherigen Eigentümer und dem Kaufinteressenten abgeschlossen, wobei der Agent als Stellvertreter des Verkäufers auftritt (§ 164 BGB).[7] In diesen Fällen kommt der Frage, inwieweit der Agent (Vermittler) dem Käufer wegen etwaiger falscher Zusicherungen persönlich haftet, eine besondere Bedeutung zu.[8]

(2) Der sogenannte „Direktverkauf"

Hier verkauft der bisherige Eigentümer den Gebrauchtwagen an den Händler, der ihn sodann in eigenem Namen an den Kaufinteressenten weiterverkauft. In diesem Falle sind zwei Kaufverträge hintereinander geschaltet. Der bisherige Eigentümer tritt in keine vertraglichen Beziehungen zu dem endgültigen Erwerber. Eine direkte Inanspruchnahme des bisherigen Eigentümers ist nur nach den Deliktsvorschriften möglich.[9]

Das unter (1) erwähnte Agenturgeschäft spielte früher die maßgebende Rolle, weil auf diese Weise Vorteile bei der Umsatzsteuer auftraten; der Händler war nicht in die Käuferkette eingeschaltet und hatte nur die bei ihm anfallende Provision zu versteuern. Diese steuerrechtlichen Gründe sind seit der am 1. 1. 1990 in Kraft getretenen Differenzbesteuerung (§ 25a UStG) entfallen; Bemessungsgrundlage für die bei dem Händler anfallende Umsatzsteuer ist nicht das volle Entgelt, sondern nur die Differenz zwischen

---

[3] Überblick bei *Eggert,* ZAP Fach 3, S. 89 ff.; s.u. d).
[4] *Reinking-Eggert,* Rdnr. 1302.
[5] *Reinking-Eggert,* aaO.
[6] Zum Vermittlungsauftrag *Reinking-Eggert,* Rdnr. 1341 ff.
[7] Zur Offenkundigkeit *Reinking-Eggert,* Rdnr. 1390 m.Nw.
[8] S.u. IV, 2, b.
[9] S. u. VI.

Einkaufs- und Verkaufspreis.[10] Das Agenturgeschäft ist aber rechtlich nach wie vor möglich und zulässig.[11]

d) Der Ankauf eines Gebrauchtwagens durch einen Neuwagenhändler von Privat

Er kommt vor allem in Form der Inzahlungnahme des Altwagens beim Erwerb eines Neuwagens zum Zuge. Auch hier kommen wie bei Einschaltung eines Gebrauchtwagenhändlers (oben c) zwei Varianten in Frage:

(1) Die agenturweise Inzahlungnahme[12]

Es tauchen die gleichen Probleme hinsichtlich der Haftung des Händlers wie bei dem Gebrauchtwagenhändler auf.[13] Auch hier ist das Agenturgeschäft nach Einführung der umsatzsteuerlichen Differenzbesteuerung stark zurückgegangen.

(2) Die direkte Inzahlungnahme[14]

Hier bestehen hinsichtlich der rechtlichen Konstruktion, insbesondere der Verknüpfung mit dem Neuwagenkauf, Meinungsverschiedenheiten in Rechtsprechung und Literatur.[15] Der BGH geht im Regelfall von einem einheitlichen Kaufvertrag mit Ersetzungsbefugnis nach § 364 II BGB aus.[16] Teilweise werden auch andere Auffassungen vertreten: Mischvertrag aus Kauf und Tausch[17] oder Doppelkauf mit Verrechnungsabrede.[18]

Die unterschiedliche Interessenlage zeigt sich vor allem in der Frage der Gewährleistung des Neuwagenkäufers hinsichtlich seines Altwagens. Im Gegensatz zu dem Fall, daß der Käufer des Altwagens eine Privatperson ist, die mangels technischer Kenntnisse und Untersuchungsmöglichkeiten einen besonderen Schutz verdient, kommt dies bei dem Erwerb durch einen Neuwagenhändler nicht zum Tragen: er hat eigene Untersuchungsmöglichkeiten.[19]

---

[10] Einzelheiten bei *Freikamp,* BB 1990, 898; *Widmann,* DB 1990, 1057; *Mösslang,* DAR 1991, 286.

[11] *Reinking-Eggert,* Rdnr. 1339; BGH, NJW 1978, 1482.

[12] *Reinking-Eggert,* Rdnr. 1385 ff.; *BGH,* NJW 1978, 1482; 1980, 2190.

[13] S.o. c), (1).

[14] *Reinking-Eggert,* Rdnr. 324 ff.

[15] Übersicht bei *Reinking-Eggert,* Rdnr. 329 ff.

[16] *BGHZ* 46, 338 = NJW 1967, 533; *BGHZ* 89, 126 = NJW 1984, 429; *BGH,* NJW 1995, 518.

[17] *OLG Oldenburg,* NJW-RR 1995, 689; *LG Wuppertal,* NJW-RR 1997, 1416; *Reinking-Eggert,* Rdnr. 349 m.Nw.

[18] *BGH,* NJW 1980, 2190; *OLG Hamm,* OLGR 1993, 98; offengelassen in *BGHZ* 83, 334 = NJW 1982, 1700.

[19] S.u. Fußn. 95, 116.

1. Teil. Voraussetzungen der Einstandpflicht des Verkäufers

I. Sachmängel (§ 459 I BGB)

Der Verkäufer eines Gebrauchtwagens haftet nach § 459 I BGB dafür, daß der Wagen „nicht mit Fehlern behaftet ist, die den Wert oder die Tauglichkeit zu dem gewöhnlichen oder nach dem Vertrag vorausgesetzten Gebrauch aufheben oder mindern".

1. Allgemeines zum Fehlerbegriff

a) Der subjektive Fehlerbegriff

Die Rechtsprechung geht von dem sogenannten subjektiven Fehlerbegriff aus. Fehler ist danach jede Abweichung der „Istbeschaffenheit" von der vereinbarten „Sollbeschaffenheit".[20] Hinsichtlich der „Sollbeschaffenheit" kommt es auf die konkrete Vereinbarung an, die nach Treu und Glauben unter Berücksichtigung der Verkehrssitte auszulegen ist (§ 157 BGB).[21] Insoweit können im Rahmen der Auslegung auch objektive, aus der Verkehrsauffassung hergeleitete Gesichtspunkte zum Zuge kommen.[22]

Daraus folgt, daß normale Verschleiß-, Abnutzungs- und Alterungserscheinungen bei einem Gebrauchtwagen keinen Mangel im Sinne des § 459 I BGB darstellen.[23] Schwierigkeiten bestehen nur insoweit, wo die Grenzen zum echten Mangel verlaufen. Die hierfür maßgebende Auslegung hat sich nach den Umständen des Einzelfalles zu richten.[24] Nach *Reinking-Eggert* ist hierbei darauf abzustellen, welche Eigenschaften ein gebrauchtes typengleiches (modellgleiches) Vergleichsfahrzeug hinsichtlich Alter und Laufleistung üblicherweise aufweist.[25] Außergewöhnliche Verschleißerscheinungen sind demnach als Sachmangel anzusehen.[26] Außerdem muß

---

[20] *BGHZ* 16, 54 = NJW 1955, 340; *BGH,* NJW 1983, 2242; *Brox-Elsing,* JuS 1976, 1; *Köhler,* JuS 1979, 267, 269; *Paulusch,* WM 1986, Sonderbeilage 10, S. 35. – a.A. die Vertreter des objektiven Fehlerbegriffs, vor allem *Knöpfle* in zahlreichen Abhandlungen: JZ 1978, 121; 1979, 11; AcP 180, 402; NJW 1987, 801; ferner *Knieper,* JA 1977, 97; *Peters,* NJW 1978, 665; zum Ganzen vgl. neuerdings *Foerste,* JuS 1994, 202, 203.

[21] *Reinking-Eggert,* Rdnr. 1552.

[22] So die Vertreter des subjektiv-objektiven Fehlerbegriffs: z.B. *H.P. Westermann,* MK, 3. Aufl. 1995, § 459 BGB, Rdnr. 9 m.Nw.

[23] *BGH,* NJW 1982, 1700; *OLG Hamburg,* MDR 1982, 406; *OLG Schleswig,* MDR 1983, 54; *OLG Bamberg,* DAR 1985, 27; *OLG Koblenz,* MDR 1986, 316; *OLG Karlsruhe,* NJW-RR 1988, 1138; *Reinking-Eggert,* Rdnr. 1556, 1562 m.Nw.; *Rixecker,* DAR 1986, 108; *Schack,* NJW 1983, 2806.

[24] *H.P. Westermann,* MK, § 459 BGB, Rdnr. 38.

[25] *Reinking-Eggert,* Rdnr. 1571, 1573; ebenso *Walter,* Kaufrecht, § 5, II, 2, c, dd, Fußn. 81.

[26] *OLG Düsseldorf,* OLGR 1992, 220; *Reinking-Eggert,* Rdnr. 1574.

ein Mindeststandard gewährleistet sein: Fahrbereitschaft,[27] Verkehrssicherheit[28] und Zulassungsfähigkeit.[29]

b) Die Erheblichkeit des Fehlers

Der festgestellte Fehler muß nach § 459 I S. 2 BGB erheblich sein; geringfügige Abweichungen der Ist- von der Sollbeschaffenheit bleiben außer Betracht.

Bei der Entscheidung dieser Frage kommt es im wesentlichen auf die Verkehrsauffassung an. Hätte ein redlicher Käufer bei Kenntnis der Abweichung von dem Abschluß des Kaufvertrages mit dem vorliegenden Inhalt (hier unter Berücksichtigung des vereinbarten Preises) Abstand genommen? Zu verneinen ist dies vor allem bei geringfügigen Abweichungen der km-Leistung,[30] geringfügiger Diskrepanz im Zulassungsdatum[31] oder nebensächlichen, mit geringfügigem Reparaturaufwand zu beseitigenden Mängeln.[32] Nicht entscheidend für die Erheblichkeit ist, ob der TÜV-Bericht von einem erheblichen Mangel spricht oder einen solchen verneint, da der TÜV das Fahrzeug nach § 29 StVZO nur unter dem Gesichtspunkt untersucht, ob es den Vorschriften der StVZO entspricht.[33]

c) Der maßgebende Zeitpunkt

Der Mangel muß im Zeitpunkt des Übergangs der Gefahr vorliegen (§ 459 I BGB), der hier regelmäßig mit der Übergabe des Fahrzeugs zusammenfällt (§ 446 BGB).[34]

Entscheidend ist hierbei nicht, wann der Fehler nach außen erkennbar wird, sondern daß er objektiv vorliegt. Dabei genügt, daß der Fehler „im Keime vorliegt" und sich erst später zu einer Beeinträchtigung auswächst.[35] Hier ergeben sich Fragen der Abgrenzung gegenüber den normalen Verschleißerscheinungen. Die Beweislast für das Vorliegen eines Mangels im Zeitpunkt der Übergabe trägt der Käufer.[36] Im Einzelfall kann ihm hierbei ein Anscheinsbeweis zugutekommen, wenn der Mangel schon kurze Zeit nach Übergabe und geringer Laufleistung eingetreten ist.[37]

---

[27] *BGHZ* 122, 256 = NJW 1993, 1854.

[28] *OLG Köln,* NJW 1973, 903; *LG Augsburg,* NJW 1977, 1543 m. Anm. *Eggert,* NJW 1977, 2267.

[29] *BGHZ* 10, 242 = NJW 1953, 1505; *OLG Bamberg,* DAR 1985, 27; *Reinking-Eggert,* Rdnr. 1579.

[30] S.u. Fußn. 48.

[31] Die „Schwacke-Liste" stellt auf das Baujahr, nicht auf einzelne Daten der Erstzulassung ab; insoweit kann aber eine zugesicherte Eigenschaft in Frage kommen.

[32] *Schack,* NJW 1983, 2807; *Reinking-Eggert,* Rdnr. 1632, die als Grenze die durchschnittlichen Reparaturkosten in den ersten 6 Monaten ansehen (DM 115 im Gebrauchtwagenhandel, 250 DM bei Kauf von Privat).

[33] *Reinking-Eggert,* Rdnr. 1632; vgl. Anl. VIII zu § 29 StVZO, Ziff. 1 und 3.3.

[34] *Reinking/Eggert,* Rdnr. 1630; *LG Offenburg,* NJW-RR 1997, 1421. – In Frage kommt außerdem der Gefahrübergang bei Annahmeverzug (§ 300 BGB).

[35] *LG München,* DAR 1978, 18; *Reinking-Eggert,* Rdnr. 1630; *H.P. Westermann,* MK, § 459 BGB, Rdnr. 30.

[36] *Reinking-Eggert,* Rdnr. 1630; *OLG Düsseldorf,* NJW-RR 1998, 845.

[37] *Reinking-Eggert,* aaO. – Zu etwaigen Erfahrungssätzen wird das Gericht einen Sachverständigen befragen; s.u. Teil 3, III, 3, b, (6).

2. *Einzelfälle von Sachmängeln*

a) Rosterscheinungen

Sie sind nur dann ein Sachmangel, wenn sie unter Berücksichtigung des Alters des Fahrzeugs über die bei einem typengleichen oder typenähnlichen Modell[38] üblichen Korrosionserscheinungen hinausgehen.[39]

Das gilt insbesondere für Rosterscheinungen an tragenden Fahrzeugteilen oder eine besondere Rostanfälligkeit.[40] Das normale Rostrisiko geht dagegen zu Lasten des Käufers, der hiermit bei einem Gebrauchtwagen rechnen muß.[41]

b) Abweichendes Baujahr

Eine Abweichung des tatsächlichen Baujahrs von dem im Vertrag festgelegten Baujahr[42] stellt einen Sachmangel dar, wobei es entgegen einem Teil der Rechtsprechung[43] nicht darauf ankommt, daß die Eignung zum gewöhnlichen Gebrauch eingeschränkt ist.[44]

c) Höhere km-Leistung

Eine höhere als im Vertrag festgelegte km-Leistung stellt einen Sachmangel dar.[45] Dabei ist hinsichtlich der Ist-Beschaffenheit von dem Tachostand unter Berücksichtigung des Alters des Fahrzeugs auszugehen.[46]

Bei einer Tachoauswechslung ist die frühere Laufzeit hinzuzurechnen, falls sie ermittelt werden kann. Auch der Verdacht einer Tachomanipulation kann als Sachmangel ausreichen.[47] Geringfügige Abweichungen bleiben allerdings außer Betracht.[48]

d) Unfallschaden

Die Eigenschaft als Unfallfahrzeug stellt in der Regel einen Sachmangel dar.[49] Auszuscheiden sind aber reine Bagatellschäden.[50]

---

[38] S.o. Fußn. 25.

[39] *Reinking-Eggert,* Rdnr. 1577.

[40] *Reinking-Eggert,* Rdnr. 1578, 1581; *OLG München,* DAR 1972, 239; *LG Augsburg,* NJW 1977, 1534 m. Anm. *Eggert,* NJW 1977, 2267; Eggert, DAR 1989, 121.

[41] *Reinking-Eggert,* Rdnr. 1560, 1575.

[42] *OLG Oldenburg* NJW-RR 1995, 689; hierzu *Reinking-Eggert,* Rdnr. 1596.

[43] BGHZ 72, 252 = NJW 1979, 160; *OLG Hamm,* DAR 1994, 120; *OLG Stuttgart,* NJW 1989, 2547; vgl. auch *Walter,* KaufR, § 5, II, 2, d, dd.

[44] *OLG Düsseldorf,* OLGR 1/94; *H.P. Westermann,* MK § 459 BGB Rdnr. 38; *Reinking-Eggert,* Rdnr. 1597, 1598; *Honsell,* JuS 1982, 812.

[45] *OLG Celle,* DAR 1959, 209; *OLG Nürnberg,* DAR 1963, 300; *OLG München,* DAR 1974, 296; *OLG Köln,* MDR 1975, 53; NJW-RR 1986, 988; *Reinking-Eggert,* Rdnr. 1604.

[46] *Reinking-Eggert,* Rdnr. 1605.

[47] *Reinking-Eggert,* Rdnr. 1606.

[48] *OLG Zweibrücken,* DAR 1986, 89; *Eggert,* NZV 1990, 371; *Reinking-Eggert,* Rdnr. 1607 (durchschnittliche Jahresfahrleistung, z.Zt. 13.000 km; m.E. zu hoch).

[49] *Reinking-Eggert,* Rdnr. 1582 ff.; *H.P. Westermann,* MK § 459 BGB, Rdnr. 38.

[50] Hierzu *Reinking-Eggert,* Rdnr. 1587, 1789; *BGH,* NJW-RR 1987, 436; *OLG Köln,* DAR 1975, 327.

Die sachgemäße Reparatur des Unfallschadens[51] vermag den Sachmangel allein nicht auszuschließen,[52] wobei aber je nach Alter des Fahrzeugs[53] und bei weit zurückliegenden Unfällen Ausnahmen zuzulassen sind.[54]

e) Höhere Anzahl von Vorbesitzern (Haltern)

Eine höhere Anzahl von Vorbesitzern (Haltern) als im Kraftfahrzeugbrief eingetragen stellt nach der Verkehrsauffassung einen Mangel dar.[55] Eine Ausnahme besteht bei Taxis.[56]

f) Besonders starke Gebrauchsabnutzung

Nach der Verkehrsauffassung gehen die Käufer von Gebrauchtwagen davon aus, daß diese von den Vorbesitzern privat genutzt worden sind. Gebrauchtwagen mit einer anderen Nutzung werden preislich mit einem Abschlag bedacht.

Deshalb kann je nach Dauer der atypischen Nutzung ein Mangel gegeben sein, wenn das Fahrzeug als Taxi,[57] Mietwagen,[58] Fahrschulwagen[59] oder Testfahrzeug[60] zum Einsatz gekommen ist. Bei Raucherfahrzeugen oder Fahrzeugen von Hundebesitzern ist das Vorliegen eines Sachmangels fraglich,[61] zumal vorhandene Geruchsbelästigungen meist erkennbar[62] und zudem durch eine Spezialbehandlung zu beseitigen sind. Leasingfahrzeuge gehören nicht automatisch in die Kategorie der atypischen Benutzung, da sie in der Regel privat genutzt werden.[63]

g) Fehlen des Originalmotors

Der verkaufte Wagen ist mangelhaft, wenn sich in ihm nicht der Originalmotor für diesen Fahrzeugtyp bzw. – bei anderer Absprache – nicht der im Vertrag angegebene Motor befindet.[64]

Ein Teil dieser Fälle löst sich bei Fehlen einer Veränderungsgenehmigung (§ 19 StVZO) durch die mangelnde Zulassungsfähigkeit.[65] Im übrigen ist der Einbau eines anderen Motortyps ein Mangel, und zwar sowohl bei höherer[66] als auch bei geringe-

---

[51] Hierzu *Reinking-Eggert,* Rdnr. 1591; *OLG Karlsruhe,* NJW-RR 1987, 889.

[52] *Reinking-Eggert,* Rdnr. 1591.

[53] Entsprechend dem noch vorhandenen merkantilen Minderwert; hierzu *Reinking-Eggert,* Rdnr. 1593, 1594.

[54] *OLG Köln,* NJW-RR 1992, 49; *Rixecker,* DAR 1986, 106, 108.

[55] *BGH,* NJW 1978, 1373; *LG Gießen,* DAR 1960, 14; *Reinking-Eggert,* Rdnr. 1601.

[56] *OLG Celle,* NJW-RR 1990, 1527.

[57] *BGH,* DB 1976, 1475.

[58] *Reinking-Eggert,* Rdnr. 1611.

[59] *OLG Köln,* NJW-RR 1990, *1144; OLG Nürnberg,* DAR 1986, 26; *OLG Oldenburg,* DAR 1984, 86.

[60] *Reinking-Eggert,* Rdnr. 1610.

[61] *Reinking-Eggert,* Rdnr. 1612.

[62] Zu § 460 S. 2 BGB s.u. I 3.

[63] *Reinking-Eggert,* Rdnr. 1611.

[64] *LG Bonn,* JMBlNRW 1972, 92; *Reinking-Eggert,* Rdnr. 1615.

[65] S.u. h).

[66] *BGH,* NJW 1983, 217.

rer[67] PS-Leistung. Der Einbau eines Austauschmotors für den entsprechenden Fahrzeugtyp stellt dagegen allein keinen Mangel dar.[68] Vorausgesetzt wird nur, daß es sich um einen echten „Austauschmotor" handelt.[69] Das ist nicht der Fall beim sogenannten „generalüberholten"[70] und beim „teilüberholten"[71] Motor. Je nach Vereinbarung kann ein Mangel vorliegen, wenn der eingebaute Motor nicht diesen Anforderungen entspricht. Im Hinblick auf den von der Rechtsprechung gebilligten umfassenden Gewährleistungsausschluß löst diese die genannten Fälle über das Fehlen einer zugesicherten Eigenschaft.[72]

h) Sonstige Zulassungs- und Benutzungshindernisse

Ein Fahrzeug ist mangelhaft, wenn es im Zeitpunkt der Übergabe nicht die erforderliche Betriebserlaubnis besitzt.[73]

Die allgemeine Betriebserlaubnis kann erlöschen durch ausdrücklichen Entzug (§ 17 StVZO) oder durch Vornahme von technischen Veränderungen, die in § 19 II S. 2 StVZO aufgeführt sind. In Frage kommen vor allem Veränderungen am Motor[74] und am Fahrwerk,[75] Fehlen oder Auswechslung der Fahrzeugidentifizierungsnummer[76] sowie Abweichung der Herstellerangabe im Kaufvertrag von den Angaben im Kraftfahrzeugbrief.[77] Die fehlende rechtliche Zulassung ist ausnahmsweise kein Sachmangel, wenn die vorgenommene Veränderung ohne nennenswerten Kosten- und Zeitaufwand wieder beseitigt oder die fehlende Genehmigung der Veränderung ohne großen Zeitaufwand eingeholt werden kann.[78]

i) Technische Fehler

Sie sind als Sachmangel anzusehen, wenn sie über die normalen Abnutzungs- und Verschleißerscheinungen[79] hinausgehen. Dazu gehören je nach Alter und km-Leistung teilweise abgefahrene Reifen, abgenutzte Bremsbeläge, zu großes Lenkungsspiel, Getriebeschäden.[80]

---

[67] *OLG Frankfurt,* VersR 1978, 827; *Reinking-Eggert,* Rdnr. 1615; a.A. *BGH,* NJW 1985, 967.

[68] *BGH,* DB 1969, 2082; NJW 1982, 1386; *H.P. Westermann,* MK, § 459 BGB, Rdnr. 38, hierzu *Reinking-Eggert,* Rdnr. 1678.

[69] Zum Begriff des „Austauschmotors" vgl. *OLG Karlsruhe,* DAR 1975, 155 (Gesamterneuerung beim Herstellerwerk erforderlich); *OLG Frankfurt,* DAR 1991, 221 (Erneuerung aller beweglichen Teile durch Neuteile); ebenso *Reinking-Eggert,* Rdnr. 1674; großzügiger *OLG Oldenburg,* OLGZ 1967, 129; *OLG Bremen,* DAR 1968, 128: Gesamterneuerung in einer vom Herstellerwerk autorisierten Werkstatt soll genügen; vgl. hierzu noch *Ebel,* NZV 1994, 15; Ludovisy, DAR 1992, 199.

[70] *OLG Nürnberg,* DAR 1962, 202; *OLG Köln,* OLGZ 1967, 19.

[71] *OLG Düsseldorf,* VersR 1978, 745, weitere Nachw. bei *Reinking-Eggert,* Rdnr. 1682.

[72] S.u. II 2, c.

[73] *BGHZ* 10, 242 = NJW 1953, 1505; *OLG Hamburg,* DAR 1992, 378.

[74] *OLG Frankfurt,* VersR 1978, 827.

[75] *BGH,* NJW-RR 1991, 870.

[76] *OLG Zweibrücken,* DAR 1985, 59; *OLG Hamburg,* DAR 1992, 378; *LG Aachen,* NJW-RR 1997, 1552; *H.P. Westermann,* MK, § 459 BGB, Rdnr. 37; *Reinking-Eggert,* Rdnr. 1623.

[77] *OLG Oldenburg,* BB 1995, 430.

[78] *OLG Hamburg,* DAR 1992, 378; *Reinking-Eggert,* Rdnr. 1616.

[79] S.o I, 1, a.

[80] Überblick bei *Reinking-Eggert,* Rdnr. 1557, 1558.

k) Erhöhter Kraftstoff- oder Öl-Verbrauch

Er kann einen Sachmangel darstellen, wenn der durchschnittliche, vom Hersteller des Fahrzeugs angegebene Verbrauch überschritten ist,[81] wobei allerdings eine gewisse Toleranzgrenze hinzunehmen ist.[82]

3. Ausschluß der Gewährleistung infolge Kenntnis oder grobfahrlässiger Unkenntnis (§ 460 BGB)

Der Gewährleistungsanspruch aus § 459 I BGB ist ausgeschlossen, wenn der Käufer oder sein Vertreter[83] bei Kaufabschluß den Sachmangel kennt oder infolge grober Fahrlässigkeit nicht erkennt. In diesen Fällen bedarf der Käufer keines Schutzes.

a) Positive Kenntnis

Die Rechtsfolge des Gewährleistungsausschlusses bei positiver Kenntnis ergibt sich bei einem Teil der Fälle schon aus dem subjektiven Fehlerbegriff,[84] z.B. wenn der Verkäufer auf einen bestimmten Mangel bei den Vertragsverhandlungen hingewiesen hat.[85]

Im übrigen genügt für § 460 BGB einseitige Wahrnehmung des Mangels durch den Käufer. Die Kenntnis erfordert Wahrnehmung der Erscheinungsform des Mangels und Bewußtsein der Bedeutung für die Gebrauchstauglichkeit des Fahrzeugs.[86]

b) Grobe Fahrlässigkeit

Die Einbeziehung der groben Fahrlässigkeit in den Ausschlußtatbestand hat zwei praktische Konsequenzen. Einmal hat diese Regelung ihre Bedeutung für die Beweisführung im Prozeß, da sich der Beweis einer positiven Kenntnis oft nur schwer führen, wohl aber die grobfahrlässige Unkenntnis meist leicht aus den äußeren Umständen herleiten läßt.[87] Zum anderen bedeutet die Einbeziehung der grobfahrlässigen Unkenntnis als Ausschlußtatbestand, daß den Käufer nach den Umständen des Einzelfalles eine gewisse Untersuchungspflicht trifft.[88] Das Ausmaß der

---

[81] *OLG Zweibrücken,* DAR 1984, 87; *OLG München,* NJW 1987, 3012; *LG Mosbach,* DAR 1987, 152; *Schmidt,* DAR 1990, 170.

[82] *LG Aachen,* MDR 1992, 231 (10 %); *Reinking-Eggert,* Rdnr. 1742 (10 %); *Hörl,* DAR 1986, 97, 102 (20–30 %). – Zum Neufahrzeug vgl. *BGH,* NJW 1996, 1337.

[83] S.u. Fußn. 145.

[84] S.o. I, 1, a; *Reinking-Eggert,* Rdnr. 1934.

[85] *BGH,* NJW 1983, 2242 (Unfallschaden).

[86] *BGH,* NJW 1981, 2640; *OLG Hamm,* NJW 1986, 136; *Reinking-Eggert,* Rdnr. 1935.

[87] *Baumgärtel,* Handb. der Beweislast, 2. Aufl. Bd. I, § 460 BGB, Rdnr. 1, der im Einzelfall auch einen Anscheinsbeweis für möglich hält.

[88] *Reinking-Eggert,* Rdnr. 1939; *H.P. Westermann,* MK, § 460, Rdnr. 7, 8.

Untersuchungspflicht ist naturgemäß unterschiedlich je nachdem, ob es sich bei dem Käufer um eine technisch nicht versierte Privatperson oder um einen Händler handelt.

(1) Bei einem privaten Käufer ist die Rechtsprechung hinsichtlich der Untersuchungspflicht sehr zurückhaltend, da dieser mangels technischer Detailkenntnisse und Untersuchungsmittel nicht die besonderen Möglichkeiten einer effektiven Untersuchung hat; die Hinzuziehung eines Fachmanns (Kfz-Sachverständigen) wird nicht gefordert.[89]

Demnach beschränkt sich die Untersuchungspflicht hier im Normalfall auf die für einen Laien bei einer äußerlichen Betrachtung feststellbaren Mängel.[90] Grobe Fahrlässigkeit wird sicher dann zu bejahen sein, wenn der Käufer einen Wagen ohne jegliche Besichtigung kauft.[91] Zweifelhaft ist das Unterlassen einer Probefahrt, da technische Mängel bei einer – meist kurzen – Probefahrt ohnehin nicht erkannt werden können.[92] Dagegen dürfte grobe Fahrlässigkeit zu bejahen sein, wenn der Käufer trotz konkreter eindeutiger Hinweise des Verkäufers (oder eines Dritten) oder bestimmter Verdachtsmomente auf konkrete Mängel eine nähere Untersuchung unterläßt.[93] Hierzu gehört auch das außergewöhnliche Alter eines Fahrzeugs.[94]

(2) Bei Ankauf eines Fahrzeugs oder Inzahlungnahme durch einen Händler wird man an die Untersuchungspflicht stärkere Anforderungen stellen müssen.[95]

Auch hier ist aber eine Differenzierung nach der Art des Händlers und der ihm zur Verfügung stehenden Untersuchungsmöglichkeiten[96] geboten. Unabhängig hiervon kann der private Gebrauchtwagenverkäufer davon ausgehen, daß der den Wagen hereinnehmende Händler zumindest eine Sicht- und Funktionsprüfung vornimmt.[97] Teilweise wird sogar weitergehend ein stillschweigender Haftungsausschluß angenommen.[98] Auch kann im Einzelfall aufgrund besonderer Absprachen schon die Sollbeschaffenheit eingeengt sein und damit eine Gewährleistung ausscheiden.[99]

(3) Die grobfahrlässige Unkenntnis wird bedeutungslos bei einem arglistig handelnden Verkäufer.[100]

Diese Interessenbewertung entspricht der Handhabung bei § 123 BGB und § 263 StGB, bei denen ebenfalls Täuschung bzw. Betrug nicht deshalb zu verneinen sind, weil

---

[89] *OLG Köln,* NJW 1973, 903.

[90] Beispiele: Rost- und Lackschäden, Reifenzustand.

[91] *LG Karlsruhe,* DAR 1981, 152; *Reinking-Eggert,* Rdnr. 1943.

[92] *OLG Frankfurt,* ZfS 1992, 230; *LG Karlsruhe* (Fußn. 91).

[93] *LG München,* NZV 1988, 145; *Reinking-Eggert,* Rdnr. 1943.

[94] *LG Karlsruhe,* DAR 1981, 152; *OLG Köln,* NJW-RR 1992, 49; *OLG Hamm,* ZfS 1995, 176.

[95] *OLG Köln,* JMBlNRW 1970, 154; *OLG Celle,* NdsRPfl 1974, 83; *Reinking-Eggert,* Rdnr. 1942; *H.P. Westermann,* MK, § 460, Rdnr. 8.

[96] S.o. Fußn. 19.

[97] *Reinking-Eggert,* Rdnr. 1942.

[98] S.u. 116.

[99] S.o. Fußn. 21–23.

[100] Zur Arglist s.u. I, 4, d.

der Getäuschte besonders leichtfertig einem durch den Verkäufer durch Täuschung herbeigeführten Irrtum erlegen ist.[101]

4. Der vertragliche Gewährleistungsausschluß

a) Zulässigkeit

Nach heute einhelliger Meinung in Rechtsprechung und Schrifttum ist der Ausschluß der Gewährleistung für Sachmängel des gebrauchten PKW als zulässig anzusehen.[102] Dafür sprechen die Interessenlage beider Parteien und die Schwierigkeiten der sonst auftretenden Beweisführung, ob der Mangel schon im Zeitpunkt der Übergabe vorhanden war.[103] Streitig ist lediglich, ob dem Ausschluß der Gewährleistung gewisse Grenzen zu ziehen sind.

(1) Das betrifft zunächst die sogenannten „Schwerstmängel."

Insoweit wird im Schrifttum teilweise die Unzulässigkeit des Gewährleistungsausschlusses gefordert.[104] Der BGH hat jedoch eine solche Einschränkung abgelehnt, indem er den Käuferschutz insoweit auf die Fälle der Arglist[105] und die Haftung für zugesicherte Eigenschaften[106] verlagert.[107]

(2) Teilweise wird auch bei dem Erstbesitzer ein Ausschluß der Gewährleistung für unzulässig gehalten, da er sein Fahrzeug vom ersten Tag an kenne.[108]

(3) Schließlich wird befürwortet, bei wenig gebrauchten Fahrzeugen den Gewährleistungsausschluß in Analogie zu § 11 Nr. 10a AGBG nicht zuzulassen,[109] desgleichen bei Einbau neuer Teile[110] sowie vom Verkäufer vor dem Verkauf selbst verursachter Reparaturmängel.[111]

---

[101] Vgl. *BGH,* NJW 1971, 1800 (betr. § 123 BGB).

[102] *BGH,* NJW 1977, 1055; 1978, 261; *BGHZ* 74, 383 = NJW 1979, 1886; *BGH,* NJW 1984, 1453; *Reinking-Eggert,* Rdnr. 1961, 1970 m.Nw.

[103] S.o. I, 1, c. Fußn. 35.

[104] *Hager,* NJW 1975, 2276; *Löwe,* BB 1979, 1063, 1318; *Mehnle,* DAR 1979, 272; 1986, 102; *Knippel,* DAR 1980, 164; *Peters,* JZ 1991, 385; *Pfeiffer* in Graf von Westphalen, Vertragsrecht und AGB-Klauselwerke, Rdnr. 107, 112; ebenso 24. Dt. Verkehrsgerichtstag (1986), DAR 1986, 112; *OLG Köln,* ZfS 1980, 306.

[105] S.u. I, 4, d.

[106] S.u. II.

[107] *BGHZ* 74, 383 = NJW 1979, 1886 m. krit. Anm. *Eggert,* DAR 1979, 274; *BGH,* NJW 1981, 1441; 1984, 1452; ebenso *OLG Köln,* NJW 1993, 272; zust. *Reinking-Eggert,* Rdnr. 1964; *Ulmer-Brandner-Hensen,* 7. Aufl. 1993, Anhang zu §§ 9 – 11 AGBG, Rdnr. 435.

[108] *Reinking-Eggert,* Rdnr. 1970 m.Nw.

[109] *Reinking-Eggert,* Rdnr. 1973; dagegen *LG Gießen,* NJW-RR 1992, 186.

[110] *Reinking-Eggert,* Rdnr. 1973.

[111] *Reinking-Eggert,* aaO.

b) Form

Der Gewährleistungsausschluß bedarf in der Regel einer ausdrücklichen Vereinbarung.[112] Bei einer AGB-Klausel[113] ist § 2 AGBG zu beachten.[114]

Eine stillschweigende Enthaftung ist aber in Ausnahmefällen zu bejahen, z.B. wenn ein Gebrauchtwagen zum Verschrotten verkauft[115] oder bei einem gewerblichen Händler in Zahlung gegeben wird.[116]

c) Umfang

Der Umfang des Gewährleistungsausschlusses hängt von der vertraglichen Vereinbarung, insbesondere der Formulierung der verwendeten Klausel ab, die bei Unklarheiten nach Treu und Glauben (§ 157 BGB) auszulegen ist, wobei bei AGB zusätzlich die Unklarheitenregel (§ 5 AGBG) Platz greift.

Einen umfassenden Gewährleistungsausschluß beinhalten Formulierungen wie „verkauft unter Ausschluß jeglicher Gewährleistung" sowie „besichtigt unter Ausschluß jeglicher Gewährleistung".[117] Dann ist auch die Haftung für nicht erkennbare, verborgene Mängel ausgeschlossen.[118] Gleiches gilt für die Abrede, „es werde keine Garantie übernommen."[119] Zweifelhaft und nicht völlig geklärt ist, ob dieser „umfassende Gewährleistungsausschluß" auch nicht technische Fehler, z.B. Nichtübereinstimmung der Fahrgestellnummer mit den Angaben im Kfz-Brief umfaßt.[120]

Klauseln wie „gekauft wie besehen", „gekauft wie besichtigt" und „gekauft wie besichtigt und probegefahren" schließen dagegen nur die Gewährleistung für wahrnehmbare Mängel aus.[121] Hinsichtlich der Wahrnehmbarkeit ist auf die Person des Käufers abzustellen: ein Laie sieht weniger als ein Fachmann.[122]

---

[112] *Reinking-Eggert,* Rdnr. 1981.

[113] Zu AGB bei einem Eigengeschäft vgl. das bei *Reinking-Eggert,* S. 753 abgedruckte Formular; zum Ausschluß der Gewährleistung vg. dort Ziff. VII.

[114] *Reinking-Eggert,* Rdnr. 1435.

[115] *OLG Frankfurt,* NJW 1974, 1823.

[116] *BGHZ* 83, 334 = NJW 1982, 1700; *OLG Köln,* DAR 1973, 326; *Reinking-Eggert,* Rdnr. 1979, 1981 m.Nw.; krit *Schack,* NJW 1983, 2806; einschr. *Hörl,* DAR 1986, 99; vgl. auch *LG Verden,* DAR 1990, 24 (Vermittlung); *OLG Hamm,* NJW-RR 1994, 882 (Tausch von zwei Wagen).

[117] *OLG Hamm,* MDR 1978, 314; *Reinking-Eggert,* Rdnr. 1976; vgl. auch *OLG Köln,* NZV 1992, 440 = NJW 1993, 271. – Hinsichtlich der 2. Klausel früher a.A.: *LG München,* NJW 1977, 766 m. abl. Anm. *Eggert,* NJW 1977, 2267.

[118] *BGH,* NJW 1978, 261; *BGHZ* 74, 383 = NJW 1979, 1886; *OLG Koblenz,* NJW-RR 1992, 1145; *OLG Frankfurt,* ZfS 1992, 230.

[119] *LG Hamburg,* NZV 1988, 68.

[120] Dafür *OLG Oldenburg,* BB 1995, 430; dagegen *Reinking-Eggert,* Rdnr. 1949, 1950; *H.P. Westermann,* MK, § 476 BGB, Rdnr. 8. – Eine Haftung wird hier meist auch an § 460 BGB scheitern; s.o. I, 3.

[121] *BGH,* DAR 1954, 14; *OLG Köln,* NJW 1973, 903; NJW-RR 1992, 249; *OLG Frankfurt,* MDR 1980, 140; ZfS 1992, 230; *OLG Schleswig,* MDR 1983, 54; *Reinking-Eggert,* Rdnr. 1977. – Vgl. auch *LG Dortmund,* DAR 1979, 287.

[122] *BGHZ* 74, 383 = NJW 1979, 1886; *BGH,* BB 1957, 283; *OLG Köln,* DAR 1992, 466; *Reinking-Eggert,* Rdnr. 1977.

d) Arglist

Der Gewährleistungsausschluß greift nicht, wenn der Verkäufer den Mangel arglistig verschweigt (§ 476 BGB) oder eine nicht vorhandene zusicherungsfähige Eigenschaft arglistig vorspiegelt.[123]

(1) Der objektive Tatbestand besteht zunächst in dem aktiven Tun des Vorspiegelns einer Eigenschaft oder in dem Unterlassen, dem Verschweigen eines Fehlers. Umstritten ist, ob in letzterem Falle zu dem Verschweigen eine Offenbarungspflicht hinzutreten muß.

Entgegen *Reinking-Eggert*[124] ist dies zu bejahen. Denn nicht das Verschweigen jeden Fehlers ist als Arglist anzusehen, sondern nur dann, wenn Treu und Glauben eine Offenbarung gebieten. Es ist darauf abzustellen, was ein Käufer unter den gegebenen Umständen des Vertrages – insbesondere Preis, Alter und äußere Beschaffenheit des Fahrzeugs, Dauer der Besitzzeit des Verkäufers – an Mitteilungen über nicht ohne weiteres erkennbare Beschaffenheitsdetails erwarten darf.[125] Dabei scheiden vor allem Fehler, die den Wert oder die Gebrauchstauglichkeit des Wagens nur unerheblich mindern, aus.[126]

Im Mittelpunkt der Arglist steht das Problem der Mitteilung von Unfallschäden,[127] wobei die sachgemäße Reparatur den Unfallschaden nicht ausschließt.[128] Stellt der Käufer ausdrücklich die Frage nach einem Unfallschaden, so ist der Verkäufer zur Angabe jeglicher Vorschäden verpflichtet, also auch von reinen Blechschäden, wobei man höchstens Bagatellschäden (kleine Kratzer etc.) ausnehmen kann.[129] Der Verkäufer muß in diesem Fall die Frage(n) des Käufers umfassend beantworten, wobei ihm auch eine Bagatellisierung der Schäden verwehrt ist.[130] – Anders ist dies, wenn der Käufer nicht nach Unfallschäden fragt. Dann kommt es auf den Umfang der Offenbarungspflicht an.

Es besteht Einigkeit darüber, daß reine Blechschäden nicht angegeben werden müssen.[131] Im übrigen hängt der Umfang der Offenbarungspflicht von den Umständen des Einzelfalles ab.[132] So besteht keine Offenbarungspflicht, wenn ein Wagen in nicht repa-

---

[123] *BGH*, NJW 1993, 1643; 1995, 2159; NJW-RR 1992, 1076; *Reinking-Eggert*, Rdnr. 1893, 1854.

[124] *Reinking-Eggert*, Rdnr. 1852.

[125] *BGH*, JZ 1955, 19 = DAR 1954, 296 = MDR 1955, 26. – S. auch oben I, 1, b.

[126] *OLG Köln*, NJW-RR 1986, 988; *OLG Nürnberg*, DAR 1978, 198; *Reinking-Eggert*, Rdnr. 1876.

[127] Überblick bei *Reinking-Eggert*, Rdnr. 1873.

[128] *BGH*, NJW 1975, 642; 1977, 1915; *OLG Schleswig*, ZfS 1994, 447; *Reinking-Eggert*, Rdnr. 1584 m.Nw.

[129] *BGH*, NJW 1967, 1222; 1977, 1914; *BGHZ* 74, 383 = NJW 1979, 1886; NJW-RR 1987, 436; *OLG Frankfurt*, ZfS 1994, 89; *Reinking-Eggert*, Rdnr. 1873, 1876.

[130] *BGH*, NJW 1977, 1914; *OLG Köln*, NJW-RR 1986, 1380; *OLG Oldenburg*, NJW-RR 1987, 1269; *Reinking-Eggert*, Rdnr. 1881, 1882.

[131] *BGH*, MDR 1955, 26; NJW 1967, 1222; 1974, 1914; 1984, 1452; NJW-RR 1987, 436; *OLG München*, DAR 1982, 100; zur Abgrenzung vgl. *BGH*, NJW 1977, 1914; *BGHZ* 63, 382 = NJW 1975, 642; NJW-RR 1987, 436.

[132] *Reinking-Eggert*, Rdnr. 1883, 1884; teilw. abw. *Reich*, NJW 1978, 519.

riertem Zustand verkauft wird, da hier der Käufer vorgewarnt und im Rahmen der Prüfung der notwendigen Reparaturen selbst in der Lage ist, die notwendigen Untersuchungen vorzunehmen bzw. vornehmen zu lassen.[133] Wird ein Wagen zu einem stark reduzierten Preis verkauft, kann ein allgemeiner Hinweis auf die Beteiligung an einem Unfall genügen; es ist dann Sache des Käufers, durch konkrete Fragen den Verkäufer zu einer weiteren Aufklärung zu veranlassen, worauf die oben erwähnte umfassende Aufklärungspflicht[134] Platz greift.[135] In der Regel aber muß der Verkäufer die Art des – über einen Blechschaden hinausgehenden – Unfallschadens näher umschreiben, um Mißverständnissen und Gefahren der Bagatellisierung[136] vorzubeugen.[137] Zweifelhaft und unterschiedlich wird die Frage beantwortet, ob der Verkäufer neben dem Hinweis auf den äußeren Schadenstatbestand auf die damalige Einstufung eines wirtschaftlichen Totalschadens hinweisen muß.[138] Handelt es sich um einen erst wenig benutzten Wagen mit hohem Preis, so ist ungefragt volle Aufklärung über Art und Schwere des Unfalls zu leisten.[139] Auch bloße Vermutungen hinsichtlich früherer Unfallschäden sind zu offenbaren, soweit sie auf konkrete Tatsachen gegründet sind.[140]

Auch bei sonstigen Mängeln kann eine Offenbarungspflicht bestehen.[141]

(2) Zum objektiven Tatbestand der Arglist ist außerdem erforderlich, daß das arglistige Verhalten des Verkäufers für den Kaufabschluß ursächlich gewesen sein muß.[142]

Allerdings wird diese Kausalität vermutet, so daß der Verkäufer darlegen und beweisen muß, daß die Täuschung für den Kaufabschluß ohne Bedeutung war.[143] Unerheblich ist dagegen für die Arglist, ob den Käufer wegen des bei ihm erregten Irrtums ein (selbst grobfahrlässiges) Mitverschulden trifft.[144]

(3) In subjektiver Hinsicht erfordert die Arglist auf seiten des Verkäufers bzw. seines Vertreters[145] – zumindest bedingten – Vorsatz; grobe Fahrlässigkeit genügt nicht.[146] Der Vorsatz muß sich beziehen auf das ei-

---

[133] *OLG Hamburg,* MDR 1965, 294.

[134] S.o. Fußn. 129.

[135] *BGH,* JZ 1955, 19; dagegen *Reich,* NJW 1978, 519.

[136] S.o. Fußn. 130.

[137] *BGHZ* 63, 382 = NJW 1975, 642; BGHZ 74, 383 = NJW 1979, 1886; *BGH,* NJW 1977, 1914; 1981, 928; 1982, 1386; NJW-RR 1987, 436; *OLG Hamm,* DAR 1983, 355; 1994, 401; *OLG Schleswig,* ZfS 1994, 447; *Reinking-Eggert,* Rdnr. 1882, 1885; *Rixecker,* DAR 1986, 106 ff.

[138] Hierzu *Reinking-Eggert,* Rdnr. 1886–1890; bejahend *OLG Hamm,* DAR 1983, 355; verneinend *OLG Celle,* DAR 1988, 1136; *OLG Düsseldorf,* NJW-RR 1991, 1402; *OLG Hamm;* DAR 1994, 401; wohl auch *OLG Karlsruhe,* DAR 1992, 151.

[139] *BGH,* NJW 1977, 1914; *OLG Karlsruhe,* NJW-RR 1992, 1144; *OLG Koblenz,* NJW-RR 1988, 1137.

[140] *OLG Köln,* NJW 1965, 110; *OLG Schleswig,* VersR 1975, 186; *Reinking-Eggert,* Rdnr. 1882. – Zur Untersuchungspflicht s.u. Fußn. 149.

[141] *OLG Köln,* DAR 1979, 286 (Durchrostung); OLGZ 1987, 439 (fehlender Originaltacho); *Reinking-Eggert,* Rdnr. 1892 m.w.Nw.

[142] Mitursächlichkeit genügt.

[143] *BGH,* DB 1969, 2082; NJW 1977, 1914, *Reinking-Eggert,* Rdnr. 1862.

[144] *BGH,* NJW 1971, 1795, 1798; siehe auch § 460 S. 2 BGB und o. Fußn. 101.

[145] Einzelheiten hierzu bei *Reinking-Eggert,* Rdnr. 1863 ff.

[146] *BGH,* NJW 1957, 988; 1985, 1769; 1995, 1549; 1991, 2138; NJW-RR 1995, 254; *Reinking-Eggert,* Rdnr. 1857; *Knöpfle,* JuS 1991, 373.

gene Wissen des Verkäufers von den den Fehler begründenden Tatsachen, das Nichtwissen des Käufers betreffend diese Tatsachen und den Umstand, daß der Käufer bei Kenntnis der Tatsachen den Vertrag nicht geschlossen hätte.[147]

Um Beweisschwierigkeiten des Käufers in dieser Hinsicht zu mildern, versucht die Rechtsprechung durch verschiedene Konstruktionen gegenzusteuern, wobei allerdings die Gefahr besteht, über den bedingten Vorsatz hinaus auch fahrlässiges Verhalten in die Arglist einzubeziehen.[148] Einmal gilt dies durch Statuierung von Untersuchungspflichten bei Händlern, wobei der erforderliche Vorsatz auf die Verletzung der Untersuchungspflicht beschränkt wird.[149] Außerdem hat die Rechtsprechung eine Arglist in subjektiver Hinsicht auch dann bejaht, wenn der Verkäufer auf Fragen des Käufers ohne greifbare Anhaltspunkte Angaben „ins Blaue hinein" macht.[150]

5. Die Verjährung

Der Anspruch auf Gewährleistung wegen Sachmängeln[151] verjährt in sechs Monaten seit Ablieferung (§ 477 BGB). Eine vertragliche Verlängerung der Frist ist nach § 477 I S. 2 BGB zulässig.

a) Anwendungsbereich der kurzen Verjährung

Die kurze Verjährungsfrist gilt nach der Rechtsprechung auch für Mängel, die innerhalb der Sechsmonatsfrist nicht hervortreten oder auch bei sorgfältigster Untersuchung nicht erkannt werden können.[152]

Abweichenden Tendenzen in der Literatur[153] ist die Rechtsprechung bisher nicht gefolgt. Gelegentlich wird allerdings versucht, den Tatbestand der Ablieferung zeitlich hinauszuschieben, indem nicht nur auf die Übergabe der Kaufsache, sondern auch auf die Verschaffung der Dokumente abgestellt wird.[154] Das Korrektiv liegt in der Zulassung deliktischer Ansprüche bei Mangelfolgeschäden[155] und in der Verlängerung der Verjährungsfrist bei Arglist (§§ 477 I S. 1, 195 BGB).[156] Auch kann die Berufung auf die Verjährungsfrist im Einzelfall rechtsmißbräuchlich sein.[157]

---

[147] Einzelheiten bei *Reinking-Eggert,* Rdnr. 1858–1861.

[148] Krit. hierzu *Reinking-Eggert,* Rdnr. 1879.

[149] *BGHZ* 63, 382 = NJW 1975, 642; NJW 1978, 2241; 1979, 1707; *BGHZ* 74, 383 = NJW 1979, 1886; NJW 1983, 217; *OLG Hamburg,* DAR 1992, 378; *OLG Düsseldorf,* NJW-RR 1997, 431. – Eingehender Überblick bei *Reinking-Eggert,* Rdnr. 1885 ff.

[150] *BGHZ* 63, 382 = NJW 1975, 642; *BGH,* NJW 1977, 1914; 1981, 1441; 1995, 955; NJW-RR 1986, 700; *OLG Düsseldorf* NJW-RR 1998, 1751; *Reinking-Eggert,* Rdnr. 1873.

[151] Anders der Anspruch aus vollzogener Gewährleistung: *Reinking-Eggert,* Rdnr. 2050. – S.u. 2. Teil, IV, 3, e.

[152] *BGHZ* 66, 315 = NJW 1976, 1505 = BB 1976, 1097 m. Anm. *Graf von Westphalen; BGH,* NJW 1978, 2241 = JR 1979, 201 m. Anm. *Schubert; BGH,* NJW 1980, 1050; *OLG Köln,* OLGZ 1978, 321; *OLG Düsseldorf,* NJW 1975, 453 m. Anm. *Schubert,* NJW 1975, 1230.

[153] *Brox-Elsing,* JuS 1976, 7; *Reinking-Eggert,* Rdnr. 2046.

[154] *Reinking-Eggert,* Rdnr. 2047, Fußn. 2.

[155] S.u. VI, 1, a und VI, 3, b.

[156] Zur Arglist s.o. I, 4, d.

[157] *BGH,* NJW 1980, 1950.

b) Hemmung und Unterbrechung

Für die Hemmung und Unterbrechung der Verjährung gelten die allgemeinen Vorschriften (§§ 202–217 BGB) sowie § 477 III BGB.

Zu erwähnen sind: die Einholung eines Schiedsgutachtens (§ 202 BGB),[158] das Anerkenntnis (§ 208 BGB)[159] sowie die gerichtliche Geltendmachung (§ 209 I BGB)[160] und die nach § 209 II BGB gleichgestellten Handlungen.[161] Zusätzlich unterbricht der Antrag auf Durchführung der gerichtlichen Beweissicherung (§ 477 II BGB),[162] der allerdings von dem Anspruchsberechtigten gestellt sein muß;[163] auch wird die Verjährung nur gegenüber demjenigen unterbrochen, gegen den sich das Verfahren auf Beweissicherung richtet.[164] Die Rechtsprechung hat schließlich den Hemmungsgrund des § 639 II BGB aus dem Werkvertragsrecht[165] analog auf das Kaufrecht angewandt;[166] das bedeutet, daß die Verjährung solange gehemmt ist, als sich der Verkäufer nach Auftreten von Mängeln im Einverständnis mit dem Käufer um deren Beseitigung bemüht.[167]

Hervorzuheben ist, daß eine Anzeige der Mängel allein die Verjährungsfrist nicht unterbricht, eine innerhalb der Verjährungsfrist erfolgte Anzeige der Mängel aber gegenüber der Kaufpreisklage des Verkäufers ein Leistungsverweigerungsrecht gibt (§ 478 BGB). Bei einer derartigen Anzeige kann auch später gegenüber dem Kaufpreisanspruch aufgerechnet werden (§ 479 BGB).[168]

II. Fehlen zugesicherter Eigenschaften (§§ 459 II, 463 BGB)

1. Allgemeines

a) Bedeutung

Im Hinblick auf die Zulässigkeit des umfassenden Gewährleistungsausschlusses[169] kommt der Zusicherung von Eigenschaften[170] im Gebrauchtwagenhandel eine wichtige Funktion zu.

---

[158] *OLG Hamm,* NJW 1976, 717 (L); siehe auch Ziff. IX, 3 der AGB für den Verkauf gebrauchter Kraftfahrzeuge und Anhänger, abgedruckt bei *Reinking-Eggert,* S. 753.

[159] Zum Begriff vgl. *BGH,* NJW 1988, 254. – Zum Anerkenntnis in Form von Nachbesserungsarbeiten vgl. BGHZ 110, 99 = NJW 1990, 1472. – Zum Umfang der Unterbrechung *OLG Düsseldorf,* NJW-RR 1995, 1232.

[160] *BGH,* NJW 1978, 261 (auch eine auf §§ 123, 812 BGB gestützte Klage unterbricht die Verjährung der Gewährleistungsansprüche); *OLG Düsseldorf,* OLGR 1995, 17.

[161] Zu Einzelheiten siehe die Kommentare zu § 209 BGB.

[162] *OLG Hamburg,* MDR 1978, 845 (allgemeine Bezeichnung der Mängel genügt).

[163] *BGH,* NJW 1993, 1916.

[164] *BGH,* NJW 1980, 1458 (Verfahren gegen Unbekannt unterbricht nicht).

[165] S.u. § 4, Teil 3, II, 7, c.

[166] *BGHZ* 39, 287, 292 = NJW 1963, 1452; *BGH,* NJW 1973, 698; 1984, 1525; 1988, 254.

[167] *BGH,* NJW 1984, 1525; 1988, 254. – Die Hemmung tritt auch bei Geltendmachung eines Nachbesserungsrechts ein: *BGHZ* 39, 287 = NJW 1963, 1452; *BGH,* NJW 1984, 1525; 1984, 1938; 1996, 1962, 1964.

[168] Hierzu *BGHZ* 88, 130 = NJW 1983, 2697; *BGH,* NJW 1988, 1018; *Tiedtke,* JZ 1988, 233.

[169] S.o. I, 4, c.

[170] Zum Begriff der Eigenschaft siehe *BGHZ* 79, 183, 185 = NJW 1981, 864; *BGH,* NJW 1992, 2564; *Walter,* KaufR, § 5, II, 3, b, cc.

Der BGH hat ausgesprochen, daß die Möglichkeit des Gebrauchtwagenkäufers, sich bestimmte Eigenschaften des Fahrzeugs zusichern zu lassen, ein wichtiges Regulativ in der Wahrung der Interessen zu seinen Gunsten ist.[171] Dabei soll hier auf den (mehr dogmatischen) Streit über das Verhältnis von § 459 I und II BGB nicht eingegangen werden.[172]

b) Voraussetzungen

Die auf § 459 II BGB fußende sogenannte „unselbständige Garantie" setzt nach h.A. eine vertragsmäßige[173] Erklärung des Verkäufers dahin voraus, daß er für das Vorliegen bestimmter positiver oder das Fehlen bestimmter negativer Eigenschaften ohne Rücksicht auf ein Verschulden unbedingt einstehen will.[174]

Diese Voraussetzungen müssen durch Auslegung des Verkäuferverhaltens aus der Sicht des Käufers nach Treu und Glauben (§ 157 BGB) ermittelt werden.[175] Die Rechtsprechung läßt auch stillschweigende Zusicherungen zu.[176] Die eigentliche Problematik liegt in der Abgrenzung gegenüber bloß beschreibenden „Beschaffenheitsangaben"[177] und unverbindlichen Anpreisungen.[178]

c) Tendenzen

Die Rechtsprechung zum Gebrauchtwagenkauf zeigt eine ausgesprochen käuferfreundliche Tendenz zur Bejahung zugesicherter Eigenschaften.[179] Das zeigt sich in folgenden Einzelpunkten:

(1) Angaben des Verkäufers betreffend wesentliche Eigenschaften werden durchweg als bindende Zusicherung und nicht als bloße Beschaffenheitsangabe angesehen.[180]

(2) In Abkehr von dem Grundsatz, daß die Zusicherung im Rahmen der Vertragsverhandlungen erfolgen muß,[181] hat die Rechtsprechung auch Erklärungen in Werbeanzeigen als Zusicherungen gelten lassen, und zwar mit der Begründung, die Erklärung wirke als bestehend fort, falls sie vom Verkäufer nicht ausdrücklich widerrufen werde.[182]

---

[171] *BGHZ* 74, 383 = NJW 1979, 1886.

[172] *Walter,* KaufR, § 5, II, 3, b, aa; *Semler,* NJW 1976, 406; *Schack,* AcP 185, 333.

[173] *RGZ* 54, 219; *BGH,* NJW 1968, 2238; *Staudinger-Honsell,* § 459, Rdnr. 65; *H.P. Westermann,* MK, § 459 BGB, Rdnr. 56.

[174] *BGHZ* 48, 118 = NJW 1967, 1903; *BGHZ* 57, 292 = NJW 1972, 251; *BGHZ* 59, 158 = NJW 1972, 1706; *BGH,* NJW 1975, 1693; 1977, 1055; 1981, 1501; 1995, 518.

[175] *Walter,* KaufR, § 5, II, 3, c, bb.

[176] *BGHZ* 122, 256 = NJW 1993, 1854; *BGHZ* 74, 383 = NJW 1979, 1886, 1888; *Walter,* aaO. § 5, II, 3, c, aa; *H.P. Westermann,* MK, § 459 BGB, Rdnr. 60.

[177] *BGH,* NJW 1968, 2238; 1978, 2241; *OLG Oldenburg,* BB 1995, 430 (Herstellerangabe); *H.P. Westermann,* MK, § 459 BGB, Rdnr. 59; *Semler,* NJW 1976, 1406.

[178] *BGHZ* 48, 118 = NJW 1967, 1963; *BGHZ* 51, 100 = NJW 1969, 269; *BGHZ* 59, 158 = NJW 1972, 1706; *OLG Koblenz,* Zfs, 1995, 418; hierzu *Reich-Tonner,* JuS 1976, 577.

[179] Noch weitergehend *Rixecker,* DAR 1986, 109 unter Hinweis auf Tendenzen im UWG-Recht.

[180] *BGH,* NJW 1975, 1693; *BGHZ* 74, 383 = NJW 1979, 1886; *OLG Stuttgart,* DAR 1986, 150; s.u. Fußn. 189.

[181] *Walter,* KaufR, § 5, II, 3, b, dd.

[182] *BGH,* NJW 1975, 1693; 1981, 1268; *OLG Köln,* NJW-RR 1990, 758; *OLG Koblenz* ZfS 1994, 129; *Reinking-Eggert,* Rdnr. 1835 m.Nw.

(3) Der Gebrauchtwagenhändler kann sich bei einer mündlichen Zusicherung nicht auf eine Schriftformklausel berufen.[183]

(4) Der Einwand des Gebrauchtwagenhändlers, der die Verkaufsverhandlung führende Angestellte sei zur Abgabe von Zusicherungen nicht bevollmächtigt gewesen, scheitert an der Vollmachtsregelung in § 56 HGB.[184]

(5) Auch durch eine nachträgliche Anfechtung des Kaufvertrages nach § 119 II BGB kann sich der Verkäufer (Händler) der abgegebenen Garantie nicht entziehen.[185]

d) Stellungnahme

Bei der heutigen Lage auf dem Gebrauchtwagenmarkt, auf dem Gebrauchtwagen meist mit ausdrücklichen Garantien verkauft werden,[186] ist die ausdehnende Anwendung des § 459 II BGB sehr problematisch geworden.[187] Es erscheint verfehlt, im Rahmen einer Überbetonung des Käuferschutzes in jeder Beschaffenheitsangabe des Verkäufers eine Zusicherung im Sinne des § 459 II BGB zu sehen. Sonst würde der von den Parteien ausdrücklich vereinbarte Gewährleistungsausschluß in sein Gegenteil verkehrt.[188] Für die Bejahung einer zugesicherten Eigenschaft ist vielmehr zu fordern:

(1) Die Erklärung muß sich auf wesentliche Eigenschaften beziehen, die nach der Verkehrsauffassung für den Kauf eines Gebrauchtwagens von Bedeutung sind.[189]

(2) Die Erklärung muß sich auf im Zeitpunkt des Vertragsschlusses nicht ohne weiteres vom Käufer nachprüfbare Umstände beziehen.[190]

(3) Die Form der Erklärung muß eine Zusicherung nahelegen; der bloße Abschluß des Kaufvertrages über einen Gebrauchtwagen reicht in der Regel nicht aus, daß der Verkäufer eine stillschweigende Zusicherung über Verkehrssicherheit, Betriebssicherheit und Gebrauchstauglichkeit des Fahrzeugs abgibt.[191] Im Rahmen von Treu und Glauben (§ 157 BGB) müssen vielmehr alle Umstände für und gegen die Übernahme einer verschuldensunabhängigen Garantie gewürdigt werden.[192] Bei mündlichen Erklärungen kann von Bedeutung sein, ob sie auf ausdrückliches Befragen des Käufers abgegeben werden, der damit zu erkennen gibt, daß er auf das Vorliegen der gefragten Eigenschaft besonderen Wert legt.

(4) Maßgebend ist auch, wer als Verkäufer eine Erklärung abgibt, bei dem es auf den Sachverstand und die Möglichkeit der Überprüfung und Kenntnis ankommt. Die Rechtsprechung hat bei Gebrauchtwagenhändlern die Zusicherung einer Eigenschaft wegen deren Sachkunde bejaht,[193] bei Privatverkäufern dagegen wegen deren geringen Kenntnisstand verneint.[194]

---

[183] *BGH,* NJW 1975, 1693, 1695; 1982, 331; *OLG Bamberg,* NJW-RR 1994, 1333; *Reinking-Eggert,* Rdnr. 1839; *Ulmer-Brandner-Hensen.* Anhang zu 9–11 AGBG, Rdnr. 634.

[184] *Reinking-Eggert,* Rdnr. 1843.

[185] *Reinking-Eggert,* Rdnr. 1848 unter Hinweis auf *BGH,* NJW 1988, 2597.

[186] S.u. III, 3, a.

[187] Krit. vor allem *Reinking-Eggert,* Rdnr. 1649 ff.; vgl. auch *Walter,* KaufR § 5, II, 3, d, cc: der Kfz-Verkäufer als Prügelknabe der Rechtsprechung.

[188] *Reinking-Eggert,* Rdnr. 1658, Fußn. 520. *OLG Köln,* NJW 1998, 466.

[189] S.o. Fußn. 180.

[190] Deshalb in der Regel keine Zusicherung über den Reifenzustand, wenn der Käufer das Fahrzeug besichtigt.

[191] *BGH,* NJW 1984, 1452; *Reinking-Eggert,* Rdnr. 1567.

[192] Vgl. den Indizienkatalog bei *Reinking-Eggert,* Rdnr. 1657, 1658.

[193] *BGH,* NJW 1975, 1693; 1981, 1268 (in dieser Allgemeinheit bedenklich).

[194] *BGH,* NJW 1984, 1454.

e) Zeitpunkt

Maßgebender Zeitpunkt für die Beurteilung der Erklärung ist der Vertragsschluß.[195] Für die Frage, ob die zugesicherte Eigenschaft gegeben ist, kommt es für die Gewährleistung nach § 459 II BGB auf den Zeitpunkt der Übergabe an, im Falle des § 463 BGB auf den Zeitpunkt des Vertragsschlusses.[196]

2. Einzelfälle

a) Alter des Fahrzeugs

Dem Alter des Fahrzeugs kommt sowohl für die Frage des Verkehrswertes als auch für die Notwendigkeit von Reparaturen zur Behebung von Verschleißerscheinungen eine maßgebende Bedeutung zu. Demgemäß kommen in diesem Bereich häufig Zusicherungen vor.

Zugesichert werden können sowohl das Baujahr[197] als auch das Jahr der Erstzulassung[198] ferner das sogenannte Modelljahr.[199] Der Annahme einer Zusicherung steht nicht entgegen, daß die Angabe im Kaufvertragsformular im Zusammenhang mit der Beschreibung des Fahrzeugs erfolgt.[200] Bei älteren Fahrzeugen kann eine geringfügige Abweichung der Angabe von der Wirklichkeit nach § 242 BGB der Garantiehaftung entgegenstehen.[201]

b) Fahrleistung

Angaben über die Fahrleistung sind in der Regel zugesicherte Eigenschaften, da dieser Faktor für die Wertermittlung des Fahrzeugs von ausschlaggebender Bedeutung ist.[202]

(1) Solche Angaben können schriftlich im Kaufvertrag festgehalten werden; aber auch mündliche Erklärungen – anläßlich der Kaufverhandlungen[203] – oder in einer Zeitungsanzeige[204] können als Zusicherungen gewertet werden.

(2) Wird ein Tachostand angegeben, so ist dies in der Regel als Angabe der echten Laufleistung zu werten; der Verkäufer muß also, wenn er nur den Tachostand zusichern

---

[195] S.o. Fußn. 173.

[196] *H.P. Westermann,* MK, § 459 BGB Rdnr. 76. – Eine anderweitige Auslegung ist aber möglich: *H.P. Westermann,* MK, § 463, BGB, Rdnr. 1.

[197] *BGH,* NJW 1979, 160; 1995, 2159; *Reinking-Eggert,* Rdnr. 1363 ff.

[198] *BGH,* NJW 1992, 170; *OLG Hamm,* MDR 1984, 141; NJW-RR 1991, 505; *Reinking-Eggert,* Rdnr. 1666; *Tiedtke,* DB 1992, 1562.

[199] *Reinking-Eggert,* Rdnr. 1667.

[200] *OLG München,* NJW-RR 1981, 1181; a.A. *OLG Celle,* NJW-RR 1988, 1135; anderes gilt aber bei ausdrücklicher Klarstellung: *Hörl,* DAR 1986, 100.

[201] Die Grenze dürfte ab 8 Jahren liegen; vgl. hierzu *Reinking-Eggert,* Rdnr. 1669.

[202] *BGH,* NJW 1975, 1693 = JR 1975, 504 m. Anm. *Heinze; Reich/Tonner,* JuS 1976, 576; *Reinking-Eggert,* Rdnr. 1717 ff.

[203] *BGH,* NJW 1975, 1693 (Verkaufsschild).

[204] *OLG Köln ,* NJW-RR 1990, 758.

will, seine Erklärung unmißverständlich einschränken, z.B. „laut Vorbesitzer".[205] Diese Rechtsprechung wird zunehmend kritisiert, da weder der Gebrauchtwagenhändler noch der Privatverkäufer bei einer Mehrzahl von Vorbesitzern eine zuverlässige Informations- und Überprüfungsmöglichkeit habe; deshalb lehnen *Reinking-Eggert* eine zugesicherte Eigenschaft bei Angaben von Gebrauchtwagenhändlern über die Laufleistung ab,[206] halten es aber angesichts der bisherigen Rechtsprechung für ein Gebot der wirtschaftlichen Vernunft, der Erklärung über die Laufleistung den einschränkenden Zusatz „laut Vorbesitzer" anzufügen.[207] Den Privatverkäufer „erster Hand" wollen sie dagegen aus § 459 II BGB haften lassen, da er sein eigenes Fahrzeug genau kenne.[208]

(3) Abweichungen zwischen Erklärung und Wirklichkeit sind in gewissen Grenzen unerheblich, da üblicherweise die km-Leistung in abgerundeten Zahlen angegeben wird.[209] Bei Formularverträgen wird diese Abweichung durch die sogenannte „Zirka-Klausel" gedeckt sein.[210] Die Grenzziehung ist allerdings streitig. Abzustellen ist darauf, ob in den maßgebenden Preistabellen ein Sprung vorhanden ist.[211]

(4) Hinsichtlich bestimmter Fahrzeugteile – insbesondere Motor und Getriebe – können gesonderte Zusicherungen betreffend deren Laufleistung in Frage kommen.[212]

c) Motor/Austauschmotor

Die Angabe der Marke und des Fahrzeugtyps enthält regelmäßig die stillschweigende Zusicherung, daß sich in dem Fahrzeug ein von dem Hersteller für das betreffende Modell bestimmter Motor befindet.[213] Das muß nicht unbedingt der Erstmotor sein.[214] Auch die Mitteilung, der Pkw habe einen Austauschmotor, stellt regelmäßig eine zugesicherte Eigenschaft dar.[215]

Hinsichtlich des Begriffs „Austauschmotor" wird auf die Ausführungen zu § 459 I BGB[216] verwiesen. Bei der Zusicherung eines Austauschmotors kann der Käufer davon ausgehen, daß der neue Motor die gleiche Bauart und den gleichen Hubraum wie der serienmäßige Originalmotor hat.[217] Besondere Zusicherungen können hinsichtlich des Alters und der Laufleistung des Austauschmotors erfolgen.[218] Sehr weitgehend hat der

---

205 *OLG München,* NJW-RR 1986, 1181; *OLG Stuttgart,* DAR 1986, 150; *OLG Frankfurt,* NZV 1990, 24; krit. *Eggert,* NZV 1990, 24; auf den Einzelfall abstellend, *KG* NJW-RR 1996, 173.

206 *Reinking-Eggert,* Rdnr. 1727, 1734.

207 *Reinking-Eggert,* Rdnr. 1738.

208 *Reinking-Eggert,* Rdnr. 1741.

209 *OLG Hamm,* NZV 1995, 150; *Reinking-Eggert,* Rdnr. 1730.

210 *BGH,* NJW 1970, 29; s.u. Fußnr. 261.

211 Die Grenze sollte bei 1000 km gezogen werden; vgl. *OLG Celle,* DAR 1959, 209.

212 *BGH,* NJW 1975, 1693; DB 1976, 954 = WM 1976, 614.

213 *BGH,* NJW 1983, 217; *OLG Frankfurt,* VersR 1978, 828; *OLG Düsseldorf,* NJW-RR 1993, 58; a.A. zu Unrecht, *BGH,* NJW 1985, 967; *Hörl,* DAR 1986, 101; gegen die Entscheidung mit Recht *Mehnle,* DAR 1986, 105; zu diesem Problemkreis vgl. noch Eggert, DAR 1985, 143; *Reinking-Eggert,* Rdnr. 1762 ff.

214 *BGH,* NJW 1982, 1386; zum Mangel s.o. Fußn. 68.

215 *BGH,* DB 1969, 2082; NJW 1981, 1268; *OLG Karlsruhe,* OLGZ 1975, 189; *OLG Düsseldorf,* VersR 1978, 745; *Reinking-Eggert,* Rdnr. 1670 m. Einzelheiten.

216 S.o. I, 2, g, Fußn. 69–71.

217 *Reinking-Eggert,* Rdnr. 1676.

218 *OLG Köln,* DAR 1971, 237; *OLG Düsseldorf,* VersR 1978, 745; *OLG Karlsruhe,* OLGZ 1975, 189.

BGH bei der Angabe eines Gebrauchtwagenhändlers hinsichtlich der Laufleistung des Austauschmotors eine Zusicherung dahin bejaht, daß der Motor einen der angegebenen Laufleistung entsprechenden Erhaltungszustand hat.[219]

d) Originalersatzteile/Umrüstungen

Die Angabe des Herstellers durch den Verkäufer enthält dagegen regelmäßig nicht die Zusicherung, daß bei späteren Reparaturen und Umrüstungen Originalersatzteile verwendet wurden.[220] Ebensowenig enthält eine Typenbezeichnung des Fahrzeugs die stillschweigende Zusicherung, daß alle ersetzten Teile genau dem entsprechenden Fahrzeugtyp entsprechen.[221]

e) Besondere technische Eigenschaften

Angaben über besondere Daten wie Hubraum, PS-Zahl sind regelmäßig als Zusicherung aufzufassen.[222] Gleiches gilt für die Angabe der Höchstgeschwindigkeit[223] sowie Sonderausstattungen.[224]

Der Hinweis, der Pkw könne mit Normalbenzin gefahren werden, ist ebenfalls die Zusicherung einer Eigenschaft.[225] Gleiches wird man hinsichtlich der Angabe, bleifreies Benzin zu tanken, annehmen müssen.[226] Die Angabe des Benzinverbrauchs (und Ölverbrauchs) kann nach einer verbreiteten Meinung ebenfalls zugesicherte Eigenschaft sein;[227] dagegen bestehen erhebliche Bedenken, da die verbrauchte Menge sehr von der Fahrweise und Belastung des Fahrzeugs abhängt.

f) Zustand des Wagens

Zusicherungen hinsichtlich des Wagenzustands sind anzunehmen bei Erklärungen, die einen konkreten Hintergrund haben.

---

[219] *BGH,* NJW 1981, 1268; zust. *Reinking-Eggert,* Rdnr. 1677; m.E. bedenklich; anders bei einem Privatverkäufer: *BGH,* NJW 1984, 1454.

[220] *OLG Karlsruhe,* NJW-RR 1993, 1138; *OLG Oldenburg,* NJW-RR 1995, 688; *Reinking-Eggert,* Rdnr. 1759.

[221] *BGH,* NJW 1991, 1880 („Achsschwingenausführung" beim Porsche 928 S); *Reinking-Eggert,* Rdnr. 1763; diese einen Händler treffende Entscheidung gilt erst recht bei Privatverkäufern: OLG Koblenz, NJW-RR 1992, 1145; *Reinking-Eggert,* Rdnr. 1765.

[222] *BGH,* NJW 1981, 1268; *Reinking-Eggert,* Rdnr. 1710ff, die dies bei Privatverkäufern verneinen (aaO, Rdnr. 1713); Hörl, DAR 1986, 101.

[223] Zurückhaltend mit Recht *Reinking-Eggert,* Rdnr. 1709: Angaben in den Fahrzeugpapieren genügen nicht.

[224] *LG Bochum,* DAR 1991, 15 (Servolenkung); *AG Solingen,* DAR 1985, 257; einengend *Reinking-Eggert,* Rdnr. 1771: nur bei ausdrücklicher schriftlicher Bestätigung (unter Bezugnahme auf *BGH,* NJW 1995, 518 – ABS bei Neuwagen).

[225] *BGH,* NJW 1981, 1268; *OLG Hamburg,* DAR 1978, 336; *Reinking-Eggert,* Rdnr. 1743, 1753.

[226] Differenzierend *Reinking-Eggert,* Rdnr. 1753ff.

[227] *OLG Koblenz,* NJW-RR 1990, 60 (Ölverbrauch); einschr. *Reinking-Eggert,* Rdnr. 1742 (schriftliche Fixierung ist gewichtiges Indiz).

(1) Dies ist anzunehmen bei Hinweisen auf „Garagenwagen",[228] „frei von Durchrostung",[229] „von Meisterhand geprüft",[230] „werkstattgeprüft",[231] „vom TÜV abgenommen",[232] „TÜV neu",[233] „technisch einwandfrei",[234] „scheckheftgepflegt"[235], „werkstattgepflegt",[236] „generalüberholt"[237] und Angaben über die noch laufende Zeit bis zur nächsten TÜV-Prüfung.[238] Auch die „Verkehrssicherheit" kann vertraglich zugesichert werden; hierzu bedarf es aber ausdrücklicher Erklärungen; in dem bloßen Verkauf des Fahrzeugs kann nicht die stillschweigende Zusicherung der Verkehrssicherheit gesehen werden.[239] Schillernd und umstritten ist die Bedeutung der Erklärung, der Wagen sei „fahrbereit";[240] nach Auffassung des BGH heißt dies nach der Verkehrsauffassung, daß das Fahrzeug nicht mit „verkehrsgefährdenden Mängeln behaftet ist, aufgrund dessen es bei einer Hauptuntersuchung als verkehrsunsicher eingestuft würde."[241]

(2) Dagegen sind Zusicherungen zu verneinen, wenn die Erklärungen sich in allgemeinen Redewendungen über den Zustand des Wagens ergehen, ohne daß ein konkreter Tatsachenhintergrund ersichtlich ist; in diesem Fall liegt eine unverbindliche Anpreisung vor. Das gilt für Erklärungen, der Wagen sei „gut", „einwandfrei", „in Ordnung", „tip-top" etc.[242] Gleiches gilt für sogenannte „Unkenntnisklauseln", wonach dem Verkäufer über verborgene Mängel nichts bekannt sei.[243] Anderes kann im Einzelfall gelten, wenn besondere Umstände vorliegen, z.B. wenn die Erklärung in die Vertragsurkunde aufgenommen wird oder ein bestimmter Tatsachenbezug erkennbar wird, z.B. bezüglich bestimmter Fahrzeugteile.[244]

---

[228] *OLG Köln,* OLGZ 1974, 1; einschr. *Reinking-Eggert,* Rdnr. 1689.

[229] *Reinking-Eggert,* Rdnr. 1750.

[230] *OLG Köln,* NJW 1972, 162; abl. *Henseler,* NJW 1972, 829.

[231] *BGHZ* 87, 302 = NJW 1983, 2192 m.Anm. *Haase,* JR 1983, 501; *Reinking-Eggert,* Rdnr. 1808–1810.

[232] Nach h.M. wird nur die TÜV-Abnahme, nicht aber die Verkehrssicherheit und Mängelfreiheit zugesichert: *OLG Köln,* NJW 1972, 1621; DAR 1992, 379; *OLG Hamm,* NJW 1980, 2200; *LG Karlsruhe,* DAR 1981, 152; *Hörl,* DAR 1986, 102.

[233] Gibt ein Gebrauchtwagenhändler eine solche Erklärung ab, so wird nicht nur die TÜV-Abnahme als solche zugesichert, sondern auch die Verkehrssicherheit, die dem für die Hauptuntersuchung erforderlichen Zustand entspricht: *BGHZ* 103, 275 = NJW 1988, 1378; *OLG Hamm,* NZV 1988, 180; OLGR 1992, 290; einschr. *OLG Köln,* NJW 1993, 272 (ältere Fahrzeuge); zur Reichweite der Erklärung vgl. *Eggert,* NJW 1990, 549; *Reinking-Eggert,* Rdnr. 1776 ff. – Bei einem privaten Direktgeschäft (s.o. Vorbem. 2, a) soll dies dagegen nicht gelten: *Reinking-Eggert,* Rdnr. 1786; *Tiedtke,* JuS 1988, 848; *OLG München,* NJW-RR 1998, 845.

[234] *BGH,* NJW 1978, 2241; *OLG Hamm,* MDR 1994, 139; hierzu *Kraft,* JuS 1980, 407.

[235] *OLG Düsseldorf,* NZV 1993, 110 L; *Reinking-Eggert,* Rdnr. 1757.

[236] a.A. *Reinking-Eggert,* Rdnr. 1758.

[237] *OLG Karlsruhe,* OLGZ 1979, 431; *OLG Hamm,* NJW-RR 1986, 932.

[238] *OLG Bamberg,* DAR 1985, 27; *LG Köln,* DAR 1994, 160 (sehr weitgehend).

[239] *Reinking-Eggert,* Rdnr. 1688. – Zum Mangel s.o. I, 1, a, Fußn. 28.

[240] Hierzu *Mehnle,* DAR 1986, 105; *Walter,* KaufR, § 5, II, 3, d, cc; *Reinking-Eggert,* Rdnr. 1686 m.Nw.

[241] *BGHZ* 122, 256 = NJW 1993, 184 (m.E. zu eng); vgl. *OLG Hamburg,* MDR 1991, 1039.

[242] *BGH,* NJW 1991, 1880; *LG Dortmund,* DAR 1978, 165; *LG Frankfurt,* OLGR 1992, 140; Überblick bei *Reinking-Eggert,* Rdnr. 1747, 1832, 1833.

[243] *BGH,* NJW 1995, 1549; *OLG Köln,* NJW 1993, 271 (Nichtausfüllen der Mängelrubrik im Vertragsformular); *Reinking-Eggert,* Rdnr. 1746.

[244] *BGH,* NJW 1959, 1489; *KG,* OLGZ 1974, 402; *Reinking-Eggert,* Rdnr. 1747, 1748, 1832.

g) Unfallfreiheit

Die Angabe des Verkäufers, der Wagen sei unfallfrei, ist regelmäßig als Zusicherung einer Eigenschaft anzusehen.[245] Dagegen stellt die Erklärung, man wisse nichts von einem Unfallschaden, keine Zusicherung der Unfallfreiheit dar.[246] Eine stillschweigende Zusicherung wird aber insoweit anzunehmen sein, wenn der Verkäufer nur auf das Vorhandensein eines bestimmten Unfallschadens oder gewisser Blechschäden hinweist, während andere erhebliche Unfallschäden nicht erwähnt werden.[247]

(1) Der Begriff der Unfallfreiheit besagt nach der Verkehrsanschauung, daß das Fahrzeug keinen „nennenswerten", erheblichen Sachschaden erlitten hat; bloße Blechschäden und Schönheitsfehler (Kratzer) sind von ihm nicht erfaßt.[248]

(2) Die Zusicherung der Unfallfreiheit ist im Regelfall absolut, d.h. fahrzeugbezogen zu verstehen; Einschränkungen, daß die Erklärung der Unfallfreiheit nur die eigene Besitzzeit umfasse bzw. der Händler nur die Erklärung seines Auftraggebers wiedergebe, bedürfen nach h.M. einer ausdrücklichen Einschränkung, wie sie vor allem in schriftlichen Kaufverträgen zum Ausdruck kommt.[249]

h) Anzahl der Vorbesitzer/Art der Nutzung

Die Anzahl der Vorbesitzer kann zugesicherte Eigenschaft sein.[250] Die Zusicherung liegt in der Erklärung, daß das Fahrzeug aus „erster Hand" bzw. „zweiter Hand" sei; ob allerdings schon die Erklärung „Zahl der Vorbesitzer lt. Kfz-Brief" für eine Zusicherung ausreicht, erscheint zweifelhaft.[251]

(1) Maßgebend für die die Anzahl der Vorbesitzer ist regelmäßig der Kraftfahrzeugbrief.[252] Die Bezeichnung als „Zweithandfahrzeug" soll lediglich besagen, daß das Fahrzeug nicht aus erster Hand ist, also mehrere Besitzer gehabt hat.[253] Bei der Angabe, daß der Wagen aus erster bzw. zweiter Hand ist, ist die Zusicherung auch dann unrichtig, wenn er als Mietwagen gelaufen ist.[254]

(2) Daraus folgt allgemein, daß die Art der Vorbenutzung zugesichert werden kann, z.B. daß das Fahrzeug nicht gewerblich genutzt worden ist.[255] Auch die Eigenschaft als

---

245 *BGH,* NJW 1978, 261; *OLG Köln,* DAR 1975, 327; *Reinking-Eggert,* Rdnr. 1788ff.

246 *BGH,* NJW 1981, 928; *Reinking-Eggert,* Rdnr. 1793.

247 *BGH,* NJW 1981, 1441; NJW-RR 1987, 436; *OLG Frankfurt,* NJW-RR 1987, 1268; *OLG Oldenburg,* NJW-RR 1987, 1269; *OLG Düsseldorf,* OLGR 1992, 265; 1994, 186; *OLG Bamberg,* NJW-RR 1994, 1333; *OLG Saarbrücken,* NJW-RR 1998, 1273; *Reinking-Eggert,* Rdnr. 1794.

248 *OLG Köln,* DAR 1975, 327; *Reinking-Eggert,* Rdnr. 1798

249 *Reinking-Eggert,* Rdnr. 1790; einschr. *LG Saarbrücken,* ZfS 1994, 245 L (13 Jahre altes Fahrzeug). – S.u. 3, d, (1).

250 *LG Saarbrücken,* DAR 1994, 91; *OLG Hamm,* MDR 1984, 14; 1994, 139; *OLG Celle,* NJW-RR 1990, 1527; *Reinking-Eggert,* Rdnr. 1803.

251 Dafür *OLG Celle,* NJW-RR 1990, 1527; *OLG Düsseldorf,* OLGR 1994, 186; dagegen *Reinking-Eggert,* Rdnr. 1803.

252 *OLG Köln,* DAR 1974, 71 (Eheleute); *Reinking-Eggert,* Rdnr. 1804.

253 *Reinking-Eggert,* Rdnr. 1805; hierzu *OLG Hamm,* MDR 1994, 139.

254 *LG Berlin,* VersR 1976, 396.

255 *Reinking-Eggert,* Rdnr. 1806.

Vorführwagen, Dienstwagen, Direktionswagen, Geschäftswagen kann zugesichert werden.[256] Gleiches gilt auch für die Interimswagen von Werksangehörigen.[257]

i) Sonstiges

(1) Die Eigenschaft als Oldtimer ist zusicherungsfähig.[258]

(2) Die Eignung des Fahrzeugs zu einem bestimmten Verwendungszweck kann ebenfalls zugesichert werden, bedarf aber nach der Verkehrsauffassung einer ausdrücklichen Absprache.[259]

3. Einwendungen

a) Haftungsausschluß

Liegt eine zugesicherte Eigenschaft vor, so kann sich der Gebrauchtwagenverkäufer nicht mit dem Hinweis auf den Gewährleistungsausschluß verteidigen. Dies folgt sowohl aus dem Vorrang der Individualabrede (§ 4 AGBG) als auch aus dem Klauselverbot des § 11 Nr. 11 AGBG und der Generalklausel des § 9 AGBG.[260]

Dagegen ist die sogenannte „Zirka-Klausel" – wonach Angaben über bestimmte Daten nur ca.-Angaben innerhalb einen bestimmten Rahmens sind – im Rahmen bestimmter Toleranzgrenzen zulässig.[261]

b) Negativklauseln

In einzelnen Kaufvertragsformularen finden sich Klauseln, wonach bestimmte Angaben nicht als Zusicherungen anzusehen sind.

(1) Soweit es sich um eine allgemeine Klausel handelt, ist diese nach §§ 11 Nr. 11 + 15b AGBG und § 9 AGBG unwirksam.[262]

(2) Ebenso ist eine AGBG-Klausel, wonach Angaben im Zustandsbericht keine zugesicherten Eigenschaften darstellen, nach den gleichen Vorschriften unwirksam.[263] Allein durch die räumliche Verlagerung von Angaben im Kaufvertrag kann der Vertrauensschutz des Käufers nicht

---

[256] *BGH,* WM 1976, 740; *OLG Köln,* NJW-RR 1990, 1144; *Reinking-Eggert,* Rdnr. 1800.

[257] Zweifelnd *Reinking-Eggert,* Rdnr. 1715, 1716.

[258] *LG Bonn,* DAR 1994, 32.

[259] *Reinking-Eggert,* Rdnr. 1796, 1797; Beispiel: Eignung als Geländewagen: *OLG Düsseldorf,* NZV 1995, 311 L; *OLG Köln,* VersR 1994, 110.

[260] *BGH,* NJW 1975, 1693; *BGHZ* 74, 383 = NJW 1979, 1886; *BGH,* NJW 1981, 1880; *BGHZ* 87, 302 = NJW 1983, 2192 m. Anm. *Haase,* JR 1983, 501; *BGH,* NZV 1990, 110; *BGHZ* 122, 256 = NJW 1993, 1854.

[261] *BGH,* NJW 1975, 1693; einschr. *Reinking-Eggert,* Rdnr. 1845 betr. Privatverkäufer. – Zu den Toleranzgrenzen vgl. *Hörl,* DAR 1986, 102.

[262] *LG Berlin,* VuR 1988, 50; *Reinking-Eggert,* Rdnr. 1836.

[263] *OLG Celle,* NJW-RR 1988, 1135; a.A. *OLG München,* NJW-RR 1986, 1181; vgl. hierzu *Hörl,* DAR 1986, 100.

eliminiert werden. Etwas anderes kann nur gelten, wenn unmittelbar im Zusammenhang mit dem Zustandsbericht darauf hingewiesen wird, daß diese Angaben nicht zugesichert werden.[264]

(3) Individuelle Abreden, daß eine bestimmte Angabe nicht zugesichert wird, sind dagegen wirksam. Wird in der Spalte „Zusicherungen" individuell das Wort „keine" eingefügt, so steht dies einer beachtlichen Zusicherung entgegen.[265]

c) Schriftformklausel

Schriftformklauseln können nach nunmehr gefestigter Rechtsprechung die Wirksamkeit mündlicher Zusicherungen nicht außer Kraft setzen.[266]

Das gilt nicht nur bei einem „Einmannbetrieb" des Gebrauchtwagenhändlers,[267] sondern auch bei Erklärungen von dessen Angestellten, für die die Grundsätze der Anscheins- und Duldungsvollmacht zutreffen.[268]

d) Einschränkende Hinweise

(1) Eine Einschränkung des Kenntnisstandes des Verkäufers – vor allem bei einer größeren Anzahl von Vorbesitzern – kann den Umfang der Zusicherung – zumindest bei Kauf unter Privatleuten – einschränken, wenn der Verkäufer dies unmißverständlich und deutlich zum Ausdruck bringt.[269] Enthält der schriftliche Kaufvertrag keine derartige Einschränkung, so wird man an eine mündliche Einschränkung der Zusicherung strenge Beweisanforderungen stellen müssen.

(2) Wird die Zusicherung mit einem Hinweis auf eine Expertise oder das Gutachten eines Sachverständigen verbunden, so liegt darin m.E. kein einschränkender Zusatz, sondern gerade eine Bekräftigung der Zusicherung.[270]

e) Abnahmeerklärung

Die Unterzeichnung einer Erklärung durch den Käufer bei Abnahme, daß das Fahrzeug in einwandfreiem Zustand übernommen wurde, befreit nicht von der Haftung wegen zugesicherter Eigenschaften.[271]

---

[264] *BGH,* NJW 1978, 2241.

[265] *BGH,* NJW 1992, 170 m. Anm. *Flume,* JZ 1992, 367; krit. *Reinking-Eggert,* Rdnr. 1837.

[266] *BGH,* NJW-RR 1995, 179; *OLG Bamberg,* NJW-RR 1994, 1333; *Reinking-Eggert,* Rdnr. 1839.

[267] *BGH,* NJW 1983, 1853.

[268] *BGH,* NJW 1986, 1809; *Reinking-Eggert,* Rdnr. 1843, vgl. hierzu noch *Ulmer-Brandner-Hensen,* Anhang zu §§ 9–11 AGBG, Rdnr. 635.

[269] *OLG Düsseldorf,* OLGR 1994, 293; *LG Zweibrücken,* NJW 1999, 585; *Reinking-Eggert,* Rdnr. 1658, 1733, 1738, 1790–1792; a.A. für den Gebrauchwagenhändler jetzt *BGH,* NJW 1998, 2207 (§ 5 AGBG) unter Bestätigung von *KG* NJW-RR 1998, 131.

[270] a.A. *Reinking-Eggert,* Rdnr. 1812.

[271] *BGH,* NJW 1983, 2193; *Reinking-Eggert,* Rdnr. 1846.

f) Verjährung

Die Verjährung der Ansprüche wegen Fehlens zugesicherter Eigenschaften richtet sich nach § 477 BGB. Die Frist beträgt 6 Monate ab Ablieferung; bei Arglist beträgt sie 30 Jahre. Es gilt also das Gleiche wie bei der Gewährleistung nach § 459 I BGB.[272]

III. Sonstige vertragliche Abreden

1. Das Nachbesserungsrecht

a) Zulässigkeit

Das Kaufrecht des BGB gewährt bei Sachmängeln und Fehlen zugesicherter Eigenschaften grundsätzlich keinen Anspruch auf Nachbesserung (§ 462 BGB). Die Parteien können aber aufgrund der Vertragsfreiheit ein Nachbesserungsrecht vereinbaren.

(1) Die Vereinbarung kann durch Individualabrede oder durch AGB erfolgen. In AGB (oder Formularverträgen) geschieht dies regelmäßig in der Weise, daß anstelle der gesetzlich vorgesehenen Gewährleistungsrechte (Wandelung, Minderung) ein Nachbesserungsrecht vorgesehen wird.

(2) Eine solche Regelung ist im Hinblick auf die Zulässigkeit des generellen Gewährleistungsausschlusses[273] mit § 9 AGBG vereinbar mit der Einschränkung, daß dem Käufer bei Vorliegen der Voraussetzungen des § 463 BGB der Schadensersatzanspruch wegen Nichtvorliegen zugesicherter Eigenschaften erhalten bleiben muß (§ 11 Nr. 11 AGBG). Außerdem greift die Beschränkung der Gewährleistung auf das Nachbesserungsrecht nicht Platz bei Arglist des Verkäufers (§ 476 BGB).

b) Voraussetzungen

Die Voraussetzungen des Nachbesserungsrechts richten sich nach der getroffenen Vereinbarung. Im Regelfall stellen die Parteien keine eigenen Voraussetzungen für das Nachbesserungsrecht auf, sondern knüpfen an die Gewährleistungstatbestände des § 459 I und II BGB an. Zusätzliche Voraussetzungen finden sich meist für den Zeitraum, innerhalb dessen das Nachbesserungsrecht geltendzumachen ist.

Insoweit können Ausschlußfristen vereinbart oder festgelegt werden, daß das Nachbesserungsverlangen „unverzüglich" nach Entdeckung des Mangels bzw. des Fehlens der zugesicherten Eigenschaft geltendzumachen ist. Außergewöhnlich kurzen Ausschlußfristen kann nach § 9 AGBG die Wirksamkeit versagt werden.[274]

---

[272] S.o. I, 5. – Zur Arglist s.o. I, 4, d.

[273] S.o. I, 4, a.

[274] § 11 Nr. 10e AGBG ist nicht anwendbar, da es sich nicht um neu hergestellte Sachen handelt. Das schließt aber eine Anwendung des § 9 AGBG nicht aus; vgl. auch *Ulmer-Brandner-Hensen,* § 11 Nr. 10 AGBG, Rdnr. 4.

c) Verjährung

Der Anspruch auf Nachbesserung verjährt analog § 477 BGB in sechs Monaten ab Ablieferung des Kaufgegenstandes.[275] Eine Abkürzung der Verjährungsfrist durch AGB-Klausel ist zulässig.[276]

2. *Vornahme von Zusatzarbeiten*

a) Inhalt

Der Verkäufer kann – bei Vertragsschluß oder später vor Übergabe – die Vornahme von Zusatzarbeiten zusagen.[277] Dies kann sich beziehen auf

(1) die Beseitigung bestimmter Mängel;
(2) die Vornahme eines Ölwechsels;
(3) den Ein- oder Ausbau bestimmter Zubehörteile;
(4) die Durchführung einer behördlichen Prüfung (z.B. TÜV, ASU, Betriebserlaubnis nach § 22 StVZO).

b) Rechtliche Einordnung

Die rechtliche Einordnung derartiger Zusagen ist umstritten.[278] Die Ansichten reichen von einer kaufrechtlichen Nebenleistung mit der Folge der Gewährleistungshaftung[279] über einen gemischten Vertrag mit der Folge der Anwendung von Werkvertragsrecht[280] bis zur Anwendung der allgemeinen Vorschrift des § 326 BGB.[281]

(1) Bei Reparaturarbeiten spricht die Interessenlage für die Anwendung der werkvertraglichen Vorschriften.[282] Ob dies auch für die Klausel „TÜV Neu" gilt, wird unterschiedlich beurteilt.[283] M.E. ist zu differenzieren: die Herbeiführung der Genehmigung sollte als kaufrechtliche Nebenleistung mit der Folge der Anwendung der Gewährleistungsregeln angesehen werden;[284] soweit die Klausel auch die Verpflichtung zur Vornah-

---

[275] *BGH*, NJW 1971, 654.
[276] Eine Abkürzung auf 3 Monate dürfte der Inhaltskontrolle standhalten.
[277] *Reinking-Eggert*, Rdnr. 1819 ff.
[278] Übersicht bei *Reinking-Eggert*, Rdnr. 1821.
[279] *BGHZ* 103, 275 = NJW 1988, 1378; *OLGHamm* (27. ZivS), NJW 1980, 2200 Nr. 13; NZV 1988, 180; *OLG Schleswig*, VersR 1972, 474.
[280] *BGHZ* 57, 112 = NJW 1972, 46; *BGH*, NJW 1983, 2440; *OLG Hamm* (2. ZivS), NJW 1980, 2200 Nr. 14; *LG Bochum*, MDR 1980, 577.
[281] *BGH*, NJW-RR 1990, 1462 (Umrüstung; damit wurde die handelsrechtliche Mängelrüge eliminiert).
[282] s. Fußn. 280.
[283] Dafür *Reinking-Eggert*, Rdnr. 1783, 1824, 1827; dagegen *BGHZ* 103, 275 = NJW 1988, 1378.
[284] *BGHZ* 103, 275.

me von Reparaturarbeiten zum Inhalt hat, liegt die Anwendung von Werkvertragsrecht näher.

Soweit Werkvertragsrecht Anwendung findet, hat der Käufer unter den Voraussetzungen der §§ 634, 635 die Rechte auf Wandlung, Minderung oder Schadensersatz, die von einem etwaigen Gewährleistungsausschluß nicht erfaßt werden (§ 4 AGBG). Für die Verjährung der Ansprüche gelten demgemäß die §§ 638, 639 BGB.

(2) Bei der Herbeiführung einer behördlichen Genehmigung und der Verpflichtung zum Ein- und Ausbau von Zubehörteilen spricht dagegen die Interessenlage mehr für die Annahme einer kaufrechtlichen Nebenpflicht.[285]

Dem Käufer sind mithin die Rechte aus § 462 BGB zuzubilligen. Der Gewährleistungsausschluß greift allerdings auch hier nicht (§ 4 AGBG).

3. Garantiezusagen

a) Begriff und Rechtsnatur

Eine selbständige Garantiezusage liegt vor, wenn dem Käufer über die gesetzliche Gewährleistung hinaus ein Leistungsversprechen gegeben wird, wonach der Erklärende für bestimmte Fahrzeugteile für einen zusätzlichen wirtschaftlichen Erfolg einstehen will.[286] Sie ist meist auf die Haltbarkeit der Fahrzeugteile (z.B. Motor, Getriebe, Kupplung) beschränkt.[287]

(1) Die Loslösung von der gesetzlichen Gewährleistung zeigt sich vor allem darin, daß es für den Garantiefall nicht mehr auf den Zeitpunkt der Übergabe ankommt, sondern auf das Auftreten des Garantiefalls binnen einer bestimmten Laufzeit der Garantie und/oder einer bestimmten Laufleistung des Fahrzeugs.[288] In der bloßen Verlängerung der gesetzlichen Verjährungsfrist allein kann deshalb eine selbständige Garantie nicht gesehen werden.[289]

(2) Als Garantiegeber kommen sowohl der Verkäufer (Händler) oder auch dritte Personen in Betracht, die vom Verkäufer einbezogen werden: der Hersteller des fraglichen Fahrzeugteils, für das Garantie geleistet wird, oder eine Versicherung („Systemgarantie“).[290]

b) Umfang der Garantie

Der Umfang der Garantie ergibt sich aus den getroffenen Vereinbarungen.[291]

---

[285] *Reinking-Eggert,* Rdnr. 1825.

[286] *Winterfeld,* DAR 1985, 65.

[287] *BGH,* NJW 1995, 516; *Graf von Westphalen/Pfeiffer,* Rdnr. 121; *Reinking-Eggert,* Rdnr. 1705.

[288] *Winterfeld,* DAR 1985, 66.

[289] Die Abgrenzung im einzelnen ist streitig; vgl. *Winterfeld,* aaO.; *Reinking-Eggert,* Rdnr. 1692.

[290] *Reinking-Eggert,* Rdnr. 1701 ff.; *Finke/Spieß,* NJW 1995, 242.

[291] *Reinking-Eggert,* Rdnr. 1705.

(1) In Frage kommen neben Individualvereinbarungen auch AGB, die aber nach § 2 AGBG der Einbeziehung bedürfen.[292] Im Zweifel sind mangels einer ausdrücklichen anderweitigen Vereinbarung – auch Verschleißerscheinungen einbezogen.[293]

(2) Der Garantiefall ist nicht gegeben, wenn der eingetretene Mangel auf ein schuldhaftes Verhalten des Käufers zurückzuführen ist,[294] was der Garantiegeber zu beweisen hat.[295]

Es finden sich auch AGB-Klauseln, wonach der Garantiefall ausgeschlossen ist, wenn der Käufer nicht die werkseitig vorgeschriebenen Inspektionen durchgeführt hat. Solche Klauseln sind aber nach § 9 AGBG nur wirksam, wenn der aufgetretene Mangel im Kausalzusammenhang mit den unterlassenen Inspektionen steht.[296] Das Unterlassen der Inspektionen und ihre Ursächlichkeit für den Garantieschaden hat der Garantiegeber zu beweisen.[297]

c) Verjährung

Der Anspruch aus der Garantie verjährt in analoger Anwendung des § 477 BGB in sechs Monaten, wobei die Verjährungsfrist ab Kenntnis des Garantieschadens läuft.[298] Im übrigen gelten die obigen Ausführungen zur Hemmung und Unterbrechung der Verjährung[299] entsprechend.[300]

IV. Culpa in contrahendo und positive Vertragsverletzung

1. Ausschließlichkeit der Regelung in §§ 459, 463 BGB

Nach der Rechtsprechung stellen die §§ 459, 463 BGB bei Sachmängeln und Fehlen zugesicherter Eigenschaften eine Sonderregelung dar, die eine Haftung des Verkäufers für den Mangelschaden aus culpa in contrahendo und aus positiver Vertragsverletzung ausschließen.[301] In der Literatur werden dagegen auch abweichende Auffassungen vertreten;[302] ebenso

---

[292] *BGH,* NJW 1995, 516.

[293] Hierzu *Reinking,* DAR 1995, 1, 2.

[294] *Reinking-Eggert,* Rdnr. 1706.

[295] *BGH,* NJW 1995, 516 m.Nw.; *Reinking,* DAR 1995, 1, 7; *Winterfeld,* DAR 1985, 70.

[296] *BGH,* NJW-RR 1991, 1013 („Additive"; sehr aufschlußreich für die „Erfindungsgabe" der Wirtschaft); *OLG Hamm,* OLGR 1994, 38 L; *Reinking-Eggert,* Rdnr. 1706.

[297] *OLG Hamm,* aaO.; teilw. abw. *Reinking,* DAR 1995, 1, 7.

[298] *BGH,* NJW 1979, 645; vgl. auch *BGHZ* 75, 75 = NJW 1979, 2036.

[299] S.o. I, 5, b.

[300] Zur analogen Anwendung von § 639 II BGB vgl. *BGH,* WM 1984, 479; *Graf von Westphalen/Pfeiffer,* Rdnr. 122.

[301] Vgl. für c.i.c.: *BGHZ* 60, 319 = NJW 1973, 1234; *BGH,* NJW 1984, 2938; 1995, 2159; für positive Vertragsverletzung: *BGHZ* 67, 359, 365 = NJW 1977, 379. – *Honsell,* JR 1976, 361. – Überblick über den Meinungsstand bei *Marutschke,* JuS 1999, 729.

[302] *Peters,* NJW 1978, 669; *Schaumburg,* MDR 1975, 107; *Schwark,* AcP 179, 82; *Köhler,* JuS 1979, 568.

sind Reformbestrebungen im Gange, die Mängelhaftung in das allgemeine Leistungsstörungsrecht zu integrieren.[303]

2. *Ausnahmen von der Ausschließlichkeitsregelung*

a) Ansprüche aus culpa in contrahendo gegen den Verkäufer

Sie werden ausnahmsweise zugelassen

(1) bei Verletzung von Informationspflichten , wenn die (unterlassene) Information keine Eigenschaften der Kaufsache betrifft;[304] bezieht sich die (unterlassene) Information auf die Eigenschaften der Kaufsache, so besteht ein Anspruch aus c.i.c. auch dann, wenn der Verkäufer vorsätzlich oder gar arglistig gehandelt hat.[305]

(2) bei Verletzung von Obhuts- und Fürsorgepflichten, die die Person des Käufers betreffen.[306]

(3) nach wirksamer Anfechtung des Kaufvertrages.[307]

b) Ansprüche aus culpa in contrahendo gegen den Händler

Hat der Händler – beim sogenannten Agenturvertrag[308] – bei Abschluß des Kaufvertrages als Vertreter für den Verkäufer gehandelt, so hat die Rechtsprechung dem Händler eine zusätzliche Eigenhaftung zum Schutz des Erwerbers unter dem Gesichtspunkt der culpa in contrahendo auferlegt.[309] Sie greift dort nicht nur bei Verletzung von Informationspflichten[310] und Obhutspflichten[311] Platz, sondern dient auch dazu, eine Gewährleistungspflicht des Händlers bei Sachmängeln und Fehlen zugesicherter Eigenschaften zu begründen.[312]

(1) Begründet wird die Eigenhaftung des Händlers entsprechend den allgemeinen Voraussetzungen der Vertreterhaftung[313] mit den topoi „In-

---

[303] Vgl. Verhandlungen und Beschlüsse des 60. DJT (1994), NJW 1994, 3069, 3075.

[304] *BGH,* NJW 1991, 1223; 1991, 1673, 1675; *BGHZ* 114, 263 = NJW 1991, 2556; *OLG Düsseldorf,* RR 1996, 498; *OLG Hamm,* NJW-RR 1997, 429; hierzu *Marutschke* (Fußn. 301), S. 734.

[5] *BGH,* NJW-RR 1988, 10; 1990, 78; NJW 1995, 2159; 1999, 1404; *Reinking-Eggert,* Rdnr. 2093.

[306] *BGH,* NJW 1962, 31; *BGHZ* 66, 51 = NJW 1976, 712; *Horn,* JuS 1995, 377, 380.

[307] *Reinking-Eggert,* Rdnr. 2066.

[308] S.o. Vorb. 2, c, (1).

[309] *BGHZ* 63, 382 = NJW 1975, 642; *BGH,* JR 1976, 416 m. Anm. *Haase; BGH,* NJW 1977, 1914; 1979, 1707; *BGHZ* 79, 281 = NJW 1981, 922 m. Anm. *Haase, JR* 1981, 320; *BGH,* NJW 1980, 2184; 1981, 1286; 1983, 217; *OLG Koblenz,* NJW-RR 1988, 1137; *LG Münster,* DAR 1990, 22. – Einschr. *BGH,* NJW 1983, 2696: keine Ausdehnung der Haftung auf die Angestellten des Händlers.

[310] S.o. 2, a, (1).

[311] S.o. 2, a, (2).

[312] Einzelheiten bei *Reinking-Eggert,* Rdnr. 1395 ff.

[313] Grundlegend *Ballerstedt,* AcP 151, 501 ff.; aus der Rechtspr. zu anderen Gebieten: *BGHZ* 56, 81 = NJW 1971, 1309; BGH, NJW 1986, 586; 1986, 3193; aus der Literatur: *Schulze,* JuS 1983, 81, 87; *Hohloch,* NJW 1979, 2369; *Horn,* JuS 1995, 377, 383.

anspruchnahme besonderen Vertrauens" und – später überwiegend – mit dem „eigenen wirtschaftlichen Interesse" des Händlers.[314]

Gegen die Konstruktion sind mit Recht beachtliche Einwendungen erhoben worden.[315] Es besteht nämlich die Gefahr, daß die Gerichte in einen Sachverhalt mehr an Wertungen hineinlegen, als in ihm tatsächlich enthalten ist und nicht immer der Interessenlage entspricht. Das Merkmal des „besonderen Vertrauens", das vom BGH zunächst bei einem Kraftfahrzeughändler „mit größerem Betrieb" bejaht[316] und dann auf Händler „mit Werkstattdienst" ausgedehnt wurde,[317] dürfte nicht bei allen Gebrauchtwagenhändlern gerechtfertigt sein, vor allem nicht bei jenen, die ihr Gewerbe auf einer stillgelegten Tankstelle oder einem angemieteten Platz betreiben und offensichtlich keine Werkstatt mit Prüfmöglichkeiten besitzen.[318] Auch die Annahme eines besonderen wirtschaftlichen Interesses ist allgemein zu weitgehend.[319] Deshalb sollte man eine Eigenhaftung des Händlers nur noch in Ausnahmefällen bejahen, z.B. bei Art und Größe des Unternehmens und/oder den bei Vertragsschluß gemachten besonderen Angaben, die sich kausal auf den Vertragsschluß ausgewirkt haben.[320]

(2) Inhaltlich hat sich die Rechtsprechung dahin entwickelt, die Haftung des Gebrauchtwagenhändlers der Haftung des Verkäufers anzugleichen.[321] Das bedeutet einmal eine Ausdehnung der Haftung auf die Gewährleistung.

Konstruktiv besteht das Problem darin, eine verschuldensunabhängige Haftung aus §§ 459 ff. BGB im Rahmen der verschuldensabhängigen culpa in contrahendo zu begründen. Dies geschieht durch Statuierung weitgehender Offenbarungspflichten[322] und Untersuchungspflichten.[323] Zusicherungen des Händlers, die normalerweise den Vertretenen treffen (§ 164 BGB), werden als zugleich im eigenen Namen abgegebene behandelt[324] oder über § 179 BGB dem Händler zugerechnet.[325] Das bei dem Verkäufer bei Fehlen zugesicherter Eigenschaften nicht erforderliche Verschulden wird bei dem Händler durch Statuierung von Prüfungs- und Untersuchungspflichten bejaht.[326]

---

[314] S. die Rechtspr. in Fußn. 309. – Zur gleichzeitigen Heranziehung beider Begründungstopoi siehe *OLG Koblenz,* NJW-RR 1988, 1137; *OLG Köln,* NJW-RR 1990, 1144; *LG Münster,* DAR 1990, 22.

[315] Vgl. vor allem *Reinking-Eggert,* Rdnr. 1395 ff.

[316] *BGHZ* 63, 382 = NJW 1975, 642.

[317] *BGHZ* 79, 281 = NJW 1981, 922.

[318] *Reinking-Eggert,* Rdnr. 1399; zurückhaltend auch *LG Oldenburg,* DAR 1987, 122.

[319] *Reinking-Eggert,* Rdnr. 1396.

[320] *Reinking-Eggert,* Rdnr. 1400, 1403 unter Bezugnahme auf *BGH,* JZ 1990, 1075 m. Anm. Tiedtke.

[321] *OLG Frankfurt,* NJW-RR 1996, 39 (Hauskauf).

[322] *BGHZ* 63, 382 = NJW 1975, 642; *BGH,* NJW 1977, 1914; 1979, 1707; *OLG Koblenz,* NJW-RR 1988, 1137; *LG Saarbrücken,* NJW-RR 1991, 629; *OLG Hamburg,* NJW-RR 1992, 1399; *OLG Köln,* NJW-RR 1993, 1138; *OLG Düsseldorf,* DAR 1993, 347, *Reinking-Eggert,* Rdnr. 1402.

[323] *BGH,* NJW 1977, 1055; Überblick über die Rechtspr. bei *Reinking-Eggert,* Rdnr. 1895 ff.

[324] *BGH,* JR 1976, 416; NJW 1983, 217; 1983, 2192; *LG Bremen,* DAR 1984, 91; *OLG Köln,* NJW-RR 1990, 1144; *Reinking-Eggert,* Rdnr. 1402.

[325] *BGHZ* 103, 275 = NJW 1988, 1378; *OLG Köln,* NJW-RR 1990, 760; hierzu *Jakobs,* NJW 1989, 696; *Huber,* JZ 1988, 923; *Tiedtke,* JuS 1988, 848.

[326] S.o. Fußn. 323; ferner *OLG Hamm,* MDR 1984, 141; *LG Bochum,* NJW 1980, 789; hierzu *Teske,* NJW 1983, 2428; *Rixecker,* DAR 1986, 110; *Reinking-Eggert,* Rdnr. 1402.

Eine Einengung der Haftung wird durch Übernahme des § 460 BGB[327] und durch die – konstruktiv schwierige – Übernahme des Gewährleistungsausschlusses zugunsten des Händlers mit der Folge übernommen, daß dieser für Sachmängel nur bei Arglist haftet.[328] Auch die kurze Verjährungsfrist des § 477 BGB soll dem Händler zugute kommen, was allerdings – im Hinblick auf die 30jährige Verjährungsfrist bei Arglist[329] nur Bedeutung für die Haftung wegen zugesicherter Eigenschaften hat.[330]

c) Ansprüche aus positiver Vertragsverletzung gegen den Verkäufer

(1) Solche Ansprüche läßt die Rechtsprechung bei den sogenannten Mangelfolgeschäden zu, d.h. Schäden, die an anderen Rechtsgütern des Käufers als der gelieferten Sache entstanden sind.[331] Bei Fehlen zugesicherter Eigenschaften ist allerdings vorweg zu prüfen, ob der Schutzzweck der Zusicherung von § 463 BGB erfaßt wird.[332] Ist dies der Fall, dann verbleibt es bei § 463 BGB als Anspruchsgrundlage.[333] Andernfalls ist auf die positive Vertragsverletzung als Anspruchsgrundlage zurückzugreifen.[334] Wegen der teilweise unterschiedlichen Rechtsfolgen kann die Abgrenzung nicht dahingestellt bleiben.[335]

In Frage kommen vor allem Körper- und Gesundheitsschäden, die auf einen Unfall mit dem mangelhaften Wagen zurückzuführen sind. Problematisch ist insoweit die Einbeziehung Dritter in die Schutzwirkung des Kaufvertrages (§ 328 BGB), die für die berechtigten Fahrer und Insassen bejaht werden sollte.[336] Daneben kommen auch Schäden in Betracht, die durch die Weiterveräußerung des Wagens und die notwendige Nachbesserung oder Rücknahme durch den Käufer entstehen.[337]

(2) Außerdem greift die Ausschlußwirkung der §§ 459, 463 BGB nicht Platz, wenn der Verkäufer nach Abschluß des Kaufvertrages schuldhaft einen Mangel herbeiführt.[338]

---

[327] *BGHZ* 79, 281 = NJW 1981, 922; *Reinking-Eggert,* Rdnr. 1405.

[328] *BGH,* NJW 1983, 2192; *LG Oldenburg,* DAR 1987, 122; *Reinking-Eggert,* Rdnr. 1406.

[329] S.o. I, 5, a, Fußn. 156.

[330] *BGH,* NJW 1977, 1914; JZ 1990, 1075 m. Anm. *Tiedtke; Reinking-Eggert,* Rdnr. 1410.

[331] *BGHZ* 59, 158 = NJW 1972, 1706; *BGHZ* 77, 215 = NJW 1980, 1950; *Walter,* KaufR § 5, II, 6.

[332] Grundlegend: *BGHZ* 48, 118 = NJW 1967, 1903, (Trevira); *BGHZ* 50, 200 = NJW 1968, 1622 (Klebeschutzmittel).

[333] *BGH,* NJW 1982, 435; *Reinking-Eggert,* Rdnr. 2023, 2024.

[334] *Reinking-Eggert,* Rdnr. 2095.

[335] a.A. *Reinking-Eggert,* Rdnr. 2033. – Wenn man von dem Fall der Arglist absieht, erfordert die Zusicherungshaftung nach § 463 BGB kein Verschulden. Außerdem greift § 460 BGB nur gegenüber § 463 BGB Platz: *Reinking-Eggert,* Rdnr. 2026.

[336] a.A. *Schwenzer,* JuS 1982, 759.

[337] *OLG Hamburg,* MDR 1978, 756; *BGH* NJW 1982, 435.

[338] *BGH,* JZ 1967, 321.

Hierher gehören sowohl vorsätzliche Veränderungen des PKW (z.B. Ausbau bestimmter Extras, Auswechslung des Motors) als auch fahrlässige Beschädigung des PKW bis zur Ablieferung.[339]

(3) Schließlich kommt die positive Vertragsverletzung bei Fehlinformationen bzw. unterlassenen Informationen des Verkäufers nach Vertragsschluß, eventuell sogar nach Ablieferung des Fahrzeugs zum Zuge.[340]

d) Ansprüche aus positiver Vertragsverletzung gegen den Händler

Soweit im Rahmen eines Agenturvertrages dem Händler seitens des Käufers ein besonderes Vertrauen entgegengebracht wird, wird man – ebenso wie bei der Haftung aus culpa in contrahendo[341] – eine eigene nachvertragliche Haftung des Händlers bejahen können.[342] Das betrifft die oben unter c) behandelten Ansprüche.

3. Einwendungen

a) Haftungsausschluß

Der allgemeine Gewährleistungsausschluß[343] erfaßt nicht die Ansprüche aus culpa in contrahendo und positiver Vertragsverletzung.[344]

Erforderlich ist eine zusätzliche Freizeichnung, entweder durch Individualabrede oder durch eine AGB-Klausel; in letzterem Falle gilt § 11 Nr. 7 AGBG: es kann nur die Haftung für einfache Fahrlässigkeit ausgeschlossen werden.

b) Verjährung

(1) Ansprüche aus culpa in contrahendo und aus positiver Vertragsverletzung verjähren nach der Rechtsprechung des BGH in analoger Anwendung des § 477 BGB binnen 6 Monaten nach Ablieferung, wenn der entstandene Schaden in einem unmittelbaren Zusammenhang mit einem Mangel oder in einer die Verwendungsfähigkeit beeinflussenden Eigenschaft der Kaufsache besteht.[345]

Die Frage, ob die Verjährungsfrist hier abweichend von § 477 BGB erst mit der Entdeckung des Mangels beginnt[346] hat der BGH nach anfänglichen Tendenzen endgültig

---

[339] *Reinking-Eggert,* Rdnr. 2095.

[340] *BGH,* NJW-RR 1989, 211 (falsche Information über Versicherungsschutz).

[341] S.o. 2, b.

[342] *BGHZ* 70, 337 = NJW 1978, 1374 m.Nw.; zust. *Zschocke,* VersR 1978, 1374; i. E. abl. *Nirk,* FS Hauß (1978), S. 267; krit. *Medicus,* Bürgerl. Recht, 17. Aufl. (1996) Rdnr. 200b.

[343] S.o. I, 4, c.

[344] *Reinking-Eggert,* Rdnr. 2096.

[345] *BGH,* NJW 1973, 843; 1975, 1505; *BGHZ* 77, 215 = NJW 1980, 1950; *BGHZ* 88, 130 = NJW 1983, 2697; *BGHZ* 107, 249 = NJW 1989, 2118; *Walter,* KaufR, § 5, II, 8, c, bb + cc.

verneint.[347] Dagegen sollen im Falle der Arglist die Ansprüche nicht durch Ablauf der in § 124 BGB vorgesehenen Anfechtungsfrist erlöschen.[348]

(2) Soweit die Ansprüche aus culpa in contrahendo und positiver Vertragsverletzung nicht den unter (1) erwähnten Zusammenhang mit dem Mangel bzw. der Eigenschaft aufweisen, verjähren sie in 30 Jahren.[349]

V. Ungerechtfertigte Bereicherung

Ansprüche aus ungerechtfertigter Bereicherung (§§ 812 ff. BGB) können bei Nichtigkeit und bei wirksam erfolgter Anfechtung des Kaufvertrages in Betracht kommen.

1. Nichtigkeit nach § 138 BGB

Die Rechtsprechung zum Problem der Sittenwidrigkeit von Gebrauchtwagenkäufen ist spärlich. Hinzuweisen ist auf folgende Problembereiche:

a) Austauschbefugnis des Verkäufers

Das OLG Braunschweig hat einen Vertrag für nichtig erachtet, in dem der Verkäufer über den Gewährleistungsausschluß hinaus sich die Befugnis vorbehalten hatte, ein anderes als das besichtigte und verkaufte Fahrzeug zu liefern.[350]

b) Überhöhter Kaufpreis

Problematisch ist, ob und bei welchem Mißverhältnis zwischen vereinbarter Vergütung und Verkaufswert des Fahrzeugs eine Nichtigkeit nach § 138 BGB in Frage kommt. Die wenigen, auf den Einzelfall abstellenden Entscheidungen[351] lassen eine feste Grenze nicht erkennen.[352]

Unter Beachtung der bei anderen Vertragstypen entwickelten Grundsätze[353] dürfte zu erwägen sein, die Grenze für das auffällige Mißverhältnis von Leistung und Gegen-

---

[346] Dafür *OLG München,* NJW 1978, 499; *Köhler,* JuS 1979, 569.

[347] *BGHZ* 77, 215 = NJW 1980, 1950; *BGHZ* 88, 130 = NJW 1983, 2697.

[348] So *BGH,* NJW 1979, 1983; 1980, 782, 784; 1985, 2814; a.A. *OLG München,* NJW-RR 1995, 205; *Reinking-Eggert,* Rdnr. 2094.

[349] *BGH,* NJW-RR 1990, 1301; *BGHZ* 107, 249 = NJW 1989, 2118; *Reinking-Eggert,* Rdnr. 179; a.A. *Peters,* VersR 1979, 103 (Analogie zu § 852 BGB).

[350] *OLG Braunschweig,* OLGZ 1973, 194.

[351] Vgl. etwa *BGH,* BB 1957, 238; DB 1969, 2082.

[352] *Reinking-Eggert,* Rdnr. 2054 m.w.Nw.

[353] Vgl. etwa zum Darlehen: *BGHZ* 104, 102 = NJW 1988, 1659; Kauf einer Eigentumswohnung: *BGH,* NJW 1992, 899; Kauf eines Grundstücks: *BGH,* NJW-RR 1991, 589; Bauvertrag: *KG,* NJW-RR 1995, 1422; Pachtrecht: *OLG Stuttgart,* NJW-RR 1993, 654.

leistung derart zu ziehen, daß eine Abweichung vom Verkehrswert von 100% die Sittenwidrigkeit nahegelegt.[354] Für die bei „wucherähnlichen Geschäften" geforderten „besonderen Umstände" könnte zumindest bei Händlerverträgen die Unerfahrenheit des privaten Gebrauchtwagenkäufers hinsichtlich der Beurteilung des technischen Zustandes des Fahrzeuges und der Marktlage in Frage kommen,[355] ferner hohes Alter und erkennbare Gebrechlichkeit des Käufers.[356]

c) Hehlereigeschäft

Der BGH hat auch den Kaufvertrag über einen gestohlenen PKW als sittenwidrig angesehen, wenn alle Beteiligten die Tatsachen, die die Sittenwidrigkeit begründen, entweder kennen oder sich ihrer Kenntnis zumindest grob fahrlässig verschließen.[357]

2. Anfechtung

a) Erklärungs- und Inhaltsirrtum

Eine Anfechtung des Kaufvertrages nach § 119 I BGB ist nach allgemeinen Grundsätzen möglich.[358]

b) Irrtum über verkehrswesentliche Eigenschaft

Umstritten ist dagegen die Anfechtung des Kaufvertrages durch den Käufer wegen Irrtums über eine verkehrswesentliche Eigenschaft nach § 119 II BGB. Ausgangspunkt ist die allgemein akzeptierte These, daß eine Anfechtung nach § 119 II BGB ausscheidet, soweit die Sonderregelung der §§ 459 ff. BGB eingreift.[359] Zu erwähnen sind aber zwei Problembereiche:

(1) Die Rechtsprechung des BGH hat eine Anfechtung des Kaufvertrages wegen Irrtums über das Baujahr zugelassen, da das Alter des Fahrzeugs für sich keine Beeinträchtigung des Gebrauchswertes darstelle und deshalb kein Sachmangel vorliege.[360]

---

[354] *BGH,* NJW 1992, 899.

[355] Abl. im Ergebnis *OLG Nürnberg,* VRS 31, 324 trotz eines Mißverhältnisses von 2.850 DM Kaufpreis zu 500 DM Verkehrswert.

[356] Vgl. hierzu BGH, NJW 1985, 3006; *OLG Frankfurt,* NJW-RR 1988, 501.

[357] *BGH,* NJW 1992, 310; hierzu *Reinking-Eggert,* Rdnr. 2054.

[358] *Hönn,* JuS 1989, 295.

[359] *BGHZ* 34, 32 = NJW 1961, 772; *BGHZ* 63, 369 = NJW 1975, 970; *BGHZ* 72, 252 = NJW 1979, 160; *BGHZ* 78, 216 = NJW 1981, 214; *OLG Karlsruhe,* NJW-RR 1993, 1138.

[360] *BGHZ* 72, 252 = NJW 1979, 160; *BGH,* NJW 1981, 284 (Mähdrescher); ebenso *OLG Frankfurt,* OLGZ 1970, 409 (Neuwagen); *OLG Stuttgart,* NJW 1989, 2547; zust. *Berg,* JuS 1981, 179.

Dies erscheint jedenfalls bei Gebrauchtwagen nicht gerechtfertigt; bei ihnen ist das Baujahr stets ein den Verkehrswert und die Gebrauchsfähigkeit prägender Umstand.[361] Der Gewährleistungsausschluß erstreckt sich auch auf diesen Mangel.[362] Außerdem gilt bei fehlendem vertraglichen Gewährleistungsausschluß § 460 BGB.[363] Aus den gleichen Gründen scheidet eine Anfechtung nach § 119 II BGB bei einem Irrtum über den Zeitpunkt der nächsten Hauptuntersuchung aus.[364]

(2) Die Rechtsprechung will trotz Vorliegen von Sachmängeln und Fehlens zugesicherter Eigenschaften eine Anfechtung des Kaufvertrages zwischen Kaufabschluß und Übergabe zulassen, da die Gewährleistung erst ab Übergabe der Kaufsache Platz greife.[365]

Allerdings soll insoweit der vertragliche Gewährleistungsausschluß auch das Anfechtungsrecht beseitigen.[366] Richtiger Ansicht nach ist auch hier die Anfechtung zu verneinen und bereits vor Ablieferung der Sache ein Gewährleistungsrecht des Käufers zu bejahen.[367]

c) Arglistige Täuschung

Die Anfechtung wegen arglistiger Täuschung (§ 123 BGB) bleibt in jedem Fall neben den Gewährleistungsvorschriften möglich.[368]

(1) Hinsichtlich der Voraussetzungen der Anfechtung kann weitgehend auf die Ausführungen zur Arglist im Rahmen des § 476 BGB[369] verwiesen werden.

Die meisten zu § 123 BGB ergangenen Entscheidungen betreffen Täuschungen des Verkäufers über die Unfallfreiheit des verkauften Fahrzeugs.[370] Andere Urteile befassen sich mit Erklärungen des Verkäufers über den Zustand des Wagens,[371] der Laufleistung[372] und dem Vorhandensein eines Austauschmotors.[373]

(2) Gegenüber § 476 BGB gelten aber einige Besonderheiten.

---

[361] *Reinking-Eggert,* Rdnr. 2057, 1597; *Flume,* DB 1979, 1637; *Müller,* JZ 1988, 381.

[362] a.A. *BGHZ* 72, 252 = NJW 1979, 160; *BGH,* BB 1967, 96 nimmt einen stillschweigenden Gewährleistungsausschluß an; zust. *Reinking-Eggert,* Rdnr. 2058.

[363] *Reinking-Eggert,* Rdnr. 2058.

[364] a.A. *Reinking-Eggert,* Rdnr. 2057.

[365] *BGHZ* 34, 32 = NJW 1961, 772; zust. *Berg,* JuS 1981, 180; *Reinking-Eggert,* Rdnr. 2055.

[366] *BGHZ* 63, 369 = NJW 1975, 970; *Walter* KaufR, § 5, II, 7, e, dd; teilw. abw. *BGH,* WM 1962, 511.

[367] *OLG Düsseldorf,* MDR 1989, 159; *Walter,* KaufR, § 5, II, 6, c, aa m.Nw.

[368] H.M.; vgl. etwa *BGH,* NJW 1960, 237; *Reinking-Eggert,* Rdnr. 2061.

[369] S.o. I, 4, d.

[370] *BGH,* JZ 1955, 19 = MDR 1955, 26; NJW 1982, 1386; *OLG Karlsruhe,* VRS 82, 241; *OLG Bremen,* DAR 1980, 373; *OLG Köln,* NJW-RR 1995, 51.

[371] *OLG Köln* OLGZ 1974, 1 (Garagenwagen); *OLG Köln,* DAR 1974, 269 („guter Zustand" – Schrottfahrzeug); *KG,* MDR 1972, 604 (Bremsen neu).

[372] *OLG Köln,* NJW-RR 1988, 1136.

[373] *OLG Köln,* DAR 1971, 237.

So trifft den Käufer ähnlich wie bei § 476 BGB[374] die Beweislast für die Ursächlichkeit der Täuschung,[375] wobei die Rechtsprechung ihm aber gewisse Beweiserleichterungen zugesteht.[376]

Bei Täuschung durch einen Dritten ist § 123 II BGB zu beachten: der Verkäufer braucht eine solche Täuschung nur dann gegen sich gelten zu lassen, wenn er sie kannte oder kennen mußte.

Dabei wird jedoch der Stellvertreter nicht als Dritter angesehen, ebensowenig der Verhandlungsführer ohne Abschlußvollmacht.[377] Für den Gebrauchtwagenkauf unter Einschaltung eines Händlers (Agenturvertrag) bedeutet dies, daß sowohl der bisherige Besitzer und Verkäufer als auch der Händler die Täuschung begehen kann (§ 166 BGB).[378] Da Auftraggeber und Händler als Einheit betrachtet werden, ist die Anfechtung auch dann gerechtfertigt, wenn der Händler objektiv die Täuschung begeht, die Kenntnis hiervon aber nur in der Person des Auftraggebers gegeben ist.[379]

(3) Es ist allerdings sehr fraglich, ob sich der Käufer bei Ausübung des Anfechtungsrechts besser steht als bei Geltendmachung der Gewährleistungsrechte.[380]

d) Zeitliche Ausübung/Verzicht

(1) Das (etwaige) Anfechtungsrecht aus § 119 BGB ist „unverzüglich" im Sinne des § 121 BGB auszuüben.[381] Die Anfechtung wegen arglistiger Täuschung ist innerhalb eines Jahres ab Entdeckung der Täuschung zu erklären (§ 124 BGB).

(2) Auf die Ausübung des Anfechtungsrechts kann der Käufer verzichten. Eine besondere Art des Verzichts ist die Bestätigung des anfechtbaren Rechtsgeschäfts (§ 144 BGB).

Hinsichtlich stillschweigender Bestätigungen ist Zurückhaltung angebracht. So liegt in der Geltendmachung von Gewährleistungsansprüchen keine Bestätigung des Kaufvertrages,[382] ebensowenig in dem Weitergebrauch des Fahrzeugs nach Entdeckung der Täuschung.[383] Dagegen dürfte in dem Weiterverkauf des Fahrzeugs nach Kenntnis des Anfechtungsgrundes ein Verzicht auf das Anfechtungsrecht gesehen werden.[384] An eine Verwirkung des Anfechtungsrechts sind ebenfalls strenge Anforderungen zu stellen.[385]

---

[374] S.o. I, 4, d, (2).

[375] *BGH,* NJW 1968, 2139.

[376] *Baumgärtel-Laumen,* Handb. der Beweislast, 2. Aufl. (1991), § 123 BGB, Rdnr. 8–11; BGH, NJW 1958, 177.

[377] *BGHZ* 47, 224, 230 = NJW 1967, 1026; *BGH,* NJW 1962, 2195; 1978, 2144; NJW-RR 1987, 59; *KG,* NJW-RR 1990, 399.

[378] *Reinking-Eggert,* Rdnr. 1378.

[379] *RGZ* 81, 533.

[380] *Honsell,* JuS 1982, 813; *Hönn,* JuS 1989, 295; *Reinking-Eggert,* Rdnr. 1990.

[381] *OLG Hamm,* DAR 1994, 320; *Reinking-Eggert,* Rdnr. 2059.

[382] *BGH,* NJW 1958, 177, *Giesen,* NJW 1971, 1797 (Anm.).

[383] *BGH,* NJW 1971, 1795; *Reinking-Eggert,* Rdnr. 2064.

[384] a.A. *Reinking-Eggert,* Rdnr. 2064; unklar *OLG Köln,* NJW-RR 1995, 51 (nicht ersichtlich, ob Kenntnis vorlag).

[385] *BGH,* NJW 1971, 1795, 1800.

VI. Deliktsansprüche

Deliktsansprüche kommen bei dem Gebrauchtwagenkauf in zwei Richtungen in Frage.

1. Verletzung eines geschützten Rechtsguts oder eines absoluten Rechts (§ 823 I BGB)

a) Mangelfolgeschaden

Nach § 823 I BGB entsteht zugunsten des Käufers ein Anspruch auf Ersatz des Personenschadens, wenn der Gebrauchtwagenverkäufer schuldhaft einen verkehrsuntüchtigen Wagen liefert und es deswegen zu einem Unfall mit Personenschaden kommt. Gleiches gilt hinsichtlich weiterer Mangelfolgeschäden an anderen Sachen des Käufers.[386]

Verschulden liegt natürlich vor bei unsachgemäßer Reparatur durch den Verkäufer selbst,[387] aber auch sowohl bei Kenntnis gravierender Mängel als auch bei fahrlässiger Unkenntnis, soweit eine Überprüfung des Fahrzeugs möglich und zumutbar war.[388]

b) Teilmangelhaftigkeit

Der BGH bejaht in seiner Rechtsprechung auch Ansprüche auf Ersatz des Wertes des gebrauchten Wagens wegen Eigentumsverletzung, falls ein bestimmter, eng umgrenzter Fahrzeugteil mangelhaft war und dadurch ein Unfallschaden am gesamten – sonst intakten – Fahrzeug herbeigeführt worden ist (sogenannte „weiterfressende Schäden").[389]

Diese Rechtsprechung wirft beim Gebrauchtwagenkauf schwierige Abgrenzungsfragen zwischen Gesamtmangel- und Teilmangelhaftigkeit auf.[390] Der BGH will hierbei darauf abstellen, ob nur das Nutzungs- und Äquivalenzinteresse des Käufers beeinträchtigt wurde (dann nur Vertragshaftung) oder auch sein allgemeines Integritätsinteresse (dann Deliktshaftung).[391] Dabei wird als weiteres Abgrenzungskriterium auch darauf abgestellt, ob zwischen Gesamtfahrzeug und Fahrzeugteil „Stoffgleichheit" bestehe.[392]

---

[386] *BGHZ* 66, 315 = NJW 1975, 1505; krit. *Schwark,* AcP 179, 81.

[387] *OLG Düsseldorf,* MDR 1985, 936.

[388] *BGH,* NJW 1978, 2241, 2243.

[389] *BGH,* NJW 1978, 2241 (Hinterreifen) m. Anm. *Löwe,* BB 1978, 1495, Anm. *Schubert,* JR 1979, 201, u. Anm. *Vogt,* VersR 1979, 896; im Anschluß an *BGHZ* 67, 359 = NJW 1977, 379 (Anlagen-Sicherheitsschalter) m. Anm. *Rengier,* JZ 1977, 346 u. Anm. *Schubert,* JR 1977, 458; *BGHZ* 117, 183 = NJW 1992, 1225 (Kondensator). – Zusammenfassende Darstellung bei *Reinking-Eggert,* Rdnr. 991 ff. m.Nw. über abw. Ansichten.

[390] *Reinking-Eggert,* Rdnr. 994 ff.

[391] *BGHZ* 86, 256 = NJW 1983, 810 (Gaszug); *BGH,* NJW 1983, 812; 1985, 2420.

[392] *BGHZ* 117, 183 = NJW 1992, 1225; *BGH,* NJW 1992, 1678; hierzu *Steffen,* VersR 1988, 977; *Reinking-Eggert,* Rdnr. 996 m.Nw. – Krit. hierzu *Mertens,* MK, 3. Aufl. (1997), § 823, BGB, Rdnr. 107 mit eigenem Lösungsvorschlag (Rdnr. 108)

2. Schutzgesetzverletzung (§ 823 II BGB)

Nach § 823 II BGB in Verbindung mit § 263 StGB besteht ein Anspruch des Gebrauchtwagenkäufers auf Schadensersatz bei arglistigem Verhalten des Verkäufers in Bereicherungsabsicht, soweit ein Vermögensschaden festgestellt werden kann.

Dies ist jedenfalls dann zu bejahen, wenn der Kaufpreis höher ist als der Verkehrswert des Fahrzeugs. Fraglich ist der Vermögensschaden jedoch dann, wenn der Kaufpreis dem Verkehrswert des Fahrzeugs entspricht. Nach einer strengen Auffassung ist in diesem Fall ein Vermögensschaden grundsätzlich nicht gegeben,[393] höchstens dann, wenn der Wagen nicht zu dem vertraglich vorausgesetzten Zweck in zumutbarer Weise verwendet werden kann.[394]

3. Einwendungen

a) Haftungsausschluß

Gegenüber dem Anspruch aus § 823 II BGB i.V. mit § 263 StGB wegen der Arglist des Verkäufers kommt ein Haftungsausschluß nicht in Frage (§ 276 II BGB). Anders ist dies bei einem Anspruch aus § 823 I BGB, soweit hinsichtlich des Verschuldens nur Fahrlässigkeit gegeben ist. Hier soll die vertragliche Freizeichnung auch die Ansprüche aus Delikt erfassen, soweit dies aus der Formulierung für den Käufer unmißverständlich hervorgeht.[395] Im Rahmen von AGB kann die Haftung wegen grober Fahrlässigkeit nicht ausgeschlossen werden (§ 11 Nr. 7 AGBG).[396]

b) Verjährung

Der BGH läßt unter Hinweis auf die Anspruchskonkurrenz die Deliktsansprüche nach § 852 BGB verjähren; eine analoge Anwendung des § 477 BGB lehnt er ab.[397]

---

[393] *OLG Düsseldorf* NJW 1991, 1841; *OLG Köln,* NJW-RR 1995, 51.

[394] *OLG Karlsruhe,* NJW 1980, 1762.

[395] *BGH,* NJW 1979, 2148; *BGHZ* 67, 359 = NJW 1977, 379; *BGH,* NJW 1992, 2016; *Ulmer-Brandner-Hensen,* § 9 AGBG, Rdnr. 159.

[396] *BGHZ* 96, 18 = NJW 1986, 1610; *Ulmer-Brandner-Hensen,* § 9 AGBG, Rdnr. 159.

[397] *BGHZ* 66, 315 = NJW 1976, 1505 = BB 1976, 1097 m. Anm. *Graf von Westphalen; BGH,* NJW 1977, 379; *Walter,* KaufR, § 5, II, 8, c, gg; *Schmitz,* NJW 1973, 2081, *Kraft,* JuS 1980, 412.

Zweiter Teil. Die Abwicklung bei den einzelnen Anspruchsgrundlagen

I. Nachbesserung

1. Inhalt

Der vertraglich vereinbarte Anspruch auf Nachbesserung[1] geht auf Herstellung des vertraglichen Zustands. Er umfaßt zunächst die zur Herstellung dieses Zustands erforderlichen Arbeits- und Materialkosten.[2] Außerdem trägt der Verkäufer nach § 476a BGB die Transport- und Wegekosten;[3] insoweit enthält § 476a S. 2 BGB eine Einschränkung, wenn der Käufer die Sache nach der Lieferung an einen anderen Ort verbracht hat,[4] die aber zugunsten des Käufers nicht zum Tragen kommt, wenn sie in der entsprechenden Vereinbarung nicht enthalten ist.[5] Außerdem gehören im Rahmen der Angemessenheit zu den Kosten der Nachbesserung die Kosten eines notwendigen Sachverständigengutachtens zur Auffindung des Mangels.[6]

Nicht zu den Kosten der Nachbesserung gehören die Kosten für die Inanspruchnahme eines Mietwagens, Nutzungsausfall und Verdienstausfall, die durch die Nachbesserungsarbeiten entstehen können.[7] Sie könnte der Käufer nur ausnahmsweise ersetzt verlangen, nämlich unter den Voraussetzungen des § 463 BGB[8] oder im Falle des Verschuldens als Mangelfolgeschaden.[9]

2. Das Recht auf Selbstbeseitigung

a) Verzögerung der Nachbesserung

Bisher war umstritten, welche Rechte der Käufer hat, wenn der Verkäufer die Nachbesserung verzögert. So leben die bisherigen Gewährleistungsansprüche nicht wieder auf, da § 11 Nr. 10b AGBG bei gebrauchten Sachen nicht anwendbar ist und eine über § 9 AGBG mögliche entsprechende Anwendung nicht der Interessenlage entspricht.[10] Auch die

---

[1] S.o. 1. Teil, III, 1.
[2] *OLG Düsseldorf,* OLGR 1994, 203; *Reinking-Eggert,* Rdnr. 665.
[3] *Reinking-Eggert,* Rdnr. 669.
[4] *BGHZ* 113, 251 = NJW 1991, 1604.
[5] Hierzu *Reinking-Eggert,* Rdnr. 671.
[6] *BGHZ* 113, 251 = NJW 1991, 1604; *AG Wuppertal,* NJW-RR 1988, 1141; *Reinking-Eggert,* Rdnr. 680; vgl. auch *BGH,* NJW 1991, 1882 (Einschaltung eines anderen Vertragshändlers).
[7] *Reinking-Eggert,* Rdnr. 675–679.
[8] S.o. 1. Teil, IV, 2, c, Fußn. 332, 333.
[9] S.o. 1. Teil, IV, 2, c, Fußn. 334.
[10] *Ulmer-Brandner-Hensen,* Anhang zu §§ 9–11 AGBG, Rdnr. 431.

Anwendung von § 326 BGB[11] ist abzulehnen. Nach der nunmehr gefestigten Rechtsprechung ist vielmehr auf den Nachbesserungsanspruch des Käufers § 633 III BGB analog anzuwenden.[12]

Der Käufer kann also die Nachbesserung bei Verzug des Verkäufers, der eine entsprechende Mahnung voraussetzt, selbst vornehmen und dann deren Kosten in dem erstattungsfähigen Umfang[13] von dem Verkäufer ersetzt verlangen. Auch ein Anspruch auf Vorschuß steht dem Käufer zu.[14]

b) Fehlgeschlagene Nachbesserung

Ist die Nachbesserung durch den Verkäufer fehlgeschlagen,[15] so leben – mangels Anwendbarkeit des § 11 Nr. 10b AGBG[16] die gesetzlichen Gewährleistungsansprüche nicht wieder auf.[17] Der Käufer kann Wiederholung der Nachbesserung verlangen und bei Verzug des Verkäufers zur Selbstbeseitigung nach § 633 III BGB schreiten.[18]

c) Unmöglichkeit der Nachbesserung

Ist die Nachbesserung unmöglich, so muß dem Käufer in jedem Fall ein Anspruch auf Minderung des Kaufpreises zugestanden werden. Ob er auch von dem gesamten Kaufvertrag zurücktreten kann, erscheint fraglich. Dies dürfte nur bei gravierenden Mängeln in Frage kommen.[19]

II. Garantieansprüche

Bei der Abwicklung der Ansprüche aus einer Garantie[20] ist zu unterscheiden.

1. Die Händlergarantie

Bei der Händlergarantie hat der Käufer einen Anspruch auf kostenlose Instandsetzung des garantiegeschützten Teils; § 476a BGB ist anwend-

---

[11] So *BGH*, NJW 1970, 1502; die Entscheidung ist wohl durch die in Fußn. 12 mitgeteilte Rechtspr. überholt.

[12] *BGH*, NJW 1976, 234; 1990, 901; 1991, 1882 m.Nw.; *OLG Düsseldorf*, NJW-RR 1992, 113.

[13] S.o. 1.

[14] *BGH*, NJW 1992, 3297.

[15] *OLG Koblenz*, NJW-RR 1992, 706; *Reinking-Eggert*, Rdnr. 706.

[16] S.o. Fußn. 10.

[17] *BGH*, NJW 1976, 234.

[18] *Ulmer-Brandner-Hensen*, Anhang zu §§ 9–11 AGBG, Rdnr. 431.

[19] a.A. *Peters*, JZ 1991, 385; wie hier *Ulmer-Brandner-Hensen* aaO.

[20] S.o. 1. Teil, III, 3.

bar.[21] Bei Verzögerung, Fehlschlagen und Unmöglichkeit der Instandsetzung wird man auf die werkvertraglichen Elemente der Garantie § 633 III BGB analog anwenden können.[22]

2. *Die Systemgarantie*

Bei der Systemgarantie folgt der Inhalt der Ansprüche aus den Garantiebedingungen ausschließlich, ohne daß ein Rückgriff auf § 633 BGB möglich ist.[23]

III. Minderung

1. *Inhalt*

Die Minderung besteht in einer verhältnismäßigen Herabsetzung des Kaufpreises (§ 472 BGB).[24]

a) Berechnungsfaktoren

Von den für die in § 472 BGB vorgeschriebene Verhältnisgleichung notwendigen Berechnungsfaktoren steht nur der Kaufpreis fest. Es bedarf also der Klärung der beiden anderen Faktoren, nämlich des Werts der mangelfreien und des Werts der mangelhaften Sache, – bzw. im Falle des § 459 II BGB des Werts des Fahrzeugs mit und ohne die zugesicherte Eigenschaft[25] –, was oft auf Schwierigkeiten stößt.

(1) Die Feststellung der beiden Faktoren geschieht in der Praxis überwiegend durch Einholung eines Sachverständigengutachtens. Nach *Reinking-Eggert*[26] ist der Verkehrswert, der im normalen Geschäftsverkehr als Verkaufspreis zu erzielen war, je nach Art des Verkäufers (Neuwagenhändler mit Gebrauchtwagenabteilung, Gebrauchtwagenhändler, Privatverkäufer) unterschiedlich. Während bei dem Verkauf durch Neuwagen- oder Gebrauchtwagenhändler auf Marktwerte abgestellt werden kann, müssen bei einem Direktverkauf durch Private von diesen Marktwerten Abschläge gemacht werden.

(2) Haftet der Verkäufer nur für bestimmte Mängel, für andere dagegen – wegen eines Haftungsausschlusses – nicht, so ist bei dem Faktor „Wert der mangelfreien Sache" auf den Wert der Sache einschließlich des Mangels, für den nicht gehaftet wird, abzustellen.[27] Ist der Wert der mangelhaften Sache gleich Null, so besteht die Minderung in

---

[21] *Pfeiffer* bei Graf von Westphalen, Rdnr. 124.

[22] *BGH,* NJW 1995, 516; *Reinking,* DAR 1995, 1, 7; *Reinking-Eggert,* Rdnr. 1697; *Pfeiffer* bei Graf von Westphalen, Rdnr. 126.

[23] *OLG Oldenburg,* OLGR 1995, 125; *Reinking-Eggert,* Rdnr. 1705.

[24] Hierzu *BGH,* WM 1978, 59; *Peters,* BB 1983, 15.

[25] *H.P. Westermann,* MK, § 472 BGB, Rdnr. 7; *Reinking-Eggert,* Rdnr. 2039.

[26] *Reinking-Eggert,* Rdnr. 2037.

[27] *BGH,* NJW 1990, 2682; *Reinking-Eggert,* Rdnr. 2040, 2041. – Vgl. auch *BGH,* NJW 1983, 2242 (keine Minderung wegen merkantilen Minderwertes eines Unfallwagens); *OLG Oldenburg,* MDR 1982, 1018 (Minderung bei höherem Alter eines Sportwagens).

Höhe des vollen Kaufpreises; insoweit nähert sich die Minderung der Wandlung des Kaufvertrages.[28]

b) Abzugsverfahren

Um den Schwierigkeiten der Verkehrswertermittlung aus dem Wege zu gehen, läßt die Praxis in engen Grenzen ein vereinfachtes Verfahren zu: danach besteht die Minderung in Höhe der voraussichtlichen Kosten der Beseitigung des Mangels.[29]

Gegen eine derartige Berechnung bestehen zwar gewisse dogmatische Bedenken, da sich dann der Minderungsanspruch einem Schadensersatzanspruch annähert und der Ausgangswert des Kaufpreises nicht immer mit dem Wert des mangelfreien Fahrzeugs identisch ist.[30] Das Vorgehen läßt sich aber nach § 287 II ZPO rechtfertigen, zumindest insoweit, als es sich um unumgängliche, die Verkehrssicherheit und Fahruntüchtigkeit erfordernde Reparaturkosten handelt. Soweit man auf diese Berechnungsmethode zurückgreift, sind die Reparaturkosten um einen etwaigen Abzug „neu für alt“ zu kürzen.[31]

2. Durchführung

a) Herabsetzung des Kaufpreises

Nach der gesetzlichen Regelung besteht ein Anspruch auf Herabsetzung des Kaufpreises (§§ 462, 465 BGB).

(1) Auf dem daraus folgenden Streit über die dogmatische Durchsetzung des Minderungsanspruchs[32] soll hier nicht eingegangen werden, da er in der Praxis keine Rolle spielt.

(2) Die Minderung ist bei schon gezahltem Kaufpreis durch Rückzahlung des Minderungsbetrages durchzuführen, bei noch offenem Kaufpreis durch Einrede gegenüber dem Kaufpreisanspruch geltendzumachen. Der mangelhafte PKW bleibt bei dem Käufer.

Aus diesem Grund wird der Minderungsanspruch des Käufers – im Gegensatz zur Wandlung[33] – auch nicht durch eine Weiterveräußerung des Fahrzeugs berührt.[34] Zweifelhaft ist dies, wenn die Minderung auf Null[35] vorgenommen wird.[36]

---

[28] *BGHZ* 42, 232 = NJW 1965, 152; *LG Mainz,* MDR 1985, 152; *H.P. Westermann,* MK, § 472 BGB, Rdnr. 2.

[29] *BGH,* NJW 1961, 1860 (Hauskauf); *BGHZ* 58, 181, 183=NJW 1972, 821 (Bauvertrag); *BGH,* NJW 1991, 2631 (Liefervertrag).

[30] Hierzu *Reinking-Eggert,* Rdnr. 2036, die aber eine Schätzung des Minderungsbetrages unter Hinweis auf die Minderung im Reiserecht (hierzu unten § 7, IV, 3, c, Fußn. 495, 496) nach Prozentsätzen befürworten. – Gegen eine Anwendung des § 287 II ZPO *H.P. Westermann,* MK, § 472 BGB; Rdnr. 5

[31] *LG Köln,* MDR 1987, 1010; *Reinking-Eggert,* Rdnr. 2038.

[32] Vgl. etwa *BGHZ* 85, 367 = NJW 1983, 390; neuerdings *Lorenz,* JuS 1993, 727.

[33] S.u. IV, 2, c.

[34] *Walter,* KaufR, § 5, II, 6, b; *Raisch,* FS Duden (1977), S. 399, 406; *H.P. Westermann,* MK, § 472 BGB, Rdnr. 2.

[35] S.o. Fußn. 28.

[36] Vgl. *Walter,* KaufR, § 5, II, 6, b, der den Käufer in diesem Fall nach § 242 BGB für verpflichtet hält, den Wagen zurückzugeben; m.E. kann dies aber nur gelten, wenn der Wagen noch vorhanden ist.

b) Kostenerstattung

Die Kosten eines Sachverständigengutachtens können nicht im Wege der Minderung geltendgemacht werden; ebensowenig sind die Vertragskosten zu ersetzen (§ 467 S. 2 BGB ist nicht analog anwendbar).[37]

IV. Wandlung

1. Inhalt

Die Wandlung besteht in einer Rückabwandlung des Kaufvertrages unter entsprechender Anwendung der Rücktrittsvorschriften (§ 467 BGB).[38] Die beiderseitigen Leistungen sind Zug um Zug zurückzugewähren (§ 348 BGB).

2. Verlust des Wandlungsrechts

a) Maßgebende Vorschriften

Bei dem Gebrauchtwagenkauf besteht die Frage, inwieweit der Weitergebrauch, die Weiterveräußerung und die Beschädigung des Fahrzeugs das Wandlungsrecht beeinflussen. Bei der Entscheidung dieser Fragen ist zu unterscheiden zwischen dem Zeitraum vor und dem Zeitraum nach Vollzug der Wandlung (§ 465 BGB).[39] Die Wandlung ist vollzogen, wenn sich der Verkäufer mit ihr einverstanden erklärt hat oder aber dieses Einverständnis durch ein auf Klage des Käufers ergehendes rechtskräftiges Urteil ersetzt worden ist.[40]

(1) Vor Vollzug der Wandlung sind kraft der Verweisung in § 467 S. 1 BGB die §§ 350–353 BGB maßgebend.

Dabei ist aber die Anwendung des § 351 BGB umstritten.[41] Teilweise wird von dem normalen Verschuldensbegriff ausgegangen und deshalb für die Zeit bis zur Kenntnis – teilweise auch der fahrlässigen Unkenntnis – des Käufers von dem Bestehen des Wandlungsrechts ein Verschulden verneint, so daß ihm trotz wesentlicher Verschlechterung der Sache oder Unmöglichkeit der Rückgabe das Wandlungsrecht erhalten bleibt.[42] Andere wollen dagegen einen abgewandelten Begriff des Verschuldens in Form des „Ver-

---

[37] *Jauernig-Vollkommer,* § 467, Rdnr. 2.

[38] Zum Vollzug der Wandlung s.u. Fußn. 40.

[39] *Nierwetberg,* JuS 1984, 33.

[40] *BGHZ* 29, 148 = NJW 1959, 620; *BGHZ* 85, 367 = NJW 1983, 390; vgl. zu den Wandlungstheorien *Köhler,* JuS 1979, 424; *Kupisch,* AcP 170, 479; *Thielmann,* VersR 1970, 1076; *Mutschler,* JuS 1994, 734.

[41] Vgl. etwa *Janßen,* MK, § 347 BGB, Rdnr. 13, 14; *Nierwetberg,* aaO.

[42] So etwa *Janßen,* aaO.

schuldens gegen sich selbst" einführen mit der Folge, daß das Wandlungsrecht zu versagen ist, wenn ein Verschulden im Umgang mit der Sache vorliegt.[43]

(2) Nach Vollzug der Wandlung richtet sich die weitere Abwicklung nach den Vorschriften der §§ 346, 347 S. 1 BGB, die auf das Eigentümer-Besitzer-Verhältnis verweisen und eine Haftung des Käufers im Falle seines Verschuldens begründen (§ 989 BGB).[44]

b) Weitergebrauch des Fahrzeugs

Nach der ursprünglichen Rechtsprechung ist der Gebrauch der Sache vor Vollzug der Wandlung mit dem späteren Wandlungsbegehren nicht vereinbar.[45] Die Rechtsprechung hatte aber zusehends im Interesse des wandlungsberechtigten Käufers Ausnahmen von diesem Grundsatz zugelassen.[46] Das hat sich gerade auch auf dem Gebiet des Gebrauchtwagenkaufs ausgewirkt.

Die Interessenlage bei dem Gebrauchtwagenkauf ist dadurch gekennzeichnet, daß der Käufer bei strenger Anwendung des obigen Grundsatzes den gekauften Wagen nicht mehr benutzen dürfte, andererseits ersatzweise einen Mietwagen nehmen oder einen anderen Wagen beschaffen müßte, bevor er den Kaufpreis von dem Verkäufer zurückerhalten hätte.[47] Andererseits ist der Verkäufer oft nicht schutzwürdig, wenn er den Mangel arglistig verschwiegen hat. Eine Weiterbenutzung bei Ablehnung der Rücknahme des Wagens durch den Verkäufer kann gerade im Zuge der Schadensminderungspflicht (§ 254 II BGB) gegenüber dem mit der Rücknahmepflicht in Verzug befindenden Verkäufer liegen.[48]

Unter diesen Umständen ist von folgendem auszugehen: Die Benutzung des Fahrzeugs vor Kenntnis des Mangels und des Wandlungsrechts führt mangels Verschuldens nicht zur Anwendung des § 351 BGB.[49] Gleiches muß aber im Grundsatz auch für die Zeit nach Kenntnis des Mangels und des Wandlungsrechts bis zum Vollzug der Wandlung gelten.[50] Hier kann aber im Einzelfall aufgrund besonderer Umstände der Einwand widersprüchlichen Verhaltens und der Gesichtspunkt der Verwirkung zum Zuge kommen.[51]

---

[43] Hierzu – mit Einschränkungen – *Reinking-Eggert,* Rdnr. 746.

[44] S.u. IV, 4, a.

[45] *RGZ* 145, 79; *BGH,* MDR 1955, 464; *Wieling,* JuS 1973, 397.

[46] *BGH,* NJW 1958,1773; 1972, 155; 1984, 1525.

[47] Hierzu OLG *Karlsruhe,* NJW 1971, 1809; *H.P. Westermann,* MK, § 467 BGB, Rdnr. 5.

[48] *Dörner,* NJW 1977, 1970.

[49] *RGZ* 145, 82; *OLG Karlsruhe,* NJW 1971, 1809; *Reinking-Eggert,* Rdnr. 744; *Janßen,* MK, § 351 BGB, Rdnr. 8.

[50] *BGH,* NJW 1971, 1795; 1984, 1525; 1992, 710; 1994, 1004; *OLG Hamm,* NJW 1977, 809 m. Anm. *Dörner,* NJW 1977, 1970.

[51] *BGH,* NJW 1958, 1773; 1960, 2331; 1984, 1525; 1992, 170; 1994, 1004; *OLG Hamm,* NJW-RR 1988, 1461; *OLG Frankfurt,* NJW-RR 1994, 120; *OLG München,* DAR 1994, 362; *Reinking-Eggert,* Rdnr. 749, 751.

c) Weiterveräußerung des Fahrzeugs

Ein Weiterverkauf des Fahrzeugs vor Kenntnis des Mangels und des Wandlungsrechts ist nicht schuldhaft im Sinne des § 351 BGB;[52] allerdings kann die Ausübung des Wandlungsrechts nach späterer Kenntnis des Mangels rechtsmißbräuchlich sein, wenn der Käufer den Wagen ohne Verlust weiterveräußert hat.[53] Eine Weiterveräußerung nach Kenntnis des Mangels *und* des Wandlungsrechts schließt dagegen nach § 351 BGB die Wandlung aus.[54]

d) Verschlechterung oder Beschädigung des Fahrzeugs

Für die Zeit bis zum Vollzug der Wandlung schließen Verschlechterungen oder Beschädigungen, die durch Zufall, also ohne Verschulden des Käufers entstehen, das Wandlungsrecht nicht aus (§ 350 BGB).[55] Gleiches muß für Beschädigungen durch einen Unfall gelten, der auf von dem Verkäufer zu vertretende Mängel zurückzuführen ist.[56] Hat dagegen der Käufer eine *wesentliche* Beschädigung[57] – durch Unfall oder auf andere Weise – verschuldet, ist das Rücktrittsrecht nach § 351 BGB ausgeschlossen;[58] ein Verschulden Dritter ist nach § 351 S. 2 BGB im Rahmen des § 278 BGB dem Käufer zuzurechnen.[59]

Zweifelhaft ist dagegen die Beschädigung durch unverschuldeten Unfall; hier hat sich der BGH – unter Anwendung des § 350 BGB – gegen einen Ausschluß des Wandlungsrechts ausgesprochen;[60] die Beweislast für fehlendes Verschulden soll allerdings der Käufer tragen.[61]

---

[52] a.A. *Janßen,* MK, § 351 BGB, Rdnr. 10; *Reinking-Eggert,* Rdnr. 767 („Verschulden gegen sich selbst“, s.o. Fußn. 43).

[53] Der Kaufpreis aus dem Weiterverkauf ist zu messen an dem Kaufpreis aus dem Erstkauf abzüglich zwischenzeitlicher Wertminderung und zuzüglich etwaiger Wertverbesserungen.

[54] *Reinking-Eggert,* Rdnr. 767 mit der Ausnahme, daß der Käufer sich die Rückerwerbsmöglichkeit offengehalten hat.

[55] *Reinking-Eggert,* Rdnr. 759; *v. Caemmerer,* FS Larenz (1973), S. 631; a.A. *Honsell,* MDR 1970, 717, 719.

[56] *BGHZ* 53, 144 = NJW 1970, 56; v. *Caemmerer* (Fußn. 55), S. 628.

[57] Zur Wesentlichkeit vgl. *OLG Frankfurt,* DAR 1988, 242; *LG Hamburg,* ZfS 1994, 15; *Reinking-Eggert,* Rdnr. 760.

[58] *Thielmann,* VersR 1970, 1072; *v. Caemmerer* (Fußn. 55), S. 629.

[59] *Reinking-Eggert,* Rdnr. 769.

[60] *BGHZ* 53, 144 = NJW 1970, 56 = JZ 1970, 416 m. Anm. *Diesselhorst;* ebenso *Flessner,* NJW 1970, 1781, Fußn. 35; dagegen mit beachtlichen Gründen und unter Hinweis auf Art. 79 IId HaagerKaufG *v. Caemmerer* (Fußn. 55), S. 632; *Huber,* JuS 1972, 444; *Flume,* NJW 1970, 1166; differenzierend *Reinking-Eggert,* Rdnr. 762, die dem Käufer das Wandlungsrecht nur im Falle der Unabwendbarkeit des Unfalls erhalten wollen.

[61] *BGH,* NJW 1975, 44; *Baumgärtel/Strieder,* Handb. der Beweislast, Bd. 1, § 351 BGB, Rdnr. 2 m.Nw.

3. Ansprüche des Käufers aus der Rückabwicklung

a) Rückzahlung des gezahlten Kaufpreises

Der Verkäufer hat nach § 346 S. 1 BGB den Kaufpreis zurückzuerstatten.[62] Der Kaufpreis ist vom Zeitpunkt des Empfangs an zu verzinsen (§ 347 S. 3 BGB).

(1) Der Anspruch auf Rückzahlung des Kaufpreises bleibt erhalten, wenn der Verkäufer seinen Anspruch auf Rückgabe des Wagens bei fehlendem Verschulden des Käufers verliert; eine synallagmatische Verknüpfung der beiderseitigen Rückgewährpflichten mit der Folge des § 323 I BGB scheidet (arg. § 348 BGB) aus.[63]

(2) Hat der Käufer seinerseits einen (anderen) Gebrauchtwagen in Zahlung gegeben,[64] so ist der Rückerstattungsanspruch auf Rückgabe des Wagens, nicht auf Zahlung des angerechneten Geldbetrages gerichtet.[65] Ist der Altwagen bei dem Verkäufer nicht mehr vorhanden, ist Ersatz nach den §§ 347 S. 1, 989 BGB zu leisten.[66]

(3) Kommt der Verkäufer mit der Rückzahlung des Kaufpreises in Verzug, so hat er dem Käufer nach § 286 I BGB den Verzugsschaden zu ersetzen.[67]

b) Rücknahme des Fahrzeugs

Der Käufer kann von dem Verkäufer Rücknahme des Fahrzeugs verlangen (Analogie zu § 433 II BGB).[68]

Kommt der Verkäufer dieser Verpflichtung nicht nach, so kommt er sowohl in Schuldner- als auch in Gläubigerverzug.[69] Der Gläubigerverzug hat nach § 300 BGB eine Reduzierung des Haftungsmaßstabes auf Vorsatz und grobe Fahrlässigkeit zur Folge, so daß den Käufer eine geringere Sorgfalt bei der Aufbewahrung des Wagens trifft; bei Verletzung sonstiger Pflichten sollte es bei dem allgemeinen Haftungsmaßstab bleiben.[70] Der Annahmeverzug des Verkäufers hat auch Folgen für die Zwangsvollstreckung (§ 756 ZPO).[71]

c) Ersatz der Vertragskosten

Der Verkäufer hat dem Käufer nach § 467 S. 2 BGB die Vertragskosten zu erstatten.

(1) Hierzu gehören in jedem Falle die Kosten, die im Zusammenhang mit dem Vertragsschluß und seiner Erfüllung entstanden sind.[72] Als Beispiele sind zu nennen: Ver-

---

[62] Einschl. Mehrwertsteuer: *H.P. Westermann.* MK, § 467 BGB, Rdnr. 9.

[63] *Janßen*, MK, § 350 BGB, Rdnr. 3 + 6; a.A. *Wolf*, AcP 153, 121.

[64] S.o. Vorb. 2, d (2).

[65] *BGHZ* 89, 126 = NJW 1984, 429 m.Anm. *Schulin*, JZ 1984, 379 u. Anm. *Schwark*, JR 1984, 239; zust. *Walter*, KaufR, S. 302 ff.; a.A. *OLG Karlsruhe*, NJW 1965, 11 m. Anm. *Laufs;* vgl. hierzu noch *Dubischar*, JuS 1985, 15; *Eggert*, ZAP Fach 3, S. 97.

[66] *BGHZ* 89, 126 = NJW 1984, 429; *BGH*, NJW 1980, 2190; *OLG München*, NJW-RR 1992, 1148; *OLG Düsseldorf*, NJW-RR 1998, 1752; *Eggert*, ZAP Fach 3, S. 97; *Walter*, KaufR, S. 304 ff.

[67] *Reinking-Eggert*, Rdnr. 795 ff.

[68] *Reinking-Eggert*, Rdnr. 798; *H.P. Westermann*, MK, § 467 BGB, Rdnr. 11; einschr. *Janßen*, MK, § 346 BGB, Rdnr. 10 (nur bei besonderem Interesse).

[69] Zum Gläubigerverzug siehe *Reinking-Eggert*, Rdnr. 798.

[70] *Reinking-Eggert*, Rdnr. 764; a.A. wohl *Janßen*, MK, § 351 BGB, Rdnr. 12.

[71] S.u. Teil 3, X, 2, c.

[72] *Reinking-Eggert*, Rdnr. 777; H.P. Westermann, MK, § 467 BGB, Rdnr. 10.

mittlungskosten, Inspektionskosten, Kosten eines vor Kaufabschluß eingeholten Sachverständigengutachtens, TÜV-Gebühren,[73] Finanzierungskosten,[74] Transportkosten,[75] Einbau- und Montagekosten.[76]

(2) Entgegen BGH[77] hat die Rechtsprechung teilweise auch die Rückabwicklungskosten in die erstattungspflichtigen Vertragskosten einbezogen,[78] was zu einer bedenklichen Ausweitung des § 467 S. 2 BGB in Richtung Schadensersatz geführt hat.[79] Hierzu gehören die Kosten, die durch Einschaltung eines Sachverständigen nach Kaufabschluß entstanden sind,[80] die Kosten für Ausbau und Rücktransport,[81] sowie die Kosten eines zur Durchführung der Wandlung eingeschalteten Rechtsanwalts.[82] Sie sind r. A. nach unter dem Gesichtspunkt des Verzuges zu ersetzen.[83]

d) Ersatz von Aufwendungen

Rechtsgrundlage für den Einsatz von Aufwendungen sind die §§ 467, 347 S. 2, 994–996 BGB.

(1) Der Käufer kann *notwendige Verwendungen* in jedem Falle ersetzt verlangen, soweit er sie vor Kenntniserlangung der zur Wandlung berechtigenden Tatsachen erbracht hat (§ 994 S. 1 BGB); das sind die Kosten notwendiger Reparaturen,[84] sowie die Kosten der Unterstellung des mangelhaften oder nicht betriebsbereiten Fahrzeugs.[85] Nach Kenntniserlangung der das Wandlungsrecht begründenden Tatsachen richtet sich die Ersatzfähigkeit der notwendigen Verwendungen nach den Vorschriften über die Geschäftsführung ohne Auftrag (§§ 994 II, 683 BGB).[86] Steuern und Versicherungsprämien sind nach § 995 BGB zu ersetzen, falls das Fahrzeug nicht benutzbar war; andernfalls trägt sie der Käufer, der die Nutzung des Fahrzeugs hatte.[87]

(2) *Nützliche Verwendungen* kann der Käufer nicht ersetzt verlangen. § 996 BGB scheidet als Anspruchsgrundlage aus, da in § 347 BGB der Empfang der Sache dem

---

[73] *Reinking-Eggert,* Rdnr. 778.

[74] *Walter,* KaufR, § 5, II, a, ee, (aa), S. 190; a.A. *LG Bonn,* NJW-RR 1993, 1269; *LG Hagen,* NKW-RR 1994, 1260; *Reinking-Eggert,* Rdnr. 781.

[75] *Escher-Weingart,* NJW 1991, 967; a.A. *Roussos,* BB 1986, 10.

[76] *BGHZ* 84, 104 = NJW 1983, 1479; *Reinking-Eggert,* Rdnr. 778; a.A. *Roussos,* BB 1986, 10.

[77] *BGHZ* 84, 104 = NJW 1983, 1479 (Dachziegelfall) m. Anm. *Rupp-Fleischmann,* NJW 1984, 219; *Baier,* NJW 1984, 2930; *Roussos,* BB 1986, 10.

[78] Zust. *Reinking-Eggert,* Rdnr. 779.

[79] *H.P. Westermann,* MK, § 467 BGB, Rdnr. 10; *Deckers,* NJW 1997, 158.

[80] Für Erstattung nach § 467 BGB: *OLG Köln,* ZfS 1980, 306; *OLG Frankfurt,* DAR 1988, 242; *Roussos,* BB 1986, 10; *Reinking-Eggert,* Rdnr. 779; gegen Anwendbarkeit des § 467 BGB: *OLG Karlsruhe,* NJW 1986, 2579; *OLG Koblenz,* NJW-RR 1989, 336; *Janßen,* MK, § 346 BGB; Rdnr. 13; *Walter,* KaufR, S. 190.

[81] Für Erstattung nach § 467: *Reinking-Eggert,* Rdnr. 779; teilw. *Roussos,* BB 1986, 10; dagegen *BGHZ* 87, 104 (Fußn. 77).

[82] Für Erstattung nach § 467 BGB: *LG Nürnberg-Fürth,* MDR 1982, 668; *LG Kassel,* JurBüro 1992, 41; *Reinking-Eggert,* Rdnr. 779; dagegen *AG Lüdenscheid,* NJW-RR 1993, 1018; *LG Gießen,* NJW-RR 1992, 504.

[83] *BGHZ* 87, 104 = NJW 1983, 1479 – Für Anwendung des § 280 BGB *Rupp-Fleischmann,* NJW 1984, 219; für Anwendung des § 677 BGB *Baier,* NJW 1984, 2930.

[84] *Reinking-Eggert,* Rdnr. 788, 2028 m.Nw.

[85] *BGH,* WM 1978, 326; *Reinking-Eggert,* Rdnr. 787; zum Abstellen auf eigenem Gelände bzw. in eigener Garage: *OLG Nürnberg,* NJW 1966, 738; VersR 1981, 938; *Walter,* KaufR, S. 194.

[86] *OLG Düsseldorf,* NJW 1982, 1156; *Reinking-Eggert,* Rdnr. 789.

[87] Zur Nutzungsvergütung s.u. 4, c.

Zeitpunkt des Eintritts der Rechtshängigkeit gleichgestellt wird. Der Käufer hat nur ein Wegnahmerecht nach § 997 BGB.[88] Eine Gegenmeinung will allerdings einen Bereicherungsausgleich zulassen.[89]

(3) *Gewöhnliche Erhaltungskosten* hat der Käufer für die Zeit zu tragen, für welche ihm die Nutzungen verbleiben (§ 994 I S. 2 BGB).[90]

e) Verjährung

Ansprüche des Käufers aus der vollzogenen Wandlung verjähren nicht nach § 477 BGB, sondern gemäß § 195 BGB in dreißig Jahren.[91]

Bei dem Anspruch auf Ersatz von Verwendungen ist zusätzlich die Fristenregelung in § 102 BGB zu beachten.[92]

4. Ansprüche des Verkäufers aus der Rückabwicklung

a) Rückgabe des Fahrzeugs

Der Käufer hat das erhaltene Fahrzeug zurückzugeben (§ 346 S. 1 BGB), und zwar nebst Zubehör und Kraftfahrzeugpapieren.

(1) Es handelt sich um eine Holschuld, so daß der Verkäufer das Fahrzeug auf seine Kosten bei dem Käufer abzuholen hat.[93]

Bei Verzögerung in der Erfüllung hat der Verkäufer in jedem Fall einen Anspruch auf Ersatz des Verzugsschadens (§ 286 BGB). Außerdem kann der Verkäufer durch eine Fristsetzung nach § 354 BGB die vollzogene Wandlung wieder rückgängig machen.[94]

(2) Ist die Rückgabe infolge Zerstörung oder Weiterveräußerung nach Vollzug der Wandlung nicht mehr möglich, so hat der Käufer bei Verschulden Ersatz nach den §§ 347, 819, 818 IV, 292, 989 BGB zu leisten. Bei dem Erfordernis des Verschuldens sind die §§ 278, 300 BGB zu beachten.[95] Der Ersatz besteht in Höhe des Verkehrswerts wahlweise in Herausgabe des durch die Zerstörung oder Weiterveräußerung Erlangten.[96]

Trifft den Käufer an der Zerstörung des Fahrzeugs kein Verschulden, so haftet er entsprechend § 275 BGB nicht, hat aber nach § 281 BGB das an dessen Stelle Erlangte herauszugeben, z.B. die von einem Haftpflichtversicherer oder Kaskoversicherer geleistete Entschädigung.

---

[88] *BGHZ* 87, 104 = NJW 1983, 1479; *Reinking-Eggert,* Rdnr. 789.

[89] *Reinking-Eggert,* Rdnr. 792, 2029; *H.P. Westermann,* MK, § 467 BGB, Rdnr. 11; *Janßen,* MK, § H 347 BGB, Rdnr. 28; wohl auch *OLG Nürnberg,* DAR 1978, 324.

[90] *Reinking-Eggert,* Rdnr. 788 m.Nw.

[91] *BGHZ* 85, 367 = NJW 1983, 390; *BGHZ* 86, 313 = NJW 1983, 1050; BGHZ 87, 104 = NJW 1983, 1479; *Reinking-Eggert,* Rdnr. 550.

[92] Hierzu *Reinking-Eggert,* Rdnr. 790.

[93] *BGHZ* 87, 104, 109 = NJW 1983, 1479; *LG Ulm,* NJW-RR 1991, 190; *Reinking-Eggert,* Rdnr. 832; *H.P. Westermann,* MK, § 467 BGB, Rdnr. 12.

[94] *Reinking-Eggert,* Rdnr. 829; *H.P. Westermann,* MK, § 467 BGB, Rdnr. 13.

[95] Zu § 300 BGB s.o. Fußn. 70.

[96] *BGH,* NJW 1980, 178 = JR 1980, 198 m. Anm. *Schubert.*

(3) Zweifelhaft ist die Rechtslage, wenn die vom Käufer verschuldete Zerstörung vor dem Vollzug der Wandlung erfolgt ist.

In diesem Fall besteht kein Wandlungsrecht.[97] Wenn nun der Verkäufer sich gleichwohl mit der Wandlung einverstanden erklärt, so wird man ihn nicht schlechter stellen können als bei einer berechtigten Wandlung; auch ihm stehen deshalb die unter (2) erwähnten Ersatzansprüche zu.

b) Ersatz wegen Beschädigung des Fahrzeugs

Für verschuldete Verschlechterungen des Fahrzeugs[98] haftet der Käufer nach den §§ 467, 347, 989 BGB auf Schadensersatz.[99]

Diese Haftung besteht nach dem Gesetz „vom Empfang der Leistung" an (§ 347 S. 1 BGB). Hier wird von der wohl überwiegenden Meinung eine Einschränkung der Haftung für die Zeit bis zur Kenntnis (teilweise auch der fahrlässigen Unkenntnis) der die Wandlung begründenden Umstände vorgenommen, da insoweit ein Verschulden nicht gegeben sei.[100] In diesem Falle verbleibt nur ein Anspruch auf Abtretung der Ansprüche gegen einen haftpflichtigen Dritten oder eine Versicherung (§ 281 BGB).

c) Ersatz wegen Wertminderung durch Gebrauch des Fahrzeugs

Ein Ersatz für die durch den bloßen Gebrauch des Fahrzeugs eingetretene Wertminderung steht dem Verkäufer in Form einer Vergütung des Nutzungsersatzes zu (§ 347 S. 2, 100 BGB).[101] Für die Zeit bis zur Kenntniserlangung der das Wandlungsrecht begründenden Umstände folgt dies bei der einschränkenden Interpretation des § 347 BGB[102] aus der Bereicherung des Käufers (§§ 812, 818 I BGB),[103] wobei aber der Einwand des Wegfalls der Bereicherung (§ 818 III BGB) in der Praxis selten zum Zuge kommen dürfte.[104]

(1) Der Anspruch auf Nutzungsvergütung besteht bis zur Rückgabe des Fahrzeugs, selbst wenn sich diese durch das Verhalten des Verkäufers

---

[97] S.o. IV, 2, d, Fußn. 58.

[98] Nach der gesetzlichen Regelung gilt dies an und für sich nur für unwesentliche Verschlechterungen, da bei wesentlichen Verschlechterungen die Wandlung ausscheidet (§ 351 BGB; s.o. IV, 1, c, Fußn. 57) Bei wesentlichen Verschlechterungen muß aber das gleiche gelten, wenn der Verkäufer sich mit der Wandlung einverstanden erklärt hat (s.o. im Text bei (3) Fußn. 97).

[99] *Reinking-Eggert,* Rdnr. 794.

[100] *Janßen,* MK, § 347 BGB, Rdnr. 10, 13, 17; *Thielmann,* VersR 1970, 1069, 1072; *Köhler,* JuS 1979, 425; zust. (obiter dictum) *BGHZ* 53, 144 = NJW 1970, 656; a.A. dagegen *Soergel-Huber,* § 467 BGB, Rdnr. 48; *Weitnauer,* NJW 1970, 637, 639; *Huber,* JZ 1987, 654 („Verschulden gegen sich selbst"; s.o. IV, 2, a, (1), Fußn. 43).

[101] *Reinking-Eggert,* Rdnr. 799 ff., 2031.

[102] S.o. Fußn. 100.

[103] *Thielmann,* VersR 1970, 1073; *Köhler,* JuS 1979, 425; *Reinking-Eggert,* Rdnr. 800; *Walter,* KaufR, S. 192; a.A. *Soergel-Huber,* § 467 BGB, Rdnr. 177.

[104] *Reinking-Eggert,* Rdnr. 2031.

hinauszögert;[105] ein Nachteil für den Käufer entsteht hierdurch nicht, da nach den nachfolgend unter (2) zu machenden Ausführungen sich die Nutzungsvergütung nach den gefahrenen Kilometern errechnet, bei unterlassener Weiterbenutzung eine Vergütung mithin nicht geschuldet wird.[106]

(2) Zweifelhaft war lange die Berechnung der Nutzungsvergütung.

Teilweise wurde eine Berechnung entsprechend dem entgangenen Gebrauchsvorteil im Schadensersatzrecht vorgeschlagen.[107] Gegen eine solche Berechnung spricht, daß die Gebrauchsvorteile sich nur auf einen anteiligen Verbrauch der Anschaffungskosten beziehen und deshalb die sonstigen Vorhaltekosten, die der Berechnung des entgangenen Gebrauchsvorteils zugrundeliegen, außer Betracht bleiben müssen.[108] Auch eine fiktive Miete – wie in § 2 AbzG bzw. jetzt § 13 II VerbrKrG[109] scheidet aus.[110]

Nach heute h.M. in Literatur und Rechtsprechung wird bei der Ausgleichung des durch die Benutzung entstehenden Wertverlustes im Wege linearer Abschreibung auf die anteiligen Anschaffungskosten und die gefahrene km-Leistung abgestellt.[111] Unterschiedliche Meinungen ergeben sich nur aus der geschätzten Lebenserwartung der Kraftfahrzeuge.

Eine Meinung setzt diese bei 100.000 km an und errechnet die Nutzungsvergütung mit 1 % des Neuwagenpreises pro 1.000 km.[112] Andere gehen von einer Gesamtfahrleistung von 150.000 km und einer jährlichen Fahrleistung von 15.000 km aus und gelangen so zu einer Vergütung von 0,67 % des Neuwagenpreises pro gefahrene 1.000 km.[113] Nach dem Vorschlag von *Reinking-Eggert*[114] soll aber die Abschreibung nicht auf die Gesamtfahrleistung bezogen werden, sondern unter Berücksichtigung des Ankaufswertes des Gebrauchtwagens auf die voraussichtliche Rest-Kilometerleistung. Dem hat sich überraschenderweise der 8. Zivilsenat des BGH in einer Entscheidung vom 17. 5. 1995 ohne eigene Begründung angeschlossen.[115]

Teilweise wird vorgeschlagen, daß die zu schätzende Gesamtfahrleistung in Abhängigkeit von dem jeweiligen Fahrzeugtyp ermittelt werden müsse,[116] eine für die Praxis der Zivilgerichte kaum zu bewältigende Leistung. Möglich wäre es, bei einzelnen Fahr-

---

[105] *Reinking-Eggert,* Rdnr. 800.

[106] *Reinking-Eggert,* Rdnr. 802; a.A. *LG Mainz,* NJW-RR 1986, 350.

[107] So *LG Oldenburg,* MDR 1977, 928; vgl. hierzu *BGHZ* 85,11 = NJW 1982, 2304 (Verzugsschaden in Form entgangener Gebrauchsvorteile); krit. *Schirmer,* JuS 1983, 265.

[108] So mit Recht *Thielmann,* VersR 1970, 1074; *Reinking-Eggert,* Rdnr. 804.

[109] S.u. § 3, 3. Teil, III, 3, e, (1), Fußn. 68.

[110] *BGHZ* 115, 47 = NJW 1991, 2484.

[111] *Reinking-Eggert,* Rdnr. 807 ff., 2032 m.Nw.

[112] *OLG Hamm,* NJW 1970, 2296; *KG,* DAR 1976, 45; *OLG Nürnberg,* DAR 1978, 198; *OLG Zweibrücken,* DAR 1985, 59; 1986, 89; *OLG Düsseldorf,* NJW-RR 1987, 635.

[113] *OLG Nürnberg,* DAR 1980, 345; 1985, 81; *OLG Köln,* NJW 1987, 2520; *OLG München,* NJW 1987, 3012; *OLG Hamm,* NJW-RR 1988, 1140; 1994, 375; *LG Saarbrücken,* ZfS 1995, 133; hierzu *Reinking-Eggert,* Rdnr. 821.

[114] *Reinking-Eggert,* Rdnr. 2033.

[115] *BGH,* NJW 1995, 2159; ebenso vorher *OLG Karlsruhe,* NJW-RR 1992, 1144.

[116] *Kaufmann,* DAR 1990, 294; *Reinking-Eggert,* Rdnr. 815, 820.

zeugtypen der gehobenen Klasse eine höhere Gesamtfahrleistung als 100.000 oder 150.000 km anzunehmen,[117] ebenso bei Nutzfahrzeugen.[118]

Bei dem zugrundezulegenden Kaufpreis – sei es nun der Neuwagenpreis oder der Gebrauchtwagenpreis – ist von dem Bruttopreis einschließlich Mehrwertsteuer auszugehen.[119] Soweit Mängel des Fahrzeugs vorliegen, ist dieser Preis entsprechend dem Umfang der Mängel zu mindern.[120]

V. Schadensersatz nach § 463 BGB

1. Allgemeines

Der auf Schadensersatz wegen Nichterfüllung gerichtete Anspruch setzt wahlweise das Fehlen einer zugesicherten Eigenschaft[121] oder arglistiges Verschweigen eines Fehlers[122] voraus (§ 463 BGB). Er besteht im Geldersatz des positiven Interesses. Der Käufer ist so zu stellen, als sei die zugesicherte Eigenschaft vorhanden bzw. der verschwiegene Mangel nicht vorhanden gewesen.[123] Bei der Berechnung dieses Schadensersatzes spielt der Gewährleistungsausschluß – im Hinblick auf die Arglist (§ 476 BGB) bzw. die zugesicherte Eigenschaft – keine Rolle.[124]

Ein Anspruch auf Naturalrestitution in Form der Beseitigung des Mangels oder Herstellung der zugesicherten Eigenschaft durch den Verkäufer ist abzulehnen.[125] Durch einen günstigen Weiterverkauf wird der eingetretene Schaden nicht ausgeschlossen.[126]

Der Schadensersatz in Geld kann nach Wahl des Käufers auf zwei verschiedene Weisen abgewickelt werden.[127]

---

[117] *Reinking-Eggert,* Rdnr. 2014 (Laufleistung 200.000 km, Nutzungsvergütung 0,5 % pro 1.000 km).

[118] *BGH,* NJW 1995, 2159 (Omnibus); *OLG Saarbrücken,* NJW-RR 1993, 493 (LKW).

[119] *BGHZ* 115, 47, 54 = NJW 1991, 2484; *Reinking-Eggert,* Rdnr. 808.

[120] *OLG Köln,* DAR 1933, 349; *Reinking-Eggert,* Rdnr. 816; vgl. aber *OLG Hamm,* NJW-RR 1994, 375.

[121] S.o. 1. Teil II.

[122] S.o. 1. Teil. I, 4, d. – Gleichgestellt ist das arglistige Vorspiegeln einer nicht vorhandenen zusicherungsfähigen Eigenschaft; s.o. 1. Teil, Fußn. 123.

[123] *H.P. Westermann,* MK, § 463 BGB, Rdnr. 25.

[124] *BGH,* NJW 1983, 1424.

[125] *BGHZ* 108, 156 = NJW 1989, 2354; *Reinking-Eggert,* Rdnr. 1992.

[126] *BGH,* NJW 1981, 45; *OLG Hamm,* NJW 1974, 2091; *OLG München,* NJW 1980, 1581; *Büdenbender,* JuS 1976, 153; *Wolter,* NJW 1975, 622; *H.P. Westermann,* MK, § 463 BGB, Rdnr. 25.

[127] *BGHZ* 96, 283 = NJW 1986, 920; *Klein-Benkers,* AcP 194, 352; *Reinking-Eggert,* Rdnr. 1993.

2. Der sog. kleine Schadensersatz

In diesem Falle behält der Käufer den mangelhaften Wagen. Er erhält zum Ausgleich des Schadens den Geldwert in Höhe der Differenz zwischen dem Wert des mangelhaften und des mangelfreien Fahrzeugs.[128] Es ist aber auch zulässig, statt dessen die notwendigen Reparaturkosten[129] und einen etwaigen merkantilen Minderwert zu liquidieren.

Für die Dauer der Reparatur und des damit verbundenen Nutzungsausfalls können die (notwendigen) Mietwagenkosten bzw. Nutzungsausfall verlangt werden.[130] Die Bemessung des Nutzungsausfalls richtet sich – wie im Unfallschadensrecht – nach den Tabellen von *Sanden/Danner/Küppersbusch*[131].

Schließlich kann der Käufer eventuell auch Ersatz des entgangenen Gewinns verlangen, der ihm aus einem zunächst erfolgten Weiterverkauf zugeflossen war und infolge der Rückgängigmachung desselben wieder weggefallen ist.[132]

3. Der große Schadensersatz

In diesem Fall gibt der Käufer den mangelhaften Wagen an den Verkäufer wieder zurück.[133] Eines besonderen Interesses an der Rückgabe der Sache bedarf es nach h.M. nicht.[134] Eine Einschränkung ist aber bei geringfügigen Mängeln bzw. Fehlen geringfügiger Eigenschaften angezeigt.[135]

a) Ausschluß des großen Schadensersatzes

Da der große Schadensersatz mit der Rückgabe des Wagens verbunden ist, unterliegt er den gleichen Voraussetzungen wie die Wandlung.[136]

Das bedeutet: Soweit § 351 BGB (Verschulden des Käufers)[137] eingreift, ist der große Schadensersatz ausgeschlossen; bei fehlendem Verschulden des Käufers bleibt der große Schadensersatz erhalten.[138] Auch hier kann aber in Ausnahmefällen der Einwand der Verwirkung in Frage kommen.[139]

---

[128] *BGH,* NJW 1965, 34; *BGHZ* 108, 156 = NJW 1989, 2534; *BGH,* NJW 1993, 2103; *Reinking-Eggert,* Rdnr. 1994 mit Beispielen.

[129] *BGH,* NJW 1965, 34; 1983, 1424; *BGHZ* 108, 156 = NJW 1989, 2534; *BGH,* NJW 1995, 1549; einschl. etwaiger Sachverständigenkosten: *BGH,* NJW 1978, 2241; *OLG Oldenburg,* NJW-RR 1987, 1269; gegen diese Berechnung *LG Bochum,* NJW 1980, 789 m. abl. Anm. *Eggert,* DAR 1981, 1; *OLG Koblenz,* NJW-RR 1991, 847 (Kauf einer Eigentumswohnung); Zum Abzug neu für alt siehe *Reinking-Eggert,* Rdnr. 1995.

[130] *BGH,* NJW 1978, 2241; *Reinking-Eggert,* Rdnr. 1996.

[131] *Reinking-Eggert,* Rdnr. 1996; s.u. § 9, 2. Teil, III, 3, c.

[132] *BGH,* NJW 1968, 2375; 1982, 435.

[133] *BGHZ* 29, 148 = NJW 1959, 620; *OLG Karlsruhe,* NJW 1971, 1809.

[134] *BGHZ* 29, 148 = NJW 1959, 620; hierzu *H.P. Westermann,* MK, § 463, Rdnr. 20.

[135] *BGHZ* 27, 15 = NJW 1958, 1284; *Reinking-Eggert,* Rdnr. 1990.

[136] *OLG Karlsruhe,* NJW 1971, 1809; *Weitnauer,* NJW 1970, 638; *v.Caemmerer* (Fußn. 55), S. 627, 634; *Lieb,* JZ 1972, 443; *Reinking-Eggert,* Rdnr. 748.

[137] S.o. IV, 2, a, (1), Fußn. 41–43.

[138] a.A. *Koch,* JuS 1983, 491; *OLG Köln,* NJW-RR 1990, 758.

[139] *Reinking-Eggert,* Rdnr. 2020; s.o. Fußn. 51.

b) Berechnung des großen Schadensersatzes

Der Mindestschaden des Käufers besteht in Höhe des gezahlten Kaufpreises zuzüglich der Vertragskosten;[140] insoweit deckt sich der große Schadensersatz mit der Rückabwicklung nach Wandlung.[141]

Hatte der Käufer seinen Altwagen in Zahlung gegeben, so kann er hier den entsprechenden Geldbetrag verlangen.[142] Ein weiterer Schaden besteht in dem entgangenen Gewinn[143] und nutzlos gewordenen Aufwendungen, letztere nach der Rechtsprechung aber nur, wenn ihnen im Falle der Mangelfreiheit ein Gegenwert gegenüber gestanden hätte.[144] Hinzukommt ein Nutzungsausfall für die Dauer des Ausfalls des Fahrzeugs während mangelbedingter Reparaturen.[145] Anzurechnen auf den Schaden sind wie bei der Wandlung die aus dem Gebrauch gezogenen Nutzungen.[146] Es handelt sich hier um einen Fall der Vorteilsausgleichung.[147]

4. Mangelfolgeschäden

Nach der Rechtsprechung des BGH kann der Käufer nach § 463 BGB auch Ersatz von Mangelfolgeschäden verlangen, wenn die Zusicherung das Ziel verfolgte, den Käufer gegen solche Schäden abzusichern.[148]

a) Umfang der Zusicherung

Es bedarf deshalb im Einzelfall der Prüfung, ob die jeweilige Zusicherung ein solches Integritätsinteresse des Käufers absichern sollte.[149]

Das wird zu bejahen sein, wenn die zugesicherte Eigenschaft für die Betriebssicherheit des Fahrzeugs von Bedeutung ist.[150] Bei Arglist des Verkäufers wird der Schutzzweck sehr weit gezogen.[151]

---

[140] *Reinking-Eggert,* Rdnr. 2004.

[141] S.o. IV, 3, a + c.

[142] *BGHZ* 128, 111 = NJW 1995, 518.

[143] *BGH,* NJW 1968, 2375; *H.P. Westermann,* MK, § 463, Rdnr. 24; *Reinking-Eggert,* Rdnr. 2006.

[144] *BGHZ* 114, 193 = NJW 1991, 2277 m. Anm. *Wiedemann/Müller,* JZ 1992, 467; hierzu *H.P. Westermann,* § 463, Rdnr. 27: *Reinking-Eggert,* Rdnr. 2005.

[145] *OLG Frankfurt,* NZV 1993, 190 m. Anm. *Eggert; Reinking-Eggert,* Rdnr. 2007. – Zur Berechnung s.o. Fußn. 131.

[146] S.o. 2. Teil, IV, 4, c.

[147] *Reinking-Eggert,* Rdnr. 2011, die aber – unter Ablehnung einer von Amts wegen vorzunehmenden Verrechnung – für eine Selbständigkeit beider Ansprüche eintreten.

[148] *BGHZ* 50, 200 = NJW 1968, 1622 m. Anm. *Schmidt-Salzer; BGHZ* 57, 292 = NJW 1972, 251; ebenso *LG Düsseldorf,* VersR 1972, 671 m. Anm. *Weyer,* VersR 1973, 552; *H.P. Westermann,* § 463 BGB, Rdnr. 29; *Reinking-Eggert,* Rdnr. 2023 ff.

[149] *H.P. Westermann,* § 463 BGB, Rdnr. 30.

[150] *BGH,* NJW 1982, 435; *Reinking-Eggert,* Rdnr. 2024.

[151] *Reinking-Eggert,* Rdnr. 2025; *H.P. Westermann,* MK, § 463 BGB, Rdnr. 31.

b) Berechnung des Schadens

Der Mangelfolgeschaden besteht in außerhalb der Sache liegenden Sachschäden sowie Personenschäden, die ursächlich auf das Fehlen der zugesicherten Eigenschaft (bzw. das Vorliegen des arglistig verschwiegenen Fehlers) zurückzuführen sind.[152]

Ersatz von Nutzungsausfall kann der Käufer verlangen, wenn ein nach § 463 BGB ersatzpflichtiger Unfall zu einem vorübergehenden Nutzungsentgang führt.[153] Bei Verkauf des Fahrzeugs an eine Person, die erkennbar dasselbe weiter verkaufen will, kann der Mangelfolgeschaden sich auch auf den entgangenen Gewinn erstrecken.[154] An den Beweis einer vom Käufer behaupteten Weiterveräußerungsabsicht sind jedenfalls bei einem Privatkäufer strenge Anforderungen zu stellen.[155]

VI. Schadensersatz nach Deliktsrecht

1. § 823 I BGB

Der Anspruch aus § 823 I BGB[156] geht auf Geldersatz hinsichtlich der beschädigten Sachen sowie auf Ersatz des Personenschadens. Sein Umfang richtet sich nach § 249 BGB. Es gilt das Gleiche wie im Unfallhaftpflichtrecht.[157]

2. §§ 823 II BGB i.V. mit § 263 StGB, § 826 BGB

Der Anspruch aus § 823 II BGB i.V. mit § 263 StGB sowie aus § 826 BGB betrifft die Abwicklung des durch arglistige Täuschung herbeigeführten Vertragsschlusses. Nach einer Meinung bedeutet dies den Ersatz des negativen Interesses.[158] Die überwiegende Meinung will dagegen dem Käufer das positive Interesse zubilligen.[159] Der Käufer ist gemäß § 249 BGB so zu stellen, wie er ohne die Täuschung gestanden hätte. Er hat deshalb nach h.M. auch hier ebenso wie bei dem Anspruch aus § 463 BGB[160] ein Wahlrecht, ob er den Wagen zurückgeben will oder nicht.[161]

---

[152] Zur Abgrenzung des Mangelfolgeschadens s.o. 1. Teil VI, 1, b.

[153] S.o. Fußn. 145; *OLG Hamm,* BB 1980, 962.

[154] *BGH,* NJW 1982, 435 m. Anm. *Berg, JR 1982, 329.*

[155] *Reinking-Eggert,* Rdnr. 2006, Fußn. 76.

[156] S.o. 1. Teil, VI, 1, a.

[157] S.u. § 9, Teil 2 und 3.

[158] *BGHZ* 57, 137 = NJW 1972, 30; *Mertens,* MK, § 823 BGB, Rdnr. 47.

[159] *RGZ* 103, 154; *BGH,* NJW 1960, 237; *H.P. Westermann,* MK, § 463 BGB, Rdnr. 27; *Weitnauer,* NJW 1970, 637; *Honsell,* JuS 1982, 813, Fußn. 36.

[160] S.o. V, 2 + 3.

[161] *Reinking-Eggert,* Rdnr. 2098. – Gegen ein Wahlrecht unter Beschränkung des Anspruchs auf den Fall des Behaltens des Wagens *Lieb,* JZ 1972, 442; *John,* MDR 1972, 995.

Es spricht allerdings viel dafür, die Ausübung dieses Wahlrechts mit der Ausübung des Anfechtungsrechts nach § 123 BGB zu koppeln.[162]

a) Der kleine Schadensersatz

Unterläßt der Käufer die Anfechtung nach § 123 BGB, so kann er den Wagen behalten und Ersatz der Wertdifferenz zwischen gezahltem Preis und dem objektiven Wert des Wagens verlangen.[163] Ein Ersatz von Gebrauchsvorteilen zugunsten des Verkäufers scheidet in diesem Fall aus, da der Wagen beim Käufer verbleibt.

b) Der große Schadensersatz

Der Käufer kann – nach der hier vertretenen Auffassung[164] nach erfolgter Anfechtung – aber auch verlangen so gestellt zu werden, als habe er den Vertrag nicht geschlossen, sondern statt dessen einen anderen Wagen gekauft.[165] Diese zweite Alternative bedeutet Rückzahlung des Kaufpreises gegen Rückgabe des Wagens.[166] Inhaltlich sollte der Anspruch ebenso gestaltet werden wie der große Schadensersatzanspruch aus § 463 BGB.[167]

(1) Es besteht Einigkeit darüber, daß der Käufer sich im Wege der Vorteilsausgleichung den Wert der von ihm gezogenen Nutzungen in Form einer Gebrauchsvergütung anrechnen lassen muß.

Bei der Berechnung dieses Abzugs ist ebenso wie bei der Wandlung und dem großen Schadensersatz aus § 463 BGB[168] auf die Nutzung des verkauften Gebrauchtwagens abzustellen.[169] Die frühere Rechtsprechung, wonach auf die fiktive Nichtabnutzung eines (ohne die Täuschung) gekauften Wagens abzustellen war[170] ist damit überholt.[171] Ebenso gilt die Gleichstellung mit § 463 BGB hinsichtlich der Verwendungen.[172]

(2) Zweifelhaft ist auch hier die Frage, ob der Käufer diese Art der Schadensabwicklung noch wählen darf, wenn das Fahrzeug infolge eines Unfalls nicht mehr zurückgegeben werden kann.

---

162 *v. Caemmerer* (Fußn. 55), S. 640

163 *Reinking-Eggert,* Rdnr. 2098. – Zum Ersatz des positiven Interesses siehe jetzt *BGH,* NJW 1998, 983; dagegen *Tiedtke,* DB 1998, 1019.

164 S.o. Fußn. 162.

165 *BGH,* NJW 1962, 1909; dagegen *John* und *Lieb* (Fußn. 161).

166 *BGHZ* 57, 137 = NJW 1972, 36; v. *Caemmerer* (Fußn. 55), S. 640.

167 S.o. V, 3.

168 S.o. IV, 4, c + V, 3, b, Fußn. 146.

169 *Reinking-Eggert,* Rdnr. 2098, 2012.

170 *BGH,* NJW 1962, 1909; *OLG Hamm,* NJW 1970, 2296; *OLG Oldenburg,* NJW-RR 1987, 1269; krit. Voraufl. S. 40.

171 Hierzu *Reinking-Eggert,* Rdnr. 2012.

172 S.o. IV, 3, d. – Ob hier nützliche Verwendungen für die Zeit bis zur Kenntnis der Täuschung zu ersetzen sind, ist zweifelhaft; dafür *OLG Nürnberg,* DAR 1978, 324.

Sicher ist dies zulässig, wenn der Unfall sich als Mangelfolgeschaden nach § 463 BGB bzw. § 823 I BGB[173] darstellt. Der BGH will darüber hinaus den Unfall des Käufers als adäquate und ihm Rahmen des Schutzzwecks der Norm des § 823 II BGB stehende Folge anerkennen; dies soll selbst bei einem von dem Käufer verschuldeten Unfall gelten.[174] Diese Meinung ist als zu weitgehend abzulehnen; der Unfall liegt – vom Fall des Mangelfolgeschadens abgesehen – außerhalb des Schutzzwecks der Norm der §§ 823 II BGB, 263 StGB.[175] Die von dem BGH vorgenommene Schuldabwägung zwischen Täuschungshandlung des Verkäufers und Herbeiführung des Unfalls durch den Käufer vergleicht inkommensurable Vorwürfe.[176] – Ist der Unfall vom Käufer nicht verschuldet, so gilt das Gleiche wie bei der Wandlung:[177] der große Schadensersatz bleibt dem Käufer erhalten.

VII. Rückabwicklung nach Bereicherungsrecht

1. Allgemeines

Infolge Nichtigkeit des Kaufvertrages nach erfolgter Anfechtung (§ 142 I BGB) kommt hier nur eine Rückabwicklung der Vertragsbeziehungen in Frage. Der Käufer hat sich durch die Ausübung der Anfechtungserklärung der Wahlmöglichkeit, die bei Gewährleistung und Schadensersatz nach § 463 BGB und § 823 II BGB besteht,[178] bereits begeben. Weitergehende Ansprüche des Käufers können nicht mehr aus Vertrag, sondern nur aus unerlaubter Handlung und culpa incontrahendo hergeleitet werden.[179]

Die Rückabwicklung im einzelnen richtet sich nach den §§ 812, 818, 819, 142 II BGB, wobei zugunsten des Käufers wegen der arglistigen Täuschung des Verkäufers nach der – allerdings sehr umstrittenen Rechtsprechung des BGH – die sogenannte Zweikondiktionentheorie anzuwenden ist.[180] Das bedeutet: Ansprüche von Verkäufer und Käufer stehen sich selbständig gegenüber und sind – insbesondere hinsichtlich des Wegfalls der Bereicherung – getrennt zu beurteilen.

---

[173] S.o. V, 4 + VI, 1.

[174] *BGHZ* 57, 137 = NJW 1972, 36.

[175] *v. Caemmerer* (Fußn. 55), S. 641; *Lieb,* JZ 1972, 443; *Huber,* JuS 1972, 439; *Flessner,* NJW 1972, 1278; *Reinking-Eggert,* 2084; abl. auch *LG Lüneburg,* NJW 1989, 1057.

[176] S.u. VII, 2, a, (2), Fußn. 197–199.

[177] S.o. IV, 2, d, Fußn. 60.

[178] S.o. V, 2 + 3; VI, 2, a + b.

[179] *BGH* NJW 1960, 237; *Reinking-Eggert,* Rdnr. 2066.

[180] *BGHZ* 53, 144 = NJW 1970, 656; *BGHZ* 57, 137, 146 = NJW 1972, 36, 38; hierzu *Reinking-Eggert,* Rdnr. 2073. – Allgemein zur Zweikonditionentheorie *Lieb,* MK § 818, Rdnr. 92, 93; *Honsell,* JuS 1982, 810, 814 m.Nw.; *Reuter/Martinek,* Ungerechtfertigte Bereicherung (1983), S. 595 ff.

2. *Ansprüche des Käufers*

a) *Rückzahlung des Kaufpreises*

Der Käufer hat nach § 812 BGB Anspruch auf Rückzahlung des Kaufpreises.

(1) Der Erstattungsanspruch ist ab Empfang des Kaufpreises zu verzinsen (§§ 819 I, 818 IV, 291 BGB).[181]

(2) Hat der Käufer zur Tilgung der Kaufpreisschuld seinen Altwagen in Zahlung gegeben, so ist mE in Anlehnung an die zu § 463 BGB ergangene Entscheidung des BGH[182] ein Anspruch auf Ausgleich in Höhe des Anrechnungspreises gegeben.[183]

(3) Ein Wegfall der Bereicherung scheidet regelmäßig aus, da der Verkäufer bei Vorliegen einer arglistigen Täuschung stets bösgläubig im Sinne der §§ 819, 818 IV BGB ist (§ 142 II BGB).

b) *Ersatz von Verwendungen*

(1) Der Käufer kann Ersatz der notwendigen Verwendungen verlangen, die er bis zur Erlangung der Kenntnis der arglistigen Täuschung gezogen hat (§§ 819, 818 IV, 292, 994 BGB).[184]

(2) Im Gegensatz zur Wandlung kann der Käufer hier Erstattung der nützlichen Verwendungen unter den Voraussetzungen des § 996 BGB verlangen, da hier die in § 347 BGB angeordnete Rückwirkung auf den Zeitpunkt des Empfangs der Leistungen nicht gilt.[185] Vorausgesetzt wird, daß der Wert des Fahrzeugs im Zeitpunkt der Rückgabe an den Verkäufer noch erhöht ist.

(3) Die überwiegende Meinung will dem Käufer auch die notwendigen Erhaltungskosten ersetzen (§ 994 I S. 2 BGB), und zwar mit dem Argument, daß er für die Nutzungen dem Verkäufer gegenüber ausgleichspflichtig sei.[186] ME ist dies abzulehnen, da die Nutzungsvergütung nur den Wertverlust durch den Gebrauch des Fahrzeugs abdeckt, aber die gewöhnliche Erhaltung unberührt läßt.[187]

3. *Ansprüche des Verkäufers*

a) *Rückgabe des Fahrzeugs*

Der Verkäufer hat Anspruch auf Rückgabe und Rückübereignung des Fahrzeugs[188], und zwar nebst Zubehör und Kraftfahrzeugpapieren.

---

[181] *Reinking-Eggert,* Rdnr. 2069.

[182] S.o. Fußn. 142.

[183] a.A. *Eggert,* ZAP, Fach 3, S. 98; *Reinking-Eggert,* Rdnr. 2067.

[184] *Reinking-Eggert,* Rdnr. 2072.

[185] S.o. 2. Teil, IV, 3, d, (2); *OLG Oldenburg,* DAR 1993, 467; *Reinking-Eggert,* Rdnr. 2072; *Lieb,* MK, § 818, Rdnr. 64, 113.

[186] *Reinking-Eggert,* Rdnr. 2072; ebenso mit anderer Begründung *OLG Oldenburg,* DAR 1993, 467 (§ 988 BGB); *Lieb,* MK, § 818, Rdnr. 64 (§ 818 III BGB).

[187] Die normale Wartung des Fahrzeugs steht in keinem Zusammenhang mit der „linearen Wertabschreibung“, die der Berechnung der Nutzungsvergütung zugrundeliegt; s.o. IV, 4, c, (1), Fußn. 111.

[188] Die Rückübereignung entfällt natürlich, soweit die Anfechtung auch das dingliche Geschäft der Übereignung vernichtet hat.

(1) Weiterveräußerung

Hat der Käufer den Wagen in Kenntnis des Anfechtungsgrundes weiterveräußert, so liegt hierin eine Bestätigung des anfechtbaren Kaufvertrages, so daß er anschließend nicht mehr anfechten kann.[189] Hat er vor Kenntniserlangung weiterveräußert, so hat er nach §§ 812, 818 II BGB Ersatz in Höhe des Verkehrswertes des Gebrauchtwagens im Zeitpunkt der Veräußerung[190] zu leisten, nicht aber den Gegenwert aus dem Weiterverkauf herauszugeben.[191] Hat der Käufer dagegen den Wagen nach erfolgter Anfechtung veräußert, so unterliegt er der verschärften Haftung nach den §§ 819, 818 IV BGB und hat analog § 281 BGB den Gegenwert aus der Weiterveräußerung herauszugeben.[192]

(2) Unfallschaden

Ist die Rückgabe des Wagens wegen Unfallschadens nicht mehr bzw. nur noch im beschädigten Zustand möglich, so gilt nach der Rechtsprechung des BGH folgendes:

- War der Unfall vom Käufer nicht verschuldet, so wird der Käufer von seiner Rückgabepflicht frei, muß allerdings die Restwerte (oder deren Erlös) herausgeben;[193] er muß ferner etwaige Ansprüche gegen haftpflichtige Dritte abtreten (§ 818 I BGB). Gleichwohl behält er nach der vom BGH praktizierten Zweikondiktionentheorie[194] seinen Anspruch auf Rückzahlung des Kaufpreises.

[189] S.o. Teil 1, V, 2, d, Fußn. 384.

[190] Der Zeitpunkt für die Berechnung ist umstr., wobei es u.a. auch auf die Anwendung von § 818 I oder II BGB ankommt. Für den Zeitpunkt des Wegfalls des Rechtsgrundes *BGH*, NJW 1995, 53; zust. *Palandt/Thomas*, § 818 BGB, Rdnr. 3; zu den einzelnen Ansichten vgl. im übrigen *Reuter/Martinek* (Fußn. 180), S. 569 ff.

[191] *Reeb*, Grundprobleme des Bereicherungsrechts (1975), S. 95, 104; *Frank*, JuS 1981, 102, 104; beide mit Hinw. auf die nicht grundsätzlich ausgerichtete Rechtspr. – A.A. (Herausgabe des Veräußerungserlöses): *Reinking/Eggert*, Rdnr. 2086 (unter Anwendung von § 816 I BGB, der aber mE nicht eingreift: BGHZ 29, 157 = NJW 1959, 668); *Lieb*, MK, § 818 BGB Rdnr. 26, 39 (Veräußerungserlös als Surrogat des § 818 I BGB, jedoch begrenzt durch die vertraglichen Gegenleistung); *Koppensteiner*, NJW 1971, 1769, 1771, 1775 (individueller Wert i.S. des § 818 II BGB); I.E. für die hier interessierenden Fälle auch *Larenz/Canaris*, SchuldR, II/2, § 72, III, 3, a (Marktwerkt aus ex-post-Betrachtung.

[192] *BGHZ* 75, 203 = NJW 1980, 178; *OLG Köln*, NJW-RR 1995, 51; hierzu *Frank*, JuS 1981, 102; *Schubert*, JR 1980, 199; *Reinking-Eggert*, Rdnr. 2086; *Larenz/Canaris*, § 72, III, 3, c.

[193] *BGHZ* 53, 144 = NJW 1970, 656 (Mercedes-F all); ihm folgend *OLG Karlsruhe*, NJW-RR 1992, 1144; zust. *Weitnauer*, NJW 1970, 637; *Flessner*, NJW 1972, 1777; *Koppensteier-Kramer*, Ungerechtfertigte Bereicherung (1975), S. 186; *Reinking-Eggert*, Rdnr. 2080 (unter Beschränkung auf den Fall der Unabwendbarkeit; s.o. Fußn. 60); *Roth*, AcP 189, 489; *Lieb*, MK, § 818 BGB, Rdnr. 104; a.A. *Flume*, NJW 1970, 1161; *Honsell*, MDR 1970, 717; *v. Caemmerer* (Fußn. 55), S. 621; *Wieling*, JuS 1973, 397, 401; vgl. auch *Rengier*, AcP 177, 418, 438; *Reuter/Martinek* (Fußn. 189), S. 609.

[194] S.o. Fußn. 180.

- Gleiches soll gelten, wenn der Unfall auf einen Sachmangel zurückzuführen ist, für den bei Gültigkeit des Kaufvertrages der Verkäufer einzustehen hätte.[195] Dieses durch Ablehnung der Saldotheorie und Anwendung der Zweikondiktionentheorie gewonnene Ergebnis entspricht der Risikoverteilung bei der Wandlung.[196]
- War der Unfall vom Käufer verschuldet, so will der BGH im Ausgangspunkt wiederum die Zweikondiktionentheorie anwenden und dem Käufer einen Anspruch auf Rückerstattung des Kaufpreises zubilligen; diesen Anspruch will er dann aber gemäß § 242 BGB unter Abwägung des Verschuldens des Verkäufers bei Vertragsschluß (Arglist) und des Käufers bei Herbeiführung des Unfalls aufteilen.[197] Diese Billigkeitsentscheidung steht mit der bei der Wandlung bestehenden Risikoverteilung[198] in einem Wertungswiderspruch und ist deshalb abzulehnen.[199]

Richtiger erscheint es, dem Verkäufer bei einem vor Kenntnis des Anfechtungsgrundes verschuldeten Unfall einen Anspruch auf Herausgabe der Restwerte (bzw. deren Erlös), eventuell auch auf Abtretung der Ansprüche gegen Dritte zu geben, bei einem nach Kenntnis des Anfechtungsgrundes schuldhaft herbeigeführten Unfall den Käufer nach §§ 819, 818 IV, 292, 989 BGB haften zu lassen.

b) Wertminderung

Aus einer bis zur Anfechtung des Kaufvertrages eingetretenen Wertminderung des Fahrzeugs kann der Verkäufer keine Rechte herleiten. Ab dem Zeitpunkt der Anfechtung hat der Käufer für eine auf sein Verschulden zurückzuführende Wertminderung nach den §§ 819 I, 818 IV, 292, 989 BGB dem Verkäufer Ersatz zu leisten.[200]

c) Nutzungsvergütung

Der Verkäufer hat Anspruch auf Ersatz der gezogenen Gebrauchsvorteile, und zwar für die gesamte Besitzzeit des Käufers (§§ 818 I, II, 100 BGB).[201] Der Anspruch ist ebenso wie bei der Wandlung[202] im Wege einer linearen Abschreibung zu berechnen.[203]

---

[195] *BGHZ* 78, 216 = NJW 1981, 224 (Mähdrescher); hierzu *Honsell,* JuS 1982, 810; *Reinking-Eggert,* Rdnr. 2085.

[196] S.o. 2. Teil, IV, 2, d, Fußn. 56.

[197] *BGHZ* 57, 137 = NJW 1972, 36; zust. *Flessner,* NJW 1972, 1777; *Berg,* NJW 1981, 2337; *Herr,* NJW 1972, 250; *Kühne,* JR 1972, 110.

[198] S.o. 2. Teil, IV, 2, d, Fußn. 58.

[199] *Honsell,* MDR 1973, 350; *Reinking-Eggert,* Rdnr. 2083; *Lieb,* JZ 1972, 444; ders. MK, § 818 BGB, Rdnr. 94, 102; *Reuter/Martinek* (Fußn. 180), S. 610; *v.Caemmerer* (Fußn. 55), S. 186 ff.; *Wieling,* JuS 1973, 397, 402.

[200] *BGHZ* 72, 372 = NJW 1979, 160.

[201] *BGH,* NJW 1962, 1909; 1995, 454; *Reinking-Eggert,* Rdnr. 2074.

[202] S.o. 2. Teil, IV, 4, c, (2).

[203] *OLG Karlsruhe,* NJW-RR 1992, 1144; *Reinking-Eggert,* Rdnr. 2076.

Dritter Teil. Die prozessuale Behandlung der Ansprüche

I. Die Vorprüfung

Bevor in eine Klärung der Anspruchsvoraussetzungen eingetreten wird, sind einige präjudiziellen Fragen vorab zu prüfen.

Bei einem Teil dieser Fragen kann der Rechtsstreit entscheidungsreif werden, ohne daß die eigentlichen Anspruchsvoraussetzungen geprüft werden müssen. Bei anderen Fragen bedeutet ihre Entscheidung eine Weichenstellung für die weitere Prüfung.

1. Die Vertragsparteien

Es ist zu klären, zwischen welchen Personen der Kaufvertrag abgeschlossen worden ist, insbesondere ob bei Einschaltung eines Gebrauchtwagenhändlers ein Händlereigengeschäft oder ein Agenturvertrag vorliegt.[1] Davon hängt die Passivlegitimation und gegebenenfalls die Anspruchsgrundlage ab.[2]

Zur Klärung dieser Frage ist der regelmäßig schriftlich abgeschlossene Kaufvertrag vorzulegen. Hierzu ist der Kläger im Wege der prozeßleitenden Anordnung anzuhalten (§§ 132, 273 II Nr. 1 ZPO). Die Frage, ob der Händler in eigenem oder fremdem Namen gehandelt hat, wird sich meist aus dem Wortlaut und durch Auslegung der Kaufvertragsurkunde ergeben.

2. Der Vertragsinhalt

a) Vorrang der Kaufvertragsurkunde

Der schriftliche Kaufvertrag gibt vorrangig Aufschluß über den vereinbarten Vertragsinhalt, insbesondere über erfolgte (oder nicht erfolgte) Zusicherungen, abgegebene Garantieerklärungen, etwaige Aufklärungen über vorliegende Mängel und über einen vereinbarten Haftungsausschluß.

Die Vertragsurkunde hat die Vermutung der Vollständigkeit und Richtigkeit für sich.[3] Das schließt mündliche Nebenabreden nicht aus; jedoch muß derjenige, der sich auf sie beruft, sie darlegen und bei Bestreiten durch die Gegenseite beweisen.[4] Es ist deshalb Aufgabe der Partei, die sich auf solche mündlichen Erklärungen beruft, diese substantiiert vorzutragen und unter Beweis zu stellen. Werden sie von der Gegenseite bestritten, so ist über sie Beweis zu erheben; zweckmäßigerweise vorab durch eine Anhörung der Parteien (§ 141 ZPO), sodann durch Zeugen.

---

[1] S.o. Vorb. 2, b + c.

[2] Außerhalb des Vertrages stehende Dritte können aus culpa in contrahendo (s.o. 1. Teil, IV, 2, b) und nach Deliktsrecht in Anspruch genommen werden.

[3] *RGZ* 52, 25; *BGH,* JR 1978, 414 m. Anm . *Baumgärtel; BGH,* NJW 1980, 1680; 1989, 898.

[4] *BGHZ* 20, 189 = NJW 1956, 665; *Baumgärtel/Laumen,* Handb. der Beweislast, Bd. I, § 125 BGB, Rdnr. 3.

b) Vorlage der Fahrzeugpapiere

Oft ist es zweckmäßig zu klären, ob die Fahrzeugpapiere (Kraftfahrzeugbrief, Kraftfahrzeugschein) bei den Vertragsverhandlungen vorlagen und eingesehen wurden.

Aus ihnen kann sich ergeben, ob an dem Fahrzeug technische Veränderungen vorgenommen wurden (§ 22 II 6 StVZO), und auf wieviele Personen das Fahrzeug zugelassen war (§ 27 III StVZO). Die Fahrzeugpapiere sind von der jenigen Partei vorzulegen, die sich auf sie beruft (Einreichung einer beglaubigten Fotokopie zu den Akten, eventuell Vorlage des Originals im Termin.)

c) Vertragsänderungen

Etwaige spätere Vertragsänderungen, z.B. die Zusage einer Nachbesserung, werden oft nicht schriftlich getroffen. Werden derartige Behauptungen bestritten, ist über sie Beweis zu erheben. In Frage kommen Zeugen; außerdem kann die Vorlage der zwischen den Parteien gewechselten Korrespondenz weiterhelfen.

3. Die erstrebte Rechtsfolge

In manchen Fällen ist unklar, was der Kläger mit der erhobenen Klage eigentlich will.

a) Rückgabe des Wagens?

Zu klären ist zunächst, ob der Kläger das Fahrzeug behalten will oder nicht.

Davon hängt ab, ob der Kläger die Voraussetzungen der Wandlung bzw. des großen Schadensersatzes darzutun hat.[5] Bejahendenfalls hat er die Wahl, ob er direkt auf Rückzahlung des Kaufpreises (und eventuell Schadensersatz) oder nur auf Zustimmung zur Wandlung klagen will.[6] Bei unbeschränkter Klage auf Rückzahlung des Kaufpreises ist der Kläger – schon im Kosteninteresse – gemäß § 139 ZPO darauf hinzuweisen, daß die Stellung eines Antrages auf Zahlung Zug um Zug gegen Rückgabe des Wagens dienlich sein kann.[7]

b) Minderung oder Schadensersatz?

Der Kläger ist bei Unklarheit seines Vorbringens weiterhin zu befragen, ob er Schadensersatz oder Minderung begehrt.

Verlangt er nämlich Schadensersatz, so hat er entweder die Voraussetzungen des § 463 BGB oder einer außervertraglichen Anspruchsgrundlage (c.i.c., pVV; Delikt), in erstem Falle die Voraussetzungen der Arglist oder einer zugesicherten Eigenschaft, in den übrigen Fällen ein Verschulden des Verkäufers darzulegen, während er sich bei Ver-

[5] S.o. 2. Teil, IV, 3, b; V, 3, a.

[6] S.o. 2. Teil, IV, 2, a, Fußn. 40.

[7] S.u. X, 2, d.

langen einer bloßen Minderung auf den Vortrag betreffend die Voraussetzungen des § 459 I oder II BGB beschränken kann.

c) Geltendmachung von Sachmängeln oder Fehlens zugesicherter Eigenschaften?

Schließlich ist zu klären, auf welches Angriffsmittel der Kläger seine Ansprüche stützen will, vor allem, ob er seinen Anspruch mit dem Vorliegen eines oder mehrerer Sachmängel oder dem Fehlen einer zugesicherten Eigenschaft begründen will.

Dies ist schon deshalb erforderlich, weil bei einem vereinbarten Gewährleistungsausschluß der Anspruch aus § 459 I BGB nur bei einem gleichzeitig schlüssigen Vortrag der Arglist des Verkäufers (§ 476 BGB) schlüssig ist.[8]

Sämtliche zu a)–c) erwähnten Unklarheiten im Klagevorbringen hat das Gericht gemäß §§ 139, 273 II Nr. 1 ZPO entweder im Wege der prozeßleitenden Anordnung oder durch Befragen im Termin zu beseitigen.

4. Die Verjährung und die Wahrung von Fristen

Erhebt der Beklagte die Einrede der Verjährung, so ist vorab zu prüfen, ob diese durchgreift.

a) Vertragliche Ansprüche

Wird die Klage auf vertragliche Ansprüche gestützt, so gilt die kurze Verjährungsfrist des § 477 BGB, es sei denn, daß Arglist des Verkäufers vorliegt.[9] Die Frist läuft ab Ablieferung des PKW.[10]

Der Zeitpunkt der Ablieferung des PKW wird meist feststehen; in der Regel wird er mit dem Kaufabschluß zusammenfallllen. Die Klage ist in diesem Falle nur schlüssig, wenn der Kläger innerhalb der Sechsmonatsfrist die Klage erhoben (Zustellung nach § 253 I ZPO erforderlich) oder wenigstens fristgerecht bei Gericht eingereicht und ihre demnächstige Zustellung im Sinne von § 270 III ZPO veranlaßt hat oder wenn der Kläger eine vorprozessuale Unterbrechung nach § 208 BGB oder arglistiges Verschweigen eines Mangels behauptet.[11]

b) Deliktsanspruch

Bei einem Deliktanspruch ist die Kenntnis der unerlaubten Handlung als Fristbeginn für den Lauf der Verjährungsfrist entscheidend (§ 852 I BGB).

Der Zeitpunkt dieser Kenntnis wird mit der Erhebung der Verjährungseinrede durch den Beklagten in den Prozeß eingeführt; er kann sich aber auch schon aus dem

---

[8] S.o. 1. Teil, I, 4, d.
[9] S.o. 1. Teil, I, 5, a, Fußn. 156 + II, 3, f.
[10] S.o. 1. Teil, I, 5, a, Fußn. 154.
[11] S.o. 1. Teil, I, 5, Fußn . 159 und I, 5, a, Fußn. 156.

Klagevorbringen des Klägers ergeben. Bei einem – rechtserheblichen – Streit über den Zeitpunkt der Kenntnis des Klägers ist der Beklagte für den von ihm behaupteten (früheren) Zeitpunkt der Kenntnis beweispflichtig.[12]

c) *Anfechtung wegen arglistiger Täuschung*

Stützt der Kläger seine Klage auf arglistige Täuschung (§§ 123, 812 BGB), so ist vorab die Wahrung der Anfechtungsfrist nach § 124 I BGB zu prüfen.[13] Für das Verstreichen der Frist ist der Beklagte darlegungs- und beweispflichtig.[14]

Die Parteien sind über die unter a)–c) behandelten Gesichtspunkte nach § 139 ZPO zu befragen, zweckmäßigerweise schon vor der mündlichen Verhandlung, sonst im Termin.

II. Die Prüfung von Garantiezusagen

1. *Die Garantieerklärung*

Die abgegebene Garantieerklärung, für die der Kläger darlegungs- und beweispflichtig ist,[15] wird in der Regel im Kaufvertrag oder in einer gesonderten Urkunde (Garantieschein) schriftlich niedergelegt. Eine besondere Beweisaufnahme wird sich insoweit erübrigen.

2. *Der Garantiefall*

Der Eintritt des Garantiefalls ist von dem Kläger darzulegen.

a) *Istzustand*

Dazu gehört der Vortrag, welches Teil des Wagens (Motor, Getriebe etc.) defekt ist und wie sich dieser Defekt zeigt.

Zweckmäßig ist, die defekten Teile sicherzustellen, damit sie gegebenenfalls durch einen Sachverständigen begutachtet werden können. Das Gericht wird deshalb nach § 139 ZPO anfragen, ob die defekten Teile noch vorhanden sind.

b) *Sollzustand*

Nach Feststellung des „Istzustands" ist sodann zu klären, ob der vorgetragene, eventuell unter Beweis gestellte bzw. bewiesene Defekt einen

---

[12] *Baumgärtel,* Handb. der Beweislast, § 852 BGB, Rdnr. 1.
[13] S.o. 1. Teil, V, 2, d.
[14] *Baumgärtel/Laumen,* Handb. der Beweislast, Bd. I, § 124 BGB, Rdnr. 1.
[15] *Baumgärtel,* Handb. der Beweislast, Bd. I, § 459 BGB, Rdnr. 15.

Garantiefall darstellt. Das ist zunächst eine Rechtsfrage, wobei die Garantieerklärung nach Treu und Glauben auszulegen ist.

Gelegentlich können Kausalitätsfragen auftauchen, wenn der Defekt nicht direkt an dem Teil aufgetreten ist, auf den sich die Garantieerklärung erstreckt oder wenn das defekte Teil andere Teile des Wagens beeinträchtigt hat. Insoweit kann es im Einzelfall notwendig sein, einen Sachverständigen zu hören.

3. Der Zeitpunkt des Garantiefalls

Der Kläger hat darzulegen und gegebenenfalls zu beweisen, daß der eingetretene Defekt unter den Garantiezeitraum (zeitliche Grenze oder km-Limit) fällt.[16]

Geht man davon aus, daß es sich um eine Haltbarkeitsgarantie handelt, dann genügt der Eintritt des Defekts innerhalb dieses Zeitraums. Ist der Zeitpunkt streitig, so bedarf es einer Beweisaufnahme, z.B. durch Vorlage der Reparaturrechnung oder durch Zeugen (Fahrer, Reparaturwerkstatt).

4. Die Einhaltung der Garantieanzeigefrist

Es ist weiterhin zu prüfen, ob die laut Garantiebedingungen festgelegte Garantieanzeigefrist eingehalten ist.

Aus den von dem Kläger vorgelegten Garantiebedingungen ergibt sich die Länge der Frist und die Voraussetzungen ihrer Wahrung. Der Kläger hat darzulegen, daß er diese Voraussetzungen erfüllt hat, z.B. durch rechtzeitige Absendung der Anzeige.

5. Der Ausschluß der Garantie

Behauptet der Garantiegeber, der Kläger habe den Garantiefall durch falsche Wartung oder Bedienung herbeigeführt, so ist zu klären, ob eine falsche Wartung oder Bedienung vorgelegen hat, ob sie schuldhaft erfolgt ist und ob der Kausalzusammenhang zwischen falscher Wartung (Bedienung) und Eintritt des Defekts nachzuweisen ist.[17] Der Garantiegeber trägt hierfür die Beweislast.[18]

Hierzu wird das Gericht in der Regel einen Sachverständigen befragen müssen. Im Normalfall wird dieser zu klären haben, welche Ursachen insgesamt für den Eintritt des Defekts in Frage kommen und für den Fall, daß es mehrere sind, ob der Wartungs-(Bedienungs-)fehler als der ausschlaggebende anzusehen ist und andere Ursachen als praktisch unwahrscheinlich ausgeschlossen werden können.

---

[16] *OLG Frankfurt,* MDR 1985, 672.

[17] S.o. 1. Teil, III, 3, b, (2).

[18] *BGH,* NJW 1995, 516; *OLG Köln,* DAR 1984, 88; *Baumgärtel,* Bd. I, § 459 BGB, Rdnr. 16; *Reinking-Eggert,* Rdnr. 1694.

III. Die Prüfung von Mängeln

1. Allgemeines

Entsprechend dem subjektiven Fehlerbegriff[19] ist die „Ist"- und „Sollbeschaffenheit" des verkauften Wagens festzustellen.

Der Käufer hat – jedenfalls nach Übergabe des Fahrzeugs darzulegen und gegebenenfalls zu beweisen, daß das Fahrzeug mit bestimmten Mängeln behaftet ist.[20] Vor der Übergabe des Fahrzeugs trifft die Behauptungs- und Beweislast für den Istzustand den Verkäufer, während der Käufer auch hier den Sollzustand darzulegen und gegebenenfalls zu beweisen hat.[21]

2. Die Soll-Beschaffenheit

Es geht um die Klärung der Frage, welche Beschaffenheit das verkaufte Fahrzeug nach den vertraglichen Vereinbarungen haben müßte. Diese Fragestellung besteht aus einer tatsächlichen und einer rechtlichen Komponente.

a) Die Tatfrage

Die tatsächliche Komponente besteht in einer Feststellung der abgegebenen Erklärungen und der für die Auslegung des Vertrages maßgebenden Umstände.

(1) Maßgebend sind zunächst die ausdrücklichen Erklärungen der Parteien, wie sie vor allem in der schriftlichen Vertragsurkunde niedergelegt sind (Baujahr, km-Leistung, Einbau eines Austauschmotors, sonstiger Wagenzustand).[22] Hinzutreten aber auch sonstige Umstände, z.B. aus den Fahrzeugpapieren ersichtliche Eigenschaften oder bei der Besichtigung des Fahrzeugs klar erkennbare Beschaffenheitsmerkmale.

(2) Zur Klärung dieser Umstände bedarf es zunächst der Vorlage der Vertragsurkunde, der Fahrzeugpapiere, sonstiger bei den Verhandlungen vorgelegten Urkunden (z.B. Reparaturrechnungen, TÜV-Protokolle), gegebenenfalls aber einer Beweisaufnahme über die bei Abschluß des Vertrages abgegebenen Erklärungen und bei der Besichtigung des Fahrzeugs getroffenen Feststellungen (Anhörung der Parteien, Zeugen).

---

[19] S.o. 1. Teil, I, 1, a.

[20] *BGH,* NJW 1981, 2403; 1983, 2442; *OLG Köln,* NJW-RR 1995, 1460; *Baumgärtel* (Fußn. 12), § 459 BGB, Rdnr. 4; *Nierwetberg,* NJW 1993, 1745.

[21] So mit Recht *Nierwetberg,* aaO; vgl. auch *OLG Hamm,* NJW-RR 1995, 35.

[22] Zur Auslegung des im Kaufvertrag verwendeten Begriffs „Unfallfahrzeug" siehe *OLG Nürnberg,* NZV 1992, 441.

b) Rechtsfragen

Die rechtliche Komponente der Soll-Beschaffenheit besteht in einer Festlegung der Voraussetzungen, die das Gericht in Anbetracht der tatsächlichen Feststellungen an einen mangelfreien Wagen knüpft.[23]

Das Gericht hat die Frage zu beantworten: Welche Anforderungen können und sollen nach den getroffenen Vereinbarungen an den Zustand des verkauften PKW nach Treu und Glauben unter Berücksichtigung der Verkehrssitte (§ 157 BGB) gestellt werden? Hierzu ist in erster Linie die vorhandene Rechtsprechung auszuwerten, kritisch zu würdigen und eventuell auch fortzuentwickeln. Das Gericht kann hierbei auch Gepflogenheiten des Gebrauchtwagenhandels als allgemeinkundige Tatsachen in seine rechtliche Betrachtung einbeziehen (§ 291 ZPO).

3. Die Ist-Beschaffenheit

a) Darlegungslast

Hier geht es um den tatsächlichen Zustand des Fahrzeugs bei der Übergabe an den Käufer.

(1) Es ist zunächst Aufgabe des Klägers, diesen Zustand substantiiert darzulegen.[24]

Der Umfang der Substantiierung hängt von den Umständen des Einzelfalles, insbesondere davon ab, was dem Kläger als technischem Laien zuzumuten ist. Bei technischen Mängeln genügt Angabe des äußeren Erscheinungsbildes bzw. der für den Mangel sprechenden Anzeichen ohne Darlegung der technischen Gründe im einzelnen.[25] Im Einzelfall kann der Kläger seiner Darlegungslast genügen, indem er ein bereits eingeholtes Privatgutachten vorlegt oder auf ein im vorangegangenen Beweisverfahren (§ 485 ZPO) eingeholtes Gutachten verweist. – Der Kläger muß auch darlegen, daß der Mangel bei Übergabe – zumindest im Keime – vorlag.[26]

(2) Zu dem Klagevorbringen hat sich sodann der Beklagte substantiiert zu äußern (§ 138 II, III ZPO). Auch von ihm muß verlangt werden, daß er zu den von dem Kläger vorgetragenen Einzelheiten näher Stellung nimmt.

b) Beweisaufnahme

Soweit der Vortrag der Parteien auseinandergeht und es für die Entscheidung des Rechtsstreits hierauf ankommt, ist sodann Beweis zu erheben. Als Aufklärungsmaßnahmen kommen in Frage:

---

[23] S.o. 1. Teil, I, 1a.

[24] *Reinking-Eggert,* Rdnr. 1633. – Zum km-Stand siehe *Reinking-Eggert,* Rdnr. 1605, 1606.

[25] *Reinking-Eggert,* Rdnr. 1633 unter Hinweis auf *BGHZ* 110, 99 = NJW 1990, 1472; *OLG Frankfurt,* OLGR 1992, 213.

[26] S.o. 1. Teil, I, 1, c, Fußn. 35.

(1) Urkunden

Den Parteien kann aufgegeben werden, die zwischen ihnen gewechselte Korrespondenz, Reparaturrechnungen, TÜV-Protokolle, eingeholte Privatgutachten etc. vorzulegen. Der beklagte Verkäufer sollte im Einzelfall zur Vorlage des Kaufvertrages mit dem Vorbesitzer, der klagende Käufer zur Vorlage der Fahrzeugpapiere angehalten werden.

(2) Anhörung der Parteien

Die Anhörung der Parteien gemäß § 141 I ZPO stellt – auch wenn sie gesetzestechnisch nicht eine Beweisaufnahme darstellt – eine wichtige Erkenntnisquelle für das Gericht dar, die oft – in falsch verstandener oder restriktiv gehandhabter Verhandlungsmaxime – vernachlässigt wird.[27]

Der Kläger kann dazu gehört werden, wann und auf welche Weise der Mangel erstmals zutage getreten ist und ob er irgendwelche Reparaturmaßnahmen veranlaßt hat, gegebenenfalls bei welcher Werkstatt.

Der Beklagte kann dazu gehört werden, ob er Anzeichen für vom Kläger behauptete Mängel während seiner Besitzzeit wahrgenommen, welche Reparaturen er vorgenommen und ob er von dem Vorbesitzer irgendwelche Mitteilungen über diese Mängel erfahren hat; ferner, ob er Unfälle mit dem Fahrzeug gehabt hat, gegebenenfalls welcher Art und welchen Ausmaßes. Oft ist auch die Art des Erwerbs des Verkäufers – Zeitpunkt, Vorbesitzer, Kaufpreis – von Interesse. Ferner kann der Beklagte zum km-Stand gehört werden, wenn der Kläger eine Abweichung der tatsächlichen Fahrleistung vom Tachostand geltendmacht.

(3) Auskünfte

In Betracht kommen Auskünfte bei dem TÜV[28], bei der Herstellerfirma (z.B. über Ausstattung des Fahrzeugs), bei Reparaturwerkstätten (über Art und Umfang der ausgeführten Reparaturen). Rechtsgrundlage dieser Auskünfte ist § 377 III ZPO.

Man kann die Auskunftspersonen bitten, in ihren Händen befindliche Unterlagen (Protokolle, Rechnungen, Werkstattkarten) in Fotokopie ihrer Auskunft beizufügen (§ 378 I ZPO). Natürlich bleibt es dem Gericht unbenommen, bei ungenügender Auskunft den betreffenden Sachbearbeiter – nach Benennung durch die beweispflichtige Partei (§ 139 ZPO) – noch mündlich als Zeugen zu hören (§ 377 III S. 3 ZPO).

(4) Zeugen

Es kann sich sowohl um Personen handeln, die das Fahrzeug vor dem Verkauf genutzt oder besichtigt haben (Vorbesitzer, Reparateure, Privatsachverständige), als auch um solche, die nach dem Verkauf irgendwelche Feststellungen getroffen haben (Fahrer, Abschleppunternehmer, Reparateure, Privatsachverständige). Ihre Benennung durch die beweispflichtige

---

[27] Zur Verhandlungsmaxime siehe *Tempel,* Mustertexte, Bd. I, § 1, Vorb. I, 2, b, (3); zur Parteianhörung ebenda, § 3, Vorb. II, 2, e.

[28] Der TÜV-Abnahme kommt allerdings nur Bedeutung zu, wenn bestimmte Beanstandungen festgestellt wurden. Kein Beweiswert hat das TÜV-Protokoll bezüglich solcher Mängel, auf die sich die Prüfung nicht erstreckt (z.B. Motor, Getriebe).

Partei[29] ist oft erst möglich, wenn die Parteien gemäß (2) angehört worden oder die maßgebenden Urkunden gemäß (1) vorgelegt worden sind.

(5) Augenschein

Eine Besichtigung des Wagens durch das Gericht wird nur in Ausnahmefällen in Betracht kommen.

Das ist beispielsweise der Fall, wenn es sich um Mängel handelt, zu denen das Gericht aufgrund eigener Sachkunde Feststellungen treffen kann (Lackschäden, Innenverschmutzung). Andernfalls ist die Besichtigung einem Sachverständigen zu überlassen; das Gericht hat die Möglichkeit, an dieser Besichtigung teilzunehmen. In Frage kommt auch eine Auswertung einzelner von dem Käufer sichergestellter Fahrzeugteile (Motor, Getriebe, Zündkerzen) durch den bestellten Sachverständigen.

(6) Sachverständigengutachten

Die Aufgabenstellung des Sachverständigen kann unterschiedlicher Art sein.[30]

So kann er beauftragt werden, aufgrund seiner Sachkunde eigene Feststellungen zu treffen, z.B. den Wagen oder einzelne Teile (eventuell nach Zerlegung) zu besichtigen und zu untersuchen. Er kann aber auch damit beauftragt werden, eine fachliche Beurteilung abzugeben, z.B. welche Schlüsse aus bestimmten – unstreitigen oder vom Gericht zuvor nach (1)–(5) festgestellten – Tatsachen zu ziehen sind. Schließlich kann der Sachverständige eine reine Beurteilung aufgrund seines Fachwissens abgeben, z.B. ob eine bestimmte Diskrepanz zwischen Soll- und Istbeschaffenheit als erheblich für die Betriebssicherheit, Verkehrstüchtigkeit, seinen Verkehrs- oder seinen Gebrauchswert anzusehen ist.

Aus der Aufgabenstellung des Sachverständigen folgt, daß dieser in der Regel erst nach der oben unter (1) bis (5) dargestellten Aufklärung des Sachverhalts eingeschaltet werden kann. Dem Sachverständigen sind in seinem den Auftrag enthaltenden Beweisbeschluß klare Fragen zu stellen und ihm darüber Weisungen zu erteilen, welche Tatsachen er seinem Gutachten ohne weiteres zugrundezulegen und welche er selbst aufzuklären hat (§ 404a ZPO). So kann er beauftragt werden, zu folgenden Fragen Stellung zu nehmen:

- Liegen bei dem Pkw folgende Mängel ... vor?
- Kann mit hinreichender Sicherheit festgestellt werden, daß diese Mängel schon bei Übergabe des Fahrzeugs an den Kläger am ... vorhanden waren?
- Ist es möglich, daß diese Mängel erst nach Übergabe des Fahrzeugs an den Kläger am ... aufgetreten oder auf ein Verhalten des Käufers (unsachgemäßer Gebrauch) zurückzuführen sind?
- Handelt es sich bei dem eingebauten Motor um einen Originalmotor, einen Austauschmotor oder einen generalüberholten Motor?
- Beeinträchtigen die festgestellten Mängel die Betriebssicherheit und Verkehrstüchtigkeit des Fahrzeugs? Mindern sie den Verkehrswert des Fahrzeugs unter Berücksichtigung von dessen Alter und km-Leistung? Mindern sie den Gebrauchswert des Fahrzeugs?

---

[29] Zur Beweislast s.o. Fußn. 20, 21.

[30] Hierzu *Tempel* (Fußn. 27), § 2, Vorb. II, 2, a.

Der Sachverständige soll

- das Fahrzeug besichtigen und hierzu die Parteien nebst Prozeßbevollmächtigten rechtzeitig laden;
- die von dem Kläger vorzulegenden Teile ... in Augenschein nehmen und überprüfen;
- bei Beantwortung obiger Fragen die vorgelegten Urkunden ... (Bl. ...), die Aussage des Zeugen ... (Bl ...), die Darstellung des Klägers (Bl ...), die Darstellung des Beklagten (Bl ...) und die Feststellungen des Sachverständigen ... (Bl ...) berücksichtigen;
- sich mit den Ausführungen in dem Privatgutachten (bzw. den im Beweisverfahren AZ: ... eingeholten Gutachten) des Sachverständigen ... (Bl ...) auseinandersetzen.

In der Regel dürfte es angebracht sein, daß der Sachverständige ein schriftliches Gutachten erstellt, damit das Gericht und die Parteien die Argumente und Deduktion des Sachverständigen aufnehmen und kritisch überprüfen können. Es kann dann aber im Einzelfall notwendig sein, den Sachverständigen nach Erstattung des schriftlichen Gutachtens nochmals mündlich anzuhören (§ 411 III ZPO).[31]

Nur in Ausnahmefällen kann es zweckmäßig sein, daß der Sachverständige nur ein mündliches Gutachten abgibt. Dies gilt vor allem dann, wenn vor Erstattung des Gutachtens noch Zeugen anzuhören sind. Allerdings geht es nicht an, den Sachverständigen nach § 273 II Nr. 4 ZPO einfach zum Haupt- oder Beweistermin zu laden. Vielmehr sind ihm die an ihn zu stellenden Fragen im Beweisbeschluß niederzulegen und dem Sachverständigen vor dem Termin zur Kenntnis zu bringen, damit er sich entsprechend vorbereiten kann.

Es kann schließlich vorkommen, daß aufgrund eines vorangegangenen Beweissicherungsverfahrens bereits ein Sachverständigengutachten vorliegt. Dieses kann im Hauptprozeß verwertet werden (§ 493 ZPO). Das Gericht hat dann zu prüfen, ob es dieses Gutachten unbesehen übernimmt, ob es den Sachverständigen das Gutachten schriftlich ergänzen läßt oder ihn mündlich anhört, oder ob es einen weiteren Sachverständigen beauftragt.

4. Der Gewährleistungsausschluß

Der Ausschluß der Gewährleistung[32] muß von dem Verkäufer vorgetragen und bei Bestreiten des Käufers von dem Verkäufer bewiesen werden.[33]

a) Feststellung

In der Regel wird sich die Vereinbarung des Gewährleistungsausschlusses aus dem schriftlichen Kaufvertrag – Individualvereinbarung oder Geschäftsbedingungen – ergeben, wobei der Umfang des Ausschlusses[34] durch Auslegung zu ermitteln ist.

---

[31] Nach der Rechtspr. können auch die Parteien eine mündliche Anhörung des Sachverständigen durch Antragstellung nach §§ 402, 397 ZPO erzwingen; *BGHZ* 6, 398 = NJW 1952, 1214; vgl. hierzu *Tempel* (Fußn. 27), § 3, Vorb. I, 9, b.

[32] S.o. 1. Teil, I, 4.

[33] *Baumgärtel,* § 476 BGB, Rdnr. 1.

[34] S.o. 1. Teil, I, 4, c.

Behauptet der Verkäufer einen mündlichen Ausschlußvertrag, so muß er dies ebenfalls beweisen, wobei im Falle eines schriftlichen Vertrages an diese zusätzliche Vereinbarung strenge Anforderungen zu stellen sind. Eine stillschweigende Vereinbarung über den Ausschluß der Gewährleistung kommt in Frage bei Ankauf des PKW durch einen gewerblichen Händler oder bei einem Verkauf zur Verschrottung.[35]

b) Reihenfolge

Soweit der Gewährleistungsausschluß unstreitig oder durch Auslegung des Kaufvertrages festzustellen ist, wird das Gericht dies vorrangig zu der Aufklärung der Mängel vornehmen, da dann der Rechtsstreit möglicherweise ohne Beweisaufnahme entscheidungsreif ist.[36]

Ebenso kann es im Einzelfall zweckmäßig sein, bei einem streitigen Gewährleistungsausschluß die Beweisaufnahme auf diesen Punkt zu beschränken und die Beweisaufnahme über streitige Mängel zunächst zurückzustellen, da nach Beweis des Gewährleistungsausschlusses sich eine Beweisaufnahme über die Mängel erübrigt.[37] Dies erspart die Arbeitskraft des Gerichts und vermeidet unnütze Kosten, insbesondere eines Sachverständigen.

IV. Die Prüfung der Arglist

1. Allgemeines

Die Arglist des Verkäufers spielt bei vier Anspruchsgrundlagen eine Rolle. Im Rahmen der Sachmängelhaftung kann sie den Gewährleistungsausschluß überwinden (§ 476 BGB).[38] Bei den Anspruchsvoraussetzungen der §§ 123, 812, 463 BGB und § 823 II BGB i.V.m. § 263 StGB wirkt sie anspruchsbegründend.[39] Ihre Prüfung setzt das Vorliegen bestimmter Mängel voraus. Erst wenn diese festgestellt sind, kann der objektive und subjektive Tatbestand der Arglist untersucht werden.

2. Der objektive Tatbestand

Er besteht entweder in einem Vorspiegeln bestimmter (nicht vorhandener) Eigenschaften oder einem Verschweigen von Mängeln.

a) Arglistiges Vorspiegeln

Es setzt bestimmte Erklärungen des Verkäufers oder ein entsprechendes konkludentes Verhalten voraus.

---

[35] S.o. 1. Teil I, 4, b, Fußn. 115, 116.
[36] Ausnahme: Arglist; s.o. 1. Teil, I, 4, d.
[37] Ausnahme auch hier der Fall der Arglist.
[38] S.o. 1. Teil I, 4, d.
[39] S.o. 2. Teil, V, 2, c + VI, 2.

Erklärungen des Verkäufers können in der schriftlichen Vertragsurkunde vorhanden sein, aber auch in mündlichen Äußerungen liegen. Eine Beweisaufnahme kann sowohl zur Feststellung mündlicher Erklärungen des Verkäufers als auch zur Erläuterung schriftlicher Erklärungen notwendig werden. Sie wird sich mit der Beweisaufnahme über die Soll-Beschaffenheit[40] gleichzeitig durchführen lassen.

b) Arglistiges Verschweigen

Es setzt ebenfalls die Feststellung eines Mangels voraus.[41] Die Frage, ob eine Offenbarungspflicht bestand,[42] ist eine Rechtsfrage, die allerdings von anderen Tatsachen abhängen kann. Diese Tatsachen müssen entweder unstreitig sein – was bei Alter des Fahrzeugs und Preis die Regel sein wird – oder aber durch Beweisaufnahme festgestellt werden; letzteres wird vor allem bei der Erheblichkeit eines Mangels zutreffen.

3. Der subjektive Tatbestand

Er besteht in dem Vorsatz des Verkäufers. Er setzt regelmäßig Kenntnis des Mangels oder wenigstens durch konkrete Tatsachen begründete Vermutungen voraus.[43] Letzteres wird insbesondere bei Bejahung von Untersuchungspflichten[44] in Frage kommen. Die Kenntnis wird meist bestritten sein und ist sodann vom Käufer darzulegen[45] und zu beweisen.

Diese Kenntnis wird sich nur in wenigen Fällen durch einen Direktbeweis führen lassen z.B. den Nachweis, daß der Verkäufer den Tacho selbst verstellt oder erklärt hat, er habe den „Austauschmotor" selbst eingebaut. Gelegentlich kommt ein Beweis durch Urkunden in Frage, die der Verkäufer nachweislich in Händen gehabt hat (TÜV-Protokoll, Reparaturrechnungen über einen Vorunfall, Kaufvertrag mit Vorbesitzer). In Ausnahmefällen kann eine Kenntnis des Verkäufers auch durch eine Aussage des Vorbesitzers festgestellt werden, der den Pkw unter ausdrücklichem Hinweis auf einen gravierenden Mangel oder zu einem geringen Preis oder gar zum Schrottwert an den Verkäufer verkauft hat. Andernfalls kommt die Führung eines Indizienbeweises in Frage, der sich mit der offensichtlichen Erkennbarkeit des Mangels befaßt. Insoweit muß der Käufer die Art der Schäden, möglichst unter Vorlage von Fotos, genau beschreiben. Anschließend ist der Verkäufer (oder Händler) zu befragen, ob ihm die genannten Schäden nicht auffallen mußten, bzw. der Gebrauchtwagenhändler, ob und wie er das Fahrzeug untersucht hat. Abschließend ist an den Sachverständigen folgende Frage zu richten:

Bestehen hinreichende Anhaltspunkte dafür, daß der Mangel … aufgrund bestimmter Anzeichen – z.B. Fahrweise, Geräusche, Ölverlust, hoher Benzinverbrauch – dem Verkäufer bekannt sein mußte?

---

[40] S.o. III, 2, a.

[41] Schon wegen des subjektiven Tatbestandes kann dieses objektive Erfordernis nicht dahingestellt bleiben.

[42] S.o. 1. Teil, I, 4, d, (1), Fußn. 124.

[43] S.o. 1. Teil, I, 4, d, (3); vgl. auch *BGH,* NJW-RR 1988, 524.

[44] S.o. 1. Teil, I, 4, d, (3), Fußn. 148 ff.

[45] Zum Umfang der Substantiierung vgl. *BGH,* NJW 1996, 1826.

V. Die Prüfung zugesicherter Eigenschaften

Bei den Ansprüchen aus §§ 459 II, 463 BGB vollzieht sich die prozessuale Prüfung in zwei Teilakten.

1. Das Vorliegen einer Zusicherung

Zunächst ist zu klären, ob eine Zusicherung vorliegt. Diese Frage zerfällt wieder in eine tatsächliche und eine rechtliche Komponente.

a) Erklärungen des Verkäufers

Hier geht es darum, was der Verkäufer tatsächlich erklärt hat.

Dies ist zunächst von dem Kläger vorzutragen, da er die Behauptungs- und Beweislast trägt.[46] Einfach ist dies natürlich, wenn die Erklärung in der Vertragsurkunde enthalten ist; abzustellen ist hierbei auf den auf Wortlaut und objektiven Sinn der Erklärung.[47] In anderen Fällen muß der Kläger die mündliche Äußerung konkret darlegen. In Ausnahmefällen kommen auch andere schriftliche Erklärungen in Frage (Zeitungsannonce, schriftliches Angebot). Der Beklagte hat sich hierzu substantiiert zu äußern (§ 138 II ZPO); es genügt nicht für ein Bestreiten, daß er nur den rechtlich bindenden Charakter seiner Äußerung in Abrede stellt, da es sich insoweit um eine vom Gericht zu entscheidende Rechtsfrage handelt. In Zweifelsfällen sind die Parteien anzuhören (§ 141 ZPO). Bei substantiiertem Bestreiten bedarf es einer Beweisaufnahme; diese läuft regelmäßig auf eine Vernehmung der bei dem Vertragsschluß anwesenden Zeugen hinaus.

b) Die Verbindlichkeit der Erklärung

Die rechtliche Komponente liegt in der Prüfung, ob eine rechtlich bindende Zusicherung vorliegt.[48]

Sie erfolgt im Rahmen der Schlüssigkeitsprüfung des Klagevortrages, sei es aufgrund der Schriftsätze, sei es aufgrund mündlicher Anhörung der Parteien. Dabei sind die festgestellten Erklärungen nach Treu und Glauben auszulegen.[49]

2. Fehlen der Eigenschaft

Im Anschluß an die Klärung, ob eine bindende Zusicherung vorliegt, bedarf es nunmehr der Feststellung, ob die zugesicherte Eigenschaft gefehlt hat. Diese Tatsache muß der Kläger vortragen und beweisen, falls die Kaufsache schon übergeben war.[50]

---

[46] *Baumgärtel*, Handb. der Beweislast, Bd. I, § 459 BGB, Rdnr. 24.

[47] *BGH*, NJW 1995, 1528; zur Bedeutung des Vermerks „Blechschaden" siehe *OLG Frankfurt*, NJW-RR 1987, 1268; *OLG Bamberg*, NJW-RR 1994, 1333.

[48] S.o. 1. Teil, II, 1, b.

[49] S.o. 1. Teil, II, 1, d.

[50] *Baumgärtel* (Fußn. 46), § 459 BGB, Rdnr. 24.

Diese Prüfung deckt sich im Regelfall mit den Aufklärungsmaßnahmen über das Vorliegen von Mängeln, so daß auf die Ausführungen unter 3,b verwiesen werden kann.

VI. Die Berechnung der Minderung

1. Die verhältnismäßige Herabsetzung des Kaufpreises

Die Berechnung der Minderung bedarf nach § 472 BGB der Feststellung folgender Werte: (1) Verkehrswert des Fahrzeugs in dem mangelhaften Zustand bei Kaufabschluß; (2) Verkehrswert des Fahrzeugs in mangelhaftem Zustand bei Kaufabschluß. Diese Punkte hat der klagende Käufer vorzutragen.[51]

Sind einzelne Mängel von dem Käufer nicht zu vertreten, so ist statt des Wertes zu (2) der Verkehrswert des Fahrzeugs bei Fehlen folgender (vom Verkäufer zu vertretenden) Mängel … und bei Vorhandensein folgender (vom Verkäufer nicht zu vertretenden) Mängel … festzustellen.[52]

Die Feststellung dieser Verkehrswerte erfordert im Regelfall die Einholung eines Sachverständigengutachtens.

In Ausnahmefällen kann das Gericht unter Heranziehung bestimmter Tabellen[53] die Verkehrswerte schätzen. Anschließend erfolgt die verhältnismäßige Herabsetzung des Kaufpreises.

2. Das Abzugsverfahren

Bei dem vereinfachten Abzugsverfahren[54] wird das Gericht die notwendigen Reparaturkosten anhand der vom Kläger vorgelegten Belege klären und nach Abzug eines Betrages „neu für alt“ die Minderung nach § 287 II ZPO schätzen.

VII. Die Berechnung des „kleinen“ Schadensersatzes

Die bei § 463 BGB und dem Deliktsanspruch aus §§ 823 II BGB, 263 StGB bei Behalten des Wagens notwendige Berechnung des Schadens[55] ist bei den verschiedenen Kostenpositionen unterschiedlich.

[51] *BVerfG*, NJW 1994, 848 (Hinweispflicht des Gerichts bei Nichterkennbarkeit der fehlenden Substantiierung).

[52] S.o. 2. Teil, III, 1, a, (2), Fußn. 27.

[53] Z.B. Schwacke-Liste; vgl. auch die periodisch in der ADAC-Motorwelt erscheinenden Übersichten.

[54] S.o. 2. Teil, III, 1, b.

[55] S.o. 2. Teil, V, 2 + VI, 2, a.

1. Die Verkehrswertdifferenz

Bei Ersatz der Differenz der Verkehrswerte[56] zwischen mangelhaftem und mangelfreiem Fahrzeug sind diese Verkehrswerte zu schätzen. Auf die Ausführungen zur Minderung[57] kann verwiesen werden.

Streitig ist hierbei, ob der Käufer hierzu darlegen muß, daß er das Fahrzeug ohne die arglistige Täuschung günstiger hätte erwerben können.[58]

2. Ersatz der Reparaturkosten

Wird Ersatz der Reparaturkosten verlangt,[59] so sind diese ebenso wie der (etwa verbleibende) merkantile Minderwert anhand der vorgelegten Belege (Reparaturkostenrechnung, Kostenvoranschlag) – gegebenenfalls unter Einschaltung eines Sachverständigen – zu ermitteln.

3. Der entgangene Gewinn

Wird entgangener Gewinn aus einem vorgesehenen Weiterverkauf geltendgemacht,[60] so ist der Inhalt dieses Vertrages und seine Rückgängigmachung zu klären, was zunächst durch Vorlage von Urkunden (Kaufvertrag, Korrespondenz), im übrigen durch Zeugenvernehmung zu geschehen hat. Im Einzelfall kann auch eine Parteivernehmung des Klägers nach § 287 I 3 ZPO angebracht sein.

VIII. Abwicklungsprobleme bei Rückgabe des Wagens (Wandlung und großer Schadensersatz)

Bei der Wandlung und dem großen Schadensersatz im Bereich des § 463 BGB und des § 823 II BGB[61] tauchen die gleichen Probleme auf.

---

[56] S.o. 2. Teil, V, 2, a, Fußn. 128.

[57] S.o. VI, 2.

[58] Dafür *BGH,* WM 1969, 496; dagegen mit Recht *Baumgärtel,* § 463 BGB, Rdnr. 7; *Walter,* KaufR, § 5, II, 6, d, dd, S. 214; *H.P. Westermann,* MK, § 463 BGB, Rdnr. 25 (nur Berechnungsfrage im Rahmen des § 287 ZPO).

[59] S.o. 2. Teil, V, 2, Fußn. 129.

[60] S.o. 2. Teil, V, 2, Fußn. 132.

[61] S.o. 2. Teil, IV, 2; V, 3; VI, 2, b.

1. Der Ausschluß der Wandlung

Hier geht es um die Frage, inwieweit eine Rückabwicklung mit Rückgabe des Wagens ausgeschlossen ist.[62] Dazu bedarf es der Aufklärung folgender Fragen:

a) Vollzug der Wandlung

Ist die Wandlung bereits durch Einverständnis des Verkäufers vollzogen? In diesem Falle erübrigen sich weitere Fragen, da beide Parteien von der Rückgabe des Wagens ausgehen.

Ein Einverständnis des Verkäufers ist von dem Käufer darzulegen, im Streitfalle von ihm durch Vorlage von Urkunden oder Zeugenbeweis/Parteivernehmung zu beweisen. In Frage kommt aber auch ein rechtskräftiges Urteil, durch das der Verkäufer zum Einverständnis mit dem Vollzug verurteilt worden ist.[63]

b) Zeitpunkt der Unmöglichkeit

Wann ist die Unmöglichkeit der Rückgabe (bzw. die wesentliche Beschädigung des Fahrzeugs) eingetreten? Davon hängt die Anwendung der §§ 350–353 BGB ab.[64]

Der Zeitpunkt des Weiterverkaufs – eventuell der Kenntnis des Käufers[65] – ist aufzuklären. Der Weiterverkauf wird sich meist durch Vorlage des Kaufvertrages zeitlich fixieren lassen; andernfalls ist er durch Zeugenvernehmung zu klären. Der Zeitpunkt eines Unfalls wird sich meist durch Beiziehung der Ermittlungsakten feststellen lassen.

c) Verschulden des Käufers

Ist der Unfall von dem Käufer zu vertreten? Davon hängt die Anwendung des § 351 BGB ab.[66]

Der Käufer hat darzulegen, daß ihn an dem Unfall (bzw. der Beschädigung) kein Verschulden trifft.[67] Hierzu wird er im Regelfall das Aktenzeichen der polizeilichen Ermittlungsakten angeben. Nach Beiziehung dieser Akten sollten die Parteien Gelegenheit erhalten, sich zur Schuldfrage zu erklären. In vielen Fällen werden die Parteien nach Befragen durch das Gericht (§ 139 ZPO) einverstanden sein, daß dieses die Schuldfrage anhand dieser Beiakten ohne erneute Beweisaufnahme entscheidet. Soweit allerdings die Parteien darauf bestehen, ist über den Unfallhergang wie im Unfallhaftpflichtprozeß erneut Beweis zu erheben.[68]

Hat kein polizeiliches Ermittlungsverfahren stattgefunden, wird das Gericht den Käufer zunächst nach § 141 I ZPO über den Unfall anhören. Bestreitet der Verkäufer

---

[62] S.o. 2. Teil, IV, 2; V, 2. – Das Gleiche gilt für den grossen Schadensersatz nach § 463 BGB (s.o. V, 3, a) und § 823 I BGB (s.o. VI, 2, b).

[63] S.o. 2. Teil, IV, 2, a, Fußn. 40.

[64] S.o. 2. Teil, IV, 2, a, (1).

[65] S.o. 2. Teil, IV, 2, c.

[66] S.o. 2. Teil, IV, 2, d, Fußn. 58, 59.

[67] S.o. 2. Teil, IV, 2, d, Fußn. 61.

[68] *Tempel,* Mustertexte, Bd. I, § 2, Vorb. I, 2, m, (2).

die von dem Käufer gegebene, ihn entlastende Darstellung, so muß der Unfallhergang durch Beweisaufnahme geklärt werden; wegen der ihn treffenden Beweislast[69] ist der Käufer gehalten, Zeugen zu benennen; andernfalls bleibt er beweisfällig und das Wandlungsrecht ist ausgeschlossen.

d) Hilfsweise Minderung

Ist das Wandlungsrecht bzw. die Rückgabe des Wagens bei dem großen Schadensersatz nach den Feststellungen zu b) und d) ausgeschlossen, wird das Gericht dem Kläger gemäß § 139 ZPO Gelegenheit geben, seinen Anspruch unter dem Gesichtspunkt der Minderung bzw. des kleinen Schadensersatzes darzulegen.

2. Ansprüche des Käufers

Bei Bejahung der Abwicklung durch Rückgabe des Wagens sind sodann die Ansprüche des Käufers zu klären. Der zu erstattende Kaufpreis steht aufgrund des Vertrages regelmäßig fest. Im übrigen gilt folgendes:

a) Vertragskosten

Die sogenannten Vertragskosten (§ 467 S. 2 BGB)[70] hat der Käufer durch Vorlage von Rechnungen zu belegen und gegebenenfalls in einer mündlichen Anhörung zu erläutern. Meist wird das Gericht diese Kosten sodann ohne zusätzliche Beweisaufnahme nach § 287 ZPO schätzen können.

b) Verwendungen

Aufwendungen des Käufers hinsichtlich des Wagens[71] hat dieser zunächst durch Vorlage von Belegen darzulegen. Hierzu hat sich der Beklagte substantiiert zu äußern.

Das Gericht wird dann entscheiden, ob es sich um notwendige oder nützliche Verwendungen handelt; das ist eine Rechtsfrage. Reparatur-, Wartungs- und Unterstellkosten lassen sich regelmäßig durch Vorlage von Urkunden (Vertrag, Quittungen), notfalls durch Zeugenvernehmung klären. Die Höhe der Aufwendungen wird das Gericht meist selbst nach § 287 II ZPO schätzen können.

3. Ansprüche des Verkäufers

a) Schadensersatz/Surrogat

Ist die Rückgabe des Wagens nicht mehr (oder nur in beschädigtem Zustand) möglich, so ist zu klären, ob der Käufer die Unmöglichkeit (bzw.

---

[69] S.o. 2. Teil, IV, 2, d, Fußn. 61.
[70] S.o. 2. Teil, IV, 3, c.
[71] S.o. 2. Teil, IV, 3, d.

Beschädigung) zu vertreten hat oder nicht.[72] Hierbei muß sich der Käufer für fehlendes Verschulden entlasten.[73] Hat er den Beweis nicht geführt, und steht damit die Ersatzpflicht dem Grunde nach fest, so ist bei Unmöglichkeit der Verkehrswert des Fahrzeugs im Zeitpunkt der Zerstörung, im übrigen die Höhe der Reparaturkosten festzustellen.

Auch bei Führung des Entlastungsbeweises ist zu klären, was der Käufer für die Zerstörung bzw. Beschädigung von dem Schädiger oder seiner Haftpflichtversicherung erlangt hat, da er diesen Gegenwert nach § 281 BGB an den Verkäufer herausgeben muß. Gleiches gilt, wenn der Käufer das Fahrzeug weiterveräußert hat hinsichtlich des hierbei erzielten Erlöses.[74]

Der Verkehrswert ist – notfalls nach Einholung eines Gutachtens – zu schätzen. Die als Gegenwert erlangte Entschädigung wird sich klären lassen, indem der Käufer ein Abrechnungsschreiben der Haftpflichtversicherung des Schädigers vorlegt oder das Gericht eine Auskunft dieser Versicherung über die erfolgte Schadensregulierung einholt. Bei der Weiterveräußerung hat der Käufer den Kaufvertrag vorzulegen; anderenfalls ist der – von dem Käufer zu benennende – Erwerber als Zeuge zu hören.

b) Nutzungsvergütung

Der Anspruch auf Ersatz der Gebrauchsvorteile[75] setzt Feststellungen in zweierlei Richtungen voraus.

(1) Es bedarf zunächst einer Klärung der von dem Käufer gefahrenen km. Es ist deshalb der km-Stand bei Übergabe des Wagens und der jetzige km-Stand[76] zu ermitteln.

Der frühere km-Stand bei Übergabe ergibt sich meist aus dem Kaufvertrag; notfalls ist er durch Befragen der Parteien und Vorlage von Urkunden (TÜV-Bericht, Reparaturrechnungen, Privatgutachten) zu ermitteln. Der jetzige km-Stand ist durch Besichtigung zu ermitteln.

(2) Der für die Bemessung der Vergütung maßgebende Neuwagenpreis[77] ist durch Vorlage des Kaufvertrages betr. den Erwerb, sonst aus veröffentlichten Tabellen oder durch eine Auskunft bei dem Lieferwerk zu ermitteln. Die für die Bemessung der Vergütung festzustellende Gesamtfahrleistung[78] ist anhand des § 287 ZPO zu schätzen.

Soweit man entsprechend der neu vertretenen Meinung bei der Berechnung auf die restliche Laufzeit des PKW ab Ankauf des Gebrauchtwagens abstellt,[79] ist der Ankaufspreis aus dem Kaufvertrag ohne weiteres zu entnehmen.

---

[72] S.o. 2. Teil, IV, 4, a, (2); V, 3, a, Fußn. 137, 138; VII, 3, a, (2).
[73] *Baumgärtel*, (Fußn. 46), § 467 BGB, Rdnr. 5.
[74] S.o. 2. Teil, IV, 4, a, (2).
[75] S.o. 2. Teil, IV, 4, c.
[76] S.o. 2. Teil, IV, 4, c, (2), Fußn. 111 ff.
[77] S.o. 2. Teil, Fußn. 111.
[78] S.o. 2. Teil, IV, 4, c, (2), Fußn. 112, 113, 116–118.
[79] S.o. 2. Teil, IV, 4, c, (2), Fußn. 114, 115.

IX. Die Klärung von Mangelfolgeschäden

Soweit der Kläger gemäß § 463 BGB, der positiven Vertragsverletzung oder aus § 823 I BGB Mangelfolgeschäden geltend macht,[80] ist er gehalten, diese Schäden und ihre kausale Verknüpfung mit einem vom Verkäufer zu vertretenden Mangel darzulegen.[81] Das Gericht hat zu prüfen, ob der geltendgemachte Schaden innerhalb des Schutzzwecks der Norm liegt.

Bei Bestreiten der Kausalität ist zunächst über den Unfallhergang Beweis zu erheben und sodann durch ein Sachverständigengutachten zu klären, ob der Unfall auf den vom Verkäufer zu vertretenden Mangel zurückzuführen ist. Die Feststellung der Höhe des Schadens folgt den Regeln des Unfallhaftpflichtprozesses.[82]

X. Die Tenorierung

1. Einseitige Verurteilung

a) Ansprüche des Käufers

Soweit lediglich der Käufer Zahlungsansprüche (Minderung, kleiner Schadensersatz, Mangelfolgeschäden) geltendmacht, ergeben sich bei der Tenorierung keine Schwierigkeiten. Bei Wandlung und Minderung folgt die Rechtsprechung der „Herstellungstheorie", die den Käufer sofort auf Zahlung klagen läßt und eine zusätzliche Verurteilung des Verkäufers zur Einwilligung in die Wandlung (Minderung) für überflüssig erklärt.[83]

b) Gegenansprüche des Verkäufers

Hat der Verkäufer Gegenansprüche auf Zahlung geltendgemacht, so sind diese mit den Zahlungsansprüchen des Verkäufers zu verrechnen. Dem Käufer ist lediglich der Saldo zuzusprechen. Steht dem Verkäufer ein Überschuß zu, so kann ihm dieser nur bei Erhebung einer Widerklage zugesprochen werden.

---

[80] S.o. 2. Teil, V, 4; VI, 1.

[81] S.o. 2. Teil, V, 4, b, Fußn. 152.

[82] S.u. § 9, 4. Teil, III (Sachschaden) und IV (Personenschaden).

[83] *BGHZ* 29, 148 = NJW 1959, 260. – S.o. 2. Teil, IV, 2, a, Fußn. 40.

2. Verurteilung Zug um Zug

a) Bezeichnung des Fahrzeugs

Bei einer Klage auf Zahlung Zug um Zug gegen Rückgabe des Wagens ist das zurückzugebende Kraftfahrzeug genau zu bezeichnen (Typ, polizeiliches Kennzeichen, Fahrgestellnummer), damit es in der Zwangsvollstreckung von dem Gerichtsvollzieher identifiziert werden kann.[84]

b) Variable Verurteilung bei Nutzungsvergütung

Umstritten ist, ob eine variable Verurteilung des Käufers dahin zulässig ist, daß hinsichtlich der dem Verkäufer zustehenden Nutzungsvergütung deren Berücksichtigung bis zur Rückgabe des Fahrzeugs in der Zwangsvollstreckung möglich ist.[85] Der Gerichtsvollzieher muß dann den km-Stand bei Übergabe des Fahrzeugs an den Verkäufer feststellen und von der im Urteil festgelegten zu vollstreckenden Geldforderung den im Urteil genannten Abschlag vornehmen. Der Urteilstenor hat dann zu lauten:

Der Beklagte (Verkäufer) wird verurteilt, an den Kläger (Käufer) Zug um Zug gegen Rückgabe des PKW ... x DM zu zahlen, abzüglich einer Nutzungsvergütung von 0,... DM pro km ab Kilometerstand Y bis zu dem von dem Gerichtsvollzieher im Rahmen der Zwangsvollstreckung bei Wegnahme des Fahrzeugs festgestellten km-Stand.

c) Feststellung des Annahmeverzugs

Ein zusätzlicher Antrag des klagenden Käufers auf Feststellung, daß der Verkäufer sich mit der Rücknahme des Fahrzeugs in Annahmeverzug befindet,[86] ist zulässig.[87] Bedeutung hat diese Feststellung, die im Hinblick auf § 317 II S. 2 ZPO im Urteilstenor erfolgen sollte,[88] für die Zwangsvollstreckung: der Gerichtsvollzieher kann den Zahlungsanspruch zugunsten des Käufers ohne Angebot des Wagens an den Verkäufer vollstrecken (§ 756).

d) Kosten

Bei Abweisung des Hauptantrages des Käufers auf Zahlung (ohne Zug um Zug-Leistung) und Stattgeben des Hilfsantrages auf Zahlung gegen Rückgabe des Wagens ist der Kläger wegen Teilunterliegens mit einem Teil der Kosten des Rechtsstreits zu belasten (§ 92 I ZPO).[89]

---

[84] *LG Kleve,* NJW-RR 1991, 704; *LG Tübingen,* DGVZ 1991, 60.

[85] Hierzu *OLG Oldenburg,* NJW 1991, 1187; *Kaufmann,* DAR 1994, 295; *Reinking-Eggert,* Rdnr. 826.

[86] Zum Annahmeverzug des Verkäufers s.o. 2. Teil, IV, 3, b, Fußn. 69.

[87] *Doms,* NJW 1984, 1340; *Christmann,* DGVZ 1990, 1; *Reinking-Eggert,* Rdnr. 836.

[88] So *KG,* NJW 1972, 2052; *AG Essen,* DGVZ 1976, 189; a.A. – Feststellung in den Entscheidungsgründen genügt – *KG,* MDR 1975, 149; *OLG Köln,* JurBüro 1989, 870.

[89] *Reinking-Eggert,* Rdnr. 835.

§ 2. Der Mietprozeß (Räumungsklage des Vermieters)

Literatur (Auswahl)

Allgemeine Darstellungen:

Außer den einschlägigen BGB-Kommentaren sind zu erwähnen: *Köhler/Kossmann*, Handbuch der Wohnraummiete, 4. Aufl. (1996); *Lammel*, Wohnraummietrecht, 1. Aufl. (1998); *Schönleber*, Der Mietrechtsfall in Beck'sches RA-Handbuch, 6. Aufl. (1999/2000), S. 219 ff.; *Sternel*, Mietrecht, 3. Aufl. (1988).

Aufsätze und Rechtsprechungsübersichten:

Lammel, Die Rechtsprechung des BVerfG zur Eigenbedarfskündigung, NJW 1994, 3320; *Sonnenschein*, Die Rechtsprechung des BVerfG zum Mietrecht, NJW 1993, 161; *Sonnenschein*, Die Entwicklung des privaten Wohnraummietrechts 1989–1996, NJW 1997, 1270; 1998, 2172; *Wolf*, Das Recht des Vermieters von Wohnraum zur Kündigung wegen Eigenbedarfs in der Rechtsprechung des BGH und des BVerfG, WM 1990, 1565.

Erster Teil. Das Recht der Wohnraummiete als eigenständiges Rechtsgebiet

I. Der Begriff der Miete

1. Die entgeltliche Gebrauchsüberlassung.

Nach der Regelung des BGB stellt sich die Miete als entgeltliche Überlassung von (beweglichen oder unbeweglichen) Sachen (§ 90 BGB) zur Nutzung auf (bestimmte oder unbestimmte) Zeit dar (§ 535 BGB).

2. Abgrenzung gegenüber anderen Vertragstypen

Die Miete ist abzugrenzen gegenüber

a) *der Pacht (§ 581 BGB)*, bei der der Pächter nicht nur zum Gebrauch, sondern auch zum Fruchtgenuß aus der Pachtsache berechtigt ist;
b) *der Leihe (§ 598 BGB)*, die in einer unentgeltlichen Gebrauchsüberlassung besteht;[1]

---

[1] *OLG Köln*, NJW-RR 1996, 843.

c) *dem Darlehen (§ 607 BGB),* bei dem Sachen (vor allem Geld) nicht zum Gebrauch, sondern zur Verwertung mit der Verpflichtung überlassen werden, Sachen gleicher Art, Güte und Menge zu erstatten.
d) *der Verwahrung (§ 688 BGB),* bei der der Verwahrer nicht zum Gebrauch der Sache berechtigt, sondern zur Aufbewahrung (Obhut) verpflichtet ist;
e) *dem Leasingvertrag,* bei dem der Leasingnehmer zwar auch zum Gebrauch der Sache berechtigt ist, der Leasinggeber (Vermieter) jedoch den Leasinggegenstand auf seine Kosten beschafft und damit zusätzlich eine Kreditfunktion als Vertragszweck zum Tragen kommt.[2]

II. Das Recht der Wohnraummiete

1. Allgemeines

Das BGB unterscheidet in seiner Regelung dem Grundsatz nach nicht zwischen der Miete von beweglichen und unbeweglichen Sachen, enthält aber Sonderbestimmungen betreffend die Rechtsverhältnisse bei Räumen.[3] Diese Vorschriften beziehen sich sowohl auf gewerblich genutzte Räume als auch auf Wohnräume. Im Hinblick auf die besondere Bedeutung der Wohnung für den Bürger, der sich ein eigenes Haus oder eine Eigentumswohnung (noch nicht) leisten kann, hat sich im Laufe der Zeit ein besonderes Recht der Wohnraummiete herausgebildet. Dessen Ziel ist es, bei einer angespannten Lage auf dem Wohnungsmarkt dem Mieter einen Schutz gegen überhöhten Mietzins zu gewähren sowie ihm einen Bestandsschutz für den räumlichen Mittelpunkt seiner (und seiner Familie) Privatsphäre zu verschaffen.

2. Der Begriff des Wohnraums

Unter den Begriff des Wohnraums fallen alle Räume, die zum Gebrauch in Form der Führung eines Haushalts bestimmt sind, wobei die von den Parteien vertraglich vorgesehene Zweckbestimmung entscheidet.[4] Das Gegenstück ist der zu gewerblichen Zwecken überlassene Raum.

a) Nebenräume

Auch Nebenräume oder Nebenflächen, die zur Führung eines Haushalts üblicherweise gehören, können und werden üblicherweise in den Mietvertrag über Wohnräume einbezogen (Beispiele: Keller, Garage, Gartenfläche).[5] Das gilt jedenfalls bei der ersten Überlassung der eigentlichen Wohnräume,[6] aber auch für eine spätere Überlassung.[7]

---

[2] S.u. § 3, 4. Teil, I, 2, b.
[3] §§ 541a, 541b, 571 ff. BGB.
[4] *Sternel,* I, Rdnr. 134a, 141, 143; *Köhler-Kossmann,* § 2, Rdnr. 1, 2.
[5] *Sternel,* I, Rdnr. 135; *Köhler-Kossmann,* § 2, Rdnr. 3; *LG Frankfurt,* ZMR 1992, 542.
[6] Vgl. jedoch *LG Berlin,* MDR 1987, 142.
[7] *OLG Karlsruhe,* NJW 1983, 1499; vgl. jedoch *LG Duisburg,* NJW-RR 1986, 1211.

b) Mischraumverhältnis

Werden durch einen einheitlichen Vertrag sowohl Wohnräume als auch gewerblich genutzte Räume vermietet, so entscheidet sich bei einem solchen „Mischraummietverhältnis" die Frage, ob das Recht der Wohnraummiete Anwendung findet, nach dem Überwiegen der Nutzungsart.[8]

c) Zwischenvermietung

Vermietet ein Eigentümer Wohnraum an einen gewerblichen Zwischenvermieter, so liegt in diesem Hauptmietverhältnis keine Wohnraummiete vor, während es sich bei der Weitervermietung an den eigentlichen Benutzer um einen Untermietvertrag betreffend Wohnräume handelt. Um bei Beendigung des Hauptmietverhältnisses dem Untermieter Schutz gegenüber dem Anspruch des Eigentümer – Vermieters aus § 556 III BGB zu gewähren, ordnet § 549a BGB[9] im Anschluß an eine Rechtsprechung des BGH und des BVerfG[10] einen Eintritt des Hauptvermieters in das Unterverhältnis an.[11]

3. Das soziale Mietrecht

Das dem Schutz des Mieters dienende soziale Mietrecht stellt sich verfassungsrechtlich als Sozialbindung der Rechte des Eigentümers dar (Art. 14 II GG).[12] Diese verfassungsrechtliche Anbindung hat zu einer eingehenden Rechtsprechung des BVerfG auf dem Gebiet des Mietrechts geführt.[13]

a) Verfassungsrecht

Eine Entscheidung des BVerfG vom 26. 5. 1993 hat die Rechtsstellung des Mieters sehr weitgehend verfassungsrechtlich abgestützt: sie sieht die Besitzrechte des Mieters als geschütztes Eigentum im Sinne des Art. 14 I GG an mit der Folge, daß die nunmehr miteinander konkurrierenden Grundrechte von Eigentümer und Mieter vom Gesetzgeber „so inhaltlich ausgestaltet, abgegrenzt und die jeweiligen Befugnisse so bestimmt werden müssen, daß die beiden Eigentumspositionen angemessen gewahrt werden."[14] Die Entscheidung ist mit Recht überwiegend auf Ablehnung gestoßen.[15]

---

[8] *BGH*, NJW 1977, 1394; 1979, 309 L = JR 1979, 240 m. *Anm. Haase*; *OLG Schleswig*, NJW 1983, 49; *OLG Stuttgart*, NJW 1986, 322; *LG Berlin*, MDR 1988, 146; *LG Frankfurt*, ZMR 1992, 542; *OLG München* , ZMR 1995, 295.

[9] Eingeführt durch Gesetz vom 21. 7. 1993 (BGBl. I, S. 1257).

[10] *BGH*, NJW 1991, 1815; *BVerfGE* 84, 197 = NJW 1991, 2272.

[11] Hierzu *Gärtner*, JZ 1994, 440; *Leutner/Schmidt-Kessel*, JZ 1996, 649.

[12] *BVerfGE* 21, 73 = NJW 1967, 619; *BVerfGE* 80, 137 = NJW 1989, 2525.

[13] Hierzu *Sonnenschein*, NJW 1993, 161; krit. *Roellecke*, NJW 1992, 1649.

[14] *BVerfGE* 89, 1 = NJW 1993, 2035.

[15] *Depenheuer*, NJW 1993, 2561; *Rüthers*, NJW 1993, 2587; *Sendler*, NJW 1994, 709; *Sternel*, MDR 1993, 729; zust. dagegen *Derleder*, WuM 1993, 514.

b) Entwicklung

In der Regelung des BGB zeigt sich das soziale Mietrecht vor allem in der mieterfreundlichen Ausgestaltung des Bestandsschutzes. Eine ordentliche Kündigung eines Mietverhältnisses über Wohnraum, die nach der ursprünglichen Regelung des BGB ohne Vorliegen von Gründen möglich war, ist an einschränkende Kriterien geknüpft worden. Das Kündigungsrecht des Vermieters von Wohnraum ist beschränkt auf die Wahrung berechtigter Interessen (§ 564b BGB), wobei dem Mieter zusätzlich eine Härteregelung in Form der „Sozialklausel" des § 556a BGB zur Verfügung steht.[16]

Die historische Entwicklung des Bestandschutzes des Mieters schwankt zwischen einem strikten Schutz des Mieters bei angespannter Lage auf dem Wohnungsmarkt und der gelegentlichen Besserstellung des Vermieters zur Ankurbelung der Schaffung neuen Wohnraums.[17] Die nach dem zweiten Weltkrieg bestehende katastrophale Lage auf dem Wohnungsmarkt äußerte sich in der Beibehaltung des strikten Mieterschutzes durch Aufrechterhaltung des MSchG vom 1.6.1923, wonach eine Aufhebung des Mietverhältnisses an eine prozessuale Gestaltungsklage gebunden war. Etwa ab 1960 wurde dieser strikte Mieterschutz zugunsten eines sozialen Mietrechts abgeschafft, wobei der Mieter gegenüber der ordentlichen Kündigung des Vermieters durch die Sozialklausel des § 556a BGB geschützt werden sollte.[18] Ab 1971 wurde die ordentliche Kündigung des Vermieters an das Vorliegen berechtigter Interessen gebunden, zunächst zeitlich befristet,[19] sodann zeitlich unbefristet durch Schaffung des § 564b BGB[20]. Die weitere Entwicklung ist durch mehrfache Änderung des § 564b BGB[21], die Schaffung von Sondergesetzen[22] und die Rechtsprechung des BVerfG geprägt. Besondere Vorschriften wurden schließlich zur Einführung und Überleitung des Mietrechts in den neuen Bundesländern erlassen.[23]

---

[16] S.u. 2. Teil, II, 5.

[17] Zur Entwicklung vgl. etwa *Gitter*, Gebrauchsüberlassungsverträge (1988), S. 53 ff.; *Finger*, ZMR 1988, 401; *Sternel*, MietG, 31. Aufl. (1996) Beck-Texte im dtv, Einführung, S. XVII ff.

[18] Gesetz über den Abbau der Wohnungszwangswirtschaft und über ein soziales Miet- und Wohnrecht vom 23.6.1960 (BGBl. I, 1960, S. 389).

[19] 1. Wohnraumkündigungsschutz vom 25.11.1971 (BGBl. I, S. 1839).

[20] 2. Wohnraumkündigungsschutzgesetz vom 18.12.1974 (BGBl. I, S. 3603).

[21] Gesetz zur Erhöhung des Angebots an Mietwohnungen vom 20.12.1982 (BGBl. I, S. 1912); Gesetz zur Erleichterung des Wohnungsbaus im Planungs- und Baurecht sowie zur Änderung mietrechtlicher Vorschriften – Wohnungsbau-Erleichterungsgesetz – vom 17.5.1990 (BGBl I, S. 926); Gesetz zur Verbesserung der Rechtsstellung des Mieters bei Begründung von Wohnungseigentum an vermieteten Wohnungen vom 20.7.1990 (BGBl. I, S. 1456); Viertes Gesetz zur Änderung mietrechtlicher Vorschriften vom 21.7.1993 (BGBl. I, S. 1257).

[22] Gesetz über eine Sozialklausel in Gebieten mit gefährdeter Wohnungsversorgung vom 22.4.1993 (BGBl. I, S. 466, 487, zu den hierauf gestützten Länder-Verordnungen siehe die Übersicht in MietG (Fußn. 17), Nr. 1, c.

[23] Vgl. insbes. Art 232, § 2 EGBGB; Mietenüberleitungsgesetz vom 6.6.1995 (BGBl. I, S. 746).

c) Einzelfragen

Weitere Regelungen des Bestandsschutzes sollen hier nur kurz erwähnt werden:

(1) Eine Änderungskündigung zum Zwecke der Mieterhöhung ist ausgeschlossen; sie ist durch ein Recht des Vermieters zur Erhöhung der Miete ersetzt.[24]

(2) Eine Veräußerung des Grundstücks (oder des Wohnungseigentums) nach Überlassung der Mietsache führt nicht zum Untergang des Mietverhältnisses („Kauf bricht nicht Miete"); vielmehr tritt der Erwerber in das Mietverhältnis ein (§ 571 BGB).

(3) Bei Ableben des Mieters tritt dessen Ehegatte, gegebenenfalls treten dessen Familienangehörige in das Mietverhältnis ein (§ 569a BGB). Bei gemeinschaftlicher Miete von Ehegatten tritt der überlebende Ehegatte in das Mietverhältnis ein (§ 569b BGB).

(4) Bei Begründung von Wohnungseigentum und nachträglichem Verkauf hat der Mieter ein Vorkaufsrecht (§ 570b BGB).

---

[24] § 1 Satz 3 MiethöheG betr. nicht preisgebundenen Wohnraum; zur Mieterhöhung bei preisgebundenem Wohnraum vgl. §§ 4 und 6 der NeubaumietenVO; § 10 WoBindG; § 11 der II. BerechnungsVO.

Zweiter Teil. Die materiellen Voraussetzungen des Räumungsanspruchs

Jede Räumungsklage setzt hinsichtlich ihrer Begründetheit nach § 556 BGB die Beendigung des Mietverhältnisses voraus. Als Beendigungsgründe kommen außerordentliche Kündigung, ordentliche Kündigung und Fristablauf in Frage.

I. Die außerordentliche Kündigung

1. Kündigungsgründe

a) Vertragswidriger Gebrauch der Mietsache

Der Vermieter kann nach § 553 BGB das Mietverhältnis ohne Einhaltung einer Kündigungsfrist kündigen, wenn der Mieter ungeachtet einer Abmahnung einen vertragswidrigen Gebrauch der Mietsache fortsetzt, der die Rechte des Mieters in erheblichem Maße verletzt.

(1) Solche Gründe sind: unerlaubte Gebrauchsüberlassung an Dritte[1], Überbelegung der Mietwohnung,[2] erhebliche Gefährdung der Mietsache durch Vernachlässigung der dem Mieter obliegenden Pflichten.[3]

(2) Grundsätzlich ist eine Abmahnung durch den Vermieter erforderlich, die das beanstandete Verhalten konkret bezeichnen muß;[4] eine gleichzeitige Androhung der Kündigung ist nicht erforderlich.[5] Nur unter besonderen Umständen kann von der Abmahnung abgesehen werden.[6] Das Kündigungsrecht kann verwirkt werden, wenn der Vermieter nicht alsbald nach Kenntnis von dem Kündigungsgrund Gebrauch macht.[7]

b) Zahlungsverzug des Mieters

Zahlt der Mieter den Mietzins nicht in einem vom Gesetz näher bestimmten Umfang, so kann der Vermieter den Mietvertrag nach § 554 I

---

[1] *BGH,* NJW 1985, 2527; *OLG Hamburg,* NJW 1982, 1157; *OLG Frankfurt,* NJW-RR 1989, 10; *Sternel,* IV, Rdnr. 388. – Diese liegt nicht vor bei Aufnahme von Angehörigen; *Köhler-Kossmann,* § 55, m. Nw. (*BGHZ* 123, 233 = NJW 1993, 2528; *LG Cottbus,* NJW-RR 1995, 524) und Aufnahme des nichtehelichen Lebensgefährten (*AG Schöneberg,* NJW 1979, 2051; *AG Hamburg,* NJW 1982, 2260; *Köhler-Kossmann,* § 56). – Zur Untervermietung vgl. *BayObLG,* NJW-RR 1991, 461.

[2] BVerfG, NJW 1994, 41; *BayObLG,* NJW 1984, 60; *AG Duisburg,* ZMR 1990, 183; *OLG Hamm,* NJW 1983, 48; *OLG Karlsruhe,* NJW 1987, 1958; sehr großzügig *BGHZ* 123, 233 = NJW 1993, 2528. – Weitere Nachweise bei *Köhler-Kossmann,* § 72, Rdnr. 4; *Sternel,* IV, Rdnr. 384.

[3] *Sternel,* IV, Rdnr. 392.

[4] *AG Mönchengladbach,* ZMR 1993, 171; *Sternel,* IV, Rdnr. 394.

[5] *Sternel,* aaO.; offengelassen in *OLG Hamburg,* NJW-RR 1986, 10.

[6] *Sternel,* IV, Rdnr. 395.

[7] *OLG Frankfurt,* WuM 1991, 475.

BGB fristlos kündigen. Der Vermieter ist hierbei nicht gehalten, den Zahlungsanspruch vorher oder gleichzeitig geltendzumachen.[8]

(1) Unter Mietzins ist auch der Anspruch auf Vorauszahlung der Nebenkosten zu verstehen, nicht aber der Anspruch auf Zahlung des Saldos nach Abrechnung der Nebenkosten.[9] Maßgebender Zeitpunkt für die erforderliche Höhe des Mietzinses ist sowohl die Abgabe als auch der Zugang der Kündigungserklärung.[10]

(2) Der Zahlungsverzug des Mieters setzt Verschulden voraus (§ 285 BGB).[11] Dieses ist im Regelfalle gegeben; nur in Ausnahmefällen kann das Verschulden entfallen, z.B. bei einem Rechtsirrtum über Bestehen oder Höhe der Mietzinsschuld.[12]

(3) Das Gesetz sieht zugunsten des Mieters verschiedene Heilungsmöglichkeiten vor:

- Vollständige Befriedigung des Mieters vor der Abgabe der Kündigungserklärung (§ 554 I Satz BGB);
- unverzügliche Erklärung der Aufrechnung mit Gegenansprüchen (§ 554 I Satz 3 BGB);
- Befriedigung des Vermieters innerhalb einer Schonfrist von einem Monat nach Eintritt der Rechtshängigkeit der Räumungsklage (§ 554 II Nr. 2 BGB); gleichgestellt ist die Erklärung der zuständigen Behörde, daß sie sich zu einer Befriedigung verpflichtet.[13] – Die Heilungsmöglichkeit ist ausgeschlossen, wenn der Mieter in den letzten zwei Jahren schon einmal hiervon Gebrauch gemacht hatte.[14]

c) Verletzung sonstiger Pflichten

Der Vermieter kann nach § 554a BGB das Mietverhältnis fristlos kündigen, wenn der Mieter seine Vertragspflichten schuldhaft in solchem Maße verletzt, insbesondere den Hausfrieden so nachhaltig stört, daß dem Vermieter die Fortsetzung des Mietverhältnisses nicht zugemutet werden kann.

Außer der Störung des Hausfriedens[15] kommen als Kündigungsgründe in Frage: Beleidigungen und persönliche Angriffe gegen Vermieter und Hausbewohner oder Verwalter,[16] ständige unpünktliche Mietzahlungen,[17] allerdings erst nach Abmahnung,[18]Betrieb eines Bordells oder „Massagesalons“,[19] das Vorhandensein einer größeren Menge

---

[8] *BVerfGE* 80, 48 = NJW 1989, 1917.

[9] *OLG Koblenz*, NJW 1984, 2369; *Sternel*, IV, Rdnr. 402.

[10] *LG Köln*, NJW-RR 1991, 208; *Köhler-Kossmann*, § 74, Rdnr. 8; a.A. *Sternel*, IV, Rdnr. 407.

[11] *Sternel*, IV, Rdnr. 406 m.Nw.

[12] *Sternel*, aaO; *Köhler-Kossmann*, § 74, Rdnr. 9; *Kamphausen*, ZMR 1983, 113.

[13] *BayObLG*, NJW 1995, 338; *KG*, ZMR 1985, 52; *Sternel*, IV, Rdnr. 419, 423; *Karl*, NJW 1991, 2124; *Weber*, ZMR 1992, 41.

[14] *LG Stuttgart*, ZMR 1985, 128; *LG Berlin*, MDR 1992, 479.

[15] Hierzu eingehend *Sternel*, IV, Rdnr. 385 ff., 516 ff.

[16] *LG Köln*, WuM 1993, 2349; *Köhler-Kossmann*, § 73, Rdnr. 2, 4; *Sternel*, IV, Rdnr. 520.

[17] *BGH*, MDR 1969, 657; *Voelskow*, MK, § 554a BGB, Rdnr. 14; *Sternel*, IV, Rdnr. 511 ff.; *LG Berlin*, MDR 1988, 55; *AG Frankfurt*, NJW-RR 1993, 78; *OLG Hamm*, NJW-RR 1993, 1163.

[18] *OLG Hamm*, NJW-RR 1993, 1163; *LG Berlin*, MDR 1985, 586. – Zur Verwirkung vgl. *LG Heilbronn*, MDR 1991, 862.

[19] *AG Hildesheim*, ZMR 1972, 374.

von Cannabis- und Marihuanapflanzen.[20] – Im Regelfall ist eine Abmahnung des Mieters und anschließende Fortsetzung des vertragswidrigen Verhaltens erforderlich.[21]

d) Unzumutbarkeit der Vertragsfortsetzung

Der Vermieter kann das Mietverhältnis aus wichtigem Grund nach § 242 BGB in Verbindung mit einer analogen Anwendung der §§ 626, 723 BGB kündigen, wenn durch nicht schuldhaftes Verhalten das gegenseitige Vertragsverhältnis als Dauerschuldverhältnis nachhaltig gestört und die Fortsetzung des Mietverhältnisses nicht mehr zumutbar ist.[22]

Es handelt sich um einen Auffangtatbestand für nicht schuldhaftes Verhalten des Mieters, der deshalb ein gesteigertes Maß der Unzumutbarkeit verlangt.[23]

e) Sonderfälle mit gesetzlicher Kündigungsfrist

In besonderen Fällen gewährt das Gesetz dem Vermieter ein außerordentliches Kündigungsrecht mit einer gesetzlichen Kündigungsfrist.[24] Auf diese Fälle soll hier nicht näher eingegangen werden.[25]

2. Sozialklausel

Gegenüber den dargestellten fristlosen Kündigungen kann der Mieter sich nicht auf die Sozialklausel des § 556a BGB berufen (§ 556a IV Nr. 2 BGB). Erhalten bleibt ihm nur die mögliche Gewährung einer Räumungsfrist nach § 721 ZPO.[26]

3. Die Kündigungserklärung

Die Kündigungserklärung bedarf nach § 564a BGB der Schriftform.[27] Sie muß klar und eindeutig erkennen lassen, daß der Vermieter eine außerordentliche Kündigung abgeben will.[28] Die Umdeutung einer fristlosen Kündigung in eine fristgemäße Kündigung kann nur erfolgen, wenn

---

[20] *AG Linz*, NJW-RR 1991, 1225.

[21] *LG Hamburg*, NJW-RR 1986, 11.

[22] *BayObLG*, WuM 1985, 140; *LG Mannheim*, NJW 1976, 1407; *LG Hamburg*, NJW-RR 1996, 313; *Sternel*, IV, Rndr. 528.

[23] *Sternel*, IV, Rdnr. 529.

[24] §§ 1056, 2135 BGB; 57a ZVG, 19, 21 IV KO, 37 WEG.

[25] Vgl. hierzu die Darstellung bei *Sternel*, IV, Rdnr. 437 ff.

[26] S.u. 3. Teil, VIII, 2, e; *LG Hamburg*, WuM 1994, 219.

[27] *Sternel*, IV, Rdnr. 43. – Zur Kündigung per Telefax vgl. *Schümann*, NJW 1992, 3005.

[28] *Sternel*, IV, Rdnr. 357.

sich aus dem Inhalt des Kündigungsschreibens ergibt, daß der Kündigende das Mietverhältnis unter allen Umständen beenden will.[29]

Eine Angabe der Gründe für die außerordentliche Kündigung ist nach h.M., insbesondere der Rechtsprechung des BGH, nicht erforderlich.[30] Das erscheint bedenklich, da dem Mieter nach Treu und Glauben die Möglichkeit gegeben werden muß, der Kündigung sachlich entgegenzutreten.[31]

II. Die ordentliche Kündigung

1. Allgemeines

Für den Bereich der Wohnraummiete geht das geltende Recht zwar von einem allgemeinen Kündigungsrecht des Vermieters aus. Dieses Recht wird aber nach § 564b BGB wieder eingeschränkt: der Vermieter kann das Mietverhältnis nur kündigen, wenn er an der Beendigung des Mietverhältnisses ein berechtigtes Interesse hat (§ 564b I BGB), wobei das Gesetz die typischen Fälle eines berechtigten Interesses einer eingehenden Regelung unterzieht (§ 564b II BGB). Der Mieter ist zusätzlich durch die Sozialklausel des § 556a BGB geschützt, wobei diese seit der Regelung im Jahre 1971 an die zweite Stelle gerückt ist.[32]

Der Mieterschutz ist eingeschränkt für Mietwohnungen im Zwei-[33] und Dreifamilienhaus[34] sowie bei den sogenannten Einliegerwohnungen[35] (§ 564b IV BGB). Bei Wohnungen im Zweifamilienhaus kann der Vermieter ohne Vorliegen eines berechtigten Interesses kündigen; bei Wohnungen im Dreifamilienhaus und bei Einliegerwohnungen, die nach Fertigstellung bezogen werden, gilt die gleiche Regelung mit der Einschränkung, daß der Vermieter den Mieter bei Abschluß des Mietvertrages auf diese Kündigungsmöglichkeit hingewiesen hat. Allerdings ist der Mieter auch in allen diesen Fällen durch die Sozialklausel des § 556a BGB geschützt (§ 564b V BGB). – Eine völlige Freigabe des Mieterschutzes gilt für die in § 564b VII BGB aufgezählten Mietverhältnisse, wobei auch der Schutz durch die Sozialklausel in Wegfall kommt (§ 556a VIII BGB) (Ausnahme: Mietverhältnisse in Studenten- und Jugendwohnheimen, § 564b VII Nr. 3 BGB).

---

[29] *LG Berlin,* ZMR 1986, 54; *LG Wiesbaden,* WuM 1994, 430; *Sternel,* IV, Rdnr. 358; großzügiger *Köhler-Kossmann,* § 90, Rdnr. 8.

[30] *BGH,* WM 1985, 897; WuM 1981, 92; *OLG Karlsruhe,* NJW 1982, 2004.

[31] So mit Recht *Sternel,* IV, Rdnr. 362 ff.; ders. FS Seuss (1987), S. 281.

[32] S.o. 1. Teil, II, 3, b.

[33] *BayObLG,* NJW-RR 1991, 1030; *OLG Karlsruhe,* NJW-RR 1992, 336; *LG Memmingen,* NJW-RR 1992, 523; *OLG Saarbrücken,* NJW-RR 1993, 20; *Karl,* ZMR 1993, 361.

[34] *OLG Karlsruhe,* NJW 1984, 2953.

[35] *KG,* NJW 1981, 2470; *Köhler-Kossmann,* § 110, Rdnr. 11 ff.

2. Die besonderen Kündigungsgründe des § 564b II BGB

a) Erhebliche schuldhafte Vertragsverletzungen (§ 564b II Nr. 1 BGB).

(1) Es handelt sich hier um Vertragsverletzungen, die nicht das Gewicht für eine außerordentliche Kündigung nach § 553 BGB[36] haben.[37]

Die geforderte Erheblichkeit des Verstoßes richtet sich nach der Art des Verstoßes, dem Ausmaß der Pflichtverletzung und dem Grad des Verschuldens.[38] Im Regelfall wird eine Abmahnung und anschließende Fortsetzung des vertragswidrigen Verhaltens erforderlich sein, um die Erheblichkeit bejahen zu können.[39]

(2) Die Pflichtverletzung muß schuldhaft erfolgt sein, wobei der Mieter für das Verhalten seiner in der Wohnung lebenden Familienangehörigen und langfristigen Besucher nach § 278 BGB einzustehen hat.[40]

In Zweifelsfällen wird der Vermieter die Frage der Vertragsverletzung durch eine vorangehende Unterlassungsklage klären lassen, um dem Einwand des fehlenden Verschuldens begegnen zu können.

(3) Beispiele für eine Kündigung nach § 564b II Nr. 1 BGB sind:

Wiederholte Störung der Nachtruhe,[41] unberechtigte Untervermietung,[42] Überbelegung,[43] ständige unpünktliche Mietzahlung,[44] wobei in letzterem Falle zweifelhaft ist, ob ein Zahlungsverzug, der durch nachträgliche Zahlung nach § 554 II Nr. 2 BGB die außerordentliche Kündigung ausgeschlossen hat, noch zu einer ordentlichen Kündigung berechtigt.[45]

b) Eigenbedarf des Vermieters (§ 564b II Nr. 2 BGB)

Dieser Kündigungsgrund ist in der Praxis wegen seiner Häufigkeit von weittragender Bedeutung. Er trägt dem grundrechtlich geschützten Eigentum des Vermieters, das auch die Eigennutzung einschließt, Rechnung.[46] Das BVerfG hat die Verfassungsmäßigkeit der Einschränkung des freien Kündigungsrechts des Vermieters zwar bejaht, aber ausgesprochen, daß bei einer verfassungskonformen Auslegung der Wille des Vermieters, sein Eigentum selbst zu nutzen, zu beachten ist.[47] Durch die Entschei-

---

[36] S.o. I, 1, c + d.

[37] *Köhler-Kossmann,* § 117, Rdnr. 2, 13; *Sternel,* IV, Rdnr. 116.

[38] *Sternel,* IV, Rdnr. 117.

[39] *Sternel,* IV, Rdnr. 124; *Köhler-Kossmann,* § 117, Rdnr. 15.

[40] *Sternel,* IV, Rdnr. 122, 123; *OLG Karlsruhe,* NJW-RR 1988, 528.

[41] *LG Mannheim,* NJW 1976, 1407.

[42] *OLG Hamburg,* NJW 1982, 1157.

[43] *LG Mönchengladbach,* NJW-RR 1991, 1113; *OLG Hamm,* NJW 1983, 48. – S.o. I, 1, a, (1), Fußn. 2.

[44] *OLG Oldenburg,* NJW-RR 1992, 79; *Köhler-Kossmann,* § 117, Rdnr. 10.

[45] Bejahend *OLG Stuttgart,* NJW 1991, 1487 m.Nw.; hierzu *Frank,* ZMR 1992, 81; offengelassen von *BVerfG,* NJW-RR 1996, 1479.

[46] *BVerfG,* NJW 1994, 435.

[47] *BVerfGE* 79, 292 = NJW 1989, 970.

dung vom 14.2.1989 und weitere Entscheidungen[48] hat das BVerfG die Auslegung der Vorschrift weitgehend geprägt.[49] Der BGH hat sich dem mit weiteren Entscheidungen angeschlossen,[50] so daß nunmehr von einer einheitlichen Rechtsprechung beider Gerichte ausgegangen werden kann.[51] Hervorzuheben sind folgende Leitlinien:

(1) Der in § 564b II Nr. 2 geforderte „Eigenbedarf" besteht darin, daß der Vermieter die Räume als Wohnung für sich, die zu seinem Hausstand gehörenden Personen oder seine Familienangehörigen benötigt.

Familienangehörige sind Verwandte, Verschwägerte, Verlobte und der Ehegatte.[52] Der nicht eheliche Lebensgefährte ist nicht Familienangehöriger, kann aber als zum Hausstand gehörende Person angesehen werden.[53] Während bei nahen Familienangehörigen der Wohnbedarf ohne weiteres angenommen werden kann,[54] muß er bei entfernter Verwandtschaft im Einzelfall festgestellt werden.[55]

(2) Den Umfang des Eigenbedarfs bestimmt grundsätzlich der Vermieter; das Gericht hat diesen Eigenbedarf zu respektieren.[56] Der Vermieter muß aber vernünftige und nachvollziehbare Gründe für seine Entscheidung anführen.[57] Keine Rolle spielt, daß er den Eigenbedarf willentlich herbeigeführt hat.[58] Es ist auch nicht erforderlich, daß die Bedarfsperson unzulänglich untergebracht ist.[59] Eine Nachprüfung muß aber erfolgen, ob der Selbstnutzungswunsch des Vermieters tatsächlich gegeben ist.[60]

Eine Verneinung des Eigenbedarfs kommt aber bei Rechtsmißbrauch in Frage. Dieser ist gegeben, wenn die den Eigenbedarf begründenden Umstände schon bei Vertragsschluß vorgelegen haben,[61] wenn der Eigenbedarf nur vorgetäuscht bzw. nicht ernsthaft verfolgt wird[62] oder wenn die herausverlangte Wohnung ungeeignet ist, den vom Vermieter geltendgemachten Eigenbedarf zu decken.[63] Außerdem ist Rechtsmißbrauch ge-

---

[48] Einzelheiten s.u. (2).

[49] Überblick bei *Lammel,* NJW 1994, 3320.

[50] Insbesondere *BGHZ* 103, 91 = NJW 1998, 904.

[51] Krit. zum *BVerfG* z.B. Finger, ZMR 1988, 401.

[52] *Köhler-Kossmann,* § 118, Rdnr. 9; *Sternel,* IV, Rdnr. 139.

[53] Hierzu *Köhler-Kossmann,* § 118, Rdnr. 10.

[54] *Köhler-Kossmann,* § 118, Rdnr. 9.

[55] *Sternel,* IV, Rdnr. 139.

[56] Grundlegend *BVerfGE* 79, 292 = NJW 1989, 970 (im Anschluß an *BVerfGE* 68, 361 = NJW 1985, 2633); *BVerfG,* NJW 1993, 1637; 1994, 994; 1994, 995. – S. aber Fußn. 63.

[57] *BVerfG,* NJW 1989, 3007; *BGHZ* 103, 91 = NJW 1988, 904; sehr weitgehend *BVerfG,* NJW 1994, 994; krit. *Lammel,* NJW 1994, 3322.

[58] *BVerfGE* 79, 292, 304 = NJW 1989, 970; *BVerfG,* NJW 1988, 1075; 1992, 3032; vgl. aber *Köhler-Kossmann,* § 118, Rdnr. 24.

[59] *BGHZ* 103, 91, 100 = NJW 1988, 904.

[60] *BVerfG,* NJW 1989, 3007; 1993, 2165.

[61] *BVerfGE* 79, 292 = NJW 1989, 970; *LG Gießen,* NJWE-MietR 1996, 29; *Köhler-Kossmann,* § 118, Rdnr. 18.

[62] *BVerfG,* NJW 1993, 1637; 1994, 435.

[63] *BVerfGE* 79, 292 = NJW 1989, 970 (weit überhöhter Wohnbedarf); *BVerfG,* NJW 1993, 1637; *Köhler-Kossmann,* § 118, Rdnr. 14, 23.

geben, wenn der Vermieter den Wohnbedarf auf andere Weise ebenso befriedigen kann.[64] Der Vermieter darf aber nicht auf ein gewerblich genutztes Alternativobjekt verwiesen werden.[65] Der Vermieter hat auch die Wahl, unter mehreren zur Bedarfsdeckung geeigneten Wohnungen auszuwählen, welchem der Mieter er kündigt.[66] Der Vermieter ist schließlich nicht gehalten, ihm gehörende unvermietete Wohnungen dem allgemeinen Wohnungsmarkt zur Verfügung zu stellen.[67]

(3) Die besonderen Belange des Mieters werden nicht im Rahmen der Prüfung des Eigenbedarfs berücksichtigt, sondern in einem gesonderten Prüfungsabschnitt im Rahmen der Sozialklausel (§ 556a BGB).[68]

(4) Eine Einschränkung hat die Eigenbedarfskündigung bei Umwandlung in Wohnungseigentum erfahren. Der Erwerber des Wohnungseigentums hat eine Sperrfrist von drei Jahren seit der Veräußerung an ihn einzuhalten (§ 564b II Nr. 2 Satz 2 BGB). Diese Frist erhöht sich auf fünf Jahre, wenn die Wohnung in einem Gebiet liegt, in dem die ausreichende Versorgung der Bevölkerung mit Mietwohnungen zu angemessenen Bedingungen besonders gefährdet ist (§ 564b II Nr. 2 Satz BGB); diese Gebiete werden durch Rechtsverordnungen der Landesregierungen für die Dauer von jeweils höchstens fünf Jahren bestimmt.[69]

Durch ein „Gesetz über eine Sozialklausel in Gebieten mit gefährdeter Wohnungsversorgung" vom 22. 4. 1993[70] gilt in besonderen durch die Landesregierungen bestimmten Gebieten[71] eine Sperrfrist von zehn Jahren; auch nach Ablauf der zehn Jahre wird das berechtigte Interesse des Vermieters im Einzelfall bei einer besonderen Härte für den Mieter nicht berücksichtigt. Nach dem Gesetzestext und seiner Entstehungsgeschichte ist unklar, ob es sich um eine Einschränkung der Eigenbedarfskündigung oder eine Erweiterung der Sozialklausel handelt.[72] Je nach Einordnung führt dies zu unterschiedlichen Konsequenzen, insbesondere bei Anwendung des § 566a VIII und des § 564b VII BGB.

(5) Eine weitere Einschränkung der Eigenbedarfskündigung ergibt sich bei der Umwandlung von Sozialwohnungen in Wohnungseigentum (§ 6 VII WoBiG).[73]

c) Interesse an einer angemessenen wirtschaftlichen Verwertung des Grundstücks (§ 564b II Nr. 3 BGB)

Der Vermieter kann das Mietverhältnis kündigen, wenn er durch dessen Fortsetzung an einer angemessenen wirtschaftlichen Verwertung des

---

[64] *BVerfGE* 83, 82 = NJW 1991, 157; 1991, 2273 (Alternativwohnung); einschr. *BVerfG,* NJW 1994, 995.

[65] *BVerfGE* 81, 29 = NJW 1990, 309 (Ferienwohnung).

[66] *Köhler-Kossmann,* § 118, Rdnr. 21.

[67] *BVerfG,* NJW 1994, 435; krit. *Lammel,* NJW 1994, 3323.

[68] *BGHZ* 103, 91 = NJW 1988, 904; *Köhler-Kossmann,* § 135, Rdnr. 5, a.A. wohl *Sternel,* IV, Rdnr. 181.

[69] Fundstellennachweise bei MietG (dtv), Anhang zu BGB 1, S. 21.

[70] BGBl I, 1993, S. 466.

[71] Fundstellennachweise bei MietG (dtv), 1c, Fußn. 1.

[72] Hierzu *Börstinghaus, Meyer,* NJW 1993, 1353, 1355.

[73] *Köhler-Kossmann,* § 122, Rdnr. 10 + § 190, Rdnr. 9.

Grundstücks gehindert ist und dadurch erhebliche Nachteile erleiden würde.[74] Dafür reicht aber die Möglichkeit, im Falle einer anderweitigen Vermietung als Wohnraum eine höhere Miete zu erzielen, nicht aus (§ 564b II Nr. 2 Satz 2 BGB).

(1) Die Vorschrift ist mit Art. 14 I GG vereinbar.[75]

Das BVerfG hat aber – ebenso wie im Falle der Eigenbedarfskündigung[76] – ausgesprochen, daß bei der Auslegung der Vorschrift die Anforderungen an den Kündigungsgrund nicht in einer Weise verstärkt werden dürfen, die auch dem Gesetzgeber bei einer inhaltlichen Ausgestaltung des Eigentums im Rahmen von Art. 14 I Satz GG versagt ist.[77] Deshalb ist auch der Verkauf des Grundstücks grundsätzlich als Verwertung anzusehen, ohne daß der Eigentümer ohne den Verkauf in Existenznot geraten müßte.[78]

(2) Die Gründe für die erschwerte oder verhinderte Verwertung müssen nach Beginn des Mietverhältnisses eingetreten sein.[79] Die vorgesehene Umwandlung in ein Geschäftshaus bzw. der Abriß des Gebäudes können zwar eine angemessene Verwertung sein, doch muß die nach § 1 II b der ZweckentfremdungsVO notwendige Genehmigung vorliegen.[80] Die Vorlage einer Baugenehmigung ist dagegen nicht erforderlich.[81]

(3) Im übrigen gilt eine Art Übermaßverbot.

Kann eine angemessene Verwertung durch eine Modernisierung nach § 541b BGB erreicht werden, ist ein Abriß des Gebäudes oder eine Nutzungsänderung keine angemessene Verwertung und die Kündigung deshalb nicht zulässig.[82] Gleiches gilt bei einer Mieterhöhung.[83]

(4) Auch hier gelten für die Umwandlung in Wohnungseigentum einschränkende Bestimmungen.

So ist die Berufung auf eine angemessene Verwertung ausgeschlossen, wenn diese durch Umwandlung in Wohnungseigentum erfolgen soll (§ 564 b II Nr. 3 S. 3 BGB). Für Begründung und Veräußerung des Wohnungseigentums gelten hinsichtlich des Erwerbers die gleichen Sperrfristen wie im Falle der Kündigung wegen Eigenbedarfs

---

[74] Einzelheiten bei *Sternel,* IV, Rdnr. 150 ff.

[75] *BVerfGE* 79, 283 = NJW 1989, 972.

[76] S.o. II, 2, b, (2), Fußn. 56.

[77] *BVerfGE* 79, 283 = NJW 1989, 972; *BVerfG,* NJW 1991, 3270; hierzu *Henschel,* NJW 1989, 937, 939.

[78] *BVerfGE* 79, 283 = NJW 1989, 972; *BVerfG,* NJW 1992, 2752; *OLG Koblenz,* NJW-RR 1989, 595; *LG Düsseldorf,* NJW-RR 1991, 1166; 1992, 522; *Köhler-Kossmann,* § 120, Rdnr. 9; vgl. jedoch *BVerfG,* NJW 1992, 361.

[79] *OLG Koblenz,* ZMR 1989, 216; *LG Mannheim,* ZMR 1995, 315; *LG Berlin,* NJW-RR 1995, 332; *Köhler-Kossmann.* § 10, Rdnr. 7, 11.

[80] *OLG Hamburg,* NJW 1981, 2308; *LG Berlin,* ZMR 1991, 346; *Sternel,* IV, Rdnr. 149; *Köhler-Kossmann,* § 120, Rdnr. 8.

[81] *BayObLG,* NJW-RR 1994, 78.

[82] *AG Dortmund,* NJW-RR 1992, 521; *Köhler-Kossmann,* § 120, Rdnr. 6; *Sternel,* IV, Rdnr. 151, 170.

[83] *Sternel,* IV, Rdnr. 151.

(§ 564 b II Nr. 2 Satz 4 BGB und Sozialklauselgesetz vom 22. 4. 1993).[84] Dagegen gelten die Wartefristen nicht bei bloßer Begründung des Wohnungseigentums.[85]

d) Teilkündigung für Nebenräume (§ 564 b II Nr. 4 BGB).

Der Vermieter kann das Mietverhältnis teilweise kündigen, wenn er nicht zum Wohnen bestimmte Nebenräume oder Teile eines Grundstücks dazu verwenden will, entweder Wohnraum zum Zwecke der Vermietung zu schaffen oder den neu zu schaffenden und den vorhandenen Wohnraum mit Nebenräumen und Grundstücksteilen auszustatten.

Die Teilkündigung ist nicht zulässig, wenn er die neu zu schaffenden Räume selbst nutzen will.[86] Die Vorschrift ist mit dieser Auslegung mit Art. 14 I Satz 2 GG vereinbar.[87]

3. Sonstige Gründe (§ 564b I BGB)

Aus der beispielhaften Aufzählung der Kündigungsgründe in § 564b II BGB folgt, daß auch andere Gründe für eine Kündigung nach der Generalklausel in § 564b I BGB in Frage kommen, wenn der Vermieter ein berechtigtes Interesse an der Kündigung des Mietverhältnisses hat. Es muß sich um Gründe handeln, die den in § 564b II BGB behandelten typischen Fällen nach Schwere und Bedeutung gleichwertig sind.[88]

Als Beispiele sind zu erwähnen: Betriebsbedarf,[89] Wohnbedarf des nicht mit dem Vermieter identischen Eigentümers,[90] Fehlbelegung im Sinne der §§ 4 und 5 WoBindG,[91] erhebliche, nicht schuldhafte Vertragsverletzungen,[92] sowie Unterbringung von Obdachlosen oder Asylanten aufgrund öffentlichrechtlicher Verpflichtung der Gemeinde.[93]

4. Formelle Voraussetzungen

a) Kündigungsfristen

Bei dem Ausspruch der Kündigung sind die in § 565 II und III BGB normierten Kündigungsfristen einzuhalten.[94]

---

[84] S.o. II, 2, b, (4).

[85] *BGHZ* 126, 357 = NJW 1994, 2542.

[86] *BayObLG,* WuM 1991, 78; Einzelheiten bei *Köhler-Kossmann,* § 121, Rdnr. 6.

[87] *BVerfG,* NJW 1992, 494.

[88] *Sternel,* IV, Rdnr. 157; *Köhler-Kossmann,* § 116. Rdnr. 8.

[89] *Sternel,* IV, Rdnr. 133, 164 ff; *LG Berlin,* NJW-RR 1996, 907.

[90] *Köhler-Kossmann,* § 118, Rdnr. 44. – Zum Hausmeister vgl. *LG Freiburg,* WuM 1992, 437.

[91] *Köhler-Kossmann,* § 116, Rdnr. 11; teilw. krit. *Sternel,* IV, 159, 160 ff.

[92] *LG Dresden,* WuM 1994, 377; *Köhler-Kossmann,* § 116, Rdnr. 18; *Sternel,* IV, Rdnr. 158, 174.

[93] *BayObLG,* NJW 1981, 580; *AG Göttingen,* NJW 1992, 3044; *Sternel,* IV, Rdnr. 169.

[94] Einzelheiten bei *Köhler-Kossmann,* § 91. – Zur Berechnung *Sternel,* IV, Rdnr. 50 ff.

(1) Die Regelfrist für die Kündigung beträgt nach § 565 II Satz 1 BGB drei Monate ab Überlassung des Wohnraums.[95] Bei länger bestehenden Mietverhältnissen verlängert sich die Kündigungsfrist um jeweils drei Monate (§ 565 II Satz 2 BGB).[96]

Ob diese staffelmäßige Erhöhung auch bei einer Kündigung des Mieters greift, erscheint zweifelhaft.[97] Bei Vereinbarung von kürzeren Kündigungsfristen zu Lasten des Mieters ist die Vertragsfreiheit eingeschränkt (§ 565 II S. 3 u. 4 BGB).

(2) Besondere Kündigungsfristen gelten für Wohnraum, der möbliert vermietet wurde, Teil der vom Vermieter selbst bewohnten Wohnung und nicht zum dauernden Gebrauch bestimmt ist (§ 565 III BGB) sowie für Dienstmietwohnungen (§ 565c BGB).

b) Die Kündigungserklärung

Insoweit gelten folgende formelle Erfordernisse:

(1) Die Erklärung muß sich auf das gesamte Mietverhältnis beziehen. Eine Teilkündigung ist im Grundsatz unzulässig.[98] Eine Ausnahme besteht im Falle des § 564b II Nr. 4 BGB (Nebenräume)[99] sowie bei ausdrücklicher Vereinbarung.[100]

(2) Bei einer Mehrheit von Vertragsparteien muß die Erklärung auf Vermieterseite von allen erklärt werden bzw. auf der Mieterseite an alle Mieter gerichtet sein.[101] Eine im Formularmietvertrag enthaltene gegenseitige Bevollmächtigung zur Abgabe bzw. Entgegennahme der Kündigungserklärung ist nicht zulässig.[102]

(3) Eine Stellvertretung in der Abgabe der Erklärung ist zulässig, wobei aber § 174 BGB zu beachten ist (Möglichkeit der Zurückweisung der Erklärung bei fehlender bzw. nicht vorgelegter Vollmachtsurkunde).[103]

(4) Aus der Erklärung muß der Wille des Vermieters hervorgehen, das Mietverhältnis zu beenden.[104]

---

[95] *Köhler-Kossmann,* § 91, Rdnr. 4.

[96] Zur Anrechnung früherer Mietverträge vgl. *OLG Stuttgart,* NJW 1984, 875; *Sternel,* IV, Rdnr. 54, 55.

[97] Verneinend *Looschelders/Roth,* JZ 1995, 1034, wonach für den Mieter stets die dreimonate Kündigungsfrist des § 565 II S. 1 BGB gelten soll.

[98] *LG Aachen,* ZMR 1989, 227; m. Anm. *Jung,* ZMR 1989, 363; *AG Dortmund,* NJW-RR 1987, 207; *OLG Köln,* ZMR 1992, 251; *Köhler-Kossmann,* § 89, Rdnr. 3.

[99] S.o. II, 2, d.

[100] *OLG Schleswig,* NJW 1983, 49.

[101] *BGHZ* 96, 302 = NJW 1986, 918 (betr. Anfechtung); *OLG Düsseldorf,* NJW-RR 1987, 1369; *LG Hanau,* ZMR 1987, 18; zur Ausnahme *OLG Frankfurt,* NJW-RR 1991, 459.

[102] *OLG Frankfurt,* NJW-RR 1992, 396; *Köhler-Kossmann,* § 89, Rdnr. 10; *Sternel,* I, Rdnr. 403; a.A. *LG Berlin,* MDR 1984, 849; *OLG Schleswig,* NJW 1983, 1862.

[103] *Köhler-Kossmann,* § 89, Rdnr. 5; vgl. jedoch einschr. *OLG Frankfurt,* NJW-RR 1996, 10; *LG Tübingen,* NJW-RR 1991, 972.

[104] Zu prozessualen Erklärungen vgl. unten 3. Teil, IV, 4 sowie *Köhler-Kossmann,* § 89, Rdnr. 15; *OLG Hamm,* NJW 1982, 452; NJW-RR 1993, 273; *LG Berlin,* ZMR 1982, 238.

(5) Die Kündigung bedarf nach § 564a I BGB der Schriftform (Ausnahme: §§ 564a III Satz 1 BGB). Das bedeutet nach § 126 BGB die Notwendigkeit der Unterschrift.[105]

(6) Nach § 564a I Satz 2 BGB sollen die Kündigungsgründe in dem Kündigungsschreiben angegeben werden[106] (Ausnahme: bei den in § 564a III BGB genannten Mietverhältnissen). Abweichende Vereinbarungen sind unzulässig.[107] Ein Verstoß hat die in § 564b III und § 556a I Satz 3 BGB genannten Rechtsfolgen: Der Vermieter kann zur Darlegung seiner berechtigten Interessen an dem Erhalt des Wohnraums und im Rahmen der Interessenabwägung solche Gründe nicht nachschieben, es sei denn, daß es sich um nachträglich entstandene handelt.

(7) Der Vermieter hat den Mieter über sein aus der Sozialklausel sich ergebendes Widerspruchsrecht[108] zu belehren (§ 564a II BGB).[109] Eine Ausnahme besteht auch hier bei der Kündigung der in § 564a III BGB aufgezählten Mietverhältnisse.

Der Hinweis des Mieters kann auch noch nach Abgabe der Kündigungserklärung erfolgen, muß jedoch so rechtzeitig sein, daß der Mieter der in § 556a VI BGB normierten Frist (zwei Monate vor Beendigung des Mietverhältnisses) nachkommen kann.[110] Deshalb wird der Vermieter im Regelfall die Belehrung im Zusammenhang mit der Kündigung vornehmen. Ist die Belehrung unterblieben, bzw. nicht rechtzeitig im vorgenannten Sinne erfolgt, so kann der Mieter den Widerspruch noch bis zum ersten Termin im Räumungsrechtsstreit erheben (§ 556a VI Satz 2 BGB).

5. *Die Sozialklausel (§ 556a BGB)*

a) Allgemeines

Nach § 556a BGB besteht gegen ordentliche Kündigungen des Vermieters in der Regel ein Widerspruchsrecht des Mieters, wonach dieser im Rahmen einer Abwägung der beiderseitigen Interessen eine Fortsetzung des Mietverhältnisses verlangen kann. (Ausnahmen: § 556a IV und VIII BGB). Diese Härteklausel gilt auch bei Kündigungen von Mietverhältnissen im Zwei- oder Dreifamilienhaus sowie bei Einliegerwohnungen im Sinne von § 564b IV BGB.

---

[105] Zur Kündigung per Telefax vgl. *Schürmann,* NJW 1992, 3005; *LAG Hamm,* ZIP 1993, 1109.

[106] Eine konkrete Angabe der Gründe ist notwendig: *BayObLG,* NJW 1981, 2197; *Köhler-Kossmann,* § 89, Rdnr. 21; *Sternel,* IV, Rdnr. 39. – Zur Begründung bei einer erneuten Kündigung vgl. *BVerfG,* NJW 1992, 2752.

[107] *Köhler-Kossmann,* § 89, Rdnr. 18.

[108] S.u. II, 5.

[109] Eine Mitteilung des Wortlauts des § 556a BGB reicht aus: *LG Rottweil,* ZMR 1980, 183.

[110] *Köhler-Kossmann,* § 89, Rdnr. 25 (spätestens eine Woche vor Fristablauf).

Die Bedeutung der durch Gesetz vom 23. 6. 1960[111] eingeführten „Sozialklausel" ist seit der Einführung des Kündigungsschutzes des § 564b BGB durch das II. WoKSchG stark zurückgegangen.[112] Immerhin muß der Richter, wenn er die Voraussetzungen für eine Kündigung nach § 564b BGB bejaht hat, in einem zweiten Schritt eine zusätzliche Interessenabwägung unter Einbeziehung der Interessen des Mieters durchführen.[113] Nach Feststellung einer besonderen Härte für den Mieter und seine Familie kommen nunmehr die Interessen des Vermieters ein zweites Mal ins Spiel.[114] Bei dieser Interessenabwägung werden nach § 556a I Satz 3 BGB nur diejenigen Interessen zugunsten des Vermieters berücksichtigt, die er in dem Kündigungsschreiben angegeben hat, es sei denn, es handelt sich um nachträglich entstandene Gründe. – Die Anwendung der Härteklausel hat Vorrang vor der Anordnung einer Räumungsfrist nach § 721 ZPO.[115]

a) Materielle Voraussetzungen

Typische Fälle einer Härte sind: die von dem Gesetzgeber besonders erwähnten Schwierigkeiten bei der Beschaffung einer angemessenen Ersatzwohnung (§ 556a I Satz 3 BGB)[116] eine Kündigung zur Unzeit (z.B. bei bereits zu erwartendem Umzug, bei Krankheit oder besonderen beruflichen Situationen),[117] hohes Alter oder Krankheit des Mieters[118] sowie hohe noch nicht abgewohnte Mieterinvestitionen.[119]

b) Formelle Voraussetzungen

Der Mieter muß der Kündigung schriftlich widersprechen (§ 556a V Satz 1 BGB), wobei diese Erklärung innerhalb von zwei Monaten vor der Beendigung des Mietverhältnisses erklärt werden muß (§ 556a VI Satz 1 BGB).

Diese Frist gilt allerdings nicht, wenn der Vermieter entgegen § 564a II BGB den Mieter nicht rechtzeitig[120] auf sein Widerspruchsrecht hingewiesen hat (§ 556a VI Satz 2 BGB; in diesem Fall kann der Mieter den Widerspruch im ersten Termin des Räumungsrechtsstreits erklären.

---

[111] S.o. 1. Teil, Fußn. 18.

[112] S.o. 1. Teil, Fußn. 20.

[113] Zur Außerachtlassung der Interessen des Mieters im Rahmen der Prüfung des § 564b BGB s.o. II, 2, b (3). – Zur Interessenabwägung im einzelnen vgl. *Sternel,* IV, Rdnr. 196 ff.

[114] *Köhler-Kossmann,* § 136 Rdnr. 21 ff.

[115] *OLG Stuttgart,* NJW 1969, 240; *Sternel,* IV, Rdnr. 182; *Köhler-Kossmann,* § 135, Rdnr. 2. – Zur Räumungsfrist nach § 721 ZPO s.u. 3. Teil, VI, 2, (e).

[116] Einzelheiten bei *Sternel,* IV, Rdnr. 204 ff.; *Köhler-Kossmann,* § 136, Rdnr. 3 ff.

[117] *OLG Karlsruhe,* NJW 1970, 1746; *Köhler-Kossmann,* § 136, Rdnr. 13.

[118] *AG Landau,* NJW 1993, 2250; *Köhler-Kossmann,* § 136, Rdnr. 17, 18.

[119] *Köhler-Kossmann,* § 136, Rdnr. 19; *Sternel,* IV, Rdnr. 210, 211.

[120] *Sternel,* IV, Rdnr. 195.

c) Rechtsfolgen

Nach Erklärung des Widerspruchs können sich die Mietparteien auf eine Verlängerung des Mietverhältnisses oder eine Änderung des Mietvertrages einigen.[121] Andernfalls kann der Richter im Räumungsrechtsstreit eine Bestimmung treffen (§ 556a III BGB), ohne daß es eines besonderen Antrags des Mieters bedarf (§ 308a I ZPO).[122]

In Frage kommt eine befristete Fortsetzung des Mietverhältnisses[123], in Ausnahmefällen[124] auch eine Fortsetzung des Mietverhältnisses auf unbestimmte Zeit[125] (§ 556a III Satz 2 BGB). In beiden Fällen kann eine Änderung der Bedingungen des Mietvertrages erfolgen (§ 556a II Satz 2 BGB).[126] Eine Anhebung des Mietzinses kann hierbei nur im Rahmen des MiethöheG erfolgen.[127]

d) Mehrere Kündigungen

Eine mehrfache Berufung auf die Sozialklausel bei verschiedenen Kündigungen ist nach § 565c I BGB eingeschränkt.

IV. Beendigung des Mietverhältnisses durch Fristablauf

Ein auf bestimmte Zeit eingegangenes Mietverhältnis endet nach dem Grundsatz des § 564 I BGB durch Zeitablauf. Der Gesetzgeber hat aber auch hier im Interesse des Mieters einen Schutz eingeführt, wobei verschiedene Fälle zu unterscheiden sind.

1. Normale Befristung

Im Interesse des Mieters hat das Gesetz weitgehend eine Angleichung an die Rechtslage bei ordentlicher Kündigung[128] vorgenommen.

a) Der Fortsetzungsanspruch

Der Mieter kann bis spätestens zwei Monate vor Beendigung des Mietverhältnisses durch schriftliche Erklärung[129] eine Fortsetzung des Mietvertrages auf unbestimmte Zeit verlangen, wenn nicht der Vermieter ein berechtigtes Interesse an der Beendigung des Mietverhältnisses hat; da-

---

[121] *Sternel,* IV, Rdnr. 221.

[122] Zur Anhörung der Parteien siehe § 308 I Satz 2 ZPO.

[123] Zur Dauer vgl. *Sternel,* IV, Rdnr. 222.

[124] *Köhler-Kossmann,* § 138, Rdnr. 6; für Gleichrangigkeit dagegen *Sternel,* IV, Rdnr. 221.

[125] Einschr. *OLG Stuttgart,* NJW 1969, 1070 (keine Verlängerung auf Lebenszeit des Mieters); zust. *Sternel,* IV, Rdnr. 222.

[126] *Sternel,* IV, Rdnr. 224.

[127] *Sternel,* IV, Rdnr. 223; a.A. *Köhler-Kossmann,* § 138, Rdnr. 3.

[128] S.o. II.

[129] Zur Geltendmachung im Prozeß s.u. 3. Teil, IV, 5, Fußn. 29.

bei gilt § 564b BGB entsprechend (§ 564 c I BGB). Der Widerspruch des Vermieters gegen die Verlängerung tritt an die Stelle der Kündigung; er bedarf der Schriftform und unterliegt der Regelung in § 564b III BGB.[130]

Eine Ausnahme – kein Fortsetzungsverlangen des Mieters – besteht unter den kumulativen Voraussetzungen des § 564c II BGB.[131]

b) Die Sozialklausel

Der Mieter kann unter Berufung auf die Sozialklausel des § 556a BGB eine Fortsetzung des Mietverhältnisses verlangen (§ 556b I BGB). Der Anspruch auf Fortsetzung besteht nicht, wenn der Mieter die Umstände, die das Interesse des Vermieters an der fristgemäßen Rückgabe des Wohnraums begründen, bei Abschluß des Mietvertrages gekannt hat (§ 556b II BGB); Gegenausnahme: erst nachträglich eingetretene Umstände.

Bei dem Fortsetzungsverlangen nach § 556b I BGB handelt es sich um ein zusätzliches Fortsetzungsverlangen, das der Mieter getrennt – eventuell auch gestaffelt – neben dem Vorgehen nach § 564c I BGB ausüben muß.[132] Die Ausnahmeregelung in § 564c II BGB gilt allerdings auch für das Fortsetzungsverlangen nach § 556b I BGB, wie sich aus dem Wortlaut der Vorschrift ergibt.[133] Die teilweise unterschiedliche Regelung beider Fortsetzungsverlangen[134] ist für den nichtspezialisierten Juristen und erst recht für den Staatsbürger als Laien schlicht unverständlich.

2. Befristung mit Verlängerungsklausel

Bei Mietverhältnissen mit Verlängerungsklauseln tritt die Verlängerung ein, wenn es nicht nach den Vorschriften des § 565 BGB gekündigt wird. Wird dagegen das Mietverhältnis durch den Vermieter gekündigt, so unterliegt diese Kündigung nunmehr den einengenden Vorschriften des § 564b BGB. Ebenso gilt auch hier die Sozialklausel des § 556a BGB.[135]

3. Zeitmietverträge im engeren Sinn

Bei Mietverträgen, die nur zum vorübergehenden Gebrauch abgeschlossen werden,[136] besteht weder ein Kündigungsschutz noch kann sich der Mieter auf die Sozialklausel des § 556a BGB berufen (§ 564b VII Nr. 1; § 556 VIII BGB).

---

[130] Einzelheiten bei *Sternel*, IV, Rdnr. 290 ff.

[131] Einzelfragen bei *Sternel*, IV, Rdnr. 307 ff.

[132] *Sternel*, IV, Rdnr. 297.

[133] *Sternel*, IV, Rdnr. 319.

[134] Überblick bei *Sternel*, IV, Rdnr. 298 ff. – Str. ist u.a., ob den Vermieter eine Pflicht trifft, den Mieter auf die Möglichkeit des Fortsetzungsverlangens hinzuweisen; dafür *Sternel*, IV, Rdnr. 287; *Voelskow*, MK § 564c, Rdnr. 18; dagegen *Köhler-Kossmann*, § 127, Rdnr. 5.

[135] Hierzu oben II, 5.

[136] Einzelheiten bei *Köhler-Kossmann*, § 111, Rdnr. 2 ff.; *Sternel*, III, Rdnr. 501.

Dritter Teil. Prozessuale Fragen der Räumungsklage

I. Zuständigkeit

1. Sachliche Zuständigkeit

Für Ansprüche aus einem Mietverhältnis über Wohnraum und Streitigkeiten über den Bestand eines solchen Mietverhältnisses sind sachlich ausschließlich die Amtsgerichte zuständig (§ 23 I Nr. 2 GVG).

Diese Zuständigkeit besteht auch, wenn der Räumungsanspruch auf § 985 BGB gestützt wird und der Beklagte sich auf ein Mietverhältnis als Recht zum Besitz (§ 986 BGB) beruft.[1]

2. Örtliche Zuständigkeit

Örtlich zuständig ist ausschließlich das Gericht, in dessen Bezirk sich die herausverlangten Räume befinden (§ 29 I ZPO).[2] Eine Ausnahme besteht für die in § 556a VIII BGB[3] bezeichneten Mietverhältnisse (§ 29 II ZPO).

Auch hier greift diese örtliche Zuständigkeit, wenn der Räumungsanspruch auf § 985 BGB gestützt wird.[4] Bei Mischmietverhältnissen kommt es auf das Überwiegen der Nutzungsart an.[5]

II. Hauptprozeß und einstweilige Verfügung

Der Herausgabeanspruch ist grundsätzlich im normalen Hauptprozeß geltendzumachen. Das Verfahren der einstweiligen Verfügung ist nach § 940a ZPO ausgeschlossen.[6] Eine praktisch nicht bedeutsame Ausnahme besteht bei verbotener Eigenmacht (§ 940a ZPO).[7] Bei „Mischmietverhältnissen" gilt die Überwiegenstheorie.[8]

---

[1] *OLG Hamburg,* ZMR 1990, 377; *LG Göttingen,* ZMR 1990, 383.

[2] Kritisch die Fälle, in denen der Mieter schon ausgezogen ist, hierzu *Sternel,* V, Rdnr. 9.

[3] Mit Weiterverweisung auf § 564b VII Nr. 1, 2, 4, 5 BGB. – Vom Standpunkt des Verbraucherschutzes keine gesetzgeberische Glanzleistung.

[4] *LG München,* ZMR 1987, 271; a.A. wohl *Schneider,* MDR 1992, 433.

[5] *OLG Karlsruhe,* NJW-RR 1988, 401; *Sternel,* V, Rdnr. 5; a.A. *LG Aachen,* MDR 1986, 240 m. Anm. *Vollkommer; LG Köln,* NJW-RR 1989, 403.

[6] Betr. nichteheliche Lebensgemeinschaft siehe *LG Berlin,* ZMR 1991, 182.

[7] *Köhler/Kossmann,* § 208, Rdnr. 1. – Zur namentlichen Bezeichnung der Antragsgegner bei Hausbesetzungen: *OLG Köln,* NJW 1982, 1888; *LG Hannover,* NJW 1981, 1455.

[8] *LG Mannheim,* WuM 1986, 351; vgl. jedoch *WG Wiesbaden,* NJW-RR 1993, 1293.

III. Die richtigen Parteien

1. Aktivlegitimation

Sie richtet sich nach der Vermieterstellung, wie sie sich aus dem Mietvertrag ergibt.

Sind nach dem Mietvertrag mehrere Personen als Vermieter anzusehen, so müssen diese als Gesamthänder in der Regel gemeinschaftlich klagen (Ausnahme: Miterben nach § 2039 BGB).[9] Der Erwerber eines Grundstücks tritt arg. § 571 BGB mit der Veräußerung – d.h. mit der Vollendung des Eigentumserwerbs – in die Vermieterstellung ein:[10] der Eintritt erfolgt auch in ein Abwicklungsverhältnis, das nach Ausspruch der Kündigung durch den bisherigen Vermieter entstanden ist.[11]

Eine gewillkürte Prozeßstandschaft ist nicht zulässig.[12] Dagegen greift die gesetzliche Prozeßstandschaft des § 265 ZPO Platz, wenn der auf Räumung klagende Vermieter nach Rechtshängigkeit das Grundstück veräußert.[13]

2. Passivlegitimation

Bei der Passivlegitimation ist im Ausgangspunkt ebenfalls darauf abzustellen, wer laut Mietvertrag als Mieter anzusehen ist. Es müssen deshalb sämtliche im Mietvertrag genannten Personen verklagt werden, selbst wenn eine von ihnen schon ausgezogen ist.[14]

a) Familienangehörige

Nicht mitverklagt werden müssen Familienangehörige, denen nur ein unselbständiges Mitbenutzungsrecht gegen den Mieter zusteht (Kinder, Hausangestellte).[15]

Zweifelhaft und umstritten ist dies bei Ehegatten[16] und nichtehelichen Lebensgefährten[17], die den Mietvertrag nicht unterschrieben haben, denen aber ein selbständiger Gewahrsam zugebilligt werden könnte.[18] Da über die Notwendigkeit eines Vollstreckungstitels letztlich die Vollstreckungsgerichte zu entscheiden haben, die an ein

---

[9] *Sternel,* V, Rdnr. 14.

[10] *Köhler-Kossmann,* § 17, Rdnr. 4.

[11] *Voelskow,* MK, § 571 Rdnr. 15; a.A. *OLG Düsseldorf,* NJW-RR 1994, 1101.

[12] a.A. *Sternel,* V, Rdnr. 19.

[13] *LG Berlin,* DtZ 1992, 245 L.

[14] *BGHZ* 131, 176 ... = NJW 1996, 515 m.Nw.; a.A. *OLG Schleswig,* NJW 1992, 2672.

[15] *OLG Hamburg,* NJW-RR 1991, 909; *LG Berlin,* ZMR 1992, 395; a.A. betr. Hausangestellte, *AG Darmstadt,* DGVZ 1980, 91.

[16] Gegen Passivlegitimation: *LG Berlin,* ZMR 1990, 146; *Köhler-Kossmann,* § 107, Rdnr. 4; für Passivlegitimation: *LG Hamburg,* NJW-RR 1993, 146; *OLG Oldenburg,* NJW-RR 1994, 715; *Sternel,* IV, Rdnr. 17.

[17] Gegen Passivlegitimation; *AG Neuss,* NJW 1985, 2427; *Köhler-Kossmann,* § 107, Rdnr. 4; für Passivlegitimation: *KG,* WuM 1994, 32; *AG Schönau,* NJW 1992, 3308; vermittelnd *OLG Hamburg,* NJW 1992, 3308.

abweichendes Erkenntnis des Prozeßgerichts nicht gebunden sind, erscheint es geboten, in Zweifelsfällen ein Rechtsschutzbedürfnis für eine Räumungsklage auch gegen solche Personen zu bejahen.[19]

b) Untermieter

Der Untermieter ist in jedem Falle zusätzlich zu verklagen, da er an den von ihm innegehaltenen Räumen einen eigenen Gewahrsam hat.[20]

IV. Die Klageschrift

1. Der Klageantrag

In dem Klageantrag sind – entsprechend dem in § 253 II Nr. 2 ZPO aufgestellten Bestimmtheitserfordernis – die herausverlangten Räume – einschließlich der Nebenräume – nach Anzahl und Lage genau zu bezeichnen, so daß der gemäß dem Antrag ergehende Titel in der Zwangsvollstreckung vom Gerichtsvollzieher vollstreckt werden kann.[21]

2. Die Anspruchshäufung

Die Räumungsklage kann mit der Geltendmachung anderer Ansprüche (Zahlung von Mietzins, Einwilligung in eine Mieterhöhung, Schadensersatz) verbunden werden (§ 260 ZPO).

3. Künftige Räumung

Im Regelfall muß der Räumungsanspruch im Zeitpunkt der (letzten) mündlichen Verhandlung fällig sein. Eine Klage (und Verurteilung) auf künftige Räumung ist – unter Ausschluß des § 257 ZPO – nur unter den Voraussetzungen des § 259 ZPO zulässig. Es muß den Umständen nach die Besorgnis gegeben sein, daß der Mieter nicht rechtzeitig räumen wird.

Diese Besorgnis ist nach h.M. gegeben, wenn der Mieter die Wirksamkeit der Kündigung bestreitet.[22] Umstritten ist, ob das Gleiche auch bei Berufung des Mieters auf die Sozialklausel zu gelten hat.[23]

---

[18] Siehe § 885 ZPO.

[19] *Sternel,* IV, Rdnr. 17; a.A. *LG Berlin,* ZMR 1980, 319.

[20] *LG Hamburg,* NJW-RR 1991, 1297.

[21] *Sternel,* V, Rdnr. 30. – S.u. VI, 2, a, Fußn. 59.

[22] *OLG Karlsruhe,* NJW 1984, 2953; *Sternel,* V, Rdnr. 34; *Köhler-Kossmann,* § 209, Rdnr. 3.

[23] Dafür: *LG Wiesbaden,* WuM 1989, 428; *Karst,* ZMR 1988, 453; dagegen *Sternel,* V,

4. Materielle Willenserklärungen

Mit der Klageschrift und im weiteren Verlauf des Verfahrens können in den Schriftsätzen auch materiellrechtliche Willenserklärungen abgegeben werden. Im Rahmen der Räumungsklage kommen die (erneute) Abgabe der Kündigungserklärung und ein Widerspruch des Vermieters gegen das Fortsetzungsverlangen des Mieters nach § 564c BGB[24] in Betracht. Die h.M. verlangt aber mit Recht, daß die Abgabe einer solchen Willenserklärung für den Beklagten in eindeutiger Weise erkennbar sein muß[25]. Auch muß die notwendige Form gewahrt werden.[26]

5. Die Widerklage

Der Vermieter kann den Räumungsanspruch auch im Wege der Widerklage geltendmachen, wenn der Mieter mit der Klage Ansprüche aus dem Mietverhältnis[27] verfolgt.

Keine Widerklage ist erforderlich, wenn der Mieter sich im Rahmen der Sozialklausel (§ 556a BGB) auf eine Fortsetzung des Mietverhältnisses beruft.[28] Anders soll dies nach h.M. sein, wenn der Mieter bei einem befristeten Mietverhältnis sich gegenüber dem Räumungsverlangen des Mieters und dessen Widerspruch nach § 564c BGB auf den Anspruch auf Fortsetzung des Mietverhältnisses beruft;[29] das erscheint formalistisch.[30]

V. Der Verfahrensablauf

1. Die Benachrichtigung des Sozialamts

Nach Nr. IV, 1 der Verwaltungsanordnung über die Mitteilung in Zivilsachen (MiZi) hat das Gericht die örtlichen Träger der Sozialhilfe von der auf Zahlung von Mietrückständen gestützten Räumungsklage zu unterrichten, damit diese gegebenenfalls von ihrem Befriedigungsrecht nach § 554 II Nr. 2 BGB Gebrauch machen können.[31]

Ein zusätzlicher Hinweis des Gerichts an die beklagte Partei selbst ist

Rdnr. 34.

[24] S.o. 2. Teil, IV, 1, a.

[25] *BGH*, NJW-RR 1997, 203; *LG Osnabrück*, WuM 1991, 690; *Sternel*, V, Rdnr. 38 ff.

[26] *Sternel*, V, Rdnr. 40; *Köhler-Kossmann*, §89, Rdnr. 15.

[27] Beispiele: Klage auf Schadensersatz; Feststellungsklage auf Fortbestehen des Mietverhältnisses.

[28] *Sternel*, V, Rdnr. 35.

[29] *LG Berlin*, MDR 1986, 57, *Voelskow*, MK, § 564c, Rdnr. 22.

[30] *Sternel*, IV, Rdnr. 296; V, Rdnr. 35.

[31] Zur Bedeutung des § 554 II Nr. 2 BGB im Rahmen der ordentlichen Kündigung s.o. 2. Teil, II, 2, a, (3), Fußn. 45.

im Gesetz nicht vorgeschrieben, aber gleichwohl möglich, ohne daß das Gericht sich dem Vorwurf der Befangenheit aussetzt.[32]

2. *Die Verfahrensarten*

Die Wahl zwischen den in der ZPO vorgesehenen beiden Verfahrensarten (§ 272 ZPO) – früher erster Termin oder schriftliches Vorverfahren – steht im Ermessen des Gerichts.[33]

In der Regel spricht aber viel für die Anberaumung eines frühen Termins, einmal um die Präklusionswirkung des § 556a VI Satz 2 BGB auszulösen, aber auch, um eine Aufklärung des Sachverhalts durch Anhörung der Parteien (§ 141 ZPO) zu erreichen und die Möglichkeit einer vergleichsweisen Regelung zu erkunden. Auch kann das Gericht dann durch weitere Hinweise nach § 139 ZPO das Verfahren fördern.[34] Ebenso kann eine Erörterung über die Fortsetzung des Mietverhältnisses nach § 308a I Satz 2 ZPO stattfinden.

3. *Das Beweisverfahren*

Das Beweisaufnahmeverfahren folgt den allgemeinen Regeln.[35] Aus dem Rechtsstaatsgebot und dem allgemeinen Justizgewährleistungsanspruch ist eine Pflicht des Gerichts abzuleiten, eine umfassende tatsächliche (und rechtliche) Prüfung des Streitgegenstandes vorzunehmen.[36]

Als Besonderheiten sind zu erwähnen: der Vermieter hat den Zugang der Kündigungserklärung zu beweisen; diesen Beweis kann er nicht im Wege des Urkundenbeweises durch den Antrag auf Vorlage des Kündigungsschreibens nach §§ 422, 424 ZPO führen, da hierin ein unzulässiger Ausforschungsbeweis liegen würde.[37] Den Eigenbedarf nach § 564b II Nr. 2 BGB hat der Vermieter zu beweisen.[38]

Der Mieter hat dagegen die Tatsachen zu beweisen, die einen Rechtsmißbrauch bei der Eigenbedarfsklage begründen können,[39] wobei die von dem beklagten Mieter behauptete Selbstnutzungsabsicht des Vermieters als innere Tatsache einer Beweisaufnahme durch Zeugenbeweis zugänglich ist.[40] Auch anderweitige Möglichkeiten der Bedarfsdeckung des Eigenbedarfs stehen zur Beweislast des Mieters.[41]

---

[32] So *OLG Hamburg,* ZMR 1988, 225; zust. *Köhler-Kossmann,* § 74, Rdnr. 13 (mE zweifelhaft).

[33] Hierzu *Tempel,* Mustertexte, Bd. I, § 1, Vorbem. III.

[34] Zu § 139 ZPO vgl. *Tempel,* aaO, § 1, Vorbem. II.

[35] Hierzu *Tempel,* aaO., Vorbem. zu §§ 2 und 3.

[36] *BVerfG,* NJW 1993, 2165.

[37] *LG Berlin,* WuM 1986, 184; zust. *Sternel,* V, Rdnr. 45. – Als Ersatz kommen Anhörung der beklagten Partei nach § 141 ZPO und ihre Parteivernehmung nach § 445 ZPO in Frage.

[38] *OLG Hamburg,* MDR 1986, 318; *Köhler-Kossmann,* § 118, Rdnr. 42; *Baumgärtel,* Handbuch der Beweislast, Bd. I, § 564 b BGB, Rdnr. 3, 5.

[39] *Baumgärtel,* aaO (Fußn. 38). – ME gilt dies auch für den fehlenden Selbstnutzungswunsch des Vermieters, a.A. h.M., vgl. *Köhler-Kossmann,* § 118, Rdnr. 42 – Zum Rechtsmißbrauch s.o. 2. Teil, II, 2, b, (2), Fußn. 61 ff.

[40] *BVerfG,* NJW 1993, 2165; 1990, 3259; zur Beweisführung bei inneren Tatsachen vgl. auch *BGH,* NJW 1992, 1899; 1992, 2489.

[41] *Baumgärtel,* aaO, Rdnr. 4; *LG Hannover,* WuM 1989, 416.

Bei den außerordentlichen Kündigungsgründen hat der Vermieter jeweils die objektive Pflichtverletzung zu beweisen, während der Mieter sich hinsichtlich des fehlenden Verschuldens entlasten muß.[42] Ebenso hat der Mieter die Voraussetzungen der Zahlung innerhalb der Schonfrist des § 554 II Nr. 2 BGB zu beweisen.[43] Im Rahmen der Anwendung der Sozialklausel hat der Mieter nachzuweisen, daß er sich um die Beschaffung von Ersatzraum in zumutbarer Weise bemüht hat.[44]

4. Der Rechtsentscheid

Zwecks Vereinheitlichung der Rechtsprechung auf dem Gebiet des Mietrechts hat der Gesetzgeber in § 541 ZPO die Verpflichtung des Landgerichts als Berufungsgericht zur Einholung eines Rechtsentscheides eingeführt.[45] Danach hat das Landgericht, wenn es bei der Entscheidung in einer Rechtsfrage auf dem Gebiet des Wohnraummietrechts[46] dies für entscheidungserheblich hält,[47] die Entscheidung des übergeordneten Oberlandesgerichts einzuholen, wenn es von einer Entscheidung eines Oberlandesgerichts oder des BGH abweichen will.[48] Gleiches gilt, wenn eine solche Rechtsfrage von grundsätzlicher Bedeutung ist.[49] In dem Vorlagebeschluß hat das vorlegende Gericht zu begründen, daß die Voraussetzungen der Vorlage gegeben sind.[50]

Die Parteien haben kein Antragsrecht auf Einholung eines solchen Rechtsentscheides, können aber durch Vorlage von Divergenzentscheidungen oder den Hinweis auf die grundsätzliche Bedeutung einer Rechtsfrage eine solche Vorlage anregen; die Erzwingbarkeit der Pflicht erfolgt über die Möglichkeit einer Verfassungsbeschwerde.[51]

Das angerufene Oberlandesgericht entscheidet dann über die abstrakte Rechtsfrage. Will es seinerseits von einer Entscheidung des BGH oder ei-

---

[42] *Voelskow,* MK, § 554a BGB, Rdnr. 20; – Zur Beweislast für fehlendes Verschulden bei Zahlungsverzug vgl. *Köhler-Kossmann,* § 74, Rdnr. 9.

[43] Dabei soll der Mieter – neben der fristgerechten Zahlung – auch den Zeitpunkt des Zugangs der Kündigung beweisen: *BGH,* MDR 1960, 1006; dagegen *Baumgärtel* (Fußn. 38), § 554, Rdnr. 2 m.Nw.

[44] *LG Mannheim,* MDR 1965, 914; *Baumgärtel* (Fußn. 38), § 556a BGB, Rdnr. 2. – Zum Nachweis durch Offenkundigkeit vg. *Köhler-Kossmann* § 136, Rdnr. 11.

[45] Hierzu *Landfermann,* NJW 1985, 2609; krit. *Sternel,* V, Rdnr. 69, 70.

[46] Hierzu *Sternel,* V, Rdnr. 62; *Köhler-Kossmann,* § 202, Rdnr. 8.

[47] *BGHZ* 101, 244 = NJW 1987, 2372; *OLG Koblenz,* OLGZ 1982, 85; NJW 1984, 62.

[48] Also nicht nur bei Abweichung von Rechtsentscheiden: *BGHZ* 89, 275 = NJW 1984, 1615. – Zur Bedeutung von Entscheidungen des *BVerfG* vgl. BayObLG, NJW-RR 1994, 848. – Zum Zeitpunkt der Divergenz vgl. *BGH,* NJW 1994, 1074; BayObLG, NJW-RR 1992, 524; *Köhler-Kossmann,* § 202, Rdnr. 22.

[49] *Sternel,* V, Rdnr. 65; *Köhler-Kossmann,* § 202, Rdnr. 4, 5; zur Umdeutung einer Vorlage wegen grundsätzlicher Bedeutung in eine solche wegen Divergenz vgl. *BayObLG,* NJW-RR 1992, 524.

[50] *OLG Koblenz,* NJW-RR 1995, 1356; *Sternel,* V, Rdnr. 66; *Köhler-Kossmann,* § 207 Rdnr. 11.

[51] *BVerfG,* NJW 1995, 581 (Verletzung des Art. 101 I Satz 2 GG).

nes anderen Oberlandesgerichts abweichen, so hat es die Rechtsfrage dem BGH vorzulegen.[52] Die ergehende Entscheidung des OLG bzw. des BGH sind für das Landgericht bindend.[53]

VI. Das Urteil

1. Entscheidungsreife

Bei Entscheidungsreife ist durch Urteil zu entscheiden (§ 300 I ZPO). Im Regelfall geschieht dies durch streitiges Endurteil. Es kommen ausnahmsweise auch in Frage:

a) Anerkenntnisurteil (§ 307 ZPO)

In diesem Fall findet keine Prüfung statt, ob der Räumungsanspruch besteht. Ein Anerkenntnis des beklagten Mieters kann zu einer für ihn günstigen Kostenentscheidung führen.[54] Eine Räumungsfrist kann dem Beklagten auch hier gewährt werden.[55]

b) Versäumnisurteil (§ 331 ZPO)

Hier prüft das Gericht, ob der Räumungsanspruch nach dem Vorbringen des klagenden Vermieters gerechtfertigt ist.[56]

Bei einer auf Zahlungsverzug gestützten Räumungsklage (§ 554 I BGB) ist umstritten, ob ein solches Versäumnisurteil schon vor Ablauf der Sperrfrist des § 554 II Nr. 2 BGB zulässig ist.[57] Eine Räumungsfrist kann dem säumigen Beklagten auch hier von Amts wegen[58] gewährt werden, wobei hier die Lage für den beklagten Mieter ungünstiger ist als bei einem Anerkenntnisurteil; infolge der Säumnis wird er im Regelfall die Gründe für eine angemessene Räumungsfrist nicht vorgetragen haben.

2. Der Tenor des Urteils

a) Stattgeben der Klage

Bei einer Verurteilung des Beklagten zur Räumung ist im Urteilstenor die herausverlangte Wohnung nach Lage und Umfang (einschließlich der

---

[52] *BGH,* NJW 1984, 236; 1984, 237.

[53] Zum Umfang der Bindungswirkung siehe *Sternel,* V, Rdnr. 67.

[54] S.u. 2, c, (1).

[55] S.u. 2, e, Fußn. 68.

[56] Zu den Voraussetzungen des Versäumnisurteils siehe *Tempel,* Mustertexte, Bd. I, § 5, Vorbem. I, 1.

[57] Bejahend: *LG Kiel,* NJW 1971, 1222; *Voelskow,* MK, § 554, Rdnr. 32; *Köhler-Kossmann,* § 74, Rdnr. 22. – Verneinend: *OLG Hamburg,* ZMR 1988, 225; *Sternel,* IV, Rdnr. 424 und V, Rdnr. 50; *Rogosch,* DRiZ 1994, 342.

[58] S.u. Fußn. 67, 68.

Nebenräume) genau zu bezeichnen.[59] Bei einer Klage auf künftige Leistung[60] ist der spätere Räumungstermin anzugeben.

b) Abweisung der Klage

Keine Besonderheiten bestehen, wenn die Klage wegen Fehlens der Gründe für einen Räumungsanspruch abgewiesen wird. Wird die Klage abgewiesen, weil das Gericht einem Fortsetzungsverlangen des Mieters nach §§ 556a, b BGB stattgibt, so ist im Urteilstenor anzugeben, bis zu welchem Zeitpunkt und zu welchen (abgeänderten) Bedingungen das Mietverhältnis fortgesetzt wird.

c) Kostenentscheidung

Sie richtet sich im Regelfall nach den allgemeinen Grundsätzen der §§ 91, 92 ZPO.[61] Eine Ausnahme besteht bei Anerkenntnisurteilen.

(1) Der Mieter, der zur Klageerhebung keine Veranlassung gegeben[62] hat und den Klageanspruch sofort[63] unter Angabe eines verbindlichen Räumungstermins[64] anerkennt, kann damit eine Kostenentscheidung zu Lasten des klagenden Vermieters erreichen (§ 93 ZPO).

(2) Gleiches gilt, wenn der Mieter vor Klageerhebung unter Angabe von Gründen die Fortsetzung des Mietverhältnisses oder eine angemessene Räumungsfrist von dem Vermieter begehrt hatte, die ihm nunmehr das Gericht gewährt (§ 93b III ZPO).[65]

d) Vorläufige Vollstreckbarkeit

Jegliches Urteil, in dem über einen Räumungsanspruch entschieden wird, ist nach § 708 Nr. 7 ZPO ohne Sicherheitsleistung für vorläufig vollstreckbar zu erklären. Das gilt auch für klageabweisende Urteile. In allen Fällen ist der Gegenseite von Amts wegen Vollstreckungsschutz nach § 711 ZPO zu gewähren.[66]

---

[59] *Sternel.*, V, Rdnr. 106 – Beispiel bei *Tempel,* Mustertexte, Bd. I, Muster 89, Ziff. 3, e.

[60] S.o. IV, 3.

[61] Einzelheiten bei *Tempel,* Mustertexte, Bd. I, Muster 90.

[62] Hierzu *Sternel,* V, Rdnr. 75.

[63] Zum sofortigen Anerkenntnis im schriftlichen Vorverfahren siehe *LG Freiburg,* NJW-RR 1990, 382; *Köhler-Kossmann,* § 205, Rdnr. 8.

[64] *Köhler-Kossmann,* § 205, Rdnr. 8 m. Nw.

[65] *Harsch,* WuM 1995, 246; *Sternel,* V, Rdnr. 76; *Köhler-Kossmann,* § 205, Rdnr. 11.

[66] Hierzu *Tempel,* Mustertexte, Bd. I, Muster 91.

e) Räumungsfrist

Das Gericht hat bei einem dem Räumungsanspruch stattgebenden Urteil auf Antrag oder von Amts wegen[67] dem Mieter eine den Umständen nach angemessene Räumungsfrist zu gewähren (§ 721 ZPO). Das gilt auch bei Anerkenntnis- und Versäumnisurteilen.[68] Ausgenommen sind aber die Fälle der Kündigung von Zeitmietverträgen im Sinne des § 564c II BGB.[69] Die Räumungsfrist darf insgesamt nicht mehr als ein Jahr betragen (§ 721 V ZPO). Im übrigen richtet sich die Räumungsfrist nach den Umständen des Einzelfalles unter Abwägung der beiderseitigen Interessen.[70]

Zu berücksichtigen sind der Anlaß der Räumungspflicht,[71] die Dringlichkeit der Wiedererlangung der Wohnräume bei dem Vermieter, Störungen des Hausfriedens sowie vor allem die Tatsache, welche Zeit der Mieter für die Beschaffung einer Ersatzwohnung braucht.[72]

Nach Erschöpfung der gewährten Räumungsfrist kann noch ein Vollstreckungsschutz nach § 765a ZPO in Frage kommen, für dessen Gewährung aber nicht das Prozeßgericht, sondern das Vollstreckungsgericht zuständig ist (§ 764 ZPO).[73]

VII. Sonstige Beendigungsgründe

1. Die Erledigung der Hauptsache

a) Die Erledigung

Hat sich der Rechtsstreit während des Verfahrens durch Räumung der Wohnräume seitens des Mieters[74] erledigt, so ist nach Erklärung beider Parteien[75] über die Kosten des Rechtsstreits nach dem bisherigen Sach- und Streitstand zu entscheiden (§ 91a I ZPO).

Eine weitere Beweisaufnahme findet nicht mehr statt. Auch die Einholung eines Rechtsentscheids ist nicht mehr zulässig.[76]

---

[67] *OLG Hamm,* NJW-RR 1995, 526.

[68] *LG München,* WuM 1982, 81 (zweites VU).

[69] *Köhler-Kossmann,* § 128, Rdnr. 41, einschr. *Sternel,* V, Rdnr. 104.

[70] *Sternel,* V, Rdnr. 107.

[71] Beispiel: erhebliche, noch offene Mietrückstände.

[72] Zum Umfang der Beschaffungspflicht: *LG Berlin.* NJW-RR 1989, 1358; *LG Mönchengladbach,* ZMR 1990, 463; *Schmidt-Futterer,* NJW 1971, 1829; *Sternel,* V, Rdnr. 108 m.Nw.

[73] Einzelheiten zum Vollstreckungsaufschub bei *Sternel,* V, Rdnr. 121 ff.; *Köhler-Kossmann,* § 206, Rdnr. 6.

[74] Gegebenenfalls auch durch Begleichung der Mietrückstände nach § 554 I Nr. 2 BGB; hierzu *Köhler-Kossmann,* § 205, Rdnr. 7.

[75] Zur einseitigen Erledigung siehe *Tempel,* Mustertexte, Bd. I, § 8, Vorbem. II.

[76] *OLG Hamm,* NJW-RR 1992, 146.

b) Kostenentscheidung

Über die Kosten des Rechtsstreits ist unter Berücksichtigung des bisherigen Sach- und Streitstands nach billigem Ermessen zu entscheiden.

Im Rahmen dieses Ermessens ist vor allem darauf abzustellen, wer bei Fortgang des Verfahrens obsiegt hätte, d.h. ob der Mieter zur Räumung verpflichtet war.[77] Außerdem sind die in § 93 und § 93b III ZPO genannten Grundsätze zu berücksichtigen.[78]

2. Der Räumungsvergleich

Der Mieter kann sich in einem Prozeßvergleich (§ 794 I Nr. 1 ZPO) zur Räumung der Wohnung verpflichten. Ein solcher Vergleich bietet den Vorteil, daß in ihm noch andere Streitpunkte als die Räumung gütlich erledigt werden können, z.B. Beteiligung des Vermieters an Umzugskosten oder Verbleib bzw. Mitnahme von eingebauten Sachen des Mieters, sowie Vereinbarung eines bestimmten Räumungstermins.[79] An die Formulierung des Vergleichs sind die gleichen Anforderungen wie an ein Urteil zu stellen.[80]

Trotz einer im Vergleich vom Vermieter zugestandenen Räumungsfrist kann das Gericht nachträglich eine Räumungsfrist bewilligen oder verlängern (§ 794a III ZPO). Dabei ist streitig, ob eine solche Bewilligung bzw. Verlängerung der Frist nur bei Eintritt neuer, nicht vorhersehbarer Ereignisse oder unabhängig hiervon getroffen werden kann.[81] Auf jeden Fall ist im Rahmen der Interessenabwägung eine vom Vermieter im Vergleich bereits zugestandene Räumungsfrist zu berücksichtigen.[82]

VIII. Der Streitwert

Der Streitwert der Räumungsklage ist nach § 16 II GKG zu beurteilen. Maßgebend ist der Jahresbetrag des zu entrichtenden Mietzins, eventuell bei geringerer Restlaufzeit des Mietvertrages der auf diese Zeit entfallende Betrag.

Umstritten ist, ob bei dem Mietzins zusätzliche Neben- und Betriebskosten zu berücksichtigen sind.[83] Für ein Fortsetzungsverlangen nach §§ 556a, 556b BGB, das im gleichen Verfahren behandelt wird, ist kein gesonderter Streitwert anzusetzen (§ 16 III GKG).

---

[77] *Tempel,* Mustertexte, Bd. I, § 8, Vorbem. I, 3, c.

[78] *Sternel,* V, Rdnr. 74.

[79] Siehe Formular 283 bei *Tempel,* Mustertexte, Bd. II.

[80] *AG Berlin-Schöneberg,* NJW-RR 1991, 1488. – S.o. VIII, 2, a.

[81] Im ersten Sinne: *LG Saarbrücken,* WuM 1993, 698; *Sternel,* V, Rdnr. 119; *Baumbach-Hartmann,* § 794a ZPO, Rdnr. 3. – Im zweiten Sinne: *LG Darmstadt,* WuM 1993, 472; *LG Mannheim,* ZMR 1994, 21.

[82] *Köhler-Kossmann,* § 206, Rdnr. 3.

[83] Dafür: *OLG Düsseldorf,* ZMR 1993, 223; *OLG Hamm,* ZMR 1995, 359. – Dagegen: *LG Stuttgart,* JurBüro 1983, 1224; *LG Kleve,* JurBüro 1985, 423; *LG Frankenthal,* ZMR 1993, 378 m. Anm. *Trimborn; LG Mönchengladbach,* ZMR 1990, 147 m. Anm. Röben, ZMR 1990, 345; *LG Hamburg,* MDR 1993, 184; *Köher-Kossmann,* § 204, Rdnr. 3 – Vermittelnd: *Sternel,* V, Rdnr. 82 (keine Einbeziehung der Heizkosten).

§ 3. Der Konsumentenkredit

Literatur zu Teil 1 bis 3:

Kommentare zum Verbraucherkreditgesetz:

Bruchner/Ott/Wagner-Wieduwilt, 2. Aufl. (1994); *Bülow,* 2. Aufl. (1993); 3. Aufl. (1998); *Graf von Westphalen/Volker Emmerich/Franz von Rottenburg,* 3. Aufl. (1996); *Scholz,* Verbraucherkreditverträge, 2. Aufl. (1992); *Ulmer, Habersack,* Sonderdruck aus Münchner Kommentar, 2. Aufl. (1995).

Aufsätze und Überblicke zum Verbraucherkreditgesetz:

Bülow, NJW 1991, 129; *Emmerich,* JuS 1991, 705; *Heise,* JABl 1993, 65; *v.Heymann,* WM 1991, 1285; *Karollus,* JuS 1993, 651, 820 (Fallbeispiele); *Mertins,* NJ 1991, 254; *Claus Ott,* Beck'sches Richterhandbuch, 1. Aufl. 1995; S. 599 ff.; *Sieghart Ott,* Beck'-sches RA-Handbuch, 6. Aufl. (1999/2000), S. 771 ff.; *Reinicke/Tiedtke,* ZIP 1992, 217; *Reinking/Nießen,* ZIP 1991, 79; 1991, 637; *Schweitzer,* DtZ-Inf 1991, 180; *Scholz,* MDR 1991, 191; DB 1991, 215; WM 1996, 1425.

Sonstige Aufsätze zum Darlehensrecht:

Galke, Verbraucherschutz im Darlehensrecht – das Darlehen in der Rechtsprechung des III. Zivilsenats, DRiZ 1990, 380; *Halstenberg,* Die neuere Rechtsprechung des BGH zum Darlehen, WM 1988, Beilage Nr. 4; *Mülbert,* Das Darlehen in der höchstrichterlichen Rechtsprechung, JZ 1992, 289, 401, 448; ders. Das verzinsliche Darlehen, AcP 1992, Bd. 447; *Steinmetz,* Sittenwidrige Ratenkredite in der Rechtspraxis auf der Grundlage der BGH-Rechtsprechung, NJW 1991, 881.

Erster Teil. Das Darlehen als Grundform des Konsumentenkredits

Der in diesem Kapitel behandelte Konsumenten- oder Verbraucherkredit ist eine durch die Praxis veranlaßte Neuschöpfung von Rechtsprechung und Gesetzgebung im Interesse des Verbrauchers. Er hat sich als Sonderrecht des allgemeinen Vertragstyps „Darlehen“ herausgebildet. Deshalb erscheint es angebracht, die Grundstruktur des im BGB geregelten Darlehens vorab darzustellen.

I. Der Begriff des Darlehens

1. Die zeitweilige Nutzung

Das Darlehen ist die – entgeltliche oder unentgeltliche – Überlassung eines bestimmten Kapitals (Geld oder andere vertretbare Sachen) zur zeitweiligen Nutzung. Der Darlehensgeber ist verpflichtet, das Kapital auszuzahlen und während der vereinbarten Nutzungsdauer dem Darlehensnehmer zu belassen. Der Darlehensnehmer ist verpflichtet, das Kapital vereinbarungsgemäß entgegenzunehmen und vertragsgemäß – nach Ablauf der Nutzungsdauer in einem Betrag oder in bestimmten Raten – zurückzuzahlen (§ 607 I BGB).

2. *Die Verpflichtung zur Zinszahlung*

Bei dem entgeltlichen Darlehen ist der Darlehensnehmer verpflichtet, die vereinbarte Gegenleistung – in der Regel in Form von Zinsen – an den Darlehensgeber zu entrichten. Das verzinsliche Darlehen ist nach heute h.A. ein gegenseitiger Vertrag im Sinne der §§ 320 ff. BGB und ein Dauerschuldverhältnis.[1]

Der Streit, ob der Darlehensvertrag als Realvertrag[2] oder als Konsensualvertrag[3] anzusehen ist, spielt in der Praxis keine entscheidende Rolle.[4]

a) Begriff der Zinsen

Zinsen sind „gewinn- und umsatzunabhängige, laufzeitabhängige, in Geld oder anderen vertretbaren Sachen zu entrichtende Vergütungen für die Möglichkeit des Gebrauchs eines Kapitals."[5]

Die Laufzeitabhängigkeit der Vergütung ist von erheblicher Bedeutung bei vorzeitiger Beendigung des Darlehensvertrages, da insoweit eine Abzinsung der vereinbarten Vergütung erfolgen muß.[6] Laufzeitabhängig sind neben den allgemeinen „Kreditgebühren"[7] auch Verlängerungs- und Überziehungszinsen,[8] nach neuerer Rechtsprechung in der Regel auch das sogenannte „Disagio".[9] Laufzeitunabhängig sind dagegen Bearbeitungs- und Abgeltungsgebühren, Vermittlungsprovisionen und Kreditversicherungsprämien[10] sowie Bereitstellungszinsen[11] und Vorfälligkeitsentschädigung.[12] Die

---

[1] *Larenz*, BT § 51 I; *H.P. Westermann*, MK, Vorb. Rdnr. 5 ff.
[2] So im Ausgangspunkt *BGH*, NJW 1975, 443; hierzu *K. Schmidt*, JuS 1976, 709.
[3] *Larenz*, BT, § 51 II; *Mülbert*, AcP 192, 447.
[4] Hierzu *Neumann-Duesberg*, NJW 1970, 1403.
[5] Grundlegend *Canaris*, NJW 1978, 1891 m.w.Nw.; *Staudinger-Schmidt*, § 246 BGB, Rdnr. 7 ff.
[6] S.u. 2. Teil, III, 3, c, (1) und III, 4, a, (2).
[7] *BGH*, WM 1975, 889.
[8] *BGH*, NJW 1979, 805; NJW-RR 1986, 205, 207.
[9] *BGHZ* 111, 287 = NJW 1990, 2250 m. Anm. *Braunert*; BGH, NJW 1993, 3257; *BGHZ* 133, 355 = NJW 1996, 3337; *OLG Düsseldorf*, MDR 1993, 138; einschr. *BGH*, NJW 1992, 2285; 1994, 47 (zinsverbilligte Kredite); aus der Literatur: *Köndgen/Busse*, ZBB 1990, 214; *Koller*, DB 1992, 1125; *Hoeren*, NJW 1994, 26; *Brutschke*, VuR 1996, 43; *Wenzel*, ZAP Fach 8, S. 171; *Mülbert*, JZ 1992, 450.
[10] *BGH*, NJW 1979, 2089; *Staudinger-Schmidt*, § 246 BGB Rdnr. 27.
[11] *BGH*, NJW 1986, 1807; NJW-RR 1986, 467.
[12] *Staudinger-Schmidt*, § 246, Rdnr. 29. – Zur Vorfälligkeitsentschädigung s.u. 2. Teil, III, 4, b, Fußn. 180a und III, 4, c, (1), Fußn. 182.

Verneinung des Zinscharakters einer Vergütung schließt es allerdings nicht aus, im Rahmen der Bewertung der Sittenwidrigkeit eines Darlehens nach § 138 I BGB auch laufzeitunabhängige Vergütungen zu berücksichtigen, da es insoweit auf die wirtschaftliche Gesamtbelastung des Kreditnehmers ankommt.[13]

b) Fälligkeit der Zinsen

Nach § 608 BGB sind sie mangels anderweitiger Vereinbarung nach Ablauf eines jeden Jahres, bei kürzerer Laufzeit des Darlehens bei der Rückzahlung des Kapitals zu entrichten. In der Praxis werden – besonders bei Ratenkrediten – für Rückzahlung des Kapitals und der Zinsen einheitliche Tilgungsleistungen in Form (meist monatlicher) Raten getroffen. Das führt zu Problemen bei der Tilgungsverrechnung[14] und bei der Berechnung des effektiven Jahreszinssatzes.[15]

c) Die Zinsvereinbarung

(1) Die Zinspflicht bedarf nach Grund, Dauer und Höhe einer festen Vereinbarung.[16] In Frage kommen sowohl feste Prozentsätze oder bestimmte Raten als auch gleitende Zinssätze.[17] Die Zulässigkeit von Zinsanpassungsklauseln unterliegt hierbei den Schranken der §§ 315 BGB, 9 AGBG.[18]

Danach ist erforderlich, daß nicht die Bank sich einseitig ein Recht auf Erhöhung der Zinsen vorbehält, sondern auch der Kreditnehmer ein Recht auf Herabsetzung der Zinsen erhält und die Änderung der Zinsen sich auf eine Anpassung an kapitalmarktbedingte Änderung der Refinanzierungskosten beschränkt.[19] Bei einer Erhöhung des Zinssatzes ist der Darlehensnehmer durch ein kurzfristiges, unabdingbares Kündigungsrecht nach § 609a II BGB geschützt.[20]

(2) Ein besonderer Streitpunkt ist die in den ABG vereinbarte Tilgungsverrechnung bei Annuitätendarlehen.

Dort wird in der Regel bestimmt, daß auf das Kapital gezahlte Tilgungen nicht ab Eingang bei dem Darlehensgeber (Bank) gutgeschrieben werden, sondern erst zu einem späteren Zeitpunkt (Jahres- oder Quartalsende). Die Folge ist, daß der Darlehensnehmer bis zu diesem Zeitpunkt der Tilgungsverrechnung Zinsen weiter zu zahlen hat, ob-

---

[13] *BGH*, NJW 1979, 805; Canaris, NJW 1978, 1895; s.u. 2. Teil, II, 3, d, (1), Fußn. 78.

[14] S.u. 2. IV, 1, b, und 2. Teil, III, 1, b.

[15] S.u. 2. Teil, II, 1,c, (5).

[16] *BGH*, NJW 1985, 730.

[17] Der bisher maßgebende von der Deutschen Bundesbank festgesetzte Diskontsatz ist für die Übergangszeit vom 1.1.1999 bis 31.12.2001 durch den von der Europäischen Zentralbank festgesetzten Zinssatz für längerfristige Refinanzierungsgeschäfte ersetzt worden (§ 1 des Diskontüberleitungsgesetzes vom 9.6.1998 – BGBl. I, S. 1242 – i.V. mit § 1 der Basiszinssatz-Bezugsgrößen-Verordnung vom 10.2.1999 – BGBl. I, S. 136). – Hierzu *Schefold*, NJW 1998, 3155, 3156.

[18] *BGHZ* 97, 212 = NJW 1986, 1803; *BGH*, NJW 1991, 832; 1995, 165; *Metz*, VuR 1995, 160.

[19] *BGH*, NJW 1991, 832.

[20] S.u. 2. Teil, III, 4, a.

wohl der Darlehensgeber das Kapital insoweit wieder zur Verfügung hat. Derartige, die Höhe des effektiven Zinses verschleiernde – Klauseln verstoßen gegen den Grundsatz der Akzessorietät und sind nach § 9 AGBG unwirksam.[21] Die Rechtsprechung des BGH, die auf das Transparenzgebot („Verständnis eines privaten Durchschnittskunden“) abstellt,[22] ist als nicht weit genug abzulehnen.[23]

II. Der Vertragsschluß

1. Die Einigung

Der Darlehensvertrag besteht in einer Einigung über die Zurverfügungstellung des Darlehens (Höhe des Kapitalbetrages) sowie den Einzelheiten über die Höhe der Vergütung (Zinsen[24]) und der Abwicklung (Tilgung, Kündigung).

Es gelten die allgemeinen Vorschriften über den Vertragsschluß. Die Bank kann sich die Annahme des Darlehensvertrages innerhalb einer bestimmten, der Länge nach § 10 Nr. 1 ABGB begrenzten Frist vorbehalten.[25] Die Einbeziehung der ABG unterliegt den Voraussetzungen des § 2 AGBG.[26]

2. Mehrheit von Kreditnehmern und Beteiligung Dritter

Mehrere Personen können gemeinsam ein Darlehen aufnehmen. Dann haften sie für dessen Rückzahlung als Gesamtschuldner (§ 427 BGB). Außerdem können Dritte in die Rückzahlungspflicht einbezogen werden. In Frage kommen:

a) Bürgen (§ 765 BGB)

Die Bürgschaft ist akzessorisch, d.h. vom jeweiligen Bestand der Hauptschuld abhängig (§ 767 BGB) und unterliegt bei Nichtkaufleuten der Schriftform des § 766 BGB (anders bei Kaufleuten betreffend Bürgschaften im Rahmen eines Handelsgeschäfts: § 350 HGB).

---

[21] *OLG Bremen*, NJW 1991, 1837; m. Anm. *Köndgen*, JZ 1991, 839; *LG Frankfurt*, NJW 1992, 577; *Köndgen*, NJW 1987, 160; *Wehrt*, BB 1991, 1645; *Ulmer-Brandner-Hensen*, Anhang zu §§ 9–111 AGBG, Rdnr. 183a. – Die Akzessorietät der Zinsschuld ist allerdings umstritten, vgl. Mülbert, AcP § 192, 459 ff.m.w. Nw.

[22] *BGHZ* 106, 42 = NJW 1989, 222; *BGHZ* 106, 259 = NJW 1989, 582; *BGHZ* 112, 115 = NJW 1990, 2383; *BGHZ* 116, 1 = NJW 1992, 179; *BGH*, NJW 1991, 1889; 1992, 1108; 1995, 2286; *Mülbert*, JZ 1992, 449.

[23] Gegen das Transparenzgebot vgl. noch *Wagner-Wieduwilt*, WM 1989, 37; zur Rechtspr. des BGH vgl. noch *Metz*, NJW 1991, 668.

[24] S.u. 2. Teil, II, 1, c, (4).

[25] *BGH*, NJW 1986, 1807; 1988, 2106; *OLG Hamm*, NJW-RR 1992, 1075.

[26] *BGH*, NJW 1988, 2106.

b) Schuldmitübernehmer

Die Schuldmitübernahme setzt in Abgrenzung zur Bürgschaft ein besonderes eigenes wirtschaftliches Interesse des Schuldmitübernehmers voraus.[27]

3. Die Form des Darlehensvertrages

Der Darlehensvertrag ist nach der Regelung des BGB keiner besonderen Form unterworfen, kann also mündlich abgeschlossen werden. Ein Formerfordernis kann sich im Einzelfall ergeben, wenn der Darlehensvertrag im Zusammenhang mit einem anderen, formbedürftigen Rechtsgeschäft abgeschlossen wird.[28]

Formlose Darlehensverträge kommen vor allem auf privater Ebene (z.B. zwischen Familienangehörigen oder sonst untereinander bekannten Personen) vor. Im geschäftlichen Verkehr ist dagegen die Schriftform üblich.[29]

III. Die Auszahlung des Darlehensbetrages

1. Der Anspruch auf Auszahlung

Der Darlehensnehmer hat aufgrund des abgeschlossenen Vertrages einen Anspruch auf Auszahlung des Darlehensbetrages.[30]

Abgezogen wird von der Bank das vereinbarte Disagio.[31] Der Anspruch des Darlehensnehmers geht auf reale Auszahlung, so daß die Bank ihre Verpflichtung nicht durch Aufrechnung erfüllen kann.[32]

2. Die Verpflichtung zur Entgegennahme

Der Darlehensnehmer ist verpflichtet, das bereitgestellte Kapital zu dem vereinbarten Zeitpunkt (festes Datum oder „auf Abruf") entgegenzunehmen. Kommt er dem nicht nach, so sind entsprechend der Vereinbarung, die auch in AGB getroffen werden kann, Bereitstellungszinsen zu zahlen.[33]

Zusätzlich kann die Zahlung einer Nichtabnahmeentschädigung vereinbart werden;[34] ihre Grenze liegt entweder in § 10 Nr. 7 AGBG oder § 11 Nr. 5a AGBG.[35]

---

[27] *BGH*, NJW 1967, 1020; 1981, 47; 1986, 580; *Schmelz*, Rdnr. 477.

[28] *BGH*, WM 1984, 837; *H.P. Westermann*, MK, § 607, Rdnr. 1

[29] Zum Konsumentenkredit s.u. 2. Teil, II, 1.

[30] Vgl. jedoch § 610 BGB. – Zur Abtretung und Verpfändung des Anspruchs: *H.P. Westermann*, § 607 BGB, Rdnr. 62, 63.

[31] S.o. Fußn. 9.

[32] *BGHZ* 71, 19 = NJW 1978, 883.

[33] *BGH*, NJW 1985, 730; NJW-RR 1986, 467.

[34] *BGH*, NJW 1986, 1807; 1990, 981; 1991, 1817; einschr. *OLG Celle*, NJW 1987, 1823 (Kündigung der Bank). – Zur Höhe des Schadens vgl. *Mülbert*, JZ 1992, 451.

[35] *BGH*, NJW 1986, 1807; NJW-RR 1990, 432; hierzu *Ulmer-Brandner-Hensen*, Anhang zu §§ 9–11 AGBG, Rdnr. 283.

3. Der Empfänger der Auszahlung

a) Auszahlung an Kreditnehmer

In der Regel bedeutet Auszahlung des Darlehensbetrages die Zahlung der Kreditsumme an den Darlehensnehmer selbst, wobei die Auszahlung des Betrages auch in Form des bargeldlosen Verkehrs (Überweisung, Gutschrift) oder durch Wechsel, Scheck (vorbehaltlich Einlösung) erfolgen kann.[36]

b) Auszahlung an Dritte

Eine Auszahlung an einen Dritten genügt nur dann, wenn der Darlehensnehmer hiermit einverstanden ist (§ 362 II BGB).[37] Das Einverständnis kann im Darlehensvertrag vereinbart sein, aber auch auf einer späteren Weisung des Darlehensnehmers beruhen.[38]

Die Rechtsprechung stellt hierbei darauf ab, ob der Darlehensnehmer mit der Auszahlung an einen Dritten ein uneingeschränktes Verfügungsrecht über die Darlehenssumme erlangt.[39] Verneint wird dies vor allem bei Auszahlung auf ein Notaranderkonto, über das der Notar nur unter Treuhandauflagen der Bank verfügen kann.[40] Bei Überweisung an einen Kreditvermittler kann dagegen eine Empfangnahme vorliegen, wobei im Einzelfall die Bank zur Aufklärung des Darlehensnehmers bzw. zur Überwachung des Kreditvermittlers auf ordnungsgemäße Verwendung des Kreditbetrages verpflichtet sein kann.[41]

IV. Die Rückabwicklung des Darlehensvertrages

1. Die vertragsgemäße Rückabwicklung

a) Fälligkeit

Die Laufzeit des Darlehens und die Fälligkeit der Rückzahlung hängen von der Parteivereinbarung ab.

(1) Die Parteien können eine feste Laufzeit des Darlehens vereinbaren.

---

[36] *BGH*, NJW 1978, 2294.

[37] *BGHZ* 6, 121, 124 = NJW 1952, 929; BGH, NJW-RR 1990, 246; *OLG Hamm*, ZIP 1981, 56; Einzelfragen bei *H.P. Westermann*, § 607, Rdnr. 39.

[38] *BGH*, WM 1965, 496; NJW 1977, 38; 1978, 2294.

[39] *BGH*, NJW 1985, 730; 1985, 1831; 1986, 2947; 1987, 55; 1987, 3123; NJW-RR 1986, 140; 1987, 38; 1990, 88; 1990, 246; *OLG Köln*, NJW-RR 1992, 371; *LG Tübingen*, NJW-RR 1995, 1326.

[40] *BGH*, NJW 1985, 1831; *BGHZ* 113, 151 = NJW 1991, 1055; *Mülbert*, JZ 1992, 406 m. Darstellung von Einzelfragen.

[41] *BGH*, NJW 1980, 1514; WM 1985, 653; NJW-RR 1986, 140; *OLG Stuttgart*, NJW 1975, 262.

Hierbei kann die Rückzahlung des gesamten Kapitals zu einem bestimmten Termin in Frage kommen; auch die Zinsen können hierbei mit der Rückzahlung des Kapitals auf einmal fällig werden. Möglich ist aber auch die getrennte ratenweise Entrichtung der Zinsen. Bei Konsumentenkrediten wird regelmäßig eine Tilgung in bestimmten Raten vereinbart, die sowohl die Tilgung des Kapitals als auch der Zinsen umfassen.[42]

(2) Bei Verträgen ohne feste Laufzeit sieht § 609 BGB eine Kündigung durch beide Parteien vor. Dieses Kündigungsrecht kommt bei Konsumentenkrediten wegen der vereinbarten festen Laufzeit regelmäßig nicht zum Zuge.[43]

(3) Eine vorzeitige unabdingbare Kündigungsmöglichkeit durch den Schuldner sieht § 609a BGB unter bestimmten Voraussetzungen vor.[44]

b) Tilgungsverrechnung

§ 367 I BGB gibt bei nicht ausreichenden Leistungen des Schuldners eine Auslegungsregel: die Zahlung ist zunächst auf die Kosten, dann auf die Zinsen und erst zuletzt auf die Hauptleistung anzurechnen.

Diese Verrechnungsmethode führte bei Konsumentenkrediten dazu, daß die eingehenden Beträge meist nicht einmal die Zinsen deckten und die Hauptforderung bestehen blieb.[45] Um dieser „Schuldturmproblematik" entgegenzuwirken, hat zunächst die Rechtsprechung die Ratenzahlungsvereinbarung abweichend von § 367 I BGB zugunsten des Verbrauchers ausgelegt.[46] § 11 III VerbrKrG enthält nunmehr für den Fall des Verzuges eine verbraucherfreundliche Regelung.[47]

c) Verjährung

Maßgebend für die Verjährung sind die §§ 195, 197 BGB. Aus ihnen ergibt sich eine unterschiedliche Länge der Verjährungsfrist je nach Art der vereinbarten Rückzahlung.

Der Anspruch auf Rückerstattung des Kapitals verjährt nach § 195 BGB in dreißig Jahren, wenn das Kapital in einer Summe oder aber in bestimmten, von den Zinsen unabhängigen Raten zurückzuerstatten ist. Die Zinsansprüche verjähren dagegen in 4 Jahren (§§ 197, 218 II BGB).[48] Bei dem Ratenkredit werden aber die Ansprüche auf Rückzahlung des Kapitals dem § 197 BGB unterstellt, da nach der getroffenen Vereinbarung einheitliche Raten zu leisten sind.[49]

---

[42] Zur Zulässigkeit in ABG vgl. *BGH*, NJW 1993, 2359; *OLG Hamm*, WM 1993, 1589.

[43] S. jedoch unten 2. Teil, III, 3.

[44] S.u. 2. Teil, III, 4, a.

[45] Hierzu *Schmelz*, Rdnr. 20, 322.

[46] S.u. 2. Teil, III, 1, a, (2).

[47] S.u. Teil 2, III, 1, b.

[48] Zur Verjährung titulierter Zinsansprüche siehe *Ricken*, NJW 1999, 1146. – Zu § 11 III S. 3 VerbrKrG s.u. 2. Teil, III, 1, b, (2).

[49] *OLG Hamm*, NJW 1990, 1762; *Beining*, NJW 1990, 1464; a.A. *Schwachheim*, NJW 1989, 2026.

2. Die Rückabwicklung bei unwirksamen Darlehensvertrag

Die Rückabwicklung unwirksamer Darlehensverträge erfolgt nach den Vorschriften über die ungerechtfertigte Bereicherung. Sie soll im Zusammenhang mit der Abwicklung unwirksamer Verbraucherdarlehen dargestellt werden.[50]

V. Der Konsumentenkredit als Sonderrechtsgebiet

1. Die Entwicklung

Das Verbraucherdarlehen/der Konsumentenkredit ist im Interesse des Verbrauchers allmählich zu einem Sonderrechtsgebiet geworden. Bereits das Abzahlungsgesetz vom 16. 5. 1894[51] brachte für Abzahlungsgeschäfte gewisse Sonderregelungen zum Schutz des Verbrauchers, die in den Jahren 1969 und 1974 durch Einfügung der §§ 1a–1d erweitert wurden.[52] Im Bereich der Verbraucherdarlehen hat sodann die Rechtsprechung den Verbraucherschutz weiterentwickelt, insbesondere durch eine Ausweitung des § 138 I BGB auf wucherähnliche Verträge[53] und durch Anwendung des AGB-Gesetzes. Einen Zwischenschritt bedeutete das Gesetz über den Widerruf von Haustürgeschäften vom 16. 1. 1986.[54] Den Abschluß der Entwicklung bildete das Verbraucherkreditgesetz vom 17. 12. 1950,[55] dessen Erlaß auf Vorgaben des europäischen Gemeinschaftsrechts beruhte.[56]

2. Das Verbraucherkreditgesetz

Das Verbraucherkreditgesetz (VerbrKrG) hat einen allgemeinen Begriff des Kreditvertrages geschaffen und damit den Verbraucherschutz über den bisherigen Bereich des Verbraucherdarlehens und der Abzahlungsgeschäfte auf weitere Finanzierungsverträge ausgedehnt. Eine einheitliche Regelung wurde allerdings nicht erreicht, wie die zahlreichen

---

[50] S.u. Teil 2, IV.

[51] RGBl. S. 450

[52] Gesetz vom 1. 9. 1969 (BGBl. I, S. 1541; Gesetz vom 15. 5. 1974, (BGBl. I. S. 1169); Gesetz vom 3. 12. 1976 (BGBl. I S. 3281).

[53] S.u. 2. Teil, II, 3, d.

[54] Gesetz vom 16. 1. 1986 (BGBl. I, S. 122).

[55] Gesetz vom 17. 12. 1990 (BGBl. I, S. 2840); Änderungsgesetz vom 27. 4. 1993 (BGBl. I S. 2840).

[56] Richtlinie 87/102 vom 22. 12. 1986 (ABlEG Nr. L 42/48–53, S. 48 = NJW 1988, 1959); Änderungsrichtlinie 90/88 vom 22. 2. 1990 (ABLEG L Nr. 61/14).

Untergruppierungen (§ 4 I) und Ausnahmeregelungen (§ 3) beweisen. Zur richtigen Erfassung erscheint es deshalb geboten, folgende einzelne Arten des Konsumentenkredits getrennt zu behandeln:

a) das entgeltliche Verbraucherdarlehen (§ 4 I S. 4 Nr. 1 VerbrKrG);[57]
b) Kreditverträge, die die Leistung einer bestimmten Sache (bisher §§ 1, 2–6 AbzG) oder die Erbringung einer anderen Leistung zum Gegenstand haben (§ 4 I S. 4 Nr. 2 VerbrKrG);[58]
c) Lieferung von Teilleistungen oder wiederkehrender Leistungen (§ 2 VerbrKrG, bisher § 1c AbzG);[59]
d) Finanzierungsleasingverträge, die als sonstige Finanzierungshilfe im Sinne des § 1 II VerbrKrG anzusehen sind und mit gewissen Modifizierungen in die Regelung einbezogen wurden;[60]
e) Überziehungskredite (§ 5 VerbrKrG), die ebenfalls einer Sonderregelung gegenüber den normalen Kreditverträgen unterliegen und hier nicht behandelt werden.

3. Insolvenzregelung

Einen weiteren Verbraucherschutz bringt die mit der am 1. 1. 1999 in Kraft getretenen Insolvenzordnung vom 5. 10. 1994[61] eingeführte Restschuldbefreiung und das Verbraucherinsolvenzverfahren.[62]

a) Restschuldbefreiung

Mit der „Restschuldbefreiung (§§ 286–303 InsO) wird dem Schuldner die Möglichkeit gegeben, unter Einschaltung eines vom Insolvenzgerichts bestellten Treuhänders zur Schuldenfreiheit zu gelangen, indem er seine pfändbaren Forderungen aus einem Dienstverhältnis den Gläubigern auf die Zeitdauer von 7 Jahren zur Verfügung stellt.[63] Zwangsvollstreckungshandlungen einzelner Insolvenzgläubiger sind während dieses Zeitraums ausgeschlossen (§ 294 InsO). Nach Ablauf der Zeit erteilt das Insolvenzgericht die Restschuldbefreiung (§ 300 InsO).[64]

b) Verbraucherinsolvenzverfahren

Bei dem Verbraucherinsolvenzverfahren (§§ 304–310 InsO) muß mit dem Antrag ein Schuldenbereinigungsplan vorgelegt und erklärt werden, daß eine außergerichtliche Einigung über die Schuldenbereinigung innerhalb der letzten sechs Monate erfolglos versucht worden ist (§ 305 InsO). Damit soll auf eine außerprozessuale Einigung der Beteiligten hingewirkt werden.

---

[57] S.u. Teil 2.

[58] S.u. Teil 3.

[59] S.u. Teil 3, II, 1, a, (2).

[60] S.u. Teil 4.

[61] BGBl. I S. 2866.

[62] Krit. *Heitmann*, NJW 1998, 2649; *Leeb*, WM 1998, 1575.

[63] Hierzu *Döbereiner*, Die Restschuldbefreiung nach der Insolvenzordnung (1997); hierzu die krit. Rezension von *Ahrens*, NJW 1988, 2430. – Überblicke geben *Arnold*, DGVZ 1996, 65; *Döbereiner*, JABl. 1996, 603; *Huber*, JuS 1998, 1140; *Pape*, RPfleger 1995, 133; *Schmidt-Räntsch*, MDR 1994, 321; *Scholz*, DB 1996, 765; *Schumacher*, ZEuP 1995, 576; *Vallender*, VuR 1997, 155; *Wittig*, WM 1998, 157, 209.

[64] Str. ist die Restschuldbefreiung im Falle, wenn der Schuldner überhaupt nicht zahlen kann; hierzu *Heyer*, JR 1996, 314; *Pape*, RPfleger 1997, 237.

Zweiter Teil. Das Verbraucherdarlehen

I. Der Anwendungsbereich

1. Persönlicher Anwendungsbereich

a) Kreditgeber

Das Verbraucherkreditgesetz gilt nach § 1 I für (natürliche und juristische) Personen, die in Ausübung ihrer gewerblichen oder beruflichen Tätigkeit einen Kredit gewähren.

Erfaßt werden also die Kredite der Gewerbetreibenden (Banken, Händler, Handwerker) und der freien Berufe (z.B. Rechtsanwälte, Ärzte), wenn sie in Ausübung ihrer beruflichen Tätigkeit handeln, wofür bei Kaufleuten die Vermutung des § 344 I HGB spricht.[1] Ausgenommen sind dagegen Kredite von Privatleuten; die Beweislast für diesen Ausnahmebestand liegt bei dem Kreditgeber.[2]

b) Kreditnehmer

(1) Auf dieser Vertragsseite werden nur natürliche Personen erfaßt, wozu allerdings auch BGB-Gesellschaften gehören.[3]

(2) Da nur Verbraucher erfaßt werden sollen, werden deshalb diejenigen Personen ausgenommen, die Kredite im Rahmen ihrer bereits ausgeübten gewerblichen oder selbständigen beruflichen Tätigkeit aufnehmen.[4]

Maßgebend ist hierbei nicht die tatsächliche Verwendung des Kredits, sondern die Zweckbestimmung nach dem Inhalt des Kreditvertrages.[5] Die gewerbliche oder selbständige berufliche Tätigkeit muß nach § 1 I bei Vertragsschluß ausgeübt werden, um den Ausnahmezustand zu erfüllen.[6] Eine Gegenausnahme besteht nach § 3 I Nr. 2 für Existenzgründungskredite, bei denen der auszuzahlende Nettokreditbetrag 100.000 DM nicht übersteigt; sie verbleiben im Anwendungsbereich des VerbrKrG;[7] dies soll nach überwiegender Meinung auch bei Gründung einer weiteren Existenz gelten, die mit dem ersten Unternehmen nicht in Zusammenhang steht.[8]

Der Kreditgeber muß, wenn er die Schutzvorschriften des VerbrKrG nicht gegen sich gelten lassen will, nachweisen, daß das Darlehen für die gewerbliche oder selbstän-

---

[1] *Graf von Westphalen*, § 1, Rdnr. 63.

[2] *Ulmer*, § 1, Rdnr. 13.

[3] *Graf von Westphalen*, § 1, Rdnr. 29; *Ulmer*, § 1, Rdnr. 20; str. ist die Anwendbarkeit auf die Vorgesellschaft bei der Vor-GmbH, hierzu *Graf von Westphalen*, § 1, Rdnr. 31.

[4] *OLG Düsseldorf*, WM 1995, 1142; *Graf von Westphalen*, § 1, Rdnr. 16 ff; zu Mischfällen *Reinking/Nießen*, ZIP 1991, 634; *LG Naumburg*, NJW-RR 1998, 1351.

[5] *Graf von Westphalen*, § 1, Rdnr. 32 ff; *Ulmer*, § 1, Rdnr. 24.

[6] *Graf von Westphalen*, § 1, Rdnr. 52 ff.

[7] Zur Abgrenzung *Graf von Westphalen*, § 1, Rdnr. 54 ff.

[8] *BGHZ* 128, 56 = NJW 1995, 722; *OLG Celle*, NJW-RR 1996, 119; *OLG Hamm*, NJW 1992, 3179; *Graf von Westphalen*, § 1, Rdnr. 57 und § 3, Rdnr. 19 ff.; *Karollus*, JuS 1993, 653; *Böhner*, NJW 1992, 3135; a.A. *Vortmann*, ZIP 1992, 229; *OLG Nürnberg*, WM 1995, 481.

dige berufliche Tätigkeit des Kreditgebers bestimmt ist.[9] Hier soll die Vermutung des § 344 I HGB nicht gelten.[10]

2. Sachlicher Anwendungsbereich

a) Kreditvertrag

Das VerbrKrG versteht unter Kreditvertrag nicht nur das herkömmliche Darlehen i.S. der §§ 607 ff. BGB, sondern auch sonstige Verträge, durch den eine Person einer natürlichen Person einen entgeltlichen Kredit, einen Zahlungsaufschub oder eine sonstige Finanzierungshilfe gewährt oder verspricht (§ 1 II). In Frage kommen neben dem Darlehen Kaufverträge, Werk- und Dienstverträge sowie Geschäftsbesorgungen, z.B. Ausbildungsverträge, Partnervermittlungsverträge. Auf eine Begleichung der Schuld in Raten kommt es jedenfalls im Rahmen von § 1 entgegen der früheren Rechtslage (§ 1 AbzG) nicht mehr an.

(1) Der Zahlungsaufschub stellt sich nur dann als Kreditgewährung dar, wenn der Kreditgeber ein Entgelt für denselben erlangt.[11] Deshalb unterfällt eine Vorausleistung des Kreditgebers mit späterer Fälligkeit der Vergütung nicht dem Zahlungsaufschub im Sinne des Gesetzes;[12] ebensowenig ein Vertrag mit Wahlrecht des Schuldners zwischen Einmal- oder Ratenzahlung.[13] Zweifelhaft ist, ob die Verteilung einer Gesamtvergütung auf die Gesamtdauer eines Dauerschuldverhältnisses in Form von Teilzahlungen einen Zahlungsaufschub darstellt.[14]

(2) Verträge mit „sonstiger Finanzierungshilfe" sind Überziehungskredite (arg § 5) sowie Finanzierungsleasingverträge (arg 3 II Nr. 1).[15]

b) Ausnahmen

Ausnahmsweise fallen Kreditverträge nicht unter das VerbrKrG, wenn einer der in § 3 I genannten Fälle vorliegt:

(1) Bagatellverträge, bei denen der auszuzahlende Nettokreditbetrag die Summe von 400 DM nicht übersteigt (Nr. 1);

(2) die bereits erwähnten Existenzgründungsdarlehen,[16] wenn sie den Nettokreditbetrag von 100.000 DM übersteigen (Nr. 2);

(3) Zahlungsaufschübe von nicht mehr als drei Monaten (Nr. 3);[17]

---

[9] *Bülow*, NJW 1990, 2534; 1991, 130; *Graf von Westphalen* § 1, Rdnr. 65; *Ulmer*, § 1, Rdnr. 22.

[10] *Graf von Westphalen*, aaO; a.M. *Bülow*, NJW 1990, 2534.

[11] *OLG Köln*, ZIP 1994, 776; *Bülow*, NJW 1991, 130; *Ulmer*, § 1, Rdnr. 45; *Graf von Westphalen*, § 1, Rdnr. 162.

[12] *Bülow*, NJW 1991, 130; teilw. abw. *OLG Stuttgart*, NJW-RR 1994, 436; *Karollus*, JuS 1993, 653.

[13] *BGH*, NJW 1996, 457.

[14] Verneinend *BGH*, NJW 1996, 457; *AG Krefeld*, NJW-RR 1995, 55; *Graf von Westphalen*, § 1, Rdnr. 159.

[15] Zu letzteren s.u. 4. Teil.

[16] S.o. Fußn. 7.

[17] *Graf von Westphalen*, § 3, Rdnr. 36: auch bei Verträgen über 400 DM.

(4) Arbeitgeberdarlehen (Nr. 4),
(5) Wohnungsbauförderungsdarlehen (Nr. 5).

Außerdem läßt § 3 II einen Teil der Vorschriften des VerbrKrG bei bestimmten Verträgen entfallen.

c) Entsprechende Anwendung.

Im Hinblick auf den vom Gesetzgeber beabsichtigten Verbraucherschutz ist eine entsprechende Anwendung des VerbrKrG bei einem Schuldbeitritt[18] und der Bürgschaft[19] zu bejahen, vorausgesetzt, der Beitretende bzw. Bürge ist Verbraucher im Sinne des § 1 I. Zweifelhaft ist die entsprechende Anwendung auf die befreiende Schuldübernahme.[20]

II. Der Vertragsschluß

1. Die Schriftform

a) Regelungszweck

§ 4 VerbrKrG schreibt im Rahmen des Anwendungsbereichs[21] für den Abschluß des Kreditvertrages die Schriftform vor. Die Regelung verfolgt drei Zwecke: eine Warnfunktion gegenüber dem Kreditnehmer vor unüberlegten Vertragsschlüssen,[22] die Information des Kreditnehmers über alle wesentlichen Vertragsbedingungen[23] sowie die Fixierung des Vertragsinhalts zu Beweiszwecken.

b) Durchführung der Schriftform[24]

In Abweichung von § 126 II S. 1 BGB genügt es, daß Antrag und Annahme in getrennten Urkunden erfolgen (§ 4 I S. 2).

Die Erteilung einer Blankounterschrift durch den Kreditnehmer dürfte dem Schutzzweck des VerbrKrG widersprechen.[25] Streitig ist, ob die Erteilung einer Voll-

[18] *BGHZ* 133, 71 = NJW 1996, 2156; *BGHZ* 133, 320 = NJW 1996, 2865; *BGH*, NJW 1997, 1443; *OLG Stuttgart*, NJW 1994, 867; *Ulmer*, § 1, Rdnr. 34; *Graf von Westphalen*, § 1, Rdnr. 67 ff.

[19] *Graf von Westphalen*, § 1, Rdnr. 80, 81; *ders.* DB 1998, 295; *Edelmann*, DB 1998, 1017, 1018; *Hasselbach*, JuS 1999, 329; im Ergebnis ebenso *Bülow*, § 1, Rdnr. 43 (direkte Anwendung); a.A. *BGH*, NJW 1998, 1939; *Ulmer*, § 1, Rdnr. 37.

[20] *Graf von Westphalen*, § 1, Rdnr. 78, 79; *Ulmer*, § 1, Rdnr. 35, 36, die beide zwischen den Fällen des § 414 und § 415 unterscheiden wollen; m.E. nicht überzeugend.

[21] Verträge nach § 3 I sind also ausgenommen: *Graf von Westphalen*, § 4, Rdnr. 7.

[22] *Graf von Westphalen*, § 4, Rdnr. 2.

[23] S.u. c).

[24] Einzelfragen bei *Graf von Westphalen/von Rottenburg*, § 4, Rdnr. 13 ff.

[25] *Derleder*, NJW 1993, 2401; *Graf von Westphalen/von Rottenburg*, § 4, Rdnr. 26.

macht durch den Kreditnehmer in Abweichung von § 167 II BGB dem Schriftformerfordernis unterstellt werden soll.[26]

c) Erforderliche Angaben

Nach § 4 I S. 4 Nr. 1 VerbrKrG ist in der Erklärung des Kreditnehmers folgendes anzugeben:

(1) der Nettokreditbetrag; das ist laut Gesetz der an den Kreditnehmer auszuzahlende Betrag;[27]

(2) der Gesamtbetrag aller von dem Kreditnehmer zur Tilgung von Kapital, Zinsen und sonstigen Kosten zu entrichtenden Teilzahlungen;[28]

(3) Art und Weise der Rückzahlung des Kredits; also Anzahl, Betrag und Fälligkeit der Raten, Kündigungsgründe;

(4) Zinssatz und alle sonstigen Kosten des Kredits, d.h. alle laufzeitabhängigen Kosten[29] und Vermittlungskosten;

(5) der effektive Jahreszins, der nach § 4 II S. 1 in einem Prozentsatz der Gesamtbelastung des Kreditnehmers pro Jahr besteht und gemäß S. 2 nach der finanzmathematischen Methode zu errechnen ist (§ 4 PreisangVO).[30]

(6) Kosten einer Restschuldversicherung[31] oder einer anderen Versicherung, die im Zusammenhang mit dem Kreditvertrag abgeschlossen wird;[32]

(7) zu bestellende Sicherheiten, z.B. Abtretung von Lohn oder Gehalt, Pfandrechte der Bank an Guthaben und Wertpapieren, Sicherungseigentum an Sachen.

Zweifelhaft ist, inwieweit bei Bürgschaft und Schuldbeitritt[33] die Angaben des § 4 I S. 4 Nr. 1 vollständig angegeben werden müssen.[34]

d) Rechtsfolgen des Verstoßes

(1) Ist die Schriftform insgesamt nicht eingehalten oder fehlt eine der in § 4 I S. 4 Nr. 1 geforderten Angaben, so ist der Kreditvertrag nichtig (§ 6 I). Fehlende sonstige Nebenabreden sind nach §§ 125, 139 BGB zu beurteilen.[35]

Die Berufung des Kreditgebers auf die Nichtigkeit des Vertrages kann gegen Treu und Glauben verstoßen, wenn sie für den Kreditnehmer nachteilig ist.[36] Unrichtige Angaben lösen dagegen keine Nichtigkeit aus; bei zu niedriger Angabe des Effektivzinses

---

[26] Dafür *Derleder*, aaO; *Graf von Westphalen/von Rottenburg*, § 4, Rdnr. 28; *LG Chemnitz*, NJW 1999, 1193; dagegen *Ulmer*, § 4, Rdnr. 13; *Rösler*, NJW 1999, 1150, 1152; *LG München I*, NJW 1999, 1193.

[27] *Graf von Westphalen/von Rottenburg*, § 4, Rdnr. 47.

[28] Einzelheiten bei *Graf von Westphalen/von Rottenburg*, § 4, Rdnr. 54 ff.

[29] *Graf von Westphalen/von Rottenburg*, § 4, Rdnr. 103 ff.

[30] Die Berechnung ist Tabellen zu entnehmen; vgl. *Sievi-Gildron-Sievi*, Effektivzinssätze für Ratenkredite mit monatlichen Raten 1980. – Vgl. auch *Graf von Westphalen/von Rottenburg*, § 4, Rdnr. 123 ff. mit Berechnungsbeispielen.

[31] Zur Restschuldversicherung vgl. *Schmelz*, Rdnr. 138 ff.; *Graf von Westphalen/von Rottenburg*, § 4, Rdnr. 134 ff.

[32] Beispiele: Kapitallebensversicherung, Risikolebensversicherung.

[33] S.o. Fußn. 18, 19.

[34] Hierzu einschr. *Ulmer*, § 4, Rdnr. 16.

[35] *Graf von Westphalen/von Rottenburg*, § 6, Rdnr. 12.

[36] *Graf von Westphalen/von Rottenburg*, § 6, Rdnr. 14.

ermäßigt sich der Zinssatz um den Prozentsatz, um den der effektive Jahreszins zu niedrig angegeben ist (§ 6 IV).[37]

(2) Nach § 6 II tritt eine Heilung des Formmangels ein, wenn und soweit der Verbraucher das Darlehen empfängt oder den Kredit in Anspruch nimmt.[38]

Jedoch treffen den Kreditgeber Sanktionen: Ist der effektive Jahreszins oder geschuldete Gesamtbetrag nicht angegeben, so ermäßigt sich der dem Kreditvertrag zugrunde gelegte Zinssatz auf den gesetzlichen Zinssatz (§ 6 II S. 2).[39] Nicht angegebene Kosten werden von dem Verbraucher nicht geschuldet (§ 6 II S. 3).[40] Sicherheiten können bei fehlenden Angaben nicht verlangt werden (§ 6 II S. 6)[41], ausgenommen bei Krediten über 100.000 DM.

e) Aushändigung einer Abschrift der Urkunde

Der Kreditgeber hat dem Verbraucher eine Abschrift der Vertragsurkunde auszuhändigen (§ 4 III), wobei Übermittlung einer Fotokopie ausreichend ist.

2. Das Widerrufsrecht

a) Allgemeines

Der Kreditnehmer kann nach § 7 I VerbrKrG seine auf den Abschluß des Kreditvertrages gerichtete Willenserklärung widerrufen. Gleiches wird man für Schuldmitübernehmer annehmen müssen,[42] während dies bei dem Bürgen eher zu verneinen ist.[43]

Das Verbraucherkreditgesetz knüpft damit an die Regelungen in § 1b AbzG und § 1 HWiG an. Im Gegensatz zu der bisherigen Regelung gilt der Widerruf nunmehr für alle Kreditverträge (nicht nur für die Abzahlungsgeschäfte) und auch unabhängig davon, ob die Willenserklärung an bestimmten Örtlichkeiten (Wohnung, Freizeitveranstaltung, Arbeitsplatz) abgegeben worden ist. Der Kreditnehmer soll in jedem Fall überlegen können, ob die Aufnahme des Darlehens zu für ihn günstigen Bedingungen erfolgt und er selbst in der Lage ist, die versprochenen Tilgungsraten zu leisten.

b) Die Widerrufsfrist

Der Widerruf muß binnen einer Woche erfolgen (§ 7 I). Der Widerruf wird nach der Rechtsprechung des BGH als „Einwendung“ behandelt;

---

[37] *LG Stuttgart*, NJW 1993, 208.

[38] Zu Teilleistungen *Graf von Westphalen/von Rottenburg*, § 6, Rdnr. 17.

[39] § 246 BGB: 4 %; bei Existenzgründungsdarlehen gegebenenfalls § 352 HGB: 5 %.

[40] Str. ist, ob dies für die Kosten der Restschuldversicherung gilt; bejahend *Graf von Westphalen/von Rottenburg*, § 6, Rdnr. 28, 30 m.Nw.

[41] Zur Frage der Rückforderung einer bereits bestellten Sicherheit bejahend *Graf von Westphalen/von Rottenburg*, § 6, Rdnr. 41; verneinend *Ulmer*, § 6, Rdnr. 28.

[42] *Graf von Westphalen*, § 7, Rdnr. 6;

[43] *Ulmer*, § 7, Rdnr. 19; a.A. *Graf von Westphalen*, § 7, Rdnr. 8.

während der Widerrufsmöglichkeit ist der Kreditvertrag schwebend unwirksam.[44]

(1) Die Widerrufsfrist beginnt erst zu laufen, wenn der Kreditnehmer über das Widerrufsrecht belehrt worden ist (§ 7 II S. 2).

Inhaltlich muß der Verbraucher[45] einmal überhaupt über das Widerrufsrecht belehrt werden, darüber hinaus auch über Name und Anschrift des Widerrufsempfängers, den Beginn der Widerrufsfrist und ihre Fristwahrung durch Absendung der Erklärung (§ 7 II S. 1)[46] sowie die in § 7 III normierte Voraussetzung, daß der empfangene Darlehensbetrag binnen zwei Wochen nach Erklärung des Widerrufs oder nach Auszahlung des Darlehens zurückbezahlt werden muß.

Formell verlangt das Gesetz eine drucktechnisch deutlich gestaltete Belehrung,[47] die von dem Verbraucher gesondert zu unterschreiben ist. Diese zweite Unterschrift des Verbrauchers darf sich nur auf die Widerrufsbelehrung beziehen.[48] Eine gesonderte Urkunde ist dagegen für die Belehrung und ihre Unterschrift nicht erforderlich.[49]

(2) Unterbleibt die Belehrung in dem geforderten inhaltlichen und formellen Rahmen, so erlischt das Widerrufsrecht erst nach beiderseits vollständiger Erbringung der Leistungen,[50] spätestens jedoch ein Jahr nach Abgabe der auf den Abschluß des Kreditvertrages gerichteten Willenserklärung des Verbrauchers (§ 7 II S. 3).

Der Verbraucher ist verpflichtet, eine nachträgliche Widerrufsbelehrung des Kreditgebers entgegenzunehmen und eigenhändig zu unterzeichnen.[51]

c) Die Ausübung des Widerrufs

(1) § 7 I schreibt vor, daß die Ausübung des Widerrufs schriftlich zu erfolgen hat.

Gleichwohl ist umstritten, ob hiermit ein Gültigkeitserfordernis im Sinne des § 126 BGB mit der Rechtsfolge des § 125 BGB (Nichtigkeit der Erklärung) gemeint ist, oder es sich nur um eine Beweisvorschrift handelt.[52] Selbst wenn man eine andere „Verkörperung" der schriftlichen Willenserklärung gleichstellt,[53] sollte man unter Beachtung

---

[44] *BGHZ* 131, 82 = NJW 1996, 57 m.Nw.; *BGH*, NJW 1993, 64; *Ollmann*, WM 1992, 2005; *Ulmer*, § 7, Rdnr. 12; *Graf von Westphalen*, § 7, Rdnr. 10, 11 m.Nw.

[45] Bei Mitverpflichteten ist jeder gesondert zu belehren; *BGH*, NJW 1996, 2156; *Graf von Westphalen*, § 7, Rdnr. 45.

[46] *BGH*, NJW 1993, 1013; *BGHZ* 129, 371 = NJW 1995, 2290 (vollmachtloser Vertreter); *AG Hamburg*, VuR 1993, 120 m. Anm. *Schmitz*; *Ulmer*, § 7, Rdnr. 37; *Graf von Westphalen*, § 7, Rdnr. 51.

[47] *BGH*, NJW-RR 1990, 368; *BGH*, NJW 1987, 125; *OLG Stuttgart*, NJW 1992, 3245; NJW-RR 1995, 114; *OLG Naumburg*, NJW-RR 1994, 377; *Graf von Westphalen*, § 7, Rdnr. 40 m.Nw.

[48] *BGHZ* 119, 283 =NJW 1993, 64; *OLG Stuttgart*, 1994, 3110; NJW-RR 1995, 114; *Graf von Westphalen*, § 7, Rdnr. 44; einschr. *OLG Stuttgart*, NJW 1994, 3110.

[49] *BGH*, NJW 1993, 2868; *OLG Stuttgart*, NJW-RR 1990, 1273; a.A. *LG Bonn*, NJW 1987, 134; ein gesondertes Blatt empfiehlt *Graf von Westphalen*, § 7, Rdnr. 41.

[50] *OLG Köln*, NJW-RR 1993, 428; *Graf von Westphalen*, § 7, Rdnr. 59.

[51] *Graf von Westphalen*, § 7, Rdnr. 68.

[52] Hierzu *BGHZ* 92, 226 = NJW 1985, 1544; *BGHZ* 109, 314 = NJW 1990, 567.

[53] *Graf von Westphalen*, § 7, Rdnr. 27.

von Wortlaut und Zweck des Gesetzes eine mündliche Erklärung nicht genügen lassen.[54] Das Wort „Widerruf" braucht die Erklärung allerdings nicht zu enthalten.[55]

(2) Für die Rechtzeitigkeit des Widerrufs genügt die fristgerechte Absendung der Erklärung (§ 7 II S. 1). Der Kreditgeber trägt mithin das Verzögerungsrisiko.

Die Rechtsprechung verlangt aber auch hier, daß die Widerrufserklärung dem Empfänger im Sinne des § 130 I BGB zugeht.[56]

(3) Hat der Verbraucher das Darlehen schon – ganz oder teilweise – erhalten, so gilt der Widerruf als nicht erfolgt, wenn er den ausbezahlten Kreditbetrag[57] nicht binnen zwei Wochen nach Auszahlung des Darlehens zurückzahlt (§ 7 III). Auf diese einschneidende Rechtsfolge[58] ist deshalb der Verbraucher in der Belehrung über das Widerrufsrecht hinzuweisen.[59]

d) Folgen des Widerrufs

Im Falle des rechtzeitigen Widerrufs sind die Parteien verpflichtet, die beiderseitigen Leistungen zurückzugewähren. Dies folgt aus der gesetzlichen Normierung in § 7 IV VerbrKrG, die auf § 3 HWiG verweist.

(1) Teilweise wird die Auffassung vertreten, daß § 7 IV nur die Rückgewährungspflichten bei Kaufverträgen über die Lieferung einer Sache oder bei Verträgen über sonstige Leistungen betreffe, da § 3 HWiG dem § 1d AbzG nachgebildet sei;[60] bei Kreditverträgen sei § 7 III als Spezialnorm für die Rückgewährpflicht des Kreditnehmers anzusehen. Das erscheint bei dem Bedeutungsgehalt dieser Vorschrift m.E. zweifelhaft. Die Streitfrage erscheint allerdings bisher nicht praxisrelevant.

(2) Der Kreditnehmer hat das empfangene Kapital zurückzuerstatten und für die Zeit des Erhalts marktübliche Zinsen zu zahlen.[61] Ferner sind laufzeitunabhängige Kosten zu Lasten des Kreditnehmers zu verrechnen.[62]

---

[54] a.A. *Reinicke/Tiedtke*, ZIP 1992, 219; *Teske*, NJW 1991, 2793, 2796.

[55] *BGHZ* 97, 351 = NJW 1986, 1988; *BGH*, NJW 1993, 128; vgl. aber *OLG Nürnberg*, WM 1995, 481 (Verlangen einer Vertragsänderung genügt nicht).

[56] *BGHZ* 109, 97 = NJW 1990, 320 (im Anschluß an die zu § 377 IV HGB ergangene Entscheidung *BGHZ* 101, 49 = NJW 1987, 2235); zust. *Ulmer*, § 7, Rdnr. 43.

[57] Maßgebend ist hier der Nettokreditbetrag: *Graf von Westphalen*, § 7, Rdnr. 82; zu Teilzahlungen vgl. aaO Rdnr. 77.

[58] Krit. hierzu *Schmelz/Klute*, ZIP 1989, 1517.

[59] S.o. b, (1); *Graf von Westphalen*, § 7, Rdnr. 54.

[60] *Graf von Westphalen*, § 7, Rdnr. 90; vgl. aber aaO, Rdnr. 112, 117; *Ulmer*, § 7, Rdnr. 60.

[61] *Graf von Westphalen*, § 7, Rdnr. 112.

[62] *Graf von Westphalen*, aaO.

3. *Unwirksamkeitsgründe*

a) *Verstoß gegen Art. 1 § 1 RBerG*

Ein Darlehensvertrag ist nach der Rechtsprechung des BGH nichtig, wenn er in Zusammenhang mit einer verbotenen Rechtsberatung steht.[63]

Ein solcher Verstoß wurde in den früher praktischen Fällen der „Kraftfahrzeug-Unfallhilfe"[64] angenommen.[65] Diese Form der Unfallabwicklung ist wegen der strikten Rechtsprechung außer Mode gekommen.

b) *Reisegewerbe*

Nach der bis 31.12.1990 geltenden Rechtslage war ein im Reisegewerbe zustande gekommener Darlehensvertrag nach § 56 I Nr. 6 GewO i.V. mit § 134 BGB nichtig.[66] Nach diesem Zeitpunkt ist anstelle des § 56 I Nr. 6 GewO zunächst das in § 1 HWiG eingeführte Widerrufsrecht getreten[67] und dann ab 1.1.1991 durch § 7 VerbrKrG ersetzt worden.[68] § 56 I Nr. 6 GewO enthält nunmehr nur noch das Verbot der entgeltlichen Kreditvermittlung im Reisegewerbe.[68a]

c) *Kreditwucher*

Bei einem auffälligen Mißverhältnis zwischen Leistung und Gegenleistung bot § 138 II BGB nach dem ursprünglichen Willen des Gesetzgebers die Rechtsgrundlage für ein Eingreifen der Gerichte.

Die Vorschrift erfordert neben dem erwähnten Mißverhältnis eine Ausnutzung der Zwangslage,[69] der Unerfahrenheit, des Mangels des Urteilsvermögens[70] oder einer erheblichen Willensschwäche der übervorteilten Partei, subjektiv den Vorsatz des Wucherers bezüglich dieser beiden Tatbestandsmerkmale.[71] Bei Anwendung der Vorschrift waren die Gerichte sehr zurückhaltend; so wurde ein auffälliges Mißverhältnis zwischen Leistung und Gegenleistung nur bei Übersteigen des Zinssatzes von etwa 30 % angenommen.[72] Wegen dieses Ausnahmecharakters ist diese Vorschrift in den Hintergrund getreten, nach dem der BGH die Inhaltskontrolle bei Konsumentenkreditverträgen in freier Rechtsschöpfung in den Bereich des nunmehr unter d) zu behandelnden § 138 I BGB verlagert hat.

---

[63] *H.P. Westermann*, MK, § 607 BGB, Rdnr. 15, einschr. *BGH*, NJW 1998, 1955 (Kreditvermittler).

[64] Hierzu *Fischer*, VersR 1973, 595; *Ikinger*, VersR 1976, 906.

[65] *BGHZ* 47, 364 = NJW 1967, 1759; *BGHZ* 61, 317 = NJW 1974, 50; *BGH*, NJW 1974, 557; 1977, 431.

[66] *BGHZ* 71, 358 = NJW 1978, 770.

[67] *LG Kassel*, NJW-RR 1989, 105; *Schlaus*, ZHR 1987, Bd. 151, S. 180 ff.

[68] *OLG München*, NJW 1990, 128; *Mülbert*, JZ 1992, 291; *Ulmer*, Vorb. vor § 1, Rdnr. 33.

[68a] Zur Nichtigkeit des Vermittlungsvertrages siehe BGH, NJW 1999, 1636.

[69] *BGHZ* 80, 153 = NJW 1981, 1206.

[70] *BGH*, WM 1990, 1327.

[71] *OLG Stuttgart*, NJW 1985, 498.

[72] *KG*, WM 1980, 72.

d) Wucherähnliches Geschäft

Seit dem grundlegenden Urteil des BGH vom 9.11.1978[73] hat der BGH und ihm folgend die Instanzgerichte eine Überprüfung der Kreditverträge anhand des § 138 I BGB vorgenommen, die zu einer fast unübersehbaren Rechtsprechung geführt hat,[74] welche immer mehr verfeinert und zum Nachteil der Kreditgeber, insbesondere der Teilzahlungsbanken, verschärft wurde.[75] Hier können aus Raumgründen nur die Strukturen der Rechtsprechung und der heutige Meinungsstand angegeben werden. Danach erfordert das „wucherähnliche" Rechtsgeschäft folgende Voraussetzungen:

(1) Das auffällige Mißverhältnis.

Es handelt sich um die Diskrepanz zwischen dem nach dem Kreditvertrag geschuldeten Effektivzins und dem angemessenen Vergleichszins.

Der Effektivzins ergibt sich im Regelfall aus dem Kreditvertrag (§ 4 I S. 4 Nr. 1, e) und wird vom Gericht nur nachgeprüft, wenn der Kreditnehmer den dort angegebenen Zinssatz bestreitet. Dieser ist dann vom Gericht unter Beachtung der in § 4 II S. 2 vorgeschriebenen finanzmathematischen Methode (§ 4 PreisangVO) zu berechnen.[76] Zu dem in § 4 I S. 4 Nr. 2, b genannten Gesamtbetrag der vom Kreditnehmer zur Tilgung des Kredits zu entrichtenden Leistungen gehören entgegen dem sonst geläufigen Zinsbegriff[77] auch laufzeitunabhängige Vergütungen.[78] Einzubeziehen sind demnach in die Berechnung:

- das Darlehenskapital;
- die echten Zinsen;
- Bearbeitungsgebühren;[79]
- Spesen;
- Auslagen;
- das Disagio;[80]
- Kreditvermittlungskosten;[81]

---

[73] *BGH*, NJW 1979, 805; ferner BGH, NJW 1979, 2089; BGHZ 104, 102 = NJW 1988, 1659; BGHZ 110, 336 = NJW 1990, 1595.

[74] Überblicke bei *Mülbert*, JZ 1992, 292; *Schmelz*, Rdnr. 191 ff.

[75] S.u. Fußn. 86 ff.

[76] Formel bei *Graf von Westphalen/von Rottenburg*, § 4, Rdnr. 123. – Die ÄndRL 90/388 schreibt in Art. 1a, (1), a die sogenannte AIBD-Methode vor und gibt in Anhang III vier Berechnungsbeispiele; die RL ist noch nicht in deutsches Recht umgesetzt.

[77] S.o. Teil 1, I, 2, a, Fußn. 5.

[78] *BGH*, NJW 1979, 808; 1979, 2089; 1980, 445; 1980, 2074; 1982, 2433; *Graf von Westphalen/von Rottenburg*, § 4, Rdnr. 125.

[79] *BGH*, NJW-RR 1990, 179; *Schmelz*, Rdnr. 207.

[80] S.o. Teil 1, Fußn. 9; *Emmerich*, WM 1986, 541; *Schmelz*, Rdnr. 207.

[81] *BGH*, NJW-RR 179; auch, wenn sie verschleiert in die Kreditgebühren in Form des „packing" eingeflossen sind: *BGH*, NJW 1979, 2089. – Anders, wenn der Kredit-

- Kosten einer vom Kreditgeber zwingend vorgeschriebenen Restschuldversicherung;[82]
- Inkassokosten (ohne Lastschriftkosten).

Nicht einzubeziehen sind die in Art. 1a(2) der RL 87/102 i.d.F. der ÄndRL 90/88[83] erwähnten Kosten.

Der Vergleichszins ist der Maßstab, an dem der ermittelte Effektivzins zu messen ist. Maßgebend ist hierfür nach der Rechtsprechung der von der Bundesbank ermittelte „Schwerpunktzins" für Ratenkredite.[84] Dieser in den Monatsberichten der Deutschen Bundesbank veröffentlichte Durchschnittszinssatz[85] bezieht alle Banken ein, auch die Teilzahlungsbanken.[86] Entgegen einer im Schrifttum erhobenen Forderung, die Teilzahlungsbanken als Sondermarkt anzuerkennen und für sie einen besonderen Vergleichszins zu entwickeln,[87] hat der BGH an einem einheitlichen Vergleichszins festgehalten.[88]

Im Hinblick darauf, daß nur Kredite „mit entsprechenden Bedingungen" miteinander verglichen werden dürfen,[89] bedarf der Marktzins in den folgenden Fällen einer Berichtigung. Da die Rechtsprechung beim Vertragszins Bearbeitungskosten einbezieht,[90] ist auf den Marktzins ein Aufschlag notwendig, der sich zur Zeit im Durchschnitt zwischen 2 % und 3 % bewegt.[91] Die Kosten einer Restschuldversicherung sind – im Rahmen einer marktüblichen Prämie – zu berücksichtigen, soweit sie beim Vertragszins einbezogen wurden.[92] Kreditvermittlungskosten sind dagegen beim Marktzins nicht zu berücksichtigen, weil die Bank sich durch die Tätigkeit eines Maklers einen eigenen organisatorischen und finanziellen Aufwand erspart.[93]

---

vermittler ohne Vorwissen und Absprache mit der Bank als freier Zivilmakler tätig wurde; hierzu *Schmelz*, Rdnr. 206.

[82] *Graf von Westphalen/von Rottenburg*, § 4, Rdnr. 125; die frühere, mehrfach schwankende Rechtspr. (vgl. Vorauflage, S. 77) ist überholt.

[83] ABlEG Nr. L 61/64 vom 10.3.1990; auch abgedruckt bei *Graf von Westphalen*, S. 693 ff.

[84] *BGH*, NJW 1979, 805; 1983, 2674; zust. *v. Olshausen*, NJW 1982, 909; *Reifner*, *Siederer*, NJW 1984, 2313; *Kohte*, JuS 1984, 509; NJW 1984, 2321; *Schmelz*, Rdnr. 224 ff. m.Nw.

[85] Siehe die Zinsstatistiken in NJW 1991, 2403; 1995, 1074; 1996, 1262; 1997, 1428; 1998, 1211. – Die Zinsstatistiken werden auch über den 1.1.1999 (Einführung des Euro) hinaus von der Deutschen Bundesbank weitergeführt.

[86] *BGH*, NJW 1980, 2074; 1987, 2220; *Schmelz*, Rdnr. 225 ff.

[87] *Kochendörfer*, NJW 1980, 215; *Weber*, NJW 1980, 2062; *Canaris*, ZIP 1980, 715.

[88] Nachweise bei *Schmelz*, Rdnr. 238.

[89] *BGHZ* 80, 153 = NJW 1981, 1206.

[90] S.o. Fußn. 79.

[91] Vgl. NJW 1995, 1074, Fußn. 4; *BGH*, NJW-RR 1990, 179; NJW 1990, 1599; *Schmelz*, Rdnr. 243.

[92] S.o. Fußn. 82; *Schmelz*, Rdnr. 244, 245.

[93] *BGHZ* 80, 153, 167 = NJW 1981, 1206; *Ott*, RA-Handbuch, Rdnr. 83.

Bei dem *Vergleich der beiden Zinsgrößen* – Effektivzins und Vergleichszins – haben sich nach langen Schwankungen folgende Richtlinien herausgebildet:

- Ein auffälliges Mißverhältnis ist gegeben, wenn der Vertragszins um 100 % über dem Marktzins liegt.[94]
- Liegt eine Überschreitung des Marktzinses um 90 bis 100 % vor, kommt es auf eine Gesamtwürdigung der Vertragsbedingungen an.[95]
- Streitig ist, ob es bei einer Überschreitung des Marktzinses um 75 bis 90 % bei einer Gesamtwürdigung zu einer Sittenwidrigkeit kommen soll.[96]
- Bei einer Überschreitung des Marktzinses unter 75 % dürfte dagegen auch bei einer Gesamtwürdigung eine Sittenwidrigkeit zu verneinen sein.[97]
- Neben den relativen Überschreitungen des Marktzinses liegt jedenfalls in Hochzinsphasen ein auffälliges Mißverhältnis vor, wenn der Vertragszins den Marktzins um 12 %-Punkte überschreitet.[98]
- Bei Ratenkrediten in einer Niedrigzinsphase liegt ein auffälliges Mißverhältnis vor, wenn der Vertragszins den Marktzins um mehr als 110 % überschreitet.[99]

(2) Die Gesamtwürdigung

Eine solche kommt nach der Rechtsprechung in Frage, wenn der Vergleich zwischen Vertragszins und Marktzins die Spanne von 100 % nicht erreicht, sondern zwischen 90 und 100 %, eventuell zwischen 75 und 90 % liegt.[100] Maßgebend sind hierbei besonders belastende Bedingungen, wobei es auf die ursprüngliche Vereinbarung ankommt, also nicht darauf, ob die Bank sie anwenden will.[101] Außerdem soll es keine Rolle spielen, ob die Bedingungen unter Berücksichtigung des AGBG wirksam sind oder nicht.[102] Die Bedeutung dieser Rechtsprechung ist stark zurückge-

---

[94] *BGHZ* 104, 102 = NJW 1988, 1659; *BGHZ* 110, 336 = NJW 1990, 1595; sachlich im Anschluß an *OLG Stuttgart*, NJW 1979, 2409 (dagegen noch *BGHZ* 80, 153 = NJW 1981, 1206) weitere Nachweise bei *Schmelz*, Rdnr. 258.

[95] *BGH*, NJW 1987, 183; 1988, 696; 1988, 1661; *OLG Frankfurt*, NJW-RR 1993, 879.

[96] Verneinend *OLG Köln*, NJW-RR 1992, 304; *Mülbert*, JZ 1992, 292; bejahend *Schmelz,* Rdnr. 261.

[97] a.A. *Schmelz*, Rdnr. 262.

[98] *BGHZ* 104, 102 = NJW 1988, 1659 (13,5 %); *BGHZ* 110, 336 = NJW 1990, 1595 (12 %); im Anschluß an *OLG Köln*, NJW-RR 1986, 1394; 1987, 1136; 1987, 1528 (10,6 %); *OLG Frankfurt*, NJW-RR 1987, 307; 1987, 998; hierzu *Scholz*, BB 1990, 1658; *Dreher,* JZ 1990, 818.

[99] *BGH*, NJW 1991, 834; vgl. auch *OLG Schleswig*, NJW-RR 1991, 565 (115 %).

[100] S.o. 95, 96.

[101] *BGHZ* 82, 121 = NJW 1982, 870; *BGH*, NJW 1988, 696.

[102] *BGH*, NJW 1982, 2433; *Schmelz*, Rdnr. 261; Bedenken bei *Bunte,* ZIP 1985, 9; WM 1984, Sonderbeilage 1, S. 10; *Koziol*, AcP 188, 1909.

gangen, da viele Bedingungen angesichts der Schriftformklausel (§ 4 S. 4 Nr. 1) aus dem Bereich des Üblichen ausgeschieden sind. Zu erwähnen sind nunmehr noch:

- Zinsanpassungsklauseln;[103]
- Zinsverrechnungsklauseln;[104]
- Zusätzliche Pauschalgebühren im Verzugsfalle;[105]
- Zinsweiterzahlungsklauseln (nunmehr § 11 I);
- Zinsrückzahlungsklauseln (nunmehr § 12 II);
- Übermäßige Ablösungsgebühren (nunmehr § 609a IV BGB);[106]
- Lohnabtretungsklauseln, die nicht den Anforderungen der Rechtsprechung entsprechen;[107]
- gegebenenfalls die Einführung einer sogenannten Ballonrate.[108]

(3) Die subjektiven Voraussetzungen

Der BGH hatte in ständiger Rechtsprechung für die Bejahung eines „wucherähnlichen Geschäfts" ein subjektives Tatbestandsmerkmal gefordert, das er stereotyp wie folgt umschreibt: „Der Darlehensgeber muß entweder die schwächere wirtschaftliche Lage des Darlehensnehmers bei der Festlegung der Vertragsbestimmungen bewußt zu seinem Vorteil ausnutzen oder sich zumindest leichtfertig der Erkenntnis verschließen, daß sich der Darlehensnehmer aufgrund seiner wirtschaftlich schwächeren Lage auf die beschwerenden Darlehensbedingungen einläßt."[109] Dafür soll allerdings eine Vermutung sprechen,[110] die widerlegbar sein soll.[111]

Das Erfordernis ist in der Literatur auf zahlreiche Kritik gestoßen.[112] Ein Teil der Instanzgerichte hat es fallengelassen.[113] Es erscheint zweifelhaft, ob dieses zu einer Leerformel erstarrte Erfordernis heute noch aufrechterhalten werden sollte.[114]

---

[103] *BGH*, NJW 1979, 805; 1983, 1420; 1991, 832.

[104] *BGHZ* 91, 55 = NJW 1984, 2161; *OLG Düsseldorf*, NJW-RR 1987, 108; *Schmelz*, Rdnr. 318.

[105] *BGH*, NJW 1986, 376; 1986, 2658; 1987, 2220; NJW-RR 1989, 1320; *OLG Karlsruhe*, NJW-RR 1987, 299; *OLG Köln*, NJW-RR 1987, 1528; *OLG Düsseldorf*, NJW-RR 1987, 108; *OLG München*, NJW 1975, 832; weitere Nachw. bei *Schmelz*, Rdnr. 304 ff.

[106] *BGH*, NJW 1982, 2433, 2435; 1988, 696; 1988, 1659; *OLG Karlsruhe*, NJW-RR 1987, 299; *OlG Koblenz*, NJW-RR 1989, 43; *Schmelz*, Rdnr. 296 m.Nw.

[107] *BGHZ* 108, 98 = NJW 1989, 2383; *Schmelz*, Rdnr. 279 ff.

[108] *BGH*, NJW 1982, 1457; *OLG Köln*, ZIP 1985, 22; *OLG Karlsruhe*, NJW-RR 1987, 299; offengelassen in *BGH*, NJW 1989, 829; a.A. *OLG Düsseldorf*, NJW-RR 1987, 1335; Einzelheiten bei *Schmelz*, Rdnr. 390 ff.

[109] *BGH*, NJW 1979, 805; *BGHZ* 104, 102 = NJW 1988, 1659; *BGHZ* 110, 336 = NJW 1990, 1595.

[110] *BGH*, NJW 1984, 2292; *BGHZ* 98, 174 = NJW 1986, 2564; *BGH*, NJW 1987, 181; *Baumgärtel/Laumen*, Handb. der Beweislast, Bd. 1, § 138 BGB, Rdnr. 7–9.

[111] *BGH*, NJW 1984, 2292.

[112] *Bachmann*, NJW 1979, 2082; *Harenberg*, NJW 1981, 99; *Koziol*, AcP 188, 183, 207.

[113] *OLG Stuttgart*, NJW 1979, 2409.

[114] *Bender*, NJW 1980, 1132; *Graf von Westphalen*, VerbrKrG, Einl. Rdnr. 10 („marginale Bedeutung").

(4) Sonderfälle

Besonderheiten in der Beurteilung der Sittenwidrigkeit haben sich für folgende Fallkonstellationen herausgebildet, die hier aus Raumgründen nur aufgezählt werden können:

- Kettenverträge, bei denen nach Abschluß eines Kreditvertrages ein oder mehrere Nachfolgeverträge abgeschlossen werden, wobei der jeweilige Restsaldo aus dem vorangegangenen Vertrag in die neue Kreditsumme einbezogen wird.[115]
- Kredite im Zusammenhang mit Kapitallebensversicherungen.[116]
- Kontokorrentähnliche Verträge („Idealkredit").[117]

e) Sittenwidrigkeit von Schuldbeitritt und Bürgschaft

Ein besonders aktuelles Thema ist die Sittenwidrigkeit von Schuldbeitritt und Bürgschaft von Familienangehörigen, insbesondere von Ehegatten und gerade volljährig gewordenen Kindern.

Der BGH hatte unter Hinweis auf die Vertragsfreiheit und die Mündigkeit der Bürger die Eingehung derartiger Verpflichtungen im Grundsatz mit den guten Sitten für vereinbar gehalten[118] und nur in Ausnahmefällen das Verdikt der Sittenwidrigkeit ausgesprochen.[119] Er hatte hierzu teils Zustimmung[120], teils Kritik[121] erfahren. Die Instanzgerichte neigten dagegen eher dazu, eine Sittenwidrigkeit zu bejahen, wenn ein gerade erst volljährig gewordener Minderjähriger aufgrund einer eingegangenen Mithaftung sein Leben lang für eine hohe Schuld eines Elternteils gerade stehen sollte.[122]

Durch die Grundsatzentscheidung des BVerfG vom 19. 10. 1993 ist hier eine Wende eingetreten.[123] Das BVerfG hat ausgeführt, daß im Rahmen

---

[115] *BGHZ* 99, 333 = NJW 1987, 944 m. Anm. *Derleder*, JZ 1987, 679 u. Anm. *Kohte*, JR 1987, 502; *BGH*, NJW 1988, 696; NJW-RR 1987, 679; 1988, 363 m. Anm. *Müller*, JR 1989, 15; 1991, 501; *OLG Hamm*, NJW-RR 1986, 1491; aus der Literatur: *Derleder*, JZ 1983, 81; *Koziol*, AcP 188, 183, 223; *Mülbert*, JZ 1992, 295, 405; *Schmelz*, Rdnr. 498 ff.

[116] *BGH*, NJW 1988, 1318; *BGHZ* 111, 117 = NJW 1990, 1844 m. Anm. *Kohte*, JZ 1991, 149; *Reifner*, ZIP 1988, 817; *Mülbert*, JZ 1992, 294.

[117] *BGH*, NJW 1991, 832; *OLG Hamm*, NJW 1991, 706; *Schmelz*, Rdnr. 520 ff.

[118] *BGH*, NJW 1988, 2599; *BGHZ* 106, 269 = NJW 1989, 830 m. Anm. *Honsell*, JZ 1989, 495; *BGHZ* 108, 92 = NJW 1989, 1276 m. Anm. *Westermann*, JZ 1989, 746 u. Anm. *Rehbein*, JR 1989, 468; *BGH*, NJW 1989, 1605; 1991, 923, 1991, 2015 m. Anm. *Köndgen*, NJW 1991, 2018; 1990, 59; 1990, 1665; 1990, 1634.

[119] *BGH*, WM 1992, 93; *BGHZ* 120, 272 = NJW 1993, 322; *BGH*, NJW 1991, 923 („Griechenfall").

[120] *Medicus*, ZIP 1989, 817; *Westermann*, JZ 1989, 747; *Eckert*, WM 1990, 85; *Schweitzer*, KTS 1991, 541; *Kreft*, WM 1992, 1425; *Mülbert*, JZ 1992, 297.

[121] *Reinicke*, *Tiedtke*, ZIP 1989, 613; *Honsell*, JZ 1989, 494; JuS 1993, 817; *Reifner*, ZIP 1990, 427; *Wochner*, BB 1989, 1354; *Knütel*, ZIP 1991, 493; *Grün*, NJW 1991, 925; *Frenz*, JR 1994, 92.

[122] *OLG Düsseldorf*, ZIP 1984, 166; *OLG Frankfurt*, ZIP 1984, 1465; NJW-RR 1992, 1008; *LG Köln*, ZIP 1987, 363; *LG Lübeck*, NJW-RR 1988, 940; *LG Osnabrück*, NJW-RR 1990, 306; *LG Münster*, NJW 1990, 1668.

[123] *BVerfGE* 89, 214 = NJW 1994, 36; im Anschluß an *BVerfGE* 81, 242 = NJW 1990, 1469; später *BVerfG*, NJW 1994, 2749.

der Abwägung zwischen der Vertragsautonomie (Art. 2 I GG) der beiden Vertragspartner bei typischen Fallgestaltungen eine Sittenwidrigkeit des Vertrages in Frage kommen kann, „wenn einer der Vertragsteile den Vertragsinhalt faktisch einseitig bestimmen kann und dies für den anderen Vertragsteil eine Fremdleistung bewirke." Die Entscheidung wurde teils zustimmend,[124] teils kritisch[125] aufgenommen. Der BGH hat in der Folgezeit seine Rechtsprechung dem BVerfG angepaßt.[126]

In Zukunft geht es um die nähere Ausformung der Kriterien, wann eine Fremdleistung des Kreditnehmers vorliegt und welche Umstände im einzelnen vorliegen müssen, um eine Sittenwidrigkeit zu bejahen. Als Kriterien kommen hierbei – zur Zeit noch teilweise kontrovers diskutiert – in Frage:[127]

(1) die typische Vertragsgestaltung;
(2) ungewöhnlich starke Belastung des Kreditnehmers;[128]
(3) strukturell ungleiche Verhandlungsstärke;[129]
(4) Kausalität zwischen den Merkmalen (2) und (3);[130]
(5) Unangemessener Interessenausgleich;[131]
(6) fehlendes eigenes Interesse des Haftungsübernehmers;[132]
(7) subjektive Vorwerfbarkeit auf Seiten der kreditgebenden Bank, z.B. Bagatellisierung,[133] fehlende Aufklärung[134] oder fehlende Bonitätsprüfung.

---

[124] *Grün*, WM 1994, 713; *Rittner*, NJW 1994, 3330; *Pape*, ZIP 1994, 515; *Kohte*, ZBB 1994, 172; *Preis/Rolfs*, DB 1994, 261.

[125] *Kaufmann*, JZ 1995, 219; *Adomeit*, NJW 1994, 2467; *Wiedemann*, JZ 1994, 413.

[126] *BGHZ* 126, 174 = NJW 1994, 2145; *BGHZ* 125, 207 = NJW 1994, 1278; 1994, 1340; 1994, 1726.

[127] Hierzu *Pape*, ZIP 1994, 515, 517; *Rehbein*, JR 1995, 45, 48.

[128] *BGHZ* 125, 206 = NJW 1994, 1278; *BGH*, NJW 1996, 1274; 1999, 58 m. Stellungsnahme *Tiedtke*, NJW 1999, 1209; *OLG Stuttgart*, NJW-RR 1993, 1394; *OLG Koblenz*, NJW-RR 1995, 1260. – Zum Strohmann eines GmbH-Gesellschafters: *BGHZ* 137, 329 = NJW 1998, 597.

[129] *BVerfG*, NJW 1995, 2749, 1750 (Unerfahrenheit); *BGHZ* 125, 206 = NJW 1994, 1278 (familiärer Druck, unter Hinweis auf § 1618a BGB); *OLG Saarbrücken*, NJW-RR 1996, 813 (Stiefeltern); *OLG Koblenz*, NJW-RR 1994, 682 (Ehefrau).

[130] *Rehbein*, JR 1995, 45, 49 (Ausnutzung).

[131] *Frank*, JuS 1996, 390; *Preis/Rolfs*, DB 1994, 261.

[132] Anders also bei Krediten für die gemeinsame Wohnung bzw. Haus: *BGH*, NJW 1999, 135; *BGHZ* 132, 328 = NJW 1996, 2088 (Familienbetrieb); *OLG Köln*, VersR 1996, 495; ferner bei Mitinhaberschaft bei Geschäftskredit: *BGHZ* 120, 272 = NJW 1992, 322; *BGH*, NJW 1996, 1274 (best. durch *BVerfG*, NJW 1996, 2021); *OLG Hamm*, FamRZ 1993, 430 m. Anm. *Tiedtke*; *OLG Koblenz*, NJW-RR 1994, 682; *OLG Hamm*, NJW 1993, 72; *LG Hamburg*, FamRZ 1993, 196; *LG Zweibrücken*, NJW-RR 1995, 311.

[133] *BGH*, NJW 1994, 1341; *LG Mannheim*, WM 1994, 894.

[134] *BGHZ* 125, 206 = NJW 1994, 1278; *BGH*, NJW 1996, 513; 1997, 52; 1999, 58; NJW-RR 1996, 813; *OLG Stuttgart*, NJW-RR 1993, 1394; *OLG Karlsruhe*, WM 1994, 2152; *OLG Saarbrücken*, NJW-RR 1996, 813; *Groeschke*, BB 1994, 725, 727; *Pape*, ZIP 1994, 515; *Grün*, WM 1994, 713, 723; gegen ein subjektives Element: *Gernhuber*, JZ 1995, 1086, 1096.

Diese Neugestaltung durch das Richterrecht kann nicht auf die Fälle der Bürgschaft beschränkt bleiben; sie umfaßt auch die Stellung anderer Sicherheiten, vor allem den Schuldbeitritt[135] und Immobiliarsicherheiten. In persönlicher Hinsicht wird es auf die Abgrenzung der geschützten Familienangehörigen ankommen. Der nichteheliche Lebensgefährte ist ebenfalls einzubeziehen.[136]

f) Bestätigung

Ein nach § 138 I BGB nichtiger Kreditvertrag kann nach § 141 BGB durch Neuvornahme bestätigt werden, wenn im Zeitpunkt der Neuvornahme die Gründe für die ursprüngliche Sittenwidrigkeit nicht mehr fortbestehen.[137]

Das gilt vor allem in den Fällen, in denen ein für die Gesamtwürdigung[138] maßgebender Umstand später wegfällt.[139] Bestehen die Gründe für die Sittenwidrigkeit dagegen fort, so ist ein auf dem (nichtigen) Kreditvertrag fußendes Schuldanerkenntnis ebenfalls nichtig.[140]

III. Die Abwicklung des wirksamen Darlehensvertrages

1. Die Anrechnung von Teilleistungen

a) Zeitraum vor Eintritt des Verzuges

Für diesen Zeitraum gilt an und für sich die Anrechnungsregel des § 367 BGB.[141] Danach ist eine zur Tilgung der ganzen Schuld nicht ausreichende Leistung zunächst auf die Kosten, dann auf die Zinsen und erst zuletzt auf die Hauptforderung zu verrechnen. Davon bestehen aber zwei Ausnahmen.

(1) Der Darlehensnehmer kann eine andere Verrechnung bestimmen (§ 367 II BGB). Eine solche anderweitige Verrechnung kann auch stillschweigend bestimmt werden; das wird u.a. dann anzunehmen sein, wenn der geleistete Betrag höhenmäßig mit der geschuldeten Teilrate identisch ist.[142] Ist der Zinsanspruch verjährt, scheidet eine Verrechnung mit diesem Anspruch aus.[143]

---

[135] *BGH*, NJW 1994, 1726; *OLG Köln*, BB 1995, 2081. – Vorrangig ist hier das eigene wirtschaftliche Interesse an der Erfüllung der Verbindlichkeit des Hauptschuldners zu prüfen.

[136] *OLG Zweibrücken*, NJW-RR 1995, 433; *OLG Köln*, NJW-RR 1995, 1197.

[137] *BGH*, NJW 1982, 1981; hierzu *Derleder*, JZ 1983, 83.

[138] S.o. II, 3, d, (2).

[139] *Diederichsen/Rixecker*, WM 1985, 10.

[140] *OLG Koblenz*, ZIP 1984, 568.

[141] S.o. Teil 1, IV, 1, b.

[142] *AG Passau*, RPfleger 1982, 117.

[143] *OLG Hamm*, MDR 1981, 844.

(2) Außerdem hat die Rechtsprechung im Interesse des Verbrauchers die Ratenzahlungsvereinbarung dahin ausgelegt, daß mit jeder Rate Kapital einerseits und Kosten/Zinsen andererseits anteilig im Verhältnis des Gesamtkostenbetrages zum Darlehenskapital getilgt werden;[144] eine anderweitige Verrechnungsklausel in den Bank- oder Kreditbedingungen ist unwirksam.[145] Das nach § 367 II BGB bestehende Recht des Kreditnehmers, eine anderweitige Verrechnung vorzunehmen, muß ebenfalls als ausgeschlossen gelten.[146]

Diese Rechtsprechung gilt weiter und wird nicht durch § 11 I VerbrKrG ausgeschlossen, da diese Vorschrift nur eine Regelung für die Zeit nach Verzugseintritt zum Inhalt hat.[147]

b) Zeitraum nach Eintritt des Verzuges

Insoweit gibt § 11 III VerbrKrG eine Sonderregelung. Danach sind Zahlungen des Verbrauchers, die zur Tilgung der gesamten fälligen Schuld nicht ausreichen, zunächst auf die Kosten der Rechtsverfolgung, dann auf den übrigen geschuldeten Betrag und zuletzt auf die Zinsen anzurechnen. In diesem zeitlichen Rahmen darf der Kreditgeber Teilleistungen des Darlehensnehmers nicht nach § 266 BGB zurückzuweisen.[148] Die Regelung soll der „Zinsspirale" und der „Schuldturmproblematik" entgegenwirken.[149]

(1) Konsequenterweise hat der Gesetzgeber angeordnet, daß nach Eintritt des Verzuges anfallende Zinsen auf einem gesonderten Konto zu verbuchen sind (§ 11 II S. 1) und auf sie die kurze Verjährungsfrist der §§ 197, 218 II BGB keine Anwendung findet (§ 11 III S. 3). Für diese Zinsen gilt nunmehr die dreissigjährige Verjährungsfrist des § 195 BGB.

(2) Eine Gegenausnahme ordnet § 11 III S. 4 für die Fälle an, in denen Zahlungen auf Vollstreckungsmittel geleistet werden, deren Hauptforderung (allein) auf Zinsen lautet. Diese Regelung wird teilweise als rechtspolitisch verfehlt, ja sogar als verfassungswidrig angesehen,[150] weil die Kreditgeber damit die Möglichkeit erhielten, durch gesonderte Titulierung der Verzugszinsen, die Regelung des § 11 III S. 1 zu umgehen. Diese Argumentation erscheint fraglich, da solche reinen Zinstitel als Umgehung des § 11 III S. 1 nach § 18 unzulässig sind und nicht ergehen dürfen.[151]

---

[144] *BGHZ* 91, 55 = NJW 1984, 2161; *BGH*, NJW 1986, 2568; 1987, 830; 1987, 944; NJW-RR 1987, 679, 681; 1988, 757; *Schmelz*, Rdnr. 316; *Mülbert*, JZ 1992, 454; *Bachmann*, NJW 1978, 865, 866.

[145] *BGHZ* 91, 55 = NJW 1984, 2161; *Schmelz*, Rdnr. 318.

[146] *Schmelz*, Rdnr. 321.

[147] BR-Drucks. 427/89 zu § 10 (abgedruckt bei *Schmelz*, S. 358); *Graf von Westphalen/Emmerich*, § 11, Rdnr. 62, 69, 70.

[148] *Graf von Westphalen/Emmerich*, § 11, Rdnr. 72.

[149] Hierzu *Bülow*, WM 1992, 1009.

[150] *Braun*, WM 1991, 165; WM 1991, 1325; *Braun/Raab-Gaudin*, DGVZ 1992, 1. – *Graf von Westphalen/Emmerich* § 11, Rdnr. 78 bezeichnen die Regelung als mißglückt.

[151] *Münzberg*, WM 1991, 170; *Reinking/Nießen*, ZIP 1991, 636; *Bülow*, WM 1992, 1039; *Habersack*, § 11, Rdnr. 42; a.A. *Graf von Westphalen/Emmerich*, § 11, Rdnr. 81.

2. Der Verzugsschaden

a) Verzugszinsen

Die nach bisherigem Recht streitige Frage, ob nach Eintritt des Verzuges der vertraglich vereinbarte Zins weiterzuzahlen sei,[152] oder ob dem Kreditgeber nur ein Schadensersatzanspruch in Höhe der marktüblichen Zinsen zusteht,[153] ist mit Erlaß des VerbrKrG obsolet geworden. § 11 I schreibt für die rückständigen Raten einen festen Verzugszins von 5 % über dem jeweiligen Bundesdiskontsatz[153a] vor. Dieser „D + 5 %-Zinssatz" stellt die von der bisherigen Rechtsprechung zugelassene abstrakte Schadensberechnung[154] dar.

Der Kreditgeber kann im Einzelfall einen höheren Schaden, der Kreditnehmer einen niedrigeren Schaden nachweisen. Letzteres ist allerdings eine mehr theoretische Möglichkeit, da der Kreditnehmer keinen Einblick in die internen Verhältnisse der Bank hat.[155]

b) Schadensersatz

Der Kreditgeber kann nach § 11 I einen weiteren Schadensersatz verlangen, wenn er einen höheren Schaden nachweist. Hinsichtlich der Berechnung des konkreten Schadens behalten die Grundsätze der bisherigen Rechtsprechung des BGH[156] ihre Bedeutung. Danach besteht der Schaden nicht nur in den Refinanzierungskosten,[157] sondern in dem entgangenen Gewinn.

Hierzu müßte die Bank darlegen und beweisen, daß ihr infolge des Verzuges des Kreditnehmers ein rentableres, überdurchschnittlich ertragsreiches Geschäft entgangen ist, d.h. daß sie aufgrund der Besonderheiten ihrer Geschäftsstruktur oder Umstände des Einzelfalles den ihr vorenthaltenen Geldbetrag zu einem höheren Zinssatz angelegt hätte.[158] Auch ein solcher Nachweis dürfte schwer zu führen sein, zumal die Banken nur ungern ihre internen finanziellen Verhältnisse offenlegen. Es wird deshalb im Grundsatz bei dem gesetzlich festgelegten abstrakten Zinssatz von D + 5 % bleiben.

c) Zinseszinsen

Gerät der Kreditnehmer mit den unter a) oder b) geschuldeten Verzugszinsen in Verzug, so kann die Bank in Abweichung von dem in § 289

---

[152] Zuletzt *KG*, NJW-RR 1988, 493.

[153] *BGHZ* 104, 337 = NJW 1988, 1967; *BGH*, JZ 1988, 1126 m. Anm. *Reifner; BGH*, NJW 1988, 1971; hierzu *Schmelz*, Rdnr. 349 ff.

[153a] Für die Zeit vom 1. 1. 1999 bis 31. 12. 2001 gilt nunmehr der von der Europäischen Zentralbank festgesetzte Zinssatz für längerfristige Refinanzierungsgeschäfte. – S.o. Fußn. 17.

[154] *Ungewitter*, JZ 1994, 701; *Bülow*, NJW 1992, 2049, 2050.

[155] Hierzu *Ungewitter*, aaO; *Graf von Westphalen/Emmerich* § 11, Rdnr. 43.

[156] S.o. Fußn. 153.

[157] So früher ein Teil der Instanzgerichte, z.B. *OLG Düsseldorf*, NJW 1986, 305; NJW-RR 1987, 302; 1987, 560; Überblick bei *Kilimann*, NjW 1987, 618.

[158] *BGHZ* 104, 337 = NJW 1988, 1967; *BGH*, NJW-RR 1989, 752; *Graf von Westphalen/Emmerich*, § 11, Rdnr. 19, 37 ff.

S. 1 BGB niedergelegten Zinseszinsverbot Zinsen hierauf in Höhe des gesetzlichen Zinsfußes von 4 % (§ 246 BGB) verlangen (§ 11 II S. 2).[159]

Um die Zinsberechnung sicherzustellen, ist die Bank verpflichtet, nach Verzugseintritt anfallende Zinsen auf einem besonderen Konto zu verbuchen (§ 11 II S. 1).[160] Eine weitere Zinsspirale – Zinsen auf diese Verzugszinsen – ist dagegen abzulehnen.[161]

3. Fälligstellung des Restsaldos

a) Allgemeines

Das Recht der Bank auf vorzeitige Kündigung des Kreditvertrages ist nunmehr in seinen Voraussetzungen und Rechtsfolgen in Anlehnung an die §§ 326 I, 554 BGB und die bisherige Rechtsprechung[162] in § 12 VerbrKrG geregelt.

Zweifelhaft ist, ob die in den Kreditbedingungen der Banken (Nr. 19 III AGB/Bank) niedergelegten Gründe für eine vorzeitige Kündigung des Kredits hinfällig geworden sind. M.E. ist davon auszugehen, daß die Kündigung des Kredites wegen Zahlungsverzugs ausschließlich in § 12 VerbrKrG normiert ist und damit zusammenhängende Gründe – z.B. Verschlechterung der Vermögenslage, Vollstreckungsmaßnahmen Dritter – als zusätzliche Kündigungsgründe ausscheiden. Nur davon unabhängige Gründe – z.B. Vermögensverschiebung, drohender Wegzug ins Ausland – können über § 12 hinaus eine Kündigung aus wichtigem Grund rechtfertigen.[163]

b) Voraussetzungen

Die Fälligstellung des Restsaldos ist nach § 12 I von folgenden Voraussetzungen abhängig:

(1) Der Kreditnehmer muß mit mindestens zwei aufeinanderfolgenden Raten ganz oder teilweise in Verzug sein.

Die Regelung ist aus dem Mietrecht (§ 554 I S. 1 Nr. 1 BGB) übernommen. Ebenso wie dort bietet sie dem Kreditnehmer Möglichkeiten, durch Nichtzahlung auseinanderliegender Raten den Voraussetzungen des § 12 I zu entgehen. Ob man dem mit dem Einwand aus § 242 BGB oder einer Analogie zu § 554 S. 1 Nr. 2 BGB begegnen kann, erscheint fraglich.[164]

(2) Der Gesamtrückstand, zu dem auch Rückstände aus früheren Raten gehören können,[165] muß eine bestimmte, am Kreditnennbetrag ausgerich-

---

[159] Fraglich ist, ob es sich hier um einen festen gesetzlichen Zinssatz oder nur um eine Höchstgrenze handelt mit der Folge, daß der Kreditgeber den Verzugsschaden im einzelnen nachweisen müßte; im zweiten Sinne wohl *BGH*, NJW 1993, 1260; *Graf von Westphalen/Emmerich* § 11, Rdnr. 49, 50.

[160] S.o. III, 1, b (1).

[161] *Graf von Westphalen/Emmerich*, § 11, Rdnr. 53; *Karollus,* JuS 1993, 823.

[162] *BGHZ* 95, 362 = NJW 1986, 46.

[163] Teilw. abw. *Graf von Westphalen/Emmerich*, § 12, Rdnr. 4, 5, 23, 24, 42.

[164] Hierzu *Graf von Westphalen/Emmerich*, § 12, Rdnr. 27–29, 35.

[165] *Karollus*, JuS 1993, 823.

tete Höhe erreichen: grundsätzlich 10 %, bei Krediten mit mehr als drei Jahren Laufzeit 5 %.

Nennbetrag in diesem Sinne ist der im Kreditvertrag ausgewiesene Kreditbetrag einschließlich der in ihm enthaltenen Kosten, und zwar m.E. sowohl „Einmalkosten" (Bearbeitungsgebühren, Kosten einer Restschuldversicherung) als auch die eingerechneten laufzeitabhängigen Zinsen.[165a]

(3) Der Kreditgeber muß dem Kreditnehmer eine zweiwöchige Nachfrist zur Zahlung der rückständigen Beträge gesetzt und hierbei die Fälligstellung der Restschuld bei Nichtzahlung angedroht haben.

Diese Voraussetzung ist dem § 326 I BGB nachgebildet. Deshalb erscheint es vertretbar, die dort von der Rechtsprechung statuierte Ausnahme, die Nachfristsetzung sei entbehrlich, wenn der Schuldner die Erfüllung ernsthaft und endgültig verweigere, hier zu übernehmen.[166]

(4) Die Nachfristsetzung muß erfolglos geblieben sein. Der Kreditnehmer kann also die Fälligstellung des Restsaldos abwenden, wenn er den rückständigen Betrag fristgerecht zahlt.

Allerdings muß der gesamte rückständige Betrag gezahlt werden, um die Fälligstellung abzuwenden.[167] Eine Zahlung nach Fristablauf soll das Kündigungsrecht ebenfalls entfallen lassen.[168]

c) Rechtsfolgen

(1) Der gesamte noch offene Restsaldo wird fällig. Da in diesem Betrag auch Zinsen für die nunmehr wegfallende Tilgungszeit enthalten sind, muß nunmehr eine „Abzinsung" erfolgen.

Sie besteht darin, daß die in dem ab Wirksamkeit der Kündigung für die Zukunft offenen Kreditbetrag enthaltenen laufzeitabhängigen Kosten herausgerechnet und abgezogen werden (§ 12 II). Ein Anspruch auf teilweise Rückerstattung des Disagios entsteht trotz dessen Laufzeitabhängigkeit[169] nicht, da der Kreditnehmer die vorzeitige Auflösung des Kreditvertrages zu vertreten hat.[170] Die Abzinsung erfolgt nach der gesetzlichen Regelung gemäß der staffelmäßigen Berechnung (§ 12 II).[171]

(2) Die Verzinsung der nach Abzinsung noch verbleibenden Restschuld richtet sich nach § 11 I: also regelmäßig 5 % über dem jeweiligen Diskontsatz der Deutschen Bundesbank,[171a] es sei denn, der Kreditgeber weist einen höheren Zins in Form des konkreten Schadensersatzes

---

[165a] Teilw. abw. wohl h.M.; vgl. *Graf von Westphalen/Emmerich,* § 12, Rdnr. 40; *Bülow,* § 12, Rdnr. 12.

[166] *Graf von Westphalen/Emmerich,* § 12, Rdnr. 50, 51 m. Nw.

[167] *Habersack,* § 12, Rdnr. 18; a.A. *Bülow,* § 12, Rdnr. 21c; unentschieden *Graf von Westphalen/Emmerich* § 12, Rdnr. 59, 60.

[168] S.o. *Graf von Westphalen/Emmerich,* § 12, Rdnr. 65.

[169] S.o. Teil 1, I, 2, a, Fußn. 9.

[170] *BGHZ* 133, 355 = NJW 1996, 3337; a.A. *Graf von Westphalen/Emmerich,* § 12, Rdnr. 69; *Habersack,* § 12, Rdnr. 25.

[171] *LG Stuttgart,* NJW 1993, 208 (vereinfachte Zinsstaffelmethode reicht nicht).

[171a] Zur neuen Bezugsgröße s.o. Fußn. 153a.

nach.[172] Eine besondere Mahnung ist für den Zinsbeginn nicht erforderlich.[173]

4. Vorzeitige Rückzahlung des Kredits

a) Vorzeitige Kündigung

Eine vorzeitige Kündigung des Kreditvertrages durch den Kreditnehmer sieht § 609a BGB vor. In jedem Falle gilt dies, wenn für das Darlehen ein veränderlicher Zinssatz vereinbart ist (§ 609a II BGB). Im übrigen gilt dies unter bestimmten Voraussetzungen, wenn für das Darlehen für einen bestimmten Zeitraum ein fester Zinssatz vereinbart ist (§ 609a I BGB), wobei unterschiedliche Kündigungsfristen bestehen.[174]

(1) Die Regelung ist nach § 609a IV BGB unabdingbar. Der Kreditgeber darf auch keinen mittelbaren Druck auf den Kreditnehmer zur Nichtausübung des Kündigungsrechts vornehmen, indem er für diese Fälle eine Vorfälligkeitsentschädigung vereinbart.[175]

(2) Nach Ausübung der Kündigung ist der Kreditnehmer zur Rückzahlung des offenen Kapitalbetrages verpflichtet.

Bei der Abrechnung sind nicht verbrauchte Zinsen auf der Basis des effektiven Jahreszinses abzurechnen, und zwar nicht linear, sondern staffelmäßig unter Berücksichtigung der erfolgten Tilgungsleistungen.[176] Ein vereinbartes Disagio ist anteilmäßig zu erstatten.[177] Eine in den ABG der Bank enthaltene Ablösungsgebühr unterliegt der Inhaltskontrolle nach § 9 AGBG; sie darf sich nicht prozentual an der Höhe der Ablösungssumme ausrichten, sondern kann nur in einem Festbetrag entsprechend dem anfallenden Verwaltungsaufwand bestehen.[178]

(3) Nach § 609a III BGB ist der Kreditnehmer gehalten, den geschuldeten Betrag binnen zwei Wochen nach Wirksamwerden der Kündigung zu zahlen; unterläßt er dies, so gilt die Kündigung als nicht erfolgt. Der Kreditvertrag wird dann unter den bisherigen Bedingungen weitergeführt.

Dem Kreditnehmer muß ein Auskunftsanspruch zugebilligt werden, wenn er die Ablösungssumme nicht selbst errechnen kann;[179] in diesem Falle muß er nach § 242

---

[172] S.o. III, 2, b Fußn. 158.

[173] Differenzierend *Graf von Westphalen/Emmerich*, § 12, Rdnr. 73–75.

[174] Bedenken gegen die Vereinbarkeit von § 609a I Nr. 2 BGB mit Art. 8 der VerbrKrRL bei *Graf von Westphalen/Emmerich*, § 14, Rdnr. 17.

[175] *Mülbert*, JZ 1992, 454; *Reifner*, NJW 1995, 86, 87; *Melzer*, BB 1995, 321; *Brutschke*, ZAP, Fach 8, S. 181.

[176] *BGH*, NJW 1979, 540; *Schmelz* Rdnr. 299 ff., 300.

[177] *BGHZ* 111, 287 = NJW 1990, 2250 m. Anm. *Braunert*, NJW 1990, 2252; *BGH*, NJW 1993, 3257; *BGHZ* 133, 355 = NJW 1996, 3337; *Mülbert*, JZ 1992, 453. – Anders bei Annuitätendarlehen: *BGH*, NJW 1998, 1062.

[178] *BGH*, NJW 1988, 1659; *OLG Köln*, NJW-RR 1988, 174; *Schmelz*, Rdnr. 296.

[179] Vgl. zu dem ähnlichen Problem betr. Verzugseintritt *Graf von Westphalen/Emmerich*, § 12, Rdnr. 75.

BGB die Bank mit der Abgabe der Kündigungserklärung auffordern, den von ihr zu berechnenden Ablösungsbetrag mitzuteilen. Nach Zugang der Mitteilung wird man dann dem Kreditnehmer eine zweiwöchige Zahlungsfrist zubilligen müssen.

b) Kündigung aus wichtigem Grund

Ob der Kreditnehmer sich außerhalb der Kündigungsgründe des § 609a BGB aus dem Kreditvertrag vorzeitig lösen kann, war bisher streitig.

Entgegen der wohl überwiegenden Meinung, die mit dem Grundsatz der Vertragstreue argumentierte, hat der BGH in zwei Grundsatzentscheidungen vom 1.7.1997 zwar ein Recht des Kreditnehmers zur Kündigung aus wichtigem Grund verneint, dem Kreditnehmer aber einen Anspruch auf „Vorverlegung des Erfüllungszeitpunkts" in Form einer Modifizierung des Vertragsinhalts zugebilligt, „wenn berechtigte Interessen eines Vertragsteiles dies gebieten," nämlich wenn der Kreditnehmer das beliehene Objekt – sei es aus privaten Gründen, sei es bei der Wahrnehmung einer günstigen Verkaufsgelegenheit – zu verkaufen beabsichtigt, oder zur Absicherung eines bei dem Kreditgeber nicht erhältlichen umfangreicheren Kredits benötigt.[180] Die Urteile enthalten auch eingehende Darlegungen zur Berechnung der Vorfälligkeitsentschädigung; die Bank kann wahlweise einen Zinsmargenschaden oder einen Zinsverschlechterungsschaden (abzüglich Risikoprämie und ersparte Verwaltungsaufwendungen) geltendmachen.

c) Vertragliche Aufhebung

Die Parteien des Kreditvertrages können jederzeit ohne Vorliegen der unter b) erwähnten Gründe eine vorzeitige Auflösung des Darlehens vereinbaren.

(1) Auch in diesem Fall ist auf den zurückzuzahlenden Kreditbetrag eine Abzinsung vorzunehmen, die auch die anteilmäßige Erstattung des Disagios vorsehen muß.[181]

(2) Außerdem kommt zugunsten der Bank eine Vorfälligkeitsentschädigung in Frage, die in den AGB der Bank vorgesehen sein kann und den Beschränkungen nach § 11 Nr. 5 AGBG unterliegt.[182] Sie kann aber auch nachträglich vereinbart werden, indem die Bank die vorzeitige Ablösung von der Zahlung einer solchen Entschädigung abhängig macht;[183] ob hier ebenfalls eine Beschränkung nach § 11 Nr. 5a AGBG gelten soll,[184] erscheint zweifelhaft, da es sich bei der getroffenen Vereinbarung im Regelfall um eine Individualabrede (§ 4 AGBG) handeln dürfte; insoweit kommt nur eine Überprüfung nach § 138 I BGB in Betracht,[185] die aber im Regelfall negativ ausfallen wird. Bei der Berechnung einer Vorfälligkeitsentschädigung muß die Bank den unverbrauchten Teil des Disagios anrechnen.[186]

---

[180] *BGHZ* 136, 161 = NJW 1997, 2875; *BGH*, NJW 1997, 2878, beide mit Nachw. zum bisherigen Streitstand. – Hierzu *Grönwoldt/Bleuel*, DB 1997, 2062; *Rösler*, DStR 1998, 1193.

[181] S.o. Fußn. 176, 177.

[182] *BGH*, NJW 1998, 592 (§ 9 AGBG); *Brutschke*, ZAP Fach 8, S. 179, 181; *Reifner*, NJW 1995, 86, 90; a.A. *Graf von Westphalen/von Rottenburg*, § 4, Rdnr. 96 (nur Kontrolle im Rahmen des § 138 BGB).

[183] *AG Dortmund*, NJW-RR 1996, 37.

[184] So *BGH*, NJW 1998, 592; *Reifner*, NJW 1995, 86, 90; *Metz*, ZBB 1994, 205, 209.

[185] *Graf von Westphalen/von Rottenburg*, § 4, Rdnr. 96.

[186] *BGHZ* 133, 355 = NJW 1996, 3337; *Weber*, NJW 1995, 2951.

(3) Die Banken pflegen allerdings bei dem Angebot der Ablösesumme das unverbrauchte Disagio oft auszulassen.

Nach der überwiegenden Rechtsprechung der Instanzgerichte ist es dann dem Kreditnehmer verwehrt, nachträglich noch die anteilige Rückerstattung des Disagios zu verlangen.[187] Nachdem eine Entscheidung des BGH vom 16.11.1993[188] zunächst die Hoffnung auf eine verbraucherfreundliche Tendenz weckte, hat der BGH sich im Urteil vom 8.10.1996[189] der Meinung der Instanzgerichte angeschlossen. Ebensowenig kann der Kreditnehmer die Höhe der vereinbarten Vorfälligkeitsentschädigung nachträglich angreifen.[190]

(4) Der Anspruch des Kreditnehmers auf Rückzahlung der nicht verbrauchten Kreditraten verjährt gemäß § 197 BGB in vier Jahren,[191] der Anspruch auf Rückerstattung des nicht verbrauchten Disagios in 30 Jahren.[192]

5. Gegenansprüche des Kreditnehmers

a) Allgemeiner Grundsatz

Im Grundsatz besteht keine Pflicht der Bank aufgrund von culpa in contrahendo oder positiver Vertragsverletzung, den Kreditnehmer über die Zweckmäßigkeit einer Darlehensaufnahme aufzuklären und auf die Risiken einer Darlehensaufnahme hinzuweisen.[193] Ebensowenig ist über die Risiken des drittfinanzierten Geschäfts aufzuklären.[194]

b) Ausnahmen

Bei einer Nachfrage des Kunden ist die Bank im Rahmen der Bankauskunft zu einer angemessenen, richtigen Beratung verpflichtet.[195] Darüber hinaus ist die Bank verpflichtet, auf deutlich erkennbare Fehlvorstellungen des Kreditnehmers hinzuweisen.[196] Das gilt vor allem dann, wenn die

---

[187] *OLG Köln*, NJW-RR 1992, 681; *AG Dortmund*, NJW-RR 1996, 37; *OLG Frankfurt*, NJW-RR 1996, 301; *OLG Schleswig*, NJW-RR 1996, 494; zust. *Graf von Westphalen/von Rottenburg* § 4, Rdnr. 105; *Brutschke* aaO (Fußn. 182) m.Nw.; *Köndgen*, NJW 1994, 1514.

[188] *BGH*, NJW 1994, 379; vgl. auch *LG Frankfurt*, VuR 1996, 80 m. Anm. *Reifner; OLG Frankfurt*, WM 1996, 1673; *Metz*, ZBB 1994, 213.

[189] *BGHZ* 133, 355 = NJW 1996, 3337.

[190] *LG München*, VuR 1996, 82 m. Anm. *Reifner*; *OLG Celle*, WM 1996, 439; teilw. abw. *LG Braunschweig*, NJW-RR 1996, 303.

[191] *BGHZ* 98, 174 = NJW 1986, 2564; *BGH*, NJW 1990, 1036.

[192] *BGH*, NJW 1993, 3257; *OLG Köln*, NJW-RR 1992, 375.

[193] *BGHZ* 72, 92 = NJW 1978, 2145; *BGHZ* 93, 264 = NJW 1985, 1020; *BGHZ* 83, 301 = NJW 1982, 1694; *BGH*, NJW 1988, 1468; NJW-RR 1988, 236; *OLG Köln*, WM 1994, 197; – Aus der Literatur: *H.P. Westermann*, ZHR 1989, Bd. 153, S. 123 ff.; *Brandner*, ZHR 1989, Bd. 153, S. 147 ff.; *Mülbert*, JZ 1992, 406.

[194] *Mülbert*, JZ 1992, 407.

[195] *BGH*, NJW 1984, 2816.

[196] *BGH*, NJW 1978, 2547; 1980, 41; WM 1981, 1869; 1987, 1546; *OLG Hamburg*, NJW 1987, 962.

Bank einen konkreten Wissensvorsprung hat[197] oder selbst einen Gefährdungstatbestand geschaffen hat.[198]

Gleiches gilt, wenn die Bank sich über ihre Rolle als Kreditgeberin hinaus in die Planung oder Durchführung eines Projekts eingeschaltet hat.[199] Bei bestimmten Kreditarten hat die Rechtsprechung in gesteigertem Maß Aufklärungspflichten bejaht: so bei Kapitallebensversicherungen,[200] kontokorrentähnlichen Krediten[201], Aufstockungskrediten,[202] externen Umschuldungen.[203] Gleiches wird man nunmehr auch bei Mithaftungserklärungen von Familienangehörigen bejahen müssen.[204]

IV. Die Abwicklung des unwirksamen Darlehensvertrages

1. Ansprüche der Bank

a) Allgemeines

Die Abwicklung des unwirksamen Darlehensvertrages richtet sich nach den Vorschriften über die ungerechtfertigte Bereicherung (§§ 812 ff. BGB). Zum Grund des Anspruchs ist folgendes zu bemerken:

(1) Die Anwendung des Ausschlußtatbestandes des § 817 S. 2 BGB ist eingeschränkt. Der Rückforderung des Kapitals steht die Vorschrift nicht entgegen, da nur die Überlassung des Kapitals auf Zeit als Gegenleistung anzusehen ist.[205] Zweifelhaft ist dagegen die Versagung von Zinsansprüchen des Kreditgebers.[206]

(2) Entsprechend dem Begriff der Leistungskondiktion ist Schuldner des Bereicherungsanspruchs der im Vertrag bezeichnete Kreditnehmer.

Das ist grundsätzlich auch dann der Fall, wenn der Kreditbetrag aufgrund einer (gültigen) Weisung des Kreditnehmers an einen Dritten ausgezahlt wird.[207] Zweifelhaft und umstritten sind dagegen diejenigen Anweisungsfälle, bei denen die Anweisung des Darlehensnehmers überhaupt fehlt oder unwirksam ist.[208]

---

[197] So z.B. bei Entgegennahme von Mithaftungserklärungen hinsichtlich des Hauptschuldners.

[198] *BGH*, NJW-RR 1986, 1167; 1986, 1433; WM 1985, 993; 1987, 1546; 1988, 561.

[199] *BGH*, WM 1988, 561; NJW-RR 1986, 1433 (Bauherrenmodell).

[200] *BGH*, NJW 1989, 1667; *BGHZ* 111, 117 = NJW 1990, 1844; *OLG Hamburg*, NJW 1987, 962; *Kohte*, ZBB 1989, 130; *Mülbert*, JZ 1992, 407.

[201] *BGH*, NJW 1991, 832 m. Anm. *Grün*, JZ 1991, 834; *LG Darmstadt*, NJW-RR 1995, 1513.

[202] *BGH*, NJW 1988, 818.

[203] *Mülbert*, JZ 1992, 407.

[204] S.o. Fußn. 196 sowie oben II, 3, e.

[205] *BGH*, NJW 1983, 1420; *Canaris*, WM 1981, 981; *Reuter/Martinek*, Ungerechtfertigte Bereicherung (1983), § 6, V, 2, a, S. 215 ff.

[206] S.u. IV, 2, b, (3).

[207] *BGH*, NJW 1978, 1970; *OLG Hamm*, NJW-RR 1986, 402; *Schmelz*, Rdnr. 427.

[208] *BGHZ* 50, 227 = NJW 1968, 1822; *Reuter/Martinek* (Fußn. 205), § 112, IX, S. 499 ff.; Mülbert, JZ 1992, 403.

Haben Ehegatten als Gesamtschuldner ein Darlehen aufgenommen und wird dieses auf das Konto eines Ehegatten ausgezahlt, so soll nach der Rechtsprechung des BGH nur dieser Ehegatte bereichert sein.[209] Das erscheint im Hinblick auf die Rechtsprechung zur Auszahlung an Dritte[210] und die Vorstellungen der Beteiligten über die Gesamtschuldnerschaft der Eheleute sehr zweifelhaft.[211] Anders ist die Rechtslage, wenn der Dritte nur als Mithaftender unterschrieben hat, da er dann nicht Leistungsempfänger ist.[212]

(3) Zweifelhaft ist, inwieweit der Kreditnehmer sich auf den Wegfall der Bereicherung (§ 818 III BGB) berufen kann. Das ist im Grundsatz zu verneinen.[213] Die h.M. begründet dies mit einer analogen Anwendung des § 819 I BGB.[214]

Die Rechtsprechung hat aber in bestimmten Ausnahmefällen den Einwand des Wegfalls der Bereicherung zugelassen, wenn nämlich bei Auszahlung des Darlehens an Dritte oder bei Weiterleitung des Darlehens durch den Darlehensnehmer an einen Dritten sich ein Entwertungsrisiko realisiert[215] oder wenn der Darlehensnehmer berechtigterweise erwarten durfte, der Kredit werde von einem Dritten getilgt werden und dies Geschäftsgrundlage des Kreditvertrages geworden ist.[216]

b) Höhe des Bereicherungsausgleichs

Die Bank kann nach § 818 I, II BGB Erstattung folgender Positionen verlangen:

(1) in jedem Fall den bereits ausgezahlten Nettokreditbetrag;
(2) die Hälfte der Kosten der Restschuldversicherung.[217]

Dies folgt daraus, daß der Restschuldversicherungsvertrag trotz der Unwirksamkeit des Kreditvertrages aufrechterhalten bleibt[218] und üblicherweise beiden Vertragsparteien zugutekommt.

(3) Zinsen. Hinsichtlich dieser Position ist zeitlich zu differenzieren:

– Für die Zeit bis zur Fälligkeit der einzelnen Raten verneint die Rechtsprechung im Hinblick auf die Unwirksamkeit der Zinsabrede und den Strafcharakter des § 817 S. 2

---

209 *BGH*, NJW 1982, 2433; zust. *Schmelz*, Rdnr. 479.

210 S.o. 1. Teil, II, 3, b.

211 *Reuter/Martinek*, § 17, III, 4; *Berkenbrock*, BB 1983, 278.

212 *Reifner*, JZ 1984, 643.

213 *Schmelz*, Rdnr. 429, 430.

214 *BGHZ* 83, 293 = NJW 1982, 1585; *BGH*, NJW 1999, 1636; *OLG Hamm*, NJW 1981, 877; *Canaris*, WM 1981, 981; *Häsemeyer*, JuS 1984, 176, 180; krit. *Wilhelm*, AcP 183, 1; *Reuter/Martinek*, § 17, III, 1.

215 *BGHZ* 71, 358 = NJW 1978, 1970; *BGH*, NJW 1978, 2144; 1979, 1597; 1980, 2301.

216 *OLG Hamm*, NJW 1981, 993; *Reifner*, JZ 1984, 637, 642; *Schmelz*, Rdnr. 431; vgl. auch *BGH*, NJW 1980, 2301; 1986, 2564 m. Anm. *Steinmetz*.

217 *BGH*, NJW 1983, 1420; 1983, 2692; NJW-RR 1987, 679; *Schmelz*, Rdnr. 436 (mit Anpassung der Prämie an die geringere Forderung). – Zur Berechnung vgl. *Reifner*, JZ 1987, 642.

218 *BGH*, NJW 1990, 2807; *Schmelz*, Rdnr. 413.

BGB einen Zinsanspruch der Bank.[219] Demgegenüber will eine nicht unerhebliche Meinung in der Literatur der Bank nach § 818 II BGB einen Anspruch auf Ersatz der verkehrsüblichen Zinsen zubilligen.[220] Wegen des Verbots einer geltungserhaltenden Reduktion ist ein Anspruch auf verkehrsübliche Zinsen abzulehnen; wenn überhaupt, kann höchstens ein Anspruch in Höhe des gesetzlichen Zinsfußes zugebilligt werden.

- Ab Fälligkeit der einzelnen Rate steht der Bank ein Zinsanspruch in Höhe des gesetzlichen Zinsfußes zu.[221]
- Ab Eintritt des Verzuges – hypothetische Fälligkeit zuzüglich Mahnung bzw. ab Rechtshängigkeit – kann die Bank Verzugszinsen verlangen,[222] die aber der Höhe nach analog § 11 I VerbrKrG auf 5 % über dem jeweiligen Diskontsatz der Bundesbank begrenzt sind.[223]

c) Fälligkeit

Die Bank hat keinen Anspruch auf sofortige Rückerstattung der Bereicherung. Die Fälligkeit richtet sich vielmehr nach den im Vertrag vereinbarten Tilgungsmodalitäten.[224] Soweit der Kreditnehmer die Rückerstattung nicht fristgerecht vornimmt, kann die Bank analog § 12 I VerbrKrG die Fälligstellung des Restsaldos herbeiführen.[225]

d) Die Verjährung

Der Bereicherungsanspruch der Bank verjährt analog § 197 BGB in vier Jahren, soweit der vertragliche Rückzahlungsanspruch der kurzen Verjährung unterlegen hätte.[226] Insoweit muß auch hier die in § 11 III S. 3 VerbrKrG statuierte Ausnahme beachtet werden.[227]

2. Ansprüche des Darlehensnehmers

a) Höhe

Der Kreditnehmer kann Rückerstattung folgender Positionen verlangen:

---

[219] *BGH*, NJW 1962, 1148; 1983, 1420; 1983, 2692; 1987, 181; NJW-RR 1988, 363; 1989, 622; *OLG Hamm*, NJW 1981, 877; *Schmelz*, Rdnr. 433.

[220] *Reich*, JZ 1980, 334; NJW 1977, 637; *Medicus*, FS Dietz (1973), S. 61 ff.; *Bunte*, NJW 1983, 2674, 2676; *Koziol*, AcP 188, 183, 217. – Ähnlich *OLG Karlsruhe*, NJW-RR 1990, 941.

[221] *BGH*, NJW 1989, 3217.

[222] *BGH*, NJW 1983, 1420, 1423; *OLG Karlsruhe*, NJW-RR 1990, 941; *Reifner*, JZ 1984, 637, 644.

[223] *Bülow*, NJW 1992, 2049; *Graf von Westphalen/Emmerich*, § 11, Rdnr. 23; vgl. auch *Mülbert*, JZ 1992, 403. – Zur Ersetzung des Diskontsatzes ab 1. 1. 1999 s.o. Fußn. 153a, 171a.

[224] *BGH*, NJW 1979, 805, 807; 1986, 2564; *BGHZ* 99, 333, 338 = NJW 1987, 944; *BGH*, NJW 1989, 3217; *Schmelz*, Rdnr. 437, 451.

[225] *BGH*, NJW 1979, 2089; *OLG Düsseldorf*, NJW-RR 1989, 1390; *Reifner*, JZ 1984, 637, 644; krit. *Schmelz*, Rdnr. 439.

[226] *BGHZ* 48, 125, 127; *Canaris*, WM 1981, 988; *Schmelz*, Rdnr. 445.

[227] S.o. III, 1, b, (1).

(1) die gezahlten Bearbeitungsgebühren;[228]
(2) die gezahlten Kreditvermittlungskosten;[229]
(3) die Hälfte der gezahlten Prämien für die Restschuldsicherung;[230]
(4) bereits gezahlte Zinsen;

Zu (1) bis (4): Soweit diese Positionen in die Berechnung der einzelnen Raten eingeflossen sind,[231] bedarf es ihrer Herausrechnung entsprechend den von der Rechtsprechung entwickelten Grundsätzen.[232]

b) Fälligkeit

Im Gegensatz zu den Ansprüchen der Bank auf Rückerstattung des Kapitals, das nur in Raten zurückzuzahlen ist,[233] ist der Bereicherungsanspruch des Kreditnehmers sofort in voller Höhe fällig.

Er ist ab seinem Entstehen mit den banküblichen Durchschnittszinsen zu verzinsen.[234] Das gilt auch für die zurückzuerstattenden Zinsen; das Zinseszinsverbot (§ 248 BGB) gilt insoweit nicht.[235]

c) Verjährung

Der Rückerstattungsanspruch des Darlehensnehmers unterliegt, soweit er auf die Bereicherung gestützt wird, nach der Rechtsprechung des BGH in analoger Anwendung des § 197 BGB der vierjährigen Verjährung.[236]

Die Aufrechnung mit verjährten Ansprüchen bleibt allerdings nach § 390 S. 2 BGB zulässig.[237] – Ein etwaiger in Anspruchskonkurrenz bestehender Deliktsanspruch aus § 826 BGB[238] verjährt dagegen nach § 852 BGB in drei Jahren ab Kenntnis der die Sittenwidrigkeit begründenden Umstände.[239]

---

[228] *Schmelz*, Rdnr. 445.

[229] *BGH*, NJW 1988, 2692; 1992, 181; *Canaris*, WM 1981, 981; *Reifner*, JZ 1984, 637, 641; *Schmelz*, Rdnr. 445.

[230] S.o. Fußn. 217; *OLG Nürnberg*, NJW-RR 1989, 1137.

[231] S.o. 1. Teil, IV, 1, a, (1), Fußn. 42.

[232] S.o. 2. Teil, III, 1, a, (2), Fußn. 144; *BGHZ* 99, 333 = NJW 1987, 944; *Mülbert*, JZ 1992, 402.

[233] S.o. IV, 1, c, Fußn. 224.

[234] *BGH*, NJW 1983, 1420, 1423; *Reifner*, JZ 1984, 637, 645; *Derleder*, JZ 1987, 681; *Schmelz*, Rdnr. 449.

[235] *Staudinger-Schmidt*, § 248 BGB, Rdnr. 16; *Schmelz*, Rdnr. 450.

[236] *BGHZ* 98, 174 = NJW 1986, 2564 m. Anm. *Steinmetz* aaO u. Anm. *Ahrens*, DB 1987, 213; *BGH*, NJW 1990, 1036; NJW-RR 1988, 757; *Reuter/Martinek* (Fußn. 205), § 25, I, S. 753. – a.A. früher eine Reihe von Instanzgerichten, z.B. *OLG Stuttgart*, NJW 1985, 750; ferner *Kohte*, NJW 1984, 2316; 1986, 1591.

[237] *BGH*, NJW 1987, 181; *Emmerich*, JuS 1988, 932; *Schmelz*, Rdnr. 459, 460.

[238] S.u. V, 6

[239] *Schmelz*, Rdnr. 456.

d) Einsichtsrecht

Bei Verlust seiner Vertragsurkunde ist dem Kreditnehmer nach § 242 BGB ein Einsichtsrecht in die bei der Bank befindliche Vertragsurkunde zuzubilligen.[240] Es umfaßt aber nicht die Vorlage einer vollständigen Forderungsabrechnung.[241]

3. Aufrechnung und gegenseitige Verrechnung

a) Verrechnung

Die beiderseitigen Ansprüche von Bank und Kreditnehmer können nicht im Wege der Saldotheorie gegeneinander verrechnet werden.

Denn die Saldotheorie kann nicht zu Ungunsten des bewuchtern bzw. des durch wucherähnlichen Geschäfts übervorteilten Kreditnehmers zum Zuge kommen.[242] Es gilt vielmehr die Zweikondiktionentheorie. Die Bank ist deshalb betreffend Rückzahlung des noch nicht fälligen Kapitals[243] auf eine gesonderte Geltendmachung ihrer Ansprüche angewiesen.

Dagegen ist eine solche beiderseitige Verrechnung der Ansprüche im Einvernehmen der Parteien des Kreditvertrages jederzeit möglich.

b) Aufrechnung.

Die Bank kann mit ihren noch nicht fälligen Ansprüchen auf Rückerstattung des Darlehens arg. § 387 BGB nicht aufrechnen. Dagegen kann der Kreditnehmer gegenüber dem Erstattungsanspruch der Bank mit seinem fälligen Erstattungsanspruch[244] aufrechnen. Dies gilt auch insoweit, als die Erstattungsansprüche des Kreditnehmers bereits verjährt sind (§ 390 S. 2 BGB).[245]

---

[240] *LG Frankfurt*, NJW-RR 1988, 1129; *BGH*, NJW 1992, 1072; *Derleder/Wosnitza*, ZIP 1990, 901; weitere Nachw. bei *Schmelz*, Rdnr. 596, 597.

[241] *LG Hamburg*, VuR 1988, 206; *Schmelz*, Rdnr. 600.

[242] *Canaris*, WM 1981, 978.– Allgemein zu den Grenzen der Saldotheorie *Reuter/Martinek*, (Fußn. 205), S. 604 ff.

[243] S.o. IV, 1, c, Fußn. 224.

[244] S.o. IV, 2, b.

[245] S.o. Fußn. 237.

V. Prozessuale Fragen

1. Nachweis des Darlehensvertrages

Der Kläger, beim Verbraucherdarlehen die Bank, der den Anspruch auf Rückzahlung des Darlehens geltendmacht, ist für das Zustandekommen des Kreditvertrages und die Auszahlung der Darlehensvaluta nach allgemeinen Grundsätzen darlegungs- und beweispflichtig.[246]

a) Die Einigung

Der Kläger muß die Einigung über das Darlehen behaupten und gegebenenfalls beweisen.

Bei den von den Banken ausgegebenen Konsumentenkrediten bestehen im Hinblick auf das Schriftformerfordernis des § 4 VerbrKrG keine Probleme. Die schriftliche Urkunde liefert Beweis für den Abschluß des Darlehensvertrages (§ 416 ZPO). Sollte die Echtheit der Urkunde bestritten werden, muß die Bank den Nachweis für die Echtheit der Unterschrift führen (§ 440 ZPO).[247]

b) Die Auszahlung der Darlehensvaluta

Den Nachweis über die Auszahlung der Darlehensvaluta führt die Bank durch

(1) Vorlage der Überweisungsträger und Kontoauszüge;
(2) Vorlage eines von dem Kreditnehmer unterschriebenen Schuldscheins;[248]
(3) Vorlage einer vollstreckbaren Urkunde (§ 794 I Nr. 5 ZPO) mit Unterwerfungsklausel.[249]

Ist das Darlehen an einen Dritten ausgezahlt worden,[250] so muß die Bank neben dem Nachweis der Zahlung auch die Ermächtigung des Dritten zur Entgegennahme des Kredites nachweisen;[251] diese Ermächtigung kann sich aus dem Kreditvertrag oder einer speziellen schriftlichen Anweisung des Kreditnehmers ergeben.

---

[246] *BGH*, NJW 1983, 931; *Baumgärtel/Laumen*, Handb. der Beweislast, Bd. 1, § 607 *BGB*, Rdnr. 1, 2.
[247] Hierzu *Tempel*, Mustertexte, Bd. I, § 2, Vorbem. II, 4, c, (2).
[248] *BGH*, JR 1978, 414 m. Anm. *Baumgärtel; BGH*, NJW 1986, 2571 m. Anm. *Baumgärtel*, JR 1986, 103; Einzelheiten bei *Baumgärtel/Laumen* (Fußn. 246), § 607 *BGB*, Rdnr. 18 ff.
[249] *BGH*, NJW 1981, 2576; dagegen *Wolfsteiner*, NJW 1982, 2851; *Baumgärtel/Laumen* (Fußn. 246), Rdnr. 28, 29.
[250] S.o. 1. Teil, II, 3, b.
[251] *Baumgärtel/Laumen* (Fußn. 246), § 607 BGB, Rdnr. 3.

2. Anwendbarkeit des VerbrKrG

Nach dem Wortlaut und dem Zweck des VerbrKrG wird die Anwendbarkeit des Gesetzes vermutet (§ 1 I).

Der Kläger (Bank) trägt mithin die Beweislast dafür, daß der Kredit nach dem Inhalt des Vertrages für eine bereits ausgeübte gewerbliche oder selbständige berufliche Tätigkeit bestimmt ist.[252]

3. Inhalt des Darlehensvertrages

a) Grundsatz

Der Inhalt des Darlehensvertrages ist grundsätzlich von demjenigen zu beweisen, der hieraus Rechte für sich herleiten will.[253]

Die Beweislast trifft den auf Rückzahlung klagenden Gläubiger, wenn die Höhe oder die Fälligkeit des Darlehens streitig ist. Der auf Rückzahlung in Anspruch genommene Kreditnehmer hat den Inhalt des Darlehensvertrages zu beweisen, wenn er Einwendungen oder Einreden geltendmacht, z.B. im Falle der Sittenwidrigkeit und etwaiger zu seinen Gunsten vereinbarten Zahlungsmodalitäten.

b) Beweisführung

Im Hinblick auf die Schriftform des Kreditvertrages (§ 4 I S. 4 Nr. 1 VerbrKrG) ergeben sich in der Praxis hinsichtlich der notwendigen Angaben keine Probleme.

(1) Mündliche Nebenabreden hat derjenige zu beweisen, der sich auf sie beruft.[254]

(2) Bei Prüfung der Sittenwidrigkeit des wucherähnlichen Geschäfts[255] ergibt sich der effektive Jahreszins aus der Angabe im Kreditvertrag, der aber erst bei konkreten Anhaltspunkten und bei Bestreiten des Kreditnehmers überprüft werden muß.[256] Der Marktzins – Schwerpunktzins der Deutschen Bundesbank – kann unschwer durch Einsichtnahme in die Monatsberichte der Deutschen Bundesbank oder andere Veröffentlichungen[257] ermittelt werden. Die im Rahmen der Gesamtwürdigung zu berücksichtigenden Umstände werden sich in dem meisten Fällen aus dem Kreditvertrag selbst ergeben (z.B. belastende Klauseln); in Ausnahmefällen bedürfen sie einer Klärung durch die üblichen Beweismittel. Das – umstrittene – subjektive Element auf seiten der Bank wird regelmäßig vermutet und müßte in Ausnahmefällen durch die Bank aufgrund des Vortrags besonderer Umstände widerlegt werden.[258]

(3) Wird die Sittenwidrigkeit einer Mithaftung[259] geltendgemacht, wird es regelmäßig der Aufklärung der Umstände, die zum Vertragsabschluß geführt haben, bedürfen.

---

[252] S.o. 2. Teil, I, 1, b, Fußn. 9, 10.

[253] *OLG Hamm*, NJW-RR 1994, 770; *OLG Oldenburg*, NJW-RR 1995, 1452.

[254] *Reinicke*, JZ 1977, 159.

[255] S.o. 2. Teil, II, 3, d.

[256] *Reifner*, DB 1984, 2178; a.A. *OLG Köln*, ZIP 1987, 363; *OLG Düsseldorf*, WM 1985, 17.

[257] S.o. Fußn. 85.

[258] S.o. Fußn. 110, 111; *Baumgärtel* (Fußn. 246), § 138 BGB, Rdnr. 9.

[259] S.o. 2. Teil, II, 3, e.

4. Vorliegen der Fälligkeitsvoraussetzungen und Höhe der Forderung

a) Einzelne Raten

Die Bank hat bei Geltendmachung einzelner Raten deren Fälligkeit darzulegen und gegebenenfalls zu beweisen.

Sie kann sich hierbei regelmäßig auf die Vereinbarungen im Kreditvertrag (§ 4 I S. 4 Nr. 1, c VerbrKrG) berufen. Der Kreditnehmer hat eine von ihm behauptete und von der Bank bestrittene Stundungsabrede zu beweisen.

b) Gesamtfälligstellung

Bei Gesamtfälligstellung des Kredits hat die Bank die Voraussetzungen des § 12 I VerbrKrG[260] darzulegen und zu beweisen.

(1) Die Höhe des Zahlungsverzuges kann die Bank durch Vorlage eines Kontoauszuges darlegen, aus dem sich die einzelnen Belastungen und Gutschriften ergeben. Soweit sich der Kreditnehmer auf weitere, in dem Kontoauszug nicht berücksichtigte Zahlungen beruft, trägt er hierfür die Darlegungs- und Beweislast; er muß insoweit Urkunden betreffend diese Zahlungen (Empfangsquittungen, Überweisungsträger, eventuell frühere Kontoauszüge der Bank) vorlegen.[261]

(2) Die formellen Voraussetzungen des § 12 I Nr. 2 VerbrKrG – Nachfristsetzung und Androhung der Gesamtfälligstellung [262] – hat die Bank nach den allgemeinen Regeln nachzuweisen. Es ist deshalb der Zugang dieser Erklärung erforderlich (§ 103 I BGB), wobei nach der Rechtsprechung nicht der Nachweis der Absendung des Briefes oder Einschreibebriefes[263] genügt.

c) Höhe der Forderung

Hinsichtlich der Höhe der Forderung gelten die Ausführungen unter 4, b, (1). Die Bank hat durch Vorlage eines Kontoauszuges die Höhe der noch offenen Forderung darzulegen.[264]

(1) Im Hinblick auf die in § 11 III VerbrKrG vorgeschriebene Tilgungsverrechnung muß die Bank für die ab Eintritt des Verzuges laufenden Zinsen ein Unterkonto führen.[265] Der Kreditnehmer muß einzelne, nach seiner Auffassung unrichtige Positionen bestreiten und einzelne fehlende Zahlungen darlegen, für die er dann die Beweislast trägt.[266]

(2) In bestimmten Fällen stimmt die von der Bank vorgelegte Abrechnung nicht mit der vom Gericht angenommenen Rechtslage überein. Dies gilt einmal für die Fälle, in denen der Kontoauszug einzelne Positionen enthält, die auf unwirksamen Klauseln beruhen,[267] als auch bei einem

---

[260] S.o. 2. Teil, III, 3, b.
[261] *BGH*, WM 1975, 593.
[262] S.o. III, 3, b, (3).
[263] *BGHZ* 34, 308 = NJW 1957, 1230; zust. im Ergebnis *Baumgärtel/Laumen* (Fußn. 246), § 130 BGB, Rdnr. 2, 4; krit. *Huber*, JR 1985, 117.
[264] *BGH*, NJW 1987, 3256, 3258; *Schmelz*, Rdnr. 605.
[265] S.o. III, 1, b, (1); *Scholz*, DB 1991, 218.
[266] *AG München*, NJW-RR 1996, 687 (Rückzahlung).
[267] S.o. II, 3, d, (2), Fußn. 103 ff.

Verstoß gegen die gesetzlich vorgeschriebene Tilgungsverrechnung.[268] Ferner kommt dies bei Annahme der Sittenwidrigkeit des Vertrages und der daraus folgenden neuen Zinsabrechnung in Frage.[269]

Die in diesem Fall vorzunehmende Abrechnung kann einmal von dem Gericht vorgenommen werden. Meist ist das Gericht über diese Arbeitsbelastung nicht erbaut (iudex non calculat). Es wird in diesem Falle der Bank aufgeben, unter Beachtung der von ihm bekanntgegebenen Richtlinien eine neue Abrechnung vorzunehmen; bei Nichterfüllung der Auflage muß die Bank mit einer Abweisung der Klage wegen fehlender Substantiierung rechnen.

5. Gegenansprüche des Darlehensnehmers

Bei Schadensersatzansprüchen wegen Verletzung von Aufklärungs- oder Schutzpflichten durch die Bank[270] hat der Darlehensnehmer die Tatsachen, aus denen sich die Verletzung der Pflicht ergibt, zu beweisen.

Dagegen hat die Rechtsprechung eine Umkehr der Beweislast in zwei Punkten angenommen. Einmal muß die Bank sich hinsichtlich des fehlenden Verschuldens entlasten.[271] Außerdem hat die Rechtsprechung hinsichtlich der Kausalität zwischen Pflichtverletzung und Schaden eine Umkehr der Beweislast angenommen: Läßt sich nicht mehr feststellen, ob eine pflichtgemäße Aufklärung den Darlehensnehmer von dem Abschluß des Kreditvertrages abgehalten hätte, so geht dies zu Lasten der Bank.[272]

6. Sittenwidrige Vollstreckung

a) Entwicklung

Die allgemeine prozeßrechtliche Frage, ob die materielle Rechtskraft eines Titels durch einen Schadensersatzanspruch aus § 826 BGB überwunden werden kann,[273] ist in der Vergangenheit bei der Vollstreckung aus im Mahnverfahren erwirkten Vollstreckungsbescheiden akut geworden.[274]

Dies beruhte einmal darauf, daß im Mahnverfahren in der ab 1.7.1977 geltenden Fassung des § 691 ZPO keine Schlüssigkeitsprüfung mehr vorgenommen wurde. Außerdem führte die ab dem Jahre 1978 einsetzende Verschärfung der Rechtsprechung in der Annahme wucherähnlicher Geschäfte[275] und ihre rückwirkende Anwendung auf die sogenannten „Altverträge“[276] dazu, daß die Kreditnehmer sich zusehends gegen

---

[268] S.o. III, 1, a, (2), Fußn. 145 und III, 1, b.

[269] S.o. IV, 1, b, (3).

[270] S.o. III, 5, b.

[271] *BGH*, NJW 1980, 2186 m. Anm. *Baumgärtel*, JZ 1981, 274; *Baumgärtel* (Fußn. 246), § 276 BGB, Rdnr. 9 m.w.Nw.

[272] *BGH*, WM 1987, 1546.

[273] *Rosenberg-Schwab-Gottwald*, ZPR, § 162, III; krit. und abl. *Baumbach-Hartmann*, Einf. zu § 322 ZPO, Rdnr. 28 ff.

[274] *Schmelz*, Rdnr. 625 ff.

[275] S.o. II, 3, d.

[276] *BGH*, NJW 1983, 2692; 1991, 834, zur Verfassungsmäßigkeit *BVerfG* NJW 1984, 2345; zust. *Reifner/Siederer*, NJW 1984, 2313; *Nüssgen*, FS Werner (1984), S. 821; krit. *Bunte*, NJW 1983, 2674; 1985, 705. Siehe hierzu unten bei Fußn. 281, 283.

Vollstreckungsbescheide zur Wehr setzten, die im Zeitpunkt ihres Erlasses inhaltlich richtig erschienen, nun aber nachträglich auf einer unrichtigen Rechtslage beruhten.

Entgegen einiger abweichender Befürworter im Schriftum und Rechtsprechung[277] hat der BGH die materielle Rechtskraft von Vollstreckungsbescheiden anerkannt,[278] zugunsten der Schuldner jedoch Ansprüche aus § 826 BGB wegen sittenwidriger Erschleichung bzw. Ausnutzung von Titeln unter folgenden Voraussetzungen zugelassen:

(1) Der Vollstreckungsbescheid muß nach der jetzigen Rechtslage unrichtig sein.

Es bedarf deshalb einer uneingeschränkten Prüfung, ob der Bank der titulierte Anspruch (Kapitalrückzahlung nebst Zinsen) zusteht.[279] Erforderlich ist deshalb eine völlige Neuberechnung und Überprüfung des Effektivzinssatzes im Rahmen des § 138 I BGB und eventuell der beiderseitigen aus der Rückabwicklung entstandenen Ansprüche.[280]

(2) Der angegriffene Vollstreckungsbescheid mußte von der Bank „erschlichen" worden sein.

Dies wurde bejaht, wenn die Bank sich des Mahnverfahrens bedient hatte, obwohl sie im Zeitpunkt der Antragstellung erkannt hatte oder hätte erkennen müssen, daß *nach der damaligen Rechtslage* der Anspruch so nicht bzw. nicht in dieser Höhe gegeben war.[281]

(3) Alternativ zu (2) genügte gegebenenfalls, wenn die Ausnutzung des Vollstreckungsbescheides nach den besonderen Umständen des Falles als sittenwidrig anzusehen war.[282]

(4) Neben der objektiven Erschleichung des Titels (oben (2)) bzw. Ausnutzen des Titels (oben (3)) mußte zumindest bedingter Vorsatz vorliegen.[283]

Die Bank mußte die Unrichtigkeit des Titels erkannt oder sich zumindest der Einsicht in die diese begründenden Tatsachen verschlossen haben.[284] Im Einzelfall sollte es sogar genügen, wenn im Verfahren nach § 826 BGB der Bank die Unrichtigkeit des Titels bekanntgegeben wurde.[285]

---

[277] *Braun*, JZ 1987, 789; ZIP 1987, 687; *OLG Karlsruhe*, NJW 1985, 744; *OLG Stuttgart*, NJW 1987, 444.

[278] *BGH*, NJW 1987; 3256; 1987, 3259; ebenso *Münzberg*, JZ 1987, 475; NJW 1986, 361, 759.

[279] *BGH*, NJW 1987, 3256; 1989, 971; NJW-RR 1988, 757; 1989, 304; *Schmelz*, Rdnr. 632 m.Nw.; einschr. *OLG Köln*, NJW-RR 1991, 173.

[280] S.o. IV.

[281] *BGHZ* 101, 380 = NJW 1989, 3256; *BGH*, NJW-RR 1989, 304; 1990, 179; 1990, 434; *Mülbert*, JZ 1992, 404; *Schmelz*, Rdnr. 637 mit eingehenden Ausführungen zur zeitlichen Staffelung entsprechend der Entwicklung der höchstrichterlichen Rechtsprechung; zur Verfassungsmäßigkeit: *BVerfG*, NJW-RR 1993, 232.

[282] *BGHZ* 112, 54 = NJW 1991, 30 m. Anm. *Vollkommer*; *OLG Köln*, NJW-RR 1993, 570; *OLG Frankfurt*, NJW-RR 1996, 110.

[283] *BGH*, NJW-RR 1986, 1150.

[284] *BGH*, WM 1989, 170 = ZIP 1989, 286; *Schmelz*, Rdnr. 649.

[285] *BGHZ* 101, 380 = NJW 1987, 3256; *BGH*, NJW-RR 1990, 179; NJW 1999, 1257; (sehr bedenklich).

Inhaltlich geht der Anspruch aus § 826 BGB auf Unterlassung der weiteren Zwangsvollstreckung aus dem Titel.[286] Zusätzlich kann Herausgabe des Titels verlangt werden, wenn Ansprüche der Bank überhaupt nicht mehr bestehen.

b) Derzeitige Rechtslage

Durch Art. 6 III des VerbrKrG vom 17. 12. 1990[287] ist die Rechtslage mit Wirkung vom 1. 1. 1992 geändert worden. Nach § 688 II Nr. 1 ZPO n.F. ist das Mahnverfahren ausgeschlossen, wenn der nach dem VerbrKrG im Kreditvertrag anzugebende effektive Jahreszins den bei Vertragsschluß geltenden Diskontsatz der Deutschen Bundesbank um 12 % übersteigt.[288]

(1) Zur Absicherung dieser Nachprüfung schreibt § 690 I Nr. 3 ZPO n.F. vor, daß im Antrag auf Erlaß des Mahnbescheides Haupt- und Nebenforderungen gesondert und einzeln zu bezeichnen sind; außerdem ist das Datum und der effektive Jahreszins anzugeben. – Schließlich ist mit der h.M. davon auszugehen, daß auf Zinsen beschränkte Vollstreckungstitel nicht mehr zulässig sind, um einen Mißbrauch in Form der Umgehung des § 1 III S. 4 VerbrKrG zu verhindern.[289]

(2) Mit dieser neuen Rechtslage dürfte für die Zukunft eine Erschleichung von Vollstreckungsbescheiden durch die Bank ausgeschlossen sein. Es bleibt abzuwarten, inwieweit im Einzelfall die Rechtsprechung noch Gelegenheit finden wird, § 826 BGB zugunsten von Kreditnehmern anzuwenden. Denkbar wäre dies in dem Fall, daß die Bank den Kreditnehmer von der Geltendmachung von Einwendungen im Prozeß abgehalten hat.[290] Einen solchen Rechtsmißbrauch könnte man dann aber nicht auf das Mahnverfahren beschränken, sondern müßte auch die Erwirkung anderer Titel, z.B. im Versäumnisverfahren umfassen.[291] Neuerdings will ein Instanzgericht Fälle „der gestörten Vertragsparität" der Anwendung des § 826 BGB unterstellen.[291a]

7. *Präklusion des Widerrufsrechts bei der Vollstreckungsgegenklage*

Hat der auf Rückzahlung des Darlehens verklagte Kreditnehmer im Erkenntnisverfahren sein Recht auf Widerruf des Kreditvertrages nach § 7 VerbrKrG[292] nicht ausgeübt, so kann er dies nicht im Wege der Vollstreckungsgegenklage nachholen, da der Widerruf keine neue Tatsache im Sinne des § 767 II ZPO ist.[293]

---

[286] *Mülbert*, JZ 1992, 404.

[287] *BGBl.* I, S. 2840.

[288] Krit. hierzu *Schmelz/Klute*, ZIP 1990, 1524. – Zur Ersetzung des Diskontsatzes für die Zeit ab 1. 1. 1999 s.o. Fußn. 153a.

[289] S.o. III, 1, b (2), Fußn. 151.

[290] Hierzu schon *BGH*, NJW 1987, 3256; *OLG Koblenz*, NJW-RR 1989, 43; *Schmelz*, Rdnr. 642.

[291] Hierzu *Schmelz*, Rdnr. 630; *Mülbert*, JZ 1992, 403.

[291a] *LG Hanau*, NJW-RR 1999, 505 unter Berufung auf BVerfG, NJW 1994, 36, 2749 (s.o. Fußn. 123).

[292] S.o. II, 2,c.

[293] *BGHZ* 131, 82 = NJW 1996, 57; *OLG Hamm*, NJW 1993, 140; *Boemke*, AcP 197, 162, 181; a.A. *OLG Karlsruhe*, NJW 1990, 2474; *OLG Stuttgart*, NJW 1994, 1225; *Graf von Westphalen*, § 7, Rdnr. 65; *Bülow*, NJW 1996, 133.

Dritter Teil. Das Abzahlungsgeschäft

I. Allgemeines

1. Entwicklung

Das Abzahlungsgeschäft als besondere Form des Teilzahlungskaufs wurde bereits durch Gesetz vom 16. 5. 1894[1] aus Gründen des Verbraucherschutzes einer gesonderten rechtlichen Regelung unterzogen. Neben der besonderen Ausformung durch die Rechtsprechung, die insbesondere an das Verbot der Umgehungsgeschäfte (§ 6 AbzG) anknüpfte,[2] ist das Gesetz in den Jahren 1969 und 1974 durch Einführung der §§ 1a–1d sowie § 6a erweitert worden.[3] Das Gesetz ist mit Wirkung vom 1. 1. 1991 durch das VerbrKrG ersetzt worden.

2. Persönlicher Anwendungsbereich

Insoweit kann auf die Ausführungen beim Verbraucherdarlehen[4] verwiesen werden. Hier ist eine erhebliche Änderung gegenüber dem Anwendungsbereich des AbzG zu verzeichnen.

Das AbzG fand auch auf private Verkäufer Anwendung, während nunmehr auf Verkäuferseite die gewerbliche oder berufliche Tätigkeit vorausgesetzt wird. Auf der Käuferseite waren bisher nur die im Handelsregister eingetragenen Kaufleute auszugrenzen (§ 8 AbzG), während nunmehr der Schutzbereich des VerbrKrG auf die private Kreditaufnahme beschränkt ist; gewerbliche und freiberufliche Kreditaufnahme auf der Käuferseite wird von dem VerbrKrG nicht erfaßt (§ 1 I). Eine Ausnahme bilden nur die Käufe zum Zwecke der Existenzgründung, die dem VerbrKrG unterliegen.[5]

3. Sachlicher Abwendungsbereich

a) Kreditvertrag

Der sachliche Geltungsbereich ergibt sich aus der umfassenden Definition des Kreditvertrages in § 1 II, der auch Zahlungsaufschübe umfaßt, wie sie gerade bei Ratenkäufen üblich sind. Entgegen dem bisherigen Recht wird neben der Lieferung einer bestimmten Sache auch die Erbrin-

---

[1] *RGBl.* 1894, S. 450.
[2] Vgl. hierzu die Kommentare zu § 6a AbzG, z.B. *H.P. Westermann*, MK 2. Aufl. 1988.
[3] S.o. 1. Teil, V, 1, Fußn. 52.
[4] S.o. 2. Teil, I, 1.
[5] *BGHZ* 128, 156 = NJW 1995, 722.

gung einer bestimmten anderen Leistung gegen Teilzahlung erfaßt, wie sich aus der Formulierung in § 4 I S. 4 Nr. 2 ergibt.[6]

(1) Entfallen ist die bisherige Voraussetzung einer Teilzahlungsabrede betreffend die Kaufpreiszahlung mit mindestens zwei Raten nach Übergabe der Kaufsache.[7] Es genügt, daß ein Teil des Entgelts nach Übergabe der Sache (bzw. nach Erbringung der sonstigen Leistungen) von dem Gläubiger kreditiert wird.[8]

(2) Ausgenommen sind aber die in § 3 I Nr. 1, 3, 4 genannten Verträge, vor allem also Verträge mit einer Vergütung bis 400 DM oder einem Zahlungsaufschub von nicht mehr als drei Monaten.[9]

b) Erweiterung

Teilweise einbezogen sind – entsprechend der bisherigen Regelung in § 1c AbzG – nach § 2 folgende Verträge:

- die Lieferung mehrer als zusammengehörend verkaufter Sachen, wenn das Entgelt für die Gesamtheit der Sache in Teilleistungen zu entrichten ist (Nr. 1);[10]
- die regelmäßige Lieferung von Sachen gleicher Art (Nr. 2);[11]
- die Verpflichtung zum wiederkehrenden Erwerb oder zum Bezug von Sachen (Nr. 3).[12]

(1) Bei den genannten drei Vertragsarten soll der Käufer vor der übereilten Eingehung langfristiger Bindungen geschützt werden.[13] Für sie gelten nur die Vorschriften des VerbrKrG über Schriftform (§ 4) und das Widerrufsrecht (§ 7). Mangels Erwähnung findet § 3 I Nr. 2 keine Anwendung mit der Folge, daß auch Verträge mit einem Nettokreditbetrag über 100.000 DM den Vorschriften der §§ 4 und 7 unterliegen.[14]

(2) Die Erweiterung des § 2 schließt es allerdings nicht aus, daß die gesamten Vorschriften des VerbrKrG zur Anwendung kommen, wenn die

---

[6] Beispiele: Dienstverträge, Werkverträge, Geschäftsbesorgungen.

[7] *Graf von Westphalen/von Rottenburg*, § 4, Rdnr. 159; Bülow, NJW 1991, 130.

[8] *Bülow*, NJW 1991, 130.

[9] *Graf von Westphalen/von Rottenburg*, § 4, Rdnr. 162.

[10] *BGH*, NJW 1993, 2052 (Buchreihe); *BGHZ* 78, 375 = NJW 1981, 453; *OLG Köln*, BauR 1995, 705 (Bausatzverträge); *AG Frankfurt*, NJW-RR 1994, 1400 (Loseblattsammlung). Die Vorschrift ist bei einer Einmalzahlung nicht anwendbar: *Graf von Westphalen*, § 2, Rdnr. 12.

[11] *BGHZ* 67, 389 = NJW 1977, 714 (Aussteuer); *BGH*, NJW 1987, 124; 1990, 3144 (Zeitschriftenabonnement); *BGH*, WM 1989, 1951; 1990, 613 (keine Anwendung bei Probeabonnement ohne Fortsetzung). – Fälle der Einmalzahlung werden hier – ebenso wie in § 2 Nr. 1 – nicht erfaßt; vgl. hierzu *Graf von Westphalen*, § 2, Rdnr. 23 m.Nw.

[12] *BGH*, NJW-RR 1988, 1322 (Flüssiggas); *BGHZ* 128, 156 =NJW 1995, 722 (Franchise); *BGHZ* 78, 248 =NJW 1981, 230; *BGHZ* 97, 127 = NJW 1986, 1679; *BGHZ* 109, 314 = NJW 1990, 567; *BGH*, NJW 1991, 2903 (Getränkebezug).

[13] *Graf von Westphalen*, § 1, Rdnr. 1.

[14] *BGHZ* 128, 156 = NJW 1995, 722. – In gleichem Sinne betr. § 3 I Nr. 3: *OLG Karlsruhe*, ZIP 1993, 341.

Voraussetzungen eines Kreditvertrages im Sinne von § 1 II vorliegen und keiner der Ausnahmen des § 3 I Nr. 1, 3, 4 gegeben ist.[15] Das gilt auch, wenn einer der in § 2 genannten Verträge mit einem Kreditvertrag verbunden wird und die Voraussetzungen des § 9 vorliegen.[16]

II. Der Vertragsschluß

1. Die Schriftform

a) Allgemeines

Im Gegensatz zum bisherigen Recht, das nur für die Willenserklärung des Käufers die Schriftform vorschrieb (§ 1a I S. 1 AbzG), unterliegen nunmehr beide Willenserklärungen dem Schriftformerfordernis (§ 4 I S. 1). Dabei genügen auch getrennte schriftliche Erklärungen (§ 4 I S. 2).

Letzteres soll aber nicht gelten für die in § 2 genannten Verträge, da § 2 nur auf § 4 I S. 1, nicht aber auf S. 2 verweise.[17] In diesen Fällen bedarf es also einer einheitlichen schriftlichen Urkunde.

b) Notwendige Angaben

§ 4 I S. 4 Nr. 2 schreibt – im Anschluß an das frühere Recht (§ 1a I AbzG) – einen bestimmten Umfang der schriftlichen Vertragsurkunde vor.[18] Zweifelhaft ist hier, ob im Hinblick auf den Wortlaut des Gesetzes – „gegen Teilzahlungen" – wie nach § 1 AbzG neben der Anzahlung wiederum zwei Raten zu verlangen sind.[19]

Anzugeben sind:

(1) der Barzahlungspreis;[20]
(2) der Teilzahlungspreis;[21]
(3) Betrag, Zahl und Fälligkeit der einzelnen Teilzahlungsraten;
(4) der effektive Jahreszins;[22]

---

[15] *LG Mannheim*, NJW-RR 1996, 118.

[16] *Graf von Westphalen*, § 2, Rdnr. 37.

[17] *Graf von Westphalen*, § 2, Rdnr. 38; ders. */von Rottenburg*, § 4, Rdnr. 6.

[18] Ausnahmen bestehen teilweise für den Versandhandel nach § 4 I S. 4 Nr. 2 S. 2; hierzu *BGH*, NJW-RR 1989, 1306.

[19] Dafür *Bülow*, NJW 1991, 131; dagegen mit Recht *Graf von Westphalen/von Rottenburg*, § 4, Rdnr. 159; *Reinicke/Tiedtke*, ZIP 1992, 218.

[20] Er umfaßt auch die Mehrwertsteuer, nicht aber Skonti; *BGHZ* 62, 42, 48 =NJW 1974, 365; *Graf von Westphalen/von Rottenburg*, § 4, Rdnr. 164, 165; *Knütel*, JR 1985, 353.

[21] *Graf von Westphalen/von Rottenburg*, § 4, Rdnr. 169: Einbeziehung aller Kosten.

[22] Zur Berechnung s.o. 2. Teil, Fußn. 30.

(5) die Kosten einer Versicherung, die im Zusammenhang mit dem Kaufvertrag (bzw. Leistungsvertrag) abgeschlossen wird;[23]

(6) die Vereinbarung eines Eigentumsvorbehalts oder einer anderen zu bestellenden Sicherheit.[24]

c) Rechtsfolgen des Verstoßes

Sie sind ähnlich wie bei dem Kreditvertrag in § 6 I, III, IV geregelt.

(1) Ist die Schriftform des Vertrages nicht eingehalten, so ist der gesamte Vertrag nichtig (§ 6 I). Die Nichtigkeit besteht zu Lasten beider Vertragsteile.[25] Der Vertrag kommt aber nachträglich zustande, wenn dem Verbraucher die Sache übergeben[26] oder die sonstige Leistung erbracht wird (§ 6 III S. 1).

In den Fällen des § 2[27]) soll dagegen eine Heilung nicht in Frage kommen, da § 2 nur auf § 4 I S. 1 verweise, nicht aber auf § 4 I S. 4, an den die Regelung in § 6 III S. 1 anknpüfe.[28] Die auf einer Wortinterpretation getroffene Lösung erscheint zweifelhaft und nicht interessengerecht, zumal es sich möglicherweise um ein Redaktionsversehen handelt. Diskutierbar wäre eine Anwendung des § 242, wenn sich eine der Vertragsparteien nachträglich auf die Nichtigkeitsfolge beruft.

(2) Bei Fehlen oder Unrichtigkeit einzelner Angaben gilt die Regelung in § 6 III S. 2–4.

Ist die Angabe des Teilzahlungspreises oder des effektiven Jahreszinses unterblieben, so gilt der gesetzliche Zinssatz (§ 6 III S. 2); ob hier die Teilzahlungsraten an den neuen Zinssatz anzupassen sind, ist im Gesetz nicht geregelt; es liegt nahe, die für den Kreditvertrag geltende Regelung des § 6 II S. 4 entsprechend anzuwenden.[29] Ist der effektive Jahreszins zu niedrig angegeben, so vermindert sich der Teilzahlungspreis um den Prozentsatz, um den der effektive Jahreszins zu niedrig angegeben ist (§ 6 IV).[30] Ist der Barzahlungspreis nicht genannt, so gilt im Zweifel der Marktpreis als Barzahlungspreis (§ 6 III S. 3).[31] Die Bestellung von in der Urkunde nicht angegebener Sicherheiten kann nicht verlangt werden (§ 6 III S. 4); ob hier bei Überschreiten der Bagatellgrenze von 100.000 DM eine Ausnahme zu machen ist – es fehlt eine dem § 6 II S. 6 entsprechende Regelung – erscheint zweifelhaft.[32]

---

[23] Beispiel: Restschuldversicherung.

[24] Beispiel: Abtretung von Lohn oder Gehalt.

[25] *Graf von Westphalen/von Rottenburg*, § 6, Rdnr. 14.

[26] *OLG Hamm*, NJW 1973, 1704 (brevi manu traditio nach § 929 S. 2 *BGB* genügt); ein Besitzkonstitut nach § 930 BGB reicht nach h.M. nicht aus; vgl. *Graf von Westphalen/von Rottenburg,* § 6, Rdnr. 46 m.Nw.; zur Abtretung des Herausgabeanspruchs nach § 931 BGB siehe *BGH*, NJW 1977, 1632. – Zur Heilung bei Teilleistungen vgl. *Graf von Westphalen/von Rottenburg*, § 6, Rdnr. 44; *Ulmer*, § 6, Rdnr. 32.

[27] S.o. I, 3, b.

[28] *Graf von Westphalen*, § 2, Rdnr. 39; *Bülow*, § 2, Rdnr. 8.

[29] *Graf von Westphalen/von Rottenburg*, § 6, Rdnr. 62.

[30] Hierzu *Graf von Westphalen/von Rottenburg*, § 6, Rdnr. 63 ff.

[31] Zur Nichtberücksichtigung der Anzahlung siehe *Graf von Westphalen/von Rottenburg*, § 6, Rdnr. 52.

[32] Für analoge Anwendung des § 6 II S. 6; *Graf von Westphalen/von Rottenburg*, § 6, Rdnr. 57.

(3) Keine Sanktionen enthält das Gesetz für das Unterbleiben der in § 4 I S. 4 Nr. 2c) und e) verlangten Angaben.

Ob hinsichtlich der Positionen – fehlende Angaben der Kosten einer Versicherung – eine entsprechende Anwendung von § 6 II S. 3 in Frage kommt, erscheint zweifelhaft.[33]

d) Aushändigung einer Abschrift der Urkunde

Dem Verbraucher (Käufer, Empfänger der Leistung) ist eine Abschrift der Vertragsurkunde auszuhändigen (§ 4 III). Ebenso wie beim Verbraucherdarlehen genügt die Aushändigung einer Fotokopie.

2. Das Widerrufsrecht

a) Voraussetzungen

Ebenso wie beim Verbraucherdarlehen kann der Käufer (bzw. der Empfänger der Leistung) seine Willenserklärung widerrufen (§ 7 I), was der bisherigen Rechtslage entspricht (§ 1b AbzG). Die Voraussetzungen des Widerrufs sind im wesentlichen die gleichen wie bei dem Verbraucherdarlehen, so daß auf die dortigen Ausführungen[34] verwiesen werden kann. Zwei Punkte bedürfen eines besonderen Hinweises:

(1) Im Gegensatz zum Verbraucherdarlehen ist das Widerrufsrecht nicht davon abhängig, daß der Verbraucher die Sache zurückgibt (§ 7 III findet keine Anwendung).

(2) In den Fällen des § 2 ist auch hier streitig, ob das Widerrufsrecht nach beiderseits vollständiger Erbringung der Leistungen erlischt (§ 7 II S. 3), weil § 2 nur auf § 4 I S. 1, nicht aber auf S. 2 verweist.[35] Ein nach vollständiger Abwicklung des Vertrages ausgesprochener Widerruf kann aber gegen Treu und Glauben (§ 242) verstoßen.[36]

b) Rechtsfolgen des Widerrufs

Der rechtswirksam erfolgte Widerruf führt zu beiderseitigen Rückgewähransprüchen (§ 7 IV VerbrKrG i.V. mit § 3 HWiG).[37] Das entspricht der bisherigen Rechtslage (§ 1d AbzG).

Der Kreditgeber (Lieferant, Erbringer der Leistung) hat die gezahlte Vergütung zu erstatten. Der Verbraucher hat die bereits erhaltene Sache

---

[33] Dafür *Graf von Westphalen/von Rottenburg*, § 6; Rdnr. 60.

[34] S.o. 2. Teil, II, 2.

[35] Für analoge Anwendung des § 7 II S. 3: *Ulmer*, § 2, Rdnr. 33; dagegen *Graf von Westphalen*, § 2, Rdnr. 40. – Zum gleichen Verweisungsproblem bei der Schriftform s.o. Fußn. 17.

[36] *Graf von Westphalen*, aaO.

[37] Zur Rechtsnatur siehe *BGHZ* 131, 82 = NJW 1996, 57 (besond. ausgestalteter Bereicherungsanspruch).

zurückzugeben, wobei ihm die auf die Sache gemachten notwendigen Verwendungen zu erstatten sind (§ 3 IV HWiG). Kann der Verbraucher die Sache wegen Untergangs oder anderweitiger Unmöglichkeit nicht zurückgeben, so hat er Wertersatz zu leisten, wobei der Verschuldensmaßstab unterschiedlich ist, je nachdem, ob der Verbraucher über das Widerrufsrecht belehrt wurde oder nicht (§ 3 I S. 3 und II HWiG).

Für die Überlassung des Gebrauchs ist eine Nutzungsvergütung zu entrichten (§ 3 III HWiG), wobei streitig ist, ob die Nutzungsvergütung nur bei tatsächlichem Gebrauch der Sache oder auch bei Nichtgebrauch zu zahlen ist.[38] Geleistete Dienste sind nach ihrem Wert zu vergüten (§ 3 III HWiG).[39] Eine Wertminderung der Sache ist nur dann zu ersetzen, wenn sie umfangmäßig über die bestimmungsgemäße Benutzung hinausgeht (§ 3 III, 2.Hs. HWiG). Die Ansprüche des Kreditgebers gegen den Verbraucher auf Nutzungsvergütung und Wertersatz sind auf das Erfüllungsinteresse beschränkt.[40]

III. Die Abwicklung des Abzahlungsgeschäfts

1. Die Anrechnung von Teilleistungen

Bei der Anrechnung von Teilleistungen ergeben sich gegenüber dem Verbraucherdarlehen keine Besonderheiten. Es kann deshalb auf die dortigen Ausführungen[41] verwiesen werden.

2. Der Verzugsschaden

Auch insoweit kann auf die Ausführungen zum Verbraucherdarlehen[42] verwiesen werden.

3. Gesamtfälligstellung

a) Maßgebende Vorschrift

Die h.M. gibt dem Verkäufer (Erbringer der Leistung) ein Wahlrecht, ob er im Falle des Verzuges des Verbrauchers den Vertrag nach § 12 kündigen oder gemäß § 13 vom Vertrag zurücktreten will.[43]

---

[38] In erstem Sinne *Reinicke/Tiedtke*, ZIP 1992, 219, 220; weitergehend – Vergütung auch bei Nichtgebrauch – *BGHZ* 94, 226 = NJW 1985, 1544, 1546. – Zur Höhe vgl. *Graf von Westphalen*, § 7, Rdnr. 110; *OLG Köln*, ZIP 1995, 21.

[39] Zur Bewertung bei der Partnervermittlung siehe *Gilles*, NJW 1986, 1144; *OLG Düsseldorf*, NJW-RR 1992, 506; *OLG Hamburg*, NJW-RR 1989, 1521.

[40] *BGH*, NJW-RR 1991, 1011; *Graf von Westphalen*, § 7, Rdnr. 113.

[41] S.o. 2. Teil, III, 1, a.

[42] S.o. 2. Teil, III, 1, b.

[43] *Graf von Westphalen/Emmerich*, § 12, Rdnr. 3, 9; § 13, Rdnr. 13; *Habersack*, § 12, Rdnr. 1, 3; § 13, Rdnr. 5; *Emmerich*, JuS 1991, 709; *Karollus*, JuS 1993, 824.

Eine Gegenmeinung sieht demgegenüber § 13 als lex specialis für die Gesamtfälligstellung beim Abzahlungsgeschäft an.[44] Die Berufung dieser Gegenmeinung auf ein gesetzgeberisches Versehen ist allerdings nicht einleuchtend, da die Begründung des Entwurfs zu den §§ 11, 12 (jetzt §§ 12, 13) ebenfalls von einem Wahlrecht des Verkäufers ausgeht.[45] Im übrigen erscheint das Wahlrecht des Verkäufers, das mit der Ablehnungsandrohung auszuüben ist,[46] auch sachgerecht.

b) Voraussetzungen der Gesamtfälligstellung.

§ 13 I verweist hinsichtlich der Voraussetzungen des Rücktritts auf die Regelung in § 12 I, so daß insoweit keine Unterschiede zwischen Kündigung und Rücktritt bestehen. Wie beim Verbraucherdarlehen[47] müssen deshalb vorliegen:

(1) Verzug mit mindestens zwei aufeinanderfolgenden Raten;
(2) die Erreichung der Mindesthöhe des Rückstandes;
(3) Fristsetzung mit Ablehnungsandrohung und Erklärung, daß man kündigen oder zurücktreten werde; das Wahlrecht zwischen § 12 und § 13 ist also hier bereits auszuüben;[48]
(4) Ausbleiben der Zahlung des rückständigen Betrages.

c) Der fingierte Rücktritt

§ 13 III S. 1 behandelt den – bisher in § 5 AbzG geregelten – fiktiven Rücktritt. Zweck der Regelung ist, daß der Verbraucher von der Pflicht zur Zahlung der Raten befreit werden soll, wenn ihm auf Veranlassung des Verkäufers die Nutzungen der Sache entzogen werden.[49]

(1) Unter Zugrundelegung dieses Zwecks der Vorschrift kommt es für den Eintritt der Fiktion des Rücktritts allein darauf an, daß der Kreditgeber die aufgrund des Kreditvertrages gelieferte Sache wieder an sich nimmt; nicht erforderlich ist, daß zusätzlich die Voraussetzungen der §§ 13 I, 12 I vorliegen.[50]

Die Gegenmeinung, die zusätzlich das Vorliegen der Voraussetzungen der §§ 13 I, 12 I fordert,[51] steht im Widerspruch zu diesem Gesetzeszweck.

---

[44] *Denkhaus/Zirkel*, JR 1994, 397.
[45] BT-Drs. 427/89 zu § 11, abgedruckt bei *Schmelz*, S. 358.
[46] S.u. Fußn. 48.
[47] S.o. 2. Teil, III, 3, b.
[48] *Graf von Westphalen/Emmerich*, § 13, Rdnr. 16 (m.E. im Widerspruch zu § 12, Rdnr. 64); *Habersack*, § 13, Rdnr. 22.
[49] *BGHZ* 55, 59 = NJW 1971, 191; *BGHZ* 91, 37 = NJW 1984, 1756; hierzu *Müller-Laube*, JuS 1982, 1799; a.A. *Graf von Westphalen/Emmerich*, § 13, Rdnr. 60.
[50] *Habersack*, § 13, Rdnr. 47; *Karollus*, JuS 1993, 824; *Palandt/Putzo*, § 13, Rdnr. 10.
[51] *Graf von Westphalen/Emmerich*, § 13, Rdnr. 55; *Bülow*, § 13, Rdnr. 27; *Reinking/Nießen*, ZIP 1991, 97; *Müller-Laube*, JuS 1982, 800; *OLG Oldenburg*, NJW-RR 1996, 564 m.Nw.

(2) Die Frage, wann eine Rücknahme im Sinne des § 13 III vorliegt, ist im einzelnen streitig.[52] Die bisher zu § 5 AbzG ergangene Rechtsprechung kann herangezogen werden. Entscheidend ist stets, ob auf Veranlassung des Verkäufers dem Käufer Besitz und Nutzung auf Dauer entzogen werden.[53]

Danach liegt eine Wiederansichnahme der Kaufsache vor, wenn der Verkäufer die Sache an einen Dritten verkauft und sich die einseitige Besitzaufgabe des Käufers zunutze macht,[54] oder wenn im Rahmen der Zwangsvollstreckung des Verkäufers dem Käufer als Vollstreckungsschuldner der Besitz an der Sache entzogen wird, also in jedem Fall bei der Verwertung der Sache,[55] bei der Pfändung jedoch erst bzw. nur, wenn der Gerichtsvollzieher die Sache in Besitz nimmt (§ 808 I ZPO).[56]

Keine Wiederansichnahme im Sinne des § 13 III liegt dagegen vor, wenn dem Verkäufer nur vorübergehend der Besitz eingeräumt wird,[57] wenn der Käufer die Sache in eigenem Interesse an einen Dritten veräußert,[58] entgegen der Rechtsprechung auch noch nicht in einer auf den Eigentumsvorbehalt gestützten Herausgabeklage[59] oder einer Klage auf Wertersatz wegen Unmöglichkeit der Herausgabe.[60]

Eine Ausnahmeregelung schreibt § 13 III S. 2 für den Fall vor, daß sich Verkäufer und Käufer darüber einigen, daß dem Käufer der gewöhnliche Verkaufswert der zurückgenommenen Sache[61] vergütet wird. In diesem Fall bleibt der Kaufvertrag aufrechterhalten und der Verkaufswert wird dem Käufer auf seine Schuld gutgeschrieben.[62]

d) Rechtsfolgen bei Kündigung nach § 12

Im Falle der Kündigung wird das Abzahlungsgeschäft für die Zukunft aufgelöst. Konsequenz ist, daß der Abzahlungskäufer die verkaufte Sache behält. Der Verkäufer kann die restliche Vergütung auf einmal verlangen, wobei – ebenso wie beim Verbraucherdarlehen – eine Abzinsung der noch offenen Raten erfolgen muß (§ 12 II).[63]

---

[52] Vgl. die Übersichten bei *Müller-Laube*, JuS 1982, 800 ff.; *Graf von Westphalen/Emmerich*, § 13, Rdnr. 69 ff.

[53] S.o. Fußn. 49.

[54] *BGHZ* 45, 111 = NJW 1966, 972; *Graf von Westphalen/Emmerich*, § 13, Rdnr. 70; dagegen *Müller-Laube*, JuS 1982, 803.

[55] *BGHZ* 15, 171 = NJW 1955, 64 (Ersteigerung durch Abzahlungsverkäufer); *BGHZ* 15, 241 = NJW 1955, 139 (Veräußerung nach § 825 ZPO); BGHZ 55, 59 = NJW 1971, 191 (Ersteigerung durch Dritten); vgl. hierzu, insbes. zur prozessualen Seite *Brehm*, JZ 1972, 153; *Müller-Laube*, JuS 1982, 804.

[56] *Habersack*, § 13, Rdnr. 56; *Graf von Westphalen/Emmerich*, § 13, Rdnr. 73; weitergehend *Müller-Laube*, JuS 1982, 805 (Pfändung soll genügen); a.A.: Selbst Pfändung mit Wegnahme soll nicht genügen: *BGHZ* 39, 97 = NJW 1963, 763.

[57] Beispiel: Überlassung zur Reparatur; vgl. hierzu *Weimar*, MDR 1961, 827; *Ewald*, MDR 1962, 255; *Müller-Laube*, JuS 1982, 802.

[58] *BGH*, NJW 1974, 187; einschr. *Graf von Westphalen/Emmerich*, Rdnr. 70.

[59] So *BGH*, LM Nr. 2 zu § 6 AbzG; zust. *Graf von Westphalen/Emmerich*, § 13, Rdnr. 72.

[60] So BGH, NJW 1965, 2399; dagegen *Müller-Laube*, JuS 1982, 803.

[61] Hierzu *OLG Stuttgart*, NJW-RR 1996, 563; *Reinking/Nießen*, ZIP 1991, 86.

[62] *Graf von Westphalen/Emmerich*, § 13, Rdnr. 82.

[63] S.o. 2. Teil, III, 3, c, (1).

e) Rechtsfolgen bei Rücktritt nach § 13

Im Falle des Rücktritts wird das Abzahlungsgeschäft mit schuldrechtlicher ex-tunc-Wirkung abgewickelt. Das bedeutet, daß bei einem Abzahlungskauf die gelieferte Sache zurückgegeben wird. § 13 II verweist wegen der Einzelheiten auf die für das vertragsmäßige Rücktrittsrecht geltenden Vorschriften der §§ 346–354, 356 BGB.[64]

(1) Ansprüche des Abzahlungsverkäufers.

– Der Verkäufer hat Anspruch auf Rückgabe der verkauften Sache. Bei einer sonstigen Leistung hängt es davon ab, ob die Leistung in natura zurückgegeben werden kann;[65] verneinendenfalls besteht ein Anspruch auf Wertersatz.[66]

Ist die Rückgabe einer Sache unmöglich oder nur in beschädigtem Zustand möglich, so besteht ein Anspruch auf Schadensersatz, wenn die Unmöglichkeit bzw. Beschädigung von dem Käufer zu vertreten ist (§§ 347 S. 1, 292, 989 BGB); im übrigen ist ein durch die Unmöglichkeit bzw. Beschädigung erlangtes Surrogat herauszugeben (§ 281 BGB). Im Falle des Verzuges haftet der Käufer für die nach Eintritt des Verzuges eingetretene Unmöglichkeit der Rückgabe bzw. Beschädigung der Sache auch ohne Verschulden (§ 287 S. 2 BGB).

– Der Verkäufer hat Anspruch auf Nutzungsvergütung, soweit die Sache von dem Käufer tatsächlich benutzt worden ist (§§ 347 S. 2, 989 BGB).[67]

Die Nutzungsvergütung ist nach dem marktüblichen Mietzins zu bemessen, bei Sachen, die üblicherweise nicht vermietet werden, nach einem fiktiven Mietzins.[68] Bei der Bemessung der Vergütung ist auf die inzwischen eingetretene Wertminderung Rücksicht zu nehmen (§ 13 II S. 3)[69]

– Der Verbraucher hat schließlich dem Kreditgeber die infolge des Vertrages gemachten Aufwendungen zu ersetzen (§ 13 II S. 3).

Hierzu zählen die für das Zustandekommen des Vertrages aufgewendeten Kosten (Porti, Beurkundungskosten) und Kosten der Durchführung des Vertrages (z.B. Transportkosten, Versicherungskosten). Streitig ist die Erstattungsfähigkeit von nicht mehr rückforderbaren Provisionen[70] und Inkassokosten.[71]

---

[64] Die bisherige Sonderregelung des § 2 AbzG für die Zeit bis zur Wirksamkeit des Rücktritts ist entfallen.

[65] Beispiel: Werklieferungsvertrag.

[66] *Graf von Westphalen/Emmerich*, § 13, Rdnr. 29.

[67] *Habersack*, § 13, Rdnr. 28; *Graf von Westphalen/Emmerich*, § 13, Rdnr. 45; weitergehend *Reinicke/Tiedtke*, ZIP 1992, 290.

[68] *BGHZ* 19, 330 = NJW 1956, 418; *BGH*, NJW 1973, 1078; 1982, 2249; *OLG Hamm*, CR 1991, 413; *Graf von Westphalen/Emmerich*, § 13, Rdnr. 46, 48. – Abw. die neuere Rechtspr. des BGH, die auf eine lineare Wertminderung abstellen will: *BGHZ* 115, 47 = NJW 1991, 2482; *BGH*, NJW 1995, 2159, 2161 = WM 1995, 1145; NJW 1996, 250.

[69] *BGHZ* 19, 330, 335 = NJW 1956, 418.

[70] Dafür *BGH*, NJW 1959, 2014; dagegen *Graf von Westphalen/Emmerich*, § 13, Rdnr. 36.

[71] Dafür *Graf von Westphalen/Emmerich*, § 13, Rdnr. 37, dagegen *Bülow*, § 13, Rdnr. 21.

Die Ansprüche des Verkäufers (Kreditgebers) sind der Höhe nach insgesamt auf das Erfüllungsinteresse begrenzt.[72]

(2) Ansprüche des Käufers

- Der Verbraucher hat Anspruch auf Erstattung der bereits gezahlten Vergütung, und zwar einschließlich der Teilzahlungszuschläge und Zinsen. Dieser Anspruch ist ab Empfang des Geldes zu verzinsen (§ 347 S. 3 BGB).
- Der Verbraucher hat Anspruch auf Rückgabe geleisteter Sicherheiten (§ 346 BGB).

Ist die Sicherheit bereits verwertet worden, ist der Erlös auf die Ansprüche des Kreditgebers zu verrechnen, ein etwaiger Überschuß ist zu erstatten.

- Der Käufer hat Anspruch auf Ersatz der auf die Sache gemachten notwendigen Verwendungen (§§ 347 S. 2, 994 BGB).

Nützliche Verwendungen kann der Käufer nach § 996 BGB nur erstattet verlangen, wenn sie vor dem Rücktritt gemacht wurden und den Wert der Sache noch im Zeitpunkt der Rückgabe erhöhen.[73] Streitig ist die Erstattungsfähigkeit der gewöhnlichen Erhaltungskosten.[74]

(3) Verjährung

Die Ansprüche des Kreditgebers aus dem Abwicklungsverhältnis verjähren in zwei Jahren (§ 196 I Nr. 1 BGB),[75] die des Kreditnehmers nach h.M. in dreißig Jahren (§ 195 BGB).[76]

(4) Zug um Zug-Leistung

Die gegenseitigen Verpflichtungen der Parteien aus dem Abwicklungsverhältnis sind Zug um Zug zu erfüllen (§ 348 BGB). Die frühere Streitfrage, ob es sich um eine Einwendung oder Einrede handelt,[77] ist damit vom Gesetzgeber im zweiten Sinne entschieden.

4. Vorzeitige Rückzahlung

§ 14 gibt dem Verbraucher – im Gegensatz zur Regelung des Verbraucherdarlehens in § 609a BGB – das jederzeitige Recht, seine Verbindlich-

---

[72] *BGH*, NJW 1967, 1807; *Habersack*, § 13, Rdnr. 35; *Graf von Westphalen/Emmerich*, § 13, Rdnr. 35.

[73] *OLG Celle*, NJW-RR 1995, 1527.

[74] Hierzu *BGHZ* 44, 237 = NJW 1966, 446; *Loewenheim*, NJW 1966, 971; *Graf von Westphalen/Emmerich*, § 13, Rdnr. 49; *Habersack*, § 13, Rdnr. 39.

[75] *Habersack*, § 13, Rdnr. 42; BGHZ 58, 121 = NJW 1972, 630.

[76] *Graf von Westphalen/Emmerich*, § 13, Rdnr. 50. (zweifelhaft; vgl. auch 2. Teil, Fußn. 236).

[77] Für Einwendung *Schaumburg*, JR 1975, 446; *OLG Koblenz*, MDR 1975, 934; für Einrede *LG Trier*, NJW 1979, 824.

keiten vorzeitig zu erfüllen. Nach h.M. gilt dies nur, wenn der Verbraucher die gesamte noch offene Restschuld zahlt, also nicht bei Teilzahlungen.[78]

(1) Erfolgt die Rückzahlung, so findet eine Abzinsung hinsichtlich Zinsen und laufzeitabhängigen Kosten nach der Staffelmethode statt (§ 14 S. 1). Auf Verlangen des Verbrauchers hat der Kreditgeber gemäß § 242 BGB dem Verbraucher den Abzinsungsbetrag zu nennen, da dieser regelmäßig nicht in der Lage sein wird, die Berechnung vorzunehmen.[79]

(2) Eine Ausnahme ordnet § 14 S. 3 an: Die Abzinsung findet nicht statt, wenn die vorzeitige Rückzahlung während der ersten neun Monate der ursprünglichen Laufzeit des Kredites erfolgt. Der Gesetzgeber wollte damit einen Gleichklang mit § 609a I Nr. 2 BGB herstellen. Ebenso wie dort ist die Vereinbarkeit mit Art. 8 der VerbrKrRiL umstritten.[80]

IV. Die Sonderregelung für verbundene Geschäfte

1. Entwicklung zur derzeitigen Rechtslage und Voraussetzungen

a) Entwicklung

Die in § 9 geregelten „verbundenen Geschäfte“ betreffen den bisher in der Praxis als „finanziertes Abzahlungsgeschäft“ behandelten Tatbestand, der sich als sogenanntes „B-Geschäft“ in Form der Darlehenskonstruktion durchgesetzt hatte[81] und über § 6 AbzG in die Gesamtregelung des AbzG einbezogen[82] und außerdem über § 242 BGB und § 9 AGBG einem „Einwendungsdurchgriff unterzogen wurde.[83]

Charakteristikum des B-Geschäftes war, daß zwischen Bank und Käufer ein Darlehensvertrag abgeschlossen und gleichzeitig die Bank von dem Käufer angewiesen wurde, den Kreditbetrag an den Verkäufer auszuzahlen. Mit der Auszahlung der Kreditsumme an den Verkäufer war die Kaufpreisschuld getilgt; die Abwicklung der Ratenzahlung erfolgte sodann durch ratenweise Tilgung des Darlehens an die Bank.

---

[78] *Graf von Westphalen/Emmerich*, § 14, Rdnr. 4; *Bülow*, § 14, Rdnr. 9 ff.; zweifelnd *Karollus*, JuS 1993, 824.

[79] *Habersack*, § 14, Rdnr. 11; *Graf von Westphalen/Emmerich*, § 14, Rdnr. 21.

[80] *Graf von Westphalen/Emmerich*, § 14, Rdnr. 11; *Habersack*, § 14, Rdnr. 15; *Schmelz/Klute*, ZIP 1989, 1512.

[81] Zu den anderen Formen *Emmerich*, JuS 1971, 273; *Hörter*, Der finanzierte Abzahlungskauf (1969), S. 64, 92, 125.

[82] *BGHZ* 47, 241 = NJW 1967, 1030; *BGHZ* 51, 69 = NJW 1969, 691; *BGH*, NJW 1980, 938; NJW-RR 1990, 1072.

[83] *BGHZ* 33, 293 = NJW 1961, 166; *BGHZ* 47, 233, 239 = NJW 1967, 1028; *BGHZ* 47, 253 = NJW 1967, 1036; *BGHZ* 83, 301 = NJW 1982, 1694; *BGHZ* 95, 350 = NJW 1986, 143. – Überblick bei *Abeltshausen*, ZIP 1990, 693.

b) Voraussetzungen

Der BGH hatte in ständiger Rechtsprechung die Voraussetzungen des finanzierten Abzahlungenkaufs wie folgt umschrieben: Es müssen „objektiv bestimmte Umstände", „Verbindungselemente" zwischen Kauf und Darlehen vorliegen und dadurch subjektiv beim Darlehensnehmer – für den Darlehensgeber erkennbar – der Eindruck erweckt werden, Verkäufer und Darlehensgeber stünden ihm als einheitliche Vertragspartner gegenüber.[84] § 9 I VerbrKrG übernimmt diese Rechtsprechung jedenfalls insoweit, als beide Verträge eine wirtschaftliche Einheit bilden müssen. Ob daneben das vom BGH geforderte subjektive Element noch eine unabdingbare Voraussetzung darstellt, ist umstritten.[85] In jedem Fall müssen folgende objektive Voraussetzungen gegeben sein:

(1) Der Kredit muß der Finanzierung des Kaufpreises – oder der Vergütung einer anderen Leistung (§ 9 IV)[86] – dienen.

Es handelt sich um ein eigenständiges Merkmal,[87] was aus der Auslegung des Kreditvertrages zu ermitteln ist.[88] Damit scheiden wie bisher echte Personalkredite[89] und sogenannte „persönliche Kleinkredite"[90] aus; anders ist dies beim sogenannten „Anschaffungsdarlehen", bei dem der Darlehensnehmer das Darlehen nur für einen allgemein umschriebenen Zweck verwenden darf.[91]

(2) Beide Verträge müssen als wirtschaftliche Einheit anzusehen sein. Das ist aus objektiven Kriterien zu ermitteln, von denen zu erwähnen sind:[92]

- der Kreditgeber bedient sich bei der Vorbereitung oder dem Abschluß des Kreditvertrages der Mitwirkung des Verkäufers (§ 9 I S. 2);[93] dabei kann auch die Einschaltung eines Kreditvermittlers auf seiten der Bank genügen;[94]
- Hinweise im Kreditvertrag auf den Kauf einer bestimmten Sache oder sonstige Zweckbindung des Kredites;

---

[84] *BGHZ* 83, 301 = NJW 1982, 1694; *BGHZ* 91, 9 = NJW 1984, 1755; *BGHZ* 91, 338 = NJW 1984, 2291. – Überblick bei *Graf von Westphalen/Emmerich*, § 9, Rdnr. 17 ff.

[85] Dagegen die h.M.: *Daumer-Lieb*, WM 1991, Beilage 6, S. 7; *Coester*, Jura 1992, 617; *Habersack*, § 9, Rdnr. 14. – Dafür *Graf von Westphalen/Emmerich*, § 9, Rdnr. 41, 42, der allerdings bei Vorliegen der objektiven Voraussetzungen eine Vermutung durchgreifen läßt (aaO Rdnr. 47); das führt zu einem ähnlichen Schattendasein des subjektiven Elements wie beim wucherähnlichen Geschäft s.o. 2. Teil, Fußn. 110–114.

[86] Einzelfälle bei *Graf von Westphalen/Emmerich*, § 9, Rdnr. 63 ff.

[87] *Graf von Westphalen/Emmerich*, § 9, Rdnr. 34.

[88] *Coester*, Jura 1992, 617, 618; *Reinicke/Tiedtke*, ZIP 1992, 217, 222; teilw. abw. *Graf von Westphalen/Emmerich*, § 9, Rdnr. 41: der subjektive Wille der Parteien entscheidet.

[89] *BGHZ* 47, 253, 256 = NJW 1967, 1030; *BGHZ* 37, 94, 101 = NJW 1962, 1100; *BGH*, NJW 1981, 1960.

[90] *Hadding*, Gutachten zum 53. DJT (1980), S. 36, 53, 60.

[91] *Hadding*, aaO, S. 53, 61. – S. jedoch unter Fußn. 115.

[92] Überblick bei *Graf von Westphalen/Emmerich*, § 9, Rdnr. 46 ff.

[93] *BGH*, NJW 1980, 1514; 1983, 2250; *BGHZ* 131, 66 = NJW 1995, 3386.

[94] *BGH*, NJW 1979, 2092; 1980, 1388; 1983, 2251; *Wolf*, WM 1980, 899; *Graf von Westphalen/Emmerich*, § 9, Rdnr. 58.

- summenmäßige Übereinstimmung von Kaufpreis und Kreditbetrag;[95]
- ein enger zeitlicher und räumlicher Zusammenhang beim Abschluß beider Verträge;[96]
- die unmittelbare Auszahlung des Kreditbetrages an den Verkäufer[97] (oder Erbringer der sonstigen Leistung);
- Hinweise im Kreditvertrag auf den Kaufabschluß, insbesondere Belehrungen über das Widerrufsrecht nach § 9 II S. 2 VerbrKrG.[98]

(3) Dagegen ist nicht mehr erforderlich:

- ein besonderes subjektives Merkmal auf seiten der Bank;[99]
- eine ständige Geschäftsbeziehung zwischen Verkäufer und Bank;[100]
- die Abtragung des Kredits in Raten;[101]
- die Sicherungsübereignung des Kaufgegenstandes an die Bank.[102]

c) Einbeziehung Dritter

Auch Dritte, die die Darlehensverpflichtung zusätzlich übernehmen, können in die Schutzwirkung des § 9 einbezogen sein, wenn sie die Kreditverpflichtung im Interesse des Verbrauchers eingegangen sind.[103] Nicht geschützt werden insoweit der die Mithaftung übernehmende Verkäufer[104] und der Kreditvermittler.[105]

2. Die Schriftform

Der Kreditvertrag unterliegt nach § 4 I S. 4 Nr. 1 der Schriftform.[106] Dagegen soll nach h.M. der Kaufvertrag nicht der Schriftform nach § 4 I S. 4 Nr. 2 unterliegen, da es sich in dem Verhältnis zwischen Verkäufer und Käufer nicht um ein finanziertes Geschäft handele.[107]

Dem kann im Ergebnis nicht gefolgt werden. Der h.M. ist zwar zuzugeben, daß § 4 I S. 4 Nr. 2 auf den Kaufvertrag nicht paßt, da infolge sofortiger Auszahlung des Kaufpreises an den Verkäufer ein Teilzahlungspreis entfällt. Die mit dem § 4 verfolgten Informations-, Warn- und Beweisfunktionen[108] erfordern aber, daß der Käufer vor und

[95] *Graf von Westphalen/Emmerich*, § 9, Rdnr. 53.

[96] *BGH*, NJW 1980, 1514; 1981, 1960; 1987, 1698.

[97] *BGH*, NJW 1981, 1960; 1983, 225; *Graf von Westphalen/Emmerich* , § 9, Rdnr. 52.

[98] *BGHZ* 83, 301 = NJW 1982, 1694; *BGHZ* 131, 66 = NJW 1995, 3386; *Graf von Westphalen/Emmerich*, § 9, Rdnr. 34; *Coester*, Jura 1992, 617, 621.

[99] S.o. Fußn. 85.

[100] *OLG Köln*, NJW-RR 1995, 1008; *Graf von Westphalen/Emmerich*, § 9, Rdnr. 49.

[101] *Ott*, RA-Handb. Rdnr. 45.

[102] *BGH*, NJW 1980, 938.

[103] *BGHZ* 64, 268 = NJW 1975, 1317; BGHZ 91, 37 = NJW 1984, 1754; *Graf von Westphalen/Emmerich*, § 9, Rdnr. 199.

[104] *BGHZ* 47, 248 = NJW 1967, 1035.

[105] *BGHZ* 91, 37 = NJW 1984, 1754.

[106] Zu Einzelheiten s.o. 2. Teil, II, 1.

[107] *AG Halle*, WM 1992, 1981; *Habersack*, § 9, Rdnr. 10; *Coester*, Jura 1992, 617; mehr referierend *Graf von Westphalen/Emmerich*, § 9, Rdnr. 76. – Unklar m.E. die Gesetzesbegründung in BR-Drs. 427/89 zu § 3 (abgedruckt bei *Schmelz*, S. 347).

[108] S.o. 2. Teil, II, 1.

bei Abschluß des Kaufvertrages über die zusätzlichen Belastungen anläßlich der Kreditierung des Kaufpreises unterrichtet und dies auch zu Beweiszwecken schriftlich festgehalten wird.[109] Dies muß jedenfalls dann gelten, wenn der Kaufvertrag vor dem Kreditvertrag abgeschlossen wird.[110] Den Käufer für diesen Fall auf sein Widerrufsrecht gegenüber der Bank zu verweisen,[111] reicht m.E. zum Schutz des Käufers nicht aus.

3. Das Widerrufsrecht

a) Allgemeines

Das dem Verbraucher zustehende Widerrufsrecht (§ 7) ist entsprechend der Verbundenheit von Kredit- und Kaufvertrag in § 9 II näher ausgestaltet worden. Entgegen der bisherigen Rechtsprechung, wonach der Käufer sowohl den Kaufvertrag als auch den Darlehensvertrag widerrufen konnte mit der Folge, daß wegen der wirtschaftlichen Verbundenheit beider Geschäfte auch der jeweils andere Vertrag hinfällig wurde,[112] geht § 9 II S. 1 von der alleinigen Möglichkeit des Widerrufs des Kreditvertrages aus: der Kaufvertrag wird erst wirksam, wenn der Käufer seine auf den Abschluß des Kreditvertrages gerichtete Willenserklärung nicht widerruft.[112a]

b) Widerrufsfrist und Belehrung

Für die Widerrufsfrist und die notwendige Belehrung, damit diese zu laufen beginnt, gilt die Regelung des § 7 II mit einigen Modifizierungen. Uneingeschränkt gelten: die allgemeine Belehrungspflicht über den Widerruf, die notwendige drucktechnisch deutliche Gestaltung der Erklärung, die notwendige Angabe von Name und Anschrift des Widerrufsempfängers sowie die Fristwahrung durch rechtzeitige Absendung des Widerrufs.[113] Änderungen ergeben sich in folgenden Punkten:

(1) Die Belehrung muß im Kreditvertrag erfolgen; eine Belehrung im Kaufvertrag genügt nicht.[114]

(2) Die Belehrung muß den zusätzlichen Hinweis erhalten, daß im Falle des Widerrufs des Kreditvertrages auch der Kaufvertrag nicht wirksam zustandekommt (§ 9 II S. 2). Die Belehrung muß auf einen konkreten Kaufvertrag Bezug nehmen.[115]

---

109 Wie hier im Ergebnis *Palandt-Putzo*, § 9, Rdnr. 7; *Bülow*, § 9, Rdnr. 30.
110 Zum früheren Recht siehe *H.P. Westermann*, MK, 2. Aufl. § 6 AbzG, Rdnr. 36.
111 S.u. 3, a.
112 *BGHZ* 91, 9 = NJW 1984, 1755; *BGHZ* 91, 338 = NJW 1984, 2291; *BGH*, NJW 1987, 1698.
112a *BGHZ* 131, 66 = NJW 1995, 3386 m.Nw.
113 S.o. 2. Teil, II, 2, b, (1).
114 *Graf von Westphalen/Emmerich*, § 9, Rdnr. 103.
115 *Graf von Westphalen/Emmerich*, § 9, Rdnr. 104.

(3) Ist der Widerruf nicht bzw. nicht ordnungsgemäß erfolgt, so erlischt das Widerrufsrecht nach § 7 II S. 3 erst nach beiderseits vollständiger Erbringung der Leistungen.

Zweifelhaft ist, ob es hier auf die Leistungen aus dem Kreditvertrag[116] oder auch auf die Leistungen (des Verkäufers) aus dem Kaufvertrag[117] ankommt. M.E. spricht mehr für die zweite Auffassung, da die wirtschaftliche Verbundenheit beider Geschäfte einen Schutz des Käufers auch hinsichtlich der Erbringung der Verkäuferpflichten erfordert. Der Gegenmeinung ist aber zuzugeben, daß dieser Käuferschutz auch über den Einwendungsdurchgriff[118] erreicht werden kann.

(4) Im Gegensatz zur Regelung in § 7 III ist die wirksame Ausübung des Widerrufs nicht davon abhängig, daß der Käufer den Darlehensbetrag an die Bank zurückzahlt (§ 9 II S. 3).

Nach überwiegender Auffassung soll das aber nicht gelten, wenn der Kreditbetrag an den Verbraucher ausgezahlt und an den Verkäufer nicht weitergeleitet wurde.[119]

c) Die Ausübung des Widerrufs

Insoweit kann auf die Ausführungen zum Verbraucherdarlehen[120] verwiesen werden. Streitig ist, ob der Käufer den Widerruf auf den Kreditvertrag beschränken kann.[121]

d) Rechtsfolgen des Widerrufs

Bei wirksam erfolgten Widerruf findet eine Rückabwicklung der bereits erfolgten Leistungen statt. Diese gestaltet sich unterschiedlich je nachdem, ob der Nettokreditbetrag bereits an den Verkäufer ausgezahlt worden ist oder nicht.[122]

(1) Ist der Nettokreditbetrag noch nicht von der Bank an den Verkäufer ausgezahlt, so findet die Rückabwicklung in dem jeweiligen Leistungsverhältnis statt.

Der Verbraucher kann Rückzahlung einer von ihm an den Verkäufer geleisteten Anzahlung verlangen. Der Verkäufer hat einen Anspruch auf Rückgabe der verkauften Sache, gegebenenfalls auf Nutzungsvergütung und Schadensersatz (§ 7 IV i.V.m. § 3 HWiG). Der Kreditgeber kann einen etwa an den Verbraucher ausgezahlten Kreditbetrag zurückfordern; umgekehrt hat der Verbraucher einen Anspruch auf Erstattung bereits erfolgter Tilgungsleistungen an die Bank.[123]

---

[116] So *Graf von Westphalen/Emmerich*, § 9, Rdnr. 105 m.Nw.
[117] So *Bülow*, § 9, Rdnr. 37.
[118] S.u. 4, b.
[119] *Graf von Westphalen/Emmerich*, § 9, Rdnr. 102.
[120] S.o. 2. Teil, II, 2, c.
[121] Dafür *Graf von Westphalen/Emmerich*, § 9, Rdnr. 92, 93 m.Nw.; *Becker*, ZBB 1992, 214.
[122] Hierzu *Graf von Westphalen/Emmerich*, § 9, Rdnr. 107 ff.
[123] *Graf von Westphalen/Emmerich*, § 9, Rdnr. 114.

(2) Ist dagegen der Nettokreditbetrag von der Bank bereits – d.h. im Zeitpunkt des Zugangs der Widerrufserklärung – schon an den Verkäufer ausgezahlt worden, so tritt nach § 9 II S. 4 der Kreditgeber hinsichtlich der Rechtsfolgen des Widerrufs in die Rechte und Pflichten des Verkäufers aus dem Kaufvertrag ein.

Dies bedeutet im Klartext: Der Kreditgeber kann den bereits ausgezahlten Nettokreditbetrag nur vom Verkäufer zurückverlangen.[124] Der Verbraucher kann vom Kreditgeber Rückzahlung der an den Verkäufer geleisteten Anzahlung verlangen.[125] Schließlich hat die Regelung des § 9 II S. 4 die notwendige Folge, daß der Kreditgeber seinerseits gegen den Verkäufer einen Anspruch auf Rückzahlung des bereits an ihn ausgezahlten Nettokreditbetrages hat.[126]

4. *Der Einwendungsdurchgriff*

a) Allgemeines

Der bisher von der Rechtsprechung geschaffene Einwendungsdurchgriff[127] ist nunmehr in § 9 III gesetzlich geregelt. Bei Abwicklung des finanzierten Abzahlungsgeschäfts kann der Käufer Einwendungen aus dem Kaufvertrag auch dem Kreditgeber entgegenhalten, wenn dieser Ansprüche aus dem Kreditvertrag erhebt.[128]

(1) Eine Ausnahme besteht nur, wenn der finanzierte Kaufpreis 400 DM nicht überschreitet oder wenn es sich um Einwendungen handelt, die auf einer zwischen dem Verkäufer und dem Verbraucher nach Abschluß des Kreditvertrages vereinbarten Vertragsänderung beruhen (§ 9 III S. 2).

(2) Einer vorherigen Klärung der Einwendungen in einem Prozeß zwischen Käufer und Verkäufer bedarf es nicht.[129] Dagegen kommt eine Rückforderung einzelner Kreditraten von der Bank (sogenannter „Rückforderungsrückgriff") nicht in Betracht.[130]

b) Einzelfälle

An Einzelfällen des Einwendungsdurchgriffs sind zu erwähnen:

---

[124] *BGHZ* 131, 66 = NJW 1995, 3386 (kein Schuldbeitritt der Bank); so schon bisher *BGHZ* 91, 9 = NJW 1984, 1755.

[125] *Ott*, RA-Handb. Rdnr. 47; Graf von *Westphalen/Emmerich*, § 9, Rdnr. 118; *BGHZ* 131, 66 = NJW 1995, 3386.

[126] *Graf von Westphalen/Emmerich*, Rdnr. 119 ff.; BGH, NJW 1980, 938; *Karollus*, JuS 1993, 822.

[127] *BGHZ* 47, 224 = NJW 1967, 1026; *Dauner-Lieb*, WM 1991, Beilage 6; *Graf von Westphalen/Emmerich*, § 9, Rdnr. 129 ff.

[128] Einzelfragen der Abwicklung bei *Graf von Westphalen/Emmerich*, § 9, Rdnr. 152 ff.

[129] *Reinicke, Tiedtke*, ZIP 1992, 223; *Graf von Westphalen/Emmerich*, § 9, Rdnr. 141; a. A. *Lieb*, WM 1991, 1538.

[130] Die Frage ist – ebenso wie nach früherem Recht – sehr str. – Wie hier: *Reinicke/Tiedtke*, ZIP 1992, 233; *Lieb*, WM 1991, 1533, 1537; *Bülow*, § 9, Rdnr. 69; *Habersack*, § 9, Rdnr. 131; a.A. Graf von Westphalen/Emmerich, § 9, Rdnr. 169, 182 ff.; *Vollkommer*, FS Merz (1992), S. 595; *LG Braunschweig*, NJW 1994, 2701.

(1) Dissens im Rahmen des Kaufvertrages;[131]
(2) Unwirksamkeit des Kaufvertrages, z.B. nach §§ 134, 138 BGB oder § 177 BGB;[132]
(3) Anfechtung des Kaufvertrages;[133]
(4) Einrede der Nichtlieferung der Ware;[134]
(5) Rücktritt durch den Käufer;[135]
(6) Fingierter Rücktritt nach § 13 III durch Wiederansichnahme der Sache durch den Verkäufer;[136]
(7) Schadensersatzansprüche aus §§ 325, 326, 463, 635 BGB oder aus culpa in contrahendo oder positiver Vertragsverletzung;[137]
(8) Gewährleistungsrechte nach §§ 459, 462, 480, 633, 634 BGB;[138]
(9) Verjährung des Kaufpreisanspruchs nach § 196 I Nr. 1 BGB.[139]

c) Subsidiarität

Die bisher streitige Frage, ob der Einwendungsdurchgriff nur subsidiär zu gewähren ist, ist nunmehr gesetzlich geregelt (§ 9 III). Im Grundsatz kann der Käufer die Einwendungen dem Kreditgeber ohne weiteres entgegenhalten (§ 9 III S. 1).[140] Nur ausnahmsweise ist der Einwendungsdurchgriff subsidiär:

Hat der Verbraucher aus dem Kaufvertrag oder kraft gesetzlicher Bestimmungen einen Anspruch auf Nachbesserung oder Ersatzlieferung, so kann er die Rückzahlung des Kredites erst verweigern, wenn die Nachbesserung oder Ersatzlieferung fehlgeschlagen ist (§ 9 III S. 3). Zur Interpretation des „Fehlschlagens“ kann die Rechtsprechung zu § 11 Nr. 10b AGBG herangezogen werden.[141]

---

[131] *Graf von Westphalen/Emmerich*, § 9, Rdnr. 172; hier wird das gleiche Ergebnis teilweise auch unter Hinweis auf die wirtschaftliche Verflechtung von Kauf- und Kreditvertrag (§ 139 *BGB*, auflösende Bedingung, Geschäftsgrundlage) begründet; so *Habersack*, § 9, Rdnr. 83 ff.; *Vollkommer* (Fußn. 130), S. 606 ff.; dagegen *Graf von Westphalen/Emmerich*, § 9, Rdnr. 156 ff.

[132] *Habersack*, § 9, Rdnr. 95; *Graf von Westphalen/Emmerich*, § 9, Rdnr. 158, 169.

[133] *Habersack*, § 9, Rdnr. 84 ff.: *Graf von Westphalen/Emmerich*, § 9, Rdnr. 158. – Zum früheren Recht (Nichtanwendbarkeit des § 123 II BGB) vgl. *BGHZ* 47, 224 = NJW 1967, 1026.

[134] *Graf von Westphalen/Emmerich*, § 9, Rdnr. 195; *Habersack*, § 9, Rdnr. 93; – Zum früheren Recht siehe *BGHZ* 47, 233 = NJW 1968, 1028; *BGHZ* 47, 207 = NJW 1967, 1022.

[135] Beispiel: Rücktritt nach §§ 325, 326 wegen Nichtlieferung der Ware.

[136] *Graf von Westphalen/Emmerich*, § 13, Rdnr. 94, 95; zum früheren Recht siehe *BGHZ* 66, 165 = NJW 1976, 1093; *BGHZ* 91, 37 = NJW 1984, 1754. – Die Wiederansichnahme der Kaufsache durch die Bank (aufgrund Sicherungseigentums oder Zwangsvollstreckung (s.o. III, 3, c, (2), Fußn. 55, 56) stellt eine direkte Einwendung aus dem Kreditvertrag dar.

[137] Für Zulässigkeit der Aufrechnung *Graf von Westphalen/Emmerich*, § 9, Rdnr. 198; *Coester*, Jura 1992, 617; *Ott*, RA-Handb., Rdnr. 48; gegen Zulässigkeit der Aufrechnung *Bülow*, § 9, Rdnr. 60; *Habersack*, § 9, Rdnr. 93.

[138] *LG Braunschweig*, NJW 1994, 2701 (Wandlung); *Graf von Westphalen/Emmerich*, § 9, 190, 195 ff. – Zur Bedeutung der §§ 478, 639 bei Verjährung siehe *Habersack*, § 9, Rdnr. 90.

[139] Dafür *Habersack*, § 9, Rdnr. 96 (zweifelhaft).

[140] *Graf von Westphalen/Emmerich*, § 9, Rdnr. 137, 138 ff.

[141] *Graf von Westphalen/Emmerich*, § 9, Rdnr. 145 ff.; *Ulmer-Brandner*-Hensen, § 11 Nr. 10b, Rdnr. 36 ff.

d) Abwicklung

Hinsichtlich der Einzelfragen der Abwicklung muß hier auf die Kommentarliteratur verwiesen werden.[142]

5. Verbot des Einwendungsausschlusses bei Abtretung und Wechselhingabe

a) Allgemeines

Die Regelung des § 10 bezweckt, dem Kreditgeber die Möglichkeit zu nehmen, durch Abtretung seiner Ansprüche dem Verbraucher die Geltendmachung von Einwendungen abzuschneiden. Sie ist vornehmlich bei verbundenen Geschäften von Bedeutung, kann aber auch bei dem reinen Verbraucherdarlehen und dem einfachen Abzahlungsgeschäft zum Zuge kommen.[143]

b) Einwendungsausschluß bei Abtretung

Nach § 10 I darf die dem Verbraucher nach §§ 404, 406 BGB bestehende Möglichkeit, bei einer Abtretung des Anspruchs sich gegenüber dem Zessionar auf Einwendungen zu berufen, nicht ausgeschlossen werden.[144]

Diese Regelung betrifft die früher häufig praktizierte Abtretungskonstruktion beim B-Geschäft, bei der die Bank dem Verkäufer den Kredit gewährte und dieser seine Ansprüche aus dem Kaufvertrag zur Sicherheit an die Bank abgetreten hatte.[145] Gleichzeitig wurde im Kaufvertrag zwischen Verkäufer und Käufer die Anwendung der §§ 404, 406 BGB ausgeschlossen.[146] Nach überwiegender Meinung war dies nach §§ 242 BGB, § 9 AGBG unzulässig.[147]

c) Verbot der Wechsel- und Scheckhingabe

§ 10 II verbietet es ausdrücklich, daß der Verbraucher für die Tilgung der Ansprüche des Kreditgebers Wechselverbindlichkeiten eingeht oder Schecks begibt.[148]

(1) Damit soll die Gefahr des Einwendungsausschlusses bei Weitergabe der Wertpapiere (Art. 17 WG, Art. 22 ScheckG) gebannt werden, eine Lösung, die die Rechtsprechung schon bisher zugunsten des Verbrauchers

---

[142] *Graf von Westphalen/Emmerich*, § 9, Rdnr. 152 ff.

[143] *Graf von Westphalen/Emmerich*, § 10, Rdnr. 1.

[144] Zur analogen Anwendung auf von dem Verbraucher abgegebene Anerkenntnisse vgl. *Graf von Westphalen/Emmerich*, § 10, Rdnr. 13.

[145] Hierzu *Hörter* (Fußn. 81), S. 67 ff.

[146] *Hörter*, S. 94, 101 ff.

[147] *Marschall von Bieberstein*, Das Abzahlungsgeschäft und seine Finanzierung (1959), S. 139 ff.; a.A. *Hörter*, S. 109, 121.

[148] Einzelfragen bei *Müller*, WM 1991, 1781.

entschieden hatte.[149] Das damit angesprochene „C-Geschäft“[150] ist hierdurch entgültig aus dem Verkehr gezogen. Außerdem ist der für den Verbraucher nachteilige Wechsel- und Scheckprozeß (§§ 602, 605a, 595 II ZPO ausgeschlossen.[151]

(2) Eine gleichwohl erfolgte Wechsel- oder Scheckhingabe ist zwar wirksam und könnte bei Indossierung der Ansprüche aus dem Wertpapier zur Anwendung der Art. 17 WG, 22 ScheckG führen. In diesem Fall kann aber die frühere Rechtsprechung zum Zuge kommen, wonach die genannten Vorschriften nicht zur Anwendung kommen, wenn die Weitergabe der Wertpapiere kein Verkehrsgeschäft darstellt.[152] Soweit Einwendungen des Verbrauchers abgeschnitten werden, gewährt § 10 II S. 3 u. 4 dem Verbraucher einen Anspruch auf Schadensersatz gegen den Kreditgeber.

(3) Das Verbot des § 10 II gilt nicht in den Ausnahmefällen des § 3 I[153] und erst recht nicht bei den in § 2 genannten Geschäften.

Vierter Teil. Das Finanzierungsleasing

Literatur (Auswahl):

1. Gesamtdarstellungen:

Canaris in Larenz, *Canaris,* Schuldrecht, Bes. Teil, Bd. II, 2, 13. Aufl. (1994, § 66); *Gitter*, Gebrauchsüberlassungsverträge, § 11, Handbuch des Schuldrechts, Bd. 7, (1988); *Graf von Westphalen*, Der Leasingvertrag, 5. Aufl. (1998); *Martinek*, Moderne Vertragstypen, Bd. I (1991), S. 33 ff.; *Stolterfoht*, Münchener Vertragshandbuch, 3. Aufl. (1992), S. 137 ff.

2. Wichtige Aufsätze:

Assies, Neue Entwicklungen im Leasingrecht, WiB 1995, 497; *Canaris*, Finanzierungsleasing und Wandlung, NJW 1982, 305; *Canaris*, Interessenlage, Grundprinzipien und Rechtsnatur des Finanzierungsleasing, AcP 190, 410; *Coester-Waltjen*, Die Grundstruktur des Leasingvertrages, Jura 1980, 123; *Coester-Waltjen*, Leasingvertrag und moderne Rechtschutzgesetzgebung, Jura 1980, 186; *Ebenroth*, Der Finanzierungsleasingvertrag als Rechtsgeschäft zwischen Miete und Kauf, JuS 1978, 578; *Emmerich,* Grundprobleme des Leasing, JuS 1990, 1; *Flume*, Das Rechtsverhältnis des Leasing in zivil- und steuerrechtlicher Sicht, DB 1972, 1, 54, 105, 152; *Flume*, Die Rechtsfigur des Finanzierungsleasing, DB 1991, 265; *Groll,* Aktuelle Probleme aus dem Bereich Leasing, Jura 1986, 175; *Leenen*, Die Pflichten des Leasinggebers, AcP 190, 206; *Lieb*, Zur Inhaltskontrolle von Teilamortisationsverträgen, DB 1986, 2167; *Lieb*, Das Leitbild des

[149] *BGHZ* 43, 258 = NJW 1965, 1125; *BGHZ* 51, 69 = NJW 1969, 691; *BGH*, NJW 1986, 3197.

[150] *Emmerich*, JuS 1971, 274 m.Nw.; a.A. *Lieb*, WM 1991, 1538.

[151] *Müller*, WM 1991, 1784, 1787.

[152] S.o. Fußn. 149; *Graf von Westphalen/Emmerich*, § 10, Rdnr. 36.

[153] *Graf von Westphalen/Emmerich*, § 10, Rdnr. 22: keine Anwendung des § 3 I Nr. 3 auf Dreimonatsakzepte; ebenso *Habersack*, § 10, Rdnr. 3.

Finanzierungsleasing im Spannungsfeld von Vertragsfreiheit und Inhaltskontrolle, DB 1988, 946; *Roth*, Zur gerichtlichen Inhaltskontrolle von Finanzierungsleasingverträgen, AcP 190, 292; *Sonnenberger*, Rechtsfragen beim Leasing beweglicher Sachen, NJW 1983, 2217; *Walz*, Die Stellung des Leasingnehmers beim Finanzleasing beweglicher Anlagegüter in sachen-, konkurs- und vollstreckungsrechtlicher Hinsicht, WM 1985, Beilage 10.

3. PKW-Leasing:

Groß, Kfz-Leasing, DAR 1996, 438; *Michalski/Schmitt*, Der Kfz-Leasingvertrag (1995); *Reinking*, Kfz-Leasing im Spannungsfeld zwischen Kauf und Miete, DAR 1984, 329; *Reinking*, Autoleasing, 2. Aufl. (1994); *Reinking-Eggert*, Der Autokauf, 6. Aufl. (1996), Rdnr. 1081 ff.

4. Leasing und Verbraucherkreditgesetz:

Godefroid, BB 1994, Beilage 6, S. 14; *Graf von Westphalen*, ZIP 1991, 639; *Lieb*, WM 1991, 1533; *Martinek/Oechsler*, ZIP 1993, 81; *Peters*, WM 1992, 1797; *Schmid-Burgk/Schöllermann*, BB 1991, 566; *Slama*, WM 1991, 569; *Zahn*, DB 1991, 81.

5. Rechtsprechungsübersichten:

Bethäuser, DAR 1989, 83; 1991, 41; 1995, 429; *Braxmeier*, WM 1986, Beilage 3; 1988, Beilage 3; 1989, Beilage 1; 1990, 573; *Brunotte*, DRiZ 1990, 396; *Hiddemann*, WM 1978, 834.

I. Begriff, Inhalt und Rechtsnatur

1. Entwicklung

Der Leasingvertrag hat seinen Ursprung im US-amerkanischen Rechtskreis.[1] Er wird seit Anfang der sechziger Jahre auch in der Bundesrepublik praktiziert.[2] Es handelt sich um einen Vertragstypus, der durch die besonderen Investitions- und Finanzierungsbesdürfnisse der Unternehmen geprägt ist und in seiner Ausformung zunächst aufgrund der Vertragsfreiheit durch die Kautelarpraxis geprägt wurde.[3] Das ermöglichte eine Flexibilität in der Vertragsgestaltung und die stetige Anpassung an die wirtschaftlichen Verhältnisse.[4]

Die Rechtsprechung wirkte an der Ausformung des Vertragstyps ebenfalls mit, sowohl durch Auslegung der Verträge (§§ 157, 242 BGB), der Anwendung des AbzG[5] und zunehmend im Wege der Inhaltskontrolle der AGBG-Klauseln, zunächst aufgrund des § 242 BGB, sodann durch Anwendung des AGBG.[6] Steuerrechtliche Aspekte führ-

---

[1] *Martinek*, § 1, III, 3 u. § 3 II; *Gitter*, S. 278.

[2] Zur wirtschaftlichen Bedeutung *Gitter*, S. 279.

[3] Allgemein zur Vertragsfreiheit bei besonderen Vertragstypen *Martinek*, § 1, III, 3; Vertragsmuster bei *Stolterfoht*, Münchener Vertragshandbuch, Bd. 3, S. 137 ff.

[4] *Martinek*, § 2, I, 2.

[5] S.u. II, 5, b.

[6] S.u. II, 5, d.

ten am Anschluß an ein Urteil des BFH vom 26. 1. 1970[7] zu einem Eingreifen der Finanzverwaltung.[8] Der Gesetzgeber hat – von einer hier nicht interessierenden Ausnahme abgesehen[9] – erstmals durch das VerbrKrG eine teilweise Regelung vorgenommen.[10]

2. *Begriff und Inhalt*

Der Begriff des Leasingvertrages ist schillernd und umfaßt verschiedene Unterarten. Bei dem hier darzustellenden Finanzierungsleasing handelt es sich um die Beschaffung und Überlassung eines Investititionsgutes durch den Leasinggeber zum Gebrauch und zur Nutzung durch den Leasingnehmer für eine festbestimmte Zeit, wobei dem Leasinggeber ein Entgelt für die Gebrauchsüberlassung und Finanzierung des Leasinggutes zusteht.

a) Die Gebrauchsüberlassung

Es handelt sich um die Überlassung einer Sache zum Gebrauch und zur Nutzung durch den Leasingnehmer.

(1) Nach dem Willen der Vertragspartner verbleibt das Eigentum am Leasinggut bei dem Leasinggeber, während der Leasingnehmer nur Besitzer und Nutzungsberechtigter werden soll. Anders ausgedrückt: Für den Leasingvertrag typisch ist die Trennung von vermögensmäßiger Zuordnung und unternehmerischer Nutzung.[11] Dabei müssen vor allem steuerliche Aspekte berücksichtigt werden. Steuerlich anerkannt wird die Vertragsgestaltung von der Finanzverwaltung nur unter den Voraussetzungen des § 39 II Nr. 1 AO, so daß der Leasinggeber neben der formellen Position auch wirtschaftlicher Eigentümer des Leasingguts bleiben muß.[12]

Nach der Rechtsprechung des BFH[13] und den hierauf fußenden Erlassen der Finanzverwaltung[14] ist dies nur der Fall, wenn nach Ablauf der (unkündbaren) Grundmietzeit dem Leasinggeber ein wirtschaftlicher Wert verbleibt; dieser muß mindestens 40 %, höchstens 90 % der betriebsgewöhnlichen Nutzungsdauer betragen.[15] Dieses „erlaßkonforme Leasing“ ist die Grundlage für die Ausgestaltung der Musterverträge in der Praxis.[16] Das hat zu unterschiedlichen Vertragstypen geführt.[17]

---

[7] *BFHE* 97, 466 = BStBl. II 1970, 264 = NJW 1970, 1148.

[8] S.u. Fußn. 14.

[9] § 19 I Nr. 2 KreditwesG i.d.F. von 1985; hierzu *Martinek*, § 4, VIII, S. 83.

[10] S.u. II, 5, d.

[11] *Coester-Waltjen*, Jura 1980, 123; grundlegend *Flume*, DB 1971, 1 ff.

[12] Hierzu *Martinek*, § 3, IV, 1, S. 44 ff.; *Graf von Westphalen*, Rdnr. 26 ff.

[13] S.o. Fußn. 7.

[14] Leasingerlaß vom 19. 4. 1971 (BStBl. I 1971, S. 264 = BB 1971, 506 = *Graf von Westphalen*, Rdnr. 1869); Leasingerlaß vom 22. 12. 1975 (BB 1976, 72 = *Graf von Westphalen*, aaO, Rdnr. 1870).

[15] *Martinek*, § 3, IV, 1.

[16] *Martinek*, § 3, II, S. 42 und § 3, IV, 1, S. 45; § 3, IV, 3, S. 51; zu „nichterlaßkonformen Leasingverträgen vgl. *Reinking-Eggert*, Rdnr. 1108, 1122.

[17] S.u. b, c und d.

(2) Der Umfang der Gebrauchsüberlassungspflicht ist im einzelnen streitig. Die Rechtsprechung des BGH nimmt eine Pflicht des Leasinggebers nicht nur zur erstmaligen Überlassung des Leasingguts an den Leasingnehmer an, sondern bejaht als „Hauptverpflichtung" eine darüber hinausgehende Pflicht zur fortlaufenden Gebrauchsgewährung.[18] Von dieser am Mietrecht ausgerichteten Grundhaltung[19] ist der BGH aber später wieder etwas abgerückt.[20]

Im Schrifttum werden abweichende Auffassungen vertreten. Teilweise wird bereits eine Pflicht des Leasinggebers zur Gebrauchsüberlassung verneint und seine Pflicht auf die Beschaffung des Leasingguts (Abschluß des Kaufvertrages mit dem Lieferanten) beschränkt.[21] Eine gewichtige Meinung bejaht mit Recht eine Pflicht des Leasinggebers zur erstmaligen Gebrauchsüberlassung, woran sich eine Pflicht zur Gebrauchsbelassung anschließe, die aber nicht die Gebrauchsgewährleistung umfasse.[22]

b) Die Finanzierungsfunktion

Eigentümlich ist dem Leasingvertrag die sogenannte Finanzierungsfunktion.[23] Der Leasingnehmer erhält das von dem Leasinggeber beschaffte Leasinggut gegen Zahlung eines Entgelts, das im Grundsatz in monatlichen Raten zu entrichten ist. Das Leasingentgelt soll folgende wirtschaftliche Positionen auf seiten des Leasinggebers abdecken: die Anschaffungskosten, die Verzinsung des eingesetzten Kapitals, den Verwaltungsaufwand des Leasinggebers, das Bonitätsrisiko und den Gewinnzuschlag des Leasinggebers.[24] Oft wird ein Teil des Leasingentgelts durch eine vorweg zu entrichtende Sonderzahlung des Leasingnehmers geleistet, mit dem Ergebnis, daß die Leasingraten geringer werden.[25] Vor allem aber wird die Höhe der Leasingraten durch verschiedene Vertragsgestaltungen beeinflußt, wobei es darauf ankommt, ob die Gegenleistung des Leasingnehmers – von der erwähnten Sonderzahlung abgesehen – voll in die Leasingraten gepackt ist oder teilweise erst am Ende des Leasingvertrages zusätzlich zu entrichten ist.

(1) Vollamortisation

Beim sogenannten Vollamortisationsvertrag sind die Leasingraten so angelegt, daß nach Ablauf der Grundmietzeit sämtliche oben erwähnten Kosten des Leasinggebers[26] abgegolten sind.[27]

---

[18] *BGHZ* 81, 298 = NJW 1982, 105; *BGHZ* 96, 103 = NJW 1986, 179.

[19] Zur Anwendung des Mietrechts s.u. II, 3, b.

[20] *BGH*, NJW 1988, 198; hierzu Groß, DAR 1996, 438, 439.

[21] *Coester-Waltjen*, Jura 1980, 123; *Larenz*, SchuldR, BT, § 63, II.

[22] *Martinek*, § 4, IX, 1; *Leenen*, AcP 190, 260.

[23] Hierzu *Graf von Westphalen*, Rdnr. 93 ff.; *Martinek*, § 3 I.

[24] *BGHZ* 95, 39, 53 = NJW 1985, 2253; *BGHZ* 128, 755 = NJW 1995, 1019; *Michalski/Schmitt*, Rdnr. 283 ff.; teilw. krit. *Graf von Westphalen*, Rdnr. 94.

[25] Hierzu *Reinking-Eggert*, Rdnr. 1201.

[26] S.o. Fußn. 24.

[27] *Martinek*, § 3, IV, a; *Gitter*, S. 296.

Eine Zuweisung des wirtschaftlichen Eigentums an den Leasinggeber setzt voraus, daß die Grundmietzeit mindestens 40 %, höchstens jedoch 90 % der betriebsgewöhnlichen Nutzungsdauer beträgt.[28] Die betriebsgewöhnliche Nutzungsdauer richtet sich nach den amtlichen Afa-Tabellen.[29]

(2) Teilamortisation

Anders gestaltet sich das Entgelt für den Leasinggeber beim sogenannten Teilamortisationsvertrag. Die Bezeichnung ist für den mit der Materie nicht vertrauten Außenstehenden irreführend. Auch bei dieser Vertragsart findet eine Vollamortisation des Aufwandes des Leasinggebers statt.[30] Die Leasingraten für die erforderliche Grundmietzeit von 40–90 % werden geringer gehalten, so daß durch sie allein die angestrebte Vollamortisation nicht erreicht wird (non full-pay-out). Zur Absicherung des „Restwertes"[31] dienen folgende alternative Vertragsgestaltungen:[32]

– *Teilamortisation mit Andienungsrecht des Leasinggebers.*

Bei dieser Vertragsgestaltung ist der Leasinggeber auf Verlangen des Leasingnehmers verpflichtet, nach Ablauf der Grundmietzeit das Leasinggut zu dem im Leasingvertrag vereinbarten Preis zu übernehmen. Dieser Erwerbspreis besteht in der Differenz zwischen der Vollamortisation und der durch die Leasingraten bereits erfolgten Teilamortisation.[33] Der Leasinggeber wird von seinem Andienungsrecht allerdings keinen Gebrauch machen, wenn bei dem Ablauf der Grundmietzeit der voraussichtliche Verkaufserlös des Leasingguts über dem vereinbarten Erwerbspreis liegt. Die Vereinbarung des Andienungsrechts wird trotz einiger aus § 10 Nr. 1 AGBG hergeleiteten Bedenken[34] für AGB-konform gehalten.[35]

– *Teilamortisation mit Aufteilung des Mehrerlöses.*

Bei dieser Vertragsgestaltung ist der Leasinggeber nach Vertragsbeendigung zur Rücknahme und Verwertung des Leasingguts in Form der Veräußerung auf dem freien Markt verpflichtet. Aus dem Erlös wird zunächst der „Restwert"[36] – d.h. die noch offenen Gesamtkosten des Leasinggebers – realisiert. Ein über die nun erfolgte Vollamortisation hinausgehender Mehrerlös wird auf die Vertragsparteien verteilt, wobei nach dem von der Finanzverwaltung herausgegebenem Leasingerlaß[37] dem Leasinggeber mindestens 25 % zustehen müssen, so daß der Leasingnehmer 75 % des Mehrerlöses erhält.[38]

---

[28] Leasing-Erlaß vom 19. 4. 1991 (Fußn. 14), Nr. III, 1a.

[29] Zur betriebsgewöhnlichen Nutzungsdauer bei Kraftfahrzeugen siehe *BFH* vom 26. 7. 1991 – VI ZR 82/89 = DB 1991, 2633; BMF vom 3. 12. 1992 = BStBl. II, 92, 735 = DB 1992, 2592; *Graf von Westphalen*, DB 1992, 2379.

[30] *Martinek*, § 3, IV, 2, c, S. 51; *Graf von Westphalen*, Rdnr. 100, 113, 117.

[31] *BGHZ* 95, 39 = NJW 1985, 2253.

[32] Zu Verträgen mit Wahlrecht des Leasingnehmers siehe *Martinek*, § 3, V, 1, S. 53; *Gitter*, S. 338.

[33] *Graf von Westphalen*, Rdnr. 97 ff.;*Martinek*, § 3, IV, 2, c, S. 49 u. § 8, I, 2, b, S. 197; *Reinking-Eggert*, Rdnr. 1091; *Stolterfoht*, S. 187 ff.

[34] *Kurstedt*, DB 1981, 2525;

[35] *Gitter*, S. 334, 336; *Graf von Westphalen*, Rdnr. 99, 104 ff.; *Martinek*, § 8, III, 2, b S. 196.

[36] S.o. Fußn. 31.

[37] Erlaß vom 22.12.1975 (Fußn. 14).

[38] *Graf von Westphalen*, Rdnr. 21, 22; *Martinek*, § 3, IV, c, S. 50; *Gitter*, S. 298; *Reinking-Eggert*, Rdnr. 1094.

Wird die Vollamortisation durch die gezahlten Leasingraten und den erzielten Erlös nicht erreicht, so ist der Leasingnehmer zum Ausgleich des Restwertes verpflichtet.

– *Teilamortisation durch kündbaren Vertrag mit Abschlußzahlung.*

Hier kann der Leasingnehmer den Leasingvertrag nach Ablauf der Grundmietzeit, die 40 % der betriebsgewöhnlichen Nutzungsdauer beträgt, kündigen. Eine für den Fall dieser Kündigung vereinbarte Abschlußzahlung des Leasingnehmers soll den Restwert abdecken. Hierzu bestimmt der Leasingerlaß des Bundesministers der Finanzen vom 22. 12. 1975[39] folgendes: „Auf die Abschlußzahlung werden 90 % des vom Leasinggeber erzielten Veräußerungserlöses angerechnet. Ist der anzurechnende Teil des Veräußerungserlöses zuzüglich der vom Leasingnehmer bis zur Veräußerung entrichteten Leasingraten niedriger als die Gesamtkosten des Leasinggebers, so muß der Leasingnehmer in Höhe der Differenz eine Abschlußzahlung leisten. Ist jedoch der Veräußerungserlös höher als die Differenz zwischen Gesamtkosten des Leasinggebers und den bis zur Veräußerung entrichteten Leasingraten, so behält der Leasinggeber diesen Differenzbetrag in vollem Umfang." Die Höhe der Abschlußzahlung wurde früher im Leasingvertrag pauschal festgelegt, was von der Rechtsprechung unter Berufung auf § 9 AGBG nicht anerkannt wurde.[40] Die Rechtsprechung verlangt vielmehr eine konkrete Berechnung.[41]

Insgesamt erfordert die Vertragsgestaltung der Teilamortisationsverträge im Hinblick auf ihre Vollamortisation[42] eine eindeutige Aufklärung des Leasingnehmers über die Erstattungspflicht des Restwertes, sei es nach § 3 AGBG oder unter dem Gesichtspunkt der Transparenz nach § 9 AGBG sowie den Anforderungen der §§ 10 Nr. 7 und § 11 Nr. 5 AGBG.[43]

(3) Operating-Leasing

Außerhalb der Finanzierungsfunktion steht das sogenannte Operating-Leasing.

Bei ihm handelt es sich um Leasingverträge mit kürzerer Laufzeit, nach deren Ablauf der Leasinggeber das Leasinggut anderweitig durch erneute Vermietung verwerten kann. Es fehlt hier die dem Teilamortisationsvertrag typische Absicherung des Restwerts zu Lasten des Leasingnehmers.[44] Gleichwohl wird versucht, auch das Operating-Leasing in den Bereich des Finanzierungsleasing einzubeziehen.[45]

---

[39] S.o. Fußn. 14.

[40] *BGHZ* 82, 121 = NJW 1982, 870; *BGHZ* 95, 39 = NJW 1985, 2253; *BGHZ* 97, 65, 73 = NJW 1986, 1335; *BGH*, NJW 1986, 1746; zust. *Canaris*, SchuldR, BT, § 66, III, 1,b.

[41] *BGH*, NJW 1996, 455; hierzu *Groß*, DAR 1996, 441; *Martinek*, § 8, I, 3, a, S. 198 ff.; *Klamroth*, BB 1982, 1556.

[42] S.o. I, 2, a, (2), Fußn. 30 ff.

[43] Siehe *BGH* in Fußn. 40; ferner *LG Frankfurt*, NJW-RR 1986, 148; *OLG Karlsruhe*, NJW-RR 1986, 1112; *OLG Oldenburg*, NJW 1987, 1003; *AG Hamburg*, NJW-RR 1991, 507; *LG Mönchengladbach*, NJW-RR 1994, 1479; *Reinking-Eggert*, Rdnr. 1089, 1092, 1096 ff.; *Graf von Westphalen*, Rdnr. 165, 1246.

[44] *Graf von Westphalen*, Rdnr. 9, 184; *Gitter*, S. 282, 352; *Martinek*, § 3, V, 2, S. 53; *Habersack*, Rdnr. 4; *Reinking-Eggert*, Rdnr. 1083.

[45] S.u. I, 2, d, (3), Fußn. 60.

(4) Mietkauf

Kein Finanzierungsleasing ist der sogenannte Mietkauf. Er ist eine Verbindung von Miete mit kaufvertraglichen Elementen.[46]

c) Sonderformen der Beschaffung des Leasingguts

Im Grundsatz ist der Leasinggeber für die Beschaffung des Leasingguts zuständig und verantwortlich.[47] Das führt im Regelfall zu dem für den Leasingvertrag typischen Dreiecksverhältnis.[48] Der Beschaffungsvertrag (Kauf) wird zwischen dem Leasinggeber und dem Lieferanten geschlossen, während der Leasingvertrag zwischen Leasinggeber und Leasingnehmer besteht. Direkte Vertragsbeziehungen zwischen Leasingnehmer und Lieferant bestehen dagegen nicht.[49] Hier gibt es aber ausnahmsweise Sonderformen:

(1) Hersteller/Händler-Leasing

Bei diesem Vorgang tritt der Leasinggeber selbst (direktes Leasing) oder ein mit ihm wirtschaftlich verbundenes Unternehmen (indirektes Leasing) als Beschaffer (Lieferant) auf. Das betrifft vor allem das Kraftfahrzeug-Leasing.[50] Damit schrumpft das Dreiecksverhältnis entweder völlig oder auf ein Minimum zusammen.

Bei dem direkten Leasing, bei dem der Hersteller selbst den Nutzungsvertrag abschließt und deshalb ein Dreiecksverhältnis nicht vorliegt, liegt kein Finanzierungsleasing vor; der Hersteller fördert seinen Absatz durch Abschluß eines Mietvertrages.[51] Dagegen wird bei dem indirekten Herstellerleasing entgegen früheren Ansichten[52] heute von einem Leasingvertrag ausgegangen, da neben der Absatzförderung die Finanzierungsfunktion zum Tragen komme.[53]

(2) Sale- and Lease-back

Hier erwirbt ausnahmsweise der Leasingnehmer das Leasinggut von dem Lieferanten, um anschließend das Eigentum auf den Leasinggeber zu übertragen und sodann den Leasingvertrag mit Gebrauchsüberlassung

---

[46] *Gitter*, S. 289; *Martinek*, § 4, VI, S. 79; BGHZ 62, 42 = NJW 1974, 365; *BGHZ* 94, 195 = NJW 1985, 1544. – Vgl. jedoch *Graf von Westphalen*, Rdnr. 179, 180.

[47] *Graf von Westphalen*, Rdnr. 342.

[48] *BGH*, NJW 1977, 847; *Martinek*, § 1, III, 2, S. 6.

[49] *Gitter*, S. 290; *Martinek*, § 3, I, S. 38; *Habersack*, Rdnr. 42. – Zur direkten Haftung des Lieferanten gegenüber dem Leasingnehmer aus culpa in contrahendo siehe *BGH* NJW 1984, 2938; *Habersack*, Rdnr. 44; *Martinek*, § 5, II, 3, S. 118.

[50] *Reinking-Eggert*, Rdnr. 1081; *Graf von Westphalen*, Rdnr. 1236.

[51] *Emmerich*, JuS 1990, 1, 3; *Martinek*, § 3, V, 3,b, S. 57; *Graf von Westphalen*, Rdnr. 172.

[52] *Graf von Westphalen*, DAR 1984, 337; ferner *Gitter*, S. 287; Nachw. bei *Martinek*, S. 58, Fußn. 62.

[53] *BGHZ* 95, 170 = NJW 1985, 2258; *BGHZ* 97, 65 = NJW 1986, 1335; *Emmerich*, JuS 1990, 1, 3; *Habersack*, Rdnr. 8; *Graf von Westphalen*, Rdnr. 174; *Martinek*, aaO, S. 59; *Reinking/Eggert*, Autokauf, Rdnr. 1085.

und Finanzierung abzuschließen.[54] Seine Zuordnung zum Finanzierungsleasing ist umstritten.[55]

(3) Einsteigemodell

Ausnahmsweise kann es auch vorkommen, daß der Leasingnehmer mit dem Lieferanten – über bloße Verhandlungen hinaus – bereits einen bindenden Liefervertrag abschließt, in den dann der Leasinggeber später „einsteigt".[55a]

d) Sonderformen beim PKW-Leasing[56]

In dieser Branche haben sich folgende Vertragsarten entwickelt:

(1) Teilamortisation mit kalkuliertem Restwert

Hier findet neben der Zahlung der Leasingraten (eventuell auch einer bei Vertragsschluß geleisteten Sonderzahlung) eine Vollamortisation bei Vertragsbeendigung statt. Die Differenz zwischen dem im Vertrag vereinbarten „kalkuliertem Restwert" und dem später ermittelten Verkehrswert ist auszugleichen. Liegt der effektive Restwert über dem im Vertrag vereinbarten kalkulierten Restwert, so findet die beim Teilamortisationsvertrag mit Mehrerlösbeteiligung festgelegte Aufteilung[57] statt.

(2) Der Km-Abrechnungsvertrag

Bei diesem Vertragstyp wird im Leasingvertrag eine bestimmte Km-Leisung für die vorgesehene Laufdauer vereinbart, an der sich die Kalkulation der Leasingraten ausrichtet. Bei Vertragsbeendigung ist sodann jeder Mehr- oder Minderkilometer auszugleichen.[58] Daneben kommt ein zusätzlicher Ausgleich wegen übermäßiger Abnutzung in Frage.[59] Bei dem Km-Abrechnungsvertrag findet keine Vollamortisation statt.[60] Das für Teilamortisationsverträge geforderte Transparenzgebot[61] gilt hier nicht.[62]

(3) PKW-Null-Leasing

Bei dieser Vertragsart erwirbt der Kunde gegen eine Sonderzahlung ein Neufahrzeug und hat zusätzlich monatlich festgelegte Leasingraten zu zahlen. Nach Ablauf der vereinbarten Vertragszeit kann der Kunde das Fahrzeug zu einem vorher festgelegten Restwert erwerben. Auch hier fehlt die dem Leasingvertrag typische Finanzierungsfunktion.[63]

---

[54] *Martinek*, § 3, V, 3, S. 60; *Habersack*, Rdnr. 12; *Graf von Westphalen*, Rdnr. 1414 ff.; ders. BB 1991, 149.

[55] Verneinend *Martinek*, aaO, S. 61; bejahend *Graf von Westphalen*, Rdnr. 177, 1419.

[55a] *Graf von Westphalen*, Rdnr. 214 ff.

[56] Hierzu eingehend *Graf von Westphalen*, Rdnr. 1204 ff.; *Reinking-Eggert*, Rdnr. 1081 ff.

[57] S.o. I, 2, b, Fußn. 36 ff.; s.u. VI, 2, b, (4).

[58] S.u. VI, 2, b, (5).

[59] S.u. VI, 2, c, (1).

[60] *Graf von Westphalen*, Rdnr. 1210 ff., 1248; a.A. *BGH*, NJW 1987, 377; 1996, 2033; 1998, 1637; *Groß*, DAR 1996, 438, 440. – S.u. Fußn. 129 ff.

[61] S.o. Fußn. 43.

[62] *Reinking-Eggert*, Rdnr. 1122, 1123, 1128.

[63] *Paschke*, BB 1987, 1193; *Gitter*, S. 284; *Martinek*, § 3, V, 3, S. 62.

d) Die Dienstleistungsfunktion

Zur Gebrauchsüberlassung und Finanzierungsfunktion können im Einzelfall kraft Vereinbarung noch einzelne Dienstleistungen des Leasinggebers hinzutreten.

Es kann sich hierbei um Beratung des Leasingnehmers bei der Auswahl und dem Einsatz des Leasingguts handeln,[64] aber auch um Übernahme von Steuern und Versicherungen, Reparaturleistungen, Wartungen, letztere besonders beim PKW-Leasing.[65]

e) Pflichten des Leasingnehmers

Aus den vorangegangenen Ausführungen ergeben sich unter Berücksichtigung des Vertragszwecks folgende Pflichten des Leasingnehmers:

(1) Pünktliche Zahlung der Leasingraten; bei Verzug des Leasingnehmers mit der Zahlungspflicht droht die Restfälligstellung.[66]
(2) Bei Teilamortisationsverträgen Zahlung des Restwerts.[67]
(3) Obhutspflicht zur Erhaltung des Leasingguts in einem ordnungsgemäßen Zustand.[68]
(4) Pflicht zum Eingehen eines Wartungsvertrages.[69]
(5) Unterlassung von Verkauf, Verpfändung, Schenkung, Untervermietung, Überlassung des Leasingguts an Dritte.[70]
(6) Pflicht zur Instandsetzung bei Beschädigung.[71]
(7) Pflicht zur Versicherung des Leasingguts zugunsten des Leasinggebers.[72]
(8) Pflicht zur Ersatzbeschaffung bei Beschädigung oder Zerstörung des Leasingguts.
(9) Anzeigepflichten bei Sachmängeln (Analogie zu § 545 BGB).[73]
(10) Anzeigepflicht bei Vollstreckungsmaßnahmen Dritter in das Leasinggut.[74]
(11) Pflicht zur Herausgabe des Leasingguts bei Beendigung des Vertragsverhältnisses.[75]
(12) Schadensersatzpflicht bei schuldhafter Zerstörung oder Beschädigung des Leasingguts.[76]

---

[64] *Martinek*, § 3, I, S. 39 und § 3, II, S. 43.
[65] *Graf von Westphalen*, Rdnr. 1228, 1229.
[66] S.u. III, 3, b; *Martinek*, § 4, III, S. 68.
[67] S.o. I, 2, b, (2).
[68] *Martinek*, § 7, I, 2, S. 47; *Graf von Westphalen*, Rdnr. 922, 923; *Reinking-Eggert*, Rdnr. 1155.
[69] *Graf von Westphalen*, Rdnr. 913.
[70] *Reinking-Eggert*, Rdnr. 1155 (Ausnahme: Familien- und Betriebsangehörige).
[71] *Graf von Westphalen*, Rdnr. 908.
[72] *BGHZ* 116, 278, 283 = NJW 1982, 683; *OLG München*, NJW-RR 1996, 48; *OLG Koblenz*, NJW-RR 1996, 174; *Martinek*, § 7, I, 3, S. 48; *Gitter*, S. 320; *Habersack*, Rdnr. 64; *Graf von Westphalen*, Rdnr. 924 ff.
[73] S.u. III, 2, c, (4), Fußn. 255.
[74] S.u. III, 5, a.
[75] S.u. IV, 2, a.
[76] S.u. III, 4, a.

f) Vorteile der Leasingkonstruktion für den Leasingnehmer

Sie seien hier kurz zusammengestellt.

(1) Fremdfinanzierung mit Ratenzahlung entsprechend dem Zeitablauf der Nutzung.[77]
(2) Fremdfinanzierung zu 100 % ohne Stellung zusätzlicher Sicherheiten und damit Schonung von Eigenkapital.[78]
(3) Keine Aktivierung des Leasingguts in der Bilanz.[79]
(4) Absetzung der Leasingraten als Betriebsausgaben (§ 4 EstG).[80]
(5) Begrenzung des Überalterungsrisikos des Leasingguts.[81]
(6) Berücksichtigung bei der Berechnung der Gewerbesteuer.[82]

Unter Berücksichtigung dieser Gesichtspunkte muß der Interessent im Einzelfall abwägen, ob die Leasingvariante ihm gegenüber den sonstigen Arten der Beschaffung eines benötigten Investitionsgutes Vorteile bietet.[83]

3. Die Rechtsnatur des Finanzierungsleasing

a) Allgemeines

Zur Rechtsnatur des Leasingvertrages werden sehr unterschiedliche Auffassungen vertreten, wobei die Übergänge zwischen einzelnen Meinungen teilweise fließend sind. Die Bedeutung der rechtlichen Einordnung des Leasingvertrages liegt einmal in der Lückenausfüllung der nicht im Vertrag geregelten Rechtsfolgen, vor allem aber in dem Umfang der AGB-Kontrolle, die sich an dem Leitbild des Vertrages (§ 9 AGBG) orientiert.

b) Überblick

Ohne Auseinandersetzung sollen hier die einzelnen Theorien[84] kurz aufgezählt werden:

(1) Reiner Mietvertrag.[85]
(2) Atypischer Mietvertrag.[86]

---

[77] *Martinek*, § 3, I, S. 38; *Gitter*, S. 300.
[78] *Gitter*, S. 300.
[79] *Gitter*, S. 293; *Graf von Westphalen*, Rdnr. 35.
[80] *Reinking-Eggert*, Rdnr. 1099; *Graf von Westphalen*, Rdnr. 38, 43.
[81] *Martinek*, § 3, III, S. 44; *Gitter*, S. 300
[82] *Graf von Westphalen*, Rdnr. 44; *Michalski/Schmitt*, Rdnr. 301 ff.
[83] Zu diesen Fragen und betriebswirtschaftlichen Aspekten siehe *Dietz*, AcP 190, 235; *Figge*, AcP 190, 219; *Böttcher*, BB 1994, Beilage 6, S. 9; *Stolterfoht*, S. 149, Anm. 4; *Michalski/Schmitt*, Rdnr. 277 ff.
[84] Eingehende Überblicke bei *Gitter*, S. 301 ff.; *Graf von Westphalen*, Rdnr. 75 ff.; *Martinek*, § 4, S. 64 ff.; *Habersack*, Rdnr. 21 ff.
[85] *Flume*, DB 1972, 4; *Sonnenberger*, NJW 1983, 2217.
[86] *Hiddemann*, WM 1978, 838; *Emmerich*, JuS 1990, 1, 4; *Flume*, DB 1991, 265;

(3) Sachkauf.[87]
(4) Beschaffungstheorie.[88]
(5) Rechtskauf.[89]
(6) Mietkauf.[90]
(7) Darlehen.[91]
(8) Geschäftsbesorgung.[92]
(9) Vertrag sui generis.[93]

c) Rechtsprechung des BGH

Der BGH ging ursprünglich von einem reinen Mietvertrag aus, hat aber im Hinblick auf die Finanzierungsfunktion des Leasingvertrages zunehmend die atypische Natur betont.[94] Dabei weist er vor allem darauf hin, daß die Freizeichnung des Leasinggebers von der Gewährleistung dem Vertrag sein besonderes Gepräge gibt.[95] Insoweit kommt dem Mietrechtssystem des BGB keine allein ausschlaggebende Rolle mehr zu; vielmehr spricht der BGH neuerdings von einem „Leitbild des Leasingvertrages".[96] Dabei betont er aber die Kardinalpflicht des Leasinggebers zur Gebrauchsüberlassung.[97]

d) Bedeutung des VerbrKrG

Das VerbrKrG hat nunmehr für die ab 1. 1. 1991 abgeschlossenen Verträge und für seinen Anwendungsbereich[98] die Finanzierungsleasingverträge als Kreditverträge eingeordnet.[99] Damit ist aber der Streit über die

---

Reinking-Eggert, Rdnr. 1121; *Graf von Westphalen*, Rdnr. 90 ff.; 131 (bei Teilamortisierung: Mietvertrag u. Garantievertrag).

[87] *Ebenroth*, JuS 1978, 588; *Littmann*, DStR 1970, 263.

[88] *Coester-Waltjen*, Jura 1980, 123 (Mietvertrag), vgl. aber Jura 1980, 186, 187.

[89] *Plathe*, BB 1970, 601, 605.

[90] *Klaas*, NJW 1968, 1507.

[91] *Schmidt-Salzer*, AGB, 2. Aufl. (1978), Rdnr. F, 178; *Schuster*, DB1964, 1690.

[92] *Canaris*, NJW 1982, 306; AcP 190, 452; ZIP 1993, 401; SchuldR, BT § 66 II, 2; *Ulmer/Schmidt*, DB 1983, 2258; *Ulmer*, ZIP 1984, 1173.

[93] *Lieb*, DB 1988, 946; 1988, 2495; *Martinek*, § 4, IX, S. 86 ff. mit Darstellung der einzelnen Meinungen; *Gitter*, S. 305 ff.; *Ziganke*, BB 1982, 706; *Michalski/Schmitt*, Rdnr. 63.

[94] *BGH*, NJW 1977, 195; *BGHZ* 68, 118 = NJW 1977, 848; *BGH*, NJW 1977, 1058; *BGHZ* 71, 189 = NJW 1978, 1383; *BGHZ* 71, 196 = NJW 1978, 1432; *BGHZ* 81, 198 = NJW 1982, 105; *BGHZ* 82, 121 = NJW 1982, 870; *BGH*, NJW 1982, 1747; 1982, 1949; *BGHZ* 96, 103 = NJW 1986, 179; *BGHZ* 97, 137 = NJW 1986, 1744; *BGH*, NJW 1988, 198; 1988, 204; 1995, 1019. – Darstellung der Entwicklung der Rechtspr. im einzelnen bei *Graf von Westphalen*, Rdnr. 53–74.

[95] *BGHZ* 81, 298 = NJW 1982, 105; *BGHZ* 95, 39 = NJW 1985, 2253.

[96] *BGH*, WM 1982, 7 = ZIP 1982, 67; NJW 1982, 1747; *BGHZ* 112, 65 = NJW 1990, 3016; *Lindacher*, JZ 1985, 896; *Klamroth*, BB 1982, 1949; dagegen *Graf von Westphalen*, Rdnr. 133 (Mietvertrag als Leitbild i.S. des § 9 II Nr. 1 AGBG).

[97] S.o. I, 2, a, (2), Fußn. 18.

[98] S.u. II, 4, c, (2).

[99] S.u. II, 4, c, (2).

Rechtsnatur des Finanzierungsleasing nicht aus der Welt geschafft, da das Gesetz nur die kreditrechtliche Seite des Finanzierungsleasing erfaßt, während es sich nicht um den Bereich der mit der Gebrauchsüberlassung zusammenhängenden Fragen äußert, deren Regelung wie bisher der Rechtsprechung vorbehalten bleibt.[100] Allerdings könnte mit der Betonung der Finanzierungsfunktion des Leasingvertrages für einzelne Theorien ein Überdenken ihrer bisherigen Position angezeigt sein.[101]

e) Stellungnahme

Auszugehen ist von der in den Leasingverträgen geregelten Rechtslage, daß das formelle und wirtschaftliche Eigentum bei dem Leasinggeber verbleibt.[102]

Damit sind die rechtlichen Einordnungen als Sachkauf, Rechtskauf und Darlehen nicht vereinbar.[103] Der geschäftbesorgungsrechtliche Ansatz überbetont den Beschaffungsvorgang und vernachlässigt die Gebrauchsüberlassung und Finanzierungsfunktion.[104] Die Einordnung als „reiner Mietvertrag" ist mit dem Inhalt des Leasingvertrages ebenfalls nicht haltbar.[105]

Diskussionswürdig sind demnach nur der „atypische Mietvertrag" und der „Vertrag sui generis." Dabei ist aber zu beachten, daß die Abweichungen vom Mietrecht des BGB doch so bedeutend sind, daß man kaum noch von einem atypischen Mietvertrag sprechen kann.[106] Deshalb dürften die Meinungen, die von einem Vertrag sui generis ausgehen und sich eine analoge Anwendung einzelner Bestimmungen des Mietrechts oder sogar des Kaufrechts vorbehalten,[107] einer wirtschaftlichen Betrachtungsweise eher entsprechen als eine voreilige Einordnung als Mietvertrag mit der Notwendigkeit nachträglicher Korrekturen in Form des Rückziehers.[108] Dabei dürfte die von *Martinek* vertretene „bifunktionale sui generis-Theorie" die der Gebrauchs- und Nutzungsüberlassung und der Finanzierungsfunktion die gleiche Bedeutung beimißt,[109] die Rechtsnatur des Leasingvertrages am besten beschreiben.

---

[100] H.M.

[101] Hierzu *Martinek*, § 4, IX, S. 86 ff.

[102] S.o. I, 2, a, (1).

[103] Hierzu im einzelnen *Martinek*, § 4, V, 2, S. 76 betr. Kauf + § 4, IV, 3, S. 80 betr. Darlehen; *Gitter*, S. 302; *Graf von Westphalen*, Rdnr. 134 ff.

[104] *Martinek*, § 4, VIII, S. 85; *Gitter*, S. 304; *Habersack*, Rdnr. 23; *Graf von Westphalen*, Rdnr. 141 ff.

[105] *Martinek*, § 4, III, S. 83 ff.; *Graf von Westphalen*, Rdnr. 136.

[106] *Martinek*, §§, IV, 4, 3, S. 74, 89; im Ergebnis auch *Gitter*, S. 306; a.A. *Graf von Westphalen*, Rdnr. 151.

[107] Zum Mietrecht siehe etwa Fußn. 155; zum Kaufrecht siehe Fußn. 149.

[108] *Canaris*, AcP 190, 451; *Lieb*, DB 1988, 946 (unter besonderer Betonung der Vertragsfreiheit).

[109] *Martinek*, § 4, IX, 2, S. 88 ff.

4. *Maßgebende Vorschriften*

a) Mietrecht

Nach den Ausführungen unter 3, e können die Vorschriften des Mietrechts nur ergänzend zur Lückenausfüllung herangezogen werden, soweit dem nicht die typische Struktur des Leasingvertrags entgegensteht.

b) Abzahlungsgesetz

Die Rechtsprechung des BGH hatte vor Inkrafttreten des VerbrKrG die Vorschriften des AbzG in Anwendung von dessen § 6 zunehmend auf Leasingverträge angewandt. Sie scheidet für die ab 1. 1. 1991 abgeschlossenen Verträge aus, da nunmehr das VerbrKrG zur Anwendung kommt.[110] Aus diesem Grund kann hier auf eine Darstellung der Rechtsprechung zu § 6 AbzG und der hierzu im Schrifttum ergangenen Äußerungen verzichtet werden.[111]

Festzuhalten ist lediglich, daß der BGH in der Abgrenzung der unter das AbzG fallenden Verträge zunächst einen mehr formellen Standpunkt eingenommen hatte,[112] zunehmend aber dem materiellen Gesichtspunkt des „Wertverzehrs" Beachtung schenkte.[113]

c) Verbraucherkreditgesetz

Das VerbrKrG geht davon aus, daß Finanzierungsleasingverträge jedenfalls auch als Kreditverträge in Form der „sonstigen Finanzierungshilfe" im Sinne des § 1 II anzusehen sind, was sich mittelbar aus dem in § 3 II Nr. 1 erfolgten Ausschluß bestimmter Vorschriften des VerbrKrG ergibt.[114] Der Gesetzgeber folgt damit der in der Literatur zum AbzG vertretenen[115] Schutzbedürftigkeitstheorie.[116] Auf einen Wertverzehr, wie es der BGH zu § 6 AbzG vertreten hatte,[117] kommt es demnach nicht mehr an.[118]

Eine weitergehende Meinung will allerdings in den Fällen des Wertverzehrs unter Außerachtlassung des § 3 II Nr. 1 alle Vorschriften des VerbrKrG, insbesondere den § 4

---

[110] S.u. c.

[111] Vgl. die Darstellung bei *Martinek*, § 5, I, S. 91 ff.; ferner *Graf von Westphalen*, WM 1991, 529.

[112] *BGHZ* 68, 118 = NJW 1977, 848; *BGHZ* 71, 189 = NJW 1978, 1383; *BGHZ* 71, 196 = NJW 1978, 1432; *BGHZ* 104, 392 = NJW 1988, 2463.

[113] *BGHZ* 94, 195 = NJW 1985, 1539; *BGH*, NJW 1985, 1546; NJW-RR 1986, 472; *Martinek*, § 5, I, 2, b, S. 96.

[114] *Graf von Westphalen*, § 1 VerbrKrG, Rdnr. 175.

[115] *Emmerich*, JuS 1990, 1, 4; *Peters*, NJW 1985, 1498.

[116] *Martinek*, § 5, I, 2, d, S. 103 ff.

[117] S.o. Fußn. 113.

[118] *Martinek*, aaO, S. 105.

I S. 2 u. 3, zur Anwendung kommen lassen.[119] Dem ist aus Gründen des klaren Gesetzeswortlauts des § 3 II Nr. 1 und der vom Gesetzgeber gewollten eindeutigen Abgrenzung zu widersprechen.[120]

(1) Persönlicher Anwendungsbereich

Hier gelten die allgemeinen Vorschriften des VerbrKrG (§ 1 I).[121]

Das führt zu der Konsequenz, daß nur Finanzierungsleasingverträge mit Verbrauchern erfaßt sind, nicht aber Leasingverträge mit Kaufleuten.[122] Das könnte zu einer differenzierten Behandlung des Finanzierungsleasing führen, die von der Sache her nicht zu begründen ist. Es ist aber zu erwarten, daß die Rechtsprechung – ebenso wie bei der AGB-Kontrolle, im kaufmännischen Bereich (§ 24 AGBG) – einem „Auseinanderdriften" entgegenwirken wird.

(2) Sachlicher Anwendungsbereich

Die von dem VerbrKrG geforderte „sonstige Finanzierungshilfe" ist unstreitig gegeben bei Finanzierungsleasingverträgen mit Voll- und Teilamortisation,[123] wobei wegen der Finanzierungsfunktion auch das Hersteller/Händler-Leasing[124] und die Sale- and Lease-back-Verträge[125] einzubeziehen sind. Gleiches gilt für das PKW-Leasing mit kalkuliertem Restwert.[126]

Mangels Finanzierungsfunktion scheiden dagegen aus das Operating-Leasing,[127] das Null-Leasing[128] und richtiger Ansicht nach auch das PKW-Leasing mit Km-Abrechnung.[129] Die zu letzterem Vertrag vertretene Gegenmeinung, der sich auch der BGH angeschlossen hat,[130] ist nicht überzeugend, auch wenn der Vorsitzende des zuständigen Zivilsenats in apodiktischer Weise von einem „Roma locuta causa finita" gesprochen hat.[131]

---

[119] *Ulmer*, MK, § 3 VerbrKrG, § 3, Rdnr. 25; *Michalski/Schmitt*, Rdnr. 85.

[120] *Peters*, WM 1992, 1801; *Tiedtke*, ZIP 1992, 226.

[121] S.o. 1. Teil, I, 1. – Zum Schuldbeitritt siehe *Zahn*, DB 1992, 1029.

[122] Ausnahme: Existenzgründung (§§ 1, I und § 3, I Nr. 2 VerbrKrG); hierzu *Graf von Westphalen*, § 3 VerbrKrG, Rdnr. 33.

[123] *Martinek/Oechsler*, ZIP 1993, 81; *Graf von Westphalen*, Rdnr. 163, 164, 1690; ders. ZIP 1991, 639; BGH, NJW 1996, 2033.

[124] S.o. I, 2, c, (1); *BGHZ* 97, 65 = NJW 1986, 1335; *Graf von Westphalen*, § 1 VerbrKrG, Rdnr. 184.

[125] S.o. I, 2, c, (2). – *Graf von Westphalen*, § 1 VerbrKrG, Rdnr. 183; *Martinek*, § 3, V, 3, d, S. 60.

[126] S.o. I, 2, d, (1).

[127] S.o. I, 2, b, (3). – *Reinicke/Tiedtke*, ZIP 1992, 225; *Martinek/Oechsler*, ZIP 1993, 81; *Seibert*, WM 1991, 1445, 1447; *Habersack*, Rdnr. 4; *Schmid-Burgk/Schölermann*, BB 1991, 566, 567; *Peters*, WM 1992, 1797, 1798; *Graf von Westphalen*, Rdnr. 184.

[128] S.o. I, 2, d, (3). – *Martinek/Oechsler*, ZIP 1993, 81, 9; *Slama*, WM 1991, 561, 570; *Graf von Westphalen*, § 1 VerbrKrG, Rdnr. 190; *Lieb*, WM 1991, 1534; *Köndgen*, NJW 1994, 1508, 1516.

[129] S.o. I, 2, d, (2). – 31. VGT, DAR 1993, 114; *Graf von Westphalen*, NZM 1998, 607; *Slama*, WM 1991, 569; *Martinek/Oechsler*, ZIP 1993, 81; *Reinking/Eggert*, Rndr. 1130; *Reinking/Nießen*, ZIP 1991, 637; diff. *Habersack*, MK, § 18, Rdnr. 32 (Umgehung des VerbrKrG im Einzelfall).

[130] *BGH*, NJW 1996, 2033; 1998, 1637 m.Nw.; i.E. ebenso *Michalski/Schmitt*, Rdnr. 51, 82, 83.

[131] *Groß*, DAR 1996, 446.

(3) Teilausschuß von Vorschriften

Das VerbrKrG hat einzelne Vorschriften von der Anwendbarkeit auf Finanzierungsleasingverträge ausgeschlossen (§ 3 II Nr. 1).

Das betrifft die Vorschriften über den Umfang der Schriftform (§ 4 I S. 4 u. 5), die Rechtsfolgen des Formmangels (§ 6), die Regelung über den fiktiven Rücktritt (§ 13 III) und die vorzeitige Rückzahlung, was auf das Gesetzgebungsverfahren zurückzuführen ist.[132] Umgekehrt heißt dies: es sind anzuwenden die Vorschriften über das allgemeine Schriftformerfordernis (§ 4 I S. 1–3),[133] den Widerruf (§ 7),[134] sowie die Regeln über Verzug (§ 11) und die Gesamtfälligstellung (§ 12).[135] Umstritten ist die Anwendbarkeit des nicht ausdrücklich ausgeschlossenen § 9.[136]

d) AGB-Gesetz

Da der Leasingvertrag fast ausschließlich auf allgemeinen Geschäftsbedingungen und Formularverträgen beruht,[137] ist eine Anwendung des AGBG ohne weiteres gegeben.[138]

(1) Einbeziehung der AGB

Für die Einbeziehung der AGB in den Leasingvertrag gilt § 2 AGBG.[139]

In vielen Fällen versuchen Leasinggeber die AGB des Lieferanten, die dieser im Kaufvertrag dem Leasinggeber auferlegt hat, durch eine Weiterverweisung im Leasingvertrag an den Leasingnehmer weiterzugeben. Das gilt vor allem hinsichtlich der dem Leasinggeber nach Handelsrecht treffenden Rügepflichten.[140] Eine solche Einbeziehung wird bei Verbrauchern als Leasingnehmern nur dann dem Erfordernis des § 2 AGBG standhalten, wenn im Leasingvertrag ausdrücklich auf die Lieferanten-AGB verwiesen wird und diese dem Vertrag beigefügt werden; bei Kaufleuten dürfte dagegen der Hinweis auf die Lieferanten-AGB genügen.[141]

Gleichstellen kann man dem eine vorherige Aushändigung der AGB durch den Lieferanten an den Leasingnehmer im Rahmen der von ihm geführten Vorgespräche.[142] Neben der Einbeziehung nach § 2 AGBG bleibt natürlich die Inhaltskontrolle nach § 9 AGBG bestehen.[143]

---

[132] Zum Gesetzgebungsverfahren siehe *Reinicke/Tiedtke*, ZIP 1992, 225; *Lieb*, WM 1991, 1533.

[133] S.u. II, 1.

[134] S.u. II, 2.

[135] S.u. III, 3, b.

[136] S.u. III, 2, b, (1).

[137] *Stolterfoht*, S. 137 ff.; *Reinking-Eggert*, S. 441 ff.; *Michalski/Schmitt*, Rdnr. 73.

[138] *Graf von Westphalen*, Rdnr. 187 ff.; *Stolterfoht*, S. 155.

[139] *Graf von Westphalen*, Rdnr. 239.

[140] S.u. III, 1, b, (1), Fußn. 215.

[141] *Schmid-Burgk/Schölermann*, DB 1991, 1968; *Michalski/Schmitt*, Rdnr. 107, 108; differenzierend *Graf von Westphalen*: Hinweis in jedem Falle erforderlich (Rdnr. 240), Übergabe der AGB aber nur bei Verbrauchern (Rdnr. 242, 1700), nicht aber bei Kaufleuten als Leasingnehmern (Rdnr. 247 ff.).

[142] *Graf von Westphalen*, Rdnr. 245, 246; *Peters*, WM 1992, 1197, 1198.

[143] S.u. (3).

(2) Überraschende Klauseln

Einzelne Klauseln können – besonders bei Verträgen mit Verbrauchern – im Sinne von § 3 AGBG überraschend sein.[144]

Das gilt einmal bei Teilamortisationsverträgen hinsichtlich der Ausgleichung des Restwertes[145] und bei Umstellung eines PKW-Km-Vertrages bei vorzeitiger Kündigung auf Abrechnung gemäß kalkuliertem Restwert.[146]

(3) Inhaltskontrolle

Bei der Anwendung von § 9 AGBG ist nicht auf das gesetzliche Leitbild des Mietvertrages, sondern auf die leasingtypischen Leistungspflichten abzustellen.[147] Dem vom BGH zu § 9 AGBG entwickelten Erfordernis der Transparenz kommt hierbei eine besondere Bedeutung zu.[148] Unter Beachtung des Leitbildes des Leasingvertrages sind folgende Klauseln als mit § 9 AGBG vereinbar anzusehen:

- Abwälzung der Sach- und Preisgefahr für die Zeit nach Überlassung des Leasingguts (§ 446 BG),[149] wobei aber für den Fall des Untergangs oder der erheblichen Beschädigung des Leasingguts dem Leasingnehmer ein fristloses – eventuell auch ein kurzfristigen – Kündigungsrecht einzuräumen ist.[150] Entgegen der Auffassung des BGH[151] kann dies nicht nur für das Kfz-Leasing gelten, sondern muß allgemeine Bedeutung haben.[152] Auch ein Wahlrecht des Leasingnehmers auf Reparatur, Gestellung einer Ersatzsache oder auf Kündigung sollte zugelassen werden.[153]
- Abwälzung der Gewährleistung des Leasinggebers, wenn dessen Ansprüche auf Gewährleisung an den Leasingnehmer abgetreten werden.[154]
- Verbot der Gebrauchsüberlassung an Dritte und der Untervermietung.[155]
- Instandhaltungspflichten einschließlich der Pflicht zum Abschluß eines Wartungsvertrages.[156]
- Versicherungsklauseln.[157]
- Anzeigepflichten bei Unfall.[158]

---

[144] *Gitter*, S. 310.

[145] S.o. I, 2, b, (2), Fußn. 43.

[146] S.u. VI, 2, b, (6), Fußn. 416.

[147] S.o. I, 3, c, Fußn. 96. – Einzelfragen bei *Michalski/Schmitt*, Rdnr. 97 ff.; *Hartleb*, NZM 1996, 295.

[148] *BGHZ* 95, 39, 48 = NJW 1985, 2253, 2255; *BGHZ* 97, 65, 74 = NJW 1986, 1335; *OLG Köln*, NJW 1995, 2044; *Martinek*, § 5, III, 3,b, S. 116; *Graf von Westphalen*, Rdnr 165, 901.

[149] *BGH*, NJW 1977, 195; 1977, 1058; *BGHZ* 93, 391 = NJW 1985, 1537; *BGH*, NJW 1987, 377; 1988, 198; 1990, 2546; *Gitter*, S. 318 ff.; *Graf von Westphalen*, Rdnr. 871 ff.; *Habersack*, Rdnr. 61 ff.; *Martinek*, § 4, III, S. 68.

[150] *BGH*, NJW 1987, 377; *BGHZ* 116, 278 = NJW 1992, 683; *BGH*, NJW 1996, 1888; *Reinking-Eggert*, Rdnr. 1136 ff.; *Stolterfoht*, S. 208; *Canaris*, SchuldR, BT, § 66, IV, 1, a. – S.u. IV, 1, c, (2), Fußn. 357.

[151] *BGHZ* 116, 278 = NJW 1992, 683; *Groß*, DAR 1996, 438, 443.

[152] *Habersack*, Rdnr. 63; *Graf von Westphalen*, Rdnr. 878, 1266.

[153] Vgl. den Fall *BGHZ* 116, 22 = NJW 1992, 553; *Graf von Westphalen*, Rdnr. 908; s.u. IV, 1, c, (2), Fußn. 357; dagegen die Entschließung der *ADAC-Juristentagung*, DAR 1996, 432.

[154] S.u. III, 2, b (3), Fußn. 247.

[155] *BGH*, NJW 1990, 3016; *Graf von Westphalen*, Rdnr. 1162; s.o. I, 2, e, (5).

[156] *Graf von Westphalen*, Rdnr. 906 ff.

[157] *Graf von Westphalen*, Rdnr. 924 ff.

[158] *Graf von Westphalen*, Rdnr. 844, 853; *Reinking/Eggert*, Rdnr. 1228.

Unwirksam sind gegen folgende Klauseln:

- Abwälzung des Insolvenzrisikos.[159]
- Ausschluß der Haftung des Leasingnehmers für nicht rechtzeitige Lieferung des Leasingguts;[160] das gilt auch für Klauseln, die die Erfüllungsgehilfeneigenschaft des Lieferanten abbedingen.[161]

II. Der Vertragsschluß

1. *Die Schriftform*

a) Allgemeines

Der Leasingvertrag bedarf, falls der Leasingnehmer Verbraucher i.S. von § 1 I VerbrKrG ist, nach § 4 I S. 1 VerbrKrG der Schriftform. Dabei gelten auch die für Verbraucherkredite allgemein normierten Formerleichterungen des § 4 I S. 2 + 3.[162] Der Gesetzgeber hat aber im Gegensatz zu den Verbraucherkrediten keine Vorschriften über den erforderlichen Umfang der Schriftform erlassen (§ 3 II Nr. 1 VerbrKrG), was auf die übereilte Fassung im Gesetzgebungsverfahren zurückzuführen ist.[163] Ein Verstoß gegen EG-Recht liegt hierin nicht.[164]

Aus der jetzigen gesetzlichen Regelung kann aber nicht hergeleitet werden, daß für Leasingverträge ohne Absicherung des Restwertes, die nicht unter § 3 II Nr. 1 VerbrKrG fallen, nunmehr der volle Inhalt des VerbrKrG gilt und damit auch § 4 I S. 4 + 5 VerbrKrG zur Anwendung kommt.[165]

b) Umfang der Schriftform

Nach den Ausführungen unter a) folgt der Umfang des Schriftformerfordernisses den allgemeinen Regeln.

So sind alle wesentlichen Bedingungen des Vertrages ist die Vertragsurkunde aufzunehmen.[166] Dazu gehören: Bezeichnung des Leasingguts, Vertragslaufzeit, Bezeichnung

---

[159] *BGH*, NJW 1985, 129; *Martinek*, § 6, III, 9, S. 141 + § 7, III, 3, S. 184; a.A. hier die Vertreter der Geschäftsbesorgungstheorie (*Canaris*, NJW 1982, 305, 309 mit Ausnahme des Hersteller/Händler-Leasing), teilweise auch die Anhänger der Theorie vom Vertrag sui generis (*Lieb*, DB 1988, 2495, 2500).

[160] *Martinek*, § 6, III, 6, c, S. 136; *Ebenroth*, DB 1979, 2109; *Gitter*, S. 315, 317; *Ulmer-Brandner-Hensen*, Anhang zu §§ 9–11 AGBG, Rdnr. 464; *Graf von Westphalen*, Rdnr. 414 ff. – a.A. *Canaris*, AcP 190, 432; *Coester-Waltjen*, Jura 1980, 186; *Flume*, DB 1991, 270.

[161] S.u. III, 1, c, (1), Fußn. 226; *Ulmer-Brandner-Hensen*, aaO.

[162] S.o. 2. Teil, II, 1, b.

[163] S.o. Fußn. 132.

[164] *Peters*, WM 1991, 1797, 1801; *Zahn*, DB 1994, 617; a.A. *Ulmer*, MK, § 3 VerbrKrG, Rdnr. 25.

[165] *BGH*, NJW 1996, 2033; a.A. *Graf von Westphalen*, § 3 VerbrKrG, Rdnr. 63, 80 ff.

[166] *Ulmer*, MK, § 3 VerbrKrG, Rdnr. 20, 21; weitergehend *Graf von Westphalen*, § 3 VerbrKrG, Rdnr. 65; ders. Leasingvertrag, Rdnr. 1703; *Zahn*, DB 1991, 81, 82 (auch al-

der Art des Vertrages (Vollamortisation, Teilamortisation unter Angabe der Art der Restwertabsicherung), Betrag, Zahl und Fälligkeit der Leasingraten. Für die „leasingtypischen Klauseln"[167] gilt das Gleiche, wobei § 2 AGBG zu beachten ist.[168] Nicht anzugeben sind Barzahlungspreis und effektiver Jahreszins.[169]

c) Rechtsfolgen des Verstoßes

Da § 6 VerbrKrG keine Anwendung findet (§ 3 II Nr. 1), ist bei einem Verstoß gegen das Schriftformerfordernis der gesamte Vertrag nach §§ 125, 126 BGB nichtig. Eine Heilung nach § 6 III VerbrKrG durch Übergabe der Sache und Erbringung der Leistung findet nicht statt;[170] Ausnahmen können sich unter dem Gesichtspunkt der culpa in contrahendo und aus § 242 BGB ergeben.[171]

Dagegen können mündliche Nebenabreden über Punkte, die nicht zu den essentialia des Vertrages gehören, nicht zur Nichtigkeit des Vertrages führen.[172] Insoweit dürfte auch eine Schriftformklausel in AGB oder im Formularvertrag zu keinem anderen Ergebnis führen.[173]

2. Das Widerrufsrecht

a) Allgemeines

Das ursprünglich aus § 6 Abz.G i.V. mit § 1a AbzG hergeleitete Widerrufsrecht des Leasingnehmers[174] folgt nunmehr für die ab 1. 1. 1991 abgeschlossenen Verträge aus § 7 VerbrKrG.

b) Einzelfragen

Wegen der sich aus § 7 I und II VerbrKrG ergebenden Einzelfragen kann auf die Ausführungen zum Verbraucherkredit verwiesen werden.[175] Der Leasingvertrag wird erst mit Ablauf der Widerrufsfrist wirksam.[176]

---

le Nebenabreden); vermittelnd *Reinking-Eggert*, Rdnr. 1161 (formfrei alle Nebenabreden, die den Verbraucher begünstigen); dagegen *Graf von Westphalen*, Rdnr. 1706.

[167] S.o. I, 2.

[168] S.o. I, 4, d, (1).

[169] *Ulmer* (Fußn. 166), jedoch mit der oben in Fußn. 119 vertretenen Ausnahme; einschr. *Reinking-Eggert*, Rdnr. 1161; vgl. auch bejahend zu § 1a I Nr. 4 AbzG früher *BGH*, NJW-RR 1991, 1011.

[170] *Reinicke/Tiedtke*, ZIP 1992, 226; *Peters*, WM 1992, 1797, 1800; *Graf von Westphalen*, § 3 VerbrKrG, Rdnr. 70; sowie Leasingvertrag, Rdnr. 1697, 1709.

[171] Hierzu *BGH*, NJW-RR 1988, 241 (c.i.c.); NJW-RR 1988, 1622; *KG*, NJW-RR 1994, 1298; *Reinking-Eggert*, Rdnr. 1172; zurückhaltend *Graf von Westphalen*, Rdnr. 1708.

[172] S.o. Fußn. 166; dies gilt m.E. auch für die nicht formgerechte Verweisung auf die Lieferanten-AGB (s.o. I, 4, d, (1), Fußn. 141); a.A. *Michalski/Schmitt*, Rdnr. 108.

[173] Zu Schriftformklauseln vgl. *BGH*, NJW 1980, 234; 1983, 1853; 1986, 1809; *Ulmer-Brandner-Hensen*, Anhang zu §§ 9–11 AGBG, Rdnr. 625 ff.; *Schulz*, Jura 1995, 71.

[174] Zum AbzG s.o. I, 4, b; *Martinek*, § 5, I, S. 91.

[175] S.o. 2. Teil, II, 2; zum PKW-Leasing; *Reinking-Eggert*, Rdnr. 1164.

[176] *BGH*, NJW 1996, 2367.

(1) Hervorzuheben ist, daß § 7 III VerbrKrG auf Finanzierungsleasingverträge keine Anwendung findet, da diese Vorschrift nach ihrem Wortlaut auf Verträge der in § 4 I S. 4 Nr. 1 genannten Verbraucherdarlehen beschränkt ist und diese Norm wiederum für das Finanzierungsleasing nach § 3 II Nr. 1 keine Anwendung findet.[177] Der Widerruf bleibt also wirksam, auch wenn der Leasingnehmer die Leasingsache nicht binnen zwei Wochen nach Ausübung des Widerrufs zurückgibt.

(2) Hat der Leasingnehmer ausnahmsweise [178] den Kaufvertrag mit dem Lieferanten bereits geschlossen und sich durch eine „Leasingklausel" die Finanzierung durch Leasing vorbehalten, so muß bei Widerruf des Leasingvertrages auch der Kaufvertrag unwirksam werden. Dies folgt aus einer analogen Anwendung des § 9 II VerbrKrG.[179] Andere wollen das gleiche Ergebnis über eine im Kaufvertrag enthaltene auflösende Bedingung erreichen,[180] oder den Leasinggeber verpflichten, durch Vereinbarung mit dem Lieferanten auf eine Aufhebung des Kaufvertrages hinzuwirken.[181]

3. Unwirksamkeit

a) Reisegewerbe

Der Abschluß von Leasingverträgen unterfiel schon bisher nicht dem Verbot des § 56 I Nr. 7 GewO.[182] Nunmehr wird der Leasingnehmer für die ab 1. 1. 1991 abgeschlossenen Verträge durch das Widerrufsrecht geschützt.[183]

b) Sittenwidrigkeit

Bisher war umstritten, ob ein Leasingvertrag in Anlehnung an die zum Verbraucherdarlehen entwickelten Grundsätze über wucherähnliche Geschäfte[184] für nichtig gehalten werden kann.[185] Der BGH hat nunmehr in einer Grundsatzentscheidung vom 11. 1. 1995[186] sich für die Anwendung von § 138 I BGB entschieden.

---

177 *Peters*, WM 1991, 1797, 1803; *Reinking/Nießen*, ZIP 1991, 637; *Schmid-Burgk/Schölermann*, BB 1991, 566, 577; *Zahn*, DB 1991, 687; *Graf von Westphalen*, § 7 VerbrKrG, Rdnr. 71, 72; ders. Leasingvertrag, Rdnr. 1733; a.A. *Slama*, WM 1991, 569, 570.

178 S.o. I, 2, c, (3).

179 *Canaris*, ZIP 1991, 407; *Habersack*, MK, § 9 VerbrKrG, Rdnr. 145; *Reinicke/Tiedtke*, ZIP 1992, 227; *Reinking/Nießen*, ZIP 1991, 637; *Zahn*, DB 1991, 687, 688; *Müller-Sarnowski*, DAR 1992, 83; *Peters*, WM 1992, 1797, 1804; ebenso für diese Fälle *Graf von Westphalen*, Rdnr. 1741.

180 *OLG Köln*, NJW-RR 1988, 504; *OLG Zweibrücken*, NJW-RR 1995, 816; *Graf von Westphalen*, Rdnr. 218, 221; *Reinking-Eggert*, Rdnr. 1177; eher ablehnend *BGH*, NJW-RR 1990, 1009.

181 *Lieb*, WM 1991, 1533, 1536.

182 *BGH*, NJW 1989, 460; *Martinek*, § 4, VII, S. 81.

183 S.o. 2. Teil, II, 3, b.

184 S.o. 2. Teil, II, 3, d.

185 Dafür *OLG Karlsruhe*, NJW-RR 1986, 217; *LG Hagen*, NJW-RR 1987, 1143; dagegen *OLG München*, NJW 1981, 1104; *OLG Saarbrücken*, NJW-RR 1988, 243; *OLG Hamm*, NJW-RR 1994, 1467.

186 *BGHZ* 128, 255 = NJW 1995, 1019; ebenso *BGH*, NJW 1995, 1146.

(1) Als Vergleichsmaßstab für das marktübliche Entgelt will der BGH in erster Linie auf vergleichbare Leasingraten abstellen.[187] Soweit sich ein übliches Entgelt nicht feststellen lasse, seien die vom BGH entwickelten Prüfungskriterien zur Sittenwidrigkeit von Ratenkrediten entsprechend anzuwenden.[188]

Bei der Vollamortisation seien dabei die Leasingraten mit dem von der Bundesbank ermittelten Schwerpunktzins zu vergleichen, wobei allerdings konkret dargelegte höhere Aufwendungen des Leasinggebers durch einen über 2,5 %[189] hinausgehenden Bearbeitungssatz Rechnung zu tragen sei. Bei Teilamortisationsverträgen verweist der BGH auf die von *Schmidt/Schumm*[190] vorgeschlagene Formel.

(2) Hinsichtlich des subjektiven Elements[191] bejaht der BGH die von ihm praktizierte Vermutung[192] bei Verträgen mit privaten Endverbrauchern, während er die Vermutung bei Verträgen mit vollkaufmännischen Leasingnehmern und selbständigen Freiberuflern verneinen will.[193]

Die Sittenwidrigkeit eines Finanzierungsleasingvertrages kann sich im übrigen auch aus der besonderen Vertragsgestaltung mit nachteiligen Klauseln zu Lasten des Leasingnehmers ergeben.[194]

4. Die Anfechtbarkeit

Der Leasingvertrag kann nach § 123 I BGB wegen arglistigen Täuschung angefochten werden. Das gilt für beide Vertragsteile.[195]

Ein arglistiges Verhalten des Lieferanten muß sich der Leasinggeber ohne Rücksicht auf eigenes Verschulden anrechnen lassen, soweit der Lieferant als Verhandlungsführer Pflichten des Leasinggebers wahrnimmt.[196] Das gilt nach überwiegender Meinung nicht nur für die Fälle des Hersteller/Händler-Leasing,[197] sondern auch für die echten Dreiecksverhältnisse, wobei aber der Lieferant mit Wissen und Wollen des Leasinggebers in die Verhandlungen eingeschaltet sein muß.[198]

---

[187] aaO, Ziff. II, 1, c, bb der Entscheidungsgründe.

[188] aaO, Ziff. II, 1, c, cc; hierzu krit. *Krebs*, NJW 1996, 1177; Einzelfragen bei *Graf von Westphalen*, Rdnr. 596 ff.

[189] S.o. 2. Teil, Fußn. 91.

[190] DB 1989, 2109, 2112.

[191] S.o. 2. Teil, II, 3, d, (3).

[192] S.o. 2. Teil, Fußn. 110.

[193] *BGHZ* 128, 255 = NJW 1995, 1019, Ziff. II, 2, b; hierzu *Graf von Westphalen*, Rdnr. 620 ff.

[194] *OLG Köln*, NJW-RR 1987, 371.

[195] *OLG Düsseldorf*, NJW-RR 1989, 116 (Täuschung durch Leasingnehmer).

[196] *BGH*, NJW 1989, 287; *Graf von Westphalen*, Rdnr. 328.

[197] *LG Frankfurt*, NJW 1985, 2278.

[198] *BGH*, NJW 1989, 287; *Martinek*, § 6 I, S. 121 m.Nw.

5. *Haftung aus culpa in contrahendo*

Der Leasinggeber kann dem Leasingnehmer aus culpa in contrahendo wegen Verletzung von Sorgfalts-, Aufklärungs- und Hinweispflichten haften.[199]

Auch hier muß sich der Leasinggeber nach § 278 BGB – ebenso wie im Falle der arglistigen Täuschung[200] ein schuldhaftes Verhalten des Lieferanten anrechnen lassen, soweit dieser mit Wissen und Wollen des Leasinggebers in die Vertragsverhandlungen eingeschaltet ist und den Leasingvertrag betreffende Aufklärungs- und Hinweispflichten verletzt.[201] Eine Freizeichnung des Leasinggebers von dieser gesetzlichen Zurechnung ist nach § 9 ABGB unwirksam.[202] Dagegen scheidet eine Zurechnung des Lieferantenverschuldens aus, wenn der Leasinggeber erst nach Abschluß der Vorverhandlungen über den Kaufvertrag eingeschaltet wird[203] oder wenn Lieferant und Leasingnehmer kollusiv zusammenwirken.[204]

III. Die Vertragsdurchführung

1. *Die Invollzugsetzung*

a) *Gebrauchsüberlassung*

Der Leasingvertrag wird durch die Gebrauchsüberlassung in Vollzug gesetzt.[205]

(1) Die Auslieferung des Leasingguts wird meist direkt vom Lieferanten an den Leasingnehmer erfolgen. Insoweit ist der Lieferant als Erfüllungsgehilfe des Leasinggebers anzusehen.[206]

(2) Der Zeitpunkt der Gebrauchsüberlassung ist von grundlegender Bedeutung, weil damit die Sach- und Preisgefahr auf den Leasingnehmer übergeht[207] und der Leasingnehmer von da ab zur Zahlung der Leasingraten verpflichtet ist.[208]

(3) Ob der Leasingnehmer bei der Übernahme des Leasingguts als Erfüllungsgehilfe des Leasinggebers hinsichtlich dessen Abnahmepflicht tätig wird, ist umstritten.[209]

---

199 *Beckmann*, CR 1994, 600.

200 S.o. Fußn. 196.

201 *BGHZ* 95, 170 = NJW 1985, 2258; *OLG Düsseldorf*, BB 1990, 167; *Graf von Westphalen*, Rdnr. 290, 297, 299.

202 *BGHZ* 95, 170 = NJW 1985, 2258; *BGH*, NJW-RR 1988, 241; *OLG Hamburg*, NJW-RR 1988, 438; *Martinek*, § 6, I, S. 119 ff; *Habersack*, MK, Rdnr. 45; *Reinking-Eggert*, Rdnr. 1167, 1172 mit Einzelbeispielen; krit. *Lieb*, DB 1988, 2495.

203 *BGH*, NJW-RR 1989, 1140; *Martinek*, § 6, I, S. 121; *Reinking-Eggert*, Rdnr. 1167; *Lieb*, DB 1988, 2502.

204 *OLG Frankfurt*, NJW 1987, 2447.

205 *Habersack*, MK, Rdnr. 50.

206 *BGH*, NJW 1988, 198; 1989, 3222, 3224; *Martinek*, § 6, II, S. 123; a.A. *Canaris*, SchuldR, BT, § 66, IV, 5, b.

207 S.o. Fußn. 149.

208 *BGH*, NJW 1993, 1381, 1383.

209 Bejahend *BGHZ* 90, 302, 309 = NJW 1984, 2034; *Martinek*, § 6, II, S. 124; verneinend *Knops*, JuS 1994, 106, 109.

b) Die Übernahmebestätigung

Bei der Auslieferung des Leasingguts an den Leasingnehmer erteilt der letztere gegenüber dem Lieferanten meist eine schriftliche Übernahmebestätigung.

(1) Die Funktionen der Übernahmebestätigung bestehen in zweifacher Hinsicht.[210] Sie soll einmal die Übernahme des Leasingguts gegenüber dem Leasinggeber dokumentieren und damit die Invollzugsetzung diesem zur Kenntnis geben.[211] Außerdem stellt sie eine Erklärung des Leasingnehmers gegenüber dem Lieferanten dar, daß das Leasinggut überhaupt und in vollem Umfang ausgeliefert wurde;[212] von dieser Erklärung macht der Lieferant gegenüber dem Leasinggeber Gebrauch, um diesen zur Kaufpreiszahlung zu veranlassen.[213]

Dagegen ist umstritten, ob in der Übernahmebestätigung auch eine Erklärung des Leasingnehmers über den funktionsfähigen Zustand des Leasingguts liegt, was richtiger Ansicht nach zu verneinen ist.[214] Allerdings kann die Nichtrüge offensichtlicher Mängel Bedeutung für die dem Leasinggeber gegenüber dem Lieferanten nach § 377 HGB bestehende Rügepflicht haben.[215]

(2) Die Übernahmebestätigung hat keine konstitutive Bedeutung; ihr kommt als Quittung im Sinne des § 368 BGB nur eine Beweisfunktion mit der Folge einer Umkehr der Beweislast zu.[216] Mit dieser Rechtsfolge ist eine entsprechende AGB-Klausel nicht zu beanstanden,[217] wohl aber dann, wenn an die Übernahmebestätigung eine unbedingte Zahlungspflicht geknüpft wird.[218]

(3) Stellt der Leasingnehmer schuldhaft eine unrichtige Übernahmebestätigung aus, so haftet er dem Leasinggeber aus positiver Vertragsverletzung auf Schadensersatz.[219]

Der Leasinggeber muß sich aber nach BGH ein Mitverschulden des Lieferanten bei Ausstellung der Übernahmebestätigung nach § 278 BGB[220] anrechnen lassen, wenn die-

---

[210] Hierzu *Martinek*, § 6, II, S. 122 ff.

[211] *BGH*, NJW 1989, 3222; *Martinek*, § 6, II, S. 122.

[212] *BGH*, ZIP 1989, 1133; *Reinking-Eggert*, Rdnr. 1189.

[213] *BGH*, NJW 1988, 204; 1993, 1381; *Reinking-Eggert*, Rdnr. 1184, 1188.

[214] *BGH*, NJW 1988, 204; NJW-RR 1990, 1462; *Reinking-Eggert*, Rdnr. 1186; *Graf von Westphalen*, Rdnr. 515, 516; a.A. *Martinek*, § 6, II, S. 123.

[215] *Habersack*, MK, Rdnr. 52; *Martinek*, § 6, II, S. 124; s.u. III, 2, c, (4), Fußn. 253.

[216] *BGH*, NJW 1988, 204; 1989, 3222; 1993, 1381; *OLG München*, NJW-RR 1993, 123; *OLG Hamm*, CR 1995, 535.

[217] *Graf von Westphalen*, Rdnr. 515.

[218] *BGH*, NJW 1988, 204; *Reinking-Eggert*, Rdnr. 1189; *Graf von Westphalen*, Rdnr. 516.

[219] *BGH*, NJW 1988, 204; *OLG Düsseldorf*, NJW-RR 1990, 666; *OLG Hamm*, BB 1993, 680; *Habersack*, MK, Rdnr. 55; teilw. abw. *OLG Bremen*, ZIP 1989, 579; a.A. *Eckert*, ZIP 1987, 1510.

[220] S.o. Fußn. 206.

ser die Unrichtigkeit derselben kannte oder kennen mußte.[221] Der Leasingnehmer macht sich ebenfalls ersatzpflichtig, wenn er die Ausstellung einer Übernahmebestätigung schuldhaft verzögert.[222]

c) *Lieferstörungen*

Der Leasinggeber ist verpflichtet, das Leasinggut zu beschaffen und es dem Leasingnehmer rechtzeitig zum Gebrauch zu überlassen.[223] Die Sach- und Preisgefahr obliegt dem Leasinggeber bis zu dieser Übergabe (§ 446 BGB analog),[224] und zwar einschließlich der Insolvenz des Lieferanten.[225]

(1) Die Folgen der Lieferstörung richten sich nach den allgemeinen Regeln (§§ 275, 280, 284, 323, 325, 326 BGB), wobei sich der Leasinggeber ein Verschulden seines Lieferanten nach § 278 BGB zurechnen lassen muß.[226]

Der Leasingnehmer kann zunächst die Einrede des nicht erfüllten Vertrages erheben (§ 320 BGB) und somit die Zahlung der Leasingraten bis zur Übergabe des Leasingguts verweigern.[227] Er kann unter den Voraussetzungen der §§ 286, 325, 326 BGB im Falle des Verschuldens Schadensersatz wegen des Verzugsschadens (§ 286 BGB) oder gegebenenfalls wegen Nichterfüllung verlangen. Er kann außerdem unter den Voraussetzungen der §§ 325, 326 BGB vom Vertrag zurücktreten.[228] Bei fehlendem Verschulden des Leasinggebers gilt § 323 BGB: der Leasinggeber verliert den Anspruch auf die Leasingraten; er muß auf Verlangen des Leasingnehmers Ansprüche gegen Dritte abtreten, wobei auch der Lieferant als Dritter im Sinne des § 281 BGB anzusehen ist. – Ein Rücktrittsrecht des Leasing*gebers* im Falle von Lieferstörungen ist dagegen zu verneinen, da dieser sich sonst seiner Schadensersatzhaftung entziehen könnte.[229]

(2) Der unter (1) umschriebenen Einstandspflicht kann sich der Leasinggeber nicht durch ABG-Klauseln in Form von Haftungsausschlüssen oder durch Verweisung auf Ansprüche gegen Dritte entziehen.[230]

---

[221] *BGH*, NJW 1988, 204. – Hierzu *Graf von Westphalen*, Rdnr. 517 ff.

[222] *OLG Düsseldorf*, MDR 1991, 965; *Martinek*, § 6, II, S. 125; a.A. *Graf von Westphalen*, Rdnr. 538 ff.

[223] S.o. I, 2, a.

[224] S.o. Fußn. 149, 207.

[225] *Martinek*, § 6, III, 9, S. 141; a.A. *Lieb*, DB 1988, 2495, 2500.

[226] *Martinek*, § 6, III, 3, S. 128; *Graf von Westphalen*, Rdnr. 376, 381, 382, 411; *Habersack*, Rdnr. 56; a.A. *Coester-Waltjen*, Jura 1980, 186 (nur eigenes Verschulden); ebenso *Canaris*, SchuldR, BT, § 66, IV, 5, a.

[227] *BGH*, NJW 1991, 2135.

[228] *OLG Köln*, CR 1992, 157; Einzelheiten bei *Martinek*, § 6, III, S. 128 ff.; für ein fristloses Kündigungsrecht des Leasingnehmers nach § 542 BGB *Graf von Westphalen*, Rdnr. 389.

[229] *Martinek*, § 6, III, S. 141 unter Hinweis auf *BGHZ* 96, 103, 109 = NJW 1986, 179; a.A. *Flume*, DB 1972, 55; *Coester-Waltjen*, Jura 1980, 186.

[230] *BGHZ* 81, 198 = NJW 1982, 105; *BGHZ* 96, 103 = NJW 1986, 179; *Martinek*, § 6, III, 5 + 6, S. 131, 133; *Gitter*, S. 315, 317; *Reinking-Eggert*; Rdnr. 1194; *Graf von Westphalen*, Rdnr. 397 ff.; 414 ff.; 422 ff.; *Ulmer-Brandner-Hensen*, Anhang zu §§ 9–11 AGBG, Rdnr. 464; a.A. *Canaris*, AcP 190, 432; *Flume*, DB 1991, 270.

Auch Klauseln, die dem Leasinggeber einen Aufwendungsersatzanspruch (betr. Bereitstellungsprovision, Nichtabnahmeentschädigung gegenüber dem Lieferanten) zubilligen, sind nach § 9 AGBG unwirksam.[231] Gleiches gilt schließlich für eine Vorverlagerung des Gefahrübergangs nach dem Vorbild des § 447 BGB.[232]

2. Die Gewährleistung

a) Überblick

Der Umfang der Gewährleistung des Leasinggebers für die Tauglichkeit des Leasingguts ist eine der Kernfragen des Leasingrechts, die je nach der unterschiedlichen Stellungnahme zur Rechtsnatur des Leasingvertrages und dem zuvor geschaffenen Leitbild verschieden ausfallen muß.[233]

Völlig ablehnend stehen einer Gewährleistung des Leasinggebers diejenigen gegenüber, die seine Pflichten auf den Beschaffungsvorgang begrenzen.[234] Die Anhänger der strengen Mietvertragstheorie bejahen dagegen für die gesamte Laufzeit des Leasingvertrages eine Pflicht des Leasinggebers zur Gewährleistung gemäß § 537 BGB.[235] Die Vertreter der Kaufvertragstheorie bejahen die Gewährleistung im Rahmen von §§ 446, 459, 476 BGB.[236] Die Anhänger der Lehre vom atypischen Mietvertrag bejahen eine gesetzliche Gewährleistungspflicht nach § 537 BGB, lassen aber eine – zeitweilige – Verweisung des Leasinggebers durch Abtretung der Gewährleisungsansprüche gegen den Lieferanten zu;[237] das ist im wesentlichen der Standpunkt der Rechtsprechung des BGH.[238] Die Vertreter der „sui-generis-Theorie" sind gespalten: ein Teil folgt der Lehre vom atypischen Mietvertrag und läßt eine Drittverweisung auf die Ansprüche gegen den Lieferanten zu,[239] während eine andere Richtung unter ausschließlicher Betonung der Finanzierungsfunktion eine Gewährleistung des Leasinggebers verneint.[240] Der gleichen Meinung ist konsequenterweise die Theorie von der Geschäftsbesorgung.[241]

b) Ausgangslage

Bevor im folgenden die Rechtsprechung des BGH dargestellt wird, sind folgende Ausgangspunkte festzuhalten:

(1) § 9 III VerbrKrG, der den Einwendungsdurchgriff bei verbundenen Geschäften regelt – ist trotz der Nichterwähnung in § 3 II Nr. 1 VerbrKrG – auf den Leasingvertrag wegen seiner anderweitigen Struktur des

[231] *BGHZ* 96, 103 = NJW 1982, 179; *Martinek*, § 6, III, S. 139; *Reinking-Eggert*, Rdnr. 1195; a.A. *Canaris*, AcP 190, 439; NJW 1982, 305, 309.

[232] *Martinek*, § 7, I, 1, S. 146.

[233] Überblick über die verschiedenen Ansichten bei *Martinek*, § 7, II, S. 152 ff.

[234] *Canaris*, NJW 1982, 305, 306; *Coester-Waltjen*, Jura 1980, 186.

[235] *Flume*, DB 1972, 54; *Blomeyer*, NJW 1978, 973.

[236] *Ebenroth*, DB 1978, 2109.

[237] *Flume*, DB 1991, 268; *Sonnenberger*, NJW 1983, 2217, 2219; *Graf von Westphalen*, Rdnr. 633.

[238] S.u. b, (3), Fußn. 247.

[239] *Martinek*, § 7, II, 4, b, S. 162 ff.; *Habersack*, Rdnr. 69.

[240] *Lieb*, DB 1988, 2495.

[241] *Canaris*, NJW 1982, 308; SchuldR, BT, § 66, III, 2, a.

Dreiecksverhältnisses – der Leasing*nehmer* schließt gerade nicht zwei Verträge ab – nicht anwendbar.[242]

(2) Das Klauselverbot des § 11 Nr. 10 AGBG läßt sich auf den Leasingvertrag nicht übertragen.[243]

(3) Bei der Inhaltskontrolle nach § 9 AGBG ist nicht auf das gesetzliche Leitbild des Mietvertrages, sondern die spezifische Natur des Leasingvertrages abzustellen.[244]

Folgt man der „bifunktionalen sui generis-Theorie,[245] welche der Gebrauchsüberlassung und Finanzierung die gleiche Bedeutung beimißt, ist zwar ein völliger Ausschluß der Gewährleistung unzulässig.[246] Ein solcher Ausschluß ist aber mit § 9 AGBG vereinbar, wenn der Leasinggeber dem Leasingnehmer ihm zustehende Gewährleistungsansprüche „zur Verfügung stellt".[247] Dabei kann die dogmatische Streitfrage, ob Gestaltungsrechte überhaupt abtretbar sind, als unwesentlich offenbleiben, weil alle Beteiligten sich hierüber einig sind.[248]

c) Voraussetzungen des Gewährleistungsausschlusses

(1) Ein Unterschied zwischen Abtretung der Gewährleistungsansprüche und der Ermächtigung zu deren Geltendmachung durch den Leasingnehmer ist nicht angebracht.[249]

(2) Der Gewährleistungsausschluß ist unwirksam, wenn die AGB des Lieferanten nicht wirksam in den Leasingvertrag einbezogen wurden.

Dazu ist jedenfalls, wenn der Leasingnehmer Verbraucher ist, ein Hinweis auf diese AGB und Kenntnisverschaffung im Sinne des § 2 AGBG notwendig, während bei Kaufleuten als Leasingnehmern der Hinweis auf die Lieferanten-AGB ausreichend sein dürfte.[250] In letzterem Fall ist der Leasinggeber aber bei Auftreten von Mängeln verpflichtet, die Lieferanten-AGB nachträglich zur Verfügung zu stellen.

---

[242] *H.M. Godefroid*, BB 1994, Beilage 6, S. 19; *Lieb*, WM 1991, 1533, 1539; *Habersack*, DStR 1994, 1853, 1854; ders. MK, § 9 VerbrKrG, Rdnr. 147; *Martinek*, § 5, II, 2, S. 111 + § 7, IV, S. 187 ff.; *Seifert*, BB 1991, Beilage 11, S. 12; *Müller-Sarnowski*, DAR 1992, 83; a.A. *Peters*, WM 1992, 1797, 1805; *Michalski/Schmitt*, Rdnr. 96, *Canaris*, SchuldR, BT, § 66, IV, 3,a + b; wohl auch *Graf von Westphalen*, Rdnr. 1762 ff.

[243] *BGHZ* 94, 180 = NJW 1985, 1547; *Martinek*, § 7, II, 2, S. 153 ff.; *Gitter*, S. 326; *Reinking-Eggert*, Rdnr. 1143 ff.; *Ulmer-Brandner-Hensen*, § 11, Nr. 10 AGBG, Rdnr. 3 + Anhang zu §§ 9–11 AGBG, Rdnr. 463; a.A. *Ebenroth*, DB 1978, 2109; *Blomeyer*, NJW 1978, 973; früher auch *Graf von Westphalen*, WM 1980, 942; ZIP 1985, 1036.

[244] *BGHZ* 81, 298 = NJW 1982, 105; *Martinek*, § 7, II, 4, S. 161; s.o. I, 3, c, Fußn. 96 und I, 4, d, (3), Fußn. 147.

[245] S.o. I, 3, e, Fußn. 109.

[246] *Gitter*, S. 324.

[247] *BGHZ* 81, 298, 301 = NJW 1982, 105; *BGH*, NJW 1985, 129; 1985, 1535; *BGHZ* 97, 135 = NJW 1986, 144; *BGH*, CR 1993, 685.

[248] *Martinek*, § 5, II, 3,b, S. 157; *Gitter*, S. 325; hierzu *BGHZ* 68, 118 = NJW 1987, 848.

[249] Widersprüchlich *Graf von Westphalen*, Rdnr. 632, 637; etwas anderes gilt für Schadensersatzansprüche: *Martinek*, § 7, II, 3, S. 159; *Graf von Westphalen*, Rdnr. 637, 742; s.u. Fußn. 265–267.

[250] S.o. I, 4, d, Fußn. 141.

(3) Die Drittverweisung muß unwiderruflich erfolgen; ein Vorbehalt des Leasinggebers, die Ansprüche auch selbst im eigenen Namen geltendmachen zu dürfen, führt zur Unwirksamkeit des Gewährleistungsausschlusses.[251]

(4) Voraussetzung für die Wirksamkeit der Drittverweisung ist, daß der Leasinggeber dem Leasingnehmer durchsetzbare Gewährleistungsansprüche verschaffen kann. Hat er durch Vereinbarung mit dem Lieferanten dessen Gewährleistung ausgeschlossen oder beschränkt, so scheidet eine Drittverweisung aus.[252]

Da der Leasinggeber Kaufmann ist, trifft ihn nach der Rechtsprechung des BGH die strenge Rügepflicht des § 377 HGB.[253] Eine Abwälzung dieser Obliegenheit zur Mängelrüge auf den Leasingnehmer dürfte jedenfalls bei Nichtkaufleuten gegen § 9 AGBG verstoßen.[254] Für das Verhältnis zwischen Leasinggeber und privatem Leasingnehmer kann es nur auf die leasingtypische Regelung nach bürgerlichem Recht ankommen, wozu allerdings auch eine analog § 545 BGB bestehende Pflicht des Leasingnehmers zur unverzüglichen Anzeige ihm bekanntgewordener Mängel gehört.[255] Diese Konzeption hat zur Folge, daß der Lieferant dem Leasingnehmer gegenüber den erhobenen Gewährleistungsansprüchen die Unterlassung der Mängelrüge aus § 377 HGB entgegenhalten kann.[256] Der Leasingnehmer kann dann auf die Gewährleistungspflicht des Leasinggebers zurückgreifen, wobei dem Leasinggeber dann der Einwand aus § 545 BGB analog[257] offen bleibt.

(5) Ebenso trifft den Leasinggeber eine direkte Gewährleistungspflicht, wenn die dem Leasingnehmer zur Verfügung gestellten Gewährleistungsrechte gegen den Lieferanten wegen dessen Insolvenz nicht durchsetzbar sind.[258]

(6) Der Leasinggeber haftet allerdings nicht für sogenannte „Spätmängel", d.h. solche Mängel, die nach Ablauf der Gewährleistungsfristen des Kaufrechts (§ 477 BGB) entstehen.[259] Insoweit besteht Übereinstimmung mit der Kaufvertragstheorie und der Theorie von der Geschäftsbesorgung.[260]

---

[251] *BGH*, NJW 1987, 1072; CR 1993, 685.

[252] *Martinek*, § 7, II, 5, S. 166; *Reinking-Eggert*, Rdnr. 1147 (mit Ausnahme bei Kfz-Leasing von Gebrauchtfahrzeugen, aaO, Rdnr. 1151).

[253] *BGHZ* 110, 130 = NJW 1990, 1290; *Martinek*, § 6, II, S. 124; *Graf von Westphalen*, Rdnr. 495, 501; BB 1990, 1; a.A. (unter Einbeziehung der fehlenden Kaufmannseigenschaft des Leasingnehmers): *Canaris*, AcP 190, 428 ff.; SchuldR, BT, § 66, IV, 4; *Lieb*, JZ 1990, 976; *Hager*, AcP 190, 350; *Tiedtke*, JZ 1991, 197; *Flume*, DB 1991, 269; krit. auch *Habersack*, MK, Rdnr. 37; *Knops*, JuS 1994, 106.

[254] *Graf von Westphalen*, Rdnr. 504 ff.; *Habersack*, Rdnr. 110; *Hager*, AcP 190, 348; *Reinking-Eggert*, Rdnr. 1149; a.A. *Martinek*, § 6, II, S. 125.

[255] *BGH*, NJW 1987, 1072; *BGHZ* 110, 130 = NJW 1990, 1290; *Martinek*, § 6, II, S. 125 (§ 242 BGB).

[256] *Martinek*, § 6, II, S. 124.

[257] S.o. Fußn. 255.

[258] *BGH*, NJW 1985, 314; *BGHZ* 114, 57 = NJW 1991, 1746; *OLG Hamm*, CR 1995, 535; *Graf von Westphalen*, Rdnr. 757 ff. m.Nw.

[259] *BGHZ* 68, 118 = NJW 1977, 848; *BGH*, NJW 1985, 798; *BGHZ* 114, 57, 62 = NJW 1989, 1279; *BGH*, NJW 1993, 122; *Habersack*, Rdnr. 76; *Martinek*, § 7, III, 4, S. 186; *Graf von Westphalen*, Rdnr. 813; widersprüchlich *Michalski/Schmitt*, Rdnr. 215, 221.

[260] *Ebenroth*, JuS 1978, 593; *Canaris*, NJW 1982, 305.

(7) Der Leasinggeber kann die Gewährleistung nicht durch Zurverfügungstellung eines mangelfreien Ersatzgutes abwenden.[261] Für das Kfz-Leasing erscheint diese Auffassung zumindest zweifelhaft.[262]

(8) Die Abtretung bzw. Ermächtigung umfaßt alle Ansprüche des Leasinggebers *auf* Gewährleistung, nicht dagegen *aus* der Gewährleistung.[263] Allerdings ist der Leasingnehmer ermächtigt, die Ansprüche *aus* der Gewährleistung als Prozeßstandschafter zugunsten des Leasinggebers geltendzumachen.[264]

(9) Nicht erfaßt von der Abtretung bzw. Ermächtigung werden die Ansprüche des Leasinggebers aus § 326 BGB[265] und aus § 286 BGB[266] sowie Schadensersatzansprüche aus §§ 463, 480, 635 BGB.[267] Dazu bedarf es einer zusätzlichen Abtretung; ob der Leasingnehmer in diesem Falle nur den Schaden des Leasinggebers (Zedenten) oder aber auch den Eigenschaden liquidieren darf, ist zweifelhaft.[268]

d) Geltendmachung der Gewährleistung

(1) Der Leasingnehmer hat bei Auftreten von Mängeln den Leasinggeber zu informieren[269] sowie den Gewährleistungsanspruch zunächst außerprozessual gegen den Lieferanten geltendzumachen, muß aber bei Weigerung diesen verklagen.

Obwohl nur die Ansprüche *auf* Gewährleistung abgetreten werden,[270] ist er verpflichtet, den Lieferanten auf Rückzahlung des Kaufpreises (bzw. der Minderung) an den Leasinggeber zu verklagen, wobei er insoweit als Prozeßstandschafter ermächtigt ist.[271] Wegen des bei Wandlung entstehenden Gegenanspruchs des Lieferanten auf Rückgabe des Leasingguts sollte der Klageantrag auf Zahlung Zug um Zug gegen Rückgabe des Leasingguts lauten.[272]

---

[261] *BGH*, NJW 1982, 873; teilw. also *Graf von Westphalen*, Rdn. 677 ff., der entspr. AGB-Klauseln für zulässig hält.

[262] *Reinking-Eggert*, Rdnr. 1216.

[263] *BGHZ* 68, 118 = NJW 1977, 848; *BGHZ* 81, 298 = NJW 1982, 105; *BGHZ* 106, 305, 309 = NJW 1989, 1289; *Habersack*, Rdnr. 70; *Tiedtke*, ZIP 1982, 1142; a.A. *Lieb*, JZ 1982, 561; *Canaris*, NJW 1982, 306; AcP 190, 417.

[264] *BGHZ* 81, 298, 310 = NJW 1982, 105; *OLG Düsseldorf*, NJW-RR 1992, 821; *Martinek*, § 7, III, 2,a, S. 174; *Habersack*, Rdnr. 70; s.u. Fußn. 271, 272.

[265] *BGH*, NJW-RR 1990, 1462; *OLG Köln*, NJW-RR 1991, 1463.

[266] *OLG Düsseldorf*, NJW-RR 1992, 821.

[267] *Martinek*, § 7, III, 4, S. 186; a.A. *Graf von Westphalen*, Rdnr. 742.

[268] In erstem Sinne *Martinek*, § 6, III, 6, S. 136; in zweitem Sinne *Canaris*, Bankvertragsrecht, Rdnr. 1794; *Graf von Westphalen*, Rdnr. 750.

[269] *BGH*, NJW 1987, 1072; *Graf von Westphalen*, Rdnr. 844 ff.

[270] S.o. Fußn. 263.

[271] S.o. Fußn. 264.

[272] *Beckmann*, WiB 1996, 962, 964; *Reinking-Eggert*, Rdnr. 1221; *Habersack*, Rdnr. 83; a.A. die in Fußn. 263 zitierte Gegenmeinung, wonach der Leasingnehmer auch die Ansprüche *aus* der Gewährleistung abgetreten erhält.

(2) Ab Erhebung der Wandlungsklage (Minderungsklage) ist der Leasingnehmer berechtigt, die Leasingraten (bei Minderung teilweise) einzustellen, bis die Gewährleistungsfrage geklärt ist.[273] Ein etwaiger Prozeß des Leasinggebers gegen den Leasingnehmer auf Zahlung der Leasingraten ist nach § 148 ZPO auszusetzen.[274]

Etwas anderes gilt bei Geltendmachung von Ansprüchen auf Nachbesserung oder Ersatzlieferung.[275] Hier muß der Leasingnehmer die Leasingraten weiterzahlen.

(3) Ein im Gewährleistungsprozeß zugunsten des Leasingnehmers ergehendes Urteil muß der Leasinggeber gegen sich gelten lassen.[276] Gleiches gilt aber auch bei einer rechtskräftigen Abweisung der Klage des Leasingnehmers.[277] Seine Rechtsposition kann der Leasinggeber durch Beitritt als Nebenintervenient (§ 66 ZPO) wahrnehmen.

Auch eine Wandlungvereinbarung zwischen Lieferant und Leasingnehmer bindet den Leasinggeber.[278] Dagegen ist der Leasingnehmer im Prozeß nicht befugt, mit dem Lieferanten einen Prozeßvergleich abzuschließen, in welchem über den Rückzahlungsanspruch des Leasinggebers betreffend den Kaufpreis verfügt wird,[279] eine notwendige Konsequenz aus dem Umstand, daß die Ansprüche *aus* der Wandlung dem Leasinggeber trotz Abtretung der Gewährleistungsansprüche verblieben sind.[280]

c) Abwicklung

Mit dem Vollzug der Wandlung (bzw. Minderung) wird dem Leasingvertrag nach der Rechtsprechung des BGH die Geschäftsgrundlage entzogen,[281] während Stimmen in der Literatur entsprechende Rechtsfolgen

---

[273] *BGHZ* 97, 135 = NJW 1986, 1744; *Gitter*, S. 329; *Martinek*, § 7, III, 2, d, S. 180, 183; *Tiedtke*, ZIP 1986, 694.

[274] *Tiedtke*, aaO.

[275] *Martinek*, § 7, III, 4, S. 185.

[276] *BGHZ* 68, 118 = NJW 1977, 848; *BGHZ* 81, 298 = NJW 1982, 105; *BGHZ*, 94, 44 = NJW 1985, 1535 m. Anm. *Lindacher*, JR 1985, 895; *BGHZ* 114, 57, 62 = NJW 1991, 1746 (Versäumnisurteil); *Habersack*, Rdnr. 77. – Zur Ausdehnung auf andere Titel siehe *BGHZ* 109, 139, 143 = NJW 1990, 31 (Konkurstabelle).

[277] *OLG München*, NJW-RR 1993, 123. Das kann aber nicht gelten, wenn die Klageabweisung darauf beruht, daß der Leasinggeber dem Leasingnehmer keine realisierbaren Ansprüche abgetreten hat; s.o. c, (4).

[278] *BGHZ* 94, 44 = NJW 1985, 1535; *OLG Hamm*, CR 1992, 272. – Ausnahme: Kollusion: *BGHZ* 94, 44 = NJW 1985, 1535; *BGHZ* 114, 57 = NJW 1991, 176; hierzu *Graf von Westphalen*, Rdnr. 647 ff.

[279] *BGH*, CR 1993, 685; krit. *Beckmann*, CR 1993, 671; a.A. *OLG Hamm*, CR 1992, 272.

[280] S.o. Fußn. 263. – Vgl. hierzu noch *Beckmann*, WiB 1996, 962, 965.

[281] *BGHZ* 68, 118 = NJW 1977, 848; *BGHZ* 81, 298 = NJW 1982, 105; *BGHZ* 94, 44 = NJW 1985, 1535; *BGHZ* 94, 180 = NJW 1985, 1547; *BGHZ* 97, 135 = NJW 1986, 1744; *BGHZ* 109, 139 = NJW 1990, 314; *BGH*, NJW 1994, 576; der Rechtspr. zust. *Flume*, DB 1972, 55; *Hiddemann*, WM 1978, 834, 840; *Reinicke/Tiedtke*, BB 1982, 1142, 1145; *Gitter*, S. 328 ff.; *Martinek*, § 7, III, 2, S. 175 ff.; *Graf von Westphalen*, Rdnr. 715, 719.

aus einer vom Leasingnehmer auszusprechenden Kündigung[282] oder aus den Regeln über die Unmöglichkeit[283] herleiten wollen.[284] Die Abwicklung über die Geschäftsgrundlage erfolgt im Wege der Anpassung des Leasingvertrages an die veränderte Rechtslage (§ 242 BGB) und nach den Vorschriften über die ungerechtfertigte Bereicherung.[285]

(1) Das führt bei der Wandlung des Liefertrages zu folgenden Ansprüchen:

- Der Leasinggeber hat gegen den Lieferanten einen Anspruch auf Rückzahlung des Kaufpreises Zug um Zug gegen Herausgabe des Leasingguts.[286] Der Anspruch kann auch vom Leasingnehmer im Gewährleistungsprozeß geltend gemacht werden.[287]
- Der Leasingnehmer wird rückwirkend von der Pflicht zur Zahlung sämtlicher Leasingraten befreit; er hat einen Anspruch auf Rückzahlung der bereits geleisteten Leasingraten.[288] Dem Leasinggeber ist gegenüber diesem Anspruch der Einwand des Wegfalls der Bereicherung (wegen Kaufpreiszahlung und sonstiger Aufwendungen) versagt.[289]
- Der Leasingnehmer hat gegen den Leasinggeber einen Anspruch auf Erstattung der im Gewährleistungsprozeß aufgewendeten Prozeßkosten, soweit sie von dem Lieferanten nicht beigetrieben werden können; der BGH hat dies für den Fall unwirksamer Freizeichnung bejaht;[290] m.E. muß dies aber allgemein gelten,[291] da der Leasingnehmer den Gewährleistungsprozeß infolge der Drittverweisung stets im Auftrag des Leasinggebers führt und das Insolvenzrisiko den Leasinggeber trifft.[292]
- Der Leasinggeber hat gegen den Leasingnehmer gemäß §§ 812, 818 BGB für die Zeit bis zum Wegfall der Geschäftsgrundlage einen Anspruch auf Nutzungsentschädigung, soweit das Leasinggut teilweise gebrauchstauglich war.[293]
- Der Leasinggeber hat keine Ansprüche auf Ersatz von Aufwendungen[294] und Verzinsung des Kapitals.[295]

(2) Im Falle der Minderung ist die Abwicklung des Leasingvertrages leichter. Der Leasingnehmer behält das Leasinggut, kann aber im Umfang der im Gewährleistungsprozeß mit dem Lieferanten zugesprochenen

---

[282] *Lieb*, JZ 1982, 561; DB 1988, 2495; *Canaris*, NJW 1982, 302, 305; SchuldR, BT, § 66, IV, 1, c: Folge ist das Weiterbestehen der Amortisation.

[283] *Emmerich*, JuS 1990, 1, 7; *Habersack*, MK, Rdnr. 84.

[284] Hierzu krit. *Martinek*, § 7, III, 2, a + b, S. 172 ff.

[285] *BGHZ* 109, 139 = NJW 1990, 314; Einzelheiten bei *Graf von Westphalen*, Rdnr. 723 ff.

[286] *Martinek*, § 7, III, 2, c, S. 168; *Habersack*, Rdnr. 83.

[287] S.o. Fußn. 271, 272.

[288] *BGH*, NJW 1994, 576; *Habersack*, Rdnr. 86.

[289] *BGHZ* 109, 139 = NJW 1990, 314, 315; *Martinek*, § 7, III, 2, d, S. 183; *Graf von Westphalen*, Rdnr. 733.

[290] *BGH*, NJW 1994, 576 (GoA).

[291] a.A. *Reinking-Eggert*, Rdnr. 1220.

[292] S.o. III, 2, c, (5), Fußn. 258.

[293] *BGHZ* 109, 39 = NJW 1990, 314; *BGH*, NJW 1994, 576; *Habersack*, Rdnr. 87; *Reinking-Eggert,* Rdnr. 1220; *Graf von Westphalen*, Rdnr. 728 ff., 736.

[294] *Martinek*, § 7, III, 3, S. 184 unter Hinweis auf *BGHZ* 96, 103, 106, 109 = NJW 1986, 180; *Reinking-Eggert*, Rdnr. 1218.

[295] *BGHZ* 81, 298 = NJW 1982, 105; *BGHZ* 109, 139 = NJW 1990, 314; a.A. *Michalski/Schmitt*, Rdnr. 219.

Minderung eine entsprechende Minderung der Leasingraten verlangen.[296]

3. *Der Zahlungsverzug des Leasingnehmers*

Die Fälle des Verzuges des Leasingnehmers mit der Zahlung der von ihm geschuldeten Leasingraten sind nunmehr durch die Regelung in den §§ 11 und 12 VerbrKrG erfaßt.

a) Verzugszinsen

Es gilt die Regelung in § 11 VerbrKrG.[297] Auf die Ausführungen zum Verbraucherdarlehen[298] kann verwiesen werden.

b) Gesamtfälligstellung

Die Gesamtfälligstellung der Leasingraten, falls der Leasingvertrag unter § 1 II VerbrKrG fällt, ist nur noch unter den Voraussetzungen des § 12 VerbrKrG zulässig.[299]. Es gelten die gleichen Voraussetzungen wie beim Verbraucherdarlehen.[300]

(1) Auch hier gilt: Die bloße Verschlechterung der Vermögensverhältnisse des Leasingnehmers reicht zu einer Gesamtfälligstellung nicht aus, solange derselbe leistungsfähig und leistungswillig ist.[301]

(2) Zweifelhaft und umstritten ist die Bemessungsgrundlage für die in § 12 I Nr. 1 VerbrKrG geforderte 10 %- bzw. 5 %-Grenze. Richtiger Ansicht nach ist als „Nennbetrag des Kredits" die Summe sämtlicher Leasingraten ohne Abzinsung und ohne Einbeziehung der Sonderzahlungen zugrundezulegen.[302]

---

[296] *Martinek*, § 7, III, 4, S. 186; *Reinking-Eggert*, Rdnr. 1222; abw. *Canaris*, Bankvertragsrecht, Rdnr. 1745 (Leasingnehmer erhält den vom Lieferanten gezahlten Minderungsbetrag und zahlt die vollen Leasingraten weiter).

[297] *Graf von Westphalen/Emmerich*, § 11 VerbrKrG, Rdnr. 21; *Zahn*, DB 1991, 81.

[298] S.o. 2. Teil, III, 2, a.

[299] *Graf von Westphalen/Emmerich*, § 12 VerbrKrG, Rdnr. 13. Ist der Leasingnehmer Kaufmann, kommt bei Zahlungsverzug § 554 BGB zur Anwendung; hierzu *Graf von Westphalen*, Rdnr. 1144 ff.

[300] S.o. 2. Teil, III, 3.

[301] *BGHZ* 112, 279 = NJW 1991, 102; *Michalski/Schmitt*, Rdnr. 233; teilw. abw. *Habersack*, MK, Rdnr. 105; a.A. *Engel*, BB 1997, Beilage 6, S. 29; *Graf von Westphalen*, Rdnr. 1158 ff.

[302] *Graf von Westphalen*, Rdnr. 1789; *Graf von Westphalen/Emmerich*, § 12 VerbrKrG, Rdnr. 18. – Zur umstr. Einbeziehung etwaiger Sonderzahlungen siehe (verneinend) *Groß*, DAR 1996, 438, 447; *Graf von Westphalen/Emmerich*, § 12 VerbrKrG, Rdnr. 19; (bejahend) *Graf von Westphalen*, Rdnr. 1796; *Müller-Sarnowski*, BB 1994, 446.

Das sollte auch für Teilamortisationsverträge gelten; d.h. eine Einbeziehung des Restwertes oder der vorgesehenen Abschlußzahlung sollte nicht erfolgen.[303] Für diese Lösung spricht, daß die angegebene %-Grenze eine „Risiko-Toleranz“ darstellt, die der Leasinggeber hinsichtlich der laufenden Raten hinnehmen muß, ohne eine vorzeitige Abwicklung des Leasingvertrages fordern zu können; dazu gehört aber die Ausgleichung des Restwertes nicht.

(3) Bei der Berechnung der Restschuld sind die Zinsen und sonstige laufzeitabhängigen Kosten nach der „Staffelzinsmethode“ abzuzinsen (§ 12 III VerbrKrG).[304]

c) Sicherungsrecht

Nach bisheriger Auffassung stand dem Leasinggeber nicht das Recht zu, vor Kündigung des Leasingvertrages die Rückgabe des Leasingguts zur Sicherstellung zu verlangen.[305] Er war aber berechtigt, sich im Leasingvertrag durch eine AGB-Klausel auszubedingen, bei Zahlungsverzug des Leasingnehmers die vorübergehende Rückgabe des Leasingguts herbeizuführen.[306] Künftig wird man die Ausübung dieses Sicherungsrechts von dem Vorliegen der Voraussetzungen für die Gesamtfälligstellung abhängig machen müssen.[307]

Eine danach unbefugte Rücknahme löst nicht die Folgen eines fiktiven Rücktritts nach § 13 III VerbrKrG aus, da diese Vorschrift auf das Finanzierungsleasing keine Anwendung findet (§ 3 II Nr. 1).

4. Verlust, Beschädigung und Zerstörung des Leasingguts

Bei den hier auftauchenden Problemen sind je nach Person des Verursachers zwei Fallgestaltungen zu unterscheiden.

a) Verschulden des Leasingnehmers

Gerät das Leasinggut durch Verschulden des Leasingnehmers in Verlust oder wird es zerstört oder beschädigt, so hat der Leasinggeber folgende Rechte:

(1) Der Leasinggeber behält den Anspruch auf die geschuldeten Leasingraten (arg. § 324 BGB), muß sich jedoch anderweitigen Erwerb anrechnen lassen.[308]

---

[303] *Godefroid*, BB 1994, Beil. 8, S. 20; *Reinicke/Tiedtke*, ZIP 1992, 217, 226; *Slama*, WM 1991, 569, 573; a.A. die überwiegende Meinung: *Graf von Westphalen*, Rdnr. 1792; *Graf von Westphalen/Emmerich*, § 12 VerbrKrG, Rdnr. 22; *Schmid-Burgk/Schölermann*, BB 1991, 566, 568; *Reinking/Eggert*, Rdnr. 1266; *Reinking/Nießen*, ZIP 1991, 638.

[304] *LG Stuttgart*, NJW-RR 1993, 208; *Graf von Westphalen*, Rdnr. 1822, 1823.

[305] *BGHZ* 82, 121 = NJW 1982, 870.

[306] *BGH*, WM 1978, 406 = LM § 242 (Cd) BGB, Nr. 210

[307] *OLG Celle*, NdsRPfl. 1994, 184; a.A. wohl *Graf von Westphalen*, Rdnr. 1170.

[308] *Reinking-Eggert*, Rdnr. 1139; *Graf von Westphalen*, Rdnr. 940 ff.; *Michalski/Schmitt*, Rdnr. 191; *Groß*, DAR 1996, 444.

(2) Der Leasinggeber hat bei Möglichkeit einer Reparatur des beschädigten Leasingguts einen entsprechenden Anspruch gegen den Leasingnehmer auf Durchführung dieser Reparatur auf dessen Kosten.[309] Anspruchsgrundlage ist sowohl § 823 I BGB als auch der Leasingvertrag (§ 280 BGB bzw. positive Vertragsverletzung).[310]

(3) Ist das Leasinggut in Verlust geraten oder liegt eine erhebliche Beschädigung vor, so kann der Leasinggeber[311] den Leasingvertrag vorzeitig aus wichtigem Grund kündigen.[312] Damit werden die künftigen Leasingraten und – bei Teilamortisationsverträgen – der Anspruch auf Restwertausgleich fällig, wobei allerdings die Abzinsung nach § 12 II VerbrKrG vorzunehmen ist.[313] Hinzu tritt der Schadensersatzanspruch des Leasinggebers auf Ersatz des in Verlust geratenen oder beschädigten Leasingguts.[314]

(4) Soweit – wie üblich – der Leasingnehmer das Leasinggut zugunsten des Leasinggebers versichert hat,[315] muß der Leasinggeber die erbrachte Versicherungsleistung dem Leasingnehmer zur Durchführung der Reparatur oder der Ersatzbeschaffung[316] zur Verfügung stellen bzw. im Falle der Kündigung[317] im Rahmen der Gesamtabrechnung gutbringen.[318]

b) Verschulden oder Haftung eines Dritten

Bei schuldhafter Zerstörung oder Beschädigung des Leasingguts durch einen Dritten können gemäß § 823 I BGB sowohl dem Leasinggeber (wegen Eigentumsverletzung) als auch dem Leasingnehmer (wegen Besitzverletzung) Ansprüche auf Schadensersatz erwachsen. Es findet eine Aufteilung zwischen Substanzschaden des Leasinggebers und Nutzungsschaden des Leasingnehmers statt, wobei sich Überschneidungen ergeben können.[319] Im Grundsatz darf der haftende Dritte nicht schlechter gestellt werden gegenüber einer Abwicklung, bei der diese Aufspaltung nicht vorliegt.

(1) Der Anspruch des Leasinggebers gegen den Dritten wegen Eigentumsverletzung (§ 823 I BGB) besteht in dem Ersatz der Reparaturkosten zuzüglich Wertminderung, bzw. bei Totalschaden auf Ersatz des Wiederbeschaffungswertes.[320] Ein Ersatz für entgangene Leasingraten steht dem Leasinggeber dagegen nicht zu.[321]

---

[309] *Graf von Westphalen*, Rdnr. 949.

[310] *Graf von Westphalen*, Rdnr. 941, 943; *Groß*, DAR 1996, 444.

[311] Ebenso der Leasinggeber; *BGH*, NJW 1987, 377, 379; *Martinek*, § 7, I, 4, a, S. 150.

[312] *Reinking-Eggert*, Rdnr. 1137; *Graf von Westphalen*, Rdnr. 935.

[313] *Martinek*, § 7, I, 4, b, S. 151. – S.u. IV, 2, b, (4) Fußn. 392.

[314] S.u. IV, 2, c, (1) und IV, 2, d, (3).

[315] S.o. I, 2, e, (7).

[316] S.o. Fußn. 314.

[317] S.o. Fußn. 312.

[318] *BGHZ* 93, 391 = NJW 1985, 1537; *BGHZ* 116, 278 = NJW 1992, 683; *OLG Koblenz*, NJW-RR 1996, 174 (vorübergehende Stundung); *Martinek*, § 8, III, 1, S. 210; *Reinking-Eggert*, Rdnr. 1231.

[319] Hierzu grundlegend *Dörner*, VersR 1978, 884; 1980, 1000; *Reinking-Eggert*, Rdnr. 1229 ff.

[320] *BGH*, NJW-RR 1991, 280; *Reinking-Eggert*, Rdnr. 1231, 1232, 1236; einschr. *Graf von Westphalen*, Rdnr. 954, 958.

[321] *BGH*, NJW-RR 1991, 280; *Dörner*, VersR 1987, 885; a.A. *Martinek*, § 8, III, 2, S. 212.

(2) Der Anspruch des Leasingnehmers aus § 823 I BGB (Verletzung des Besitzrechts) und aus § 7 I StVG (als Halter des Kraftfahrzeugs)[322] ist auf Ersatz des Nutzungsschadens gerichtet. Dagegen hat er keinen Anspruch auf Ersatz des Substanzschadens, der dem Leasinggeber zusteht;[323] der Leasingnehmer kann aber aufgrund der Absprachen im Leasingvertrag ermächtigt sein, diese Ansprüche im eigenen Namen gegen den Dritten geltendzumachen.[324] Der originär in seiner Person entstehende Anspruch auf Ersatz des Nutzungsschadens umfaßt folgende Positionen:[325]

- Ersatz für die Wiederbeschaffung eines gleichwertigen Fahrzeugs;
- zusätzliche Kreditkosten;
- Ersatz steuerlicher Nachteile;
- Verlust von Zinsvorteilen;
- vorübergehender Gebrauchsentzug (entgangene Nutzung, Mietwagenkosten, eventuell entgangener Gewinn);[326]
- Rechtsverfolgungskosten.[327]

Dagegen kann der Leasingnehmer nach der Rechtsprechung des BGH keinen Ersatz für folgende Positionen verlangen:

- Zahlung nutzloser Leasingraten;[328]
- Zahlung des Restwertes der Amortisation;[329]
- Kosten eines ersatzweise abgeschlossenen Leasingvertrages.

(3) Soweit eine Überschneidung der Ansprüche von Leasinggeber und Leasingnehmer vorliegt,[330] sind beide als Gesamtgläubiger (§ 428 BGB) oder gemeinschaftliche Gläubiger (§ 432 BGB) anzusehen.[331]

c) Mitverschulden des Leasingnehmers

Haben der Dritte und der Leasingnehmer beide die Zerstörung bzw. Beschädigung des Leasingguts herbeigeführt, so haften sie gegenüber dem

---

[322] *BGH*, NJW 1981, 750.

[323] S.o. Fußn. 320.

[324] *Reinking-Eggert*, Rdnr. 1230; einschr. *OLG Düsseldorf*, ZIP 1983, 1092 (ausdrückliche Übertragung oder Ermächtigung erforderlich). – Kein Anspruch auf Erstattung der Mehrwertsteuer, da Leasinggeber zum Vorsteuerabzug berechtigt ist: *BGH*, NJW 1988, 2803; 1989, 3021; *Hofmann*, DAR 1983, 374; a.A. *Reinking-Eggert*, Rdnr. 1231.

[325] *BGHZ* 116, 22 = NJW 1992, 553; hierzu Rezension von *Schnauder*, JuS 1992, 820.

[326] *BGH*, NJW-RR 1991, 280.

[327] *LG Kaiserslautern*, DAR 1993, 196; *Reinking-Eggert*, Rdnr. 1233.

[328] *BGHZ* 116, 22 = NJW 1992, 553; NJW-RR 1991, 280; *Dörner*, VersR 1978, 892, 893; a.A. *Köndgen*, AcP 177, 1, 21.

[329] *Reinking-Eggert*, Rdnr. 1236; a.A. *Dörner*, VersR 1978, 893; *Martinek*, § 8, III, 2, S. 213.

[330] Das betrifft den Substanzschaden des Leasinggebers (Fußn. 320) und den Ersatz des Wiederbeschaffungswerts beim Leasingnehmer (s. nach Fußn. 325).

[331] Hierzu *Schnauder*, JuS 1992, 825 m.Nw.

Leasinggeber als Gesamtschuldner.[332] Im Innenverhältnis bestehen Ausgleichsansprüche nach § 426 BGB.[333]

5. *Zwangsvollstreckung in das Leasinggut*

a) *Vollstreckung gegen Leasingnehmer*

Vollstrecken Gläubiger des Leasingnehmers in das Leasinggut, so kann und muß der Gerichtsvollzieher zwar das Leasinggut pfänden (§ 808 ZPO). Der Leasinggeber hat jedoch im Hinblick auf sein Eigentum das Recht zur Drittwiderspruchsklage (§ 771 ZPO) bzw. bei durchgeführter Vollstreckung das Recht auf Herausgabe des Erlöses gegen den betreibenden Gläubiger (§ 812 BGB).[334] Ob der Vollstreckungsgläubiger das Widerspruchsrecht des Leasinggebers durch Anbieten der restlichen Leasingraten (bei Teilamortisation zuzüglich des Restwertes) beseitigen kann, ist umstritten.[335]

(1) Zweifelhaft ist auch, inwieweit das Nutzungsrecht des Leasingnehmers einer gesonderten Zwangsvollstreckung zugänglich ist, was vor allem von seiner Übertragbarkeit abhängt.[336] Das dürfte richtiger Ansicht nach zu verneinen sein, zumal der Leasingnehmer nach den im Leasingvertrag üblicherweise getroffenen Vereinbarungen das Leasinggut nicht einem Dritten überlassen darf.[337]

(2) Die gleichen Zweifel bestehen hinsichtlich der Pfändbarkeit etwaiger Optionsrechte des Leasingnehmers beim Vollamortisationsvertrag.[338]

(3) Gepfändet werden können dagegen etwaige Ansprüche des Leasingnehmers auf Auszahlung eines Restwertes.[339]

b) *Vollstreckung gegen Leasinggeber*

Zwangsvollstreckungsmaßnahmen von Gläubigern des Leasinggebers sind in der Regel nicht zu befürchten, da der Leasingnehmer Gewahrsam an dem Leasinggut hat und einer Pfändung gemäß §§ 808, 809 ZPO widersprechen kann.[340]

---

[332] *Dörner*, VersR 1978, 891; 1980, 1001; *Martinek*, § 8, III, 2, S. 214; einschr. *Graf von Westphalen*, Rdnr. 962.

[333] *Graf von Westphalen*, Rdnr. 962.

[334] *Graf von Westphalen*, Rdnr. 1451; *Martinek*, § 8, IV, 1, S. 214.

[335] Hierzu *Walz*, WM 1985, Sonderbeilage 10, S. 13 m.Nw.

[336] Bejahend *Walz* (Fußn. 335), S. 14 (§ 857 ZPO); *Gitter*, S. 370; verneinend *Martinek*, § 8, IV, 1, S. 215.

[337] S.o. I, 2, e, (5). – Ebenso *Graf von Westphalen*, Rdnr. 1466.

[338] Verneinend *LG Berlin*, MDR 1976, 409; *Graf von Westphalen*, Rdnr. 1474 ff.

[339] *Graf von Westphalen*, Rdnr. 1469 ff.

[340] *Martinek*, § 8, IV, 3, S. 217.

Ohne weiteres pfändbar sind Ansprüche des Leasinggebers auf Zahlung der Leasingraten sowie auf Auszahlung des Restwertes bei Beendigung des Leasingvertrages (Abschlußzahlung, Mehrerlösbeteiligung). Besonders praktisch ist dies nicht, da der Leasinggeber diese Ansprüche meist an eine Bank als Sicherheit für die Refinanzierung oder im Wege der Forfaitierung abgetreten hat.[341]

IV. Die Beendigung des Leasingvertrages

1. Beendigungsgründe

a) Fristablauf

Eine automatische Beendigung des Leasingvertrages durch Fristablauf kommt nur in Frage, wenn eine solche Befristung aus dem Vertragstext klar ersichtlich ist.

(1) Fehlt eine solche Regelung, so kann auch bei einem Vollamortisationsvertrag nicht durch Auslegung auf eine automatische Beendigung durch Ablauf der Grundmietzeit geschlossen werden; vielmehr ist dann eine Kündigung erforderlich.[342] Gleiches gilt auch beim Teilamortisationsvertrag.[343]

(2) Eine Anwendung des § 568 BGB – stillschweigende Verlängerung des Vertragsverhältnisses durch Weiterbenutzung – ist abzulehnen, da eine Weiterzahlung der bisherigen Leasingraten nach Ablauf der Grundmietzeit infolge Vollamortisation nicht gerechtfertigt ist und sonst eine steuerrechtliche Aktivierungspflicht bei dem Leasingnehmer entstünde.[344] Gleiches muß auch für den Teilamortisationsvertrag gelten, da dort die Ausgleichung des Restwertes auf andere Weise geregelt ist.[345] Eine AGB-Klausel, die den § 568 BGB vorsorglich abbedingt, ist wirksam.[346]

b) Ordentliche Kündigung

(1) Auf seiten des Leasinggebers kommt die Kündigung eines auf unbestimmte Zeit abgeschlossenen Vertrages nach Ablauf der Grundmietzeit wegen fehlender ausdrücklicher Befristung in Frage.[347]

(2) Auf seiten des Leasingnehmers besteht im Grundsatz kein vorzeitiges Kündigungsrecht des Leasingnehmers; § 14 VerbrKrG ist durch § 3 II Nr. 1 VerbrKrG ausdrücklich ausgeschlossen. Es kommen aber folgende Fälle in Frage:

---

[341] *BGHZ* 109, 368 = NJW 1990, 113; *Henssler*, ZBB 1991, 33; *Gitter*, S. 370; vgl. jedoch *Graf von Westphalen*, Rdnr. 1495.

[342] *BGH*, NJW 1990, 247; *Reinking-Eggert*, Rdnr. 1240.

[343] a.A. *Canaris*, SchuldR, BT, § 66, V, 3.

[344] *OLG Düsseldorf*, BB 1989, 173 m. Anm. *Friedrich/Gölzenleuchter*; *LG Hamburg*, NJW-RR 1986, 473; *Canaris*, AcP 190, 441; *Habersack*, Rdnr. 93; *Martinek*, § 8, I, 1, S. 192; *Salje*, JR 1990, 69; *Tiedtke*, ZIP 1989, 1437; a.A. *Graf von Westphalen*, Rdnr. 1010.

[345] S.o. I, 2, b, (2).

[346] *Stolterfoht*, Anm. 69; *Michalski/Schmitt*, Rdnr. 259; *Graf von Westphalen*, Rdnr. 1011.

[347] S.o. VI, 1, a, Fußn. 338.

- Kündigung des Leasingvertrages nach Ablauf der Grundmietzeit, wenn die ausdrückliche Befristung fehlt.[348]
- Kündigung eines Vollamortisationsvertrages vor Ablauf der Grundmietzeit, wenn dem Leasingnehmer ausdrücklich ein solches Kündigungsrecht eingeräumt ist.[349]
- Kündigung eines Pkw-Km-Vertrages entsprechend den im Vertrag vereinbarten Bedingungen.
- Vorzeitige Kündigung eines Teilamortisationsvertrages mit Abschlußzahlung.[350]
- Kündigung im Falle des Todes des Leasingnehmers durch die Erben (Analogie zu § 569 BGB).[351]

c) Außerordentliche Kündigung

Es kommen folgende Fälle in Frage:

(1) auf seiten des Leasinggebers

- im Falle der „Gesamtfälligstellung" der Raten nach § 12 I VerbrKrG.[352]
- bei Vorliegen sonstiger wichtiger Gründe, z.B. vertragswidriger Gebrauch des Leasingguts nach Abmahnung (Analogie zu § 553 BGB),[353] unbefugte Untervermietung,[354] unbefugter Austausch des Leasingguts;[355]

(2) auf seiten des Leasingnehmers

- wenn der Leasinggeber dem Leasingnehmer den Gebrauch des Leasingguts wieder entzieht (Analogie zu § 542 BGB).[356]
- wenn das Leasinggut untergeht, entwendet oder erheblich beschädigt wird.[357]
- wenn der Leasinggeber seine Pflichten in so erheblichem Maße verletzt, daß dem Leasingnehmer eine Fortsetzung des Vertrages nicht zugemutet werden kann (Analogie zu § 554a BGB).[358]

d) Lösungsrechte im Falle der Insolvenz

Die Rechtslage hat sich durch das Inkrafttreten der Insolvenzordnung am 1. 1. 1999 grundlegend geändert.[359] Zu beachten ist, daß die Neuregelung eine den §§ 19–21 KO entsprechende Behandlung der Miet- und Pachtverhältnisse nicht mehr enthält und lediglich in § 108 eine Teilregelung anbietet.

---

[348] S.o. VI, 1, a, Fußn. 338; *Habersack*, Rdnr. 93.

[349] *Martinek*, § 8, I, 1, S. 192.

[350] S.o. I, 1, b, (2), bei Fußn. 38.

[351] Str.; hierzu *LG Gießen*, NJW 1986, 2116; *Michalski/Schmitt*, Rdnr. 235.

[352] S.o. V, 3, b.

[353] *Graf von Westphalen*, Rdnr. 1133 ff.; *Habersack*, Rdnr. 105; *Martinek*, § 8, II, 1, S. 209; vgl. jedoch *OLG Düsseldorf*, OLGZ 1991, 383.

[354] S.o. Fußn. 155.

[355] *Graf von Westphalen*, Rdnr. 1164 ff.

[356] *BGH*, NJW 1993, 122; *Reinking-Eggert*, Rdnr. 1193.

[357] *BGH*, NJW 1987, 377; *Reinking-Eggert*, Rdnr. 1136, 1234, 1239; *Graf von Westphalen*, Rdnr. 877, 878; *Michalski/Schmitt*, Rdnr. 187, 234; s.o. I, 4, d, (3), Fußn. 150.

[358] *BGH*, NJW 1988, 204, 206; NJW-RR 1992, 502, 503.

[359] BGBl. 1994, I, S. 2866. – Hierzu *Eckert*, ZIP 1996, 897 ff.; *Graf von Westphalen*, Rdnr. 1527 ff.; *Obermüller/Livonius*, DB 1995, 27.

(1) Insolvenz des Leasingnehmers

Im Falle der Insolvenz des Leasingnehmers kann der Leasinggeber nicht wegen Verzuges des Leasingsnehmers mit der Entrichtung der Leasingraten, die in der Zeit vor dem Eröffnungsantrag eingetreten ist, und ebensowenig wegen der Verschlechterung der Vermögensverhältnisse des Leasingnehmers den Leasingvertrag kündigen (Kündigungssperre nach § 112 InsO).[360] Kündigungsrechte wegen später eingetretenen Verzugs oder sonstiger Vertragsverletzungen bleiben unberührt.[360a]

Dem Insolvenzverwalter des Leasingnehmers steht das Wahlrecht aus § 103 InsO (früher § 17 KO) zu, wobei es entgegen der früheren Regelung nicht darauf ankommt, ob das Leasinggut im Zeitpunkt der Eröffnung des Insolvenzverfahrens bereits überlassen war.[360b] Zweifelhaft ist, ob bei der Wahl der Erfüllung durch den Insolvenzverwalter hinsichtlich des Anspruchs auf Zahlung der Leasingraten eine Masseschuld im Sinne von § 55 I Nr. 2 InsO entsteht oder dieser Anspruch als einfache Insolvenzforderung zu behandeln ist.[361]

(2) Insolvenz des Leasinggebers

Im Falle der Insolvenz des Leasinggebers hat der Insolvenzverwalter das Wahlrecht aus § 103 InsO. Dieses wird allerdings durch § 108 I S. 2 InsO eingeschränkt. Damit hat es folgende Bewandtnis: § 108 I InsO sah ursprünglich nur eine Einschränkung des Wahlrechts bei Miet- und Pachtverhältnissen über Immobilien (sowie bei hier nicht interessieren Dienstverhältnissen) vor. Das hätte zur Folge gehabt, daß die mit Eröffnung des Insolvenzverfahrens untergegangenen Ansprüche[362] bei Wahl der Erfüllung durch den Insolvenzverwalter mit ex-nunc-Wirkung wieder auflebten und frühere Abtretungen der Ansprüche an Dritte (vor allem Banken zur Sicherung im Rahmen der Refinanzierung) gemäß dem Verfügungsverbot des § 91 InsO unwirksam gewesen wären.[362a] Auf die Kritik aus der Wirtschaft hat der Gesetzgeber mit Änderungsgesetz vom 19. 7. 1996 (BGBl. I, S. 1013) den § 108 I S. 2 InsO eingefügt mit der Folge, daß für diese Fälle das Wahlrecht des Insolvenzverwalters entfällt und die erwähnte Abtretung der Ansprüche an Dritte mit Wirkung gegen die Insolvenzmasse erhalten bleibt.[363]
Der Leasingnehmer kann den Insolvenzverwalter auffordern, sein Wahlreicht nach § 103 InsO auszuüben. Ein Kündigungsrecht wegen der Insolvenz des Leasinggebers steht ihm nicht zu.

e) Einverständliche Vertragsaufhebung

Der Leasingvertrag kann jederzeit vorzeitig durch Vereinbarung zwischen Leasinggeber und Leasingnehmer aufgehoben werden. In Frage

---

[360] Zur Unzulässigkeit eines vertraglich vereinbarten Sonderkündigungsrechts siehe *Eckert*, ZIP 1996, 902; *Graf von Westphalen*, Rdnr. 1535 ff. (Verstoß gegen § 119 InsO und § 9 II Nr. 1 AGBG).

[360a] S.o. c, (1). – *Graf von Westphalen*, Rdnr. 1529, 1530.

[360b] *Graf von Westphalen*, Rdnr. 1532.

[361] Für eingeschränkte Anerkennung als Messeschuld betr. die Vergütung für die Gebrauchs*be*lassung *Eckert*, ZIP 1996, 902; *Graf von Westphalen*, Rdnr. 1545, 1554, 1559. (ca. 5–10 % der jeweiligen Leasingrate).

[362] Hierzu *BGHZ* 116, 156 = NJW 1992, 507 m.Nw.

[362a] Krit. hierzu vor allem, *Zahn*, DB 1995, 1597.

[363] Hierzu *Graf von Westphalen*, Rdnr. 1856; *Livonius*, DB 1996, 1393; *Schmidt-Burgk/Ditz*, ZIP 1996, 1123.

kommt auch eine Aufhebung in Form der Vereinbarung zwischen Leasingnehmer und Lieferant über die Lieferung einer neuen Leasingsache, der aber der Leasinggeber zustimmen muß.[364]

Hat der Leasinggeber den Anspruch auf Zahlung der Leasingraten an eine Bank im Wege des Forfaitierung abgetreten, kann er nicht mehr mit dem Leasingnehmer die vorzeitige Aufhebung des Leasingvertrages vereinbaren und damit die abgetretenen Ansprüche der Bank zum Erlöschen bringen. Dem gutgläubigen Leasingnehmer bleibt allerdings der Schutz aus § 407 BGB erhalten.[365]

2. *Die Abwicklung*

a) Herausgabe des Leasingguts

Nach Beendigung des Leasingvertrages ist der Leasingnehmer zur Herausgabe des Leasingguts verpflichtet (Analogie zu § 556 BGB).[366] Ausnahmen bestehen bei dem Teilamortisationsvertrag mit Andienungsrecht des Leasinggebers,[367] wenn der Leasinggeber dieses ausübt, ferner beim Null-Leasing,[368] wenn der Leasingnehmer sein Erwerbsrecht ausübt.

Bei nicht fristgerechter Rückgabe will der BGH § 557 BGB anwenden mit der Folge, daß der Leasingnehmer bis zur Rückgabe die bisherigen Leasingraten weiter zu zahlen hat.[369] Das ist aus den gleichen Gründen wie bei § 568 BGB zu verneinen.[370] Vielmehr kommt hier nur eine Nutzungsentschädigung nach §§ 812, 818, II BGB in Betracht, die die in den Leasingraten steckende Amortisation eliminiert und sich an dem Marktwert des Leasingguts im Zeitpunkt der Vertragsbeendigung orientiert.[371]

---

[364] Hierzu *OLG Frankfurt*, NJW-RR 1989, 885.

[365] *BGHZ* 111, 84 = NJW 1990, 1785; zust. *Deubner*, JuS 1992, 19; vgl. auch *Michalski/Schmitt*, Rdnr. 261.

[366] Im Konkurs des Leasingnehmers hat der Leasinggeber das Aussonderungsrecht aus § 47 InsO (früher § 43 KO); *Martinek*, § 8, IV, 2, S. 215.

[367] S.o. I, 2, b, bei Fußn. 33.

[368] S.o. I, 2, d, (3).

[369] *BGHZ* 107, 123 = NJW 1989, 1730; *BGH*, NJW 1990, 247; NJW-RR 1990, 182; ebenso *OLG Frankfurt*, ZIP 1987, 153; NJW-RR 1990, 182; *LG Köln*, NJW-RR 1993, 822; *OLG Celle*, CR 1995, 666; aus der Literatur zust. *Graf von Westphalen*, Rdnr. 981, 1002; *ders.* BB 1988, 224; *Habersack*, Rdnr. 93; einschr. *Michalski/Schmitt*, Rdnr. 253 (nur bei „Vorenthalten").

[370] S.o. VI, 1, a, (2), Fußn. 344. – *OLG Düsseldorf*, MDR 1990, 1115; *Martinek*, § 8, I, 1, S. 193; *Reinking-Eggert*, Rdnr. 1947; *Salje*, JR 1990, 69; *Tiedtke*, ZIP 1989, 1437; *Canaris*, SchuldR BT, § 66, V, 2.

[371] *LG Hamburg*, NJW-RR 1986, 473; *OLG Düsseldorf*, BB 1989, 173 m.Anm. *Friedrich/Gölzenleuchter*; *LG Hannover*, NJW-RR 1994, 739; vermittelnd *OLG Köln* NJW-RR 1993, 121.

b) Erfüllungsansprüche

Sie sind auf die Ausgleichung des Restwertes gerichtet. Dabei ist zwischen den einzelnen Vertragstypen zu unterscheiden.

(1) Beim Vollamortisationsvertrag scheidet ein Restwertanspruch in der Regel aus, da die Amortisation mit dem Ablauf der Grundmietzeit durch die Leasingraten getilgt ist.

Etwas anderes muß aber gelten, wenn der Vollamortisationsvertrag ausnahmsweise vorzeitig beendet wird.[372] Hier muß, da die Vollamortisation nicht voll durchgeführt ist, dem Leasinggeber ein Anspruch auf Ausgleich des Restwertes zustehen, wie er im Fall des vorzeitig kündbaren Teilamortisationsvertrags mit Abschlußzahlung entsteht.[373]

(2) Beim Teilamortisationsvertrag mit Andienungsrecht des Leasinggebers[374] bedarf es einer Erklärung, ob er von diesem Recht auf Verkauf des Leasingguts an den Leasingnehmer Gebrauch macht.

Übt der Leasinggeber bei einem Pkw-Km-Vertrag ein vereinbartes Andienungsrecht aus, so kann er nicht zusätzlich wegen gefahrener Mehrkilometer eine Ausgleichszahlung verlangen.[375]

(3) Beim Teilamortisationsvertrag mit Aufteilung des Mehrerlöses findet die vereinbarte Abrechnung statt,[376] wenn der Leasinggeber das Leasinggut durch Veräußerung verwertet hat.

Der Leasinggeber ist nach § 242 BGB zu einer optimalen Verwertung des Leasingguts verpflichtet.[377] Die angemessene Verwertung unterliegt der gerichtlichen Nachprüfung, wobei insbesondere dann eine kritische Überprüfung angezeigt ist, wenn der Leasinggeber das Leasinggut an den früheren Lieferanten oder eine Person weiterveräußert, zu der er in ständiger Geschäftsverbindung steht; das gilt vor allem beim Hersteller/Händler-Leasing bei Veräußerung durch die Leasinggesellschaft an den eigenen Markenhersteller.[378] Eine AGB-Klausel, wonach die Abrechnung auf der Basis des Händlereinkaufspreises erfolgen soll, ist unwirksam.[379] Hat der Leasinggeber die Pflicht zur bestmöglichen Verwertung verletzt, ist er dem Leasingnehmer zum Schadensersatz verpflichtet; er muß dann in die Abrechnung einen entsprechend höheren angemessenen Verkaufserlös einstellen. Der BGH hat allerdings eine Toleranzgrenze gezogen: Abweichungen des erzielten Erlöses von weniger als 10 % von dem Verkehrswert sollen außer Betracht bleiben.[380] Außerdem soll in der Veräußerung zum Händler-

---

[372] S.o. IV, 1, b, Fußn. 353.

[373] S.u. IV, 2, b, (4).

[374] S.o. I, 2, b, (2), bei Fußn. 33.

[375] *OLG Düsseldorf*, NJW-RR 1994, 1337; *Reinking-Eggert*, Rdnr. 1124.

[376] S.o. I, 2, b, (2), bei Fußn. 36, 37, 38.

[377] *BGHZ* 95, 39 = NJW 1985, 2253; *BGH*, NJW 1991, 221; 1996, 455; *OlG Koblenz*, NJW 1995, 1227; NJW-RR 1995, 817; *LG Hamburg*, NJW-RR 1986, 473; *OLG Düsseldorf*, BB 1997, 13; NJW-RR 1998, 701; *Graf von Westphalen*, Rdnr. 1072 ff.; *Habersack*, Rdnr. 101; *Reinking-Eggert*, Rdnr. 1254.

[378] *LG Bochum*, NJW-RR 1987, 123; *LG Frankfurt*, NJW-RR 1988, 1132.

[379] *OLG Koblenz*, NJW 1995, 1227; *OLG Celle*, NJW-RR 1997, 1008; *OLG Dresden*, NJW-RR 1999, 103; *Reinking-Eggert*, Rdnr. 1255; *Graf von Westphalen*, Rdnr. 1078; abw. *OLG Frankfurt*, DAR 1995, 444. – *Siehe* jedoch unter Fußn. 381.

[380] *BGH*, NJW 1991, 221; *OLG Dresden*, NJW-RR 1999, 103; *Graf von Westphalen*, Rdnr. 1080.

einkaufswert dann keine Pflichtverletzung liegen, wenn er das Leasingobjekt zuvor dem Leasingnehmer zu den gleichen Bedingungen zum Erwerb anbietet.[381]

Der Veräußerungserlös ist in voller Höhe auf den vom Leasingnehmer noch geschuldeten Restwert (Gesamtkosten des Leasinggebers abzüglich geleisteter Leasingraten) anzurechnen.[382] Übersteigt der Verwertungserlös den Restwert, so wird dieser Überschuß mit 25 % zugunsten des Leasinggebers und 75 % zugunsten des Leasingnehmers aufgeteilt.[383] Bleibt der Verwertungserlös hinter dem Restwert zurück, so ist der Leasingnehmer zum vollen Ausgleich verpflichtet; eine solche AGB-Klausel verstößt nicht gegen § 9 AGBG, wenn sie transparent gestaltet ist.[384]

(4) Beim Teilamortisationsvertrag mit Abschlußzahlung des Leasingnehmers[385] ist die Höhe der Abschlußzahlung an der im Vertrag vereinbarten Abrechnungsklausel zu errechnen,[386] falls diese den Anforderungen der Rechtsprechung an die konkrete Formulierung[387] standhält. Da dies im Regelfall zu verneinen ist, hat das Gericht selbst eine konkrete Abrechnung vorzunehmen, die nach der Rechtsprechung des BGH[388] folgende Positionen umfaßt:

– Gesamtkosten des Leasinggebers einschließlich Gewinnspanne;[389]
+ eine vom Leasinggeber mit der Refinanzierungsbank vereinbarte und gezahlte Vorfälligkeitsentschädigung;[390]
+ zusätzlich – konkret dargelegte – Abwicklungs- und Verwaltungskosten;[391]
abzüglich
– Summe aller gezahlten Leasingraten;
– Abzinsung der noch offenen Leasingraten;[392]
– Teile des infolge der Kündigung nicht realisierten Aufwandes;[393]
– Teile des in den offenen Leasingraten enthaltenen Risikozuschlages und der laufenden Verwaltungskosten;[394]
– des Gewinnanteils für die Zeit nach der Kündigung;[395]

---

[381] *BGH*, NJW 1997, 3166; hierzu *Graf von Westphalen*, Rdnr. 1079.

[382] *BGHZ* 95, 39 = NJW 1985, 2253; *BGH*, NJW 1986, 1746.

[383] S.o. I, 2, b, (2), Fußn. 37, 38.

[384] *Graf von Westphalen*, Rdnr. 155, 165.

[385] S.o. I, 2, b, (2), bei Fußn. 39.

[386] *Gitter*, S. 337; *Martinek*, § 8, I, 3, S. 202.

[387] S.o. I, 2, b, (2), Fußn. 40, 41.

[388] *BGHZ* 95, 39 = NJW 1985, 2253; *BGH*, NJW 1986, 1747; *BGHZ* 111, 237 = NJW 1990, 2377; *BGH*, NJW 1991, 221 m. Anm. *Ebenroth*, JZ 1991, 198.

[389] *BGH*, NJW 1991, 221.

[390] *BGHZ* 111, 237 = NJW 1990, 2377; *OLG Köln*, NJW-RR 1993, 1016; *OLG Celle*, NJW-RR 1994, 1334; *Reinking-Eggert*, 1280; a.A. *Graf von Westphalen*, Rdnr. 1061, 1064.

[391] *OLG Celle*, NJW-RR 1994, 1336; *OLG Köln*, ZIP 1995, 46; *Michalski/Schmitt*, Rdnr. 249.

[392] *BGH*, NJW 1991, 221; *OLG Celle*, NJW-RR 1994, 1334; *LG Frankfurt*, NJW-RR 1997, 434; *OLG Düsseldorf*, NJW-RR 1998, 201; *Graf von Westphalen*, Rdnr. 1038 ff.; *Kranemann*, ZIP 1997, 1404; *Reinking-Eggert*, Rdnr. 1275.

[393] *Graf von Westphalen*, Rdnr. 1054; *Michalski/Schmitt*, Rdnr. 245.

[394] *BGH*, NJW 1986, 1747; hierzu *Graf von Westphalen*, Rdnr. 1052, 1053; *Eckstein*, BB 1986, 2144, 2147; siehe auch *Reinking-Eggert*, Rdnr. 1282 ff. mit Berechnungsbeispiel.

[395] *BGH*, NJW 1986, 1748 (in Abweichung von *BGHZ* 95, 39 = NJW 1985, 2253, 2257); zust. *Martinek*, § 8, I, 3, S. 202; *Habersack*, Rdnr. 101; *Ulmer-Brandner-Hensen*, Anhang zu §§ 9–11 AGBG, Rdnr. 466a; krit. *Gitter*, S. 339.

- 90 % des vom Leasinggeber erzielten Veräußerungserlöses,[396] der bei der Verletzung der Pflicht zur optimalen Verwertung[397] zu erhöhen ist;
- bei Verlust, Beschädigung oder Untergang des Fahrzeuges eine von der Kaskoversicherung[398] oder einem Dritten[399] gezahlte Entschädigung.[400] Sie tritt an die Stelle des bei der Verwertung eintretenden Wertverlustes.

Die Berechnung des Anspruchs unterliegt der vollen gerichtlichen Nachprüfung.[401]

(5) Beim Pkw-Teilamortisationsvertrag mit kalkuliertem Restwert[402] ist der effektive Restwert des Leasingguts zu schätzen. Auch hier darf nicht auf den Händlereinkaufspreis abgestellt werden.[403]

Soweit bei der Schätzung – wie im Regelfall – Sachverständige eingeschaltet werden, sind Bedenken gegen AGB-Klauseln zu erheben, wonach ein vom Leasinggeber benannter Sachverständiger den Restwert des Leasingguts für beide Vertragsteile verbindlich feststellen soll.[404] Nach heutiger Auffassung verstoßen derartige Klauseln gegen den Grundsatz der Neutralität des Sachverständigen (§ 9 AGBG) und wegen der Umkehrung der Beweislast zu Lasten des Leasingnehmers gegen § 11 Nr. 15a AGBG.[405] Die Schätzung des Sachverständigen ist außerdem unverbindlich, wenn er den Leasingnehmer nicht in den Schätzungsvorgang eingeschaltet und rechtliches Gehör gewährt hat.[406] Im übrigen ist die Festsetzung des Sachverständigen vom Gericht im Rahmen des § 319 BGB nachprüfbar.[407]

Die Differenz zwischen dem vertraglich vereinbarten „kalkuliertem Restwert" und dem ermittelten effektiven Restwert ist auszugleichen. Übersteigt der effektive Restwert den kalkulierten Restwert, so ist dieser Überschuß wie beim Teilamortisationsvertrag mit Mehrerlösbeteiligung[408] aufzuteilen.[409]

(6) Beim Pkw-Leasing mit Km-Abrechnung[410] ist die bei Rückgabe festgestellte Mehr- oder Minderleistung[411] zum Ausgleich zu bringen.[412]

---

[396] S.o. I, 2, b, (2), Fußn. 39.

[397] S.o. IV, 2, b, (3), Fußn. 377.

[398] S.o. I, 2, e, (7), Fußn. 72; III, 4, a, (4), Fußn. 317, 318.

[399] S.o. III, 4, b.

[400] *Groß*, DAR 1996, 443.

[401] *Habersack*, Rdnr. 101; a.A. *Gitter*, S. 342; *Lieb*, DB 1988, 953.

[402] S.o. I, 2, d, (1).

[403] S.o. Fußn. 379. – *Reinking-Eggert*, Rdnr. 1255; *Michalski/Schmitt*, Rdnr. 251; a.A. *OLG Hamm*, NJW-RR 1987, 1140.

[404] *LG Frankfurt*, NJW-RR 1988, 1132; *Reinking-Eggert*, Rdnr. 1251; *Graf von Westphalen*, Rdnr. 1099; a.A. *OLG Hamm*, NJW-RR 1987, 1140.

[405] *LG Frankfurt*, aaO; *Baumgärtel/Strieder*, Handb. der Beweislast, Bd.1, § 319 BGB, Rdnr. 1.

[406] *LG Frankfurt*, aaO (gegen *BGHZ* 6, 335 = NJW 1952, 1296); *Reinking-Eggert*, Rdnr. 1252.

[407] *BGH*, NJW-RR 1988, 506; *LG Berlin*, NJW-RR 1987, 123; *Reinking-Eggert*, Rdnr. 1260.

[408] S.o. IV, 2, b, (3).

[409] Der Leasinggeber erhält 25 %, der Leasingnehmer 75 %.

[410] S.o. I, 2, d, (2).

[411] Über den Km-Stand bei Rückgabe sollte ein Protokoll angefertigt werden; siehe auch unten Fußn. 417.

[412] *BGH*, WM 1987, 38; *Graf von Westphalen*, Rdnr. 1251 ff. (Inhaltskontrolle der Mehrkilometerpauschale nach § 11 Nr. 5 AGBG); *Nägele*, BB 1996, 1234.

Wird der Km-Vertrag vorzeitig gekündigt, so kann bei Vorliegen einer konkreten, die Berechnungsweise festlegenden und durchschaubaren Klausel der Leasinggeber berechtigt sein, eine Anpassung der Leasingraten an die verkürzte Vertragsdauer vorzunehmen.[413] Fehlt es an einer solchen Klausel, ist die Anpassung nach § 242 BGB vorzunehmen, wobei der Leasinggeber seinen erhöhten Aufwand konkret darlegen muß.[414] Dagegen ist es dem Leasinggeber verwehrt, für den Fall vorzeitiger Kündigung die Vertragsabrechnung auf die Restwertabrechnung umzustellen, wodurch die bisher fehlende Vollamortisation[415] eintreten würde.[416]

Da es sich bei den soeben unter (1) bis (6) behandelten Ansprüchen auf Ausgleich des Restwertes um Erfüllungsansprüche handelt, unterliegen diese nicht der kurzen Verjährung nach § 558 BGB.[417] Vielmehr findet § 196 I Nr. 6 BGB analog Anwendung, da es sich bei dem Ausgleichsanspruch um ein Entgelt für die Überlassung des Gebrauchs und die Finanzierung des Leasingguts handelt, das als „mietzinsähnlich" anzusehen ist.[418]

c) Schadensersatzansprüche wegen Verlustes bzw. Beschädigung des Leasingguts

Schäden des Leasingguts, die über eine normale Abnutzung im Rahmen des Gebrauchs hinausgehen (Analogie zu § 548 BGB), sind von dem Leasingnehmer auszugleichen.[419]

(1) Dieser Ausgleich erfolgt im Wege eines Schadensersatzanspruchs bei dem Vollamortisationsvertrag, bei dem Teilamortisationsvertrag mit Andienungsrecht des Leasinggebers, wenn dieses Recht nicht ausgeübt wird, sowie bei dem PKW-Leasing mit Km-Abrechnung.

In den anderen Fällen – Teilamortisation mit Mehrerlösbeteiligung oder mit Abschlußzahlung, PKW-Leasing mit kalkuliertem Restwert – findet der Ausgleich nicht durch Schadensersatz statt, sondern fließt in die Höhe des durch Verwertung erzielten Erlöses bzw. in den kalkulierten Restwert ein.[420]

---

[413] *BGH*, NJW 1987, 377; *OLG Celle*, NJW-RR 1994, 743; vgl. auch *Nägele*, BB 1996, 1234.

[414] *BGH*, NJW 1987, 377.

[415] S.o. I, 2, d, (2), Fußn. 60.

[416] *BGH*, NJW 1987, 377; *OLG Celle*, NJW-RR 1994, 743; *OLG Köln*, NJW 1995, 2044; *Groß*, DAR 1996, 443; *Habersack*, Rdnr. 103; *Reinking-Eggert*, Rdnr. 1125, 1289; *Michalski/Schmitt*, Rdnr. 248; *Nägele*, BB 1996, 1234; *Graf von Westphalen*, Rdnr. 1263, 1265.

[417] *BGHZ* 97, 65 = NJW 1986, 1335; *BGH*, NJW 1996, 2860; 1997, 3166; zust. *Martinek*, § 8, I, 1, S. 194 + § 8, I, 3, S. 200; krit. *Reinking-Eggert*, Rdnr. 1296, 1298; abw. (für Anwendung des § 558 BGB): *OLG Karlsruhe*, DAR 1985, 225; *OLG Koblenz*, WM 1991, 2003; *OLG Hamm*, NJW-RR 1994, 738; *LG Hamburg*, NJW 1996, 501; *Graf von Westphalen*, Rdnr. 1117.

[418] *Habersack*, Rdnr. 109; *Godefroid/Salm*, BB 1995, Beilage 6, S. 21; *Engel*, DB 1997, 761.

[419] *LG Gießen*, NJW-RR 1995, 687; *LG Frankfurt*, NJW-RR 1998, 349 (einschr. AGB-Klausel).

[420] S.o. VI, 2, b, (3), (4) + (5).

(2) Zwecks Feststellung der Schäden und des notwendigen Verschuldens des Leasingnehmers[421] trifft den Leasinggeber bei der Rückgabe eine Pflicht zur Beweissicherung.[422]

In diesen Fällen ist die Anfertigung eines Protokolls angezeigt, in dem die festgestellten Abnutzungen– eventuell unter Beifügung von Fotos – festzuhalten sind und von beiden Vertragsteilen durch Unterschrift anerkannt werden.[423] Bei größeren Schäden ist die Einschaltung eines Sachverständigen geboten, dem ein klarer Auftrag zur Feststellung des Schadens zu erteilen ist[424] und der beide Vertragspartner zu der von ihm vorzunehmenden Besichtigung hinzuziehen hat.[425]

(3) Die Höhe des Schadens besteht in dem Ersatz der notwendigen Reparaturkosten,[426] wobei dem Leasinggeber eine Pflicht zur Schadensminderung obliegt.[427] Im Falle des Totalschadens besteht eine Pflicht zum Ausgleich der Verkehrswertdifferenz.

(4) Der Schadensersatzanspruch unterliegt – im Gegensatz zu dem Anspruch auf Ausgleichung des Restwertes[428] – der sechsmonatigen Verjährung nach § 558 BGB.[429]

d) Schadensersatz bei außerordentlicher Kündigung

Hat der Leasingnehmer den wichtigen Grund zur fristlosen Kündigung zu vertreten, so ist er dem Leasinggeber zum Ersatz des durch die vorzeitige Auflösung des Vertrages entstandenen Schadens verpflichtet.[430]

(1) Nach der Rechtsprechung des BGH handelt es sich um einen Schadensersatzanspruch eigener Art, der keiner Nachfristsetzung bedarf.[431]

Dem ist mit der Maßgabe zuzustimmen, daß es einer eigenen Nachfristsetzung nicht bedarf, da bereits die Gesamtfälligstellung der Raten bzw. die Kündigung aus wichtigem Grund vor ihrer Abgabe einer Abmahnung bzw. Fristsetzung bedürfen.[432]

---

[421] Zur Beweislast (Analogie zu § 282 BGB) vgl. *Baumgärtel*, Handb. der Beweislast, Bd. 1, § 548 BGB, Rdnr. 4.

[422] *LG Frankfurt*, NJW-RR 1988, 1134; *LG Hamburg*, NJW-RR 1989, 883; *Reinking-Eggert*, Rdnr. 1249.

[423] *Reinking-Eggert*, Rdnr. 1249; zum Beweiswert *LG Frankfurt*, NJW-RR 1988, 1134.

[424] *BGH*, NJW-RR 1992, 502, 504; *LG Frankfurt*, NJW-RR 1988, 1134.

[425] S.o. Fußn. 406.

[426] Zur Notwendigkeit siehe *Reinking-Eggert*, Rdnr. 1126.

[427] *Michalski/Schmitt*, Rdnr. 257.

[428] S.o. Fußn. 417.

[429] *OLG Frankfurt*, BB 1982, 1385; *Martinek*, § 8, I, 1, S. 194; *Reinking-Eggert*, Rdnr. 1126.

[430] *BGH*, NJW 1984, 2867; *Reinking-Eggert*, Rdnr. 1268; *Graf von Westphalen*, Rdnr. 1174 ff.

[431] *BGH*, NJW 1984, 2687; *BGHZ* 95, 39 = NJW 1985, 2253;

[432] S.o. III, 3, b; IV, 1, c, (1).

(2) Der Anspruch wird mit dem wirksamen Ausspruch der Gesamtfälligstellung bzw. der Kündigung sofort in voller Höhe fällig.[433]

(3) Inhaltlich richtet sich der Ersatzanspruch nach § 249 BGB: der Leasinggeber ist so zu stellen, wie er bei ordnungsgemäßer Abwicklung des Leasingvertrages gestanden hätte.[434] Der BGH begrenzt aber bei vorzeitig kündbaren Verträgen den Ersatz des entgangenen Gewinns bis zum Zeitpunkt einer nach dem Vertrag möglichen ordentlichen Kündigung des Leasingnehmers.[435] Er ist außerdem durch das Erfüllungsinteresse begrenzt.[436]

(4) Eine abstrakte Berechnung des Schadens sieht § 12 II VerbrKrG für den Fall der Gesamtfälligstellung vor.[437] AGB-Klauseln, die eine Berechnung des Schadens vorsehen, sind nur bei einer konkreten Ausgestaltung der Berechnungsfaktoren zulässig.[438] Da dies aber kaum möglich ist, muß der Leasinggeber den Schaden der Höhe nach konkret darlegen.[439] Möglich bleibt im Rahmen der einzelnen Positionen eine Schätzung nach § 287 ZPO.

(5) Unter Berücksichtigung der unter (3) und (4) dargestellten Grundsätze sind dem Leasinggeber – ebenso wie bei der Berechnung des Ausgleichs bei Beendigung des Vertrages durch ordentliche Kündigung[440] die noch bis zur nächsten ordentlichen Kündigung anstehenden Leasingraten (einschließlich des darin enthaltenen Gewinnanteils und der Anteile an Aufwand etc. sowie etwaige Refinanzierungskosten) und der vereinbarte Restwert zu erstatten.[441] Anzurechnen sind im Wege der Vorteilsausgleichung die ersparten Zinsen und die ersparten Aufwendungen.[442] Ein anrechenbarer Vorteil ist auch der höhere Wert des Leasingguts im Zeitpunkt der Kündigung gegenüber dem Wert zu dem vereinbarten Vertragsende.[443]

(6) Zur Berechnung des Schadens bei einem vorzeitig beendeten PKW-Km-Vertrag wird auf die Rechtsprechung des BGH, insbesondere das Urteil vom 11. 1. 1995[444] verwiesen.

---

[433] *BGH*, NJW 1985, 796; *BGHZ* 94, 195 = NJW 1985, 1538, 1544; (Abw. von *BGHZ* 82, 121 = NJW 1982, 870); *Martinek*, § 8, II, 2, S. 210.

[434] *BGHZ* 95, 39 = NJW 1985, 2253; *BGH* NJW 1986, 1746; NJW-RR 1986, 594; *Gitter*, S. 349; *Martinek*, § 8, II, 2, S. 206.

[435] *BGH*, NJW 1991, 221; hierzu *Reinking-Eggert*, Rdnr. 1098. – Zum Vollamortisationsvertrag vgl. *BGH*, NJW 1986, 1746, li. Sp.

[436] *BGHZ* 95, 39 = NJW 1982, 2253; *BGH*, NJW 1991, 221; *Groß*, DAR 1996, 445.

[437] S.o. zum Verbraucherdarlehen 2. Teil, III, 3, c, (2).

[438] *Martinek*, § 8, II, 2, S. 207; *Gitter*, S. 347, 348; *Michalski/Schmitt*, Rdnr. 242; *Reinking-Eggert*, Rdnr. 1270.

[439] *BGHZ* 95, 39 = NJW 1985, 2253; *LG Frankfurt*, NJW-RR 1997, 434; *Michalski/Schmitt*, Rdnr. 242.

[440] S.o. IV, 2, b.

[441] *BGHZ* 94, 195 = NJW 1985, 1538; *BGHZ* 95, 39 = NJW 1985, 2253; *BGH*, NJW 1991, 221; *Martinek*, § 8, II, S. 206 ff.; *Reinking-Eggert*, Rdnr. 1285, 1287; *Bethäuser*, DAR 1995, 435.

[442] a.A. hinsichtlich der Refinanzierungskosten *Martinek*, § 8, III, 2, S. 208.

[443] *BGH*, NJW 1995, 1541; *OLG Celle*, NJW-RR 1994, 743; *Groß*, DAR 1996, 438, 445; einschr. *OLG Celle*, NJW-RR 1998, 704.

[444] *BGH*, NJW 1995, 954 (Vorinstanz *OLG Celle*, NJW-RR 1994, 743); ferner *BGH*, NJW 1995, 1146 (keine anteilige Berücksichtigung der Sonderzahlung); *Reinking-Eggert*, Rdnr. 1289; *Groß*, DAR 1996, 438, 445.

(7) Der Schadensersatzanspruch des Leasinggebers verjährt richtiger Ansicht nach gemäß § 195 BGB in dreißig Jahren (§ 195 BGB).[445]

§ 558 BGB findet keine (analoge) Anwendung, da es sich nicht um Mängel des Leasingguts handelt.[446] Auch die zweijährige Verjährungsfrist nach § 196 I Nr. 6 BGB scheidet aus, da es sich nicht um laufenden Mietzins handelt.[447]

---

[445] *BGHZ* 97, 65 = NJW 1986, 1335; a.A. *OLG Karlsruhe*, DAR 1985, 225.
[446] S.o. Fußn. 417.
[447] a.A. *Habersack*, Rdnr. 109; *LG Saarbrücken*, ZfS 1994, 409.

§ 4. Der Bauprozeß

Literatur (Auswahl):

Kommentare/Handbücher: Beck'scher Kommentar zur VOB, Bd. 2: VOB/B (1997), herausgegeben von *Ganten/Jagenburg/Motzke*; *Heiermann/Riedl/Susam,* Handkommentar VOB/Teil A und B, 8. Aufl. 1997; *Ingenstau/Korbion,* VOB, Teil A und B, 13. Aufl. 1996; *Kaiser,* Das Mängelhaftungsrecht in Baupraxis und Bauprozeß, 7. Aufl., 1992; *Kleine-Möller/Merl/Oelmaier,* Handbuch des privaten Baurechts, 2. Aufl. 1997; *Koeble,* Der Bauprozeß, Beck'sches Rechtsanwalts-Handbuch, 6. Aufl. (1999/2000), S. 161 ff.; *Korbion/Hochstein,* Der VOB-Vertrag, 6. Aufl. 1994; *Locher,* Das private Baurecht, 6. Aufl. 1996; *Nicklisch/Weick,* VOB, Teil B, 2. Aufl. 1991; *Vygen,* Das Bauvertragsrecht nach VOB und BGB, 2. Aufl. 1991; *Werner/Pastor,* Der Bauprozeß, 8. Aufl. 1996.

Rechtsprechungsübersichten: Hochstein, ZAP Fach 5 R, S. 79, 93, 107, 109, 119, 131. – *Jagenburg,* BGB-Vertrag: NJW 1990, 3119; 1991, 3006; 1993, 102; 1995, 91; 1996, 2198; 1999, 1153; 1999, 2198. – *Jagenburg,* VOB-Vertrag: NJW 1990, 2972; 1991, 2874; 1992, 3203; 1994, 2864; 1996, 1998, 2398, 2494, 2640; Bauprozeßrecht: NJW 1995, 1710; 1997, 2021; 1999, 2403. *Nettesheim,* ZAP Fach 5 R S. 147 ff; *Schmidt,* WM 1989, Beilage 5; 1991, Beilage 7; 1993, Beilage 39; 1995, Beilage 38. *Vygen,* Rechtsprechung der Oberlandesgerichte, ZfBR 1986, 99; 1988, 149; 1989, 136; 1990, 116.

Zeitschriften – Aufsätze: Coester-Waltjen, Die Haftung für Mängel beim Werkvertrag, Jura 1993, 200; *Lepp,* Der Bauvertrag, JABl. 1994, 323; *Mittweg,* Einführung in das Bauvertragsrecht nach BGB, DtZ-Inf. 1992, 53; *Peters,* Grundfälle zum Werkvertragsrecht, JuS 1992, 1022.

Reformfragen: (55.) Deutscher Juristentag (1984), Empfiehlt sich eine Neukonzeption des Werkvertragsrechts?, Gutachten von *Teichmann* und Referat von *Soergel,* Bericht in NJW 1984, 2672, 2676; *(60.) Deutscher Juristentag* (1994), Empfiehlt sich die von der Schuldrechtskommission vorgeschlagene Neuregelung des allgemeinen Rechts der Leistungsstörungsrechts, der Mängelhaftung bei Kauf- und Werkvertrag und des Rechts der Verjährung? Referate von *Kötz, Brüggemeier* und *Joussen,* Bericht in NJW 1994, 3069, 3075. *Kniffka,* Änderungen des Bauvertragsrechts im Abschlußbericht der Kommission zur Überarbeitung des Schuldrechts, ZfBR 1993, 97; *Lang,* Bauvertragsrecht im Wandel, NJW 1995, 2063; *Locher,* Zur Umgestaltung des deutschen Bauvertragsrechts durch EG – Initiativen, BauR 1992, 293; *Nicklisch,* Empfiehlt sich eine Neukonzeption des Werkvertragsrechts? – unter besonderer Berücksichtigung komplexer Langzeitverträge, JZ 1984, 757.

Erster Teil. Allgemeines

I. Inhalt und Bedeutung des Bauvertrages

1. Der Grundtyp des Bauvertrages

Durch den Bauvertrag in seinem Grundtyp verpflichtet sich der Bauunternehmer (Auftragnehmer) gegen Vergütung zugunsten des Bauherrn (Auftraggeber) bestimmte Bauleistungen zu erbringen. Bauleistungen sind nach § 1 VOB/A Arbeiten jeder Art, durch die eine bauliche Anlage hergestellt, instandgesetzt, geändert oder beseitigt wird.[1]

a) Werkvertrag

Der Bauvertrag ist grundsätzlich als Werkvertrag einzuordnen. Der Auftragnehmer verspricht die Herstellung eines bestimmten Werkes in Form der geschuldeten Bauleistung. Seine Leistungspflicht ist nach dem Parteiwillen verschuldensunabhängig ausgestaltet.[2] Die Vorschriften des Werkvertragsrechts (§§ 631 ff. BGB) finden deshalb im Grundsatz Anwendung, daneben auch die Vorschriften des BGB über gegenseitige Verträge (§§ 320 ff.)[3] und die Vorschriften des allgemeinen Teils, insbesondere über den Vertragsschluß.

Ein Werklieferungsvertrag im Sinne des § 651 BGB liegt im Regelfall nicht vor, da die von dem Auftragnehmer zu liefernden Stoffe und Bauteile als Zutaten anzusehen sind.[4] Das Werkvertragsrecht des BGB, das nicht speziell auf Bauverträge zugeschnitten ist, ist durch die Kautelarpraxis, insbesondere Allgemeine Geschäftsbedingungen, und die Rechtsprechung erheblich fortgebildet worden, so daß man von einem Sonderrechtsgebiet sprechen kann.

b) Dauerschuldverhältnis

Als besonderes Strukturelement des Bauvertrags ist sein Langzeitcharakter hervorzuheben. Da nicht alle Einzelheiten der geschuldeten Bauleistung im Bauvertrag geregelt sind, sondern erst im Rahmen der Erbringung der Bauleistung konkretisiert oder manchmal sogar abgeändert werden, entstehen für beide Parteien Kooperationspflichten.[5]

2. Erscheinungsformen des Bauvertrages im weiteren Sinne

Die Entwicklung zur Spezialisierung und die Tendenz zur Entstehung von Großbetrieben und Abwicklung von Großprojekten hat zu einer erheblichen Umgestaltung und Differenzierung der Vertragstypen geführt. Beispielhaft aufzuführen sind folgende Gruppen:

a) Nachschaltung von Verträgen

Es handelt sich um Verträge verschiedener Rangstufen, bei denen nur der Auftragnehmer der oberen Rangstufe in Rechtsbeziehungen zu dem Bauherrn steht.

---

[1] Hierzu *BGH*, NJW 1973, 368; *Ingenstau/Korbion*, § 1 VOB/A, Rdnr. 4 ff.
[2] *Kleine-Möller*, § 2, Rdnr. 15; *Lang*, NJW 1995, 2067.
[3] *Kleine-Möller*, § 2, Rdnr. 11.
[4] *Kleine-Möller*, § 2, Rdnr. 5, mit Ausnahmen in Rdnr. 7, 8; *Locher*, Rdnr. 24a.
[5] *Nicklisch*, Der komplexe Langzeitvertrag (1987); ders. JZ 1984, 757; *Motzke*, Beck-VOB/B-Kommentar, Einl. I, Rdnr. 67 ff.

(1) *Subunternehmervertrag*[6]

Der „Hauptunternehmer" schaltet im Innenverhältnis einen oder mehrere Bauhandwerker zur Erbringung der Bauleistungen ein. Gegenüber dem Bauherrn ist er allein für die ordnungsmäßige Erbringung der Bauleistungen verantwortlich, wobei er für das Verhalten des Subunternehmers nach § 278 BGB einzustehen hat.[7] Bei der Ausgestaltung der Verträge entsteht eine erhebliche Problematik, die Subunternehmerverträge mit den Bedingungen des Hauptvertrages gleichzuschalten.[8]

(2) *Generalunternehmervertrag*[9]

Sein Begriffsmerkmal besteht in der Übernahme aller Bauleistungen gegenüber dem Bauherrn, die der Generalunternehmer dann teilweise selbst ausführt oder aber durch Subunternehmer ausführen läßt.

(3) *Generalübernehmervertrag*[10]

Er übernimmt gegenüber dem Bauherrn ebenfalls sämtliche Bauleistungen, ohne sie selbst auszuführen; hierzu schaltet er Subunternehmer ein.

b) *Personenmehrheit*

Sie kann auf beiden Vertragsseiten vorkommen.

(1) *Arbeitsgemeinschaften*[11]

Sie besteht auf der Auftragnehmerseite. Es handelt sich durchweg um Gesellschaften des bürgerlichen Rechts zwischen verschiedenen Bauunternehmen.

(2) *Bauherrengemeinschaften*

Sie bestehen auf der Auftraggeberseite.

c) *Verträge mit besonderer inhaltlicher Ausgestaltung*

Zu erwähnen sind:

(1) *Der Bauträgervertrag*[12]

Charakteristisch ist bei ihm die Koppelung von Grundstücksbeschaffung und Errichtung des Bauwerks.

---

[6] *Ingenstau/Korbion,* VOB/A, Anhang, Rdnr. 116 ff.; *Kleine-Möller,* § 3, Rdnr. 7 ff.; *Nicklisch,* NJW 1985, 2361; *Locher,* Rdnr. 394 ff.; *Motzke,* Subunternehmervertrag in *Graf von Westphalen,* Vertragsrecht und AGB-Klauselwerke.

[7] *BGHZ* 66, 43 = NJW 1976, 516; *Motzke* (Fußn. 6), Rdnr. 3. – Zum umgekehrten Fall (Einstandspflicht des Subunternehmens für Mängel des Hauptunternehmers) *OLG Schleswig,* NJW-RR 1998, 1551.

[8] Hierzu *Schlünder,* NJW 1995, 1097; *Kraus,* NJW 1997, 223; *Motzke* (Fußn. 6) Rdnr. 29 ff.

[9] *Ingenstau/Korbion,* VOB/A, Rdnr. 121 ff.; *Kleine-Möller,* § 3, Rdnr. 5, 47; *Locher,* Rdnr. 389 ff.; *Kniffka,* ZfBR 1992, 1.

[10] *Koeble,* NJW 1992, 1142.

[11] *Ingenstau/Korbion,* VOB/A, Anhang, Rdnr. 5 ff.; *Kleine-Möller,* § 3, Rdnr. 6, 77 ff.; *Locher,* Rdnr. 380 ff.

[12] S.u. § 6.

(2) Der Anlagenvertrag[13]

(3) BOT-Projekte

Bei diesen übernimmt der Betreiber nicht nur Planung und Bau der Anlage, sondern auch für Zeit den Betrieb der Anlage.[14]

II. Das AGB-Gesetz und die VOB

1. Das AGB-Gesetz

a) Persönlicher Anwendungsbereich

Hier ist zwischen Kaufleuten und Nichtkaufleuten zu unterscheiden. Bei Nichtkaufleuten kommen neben der Generalklausel des § 9 AGBG die besonderen Klauselverbote der §§ 9, 10 AGBG zum Zuge, während bei Kaufleuten nur die Generalklausel des § 9 AGBG zur Anwendung kommt (§ 24 I Nr. 1 AGBG). Gleiches gilt bei Verwendung von AGB gegenüber juristischen Personen des öffentlichen Rechts (§ 24 I Nr. 2 AGBG).

Allerdings bleibt die Anwendung des § 9 AGBG auch im Bereich der Klauselverbote unberührt (§ 24 II AGBG), wobei die gesetzlichen Wertungen der Klauselverbote zu berücksichtigen sind.[15] Dabei besteht in der Rechtsprechung die Tendenz, bei Anwendung der Generalklausel nicht zwischen kaufmännischen und nichtkaufmännischen Vertragspartnern zu unterscheiden.[16]

Nach bisheriger Auffassung waren Bauhandwerker mangels Anwendbarkeit des § 1 II Nr. 1 HGB a.F. nur dann Kaufleute, wenn ihr Unternehmen nach § 2 HGB in das Handelsregister eingetragen war.[17] Nach der Neuregelung durch das Handelsrechtsreformgesetz vom 22. 6. 1998[18] ist der Bauhandwerker Kaufmann, wenn entweder sein Unternehmen nach Art oder Umfang einen in kaufmännischer Weise eingerichteten Geschäftsbetrieb erfordert (§ 1 HGB n.F.) oder ohne Rücksicht hierauf, wenn das Unternehmen im Handelsregister eingetragen ist (§ 2 HGB n.F.).[19]

b) Sachlicher Anwendungsbereich

Wenn man von der Ausnahmeregelung des § 23 II Nr. 5 AGBG betreffend die VOB/B zunächst absieht,[20] sind folgende allgemeine Grundsätze festzuhalten.

---

[13] *Locher,* Rdnr. 391; *Nicklisch* (Herausg.), Der Subunternehmer bei Bau- und Anlageverträgen im In- und Ausland (1985).

[14] *Nicklisch* (Herausg.), Rechtsfragen privatfinanzierter Projekte (1994); vgl. auch den Bericht von *Tempel,* NJW 1995, 3299.

[15] *Kleine-Möller,* § 4, Rdnr. 113; *Werner/Pastor,* Rdnr. 2172.

[16] *BGHZ* 101, 357 = NJW 1988, 55; *BGHZ* 90, 273 = NJW 1984, 1750; *Kleine-Möller,* § 4, Rdnr. 111.

[17] *BGHZ* 59, 179 = NJW 1972, 1660; *Ebenroth/Authenrieth,* BauR 1980, 211.

[18] BGBl. I, S. 1474.

[19] Hierzu *Schäfer,* DB 1998, 1269; *Schmidt,* NJW 1998, 2161; *Werner/Pastor,* Rdnr. 2175.

[20] S.u. I, 2 f.

(1) Der Begriff der AGB erfordert nach § 1 I AGBG, daß diese für eine Vielzahl von Vorschriften vorformuliert sind.[21]

Diese Begriffsbestimmung ist durch § 24a Nr. 2 AGBG[22] dahin erweitert worden, daß bei Verträgen zwischen Unternehmern und Verbrauchern die §§ 5, 6, 8–12 AGBG auch dann anzuwenden sind, wenn die AGB nur zur einmaligen Verwendung bestimmt sind. Diese Erweiterung kann bei zusätzlichen Vertragsbedingungen[23] bedeutsam werden.

(2) Im Rahmen der Inhaltskontrolle ist zu beachten, daß als Verwender anzusehen ist, wer die AGB in den Vertrag eingeführt hat.[24] Ein Schutz des Verwenders selbst gegenüber den von ihm eingeführten AGB findet demnach nicht statt.[25]

(3) Die Generalklausel des § 9 AGBG unterscheidet drei Fälle, in denen eine AGB-Klausel unwirksam ist, nämlich:

- wenn sie von wesentlichen Grundgedanken der gesetzlichen Regelung abweicht (§ 9 II Nr. 1 AGBG);[26]
- wenn wesentliche Rechte oder Pflichten der Vertragsparteien, die sich aus der Natur des Vertrages ergeben, so eingeschränkt werden, daß die Erreichung des Vertragszwecks gefährdet ist (§ 9 II Nr. 2 AGBG);[27]
- wenn eine AGB den Vertragspartner des Verwenders entgegen den Geboten von Treu und Glauben unangemessen benachteiligt (§ 9 I AGBG).[28]

(4) Nach bisher einhelliger Auffassung ist bei der Bewertung einzelner Klauseln auf ihre Angemessenheit eine überindividuell-abstrakte Betrachtungsweise geboten, so daß konkrete Umstände des Einzelfalles unberücksichtigt bleiben.[29]

Das kann für die Zukunft für Verbraucherverträge nicht mehr gelten, da insoweit § 24a Nr. 3 AGBG die Einbeziehung der den Vertragsschluß begleitenden Umstände fordert.[30]

(5) Unter Berücksichtigung dieser Regeln sind beispielsweise AGB-Klauseln des Auftraggebers zum Nachteil des Auftragnehmers bei folgenden Abweichungen für unwirksam angesehen worden:

---

[21] *Ulmer/Brandner/Hensen,* § 1, Rdnr. 23.

[22] ÄndG vom 19. 7. 1996 (BGBl. I, S. 1013).

[23] S.u. III, 1, a.

[24] *BGHZ* 99, 160 = NJW 1987, 837; *BGH,* NJW-RR 1990, 1170; *Ganten,* Beck-VOB/B Kommentar, Einl. II, Rdnr. 10; *Kleine-Möller,* § 4, Rdnr. 42; *Ulmer/Brandner/Hensen,* Anhang zu §§ 9–11 AGBG, Rdnr. 90.

[25] *BGHZ* 99, 161 = NJW 1987, 837; *Ganten,* aaO.

[26] *Kleine-Möller,* § 4, Rdnr. 122 ff.; *Ulmer/Brandner/Hensen,* § 9 AGBG, Rdnr. 132 ff.

[27] *Kleine-Möller,* § 4, Rdnr. 127 ff.; *Ulmer/Brandner/Hensen,* § 9 AGBG, Rdnr. 142.

[28] *Kleine-Möller,* § 4, Rdnr. 131 ff.; *Ulmer/Brandner/Hensen,* § 9 AGBG, Rdnr. 70.

[29] *BGHZ* 98, 303 = NJW 1987, 487; *BGHZ* 110, 241 = NJW 1990, 1601; *Ganten,* Beck-VOB/B-Kommentar, Einl. II, Rdnr. 17; *Ulmer/Brandner/Hensen,* § 9 AGBG, Rdnr. 78.

[30] *Heinrichs,* NJW 1996, 2193.

- Abweichung von der gesetzlichen Vergütungsregelung;[31]
- Abweichung von den Voraussetzungen der Abnahme;[32]
- Abweichung der Vergütungsregelung bei Kündigung (§ 649 S. 2 BGB) für nicht erbrachte Leistungen;[33]
- Abweichungen von dem Sicherungsrecht des Auftragnehmers aus § 648 BGB;[34]
- Abweichung von der Risikoverteilung des BGB;[35]
- Abbedingung von Mitwirkungspflichten des Auftraggebers;[36]
- Einschränkung der Haftung des Auftraggebers auf Vorsatz und grobe Fahrlässigkeit;[37]
- Vereinbarung zu hoher Vertragsstrafen[38] und Wegfall des Vorbehalts nach § 341 III BGB;[39]
- Verlängerung von Gewährleistungsfristen und Hinausschieben ihres Beginns;[40]
- Erweiterung der Haftung des Auftragnehmers;[40a]

(6) Umgekehrt sind AGB-Klauseln des Auftragnehmers zum Nachteil des Auftraggebers in folgenden Fällen für unwirksam anzusehen:

- Abweichung von der gesetzlichen Vergütungsregelung;[41]
- Abweichung von der verschuldensunabhängigen Gewährleistung;[42]
- Verschärfte Anforderungen an den Schadensersatzanspruch aus § 635 BGB;[43]

---

[31] *Kleine-Möller,* § 4, Rdnr. 123. – Einzelfälle:
- Nebenleistungen; 2. Teil, I, 1, a.
- Zusätzliche Leistungen; 2. Teil, I, 1, a, (2), Fußn. 7; I, 2, a, (2), Fußn. 25; II, 5, b.
- Änderungen des Leistungsumfangs; 2. Teil, II, 4, b, Fußn. 87.
- Hinausschieben der Fälligkeit; 2. Teil, III, 1, b, Fußn. 124.
- Abschlagszahlungen; 2. Teil, III, 4, a, (2), Fußn. 143.
- Sicherheitseinbehalte; 2. Teil, III, 5, Fußn. 149, 150, 155.
- Zahlungen an Subunternehmer; 2. Teil, IV, 1, a, Fußn. 71.

[32] Zum Hinausschieben der Abnahme s.u. 1. Teil, V, 4, b.

[33] *Kleine-Möller,* § 4, Rdnr. 123; s.u. 2. Teil, VI, 2, c.

[34] *Kleine-Möller,* § 4, Rdnr. 123; *Werner/Pastor,* Rdnr. 193; s.u. 2. Teil, VIII, 1, c, (5).

[35] *Kleine-Möller,* § 4, Rdnr. 124.

[36] *Kleine-Möller,* § 4, Rdnr. 130.

[37] S.u. 3. Teil, I, 4, b, (11), Fußn. 211.

[38] S.u. 3. Teil, II, 2, b, (3).

[39] S.u. 3. Teil, II, 2, b, (4), Fußn. 355.

[40] S.u. 3. Teil, I, 6, b, (2).

[40a] S.u. 3. Teil, I, 5, b.

[41] Einzelfälle:
- Allgemeine Preisgleitklausel; s.u. 2. Teil, II, 2, b, Fußn. 76.
- Nebenleistungen; s.u. 2. Teil, I, 1, a, (1).
- Abweichung von der Vorleistungspflicht des Auftragnehmers; s.u. 2. Teil, III, 1, b, Fußn. 122.
- Zu hohe Abschlagszahlungen; s.u. 2. Teil, III, 4, a, (2), Fußn. 142.
- unzulässige Vorauszahlungen; s.u. 2. Teil, III, 4, b, Fußn. 144.
- Anerkennung der Vergütung bei nicht fristgerechter Rückgabe von Stundenlohnzetteln; s.u. 2. Teil, I, 3, d, (2), Fußn. 50.
- Aufrechnungsverbote; s.u. 2. Teil, IV, 2, b, Fußn. 176 ff.

[42] *Kleine-Möller,* § 4, Rdnr. 123; s.u. 3. Teil, IV, 4, b, (1) + (2).

[43] S.u. 3. Teil, I, 4, b, (14).

2. *Die Verdingungsordnung für Bauleistungen (VOB)*

a) Herkunft

Die Vorschriften der VOB sind DIN-Normen, die im Auftrag des Deutschen Verdingungsausschusses herausgegeben werden. Sie waren ursprünglich für das öffentliche Auftragswesen bestimmt,[44] wurden aber im Laufe der Zeit auch zwischen privaten Vertragsparteien in die vertraglichen Beziehungen einbezogen.[45] Grund hierfür war die zu allgemeine Regelung des BGB, die den besonderen Gegebenheiten des Bauvertrags nicht genügend Rechnung trug, insbesondere den Langzeitcharakter des Bauvertrages ignorierte.[46] Sie hat sich zu einem festen Instrumentarium des Bauvertragsrechts entwickelt.

b) Gliederung

Die VOB besteht aus drei Teilen:

(1) Teil A

Er regelt in erster Linie die Vergabe von Bauleistungen durch öffentliche Auftraggeber und stellt insoweit eine Verfahrensordnung dar.

Die öffentliche Vergabe von Bauleistungen ist seit einigen Jahren zunehmend durch europarechtliche Vorschriften überlagert.[47] Ihre Umsetzung in deutsches Recht erfolgte zunächst durch Einfügung der §§ 57a–c in das Haushaltsgrundsätze-Gesetz sowie zusätzliche Verordnungen und eine abgeänderte Fassung der VOB/A.[48] Im Hinblick auf zahlreiche Kritik wegen der möglicherweise nicht vollständigen Umsetzung hat der deutsche Gesetzgeber die Materie nunmehr durch das am 1. 1. 1999 in Kraft getretene Vergaberechtsänderungsgesetz als Ergänzung des GWB (§§ 97–126) geregelt.[49] Die Regelung gilt aber nur für öffentliche Aufträge, die einen gewissen Schwellenwert (5 Millionen ECU = 10 Millionen DM) überschreiten.

Unabhängig davon sind die Vorschriften der VOB/A auch für das private Bauvertragsrecht von Bedeutung. Einmal gilt dies für die in § 1 enthaltenen Begriffsbestimmung der Bauleistungen, die Aufzählung der einzelnen Arten der Vertragsvergütung (§ 5), die Leistungsbeschreibung (§ 9) und die Vertragsbedingungen (§ 10). Sie können im Einzelfall bei der

---

[44] Zur geschichtlichen Entwicklung der VOB siehe *Schubert,* FS Korbion (1986), S. 389; *Kleine-Möller,* § 2, Rdnr. 30; *Nicklisch/Weick,* Einl. Rdnr. 23 ff.

[45] *OLG Köln,* BauR 1994, 100.

[46] Zum Langzeitcharakter s.o. I, 1, b.

[47] EG-Koordinierungs-Richtlinie 71/305; EG-Sektoren-Richtlinie 90/531; Zur Rechtspr. des EUGH: *Franke,* ZfBR 1996, 291; 1997, abgedruckt in VOB/HOAI, dtv-Text, 19. Aufl. (Beck), 1999, S. 74.

[48] Gesetz vom 26. 11. 1993 (BGBl. I, S. 1928; Vergabe-VO vom 22. 2. 1994 (BGBl. I. S. 321); Nachprüfungs-VO vom 22. 2. 1994 (BGBl. I, S. 324) Neufassung der VOB/A vom 12. 11. 1992 (BAnz. Nrt. 223a vom 27. 12. 1992).

[49] BGBl. I, S. 1998, S. 2512 mit Neufassung des GWB S. 2546 ff. – Hierzu *Byok,* NJW 1998, 2774; *Jagenburg,* NJW 1998, 2398.

Auslegung eines privaten Bauvertrages im Rahmen der Verkehrssitte eine Rolle spielen (§ 157 BGB). Im übrigen können Verstöße gegen die Vergabevorschriften Ansprüche aus culpa in contrahendo, nach dem neuen Vergaberecht eventuell aus § 823 II BGB (Schutzgesetze) ablösen.[50]

(2) Teil B

Er enthält besondere Vorschriften über den Inhalt des Bauvertrages. Er ergänzt teilweise das Werkvertragsrecht des BGB, teilweise ändert er es ab.[51]

Die VOB/B ist das Kernstück der Verdingungsordnung und wurde bisher als ausgewogenes Vertragswerk angesehen, was für die Inhaltskontrolle nach dem AGBG eine maßgebende Rolle spielt (Einzelheiten unter f). Neuerdings sind aber bezüglich einzelner Regelungen auch kritische Töne zu hören.[52] Einzelne Vorschriften der VOB/B können auch für die Auslegung eines BGB-Bauvertrages (§§ 157, 242 BGB) herangezogen werden, weil sie einen Anhalt geben, was im Baugewerbe allgemein üblich ist.[53]

(3) Teil C

Er enthält die allgemeinen technischen Vorschriften für Bauleistungen.[54] Die DIN 18299 enthält – zusätzlich zu dem bereits erwähnten § 9 VOB/A – Vorschriften für die Anforderungen an eine allgemeine Leistungsbeschreibung.[55] Ihr schließen sich dann die einzelnen DIN-Normen für einzelne Arbeitsbereiche an. Sie enthalten jeweils Hinweise für ihren Geltungsbereich, die zu verwendenden Stoffe und Bauteile, die Ausführung der Arbeiten entsprechend den anerkannten Regeln der Technik, eine Aufzählung der nicht besonders zu vergütenden Nebenleistungen sowie Richtlinien für die Abrechnung. Sie werden entsprechend dem jeweiligen Stand der Entwicklung von dem Verdingungsausschuß im Wege der Fortschreibung neu gefaßt und der Entwicklung angepaßt.

Wie die Aufzählung ihres Inhalts zeigt, handelt es sich bei den DIN-Normen nicht nur um technische Vorschriften; sie haben zum großen Teil auch Vertragscharakter.[56] Auch wenn die VOB nicht Vertragsbestandteil ist, kann – wenn nicht konkrete gegenteilige Absprachen vorliegen – auf diese allgemeinen DIN-Normen zur Auslegung eines BGB-Bauvertrages zurückgegriffen werden (§§ 157, 242 BGB), da sie Niederschlag der Auffassung der beteiligten Verkehrskreise über den üblichen Umfang der Bauleistungen und der anerkannten Regeln der Baukunst sind.[57]

---

[50] Zur c.i.c.; *BGH,* NJW 1966, 498; *BGHZ* 60, 221 = NJW 1973, 572; *BGH,* NJW 1981, 1673; NJW-RR 1988, 785; *Werner/Pastor,* Rdnr. 1888, 1890, 1894 m.Nw.; zu § 823 II und dem neuen Vergaberecht *Werner/Pastor,* Rdnr. 1888; *Quack,* BauR 1997, 899.

[51] *Kleine-Möller,* § 2, Rdnr. 45; *Motzke,* Beck-VOB/B-Kommentar, Einl. I, Rdnr. 50.

[52] *Lang,* NJW 1995, 2068, 2069.

[53] Hauptbeispiel: die Hinweispflicht des Auftragnehmers nach § 4 Nr. 3 VOB/B; s.u. 3. Teil, I, 1, f, (2).

[54] Zusammenstellung der einzelnen DIN-Normen bei *Ingenstau/Korbion,* Einl. Rdnr. 17.

[55] Abgedruckt bei *Beck-Texte* (dtv), VOB HOAI, 17. Aufl. S. 115 ff.

[56] *Motzke,* Beck-VOB/B-Kommentar, Einl. I, Rdnr. 10 ff.

[57] *Kleine-Möller,* § 2, Rdnr. 41; *Locher,* Rdnr. 75.

c) Rechtsnatur

Nach heute h.M. sind die Vorschriften der VOB weder Gesetze noch Handelsbrauch, sondern Regeln, die nur kraft Parteivereinbarung Inhalt des Bauvertrages werden.[58] Entgegen früherer anderweitiger Qualifizierung[59] sind sie als Allgemeine Geschäftsbedingungen anzusehen, wie bereits die Privilegierung in § 23 II Nr. 5 AGBG beweist.[60]

Das gilt nicht nur für Teil B, sondern auch für die Teile A und C, soweit sie Regeln für die Vertragsabwicklung enthalten.[61] Dabei ist allerdings der Vorbehalt des § 8 AGBG zu beachten, wonach die Bestimmung des Gegenstandes der Hauptleistungen – Bauleistungen und Vergütung – von der Inhaltskontrolle ausgenommen sind.[62]

d) Verwenderbegriff

Die früher umstrittene Frage, wer bei Vereinbarung der VOB als Verwender im Sinne des § 1 I AGBG[63] anzusehen ist, wird von der heute h.M. dahin beantwortet, daß es diejenige Vertragspartei ist, die die VOB in den Vertrag eingeführt hat.[64] Die Tatsache, daß die VOB von dritter Seite (Verdingungsausschuß) aufgestellt worden ist, spielt keine Rolle.[65]

Umstritten ist allerdings nach wie vor die Rechtslage, wenn beide Parteien übereinstimmend die VOB/B als Vertragsinhalt vorschlagen. Eine Meinung will in diesem Falle das AGBG überhaupt nicht anwenden.[66] Dem kann nicht zugestimmt werden, da die Schutzwirkung des AGBG stets greifen muß, solange nicht die VOB/B im Sinne von § 1 II AGBG ausgehandelt worden ist.[67] Richtigerweise wird man bei der gegebenen Konstellation beide Vertragsparteien als Verwender ansehen müssen mit der Folge, daß

---

[58] *BGHZ* 86, 142 = NJW 1983, 816; *BGH,* NJW 1992, 827; BGHZ 139, 16 = NJW 1998, 2814; *Motzke,* Beck-VOB/B-Kommentar, Einl. I, Rdnr. 43, 48; *Nicklisch/Weick,* Einl. Rdnr. 29; *Werner/Pastor,* 1002, 1005; *Locher,* Rdnr. 67.

[59] Vgl. etwa *BGHZ* 55, 198 = NJW 1971, 615 sowie den Überblick bei *Weick,* FS Korbion (1986), S. 451 ff.

[60] *BGHZ* 86, 142 = NJW 1983, 816; *Kleine-Möller,* § 2, Rdnr. 40; *Werner/Pastor,* Rdnr. 1006; a.A. *Siegburg,* BauR 1993, 9, 13.

[61] *OLG Köln,* BauR 1982, 169; *OLG Düsseldorf,* NJW-RR 1992, 217; *Locher,* Rdnr. 80, 81; *Kleine-Möller,* § 2, Rdnr. 50, 51.

[62] *Kleine-Möller,* § 4, Rdnr. 99; zur Abgrenzung vgl. *BGHZ* 91, 316 = NJW 1984, 2160; *BGHZ* 116, 117 = NJW 1992, 688; *BGH,* NJW 1997, 135; NJW-RR 1993, 430; *Ulmer/Brandner/Hensen,* § 8, Rdnr. 9 ff.

[63] Hierzu *Locher,* NJW 1977, 1801; ders. Rdnr. 81; *Nicklisch/Weick,* Einl. Rdnr. 56; *Siegburg,* BauR 1993, 9, 16.

[64] *OLG Köln,* NJW 1994, 59; *Kleine-Möller,* § 4, Rdnr. 76; *Ingenstau/Korbion,* § 10 VOB/A, Rdnr. 99; *Staudinger/Peters,* Vorb. § 631 BGB, Rdnr. 94 m.Nw.

[65] *Ganten,* Beck-VOB/B-Kommentar, Einl. II, Rdnr. 10; vgl. hierzu auch *BGH,* NJW 1985, 2477.

[66] *Kleine-Möller,* § 4, Rdnr. 76; *Locher,* Rdnr. 81; *Werner/Pastor,* Rdnr. 1007; *Ramming,* BB 1994, 518; *OLG Köln,* NJW 1994, 59.

[67] Vgl. auch § 24a Nr. 1 AGBG; *Heinrichs,* NJW 1996, 2190, 2192. – Zum Begriff des Aushandelns siehe *BGH,* NJW 1977, 624; 1991, 1678; 1992, 1107; 1992, 2283; NJW-RR 1986, 54; krit. hierzu *Lang,* NJW 1995, 2069.

die Schutzwirkung des AGBG je nach Inhalt der einzelnen Vorschrift zugunsten der von ihr betroffenen Partei eingreift.[68]

e) Geltungsvereinbarung

Für die Geltungsvereinbarung gilt § 2 AGBG. Es bedarf einer besonderen Vereinbarung und der Möglichkeit für den Gegner des Verwenders, sich in zumutbarer Weise von dem Inhalt der VOB/B Kenntnis zu verschaffen. Für Kaufleute ist allerdings die Einbeziehung nach § 24a Nr. 1 AGBG gelockert. Das bedeutet für die Geltungsvereinbarung: Bei Nichtkaufleuten ist ein ausdrücklicher Hinweis des Verwenders auf die Einbeziehung der VOB/B erforderlich, während bei Kaufleuten auch schlüssiges Verhalten des Verwenders mit anschließender Zustimmung des Gegners genügen kann.[69] Hinsichtlich der Möglichkeit zumutbarer Kenntnisnahme wird in der Rechtsprechung nach dem Kenntnisstand des Vertragsgegners differenziert:

(1) Bei Verträgen mit Privatleuten ist eine Aushändigung des Textes der VOB/B erforderlich.[70] Das gilt auch für notarielle Verträge.[71]

Nicht ausreichend ist der Hinweis auf die VOB/B oder das Anerbieten des Verwenders, die VOB/B könne bei ihm eingesehen werden[72] bzw. der Hinweis, der Text der VOB/B könne ohne weiteres im Buchhandel beschafft werden.[73] Ausnahmsweise soll arg. § 166 I BGB eine Übergabe des Textes nicht erforderlich sein, wenn die Privatperson bei Vertragsschluß durch einen von ihr beauftragten Architekten vertreten wird;[74] das erscheint nicht ganz bedenkenfrei, weil § 166 BGB allein die Kenntnis im Zeitpunkt des Vertragsschlusses betrifft, während die Kenntnis der VOB/B schließlich für die gesamte Vertragsabwicklung von Bedeutung sein kann.[75] Dagegen ist eine Aushändigung des Textes nicht mehr erforderlich, wenn die Vertragspartei den Text der VOB/B nachweislich schon in Händen hat.[76]

(2) Anders ist die zumutbare Möglichkeit der Kenntnisnahme zu sehen, wenn es sich bei dem Vertragsgegner des Verwenders um einen „Experten" des Baurechts handelt und ihm der Text der VOB/B aus seiner

---

[68] *Schlechtriem*, FS Duden (1977), S. 571, 575; *Kötz*, MK, § 1 AGBG, Rdnr. 9; im Ergebnis ebenso *Ulmer/Brandner/Hensen*, § 1, Rdnr. 30; *Bartsch*, NJW 1986, 28, 31 (§ 242 BGB).

[69] *Kleine-Möller*, § 4, Rdnr. 54; *OLG Köln*, NJW-RR 1994, 1310; *Werner/Pastor*, Rdnr. 1010.

[70] *BGHZ* 109, 192 = NJW 1990, 715; *BGH*, NJW-RR 1991, 127; *OLG Hamm*, NJW-RR 1998, 885; großzügiger *Werner/Pastor*, Rdnr. 1012; *Staudinger/Peters*, Vorb. § 631 BGB, Rdnr. 96.

[71] *BGH*, NJW-RR 1992, 913; eine öffentliche Beurkundung der VOB/B ist dagegen nicht erforderlich: hierzu *Schmidt*, DNotZ 1983, 473; *Lichtenberger*, NJW 1984, 159.

[72] *Kleine-Möller*, § 4, Rdnr. 66; a.A. *Staudinger/Peters*, § 631, Rdnr. 97.

[73] *Kleine-Möller*, aaO; *Pauly*, BauR 1996, 328, 332.

[74] *OLG Hamm*, NJW-RR 1991, 277; 1996, 593; vgl. jedoch *OLG Hamm*, NJW-RR 1993, 27; ob Beratung durch einen Architekten ausreicht, ist zweifelhaft; hierzu *Kleine-Möller*, § 4, Rdnr. 77.

[75] Zur beschränkten originären Architektenvollmacht vgl. u. IV, 3.

[76] *Werner/Pastor*, Rdnr. 1009.

täglichen Berufspraxis vertraut ist. Hier wäre die Übergabe des Textes eine „reine Förmelei".[77]

Ist die VOB/B nach den vorangegangenen Ausführungen wirksam vereinbart, gelten die einschlägigen DIN-Vorschriften des Teils C ohne weiteres, da § 1 Nr. 1 S. 1 VOB/B auf sie verweist. Insoweit dürfte es genügen, wenn die Gegenpartei sich durch Einsichtnahme beim Verwender oder einem Dritten Kenntnis verschaffen kann.[78]

Bei Zusatzaufträgen zum Hauptvertrag ist eine nochmalige Einbeziehungsvereinbarung nicht erforderlich.[79] Anders ist dies bei zukünftigen Verträgen, die mit dem früheren Auftrag in keinem Zusammenhang stehen; hier ist eine neue Geltungsvereinbarung erforderlich.[80]

f) Inhaltskontrolle

Die Besonderheiten einer Inhaltskontrolle einzelner Regelungen der VOB/B sind durch § 23 II Nr. 5 AGBG veranlaßt, wonach die Klauselverbote der §§ 10 Nr. 5 und 11 Nr. 10f AGBG keine Anwendung finden sollen auf „Leistungen, für die die Verdingungsordnung für Bauleistungen (VOB) Vertragsgrundlage ist." Diese Privilegierung ist bei Erlaß des AGBG auf Veranlassung der Bauwirtschaft in das Gesetz aufgenommen worden, um die Regelungen des § 12 Nr. 5 II VOB/B (fiktive Abnahme) und des § 13 Nr. 4 VOB/B (verkürzte Gewährleistungsfrist) vor dem Verdikt der Unwirksamkeit zu bewahren. Beide Vorschriften verstoßen nämlich bei herkömmlicher Anwendung gegen das AGBG.[81] Aber auch andere Vorschriften sind bei „isolierter Inhaltskontrolle" nach § 9 AGBG unwirksam.[82]

Der BGH hat im Anschluß an die zu § 23 II Nr. 5 VOB/B gegebene Gesetzesbegründung betont, die VOB/B stelle als Vertragswerk einen „im ganzen einigermaßen ausgewogenen Ausgleich der beteiligten Interessen" dar, der einzelne mit dem AGBG nicht vereinbare Regelungen als erträglich erscheinen lasse.[83] Dieser Ausgangspunkt, der im Schrifttum

---

[77] *BGHZ* 86, 135 = NJW 1983, 816; *OLG München,* NJW 1995, 733 (Vollkaufmann); *Werner/Pastor,* Rdnr. 1009, 1010.

[78] Str. Wie hier *Kleine-Möller,* § 2, Rdnr. 51; a.A. *Nicklich/Weick,* § 1 VOB/B, Rdnr. 12a; *Kaiser* ZfBR 1985, 1: zusätzlicher ausdrücklicher Hinweis erforderlich; umgekehrt *Werner/Pastor,* Rdnr. 1014, die weder Hinweis noch zumutbare Kenntnisnahme verlangen, da Teil C nur technische Regeln enthalte; das ist nicht richtig, s.o. Fußn. 56.

[79] *OLG Hamm,* NJW-RR 1987, 599; BauR 1997, 442; *Kleine-Möller,* § 4, Rdnr. 78; *Werner/Pastor,* Rdnr. 1015.

[80] *BGH,* NJW 1992, 1232.

[81] Siehe zu § 12 Nr. 5 II VOB/B unten 1. Teil, IV, 2, c, (3), Fußn. 191; zu § 13 Nr. 4 VOB/B, 3, unten 3. Teil, I, 4, b, (5), Fußn. 204; hierzu insgesamt *Ulmer/Brandner/Hensen,* Anh. zu §§ 9–12 AGBG, Rdnr. 907, 908.

[82] Siehe die Übersicht bei *Werner/Pastor,* Rdnr. 1021, 1022.

[83] Ständige Rechtspr. seit *BGHZ* 86, 135 = NJW 1983, 816; *BGHZ* 92, 244 = NJW 1985, 631; *BGHZ* 96, 129 = NJW 1986, 315; *BGHZ* 101, 357 = NJW 1988, 55; *BGHZ* 111, 394 = NJW 1990, 2384; *BGH,* NJW 1990, 1365; NJW-RR 1989, 85; 1990, 155. – Zur „Ausgewogenheit" vgl. die Zusammenstellung der Vorschriften nach der begünstigten Vertragspartei bei *Locher,* Rdnr. 77, 78.

überwiegend Zustimmung gefunden hat,[84] ist von der Rechtsprechung sodann in zwei Richtungen entwickelt worden:

(1) Einmal wurde mit dieser Begründung die Anwendung des § 23 II Nr. 5 AGBG eingeschränkt. Die Privilegierung soll nur Platz greifen, wenn „die VOB/B als Ganzes" vereinbart wird.

Das ist nicht der Fall, wenn nur einzelne Regelungen der VOB/B übernommen werden[85] oder aber zusätzliche Vertragsbedingungen (oder eine Individualvereinbarung) wesentliche, d.h. den Kernbereich der VOB/B abändernde Regelungen in den Bauvertrag eingebaut werden.[86] In diesen Fällen soll die herkömmliche AGB-Kontrolle in Form der „isolierten Inhaltskontrolle" stattfinden.[87]

(2) Außerdem wurde aus der relativen „Ausgeglichenheit der VOB/B als Ganzes" hergeleitet, daß in diesem Falle die gesamte VOB/B, also nicht nur die durch § 23 II Nr. 5 AGBG privilegierten Bereiche, von der Inhaltskontrolle ausgenommen seien.[88] Damit wurde in gewisser Weise die Problematik des „Verwenderbegriffs"[89] umgangen.[90]

Die Rechtsprechung des BGH ist insgesamt abzulehnen. Sie zeigt die Gefahren und Konsequenzen auf, die sich aus der unglücklichen, durch die „Lobby" der Bauwirtschaft veranlaßten Regelung des § 23 II Nr. 5 ABGB ergeben haben. Abgesehen davon, daß diese einschränkende Auslegung nicht dem Willen des Gesetzgebers entspricht,[91] widerspricht sie eklatant der bisher geübten AGB-Kontrolle, die nur auf bestimmte Klauseln bzw. die Regelung eines bestimmten Sachkomplexes abstellt.[92]

Die vom BGH ins Feld geführte „Kompensation" vermag die Unangemessenheit einer konkreten Regelung nicht auszuräumen. Warum soll eine zu Lasten des Auftraggebers wirkende Verkürzung der Verjährungsfrist auf 2 Jahre (§ 13 Nr. 4 VOB/B) durch eine andere – im Einzelfall gar nicht akut werdende – Regelung eines anderen Sachkomplexes zugunsten des Auftraggebers, z.B. der Ausschluß von Nachforderungen bei

---

[84] *Korbion,* VersR 1977, 683; *Ingenstau/Korbion,* § 10 VOB/A, Rdnr. 122 ff.; *Locher,* NJW 1977, 1802; ders. Rdnr. 84; *Nicklisch/Weick,* Einl. Rdnr. 58; *Staudinger/Peters,* Vorb. § 631 BGB, Rdnr. 100; *Ganten,* Beck-VOB/B-Kommentar, Einl. II, Rdnr. 43.

[85] *BGHZ* 96, 129 = NJW 1986, 315.

[86] *BGHZ* 113, 315 = NJW 1991, 1812; *BGH,* NJW 1986, 924; 1990, 1365; NJW-RR 1989, 85; 1990, 156; 1991, 534; 1991, 728. – Ebenso *OLG Düsseldorf,* NJW-RR 1992, 529; *OLG Koblenz,* NJW-RR 1995, 787; *OLG München,* NJW-RR 1995, 1301. Überblick bei *Werner/Pastor,* Rdnr. 1020.

[87] *BGH,* NJW 1995, 526; *Werner/Pastor,* Rdnr. 1021 m.Nw.

[88] *BGHZ* 86, 315 = NJW 1983, 816; *Werner/Pastor,* Rdnr. 1018; *Kleine-Möller,* § 4, Rdnr. 105; *Nicklisch/Weick,* Einl. Rdnr. 58; *Locher,* Rdnr. 84 m.Nw.

[89] S.o. d).

[90] *Siegburg,* BauR 1993, 9, 14.

[91] *Ulmer/Brandner/Hensen,* Anh. zu §§ 9–11 AGBG, Rdnr. 910.

[92] *Peters,* NJW 1983, 798, 803; *Schmidt,* BauR 1981, 119; ZfBR 1984, 57; DNotZ 1983, 462; *Flach,* NJW 1984, 156; *Bunte,* FS Korbion (1986), S. 17 ff.; *Zumschlinge,* BauR 1995, 323; *Siegburg,* BauR 1993, 13; vgl. auch *Weick,* Vereinbarte Standardbedingungen im deutschen und englischen Recht (1977), S. 63 ff.

vorbehaltloser Annahme der Schlußzahlung (§ 16 Nr. 3 II VOB/B), ihre Unangemessenheit verlieren? Das Argument der „Ausgewogenheit" der VOB/B wird durch die Rechtsprechung des BGH selbst widerlegt, wonach eine Vielzahl einzelner Vorschriften mit dem AGBG nicht vereinbar ist.[93] – Erst recht nicht vereinbar mit dem AGBG und dem intendierten Verbraucherschutz ist die oben unter (2) erwähnte Ausdehnung der Privilegierung auf die gesamte VOB/B;[94] sie war auch durch § 23 II Nr. 5 AGBG nicht geboten. Die vom BGH nunmehr eingeführten restriktiven Ausnahmen[95] sind nicht voll geeignet, den ungerechten Rechtszustand zu beseitigen, sondern rufen Rechtsunsicherheit hervor. Die gesamte Rechtsprechung dürfte auch mit § 24a AGBG und der RL 93/13 nicht vereinbar sein.[96] Angesichts dieser Sachlage kann es nur Verwunderung hervorrufen, wenn in der Literatur noch heute an Bauinteressenten die (teilweise dringende) Empfehlung gegeben wird, die VOB/B den Bauverträgen zugrundezulegen.[97]

(3) Der derzeitige Rechtszustand bedarf dringend einer Änderung.

In erster Linie ist de lege ferenda vom Gesetzgeber die Aufhebung des § 23 II Nr. 5 AGBG zu fordern.[98] Außerdem sollte der Verdingungsausschuß durch eine Neufassung der VOB/B die vom BGH im Rahmen der „isolierten Inhaltskontrolle" für unangemessen erachteten Vorschriften einer Überarbeitung unterziehen.[99] Schließlich sollte die Rechtsprechung durch Ausweitung der Inhaltskontrolle des § 9 AGBG den verfehlten § 23 II Nr. 5 AGBG „aus den Angeln heben."[100] Art. 3 RL 93/13 kann im Rahmen der richtlinienkonformen Auslegung des § 9 AGBG durchaus eine Stütze für die Einschränkung des § 23 II Nr. 5 AGBG sein.[101] Entsprechende Überlegungen scheinen bei dem zuständigen VII Zivilsenat des BGH im Gange zu sein, offenbar aber bisher ohne die erwünschte Außenwirkung.[102]

III. Sonstige Vertragsbedingungen

1. Zusätzliche Vertragsbedingungen und zusätzliche technische Bedingungen

a) Begriff

Bei diesen in § 10 II Nr. 2 und 3 VOB/A erwähnten Bedingungen handelt es sich um generelle Regelungen, die einzelne Auftraggeber im Hin-

---

[93] S.o. Fußn. 81, 82.

[94] *Ulmer/Brandner/Hensen,* Anh. zu §§ 9–11 AGBG, Rdnr. 904, 905; *Staudinger/Peters,* 12. Aufl. (1991), Vorb. zu § 631 BGB, Rdnr. 100.

[95] S.o. Fußn. 85, 86.

[96] *Quack,* BauR 1997, 24; a.A. wohl *Kutschker,* BauR 1994, 417; *Ganten,* Beck-VOB/B-Kommentar, Einl. II, Rdnr. 80; *Kaiser,* BauR 1998, 203.

[97] *Ingenstau/Korbion,* Einl. Rdnr. 19; *Kleine-Möller,* § 2, Rdnr. 73; *Staudinger/Peters,* Vorb. § 631 BGB, Rdnr. 89. – Zur Architektenhaftung siehe § 5, Teil 3, c, (4), Fußn. 98.

[98] *Siegburg,* BauR 1993, 14; *Ulmer/Brandner/Hensen,* Anh. zu §§ 9–11 AGBG, Rdnr. 910.

[99] Hierzu *Lang,* NJW 1995, 2069; *Kraus,* BauR 1997, H. 4, Beilage S. 8 ff.

[100] Hierzu *Lang,* aaO.

[101] a.A. die in Fußn. 96 Genannten; gegen Anwendung des § 9 AGBG *Staudinger/Peters,* § 640 BGB, Rdnr. 103.

[102] *Lang* (Fußn. 99).

blick auf die Besonderheiten der Leistungen aufstellen.[103] Da es sich um generelle Regelungen handelt, ist das AGBG auf sie anwendbar.[104] Bei Bauverträgen mit Verbrauchern ist im Hinblick auf § 24a Nr. 2 AGBG künftig auch die Vorformulierung zur einmaligen Verwendung genügend. Gleiches gilt für zusätzliche technische Vertragsbedingungen.[105]

b) Rechtsfolgen

Für beide Arten der Bedingungen ist deshalb eine Einbeziehung nach § 2 AGBG erforderlich.[106] Eine Inhaltskontrolle nach § 9 AGBG ist möglich, obwohl dies bei den technischen Bedingungen in der Regel kaum in Frage kommt.[107]

2. Besondere Vertragsbedingungen

a) Begriff

Es handelt sich um für das konkrete Bauvorhaben aufgestellte Regelungen der Vertragsbeziehungen der Beteiligten.

Als Individualvereinbarung unterliegen sie nicht der Geltung des AGBG. Allerdings kommt es für die Abgrenzung gegenüber den zusätzlichen Vertragsbedingungen nicht auf ihre formelle Bezeichnung im Bauvertrag, sondern den materiellen Herstellungsvorgang an.[108] Bei Verbraucherverträgen ist nunmehr auch § 24a Nr. 2 AGBG zu beachten.

b) Einbeziehung

Als konkreter Vertragsinhalt müssen sie in den einzelnen Vertrag aufgenommen werden, wobei aber eine konkrete Bezugnahme ausreichend sein dürfte.[109] Bei bestimmten Bedingungen, z.B. Zeichnungen, ist dies gar nicht anders möglich, bei anderen Bedingungen, z.B. einer Leistungsbeschreibung, entspricht die Bezugnahme der Üblichkeit.

c) Beispiele für den Inhalt des Vertrages

(1) der konkrete Bauvertrag;
(2) das Auftragsschreiben;

---

[103] *Ingenstau/Korbion,* § 10 VOB/A, Rdnr. 10.
[104] *BGH,* NJW 1989, 3010; *OLG München,* NJW-RR 1987, 661.
[105] *Ingenstau/Korbion,* § 10 VOB/A, Rdnr. 113 m.Nw.
[106] *BGHZ* 102, 293 = NJW 1988, 1210; *BGH,* NJW-RR 1989, 1104; hierzu *Wagner,* JZ 1988, 698, 699.
[107] *Ingenstau/Korbion,* § 10 VOB/A, Rdnr. 152.
[108] Hierzu *Korbion,* VersR 1977, 681; *Heiermann,* DB 1977, 1736.
[109] *Kleine-Möller,* § 2, Rdnr. 154; *Ingenstau/Korbion,* § 10 VOB/A, Rdnr. 14.

(3) die von dem Auftraggeber aufgestellte Baubeschreibung (§ 9 Nr. 6 VOB/A);[110]
(4) das die Teilleistungen enthaltende, nach Positionen gegliederte Leistungsverzeichnis (§ 9 Nr. 3 VOB/A) nebst etwaigen Vorbemerkungen: [111]
(5) die Baugenehmigung mit etwaigen Auflagen der Bauaufsichtsbehörde;
(6) Zeichnungen, Pläne, Berechnungen:
(7) Statische Berechnung des Tragwerksingenieurs.

3. Widersprüchliche Vertragsbedingungen

Bei dem zuvor geschilderten Inhalt des Bauvertrages können im Einzelfall Widersprüche auftreten. Diesen ist zunächst mit einer Auslegung des Bauvertrages nach §§ 157, 242 BGB zu begegnen.[112] Im übrigen gelten drei Grundsätze:

a) Vorrang vertraglicher Abreden

Die Parteien können im Bauvertrag eine Abrede getroffen haben, wie bei Widersprüchen zwischen einzelnen Konvoluten des Vertrages zu verfahren ist. Eine solche Abrede hat den Vorrang.[113]

b) Regelung in § 1 Nr. 2 VOB/B

Soweit die VOB/B Vertragsinhalt geworden ist, stellt § 1 Nr. 2 VOB/B eine zusätzliche Auslegungsregel auf, die eine Rangfolge vom Besonderen zum Allgemeinen beinhaltet.[114] Sie gilt aber nicht bei Widersprüchen zwischen Vertragsbestandteilen gleicher Rangordnung.[115]

c) Anwendung von §§ 5 und 9 AGBG

Bei Widersprüchen zwischen generellen Regelungen kann im Einzelfall die Unklarheitenregel des § 5 AGBG und das von der Rechtsprechung entwickelte Transparenzgebot[116] zum Zuge kommen.[117]

---

[110] Hierzu ATV DIN 18299 Nr. 0.

[111] *Kleine-Möller,* § 2, Rdnr. 149 ff.

[112] *Werner/Pastor,* Rdnr. 1028, 2171; *Nicklisch/Weick,* § 1 VOB/B, Rdnr. 14.

[113] *Kleine-Möller,* § 6, Rdnr. 13; *Ingenstau/Korbion,* § 1 VOB/B, Rdnr. 16.

[114] *Werner/Pastor,* Rdnr. 1030; *Kleine-Möller,* § 2, Rdnr. 160.

[115] Hierzu *Lammel,* BauR 1979, 109; *Ingenstau/Korbion,* § 1 VOB/B, Rdnr. 27; *Kleine-Möller,* § 2, Rdnr. 161; *Nicklisch/Weick,* § 1 VOB/B, Rdnr. 20; *OLG Düsseldorf,* NJW-RR 1992, 23.

[116] *BGHZ* 106, 42 = NJW 1989, 222; *BGHZ* 112, 115 = NJW 1990, 2383; *Ulmer/Brandner/Hensen,* § 9 AGBG, Rdnr. 87 ff.

[117] Hierzu *Werner/Pastor,* Rdnr. 1029; *Ulmer/Brandner/Hensen,* § 8 AGBG, Rdnr. 28 m.Nw.; vgl. auch *LG Frankfurt,* NJW-RR 1988, 917; *OLG Hamm,* NJW-RR 1988, 467.

IV. Der Abschluß des Bauvertrages

1. Allgemeines

Der Abschluß des Bauvertrages richtet sich in erster Linie nach den Vorschriften des Allgemeinen Teils des BGB (§§ 145 ff.).[118]

a) Gegenstand der Einigung

Wesentlicher Punkt für die Einigung ist die Festlegung der zu erbringenden Bauleistungen nach Art, Umfang und Ort ihrer Ausführung.[119]

In der Regel enthält der Bauvertrag auch eine Festlegung des Inhalts der Vergütung.[120] Ist über die Vergütung nichts Besonderes vereinbart, kommt § 632 II BGB zum Zuge: es gilt die bei einem Bauvertrag übliche Vergütung als vereinbart; das ist die Vergütung nach Einheitspreisen.[121] Weitere Inhalte des Bauvertrages sind Fragen der Abwicklung (Baubeginn, Ausführungsfristen), der Zahlung und Abrechnung sowie der Haftung (Gewährleistung und Schadensersatz).[122]

b) Öffentliche Vergabe

Für Bauaufträge der öffentlichen Hand sind die in der VOB/A enthaltenen Vergaberichtlinien[123], die Neuregelung in §§ 97–126 GWB und die Europa-Richtlinien[124] zu beachten.

2. Form des Bauvertrages

a) Grundsatz der Formfreiheit

Eine besondere Form des Bauvertrages schreibt das Gesetz nicht vor.

Die Komplexität der Vereinbarung führt aber nach der Verkehrsübung zu einer schriftlichen Fixierung. Diese hat aber in der Regel nur deklaratorische Bedeutung.[125] Die Parteien können aber die Schriftform als konstitutives Erfordernis vereinbaren (§ 127 BGB).[126]

---

[118] *Locher,* Rdnr. 25, 26; *Kleine-Möller,* Rdnr. 19 ff.
[119] *Kleine-Möller,* § 6, Rdnr. 40.
[120] *Kleine-Möller,* § 10, Rdnr. 8, 178 ff.
[121] *Werner/Pastor,* Rdnr. 1134, 1139. – S.u. 2. Teil, I, 1.
[122] Eingehend *Kleine-Möller,* § 2, Rdnr. 146 ff., 313 ff., 434 ff.
[123] Hierzu die Kommentierung von *Ingenstau/Korbion;* zu Einzelfragen vgl. *Hofmann,* ZfBR 1984, 259; *Unger,* BauR 1984, 465; *Lampe-Helbig,* BauR 1993, 177.
[124] S.o. II, 2, b, (1), Fußn. 47, 49.
[125] Für die öffentliche Vergabe siehe § 28 Nr. 2 I VOB/A.
[126] *Kleine-Möller,* § 6, Rdnr. 76 ff.

b) Schriftformklauseln

Im Einzelfall werden – auch in AGB – Schriftformklauseln vereinbart, wonach mündliche Nebenabreden nur gültig sind, wenn sie anschließend schriftlich bestätigt werden.[127]

c) Formzwang

Ausnahmsweise kann der Formzwang zur notariellen Beurkundung (§ 313 BGB) zum Zuge kommen, wenn nach dem Willen der Parteien ein rechtlicher Zusammenhang zwischen dem Grundstückserwerb und dem Bauvertrag besteht.[128]

d) Verträge mit Gemeinden

Bei Bauverträgen mit Gemeinden bestehen oft Formvorschriften,[129] die von der Rechtsprechung als Beschränkung der Vertretungsmacht angesehen werden.[130] Bei deren Nichteinhaltung kann aber in Ausnahmefällen der Einwand der unzulässigen Rechtsausübung zum Zuge kommen.[131]

3. Vollmacht des Architekten zum Vertragsschluß

Die Wirksamkeit eines von einem Architekten abgeschlossenen Bauvertrages richtet sich nach § 164 BGB. Der Architekt muß im Namen des Bauherrn und aufgrund einer wirksamen Vollmacht desselben gehandelt haben. Während das Handeln im Namen des Bauherrn ausdrücklich geschehen oder sich auch aus den Umständen des Vertragsschlusses ergeben kann,[132] bereitet die Vollmacht des Architekten in vielen Fällen Schwierigkeiten. Diese rühren daher, daß die Rechtsprechung eine originäre Vollmacht des Architekten, die sich aus einer Stellung im Rahmen des Bauvorhabens ergibt (siehe § 15 Nr. 7 HOAI: Mitwirkung bei der Vergabe) im Grundsatz verneint und nur ausnahmsweise bei Vergabe kleiner Bauleistungen und Erteilung von Zusatzaufträgen kleineren Umfangs be-

[127] *BGH,* NJW 1985, 2329; 1986, 1809; *Kleine-Möller,* § 6, Rdnr. 79 ff.; *Ulmer/Brandner/Hensen,* Anhang zu §§ 9–11 AGBG, Rdnr. 627 ff.

[128] *BGHZ* 76, 43 = NJW 1980, 829; *BGHZ* 78, 346 = NJW 1981, 274; *BGH,* NJW 1994, 721; NJW-RR 1991, 1032; *OLG Hamm,* NJW-RR 1989, 1366; 1995, 564; *OLG Schleswig,* NJW-RR 1991, 1175; *Kleine-Möller,* § 6, Rdnr. 66; *Werner/Pastor,* Rdnr. 1000.

[129] Beispiel: § 71 II HessGO.

[130] *BGH,* NJW 1992, 940.

[131] *BGH,* NJW 1980, 117; 1994, 1528; *Kleine-Möller,* § 6, Rdnr. 71.

[132] *Werner/Pastor,* Rdnr. 1066; *Kleine-Möller,* § 7, Rdnr. 27.

jaht.[133] Es bedarf deshalb im Regelfall einer besonderen Bevollmächtigung seitens des Bauherrn, wobei folgende Arten der Vollmacht in Frage kommen:

a) Ausdrückliche Vollmacht

Eine ausdrückliche Vollmacht zum Abschluß von Bauverträgen muß sich aus den Erklärungen des Bauherrn zweifelsfrei ergeben.[134] Selbst bei Vorliegen einer solchen Erklärung ist die Rechtsprechung hinsichtlich des Umfangs der Vollmacht sehr engherzig; sie soll im Zweifel eng auszulegen sein, um den Bauherrn vor finanziell nachteiligen Geschäftsabschlüssen durch den Architekten zu schützen.[135]

b) Duldungsvollmacht

Eine Duldungsvollmacht kommt in Frage, wenn der Architekt nach außen als Vertreter des Bauherrn gegenüber dem Unternehmer auftritt und der Bauherr in Kenntnis dieses Verhaltens hiergegen nicht einschreitet. Hierin liegt eine stillschweigende Bevollmächtigung bzw. eine nachträgliche stillschweigende Genehmigung der von dem Architekten abgeschlossenen Verträge.[136]

c) Anscheinsvollmacht

Der Bauherr haftet im Wege der Vertrauenshaftung, wenn der Architekt für ihn als Vertreter auftritt und durch sein Verhalten den Rechtsschein einer Bevollmächtigung erweckt, soweit der Bauherr dieses Verhalten des Architekten bei gehöriger Sorgfalt hätte erkennen und verhindern können.[137] Eine solche Rechtslage ist vor allem gegeben, wenn der Bauherr dem Architekten die alleinigen Vertragsverhandlungen überläßt,[138] während die bloße Einholung eines Angebots durch den Architekten nicht ausreichen soll.[139]

---

[133] *BGH,* NJW 1960, 859; BauR 1975, 358; *Werner/Pastor,* Rdnr. 1072, 1077; *Kleine-Möller,* § 7, Rdnr. 54 ff.; *Locher,* Rdnr. 329; *Jagenburg,* Beck'scher VOB-Kommentar, Vor § 2, Rdnr. 39 ff; *Quack,* BauR 1995, 44 f. – Anders bei Pauschalvertrag: *OLG Saarbrücken,* NJW-RR 1999, 668.

[134] *BGH,* NJW 1960, 859; *Werner/Pastor,* Rdnr. 1079.

[135] *BGH,* NJW 1978, 995; *Werner/Pastor,* Rdnr. 1079; *Kleine-Möller,* § 7, Rdnr. 52; vgl. jedoch zum Baubetreuungsvertrag *BGHZ* 67, 334 = NJW 1977, 294.

[136] *Werner/Pastor,* Rdnr. 1084.

[137] *OLG Köln,* NJW 1973, 1798; *Werner/Pastor,* Rdnr. 1085 ff. m.Nw.

[138] *BGH,* NJW 1983, 816; *OLG Stuttgart,* NJW 1966, 1461; *OLG Köln,* NJW 1973, 1798 m. abl. Anm. *Picker;* NJW-RR 1994, 1501; vgl. v. *Craushaar,* BauR 1982, 481.

[139] *OLG Köln,* NJW-RR 1992, 915.

d) *Nachträgliche Genehmigung*

Soweit nach den bisherigen Ausführungen keine Vollmacht anzunehmen ist, kommt zumindest eine nachträgliche Genehmigung des vollmachtlosen Handelns des Architekten durch den Bauherrn in Frage (§ 177 BGB). Dies ist stets anzunehmen, wenn der Bauherr von dem Vertragsschluß durch den Architekten erfährt und nunmehr durch bestimmtes Verhalten (z.B. Erteilung von Weisungen an den Bauunternehmer, Bezahlung von Teilrechnungen) zu erkennen gibt, daß er den Vertragsschluß gegen sich gelten lassen will.[140]

4. *Unwirksamkeitsgründe*

a) *Verstoß gegen ein gesetzliches Verbot*

Der Bauvertrag kann gegen ein gesetzliches Verbot verstoßen und damit nach § 134 BGB unwirksam sein.

(1) Verneint worden ist die Unwirksamkeit bei Fehlen der öffentlichen Baugenehmigung[141] und in dem Falle, daß der Bauunternehmer nicht in die Handwerksrolle eingetragen ist.[142]

(2) Differenziert ist dagegen die Stellungnahme des BGH bei Verstößen gegen das Gesetz zur Schwarzarbeit.[143] Haben beide Parteien bewußt gegen das Verbot der Schwarzarbeit verstoßen, so ist der Bauvertrag unwirksam;[144] der Schwarzarbeiter hat aber einen Bereicherungsanspruch.[145] Dagegen ist der Bauvertrag wirksam, wenn alleine der Bauunternehmer gegen das Verbot verstößt, der Auftraggeber hiervon jedoch keine Kenntnis hat;[146] in diesen Fällen ist der Bauunternehmer gehalten, die Ausführung der Arbeiten auf einen eingetragenen Handwerksbetrieb zu übertragen.[147]

(3) Ein Verstoß gegen die Baupreisverordnung (VO PR 1/72)[148] die bei Bauleistungen mit öffentlichen Mitteln oder mit öffentlichen Mitteln finanzierten Aufträgen zum Zuge kommt, führt nicht zur Nichtigkeit des gesamten Bauvertrages. Vielmehr tritt

---

[140] *Kleine-Möller,* § 7, Rdnr. 57.

[141] *BGH,* BauR 1976, 128; *OLG Köln,* NJW 1961, 1023.

[142] *BGHZ* 88, 240 = NJW 1984, 230 m. Anm. *Köhler,* JR 1984, 324; *OLG Hamm,* NJW-RR 1990, 523; *LG Görlitz,* NJW-RR 1994, 17.

[143] Gesetz vom 31.5.1974 (BGBl. I, S. 1252); hierzu *Benöhr,* BB 1975, 232; *Aberle/Eggenberger,* WuV 1979, 193; *Buchner,* WuV 1979, 212; *Köhler,* JZ 1990, 466; aus der Rechtspr.: *OLG Stuttgart,* NJW 1987, 2385; *OLG Köln,* GewA 1984, 342.

[144] *BGHZ* 85, 39 = NJW 1983, 109; *OLG Karlsruhe,* NJW 1977, 2076; *Tiedtke,* NJW 1983, 713; weitergehend *LG Mainz,* NJW-RR 1998, 48 (Kenntnis des Unternehmers genügt).

[145] *BGHZ* 111, 308 = NJW 1990, 2542; *OLG Düsseldorf,* NJW-RR 1993, 884; *Kleine-Möller,* § 4, Rdnr. 19. – Den Bereicherungsanspruch verneinend *OLG Köln,* NJW-RR 1990, 251; *LG Mainz,* NJW-RR 1998, 48.

[146] *BGHZ* 89, 369 = NJW 1984, 1175 m. Anm. *Schubert,* JR 1985, 148; *BGH* NJW 1985, 2403 m. Anm. *Canaris,* der für „halbseitige Teilnichtigkeit" eintritt; ebenso wohl *LG Bonn,* NJW-RR 1991, 180; *AG Mainz,* NJW-RR 1998, 48.

[147] *BGHZ* 89, 369 = NJW 1984, 1175.

[148] VOPr Nr. 1/72 vom 6.3.1972 (BGBl. I, S. 293).

Nichtigkeit hinsichtlich der unzulässigen Preisvereinbarung ein mit der Folge, daß nunmehr der zulässige Preis als vereinbart gilt.[149]

b) Sittenwidrigkeit

Ein Bauvertrag kann in Ausnahmefällen gegen § 138 BGB verstoßen.

Das trifft vor allem bei einem auffälligen Mißverhältnis zwischen vereinbarter und üblicher Vergütung zu.[150] M.E. kann in diesen Fällen die Nichtigkeit nicht auf den die übliche Vergütung überschießenden Betrag beschränkt werden,[151] vielmehr tritt volle Nichtigkeit ein mit der Folge, daß der Vertrag nach Bereicherungsrecht abzuwickeln ist.[152]

5. Anfechtbarkeit

Die Anfechtbarkeit des Bauvertrages richtet sich nach den Vorschriften des Allgemeinen Teils (§§ 119, 123 BGB).[153]

6. Widerruf nach dem Haustürgeschäftegesetz

Das Gesetz über den Widerruf von Haustürgeschäften und ähnlichen Geschäften[154] ist auch auf Bauverträge anwendbar,[155] so daß bei Verträgen, die im Bereich einer Privatwohnung abgeschlossen werden, ohne daß die Verhandlungen auf vorhergehende Bestellung des Kunden geführt worden sind, ein Widerrufsrecht des Auftraggebers besteht (§ 1 I Nr. 1, II Nr. 1 HWiG). Akut wird das vor allem bei speziellen Aufträgen über einzelne Bauleistungen.[156]

---

149 *BGH,* NJW 1956, 68; BauR 1976, 128; *OLG Hamm,* BauR 1993, 124 L; *Kleine-Möller,* § 8, Rdnr. 12; *Werner/Pastor,* Rdnr. 1041.

150 *KG,* NJW-RR 1995, 1488; vgl. im übrigen *Ingenstau/Korbion,* Einl. Rdnr. 87 und § 2 VOB/B, Rdnr. 3, 4.

151 a.A. *Ingenstau/Korbion,* § 2 VOB/B, Rdnr. 136.

152 S.o. Fußn. 145.

153 *BGH,* NJW 1990, 1106 (kein Verzicht auf Anfechtung durch Geltendmachung von Gewährleistungsansprüchen); *OLG Hamm,* NJW-RR 1990, 523 (Nichteintragung des Auftragnehmers in die Handwerksrolle); weitere Einzelfragen bei *Kleine-Möller,* § 6, Rdnr. 49 ff; *Werner/Pastor,* Rdnr. 2325 ff.

154 Gesetz vom 16. 1. 1986 (BGBl. I, S. 1229).

155 *BGH,* NJW 1990, 1732; *OLG Stuttgart,* NJW-RR 1990, 1014.

156 *OLG Frankfurt,* NJW-RR 1988, 501 (Fassadenarbeiten; das OLG hat vor Erlaß des HWiG § 138 I BGB angewendet); *OLG Karlsruhe,* Justiz, 1983, 408 (Fenster und Türen).

V. Die Abnahme der Bauleistung

1. Begriff der Abnahme

a) Tatbestand

Unter Abnahme im Sinne der §§ 640 BGB, 12 VOB/B ist die körperliche Entgegennahme der Bauleistung und deren Billigung durch den Auftraggeber als eine in der Hauptsache vertragsgemäße Leistung zu verstehen.[157] Der aus der körperlichen Hinnahme (Realakt) und Billigung (Willenserklärung) zusammengesetzte Tatbestand kann im Regelfall – Ausnahme: widerrechtliche Drohung – nicht gefochten werden.[158]

b) Verpflichtung zur Abnahme

Diese ist an zwei Voraussetzungen geknüpft:

(1) Vollendung des Werkes

Ist das Werk noch nicht vollendet, so scheidet nach h.M. eine Verpflichtung zur Abnahme aus.[159] Eine Ausnahme besteht bei Fehlen von Geringfügigkeiten[160] und im Falle vorzeitiger Kündigung des Bauvertrages.[161] Ebenso ist im beidseitigen Einverständnis in Einzelfällen auch eine Abnahme von Teilleistungen möglich.[162]

Beim VOB-Bauvertrag sind auf Verlangen des Auftragnehmers auch in sich abgeschlossene Teile der Bauleistung vorweg abzunehmen (§ 12 Nr. 2a VOB/B).[163] Der in § 12 Nr. 2b VOB/B geregelte Fall soll nach h.M. keine rechtsgeschäftliche Abnahme, sondern nur eine technische Abnahme darstellen; rechtsgeschäftliche Folgen soll diese technische Teilabnahme nicht auslösen;[164] hinsichtlich des Vorliegens von Mängeln soll aber eine Umkehr der Beweislast eintreten.[165]

---

[157] *BGHZ* 48, 262 = NJW 1967, 2259; *BGHZ* 50, 160 = NJW 1968, 1524; *BGHZ* 97, 224 = NJW 1986, 1758; *BGH*, NJW 1994, 942; *Kleine-Möller*, § 11, Rdnr. 1; *Werner/Pastor*, Rdnr. 1341; *Locher*, Rdnr. 36; *Ingenstau/Korbion*, § 12 VOB/B, Rdnr. 2; 3 m.Nw.; *I. Jagenburg*, Beck-VOB-Kommentar, Vor § 12 VOB/B, Rdnr. 30.

[158] *BGHZ* 85, 240 = NJW 1983, 384; *Nicklisch/Weick*, § 12 VOB/B, Rdnr. 34; *Kleine-Möller*, § 11, Rdnr. 144; *Locher*, Rdnr. 36, 139; *Ingenstau/Korbion*, § 12 VOB/B, Rdnr. 22.

[159] *BGH*, BauR 1973, 192; *Ingenstau/Korbion*, § 12 VOB/B, Rdnr. 17; *Locher*, Rdnr. 40, 138; *Kleine-Möller*, § 11, Rdnr. 8; a.A. *Kaiser*, Mängelhaftung, Rdnr. 38.

[160] *Ingenstau/Korbion*, § 12 VOB/B, Rdnr. 17.

[161] *BGHZ* 80, 252 = NJW 1981, 1839; *Kleine-Möller*, § 11, Rdnr. 73 ff.; *Nicklisch/Weick*, § 8 VOB/B, Rdnr. 61; § 12, Rdnr. 77.

[162] Vgl. § 641 I 2 BGB; *BGHZ* 50, 160 = NJW 1968, 1524.

[163] *Ingenstau/Korbion*, § 12 VOB/B, Rdnr. 72 ff.; *Kleine-Möller*, § 11, Rdnr. 71; *Locher*, Rdnr. 140; *Werner/Pastor*, Rdnr. 1382.

[164] *OLG Düsseldorf*, NJW-RR 1992, 1373; *Kleine-Möller*, § 11, Rdnr. 72; *Nicklisch/Weick*, § 12 VOB/B, Rdnr. 48, 53; *Ingenstau/Korbion*, § 12 VOB/B, Rdnr. 78; *Locher*, Rdnr. 78.

[165] *Nicklisch/Weick*, § 12 VOB/B, Rdnr. 55; *Locher*, Rdnr. 140; einschr. *Ingenstau/Korbion*, § 12 VOB/B, Rdnr. 79 (Anscheinsbeweis).

(2) Mangelfreiheit

Bei dem BGB-Bauvertrag ist der Auftraggeber (erst) zur Abnahme verpflichtet, wenn das Werk mangelfrei erstellt ist (§ 640 BGB); nur bei völlig unerheblichen Mängeln darf die Abnahme nicht verweigert werden.[166] Beim VOB-Vertrag ist der Auftraggeber schon zur Abnahme verpflichtet, wenn keine wesentlichen Mängel vorliegen.[167]

2. Die Formen der Abnahme

a) Normale Form der Abnahme

Die Abnahme kann ausdrücklich oder durch schlüssiges Handeln erfolgen.[168] Auch eine konkludente Abnahme setzt ein Verhalten des Auftraggebers voraus, das seinen Willen zum Ausdruck bringt, das hergestellte Werk als im wesentlichen vertragsgerecht entgegenzunehmen.[169]

Als Beispiel seien genannt: die vorbehaltlose Zahlung des Werklohnes,[170] eventuell auch die Zurückbehaltung eines Restbetrages bis zur Beseitigung von Mängeln,[171] die Auszahlung eines Sicherheitsbetrages,[172] sowie die bestimmungsgemäße Ingebrauchnahme,[173] wozu auch der Bezug des Hauses gehört.[174]

b) Förmliche Abnahme

Eine gesteigerte Form der Abnahme ist die sogenannte „förmliche Abnahme". Sie findet statt, wenn die Parteien dies im Bauvertrag vereinbart haben, beim VOB-Vertrag auch auf Verlangen einer Partei (§ 12 Nr. 4 VOB/B).[175]

(1) Die förmliche Abnahme besteht in einer gemeinsamen Verhandlung und Prüfung der Bauleistungen (Begehung der Baustelle) unter Aufnahme des Befundes in einer mit Unterschriften zu versehenen Niederschrift (§ 12 Nr. 4 VOB/B).[176]

---

[166] *Kleine-Möller,* § 11, Rdnr. 6; *OLG Hamm,* NJW-RR 1990, 917.

[167] *Werner/Pastor,* Rdnr. 1343; *OLG Düsseldorf,* NJW-RR 1997, 1178.

[168] *BGH,* NJW 1963, 806; 1970, 421; 1975, 1701; 1994, 942; Einzelfälle bei *Nicklisch/Weick,* § 12 VOB/B, Rdnr. 41.

[169] *BGH,* NJW 1974, 95; *OLG Düsseldorf,* NJW-RR 1997, 1450; *Werner/Pastor,* Rdnr. 1350; *Locher,* Rdnr. 148; *Ingenstau/Korbion,* § 12 VOB/B, Rdnr. 59.

[170] *BGH,* NJW 1970, 421; *BGHZ* 72, 257 = NJW 1979, 214.

[171] *OLG Köln,* NJW-RR 1994, 786.

[172] *BGH,* NJW 1963, 806.

[173] *BGH,* NJW 1985, 731; *OLG Hamm,* BauR 1992, 414 (L); 1993, 612; *Kleine-Möller/Merl,* § 11, Rdnr. 21, 22.

[174] *BGH,* NJW 1975, 1701; *OLG Hamm,* NJW-RR 1995, 1233; *Kleine-Möller/Merl,* § 11, Rdnr. 20, 21.

[175] Einzelheiten bei *Kleine-Möller/Merl,* § 11, Rdnr. 27–29.

[176] *BGH,* WM 1974, 105; Einzelfragen bei *Heidland,* BauR 1971, 18; *Kleine-Möller/Merl,* § 11, Rdnr. 36 ff.

In der Niederschrift sind etwaige Vorbehalte wegen bekannter Mängel und wegen Vertragsstrafen aufzunehmen, ebenso etwaige Einwendungen des Auftragnehmers (§ 12 Nr. 4 I S. 2 VOB/B).[177]

(2) Bei Nichterscheinen des Auftragnehmers zum vereinbarten Termin erfolgt eine einseitige Begehung der Baustelle durch den Auftraggeber (§ 12 Nr. 4 II VOB/B).

Das Ergebnis der einseitigen Abnahme ist dann dem Auftragnehmer alsbald mitzuteilen.[178] – War er unverschuldet an dem Abnahmetermin verhindert, kann er einen neuen gemeinsamen Abnahmetermin verlangen.[179]

(3) Bei Notwendigkeit einer förmlichen Abnahme kommt weder eine konkludente Abnahme (oben a) noch eine fiktive Abnahme (unten c) in Betracht.[180]

In Frage kommt nur ein Verzicht auf die förmliche Abnahme.[181] Auch kann das verspätete Verlangen der förmlichen Abnahme bzw. das Berufen auf deren Fehlen gegen Treu und Glauben verstoßen.[182]

c) Fiktive Abnahme

Bei dem VOB-Vertrag wird in zwei Fällen ohne Rücksicht auf das Vorliegen eines rechtsgeschäftlichen Abnahmewillens[183] des Auftraggebers die Abnahme nach § 12 Nr. 5 VOB/B fingiert.

(1) Die fertiggestellte[184] Leistung gilt als abgenommen, wenn der Auftragnehmer die Fertigstellung der Leistung dem Auftraggeber schriftlich mitteilt und der Auftraggeber nicht binnen 12 Werktagen eine Abnahme verlangt oder widerspricht (erster Fall)[185] oder der Auftraggeber die Leistung ganz oder teilweise in Benutzung nimmt und 6 Werktage verstrichen sind (zweiter Fall).[186]

(2) Beide fingierten Abnahmetatbestände kommen allerdings nicht zum Zuge, wenn eine förmliche Abnahme im Bauvertrag vorgesehen ist,[187] wenn das Abnahmeverlangen erst nach Ablauf der Fristen nach § 12 Nr. 5 VOB/B gestellt wird,[188] wenn eine Partei

---

[177] Einzelheiten bei *Kleine-Möller,* § 11, Rdnr. 36 ff.

[178] *Kleine-Möller,* § 11, Rdnr. 42, 43.

[179] *Kleine-Möller,* § 11, Rdnr. 42.

[180] *Kleine-Möller,* § 11, Rdnr. 52; *Werner/Pastor,* Rdnr. 1354, 1387; *Brügmann,* BauR 1979, 277; krit. *Dähne,* BauR 1980, 223.

[181] *Kleine-Möller,* § 11, Rdnr. 44, 45; *Locher,* Rdnr. 144; *Werner/Pastor,* Rdnr. 1354, 1355; zurückhaltend *OLG Düsseldorf,* NJW-RR 1999, 529.

[182] *BGH,* NJW 1990, 43; *OLG Düsseldorf,* BauR 1992, 678; *Hochstein,* BauR 1975, 221; *Kleine-Möller,* § 11, Rdnr. 30; *Nicklisch/Weick,* § 12 VOB/B, Rdnr. 68; *Werner/Pastor,* Rdnr. 1384.

[183] *BGH,* NJW 1975, 1701; einschr. *Nicklisch/Weick,* § 12 VOB/B, Rdnr. 86.

[184] S.o. 1, b, (1).

[185] *BGHZ* 55, 354 = NJW 1971, 838; *BGH,* NJW 1972, 1280; *OLG Düsseldorf,* NJW-RR 1997, 1178; *Kleine-Möller,* § 11, Rdnr. 53 ff.; *Ingenstau/Korbion,* § 12 VOB/B, Rdnr. 120 ff.; *Werner/Pastor,* Rdnr. 1385.

[186] *Ingenstau/Korbion,* § 12 VOB/B, Rdnr. 131 ff.; einschr. *BGH,* NJW 1979, 549; *OLG Düsseldorf,* NJW-RR 1994, 408.

[187] S.o. Fußn. 180.

[188] *Kleine-Möller,* § 11, Rdnr. 51.

ausdrücklich die Abnahme vor Ablauf der in § 12 Nr. 5 VOB/B vorgesehenen Fristen verweigert[189] bzw. eine normale Abnahme verlangt.[190]

(3) Die Abnahmefiktionen des § 12 Nr. 5 VOB/B verstoßen gegen § 10 Nr. 5 und § 9 AGBG,[191] wobei durch die Privilegierung in § 23 II Nr. 5 AGBG die Inhaltskontrolle ausgeschlossen ist. Die Rechtsprechung läßt allerdings die Privilegierung entfallen, wenn die VOB/B nicht „als Ganzes" vereinbart ist.[192]

3. Die Befugnis des Architekten zur Abnahme

Nach heute h.M. ist der mit der Objektüberwachung[193] betraute Architekt aufgrund der üblichen – nicht näher umschriebenen – Vollmacht nicht befugt, die rechtsgeschäftliche Abnahme für den Bauherrn durchzuführen.[194] Die in § 15 Nr. 8 HOAI erwähnte Abnahme der Bauleistungen erfasse nur die technische Seite der Abnahme.

Das erscheint angesichts der Sachkunde des Architekten und der Schwierigkeiten der Trennung von technischer und rechtsgeschäftlicher Abnahme wenig sachgerecht.[195] Die h.M. läßt aber eine besondere Bevollmächtigung durch den Bauherrn, ja sogar eine Anscheinsvollmacht des Architekten zu.[196]

4. Der Zeitpunkt der Abnahme

a) Regelfall

Die Abnahme hat unverzüglich nach dem Eintritt der unter 1, b genannten Voraussetzungen zu erfolgen. Für den VOB-Vertrag schreibt § 12 Nr. 1 VOB/B eine Frist von 12 Tagen ab Verlangen des Auftragnehmers vor. Als Richtlinie kann dies auch für den BGB-Vertrag übernommen werden.[197]

---

[189] *Nicklisch/Weick*, § 12 VOB/B, Rdnr. 78; *BGH*, NJW 1979, 549.

[190] *Locher*, Rdnr. 145.

[191] *BGHZ* 86, 135 = NJW 1983, 816.

[192] S.o. II, 2, f, (1).

[193] S. hierzu unten § 5, 2. Teil, II, 1, h.

[194] *Ingenstau/Korbion*, § 12 VOB/B, Rdnr. 14; *Kleine-Möller*, § 7, Rdnr. 56 + § 11 Rdnr. 132; *Werner/Pastor*, Rdnr. 1077 m.Nw.; *Locher*, Rdnr. 325.

[195] Zur früheren Rechtslage nach der GOA siehe *BGH*, NJW 1960, 859; *LG Essen*, NJW 1978, 108.

[196] *BGHZ* 97, 224, 229 = NJW 1986, 1758; *Ingenstau/Korbion*, § 12 VOB/B, Rdnr. 15; *Kleine-Möller*, § 11, Rdnr. 132.

[197] *Kleine-Möller*, § 11, Rdnr. 7; vgl. auch *Werner/Pastor*, Rdnr. 1358.

b) Zeitliche Hinausschiebung

Eine zeitliche Hinausschiebung der Abnahme in AGB-Klauseln und Formularverträgen unterliegt den Grenzen des § 9 AGBG, da hiermit die Fälligkeit des Vergütungsanspruchs und der Lauf der Gewährleistungsfristen zu Lasten des Auftragnehmers verschoben wird.[198]

(1) Unzulässig ist es, die Abnahme von der Vorlage von Mängelfreiheitsbescheinigungen der Mieter oder Erwerber des Hauses abhängig zu machen[199] oder bis zur öffentlichen Gebrauchsabnahme durch die Bauaufsichtsbehörde hinauszuschieben.[200]

(2) Eine Ausnahme läßt die Rechtsprechung in engen Grenzen bei Subunternehmerverträgen zu, um die Gewährleistungsfristen im Haupt- und Subunternehmervertrag in gewisser Weise gleichzuschalten.[201]

5. Die Rechtsfolgen der Abnahme

Die Abnahme als „Dreh- und Angelpunkt" des Bauvertrages[202] löst eine Reihe von Rechtsfolgen aus, über die sich die Parteien bei ihrer Vornahme, aber auch die Prozeßbeteiligten im Rahmen eines Bauprozesses im klaren sein sollten.

a) Fälligkeit der Vergütung

Die Abnahme ist Voraussetzung für die Fälligkeit der Vergütung (§ 641 BGB).[203]

Während bei Vorliegen von Mängeln[204] eine Klage auf Vergütung mangels Fälligkeit abzuweisen ist, kann nach Abnahme eine Verurteilung zur Zahlung der Vergütung Zug um Zug gegen Beseitigung der Mängel erfolgen.[205]

b) Verjährung des Vergütungsanspruchs

Die Verjährung des Vergütungsanspruchs setzt jedenfalls die Fälligkeit des Anspruchs und damit auch die Abnahme der Werkleistung voraus.[206]

---

[198] *BGHZ* 107, 75 = NJW 1989, 1602; *BGHZ* 131, 392 = NJW 1996, 1346; *BGHZ* 132, 383 = NJW 1996, 2155, *OLG Düsseldorf*, NJW-RR 1996, 146.

[199] *Werner/Pastor*, Rdnr. 1359; *Locher*, Rdnr. 394.

[200] *Werner/Pastor*, Rdnr. 1359; *LG Frankfurt*, NJW-RR 1988, 917.

[201] *BGHZ* 107, 75 = NJW 1989, 1602; *BGHZ* 131, 392 = NJW 1996, 1346; *BGH*, NJW 1995, 526; *OLG Düsseldorf*, NJW-RR 1994, 1298; *OLG Karlsruhe*, NJW-RR 1993, 1435; *Werner/Pastor*, Rdnr. 1361; *Locher*, Rdnr. 394; *Motzke* (Fußn. 6), Rdnr. 124 ff.; vgl. hierzu auch *Schlünder*, NJW 1995, 1059.

[202] *Jagenburg*, NJW 1973, 2265; *I. Jagenburg*, Beck-VOB/B-Kommentar, vor § 12 VOB/B, Rdnr. 1; *BGHZ* 61, 42 = NJW 1973, 1792. – Zu Reformfragen s.u. (7).

[203] S.u. 2. Teil, III, 1.

[204] mangels Abnahme, s.o. V, 1, b, (2).

[205] S.u. 4. Teil, II, 4, b, (2).

[206] *BGHZ* 79, 176 = NJW 1981, 814.

Ob daneben für den Beginn der Verjährung auch die Erteilung der Schlußrechnung hinzukommen muß, ist für den VOB-Vertrag in § 16 Nr. 3 I VOB/B geregelt und für den BGB-Vertrag umstritten.[207]

c) *Konkretisierung der Leistungspflicht*

Mit der Abnahme konkretisiert sich der bisherige Erfüllungsanspruch auf Herstellung des Werkes auf das abgenommene Werk.

Der Auftraggeber kann nicht mehr Herstellung des Werks, sondern nur noch Mängelbeseitigung verlangen.[208] Mängelbeseitigungsansprüche, die nach § 4 Nr. 7 VOB/B entstanden waren, wandeln sich in entsprechende Gewährleistungsansprüche nach § 13 VOB/B um.[209] Die Frage, ob nach der Abnahme in Ausnahmefällen noch Neuherstellung des Werks verlangt werden kann, wird von der Rechtsprechung aber bejaht, wenn auf andere Weise die aufgetretenen Mängel nicht beseitigt werden können.[210]

d) *Notwendigkeit des Vorbehalts*

Gewährleistungsansprüche wegen bekannter Mängel oder wegen Vertragsstrafen muß sich der Auftraggeber bei der Abnahme vorbehalten; andernfalls gehen sie unter (§§ 640 II, 341 III BGB; §§ 11 und 12 Nr. 5 VOB/B).[211] Gleiches gilt für eine verwirkte Vertragsstrafe (§§ 341 III BGB, 11 Nr. 4 VOB/B).

e) *Beweislast für Mängel*

Die Beweislast für das Vorliegen von Mängeln kehrt sich mit der Abnahme um. Während bis zur Abnahme der Auftragnehmer die Mangelfreiheit seiner Leistung nachweisen muß, ist von der Abnahme der Bauleistung an der Auftraggeber für das Vorliegen von Mängeln behauptungs- und beweispflichtig.[212] Diese Umkehr der Beweislast kann entgegen h.M.[213] nicht für bei der Abnahme vorbehaltene Mängel gelten.[214]

---

[207] S.u. 2. Teil, III, 2, b + VII, 2, b.

[208] *Werner/Pastor,* Rdnr. 1342, 1559; *Ingenstau/Korbion,* § 12 VOB/B, Rdnr. 23, 25; *Kleine-Möller,* § 11, Rdnr. 80.

[209] *BGH,* NJW 1982, 1514; *Nicklisch/Weick,* § 12 VOB/B, Rdnr. 18, 32.

[210] S.u. 3. Teil, I, 2, b, (2), Fußn. 80, 81.

[211] Anderes gilt für Schadensersatzansprüche, s.u. 3. Teil, I, 2, f, Fußn. 140.

[212] *BGHZ* 48, 310 = NJW 1968, 43 m. Anm. *Fuchs,* NJW 1968, 835; *BGHZ* 61, 42 = NJW 1973, 1792; *BGH,* NJW-RR 1997, 339; 1998, 1268; *Baumgärtel,* Handb. der Beweislast, Bd. 1, § 633 BGB, Rdnr. 2, 3 m.Nw. – Ausnahme: *BGH,* NJW-RR 1998, 1268 (unstr. bei Abnahme vorhandener Mängel).

[213] *Ingenstau/Korbion,* § 12 VOB/B, Rdnr. 24; *Kleine-Möller,* § 11, Rdnr. 93; *Marbach/Wolter,* BauR 1998, 36 m.Nw.

[214] *BGH,* NJW-RR 1997, 339; *Nicklisch/Weick,* § 12 VOB/B, Rdnr. 31; *Groß,* BauR 1995, 456; vgl. *BGH,* NJW-RR 1968, 1268; *OLG Köln,* BauR 1995, 100.

f) Verjährung der Gewährleistungs- und Schadensersatzansprüche

Der Beginn der kurzen Verjährungsfristen (§§ 638 BGB, 13 Nr. 4 VOB/B) ist auf die Abnahme festgelegt.[215]

g) Gefahrübergang

Mit der Abnahme der Bauleistung geht die Gefahr auf den Auftraggeber über (§§ 644, 645 BGB, 12 Nr. 6 VOB/B).[216]

h) Ausschluß der Kündigung

Nach der Abnahme kann der Auftraggeber den Bauvertrag nicht mehr nach § 649 BGB bzw. §§ 8 und 9 VOB/B kündigen.[217]

6. Die Verweigerung der Abnahme

Nimmt der Auftraggeber entgegen den unter Ziff. 1 genannten Voraussetzungen das Werk nicht ab, so hat dies zwei Rechtsfolgen.

a) Klage auf Abnahme

Der Auftragnehmer kann auf Vornahme der Abnahme klagen.[218] Er kann aber auch direkt auf Zahlung der Vergütung klagen.[219]

b) Verzugseintritt

Der Auftraggeber kommt sowohl in Annahme- als auch in Schuldnerverzug.[220]

Die Folgen des Annahmeverzuges ergeben sich aus den §§ 300–304, 644 BGB, die des Schuldnerverzuges aus den §§ 284 ff. 326 BGB. Umstritten ist, ob im übrigen die Abnahmewirkungen von selbst eintreten. Dies wird man bei endgültiger Abnahmeverweigerung bejahen können.[221] Bei bloßer Verzögerung der Abnahme verbleibt es bei der Ersatzpflicht des Auftraggebers aus Schuldnerverzug.[222]

---

[215] S.u. 3. Teil, II, 7, b.

[216] Teilw. abw. Regelung in § 7 VOB/B; zu Einzelheiten siehe *Werner/Pastor,* Rdnr. 1366, 1367; *Kaiser,* FS Korbion (1986), S. 197 ff.

[217] *BGH,* NJW 1975, 825; *Kleine-Möller,* § 11, Rdnr. 87, 88.

[218] *BGH,* NJW 1981, 1448; BauR 1996, 386; *Werner/Pastor,* Rdnr. 1346; *Kleine-Möller,* § 11, Rdnr. 129; *Locher,* Rdnr. 40, 139. – Zur Vollstreckung siehe *Kleine-Möller/Oelmaier,* § 20, Rdnr. 2.

[219] *OLG Hamm,* NJW-RR 1988, 147; BauR 1993, 741; *Werner/Pastor,* Rdnr. 1346.

[220] *Nicklisch/Weick,* § 12 VOB/B, Rdnr. 42, 43; *Locher,* Rdnr. 42.

[221] *BGH,* NJW 1970, 421; *Ingenstau/Korbion,* § 12 VOB/B, Rdnr. 29; *Nicklisch/Weick,* § 12 VOB/B, Rdnr. 45; *Kleine-Möller,* § 11, Rdnr. 130.

[222] *Kleine-Möller,* § 11, Rdnr. 129.

7. *Reformfragen*

Die Abnahme ist in letzter Zeit in das Kreuzfeuer der Reformpolitik geraten. So wurde die teilweise Abschaffung der Abnahme gefordert.[223] Der 60. Deutsche Juristentag (1994) hat aber nach Diskussion eine Änderung der Vorschriften über die Abnahme mit Mehrheit abgelehnt.[224]

VI. Vorzeitige Beendigung des Bauvertrags

1. *Vorzeitige Beendigung durch den Auftraggeber*

a) Rücktritt etc.

Ein Rücktritt des Auftraggebers nach § 326 BGB ist im Hinblick auf den Langzeitcharakter des Bauvertrages zumindest für die Zeit ab Beginn der Bauarbeiten ausgeschlossen, da eine Rückabwicklung mit ex-tunc-Wirkung unangemessen ist.[225] An seine Stelle tritt das Recht der Kündigung.[226]

Gleiches muß für den Schadensersatzanspruch aus § 326 BGB[227] und das Recht auf Wandlung[228] gelten.

b) Freie Kündigung

Der Auftraggeber kann nach § 649 S. 1 BGB bzw. § 8 Nr. 1 I VOB/B den Bauvertrag jederzeit (ohne Vorliegen besonderer Gründe) kündigen.

(1) Da die Kündigung ex-nunc wirkt, ist auch eine Teilkündigung für einzelne noch nicht ausgeführte Leistungen möglich.[229] Hierdurch tritt eine Aufspaltung des Vertrages in den ausgeführten und in einen noch nicht ausgeführten Teil ein.[230] Ob im Falle der Selbstübernahme bestimmter Leistungspositionen durch den Auftragnehmer (§ 2 Nr. 4 VOB/B) eine Teilkündigung zu sehen ist, ist umstritten.[231]

(2) Das freie Kündigungsrecht kann abbedungen werden,[232] und zwar auch durch AGB (arg § 10 Nr. 3 AGBG).[233]

---

[223] Zum Abschlußbericht der Schuldrechtskommission siehe *Haas,* NJW 1992, 2394; vgl. schon *Craushaar,* BauR 1979, 449.

[224] Siehe den Tagungsbericht in NJW 1994, 3069, 3075.

[225] *BGH,* NJW 1969, 233; *Ingenstau/Korbion,* Vor §§ 8–9 VOB/B, Rdnr. 22, 25; *Nicklisch/Weick,* Vor §§ 8–9 VOB/B, Rdnr. 22; *Kleine-Möller,* § 13, Rdnr. 61; *Werner/Pastor,* Rdnr. 1809, 1810 (§ 636 BG); anders für den Rücktritt nach § 325 BGB, *Motzke,* Beck-VOB-Kommentar, Vor § 8 VOB/B, Rdnr. 55.

[226] S.u. b) + c).

[227] *Nicklisch/Weick,* aaO.

[228] *Nicklisch/Weick,* aaO; *Ingenstau/Korbion,* Vor §§ 8–9 VOB/B, Rdnr. 35 ff. m.Nw.

[229] *BGH,* WM 1972, 1025; *KG,* BauR 1979, 517; *Werner/Pastor,* Rdnr. 1290.

[230] Vgl. zu § 326 BGB *BGHZ* 36, 316 = NJW 1962, 907.

[231] Bejahend *Ingenstau/Korbion,* § 2 VOB/B, Rdnr. 242; verneinend *OLG Düsseldorf,* NJW-RR 1988, 278; *Nicklisch/Weick,* § 2 VOB/B, Rdnr. 54.

[232] *Nicklisch/Weick,* § 8 VOB/B, Rdnr. 4; *Werner/Pastor,* Rdnr. 1298.

[233] *Ingenstau/Korbion,* § 8 VOB/B, Rdnr. 16; *Werner/Pastor,* Rdnr. 1298.

(3) Das Kündigungsrecht ist ausgeschlossen, sobald das Werk fertiggestellt bzw. abgenommen ist.[234]

(4) Die Kündigungserklärung bedarf beim VOB-Vertrag der Schriftform (§ 8 Nr. 5 VOB/B),[235] während beim BGB-Vertrag auch eine formlose Kündigung möglich ist.

c) Außerordentliche Kündigung

Der Bauvertrag als Langzeitvertrag kann stets aus wichtigem Grund gekündigt werden.[236]

(1) Ein wichtiger Grund zur vorzeitigen Lösung des Bauvertrages ist gegeben, wenn eine schwere schuldhafte Verletzung von Pflichten durch den Auftragnehmer vorliegt und damit das Vertrauensverhältnis zwischen den Parteien zerstört ist.[237] In der Regel ist eine Abmahnung und Nachfristsetzung nicht erforderlich.[238]

(2) Die VOB/B enthält in § 8 Nr. 2–4 bestimmte Kündigungsgründe, die einen wichtigen Grund zur vorzeitigen Lösung darstellen: Zahlungseinstellung, Konkurseröffnung und Antrag auf Eröffnung des Vergleichsverfahrens (§ 8 Nr. 2 I VOB/B),[239] mangelhafte oder verzögerte Bauausführung nach fruchtlosem Fristablauf (§ 8 Nr. 3 I VOB/B)[240] sowie Verstoß gegen wettbewerbsbeschränkende Abreden aus Anlaß der Vergabe (§ 8 Nr. 4 VOB/B). Daneben bleibt die Kündigung aus sonstigem wichtigem Grund zulässig.[241]

(3) § 6 Nr. 7 VOB/B gibt des Auftraggeber das Recht, den Bauvertrag vorzeitig zu kündigen, wenn die Bauausführung länger als drei Monate unterbrochen wird.[242]

2. Vorzeitige Beendigung durch den Auftragnehmer

a) Rücktritt

Auch hier ist – ebenso wie auf seiten des Auftraggebers – ein Rücktritt jedenfalls nach Beginn der Bauarbeiten ausgeschlossen.[243]

---

[234] *Ingenstau/Korbion,* § 8 VOB/B, Rdnr. 13; s.o. IV, 5, h.

[235] *Reus,* BauR 1995, 636; *Werner/Pastor,* Rdnr. 1289.

[236] *Nicklisch/Weick,* Vor §§ 8–9 VOB/B, Rdnr. 15; *Werner/Pastor,* Rdnr. 1314; a.A. *Mugler,* BB 1993, 1460.

[237] *Ingenstau/Korbion,* Vor §§ 8–9 VOB/B, Rdnr. 8; Einzelbeispiele bei *Werner/Pastor,* Rdnr. 1318.

[238] *BGH,* NJW 1975, 825; NJW-RR 1996, 1108; *OLG Düsseldorf,* BauR 1995, 247; teilw. abw. *OLG Düsseldorf,* NJW-RR 1997, 625.

[239] Zum Zahlungsverzug: *OLG Düsseldorf,* NJW-RR 1996, 1170; Zum Konkurs: *BGHZ* 96, 34 = NJW 1986, 255 m. Anm. *Heuchel;* Einzelfragen bei *Ingenstau/Korbion,* § 8 VOB/B, Rdnr. 52 ff.; *Nicklisch/Weick,* § 8 VOB/B, Rdnr. 11–15.

[240] Überblick bei *Ingenstau/Korbion,* § 8 VOB/B, Rdnr. 76–85; *Nicklisch/Weick,* § 8 VOB/B, Rdnr. 20–24. – Zur ausnahmsweisen Entbehrlichkeit der Fristsetzung siehe *BGH,* NJW 1971, 798; 1974, 1080; *BGHZ* 50, 160 = NJW 1968, 1524; *BGH,* NJW 1983, 1731; 1983, 989; *Ingenstau/Korbion,* § 4 VOB/B, Rdnr. 387 ff.; § 5 VOB/B, Rdnr. 45 m.Nw.

[241] *BGH,* NJW 1969, 233; NJW 1974, 1080; NJW-RR 1996, 1108; *OLG Frankfurt,* NJW-RR 1987, 979; *Werner/Pastor,* Rdnr. 1318, 1321 m.Nw.; *Kleine-Möller/Oelmeier,* § 20, Rdnr. 125.

[242] Hierzu *Nicklisch/Weick,* § 6 VOB/B, Rdnr. 69 ff.

[243] S.o. Fußn. 225.

b) Kündigung

Ein allgemeines Kündigungsrecht des Auftragnehmers besteht weder nach BGB noch nach VOB/B.

(1) Ein Kündigungsrecht des Auftragnehmers besteht, wenn der Auftraggeber gewisse notwendige Mitwirkungshandlungen bei der Herstellung des Werkes unterläßt (§§ 642, 643 BGB, § 9 Nr. 1a VOB/B).[244] Erforderlich ist eine erfolglose Nachfristsetzung durch den Auftragnehmer (§ 643 BGB, § 9 Nr. 2 S. 2 VOB/B).[245] Das Kündigungsrecht besteht nicht, wenn der Auftragnehmer sich selbst nicht vertragsgerecht verhalten hat.[246]

(2) Ein weiteres Kündigungsrecht des Auftragnehmers besteht, wenn der Auftraggeber mit seinen Zahlungspflichten in Verzug gerät. § 9 Nr. 1 b VOB/B spricht dies ausdrücklich aus; für den BGB-Vertrag kann nichts anderes gelten; dort gilt § 326 BGB mit der Maßgabe, daß an die Stelle des Rücktritts die Kündigung aus wichtigem Grund tritt. In der Regel ist eine Nachfristsetzung mit Androhung der Kündigung notwendig (§ 9 Nr. 2 S. 2 VOB/B, § 326 BGB).[247]

(3) Auch der Auftragnehmer kann – ebenso wie der Auftraggeber – den Bauvertrag vorzeitig kündigen, wenn die Bauausführung länger als drei Monate unterbrochen wird (§ 6 Nr. 7 VOB/B).

(4) Daneben verbleibt auch dem Auftragnehmer die Kündigung aus wichtigem Grund.[248]

3. Einvernehmliche Vertragsaufhebung

Der Bauvertrag kann von den Vertragsparteien einvernehmlich beendet werden.[249] In der Praxis sind diese Fälle in der Abgrenzung zu einer Kündigung eines Vertragspartners und deren stillschweigender Hinnahme durch den Gegner fließend.

Zweiter Teil. Der Vergütungsanspruch des Auftragnehmers

I. Die Berechnungsarten

Der Vergütungsanspruch des Auftragnehmers, der seine Rechtsgrundlage in § 632 BGB hat, kann auf verschiedene Weise berechnet werden. Für die Berechnung kommen die in § 5 VOB/A näher umschriebenen Ar-

---

[244] *Jochem,* BauR 1976, 392; *Nicklisch,* BB 1979, 533; *Ingenstau/Korbion,* § 9 VOB/B, Rdnr. 55 ff.; *Werner/Pastor,* Rdnr. 1328; vgl. auch *OLG Düsseldorf,* NJW-RR 1995, 3323.

[245] *Nicklisch/Weick,* § 9 VOB/B, Rdnr. 23; *Ingenstau/Korbion,* § 9 VOB/B, Rdnr. 41 ff.; *Werner/Pastor,* Rdnr. 1332.

[246] *BGH,* NJW 1986, 987; *OLG Düsseldorf,* NJW-RR 1988, 211 (mangelhafte Vorleistung); hierzu *Werner/Pastor,* Rdnr. 1330.

[247] *Werner/Pastor,* Rdnr. 1332; zur Entbehrlichkeit der Fristsetzung vgl. *BGH,* NJW 1974, 1467; *Ingenstau/Korbion,* § 9 VOB/B, Rdnr. 43.

[248] *BGH,* NJW 1969, 975; *OLG München,* BauR 1988, 605; *Werner/Pastor,* Rdnr. 1331.

[249] *BGH,* NJW 1973, 1463; *Werner/Pastor,* Rdnr. 1334.

ten in Betracht. Den Vertragsparteien obliegt es, im Vertrag eine dieser Berechnungsarten zu vereinbaren.

1. Der Einheitspreisvertrag

a) Begriff

Bei dem Einheitspreisvertrag wird für technisch und wirtschaftlich einheitliche Teilleistungen, derer Mengen – im Leistungsverzeichnis – nach Maß, Gewicht oder Stückzahl angegeben werden, ein Einheitspreis festgelegt (§ 5 Nr. 1, a VOB/A).[1] Maßgebend für die Abrechnung ist dann die endgültig ausgeführte Leistung, deren Umfang erst nach Beendigung der Bauarbeiten festgestellt werden kann.

(1) Nebenleistungen

Mit dem Einheitspreis werden auch alle Nebenleistungen abgegolten, die nach der Leistungsbeschreibung sowie dem gesamten Vertragsinhalt und der gewerblichen Verkehrssitte zur vertraglichen Leistung gehören (§ 2 Nr. 1 VOB/B).[2]

Die Technischen Vorschriften des Teils C der VOB[3] enthalten für die einzelnen Gewerke jeweils Regelungen, was als Nebenleistung von der Vergütung der Hauptleistung erfaßt wird.[4] Da diese Regelungen der Verkehrssitte entsprechen, können sie – auch ohne Vereinbarung der VOB – für den BGB-Vertrag herangezogen werden.[5]

(2) Zusatzleistungen

Zusatzleistungen müssen dagegen im Grundsatz besonders vergütet werden.

Allerdings kann im Einzelfall eine zusätzliche Vergütung stillschweigend ausgeschlossen sein, wenn die vereinbarten Einheitspreise erkennbar die vollständige, fertige Arbeit einschließlich aller Neben- und Zusatzleistung abgelten sollen.[6] In AGB-Klauseln des Auftraggebers können dagegen echte Zusatzleistungen nicht zu unentgeltlich zu erbringenden Nebenleistungen deklariert werden.[7]

(3) Bedeutung

Der Einheitspreisvertrag ist in der Regel die ideale Form für eine gerechte Bemessung der Vergütung:

---

[1] *Kleine-Möller,* § 10, Rdnr. 11 ff.

[2] *OLG Hamm,* NJW-RR 1993, 594 („schlüsselfertige Herstellung“); *Werner/Pastor,* Rdnr. 1144.

[3] S.o. 1. Teil, II, 2, b, (3).

[4] Beispiel: *OLG Düsseldorf,* NJW-RR 1997, 1378 (Gerüste); 1998, 670 (Baustelleneinrichtung); siehe auch DIN 18299, Abschnitt 4; *Kleine-Möller,* § 10, Rdnr. 47–50.

[5] *Werner/Pastor,* Rdnr. 1145.

[6] *Jagenburg,* NJW 1990, 2474.

[7] *Werner/Pastor,* Rdnr. 1160; *OLG München,* NJW-RR 1987, 661; a.A. *OLG Hamm,* NJW-RR 1994, 531.

Es werden nur die tatsächlich ausgeführten Arbeiten honoriert,[8] und zwar nach den festgelegten Einheitspreisen, auf die der Auftraggeber vertrauen und sein Bauvorhaben kalkulieren kann. Die Abrechnung nach Einheitspreisen muß deshalb als Regel angesehen werden, die im Zweifelsfall von den Parteien gewollt und vereinbart ist.[9]

b) Die Abrechnung

Um entsprechend den Vereinbarungen eine vertragsgemäße Abrechnung durchzuführen, ist nach Beendigung der Arbeiten zweierlei erforderlich.

(1) Einmal muß der Umfang der tatsächlich ausgeführten Leistungen festgestellt werden. Dies kann aus den Zeichnungen ermittelt werden, die der Ausführung der Arbeiten zugrundelagen, soweit entsprechend ihnen verfahren wurde (DIN 18299, Abschnitt 5). Sind solche Zeichnungen nicht vorhanden oder ist erkennbar von ihnen abgewichen worden, so muß an Ort und Stelle ein Aufmaß erfolgen. § 14 Nr. 2 VOB/B sieht ein solches Aufmaß ausdrücklich vor, wobei die Vorschrift ausspricht, daß ein solches möglichst gemeinsam aufzustellen ist, um späteren Streitigkeiten über den Umfang der Arbeiten vorzubeugen.[10] Beim BGB-Vertrag besteht eine solche Verpflichtung im Grundsatz zwar nicht, kann sich aber als Nebenpflicht aus Art und Umfang der Leistungen ergeben (§ 242 BGB).[11]

Ein gemeinsames Aufmaß ist als deklaratorisches Anerkenntnis für die weitere Abrechnung bindend.[12] Wer es nicht mehr gelten lassen will, muß seine Unrichtigkeit beweisen und gleichzeitig darlegen, daß er die Unrichtigkeit bei Erstellung nicht gekannt hat.[13] Auch der von dem Bauherrn beauftragte Architekt ist aufgrund seiner originären Vollmacht[14] befugt, ein solches Aufmaß zu Lasten des Bauherrn vorzunehmen.[15] Hat sich eine Partei geweigert, an dem gemeinsamen Aufmaß teilzunehmen, so muß sie im Prozeß ein einseitig erstelltes Aufmaß der anderen Partei gegen sich gelten lassen.[16]

(2) Anhand der vertraglichen Unterlagen und dem nach (1) festgestellten Umfang der Arbeiten hat der Auftragnehmer sodann eine prüfbare

---

[8] Zur Unzulässigkeit einer AGB-Klausel betr. ein „abstraktes Aufmaß"; *OLG Karlsruhe,* NJW-RR 1989, 52; vgl. auch *OLG Düsseldorf,* NJW-RR 1992, 217 („Näherungsverfahren").

[9] S.u. 5, a; *Kleine-Möller,* § 10, Rdnr. 6, 17; *Werner/Pastor,* Rdnr. 1163; a.A. *BGHZ* 80, 257 = NJW 1981, 1442.

[10] *Ingenstau/Korbion,* § 14 VOB/B, Rdnr. 29; *BGH,* NJW-RR 1997, 1513.

[11] *OLG Köln,* NJW 1973, 2111.

[12] *BGH,* NJW 1974, 646; *Ingenstau/Korbion,* § 14, Rdnr. 35; *Locher,* Rdnr. 196; *Nicklisch/Weick,* § 14 VOB/B, Rdnr. 20; *W. Jagenburg,* Beck-Kommentar, § 2 VOB/B, Rdnr. 20 ff.; in der Begründung differenzierend *Werner/ Pastor,* Rdnr. 2033, 2034, 2038.

[13] *OLG Hamm,* NJW-RR 1991, 1496; *Werner/Pastor,* Rdnr. 1166, 2034.

[14] S.o. 1. Teil, IV, 3, Fußn. 133.

[15] *BGH,* NJW 1960, 859; *OLG Karlsruhe,* BauR 1972, 381; *OLG Stuttgart,* BauR 1972, 317; *Ingenstau/Korbion,* § 14 VOB/B, Rdnr. 42; *Werner/Pastor,* Rdnr. 2039.

[16] *Nicklisch/Weick,* § 14 VOB/B, Rdnr. 17.

Rechnung vorzulegen (§ 14 Nr. 1 VOB/B).[17] Die Vorschrift stellt hierzu einzelne Anforderungen auf. Es genügt, daß die Rechnung für den beauftragten Architekten überprüfbar ist.[18] Beim BGB-Vertrag ist ebenfalls eine Pflicht des Auftragnehmers zur Erstellung einer spezifizierten Rechnung zu bejahen (§§ 157, 242 BGB).[19]

2. Der Pauschalvertrag

a) Begriff

Beim Pauschalvertrag verpflichtet sich der Auftragnehmer, gegen Zahlung einer bestimmten Summe zur Vornahme aller Bauleistungen, die zur Herstellung der vereinbarten Leistung gehören.[20] Der Umfang der zu erbringenden Leistung kann global festgelegt sein oder sich aus einzelnen Unterlagen, vor allem einem zuvor erstellten Leistungsverzeichnis, ergeben.[21]

(1) Bei der späteren Abrechnung findet im Grundsatz eine Überprüfung des Umfangs der erbrachten Leistungen nicht statt.[22]

(2) Nicht erfaßt von der Pauschalpreisvereinbarung werden später erforderliche, im Leistungsverzeichnis nicht erfaßte Zusatzarbeiten.[23] Allerdings kann für die Vergütung dieser Leistungen die Preisbildung des Pauschalpreises eine Rolle spielen.[24] Die Vergütungspflicht für solche von dem Pauschalauftrag nicht erfaßte Zusatzarbeiten kann nicht durch eine AGB-Klausel des Auftraggebers ausgeschlossen werden.[25]

(3) Durch eine AGB-Klausel des Auftragnehmers kann die Grundstruktur des Pauschalvertrages nicht aus den Angeln gehoben werden.[26] Die Parteien können nachträglich bestimmte Vertragsleistungen einvernehmlich aus der Pauschalpreisabrede herausnehmen und eine andere Abrechnungsart vereinbaren.[27]

---

[17] S.u. III, 2, a, (1). – *BGH,* NJW 1967, 342; *OLG München,* BauR 1993, 346; *Ingenstau/Korbion,* § 14 VOB/B, Rdnr. 16. – Zu Abschlagsrechnungen vgl. *OLG Hamm,* NJW-RR 1996, 593.

[18] *BGH,* NJW 1967, 342.

[19] *OLG Köln,* NJW 1973, 2111; *Nicklisch/Weick,* § 14 VOB/B, Rdnr. 10.

[20] *Heiermann,* BB 1975, 991; *Ingenstau/Korbion,* § 5 VOB/A, Rdnr. 12 ff.; *Werner/Pastor,* Rdnr. 1179; *Locher,* Rdnr. 182; *Kleine-Möller,* § 10, Rdnr. 19.

[21] *OLG Celle,* BauR 1996, 723; *Heyers,* BauR 1983, 297; *Werner/Pastor,* Rdnr. 1191; zu den verschiedenen Typen *W. Jagenburg,* Beck-VOB-Kommentar, § 2 Nr. 7 VOB/B, Rdnr. 33 ff.

[22] *Vygen,* BauR 1979, 375.

[23] *BGH,* NJW 1974, 1241 L; *OLG Düsseldorf,* BauR 1989, 483; *Werner/Pastor,* Rdnr. 1189; *Ingenstau/Korbion,* § 2 VOB/B, Rdnr. 332; *Vygen,* FS Locher (1990), S. 263 ff. – Vgl. aber *OLG Dresden,* NJW-RR 1999, 170 (Hinweispflicht des Auftragnehmers bei erkennbar unvollständigem Leistungsverzeichnis).

[24] *OLG Celle,* BauR 1996, 723.

[25] *OLG München,* BauR 1990, 776; *Werner/Pastor,* Rdnr. 1196 (die dort zitierte Entscheidung *OLG Düsseldorf,* NJW-RR 1996, 532 ist m.E. keine Abweichung, zumal sie in Fußn. 166 ihr zustimmen).

[26] *BGH,* NJW 1984, 171.

[27] *BGH,* NJW-RR 1995, 722.

b) *Vor- und Nachteile des Pauschalvertrages*

Der Vorteil des Pauschalvertrages für beide Vertragsteile besteht darin, daß die Höhe der Vergütung von vornherein feststeht.

Das führt zu einer klaren Kalkulierbarkeit für beide Teile und zu einer vereinfachten Abrechnungsweise; es findet vor allem – im Gegensatz zum Einheitspreisvertrag – keine Berechnung der ausgeführten Massen, also auch kein Aufmaß statt.[28] Umgekehrt bedeutet die Pauschalpreisvereinbarung für beide Vertragsteile ein erhebliches Risiko, da etwaige fehlerhafte Berechnungen und spätere Massenänderungen keinen Einfluß auf den Umfang der Vergütung haben.[29] Der Auftragnehmer trägt auch das Risiko von Materialpreiserhöhungen, Lohnsteigerungen und Erhöhung öffentlicher Lasten.[30]

c) *Notwendige Vereinbarung*

Wegen der Risiken sieht § 5 Nr. 1 b VOB/A für die öffentliche Vergabe vor, daß Pauschalaufträge nur vergeben werden sollen, wenn die Leistungen nach Ausführungsart und Umfang genau bestimmt und mit einer Änderung nicht zu rechnen ist.[31] Im übrigen erfordert der Pauschalvertrag eine ausdrückliche Vereinbarung.

Zweifel an einer solchen ausdrücklichen Abrede entstehen dann, wenn zunächst ein Angebot mit Einheitspreisen und einer Berechnung der Vergütung nach den voraussichtlichen Massen vorliegt und die Parteien dann unter Auf- und Abrundung der Summe die Ausführung der Arbeit vereinbaren; im Zweifel genügt dies nicht für eine Pauschalpreisabrede.[32]

d) *Ausnahmen von der Pauschalabrechnung*

Die Regelung in der VOB/B und die Rechtsprechung haben zur Vermeidung grober Unbilligkeiten Ausnahmen von der Pauschalabrechnung vorgenommen.

(1) Bei einer Änderung des Leistungsumfangs durch Änderung des Bauentwurfs oder andere Anordnungen des Auftraggebers hat eine Anpassung des Pauschalpreises stattzufinden (§ 2 Nr. 5 VOB/B i.V.m. § 2 Nr. 7 I S. 3 VOB/B).[33]

(2) Fallen ganze im Leistungsverzeichnis enthaltene Positionen später weg, so ist die Minderleistung im Regelfall durch einen Abschlag zu berücksichtigen.[34]

---

[28] *Kleine-Möller*, § 10, Rdnr. 22; *Kleine-Möller/Oelmaier*, § 20, Rdnr. 57.

[29] *Nicklisch/Weick*, § 2 VOB/B, Rdnr. 7; *Werner/Pastor*, Rdnr. 1186; *Ingenstau/Korbion*, § 2 VOB/B, Rdnr. 121 ff.; *Kleine-Möller*, § 10, Rdnr. 20.

[30] *Werner/Pastor*, Rdnr. 1187.

[31] *Ingenstau/Korbion*, § 5 VOB/A, Rdnr. 13, 14.

[32] *Kleine-Möller*, § 10, Rdnr. 23; *Werner/Pastor*, Rdnr. 1181; *Ingenstau/Korbion*, § 2 VOB/B, Rdnr. 189.

[33] *BGH*, NJW 1974, 1864; *OLG Zweibrücken*, BauR 1989, 746; *Werner/Pastor*, Rdnr. 1205; *Ingenstau/Korbion*, § 2 VOB/B, Rdnr. 331; *Jagenburg*, NJW 1992, 3206 m.Nw.

[34] *BGH*, BauR 1984, 237; *OLG Frankfurt*, NJW-RR 1986, 572; *OLG Hamm*, NJW-RR 1992, 1203; *Nicklisch/Weick*, § 2 VOB/B, Rdnr. 82. – Vgl. aber *OLG Hamm*, NJW-RR 1998, 598 (keine Kürzung bei moderner Technik).

(3) Ist die Abweichung der tatsächlich ausgeführten Massen von den ursprünglich vorgesehenen Massen erheblich oder tritt eine unvorhergesehene Erschwerung in der Art der Ausführung ein, so kann das Beharren der bevorzugten Partei eine unzulässige Rechtsausübung darstellen. Es findet dann eine Anpassung der Vergütung nach den Grundsätzen über den Wegfall der Geschäftsgrundlage statt (§ 2 Nr. 7 I S. 1 VOB/B; § 242 BGB).[35]

Streitig ist, wann im Einzelfall die „Opfergrenze“ überschritten ist. Der BGH will auf die Umstände des Einzelfalles abstellen,[36] während die Rechtsprechung mit gewissen Prozentsätzen als Richtlinie arbeitet.[37] Zweifelhaft ist hierbei, ob die Abweichung auf die einzelne Leistungsposition zu beziehen ist,[38] oder ob es auf die Veränderung der Gesamtbauleistung ankommt.[39]

Bei der Anpassung ist gemäß § 2 Nr. 7 I S. 2 VOB/B von den Grundlagen der (bisherigen) Preisermittlung auszugehen. Das kann zu einer Änderung der Pauschalpreissumme oder zu einer Abrechnung nach Einheitspreisen führen.[40]

3. Der Stundenlohnvertrag

a) Begriff

Beim Stundenlohnvertrag wird die Vergütung nicht nach dem Umfang der im Leistungsverzeichnis genannten und tatsächlich ausgeführten Arbeiten ausgerichtet, sondern nach dem tatsächlichen Aufwand (§ 5 Nr. 2 VOB/A).[41]

Maßgebend sind also die geleisteten Arbeitsstunden sowie die Kosten für die vorgehaltenen Geräte,[42] die Einrichtung der Baustelle und ein angemessener Zuschlag für Gemeinkosten und Gewinn (§ 15 Nr. 1 II VOB/B). Dazu tritt der erforderliche Materialaufwand (§ 15 I Nr. 3 S. 2 VOB/B).

b) Gefahren des Stundenlohnvertrages

Die Berechnung der Vergütung beim Stundenlohnvertrag birgt erhebliche Gefahren in sich, besonders für den Auftragnehmer.

---

35 *BGH*, NJW 1969, 233; 1974, 1864; *Nicklisch/Weick*, § 2 VOB/B, Rdnr. 74; *Ingenstau/Korbion*, § 2 VOB/B, Rdnr. 338 ff.; *Werner/Pastor*, Rdnr. 1198, 2487 ff.; *W. Jagenburg* (Fußn. 21), Rdnr. 55 ff.

36 *BGH*, NJW-RR 1996, 1401; zust. *Werner/Pastor*, Rdnr. 1203.

37 *OLG Frankfurt*, NJW-RR 1986, 572; *OLG München*, NJW-RR 1987, 598; *OLG Düsseldorf*, BauR 1995, 286; Einzelfälle bei *Nicklisch/Weick*, § 2 VOB/B, Rdnr. 81; *W. Jagenburg* (Fußn. 21) Rdnr. 64 ff.

38 *BGH*, VersR 1965, 803; *OLG Düsseldorf*, BauR 1976, 363.

39 So im Grundsatz *Werner/Pastor*, Rdnr. 1198 mit Einschr. in Rdnr. 2492; *Ingenstau/Korbion*, § 2 VOB/B, Rdnr. 342.

40 Hierzu *BGH*, BauR 1972, 118; NJW 1974, 1864; *Werner/Pastor*, Rdnr. 1207, 1208; *Ingenstau/Korbion*, § 2 VOB/B, Rdnr. 345.

41 *Kleine-Möller*, § 10, Rdnr. 24.

42 Zum Ausschluß deren Erstattbarkeit *Werner/Pastor*, Rdnr. 1212.

Die Höhe der Vergütung steht bei Vertragsschluß nicht fest. Die Abrechnung nach Stunden kann zu langsamerem Arbeiten verführen. Auch zeigt die Praxis, daß Stundenlohnzettel zunächst gedankenlos unterschrieben werden und erst eine nachträgliche Überprüfung Zweifel an der bescheinigten Stundenzahl aufkommen läßt. § 5 Nr. 2 VOB/A schreibt deshalb vor, daß nur Bauleistungen geringen Umfangs, die überwiegend Lohnkosten verursachen, im Stundenlohn vergeben werden sollen.

c) Notwendige Vereinbarung

Die Abrechnung nach Stundenlohn bedarf einer ausdrücklichen Vereinbarung (§ 2 Nr. 10 VOB/B).[43]

(1) Auch eine nachträgliche Einigung ist möglich. In der Abzeichnung von Stundenlohnzetteln kann eine solche Vereinbarung nicht gesehen werden.[44]

(2) Der Stundenlohnvertrag kann auch mit einem Einheitspreisvertrag derart gekoppelt werden, daß bestimmte Positionen des Leistungsverzeichnisses im Stundenlohn, der Rest nach Einheitspreisen vergeben werden.[45]

d) Abrechnung

Die Abrechnung erfolgt nach der Anzahl der geleisteten Stunden unter Einsetzung der ortsüblichen Preise.[46] Voraussetzung für eine ordnungsgemäße Abrechnung ist, daß der Auftraggeber für die geleisteten Arbeitsstunden und den Aufwand werktäglich oder wöchentlich Stundenlohnzettel vorlegt und sich nach Quittung wieder zurückgeben läßt (§ 15 I Nr. 3 S. 2, 3 VOB/B). Diese „Tageslohnzettel" (bzw. „Wochenlohnzettel") müssen die jeweils durchgeführten Arbeiten nachvollziehbar beschreiben.[47]

(1) Die unterschriebenen Stundenlohnzettel stellen ein deklaratorisches Anerkenntnis dar und führen zu einer Umkehr der Beweislast:

Der Auftraggeber muß nunmehr beweisen, daß sein Anerkenntnis unrichtig, d.h. die bescheinigten Stunden nicht geleistet wurden und er die Unrichtigkeit der bescheinigten Stundenzahl bei Unterzeichnung der Stundenlohnzettel nicht gekannt hat.[48] Dagegen bleibt die Frage, ob die abgezeichneten Stunden für die Erledigung der genannten Leistungen erforderlich waren, offen.[49]

(2) Nach § 15 Nr. 3 S. 5 VOB/B gelten nicht fristgerecht zurückgegebene Stundenlohnzettel als anerkannt.

---

[43] *BGH*, NJW-RR 1995, 80; *Locher*, Rdnr. 191; *Kleine-Möller*, § 10, Rdnr. 28, 29.

[44] *BGH*, NJW-RR 1995, 80; *Werner/Pastor*, Rdnr. 1215.

[45] *Kleine-Möller*, § 10, Rdnr. 30.

[46] *Kleine-Möller*, § 10, Rdnr. 151, 152.

[47] *OLG Karlsruhe*, BauR 1995, 114; *Werner/Pastor*, Rdnr. 1215.

[48] *BGH*, NJW 1958, 1535; 1970, 2295; *Werner/Pastor*, Rdnr. 2027; *Nicklisch/Weick*, § 15, Rdnr. 25; *Kleine-Möller*, § 10, Rdnr. 179; *Losert*, ZfBR 1993, 1. – Zur Vollmacht des Architekten vgl. *Kleine-Möller*, § 10, Rdnr. 185.

[49] *OLG Düsseldorf*, OLG-Report 1994, 215; wohl auch *BGH*, NJW-RR 1995, 80; *Kleine-Möller*, § 10, Rdnr. 179.

Es handelt sich um eine Fiktion die gemäß § 23 II Nr. 5 ABGB von dem Klauselverbot des § 10 Nr. 5 AGBG freigestellt ist, nach der Rechtsprechung des BGH aber nur, wenn die „VOB/B als Ganzes" vereinbart ist.[50] Der bereits erwähnte Gegenbeweis[51] bleibt dem Auftraggeber aber auch hier erhalten.[52] Bei einer isolierten Inhaltskontrolle ist die Vorschrift dagegen unwirksam.[53]

(3) Werden Stundenlohnzettel nicht vorgelegt oder nicht abgezeichnet, so gibt § 15 Nr. 5 VOB/B dem Auftragnehmer einen Anspruch auf Vergütung für die nachweisbaren Leistungen unter Zugrundelegung eines wirtschaftlich vertretbaren Aufwands.[54]

4. Der Selbstkostenerstattungsvertrag

Bei dem Selbstkostenvertrag besteht die Vergütung in der Erstattung der Selbstkosten einschließlich der Gemeinkosten zuzüglich eines Gewinns.[55]

Er ist in der Praxis selten. Wegen seiner Risiken darf er bei einer öffentlichen Vergabe nur geschlossen werden, wenn Bauleistungen größeren Umfangs vor der Vergabe nicht eindeutig und erschöpfend bestimmt werden können (§ 5 Nr. 3 I VOB/A). Er soll, sobald eine einwandfreie Preisermittlung möglich ist, in einen Leistungsvertrag (Einheitspreisvertrag oder Pauschalvertrag) umgewandelt werden.

5. Fehlen einer Vereinbarung

a) Übliche Vergütung

Ist keine ausdrückliche Vereinbarung über die Berechnung der Vergütung getroffen, so ist nach § 632 II BGB die übliche Vergütung zu zahlen. Das ist nach der Verkehrssitte und der Regelung in § 2 Nr. 2 VOB/B die Vergütung nach Einheitspreisen.[56]

Diese Einheitspreise sind von dem Auftragnehmer nach § 316 BGB zunächst nach billigem Ermessen zu bestimmen und in die Schlußrechnung einzusetzen; im Streitfall werden sie dann vom Gericht auf ihre Üblichkeit überprüft (§ 315 BGB).[57]

---

[50] S.o. 1. Teil, II, 2, f, (1).

[51] S.o. Fußn. 48.

[52] *BGH,* NJW 1958, 1535; *Nicklisch/Weick,* § 15 VOB/B, Rdnr. 34.

[53] *Nicklisch/Weick,* § 15 VOB/B, Rdnr. 33.

[54] *LG Mannheim,* BauR 1982, 71; Einzelheiten bei *Nicklisch/Weick,* § 15 VOB/B, Rdnr. 37 ff.

[55] *Kleine-Möller,* § 10, Rdnr. 33.

[56] *Werner/Pastor,* Rdnr. 1139, 1363; *Kleine-Möller,* § 10, Rdnr. 18, 35; etwas abw. *Kleine-Möller/Oelmaier,* § 20, Rdnr. 38, 41.

[57] *Nicklisch/Weick,* § 2 VOB/, Rdnr. 25; *Ingenstau/Korbion,* § 2 VOB/B, Rdnr. 10.

b) Beweislast

(1) Behauptet der Auftraggeber eine abweichende, eine geringere Vergütung gewährende Absprache, so muß der sich auf § 316 BGB stützende Auftragnehmer, der nach Einheitspreisen abrechnen will, das Fehlen der behaupteten Vereinbarung nachweisen.[58]

Da ein solcher Negativbeweis schwer zu führen ist, verlangt die Rechtsprechung, daß der Auftraggeber zuvor die behauptete niedrigere Festpreisvereinbarung nach Ort, Zeit und Höhe substantiiert darlegt.[59]

(2) Dagegen trifft den Auftraggeber die Beweislast, wenn er sich auf die Vereinbarung unentgeltlicher Bauleistungen beruft.[60]

Das gilt aber nicht bei Ansprüchen auf Vergütung von Vorarbeiten; sie sind nur bei einem zusätzlichen Vertragsschluß mit Verpflichtungswillen des Auftraggebers vergütungspflichtig.[61] Eine dem widersprechende AGB-Klausel des Auftragnehmers ist nach § 9 AGBG unwirksam.[62]

6. *Mehrwertsteuer*

Soweit keine besondere Vereinbarung über die Mehrwertsteuer getroffen wurde, ist diese im Zweifel in der vereinbarten Vergütung enthalten.[63] Umstritten ist, ob bei Kaufleuten ein abweichender Handelsbrauch besteht.[64]

II. Spätere Veränderungen der Vergütung beim Einheitspreisvertrag

Ausgangspunkt ist die sich aus allgemeinen Erwägungen („pacta sunt servanda") und in § 2 Nr. 1 VOB/B bestätigte Grundregel, daß eine spätere Veränderung der Vergütung einer besonderen Rechtfertigung bedarf.

---

[58] *BGHZ* 80, 257 = NJW 1982, 1442 m.Nw.; *BGH,* NJW 1983, 782; *OLG Frankfurt,* NJW-RR 1989, 209; a.A. v. *Mettenheim,* NJW 1984, 776; teilw. abw. für den Einheitspreisvertrag (entspr. der bei Fußn. 56 dargestellten Regel) *Werner/Pastor,* Rdnr. 1163; *Kleine-Möller,* § 10, Rdnr. 18; vgl. hierzu noch *Kleine-Möller/Oelmaier,* § 20, Rdnr. 41; *Baumgärtel,* Handb. der Beweislast, Bd. 1, § 632 BGB, Rdnr. 10 ff. u. § 2 VOB/B, Rdnr. 3.

[59] *BGH,* NJW-RR 1992, 848; vgl. auch *OLG Hamm,* NJW-RR 1993, 1490; 1994, 1109; 1996, 86.

[60] *BGH,* NJW 1987, 2742; *OLG Köln,* NJW-RR 1994, 1239; *Werner/Pastor,* Rdnr. 1104, 1113.

[61] *BGH,* NJW 1979, 2202; *OLG Düsseldorf,* BauR 1991, 613; *Werner/Pastor,* Rdnr. 1105 ff. m.Nw.

[62] *BGH,* NJW 1982, 765.

[63] *BGH,* WM 1973, 677; *OLG Karlsruhe,* NJW 1972, 451; *Kleine-Möller,* § 10, Rdnr. 38; *Nicklisch/Weick,* § 2 VOB/B, Rdnr. 23; *Ingenstau/Korbion,* § 2 VOB/B, Rdnr. 124.

[64] Dafür *Schaumburg/Schaumburg,* NJW 1975, 1261; *Ingenstau/Korbion,* § 2 VOB/B, Rdnr. 125; dagegen *Nicklisch/Weick,* § 2 VOB/B, Rdnr. 23; *Werner/Pastor,* Rdnr. 1271; *OLG Düsseldorf,* NJW 1976, 1268.

Entsprechend den verschiedenen Ursachen einer abweichenden Vertragsabwicklung lassen sich für den Einheitspreisvertrag folgende Fälle unterscheiden:

1. *Kalkulationsfehler*

Sie treffen im Grundsatz den Auftragnehmer, der die Kalkulation aufgestellt hat.[65] Davon gibt es aber Ausnahmen:

a) *Anfechtung*

Während „interne Kalkulationsirrtümer" als bloßer Motivirrtum nicht zur Anfechtung nach § 119 BGB berechtigen, kann dies bei einem „externen Kalkulationsirrtum", bei dem die Kalkulation Gegenstand der Verhandlung war, anders sein.[66] Ein etwaiges Anfechtungsrecht des Auftragnehmers kann nicht durch eine AGB-Klausel des Auftraggebers ausgeschlossen werden.[67]

b) *Geschäftsgrundlage*

Unter engen Voraussetzungen kann ein gemeinsamer Irrtum der Parteien betreffend die Preiskalkulation zu einer Berücksichtigung nach den Regeln über die Geschäftsgrundlage führen.[68]

c) *Culpa in contrahendo*

Kalkulationsfehler, die auf ein Verschulden des Auftraggebers – z.B. unrichtige Angaben im Leistungsverzeichnis – beruhen, können einen Anspruch des Auftragnehmers aus culpa in contrahendo auslösen, wobei aber eine etwaige Prüfungs- und Hinweispflicht des Auftragnehmers zu berücksichtigen ist.[69]

2. *Änderungen des Preisniveaus*

a) *Geschäftsgrundlage*

Der Auftragnehmer kalkuliert in seinem Angebot die Vergütung sowohl nach dem Umfang der angebotenen Leistung als auch nach dem Gesichtspunkt der Marktlage.[70] Daran ist er nach dem Grundsatz „pacta sunt servanda" gebunden.[71] Die Rechtsprechung hat es bisher abgelehnt,

---

[65] *BGH,* BauR 1972, 381; *Locher,* Rdnr. 188; *Werner/Pastor,* Rdnr. 119, 2339.

[66] *Kleine-Möller,* § 10, Rdnr. 359; *Ingenstau/Korbion,* § 2 VOB/B, Rdnr. 138; *Werner/Pastor,* Rdnr. 1127, 2340.

[67] *BGH,* NJW 1983, 1671; *Werner/Pastor,* Rdnr. 1127.

[68] *Kleine-Möller,* § 10, Rdnr. 372 ff.; *Ingenstau/Korbion,* § 2 VOB/B, Rdnr. 150 ff.; *Werner/Pastor,* Rdnr. 1154.

[69] *BGH,* NJW-RR 1987, 1306; 1988, 785; 1991, 276; 1991, 1339; *OLG Düsseldorf,* NJW-RR 1996, 1419; *Bühl,* BauR 1992, 26; *Locher,* Rdnr. 188; *Kleine-Möller,* § 10, Rdnr. 367; *Werner/Pastor,* Rdnr. 1129 ff., 1882.

[70] *Ingenstau/Korbion,* § 15 VOB/B, Rdnr. 15; *Jebe,* BauR 1973, 141; 1978, 88.

[71] *Kleine-Möller,* § 10, Rdnr. 364.

bei späteren Änderungen des Preisniveaus eine Anpassung unter dem Gesichtspunkt der Änderung der Geschäftsgrundlage zuzulassen.[72]

Bei der derzeitigen Preisentwicklung erscheint hier auch Zurückhaltung geboten.[73] Das gilt sowohl für das nach allgemeiner Erfahrung voraussehbare als auch bis zu einem bestimmten Grade nicht voraussehbare wirtschaftliche Wagnis,[74] wie es gerade bei Materialkosten, Löhnen etc. gegeben ist. Im übrigen dürfte hier der Grundgedanke eines zeitlichen Verbots der Anpassung, wie er in § 11 Nr. 1 AGBG niedergelegt ist, zu beachten sein.

b) Preisgleitklauseln

Sie unterliegen der Inhaltskontrolle nach dem AGBG. Dabei ist vorrangig § 11 Nr. 1 AGBG zu beachten.[75] Im übrigen gilt § 9 AGBG. Danach sind allgemeine Preisgleitklauseln unzulässig.[76] Lohn- und Materialpreisgleitklauseln müssen die Voraussetzungen der Erhöhungen klar umschreiben und in ihren Rechtsfolgen angemessen sein.[77]

3. Änderungen des Bauentwurfs

Einen Sonderfall des Wegfalls der Geschäftsgrundlage behandelt § 2 Nr. 5 VOB/B.

Werden durch Änderungen des Bauentwurfs (zulässig nach § 1 Nr. 3 VOB/B) oder andere Anordnungen des Auftraggebers[78] die Grundlagen des Preises für eine im Vertrag vorgesehene Leistung verändert, so ist ein neuer Preis unter Berücksichtigung der Mehr- oder Minderkosten zu vereinbaren.[79] Auch ohne Vereinbarung der VOB/B wird man beim BGB-Vertrag über § 242 BGB zum gleichen Ergebnis kommen.[80] Einigen sich die Parteien nicht, so wird die neue Vergütung vom Gericht festgesetzt.[81]

---

[72] *BGH,* WM 1964, 1253; 1964, 843; *LG Mainz,* NJW 1971, 51; *OLG München,* BauR 1985, 330.

[73] *Locher,* Rdnr. 189; *Ingenstau/Korbion,* § 2 VOB/B, Rdnr. 157; a.A. *Fikentscher,* Die Geschäftsgrundlage als Frage des Vertragsrisikos, dargestellt unter besonderer Berücksichtigung des Bauvertrages (1971), S. 68 ff.; hierzu *Ingenstau/Korbion,* § 2 VOB/B, Rdnr. 166; abw. jetzt auch *OLG Frankfurt,* NJW-RR 1997, 84 bei vom Auftraggeber zu vertretender Bauverzögerung.

[74] *Ingenstau/Korbion,* § 2 VOB/B, Rdnr. 170.

[75] *BGH,* NJW 1985, 855; *Werner/Pastor,* Rdnr. 1121; *Kleine-Möller,* § 2, Rdnr. 253 ff.

[76] *BGHZ* 82, 21 = NJW 1982, 331; *BGHZ* 94, 335 = NJW 1985, 2270; *LG Bonn,* NJW-RR 1992, 917.

[77] *BGH,* NJW 1980, 2518; *OLG Köln,* NJW-RR 1994, 1109; *Ingenstau/Korbion,* § 2 VOB/B, Rdnr. 173; *Locher,* Rdnr. 189; Einzelfragen bei *Kleine-Möller,* § 2, Rdnr. 211 ff.

[78] *BGHZ* 50, 25 = NJW 1968, 1234; *OLG Düsseldorf,* NJW-RR 1996, 730; zur stillschweigenden Anordnung vgl. *BGH,* NJW-RR 1992, 1046; *OLG Düsseldorf,* NJW-RR 1992, 529; *Nicklisch/Weick,* § 2 VOB/B, Rdnr. 61.

[79] *BGH,* WM 1969, 1019; *OLG Düsseldorf,* BauR 1991, 258 L; Einzelheiten bei *Ingenstau/Korbion,* § 2 VOB/B, Rdnr. 275 ff.; *Werner/Pastor,* Rdnr. 1149 ff.

[80] *Werner/Pastor,* Rdnr. 1153; *Vygen,* FS Locher, S. 263.

[81] *BGHZ* 50, 25 = NJW 1968, 1235 re. Sp.; vgl. auch *Jagenburg,* NJW 1979, 2181; *OLG Frankfurt,* NJW-RR 1986, 1149.

4. Änderungen des Leistungsumfangs

a) Grundsatz

Änderungen des Leistungsumfangs werden beim Einheitspreisvertrag automatisch dadurch berücksichtigt, daß die geschuldete Vergütung sich nach dem Umfang der ausgeführten Arbeiten richtet.[82] Daneben ist aber auch die Kalkulation des Auftragnehmers betroffen, der den Einheitspreis unter Berücksichtigung der angegebenen Massen berechnet hat. Dies kann im Einzelfall bei erheblichen Abweichungen zu einer Anpassung des Einheitspreises unter dem Gesichtspunkt der Änderung der Geschäftsgrundlage führen.[83]

b) VOB-Vertrag

§ 2 Nr. 3 VOB/B sieht hierzu eine Sonderregelung vor, die als Ausdruck des Verkehrsüblichen auch beim BGB-Vertrag herangezogen werden kann.[84] Die Regelung besteht darin, daß die Toleranzgrenze für Mehr- oder Minderleistungen bei 10 % festgelegt wird.[85] Es ist dann bei Überschreitung dieser Grenze unter Berücksichtigung der bisherigen Kalkulation ein neuer Einheitspreis zu bilden.[86]

c) AGB-Klauseln

Klauseln, die in Abweichung von b) eine Änderung der Vergütung zu Lasten der Gegenpartei ausschließen, sind nach § 9 AGBG unwirksam.[87]

5. Zusätzliche Leistungen

Zusätzliche Leistungen, die der Auftragnehmer unter den Voraussetzungen des § 1 Nr. 4 VOB/B zu übernehmen hat, werden nicht durch die im Vertrag vorgesehene Vergütung abgegolten.[88] Die Problematik besteht darin, daß im Einzelfall geklärt werden muß, ob eine zusätzliche Leistung

---

[82] S.o. I, 1, a + I, 1, b, (1).

[83] *Werner/Pastor,* Rdnr. 2501, 1173.

[84] *BGH,* S.F.Z. 2.0.Bl.3; *Werner/Pastor,* Rdnr. 2501; *Kleine-Möller/Oelmaier,* § 20, Rdnr. 44.

[85] Maßgebend ist die einzelne Leistungsposition: *BGH,* BauR 1976, 135; *Locher,* Rdnr. 190; *Ingenstau/Korbion,* § 2, Rdnr. 210; *Nicklisch/Weick,* § 2 VOB/B, Rdnr. 38.

[86] Einzelfragen bei *Werner/Pastor,* Rdnr. 1169; *Nicklisch/Weick,* § 2 VOB/B, Rdnr. 38 ff.; *Kleine-Möller/Oelmaier,* § 20, Rdnr. 46. – Zur Pflicht des Auftragnehmers zur Offenlegung der Kalkulation *OLG München,* BauR 1993, 726.

[87] *OLG Düsseldorf,* NJW-RR 1992, 216; *OLG Frankfurt,* NJW-RR 1986, 245; *Ingenstau/Korbion,* § 2, Rdnr. 406; *Werner/Pastor,* Rdnr. 1171; teilw. abw. *Kleine-Möller,* § 2, Rdnr. 269. (Erhöhung des Grenzwertes auf 20 % sei zulässig). – Vgl. auch *BGH,* NJW-RR 1994, 531.

[88] S.o. I, 1, a, (2).

vorliegt;[89] es besteht ein Bedürfnis daran, daß die Parteien bei Ausführung solcher Leistungen wissen, ob eine zusätzliche Vergütung anfällt.

a) BGB-Vertrag

Eindeutig ist die Rechtslage, wenn die Parteien die Notwendigkeit der Zusatzleistungen erkennen und daraufhin ein ausdrücklicher Zusatzauftrag erteilt wird.[90]

(1) Ein Zusatzauftrag kann aber auch stillschweigend erteilt werden. Dies ist dann der Fall, wenn der Auftraggeber die Ausführung einer Zusatzleistung fordert und der Auftragnehmer die geforderte Leistung ohne ausdrücklichen Vertragsschluß einfach ausführt.[90a] Eine AGB-Klausel des Auftraggebers, die für die Vereinbarung einer Zusatzleistung Schriftform erfordert, ist nach § 9 AGBG unwirksam.[91]

(2) Wird ein Zusatzauftrag nicht erteilt, so kann der Auftragnehmer eine Vergütung nach den Vorschriften über die Geschäftsführung ohne Auftrag verlangen (§§ 677, 683 BGB). Die Leistung muß notwendig sein und dem mutmaßlichen Willen des Auftraggebers entsprechen.[92] Eine besondere Ankündigung der Leistung durch den Auftragnehmer ist nicht erforderlich.[93] – Außerdem steht dem Auftragnehmer eine Vergütung zu, wenn der Auftraggeber die Leistung nachträglich als vergütungspflichtig anerkennt.[94]

b) VOB-Vertrag

(1) Die VOB/B enthält für die Vergütung von Zusatzleistungen eine Sonderregelung, die gegenüber der Regelung des BGB-Vertrages eine Verschärfung zu Lasten des Auftragnehmers darstellt. Sowohl für den stillschweigenden Abschluß eines Zusatzauftrages als auch für den Anspruch aus Geschäftsführung ohne Auftrag wird der Vergütungsanspruch des Auftragnehmers von einer zusätzlichen Ankündigung des Auftragnehmers vor Beginn der Arbeiten abhängig gemacht (§ 2 Nr. 6 + 8 VOB/B).

---

[89] Zur Abgrenzung gegenüber Nebenleistungen s.o. I, 1, a, (2), gegenüber Anschlußaufträgen *OLG Düsseldorf,* BauR 1996, 875; 1997, 647.

[90] *Werner/Pastor,* Rdnr. 1156; *OLG Karlsruhe,* NJW-RR 1996, 592.

[90a] Zurückhaltend *BGH,* NJW 1997, 1982.

[91] *OLG Karlsruhe,* NJW-RR 1993, 1435; a.A. *OLG Karlsruhe,* BauR 1994, 802 L. – Vgl. auch *OLG Karlsruhe,* NJW-RR 1996, 592.

[92] *BGH,* WM 1972, 618; NJW 1974, 1241; *OLG Köln,* NJW-RR 1999, 526; *Schmidt,* BlGBW 1969, 202.

[93] *Soergel,* MK, § 631, Rdnr. 173; *OLG Köln,* a.a.O. (Unzulässigkeit einer Schriftformklausel).

[94] *Ingenstau/Korbion,* § 2, Rdnr. 372 ff.; *Nicklisch/Weick,* § 2, Rdnr. 102; *BGH,* NJW 1974, 646 (bloßes Aufmaß ist kein Anerkenntnis).

Die h.M. wertete dieses zusätzliche Erfordernis bisher als echte Anspruchsvoraussetzung.[95] Hiergegen wurden schon seit langem Bedenken erhoben.[96] Der BGH hat in einer zu § 2 Nr. 8 VOB/B ergangenen Entscheidung nunmehr ausgesprochen, daß die Regelung einer an § 9 AGBG ausgerichteten „isolierten Inhaltskontrolle" nicht standhält.[97] Dagegen ist nach BGH bei einer auf den Auftraggeber zurückzuführenden Vereinbarung der „VOB/B als Ganzes" diese Inhaltskontrolle nicht zulässig.[98] Hier hat der BGH die Unbilligkeit der Regelung auf andere Weise entschärft. Die vorherige Ankündigung soll entbehrlich sein, wenn die zusätzliche Leistung zur Erreichung einer ordnungsmäßigen Herstellung erforderlich ist[99] oder wenn der Auftraggeber bei Forderung der Leistung selbst von der Entgeltlichkeit der Zusatzleistung ausging oder ausgehen mußte oder wenn der Auftragnehmer die vorherige Ankündigung ohne Verschulden versäumt hat.[100]

(2) Hinsichtlich der Berechnung der Vergütung für die zusätzliche Leistung bestimmt § 2 Nr. 6 VOB/B, daß diese sich nach den Grundlagen der Preisermittlung für die vertragliche Leistung und den besonderen Kosten der geforderten Leistung bestimmt.[101]

6. Ersatz von Mehrkosten nach Anordnung des Auftraggebers

Hat der Auftraggeber eine bestimmte Anordnung zur Durchführung der Leistung getroffen und besteht er trotz Geltendmachung von Bedenken des Auftragnehmers auf der Ausführung derselben, so hat dieser nunmehr einen Anspruch auf Erstattung der durch die ungerechtfertigte Anordnung verursachten Mehrkosten (§ 4 Nr. 1 (4) VOB/B).

Es handelt sich hierbei um eine selbständige Anspruchsgrundlage, die von § 2 Nr. 5 + 6 VOB/B unabhängig ist,[102] insbesondere keine besondere Anzeige erfordert.[103] Der Umfang der Kosten richtet sich nach der Differenz zwischen den Kosten der ausgeführten Leistungen und den Kosten, die ohne die Anordnung bei bisher vereinbarter Durchführung entstanden wären.[104]

---

[95] *BGH,* WM 1969, 1019; NJW-RR 1991, 534; Nachw. bei *Locher,* FS Korbion (1986), S. 284.

[96] *Lehning,* NJW 1977, 422; *Fahrenschon,* BauR 1977, 172; *Nicklisch/Weick,* § 2 VOB/B, Rdnr. 71; *Jagenburg,* FS Soergel, S. 259 ff.

[97] *BGHZ* 113, 315 = NJW 1991, 1812. – Erst recht gilt dies für AGB-Klauseln mit weiteren Verschärfungen; a.A. *Locher* (Fußn. 95), S. 288; *Ingenstau/Korbion,* § 2 VOB/B, Rdnr. 317.

[98] *Locher* (Fußn. 95), S. 286; s.o. 1. Teil, I, 2, f, (2).

[99] *BGH,* S.F.Z. 2. 310, Bl. 40; BauR 1977, 172; ebenso *OLG Stuttgart,* BauR 1977, 291; *OLG Düsseldorf,* NJW-RR 1999, 313.

[100] *BGHZ* 133, 44 = NJW 1996, 2158; ebenso schon *Ingenstau/Korbion,* § 2, Rdnr. 301; *Werner/Pastor,* Rdnr. 1158.

[101] Einzelfragen bei *Ingenstau/Korbion,* § 2, Rdnr. 307 ff.; *Nicklisch/Weick,* § 2, Rdnr. 72; *Werner/Pastor,* Rdnr. 1159; *Altmann,* BB 1976, 925; *Walzel,* BauR 1980, 227; *OLG Düsseldorf,* BauR 1993, 479 (Nachlaß auf die Hauptforderung).

[102] Zur Abgrenzung *Ingenstau/Korbion,* § 4, Rdnr. 87.

[103] *Ingenstau/Korbion,* § 4 VOB/B, Rdnr. 96; *Nicklisch/Weick,* § 4 VOB/B, Rdnr. 38.

[104] *Ingenstau/Korbion,* § 4 VOB/B, Rdnr. 94.

7. Ersatz von Mehrkosten wegen Behinderung der Ausführung

a) Voraussetzungen

Wird der Auftragnehmer durch Umstände aus der Sphäre des Auftraggebers, die dieser zu vertreten hat, in der ordnungsgemäßen Ausführung der Leistung behindert, so kann er im Wege des Schadensersatzes Ersatz der nachweislich entstandenen Mehrkosten verlangen. Anspruchsgrundlage ist beim BGB-Vertrag die positive Vertragsverletzung, beim VOB-Vertrag § 6 Nr. 6 VOB/B.[105]

Die behindernden Umstände, die der Auftraggeber dem Auftragnehmer unverzüglich mitzuteilen hat (§ 6 Nr. 1 VOB/B), können bestehen in der Verletzung von Mitwirkungspflichten,[106] fehlerhaften Anordnungen oder nicht mitgeteilten, voraussehbaren Erschwernissen.[107] Fehlerhaftes Verhalten Dritter ist im Rahmen des § 278 BGB dem Auftraggeber zuzurechnen,[108] wobei der BGH die Erfüllungsgehilfeneigenschaft bei Vorunternehmern verneint.[109]

b) Rechtsfolgen

Die Darlegung und Berechnung der Mehrkosten ist schwierig und umstritten.[110] Entgegen anderweitigen Tendenzen, die auf eine abstrakte Berechnung des Schadens hinauslaufen,[111] verlangt der BGH eine konkrete Schadensberechnung, bei der dem Auftragnehmer allerdings die freie Schadensschätzung nach § 287 ZPO zugutekommt.[112]

Ein Schaden wird durch die vertraglich vereinbarte Möglichkeit einer Verschiebung der Bauzeiten nicht ausgeschlossen.[113] Er ist aber zu verneinen, wenn der Auftragnehmer zusätzliche Vergütungsansprüche nach § 2 Nr. 5 oder 6 VOB/B hat.[114]

---

[105] *Werner/Pastor,* Rdnr. 1836; vgl. auch *OLG Celle,* BauR 1995, 552.

[106] Stellung fehlerhafter Baupläne.

[107] *OLG Hamm,* NJW-RR 1994, 406 (Bodenverhältnisse).

[108] *Ingenstau/Korbion,* § 6 VOB/B, Rdnr. 128; zum Erfüllungsgehilfen des Auftraggebers vgl. auch *Nicklisch/Weick,* § 10, Rdnr. 14.

[109] *BGHZ* 95, 128 = NJW 1985, 2475; *BGHZ* 137, 35 = NJW 1998, 456 (Bauaufsicht); dagegen *Kapellmann,* BauR 1992, 433; *Kraus,* BauR 1986, 17; *Grieger,* BauR 1990, 406; *Nicklisch/Weick,* § 10 VOB/B, Rdnr. 14; *Motzke,* Beck-VOB-Kommentar, § 6 Nr. 6 VOB/B, Rdnr. 85 ff.

[110] Hierzu *Werner/Pastor,* Rdnr. 1830 ff.

[111] *KG,* Urt. vom 18.9.1984, 21–18 U 2577/76; („Äquivalenzkostenverfahren"); hierzu *Grieger,* BauR 1985, 524; ferner *Diederichs,* BauR 1998, Beilage 1.

[112] *BGHZ* 97, 163 = NJW 1986, 1684; hierzu *Kapellmann/Schiffer,* BauR 1986, 615; *Ganten,* BauR 1987, 22; *Grieger,* BauR 1987, 378; *Clemm,* DB 1985, 2597; *Olshausen,* FS Korbion (1986), S. 323; *Agh-Ackermann/Kuen,* BauR 1991, 542. – Einzelfragen bei *Werner/Pastor,* Rdnr. 1832 ff.; *Motzke,* (Fußn. 109), Rdnr. 97 ff.

[113] *OLG Köln,* NJW 1986, 71.

[114] *Jagenburg,* NJW 1994, 2870.

8. Beschränkung der Vergütung wegen Überschreitung des Kostenvoranschlages

Eine Beschränkung der Vergütung kann sich unter dem Gesichtspunkt des Schadensersatzes ergeben, wenn der Auftragnehmer einen Kostenvoranschlag erstellt und eine wesentliche Überschreitung desselben schuldhaft nicht angezeigt hat (§ 650 II BGB).

Ob eine solche wesentliche Überschreitung vorliegt, hängt vor allem davon ab, ob der Auftraggeber bei Kenntnis der Überschreitung Anlaß zu einer anderweitigen Disposition gehabt hätte.[115] Liegt eine solche wesentliche Überschreitung vor, so beschränkt sich die Vergütung auf den Werklohn, der bei rechtzeitiger Mitteilung und Kündigung des Bauvertrages zu zahlen gewesen wäre.[116] Hinzu tritt eine weitere Vergütung für diejenigen Leistungen, die der Auftraggeber behält, soweit sie für ihn von Nutzen sind.[117]

III. Die Fälligkeit der Vergütung

1. Die Abnahme als Fälligkeitsvoraussetzung

Die Fälligkeit der Vergütung setzt zunächst die Abnahme der Bauleistung voraus (§ 641 I BGB). Das muß – trotz der Nichterwähnung der Abnahme in § 16 Nr. 3 I VOB/B – auch für den VOB-Vertrag gelten.[118]

a) Verweigerung der Abnahme

Bei berechtigter Verweigerung der Abnahme – wegen Mängeln[119] – wird der Anspruch auf Vergütung nicht fällig; es kann mithin auch keine Verurteilung zur Zahlung Zug um Zug gegen Beseitigung der Mängel erfolgen.[120] Ist die Verweigerung der Abnahme dagegen ungerechtfertigt, so kann der Auftragnehmer auf Zahlung klagen; eine zusätzliche Klage auf Abnahme ist zwar zulässig, aber nicht notwendig.[121]

---

[115] *Köhler,* NJW 1983, 1633; *Werner/Pastor,* Rdnr. 1307 (Richtlinie: 25 %); *Pahlmann,* DRiZ 1978, 367.

[116] *Kleine-Möller,* § 14, Rdnr. 67 ff.; *Werner,* FS Korbion (1986), S. 473; *Werner/Pastor,* Rdnr. 1312.

[117] *OLG Frankfurt,* OLGZ 1984, 198; NJW-RR 1989, 209; *LG Köln,* NJW-RR 1990, 1498; .a.A. *Werner/Pastor,* Rdnr. 1311.

[118] *BGHZ* 73, 140 = NJW 1979, 650; *BGHZ* 179, 180 = NJW 1981, 822; *OLG Hamm,* NJW 1978, 649; *Ingenstau/Korbion,* § 16 VOB/B, Rdnr. 16 m.Nw.; *Nicklisch/Weick,* § 12 VOB/B, Rdnr. 23; *Locher,* Rdnr. 204; *Werner/Pastor,* Rdnr. 1381.

[119] S.o. 1. Teil, V, 1, b, (2).

[120] *BGHZ* 26, 337 = NJW 1958, 706; *OLG Hamm,* NJW 1981, 131; NJW-RR 1988, 147; a.A. *Peters,* FS Korbion (1986), S. 337 ff.

[121] S.o. 1. Teil, V, 5, a.

b) Abweichende Vereinbarung

Abweichende Vereinbarungen in AGB-Klauseln des Auftragnehmers, wonach der Vergütungsanspruch schon vor Abnahme fällig wird, sind nach § 9 AGBG unwirksam.[122] Die Parteien können aber Abschlagszahlungen, gegebenenfalls auch Vorauszahlungen vereinbaren.[123] Klauseln in AGB des Auftraggebers, die die Fälligkeit des Vergütungsanspruchs über den Zeitpunkt der Abnahme hinausschieben, sind ebenfalls nach § 9 AGBG unwirksam.[124]

2. Die Vorlage der Schlußrechnung

a) VOB-Vertrag

Die VOB verlangt in § 16 Nr. 3 I VOB/B zusätzlich, daß der Auftragnehmer eine prüfungsfähige Schlußrechnung vorlegt.[125]

(1) § 14 Nr. 1 VOB/B enthält nähere Einzelheiten dieses Erfordernisses betreffend übersichtliche Gestaltung der Rechnung nebst Beifügung von Nachweisen über Art und Umfang der Leistung.[126] Sie ist prüfungsfähig, wenn der Architekt des Auftraggebers sie zu prüfen vermag.[127] Eine gesonderte Schlußrechnung kann sich erübrigen, wenn die vorgelegten Abschlagsrechnungen in ihrer Gesamtheit durch Zusammenfügen die Voraussetzungen des § 14 Nr. 1 VOB/B erfüllen.[128]

(2) Die Schlußrechnung ist binnen einer – nach der jeweiligen Ausführungsfrist gestaffelten – Frist vorzulegen (§ 14 Nr. 3 VOB/B). Wird sie nicht fristgerecht vorgelegt, so kann der Auftraggeber nach Setzen einer angemessenen Nachfrist die Schlußrechnung selbst auf Kosten des Auftragnehmers erstellen.[129] Sie ist dann alleinige Abrechnungsgrundlage.[130]

b) BGB-Vertrag

Umstritten ist, ob auch beim BGB-Vertrag der Auftragnehmer zur Erteilung einer Schlußrechnung verpflichtet ist mit der Folge, daß die Fälligkeit der Forderung erst mit Erteilung der Schlußrechnung eintritt. Teil-

---

[122] *OLG Köln,* NJW-RR 1992, 1047; *OLG Schleswig,* BauR 1994, 513; *LG Frankfurt,* NJW-RR 1987, 1003.

[123] S.u. III, 4.

[124] *OLG Hamm,* NJW-RR 1988, 726; *OLG Karlsruhe,* NJW-RR 1993, 1435; *Werner/Pastor,* Rdnr. 1336.

[125] *BGH,* NJW 1982, 1815; NJW-RR 1990, 1170.

[126] Einzelheiten bei *Ingenstau/Korbion,* § 14 VOB/B, Rdnr. 16 ff.; *Mantscheff,* BauR 1972, 205; *Werner/Pastor,* Rdnr. 1393.

[127] *BGH,* NJW 1967, 342; *OLG München,* BauR 1993, 346.

[128] *OLG Hamm,* NJW-RR 1996, 593.

[129] *OLG Düsseldorf,* BauR 1987, 336; 1996, 740; *OLG Köln,* BauR 1996, 725; *Dähne,* BauR 1981, 233.

[130] *OLG Düsseldorf,* NJW-RR 1995, 535.

weise wird dies im Anschluß an eine Entscheidung des BGH,[131] wonach die Verjährung bereits vor Erteilung der Schlußrechnung zu laufen beginne, verneint.[132] Diese Meinung ist jedoch abzulehnen, da eine unterschiedliche Behandlung von BGB- und VOB-Vertrag nicht gerechtfertigt ist.

Der Auftraggeber hat auch beim BGB-Vertrag ein erhebliches Interesse daran, die genaue Zusammensetzung der von ihm geschuldeten Vergütung zu erfahren. Auch die Ausweisung der Umsatzsteuer ist nur auf diese Weise möglich. Im übrigen entspricht diese Übung einer entsprechenden Handhabung in der Praxis und damit der Verkehrssitte. Der BGH kommt dieser Meinung entgegen, indem er im Einzelfall eine entsprechende stillschweigende Fälligkeitsvereinbarung annimmt.[133] Zweifelhaft ist allerdings, ob die Anforderungen des § 14 Nr. 1 VOB/B an Inhalt und Gliederung der Schlußrechnung ebenfalls zu übernehmen sind.[134]

3. Prüfungsfrist

a) VOB-Vertrag

Beim VOB-Vertrag ist die Schlußzahlung alsbald nach Prüfung und Feststellung der von dem Auftragnehmer vorgelegten Schlußrechnung zu leisten, spätestens innerhalb von zwei Monaten nach Vorlage der Schlußrechnung (§ 16 Nr. 4 I S. 1 VOB/B).[135]

Bei früherer Beendigung der Prüfung und Mitteilung des Ergebnisses wird der Anspruch auf Vergütung also auch vor Ablauf der Zweimonatsfrist fällig.[136] Die Frist wird umgekehrt hinausgeschoben, wenn die Prüfung der Schlußrechnung aus sachlichen, nicht vom Auftraggeber zu vertretenden Gründen nicht innerhalb von zwei Monaten möglich ist.[137]

b) BGB-Vertrag

Beim BGB-Vertrag wird man nach Treu und Glauben dem Auftraggeber ebenfalls eine angemessene Prüfungsfrist zubilligen müssen; er kann nach §§ 282, 285 BGB nicht in Verzug geraten, wenn er innerhalb einer vom Auftragnehmer gesetzten Frist die Prüfung nicht vornehmen kann.

---

131 *BGHZ* 79, 176 = NJW 1981, 814.

132 *OLG Celle*, NJW 1986, 327 m. krit. Anm. *U. Locher* in BauR 1986, 358; *OLG Stuttgart*, NJW-RR 1994, 17; *Grimme*, NJW 1987, 468. – Überblick über den Meinungsstand bei *Werner/Pastor*, Rdnr. 1370.

133 *BGH*, NJW-RR 1989, 148. – Ebenso *OLG Düsseldorf*, NJW-RR 1999, 327.

134 Bejahend *OLG Köln*, NJW 1973, 2111; *OLG Hamm*, BauR 1997, 656; *OLG Dresden*, NJW-RR 1998, 882; *Werner/Pastor*, Rdnr. 1371; *Nicklisch/Weick*, § 14 VOB/B, Rdnr. 10; für den Einheitspreisvertrag *Merl*, Richterhandbuch, Rdnr. 128.

135 Einzelheiten bei *Ingenstau/Korbion*, § 16 VOB/B, Rdnr. 100 ff.

136 *BGHZ* 83, 382 = NJW 1982, 1815; *Ingenstau/Korbion*, § 16 VOB/B, Rdnr. 116; *Nicklisch/Weick*, § 16 VOB/B, Rdnr. 36.

137 *BGH*, NJW 1968, 1962; *BGHZ* 53, 292 = NJW 1969, 428; *Ingenstau/Korbion*, § 16 VOB/B, Rdnr. 112.

4. *Abschlagszahlungen, Vorauszahlungen*

a) *Abschlagszahlungen*

Bei der Länge einzelner Bauvorhaben ist es notwendig und üblich, daß der Auftragnehmer einen Teil der Vergütung bereits vor den unter 1–3 erwähnten Voraussetzungen erhält, damit er Materialien und Löhne bezahlen kann; der Auftraggeber ist durch die fortschreitende Wertsteigerung seines Grundstücks abgesichert. Die Handhabung geschieht in Form von Abschlagszahlungen, die beim VOB-Vertrag auch ohne besondere Absprache auf Antrag in Höhe des Wertes der jeweils nachgewiesenen vertragsmäßigen Leistungen in möglichst kurzen Zeitabständen zu gewähren sind (§ 16 Nr. 1 VOB/B). Beim BGB-Vertrag kann sich die Pflicht zu Abschlagszahlungen aufgrund einer konkreten Absprache, gegebenenfalls aber auch aus Treu und Glauben ergeben.[138]

(1) Voraussetzung für einen Anspruch auf Abschlagszahlung ist stets der konkrete Nachweis der erbrachten Leistungen (§ 16 Nr. 1 I S. 2 VOB/B) z.B. in Form von Zwischenrechnungen oder durch Bezugnahme auf bestimmte, bereits ausgeführte Positionen des Leistungsverzeichnisses.[139] Eine Abnahme dieser Leistungen ist nicht erforderlich.[140] Nach Vorliegen der Schlußrechnung können Abschlagszahlungen nicht mehr verlangt werden.[140a]

(2) In der Praxis wird oft die Voraussetzung einer Abschlagszahlung näher durch bestimmte Umschreibungen des Standes des Bauvorhabens (Fertigstellung der Rohbauarbeiten oder bestimmter Geschoßdecken, Vorlage des Rohbauabnahmescheins, des Gebrauchsabnahmescheins) konkretisiert.[141] Diese Klauseln des Auftragnehmers unterliegen nach § 9 AGBG der Inhaltskontrolle dahin, daß ihre Höhe und Fälligkeit mit dem Baufortschritt in Einklang stehen muß.[142] Umgekehrt sind Klauseln des Auftraggebers, die Abschlagszahlungen völlig ausschließen oder der Höhe nach durch Herabsetzung einer Quote zu begrenzen, ebenfalls nach § 9 AGBG unwirksam.[143]

b) *Vorauszahlungen*

Im Gegensatz zu Abschlagszahlungen bedürfen Vorauszahlungen auf noch nicht erbrachte Leistungen sowohl nach BGB als auch nach VOB einer besonderen Vereinbarung.

Umstritten ist, ob dies in AGB geschehen kann. M.E. ist dies zu verneinen; vielmehr ist eine Individualvereinbarung erforderlich.[144] – Wird eine Vereinbarung zur Zahlung von

---

[138] *BGH,* NJW 1985, 855, 857 re. Sp.; NJW 1988, 55, 57 re. Sp. m. Anm. *Peters,* JZ 1988, 39; a.A. *Werner/Pastor,* Rdnr. 1218.

[139] *Ingenstau/Korbion,* § 16 VOB/B, Rdnr. 34, 44; *Nicklisch/Weick,* § 16 VOB/B, Rdnr. 12; *Kleine-Möller/Oelmaier,* § 20, Rdnr. 72.

[140] *BGH,* NJW 1979, 650; *Werner/Pastor,* Rdnr. 1222.

[140a] *OLG Hanau,* NJW-RR 1999, 528.

[141] Hierzu *Werner/Pastor,* Rdnr. 1235.

[142] *BGH,* NJW 1986, 3199; 1992, 1107; *OLG Hamm,* NJW-RR 1989, 274; *OLG Schleswig,* BauR 1994, 513; *Werner/Pastor,* Rdnr. 1237.

[143] *Kleine-Möller,* § 2, Rdnr. 499; *Werner/Pastor,* Rdnr. 1238.

[144] *Ulmer/Brandner/Hensen,* § 11 Nr. 2 AGBG, Rdnr. 11 sowie Anhang zu §§ 9–11 AGBG, Rdnr. 211; *Ingenstau/Korbion,* § 16 VOB/B, Rdnr. 82.

Vorauszahlungen nach Vertragsabschluß getroffen, hat der Auftragnehmer auf Verlangen des Auftraggebers eine ausreichende Sicherheit zu leisten (§ 16 I Nr. 2 I VOB/B).[145]

5. Sicherungseinbehalte

a) Allgemeines

Die Fälligkeit wird in der Praxis hinsichtlich eines Teils der Vergütung durch Vereinbarung sogenannter „Sicherungseinbehalte" für etwaige Gewährleistung, auf die der Auftraggeber dann bei Auftreten von Mängeln zur Befriedigung seiner Gewährleistungsansprüche zurückgreifen kann, hinausgeschoben. Die Vereinbarung kann im Bauvertrag, und – in gewissen Grenzen – auch in zusätzlichen Vertragsbedingungen erfolgen.[146]

b) Höhe und Dauer des Einbehalts

(1) Die Höhe des Sicherungseinbehalts besteht regelmäßig in einem bestimmten Prozentsatz der Vergütung.

§ 14 Nr. 2 S. 2 VOB/A gibt für die Vertragsgestaltung als Richtlinie 5 % der Auftragssumme an. Vertragliche Ansprüche können hieraus nicht hergeleitet werden.[147] Es ist daraus aber der Grundsatz abzuleiten, daß eine Übersicherung des Auftraggebers tunlichst zu vermeiden ist.[148] Das ist auch bei einer Inhaltskontrolle von AGB-Klauseln des Auftraggebers zu beachten.[149] Außerdem schreibt § 17 Nr. 6 I VOB/B vor, daß bei Vereinbarung einer Sicherheit in Teilbeträgen die einzelnen Zahlungen (insbesondere Abschlagszahlungen) jeweils um höchstens 10 % gekürzt werden dürfen.[149]

(2) Die Dauer des Einbehalts ist üblicherweise an die jeweils geltenden Gewährleistungsfristen geknüpft. Die Vereinbarung abweichender Fristen ist möglich, unterliegt aber der Inhaltskontrolle nach § 9 AGBG.[150]

c) Durchführung der Sicherheitsleistung

Der Auftraggeber hat den einbehaltenen Betrag auf ein Sperrkonto bei einem vereinbarten Geldinstitut einzuzahlen (§ 17 Nr. 5 VOB/B).

Er darf also den Geldbetrag nicht in seinem Betriebsvermögen belassen und mit ihm arbeiten.[151] Diese Regelung kann beim VOB-Vertrag nicht durch eine AGB-Klausel des

---

[145] *BGH,* NJW 1986, 1681; *Ingenstau/Korbion,* § 16 VOB/B, Rdnr. 87.

[146] *OLG Frankfurt,* BauR 1993, 575 L; *Ingenstau/Korbion,* § 16 VOB/B, Rdnr. 65; a.A. *OLG München,* NJW-RR 1992, 218; *Werner/Pastor,* Rdnr. 1241; s.u. Fußn. 149, 150.

[147] *Nicklisch/Weick,* § 17 VOB/B, Rdnr. 12.

[148] *Ingenstau/Korbion,* § 14 VOB/A, Rdnr. 14.

[149] *Ingenstau/Korbion,* § 17 VOB/B, Rdnr. 81 ff. mit Einzelheiten (Rdnr. 83: generelle Grenze von 20 %); *OLG Hamm,* NJW-RR 1988, 726.

[150] *OLG Hamm,* NJW-RR 1988, 726; *Werner/Pastor,* Rdnr. 1269.

[151] *Ingenstau/Korbion,* § 17 VOB/B, Rdnr. 85; *Nicklisch/Weick,* § 17 VOB/B, Rdnr. 43.

Auftraggebers abbedungen werden.[152] Der Auftragnehmer kann durch Stellung einer Bankbürgschaft jederzeit die vorzeitige Auszahlung des Sicherungseinbehalts erreichen.[153]

d) *Rückgabe der Sicherheit*

Der einbehaltene Betrag ist nach Ablauf der vereinbarten Frist, spätestens nach Ablauf der Verjährung für die Gewährleistung auszuzahlen (§ 17 Nr. 8 VOB/B).

Das gilt allerdings nicht, wenn zu diesem Zeitpunkt infolge aufgetretener Mängel Gewährleistungsansprüche noch nicht erfüllt sind. Das kann zu Streitigkeiten zwischen den Parteien über das Vorliegen von Mängeln und den Ablauf der Gewährleistungsfristen (z.B. Länge derselben, Unterbrechung, Hemmung) führen.[154] Durch AGB-Klauseln des Auftraggebers darf die Rückzahlung nicht von Voraussetzungen abhängig gemacht werden, die der Auftragnehmer nicht kraft eigenen Rechts durchzusetzen vermag.[155]

6. *Skonto*

a) *Zulässigkeit*

Ein Skontoabzug ist nur bei entsprechender Vereinbarung zulässig, was § 16 Nr. 5 II VOB/B nochmals ausspricht.[156]

Die Rechtsprechung verlangt hierbei die genaue Festlegung der Bedingungen, unter denen der Skonto bewilligt wird.[157] Ist nichts Abweichendes vereinbart, kann der Skonto nach h.M. nur bei der Schlußzahlung abgezogen werden.[158] Abweichende AGB-Klauseln des Auftraggebers unterliegen nach einer neueren Entscheidung des BGH dem Transparenzgebot.[159] Ist die Zulässigkeit des Skontos wirksam auch für Abschlagszahlungen vereinbart, so bleibt dem Auftraggeber diese Befugnis auch erhalten, wenn er andere Abschlagszahlungen oder die Schlußzahlung verspätet leistet.[160]

b) *Wahrung der Skontofrist*

Für die Rechtzeitigkeit der Zahlung genügt es, wenn der Auftraggeber die Zahlung innerhalb der Skontofrist auf den Weg geschickt hat.[161] Strei-

---

[152] *KG,* NJW-RR 1988, 1365.

[153] *BGH,* NJW 1988, 908.

[154] Zu diesen Fragen s.u. 3. Teil, I, 7.

[155] *Ingenstau/Korbion,* § 17 VOB/B, Rdnr. 102; *Werner/Pastor,* Rdnr. 1264.

[156] *BGH,* NJW 1983, 2944; *OLG Düsseldorf,* BauR 1992, 783; *Werner/Pastor,* Rdnr. 1277 m.Nw.

[157] *LG Aachen,* NJW-RR 1986, 645; *Ingenstau/Korbion,* § 16 VOB/B, Rdnr. 269; *Nicklisch/Weick,* § 16 VOB/B, Rdnr. 77; *Werner/Pastor,* Rdnr. 1278.

[158] *OLG Stuttgart,* BauR 1990, 386 L; *Ingenstau/Korbion,* § 16 VOB/B, Rdnr. 271; a.A. (auch bei Teilzahlungen) *OLG Köln,* NJW-RR 1990, 525; *Werner/Pastor,* Rdnr. 1279.

[159] *BGHZ* 131, 392 = NJW 1996, 1336; *Nicklisch/Weick,* § 16 VOB/B, Rdnr. 77.

[160] *OLG Köln,* NJW-RR 1990, 525.

[161] *OLG Köln,* NJW-RR 1990, 284; *Kronenbitter,* BB 1984, 2033.

tig ist, ob der Skonto nur bei Barzahlung (bzw. Überweisung) oder auch bei anderen Zahlungsweisen abgezogen werden darf.[162] Ist die Rechnung nicht prüfungsfähig und dies auch von dem Auftraggeber nicht zu vertreten,[163] so beginnt die Skontofrist nicht zu laufen, wobei allerdings der Auftraggeber auf dieses Hindernis hinweisen muß, um sich den Skontoabzug bei späterer Zahlung zu erhalten.[164]

7. Zinsen

a) BGB-Vertrag

Beim BGB-Vertrag kann der Auftragnehmer Zinsen vom Zeitpunkt der Abnahme an verlangen (§ 641 II BGB).

Richtiger Ansicht nach muß aber auch hier die Erteilung der Schlußrechnung hinzukommen.[165] Maßgebend für die Höhe ist der gesetzliche Zinsfuß von 4 bzw. 5 % (§§ 246 BGB, 352 HGB). Höhere Zinsen stehen dem Auftragnehmer vom Eintritt des Verzuges an zu; sie bedürfen jedoch dann des Nachweises (§ 288 II BGB).

b) VOB-Vertrag

Beim VOB-Vertrag läuft der Zinsanspruch in Abweichung von § 641 II BGB erst nach Erteilung der Schlußrechnung, nach Ablauf der in § 16 Nr. 3 I VOB/B vorgesehenen Zahlungsfrist[166] und nach erfolglosem Setzen einer Nachfrist (§ 16 Nr. 5 VOB/B).

Die Höhe wird pauschal mit 1 % über dem (jeweiligen) Lombardsatz der Deutschen Bundesbank abgegolten (§ 16 Nr. 5 III S. 2 VOB/B).[167] Voraussetzung ist auch hier, daß die Ansprüche bei Schlußzahlung fällig waren.[168] Die Geltendmachung eines höheren Verzugsschadens nach § 288 II BGB ist aber nicht ausgeschlossen.

IV. Erfüllung und Erfüllungssurrogate

1. Zahlungen

Zahlungen des Auftraggebers sind auf die geschuldete Vergütung anzurechnen (§ 362 I BGB).

---

[162] *OLG Hamm,* DB 1986, 2428 (Wechsel genügt nicht); *BGH,* NJW 1998, 1302; *Nicklisch/Weick,* § 16 VOB/B, Rdnr. 77 (Scheck genügt).

[163] *LG München I,* NJW-RR 1989, 852.

[164] *OLG München,* BauR 1988, 381 L.

[165] *Kleine-Möller,* § 11, Rdnr. 84. – S.o. III, 2, b.

[166] S.o. III, 3, a.

[167] Nach Einführung des Euro gilt ab 1. 1. 1999 der Zinssatz der „Spitzenfinanzierungsfazilität" der Europ. Zentralbank (Art. 1 § 3 II Nr. 1 des Diskont-Überleitungsgesetzes vom 9. 6. 1998, BGBl. I S. 1242 i.V.m. § 1 der Lombardzins-Überleitungs-VO vom 18. 12. 1998, BGBl. I S. 3189). Zur AGB-Festigkeit der VOB-Regelung siehe *Ingenstau/Korbion,* § 16 VOB/B, Rdnr. 288.

[168] *OLG Düsseldorf,* SFH § 16 Nr. 3 VOB/B, Nr. 28 (Sicherungseinbehalt).

a) Zahlungen an Dritte

Die VOB/B gibt in § 16 Nr. 6 dem Auftraggeber das Recht, zu Lasten des Auftragnehmers auch an dessen Gläubiger zu zahlen, soweit diese an der Ausführung der vertraglichen Leistung aufgrund eines mit diesem abgeschlossenen Dienst- oder Werkvertrages[169] beteiligt sind und der Auftragnehmer ihnen gegenüber in Verzug gekommen ist.

Die Regelung dient dem Interesse des Auftraggebers, bei Insolvenz des beauftragten Hauptunternehmers die Subunternehmer zur Fortsetzung der ihnen übertragenen Arbeiten zu veranlassen. Diese Befugnis endet mit dem Konkurs des Auftragnehmers, damit die Werklohnforderung dessen Gläubigern zur Verfügung steht (arg. §§ 1, 8 KO).[170] Nach der Rechtsprechung hält die Vorschrift einer isolierten Inhaltskontrolle nicht stand, während sie bei Vereinbarung der VOB/B als Ganzes wirksam ist.[171]

b) Schuldbeitritt

Dem Interesse des Subunternehmers bei Zahlungsschwierigkeiten des Hauptunternehmers kann im Einzelfall durch Vereinbarung eines Schuldbeitritts des Auftraggebers Rechnung getragen werden.[172]

Nach dem Schuldbeitritt haften Auftraggeber und Hauptunternehmer dem Subunternehmer als Gesamtschuldner (§ 421 BGB) mit der Folge, daß mit der Zahlung des Auftraggebers an den Subunternehmer auch die Forderung desselben an den Hauptunternehmer getilgt wird (§ 422 BGB).

2. Aufrechnung

Der Auftraggeber kann gegenüber dem Vergütungsanspruch des Auftragnehmers mit Gegenansprüchen aus Gewährleistung – soweit sie auf Geldersatz gerichtet sind[173] – und Schadensersatzansprüchen aufrechnen (§ 387 BGB).

a) Verjährung

Das gilt auch für verjährte Ansprüche, wenn der Auftraggeber den Mangel vor dem Ablauf der Verjährungsfrist dem Auftragnehmer angezeigt hat (§§ 639 I, 478 I BGB).[174]

---

[169] Also nicht Lieferanten des Auftragnehmers aufgrund Kaufvertrags; vgl. *Ingenstau/Korbion,* § 16 VOB/B, Rdnr. 325; *Nicklisch/Weick,* § 16 VOB/B, Rdnr. 91.

[170] *BGH,* NJW 1986, 2761; *Ingenstau/Korbion,* § 16 VOB/B, Rdnr. 335.

[171] *BGHZ* 111, 394 = NJW 1990, 2384.

[172] *OLG Koblenz,* BB 1992, 1304; *BGH,* BB 1994, 1382; *OLG Düsseldorf,* NJW-RR 1995, 592 (auch zur Vollmacht des Architekten). – Einzelheiten bei *Werner/Pastor,* Rdnr. 1036.

[173] Hierzu unten 3. Teil, I, 2, c, e + f; *Kleine-Möller,* § 10, Rdnr. 216.

[174] *Nicklisch/Weick,* § 13 VOB/B, Rdnr. 177; *Werner/Pastor,* Rdnr. 2569.

b) Aufrechnungsverbot

Im Einzelfall kann die Aufrechnung durch vertragliche Vereinbarung ausgeschlossen sein.

Individualvereinbarungen über den Ausschluß der Aufrechnung sind im Grundsatz zulässig; die Berufung auf ein solches Aufrechnungsverbot kann aber im Einzelfall gegen Treu und Glauben verstoßen.[175] Aufrechnungsverbote in AGB des Auftragnehmers sind bei unbestrittenen oder rechtskräftig festgestellten Forderungen grundsätzlich unzulässig (§ 11 Nr. 3 AGBG),[176] können aber darüber hinaus im Einzelfall gegen § 9 AGBG verstoßen.[177] Keine in diesem Sinne unzulässige Aufrechnung liegt vor, wenn der Auftraggeber bei einer gegenseitigen Abrechnung im Rahmen des § 635 BGB Schadensersatz wegen Nichterfüllung des ganzen Vertrages verlangt und die Vergütung wegen Unbrauchbarkeit oder Mangelhaftigkeit der Leistung verweigert.[178]

V. Ausschluß von Nachforderungen

1. Bindungswirkung der Schlußrechnung

a) Problemstellung

In der Vergangenheit ist streitig geworden, ob der Aufragnehmer an seine gestellte Schlußrechnung gebunden und deshalb mit Nachforderungen ausgeschlossen ist.

Das Problem wurde aufgeworfen durch eine Entscheidung des BGH, die hinsichtlich der Schlußrechnung des Architekten eine solche Bindungswirkung bejaht hatte.[179] Ein Teil des Schrifttums und der Rechtsprechung wollte die Bindungswirkung auf den Bauvertrag übertragen,[180] während eine Gegenmeinung sie ablehnte.[181] Der BGH hatte jedenfalls für den VOB-Vertrag eine Bindungswirkung wegen der Sonderregelung in § 16 Nr. 3 II VOB/B (Fassung 1973) verneint.[182]

b) Neue Rechtslage

Nachdem der BGH nunmehr für den Architektenvertrag eine Bindungswirkung nur noch in Ausnahmefällen unter Abwägung der beider-

---

[175] *Nicklisch/Weick,* § 13 VOB/B, Rdnr. 178; *Werner/Pastor,* Rdnr. 2573.

[176] *BGH,* NJW-RR 1987, 883; *OLG Hamm,* NJW-RR 1993, 1082.

[177] *BGH,* NJW 1985, 319; *Werner/Pastor,* Rdnr. 2574.

[178] *BGH,* NJW 1972, 526; *Ingenstau/Korbion,* § 13 VOB/B, Rdnr. 800; weitergehend *Werner/Pastor,* Rdnr. 2576, 2577.

[179] *BGHZ* 62, 208 = NJW 1974, 945; ferner *BGH,* NJW 1978, 319; NJW-RR 1986, 18; 1990, 725.

[180] *Jagenburg,* BauR 1976, 319; *Peters,* NJW 1977, 552; *OLG Frankfurt,* NJW-RR 1993, 340; ebenso Vorauflage, S. 202.

[181] *OLG München,* NJW-RR 1987, 598; *Werner/Pastor,* Rdnr. 1374; *Kleine-Möller,* § 10, Rdnr. 188.

[182] *BGHZ* 120, 392 = NJW 1988, 910; zust. *Schelle,* BauR 1987, 272; *Ingenstau/ Korbion,* § 2 VOB/B, Rdnr. 28.

seitigen Interessen bei Schutzwürdigkeit des Auftraggebers bejahen will,[183] wird man für die Zukunft eine generelle Bindungswirkung zu Lasten des Auftragnehmers beim Bauvertrag verneinen müssen.[184] Zu erwägen sind aber zwei Gesichtspunkte:

(1) Analog dem deklaratorischen Anerkenntnis bei Aufmaß[185] und den Stundenlohnzetteln[186] wäre zu erwägen, ob der Auftragnehmer aufgrund eines „deklaratorischen Verzichts" sich nur dann von der erstellten Schlußrechnung lösen kann, wenn er die Unrichtigkeit derselben nachweist und außerdem beweist, daß er sich bei Erstellung der Schlußrechnung in einem Irrtum befunden hat.

(2) Die erstellte Schlußrechnung könnte bei der Prüfung der Nachforderung in Form erhöhter Beweisanforderungen berücksichtigt werden.[187]

c) AGB-Klauseln

Klauseln des Auftraggebers, wonach die von dem Auftragnehmer vorgelegte Schlußrechnung vollständig erstellt ist und der Auftragnehmer auf Nachforderungen verzichtet, sind nach § 9 AGBG unwirksam.[188]

2. Vorbehaltlose Annahme der Schlußzahlung

a) Allgemeines

Einen besonderen Ausschlußgrund betreffend Nachforderungen statuiert beim VOB-Vertrag § 16 Nr. 3 II VOB/B. Die vorbehaltlose Annahme der Schlußzahlung schließt Nachforderungen aus, soweit diese bei Schlußzahlung fällig waren. Zweck der Vorschrift ist es, die Abrechnung des Bauvorhabens beschleunigt durchzuführen, um so schnell wie möglich Rechtsfrieden und Rechtsklarheit zu schaffen.[189]

b) Voraussetzungen

Im einzelnen müssen nach der Neufassung der Vorschrift im Jahre 1990 folgende Voraussetzungen gegeben sein:

---

[183] *BGHZ* 120, 133 = NJW 1993, 659; s.u. § 5, 2. Teil, IV, 1, d, Fußn. 176 ff.

[184] *Jagenburg,* NJW 1995, 99; *Werner/Pastor,* Rdnr. 1374; *Motzke,* Beck-VOB-Kommentar, § 16 Nr. 3 VOB/B, Rdnr. 29.

[185] S.o. 2. Teil, I, 1, b, (1), Fußn. 13.

[186] S.o. 2. Teil, I, 3, d, (1), Fußn. 48.

[187] *OLG Düsseldorf,* NJW-RR 1995, 535 (der Fall betr. eine vom Auftraggeber nach § 14 Nr. 4 VOB/B erstellte Schlußrechnung).

[188] *BGHZ* 107, 205 = NJW 1989, 2124; zust. *Werner/Pastor,* Rdnr. 1374; *Motzke* (Fußn. 184), Rdnr. 73.

[189] *BGH,* NJW 1987, 2582; *Nicklisch/Weick,* § 16 VOB/B, Rdnr. 41; *Kleine-Möller,* § 10, Rdnr. 257.

(1) Es muß eine Schlußrechnung vorliegen,[190] die allerdings nicht prüfungsfähig im Sinne von § 14 Nr. 1 VOB/B sein muß (arg. § 16 Nr. 3 V S. 2 VOB/B).[191]

(2) Es muß eine „Schlußzahlung“ des Auftraggebers erfolgen.[192] Sie kann mit dem Betrag der Schlußrechnung übereinstimmen, aber auch hinter diesem Betrag zurückbleiben, indem der Auftraggeber Abstriche vornimmt.

Eine Bezeichnung als „Schlußzahlung“ ist nicht erforderlich.[193] Soweit der Betrag der Schlußrechnung und der anschließenden Zahlung übereinstimmen, ergibt sich der Charakter als Schlußzahlung von selbst. Im übrigen wird diesem Erfordernis der Sache nach durch den Hinweis und die Belehrung über die Folgen der Zahlung[194] genügt.

Der Schlußzahlung gleichgestellt werden folgende Fälle:

- eine schriftliche und eindeutige Erklärung des Auftraggebers, daß er im Hinblick auf bereits geleistete Zahlungen weitere Zahlungen endgültig ablehne (§ 16 Nr. 3 III VOB/B);[195]
- eine Aufrechnung mit Gegenansprüchen;[196]
- die Übersendung einer von dem Auftraggeber nach § 14 Nr. 4 VOB/B erstellten Schlußrechnung mit dem Hinweis auf die daraus sich ergebende Überzahlung;[197]
- die Geltendmachung von Rückforderungsansprüchen durch den Auftraggeber.[198]

(3) Der Auftragnehmer muß über die Schlußzahlung und die daraus folgende Ausschlußwirkung sowie die zur Abwendung erforderlichen Fristen und Maßnahmen schriftlich unterrichtet werden (§ 16 Nr. 3 III VOB/B).[199] Hinweise auf Überweisungsträgern reichen – entgegen der vorher geltenden, aus dem Jahre 1973 geltenden Fassung – nicht aus.[200] Umstritten ist, ob der Hinweis auf die Schlußzahlung und die Belehrung in einem Schreiben erfolgen müssen.[201]

---

[190] *BGH*, NJW 1975, 1833; 1978, 994; 1987, 2582; *Kleine-Möller*, § 10, Rdnr. 265.

[191] *BGH*, NJW 1987, 2582; *Kleine-Möller*, § 10, Rdnr. 265; *Werner/Pastor*, Rdnr. 2297 m.Nw.

[192] *BGH*, NJW 1970, 1185; 1975, 1833; *Kleine-Möller*, § 10, Rdnr. 266.– Zum deklaratorischen Anerkenntnis des Auftraggebers siehe *OLG Düsseldorf*, NJW-RR 1998, 37.

[193] *Motzke* (Fußn. 184), Rdnr. 33, 34; *Nicklisch/Weick*, § 16 VOB/B, Rdnr. 44; teilw. abw. *Werner/Pastor*, Rdnr. 2299, 2303; *Kleine-Möller*, § 10, Rdnr. 266.

[194] S. u. (3).

[195] *BGH*, NJW 1987, 2582; *Nicklisch/Weick*, § 16 VOB/B, Rdnr. 46; *Kleine-Möller*, § 10, Rdnr. 271, 272.

[196] *BGH*, NJW 1977, 1294; *BGHZ* 75, 307 = NJW 1980, 455; Losert, ZfBR 1991, 8; *Nicklisch/Weick*, § 16, Rdnr. 45; *Werner/Pastor*, Rdnr. 2301.

[197] *OLG Düsseldorf*, NJW-RR 1995, 535.

[198] *Werner/Pastor*, Rdnr. 2301.

[199] *OLG Köln*, NJW-RR 1997, 213; *Nicklisch/Weick*, § 16 VOB/B, Rdnr. 49; *Werner/Pastor*, Rdnr. 2305. – Zur Belehrungspflicht bei der schlußzahlungsgleichen Erklärung der Zahlungsverweigerung (Fußn. 195) siehe *BGH*, NJW 1999, 944; *OLG Celle*, NJW-RR 1995, 915.

[200] *Kleine-Möller*, § 10, Rdnr. 269; *Motzke* (Fußn. 184), Rdnr. 23.

[201] Dafür *OLG Köln*, NJW-RR 1994, 1501; *Losert*, ZfBR 1991, 7; dagegen *Ingenstau/Korbion*, § 16 VOB/B, Rdnr. 198; *Kleine-Möller*, § 10, Rdnr. 269; *Werner/Pastor*, Rdnr. 2306.

(4) Der Auftragnehmer muß die Schlußzahlung vorbehaltlos entgegengenommen haben (§ 16 Nr. 3 II VOB/B). Der Vorbehalt hat binnen 24 Werktagen nach Eingang der Schlußzahlung und der unter (3) behandelten Mitteilung erfolgen (§ 16 Nr. 3 III VOB/B).[202]

Der Vorbehalt muß dem Auftragnehmer deutlich machen, daß der Auftragnehmer seine Forderungen aus dem Bauvertrag aufrechterhält.[203] Eine besondere Form ist nicht vorgeschrieben.[204] Dem Vorbehalt gegenüber dem Bauherrn gleichgestellt werden eine entsprechende Erklärung gegenüber dem mit der Bauabrechnung beauftragten Architekten,[205] die Klageerhebung und der Antrag auf Erlaß des Mahnbescheids[206] sowie eine in engem zeitlichen Zusammenhang mit der Schlußzahlung erfolgte Erklärung des Auftragnehmers, daß er auf der Bezahlung bestimmter Nachforderungen bestehe.[207] Nicht erforderlich ist ein Vorbehalt, wenn der Auftragnehmer die abgelehnte Forderung bereits gerichtlich geltendgemacht hat[208] oder diese Forderung sogar schon gerichtlich tituliert ist.[209] Auch braucht bei einem einmal erklärten Vorbehalt bei Entgegennahme späterer Zahlungen nicht stets ein neuer Vorbehalt erklärt zu werden.[210]

Dagegen macht eine Streitverkündung des Auftragnehmers gegenüber dem Auftraggeber die Vorbehaltserklärung nicht entbehrlich.[211] Nimmt der Auftragnehmer eine vorbehaltlose Rückzahlung vor, so hat er erst recht keinen Vorbehalt ausgeübt.[212]

(5) Der Vorbehalt ist nach weiteren 24 Werktagen[213] durch Vorlage einer prüffähigen Rechnung oder auf andere Weise eingehend zu begründen (§ 16 Nr. 3 V S. 2 VOB/B).[214]

Einer Begründung bedarf es deshalb nicht, wenn der Auftragnehmer bereits vorher eine prüffähige Rechnung übersandt hatte.[215]

c) Rechtsfolgen

Falls der Auftragnehmer die Schlußzahlung ohne (rechtzeitigen) Vorbehalt bzw. ohne (rechtzeitige) Begründung des Vorbehalts hinnimmt,

---

202 *Nicklisch/Weick,* § 16 VOB/B, Rdnr. 57 ff., Rdnr. 63; *Kleine-Möller,* § 10, Rdnr. 282.

203 *BGHZ* 68, 38 = NJW 1977, 1293; *Kleine-Möller,* § 10, Rdnr. 277.

204 *BGH,* NJW 1977, 1634; *Locher,* Rdnr. 205b; *Nicklisch/Weick,* § 16 VOB/B, Rdnr. 55; *Werner/Pastor,* Rdnr. 2307.

205 *BGH,* NJW 1977, 1634; 1987, 380; *Werner/Pastor,* Rdnr. 2315, 2316.

206 *BGH,* NJW 1977, 531; 1987, 2582; *Nicklisch/Weick,* § 16 VOB/B, Rdnr. 56; *Werner/Pastor,* Rdnr. 2308. – Zur Anwendung von §§ 270 III, 693 II ZPO vgl. *BGHZ* 75, 307 = NJW 1980, 455; *Motzke* (Fußn. 184), Rdnr. 90; *Werner/Pastor,* Rdnr. 2309; *Nicklisch/Weick,* § 16 VOB/B, Rdnr. 57.

207 *BGH,* NJW 1970, 1185; 1972, 2267; *Kleine-Möller,* § 10, Rdnr. 278; *Werner/Pastor,* Rdnr. 2308, 2310.

208 *BGHZ* 68, 38 = NJW 1977, 531.

209 *BGH,* NJW 1981, 1040 (Vergleich).

210 *BGH,* NJW 1982, 1594.

211 *BGHZ* 68, 38 = NJW 1977, 1293.

212 *BGH,* aaO.

213 Zur Fristberechnung *Werner/Pastor,* Rdnr. 2314.

214 *OLG Hamm,* BauR 1986, 460; *Kaiser,* BauR 1981, 239.

215 *BGH,* NJW 1965, 536; 1987, 2582; NJW-RR 1998, 954; *Locher,* Rdnr. 205b; *Kleine-Möller,* § 10, Rdnr. 286; *Werner/Pastor,* Rdnr. 2287; anders bei einer vom Auftraggeber erstellten Schlußrechnung: *OLG Oldenburg,* BauR 1992, 83.

sind weitere Nachforderungen ausgeschlossen (§ 16 Nr. 3 II VOB/B).[215a] Von dem Ausschluß erfaßt werden alle Forderungen aus dem Bauvertrag, auch wenn sie nicht in der Schlußrechnung erwähnt waren.[216]

(1) Ausgeschlossen sind demnach auch früher gestellte, aber unerledigte Forderungen, wenn sie nicht nochmals vorbehalten werden (§ 16 Nr. 3 IV VOB/B), Ansprüche aus Zusatzaufträgen[217] sowie Schadensersatzansprüche.[218]

(2) Nicht erfaßt werden Ansprüche nach einer Berichtigung von Aufmaß-, Rechen- und Übertragungsfehlern (§ 13 Nr. 3 VI VOB/B),[219] noch nicht fällige Ansprüche,[220] in der Schlußrechnung ausdrücklich vorbehaltene Ansprüche sowie die bereits gerichtlich geltendgemachten bzw. titulierten Ansprüche.[221]

(3) Die Rechtsprechung sieht in dem Ausschluß des Rest- bzw. Nachforderungsanspruchs eine der Verjährung nach § 222 BGB ähnliche Wirkung.[222]

Daraus folgt: Der Auftraggeber muß sich auf die Rechtsfolgen in Form einer Einrede berufen.[223] Eine gleichwohl auf die ausgeschlossene Forderung erfolgte Zahlung kann nicht unter dem Gesichtspunkt der ungerechtfertigten Bereicherung zurückgefordert werden (§ 222 BGB).[224] Auch eine Aufrechnung mit dem „ausgeschlossenen" Anspruch soll nach § 390 S. 2 BGB zulässig sein.[225] Entsprechend § 223 I BGB soll die vorbehaltlose Annahme der Schlußzahlung den Auftragnehmer nicht hindern, sich aus einer zur Sicherung der Werklohnforderung eingetragenen Hypothek zu befriedigen.[226] Die beiden zuletzt genannten Ausnahmen sind nicht unbedenklich, da sie den Zweck der Regelung – möglichst bald Klarheit über den Umfang der Vergütung zu schaffen –[227] unterlaufen.[228] Dagegen soll § 212 BGB keine entsprechende Anwendung finden,[229] d.h.: der in einer Klageerhebung liegende Vorbehalt[230] bleibt auch nach Rücknahme der Klage erhalten.

215a *OLG Düsseldorf,* NJW-RR 1998, 376.

216 *OLG Hamm,* NJW-RR 1987, 599; *Kleine-Möller,* § 10, Rdnr. 288; *Motzke* (Fußn. 184), Rdnr. 65; *Werner/Pastor,* Rdnr. 2286.

217 *Motzke* (Fußn. 84), Rdnr. 18; *OLG München,* NJW-RR 1987, 598.

218 *OLG Düsseldorf,* NJW 1977, 1928; *OLG Hamm,* NJW-RR 1987, 599; einschr. *BGH,* NJW-RR 1987, 978.

219 *Kleine-Möller,* § 10, Rdnr. 294; *BGH,* NJW 1986, 2050.

220 *BGH,* BauR 1979, 525; *Kleine-Möller,* § 10, Rdnr. 290; *Werner/Pastor,* Rdnr. 2310.

221 S.o. Fußn. 208, 209.

222 *BGHZ* 62, 15 = NJW 1974, 236; *BGHZ* 75, 307 = NJW 1980, 455; *Kleine-Möller,* § 10, Rdnr. 258, 259; *Motzke* (Fußn. 184), Rdnr. 7, 64; *Werner/Pastor,* Rdnr. 2289.

223 *Kleine-Möller/Oelmaier,* § 20, Rdnr. 185 ff.

224 *BGHZ* 62, 15 = NJW 1974, 236; *Werner/Pastor,* Rdnr. 2290.

225 *BGH,* NJW 1981, 1784; 1982, 2250 m. Anm. *Dähne,* BauR 1983, 478; *OLG Hamm,* NJW 1976, 1268; *Werner/Pastor,* Rdnr. 2290.

226 *BGH,* NJW 1981, 1784.

227 S.o. Fußn. 189.

228 Vgl. hierzu auch krit. *Lampe-Helbig* FS Korbion (1986) S. 258.

229 *BGH,* NJW 1987, 2582.

230 S.o. Fußn. 206.

(4) Die Berufung auf die Einrede kann im Einzelfall gegen Treu und Glauben verstoßen.[231] Ein Verzicht auf die Einrede der Verjährung kann auch den Verzicht auf die Einrede aus § 16 Nr. 3 III VOB/B umfassen.[232] Auch kann das Einlassen auf ernsthafte Verhandlungen kann einen Verzicht des Auftraggebers auf die Einrede beinhalten.[233]

d) Inhaltskontrolle

§ 16 Nr. 3 II VOB/B hält auch nach der Neufassung einer isolierten Inhaltskontrolle nach § 9 AGBG nicht stand.[234] Der BGH läßt jedoch die Vorschrift nach wie vor passieren, wenn die VOB/B als Ganzes vereinbart ist oder wenn der Auftragnehmer als Verwender die VOB/B in den Vertrag eingeführt hat.[235]

VI. Sonderfragen bei vorzeitiger Beendigung

Wird der Bauvertrag infolge Kündigung oder einverständlicher Aufhebung[236] vorzeitig beendigt, so erfährt der Vergütungsanspruch des Auftragnehmers eine Spaltung in die ausgeführten und nicht ausgeführten Leistungen.[237] Für die Abwicklung ergeben sich einige Besonderheiten.

1. Abnahme und Fälligkeit

Die für den Bauvertrag bedeutsame Abnahme der Bauleistungen kommt auch bei vorzeitiger Beendigung zum Tragen, beschränkt sich allerdings auf die ausgeführten Arbeiten.[238] Die Wirkung dieser Abnahme ist zudem beschränkt.

a) Abrechnung

Der Auftragnehmer kann Aufmaß und Abnahme der von ihm ausgeführten Leistungen verlangen (§ 8 Nr. 6 VOB/B).[239]

---

[231] *Werner/Pastor,* Rdnr. 2344.

[232] *BGH,* NJW 1978, 1485; *Werner/Pastor,* Rdnr. 2310.

[233] *OLG München,* BauR 1976, 61; *OLG Hamburg,* BauR 1979, 1613 (Verzichtswille erforderlich).

[234] *BGHZ* 101, 357 = NJW 1988, 55; *BGHZ* 138, 176 = NJW 1998, 2053; *Locher,* Rdnr. 205c; *Kleine-Möller,* § 10, Rdnr. 261 + § 2, Rdnr. 486; *Motzke* (Fußn. 184), Rdnr. 1, 8; *Losert,* ZfBR 1991, 7; *Nicklisch/Weick,* § 16 VOB/B, Rdnr. 42; *Werner/Pastor,* Rdnr. 2288.

[235] *BGHZ* 101, 357 = NJW 1988, 55; s.o. 1. Teil, II, 2, f, Fußn. 83ff.; *BGH,* NJW 1999, 944.

[236] S.o. 1. Teil, VI.

[237] *BGHZ* 36, 316 = NJW 1962, 907; *BGH,* NJW 1996, 3270.

[238] *Kleine-Möller/Merl,* § 11, Rdnr. 73.

[239] *Kleine-Möller/Merl,* § 11, Rdnr. 73, 78.

Diese Abnahme dient der beweismäßigen Feststellung des Umfangs der von dem Auftragnehmer ausgeführten Leistungen, bevor möglicherweise ein anderer Unternehmer mit der Fortsetzung der Arbeiten beauftragt wird. Deshalb scheidet hier die fiktive Abnahme nach § 12 Nr. 5 VOB/B aus.[240] Die Abnahme behält auch ihre Bedeutung für die Beweislast hinsichtlich der Mängelfreiheit der Bauleistungen.[241]

b) Fälligkeit

Dagegen setzt die Fälligkeit der Ansprüche des Auftragnehmers aus der Abwicklung keine Abnahme voraus.[242]

An die Stelle der Abnahme tritt hier die Kündigung bzw. einverständliche Aufhebung. Hinzukommen muß die Erteilung der Schlußrechnung, die nach der hier vertretenen Auffassung auch beim BGB-Vertrag vorliegen muß.[243] Außerdem erfordert die Fälligkeit beim VOB-Vertrag den Ablauf der zweimonatigen Prüfungsfrist.[244]

2. Die Abrechnung bei freier Kündigung des Auftraggebers

Im Falle der freien Kündigung des Auftraggebers (§ 649 S. 1 BGB, § 8 Nr. 1 I VOB/B)[245] behält der Auftragnehmer seinen Anspruch auf die volle Vergütung, muß sich jedoch die durch die Nichtausführung entstandenen Ersparnisse und den durch das Freiwerden seiner Arbeitskraft nunmehr anderweitig erzielten bzw. erzielbaren Gewinn anrechnen lassen (§ 649 S. 2 BGB, § 8 I Nr. 1 II VOB/B).[246]

a) Prüfbare Abrechnung

Der Auftragnehmer hat beim VOB-Vertrag unverzüglich eine prüfbare Abrechnung über die ausgeführten Arbeiten vorzulegen (§ 8 Nr. 6 VOB/B).[247] Die Abrechnung baut auf dem bereits erwähnten Aufmaß[248] auf. Beim BGB-Vertrag ist eine entsprechende Verpflichtung aus § 242 BGB herzuleiten.[249]

(1) Der BGH verlangt, daß der Auftragnehmer bei der Abrechnung eine Aufteilung der Vergütung nach den erbrachten und nicht ausgeführ-

---

240 *BGHZ* 80, 252 = NJW 1981, 1839; *Kleine-Möller/Merl,* § 11, Rdnr. 79; *Nicklisch/Weick,* § 12 VOB/B, Rdnr. 77.

241 *BGH,* NJW 1993, 1972.

242 *BGH,* NJW 1993, 1972; *Kleine-Möller/Merl,* § 20, Rdnr. 93; *Werner/Pastor,* Rdnr. 1301.

243 *BGH,* NJW 1987, 382 (VOB-Vertrag); zum BGB-Vertrag s.o. III, 2, b.

244 S.o. III, 3, a.

245 S.o. 1. Teil, V, 1, b.

246 *Reus,* BauR 1995, 637. – Zur Dogmatik: *Glöckner,* BauR 1998, 669.

247 *BGH,* NJW-RR 1988, 208.

248 S.o. Fußn. 239.

249 S.o. III, 2, b.

ten Arbeiten vornimmt, da der Abzug der Ersparnisse sich nur bei den nicht ausgeführten Leistungen auswirken kann.[250]

(2) Die Abrechnung für die ausgeführten Arbeiten hat sich an der ursprünglich vereinbarten Vergütung auszurichten.

Beim Einheitspreisvertrag hat sie entsprechend den vereinbarten Einheitspreisen zu erfolgen.[251] Beim Pauschalvertrag, dem ein nach Einheitspreis aufgeschlüsseltes Angebot vorausgegangen ist,[252] kann dieses Angebot eine geeignete Grundlage für die Ermittlung der Vergütung sein;[253] andernfalls muß der Auftragnehmer die Grundlagen seiner Kalkulation offenlegen, um eine Abrechnung entsprechend den ursprünglichen Vereinbarungen zu erreichen.[254] Gegenansprüche des Auftraggebers aus Gewährleistung werden durch die Abrechnung nicht berührt.[255]

b) Ersparnisse und anderweitiger Gewinn

Die Höhe der Ersparnisse hat der Auftragnehmer darzulegen, da nur er dazu in der Lage ist.[256]

Ersparnisse sind vor allem die entfallenen Herstellungskosten, nicht dagegen allgemeine Geschäftsunkosten.[257] Gewinn aus anderweitigem Erwerb (oder böswillig unterlassenem Erwerb) kann nur angerechnet werden, wenn er auf den Wegfall des Auftrages zurückgeführt werden kann.[258]

c) AGB-Klauseln

AGB-Klauseln des Auftragnehmers, die eine pauschale Abgeltung seiner nicht erbrachten Leistung vorsehen, wurden bisher im Rahmen der Angemessenheit anerkannt.[259] Dagegen sind Klauseln des Auftragnehmers, die eine Anrechnung von Ersparnissen völlig ausschließen, nach § 9 AGBG unwirksam.[260] Das Gleiche muß im An-

---

[250] *BGH,* NJW 1996, 3270; 1997, 733; *Motzke* (Fußn. 184), § 8 Nr. 1 VOB/B, Rdnr. 41, 42. – Zur Mehrwertsteuer vgl. *BGH,* NJW-RR 1986, 1026; *BGHZ* 101, 130 = NJW 1987, 3123.

[251] *BGHZ* 131, 362 = NJW 1996, 1282; hierzu *Niemöller,* BauR 1997, 539.

[252] S.o. I, 2, c, Fußn. 32.

[253] *BGH,* NJW 1996, 3270; NJW-RR 1998, 236.

[254] *BGH,* NJW 1995, 2712; 1997, 733; NJW-RR 1998, 234; *OLG Düsseldorf,* NJW-RR 1998, 670; *OLG Celle,* NJW-RR 1998, 1170; abl. *Motzke* (Fußn. 184), § 8 Nr. 1 VOB/B, Rdnr. 47.

[255] *BGH,* NJW 1988, 140; 1993; 1972; NJW-RR 1988, 208; *Nicklisch/Weick,* Vor §§ 8, 9 VOB/B, Rdnr. 39. – Zum Fehlen zugesicherter Eigenschaften vgl. *Kleine-Möller/Merl,* § 11, Rdnr. 2.

[256] So jetzt *BGHZ* 131, 362 = NJW 1996, 1282; *BGH,* NJW 1999, 1253; anders die bisher h.M.: *BGH,* NJW-RR 1992, 1077; *Nicklisch/Weick,* § 8, Rdnr. 10; *Werner/Pastor,* Rdnr. 1294, 1295.

[257] *BGHZ* 107, 67 = NJW 1989, 1669; *BGHZ* 131, 362 = NJW 1996, 1282; *BGH,* NJW 1996, 3270; Einzelheiten bei *Nicklisch/Weick,* § 8, Rdnr. 8; *Werner/Pastor,* Rdnr. 1296; *Schmeel,* MDR 1997, 109. – Zu Verlustgeschäften vgl. *van Gelder,* NJW 1975, 189; *BGHZ* 131, 362 = NJW 1996, 1282.

[258] *Nicklisch/Weick,* § 8 VOB/B, Rdnr. 9; *OLG Koblenz,* NJW-RR 1992, 850.

[259] *BGHZ* 87, 112 = NJW 1983, 1489; *BGH,* NJW 1983, 1491; *OLG Hamm,* NJW-RR 1992, 22.

[260] *BGHZ* 54, 106, 113 = NJW 1970, 1596; *BGHZ* 60, 353 = NJW 1973, 1190; *BGH,* NJW 1985, 632; NJW-RR 1990, 156; *Werner/Pastor,* Rdnr. 1299.

schluß an das Architekten-Urteil des BGH vom 8.2.1996[261] auch für eine Klausel des Auftragnehmers gelten, die die Anrechnung der ersparten Aufwendungen auf einen bestimmten Prozentsatz beschränkt.[262] Umgekehrt darf auch der Auftraggeber in seinen AGB den Vergütungsanspruch für die erbrachten Leistungen nicht ausschließen[263] oder die anzurechnenden Ersparnisse mit einem bestimmten Prozentsatz festlegen.[264]

3. Die Abrechnung bei Kündigung des Auftraggebers aus wichtigem Grund

Hat der Auftragnehmer bei einer Kündigung des Bauvertrages durch den Auftraggeber den wichtigen Grund zu vertreten,[265] so beschränkt sich die Vergütung des Auftragnehmers auf die erbrachten Leistungen.[266] Dieser Vergütungsanspruch kann aber durch Gegenansprüche des Auftraggebers im Wege der Verrechnung weiter gemindert werden.

a) BGB-Vertrag

Der Auftraggeber kann einen Schadensersatzanspruch wegen eines Verzugsschadens nach § 286 BGB haben.[267] Außerdem hat der Auftraggeber einen Schadensersatzanspruch wegen vorzeitiger Auflösung des Vertrages aus positiver Vertragsverletzung.[268]

Hinsichtlich der erbrachten Leistungen kann der Schadensersatz die Vergütung mindern, soweit die erbrachten Teilleistungen für den Auftraggeber nicht brauchbar sind.[269] Die nicht erbrachten Leistungen kann der Auftraggeber durch eine Drittfirma fertigstellen lassen und die erhöhten Kosten dem Auftragnehmer in Rechnung stellen.[270]

b) VOB-Vertrag

Der Sache nach besteht die gleiche Regelung auch beim VOB-Vertrag. Der Auftraggeber hat einen Anspruch auf Ersatz des Verzugsschadens, wobei aber Sonderregelungen bestehen, soweit der Verzug des Auftragnehmers auf mangelhafte Leistungen (§ 4 Nr. 7 S. 2 VOB/B)[271] oder auf

---

[261] *BGH,* NJW 1996, 1751; im Anschluß an *BGHZ* 131, 362 = NJW 1996, 1282.

[262] *Motzke* (Fußn. 184), § 8 Nr. 1, Rdnr. 61; a.A. *Werner/Pastor,* Rdnr. 1293, 1298.

[263] *BGHZ* 92, 244 = NJW 1985, 631; *BGH,* NJW 1995, 926; *OLG Düsseldorf,* NJW-RR 1992, 216 (Teilkündigung); vgl. jedoch *OLG Koblenz,* NJW-RR 1992, 850 (Ersatzaufträge).

[264] S.o. Fußn. 262.

[265] S.o. 1. Teil, VI, 1, c.

[266] *BGHZ* 31, 224 = NJW 1960, 431; *BGH,* NJW-RR 1990, 1109; NJW 1993, 1973; *Werner/Pastor,* Rdnr. 1316.

[267] *Kleine-Möller/Merl,* § 13, Rdnr. 33 ff.

[268] *Kleine-Möller/Oelmeier,* § 20, Rdnr. 515 ff.

[269] *BGH,* NJW 1975, 825; *Nicklisch/Weick,* Vor §§ 8, 9 VOB/B, Rdnr. 39; *Werner/Pastor,* Rdnr. 1316.

[270] *BGH,* BauR 1980, 574.

[271] *Nicklisch/Weick,* § 4 VOB/B, Rdnr. 104.

von dem Auftragnehmer zu vertretende Umstände (§ 5 Nr. 4 und § 6 Nr. 6 S. 2 VOB/B)[272] zurückzuführen ist. Im übrigen differenziert die VOB/B die Ansprüche des Auftraggebers nach der Art der Kündigung.

Im Falle der Kündigung wegen Vermögensverfalls des Auftragnehmers besteht ein Ersatzanspruch des Auftraggebers nach § 8 Nr. 2 II VOB/B.[273] Im Falle der Entziehung des Auftrages nach § 8 Nr. 3 in Verbindung mit § 4 Nr. 7 oder § 5 Nr. 4 VOB/B hat der Auftraggeber einen vom Verschulden unabhängigen Anspruch auf Ersatz der Mehraufwendungen, die bei Fertigstellung der Arbeiten durch eine Drittfirma entstehen (§ 8 Nr. 3 II S. 1 VOB/B.[274] Hinzu tritt ein Schadensersatzanspruch wegen Nichterfüllung des gesamten Vertrages, wenn die weitere Ausführung des Vertrages aus Gründen, die zur Entziehung des Auftrags geführt haben, für den Auftraggeber ohne Interesse ist.[275] Über diese Ansprüche hat der Auftraggeber dem Auftragnehmer spätestens binnen 12 Werktagen nach Abrechnung mit dem Dritten eine Abrechnung zuzusenden (§ 8 Nr. 3 IV VOB/B).[276]

c) AGB-Klauseln

AGB-Klauseln des Auftraggebers, die den Anspruch des Auftragnehmers hinsichtlich der ausgeführten Leistungen einschränken, sind unwirksam.[277]

4. Die Abrechnung bei Kündigung durch den Auftragnehmer

Bei einer Kündigung des Bauvertrages durch den Auftragnehmer[278] hat der Auftragnehmer folgende Ansprüche:

a) BGB-Vertrag

Der Auftragnehmer hat auf jeden Fall einen Anspruch auf Vergütung für die ausgeführten Leistungen. Er hat gegebenenfalls Anspruch auf Ersatz des Verzugsschadens nach § 286 BGB.[279] Im Falle des Verschuldens des Auftraggebers an der vorzeitigen Auflösung des Vertrages hat er einen Schadensersatzanspruch wegen Nichterfüllung des Vertrages nach § 326 BGB – bzw. im Falle schuldhafter Verweigerung der Mitwirkung nach § 324 II BGB – der ihm eine Vergütung für die nicht ausgeführten Leistungen abzüglich etwaiger Ersparnisse gibt.[280]

---

[272] *BGHZ* 62, 90 = NJW 1974, 646; *Nicklisch/Weick,* § 5 VOB/B, Rdnr. 41.

[273] *Nicklisch/Weick,* § 8 VOB/B, Rdnr. 17.

[274] *Kleine-Möller/Merl,* § 13, Rdnr. 155 ff.; *Locher,* Rdnr. 125; *Werner/Pastor,* Rdnr. 1322; *Nicklisch/Weick,* Vor §§ 8, 9 VOB/B, Rdnr. 36 + § 8 VOB/B, Rdnr. 26, 27. – Zum Vorschußanspruch siehe *BGH,* ZfBR 1989, 213; *Kleine-Möller/Merl,* § 13, Rdnr. 161 ff.

[275] Hierzu *BGHZ* 62, 90 = NJW 1974, 696.

[276] *Nicklisch/Weick,* § 8 VOB/B, Rdnr. 62.

[277] *Werner/Pastor,* Rdnr. 1317.

[278] S.o. 1. Teil, VI, 2, b.

[279] *Kleine-Möller/Merl,* § 13, Rdnr. 190 ff.

[280] Die Anspruchsgrundlage wird nicht einheitlich angegeben; vgl. *Kleine-Möller/Merl,* § 13, Rdnr. 208; *Nicklisch/Weick,* § 9 VOB/B, Rdnr. 40.

Das muß auch im Falle der schuldhaften Unterlassung der Mitwirkung gelten.[281] Ist die Mitwirkung ohne Verschulden des Auftraggebers unterblieben, so besteht ein Anspruch auf Vergütung für die nicht ausgeführten Arbeiten nach § 642 BGB.[282]

b) VOB-Vertrag

Im Ergebnis besteht die gleiche Rechtslage beim VOB-Vertrag (§ 9 Nr. 3 VOB/B). Danach hat der Auftragnehmer Anspruch auf Vergütung für die ausgeführten Leistungen, die nach den Vertragspreisen abzurechnen sind. Die Vorschrift verweist im übrigen auf § 642 BGB und läßt weitergehende Ansprüche des Auftragnehmers unberührt. Die Abgrenzung des Anspruchs aus § 642 BGB und dem Schadensersatzanspruch wegen Nichterfüllung ist zweifelhaft und umstritten.[283]

5. Abrechnung bei einverständlicher Aufhebung

Bei einverständlicher Aufhebung des Bauvertrages[284] richtet sich die Abrechnung vorrangig nach den von den Vertragsparteien getroffenen Absprachen. Liegen solche nicht vor, so gelten die obigen Ausführungen zu 2)–4).

Es hängt also davon ab, wer die vorzeitige Auflösung des Vertrages zu vertreten hat.[285] Der Auftraggeber kann insoweit noch Gründe für das Verschulden des Auftragnehmers an der vorzeitigen Beendigung des Vertrages nachschieben.[286]

VII. Die Verjährung des Vergütungsanspruchs

1. Die Dauer der Verjährungsfrist

Der Anspruch des Auftragnehmers auf seine Vergütung verjährt nach § 196 I Nr. 1 BGB in zwei Jahren.[287] Erfolgen die Leistungen des Auftragnehmers für den Gewerbebetrieb des Auftraggebers, so gilt nach § 196 II BGB eine vierjährige Verjährungsfrist.[288]

---

[281] Arg. § 645 II BGB.

[282] *Kleine-Möller/Merl,* § 13, Rdnr. 271.

[283] Teilweise wird § 642 BGB als Anspruchsgrundlage für den Schadensersatzanspruch herangezogen: *Motzke* (Fußn. 184), § 9 Nr. 3 VOB/B, Rdnr. 16; *Locher,* Rdnr. 129; andere wollen § 324 BGB heranziehen: *Nicklisch/Weick,* § 9 VOB/B, Rdnr. 30, 40, 41.

[284] S.o. 1. Teil, VI, 3.

[285] *OLG Karlsruhe,* NJW-RR 1993, 1368.

[286] *Kleine-Möller,* § 14, Rdnr. 164; *Werner/Pastor,* Rdnr. 1335.

[287] *BGH,* NJW 1963, 1398; *OLG Celle,* NJW 1968, 702 m. Anm. *Locher.*

[288] *BGHZ* 63, 32 = NJW 1974, 1462; *BGHZ* 74, 273 = NJW 1979, 650; *BGHZ* 83, 382 = 1992, 1815; *OLG Hamm,* NJW-RR 1992, 315; *Jagenburg,* Beck-VOB-Kommentar, Vor § 2 VOB/B, Rdnr. 537 ff. – Zur Abgrenzung vgl. noch *OLG Saarbrücken,* NJW-RR 1988, 1297; *OLG Frankfurt,* NJW-RR 1995, 1076.

Die gleichen Fristen gelten für den Entschädigungsanspruch aus § 642 BGB,[289] da er einer Vergütung stark angenähert ist,[290] sowie für den Anspruch auf Ersatz von Mehraufwendungen aus § 6 Nr. 6 VOB/B, soweit er vergütungsähnlichen Charakter hat.[291] Ansprüche auf Abschlagszahlungen unterliegen keiner gesonderten Verjährung.[292]

2. Der Beginn der Verjährungsfrist

Der Beginn der Verjährungsfrist richtet sich nach § 201 BGB, setzt also Fälligkeit der Vergütung voraus, wobei die Frist erst mit dem Schluß des Jahres zu laufen beginnt, in dem die Fälligkeit eingetreten ist.

a) VOB-Vertrag

Hinsichtlich der Fälligkeit der Ansprüche aus VOB-Vertrag ist § 16 Nr. 3 VOB/B zu beachten.[293]

Die Verjährung beginnt erst nach Erteilung der Schlußrechnung und Ablauf der dort erwähnten Prüfungsfrist. Bei früherer Beendigung der Prüfung ist die Mitteilung des Prüfungsergebnisses,[294] bei Fristverlängerung der entsprechende spätere Zeitpunkt[295] maßgebend.

b) BGB-Vertrag

Beim BGB-Vertrag soll nach Ansicht des BGH die Verjährung ohne Rücksicht auf die erteilten Rechnung mit dem Schluß des Jahres, in dem die Abnahme erfolgt ist, zu laufen beginnen.[296]

Stellt man – wie hier[297] – auf die Notwendigkeit einer Schlußrechnung ab, so beginnt die Verjährungsfrist ebenso wie beim VOB-Vertrag erst mit dem Ende des Jahres, in dem die Schlußrechnung erteilt wurde, zu laufen.[298] Etwaige Versuche des Auftragnehmers, den Beginn der Verjährungsfrist hinauszuschieben, und denen der Auftraggeber nicht wie beim VOB-Vertrag durch § 14 Nr. 4 VOB/B begegnen kann, wird man über § 242 BGB behandeln müssen.

---

[289] S.o. VI, 4, Fußn. 282, 283.

[290] *Nicklisch/Weick,* § 9 VOB/B, Rdnr. 34; *Motzke,* Beck-VOB-Kommentar, § 9 Nr. 3 VOB/B, Rdnr. 3.

[291] *BGHZ* 50, 25 = NJW 1968, 1234; *Kleine-Möller,* § 13, Rdnr. 483; *Schmalzl,* NJW 1971, 2015, 2016.

[292] *Nicklisch/Weick,* § 2 VOB/B, Rdnr. 15; *Werner/Pastor,* Rdnr. 2368; a.A. *Jagenburg* (Fußn. 288), Rdnr. 559.

[293] S.o. III, 2, a.

[294] *BGHZ* 83, 382 = NJW 1982, 1815; *Werner/Pastor,* Rdnr. 2366; abw. für den Pauschalvertrag *LG Stuttgart,* NJW 1988, 1036.

[295] *BGH,* NJW 1969, 428.

[296] *BGHZ* 79, 176 = NJW 1981, 814 = JR 1981, 235 m. Anm. *Schubert;* ebenso *OLG Celle,* NJW 1986, 327 = BauR 1986, 356 m. abl. Anm. *U. Locher; OLG Stuttgart,* NJW-RR 1993, 17; *Kleine-Möller/Oelmeier,* § 20, Rdnr. 193; *Werner/Pastor,* Rdnr. 2362.

[297] S.o. III, 2, b.

[298] a.A. wohl *Grimme,* NJW 1987, 468, 472; *Koeble,* RA-Handb. Rdnr. 121.

c) Vorzeitige Beendigung

Bei vorzeitiger Beendigung des Bauvertrages[299] sind die besonderen Fälligkeitsvoraussetzungen, insbesondere der Wegfall der Abnahme der Bauleistungen zu beachten.[300]

d) AGB-Klauseln

AGB-Klauseln des Auftragnehmers, die den Beginn der Verjährungsfrist im Ungewissen lassen oder in das Belieben des Auftragnehmers stellen, sind nach § 9 AGBG unwirksam.[301]

3. Der Umfang der Verjährung

Der Eintritt der Verjährung erfaßt auch in die in der Schlußrechnung nicht aufgeführten Forderungen.[302]

4. Hemmung der Verjährung

Die Erhebung von Mängeleinreden durch den Auftraggeber hemmt die Verjährung nicht,[303] wohl aber die einvernehmliche Einholung eines Schiedsgutachtens.[304]

5. Unterbrechung der Verjährung

Für die Unterbrechung der Verjährung gelten die allgemeinen Bestimmungen (§§ 208 ff. BGB).

a) Gerichtliche Geltendmachung

Die Klageerhebung unterbricht die Verjährung nach § 209 I BGB im Rahmen der Identität des Streitgegenstandes.[305]

Dabei wirkt nach der Rechtsprechung eine spätere Aufgliederung der einzelnen Positionen der eingeklagten Forderungen auf den Zeitpunkt der wirksamen Klageerhebung zurück.[306] Auch der Antrag auf Erlaß eines Mahnbescheides kann die Verjährung

---

[299] S.o. 1. Teil, VI, 1.

[300] S.o. 2. Teil, VI, 1, b.

[301] *OLG Stuttgart,* NJW-RR 1994, 17; vgl. auch *Werner/Pastor,* Rdnr. 2363.

[302] *BGHZ* 53, 222 = NJW 1970, 938; *BGH,* NJW 1987, 382; *Jagenburg,* Beck-VOB-Kommentar, § 2 Nr. 6, Rdnr. 116; *Nicklisch/Weick,* § 16 VOB/B, Rdnr. 40; *Werner/Pastor,* Rdnr. 2367.

[303] *Schmalzl,* NJW 1971, 2017.

[304] *BGH,* NJW 1990, 1231.

[305] *BGH,* NJW 1992, 1111.

[306] *BGH,* NJW-RR 1988, 692; 1996, 885.

unterbrechen (§ 209 II Nr. 1 BGB), wobei aber der geltendgemachte Anspruch im Antrag hinreichend bestimmt sein muß.[307] Im Gegensatz zur Geltendmachung von Mängelansprüchen[308] unterbricht der Antrag auf Einleitung eines Beweissicherungsverfahrens betreffend Mängel die Verjährung des Vergütungsanspruchs nicht.[309]

b) Anerkenntnis

Für ein Anerkenntnis, das die Verjährung nach § 208 BGB unterbricht, genügt jede Äußerung des Auftraggebers, aus dem sich das Bewußtsein vom Bestehen des Anspruchs dem Grunde nach ergibt.[310]

Die Erklärung des Auftraggebers, er werde die restliche Vergütung zahlen, falls die erhobenen Mängel beseitigt würden, ist kein Anerkenntnis im Sinne von § 208 BGB, da die Forderung dem Grunde nach in Frage gestellt wird.[311]

5. Einrede des Rechtsmißbrauchs

Die Berufung des Auftraggebers auf die Verjährung kann gegen Treu und Glauben verstoßen, wenn er den Auftragnehmer von der rechtzeitigen Klageerhebung abgehalten hat;[312] der Auftragnehmer muß aber nach Wegfall des Vertrauenstatbestandes innerhalb einer sehr kurz bemessenen Frist die Klage einreichen.[313]

VIII. Die Sicherung des Vergütungsanspruchs

1. Vereinbarte Sicherheiten

a) Arten

An vereinbarten Sicherheiten zugunsten des Auftragnehmers kommen in Frage:

(1) Vorauszahlungen und Abschlagszahlungen;[314]
(2) die Bestellung von Grundpfandrechten;
(3) die Stellung einer Bürgschaft;
(4) die Stellung einer Bankgarantie;
(5) der Schuldbeitritt.

---

[307] *BGH,* NJW 1992, 1111.

[308] S.u. 3. Teil, I, 7, d, Fußn. 252.

[309] *Werner/Pastor,* Rdnr. 99; *Kleine-Möller/Oelmaier,* § 20, Rdnr. 195.

[310] *BGH,* NJW 1988, 1259 = NJW-RR 1988, 684; NJW 1989, 2469 m. Anm. *v. Maltzahn,* NJW 1981, 3143 (Aufrechnung); *Kleine-Möller/Merl,* § 10, Rdnr. 252 m.Nw.

[311] *BGH,* NJW 1969, 1108; *OLG Hamm,* NJW 1966, 1659.

[312] *Werner/Pastor,* Rdnr. 2344; *BGH,* NJW-RR 1991, 1033.

[313] *BGH,* NJW 1991, 975; *OLG Koblenz,* NJW-RR 1991, 375; *Jagenburg,* Beck-VOB-Kommentar, Vor § 2 VOB/B, Rdnr. 604.

[314] S.o. III, 4.

b) Einzelfragen

Die Verpflichtung zur Stellung einer Sicherheit kann nicht durch AGB-Klauseln des Auftraggebers vereinbart werden.[315] Sie entfällt nicht mit der Vollendung des Bauwerks.[316] Auch kann der Auftraggeber gegenüber dem Anspruch auf Bestellung keine Mängeleinreden geltend machen.[317]

2. Der Anspruch auf Sicherheitsleistungen nach § 648a BGB

Das Bauhandwerkersicherungsgesetz vom 27.4.1993[318] hat mit der Einfügung des § 648a BGB dem Auftragnehmer einen gesetzlichen Anspruch auf Bestellung einer Sicherheit für von ihm zu erbringende Vorleistungen zugebilligt.[319]

a) Arten der Sicherheitsleistung

Es gilt § 232 BGB. In Frage kommt in erster Linie die Stellung einer Bürgschaft (§ 232 II BGB). Außerdem läßt § 648a BGB die Stellung einer Bankgarantie zu.

b) Höhe der Sicherheitsleistung

Sie ist durch den Umfang des Vergütungsanspruchs begrenzt, wie er sich aus dem Vertrag und etwaigen Zusatzaufträgen ergibt (§ 648a I S. 2 BGB).

Dabei sind auch bereits erbrachte Leistungen zu berücksichtigen,[320] nicht dagegen Schadensersatzansprüche.[321] Ein Abzug wegen eventueller Mängel findet nicht statt.[322]

---

[315] *BGH,* NJW 1984, 2100.

[316] *OLG Nürnberg,* NJW-RR 1989, 1296.

[317] *OLG Nürnberg,* aaO.

[318] BGBl. I, S. 509.

[319] Hierzu *Gutbrod,* DB 1993, 1559; *Hofmann/Koppmann,* BauR 1994, 305; *Klaft,* NJW 1995, 2521; *Slapnicar,* NJW 1993, 2903; *Sturmberg,* BauR 1994, 57; 1995, 169; *Weber,* ZAP, Fach 5, S. 93 ff.; ders. WM 1994, 725; *Werner/Pastor,* Rdnr. 314 ff.

[320] *OLG Karlsruhe,* NJW 1997, 263 m. Anm. *Leinemann,* NJW 1997, 238; *LG Bonn,* NJW-RR 1998, 530; *Leinemann/Klaft,* NJW 1995, 2521; *Werner/Pastor,* Rdnr. 328; *Hofmann/Koppmann,* BauR 1994, 305; a.A. *Weber,* WM 1994, 725; *Palandt/Thomas,* § 648a BGB, Rdnr. 9; *OLG Schleswig,* NJW-RR 1998, 532.

[321] *Werner/Pastor,* Rdnr. 330; a.A. *Ingenstau/Korbion,* § 16 VOB/B, Rdnr. 425; *Hofmann/Koppmann,* BauR 1994, 305, 310.

[322] *OLG Karlsruhe,* NJW 1997, 263; *LG Bonn,* NJW-RR 1998, 530. – Das erscheint für die Fälle erbrachter Leistungen bedenklich, da insoweit eine Widerspruch zur Sicherungshypothek nach § 648 BGB entsteht (s.u. 3, b, (6)); *OLG Schleswig,* NJW-RR 1998, 532.

c) Nichtbestellung der Sicherheit

Leistet der Auftraggeber die verlangte Sicherheit nicht binnen einer von dem Auftragnehmer gesetzten Frist, so kann dieser die Ausführung der von ihm geschuldeten Leistungen verweigern (§ 648a I S. 1 BGB). Nach Setzung einer weiteren Frist mit der Androhung der Kündigung, gilt der Bauvertrag als aufgehoben, wenn der Auftraggeber die Sicherheit nicht binnen der gesetzten Frist geleistet hat (§ 648a V S. 1 i.V.m. § 643 BGB). Der Auftraggeber hat nach § 648a V S. 2 BGB Anspruch auf Vergütung für die bereits ausgeführten Leistungen sowie zusätzlich auf Ersatz des negativen Interesses (§ 648a V S. 2 BGB).[323]

d) Kosten der Sicherheit

Insoweit wird auf § 648a III BGB verwiesen.

3. Anspruch auf Bestellung einer Bauhandwerkersicherungshypothek

a) Allgemeines

§ 648 BGB gibt dem Auftragnehmer zur Sicherung seines Vergütungsanspruchs einen Anspruch auf Bestellung einer Bauhandwerkersicherungshypothek an dem Grundstück des Bestellers.[324]

Die Problematik dieser Sicherheit liegt einmal in dem Umstand, daß der Anspruch bei fehlender Identität von Besteller und Eigentümer des Baugrundstücks nicht gegeben ist[325] und in der Tatsache, daß bis zur Realisierung des Anspruchs andere Gläubiger des Auftraggebers, insbesondere Banken, eine im Rang vorgehende Sicherheit erlangt haben können.[326]

b) Voraussetzungen des Anspruchs auf Bestellung

(1) Der Anspruch steht nur dem Unternehmer eines Bauwerks oder eines Teils eines Bauwerks zu, so daß Lieferanten von Geräten und Materialien als Anspruchsberechtigte ausscheiden.[327]

(2) Der Auftragnehmer muß als Unternehmer eines Bauwerks den Wert des Grundstücks erhöht haben.[328]

---

[323] *Werner/Pastor,* Rdnr. 333; *Locher,* Rdnr. 437a; *Sturmberg,* BauR 1995, 169.

[324] Übersichten bei *Kapellmann,* BauR 1976, 323; *Siegburg,* BauR 1990, 32; *Kleine-Möller,* § 10, Rdnr. 174 ff; *Werner/Pastor,* Rdnr. 182 ff.

[325] S.u. b, (3).

[326] *Werner/Pastor,* Rdnr. 183, 187, 191; zur Bedeutung der Sicherungshypothek im Konkurs (Insolvenz) des Auftraggebers vgl. *Leinenweber,* BauR 1980, 510, 514; *Werner/Pastor,* Rdnr. 184, 185.

[327] *Werner/Pastor,* Rdnr. 195 ff.

[328] *BGH* 51, 190 = NJW 1969, 418; *OLG Jena,* NJW-RR 1999, 384 (verneinend für Ansprüche aus § 649 BGB); *Werner/Pastor,* Rdnr. 203.

Auch Vorarbeiten werden als werterhöhend angesehen,[329] nicht aber bloße Reparatur- und Instandsetzungsarbeiten.[330]

(3) Der Anspruch richtet sich gegen den Besteller, der Eigentümer – oder Miteigentümer – des Baugrundstücks sein muß.[331]

Sind Besteller und Grundstückseigentümer nicht identisch, scheidet ein Anspruch auf Bestellung der Hypothek im Grundsatz aus.[332] Der BGH hat sich in einer Grundsatzentscheidung zur formalen Auslegung der Vorschrift bekannt und will nur in Ausnahmefällen gemäß § 242 BGB eine Durchgriffshaftung zu Lasten Dritter zulassen.[333]

(4) Da der Werkvertrag zwischen Bauunternehmer und Bauherr bestehen muß, können Sub- und Zwischenunternehmer, die in keinen direkten Vertragsbeziehungen zum Bauherrn stehen, nicht die Einräumung einer Sicherungshypothek verlangen.[334]

(5) Der Sicherungsanspruch besteht nur hinsichtlich der Vergütung für durchgeführte Arbeiten (§ 648 I S. 2 BGB).

Nicht notwendig ist, daß die Forderung bereits fällig ist.[335] Neben der Vergütung werden alle vertraglichen Ansprüche auf Geldleistungen einbezogen, die als Gegenleistung für die Werterhöhung des Grundstücks[336] anzusehen sind.[337]

(6) Der Anspruch besteht nicht in der Höhe, in der dem Auftraggeber Gewährleistungsansprüche wegen mangelhafter Bauleistungen zustehen.[338]

(7) Der Auftragnehmer kann durch Individualvereinbarung auf den Bestellungsanspruch verzichten.

Eine Ausnahme besteht im Falle der Arglist des Bestellers.[339] Außerdem kann ein solcher Verzicht bei einer wesentlichen Verschlechterung der Vermögenslage des Auftraggebers – arg. § 321 BGB – hinfällig werden.[340] Einen fiktiven Verzicht enthält § 648a IV BGB für den Fall, daß der Auftragnehmer nach § 648a BGB bereits eine Sicherheit erlangt hat. – Dagegen kann ein Ausschluß des § 648 BGB nicht in AGB des Auftraggebers vereinbart werden, es sei denn, daß dem Auftragnehmer gleichzeitig eine andere angemessene Sicherheit angeboten wird.[341]

---

[329] *Werner/Pastor,* Rdnr. 195 ff.

[330] *BGHZ* 19, 319 = NJW 1956, 1195; *OLG Hamburg,* BauR 1994, 123; hierzu *Jagenburg,* NJW 1995, 103.

[331] *Werner/Pastor,* Rdnr. 249 ff.

[332] Sehr umstr.; zum Meinungsstand *Kleine-Möller,* § 19, Rdnr. 276 ff.

[333] *BGHZ* 102, 95 = NJW 1988, 255; hierzu *Locher,* Rdnr. 433; *Werner/Pastor,* Rdnr. 258 m.Nw.

[334] *Werner/Pastor,* Rdnr. 201.

[335] *BGH,* JR 1965, 62; *OLG Koblenz,* NJW-RR 1994, 786; *Werner/Pastor,* Rdnr. 225.

[336] S. o. (2).

[337] *BGHZ* 51, 190, 191 = NJW 1969, 419; *BGHZ* 102, 95 = NJW 1988, 255; *Werner/Pastor,* Rdnr. 228 ff.

[338] *BGHZ* 68, 180 = NJW 1977, 947; *OLG Rostock,* BauR 1995, 262; *Werner/Pastor,* Rdnr. 234 ff. m.Nw. über abw. Ansichten.

[339] *Werner/Pastor,* Rdnr. 192.

[340] *OLG Köln,* BauR 1972, 282; *Kleine-Möller/Oelmaier,* § 20, Rdnr. 221; *Werner/Pastor,* aaO.

[341] *BGH,* NJW 1984, 2100; *Werner/Pastor,* Rdnr. 193; vgl. hierzu noch *OLG Düsseldorf,* BauR 1984, 334.

c) Formelle Durchsetzung des Anspruchs

Sie kann theoretisch auf verschiedene Weise erfolgen:

(1) Der Auftraggeber kann den Anspruch freiwillig durch Bestellung der Sicherungshypothek erfüllen (§ 873 BGB). Die Eintragung im Grundbuch erfordert eine Bewilligung des Auftraggebers und Eigentümers (§ 19 GBO).[342]

(2) Bei Weigerung des Auftraggebers kann der Auftragnehmer auf Bestellung der Sicherheit klagen.[343] Die nach Ziff. (1) erforderlichen Erklärungen gelten mit der Rechtskraft des Urteils als abgegeben (§ 894 ZPO). Vor Rechtskraft des Urteils gilt bei einem vorläufig vollstreckbaren Urteil die Eintragung einer Vormerkung als bewilligt (§ 896 ZPO).

(3) Im Hinblick auf die Eilbedürftigkeit[344] scheidet der Weg unter (2) in der Praxis regelmäßig aus. Deshalb läßt § 885 BGB die Eintragung einer Vormerkung im Wege der einstweiligen Verfügung zu.[345]

Der Auftragnehmer muß die Voraussetzungen seines Anspruchs glaubhaft machen.[346] Die Gefährdung des Anspruchs braucht er dagegen nicht glaubhaft zu machen, da sie vom Gesetz vermutet wird (§ 885 I S. 2 BGB). Die Anordnung des Gerichts erfolgt in der Regel wegen der Eilbedürftigkeit ohne mündliche Verhandlung und vorherige Anhörung des Auftraggebers durch Beschluß.[347]

Der Auftraggeber kann über § 933 ZPO erreichen, daß bei Hinterlegung der Geldsumme oder nach Stellung einer Bankbürgschaft die einstweilige Verfügung wieder aufgehoben und damit die Vormerkung im Grundbuch wieder gelöscht wird.[348] Der Auftraggeber kann außerdem durch Stellung eines Antrags auf Fristsetzung nach § 926 I ZPO den Auftragnehmer zur Erhebung der Hauptklage – das ist die unter (2) erwähnte Klage auf Bestellung der Hypothek[349] – zwingen.[350]

---

[342] *Werner/Pastor,* Rdnr. 261, 262.

[343] Einzelfragen zum Verfahren bei *Kleine-Möller/Oelmaier,* § 19, Rdnr. 201 ff.

[344] S.o. 3, a, Fußn. 326.

[345] Einzelfragen bei *Werner/Pastor,* Rdnr. 268 ff.; *Kleine-Möller/Oelmaier,* § 19, Rdnr. 167 ff.

[346] S.o. a, (1)–(5). – Zur Problematik der Glaubhaftmachung der Mangelfreiheit vor Abnahme siehe *Werner/Pastor,* Rdnr. 275; *Jagenburg,* BauR 1975, 216; *Kleine-Möller/Oelmaier,* § 19, Rdnr. 193.

[347] *Tempel,* Mustertexte, Bd. II, § 9, Vorb. II, 3, a sowie Muster 145.

[348] *OLG Düsseldorf,* BauR 1985, 334; 1985, 580; *OLG Köln,* NJW 1975, 454; *OLG Saarbrücken,* BauR 1993, 348; *Werner/Pastor,* Rdnr. 288; a.A. *OLG Hamm,* BauR 1993, 115.

[349] *LG Mainz,* NJW 1973, 2294; *OLG Frankfurt,* NJW 1983, 1129; *OLG Düsseldorf,* NJW-RR 1986, 322; a.A. *Leue,* JuS 1985, 176 (Zahlungsklage genügt).

[350] Einzelheiten bei *Werner/Pastor,* Rdnr. 291 ff.

4. Das Gesetz zur Sicherung von Bauforderungen

Ein Gesetz vom 1. 6. 1909[351] verpflichtet in § 1 den Empfänger von Baugeld, dieses nur zur Befriedigung solcher Personen zu verwenden, die an der Herstellung des Bauwerks beteiligt sind.[352]

Voraussetzung ist, daß zur Sicherung des Anspruchs des Geldgebers an dem zu bebauenden Grundstück eine Hypothek oder Grundschuld eingetragen werden soll.[353] Aus dieser Voraussetzung folgt die primäre Zielrichtung des Gesetzes, nämlich die Werterhöhung des Baugrundstücks zugunsten der Grundpfandgläubiger (Banken) sicherzustellen.

Der Bauhandwerker hat demnach keinen Anspruch auf Sicherung. Er wird aber sekundär in den Schutzbereich des Gesetzes dadurch einbezogen, daß ihm bei zweckwidriger Verwendung der Baugelder aus § 823 II BGB[354] ein Anspruch gegen den Bauherrn und vor allem gegen Dritte, die sich an der Zweckentfremdung der Gelder beteiligt haben, erwächst.[355]

Dritter Teil. Gegenansprüche des Auftraggebers

I. Ansprüche wegen mangelhafter Bauleistungen

1. Der Umfang der Einstandspflicht des Auftragnehmers

a) Allgemeines

Rechtsgrundlage für die Einstandspflicht des Auftragnehmers ist § 633 I BGB bzw. § 13 I VOB/B. Der als Voraussetzung genannte „Mangel" als Oberbegriff[1] tritt in zwei Erscheinungsformen auf: in dem Fehlen einer zugesicherten Eigenschaft oder dem Vorliegen eines Fehlers, der den Wert oder die Tauglichkeit zu dem gewöhnlichen oder dem nach dem Vertrag vorausgesetzten Vertrag aufhebt oder mindert. Es handelt sich bei der Einstandspflicht um eine verschuldensunabhängige Erfolgshaftung,[2] die allerdings bei Vorliegen eines Verschuldens des Auftragnehmers zu einem zusätzlichen Schadensersatzanspruch führen kann.[3]

---

351 *RGBl.* I, S. 449.

352 *Korsukewitz,* BauR 1986, 383; *Maritz,* BauR 1990, 401; *Werner/Pastor,* Rdnr. 1865 ff.

353 *BGH,* NJW-RR 1991, 728.

354 Zum Schutzgesetzcharakter *BGH,* NJW-RR 1990, 281; 1990, 342; NJW 1982, 1037; *Werner/Pastor,* Rdnr. 1869.

355 *OLG Karlsruhe,* BauR 1992, 791; *OLG Frankfurt,* BauR 1992, 813.

1 *Soergel,* MK, § 633 BGB, Rdnr. 13.

2 *BGHZ* 139, 244 = NJW 1998, 3707; *Ganten,* Beck-VOB-Kommentar, Vor § 13 VOB/B, Rdnr. 27.

3 S.u. 2, f.

b) Das Fehlen einer zugesicherten Eigenschaft

Das Bauwerk bzw. die Bauleistung muß nach den genannten Vorschriften die vertraglich zugesicherten Eigenschaften haben.

(1) Die Bedeutung der Zusicherung liegt darin, daß im Gegensatz zum Fehler die Einstandspflicht auch dann gegeben ist, wenn der Wert oder die Tauglichkeit der Vertragsleistung nicht gemindert ist.[4]

Allerdings wird man bei völliger Belanglosigkeit oder unwesentlicher Beeinträchtigung die Berufung des Auftraggebers auf ihr Fehlen als Verstoß gegen Treu und Glauben ansehen müssen.[5] Im Gegensatz zum Kaufrecht (§ 463 BGB) führt das Fehlen einer zugesicherten Eigenschaft nicht automatisch zu einem Schadensersatzanspruch, sondern nur dann, wenn Verschulden des Auftragnehmers gegeben ist.[6]

(2) Zusicherungsfähige Eigenschaften sind vor allem die natürliche Beschaffenheit der Leistung selbst, vor allem ihre Eignung und Verwertbarkeit für das Bauwerk, aber auch ihre Beziehungen zur Umwelt.[7] Auch das Fehlen von Fehlern kann zugesichert werden.[8]

(3) Eine Zusicherung setzt die vertraglich eingebundene[9] Erklärung voraus, daß der Auftragnehmer für das Vorliegen bzw. deren Eintritt im Zeitpunkt der Abnahme[10] die verschuldensunabhängige Gewähr übernehmen will.[11] Sie bedarf der Abgrenzung gegenüber

- unverbindlichen Anpreisungen;[12]
- der bloßen Leistungsbeschreibung, die lediglich den Zustand der fehlerfreien Leistung wiedergibt;[13] maßgebend für das Vorliegen einer Zusicherung ist das Vorliegen eines besonderen Interesses des Auftraggebers an der Eigenschaft;[14]
- Erklärungen des Auftragnehmers, daß für eine bestimmte Zeit die Gewähr für die fehlerfreie Leistung übernommen wird; darin liegt in der Regel eine Ausdehnung der Verjährungsfrist;[15]

---

[4] H.M.; vgl. *Kleine-Möller/Merl,* § 12, Rdnr. 113, 150.

[5] *Ingenstau/ Korbion,* § 13 VOB/B, Rdnr. 128; *Kleine-Möller/Merl,* § 12, Rdnr. 113, 150; *Soergel,* MK, § 633 BGB, Rdnr. 23; *Wussow,* NJW 1967, 953, 954.

[6] *Kleine-Möller/Merl,* § 12, Rdnr. 162; a.A. *Eimer,* NJW 1973, 590; zur unselbständigen Garantie s.u. Fußn. 16.

[7] *RGZ* 101, 69; 117, 315; *BGHZ* 79, 183 = NJW 1981, 864; *Ganten,* Beck-VOB-Kommentar, § 13 Nr. 1 VOB/B, Rdnr. 92; *Soergel,* MK, § 633 BGB, Rdnr. 26 m.w.Nw.

[8] *RGZ* 101, 69; *Soergel,* MK, § 633 BGB, Rdnr. 25; *Ingenstau/ Korbion,* § 13 VOB/B, Rdnr. 118.

[9] *Ingenstau/ Korbion,* § 13 VOB/B, Rdnr. 20; *Kleine-Möller/Merl,* § 12, Rdnr. 114; *Nicklisch/Weick,* § 13 VOB/B, Rdnr. 27.

[10] S.u. 1, e.

[11] *BGHZ* 96, 11 = NJW 1986, 717; *Ganten,* Beck-VOB-Kommentar, § 13 Nr. 1 VOB/B, Rdnr. 84; *Siegburg,* BauR 1985, 367.

[12] *Kleine-Möller/Merl,* § 12, Rdnr. 126.

[13] *BGH,* NJW 1981, 448; 1986, 711; *OLG Hamm,* BauR 1993, 478; *OLG Düsseldorf,* NJW-RR 1996, 146; *Ganten,* Beck-VOB-Kommentar, § 13 Nr. 1 VOB/B, Rdnr. 90; *Soergel,* MK, § 633 BGB, Rdnr. 29; *Kleine-Möller/Merl,* § 12, Rdnr. 116 ff.

[14] *BGH,* NJW-RR 1994, 1134; *Kleine-Möller/Merl,* § 12, Rdnr. 115, 118 mit Beispielen in Rdnr. 152, 153; *Nicklisch,* FS Beitzke, S. 89 ff.

[15] *BGH,* NJW 1979, 645; 1986, 1927; *Ingenstau/ Korbion,* § 13 VOB/B, Rdnr. 119; *Kleine-Möller/Merl,* § 12, Rdnr. 163, 164.

- der Erklärung, für die zugesicherte Eigenschaft unbedingt einstehen zu wollen, also Schadensersatz auch ohne Verschulden zu leisten (unselbständige Garantie);[16]
- Erklärung des Auftragnehmers, einen über die Vertragsmäßigkeit des Werkes hinausgehenden Erfolg herbeizuführen (selbständige Garantie).[17]

(4) Die Zusicherung ist formfrei.[18] Sie wird in der Regel ausdrücklich erfolgen, z.B. im Bauvertrag selbst, kann aber unter Umständen auch konkludent erklärt werden.[19]

c) Das Vorliegen eines Fehlers

Das Werk darf nach § 633 I BGB bzw. § 13 Nr. 1 VOB/B nicht mit Fehlern behaftet sein, die den Wert oder die Tauglichkeit zu dem gewöhnlichen oder nach dem Vertrag vorausgesetzten Gebrauch aufheben oder mindern.

(1) Maßgebend für die Bestimmung des Fehlers ist der subjektive Fehlerbegriff; es kommt auf die Diskrepanz zwischen Istzustand und dem sich aus der Parteivereinbarung – eventuell durch Auslegung (§ 157 BGB) – ergebenden Sollzustand an.[20]

Heranzuziehen sind die konkreten Vereinbarungen[21] einschließlich Ausschreibung, Leistungsverzeichnis,[22] Baubeschreibungen und den dem Auftragnehmer zur Verfügung gestellten Plänen des Architekten und etwaiger Sonderfachleute (§ 3 Nr. 3 Satz 1 VOB/B).[23] Naturgemäß hat der Auftragnehmer auch die gesetzlichen und behördlichen Bestimmungen zu beachten (§ 4 Nr. 2 (1) S. 2 VOB/B).[23a]

(2) Die Abweichung zwischen Ist- und Sollbeschaffenheit muß den Wert oder die Tauglichkeit, d.h. die Gebrauchsfähigkeit des Werkes beeinträchtigen.[24] Der Wert der Leistung ist nach einem objektiven Maßstab

---

[16] *Kleine-Möller/Merl,* § 12, Rdnr. 161 ff.

[17] *Kleine-Möller/Merl,* Rdnr. 169–172; *Soergel,* MK, § 633 BGB, Rdnr. 30.

[18] *Kleine-Möller/Merl,* § 12, Rdnr. 135, 136.

[19] *BGHZ* 59, 158 = NJW 1972, 1706 (Kaufrecht); *Soergel,* MK, § 633 BGB, Rdnr. 25; *Ingenstau/Korbion,* § 13 VOB/B, Rdnr. 122. – Zur unterschiedlichen Bewertung von Zusicherungen bei Vorverhandlungen vgl. bejahend *Soergel,* MK, § 633 BGB, Rdnr. 25; verneinend *Ingenstau/Korbion,* § 13 VOB/B, Rdnr. 124; *Kleine-Möller/Merl,* § 12, Rdnr. 136.

[20] *BGHZ* 91, 206 = NJW 1984, 2457; *BGH,* NJW-RR 1989, 849; *Ganten,* Beck-VOB-Kommentar, § 13 Nr. 1, Rdnr. 1 + 12 m.Nw.; *Kaiser,* BauR 1983, 19; *Kleine-Möller/Merl,* § 12, Rdnr. 180; *Nicklisch/Weick,* § 13 VOB/B, Rdnr. 32; *Soergel,* MK, § 633 BGB, Rdnr. 16; *Werner/Pastor,* Rdnr. 1454.

[21] *LG Nürnberg-Fürth,* NJW-RR 1989, 1106 (Schallschutz).

[22] Zum fehlerhaften, vom Auftragnehmer erstellten Leistungsverzeichnis siehe *OLG Düsseldorf,* BauR 1994, 762.

[23] *BGH,* NJW 1982, 1702.

[23a] *BGH,* NJW-RR 1998, 732 (Baugenehmigung).

[24] *BGHZ* 55, 198 = NJW 1971, 615; *BGHZ* 139, 244 = NJW 1998, 3707; *BGH,* NJW 1999, 381; Einzelheiten bei *Ingenstau/Korbion,* § 13 VOB/B, Rdnr. 140 ff.

zu bestimmen,[25] während bei der Tauglichkeit auch subjektive Umstände zu berücksichtigen sind.[26]

(3) Einzelfälle. Wegen der Einzelfälle wird auf die Zusammenstellung in der Kommentarliteratur verwiesen.[27]

d) Die anerkannten Regeln der Technik

Sie werden in § 4 Nr. 2 VOB/B als Maßstab für die Erbringung der Leistungen des Auftragnehmers und in § 13 Nr. 1 VOB/B als Voraussetzung für die Gewährleistung genannt.

(1) Die anerkannten Regeln der Technik setzen zweierlei voraus: allgemeine theoretische Anerkennung und allgemeine Übernahme in die Baupraxis.[28]

Sie ergeben sich im Regelfall aus den vom Normenausschuß erlassenen DIN-Vorschriften, wie sie in Teil C der VOB enthalten sind[29] sowie sonstigen in der Baubranche eingeführten Regelwerken.[30] Künftig ist auch mit europäischen Normen zu rechnen.[31] Die so schriftlich niedergelegten Normen erbringen für den Regelfall auch den Beweis, daß es sich um anerkannte Regeln der Technik handelt, die der Auftragnehmer zu beachten hat.[32]

(2) Es ist aber zu beachten: Die technische Entwicklung und die wissenschaftlichen Erkenntnisse führen zu einer ständigen Fortentwicklung der anerkannten Regeln. Die genannte Vermutung ist deshalb widerlegbar.

So können anerkannte Regeln auch dann gegeben sein, bevor sie in entsprechenden Normen schriftlich niedergelegt bzw. verbindlich in Kraft gesetzt sind.[33] Umgekehrt können schriftliche Normen trotz formellen Fortbestehens ihren Charakter als anerkannte Regeln verlieren, wenn die Entwicklung über sie hinweggegangen ist.[34] Schließlich kann eine anerkannte Regel der Technik für die Gewährleistung auch dann noch von Bedeutung sein, wenn die DIN-Norm abgeändert wird, die dort niedergelegte alte

---

[25] *Ganten,* Beck-VOB-Kommentar, § 13 Nr. 1 VOB/B, Rdnr. 99; *Kleine-Möller/Merl,* § 12, Rdnr. 198; *Nicklisch/Weick,* § 13 VOB/B, Rdnr. 33; *Soergel,* MK, § 633 BGB, Rdnr. 18.

[26] a.A. *Kleine-Möller/Merl,* § 12, Rdnr. 200, 201 mit Beispielen.

[27] *Ganten,* Beck-VOB-Kommentar, § 13 Nr. 1, Rdnr. 110; *Kleine-Möller/Merl,* Rdnr. 201, S. 666; *Werner/Pastor,* Rdnr. 1515.

[28] *RG,* GA 39, 208; RGSt 44, 76; *Kleine-Möller/Merl,* § 12, Rdnr. 204, 205; *Soergel,* MK, § 633 BGB, Rdnr. 37; *Werner/Pastor,* Rdnr. 1459; *Parmentier,* BauR 1998, 207.

[29] S.o. 1. Teil, II, 2, b, (3).

[30] *Kleine-Möller/Merl,* § 12, Rdnr. 208; *Werner/Pastor,* Rdnr. 1460.

[31] *Werner/Pastor,* Rdnr. 1470. – Beispiel: Bauproduktion – RL 89/106.

[32] *OLG Hamm,* NJW-RR 1995, 17; *OLG München,* NJW-RR 1995, 1523; *Kleine-Möller/Merl,* § 12, Rdnr. 210; *Soergel,* MK, § 633 BGB, Rdnr. 41; *Werner/Pastor,* Rdnr. 1461.

[33] *BGH,* NJW-RR 1995, 472; *BGHZ* 139, 16 = NJW 1998, 2814; *OLG Celle,* NJW-RR 1991, 1175; *Werner/Pastor,* Rdnr. 1463, 1464

[34] *OLG Hamm,* NJW-RR 1991, 731. – Beispiele bei *Jagenburg,* NJW 1998, 2641.

Bauausführung in der Ausbildungsliteratur weiter gefordert und in der Praxis entsprechend gehandhabt wird.[34a]

(3) Ob bei einer Nichteinhaltung anerkannter Regeln der Bautechnik stets ein Mangel vorliegt, selbst wenn ein „Fehler" im Sinne des § 633 I BGB nicht festgestellt werden kann und auch eine Zusicherungshaftung nicht gegeben ist, erscheint zweifelhaft.

Richtigerweise müssen zumindest bei der erbrachten Leistung technische Risiken bestehen.[35] Eine Abweichung von den anerkannten Regeln ist aber nach dem subjektiven Fehlerbegriff[36] jedenfalls dann kein Mangel, wenn die Parteien im Vertrag etwas Abweichendes vereinbart haben.[37] Das kann aber nicht durch AGB-Klauseln des Auftragnehmers geschehen.[38]

(4) Obwohl § 633 I BGB die anerkannten Regeln der Technik nicht besonders erwähnt, sind sie auch bei der Einstandspflicht des Auftragnehmers im Rahmen eines BGB-Bauvertrages zu beachten.[39]

Sie sind insoweit unter den Begriff des Fehlers[40] zu subsumieren, da davon auszugehen ist, daß die Parteien bei einem Vertrag über Bauleistungen regelmäßig von der Einhaltung der anerkannten Regeln der Technik ausgehen (§ 157 BGB).[41]

(5) Umgekehrt kann trotz Einhaltung der anerkannten Regeln der Technik eine Einstandspflicht gegeben sein.

Der Begriff des Fehlers im Sinne des § 633 I BGB hat – auch beim VOB-Vertrag – seine eigenständige Bedeutung.[42] So kann beispielsweise ein Werk fehlerhaft sein, wenn es keine anerkannte Regel der Technik für die versprochene Leistung gibt, aber ein technischer Unsicherheitsfaktor in Form eines bestimmten Risikos gegeben ist.[43]

e) Maßgebender Zeitpunkt

Die Frage, ob das Werk mit einem Fehler behaftet ist oder eine zugesicherte Eigenschaft nicht vorhanden ist, richtet sich nach h.M. nach dem

---

[34a] *OLG Hamm,* NJW-RR 1998, 668.

[35] *BGH,* BauR 1981, 577; *Ganten,* Beck-VOB-Kommentar, § 13 Nr. 1 VOB/B, Rdnr. 96.

[36] S.o. Fußn. 20.

[37] *OLG Hamm,* NJW-RR 1996, 17; 1996, 213; *OLG Celle,* BauR 1990, 759; *Werner/Pastor,* Rdnr. 1457.

[38] *OLG Köln,* NJW-RR 1994, 1431.

[39] *Heinrich,* BauR 1982, 114, 229; *Kleine-Möller/Merl,* § 12, Rdnr. 2, 203; *Nicklisch/Weick,* § 13 VOB/B, Rdnr. 31; *Werner/Pastor,* Rdnr. 1455.

[40] S.o. I, 1, b.

[41] *OLG Hamm,* NJW-RR 1995, 17; *Werner/Pastor,* Rdnr. 1513; a.A. *Soergel,* MK, § 633 BGB, Rdnr. 33, 34, 46.

[42] *BGHZ* 91, 206 = NJW 1984, 2457; *BGH,* NJW-RR 1989, 849; 1995, 472; 1997, 688; *OLG Frankfurt,* NJW 1983, 456; *Werner/Pastor,* Rdnr. 1454, 1456, 1466.

[43] *OLG Köln,* NJW-RR 1991, 1077; *OLG Celle,* NJW-RR 1991, 1175; *Ganten,* Beck-VOB-Kommentar, § 4 Nr. 2, Rdnr. 20 + § 13 Nr. 1 VOB/B, Rdnr. 24; *Soergel,* MK, § 633 BGB, Rdnr. 35; *Werner/Pastor,* Rdnr. 1513 m.Nw. in Fußn. 174.

Zeitpunkt der Abnahme.[44] Ein nach diesem Zeitpunkt eintretender Mangel fällt nicht mehr in den Risikobereich des Auftragnehmers, wobei aber zu beachten ist, daß die Mängelhaftung eingreift, wenn ein nach der Abnahme zutage tretender Mangel im Zeitpunkt der Abnahme schon „im Keime" vorhanden war.[45]

Der Auftragnehmer übernimmt hier eine erhebliche Risikohaftung; er muß seine Leistungspflicht nach Vertragsschluß eintretenden Veränderungen, z.B. – hinsichtlich der anerkannten Regeln der Technik – so anpassen, daß der versprochene Erfolg im Zeitpunkt der Abnahme eintritt.[46] Allerdings kann es bei dem Anspruch auf Schadensersatz am Verschulden fehlen.[47] – Eine Ausnahme von dieser strengen Einstandspflicht wird nur bei ausdrücklichem oder stillschweigendem Haftungsausschluß anerkannt.[48]

f) Zurechenbarkeit des Mangels

Der nach den bisherigen Ausführungen festgestellte Mangel führt nur dann zu einer Einstandspflicht des Auftragnehmers, wenn er auf eine Vertragswidrigkeit zurückzuführen ist.[49] Der Mangel muß also seine Ursache im Verantwortungsbereich des Auftragnehmers haben.

(1) Die Einstandspflicht entfällt mithin, wenn der Mangel seine Ursachen im Verantwortungsbereich des Auftraggebers oder im alleinigen Verhalten Dritter hat. § 13 Nr. 3 VOB/B spezifiziert diese Fälle. Die Regelung ist Ausdruck der in der Baupraxis allgemein herrschenden Auffassung und ist deshalb gemäß § 242 BGB auch auf den BGB-Bauvertrag anzuwenden.[50] Danach ist die Einstandspflicht ausgeschlossen, wenn der Mangel zurückzuführen ist auf

– eine (eindeutige, zwingende) Anweisung des Bestellers, die mehr ist als die bloße Werksbeschreibung,[51] wobei das Planungsverschulden (nicht das Aufsichtsverschulden) des Architekten dem Auftraggeber nach § 278 BGB zugerechnet wird;[52]

---

[44] *BGHZ* 48, 310 = NJW 1968, 43; *BGHZ* 91, 206 = NJW 1984, 2487; *OLG Frankfurt,* NJW 1983, 456; *OLG Köln,* NJW-RR 1991, 1077; *Ganten,* Beck-VOB-Kommentar, § 13 Nr. 1, Rdnr. 77 ff.; *Kleine-Möller/Merl,* § 12, Rdnr. 214; *Locher,* Rdnr. 29, 30; *Werner/Pastor,* Rdnr. 1456, 1457, 1513.

[45] *Ganten,* Beck-VOB-Kommentar, § 13 Nr. 1 VOB/B, Rdnr. 81.

[46] *Werner/Pastor,* Rdnr. 1467; krit. hierzu *Jagenburg,* FS Korbion (1986), S. 179 m.Nw., der mit Recht für eine Anpassung der Vergütung entsprechend dem veränderten Leistungsumfang eintritt (a.a.O. S. 186).

[47] *OLG Köln,* NJW-RR 1991, 1077; *Werner/Pastor,* Rdnr. 1456.

[48] *Werner/Pastor,* Rdnr. 1457 m.Nw.

[49] *Ganten,* Beck-VOB-Kommentar, § 13 Nr. 1 VOB/B, Rdnr. 72; *Kleine-Möller/Merl,* § 12, Rdnr. 250; *Soergel,* MK, § 633 BGB, Rdnr. 14, 56, 61, 79; *Werner/Pastor,* Rdnr. 1513.

[50] *BGH,* NJW 1987, 643; NJW-RR 1987, 664; *OLG Düsseldorf,* NJW-RR 1993, 405; *OLG Köln,* NJW-RR 1995, 19; *Kleine-Möller/Merl,* § 12, Rdnr. 3, 49, 99; *Schmidt,* NJW 1966, 1494; *Soergel,* MK, § 633 BGB, Rdnr. 57, 58, 76; *Werner/Pastor,* Rdnr. 1526.

[51] *BGH,* NJW 1996, 2372; *Ganten,* Beck-VOB-Kommentar, § 13 Nr. 3 VOB/B, Rdnr. 23; *Nicklisch,* FS Bosch (1976), S. 731 ff.; *Nicklisch/Weick,* § 13 VOB/B, Rdnr. 45 ff.

[52] *Soergel,* MK, § 633 BGB, Rdnr. 81, 82; *Werner/Pastor,* Rdnr. 1515. – Zu Planungsfehlern siehe *Ganten,* Beck-VOB-Kommentar, § 13 Nr. 3 VOB/B, Rdnr. 34 ff.

- die Leistungsbeschreibung des Auftraggebers bzw. seines Architekten;[53]
- vom Auftraggeber gelieferte oder von diesem (zwingend) vorgeschriebene Stoffe oder Bauteile;[54]
- die Beschaffenheit der Vorleistung eines anderen Unternehmers.[55]

Dagegen bleibt die Einstandspflicht für Mängel bestehen, die auf eine verzögerte Fertigstellung des Bauwerks zurückzuführen sind, die weder von dem Auftraggeber noch dem Auftragnehmer zu vertreten sind.[56]

(2) Die unter (1) dargestellte Haftungsfreistellung greift aber nicht ein, wenn der Auftragnehmer seiner Hinweispflicht nach § 4 Nr. 3 VOB/B nicht nachgekommen ist. Dieser Hinweispflicht, die von der h.M. als Hauptpflicht eingeordnet wird,[57] ist eine entsprechende Prüfungspflicht des Auftragnehmers vorgelagert.[58] Hatte der Auftragnehmer Bedenken gegen die vorgeschriebenen Baustoffe sowie die Leistung von Vorunternehmern, oder hätte er sie bei pflichtgemäßer Wahrnehmung seiner Aufgaben haben müssen, so hat er diese Bedenken dem anderen Vertragsteil mitzuteilen. Unterläßt er dies, so bleibt seine Einstandspflicht bestehen.

Die Prüfungs- und Hinweispflicht erstreckt sich auf die unter (1) erwähnten Ausnahmetatbestände und die Pläne des Architekten (§ 3 Nr. 3 Satz 2 VOB/B), jedoch nur, soweit die eigenen Leistungen des Auftragnehmers berührt sind;[59] den Auftragnehmer trifft keine allgemeine Kontrollpflicht für das Bauvorhaben.[60] Bei Leistungen nachfolgender Unternehmer, die auf der Leistung des Auftragnehmers aufbauen, ist ein Hinweis nur ausnahmsweise bei für diesen nicht erkennbaren Gefahren erforderlich.[61] Der Umfang der Prüfungs- und Hinweispflicht hängt im übrigen von den Umständen des Einzelfalles ab, nämlich Art und Umfang der Leistungsverpflichtung des Auftragnehmers, seiner Sachkunde, der Person des Auftraggebers, seiner Sachkunde und der von ihm zur Bauleitung bestellten Vertreter.[62]

---

[53] *BGH,* BauR 1975, 420; *Nicklisch/Weick,* § 13 VOB/B, Rdnr. 52.

[54] *OLG Hamm,* BauR 1988, 481; NJW-RR 1990, 523; *Ganten,* Beck-VOB-Kommentar, § 13 Nr. 3 VOB/B, Rdnr. 21; *Nicklisch/Weick,* § 13 VOB/B, Rdnr. 56.

[55] *BGH,* NJW 1987, 643; *OLG Düsseldorf,* NJW-RR 1988, 211; 1993, 405; *Nicklisch/Weick,* § 13 VOB/B, Rdnr. 57; *Soergel,* MK, § 633 BGB, Rdnr. 74.

[56] *BGH,* NJW 1977, 1966.

[57] *BGH,* BauR 1975, 341; *Werner/Pastor,* Rdnr. 1519 m.N.; *Kleine-Möller/Merl,* § 12, Rdnr. 100; *Locher,* Rdnr. 100, 105; a.A. *Nicklisch/Weick,* § 4 VOB/B, Rdnr. 68 (Nebenpflicht).

[58] *BGH,* BauR 1975, 420; *Dähne,* BauR 1976, 22; *Kleine-Möller/Merl,* § 12, Rdnr. 101 ff.; *Soergel,* MK, § 633 BGB, Rdnr. 90, 91; a.A. *Siegburg,* FS Korbion (1986), S. 425; BauR 1993, 415.

[59] *BGH,* NJW 1983, 875; 1987, 64; *OLG Köln,* BauR 1989, 377; NJW-RR 1994, 533; 1995, 19; *OLG Hamm,* NJW-RR 1989, 982; *OLG Düsseldorf,* NJW-RR 1993, 405; 1994, 281; *Soergel,* MK, § 633 BGB, Rdnr. 92; *Werner/Pastor,* Rdnr. 1526.

[60] *BGH,* NJW 1974, 747; 1983, 875.

[61] *BGH,* NJW 1974, 1187; 1983, 875; *OLG Köln,* NJW-RR 1994, 1045; *Locher,* Rdnr. 102; *Soergel,* MK, § 633 BGB, Rdnr. 75, 94.

[62] *OLG Karlsruhe,* NJW-RR 1988, 405; Zusammenstellung der Rechtspr. bei *Ganten,* Beck-VOB-Kommentar, § 4 Nr. 3 VOB/B, Rdnr. 40, 57; *Werner/Pastor,* Rdnr. 1533 m.Nw.; vgl. ferner *Jagenburg,* NJW 1998, 2499.

Der Hinweis muß verständlich, richtig und erschöpfend sein, wobei es bei diesen Anforderungen auf die Person des Adressaten (sachkundiger Architekt, laienhafter Bauherr) ankommt.[63] Der Hinweis kann in der Regel sowohl an den Auftraggeber selbst als auch seinen Architekten erfolgen;[64] der Architekt scheidet aber als Ansprechpartner aus, wenn sich die Bedenken des Auftragnehmers gegen seine Planung oder sonstigen Anordnungen richten oder derselbe sich den berechtigten Einwendungen des Auftragnehmers verschließt; dann hat der Auftragnehmer sich an den Auftraggeber selbst zu wenden.[65] § 4 Nr. 3 VOB/B verlangt für die Ausübung des Hinweises Schriftform, um die Eindeutigkeit der Erklärung sicherzustellen und dem Auftraggeber die Bedeutung des Hinweises vor Augen zu führen; ein nur mündlich erfolgter Hinweis kann aber im Rahmen des § 254 I BGB zu einer Minderung der Einstandspflicht, eventuell auch zu ihrem Wegfall führen.[66]

Die Hinweispflicht entfällt ausnahmsweise, wenn sich beide Parteien des Risikos einer bestimmten Bauausführung bewußt sind und einen etwaigen Mißerfolg in ihre vertraglichen Beziehungen einkalkuliert haben.[67] – Ist ein notwendiger Hinweis unterblieben, so bleibt dem Auftragnehmer ein Entlastungsbeweis dahin offen, daß der Auftraggeber auch bei erfolgtem Hinweis nicht anders gehandelt hätte.[68]

2. Die einzelnen Ansprüche

a) Allgemeines

Die sich aus der Gewährleistung ergebenden Ansprüche des Auftragnehmers unterscheiden sich hinsichtlich Voraussetzungen und Inhalt je nachdem, ob der Bauvertrag nur den Regeln des BGB unterliegt oder die VOB/B vorrangig zur Anwendung kommt.[69] Die Rechtsprechung hat teilweise einheitliche Regeln entwickelt.[70] Zu beachten ist, daß die VOB-Regelung unterschiedliche Regelungen für die Zeiträume vor und nach Abnahme der Bauleistung aufstellt.

b) Nachbesserung

Der Auftraggeber hat bei mangelhaften Bauleistungen einen Anspruch auf Nachbesserung. Der Sache nach handelt es sich um den Erfüllungsanspruch, d.h. den Anspruch auf mangelfreie Erbringung der Bauleistung,

---

[63] *BGH*, NJW 1975, 1217; *OLG Celle*, NJW 1960, 102.

[64] *Soergel*, MK, § 633 BGB, Rdnr. 88; *Werner/Pastor*, 1525. – Zum Bauleiter als Adressaten siehe *Ganten*, Beck-VOB-Kommentar, § 4 Nr. 3 VOB/B, Rdnr. 48.

[65] *BGH*, NJW 1975, 1217; NJW-RR 1989, 721; BauR 1997, 301; *OLG Hamm*, NJW-RR 1996, 273; *OLG Düsseldorf*, NJW-RR 1997, 274; *Nicklisch/Weick*, § 4 VOB/B, Rdnr. 66; *Soergel*, MK, § 633 BGB, Rdnr. 88; *Werner/Pastor*, Rdnr. 1524.

[66] *BGH*, NJW 1960, 813; 1973, 518; 1975, 1217; *OLG Düsseldorf*, NJW-RR 1996, 401; *OLG Hamm*, NJW-RR 1996, 273; *Soergel*, MK, § 633 BGB, Rdnr. 86; *Werner/Pastor*, Rdnr. 1524.

[67] *BGH*, VersR 1972, 457; vgl. auch *Ingenstau/Korbion*, § 4 VOB/B, Rdnr. 218.

[68] *BGHZ* 61, 118 = NJW 1973, 1688; *BGH*, BauR 1975, 420.

[69] Zur gegenseitigen Anpassung von BGB-Vertrag und VOB-Vertrag siehe *Nicklisch/Weick*, Einl. Rdnr. 30, 39; *Heinrich*, BauR 1982, 224.

[70] Zur inhaltlichen Ausgestaltung des Schadensersatzes s.u. f.

der sich nach Erbringung der Leistung im wesentlichen auf die Beseitigung bestimmter Mängel konkretisiert.[71]

Nach der Abnahme soll es sich dagegen beim VOB-Vertrag nach überwiegender Ansicht um einen Gewährleistungsanspruch handeln.[72] Bis zur Erledigung der Nachbesserung kann der Auftraggeber die Abnahme verweigern,[73] bzw. nach Abnahme dem Vergütungsanspruch des Auftragnehmers die Einrede aus § 320 BGB entgegenhalten.[74]

(1) Rechtsgrundlage für die Nachbesserung ist beim BGB-Vertrag § 633 II Satz 1 BGB, beim VOB-Vertrag vor Abnahme § 4 Nr. 7 Satz 1 VOB/B, nach Abnahme § 13 Nr. 5 I Satz 1 VOB/B.[75]

(2) Inhaltlich ist der Anspruch auf Beseitigung des Mangels gerichtet,[76] wobei der Auftragnehmer die Art der Beseitigung wählen kann.[77]

Gegebenenfalls ist der Auftragnehmer verpflichtet, die Arbeiten anderer Unternehmer zunächst zu beseitigen, um sich Zugang zu seiner eigenen mangelhaften Leistung zu verschaffen, und nach Erledigung der Nachbesserung die geöffneten Bauwerksteile wieder zu verschließen.[78] Notfalls muß er hierzu bei Fehlen eigener Sachkunde Fachfirmen hinzuziehen.[79] Ist eine Herstellung des vertragsgemäßen Zustandes durch Nachbearbeitung nicht möglich, so besteht ein Anspruch auf Neuherstellung;[80] eine verschiedene Beurteilung des Neuherstellungsanspruchs für die Zeit vor und nach Abnahme ist zu verneinen.[81] Der Nachbesserungsanspruch steht – vor allem in der Form der Neuherstellung – unter dem Vorbehalt des Einwandes der Unverhältnismäßigkeit der Kosten (§ 633 II Satz 2 BGB; § 13 Nr. 6 VOB/B);[82] der Einwand soll aber nach der Rechtsprechung nicht greifen, wenn die Mängel von dem Auftragnehmer grob fahrlässig herbeigeführt worden sind.[83]

---

[71] *BGHZ* 26, 337 = NJW 1958, 706; *BGH,* NJW 1963, 805; *Werner/Pastor,* Rdnr. 1551, 1552; *Kleine-Möller/Merl,* § 12, Rdnr. 246; *Locher,* Rdnr. 32.

[72] *Kleine-Möller/Merl,* § 12, Rdnr. 570; *Soergel,* MK, § 633 BGB, Rdnr. 130, 132; a.A. *Ingenstau/Korbion,* § 13, Rdnr. 445 (Erfüllungs- und Gewährleistungsanspruch); *Nicklisch/Weick,* § 13 VOB/B, Rdnr. 13 (modifizierter Erfüllungsanspruch).

[73] S.o. 1. Teil, V, 1, b, (2).

[74] *BGHZ* 26, 337 = NJW 1958, 706; *Werner/Pastor,* Rdnr. 2524; *Soergel,* MK, § 633 BGB, Rdnr. 115.

[75] *Werner/Pastor,* Rdnr. 1611, 1622.

[76] *Kohler,* Beck-VOB-Kommentar, § 4 Nr. 7 VOB/B, Rdnr. 78 + § 13 Nr. 5 VOB/B, Rdnr. 46.

[77] *BGH,* NJW-RR 1988, 208; *Kleine-Möller/Merl,* § 12, Rdnr. 250; *Werner/Pastor,* Rdnr. 1565. – Zu Ausnahmen: *BGH,* NJW-RR 1997, 1106; *OLG Köln,* BauR 1977, 275.

[78] *BGH,* NJW 1979, 2095; *BGHZ* 96, 221 = NJW 1986, 922; *BGH,* NJW 1988, 2238; *Kohler* (Fußn. 76), § 13 Nr. 5 VOB/B, Rdnr. 59, 60; *Kleine-Möller/Merl,* § 12, Rdnr. 261, 262; *Soergel,* MK, § 633 BGB, Rdnr. 100, 101.

[79] *Kleine-Möller/Merl,* § 12, Rdnr. 265; *Soergel,* MK, § 633 BGB, Rdnr. 101.

[80] *BGHZ* 96, 111 = NJW 1986, 711; *OLG München,* NJW-RR 1987, 1234; *Locher,* Rdnr. 32; *Nicklisch/Weick,* § 4 VOB/B, Rdnr. 97; *Werner/Pastor,* Rdnr. 1553, 1559.

[81] a.A. im Grundsatz *Soergel,* MK, § 633 BGB, Rdnr. 103, 106, 108, 109; dagegen *Ganten,* BauR 1971, 161.

[82] *BGHZ* 96, 111 = NJW 1986, 1711; *BGH,* NJW 1996, 3269; *Jagenburg,* NJW 1998, 2644 m.Nw; *Locher,* Rdnr. 33; *Nicklisch/Weick,* § 4 VOB/B, Rdnr. 99; *Werner/Pastor,* Rdnr. 1553, 1574, 1575 m.Nw.

[83] *OLG Düsseldorf,* NJW-RR 1987, 1167; BauR 1993, 82.

(3) Die Kosten der Nachbesserung fallen grundsätzlich dem Auftragnehmer zur Last (§ 633 II Satz 2 i.V.m. § 476a BGB).[84] Das gilt auch für die erwähnten Vor- und Nacharbeiten.[85]

Einen Kostenbeteiligung des Auftraggebers kommt aber in zwei Fällen in Betracht. Einmal gilt dies bei einem Mitverschulden des Auftraggebers (bzw. seines Architekten als Erfüllungsgehilfen).[86] Außerdem muß der Auftraggeber unter dem Gesichtspunkt der Vorteilsausgleichung die sogenannten „Sowiesokosten" tragen; das sind die Kosten für diejenigen Arbeiten, die dem Auftragnehmer nicht übertragen wurden, die aber bei ordnungsmäßiger Ausführung von vorherein ihm zur Last gefallen wären.[87] Insoweit kann der Auftragnehmer die Nachbesserung von einer Sicherheitsleistung abhängig machen.[88]

(4) Der Beseitigungsanspruch erlischt bei vorbehaltloser Abnahme der Arbeiten in Kenntnis des Mangels (§ 640 II BGB) und erfolgloser Fristsetzung zur Beseitigung (§ 634 I Satz 3 BGB).

c) Eigennachbesserung mit Kostenersatz

Kommt der Auftragnehmer dem Nachbesserungsverlangen des Auftraggebers nicht nach, so kann dieser unter bestimmten Voraussetzungen die Nachbesserung selbst vornehmen und die Kosten dem Auftragnehmer in Rechnung stellen. Die Anspruchsgrundlagen sind beim BGB-Vertrag und dem VOB-Vertrag unterschiedlich ausgestaltet.

(1) Beim BGB-Vertrag setzt der Anspruch des Auftraggebers Verzug des Auftragnehmers mit der Mangelbeseitigung voraus (§ 633 III BGB).

Das bedeutet: Aufforderung des Auftraggebers zur Beseitigung des konkret angegebenen Mangels[89] und erfolglose Mahnung durch den Auftraggeber.[90] Um die Erfolglosigkeit der Mahnung feststellen zu können, ist das Setzen einer (angemessenen) Frist notwendig.[91] Ausnahmsweise bedarf es keiner Mahnung (und Fristsetzung), wenn der

---

[84] *BGH,* NJW 1963, 805; *BGHZ* 58, 332 = NJW 1972, 1280; *OLG Hamm,* BauR 1995, 109 (Vorbereitungskosten); *Kohler,* Beck-VOB-Kommentar, § 4 Nr. 7 VOB/B, Rdnr. 83 + § 13 Nr. 5 VOB/B, Rdnr. 57. – Zur Kostenlast bei fehlerhaften Leistungen des Vorunternehmers (s.o. I, 1, f, (2) siehe *Kleine-Möller/Merl,* § 12, Rdnr. 270.

[85] S.o. Fußn. 78, 79; *BGH,* NJW 1979, 2095; *Werner/Pastor,* Rdnr. 1569.

[86] *BGHZ* 90, 354 = NJW 1984, 1679; *BGH,* NJW 1999, 416; *Kleine-Möller/Merl,* § 12, Rdnr. 256, 443.

[87] *BGHZ* 91, 206 = NJW 1984, 2457; *BGHZ* 139, 244 = NJW 1998, 3707; NJW-RR 1990, 89; 1990, 729; 1994, 148; *Kleine-Möller/Merl,* § 12, Rdnr. 260, 444; *Gross,* FS Korbion (1986), S. 123 ff.; *Werner/Pastor,* Rdnr. 1563, 2474; vgl. einschr. *Soergel,* MK, § 633 BGB, Rdnr. 123.

[88] *BGHZ* 90, 344 = NJW 1984, 1676; *Kleine-Möller/Merl,* § 12, Rdnr. 259; *Werner/Pastor,* Rdnr. 1564.

[89] *Kleine-Möller/Merl,* § 12, Rdnr. 300, 301; *Soergel,* MK, § 633 BGB, Rdnr. 141; *Werner/Pastor,* Rdnr. 1580.

[90] *BGH,* NJW-RR 1987, 798; *Soergel,* MK, § 633 BGB, Rdnr. 142; *Kleine-Möller/Merl,* § 12, Rdnr. 299.

[91] *Werner/Pastor,* Rdnr. 1581; a.A. *Soergel,* MK, § 633 BGB, Rdnr. 142. – *Werner/Pastor,* Rdnr. 1583 empfehlen eine „doppelte Fristsetzung" (zur Erklärung und zur Mangelbeseitigung); dagegen *Kleine-Möller/Merl,* § 12, Rdnr. 276.

Auftragnehmer die Beseitigung des Mangels ernsthaft und endgültig verweigert[92] oder wenn dem Auftraggeber aus besonderen Gründen – vor allem Vertrauensverlust – die Mangelbeseitigung durch seinen Vertragspartner nicht mehr zugemutet werden kann;[93] gleiches gilt in besonderen Eilfällen.[94]

(2) Beim VOB-Vertrag sind die Voraussetzungen unterschiedlich danach geregelt, ob es sich um den Zeitraum vor oder nach Abnahme handelt. Im Gegensatz zum BGB-Vertrag ist Verzug des Auftragnehmers mit der Beseitigung des Mangels nicht erforderlich.

Vor Abnahme der Leistung muß der Auftraggeber dem Auftragnehmer eine angemessene Frist zur Beseitigung des Mangels setzen und gleichzeitig androhen, daß er nach fruchtlosem Ablauf der Frist den Auftrag entziehen werde (§ 4 Nr. 7 Satz 3 VOB/B);[95] von der Fristsetzung kann – ebenso wie beim BGB-Vertrag[96] – in Ausnahmefällen abgesehen werden.[97] Erst im Falle der dann auszusprechenden Auftragsentziehung hat der Auftraggeber das Recht auf Ersatzvornahme nach § 8 Nr. 3 II VOB/B.[98]

Nach Abnahme der Bauleistung richtet sich der Anspruch des Auftraggebers auf Eigennachbesserung und Kostenersatz nach § 13 Nr. 5 II VOB/B. Vorher durch Fristsetzung nach § 4 Nr. 7VOB/B entstandene Ansprüche wandeln sich in den Anspruch aus § 13 Nr. 5 II VOB/B um.[99] Erforderlich ist auch hier die Aufforderung zur Beseitigung eines bestimmten bezeichneten Mangels[100] und das Setzen einer angemessenen Frist zur Beseitigung des Mangels.[101]

(3) Der Anspruch auf Kostenersatz umfaßt alle Arbeiten, die zur Beseitigung des Mangels erforderlich sind.[102] Es sind der Sache nach die gleichen Kosten, die der Auftragnehmer bei Beseitigung der Mängel aufzuwenden gehabt hätte,[103] also gegebenenfalls auch die Kosten einer Neuherstellung des Werkes.[104]

---

[92] *Soergel,* MK, § 633 BGB, Rdnr. 144; *Kleine-Möller/Merl,* § 12, Rdnr. 308; *Werner/Pastor,* Rdnr. 1657. – Vgl. auch *OLG Düsseldorf,* NJW-RR 1998, 1583 (Subunternehmer).

[93] *BGHZ* 46, 242 = NJW 1967, 389; *BGH,* NJW-RR 1998, 1268; *OLG Düsseldorf,* NJW-RR 1997, 20; *Werner/Pastor,* Rdnr. 1582, 1657; *Soergel,* MK, § 633 BGB, Rdnr. 146.

[94] *OLG Düsseldorf,* NJW-RR 1993, 477.

[95] *Werner/Pastor,* Rdnr. 1616, 1617.

[96] S.o. Fußn. 92–94.

[97] *Nicklisch/Weick,* § 4 VOB/B, Rdnr. 110; *Werner/Pastor,* Rdnr. 1582.

[98] So die h.M.: *BGH,* NJW 1977, 1922; NJW-RR 1986, 1148; 1998, 235; *OLG Düsseldorf,* BauR 1994, 369; NJW-RR 1996, 1422; *Locher,* Rdnr. 115; *Kohler,* Beck-VOB-Kommentar, § 4 Nr. 7 VOB/B, Rdnr. 229; a.A. *Nicklisch/Weick,* § 4 VOB/B, Rdnr. 113c; *Ingenstau/Korbion,* § 4 VOB/B, Rdnr. 402.

[99] *BGH,* NJW 1982, 1524; *Werner/Pastor,* Rdnr. 1612; s.o. 1. Teil, V, 5, c, Fußn. 209.

[100] *Kleine-Möller/Merl,* § 12, Rdnr. 603.

[101] *Soergel,* MK, § 633 BGB, Rdnr. 163; *Werner/Pastor,* Rdnr. 1626, 1631; zu den Ausnahmen s.o. Fußn. 92–94.

[102] *BGH,* NJW-RR 1991, 789; 1997, 339; *OLG Hamm,* NJW-RR 1994, 473; *OLG Frankfurt,* NJW-RR 1997, 340; *Soergel,* MK, § 633 BGB, Rdnr. 149–151; *Nicklisch/Weick,* § 13 VOB/B, Rdnr. 124 ff. – Zur Eigenbeseitigung siehe *BGHZ* 59, 328 = NJW 1973, 46; *Kleine-Möller/Merl,* § 12, Rdnr. 321, 627.

[103] *Kleine-Möller/Merl,* § 12, Rdnr. 269, 625. – S.o. 2, b, (2), Fußn. 80.

[104] *Kleine-Möller/Merl,* § 12, Rdnr. 620.

Daraus folgt, daß auch hier eine etwaige Mitverschuldensquote[105] und die „Sowieso-Kosten“[106] abzuziehen sind.[107] Auch der Einwand der Unverhältnismäßigkeit der Kosten kann zum Zuge kommen,[108] ebenso der Einwand der Verletzung der Schadensminderungspflicht nach § 254 II BGB.[109]

(4) Die Rechtsprechung billigt dem Auftraggeber einen Anspruch auf Vorschuß der Kosten zu,[110] wobei der Auftraggeber nachträglich über die Höhe der tatsächlich angefallenen Kosten abzurechnen hat.[111]

Der Vorschußanspruch besteht nicht, wenn der Auftraggeber den erforderlichen Betrag aus dem einbehaltenen Werklohn oder einer Sicherheit entnehmen kann.[112]

(5) Führt der Auftraggeber die Ersatzvornahme durch, ohne daß deren Voraussetzungen vorlagen, so hat er keinen Kostenerstattungsanspruch.

Er kann nicht auf andere Anspruchsgrundlagen (Geschäftsführung ohne Auftrag, Bereicherung) ausweichen.[113] Das gilt auch bei einer vorzeitigen Ersatzvornahme vor Fristablauf.[114]

d) Wandelung

Der Anspruch auf Wandelung spielt im Baurecht praktisch keine Rolle. Eine Rückabwicklung des Bauvertrags mit ex-tunc-Wirkung stößt auf Schwierigkeiten, da eine Rückgewähr der Bauleistungen in natura nicht möglich ist.[115]

(1) Beim BGB-Vertrag ist die Wandelung nach dem Gesetz bei erheblichen Mängeln möglich (§ 634 I, III BGB).[116] Sie kann aber vertraglich ausgeschlossen werden.[117]

(2) Beim VOB-Vertrag sieht die VOB/B eine Wandelung nicht vor.[118] Darin dürfte ein Ausschluß des Wandelungsrechts zu sehen sein,[119] der im Hinblick auf die dem Auf-

---

105 S.o. Fußn. 86.

106 S.o. Fußn. 87.

107 *Kleine-Möller/Merl,* § 12, Rdnr. 592, 637.

108 S.o. Fußn. 82.

109 *Kleine-Möller/Merl,* § 12, Rdnr. 628, 629.

110 *BGHZ* 47, 242 = NJW 1967, 1366; *BGHZ* 54, 244 = NJW 1970, 2019; *BGHZ* 56, 136 = NJW 1971, 1450; *BGHZ* 105, 103 = NJW 1988, 2728; eingehend *Werner/Pastor,* Rdnr. 1587 ff. m.Nw.; *Kohler,* Beck-VOB-Kommentar, § 13 Nr. 5 VOB/B, Rdnr. 118 ff.

111 *Werner/Pastor,* Rdnr. 1605; krit. hierzu *Jagenburg,* NJW 1981, 2790.

112 *BGHZ* 54, 244 = NJW 1970, 2019; *OLG Oldenburg* NJW-RR 1994, 529; *Werner/Pastor,* Rdnr. 1589 m.Nw.; einschr. *Kleine-Möller/Merl,* § 12, Rdnr. 331, 634.

113 *Kleine-Möller/Merl,* § 12, Rdnr. 342, 645; *Soergel,* MK, § 633 BGB, Rdnr. 160.

114 *BGHZ* 46, 242, 246 = NJW 1967, 388; *BGHZ* 90, 347 = NJW 1984, 1678; *Kohler,* Beck-VOB-Kommentar, § 13 Nr. 5 VOB/B, Rdnr. 79; a.A. *Rieble,* DB 1989, 1759.

115 *Schmalzl,* BauR 1971, 172; *Werner/Pastor,* Rdnr. 1660.

116 *Kleine-Möller/Merl,* § 12, Rdnr. 371, zur Abwicklung aaO Rdnr. 354. – Zur Entbehrlichkeit der Fristsetzung siehe *BGH,* NJW-RR 1998, 1268.

117 *Kleine-Möller/Merl,* § 12, Rdnr. 397. – Für stillschweigenden Ausschluß *OLG Koblenz,* NJW 1972, 741; dagegen *Werner/Pastor,* Rdnr. 1663; *Soergel,* MK, § 634 BGB, Rdnr. 28.

118 Für Zulässigkeit der Wandelung in Ausnahmefällen *Nicklisch/Weick,* Vor § 13 VOB/B, Rdnr. 18.

119 *Ingenstau/Korbion,* § 13 VOB/B, Rdnr. 208; zweifelnd *Soergel,* MK, § 634 BGB, Rdnr. 43 m.Nw.

traggeber anderweit eingeräumten Rechte der Inhaltskontrolle standhält, zumal die Rechtsprechung durch Zulassung einer „Minderung auf Null“ eine der Wandelung ähnliche Rechtslage geschaffen hat.[120]

e) Minderung

Die Minderung ist in ihren Voraussetzungen beim BGB-Vertrag und VOB-Vertrag unterschiedlich geregelt.

(1) Beim BGB-Vertrag kann der Auftraggeber dem Auftragnehmer eine Frist zur Beseitigung des Mangels[121] setzen mit der Androhung, daß er nach fruchtlosem Ablauf der Frist die Beseitigung des Mangels ablehnen werde (§ 634 I BGB).[122] Nach fruchtlosem Ablauf der Frist kann er dann Minderung verlangen.

Einer Fristsetzung bedarf es gemäß § 634 II BGB nicht, wenn die Beseitigung des Mangels objektiv unmöglich ist[123] sowie in den schon früher erörterten Fällen der ernsthaften und endgültigen Verweigerung der Nachbesserung[124] sowie deren Unzumutbarkeit.[125] Gleiches gilt, wenn zu befürchten ist, daß sich der Auftragnehmer seiner Verpflichtung zur Nachbesserung entziehen will.[126]

(2) Beim VOB-Vertrag ist der Anspruch auf bestimmte Fälle der Minderung beschränkt (§ 13 Nr. 6 VOB/B).

Er besteht nur, wenn der Auftragnehmer wegen objektiver Unmöglichkeit[127] oder wegen unverhältnismäßigen Aufwands[128] die Beseitigung des Mangels verweigert oder die Beseitigung des Mangels für den Auftraggeber unzumutbar ist.[129] Eine Fristsetzung ist – in Abweichung von § 634 BGB – nicht erforderlich.[130]

(3) Die Durchführung der Minderung erfolgt gemäß § 634 IV BGB nach kaufrechtlichen Vorschriften: Die Vergütung ist verhältnismäßig herabzusetzen (§ 472 I BGB), wobei es auf die Werte bei der Abnahme ankommt.[131]

---

[120] *Kleine-Möller/Merl*, § 12, Rdnr. 713. – Zur Minderung auf Null s.u. e, (3), Fußn. 132.

[121] Zur Zulässigkeit einer „gestuften Fristsetzung“ siehe *Kahlke*, BauR 1981, 516 (kürzere Frist zur Aufnahme der Arbeiten, längere Frist zur Mangelbeseitigung); siehe auch oben Fußn. 91.

[122] *BGH*, NJW 1983, 1731; *OLG Celle*, BauR 1983, 260.

[123] *Kleine-Möller/Merl*, § 12, Rdnr. 388. – Subjektive Unmöglichkeit reicht nicht: *BGH*, BauR 1985, 198 (Betriebsaufgabe); *OLG Hamm*, BauR 1984, 537 (Konkurs).

[124] S.o. Fußn. 92; *BGH*, NJW 1983, 1731; *OLG Frankfurt*, NJW 1970, 1084; *Kleine-Möller/Merl*, § 12, Rdnr. 391.

[125] S.o. Fußn. 93.

[126] *BGH*, BauR 1975, 137.

[127] *Kleine-Möller/Merl*, § 12, Rdnr. 671 ff. – *Ingenstau/Korbion*, § 13 VOB/B, Rdnr. 612, sehen hier von einer Berufung des Auftragnehmers auf die Unmöglichkeit ab.

[128] *BGH*, NJW 1973, 138; *OLG Düsseldorf*, NJW-RR 1999, 529; *Kleine-Möller/Merl*, § 12, Rdnr. 681 ff.

[129] *Nicklisch/Weick*, § 13 VOB/B, Rdnr. 203 ff.

[130] *Werner/Pastor*, Rdnr. 1710.

[131] *BGHZ* 58, 181 = NJW 1972, 821; *Aurnhammer*, BauR 1978, 356; *Nicklisch/Weick*, § 13 VOB/B, Rdnr. 208; *Kleine-Möller/Merl*, § 12, Rdnr. 398, 695.

Bei völliger Wertlosigkeit der Bauleistung ist die Vergütung auf Null herabzusetzen.[132] In bestimmten Fällen wird aber auch auf die erforderlichen Kosten der Mangelbeseitigung abgestellt.[133] Ein Abzug wegen Mitverschuldens des Auftraggebers sowie die Beteiligung an den Sowieso-Kosten[134] ist auch hier vorzunehmen.[135]

f) Schadensersatz

Der Anspruch auf Schadensersatz ist neben den Ansprüchen auf Beseitigung und Eigennachbesserung[136] der wichtigste Anspruch auf Ausgleich der Vermögensschäden bei Mängeln der Bauleistung. Er ist beim BGB-Vertrag und VOB-Vertrag unterschiedlich geregelt.[137] Gemeinsam ist die Regelung jedoch hinsichtlich des Erfordernisses des Verschuldens[138] und der Beweislast.[139] Außerdem ist festzustellen, daß auf den Schadensersatzanspruch § 640 II BGB nach h.M. keine Anwendung findet: er bleibt bestehen, auch wenn sich der Auftraggeber ihn sich bei Abnahme nicht vorbehält.[140]

(1) Beim BGB-Vertrag folgt aus der in § 635 BGB gebrauchten Formulierung „statt der Wandelung oder Minderung", daß die Voraussetzungen des § 634 I BGB vorliegen müssen.[141]

Es bedarf also im Regelfall der Nachfristsetzung mit Ablehnungsandrohung, wobei die bereits genannten Ausnahmen[142] auch hier gelten. Darüber hinaus will die Rechtsprechung bei solchen Schäden, die durch eine Nachfristsetzung nicht verhindert werden können, auf eine solche verzichten.[143]

Der Anspruch auf Schadensersatz greift nach der derzeitigen Rechtsprechung des BGH nur ein, wenn es sich um einen Mangel am Werk selbst handelt, nicht aber bei sogenannten Mangelfolgeschäden, für die

---

[132] *BGHZ* 42, 232 = NJW 1965, 152; *OLG Saarbrücken,* NJW-RR 1987, 470; *Nicklisch/Weick,* § 13 VOB/B, Rdnr. 209.

[133] *BGH,* NJW-RR 1997, 688; *Kleine-Möller/Merl,* § 12, Rdnr. 404, 701; *Werner/Pastor,* Rdnr. 1667, 1668.

[134] S.o. Fußn. 86, 87.

[135] *Kleine-Möller/Merl,* § 12, Rdnr. 413, 704.

[136] S.o. b + c.

[137] S.u. (1) + (2).

[138] Einzelfragen bei *Kleine-Möller/Merl,* § 12, Rdnr. 441 ff. + 729 ff.

[139] Hierzu *BGHZ* 48, 310 = NJW 1968, 43; *OLG Frankfurt,* NJW-RR 1992, 602; *Werner/Pastor,* Rdnr. 1698; *Baumgärtel,* Handb. der Beweislast, 2. Aufl. (1991), § 635 BGB, Rdnr. 2 ff. + § 13 VOB/B, Rdnr. 15.

[140] *BGHZ* 77, 134 = NJW 1980, 1952; *BGHZ* 92, 123 = NJW 1984, 2573; *Kleine-Möller/Merl,* § 12, Rdnr. 453; *Locher,* Rdnr. 39; *Werner/Pastor,* Rdnr. 2273; a. A. *Jagenburg,* NJW 1974, 2269; *Peters,* NJW 1980, 750; *Wilhelm,* JZ 1982, 488.

[141] *Werner/Pastor,* Rdnr. 1676; *Kleine-Möller/Merl,* § 12, Rdnr. 368 ff.

[142] S.o. Fußn. 123–126.

[143] *BGHZ* 72, 31 = NJW 1978, 1626; *BGHZ* 92, 308 = NJW 1985, 381; *BGH,* NJW-RR 1991, 533; *Werner/Pastor,* Rdnr. 1676; *Kleine-Möller/Merl,* § 12, Rdnr. 439; krit. hierzu *Joswig,* NJW 1985, 1323; *Götz,* JuS 1986, 14.

nach den Regeln der positiven Vertragsverletzung gehaftet werden soll.[144] Dabei werden aber neben dem Schaden am Bauwerk selbst auch solche Schäden einbezogen, die damit „eng und unmittelbar" zusammenhängen.[145] Wegen der schwierigen Abgrenzung wird auf die Zusammenstellung in der Kommentarliteratur verwiesen.[146]

Für den Umfang des Ersatzes ist die Unterscheidung ohne Bedeutung, sondern nur für die Frage der unterschiedlichen Verjährungsfristen in § 638 und § 195 BGB.[147] Diese Rechtsprechung ist auf fast einhellige Ablehnung gestoßen.[148] Abgesehen von der schwierigen Abgrenzung zwischen beiden Schadensgruppen will nicht einleuchten, daß die entfernteren Mangelfolgeschäden entgegen der gesetzlichen Wertung des § 638 BGB einer dreißigjährigen Verjährungsfrist unterliegen sollen. Auf zwei Juristentagen ist mehrheitlich eine Abschaffung dieser Rechtsprechung und die Schaffung einer einheitlichen Verjährungsfrist gefordert worden.[149]

Der Auftraggeber kann – ähnlich wie bei dem Schadensersatzanspruch aus § 463 BGB[150] – zwischen zwei Arten der Abwicklung wählen.

Wählt er den sogenannten „kleinen Schadensersatz" so behält er die Bauleistung und beschränkt seinen Anspruch auf den zur Wiederherstellung erforderlichen Geldbetrag.[151] Daneben läßt die Rechtsprechung einen Anspruch auf „großen Schadensersatz" zu: er besteht in dem Verlangen auf Rücknahme der Bauleistung, Verweigerung der Vergütung und Ersatz der weiteren Schäden; die Darlegung eines besonderen Interesses ist nicht erforderlich.[152] Das erscheint deshalb bedenklich, weil der große Schadensersatz auf eine mit dem Bauvertrag schlecht vereinbare Wandelung hinausläuft.[153]

(2) Die Regelung beim VOB-Vertrag ist kompliziert, da zwischen Ersatzansprüchen vor (§ 4 Nr. 7 Satz 2 VOB/B) und nach Abnahme (§ 13 Nr. 7 VOB/B) unterschieden werden muß und zudem bei dem letzteren Anspruch eine weitere Differenzierung vorgenommen wird. Bei den Ansprüchen nach Abnahme (§ 13 Nr. 7 I und II VOB/B) wird

---

[144] *BGHZ* 58, 85 = NJW 1972, 625; *BGHZ* 58, 305 = NJW 1972, 1195; *BGH,* NJW 1979, 1651; 1982, 2244; *BGHZ* 87, 239 = NJW 1983, 2078; *BGH,* NJW 1983, 2440.

[145] *BGHZ* 54, 352 = NJW 1971, 99; (Gutachterkosten); *BGHZ* 58, 198 = NJW 1971, 615; *BGHZ* 58, 225 = NJW 1972, 901 (merkantiler Minderwert); *BGHZ* 46, 238 = NJW 1957, 340; *BGHZ* 72, 31 = NJW 1978, 1626 (entgangener Gewinn).

[146] *Werner/Pastor,* Rdnr. 1691 ff.; *Kleine-Möller/Merl,* § 12, Rdnr. 462 ff.; *Ehlen/Blatt,* FS Korbion (1986), S. 69 ff.

[147] S.u. 7, a, (1), Fußn. 227.

[148] *Ganten,* VersR 1970, 1080; 1972, 540; *Laufs/Schwenger,* NJW 1970, 817; *Schmitz,* NJW 1973, 2081; *Jakobs,* JuS 1975, 76; *Finger,* DB 1972, 1211; NJW 1973, 81; *Gierke/v. Reinersdorff,* Jus 1978, 817; *Littbarski,* JZ 1979, 552, *Honsell,* Jura 1979, 814.

[149] 55. DJT (1984), Gutachten *Teichmann,* A, S. 67; Beschluß Nr. 23, abgedruckt in NJW 1984, 2677; 60. DJT (1994), Abschlußbericht der Kommission zur Überarbeitung des Schuldrechts, A, S. 27; Bericht in NJW 1994, 3009; Beschluß Nr. 20, a, (2), abgedruckt in NJW 1994, 3075.

[150] Siehe § 1, 2. Teil, V, 2 + 3.

[151] *BGHZ* 61, 369 = NJW 1974, 143; *Werner/Pastor,* Rdnr. 1681; *Kleine-Möller/Merl,* § 12, Rdnr. 455, 464 ff.

[152] *BGHZ* 27, 215, 218 = NJW 1958, 1284; *OLG Hamm,* NJW 1978, 1060; *Werner/Pastor,* Rdnr. 1680; *Kleine-Möller/Merl,* § 12, Rdnr. 456.

[153] S.o. II, 2, d, Fußn. 115.

in leicht verwirrender Weise von einem kleinen und großen Schadensersatz gesprochen[154] wobei das nicht der Nomenklatur bei § 635 BGB[155] entspricht; denn die dort vorgenommene Differenzierung findet erst bei § 13 Nr. 7 II VOB/B statt.[156]

Der Anspruch auf Schadensersatz nach Abnahme setzt gemäß § 13 Nr. 7 I VOB/B einen wesentlichen Mangel voraus, der die Gebrauchsfähigkeit erheblich beeinträchtigt[157] und auf ein Verschulden des Auftragnehmers bzw. seines Erfüllungsgehilfen zurückzuführen ist. Der Höhe nach ist er auf Schäden an der baulichen Anlage beschränkt,[158] wobei die Rechtsprechung hierunter – in Anlehnung an den Mangelschaden in § 635 BGB[159] – neben den eigentlichen Mangelbeseitigungskosten[160] auch den Ersatz des technischen und merkantilen Minderwerts[161] sowie Verdienstausfall und entgangener Nutzung[162] versteht. Bei einer isolierten Inhaltskontrolle sind diese Beschränkungen mit § 9 und § 11 Nr. 7 AGBG nicht vereinbar.[163] Bei Vereinbarung der „VOB als Ganzes" wird die Wirksamkeit dagegen bejaht.[164]

Der Schadensersatzanspruch nach § 13 Nr. 7 II VOB/B umfaßt dann die entfernteren Mangelfolgeschäden. Er ist ebenfalls von dem Vorliegen wesentlicher Mängel und erheblicher Beeinträchtigung der Gebrauchsfähigkeit abhängig,[165] darüber hinaus dem Grunde nach von weiteren Voraussetzungen: Vorliegen von Vorsatz oder grober Fahrlässigkeit, Verstoß gegen die anerkannten Regeln der Technik, Fehlen einer zugesicherten Eigenschaft oder Versicherbarkeit der Schäden.[166]

---

[154] *Locher,* Rdnr. 167, 169; *Nicklisch/Weick,* § 13 VOB/B, Rdnr. 219 und Vor § 13 VOB/B, Rdnr. 25; ebenso Voraufl. S. 230.

[155] S.o. Fußn. 151, 152.

[156] S.u. Fußn. 169.

[157] *Kleine-Möller/Merl,* § 12, Rdnr. 725, 727; *Nicklisch/Weick,* § 13 VOB/B, Rdnr. 233, 232; *Werner/Pastor,* Rdnr. 1726.

[158] *BGHZ* 55, 198 = NJW 1971, 615; *Werner/Pastor,* Rdnr. 1729; *Kleine-Möller/Merl,* § 12, Rdnr. 739, 740; Einzelfragen bei *Kohler,* Beck-VOB-Kommentar, § 13 Nr. 7VOB/B, Rdnr. 83 ff.

[159] S.o. Fußn. 145, 146.

[160] Die Nachbesserungskosten im Sinne von § 13 Nr. 5 II VOB/B werden nach h.M. in den Schadensersatz einbezogen, wobei aber die Notwendigkeit der Fristsetzung weiterbesteht: *BGHZ* 77, 134 = NJW 1980, 1952; *BGH,* NJW 1982, 1524; *OLG Düsseldorf,* NJW-RR 1997, 976; *Soergel,* MK, § 635 BGB, Rdnr. 71; *Kohler,* Beck-VOB-Kommentar, § 13 Nr. 7 VOB/B, Rdnr. 84 ff.; a.A. *Nicklisch/Weick,* § 13 VOB/B, Rdnr. 216, 222–225.

[161] *Soergel,* MK, § 635 BGB, Rdnr. 72; *Nicklisch/Weick,* § 13 VOB/B, Rdnr. 241, 242; *Kleine-Möller/Merl,* § 12, Rdnr. 749; *Werner/Pastor,* 1726.

[162] a. A. hier *Werner/Pastor,* Rdnr. 1731, 1736.

[163] *Kohler,* Beck-VOB-Kommentar, § 13 Nr. 7 VOB/B, Rdnr. 48; *Nicklisch/Weick,* § 13 VOB/B, Rdnr. 232; *Werner/Pastor,* Rdnr. 2260.

[164] Hierzu 1. Teil. II, 2, f, (2).

[165] *Nicklisch/Weick,* § 13 VOB/B, Rdnr. 254.

[166] Einzelheiten bei *Ingenstau/Korbion,* § 13 VOB/B, Rdnr. 737 ff.; *Nicklisch/Weick,* § 13 VOB/B, Rdnr. 255 ff.; *Kleine-Möller/Merl,* § 12, Rdnr. 761 ff.

Alle diese Beschränkungen halten einer isolierten Inhaltskontrolle nach § 9 AGBG und § 11 Nr. 11 AGBG nicht stand.[167] Ebenso wie bei § 635 BGB[168] hat der Auftraggeber ein Wahlrecht: er kann unter Behalten des Bauwerks Ersatz der Schäden (kleiner Schadensersatz) oder gegen Rücknahme des Werkes die Vergütung verweigern (bzw. rückfordern und Ersatz weiterer Schäden verlangen,[169] ohne daß es der Darlegung eines besonderen Interesses bedarf[170] (großer Schadensersatz).

Nach dieser verwirrenden Regelung für die Zeit nach Abnahme erscheint die Vorschrift des § 4 Nr. 7 Satz 2 VOB/B, die den Schadensersatz vor Abnahme hinsichtlich einzelner Mängel regelt, ausgesprochen „wohltuend".

Hier werden die bei § 13 Nr. 7 VOB/B geschilderten Unterschiede und Einschränkungen nicht gemacht.[171] Ein so entstandener Anspruch soll nach Abnahme weiter bestehen.[172] Darin liegt ein erheblicher Wertungswiderspruch, der an dem Gerechtigkeitsgehalt der Gesamtregelung erhebliche Zweifel aufkommen läßt.

(3) Hinsichtlich des allgemeinen Schadensumfangs lassen sich bei BGB-Verträgen und VOB-Verträgen wieder Gemeinsamkeiten feststellen.

Der Anspruch ist regelmäßig auf Geldersatz gerichtet.[173] Maßgebend ist der zur Herstellung des vertragsmäßen Zustandes erforderliche Geldbetrag (§ 249 BGB)[174] zuzüglich eines verbleibenden technischen oder merkantilen Minderwerts.[175] Der Auftraggeber kann die erforderlichen Beseitigungskosten schon vor Durchführung der Nachbesserungsarbeiten verlangen,[176] so daß hier ein Vorschußanspruch nicht in Betracht komm.[177] Außerdem kann der Auftragnehmer nicht einwenden, es bestehe kein Schaden, weil die Abnehmer des Auftraggebers keine Mängelansprüche geltend gemacht hätten.[178] Umstritten ist die Ersatzfähigkeit entgangener Gebrauchsvorteile.[179]

Nach Ermittlungen des erforderlichen Geldersatzes müssen – ebenso wie bei den Beseitigungskosten nach § 633 III BGB bzw. § 13 Nr. 6

---

[167] S.o. Fußn. 163.

[168] S.o. Fußn. 151, 152.

[169] *Kohler,* Beck-VOB-Kommentar, § 13 Nr. 7 VOB/B, Rdnr. 199 ff.

[170] *Kleine-Möller/Merl,* § 12, Rdnr. 778; *Nicklisch/Weick,* § 13 VOB/B, Rdnr. 268.

[171] *BGHZ* 50, 100 = NJW 1968, 1524; *BGH,* NJW 1975, 1701; *Ingenstau/Korbion,* § 4 VOB/B, Rdnr. 357; *Nicklisch/Weick,* § 4 VOB/B, Rdnr. 103.

[172] *Werner/Pastor,* Rdnr. 1738; *Kleine-Möller/Merl,* § 12, Rdnr. 796; *Soergel,* MK, § 635 BGB, Rdnr. 70. – Zur Verjährung s.u. 230.

[173] *BGHZ* 61, 369 = NJW 1974, 143; *BGH,* NJW 1978, 1853; *BGHZ* 99, 81 = NJW 1987, 645; zu Ausnahmen siehe *Nicklisch/Weick,* § 13 VOB/B, Rdnr. 228, 251; *Werner/Pastor,* Rdnr. 1685, 1723.

[174] *BGHZ* 54, 352 = NJW 1971, 99; *BGHZ* 92, 308 = NJW 1985, 381; *Ingenstau/Korbion,* § 13 VOB/B, Rdnr. 711, 721 m.Nw.

[175] *BGH,* NJW-RR 1991, 1429; 1995, 591; *Werner/Pastor,* Rdnr. 1684, 1726.

[176] *BGHZ* 99, 81 = NJW 1987, 645.

[177] *BGHZ* 61, 28 = NJW 1973, 1457; *Kohler,* Beck-VOB-Kommentar, § 13 Nr. 7 VOB/B, Rdnr. 130; *Werner/Pastor,* Rdnr. 416, 672.

[178] *BGH,* NJW 1977, 1819 m. Anm. *Schlechtriem.*

[179] Bejahend *BGHZ* 96, 124 = NJW 1986, 427 (Garage); *BGHZ* 98, 212 = NJW 1987, 50 m. Anm. *Rauscher* (Deliktshaftung); verneinend *BGHZ* 76, 119 = NJW 1980, 1386 (Schwimmbad); hierzu *Nicklisch/Weick,* § 13 VOB/B, Rdnr. 247; *Kaiser,* ZfBR 1988, 133; *Kleine-Möller/Merl,* § 12, Rdnr. 637; *Werner/Pastor,* Rdnr. 1687.

VOB/B[180] – die „Sowieso-Kosten“ abgesetzt werden.[181] Desgleichen kann eine Wertverbesserung in Form ersparter Instandhaltungskosten oder verlängerter Lebensdauer anspruchsmindernd berücksichtigt werden.[182]

In Ausnahmefällen kann bei unverhältnismäßigem Aufwand eine Kürzung des Anspruchs nach § 251 II BGB in Betracht kommen.[183] Auch kann die Pflicht zur Schadensminderung (§ 254 II BGB) zu einer Kürzung des Ausgleichsbetrages führen.[184]

(4) Nach den unter (3) angestellten Berechnungen ist ein etwaiges Mitverschulden des Auftraggebers bei der Entstehung des Schadens (§ 254 I BGB) durch Quotenabzug zu berücksichtigen.[185]

3. Der Einwand des Mitverschuldens

a) Anwendungsbereich

Der Einwand des Mitverschuldens gegenüber den Schadensersatzansprüchen des Auftraggebers ergibt sich aus § 254 I BGB. Hinsichtlich der Gewährleistungsansprüche folgt die gleiche Rechtsfolge aus § 242 BGB.[186]

b) Zurechnung des Verschuldens Dritter

Das Verschulden von Erfüllungsgehilfen ist nach § 278 BGB anzurechnen (§ 254 II S. 2 BGB; § 10 Nr. 1 VOB/B). Voraussetzung hierfür ist, daß sich der Auftraggeber des Dritten zur Erfüllung einer gegenüber dem Auftragnehmer obliegenden Nebenpflicht bedient hat.[187]

(1) Das Verschulden eines von dem Auftraggeber beauftragten Vorunternehmers ist nach der Rechtsprechung des BGH dem Auftraggeber im Rahmen des § 278 BGB nicht zuzurechnen.[188]

(2) Ein Verschulden des Architekten (und der von diesem zugezogenen Hilfspersonen) ist dem Auftraggeber dann nach § 278 BGB zuzurechnen, wenn es sich um Planungs- oder Koordinierungsfehler handelt, da der Auftraggeber sich insoweit des Architekten als seines Erfüllungsgehilfen gegenüber dem Auftragnehmer bedient.[189] Inso-

---

[180] S.o. Fußn. 87, 106.

[181] *Kleine-Möller/Merl,* § 12, Rdnr. 480, 786.

[182] *BGHZ* 91, 209 = NJW 1984, 2457; *Gross,* FS Korbion (1986), S. 123, 133; *Kleine-Möller/Merl,* § 12, Rdnr. 482, 786.

[183] *BGHZ* 59, 365 = NJW 1973, 138; *BGHZ* 102, 322 = NJW 1988, 1835; *Werner/Pastor,* Rdnr. 1684.

[184] *BGHZ* 59, 365 = NJW 1973, 138; *Kleine-Möller/Merl,* § 12, Rdnr. 484 ff., 772, 790 ff.

[185] S. anschließend unter 3.

[186] *Kleine-Möller/Merl,* § 12, Rdnr. 274, 518; *Werner/Pastor,* Rdnr. 2446.

[187] *OLG Hamm,* NJW 1974, 1090; *OLG Frankfurt,* NJW-RR 1990, 1496; *Nicklisch/Weick,* § 10 VOB/B, Rdnr. 11; *Werner/Pastor,* Rdnr. 2456.

[188] *BGHZ* 95, 128 = NJW 1985, 2475; ebenso *OLG Nürnberg,* BauR 1994, 517 m. Anm. *Dähne;* krit. hierzu *Grieger,* BauR 1990, 406; *Nicklisch/Weick,* § 10 VOB/B, Rdnr. 14; *Vygen,* BauR 1989, 387.

[189] *BGHZ* 90, 344 = NJW 1984, 1676; *OLG Düsseldorf,* NJW-RR 1997, 975; *Nicklisch/Weick,* § 10 VOB/B, Rdnr. 14; *Werner/Pastor,* Rdnr. 2458.

weit besteht allerdings die Hinweispflicht des Auftragnehmers,[190] so daß dieser nach erkannter Fehlplanung für dann auftretende Mängel einzustehen hat.[191] Dagegen kann der Auftragnehmer bei Vorliegen von Mängeln dem Auftraggeber nicht eine Verletzung der Pflichten des Architekten im Rahmen der Bauaufsicht (Objektüberwachung) entgegenhalten.[192] Eine entsprechende Abwälzung der Verantwortung ist auch nicht durch eine entsprechende Klausel in den AGB des Auftragnehmers zu erreichen.[193]

c) Rechtsfolgen

Ein hiernach beachtliches Mitverschulden führt bei dem Schadensersatzanspruch in Geld zur Quotelung des Anspruchs.[194] Gleiches gilt bei dem Kostenerstattungsanspruch nach Eigennachbesserung. Bei dem Anspruch des Auftraggebers auf Nachbesserung durch den Auftragnehmer muß der Auftraggeber sich entsprechend der Mitverschuldensquote an den Kosten der Nachbesserung beteiligen.[195]

Vor einem Prozeß braucht der Auftraggeber nach der Rechtsprechung des BGH[196] den Zuschuß nicht an den Auftragnehmer in bar zu leisten; er hat lediglich Sicherheit in angemessener Höhe zu erbringen. Kommt es zu einem Rechtsstreit mit Klage auf Zahlung der Vergütung, so erfolgt eine doppelte ZugumZug-Verurteilung.[197]

4. Haftungsfreizeichnung

a) Individualvereinbarung

Durch Individualvereinbarung ist eine Haftungsfreizeichnung im Grundsatz zulässig.[198] Wann eine solche Individualabrede und keine AGB vorliegt, ist nach den §§ 1, 4, 24a Nr. 2 AGBG zu klären.[199]

Die Haftungsfreizeichnung unterliegt allerdings den allgemeinen Grundsätzen der Vertragsfreiheit, insbesondere den §§ 138 I, 276 II BGB. Bei Bauträgerverträgen hat der BGH einem „formelhaften Ausschluß" der Gewährleistungsansprüche unter Bezugnahme auf § 242 BGB Grenzen gesetzt.[200] Außerdem erklärt § 637 BGB einen Gewährleistungsausschluß für nichtig, wenn der Auftragnehmer den Mangel arglistig verschweigt.

---

[190] S. I, 1, f.

[191] *Werner/Pastor,* Rdnr. 1561, 1978.

[192] *BGH,* NJW 1972, 447; 1973, 518; NJW-RR 1989, 86; *Nicklisch/Weick,* § 10 VOB/B, Rdnr. 14.

[193] *OLG Karlsruhe,* BB 1983, 725 m. Anm. *Strobel.*

[194] Zur Abwägung *Kleine-Möller/Merl,* § 12, Rdnr. 276, 477, 587; *Werner/Pastor,* Rdnr. 2543.

[195] *BGHZ* 90, 344 = NJW 1984, 1676; *Kleine-Möller/Merl,* § 12, Rdnr. 277, 518; *Werner/Pastor,* Rdnr. 1562 ff.

[196] *BGHZ* 90, 344 = NJW 1984, 1676; *Werner/Pastor,* Rdnr. 1564.

[197] S.u. 4. Teil, II, 4, b, (3).

[198] *Werner/Pastor,* Rdnr. 2138.

[199] Eingehend hierzu *Werner/Pastor,* Rdnr. 2141–2170.

[200] S.u. § 6, IV, 3, d, (4), Fußn. 259; *Werner/Pastor,* Rdnr. 2180.

b) AGB-Kontrolle

Bei AGB unterliegen Haftungsausschlüsse und Haftungsbeschränkungen der Inhaltskontrolle nach § 9 und § 11 Nr. 7, 10, 11, 15 AGBG. Demnach sind beispielsweise unzulässig:

(1) ein völliger Ausschluß der Gewährleistung;

(2) die Beschränkung der Gewährleistung auf Verschulden des Auftragnehmers;[201]

(3) eine Beschränkung der Einstandspflicht auf die bei Abnahme festgestellten Baumängel;[202]

(4) ein Ausschluß der Haftung bei unterlassener Mängelanzeige;[203]

(5) die Verkürzung von Gewährleistungsfristen (§ 11 Nr. 10f AGBG),[204] wobei die Regelung in § 13 Nr. 4 VOB/B nach § 23 II Nr. 5 AGBG privilegiert ist;[205]

(6) ein Haftungsausschluß bei gleichzeitiger Abtretung von Gewährleistungsansprüchen gegen Dritte, wenn deren Durchsetzung von einer gerichtlichen Inanspruchnahme des Dritten abhängt (§ 11 Nr. 10a AGBG);[206] eine vorherige Aufforderung des Dritten zur Mangelbeseitigung kann aber verlangt werden;[207]

(7) die Beschränkung der Gewährleistung auf Nachbesserung, falls nicht dem Auftraggeber bei Fehlschlagen der Nachbesserung[208] ein Recht auf Minderung eingeräumt wird (§ 11 Nr. 10b AGBG);[209]

(8) ein Abhängigmachen der Nachbesserung von der vorherigen Zahlung des Entgelts (§ 11 Nr. 10d AGBG);[210]

(9) eine Beschränkung des Aufwendungsersatzes zu Lasten des Auftraggebers (§ 11 Nr. 10c AGBG; § 476a BGB);[211]

(10) der Ausschluß oder die Beschränkung der Einstandspflicht bei Fehlen zugesicherter Eigenschaften (§ 11 Nr. 11 AGBG);[212]

(11) der Ausschluß des Schadensersatzes bei grobem Verschulden des Auftragnehmers, seines Vertreters oder seines Erfüllungsgehilfen (§ 11 Nr. 7 AGBG);[213] eventuell gilt das Gleiche bei nur leichter Fahrlässigkeit, wenn wesentliche Vertragspflichten betroffen sind;[214]

(12) Beschränkungen der Höhe des Schadensersatzes auf den unmittelbaren Schaden bei grobem Verschulden (§ 11 Nr. 7 AGBG);[215]

---

[201] *BGH,* NJW 1974, 1332; *Werner/Pastor,* Rdnr. 2186; abw. bei Individualverträgen, Rdnr. 2248.

[202] *Werner/Pastor,* Rdnr. 2186.

[203] *BGH,* NJW 1985, 855.

[204] *Werner/Pastor,* Rdnr. 2240, 2241.

[205] S.u. I, 7, a, (2), Fußn. 235.

[206] *BGH,* NJW 1984, 2573; *Werner/Pastor,* Rdnr. 2188 ff.

[207] *Ulmer/Brandner/Hensen,* § 11 Nr. 10a, Rdnr. 20.

[208] Hierzu *Werner/Pastor,* Rdnr. 2218; *Ulmer/Brandner/Hensen,* § 11 Nr. 10b, Rdnr. 36 ff.

[209] *BGH,* NJW 1991, 2630; 1994, 1004; *BGHZ* 70, 240 = NJW 1978, 814; *Werner/Pastor,* Rdnr. 2212 ff. – Zum Schadensersatzanspruch bei schuldhafter Verletzung der Nachbesserungspflicht siehe *Werner/Pastor,* Rdnr. 2214.

[210] *Ulmer/Brandner/Hensen,* § 11 Nr. 10d, Rdnr. 63 ff.

[211] *BGH,* NJW 1981, 1510; *Werner/Pastor,* Rdnr. 2222; *Nicklisch/Weick,* § 13 VOB/B, Rdnr. 18.

[212] *Werner/Pastor,* Rdnr. 2183, 2225; *Ulmer/Brandner/Hensen,* § 11 Nr. 11 AGBG, Rdnr. 15.

[213] Zur groben Fahrlässigkeit vgl. *Ulmer/Brandner/Hensen,* § 11 Nr. 7 AGBG, Rdnr. 14.

[214] *BGH,* NJW-RR 1989, 625; NJW 1993, 335; *Ulmer/Brandner/Hensen,* § 11 Nr. 7 AGBG, Rdnr. 23 ff.; *Werner/Pastor,* Rdnr. 2229; *Wolf,* NJW 1980, 2433.

[215] *Werner/Pastor,* Rdnr. 2260.

(13) Beschränkungen der Höhe des Schadensersatzes durch (zu geringe) Pauschalierung;[216]

(14) Klauseln über eine Abänderung der Beweislast zu Lasten des Auftraggebers (§ 11 Nr. 15 AGBG), z.B. hinsichtlich des Nachweises des Verschuldens.[217]

5. *Haftungserweiterung*

a) *Individualvereinbarung*

Durch Individualvereinbarung kann die Haftung des Auftragnehmers erweitert werden, unterliegt aber den allgemeinen Schranken des § 138 I BGB.[218]

In Frage kommen vor allem die Vereinbarung von selbständigen Garantieverträgen[219] sowie die Verlängerung von Verjährungsfristen (§ 638 II BGB).[220]

b) *AGB-Klauseln*

AGB-Klauseln des Auftraggebers, die die Haftung des Auftragnehmers über das gesetzliche Maß hinaus erweitern, unterliegen den Grenzen des AGB-Gesetzes. In Frage kommt neben dem Verbot überraschender Klauseln die Inhaltskontrolle nach § 9 AGBG. So sind beispielsweise als unwirksam anzusehen:

(1) das Abbedingen der Nachfristsetzung nach § 634 I BGB bzw. § 13 Nr. 5 II VOB/B;[221]

(2) das verschleierte Hinausschieben der Gewährleistungsfrist, indem deren Beginn an einen späteren Zeitpunkt geknüpft wird; [222]

(3) eine Klausel, wonach Gewährleistung und Haftung des Auftragnehmers sich nach VOB/B bzw. BGB richten und bei unterschiedlicher Regelung jeweils die für den Auftraggeber günstigere gelten soll;[223]

(4) das Abbedingen des Einwands der Unverhältnismäßigkeit (§ 633 II 3 BGB).[224]

(5) die Einführung einer Schadensersatzhaftung ohne Verschulden.

6. *Verzicht auf Gewährleistung*

a) *Reparaturauftrag*

Ausnahmsweise kann ein Verzicht des Auftraggebers auf die Geltendmachung von Gewährleistungsansprüchen in Frage kommen, z.B. wenn

---

[216] *Werner/Pastor,* Rdnr. 2232.

[217] *Nicklisch/Weick,* § 13 VOB/B, Rdnr. 18; *Werner/Pastor,* Rdnr. 2253, 2255.

[218] *Kleine-Möller,* § 2, Rdnr. 465.

[219] *Kleine-Möller/Merl,* § 12, Rdnr. 169 ff.; s.o. I, 1, b, (3), Fußn. 17.

[220] S.o. I, 1, a, (3), Fußn. 15.

[221] *OLG Düsseldorf,* BauR 1985, 452.

[222] *OLG Düsseldorf,* BauR 1987, 481 (mangelfreie Abnahme); *LG Frankfurt,* NJW-RR 1988, 917 (öffentlichrechtliche Gebrauchsabnahme).

[223] *BGH,* NJW 1986, 924 m. Anm. *Brych.*

[224] *Kleine-Möller,* § 2, Rdnr. 461.

er nach einer Korrespondenz über eine etwaige Einstandspflicht dem Auftragnehmer einen entsprechenden Reparaturauftrag erteilt.[225]

b) Mängelabgeltung gegenüber dem Subunternehmer

Vereinbart der Hauptunternehmer mit dem Bauherrn eine Mängelabgeltung, so muß er sich gegenüber dem Subunternehmer im Wege der Vorteilsausgleichung diese Mängelabgeltung anrechnen lassen.[225a]

7. Die Verjährung der Mängelansprüche

a) Länge der Fristen

Sie ist beim BGB-Vertrag und VOB-Vertrag unterschiedlich.

(1) § 638 I BGB gibt bei Arbeiten an einem Grundstück eine Verjährungsfrist von einem Jahr, bei Bauwerken von fünf Jahren.

Die Rechtsprechung interpretiert den Begriff „Arbeiten an einem Bauwerk" weit: Es handelt sich hierbei nicht nur um die Herstellung des Gebäudes, sondern um alle Arbeiten, die für die Erneuerung und den Bestand des Gebäudes von wesentlicher Bedeutung sind.[226] Die Rechtsprechung schränkt § 638 I BGB dadurch ein, daß sie ihm nur die Gewährleistungsansprüche und den Schadensersatzanspruch aus § 635 BGB unterstellt, während der Ersatzanspruch wegen entfernter Mangelfolgeschäden aus positiver Vertragsverletzung der 30jährigen Verjährungsfrist unterliegen soll.[227] Insbesondere fallen alle Ansprüche wegen Personenschäden nicht unter § 638 BGB.

Eine Verlängerung der fünfjährigen Verjährungsfrist durch eine AGB-Klausel läßt der BGH neuerdings in Ausnahmefällen zu, wenn bei bestimmten Arbeiten Ausführungs- und Planungsmängel häufig erst nach Ablauf von fünf Jahren hervortreten.[228]

(2) Die VOB/B legt dagegen in § 13 Nr. 4 VOB/B für Bauwerke und Holzerkrankungen eine zweijährige Verjährungsfrist fest, die allerdings einmal durch schriftliche Mängelrüge unterbrochen werden kann (§ 13 Nr. 5 VOB/B).[229]

---

[225] *BGH*, NJW 1981, 1728; *OLG Düsseldorf*, NJW-RR 1995, 402.

[225a] *OLG Koblenz*, NJW-RR 1998, 453.

[226] *BGHZ* 53, 43 = NJW 1970, 419; *BGHZ* 68, 208 = NJW 1977, 1146; *BGHZ* 72, 206 = NJW 1979, 158; *BGH*, NJW 1992, 1445; NJW-RR 1992, 849. – Einzelheiten bei *Nicklisch/Weick*, § 13 VOB/B, Rdnr. 71 ff.; *Werner/Pastor*, Rdnr. 2379 ff.; *Kleine-Möller/Merl*, § 12, Rdnr. 910 ff.

[227] S.o. I, 2, f, (1), Fußn. 144 ff. – Zur Kritik s. ab Fußn. 148.

[228] *BGHZ* 132, 383 = NJW 1996, 2155 (Flachdacharbeiten; 10 Jahre und 1 Monat); *LG Hanau*, NJW-RR 1987, 1104 (verdeckte Baumängel bei Innenputzarbeiten: 30 Jahre; m.E. zu weitgehend); vgl. auch *BGHZ* 107, 75 = NJW 1989, 1602; hierzu *Werner/Pastor*, Rdnr. 2354; *Kleine-Möller*, § 2, Rdnr. 467.

[229] Einzelheiten bei *Kleine-Möller/Merl*, § 12, Rdnr. 1001 ff. – Zur Unterbrechung s.u. Fußn. 254 ff.

Die zweijährige Verjährungsfrist bezieht sich auf alle in § 13 VOB/B genannten Ansprüche,[230] ferner auf Ansprüche aus culpa in contrahendo.[231] Nicht erfaßt werden somit nur Ansprüche wegen positiver Vertragsverletzung, soweit diese keinen Mangel betreffen,[232] und allgemein Ansprüche wegen Personenschäden.[233]

Die Frist wird allgemein für zu kurz gehalten und ist bei isolierter Inhaltskontrolle nach § 11 Nr. 10 AGBG und § 9 AGBG unwirksam.[234]

Anderes gilt dagegen nach § 23 II Nr. 5 AGBG, wenn die VOB/B als Ganzes vereinbart ist.[235] Die Rechtsprechung läßt neuerdings eine Verlängerung auf 5 Jahre zu.[236] Eine solche Verlängerung ist allerdings nur bei privaten Auftraggebern möglich, während die öffentlichen Auftraggeber bei der Vergabe an die Bestimmungen der VOB/A und VOB/B gebunden sind.[237]

(3) Die dreißigjährige Verjährungsfrist gilt, wenn der Auftragnehmer bei Abnahme einen Mangel arglistig verschweigt (§ 638 I BGB).

Arglistig handelt, wer einen schweren, äußerlich nicht erkennbaren Mangel verschweigt und sich hierbei bewußt ist, daß dieser Umstand für die Entschließung des Vertragsgegners zur Abnahme von Erheblichkeit ist und er deshalb den Mangel nach Treu und Glauben offenbaren müßte.[238] Hinsichtlich dieser subjektiven Voraussetzungen muß sich der Auftragnehmer die Kenntnis und das Verhalten gewisser von ihm mit der Abnahme beauftragter Hilfspersonen zurechnen lassen.[239] Der BGH hat darüber hinaus eine Arglist des Auftragnehmers auch dann bejaht, wenn er schuldhaft nicht die organisatorischen Voraussetzungen geschaffen hat, um sachgerecht beurteilen zu können, ob das Bauwerk bei Ablieferung mangelfrei ist.[240]

---

230 *BGHZ* 58, 332 = NJW 1972, 1280; *BGHZ* 59, 329 = NJW 1973, 38; *BGHZ* 62, 293 = NJW 1974, 1188; *BGHZ* 66, 138 = NJW 1976, 956. – Zu den Ansprüchen nach § 4 Nr. 7 VOB/B siehe *BGHZ* 54, 352 = NJW 1971, 99.

231 *BGH,* NJW 1969, 1710.

232 Hierzu *Nicklisch/Weick,* Vorb. § 13 VOB/B, Rdnr. 52 + § 13 VOB/B, Rdnr. 79; *Werner/Pastor,* Rdnr. 2388.

233 Sie unterliegen der 30jährigen Verjährungsfrist; *Nicklisch/Weick,* Vorb. § 13, Rdnr. 65.

234 *Müller/Foell,* BauR 1982, 538; *Werner/Pastor,* Rdnr. 2390; *LG Berlin,* NJW-RR 1991, 1123; *OLG Düsseldorf,* BauR 1994, 762;

235 S.o. 1. Teil, II, 2, f.

236 *OLG München,* BauR 1988, 596; *Werner/Pastor,* Rdnr. 2390; *Ulmer/Brandner/Hensen,* Anh. §§ 9–11 AGBG, Rdnr. 726; *Schlünder;* NJW 1995, 1057, 1059 (mit abw. Meinung für den Subunternehmervertrag).

237 *BVerwG,* NVwZ-RR 1989, 377; *VGH Mannheim,* NJW-RR 1988, 1045; hierzu *Siegburg,* BauR 1993, 11.

238 *BGHZ* 62, 63 = NJW 1974, 553; *BGH,* NJW 1986, 1980; *OLG München,* NJW-RR 1998, 529; *Werner/Pastor,* Rdnr. 2328.

239 *BGHZ* 66, 43 = NJW 1976, 516; *OLG München,* NJW-RR 1998, 529; *Nicklisch/Weick,* § 13 VOB/B, Rdnr. 83.

240 *BGHZ* 117, 319 = NJW 1992, 1754; ebenso *OLG Oldenburg,* BauR 1995, 105; *OLG Köln,* NJW-RR 1995, 180; *OLG München,* NJW-RR 1998, 529; zust. *Kniffka,* ZfBR 1933, 255; *Werner/Pastor,* Rdnr. 2329; einschr. *Wirth,* BauR 1994, 33; krit. *Rutkowsky,* NJW 1993, 1748.

b) Beginn der Verjährung

Die Verjährungsfristen beginnen mit der Abnahme zu laufen (§ 638 I BGB, § 13 Nr. 4 Satz 2 VOB/B).[241]

(1) Dabei wird nicht zwischen den verschiedenen Formen der Abnahme unterschieden; bei der konkludeten Abnahme, der fiktiven und der „vergessenen" förmlichen Abnahme können deshalb Unsicherheiten über den Beginn des Laufs entstehen.[242] Gleichgestellt wird der Abnahme der Fall der endgültigen Abnahmeverweigerung.[243]

(2) Klauseln des Auftraggebers, die den Beginn der Verjährungsfrist von der Abnahme abkoppeln und auf einen späteren Zeitpunkt verlagern, sind in der Regel gemäß § 9 AGBG unwirksam.[244] Ausnahmen werden in engen Grenzen bei Subunternehmerverträgen zugelassen, um die Gewährleistungsfristen von Subunternehmer- und Hauptunternehmervertrag gleichzuschalten.[245]

c) Hemmung der Verjährung

Der Lauf der Verjährungsfrist wird gemäß § 639 II BGB gehemmt, solange der Auftragnehmer das Vorhandensein eines Mangels und seine Verantwortlichkeit prüft oder Nachbesserungsarbeiten vornimmt;[246] eine Vorschrift, die auch auf den VOB-Vertrag anzuwenden ist.[247]

Die Hemmung endet, wenn der Unternehmer das Ergebnis der Prüfung dem Besteller mitteilt oder ihm gegenüber den Mangel als beseitigt erklärt oder die Fortsetzung der Beseitigung verweigert.[248] Dagegen genügt die bloße tatsächliche Beendigung der Mangelbeseitigungsarbeiten nicht, um die Hemmung zu beenden.[249]

d) Unterbrechung der Verjährung

Als Unterbrechungsgründe kommen in Betracht: das Anerkenntnis im Sinne des § 208 BGB,[250] die gerichtliche Geltendmachung des Anspruchs

---

[241] Zur Abnahme s.o. 1. Teil, V.

[242] *Kleine-Möller/Merl,* § 12, Rdnr. 965, 966.

[243] *Kleine-Möller/Merl,* § 12, Rdnr. 968; *BGH,* NJW 1981, 822; zum Schuldnerverzug bei der Abnahme siehe *Werner/Pastor,* Rdnr. 2385.

[244] *BGH,* NJW 1989, 1602; *OLG Zweibrücken,* BauR 1992, 770; *Werner/Pastor,* Rdnr. 2350.

[245] *BGH,* NJW 1989, 1602; BauR 1986, 202; (maximal 4–6 Wochen); *Kleine-Möller,* § 3 Rdnr. 34 ff.

[246] *BGHZ* 48, 108, 112 = NJW 1967, 2005; *BGH,* NJW 1978, 2893; 1979, 214; 1983, 162; 1997, 727; NJW-RR 1994, 373; *OLG Schleswig,* NJW-RR 1995, 1171; *OLG Düsseldorf,* NJW-RR 1995, 532; 1995, 1232; vgl. jedoch *OLG Düsseldorf,* NJW-RR 1994, 1362: bloße Zusage der Nachbesserung genügt nicht.

[247] *BGHZ* 48, 108 = NJW 1967, 2005; *BGH,* NJW-RR 1989, 979; *BGHZ* 110, 99 = NJW 1990, 1472.

[248] *OLG Köln,* NJW-RR 1995, 692; *OLG Düsseldorf,* NJW-RR 1994, 253; einschr. *OLG Düsseldorf,* BauR 1993, 747; Einzelheiten bei *Werner/Pastor,* Rdnr. 2415 ff.

[249] *OLG Düsseldorf,* NJW-RR 1995, 532; vgl. auch *LG Berlin,* NJW-RR 1991, 1123 (völlige Untätigkeit).

[250] Einzelfragen bei *Werner/Pastor,* Rdnr. 2429 ff. – Zur Abgrenzung gegenüber § 639 II BGB: *BGH,* NJW 1988, 254; NJW-RR 1994, 373: nicht jede Nachbesserung ist Anerkenntnis i.S. des § 208 BGB.

(§ 209 BGB),[251] der Antrag auf gerichtliche Beweissicherung (§§ 639 I, 478 I Satz 2 BGB)[252] sowie die Streitverkündung (§ 209 II Nr. 4 BGB).[253]

Einen besonderen Unterbrechungsgrund bringt § 13 Nr. 5 II Satz 2 VOB/B für den VOB-Vertrag: durch eine schriftliche Anzeige des Mangels beginnt eine neue zweijährige Verjährungsfrist zu laufen.[254] Diese neue Verjährungsfrist beträgt auch dann zwei Jahre, wenn die Parteien eine längere Gewährleistungsfrist vereinbart hatten.[255] Die Unterbrechung kann nur einmal erfolgen[256] und setzt voraus, daß die Mängel in der Anzeige konkret gerügt werden,[257] und zwar gegenüber dem Auftragnehmer. Hat der Auftragnehmer nachgebessert, so beginnt für die Nachbesserungsarbeiten eine neue Regelfrist von zwei Jahren ab Abnahme dieser Arbeiten zu laufen (§ 13 Nr. 5 I Satz 3 VOB/B).[258]

e) Umfang von Hemmung und Unterbrechung

Für alle Hemmungs- und Unterbrechungsgründe gilt, daß die Geltendmachung eines Gewährleistungsanspruchs alle zugrundeliegenden Mängelursachen erfaßt[259] und auch hinsichtlich der anderen Anspruchsinhalte (Minderung, Wandlung, Schadensersatz) zur Geltung kommt.[260]

Diese Regelung hat natürlich zur Folge, daß bezüglich einzelner Mängel unterschiedliche Verjährungsfristen laufen können.[261]

---

[251] Hierzu *BGHZ* 66, 142 = NJW 1976, 960; *BGH,* NJW-RR 1988, 692: Teilklage unterbricht nur bezüglich des eingeklagten Teils des Anspruchs; zur Aufrechnung vgl. *OLG Düsseldorf,* BauR 1985, 341; *Werner/Pastor,* Rdnr. 2425: die Aufrechnung unterbricht nur hinsichtlich des verwendbaren Teils der Klageforderung. – Weitergehende Unterbrechung nimmt der *BGH* bei der Vorschußklage an: *BGHZ* 66, 138 = NJW 1976, 956; NJW-RR 1989, 208; nicht aber bei Aufrechnung mit dem Kostenvorschußanspruch: *BGH,* NJW-RR 1986, 1079.

[252] *BGHZ* 53, 43 = NJW 1970, 419; *BGH,* NJW-RR 1989, 148; 1998, 1475. – Der Beweisantrag muß von dem Anspruchsinhaber (ev. Zessionar) gestellt werden (*OLG Düsseldorf,* NJW-RR 1994, 1046; *OLG Köln,* BauR 1995, 702) und sich gegen den späteren Anspruchsgegner richten (*BGH,* NJW 1976, 956; 1980, 1458). Ein Beweisantrag im Hauptprozeß unterbricht nicht: *BGHZ* 59, 323 = NJW 1973, 38. – Weitere Einzelfragen bei *Nicklisch/Weick,* § 13 VOB/B, Rdnr. 101; *Hickl,* BauR 1986, 182; *Werner/Pastor,* Rdnr. 98 ff.

[253] *BGH,* NJW 1962, 387; 1964, 1022; 1979, 264.

[254] Einzelfragen bei *Werner/Pastor,* Rdnr. 2436 ff.; *Kleine-Möller/Merl,* § 12, Rdnr. 1001 ff.

[255] *BGHZ* 107, 75 = NJW 1989, 1602; *OLG Hamm,* NJW-RR 1993, 718; *Werner/Pastor,* Rdnr. 2438; krit. *Jagenburg,* NJW 1994, 2872.

[256] *BGH,* NJW 1978, 537 m. Anm. *Kaiser,* BauR 1978, 307; *BGH,* NJW-RR 1990, 1240; *OLG Düsseldorf,* NJW-RR 1998, 1028 (unzulässige abw. AGB-Klausel).

[257] *BGHZ* 62, 293 = NJW 1974, 1188; *Merl,* FS Soergel, S. 217 ff.; *Nicklisch/Weick,* § 13 VOB/B, Rdnr. 129.

[258] *BGH,* NJW-RR 1986, 98; *Nicklisch/Weick,* § 13 VOB/B, Rdnr. 133.

[259] *BGHZ* 108, 65 = NJW 1989, 2735; *BGHZ* 110, 99 = NJW 1990, 1472; *BGH,* NJW-RR 1989, 89; 1989, 208; 1989, 667; 1989, 979; *Werner/Pastor,* Rdnr. 2439.

[260] *BGHZ* 62, 293 = NJW 1974, 1188; *BGHZ* 66, 138 = NJW 1976, 956; *BGHZ* 108, 65 = NJW 1989, 2753.

[261] Vgl. hierzu die im Leistungsbild des Architekten nach § 15 HOAI unter Nr. 8 (Objektsüberwachung) erwähnte Aufgabe des „Auflistens der Gewährleistungsfristen).

f) Rechtsfolgen der Verjährung

Nach Ablauf der Verjährungsfrist kann der Auftragnehmer den Gewährleistungsansprüchen die Einrede der Verjährung entgegenhalten.[262]

Der auf Zahlung der Vergütung verklagte Auftraggeber kann die Gewährleistungsansprüche einredeweise (§ 320 BGB) oder durch Aufrechnung (§ 387 BGB) auch noch nach Ablauf der Verjährungsfrist geltend machen, wenn er den Mangel rechtzeitig vor Ablauf der Verjährungsfrist angezeigt hatte (§§ 639 I, 478 BGB).[263] Gleichgestellt ist auch hier der Antrag auf Beweissicherung und die Streitverkündung vor Ablauf der Verjährungsfrist. Diese Regelung gilt auch für den VOB-Vertrag.[264]

8. Andere Anspruchsgrundlagen

a) Culpa in contrahendo

Ansprüche aus Verschulden bei Vertragsschluß sollen nach der Rechtsprechung neben den §§ 633 BGB, 13 VOB/B nicht gegeben sein, da diese eine Sonderregelung darstellen.[265]

Etwas anderes kann in Ausnahmefällen gegeben sein, wenn der Auftragnehmer durch ein unrichtiges Angebot einen Sachmangel verursacht[266] oder wenn dieser im Stadium der Vertragsverhandlungen das Eigentum des Auftraggebers beschädigt.[267]

b) Unmöglichkeit

Die Regeln über die Unmöglichkeit (§§ 323 ff. BGB) werden durch die Vorschriften über die Gewährleistung ebenfalls verdrängt.[268]

In der Literatur werden aber Ausnahmefälle diskutiert. So will *Kohler* bei einer Verurteilung des Auftragnehmers zur Mängelbeseitigung ein Vorgehen des Auftraggebers gemäß § 283 BGB zulassen.[269]

c) Deliktsansprüche

Ansprüche aus Delikt werden von der Rechtsprechung insoweit verneint, als es um eine mangelhafte Bauleistung geht: die mangelhafte Errichtung des Bauwerks stelle keine Eigentumsverletzung im Sinne des § 823 I BGB dar.[270] In der Literatur wird auch hier das Argument von der

---

[262] Zur Arglisteinrede des Auftraggebers vgl. *Werner/Pastor,* Rdnr. 2344.

[263] *BGHZ* 53, 117 = NJW 1970, 561; *Heyers,* BauR 1970, 135.

[264] *BGHZ* 53, 117 = NJW 1970, 561.

[265] *BGH,* NJW 1969, 1710; *Brox/Elsing,* JuS 1976, 1; *Werner/Pastor,* Rdnr. 1878.

[266] *Werner/Pastor,* Rdnr. 1879.

[267] *Werner/Pastor,* Rdnr. 1883.

[268] *BGHZ* 42, 232 = NJW 1965, 152; *Nicklisch/Weick,* § 13 VOB/B, Rdnr. 2; *Kohler,* BauR 1988, 297.

[269] *Kohler,* BauR 1988, 298; ebenso *OLG Düsseldorf,* BauR 1986, 217; *Werner/Pastor,* Rdnr. 2785.

[270] *BGHZ* 55, 392, 398 = NJW 1971, 1131 m. Anm. *Ganten,* NJW 1971, 1084; *BGHZ* 39, 366 = NJW 1963, 1827; *BGHZ* 105, 346 = NJW 1989, 707; *BGH,* NJW 1990, 908; zust. *Möschel,* JuS 1977, 4; *Nicklisch/Weick,* Vor § 13 VOB/B, Rdnr. 41, 44; *Wer-*

Sonderregelung eingesetzt[271] oder auf die unterschiedlichen Funktionen von Vertrags- und Haftungsrecht abgehoben.[272]

(1) Etwas anderes soll aber gelten, wenn im Zuge der Errichtung des Bauwerks eine bereits vorhandene, unversehrte Sache des Auftraggebers beschädigt wird[273] oder wenn eine mangelhafte Bauleistung zu Schäden an bisher mangelfreien Bauteilen führt.[274] Bei der Schadensberechnung ist insoweit zu beachten, daß der nach §§ 823 ff. BGB zu ersetzende Schaden nur die Schäden an dem zunächst unversehrten Teil (Mangelfolgeschäden) erfaßt.[275]

(2) Eindeutig nach Deliktsrecht zu beurteilen, sind Gesundheitsschäden des Bauherrn, die im Rahmen der Bauwerkserrichtung entstehen.[276]

(3) Etwa zum Zuge kommende Deliktsansprüche unterliegen der dreijährigen Verjährungsfrist nach § 852 BGB.[277]

9. *Sicherheitsleistung*

a) *Allgemeines*

Ein gesetzlicher Anspruch des Auftraggebers auf Sicherheitsleistung für etwaige Gewährleistungsansprüche besteht nicht. Auch § 17 VOB/B gibt keinen Anspruch auf Sicherheitsleistung, sondern setzt eine vertragliche Vereinbarung voraus. Der Auftragnehmer kann sich nämlich im Bauvertrag verpflichten, für die Durchführung etwaiger Gewährleistungsansprüche eine Sicherheit zu leisten.

b) *Umfang der Sicherheitsleistung*

In der Vereinbarung ist festzulegen, für welche Ansprüche des Auftraggebers die Sicherheit gelten soll – nur Erfüllungsansprüche[278] und/oder Gewährleistungsansprüche – und für welchen Zeitraum die Sicherheit zu stellen ist.[279] Dieser Zeitraum braucht sich nicht mit den Gewähr-

---

ner/Pastor, Rdnr. 1839; *Ganten,* Beck-VOB-Kommentar, Vor § 13 VOB/B, Rdnr. 203; a.A. *Freund/Barthelmess,* NJW 1975, 281.

[271] *Wilts,* VersR 1967, 817; *Möschel,* JuS 1977, 7.

[272] Hierzu *Schlechtriem,* Vertragsordnung und außergerichtliche Haftung (1972), S. 214 ff.; *Picker,* JZ 1987, 1041.

[273] *BGHZ* 61, 203 = NJW 1973, 1752; *BGH,* NJW 1981, 2248; 1981, 2250; 1985, 194; BGHZ 117, 183 = NJW 1992, 1225; *Ganten* (Fußn. 270), Rdnr. 206; *Littbarski,* FS Korbion, (1986) S. 269, 275.

[274] Sogenannte „weiterfressende Schäden". – Hierzu *BGH,* NJW 1985, 194; BauR 1994, 258; *Ganten* (Fußn. 270), Rdnr. 209 ff.; *Nicklisch/Weick,* Vor § 13 VOB/B, Rdnr. 47.

[275] *Möschel,* JuS 1977, 6; *Schlechtriem,* NJW 1977, 1819.

[276] *BGH,* MDR 1972, 316.

[277] *BGH,* NJW 1977, 1819 m. Anm. *Schlechtriem; Nicklisch/Weick,* Vor § 13 VOB/B, Rdnr. 42 ff.

[278] Zur sog. Erfüllungsbürgschaft vgl. *OLG Karlsruhe,* NJW-RR 1998, 533 m.Nw.; *Werner/Pastor,* Rdnr. 1252; *Kleine-Möller/Merl,* § 12, Rdnr. 1100.

[279] *BGHZ* 121, 168 = NJW 1993, 1131; *BGH,* NJW 1998, 1140; *KG,* NJW-RR 1988, 851.

leistungspflichten zu decken.[280] Die Höhe der Sicherheitsleistung besteht meist in einem bestimmten Prozentsatz der Vergütung.[281]

c) Arten der Sicherheitsleistung

Sicherheit kann in folgenden Formen geleistet werden:

(1) Hinterlegung von Geld, das auf ein Sperrkonto einzuzahlen ist (§ 17 Nr. 5 VOB/B);[282]
(2) Einbehaltung eines Teils der Vergütung (§ 17 Nr. 6 VOB/B);[283]
(3) Stellung einer Bürgschaft (§ 17 Nr. 4 VOB/B).[284] Statt der einfachen Gewährleistungsbürgschaft wird häufig eine Bürgschaft „auf erstes Anfordern" vereinbart;[285] bei ihr ist auf Aufforderung des Auftraggebers sofort Zahlung zu leisten und der Streit über das Bestehen der Gewährleistung in einem Rückforderungsprozeß auszutragen.[286] Wegen der damit für den Auftragnehmer verbundenen Risiken kann diese Form der Bürgschaft nicht durch AGB bzw. formularmäßig erfolgen[287] und nur von einem Kreditinstitut übernommen werden.[288]

d) Wahl und Austausch der Sicherheit

Ist nichts Abweichendes vereinbart, hat der Auftragnehmer die Wahl unter den möglichen Sicherheitsarten. Eine bereits geleistete Sicherheit kann der Auftragnehmer durch eine Sicherheit anderer Art ersetzen (§ 17 Nr. 3 VOB/B).[289]

II. Ansprüche wegen verzögerter Bauausführung

1. Die Rechte des Auftraggebers bei Verzug

a) Der Eintritt des Verzugs

Der Verzugseintritt tritt in jedem Falle ein, wenn der Auftragnehmer die ihm übertragenen Arbeiten nicht fristgerecht vollendet.

---

[280] *LG Frankfurt*, BauR 1989, 479; *Werner/Pastor*, Rdnr. 1263.

[281] § 14 Nr. 2 S. 2 VOB/A schreibt als Höchstsatz 5 % der Auftragssumme vor. – Vgl. auch *BGH*, NJW-RR 1988, 851. – Vgl. ferner *OLG München*, NJW-RR 1992, 218: keine Vereinbarung durch AGB bzw. Formularvertrag; a.A. *Kleine-Möller*, § 2, Rdnr. 557 m.Nw.

[282] Eine AGB-Klausel des Auftraggebers, wonach er von der Einzahlung auf Sperrkonto entbunden wird, ist unwirksam; so *KG*, NJW-RR 1988, 1365; *OLG Hamm*, NJW-RR 1988, 786.

[283] Zur Höhe siehe oben Fußn. 281.

[284] Einzelheiten bei *Werner/Pastor*, Rdnr. 1252 ff.

[285] Hierzu *Werner/Pastor*, Rdnr. 1257; *BGH*, NJW 1994, 380.

[286] *BGH*, NJW 1994, 380; 1997, 255. – Eine Ausnahme besteht bei Rechtsmißbrauch: *OLG Köln*, NJW-RR 1998, 1393; *KG*, BauR 1997, 665.

[287] *OLG München*, NJW-RR 1992, 218.

[288] *BGH*, NJW-RR 1990, 1265; *Bydlinski*, WM 1991, 257.

[289] *Nicklisch/Weick*, § 17 VOB/B, Rdnr. 29; *Werner/Pastor*, Rdnr. 1250; *OLG Brandenburg*, NJW-RR 1998, 1316.

(1) Der Auftragnehmer ist verpflichtet, das Bauwerk innerhalb der laut Vertrag verbindlich vereinbarten Fristen zu erstellen bzw. die versprochene einzelne Bauleistung zu erbringen.

Maßgebend sind hierfür im Grundsatz nur die verbindlich vereinbarten Endfristen, in der Regel also nicht sogenannte Einzelfristen; sie sind nur bei besonderer Vereinbarung verbindlich,[290] z.B. bei einem Bauzeitenplan. Bei unvorhersehbaren Entwicklungen hat der Auftragnehmer gegebenenfalls einen Anspruch auf Verlängerung der Frist, so vor allem bei Behinderungen (§ 6 Nr. 2 VOB/B; § 242 BGB).[291]

Ist im Bauvertrag keine verbindliche Frist für die Fertigstellung vereinbart, hat der Auftragnehmer seine Leistungen innerhalb einer den Umständen als angemessen erachteten Ausführungszeit zu erbringen.[292]

(2) Der Verzug tritt ein, wenn die Arbeiten nicht innerhalb der geschuldeten Leistungszeit erbracht sind. Gemäß § 242 BGB ist aber bei noch ausstehenden geringfügigen Nebenleistungen ein Verzug zu verneinen.

Bei einzelnen Bauleistungen ist hierbei entscheidend, daß die Arbeiten so weit fortgeschritten sind, daß der nachfolgende Unternehmer fristgerecht seine Arbeiten anschließen kann.[293] Bei Generalunternehmern ist das Bauwerk fristgerecht errichtet, wenn es bezugsfertig ist; geringfügige Restarbeiten im Innern des Hauses, die noch offene Herstellung der Außenanlagen oder die Räumung der Baustelle stehen dem nicht entgegen, müssen sich aber so schnell wie möglich anschließen.[294]

Beim VOB-Vertrag kann der Verzug bereits dann eintreten, wenn der Auftragnehmer nicht innerhalb der verbindlich vereinbarten Fristen mit den Arbeiten beginnt[295] oder sie anschließend nicht angemessen fördert (§ 5 Nr. 1 VOB/B).[296]

Beim BGB-Vertrag soll es dagegen nur auf die Nichterbringung der Leistung am Ende der Frist ankommen. Ausnahmen werden aber dort zugelassen, wenn die verzögerte Aufnahme oder Ausführung einen sicheren Schluß darauf zuläßt, daß die Vollendung nicht rechtzeitig eintreten kann.[297]

Kein Verzug kann eintreten, wenn dem Auftragnehmer die Einrede des nicht erfüllten Vertrages (§ 320 BGB) zusteht, weil der Auftraggeber seinen auf Vereinbarung beruhenden Vorleistungspflichten nicht nachgekommen ist.[297a]

---

[290] *Nicklisch/Weick,* § 5 VOB/B, Rdnr. 4. – Zur Auslegung vgl. *BGH*, NJW 1999, 1108.

[291] *OLG-Düsseldorf,* NJW-RR 1997, 1516; *Kleine-Möller/Merl,* § 13, Rdnr. 115, 422 ff.

[292] *OLG Frankfurt,* NJW-RR 1994, 1361; *Kleine-Möller/Merl,* § 13, Rdnr. 16, 84, 94; *Nicklisch/Weick,* § 5 VOB/B, Rdnr. 11.

[293] *Ingenstau/Korbion,* § 5 VOB/B, Rdnr. 28.

[294] *Nicklisch/Weick,* § 5 VOB/B, Rdnr. 15; *Kleine-Möller/Merl,* § 13, Rdnr. 102.

[295] *Kleine-Möller/Merl,* § 13, Rdnr. 112: Einrichtung der Baustelle genügt.

[296] Einzelheiten bei *Nicklisch/Weick,* § 5 VOB/B, Rdnr. 13, 14.

[297] *Kleine-Möller/Merl,* § 13, Rdnr. 37.

[297a] *BGH*, NJW 1996, 853 m.Nw.

(3) Der Verzug tritt nur ein, wenn den Auftragnehmer an der Verzögerung ein Verschulden trifft, wobei er sich nach § 285 BGB entlasten muß. Das Verschulden muß sich beim BGB-Vertrag auf die Vollendung des Werkes beziehen,[298] während beim VOB-Vertrag es auch einen Bezugspunkt bei dem Beginn bzw. der Fortführung der Arbeiten haben kann.[299] Für das Verschulden seiner Erfüllungsgehilfen hat der Auftragnehmer nach § 278 BGB einzustehen.

Verschulden ist vor allem gegeben, wenn der Auftragnehmer nicht die notwendigen Arbeitskräfte einsetzt oder die notwendigen Gerätschaften bereitstellt.[300] Verschulden ist dagegen zu verneinen, wenn die Verzögerung ihre Ursache im Bereich des Auftraggebers hat.[301] Beispiele sind: die nicht rechtzeitige Beschaffung und Vorlage der Baugenehmigung und Planungsunterlagen,[302] die nicht rechtzeitige Erbringung der notwendigen Vorarbeiten anderer Unternehmer,[303] eine Ausweitung des Leistungsumfangs durch Änderungen des Bauentwurfs,[304] Zusatzaufträge oder Sonderwünsche des Auftraggebers[305] oder eine Erhöhung des Schwierigkeitsgrades,[306] ferner, wenn der Auftraggeber seiner Pflicht zu vereinbarten Abschlags- oder Vorauszahlungen[307] nicht nachkommt (§ 320 BGB; § 16 Nr. 5 S. 4 VOB/B),[308] eventuell auch die schlechte Vermögenslage des Auftragnehmers (§ 321 BGB).[309] Erst recht gilt dies für Behinderungen durch Naturereignisse oder andere unabwendbare Umstände (§ 6 Nr. 2 I c VOB/B)[310] oder Streiks (§ 6 Nr. 2 I b VOB/B)[311] wobei der Auftragnehmer bei dem Auftraggeber unbekannten Behinderungen[312] diese (drohenden oder eingetretenen) Umstände demselben (schriftlich) anzeigen muß (§ 6 Nr. 1 VOB/B; § 242 BGB).[313]

---

[298] S.o. (2), Fußn. 297.

[299] S.o. Fußn. 295, 296.

[300] *Kleine-Möller/Merl,* § 13, Rdnr. 46, 121.

[301] *BGH,* NJW 1983, 989.

[302] *BGH,* NJW 1974, 1080; *Kleine-Möller/Merl,* § 13, Rdnr. 94.

[303] Zur Koordinierungspflicht des Auftraggebers siehe *BGH,* NJW 1984, 1676; *BGHZ* 95, 128 = NJW 1985, 2475; *OLG Köln,* NJW-RR 1995, 19; *Kleine-Möller/Merl,* § 13, Rdnr. 398; *Werner/Pastor,* Rdnr. 1827.

[304] Zur Zulässigkeit der Änderung des Bauentwurfs siehe § 1 Nr. 3 VOB/B.

[305] *Werner/Pastor,* Rdnr. 1828.

[306] *OLG Köln,* NJW-RR 1995, 19 (Grundwasser).

[307] S.o. 2. Teil, III, 4.

[308] *BGH,* NJW 1987, 252; *OLG Nürnberg,* NJW-RR 1986, 247; *OLG Frankfurt,* NJW-RR 1987, 979; *OLG Düsseldorf,* NJW-RR 1992, 980; *Kleine-Möller/Merl,* § 13, Rdnr. 39, 98, 123.

[309] *Kleine-Möller/Merl,* § 13, Rdnr. 98, 124.

[310] *BGHZ* 61, 144 = NJW 1973, 1698 (keine Aufteilung der Gefahr). – Zu Witterungseinflüssen vgl. einschränkend § 6 Nr. 2 II VOB/B.

[311] Beim BGB-Vertrag umstr.; vgl. hierzu *Löwisch,* AcP 174, 228 ff.; *Schmid,* NJW 1979, 15.

[312] *OLG Koblenz,* NJW-RR 1988, 853; zum Begriff der offenkundigen Behinderung *Nicklisch/Weick,* § 6, Rdnr. 20; *Werner/Pastor,* Rdnr. 1825.

[313] Einzelheiten bei *Kleine-Möller/Merl,* § 13, Rdnr. 410 ff.; zur Schriftform: *OLG Koblenz,* NJW-RR 1988, 851; zum Adressaten: *Kleine-Möller/Merl,* § 13, Rdnr. 413; *Nicklisch/Weick,* § 6, Rdnr. 19.

b) Die Rechte des Auftraggebers beim BGB-Vertrag

Wahlweise hat der Auftraggeber folgende Rechte:

(1) Er kann nach § 286 BGB Ersatz des Verzugsschadens verlangen.

Der Verzugschaden kann bestehen in Schäden am Bauwerk,[314] einer Erhöhung der Baupreise,[315] Kosten nutzloser Baustellenerhaltung durch den Auftraggeber,[316] Gutachterkosten,[317] zusätzliche Architektengebühren,[318] entgangenem Gewinn in Form von Zinsverlusten, späterer Vermietung oder auch in der Belastung mit Schadensersatzpflichten gegenüber den Mietern und Erwerbern.[319] Auch die Kosten der Rechtsverfolgung (Einschaltung eines Rechtsanwalts) kommen in Frage.[320] Zweifelhaft ist auch hier der bloße Nutzungsentgang.[321]

(2) Der Auftraggeber kann aber auch nach § 326 BGB vorgehen, d.h. er kann nach Fristsetzung mit Ablehnungsandrohung[322] Schadensersatz wegen Nichterfüllung verlangen oder vom Bauvertrag zurücktreten.

Der Schadensersatzanspruch wegen Nichterfüllung besteht vor allem in den Kosten, die durch Einschaltung dritter Firmen für die Beendigung der Arbeiten entstehen.[323] Die Ausübung des Rücktrittsrechts führt zu einer Vergütung der von dem Auftragnehmer erbrachten Leistungen. Schadensersatz wegen Nichterfüllung kann der Auftraggeber dann aber nicht mehr verlangen, während ihm der Anspruch auf Ersatz des Verzögerungsschadens erhalten bleibt.[324]

(3) Hat der Auftragnehmer die Verzögerung nicht zu vertreten, so besteht nach Fristsetzung mit Ablehnungsandrohung[325] ein Rücktrittsrecht des Auftraggebers nach § 636 BGB.[326]

Die Folge der Ausübung des Rücktrittsrechts ist die gleiche wie bei dem Rücktritt nach § 326 BGB: die erbrachten Leistungen des Auftragnehmers sind zu vergüten (§ 346 BGB).[327] Der Anspruch auf Ersatz des Verzugsschadens bleibt dem Auftraggeber erhalten.[328]

---

[314] *BGHZ* 48, 78 = NJW 1967, 2262; *BGHZ* 54, 352 = NJW 1971, 99.

[315] *Kleine-Möller/Merl,* § 13, Rdnr. 51.

[316] *OLG Düsseldorf,* BauR 1988, 487; *Kleine-Möller/Merl,* § 13, Rdnr. 465.

[317] *BGHZ* 54, 352 = NJW 1971, 99.

[318] *Brandt,* BauR 1973, 13.

[319] *Kleine-Möller/Merl,* § 13, Rdnr. 53; *Ingenstau/Korbion,* § 6 VOB/B, Rdnr. 142.

[320] *Kleine-Möller/Merl,* § 13, Rdnr. 52.

[321] Siehe hierzu oben I, 2, f, (3), Fußn. 179.

[322] Zur angemessenen Frist siehe *BGH,* NJW 1985, 320; 1985, 855; *Kleine-Möller/Merl,* § 13, Rdnr. 66; zur Entbehrlichkeit der Fristsetzung *BGHZ* 50, 160 = NJW 1968, 1524.

[323] Zum auch hier bestehenden Vorschußanspruch siehe *Kleine-Möller/Merl,* § 13, Rdnr. 141; *Nicklisch/Weick,* § 13, Rdnr. 28. – Zum Einwand des Mitverschuldens nach § 254 I BGB siehe *BGHZ* 121, 110 = NJW 1993, 2674.

[324] *BGHZ* 88, 46 = NJW 1984, 42; *Kleine-Möller/Merl,* § 13, Rdnr. 3, 78; *Werner/Pastor,* Rdnr. 1809; abw. *Tiedtke,* NJW 1984, 767.

[325] *Kleine-Möller/Merl,* § 13, Rdnr. 9; *Soergel,* MK, § 636 BGB, Rdnr. 12.

[326] *BGH,* NJW-RR 1992, 1141; vgl. jedoch *BGH,* BauR 1978, 139: kein Rücktrittsrecht, wenn der Auftraggeber die Verzögerung zu vertreten hat (§ 242).

[327] *Kleine-Möller/Merl,* § 13, Rdnr. 12.

[328] *Kleine-Möller/Merl,* § 13, Rdnr. 4.

c) Die Rechte des Auftraggebers beim VOB-Vertrag

Die die BGB-Vorschriften ausschließende Regelung in § 5 Nr. 4 VOB/B[329] gibt dem Auftraggeber folgende Wahlmöglichkeiten:

(1) Er kann unter Aufrechterhaltung des Vertrages Schadensersatz nach § 6 Nr. 6 VOB/B wegen des durch die hindernden Umstände eingetretenen Verzögerungsschadens verlangen. Diesen Schaden muß der Auftraggeber konkret nachweisen.[330]

Hinsichtlich der einzelnen Schadenspositionen gilt das Gleiche wie beim BGB-Vertrag.[331] Der Ersatz des entgangenen Gewinns kann allerdings nur verlangt werden, wenn die Verzögerung auf Vorsatz oder grober Fahrlässigkeit beruht.[332] Diese Haftungsbeschränkung gilt allerdings nicht, wenn die Bauverzögerung auf einen Baumangel zurückzuführen ist; dann kommen die §§ 4 Nr. 7 S. 2 und 13 Nr. 7 VOB/B zum Zuge, die eine solche Haftungsbeschränkung nicht vorsehen.[333]

(2) Der Auftraggeber kann außerdem nach § 5 Nr. 4 VOB/B dem Auftragnehmer eine angemessene Frist zur Vertragserfüllung[334] setzen und erklären, daß er nach fruchtlosem Ablauf der Frist den Auftrag nach § 8 Nr. 3 VOB/B entziehen werde.[334a] Nach fruchtlosem Ablauf der Frist kann der Auftraggeber den Bauvertrag durch schriftliche Erklärung kündigen und hat dann ein Wahlrecht:

Er kann einmal die noch ausstehenden Leistungen im Wege der Ersatzvornahme (selbst oder) durch einen Dritten ausführen lassen und die hierbei entstehenden Kosten von der vereinbarten Vergütung absetzen (§ 8 Nr. 3 II Satz 1 VOB/B).[335] Eine Aufstellung seiner Ansprüche hat der Auftraggeber nach Abrechnung (mit dem Dritten) dem Auftragnehmer zu übersenden (§ 8 Nr. 4 VOB/B).[336] Bereits entstandene Schadensersatzansprüche wegen des Verzugsschadens[337] bleiben ihm erhalten.[338]

Statt dessen kann der Auftraggeber, wenn die Ausführung des Vertrages aus den Gründen, die zur Entziehung des Auftrags geführt haben, für ihn kein Interesse mehr

---

[329] *Kleine-Möller/Merl,* § 13, Rdnr. 90.

[330] *BGH,* BauR 1976, 138; *BGHZ* 97, 163 = NJW 1986, 1684 betr. Anspruch des Auftragnehmers; *Kleine-Möller/Merl,* § 13, Rdnr. 126.

[331] S.o. b, (1). – Einzelheiten bei *Werner/Pastor*, Rdnr. 1832.

[332] Vgl. jedoch einschr. *BGHZ* 121, 110 = NJW 1993, 2674 (Finanzierungskosten). – Zur Begründung der Haftungseinschränkung siehe *Nicklisch/Weick*, § 6 VOB/B, Rdnr. 42. Es ist aber fraglich, ob diese Beschränkung mit § 9 AGBG vereinbar ist (Unzulässigkeit der Beschränkung bei Kardinalpflichten und wesentlichen Hauptpflichten). Nach der Rechtspr. des BGH taucht das Problem allerdings bei Vereinbarung der VOB/B „als Ganzes" nicht auf.

[333] *BGH,* NJW 1975, 1701; *Nicklisch/Weick,* § 6 VOB/B, Rdnr. 53; *Kleine-Möller/Merl,* § 13, Rdnr. 134.

[334] *BGH,* NJW 1983, 989 (ausnahmsweise genügt eine Aufforderung, den Beginn der Bauarbeiten nachzuweisen).

[334a] Einschr. *OLG Saarbrücken*, NJW-RR 1999, 460 (kein Kündigungsrecht bei Verschulden des Auftraggebers).

[335] S.o. Fußn. 323.

[336] *OLG Düsseldorf,* NJW-RR 1992, 1373 (Pauschalvertrag).

[337] S.o. (1).

[338] *BGHZ* 62, 90 = NJW 1974, 646.

hat, die gesamte Leistung ablehnen und Schadensersatz wegen Nichterfüllung verlangen (§ 8 Nr. 3 II Satz 2 VOB/B).[339]

(3) Zweifelhaft ist, ob das Kündigungsrecht nach §§ 5 Nr. 4, 8 Nr. 3 VOB/B dem Auftraggeber auch ohne Vorliegen eines Verschuldens des Auftragnehmers gewährt werden soll.[340] Bei Bejahung würde dies zu einem Gleichklang mit der Rechtslage beim BGB-Vertrag (§ 636 BGB)[341] führen.

d) Einrede der Verjährung

Die Ansprüche auf Ersatz des Verzugsschadens und auf Schadensersatz wegen Nichterfüllung verjähren in 30 Jahren, da sie nicht dem § 196 I Nr. 1 BGB unterfallen.[342]

2. Der Anspruch auf Zahlung einer Vertragsstrafe

a) Allgemeines

Häufig vereinbaren die Parteien die Zahlung einer Vertragsstrafe durch den Auftragnehmer, falls dieser seine Bauleistungen nicht innerhalb einer bestimmten Frist fertigstellt.[343] Die Vertragsstrafe soll den Auftragnehmer zur fristgerechten Erfüllung des Bauvertrages anhalten. Außerdem erspart sich der Auftraggeber den Nachweis eines konkreten Verzugsschadens, der oft schwer zu führen ist.

Der Anspruch auf Zahlung der Vertragsstrafe ist akzessorisch, setzt also eine wirksame und durchsetzbare Hauptforderung voraus.[344] Die Abgrenzung zu einer vereinbarten Schadenspauschale, für die § 11 Nr. 5 AGBG gilt, ist im Einzelfall zweifelhaft; maßgebend ist vor allem die Zielsetzung der Absprache.[345]

b) Vereinbarung

Eine Vertragsstrafe bedarf einer besonderen Vereinbarung.[346] Dies gilt auch für den VOB-Vertrag (vgl. § 11 VOB/B). In der Vereinbarung ist festzulegen, unter welchen Voraussetzungen die Verwirkung der Strafe

---

[339] Hierzu *Ingenstau/Korbion,* § 8 VOB/B, Rdnr. 112; *Kleine-Möller/Merl,* § 13, Rdnr. 155 ff.; *Nicklisch/Weick,* § 8 VOB/B, Rdnr. 40 ff.

[340] Dafür *Nicklisch/Weick,* § 5, Rdnr. 38; *Soergel,* MK, § 636 BGB, Rdnr. 39; a.A. *Kleine-Möller/Merl,* § 13, Rdnr. 146.

[341] S.o. b, (3).

[342] *BGH,* NJW 1974, 1707; 1983, 2439; a.A. *Ingenstau/Korbion,* § 6 VOB/B, Rdnr. 156; *Heiermann,* BB 1981, 882; differenzierend *Nicklisch/Weick,* § 6 VOB/B, Rdnr. 68.

[343] Überblicke bei *Kleine-Möller,* BB 1976, 442; *Schlünder,* ZfBR 1995, 281; *Horschlitz,* NJW 1973, 1958.

[344] *Kleine-Möller/Merl,* § 13, Rdnr. 319, 334; *Nicklisch/Weick,* § 11 VOB/B, Rdnr. 13.

[345] *BGHZ* 49, 84 = NJW 1968, 149; *BGH,* NJW 1983, 1542; *Locher,* Rdnr. 422; *Kleine-Möller/Merl,* § 13, Rdnr. 303; *Werner/Pastor,* Rdnr. 2046.

[346] *Werner/Pastor,* Rdnr. 2048.

eintritt und wie sie im einzelnen zu berechnen ist.[347] Auch eine Vereinbarung in AGB und Formularverträgen wird von der Rechtsprechung im Grundsatz zugelassen; im Hinblick auf ihre Häufigkeit im Baurecht stelle sie keine überraschende Klausel (§ 3 AGBG) dar.[348] Im Rahmen der Inhaltskontrolle nach § 9 AGBG hat die Rechtsprechung im Interesse des Auftragnehmers jedoch erhebliche Grenzen gezogen:

(1) Eine vom Verschulden unabhängige Verwirkung der Vertragsstrafe (Abweichung von § 339 BGB) ist unzulässig.[349]

(2) Die AGB-Klausel muß klare Berechnungsgrundlagen enthalten.[350] In Frage kommt ein Prozentsatz der Auftragssumme oder ein bestimmter Tagessatz.[351]

(3) Die Höhe der Vertragsstrafe muß zeitlich begrenzt sein[352] und eine Begrenzung der Sätze nach oben aufweisen.[353]

(4) Der nach § 341 II BGB erforderliche Vorbehalt[354] darf nicht vollständig abbedungen werden;[355] zulässig ist nach einer Entscheidung des BGH die Verschiebung des Zeitpunkts auf den der Schlußzahlung.[356]

(5) Die vom Gesetz in §§ 341 II, 340 II BGB vorgeschriebene Anrechnung der Vertragsstrafe auf einen Anspruch auf Ersatz des Verzugschadens kann nicht abbedungen werden.[357]

c) *Verwirkung*

Die Vertragsstrafe ist verwirkt, wenn die Bauleistung nicht innerhalb der vereinbarten Frist erbracht wird[358] und diese Verzögerung von dem Auftragnehmer zu vertreten ist (§§ 339 BGB, 11 Nr. 2 VOB/B).[359] Im

---

[347] *Kleine-Möller,* § 2, Rdnr. 394; *Werner/Pastor,* Rdnr. 2069.

[348] *Kleine-Möller/Merl,* § 13, Rdnr. 309, 311. – Abw. *OLG Nürnberg,* NJW 1973, 1974 m. abl. Anm. *Eggert,* NJW 1974, 241.

[349] *BGHZ* 72, 174 = NJW 1979, 105; *BGH,* NJW-RR 1991, 1013, 1015; *AG Bremerhaven,* NJW-RR 1986, 276; *OLG Düsseldorf,* NJW-RR 1997, 1378; *Werner/Pastor,* Rdnr. 2049; *Kleine-Möller,* § 2, Rdnr. 398; *Kleine-Möller/Merl,* § 13, Rdnr. 328; *Locher,* Rdnr. 421.

[350] *Kleine-Möller,* § 2, Rdnr. 402.

[351] Formulierungsvorschlag bei *Kleine-Möller,* § 2, Rdnr. 408.

[352] *BGHZ* 85, 305 = NJW 1983, 385.

[353] *BGH,* NJW 1981, 509; 1987, 380; NJW-RR 1988, 146; 1989, 527; 1989, 916; *OLG Hamm,* NJW-RR 1992, 1206; *OLG Zweibrücken,* NJW-RR 1994, 1363; Einzelheiten bei *Werner/Pastor,* Rdnr. 2070; *Kleine-Möller,* § 2, Rdnr. 404; *Nicklisch/Weick,* § 11, Rdnr. 12; *Schlünder,* ZfBR 1995, 282.

[354] Hierzu unten d).

[355] *BGH,* NJW 1983, 385; *OLG Nürnberg,* MDR 1980, 398; *OLG Düsseldorf,* BauR 1994, 414 L; ZfBR 1984, 272; *Kleine-Möller/Merl,* § 13, Rdnr. 362; *Werner/Pastor,* Rdnr. 2066 m.Nw. – Vgl. auch *BGHZ* 73, 243 = NJW 1979, 555: in der Unterwerfung unter die sofortige Zwangsvollstreckung liegt keine Abbedingung des Vorbehalts.

[356] *BGHZ* 72, 211 = NJW 1979, 212; *BGHZ* 85, 305 = NJW 1983, 385; zust. *Kleine-Möller/Merl,* § 13, Rdnr. 388; *Werner/Pastor,* Rdnr. 2066; s.u. Fußn. 381.

[357] *BGHZ* 63, 256 = NJW 1975, 163; *Kleine-Möller/Merl,* § 13, Rdnr. 394.

[358] Zu den Fristen s.o. II, 1, a, (1). – Zur rechtzeitigen Erfüllung bei Vorliegen von Mängeln siehe *Locher,* Rdnr. 426; *Kleine-Möller/Merl,* § 13, Rdnr. 348.

[359] Hierzu oben II, 1, a, (3). – Auch hier gilt die Anzeigepflicht des Auftragnehmers bei Behinderungen; hierzu *Kleine-Möller/Merl,* § 13, Rdnr. 350.

Hinblick auf die Akzessorietät zum Hauptanspruch[360] darf dieser nicht mit Einreden behaftet sein.[361] Eine differenzierte Sonderbehandlung hat die Rechtsprechung für die Fälle vorgenommen, in denen Änderungen in dem Ablauf des Bauvorhabens eingetreten sind.

(1) Voraussehbare Verzögerungen muß der Auftragnehmer bei Vereinbarung der Vertragsstrafe einkalkulieren; sie entlasten ihn nicht.[362]

(2) Gewisse, nicht unerhebliche Änderungen, die im Risikobereich des Auftraggebers liegen, führen zu einer angemessenen Verlängerung der Leistungsfrist (§ 6 Nr. 2 VOB/B).[363]

(3) Bei einer von dem Auftraggeber verursachten Unterbrechung ist dieser verpflichtet, den Wegfall der Unterbrechungsgründe dem Auftragnehmer mitzuteilen; diesem ist ein angemessener Zeitaufschlag für die Wiederaufnahme der Arbeit zuzubilligen.[364]

(4) Wird nachträglich durch Umstände, die von dem Auftragnehmer nicht zu vertreten sind, der gesamte, von dem Auftragnehmer zu beachtende Zeitplan umgeworfen und dieser einer durchgreifenden Neuordnung unterzogen, so entfällt das vereinbarte Vertragsstrafeversprechen.[365]

d) Vorbehalt der Vertragsstrafe

Eine einmal verwirkte Vertragsstrafe entfällt, wenn sie sich der Auftraggeber bei Abnahme der Bauleistung nicht vorbehält (§§ 341 III BGB, 11 Nr. 4 VOB/B).

(1) Grundgedanke der Regelung ist, bei Abnahme der Bauleistung Klarheit zwischen den Parteien darüber zu schaffen, ob der Auftraggeber den Anspruch auf Vertragsstrafe geltendmachen will.[366] Das Vorbehaltserfordernis ist damit das „Pendant" zu dem Mängelvorbehalt nach § 640 II BGB.

Aus diesem Zweck des Vorbehalts folgt, daß dieser ausnahmsweise nicht erforderlich ist. Dies ist einmal der Fall, wenn es nicht zu einer Abnahme kommt, sei es, daß der Auftraggeber den Vertrag vorzeitig nach § 649 BGB (§ 8 Nr. 2 oder 3 VOB/B) gekündigt hat[367] oder der Auftraggeber die Abnahme – zu Recht oder Unrecht – verweigert.[368] Außerdem ist ein Vorbehalt nicht erforderlich, wenn der Anspruch auf Zahlung der Vertragsstrafe bereits gerichtlich geltendgemacht ist.[369] Dagegen soll der Vorbehalt nach

---

[360] S.o. Fußn. 344.

[361] *Kleine-Möller/Merl,* § 13, Rdnr. 337.

[362] *BGH,* BauR 1973, 48; *Werner/Pastor,* Rdnr. 2080.

[363] *Locher,* Rdnr. 424; *Werner/Pastor,* Rdnr. 2081.

[364] *Werner/Pastor,* Rdnr. 2082.

[365] *BGH,* NJW 1966, 971; 1999, 1108; *OLG Hamm,* NJW-RR 1996, 1364; *Kleine-Möller/Merl,* § 13, Rdnr. 351 ff.; *Locher,* Rdnr. 424; *Werner/Pastor,* Rdnr. 2078; krit. *Börgers,* BauR 1997, 917.

[366] *BGHZ* 72, 222 = NJW 1979, 212. – Zum Vorbehalt bei Teilabnahme vgl. *Werner/Pastor,* Rdnr. 2060; *Kleine-Möller/Merl,* § 13, Rdnr. 385 ff.

[367] *BGHZ* 80, 252 = NJW 1981, 1839.

[368] *BGH,* NJW 1997, 1982; *Kleine-Möller/Merl,* § 13, Rdnr. 385; *Werner/Pastor,* Rdnr. 2067.

[369] *BGHZ* 62, 328 = NJW 1974, 1324.

Ansicht des BGH dann erforderlich sein, wenn der Auftraggeber vorher mit ihm die Aufrechnung gegenüber dem Vergütungsanspruch erklärt hat.[370]

(2) Hinsichtlich der Personen, die – über die Vertragsparteien hinaus – befugt sind, den Vorbehalt auszusprechen bzw. entgegenzunehmen, zeigt die Rechtsprechung eine einengende Tendenz.

Im Grundsatz steht die Befugnis den von der jeweiligen Vertragspartei hierzu bevollmächtigten Personen zu.[371] Während bei einer ausdrücklichen Bevollmächtigung die Rechtslage klar ist, ist es zweifelhaft, wann eine stillschweigende Bevollmächtigung anzunehmen ist. Das ist stets der Fall bei denjenigen Personen, die die Vertragspartei zur rechtsgeschäftlichen Abnahme bevollmächtigt hat. Die Bevollmächtigung zur technischen Abnahme reicht nicht aus.[372] Daraus soll folgen, daß der Architekt nicht ohne weiteres zur Abgabe des Vorbehalts befugt ist, sondern nur dann, wenn er zusätzlich hierzu bevollmächtigt oder zur Abnahme entsandt wurde.[373] Auf der Passivseite gilt das Gleiche: die Abgabe gegenüber einem Bauleiter oder Polier genügt nicht, wohl aber gegenüber demjenigen, den der Auftragnehmer zur förmlichen Abnahme entsandt hat.[374]

(3) Das Erfordernis „bei Abnahme“ wird von der Rechtsprechung sehr streng ausgelegt; eine frühere oder spätere Geltendmachung des Vorbehalts genügt diesem Erfordernis nicht.[375]

Ist eine förmliche Abnahme i.S. von § 12 Nr. 4 VOB/B vorgesehen, so muß der Vorbehalt im Abnahmeprotokoll erfolgen (§ 12 Nr. 4 Satz 3 VOB/B),[376] wobei ein formularmäßiger Vorbehalt im Protokoll genügen soll.[377] Wird das Protokoll nicht an Ort und Stelle gefertigt und unterschrieben, so läßt der BGH bei einem engen zeitlichen Zusammenhang zwischen der Baustellenbesichtigung und der Protokollherstellung es genügen, wenn der Vorbehalt bis zur Unterschriftsleistung nachgeholt wird.[378] Auch im Fall der fiktiven Abnahme nach § 12 Nr. 5 VOB/B[379] ist ein Vorbehalt notwendig; er ist innerhalb der Frist von 6 bzw. 12 Werktagen zu erklären.[380]

Eine AGB-Klausel, wonach der Vorbehalt bis zur Schlußzahlung erklärt werden kann, hält der BGH für zulässig.[381]

---

[370] *BGHZ* 85, 240 = NJW 1983, 384; zust. *Kleine-Möller/Merl,* § 11, Rdnr. 111 + § 13, Rdnr. 383; dagegen mit Recht *Reinicke/Tiedtke,* DB 1983, 1639; *Nicklisch/Weick,* § 11 VOB/B, Rdnr. 24.

[371] *BGH,* NJW 1987, 380; *Kleine-Möller/Merl,* § 13, Rdnr. 370.

[372] *Kleine-Möller/Merl,* aaO.

[373] *BGH,* BauR 1973, 48; NJW 1987, 380; *Kleine-Möller/Merl,* § 13, Rdnr. 371; *Nicklisch/Weick,* § 11 VOB/B, Rdnr. 23; *Werner/Pastor,* Rdnr. 2061. – M.E. bedenklich; vgl. auch *BGHZ* 74, 235 = NJW 1979, 1499 m. Anm. *Ganten,* NJW 1979, 2513 (interne Beratungspflicht des Architekten gegenüber dem Bauherrn).

[374] *BGH,* NJW 1987, 380; *Kleine-Möller/Merl,* § 13, Rdnr. 370, 373.

[375] *BGHZ* 33, 236 = NJW 1961, 115; *BGH,* NJW 1977, 897; *BGHZ* 85, 305 = NJW 1983, 385; *BGH,* NJW 1997, 1982.

[376] *BGH,* BauR 1973, 192; *LG Tübingen,* NJW 1973, 1975; *LG Mannheim,* BauR 1992, 233; *Kleine-Möller/Merl,* § 13, Rdnr. 362.

[377] *BGH,* NJW 1987, 380.

[378] *BGH,* BauR 1974, 206; NJW 1971, 883.

[379] S.o. 1. Teil, V, 2, c.

[380] *KG,* BauR 1979, 256; *OLG Düsseldorf,* NJW-RR 1994, 408; *Kleine-Möller/Merl,* § 13, Rdnr. 367, 368.

[381] S.o. 2, b, (4), Fußn. 356; m.E. bedenklich (hierzu Vorauflage, S. 267).

(4) Greift die Ausschlußwirkung des fehlenden Vorbehalts durch, so ist der Auftraggeber allerdings nicht gehindert, einen Anspruch auf Ersatz des Verzugsschadens geltendzumachen, wobei er dann seinen Verzögerungsschaden konkret nachweisen muß.[382]

e) Berechnung

Zur Berechnung der Vertragsstrafe ist § 191 BGB zu beachten; außerdem enthält die VOB/B in §§ 8 Nr. 7, 11 Nr. 3 zusätzliche Vorschriften, die durch die Rechtsprechung ergänzt worden sind.

(1) Nach § 191 BGB werden Sonn- und Feiertage sowie der arbeitsfreie Samstag mitgerechnet, während § 11 Nr. 3 VOB/B nur auf die Werktage abstellt. Es spricht viel dafür, § 11 Nr. 3 VOB/B im Wege sinngemäßer Auslegung auch auf den BGB-Vertrag anzuwenden.[383] Zweifelhaft ist geworden, ob die arbeitsfreien Samstage heute noch mitgezählt werden sollen.[384]

(2) Nach § 8 Nr. 7 VOB/B endet die Frist für die Bemessung der Vertragsstrafe mit der Kündigung des Bauvertrages, da der Auftragnehmer von diesem Zeitpunkt nicht mehr mit der Verpflichtung zur Herstellung belastet ist.[385] Das Gleiche muß nach dem Grundsatz der Akzessorietät der Vertragsstrafe[386] auch für den BGB-Vertrag gelten.[387]

f) Herabsetzung

Eine unverhältnismäßig hohe Vertragsstrafe kann auf Antrag des Auftragnehmers herabgesetzt werden (§ 343 BGB).

Die Herabsetzung steht im Ermessen des Gerichts. Es hat hierbei die Ursache(n) der Verzögerung, insbesondere ein etwaiges Mitverschulden des Auftraggebers, sowie die überschlägige Höhe des Verzögerungsschadens zu berücksichtigen.[388] Eine Abbedingung des § 343 BGB ist nicht möglich.[389] Ist der Auftragnehmer Vollkaufmann, so findet eine Herabsetzung nicht statt (§§ 348, 351 HGB).

g) Anrechnung

Eine nach den vorangegangenen Ausführungen geschuldete Vertragsstrafe ist auf den Verzögerungsschaden, der zusätzlich geltendgemacht wird, anzurechnen (§§ 341 II, 340 II BGB, 11 Nr. 1 VOB/B).

---

[382] *Kleine-Möller/Merl,* § 13, Rdnr. 394. – Zur Unzulässigkeit des Ausschlusses durch AGB s.o. 2, b, (5), Fußn. 357.

[383] *Kleine-Möller/Merl,* § 13, Rdnr. 354.

[384] Dafür *BGH,* NJW 1978, 2594; *Nicklisch/Weick,* § 11 VOB/B, Rdnr. 31; *Kleine-Möller/Merl,* § 13, Rdnr. 354.

[385] *Kleine-Möller/Merl,* § 13, Rdnr. 323; *Werner/Pastor,* Rdnr. 2084; teilw. abw. *Nicklisch/Weick,* § 8 VOB/B, Rdnr. 63, die eine abweichende Vereinbarung, daß die Vertragsstrafe bis zur Fertigstellung zu zahlen ist, zulassen wollen.

[386] S.o. 2, a, Fußn. 344.

[387] *Kleine-Möller/Merl,* § 13, Rdnr. 355.

[388] *BGH,* NJW 1984, 919; *OLG Köln,* NJW 1974, 1952; *LG Frankfurt,* NJW 1975, 1519; *Kleine-Möller/Merl,* § 13, Rdnr. 392.

[389] *BGH,* NJW 1968, 1625; *Werner/Pastor,* Rdnr. 2047, 2068.

Diese gesetzlich vorgeschriebene Anrechnung kann nicht durch AGB abbedungen werden.[390]

h) Verjährung

Entsprechend dem Grundsatz der Akzessorietät[391] verjährt der Anspruch auf Vertragsstrafe in der gleichen Frist wie der Hauptanspruch.[392]

Vierter Teil. Prozessuale Fragen des Bauprozesses

I. Allgemeines

1. Die Ursachen prozessualer Schwierigkeiten

Bauprozesse pflegen in der Praxis besondere Schwierigkeiten aufzuwerfen, die auf folgende Ursachen zurückzuführen sind:

a) Umfangreiche Vertragsabsprachen

Meist besteht der Vertragsinhalt nicht nur aus einer Vertragsurkunde; einzubeziehen sind Leistungsverzeichnisse, Pläne, Bedingungen, Klauselwerke, Erklärungen in einer vorangegangenen Korrespondenz. Der Prozeßstoff kann demnach lückenhaft sein oder unübersichtlich werden.

b) Nicht vertragsgemäße Abwicklung des Vertragsverhältnisses

Die Parteien halten sich oft nicht an ihre eigenen Absprachen, z.B. eine vereinbarte Schriftform für Zusatzaufträge, die Schriftlichkeit des Hinweises nach § 4 Nr. 3 VOB/B, die vereinbarte förmliche Abnahme (§ 12 Nr. 4 VOB/B), die in § 15 Nr. 3 VOB/B vorgesehene Abzeichnung der Stundenlohnzettel. Ein besonders leidiges Kapitel ist die Nichteinhaltung der zahlreichen vorgesehenen Fristsetzungen (vgl. etwa § 634 I BGB, § 4 Nr. 7 S. 3, § 8 Nr. 3, § 13 Nr. 5 II VOB/B).

c) Mangelnde Beweissicherung

Die Parteien haben nach Erhebung von Mängelrügen durch den Auftraggeber nicht für eine Beweissicherung hinsichtlich der Mängel gesorgt, z.B. durch Fotos oder Einholung eines Gutachtens im Beweisverfahren. Sind die Mängel inzwischen durch eine von dem Auftraggeber beauftragte Drittfirma beseitigt, können sie im Prozeß nicht mehr unmittelbar besichtigt, sondern nur von Zeugen dargestellt werden.

---

[390] S.o. 2, b, (5), Fußn. 357.

[391] S.o. 2, a, Fußn. 344.

[392] *Kleine-Möller/Merl,* § 13, Rdnr. 395; *Locher,* Rdnr. 427; *Nicklisch/Weick,* § 11 VOB/B, Rdnr. 44a.

d) Mangelnde Feststellungen bei vorzeitiger Beendigung

Wird der Bauvortrag vorzeitig beendet, unterbleibt oft die von § 8 Nr. 6 VOB/B vorgeschriebene Feststellung der von dem Auftragnehmer erbrachten Leistungen. Führt dann eine Drittfirma die Arbeiten zu Ende, ist eine nachträgliche Feststellung, was der Auftragnehmer ausgeführt hatte, kaum noch möglich.

e) Unübersichtlicher Parteivortrag

Oft wird um eine Vielzahl von Positionen hinsichtlich Vergütung, Mängel, Schadensersatz, Vertragsstrafen, gestritten. Der Parteivortrag läßt an Präzision und Übersichtlichkeit zu wünschen übrig. Keiner der Prozeßbeteiligten – weder die Anwälte noch der Richter – verspürt besondere Lust, hier minutiöse Kleinarbeit zu leisten. Jeder versucht, die Arbeit auf einen anderen abzuschieben: die Partei unter Hinweis auf die Substantiierungs- und Beweislast auf den Gegner, das Gericht – unter Verletzung des § 139 ZPO – unter Abfassung sehr unbestimmt gefaßter Beweisbeschlüsse auf einen Sachverständigen.

f) Fehlende Kenntnisse im Baurecht

In vielen Fällen sind weder die Prozeßbevollmächtigten noch der Richter voll mit der Materie des Baurechts vertraut. Die Parteien tragen unvollständig vor. Der Richter erteilt Auflagen an die Parteien und erläßt Beweisbeschlüsse über Themen, die der Rechtslage nicht gerecht werden. Hinzukommt oft mangelnde Vertrautheit mit den technischen Fragen, was zu falschen Fragestellungen an den Sachverständigen führt.

g) Versagen des Sachverständigen

Der beauftragte Sachverständige ist nicht immer genügend qualifiziert. Die von ihm angestellten Nachforschungen sind möglicherweise lückenhaft. Die schriftlichen Ausführungen des Gutachters entsprechen dann nach Inhalt, Aufbau und Begründung nicht den Anforderungen des Beweisbeschlusses, so daß der Richter aus dem Gutachten nicht die notwendigen Schlüsse ziehen oder die für eine Beweiswürdigung notwendige Überzeugung gewinnen kann. Oft ist der Sachverständige arbeitsmäßig überlastet, so daß bis zur Erstattung des Gutachtens eine nicht mehr vertretbare Verzögerung im Prozeßablauf entstehen kann.

2. Die Aufgaben des Richters

Die unter 1 erwähnten Schwierigkeiten können nur zum Teil von dem Richter überwunden werden. Versäumnisse der Parteien bei Abschluß und Abwicklung des Bauvertrages (oben a)–d) sind nicht wettzumachen. Es ist Aufgabe der Parteien, für klare, übersichtliche Verträge zu sorgen, sich bei der Durchführung des Vertrages an die getroffenen Absprachen zu halten und bei Auftreten von Streitigkeiten an die notwendige Beweissicherung zu denken. An den Richter sind folgende Anforderungen zu stellen:

a) Rechtskenntnisse im Baurecht

Es ist unbedingt erforderlich, daß der Richter Grundlagenkenntnisse im Baurecht hat.

Andernfalls kann der Prozeß von ihm nicht sachgerecht geführt werden. Diese Kenntnisse bringt der junge Assessor nicht aus der Ausbildung mit; ebensowenig hat sie ein Richter, der jahrelang als Strafrichter tätig war und nun – nach einem Beschluß des Präsidiums – wieder in Zivilsachen eingesetzt wird.

b) Wahrnehmung der Aufklärungspflicht

Der Richter hat nach § 139 ZPO durch entsprechende Auflagen auf einen erschöpfenden und übersichtlichen Parteivortrag hinzuwirken.

(1) Dazu gehört, daß zu Beginn des Prozesses sämtliche Vertragsunterlagen vorliegen, damit der Inhalt der Vereinbarungen feststeht. Darauf fußt die Klärung, ob der zwischen den Parteien abgeschlossene Vertrag dem BGB oder der VOB unterliegt, da hiervon die unterschiedliche rechtliche Beurteilung abhängt.

Es genügt nicht, wenn beide Parteien im Prozeß von der Geltung der VOB ausgehen, solange sich dies nicht aus den Vertragsunterlagen ergibt.[1] Die Beweislast für die Geltung der VOB hat derjenige zu tragen, der sich auf sie beruft.[2]

(2) Es ist stets zu klären, ob die Bauleistungen bereits abgenommen sind. Hiervon hängen zahlreiche Fragen hinsichtlich Fälligkeit, Verjährung und Beweislast ab.[3]

Den Parteien ist deshalb in Zweifelsfällen aufzugeben, sich zur Frage der Abnahme, eventuell auch der Abnahmefähigkeit – zu äußern. Kommt es auf eine fiktive Abnahme an,[4] sind die Parteien zu einem substantiierten Vortrag anzuhalten.

(3) Auf die Übersichtlichkeit des Parteivortrags ist ebenfalls hinzuwirken, z.B. daß hinsichtlich streitiger Positionen der Vortrag unter einer einheitlichen Bezifferung erfolgt und gegebenenfalls auch die entsprechende Nummer des Leistungsverzeichnisses angegeben wird.

c) Reihenfolge der Aufklärung

Die Aufklärung des Sachverhalts hat eine entsprechende Reihenfolge einzuhalten.

(1) Zunächst ist zu klären, ob die behauptungspflichtige Partei ihren Anspruch bzw. die geltendgemachte Einwendung schlüssig vorgetragen hat.[5]

---

[1] *BGH,* NJW 1994, 2547; a. A. *OLG Düsseldorf,* NJW-RR 1996, 1422.

[2] *Ganten,* Beck-VOB-Kommentar, Einl. II, Rdnr. 15; *Kleine-Möller,* § 4, Rdnr. 73. – Zur Bedeutung von § 24a Nr. 1 AGB s.o. 1. Teil, II, 2, e, Fußn. 69.

[3] S.o. 1. Teil, V, 5.

[4] S.o. 1. Teil, V, 2, c.

[5] Zur Schlüssigkeitsprüfung im allgemeinen siehe *Tempel,* Mustertexte, Bd. II, § 16, Vorb. I, 2 + I, I, 3, d, (3).

(2) Sodann ist zu klären, wie die Gegenpartei auf diesen Vortrag reagiert hat, d.h., ob sie ihn beachtlich und erheblich bestritten hat.[6]

(3) Meist ist es zweckmäßig, daß die behauptungspflichtige Partei nunmehr auf die von dem Gegner herausgestellten Streitpunkte nochmals eingeht, damit sie ihren Vortrag eventuell ergänzen und für ihn Beweis antreten kann (§§ 275 III, 276 IV ZPO).

(4) Bei Unklarheiten des Vortrags der Parteien ist eine Erörterung mit denselben durch persönliche Anhörung notwendig (§ 141 I ZPO).

(5) Erst anschließend erfolgt eine Beweisaufnahme über die Punkte, die sich als streitig und erheblich herausgeschält haben. Bei den Beweismitteln ist Urkunden (Abnahmeprotokollen, Bautagebüchern, Plänen) und Augenschein (unmittelbare Besichtigung vorhandener Mängel, Fotos) der Vorrang vor Zeugen und Sachverständigengutachten zu geben.

d) Auswahl und Leitung des Sachverständigen

Soweit ein Sachverständiger einzuschalten ist, hängt der Erfolg dieses Beweismittels von zwei Faktoren ab: der Auswahl eines geeigneten, qualifizierten Sachverständigen und seiner Leitung durch das Gericht bei Erstattung des Gutachtens.

(1) Dem Richter obliegt zunächst die Aufgabe, durch entsprechende Auswahl einen qualifizierten Sachverständigen zu beauftragen.

Dieser muß die notwendigen Fachkenntnisse auf dem einschlägigen Gebiet haben, diese auch in geeigneter Form niederlegen können und schließlich auch bereit und fähig sein, das Gutachten in absehbarer Zeit zu erstatten. Diese Auswahl gelingt nicht immer, wenn man die entsprechenden Institutionen (Industrie- und Handelskammer, Handwerkskammer, Architektenkammer) mit der Bitte um Benennung geeigneter Sachverständiger anschreibt[7] oder einen Sachverständigen einfach aus einer „Liste" entnimmt. Die Bestellung von Sachverständigen, die von einer Partei benannt werden, ist in der Regel nicht zweckmäßig, da die Partei in Beziehung zu dem Sachverständigen stehen kann und damit seine Neutralität gefährdet ist. Meist hat das Gericht, insbesondere ein auf Bausachen spezialisierter Spruchkörper, eine gewisse Anzahl ihm bekannter Sachverständiger, mit denen es gute Erfahrungen gesammelt hat. In Einzelfällen kann es auch zweckmäßig sein, daß der Richter vor der Beauftragung des Sachverständigen mit der vorgesehenen Person (schriftlich oder telefonisch) Kontakt aufnimmt.

(2) Bei der Erstattung des Gutachtens hat das Gericht den Sachverständigen zu leiten.

Es hat im Beweisbeschluß konkrete Beweisthemen anzugeben und dem Sachverständigen durch besondere Richtlinien und Fragestellungen klarzumachen, worauf es dem Gericht nach der von ihm als maßgebend erachteten Rechtslage ankommt (§ 404a ZPO). Der Sachverständige ist auf die Notwendigkeit einer Ortsbesichtigung und die etwa notwendige Einschaltung von Sonderfachleuten (z.B. Materialprüfungsanstalt) hinzuweisen.[8] Bei Unklarheiten des schriftlichen Gutachtens hat das Gericht den Sachverständigen zu einer mündlichen Anhörung zu laden (§ 411 III ZPO).

---

[6] *Tempel,* aaO, Vorb. I, 3, c, (2) + (3).

[7] Hierzu *Tempel,* Mustertexte, Bd. I, § 2, Vorb. II, 2, c: *Werner/Pastor,* Rdnr. 2367.

[8] Zur Einschaltung von Zusatzgutachtern siehe *Werner/Pastor,* Rdnr. 2368;

II. Einzelfragen zum Vergütungsanspruch

1. Die Vorprüfung

Bevor der Vergütungsanspruch hinsichtlich einzelner Positionen geklärt wird, sind aus prozeßökonomischen Gründen einige Fragen vorrangig zu entscheiden. Es handelt sich um folgende Punkte:

a) Aktiv- und Passivlegitimation.[9]
b) BGB- oder VOB-Vertrag.[10]
c) Abnahme der Bauleistung[11]
d) Fälligkeit.[12]
e) Vorbehaltlose Annahme der Schlußzahlung.[13]
f) (Erhobene) Einrede der Verjährung.[14]

2. Die Prüfung der Forderung

Sie hat in folgenden Schritten zu erfolgen:

a) Abrechnungsmodus

Zunächst ist zu klären, welche Art von Vergütung die Parteien vereinbart haben.[15]

In der Regel ergibt sich dies aus den schriftlichen Absprachen. Andernfalls sind mündliche Abreden zu prüfen.[16] Bei einem non-liqet ist vom Einheitspreisvertrag als Regel auszugehen.[17]

b) Schlußrechnung

Der Kläger hat beim Einheitspreisvertrag die Schlußrechnung vorzulegen, aus der sich Art und Umfang der geleisteten Arbeiten sowie die Abrechnung ergeben.[18]

---

[9] *Kleine-Möller/Oelmaier,* § 20, Rdnr. 28, 29.
[10] *Kleine-Möller/Oelmaier,* § 20, Rdnr. 31. – S.o. Fußn. 1.
[11] S.o. I, 2, b, (2).
[12] Zur (umstrittenen) Vorlage einer Schlußrechnung beim BGB-Vertrag s.o. 2. Teil, III, 2, b.
[13] Zur Darlegungs- und Beweislast vgl. *Kleine-Möller/Oelmaier,* § 20, Rdnr. 190, 191.
[14] S.o. 2. Teil, VII.
[15] S.o. 2. Teil, I.
[16] Zum Pauschalpreis *OLG Hamm,* NJW-RR 1996, 86.
[17] S.o. 2. Teil, I, 5, a, Fußn. 56.
[18] S.o. 2. Teil, I, 1, b, (2).

c) Zusatzaufträge

Werden von dem Auftragnehmer Zusatzaufträge behauptet, so hat der Kläger ihre Erteilung substantiiert darzulegen.[19]

Dies geschieht am besten durch Vorlage schriftlicher Zusatzaufträge, hilfsweise durch Darlegung des mündlichen Abschlusses. Der Kläger sollte bei behaupteten mündlichen Aufträgen auf der Baustelle – zur Abgrenzung gegenüber einer bloßen mündlichen Anweisung aufgrund des Hauptvertrages – auch darlegen, aus welchen Gründen diese Position nicht von dem Hauptvertrag erfaßt ist. Dabei ist oft eine Auseinandersetzung mit den technischen Vorschriften der VOB/C betreffend die von der normalen Vergütung umfaßten Nebenleistungen angebracht. Der Kläger kann vorsorglich auch die Voraussetzungen für die Vergütungspflicht aus einem späteren Anerkenntnis oder eine Geschäftsführung ohne Auftrag vortragen.[20]

d) Mehr- oder Minderleistungen

Bei Mehr- oder Minderleistungen ist der Kläger unter Hinweis auf § 2 Nr. 3 VOB/B zu veranlassen, den Umfang der Mehr- oder Minderleistung darzulegen und bei Überschreiten der Toleranzgrenze von 10 % den neu geforderten Preis zu belegen, wobei er die ursprüngliche Kalkulation für den vereinbarten Preis offenlegen muß.[21]

e) Ersatz von Mehrkosten wegen Behinderung

Macht der Kläger Ersatz von Mehrkosten wegen Behinderung der Ausführung geltend (§ 6 Nr. 1 + 6 VOB/B), so hat er die einzelnen behindernden Umstände darzulegen[22] wobei er besonderes Augenmerk auf die Kausalität zu richten hat. Die Höhe der Mehrkosten hat der Auftragnehmer konkret darzulegen.[23]

f) Zusätzliche Vergütung beim Pauschalvertrag

Werden neben einem Pauschalpreis zusätzliche Vergütungen gefordert, so hat der Kläger darzulegen, daß es sich um echte, zusätzliche Leistungen gehandelt hat, wozu im Regelfall die Vorlage des dem Pauschalvertrag zugrundeliegenden Kostenvoranschlags oder des Leistungsverzeichnisses gehört.[24]

Verlangt der Kläger eine Abänderung des Pauschalvertrages wegen Veränderung der Geschäftsgrundlage, so muß er darlegen, inwieweit sich die Verhältnisse, die dem Pauschalauftrag zugrundelagen, geändert haben, damit das Gericht prüfen kann, ob die „Opfergrenze" überschritten ist.[25] Außerdem muß er die Grundlage der ursprüngli-

---

[19] S.o. 2. Teil, II, 5, a, (1).
[20] S.o. 2. Teil, II, 5, a, (2) + II, 5, b.
[21] S.o. 2. Teil, II, 4, a + b; *OLG München*, BauR 1993, 726.
[22] S.o. 2. Teil, II, 7, a.
[23] *Kleine-Möller/Oelmaier*, § 20, Rdnr. 112; s.o. 2. Teil, II, 7, b.
[24] *BGH*, BauR 1971, 124; *Kleine-Möller/Oelmaier*, § 20, Rdnr. 53.
[25] S.o. 2. Teil, I, 2, d, (3), Fußn. 35 ff.

chen Preisermittlung vorlegen, was durch Vorlage der Kalkulation oder des Kostenanschlagen geschehen kann.[26]

g) Vorzeitige Beendigung des Bauvertrages

Wird der Vertrag vorzeitig beendet,[27] so kommt es für die Feststellung des Abrechnungsmodus darauf an, ob eine der Parteien die vorzeitige Beendigung zu vertreten hat.[28] Die Parteien sind dann unter Hinweis auf die Rechtslage zu veranlassen, die Gründe der vorzeitigen Beendigung und die für das Verschulden der Gegenpartei sprechenden Umstände vorzutragen.

Erst nach Feststellung dieser Ausgangsbasis sind unter Zugrundelegung der dann einzuschlagenden Abrechnungsmethode weitere Aufklärungen dahin notwendig, welche Leistungen noch nicht ausgeführt sind, was der Kläger durch die Nichtausführung erspart hat und was die Fertigstellung der Arbeiten durch eine Drittfirma den Beklagten gekostet hat bzw. kosten wird. Der klagende Auftragnehmer hat ein etwa gemäß § 8 Nr. 6 VOB/B erstelltes Aufmaß über die von ihm ausgeführten Arbeiten, der beklagte Auftraggeber Kostenvoranschläge oder bereits vorliegende Rechnungen über die ausgeführten Ersatzarbeiten vorzulegen.

h) Reihenfolge

Hinsichtlich der prozessualen Reihenfolge der Prüfung des beiderseitigen Parteivorbringens wird auf die Ausführungen unter I, 2, c verwiesen.

3. Die Anordnung von Beweisen

Erst nach dieser Phase des beiderseits substantiierten, sich widersprechenden Parteivortrages wird das Gericht über sein weiteres Vorgehen entscheiden können. Es kommen nunmehr drei Möglichkeiten in Betracht:

a) Keine Beweisaufnahme

Das Gericht sieht sich in der Lage, die Schlußrechnung selbst auf ihre Richtigkeit und Vereinbarkeit mit den vertraglichen Vereinbarungen zu prüfen. Das ist der Fall, wenn

- hinsichtlich der Preise lediglich die Übereinstimmung der Schlußrechnung mit der vertraglichen Vereinbarung zu prüfen und diese Prüfung nach Art und Umfang nicht besonders schwierig ist;
- bei Bestreiten der Ausführung einzelner Positionen bzw. ihres Umfangs ein Nachweis durch ein vorgelegtes – gemeinsames oder einseitiges, aber nicht substantiiert bestrittenes Aufmaß oder Vorlage von (nicht substantiiert bestrittenen) Stundenlohnzetteln urkundlich erfolgen kann;
- bei Mehr- oder Minderleistungen zu klären ist, ob die Toleranzgrenze des § 2 Nr. 3 VOB/B eingehalten oder überschritten ist;

---

[26] S.o. 2. Teil, I, 2, d, (3), Fußn. 40.
[27] S.o. 1. Teil, VI.
[28] S.o. 2. Teil, VI, 4, a + b; VI, 5.

- Zusatzaufträge durch Urkunden bewiesen werden können;
- Zusatzaufträge verneint werden können, weil es sich nach der vorgelegten Vereinbarung oder den Vorschriften von VOB/C um durch den Hauptauftrag mitvergütete Nebenleistungen handelt;
- bei Leistungen ohne Auftrag deren Notwendigkeit für die Ausführung der Hauptleistung zweifelsfrei erkennbar ist oder zweifelsfrei verneint werden kann.

b) Beweis durch Zeugenvernehmung

Eine Beweisaufnahme durch Vernehmung von Zeugen ist erforderlich, wenn

- der Inhalt der ursprünglichen Vereinbarung, insbesondere die Preisabsprachen, umstritten ist;
- die Tatsache oder der Umfang der ausgeführten Arbeiten streitig ist und auch nicht durch Urkunden bewiesen werden kann;
- Zusatzaufträge bestritten sind, der Nachweis nicht durch Urkunden erfolgen kann und auch die Notwendigkeit ihrer Ausführung für die Hauptleistung nicht zweifelsfrei erkennbar ist;
- die Gründe für die Behinderung des Auftragnehmers bzw. das Vertretenmüssen durch den Auftraggeber bestritten sind;
- die Gründe für die vorzeitige Beendigung des Vertrages streitig sind.

c) Einholung eines Gutachtens

Die Einholung eines Sachverständigengutachtens wird erforderlich, wenn

- eine Rechnung – mangels einer konkreten Preisabrede – hinsichtlich einzelner Positionen auf die Angemessenheit der Preise zu überprüfen ist;
- der Nachweis von Stundenlohnarbeiten nicht durch Urkunden oder Zeugenbeweis geklärt werden kann und deshalb eine Abrechnung nach § 15 Nr. 5 VOB/B erfolgen muß;
- hinsichtlich der ausgeführten Leistung Streit besteht und deshalb eine Überprüfung durch Ortsbesichtigung oder ein neues Aufmaß erfolgen muß;
- es sich um eine nach Art und Umfang schwierige Abrechnung handelt und das Gericht die oben erwähnte eigene Überprüfung der Schlußrechnung aus Gründen der Arbeitsbelastung oder mangels Sachkunde nicht selbst vornehmen kann; besonders dann, wenn aus den anderen, hier genannten Gründen (oder wegen Mängel) sowieso ein Sachverständigengutachten einzuholen ist;
- bei Mehr- oder Minderleistungen das Einhalten der Toleranzgrenze des § 2 Nr. 3 VOB/B vom Gericht nicht selbst festgestellt werden kann und/oder wenn bei Überschreiten der Grenzen nunmehr unter Berücksichtigung der bisherigen Preisvereinbarung ein neuer Preis zu bilden ist;
- bei zusätzlichen Leistungen vom Gericht nicht selbst festgestellt werden kann, inwieweit sie von dem Hauptauftrag erfaßt sind;
- bei Leistungen ohne Auftrag zu klären ist, ob sie für die Ausführung der Hauptleistung notwendig waren und das Gericht dies nicht von sich aus feststellen kann;
- bei einem Pauschalantrag zusätzliche Aufträge behauptet werden und nunmehr zu klären ist, ob es sich um zusätzliche Leistungen handelt.
- bei einem Pauschalauftrag ein Wegfall der Geschäftsgrundlage geltendgemacht wird und nunmehr zu klären ist, ob eine erhebliche Abweichung im Sinne des § 2 Nr. 7 VOB/B vorliegt, bejahendenfalls, wie nunmehr der Ausgleich § 2 Nr. 7 Satz 3 VOB/B zu berechnen ist:
- bei Geltendmachung von Mehrkosten wegen Behinderung des Auftragnehmers diese Mehrkosten und ihre Zurückführung auf die behindernden Umstände bestritten sind;

- bei vorzeitiger Beendigung des Vertrages die Gründe hierfür umstritten sind und es sich hierbei um technische Fragen handelt;
- bei vorzeitiger Beendigung des Vertrages im Rahmen der Abrechnung zu klären ist, welche Vergütung der Kläger für die ausgeführten Arbeiten verlangen kann, welche Eigenersparnis der Kläger für die nicht ausgeführten Arbeiten hat und was die Fertigstellung der Restarbeiten durch eine von dem Beklagten zu beauftragende Drittfirma kosten wird.

(2) Dem Sachverständigen ist zu sämtlichen Punkten ein konkretes Beweisthema zu nennen und ihm bei etwaigen Unklarheiten Richtlinien für sein Vorgehen zu geben.[29]

(3) Nach Eingang des schriftlichen Gutachtens kommen folgende Varianten des gerichtlichen Vorgehens in Betracht:[30]

- Sofortige Anberaumung eines Termins, wobei den Parteien in der Terminsverfügung aufgegeben wird, zu dem Gutachten innerhalb einer bestimmten Frist Stellung zu nehmen;
- Ladung des Sachverständigen zu dem anberaumten Termin zwecks Erläuterung seines Gutachtens (§ 411 III ZPO);
- Ladung des Sachverständigen zu dem Termin auf Antrag einer oder beider Parteien (§§ 402, 397, 411 V ZPO);
- nochmaliger Eintritt in eine Beweisaufnahme (durch Zeugen), wenn das Gutachten auf streitigen Tatsachen aufbaut;
- Einholung eines schriftlichen Ergänzungsgutachtens des Sachverständigen, in dem dieser auf zusätzliche Fragen des Gerichts eingehen und/oder zu Einwendungen der Parteien gegen sein Gutachten Stellung nehmen soll;
- die Einholung eines Gutachtens durch einen neuen Sachverständigen, wenn das eingeholte Gutachten ungenügend ist und eine Nachbesserung durch den Sachverständigen nach Einschätzung des Gerichts keinen Erfolg verspricht.

4. Die Tenorierung des Urteils

Es kommen folgende Fallkonstellationen in Betracht:

a) Abweisung der Klage

Sie kommt in zwei Varianten vor.

(1) Eine Abweisung als „zur Zeit unbegründet" erfolgt, wenn der Vergütungsanspruch noch nicht fällig ist. Das betrifft die Fälle der fehlenden Abnahme wegen Vorliegens von Mängeln,[31] der Nichtvorlage der Schlußrechnung,[32] sowie hinsichtlich eines vereinbarten Sicherungseinbehalts.[33]

---

[29] S.o. I, 2, d, (2). – Muster eines Beweisbeschlusses bei *Tempel,* Mustertexte, Bd, I, Muster 50.

[30] Hierzu *Tempel,* Mustertexte, Bd. I, § 3, Vorb. 1, 10.

[31] S.o. 1. Teil, V, 1, b, (2).

[32] S.o. 2. Teil, III, 2, a. – Hinsichtlich des BGB-Vertrages ist dies umstritten, s.o. 2. Teil, III, 2, b.

[33] S.o. 2. Teil, III, 5. – Gegebenenfalls käme eine Verurteilung des Auftraggebers zur Einzahlung des Sicherungseinbehalts auf ein Sperrkonto in Frage; s.o. 2. Teil, III, 5, c.

Das Urteil hat nur eine beschränkte Rechtskraftwirkung. Bei späterem Eintritt der Fälligkeit kann erneut geklagt werden.

Etwas anderes gilt bei der Klage auf Abschlagszahlung, die keine Abnahme voraussetzt.[34] Hier erfolgt Verurteilung Zug um Zug.[35]

(2) Endgültige Klageabweisung

Sie kann einmal beruhen auf der Verneinung des Vergütungsanspruchs, aber auch auf dem Durchgreifen von Minderung oder Schadensersatz oder der Aufrechnung mit einem sonstigen Gegenanspruch.[36]

Das Urteil hat endgültige Rechtskraftwirkung, wobei im Falle der Aufrechnung § 322 II ZPO zu beachten ist.

b) Der Klage stattgebende Urteile

Hier ist auf folgende Varianten hinzuweisen:

(1) Bei der uneingeschränkten Verurteilung handelt es sich um ein normales Zahlungsurteil.[37]

(2) Ist die Abnahme des Werkes erfolgt und macht der beklagte Auftraggeber den Anspruch auf Nachbesserung geltend, so wird er zur Zahlung der Vergütung Zug um Zug gegen Beseitigung der – konkret zu bezeichnenden – Mängel verurteilt.[38] Die Prüfung, ob der Kläger (Auftragnehmer) die Mängel beseitigt hat, erfolgt im Rahmen der Zwangsvollstreckung nach § 756 ZPO, eventuell auch im Rahmen einer Feststellungsklage.[39]

Bei der Zug um Zug-Verurteilung kann nach der Praxis der Gerichte das Zurückbehaltungsrecht bei verhältnismäßig geringfügigen Mängeln im Hinblick auf Treu und Glauben (§ 242 BGB) nicht den gesamten noch geschuldeten Werklohn umfassen, sondern in der Regel nur einen Betrag, der dem Wert der Mängel (voraussichtliche Beseitigungskosten, zumindest dem Betrag der auf die Mängelpositionen entfallenden Vergütung) zuzüglich eines sogenannten „Druckzuschlages" entspricht.[40] Die Höhe des

---

[34] So. 2. Teil, II, 4, a, (1), Fußn. 140.

[35] *BGHZ* 73, 140 = NJW 1979, 650; *BGH,* NJW 1981, 2801; *Kleine-Möller/Oelmaier,* § 20, Rdnr. 180.

[36] Bei dem Schadensersatzanspruch aus § 635 BGB (bzw. § 13 Nr. 7 VOB/B) ist streitig, ob es sich um eine Aufrechnung oder Verrechnung handelt; für Verrechnung *BGHZ* 70, 240 = NJW 1978, 814; für Aufrechnung *OLG Düsseldorf,* BauR 1974, 203. – Bei dem Anspruch auf Kostenerstattung wegen Eigennachbesserung spricht *BGHZ* 54, 244 = NJW 1970, 2019 dagegen von Aufrechnung.

[37] *Kleine-Möller/Oelmaier,* § 20, Rdnr. 198.

[38] *BGHZ* 26, 337 = NJW 1958, 706; *BGHZ* 55, 354 = NJW 1971, 838; *BGHZ* 61, 42 = NJW 1973, 1792; *BGHZ* 90, 354 = NJW 1984, 1679; zur konkreten Bezeichnung der Mängel siehe *OLG Düsseldorf,* NJW-RR 1998, 1549; *Kleine-Möller/Oelmaier,* § 20, Rdnr. 199.

[39] *BGHZ* 61, 42, 46 = NJW 1973, 1792; *Kleine-Möller/Oelmaier,* § 20, Rdnr. 19.

[40] *BGHZ* 26, 337 = NJW 1956, 706; *BGHZ* 54, 244 = NJW 1970, 2019; *BGH,* NJW 1981, 1448; 1982, 2494; *Ingenstau/ Korbion,* § 13 VOB/B, Rdnr. 594; *Nicklisch/Weick,* § 13 VOB/B, Rdnr. 170. – Zur Darlegungslast des Auftragnehmers siehe *BGH,* NJW-RR 1997, 18.

Druckzuschlages unterliegt der Schätzung nach § 287 ZPO; die Höhe wird von den Gerichten in der Regel auf den 2–5fachen Betrag der auf die Mängelbeseitigung entfallenden Kosten angenommen.[41] Er kann im Einzelfall ganz entfallen,[42] bei gravierenden Mängeln auch höher ausfallen und gelegentlich auch den gesamten Werkslohn umfassen.[43]

(3) Muß sich der Auftraggeber (Beklagte) an den Beseitigungskosten wegen Mitverschuldens oder wegen des fiktiven Anfalls von „Sowieso-Kosten“[44] beteiligen, so ist der Beklagte zur Zahlung der Vergütung Zug um Zug gegen Beseitigung der Mängel Zug um Zug gegen Zuschlußzahlung zu verurteilen (sogenannte doppelte Zug um Zug-Verurteilung).[45]

III. Einzelfragen zu den Mängelansprüchen

1. Die Vorprüfung

a) Klärung von Vorfragen

Aus prozeßökonomischen Gesichtspunkten sind vorab die gleichen Vorfragen zu prüfen, die bereits bei dem Vergütungsanspruch erwähnt wurden.[46]

b) Art des geltendgemachten Anspruchs

Es muß eindeutig feststehen, welchen der einzelnen Mängelansprüche[47] der Auftraggeber geltendmachen will: Nachbesserung, Neuherstellung, Kostenerstattung wegen (erfolgter) Eigennachbesserung, Vorschuß wegen beabsichtigter Eigennachbesserung, Minderung oder Schadensersatz. Hiervon hängen ab:

(1) die richtige Fassung des Klageantrags: bei Nachbesserung die konkrete Bezeichnung des Mangels, während die Art der Beseitigung offenzulassen ist;[48]

(2) die jeweiligen formellen Voraussetzungen, z.B. Mahnung, vor allem Fristsetzung mit Ablehnungsandrohung.[49]

---

[41] *BGH,* NJW 1981, 2801; *Kleine-Möller/Merl,* § 10, Rdnr. 113; für den dreifachen Satz als Regel *BGH,* NJW 1991, 1448; 1982, 2494. – Zur Berücksichtigung eines Sicherungseinbehalts *Werner/Pastor,* Rdnr. 1245; *BGH,* NJW 1981, 2801.

[42] *OLG Hamm,* NJW-RR 1996, 86; *Werner/Pastor,* Rdnr. 2529.

[43] *OLG Saarbrücken,* MDR 1970, 670; *Werner/Pastor,* Rdnr. 2527.

[44] S.o. 3. Teil, I, 2, b, (3), Fußn. 86, 87.

[45] *BGHZ* 90, 354 = NJW 1984, 1679; *OLG Hamm,* NJW-RR 1996, 272; *Werner/Pastor,* Rdnr. 2448. – Zur Tenorierung siehe *Kleine-Möller/Oelmaier,* § 20, Rdnr. 200; zur Vollstreckung ebenda Rdnr. 19.

[46] S.o. II, 1.

[47] S.o. 3. Teil, I, 2.

[48] *Koeble,* RA-Handbuch, Rdnr. 18; *Werner/Pastor,* Rdnr. 1568; einschr. *LG Aachen,* NJW-RR 1988, 1176; s.u. Fußn. 89, 90.

[49] S.o. 3. Teil, I, 2, c, Fußn. 90, 95; I, 2, f, Fußn. 142.

2. *Die Schlüssigkeitsprüfung hinsichtlich des Mangels*

a) Der Istzustand

Der Auftraggeber muß den geltendgemachten Baumangel konkret bezeichnen, damit der beklagte Auftragnehmer erfährt, was ihm zur Last gelegt wird.[50]

Dazu braucht er nur das äußere Erscheinungsbild des Mangels darzulegen, nicht dagegen (die oft unbekannten oder unklaren) Gründe seiner Entstehung (sogenannte Symptomtheorie).[51] Der Auftraggeber kann sich hierzu bestimmter Hilfsmittel bedienen, z.B. Vorlage von Fotos oder Privatgutachten. Ferner können sich aus bestimmten Urkunden (z.B. Abnahmeprotokollen, Materialprüfbescheinigungen, in den Bauakten befindliche Feststellungen der Bauaufsichtsbehörde) im Einzelfall zusätzliche Hinweise ergeben.

b) Der Sollzustand

Aus dem Klagevorbringen muß ersichtlich sein, was der Auftragnehmer an Leistung schuldete, d.h. wie das Werk bei Abnahme der Leistung bei vertragsmäßiger Leistung hätte aussehen müssen.

Hierzu sind in der Regel die einschlägigen Vertragsunterlagen (vor allem Angebot und Leistungsbeschreibung) und die maßgeblichen Planunterlagen (einschließlich etwaiger Detailzeichnungen) vorzulegen. In Frage kommt schließlich ein Hinweis auf konkrete Ausführungsanweisungen des Architekten auf der Baustelle (§ 4 III S. 1 VOB/B).

c) Vorbringen des Auftragnehmers

Zu dem Vortrag des Auftraggebers gemäß a) + b) hat sich der beklagte Auftragnehmer substantiiert zu äußern.[52]

Aus seinem Vorbringen muß ersichtlich sein, inwieweit er dem Vorbringen des Auftraggebers hinsichtlich Ist- und Sollzustand entgegentreten will.

d) Ergänzendes Vorbringen des Auftraggebers

In den meisten Fällen ist es notwendig, daß der Auftraggeber auf das Vorbringen des Auftragnehmers nochmals erwidert, um seinen Vortrag verständlich zu machen, zu ergänzen und gegebenenfalls Beweis anzutreten.[53]

---

[50] *Werner/Pastor,* Rdnr. 1471–1473.

[51] *BGH,* NJW-RR 1989, 148; 1997, 1376; NJW 1999, 1330; *Kleine-Möller/Oelmaier,* § 17, Rdnr. 53; *Locher,* Rdnr. 33a; *Nicklisch/Weick,* § 13 VOB/B, Rdnr. 183.

[52] S.o. I, 2, c, (2).

[53] S.o. I, 2, c, (3).

e) Aufklärungsmaßnahmen des Gerichts

In Einzelfällen kann es notwendig sein, daß das Gericht durch zusätzliche Maßnahmen für Aufklärung sorgt, wozu es nach §§ 139, 273 II ZPO befugt und verpflichtet ist.[54]

In Frage kommen Auflagen zur Vorlage bestimmter noch fehlender Urkunden oder zur Ergänzung des Vorbringens, eine Anhörung der Parteien nach § 141 ZPO, ausnahmsweise auch eine Inaugenscheinnahme der Baustelle (§ 144 I ZPO).

f) Feststellung der Beweisbedürftigkeit

Erst nach Erledigung der unter a)–f) erwähnten Schritte kann das Gericht beurteilen, ob eine rechtserhebliche Tatsache beweisbedürftig ist.

3. Prüfung von Ausschlußtatbeständen

In den gleichen Schritten ist das Vorbringen der Parteien zu Ausschlußtatbeständen zu prüfen. Es handelt sich hierbei vor allem um folgende Punkte:

a) Verschuldensnachweis

Bei der Geltendmachung von Schadensersatz trifft hinsichtlich des Verschuldens den Auftragnehmer der Entlastungsbeweis.[55]

In der Praxis spielt die Verschuldensfrage meist keine eigenständige Rolle. Meist wird aus der objektiven Art der Bauausführung, insbesondere bei einer Abweichung von den Planunterlagen oder der Leistungsbeschreibung, ohne weiteres auf ein Verschulden geschlossen werden können. Ebenso stellt der Verstoß gegen anerkannte Regeln der Bautechnik, insbesondere gegen die Vorschriften des Teils C der VOB, regelmäßig ein Verschulden dar. Es bleibt dem Auftragnehmer überlassen, sich zu diesen Punkten zu äußern und konkrete Tatsachen vorzutragen, die nach seiner Meinung ein Verschulden ausschließen.[56]

b) Probleme der Hinweispflicht

Die Erfüllung der dem Auftragnehmer obliegenden Hinweispflicht kann diesen von der Gewährleistungspflicht freistellen (§ 13 Nr. 3 VOB/B).[57] Bei der Aufklärung sind drei Fragenkomplexe auseinanderzuhalten:

---

[54] Einzelheiten bei *Tempel,* Mustertexte, Bd. I, § 1, Vorb. II.

[55] *BGHZ* 23, 288 = NJW 1957, 746; *BGHZ* 48, 310 = NJW 1968, 43; *Baumgärtel,* Handb. der Beweislast, Bd. I, § 635 BGB, Rdnr. 14 m.Nw.; *Werner/Pastor,* Rdnr. 1676, 1698; a.A. *Kleine-Möller/Oelmaier,* § 20, Rdnr. 392.

[56] Beispiele: *BGH,* NJW-RR 1992, 1104 (Anweisungen des Architekten); *OLG Köln,* NJW-RR 1991, 1077 (Formaldehyd).

[57] S.o. 3. Teil, I, 1, f, (2).

(1) Zunächst ist zu klären, ob einer der Fälle vorliegt, in denen eine Hinweispflicht des Auftragnehmers besteht:

Der Mangel muß ursächlich zurückzuführen sein auf die Leistungsbeschreibung oder Anordnungen des Auftraggebers, auf von diesem gelieferte oder vorgeschriebene Baustoffe oder Bauteile oder die Beschaffenheit der Vorleistung eines anderen Unternehmers. Dies hat der Auftragnehmer vorzutragen.[58]

(2) In zweiter Linie ist zu fragen, ob der Auftragnehmer im konkreten Fall eine Hinweispflicht hatte.[59]

Der Auftragnehmer muß hier vortragen, daß im Hinblick auf seine eingeschränkte Sachkunde oder die überragende Sachkunde des Auftraggebers (bzw. seines Architekten) eine Hinweispflicht zu verneinen ist.[60]

(3) Soweit eine Hinweispflicht nach den Prüfungen zu (1) und (2) bejaht wird, muß der Auftragnehmer darlegen, daß er seiner Hinweispflicht nachgekommen ist.[61]

In erster Linie ist auf den in § 4 Nr. 3 VOB/B vorgesehenen schriftlichen Hinweis abzustellen, so daß der Auftragnehmer die maßgebende Urkunde vorzulegen und im Bestreitensfalle deren Zugang nachzuweisen hat. Ein mündlicher Hinweis, der nach h.M. beachtlich ist,[62] ist substantiiert darzulegen und bei Bestreiten durch den Auftraggeber zu beweisen.[63]

(4) Bei Nichterfüllung der Hinweispflicht kann der Auftragnehmer vortragen, bei einem etwaigen Hinweis hätte der Auftraggeber auf der bedenklichen Ausführung bestanden.[64]

Hierzu bedarf es des Vortrags konkreter Umstände; es handelt sich hierbei um eine wertende Prognose, die das Gericht auf etwaige mündliche oder schriftliche Erklärungen des Auftraggebers stützen kann, die die behauptete Schlußfolgerung zulassen.

c) Kausalnachweis bei Baumängeln

Bestreitet der Auftragnehmer, daß geltendgemachte Baumängel auf seine Arbeiten zurückzuführen sind, so ist der Auftraggeber für die Kausalität zwischen Schaden und mangelhafter Bauleistungen behauptungs- und beweispflichtig.[65] Bei diesem Nachweis kann allerdings auf die Regeln des Anscheinsbeweises zurückgegriffen werden.[66] In Frage kommt

---

[58] *BGH,* NJW 1973, 1972; 1977, 1966; 1982, 1702; *OLG München,* NJW-RR 1987, 855; *Nicklisch/Weick,* § 13 VOB/B, Rdnr. 61; *Kleine-Möller/Oelmaier,* § 20, Rdnr. 270.

[59] S.o. 3. Teil, I, 1, f, (2), Fußn. 59–62.

[60] S.o. 3. Teil, Fußn. 62.

[61] *BGHZ* 61, 42 = NJW 1973, 1792; *BGH,* NJW 1974, 188; *Kaiser,* BauR 1981, 320.

[62] S.o. 3. Teil, I, 2, f, (2), Fußn. 66.

[63] *Baumgärtel* (Fußn. 55), § 4 VOB/B, Rdnr. 3.

[64] S.o. 3. Teil, I, 2, f, (2). Fußn. 68; *Nicklisch/ Weick,* § 13 VOB/B, Rdnr. 61.

[65] *BGHZ* 42, 16 = NJW 1964, 791; *BGHZ* 48, 310 = NJW 1968, 43; *Ganten,* BauR 1977, 162; *Kleine-Möller/Oelmaier,* § 20, Rdnr. 392.

[66] *BGH,* NJW-RR 1986, 1355; *Werner/Pastor,* Rdnr. 2596 ff. m.Nw.

außerdem im Einzelfall eine Umkehr der Beweislast wegen Verletzung von Berufspflichten.[67]

(1) Der Auftraggeber muß mithin die Tatsachen vortragen, die den Schluß auf den Kausalzusammenhang begründen. Der Auftragnehmer muß sich sodann zu diesen Indiztatsachen bzw. den Tatsachen für die Anwendung des in Bezug genommenen Erfahrungssatzes äußern. Der Auftragnehmer kann außerdem auf andere Ursachen – z.B. die mangelhafte Arbeit anderer Bauunternehmer oder einen Planungsfehler des Architekten oder Statikers – hinweisen. Falls notwendig, sind diese Arbeiten in die Prüfung der Kausalität einzubeziehen. Das hat zur Folge, daß Art und Umfang der Arbeiten des anderen Bauunternehmers durch Vorlage der einschlägigen Vertragsunterlagen, eventuell Zeugenvernehmung und Augenschein, die Planung des Architekten oder Statikers durch Vorlage der Planungsunterlagen in die Prüfung einzubeziehen sind. Die Beschaffung dieser Unterlagen obliegt dem darlegungspflichtigen Auftraggeber.

(2) Ist die Kausalitätsfrage unklar, so kann das Gericht den später mit der Erstattung des Gutachtens zu beauftragenden Sachverständigen – vorweg im Rahmen einer Ortsbesichtigung oder einer mündlichen Verhandlung (§ 404a II ZPO) – veranlassen, sich zur Kausalitätsfrage zu äußern, insbesondere darüber, welche Umstände der Sachverständige für aufklärungsbedürftig hält. Diese Stellungnahme kann das Gericht den Parteien mit der Auflage übermitteln, sich hierzu zu äußern und gegebenenfalls Beweis für diese von dem Sachverständigen als erheblich angesehenen Tatsachen anzutreten. Sind diese bestritten, so wird das Gericht hierüber Beweis erheben, bevor es das eigentliche Gutachten des Sachverständigen einholt.

(3) Hat der Auftraggeber die Teile des Bauwerks, die Gegenstand seiner Beanstandungen sind, im Wege der Eigennachbesserung beseitigt, ohne dem Auftragnehmer Gelegenheit zu einer Besichtigung zu geben oder ohne für eine ausreichende Beweissicherung zu sorgen, dann kann ihm die weitere Beweisführung wegen Beweisvereitelung abgeschnitten sein.[68]

d) Mitverschulden des Auftraggebers

Bei Geltendmachung eines Mitverschuldens ist es Aufgabe des Auftragnehmers, diesen Einwand substantiiert vorzutragen.[69] Das Verschulden von Erfüllungsgehilfen hat sich der Auftraggeber nach § 254 II Satz 2 i.V. mit § 278 BGB zurechnen zu lassen.[70] In Frage kommen folgende Fallgruppen:

(1) Eigenes Verschulden des Auftraggebers in Form bestimmter Anweisungen.[71]

(2) Planungsfehler des Architekten.[72] Hier ist es vorweg Aufgabe des Gerichts, sich die gesamten Planungsunterlagen (Pläne, Detailzeichnungen, Leistungsbeschreibung) vorlegen zu lassen, wobei die Parteien sich zur Interpretation dieser Unterlagen im Hinblick auf den erhobenen Schuldvorwurf äußern sollten. Außerdem ist es Aufgabe des darlegungspflichtigen Auftragnehmers vorzutragen, welche mündlichen Anweisungen der Architekt auf der Baustelle dem Auftragnehmer bzw. seinem Polier gegeben hat.

(3) Koordinationsfehler des Architekten.[73] Ein Mitverschulden in Form fehlerhafter Koordination setzt zunächst die Klärung der Mängelursachen voraus. Dabei geht es

---

[67] *BGH*, ZfBR 1987, 245; *OLG Celle*, VersR 1987, 993 = BauR 1987, 231

[68] *OLG Düsseldorf*, BauR 1980, 289; *Werner/Pastor*, Rdnr. 2618.

[69] *Werner/Pastor*, Rdnr. 2451.

[70] *Werner/Pastor*, Rdnr. 2455.

[71] Vgl. auch oben 3. Teil, I, 1, f, (1), Fußn. 51.

[72] S.o. 3. Teil, I, 3, b, (2), Fußn. 189.

[73] Das betrifft jedoch nur den Bereich der Planung, nicht den Bereich der Bauüberwachung; s.o. 3. Teil, I, 3, b, (2); hierzu *Werner/Pastor*, Rdnr. 1493, 1494.

darum, die Leistungen verschiedener Bauhandwerker sachlich und zeitlich aufeinander abzustimmen. Es ist also zunächst zu klären, welche Arbeiten die einzelnen Unternehmer auszuführen hatten; dies geschieht durch Vorlage der Vertragsunterlagen (insbesondere der jeweiligen Leistungsbeschreibung und Detailzeichnungen), eventuell durch Vernehmung der Unternehmer bzw. der zuständigen technischen Sachbearbeiter, Baustellenleiter und Poliere. Soweit es um die zeitliche Koordination geht, ist das Bautagebuch vorzulegen, aus dem die entsprechenden Daten zu entnehmen sind.

4. Die Prüfung der Höhe des Geldanspruchs

a) Art der Mangelbeseitigung

Im Gegensatz zum Anspruch auf Nachbesserung durch den Auftragnehmer,[74] dem die Art der Nachbesserung vorbehalten bleibt, muß der Auftraggeber in den Fällen der Eigennachbesserung und beim kleinen Schadensersatz[75] vortragen, wie er den Mangel beseitigen will, damit das Gericht Notwendigkeit und Angemessenheit der erforderlichen Kosten überprüfen kann. Beim großen Schadensersatz[76] muß er die bereits gezahlte und nunmehr zurückgeforderte Vergütung angeben und den Nichterfüllungsschaden substantiieren.[77]

b) Beseitigungsaufwand

Bei Eigennachbesserung und kleinem Schadensersatz muß der Auftraggeber die Kosten belegen, die zur Beseitigung des Mangels angefallen bzw. erforderlich sind.[78]

(1) Das geschieht bei schon ausgeführten Arbeiten durch Vorlage der Rechnungen der Drittfirmen, bei noch bevorstehender Beseitigung durch Vorlage von Kostenvoranschlägen der Drittfirmen oder der Schätzung eines Sachverständigen im Rahmen eines von dem Auftraggeber eingeholten Privatgutachtens. Einfacher ist die Lage, wenn in einem vorangegangenen Beweisverfahren der Sachverständige den Beseitigungsaufwand schon ermittelt hat (§ 485 II Nr. 3 ZPO), auf das sich der Auftraggeber dann berufen kann (§ 493 I ZPO).

(2) Der beklagte Auftragnehmer hat sich hierzu substantiiert zu äußern. Er kann die Notwendigkeit des Umfangs der behaupteten Nachbesserungsarbeiten bestreiten, die zu aufwendige Art der Ausführung, aber auch die von dem Auftraggeber geltendgemachten Preise der Drittfirmen.

(3) Erst wenn das Parteivorbringen zu (1) und (2) voneinander abweicht, ist eine Beweisaufnahme erforderlich, die in der Regel zu einem Sachverständigengutachten führt.

Nur ausnahmsweise wird das Gericht im Rahmen des § 287 ZPO den Beseitigungsaufwand selbst schätzen können, z.B. dann, wenn der Beseitigungsaufwand durch ein überzeugendes Privatgutachten dargelegt ist und das Bestreiten des Auftragnehmers

---

[74] S.o. 3. Teil, I, 2, b, (2), Fußn. 77.
[75] S.o. 3. Teil, I, 2, c, (3); I, 2, f, (3).
[76] S.o. 3. Teil, I, 2, f, (1), Fußn. 152; I, 2, f, (2), Fußn. 169.
[77] *Kleine-Möller/Oelmaier*, § 20, Rdnr. 408.
[78] S.o. 3. Teil, I, 2, c, (3), Fußn. 102; I, 2, f, (3), Fußn. 174.

sehr allgemein gehalten ist.[79] Gleiches gilt bei Geltendmachung eines Vorschußanspruchs,[80] bei dem es auf die Höhe der voraussichtlichen Kosten ankommt.[81]

c) Minderung

Bei der Berechnung der Minderung sind nach der in §§ 634 IV, 472 I BGB vorgeschriebenen Berechnung[82] können diese Werte in der Regel nur von einem Sachverständigen ermittelt werden.

Ausnahmsweise kommt das Gericht ohne Einholung eines Gutachtens aus, wenn es bei geringfügigen Mängeln gemäß § 287 ZPO auf einen Prozentsatz der Vergütung abstellt oder die Kosten der erforderlichen Beseitigung als Minderungsbetrag heranzieht,[83] sofern diese unstreitig oder zu schätzen sind.

d) Vorbereitung des Gutachtens

(1) Die Notwendigkeit der Einholung eines Gutachtens hängt stets davon ab, ob das Gericht nicht selbst die erforderliche Sachkunde besitzt.[84]

Bei der Feststellung technischer Mängel wird dies fast stets zu verneinen sein. Bedenklich erscheinen Vorschläge, bei „Kleinpositionen" im Interesse der Prozeßökonomie von einem Gutachten abzusehen in der Hoffnung, daß die Parteien sich hierüber später gütlich einigen.[85] Diese Vorgehensweise ist nur vertretbar, wenn das Gericht eine solche Einigung *vor* der Anordnung der Beweisaufnahme erreichen kann.

(2) Vor der Einschaltung eines Sachverständigen ist stets zu klären, ob eine Beweisaufnahme anderer Art zur Festlegung der notwendigen Tatsachenbasis für den Sachverständigen erforderlich ist (§ 404a III S. 2 ZPO).

Hat eine Beweisaufnahme stattgefunden, hat das Gericht – bei einer Kammer nach Beratung – vorab das Beweisergebnis zu würdigen und dem Sachverständigen mitzuteilen, welche von verschiedenen Zeugenaussagen er bei der Erstattung des Gutachtens zugrundelegen soll;[86] das Ergebnis der Beratung sollte in einem Beschluß aktenkundig gemacht und damit den Parteien mitgeteilt werden. Wenn das Gericht sich ausnahmsweise hinsichtlich einer Beweiswürdigung noch nicht festlegen will, kann der Sachverständige auch angewiesen werden, das Gutachten alternativ unter Zugrundelegung unterschiedlicher Beweisergebnisse zu erstatten.[87] In einem solchen Fall kann auch in Betracht kommen, daß der Sachverständige befragt wird, inwieweit unter Beachtung seiner Sachkunde das eine oder andere Beweisergebnis mit den Erfahrungen der Wissenschaft, z.B. nach technischen Gegebenheiten, in Einklang zu bringen ist.

---

[79] Sehr eng *BGH,* NJW-RR 1994, 255 (nur bei Zustimmung beider Parteien); weitergehend *BGH,* VersR 1987, 1007; siehe auch *OLG München,* NJW-RR 1988, 1534; *OLG Karlsruhe,* NJW 1990, 192; *OLG Hamm,* NJW-RR 1993, 1441 (Arzthaftung).

[80] S.o. 3. Teil, I, 2, c, (4), Fußn. 110.

[81] *Koeble,* RA-Handb. Rdnr. 24; *Grunsky,* NJW 1984, 2547.

[82] S.o. 3. Teil, I, 2, e, (3), Fußn. 131.

[83] S.o. 3. Teil, I, 2, e, (3), Fußn. 133.

[84] *BGH,* NJW 1993, 2378; NJW-RR 1992, 804.

[85] *Merl,* Richter-Handb. Rdnr. 2.

[86] *Werner/Pastor,* Rdnr. 2671.

[87] *Werner/Pastor,* aaO.; *Kamphausen,* BauR 1993, 768.

e) Die Formulierung der Beweisthemen

Bei der Beauftragung des Sachverständigen hat das Gericht im Beweisbeschluß klar und deutlich zu sagen, zu welchen Fragen sich der Sachverständige im einzelnen äußern soll. Nichtssagende Beweisbeschlüsse dahin, der Sachverständige solle ein Gutachten zu den streitigen Fragen erstatten oder sich dazu äußern, ob Mängel vorliegen, sind unzulässig.[88] Als Beispiele für konkrete Formulierung seien angefügt:

(1) Mängel

Der Sachverständige soll sich dazu äußern,

- ob folgende Mängel der Bauleistung vorliegen:

....

- und dabei Stellung nehmen
- wie die Leistung des Auftragnehmers nach den vertraglichen Vereinbarungen (siehe insbesondere Leistungsverzeichnis Pos. ......, Pläne ......) hätte ausgeführt werden müssen;
- ob die anerkannten Regeln der Technik eingehalten worden sind;
- wie die Leistung des Auftragnehmers nach den eigenen Feststellungen des Sachverständigen und den vorgelegten Unterlagen (Fotos ......; ......) tatsächlich beschaffen ist;
- ob die Abweichung zwischen der vereinbarten und der ausgeführten Leistung erheblich ist und den Wert oder die Tauglichkeit des hergestellten Werks zu dem vereinbarten Zweck beeinträchtigt.

(2) Kausalnachweis

Der Sachverständige soll sich dazu äußern,

ob .... (genaue Bezeichnung des Mangels) zurückzuführen ist auf

- eine nicht fachgerechte Arbeit des Auftragnehmers;
- eine nicht fachgerechte Arbeit des Bauunternehmers X;
- einen Planungsfehler des Architekten Y;
- einen Planungsfehler des Statikers Z;
- mangelhafte Koordination der Arbeit des Auftragnehmers mit den Arbeiten der Baufirma Y;
- sonstige Ursachen.

- Soweit verschiedene Ursachen in Frage kommen, soll sich der Sachverständige dazu äußern,
  - ob nach den festgestellten Umständen Erfahrungssätze der Wissenschaft für einen bestimmten Ursachenzusammenhang sprechen, bejahendenfalls mit welchem Wahrscheinlichkeitsgrad;
  - ob für die von dem Auftragnehmer geltendgemachte weitere Ursache ... konkrete Anhaltspunkte sprechen und ob dieser Ursachenzusammenhang ernsthaft in Betracht zu ziehen ist.

(3) Verschuldensnachweis

Der Sachverständige soll sich dazu äußern,

- ob die Arbeiten des Auftragnehmers den anerkannten Regeln der Technik, insbesondere den DIN-Vorschriften ... entsprachen;

---

[88] *Werner/Pastor,* Rdnr. 2667.

- welche sonstigen Anforderungen bei dem vorliegenden Auftrag aufgrund seiner Besonderheit zu stellen waren und ob ihnen der Auftragnehmer entsprochen hat;
- ob die von dem Auftragnehmer geltendgemachten Tatsachen ... dafür sprechen, daß er den Anforderungen an einen sachkundigen und sorgfältig verfahrenden Bauhandwerker entsprochen hat.

(4) Hinweispflichten

Der Sachverständige soll sich zu folgenden Fragen äußern:

- Ist der Mangel (Schaden) zurückzuführen auf eine fehlerhafte Beschreibung der Leistung durch den Auftraggeber?
- War die Anordnung des Auftraggebers bzw. seines Architekten ... fehlerhaft und ist hierauf der Mangel zurückzuführen?
- Beruht der Mangel (Schaden) auf den vom Auftraggeber gelieferten (bzw. vorgeschriebenen) Stoff oder Bauteil ...?
- Ist der Mangel (Schaden) zurückzuführen auf die Beschaffenheit der Vorleistung des Unternehmers X? Mußte sich der Auftragnehmer bei der Ausführung seiner Leistung an die Vorarbeiten des Unternehmens X anpassen?
- War der Auftragnehmer aufgrund der bei ihm vorauszusetzenden Sachkunde in der Lage, die fehlenden Voraussetzungen für eine fachgerechte Ausführung seiner Arbeit zu erkennen und bedurfte es hierzu eines Hinweises an den Auftraggeber bzw. seinen Architekten?
- Mußten dem Auftragnehmer Bedenken kommen, daß die Arbeiten des Vorunternehmers X für die Ausführung der eigenen Arbeiten keine geeignete Grundlage waren?
- Mußte der Auftragnehmer ausnahmsweise den Unternehmer X (Nachfolgeunternehmer) auf besondere Umstände hinweisen, die er bei Berücksichtigung der Arbeiten des Auftragnehmers zu beachten hatte?

(5) Mitverschulden

Zur Klärung einer Verletzung der Koordinationspflicht sollte sich der Sachverständige dazu äußern,

- inwieweit der Architekt X bei Anwendung der erforderlichen Sorgfalt die einzelnen Leistungen der Unternehmer, insbesondere zwischen Y und Z, durch konkrete Hinweise und Zwischenprüfungen aufeinander abzustimmen hatte;
- ob bei richtiger Koordination der Mangel (Schaden) nicht eingetreten wäre.

(6) Beseitigungsaufwand

Der Sachverständige soll sich zu folgenden Fragen äußern:

- Welche Arbeiten sind im einzelnen notwendig, um die festgestellten und von dem Auftragnehmer zu verantwortenden Mängel (Schäden) zu beseitigen? Die notwendigen Arbeiten und die erforderlichen Kosten sind in einer Einzelaufstellung darzulegen und mit den ortsüblichen Preisen zu schätzen;
- Sind die in dem Kostenvoranschlag der Firma ... angegebenen Arbeiten zur Beseitigung der von dem Auftragnehmer zu verantwortenden Mängel notwendig und die verlangten Preise angemessen?
- Sind die in der Rechnung der Firma ... in Rechnung gestellten Preise zur Beseitigung der von dem Auftragnehmer zu verantwortenden Mängel notwendig und die dort eingesetzten Preise angemessen?
- Tritt bei Durchführung der Arbeiten gegenüber den vertraglich vereinbarten Arbeiten eine Wertverbesserung ein, bejahendenfalls in welchem Umfang?
- Verbleibt nach Durchführung der Arbeiten ein merkantiler oder technischer Minderwert, bejahendenfalls in welcher Höhe?

(7) Minderung

Der Sachverständige soll folgende Werte feststellen:

- den gesamten Werklohn für das Bauwerk;
- die Vergütung für die mangelhafte Position ...;
- den Wert des Bauwerks in mangelhaftem Zustand;
- den Wert der Leistung für die mangelhafte Position ...;
- die Kosten der Beseitigung des Mangels;
- ein etwa nach Beseitigung verbleibender Minderwert.

(8) Arglist

Zur Klärung des arglistigen Verschweigens von Mängeln kann es angebracht sein, den Sachverständigen zu befragen,

- ob es sich bei den von ihm festgestellten Mängeln um äußerlich erkennbare oder um versteckte Mängel handelt;
- ob es sich bei den versteckten Mängeln um solche handelt, von denen der Auftragnehmer oder sein Bauleiter bei Fertigstellung der Arbeiten bzw. bei Abnahme Kenntnis hatten (bzw. gehabt haben müßten).
- Hätten die Mängel bei üblicher Organisation und Ablauf der Abnahme dort erkannt werden können?

(9) Sonstige Einzelanweisungen an den Sachverständigen

Der Sachverständige soll

- eine Ortsbesichtigung durchführen und hierzu beide Parteien nebst ihren Prozeßbevollmächtigten rechtzeitig laden;
- sich mit den Ausführungen
  - des Klägers im Schriftsatz vom ... (Bl. ...)
  - des Beklagten im Schriftsatz vom ... (Bl. ...)
  - im Privatgutachten des Sachverständigen ... (Bl. ...)
  - im Beweissicherungsgutachten des Sachverständigen ... (Beiakten ... Bl. ...) auseinandersetzen;
- sich zu der Frage äußern, welche DIN-Normen und sonstige in der Baupraxis anerkannten Regeln der Technik im Zeitpunkt der Ausführung des Bauvorhabens bestanden;
- sich zu der Frage äußern, ob der von dem Auftragnehmer verwendete Baustoff ... im Zeitpunkt der Ausführung schon erprobt und als geeignet für die ihm hier zukommende Aufgabe anzusehen war;
- die von ihm festgestellten Mängel in Fotos erfassen und dem Gutachten beifügen;
- soweit Materialprüfungen, z.B. ... oder Freilegungsarbeiten notwendig werden, diese vor Vornahme dem Gericht unter Angabe der voraussichtlich anfallenden Kosten mitteilen.

f) Verfahren nach Eingang des Gutachtens

Insoweit ist auf die Ausführungen unter II, 3, c, (3) zu verweisen.

5. Die Tenorierung des Urteils

a) Urteil auf Nachbesserung

Klagt der Auftraggeber gegen den Auftragnehmer auf Vornahme der Nachbesserung, so ist bei Stattgeben der Klage der Auftragnehmer zur Beseitigung der konkret aufgeführten Mängel zu verurteilen.

(1) Aus dem Tenor muß also ersichtlich sein, welchen Mangel bzw. welche Mängel der Auftragnehmer zu beseitigen hat.[89] Dagegen bleibt die Art der Beseitigung offen, da diese Frage dem Auftragnehmer zur Entscheidung vorbehalten bleibt.[90]

(2) Muß sich der Auftraggeber wegen Mitverschuldens oder Beteiligung an Sowieso-Kosten[91] an den Kosten der Mangelbeseitigung beteiligen, so erfolgt die Verurteilung zur Beseitigung der Mängel Zug um Zug gegen Zahlung des festgesetzten Zuschusses.[92]

(3) Eine Zug-umZug-Verteilung erfolgt ferner, wenn der Auftragnehmer wegen noch offenen Werklohns die Einrede aus § 320 BGB erhoben hat.[93]

b) Urteil auf Zahlung von Kostenersatz, Schadensersatz oder Minderung

Klagt der Auftraggeber auf Ersatz von Kosten der Eigennachbesserung (oder Vorschuß), auf Schadensersatz oder Minderung, so wird beim Vorliegen der Mängel der Auftragnehmer zu dem festgestellten Geldbetrag verurteilt.

(1) Eine wegen Mitverschuldens oder Sowieso-Kosten notwendige Kostenbeteiligung wird auf den Geldanspruch verrechnet, so daß eine einfache Verurteilung zu dem verminderten Betrag erfolgt. Gleiches gilt bei einer noch offenen Vergütung des Auftragnehmers.

(2) Bei der Klage auf Zahlung eines Kostenvorschusses[94] wird teilweise empfohlen, wegen der weitergehenden Unterbrechung der Verjährung[95] im Tenor anzumerken, daß es sich um die Zahlung eines Kostenvorschusses handelt.[96]

---

[89] *Kleine-Möller/Oelmaier,* § 20, Rdnr. 284, 285; *Werner/Pastor,* Rdnr. 2750.

[90] *BGHZ* 61, 42 = NJW 1973, 1792; *Heimann-Trosien,* FS für den BGH (1975), S. 115; *Nicklisch/Weick,* § 13 VOB/B, Rdnr. 119; *Werner/Pastor,* Rdnr. 1568; siehe jedoch einschr. *LG Aachen,* NJW-RR 1988, 1176; abw. *Fischer,* BauR 1973, 210.

[91] S.o. 3. Teil, I, 2, b, (3), Fußn. 86, 87.

[92] *BGHZ* 90, 354 = NJW 1984, 1679; *Kleine-Möller/Oelmaier,* § 20, Rdnr. 286.

[93] *Kleine-Möller/Oelmaier,* § 20, Rdnr. 274.

[94] S.o. 3. Teil, I, 2, c, (4).

[95] S.o. 3. Teil, I, 7, d, Fußn. 251.

[96] *Kleine-Möller/Oelmaier,* § 20, Rdnr. 323.

IV. Einzelfragen zu den Ansprüchen aus Verzögerungsschaden

1. Allgemeines

Sowohl bei dem Anspruch auf Ersatz des Verzugsschadens als auch bei dem Anspruch auf Vertragsstrafe sind die nachfolgenden Voraussetzungen zu prüfen.

a) BGB- oder VOB-Vertrag?

Auch hier ist zunächst zu klären, ob der Vertrag allein den Regeln des BGB oder zusätzlich den Vorschriften der VOB/B unterliegt.[97]

Insoweit bedarf es auch hier der Vorlage der Vertragsunterlagen.

b) Vereinbarte Fristen

In zweiter Linie ist zu klären, wann die Arbeiten nach den vertraglichen Vereinbarungen zu beginnen und wann sie zu beenden waren. Dabei kommt es nur auf die vertraglich bindenden Fristen an.[98]

Diese Fristenvereinbarung ist regelmäßig aus den Vertragsunterlagen zu entnehmen. Über etwaige mündliche Zusatzvereinbarungen und Fristverlängerungen ist – im Streitfalle – Beweis zu erheben (Vorlage der hierüber geführten Korrespondenz, Zeugen).

c) Tatsächlicher Ablauf

Anschließend bedarf es der Feststellung, wann die Arbeiten tatsächlich aufgenommen und wann sie tatsächlich fertiggestellt waren.[99]

Dies läßt sich am sichersten einem Bautagebuch und einem etwaigen Abnahmeprotokoll entnehmen, nach denen das Gericht im Rahmen seiner Aufklärungspflicht zu fragen hat. Gegebenenfalls muß der Beweis durch andere Beweismittel (Korrespondenz, Vorlage der Abnahmebescheinigungen der Bauaufsichtsbehörde, Zeugen, unter diesen vor allem der bauleitende Architekt) geführt werden.

d) Zeitliche Diskrepanz

Die zeitliche Diskrepanz zwischen vereinbartem und tatsächlichem Ablauf (oben b + c) stellt die Zeitspanne dar, die für den Verzug maßgebend ist.

e) Ursachen und Verschulden

Am schwierigsten ist die Feststellung der Ursachen für eine verzögerte Fertigstellung, da hiervon das Verschulden des Auftragnehmers ab-

---

[97] S.o. I, 2, b.

[98] S.o. 3. Teil, II, 1, a, (1), Fußn. 290; II, 1, a, (2), Fußn. 295 ff.

[99] Zum Begriff der Fertigstellung s.o. 3. Teil, II, 1, a, (2), Fußn. 293, 294.

hängt.[100] Die Verzögerung wird von den Parteien meist auf verschiedene Ursachen zurückgeführt; es ist im nachhinein schwierig, diesen „Ursachenknäuel“ zu entwirren.

(1) Auszugehen ist davon, daß bei Auseinanderklaffen des vereinbarten (bzw. geschuldeten) und des tatsächlichen Fertigstellungstermins – der Auftragnehmer sich zu entlasten hat.[101]

Er muß also darlegen, daß die verspätete Fertigstellung auf Umstände zurückzuführen ist, die er nicht zu vertreten hat. Auf seinen substantiierten Vortrag hat sodann der Auftraggeber zu erwidern. Bei unterschiedlicher Darstellung der Ursachen ist Beweis zu erheben.

(2) Als Beweismittel kommen in erster Linie Urkunden in Frage, nämlich:

- das Bautagebuch, in dem die einzelnen Arbeiten nach Tagen, Anzahl der eingesetzten Arbeitskräfte, Art der vorgenommenen Arbeiten und unter Erwähnung besonderer Vorkommnisse festgehalten sind;
- ein von dem Architekten oder einem besonderen Projektingenieur aufgestellter Zeitplan;
- auf der Baustelle geführte Planeingangslisten:
- bei dem Architekten geführte Planausgangslisten:
- während der Bauausführung gefertigte Fotos der Baustelle bzw. einzelner Teile, wobei allerdings das Datum ihrer Herstellung wesentlich ist;
- Auskünfte bei der Bauaufsichtsbehörde über Zeitpunkt des Bauantrages und Erteilung der Baugenehmigung sowie der erfolgten Abnahme (Rohbauabnahme, Gebrauchsabnahme, Schlußabnahme);
- Stundenlohnzettel;
- Lieferscheine von Drittfirmen über geliefertes Material;
- der zwischen den Parteien geführte Schriftwechsel;
- der zwischen dem Auftraggeber und einem weiteren Bauhandwerker geführte Schriftwechsel;
- Vorlage von Zusatzaufträgen.

(3) Erst nach erschöpfender Sammlung dieser objektiven Beweismittel wird das Gericht eine weitere Aufklärung durch die personalen Beweismittel versuchen, nämlich:

- Anhörung der Parteien nach § 141 ZPO;
- Zeugenvernehmung, insbesondere des Architekten oder des verantwortlichen Bauleiters, gegebenenfalls auch anderer Bauhandwerker über ihren Fertigstellungstermin;
- Auskunft bei dem Deutschen Wetterdienst über Witterungsverhältnisse zu bestimmten Zeiträumen und ihre Voraussehbarkeit;
- Auskünfte des zuständigen Arbeitsamtes über angeordnete Schlechtwettergeldtage;
- Einholung eines Sachverständigengutachtens über die Ursachenzusammenhänge, insbesondere darüber, ob der Auftragnehmer durch fehlende Vorarbeiten oder sonstige technisch bedingte Umstände an der Fertigstellung gehindert war.

(4) Kam nach den festgestellten Ursachen eine Behinderungsanzeige nach § 6 Nr. 6 VOB/B in Frage,[102] ist dem Auftragnehmer aufzugeben, darzulegen, daß er dieser Anzeigepflicht nachgekommen ist. In erster Li-

[100] S.o. 3. Teil, II, 1, a, (3).
[101] *Kleine-Möller/Oelmaier*, § 20, Rdnr. 452; *Nicklisch/Weick*, § 11 VOB/B, Rdnr. 19.
[102] S.o. 3. Teil, II, 1, a, (1), Fußn. 291.

nie geschieht dies durch Vorlage der entsprechenden Schreiben; notfalls sind hierüber die Zeugen zu hören. Ist die Behinderungsanzeige erfolgt und nachgewiesen, so ist der Sachverständige zu fragen,

- ob das Bauvorhaben fristgerecht hätte fertiggestellt werden können, wenn die in der Behinderungsanzeige aufgeführten Umstände nicht vorgelegen hätten.

Ist eine Behinderungsanzeige nicht erfolgt bzw. nicht nachgewiesen, so wäre der Sachverständige zu fragen,

- ob das Bauvorhaben fristgerecht hätte fertiggestellt werden können, wenn der Auftraggeber die hindernden Umstände auf eine Behinderungsanzeige unverzüglich behoben hätte.

2. Der Anspruch auf Ersatz des Verzugsschadens

a) Eintritt des Verzuges

Sind vertraglich festgelegte Leistungsfristen nach dem Kalender bestimmt, so ist der Beginn des Verzuges einfach zu bestimmen (§ 284 II Satz 1 BGB). Anders ist dies, wenn die Frist nicht kalendermäßig bestimmt ist[103] oder wenn eine Frist nach § 6 Nr. 2 VOB/B (bzw. § 242 BGB) verlängert wird.[104] Hier bedarf es der Feststellung, ob der Verzug durch Mahnung eingetreten ist (§ 284 I BGB). Im Vordergrund der Beweisführung stehen hier Schreiben des Auftraggebers bzw. seines Architekten. Schwieriger ist die Beweisführung durch Zeugen.

b) Höhe des Verzugsschadens

Der Auftraggeber hat darzulegen und im Streitfalle zu beweisen, daß ihm durch den Verzug ein Schaden entstanden ist. Hinsichtlich der Kausalität zwischen Verzögerung und Schaden kann dem Auftraggeber der Anscheinsbeweis zugutekommen.[105]

Im übrigen hängt die Begründung von der Art der Schadensposition ab. So muß der Auftraggeber beispielsweise darlegen, inwiefern er durch die Verzögerung mit höheren Baupreisen belastet worden ist. Dazu bedarf es z.B. der Vorlage der ursprünglich mit dritten Firmen abgeschlossenen Verträge und der Darlegung, inwiefern es später zu höheren Abrechnungen der Vergütung kam. Bei entgangenem Gewinn muß er darlegen, wann ein Mieter nach den mit ihm getroffenen Vereinbarungen einziehen sollte und für welchen Zeitraum demnach der Mietzins entgangen ist. Bei Verkauf des Grundstücks hat der Auftraggeber darzulegen, daß er später als vereinbart in den Besitz des Kaufpreises gekommen ist und deshalb einen Zinsverlust erlitten hat. Bei Geltendmachung der Belastung mit Ersatzansprüchen Dritter (Mieter, Erwerber) muß er die Schreiben dieser Personen vorlegen, mit denen diese ihm gegenüber Ersatzansprüche

---

[103] *Kleine-Möller/Oelmaier*, § 20, Rdnr. 461 m.Nw.

[104] S.o. 3. Teil, II, 1, a, (1), Fußn. 291.

[105] Zum erhöhten Zinsaufwand vgl. *Kleine-Möller/Merl*, § 13, Rdnr. 31. – Zur Anwendung des § 287 ZPO siehe aaO, Rdnr. 106.

geltendgemacht haben; notfalls sind diese Personen als Zeugen zu laden und gleichzeitig zu bitten, etwaige schriftliche Unterlagen zur Belegung ihres Schadens zum Termin mitzubringen (§ 378 I ZPO).

3. Der Anspruch auf Schadensersatz wegen Nichterfüllung

a) Formalien

Bei dem Anspruch auf Schadensersatz aus § 326 BGB bzw. nach §§ 5 Nr. 4, 8 Nr. 3 VOB/B hat der Auftraggeber darzulegen, daß er dem Auftragnehmer nach Eintritt des Verzuges die Frist zur Erfüllung des Vertrages mit der Ablehnungsandrohung gesetzt hat. In erster Linie geschieht dies durch Vorlage der entsprechenden Schreiben. Bei mündlichen Erklärungen ist die Beweisführung durch Zeugen schwierig, zumal diese sich meist nicht an die genau gewechselten Worte erinnern können.

Besonderes Augenmerk ist bei mündlichen Erklärungen auf die Frage zu richten, zwischen welchen Personen die Erklärungen gewechselt worden sind und ob sie für die Abgabe bzw. deren Empfang zuständig waren. Bei fehlender Vollmacht können sie nur als Boten angesehen werden, so daß es für ihre Wirksamkeit auf den Zugang bei dem Auftragnehmer ankommt.

b) Höhe des Schadensersatzes

Insoweit muß der Auftraggeber die Kosten der Ersatzvornahme durch Drittfirmen konkret vortragen. Es gilt das Gleiche wie bei der Ersatzvornahme nach mangelhafter Leistung des Auftragnehmers.[106]

4. Der Anspruch auf Vertragsstrafe

a) Vereinbarung der Vertragsstrafe

Die Frage der Vereinbarung der Vertragsstrafe und ihres Inhalts – Voraussetzungen und Höhe – ist den Vertragsunterlagen zu entnehmen.

Ob die vereinbarte Vertragsstrafe unwirksam ist, ist eine von dem Gericht zu entscheidende Rechtsfrage. Dies gilt vor allem bei einer entsprechenden AGB-Klausel.[107]

b) Verwirkung

Hinsichtlich der Verwirkung muß der Auftraggeber die Fristüberschreitung darlegen; es gilt insoweit das gleiche wie bei den Ersatzansprüchen aus Verzögerung.[108] Hinsichtlich des erforderlichen Verschul-

---

[106] S.o. III, 4, b, (1).

[107] *Baumgärtel/Strieder,* Handb. der Beweislast, Bd. I, § 339 BGB, Rdnr. 4; *BGH,* NJW 1983, 167, 169.

[108] *BGH,* NJW 1977, 897; *Werner/Pastor,* Rdnr. 2085.

dens[109] muß sich der Auftragnehmer entlasten; er muß also die Umstände vortragen, aus denen sich seine fehlende Verantwortlichkeit ergibt.

c) Vorbehalt

Der Vorbehalt der Vertragsstrafe bei Abnahme[110] gehört zur schlüssigen Klagebegründung. Er ist in erster Linie aus einem vorhandenen Abnahmeprotokoll, sonst aus etwaigen Schreiben des Auftraggebers zu entnehmen oder durch Zeugenvernehmung zu klären.

Das Gericht hat vor allem zu klären, ob der Vorbehalt von den dazu befugten Personen und gegenüber den empfangszuständigen Personen abgegeben wurde[111] und das zeitliche Erfordernis „bei Abnahme"[112] gewahrt ist.

d) Berechnung

Die Berechnung der Vertragsstrafe hat nach Feststellung des Verzögerungszeitraums[113] nach den maßgebenden Vorschriften[114] zu erfolgen.

e) Herabsetzung

Eine beantragte Herabsetzung der Vertragsstrafe bedarf vor allem der Klärung der Ursachen der Verzögerung, die bereits bei der Prüfung ihrer Voraussetzungen erfolgt ist, sowie einer Prüfung ihrer unangemessenen Höhe.

Letzteres ist aber eine Rechtsfrage, die der Richter in eigener Zuständigkeit entscheiden muß.[115] Soweit er hierbei mit der Höhe des entstandenen Verzugsschadens argumentieren will, wird er diesen nach § 287 ZPO schätzen.

---

[109] S.o. 3. Teil, II, 1, a, (3).
[110] S.o. 3. Teil, II, 2, d, (3).
[111] S.o. 3. Teil, II, 2, d, (2).
[112] S.o. 3. Teil, IV, 2, e.
[113] S.o. II, 1, a, (1) + (2)
[114] S.o. II, 2, e.
[115] Vgl. jedoch *Nicklisch/Weick*, § 11 VOB/B, Rdnr. 44; *Werner/Pastor*, Rdnr. 2085, wonach hinsichtlich der Umstände, die die Herabsetzung rechtfertigen sollen, der Auftragnehmer beweispflichtig ist.

§ 5. Ansprüche aus Architektenvertrag (betr. die Errichtung eines Gebäudes)

Literatur (Auswahl):

Allgemeine Darstellungen: Bindhardt/Jagenburg, Die Haftung des Architekten, 8. Aufl. (1981); *Locher,* Das private Baurecht, 6. Aufl. (1996); *Löffelmann/Fleischmann,* Architektenrecht, 3. Aufl. (1995); *Motzke,* Architektenvertrag, (Stand 1995) in Graf von Westphalen, Vertragsrecht und AGB-Klauselwerke; *Neuenfeld/Baden/Dohna/Groscurth,* Handbuch des Architektenrechts, Bd. 1, Allgemeine Grundlagen, 2. Aufl. (1990); *Werner/Pastor,* Der Bauprozeß, 9. Aufl. (1999).

Kommentare zur HOAI: Hesse/Korbion/Mantscheff/Vygen, 5. Aufl. (1996); *Jochem,* 3. Aufl. (1991); *Locher/Koebele/Frik,* 6. Aufl. (1991), *Motzke/Wolff,* 2. Aufl. (1995); *Neuenfeld/Baden/Dohna/Groscurth/Schmitz,* Handbuch des Architektenrechts, Bd. 2, 3. Aufl. (1998).

Rechtsprechungsübersichten: Jagenburg,. Die Entwicklung des Architekten- und Ingenieurrechts (zweijährlich erscheinende Rechtsprechungsübersicht, zuletzt NJW 1992, 148; 1995, 1997; 1997, 2277; 1999, 2628.

Erster Teil. Allgemeines

I. Begriff und Parteien des Architektenvertrages

1. Begriff und Inhalt des Architektenvertrages

Ein Architektenvertrag ist ein gegenseitiger Vertrag, in dem ein Architekt dem Auftraggeber gegen Zahlung einer Vergütung bestimmte, typische, aus seinem Berufsbild sich ergebende Leistungen erbringt.

Die Berufsaufgaben des Architekten ergeben sich aus den Länderarchitektengesetzen, wobei in der Regel vier Fachrichtungen unterschieden werden: Planung und Errichtung von Bauwerken, Planung von Innenräumen (Innenarchitekt), Landschaftsplanung sowie Städtebau, Landesplanung und Raumordnung.[1] Eine nähere Definition ist nicht möglich. In der Honorarordnung für Architekten und Ingenieure[2] sind die Leistungen der einzelnen Sparten umschrieben. Der BGH steht allerdings auf dem Standpunkt, daß die HOAI keine normativen Leitbilder für den In-

---

[1] Siehe etwa § 2 HessArchG. – Überblick über die Architektengesetze der Länder bei *Werner/Pastor,* Rdnr. 603, Fußn. 13. – Zu den Berufsaufgaben im einzelnen siehe *Neuenfeld,* Bd. 1, I, Rdnr. 14 ff.; Bd. 2, Vorb. Rdnr. 1 ff.

[2] VO vom 17. 9. 1976 (BGBl. I, S. 2805) mit bisher fünf Änderungsverordnungen. S.u. 2. Teil, Fußn. 5.

halt von Architekten- und Ingenieur-Verträgen enthält, sondern nur die Gebührentatbestände regelt.[3] Gleichwohl wird man nicht umhinkommen, in der Beschreibung dieser Gebührentatbestände einen Niederschlag der Verkehrsanschauung zu sehen, was im einzelnen üblicherweise als Inhalt der Architektenverträge anzusehen ist.

Im Vordergrund der Praxis der Gerichte stehen die Architektenverträge, die sich mit der Planung und Ausführung von Gebäuden befassen, die in der folgenden Übersicht allein behandelt werden sollen.

2. *Die Parteien des Architektenvertrages*

a) Der Architekt als Auftragnehmer

(1) Nach den Architektengesetzen der Länder erwirbt der Architekt seine Berufsbezeichnung durch Eintragung in die Architektenliste. Für die zivilrechtliche Einordnung eines Vertrages ist diese formelle Abgrenzung bedeutungslos. Hier kommt es auf die Übernahme der unter Ziff. 1 erwähnten Architektenleistungen an.

Auch ein „Nichtarchitekt" im Sinne der Länderarchitektengesetze kann einen zivilrechtlich wirksamen Architektenvertrag abschließen.[4] Zweifelhaft ist nur, ob solche Personen berechtigt sind, ihr Honorar nach der HOAI zu liquidieren.[5]

(2) Auf der Vertragsseite des Architekten können auch mehrere Personen beteiligt sein.

In Frage kommt einmal, daß verschiedene Architekten unterschiedliche Aufgaben übernehmen (z.B. A 1 übernimmt Planung, A 2 übernimmt die Bauüberwachung); dann läge ein Fall der Teilschuldnerschaft (§ 420 BGB) vor. Es kommt aber auch eine einheitliche Verpflichtung durch eine aus mehreren Architekten bestehende Sozietät in Frage, die in Form einer BGB-Gesellschaft betrieben wird; dann haften alle Architekten gemeinsam für die eingegangene Verpflichtung als Gesamtschuldner (§ 427 BGB); etwaige Forderungen auf Vergütung stehen ihnen gemeinschaftlich zur gesamten Hand zu (§ 719 BGB). Architektenbüros, die durch juristische Personen betrieben werden, sind in letzter Zeit – wohl im Hinblick auf die Haftungsbegrenzung – häufiger anzutreffen. Eine neue Rechtsform stellt das Gesetz zur Schaffung von Partnerschaftsgesellschaften vom 25. 7. 1994[6] zur Verfügung.

b) Der Bauherr als Auftraggeber

Auftraggeber des Architekten ist in der Regel der Bauherr. Auch hier kann es sich naturgemäß um eine Einzelperson, eine Personenmehrheit oder eine juristische Person handeln.

---

[3] *BGHZ* 133, 399 = NJW 1997, 586; *BGH*, NJW 1999, 427.

[4] *OLG Köln*, BauR 1986, 467; *Neuenfeld/Groscurth*, Bd. 1, II, Rdnr. 1 a.A. *Bindhardt/Jagenburg*, § 1 Rdnr. 14.

[5] S.u. 2. Teil, I, 2, b (2), Fußn. 14.

[6] BGBl. I, S. 1744. – Hierzu *K. Schmidt*, NJW 1995, 1.

In Frage als Auftraggeber kommen auch die öffentliche Hand und die Kirchen. Der Auftraggeber braucht nicht mit dem Eigentümer des zu bebauenden Grundstücks identisch zu sein; so kann zwischen Eigentümer und Architekt ein Generalunternehmer oder ein Bauträger zwischengeschaltet sein.

II. Der Abschluß des Architektenvertrages

1. Form

a) Kein Formzwang

Der Abschluß des Architektenvertrages unterliegt keinem Formzwang. Allerdings ist aus Beweisgründen die Schriftform empfehlenswert.[7]

(1) Ein mittelbarer Formzwang folgt aus §§ 4 IV, 5 IV S. 1 HOAI, wonach mangels schriftlicher Vereinbarung nur die Mindestsätze der HOAI als vereinbart gelten[8] und ein Honorar für sogenannte Besondere Leistungen nicht verlangt werden kann.[9]

(2) Von Bedeutung für den Vertragsschluß können die Grundsätze für das kaufmännische Bestätigungsschreiben sein.[10]

Diese Grundsätze wendet die Rechtspr. nicht nur auf Kaufleute an, sondern auch auf solche Personen, die, ohne selbst Kaufleute zu sein, am Geschäftsverkehr teilnehmen.[11] Das wird man bei einem Architekten in der Regel bejahen können; Voraussetzung ist aber auch hier, daß der andere Vertragsteil Kaufmann oder eine ihm gleichgestellte Person ist, da es für die Anwendung der Grundsätze des kaufmännischen Bestätigungsschreibens auf die zwischen den Vertragsparteien bestehenden Gepflogenheiten ankommt.[12] Soweit eine Privatperson einem Architekten einen Auftrag bestätigt, kann unter Umständen dem Schweigen des Architekten – zumindest im Rahmen der Beweiswürdigung – die Bedeutung der Zustimmung zum Vertragschluß zukommen.[13] Das Bestätigungsschreiben und das hierauf folgende Schweigen ersetzt aber nicht die nach §§ 4 IV HOAI erforderliche Schriftform (§ 126 BGB).[14]

b) Stillschweigender Abschluß

Mündliche Architektenverträge können auch durch stillschweigende Vereinbarung geschlossen werden.[15]

---

[7] *Jagenburg,* BauR 1988, 155; *Neuenfeld/Groscurth,* Bd. 1, II, Rdnr. 34.

[8] S.u. 2. Teil, I, 3, a.

[9] S.u. 2. Teil, I, 4, b.

[10] *BGH,* WM 1973, 1376; BauR 1975, 67; *OLG Köln,* OLGZ 1974, 8; *Neuenfeld/Groscurth,* Bd. 1, II, Rdnr. 37; *Werner/Pastor,* Rdnr. 627.

[11] *BGHZ* 40, 42 = NJW 1963, 1922; *BGH,* NJW 1975, 1358; 1987, 1940.

[12] *BGH,* NJW 1975, 1358; *Diederichsen,* JuS 1966, 138.

[13] *BGH,* NJW 1975, 1358; *Neuenfeld/Groscurth,* Bd. 1, II, 37.

[14] S.u. 2. Teil, I, 2, c, (1), Fußn. 33.

[15] *OLG Oldenburg,* BauR 1984, 541; *OLG München,* NJW-RR 1996, 341; *OLG Koblenz,* NJW-RR 1996, 1045; *Werner/Pastor,* Rdnr. 615 ff.

Dies gilt vor allem dann, wenn der Bauherr durch sein Verhalten die Leistungen des Architekten billigt und für seine Zwecke in Anspruch nimmt, z.B. durch Verwendung der von dem Architekten hergestellten Pläne (Unterschreiben und Einreichen bei der Bauaufsichtsbehörde). Es bedarf aber im Einzelfall der Prüfung, ob nicht ein Ausnahmefall vorliegt, bei dem eine Bindung der Parteien nicht gewollt war.[16]

c) Vorverträge

Auch der Abschluß eines Vorvertrages ist möglich.

Ein solcher Vorvertrag kommt vor allem in Betracht, wenn die Durchführung des Bauvorhabens noch nicht feststeht.[17] Der BGH hat im Interesse des Bauherrn die Bindungswirkung eines solchen Vorvertrages einschränkend interpretiert.[18]

2. Unentgeltliche Leistungen

a) Die Vermutung der Entgeltlichkeit

Ebenso wie im Handelsverkehr (§ 354 HGB) wird vermutet, daß ein Architekt im Regelfall nicht unentgeltlich tätig wird.[19] Die Unentgeltlichkeit der Abrede hat deshalb derjenige zu beweisen, der sich auf sie beruft.[20]

Dafür genügt nicht die – unstreitige oder bewiesene – Tatsache, daß der Architekt nach den Worten des Bauherrn „unverbindlich" tätig werden sollte. Damit wird nur eine inhaltliche Beschränkung des Auftrags dahin zum Ausdruck gebracht, daß der Architekt noch nicht alle Leistungen, sondern nur diejenigen Teilleistungen erbringen soll, die zwecks Klärung einer Vorfrage notwendig sind,[21] z.B. eine Vorplanung zwecks Klärung der Genehmigungsfähigkeit des Bauvorhabens oder der Schätzung der voraussichtlichen Baukosten; in diesem Fall darf der Architekt nur diese Teilleistung erbringen und kann nicht gleich mit einer ausgearbeiteten Entwurfsplanung den Bauherrn überraschen.[22]

b) Vorbereitende Tätigkeit und Akquisition

In der Praxis bereitet die Abgrenzung zwischen (honorarpflichtigen) vorbereitenden Tätigkeiten des Architekten und (honorarfreien) Akquisitionstätigkeiten desselben oft Schwierigkeiten. Maßgebendes Kriterium dürfte der Gesichtspunkt sein, daß die Vorarbeiten des Architekten für den Bauherrn von bleibendem Interesse sind.[23]

---

[16] *BGH,* NJW 1985, 2830; 1987, 2742; *OLG Hamm,* NJW-RR 1996, 83; *Werner/Pastor,* Rdnr. 612 ff.

[17] *Werner/Pastor,* Rdnr. 632 ff.

[18] *BGHZ* 102, 384 = NJW 1988, 1261.

[19] *BGH,* NJW 1987, 2742; *OLG Köln,* MDR 1990, 244; *OLG Düsseldorf,* NJW-RR 1998, 1317.

[20] *BGH,* NJW 1987, 2742; *Werner/Pastor,* Rdnr. 620, 623; teilw. abw. *BGHZ* 136, 33 = NJW 97, 3017; *OLG München,* NJW-RR 1996, 83.

[21] *LG Münster,* NJW 1966, 1445; *OLG Saarbrücken,* NJW 1967, 2359; *OLG Düsseldorf,* NJW-RR 1992, 1172; *Werner/Pastor,* Rdnr. 625.

[22] *Neuenfeld,* Bd. 2, § 4 HOAI, Rdnr. 21.

[23] *BGHZ* 136, 33 = NJW 1997, 3017; *OLG Hamm,* NJW-RR 1986, 1280; 1990, 91; 1996, 83; *OLG Koblenz,* NJW-RR 1996, 1045; *Werner/Pastor,* Rdnr. 630, 631; *Bindhardt/Jagenburg,* § 2, Rdnr. 54.

3. *Umfang des Auftrags*

In Literatur und Rechtsprechung wird teilweise angenommen, daß der Auftrag an einen Architekten sich im Zweifel auf die Erbringung sämtlicher bei der Errichtung des Bauwerks erforderlichen Leistungen beziehe, m.a.W. den Gesamtarchitektenvertrag umfasse.[24] Bei der Vielfalt der vorkommenden Mischformen ist dies aber abzulehnen.[25]

Es ist Aufgabe derjenigen Partei, die aus der Behauptung der Auftragserteilung hinsichtlich einer bestimmten Leistungsphase Rechte herleiten will, den entsprechenden Umfang des Auftrags darzulegen und zu beweisen.[26] Im Einzelfall kann der Architekt diesen Beweis durch die widerspruchslose Entgegennahme oder Verwertung der Leistung, der Bauherr diesen Beweis durch den Nachweis einer entsprechenden Tätigkeit des Architekten führen.[27] Ferner spricht meist eine tatsächliche Vermutung dafür, daß einzelne, einander bedingende Leistungsphasen auch einheitlich vergeben werden.[28] In der Literatur wird weitergehend auch die Auffassung vertreten, daß bei einem Fortschreiten der Architektenleistung im Zweifel der Gesamtauftrag als erteilt gilt.[29]

4. *Formularverträge*

Bei Architektenverträgen werden in der Praxis häufig Formularverträge verwendet, die der Inhaltskontrolle nach dem AGBG unterliegen.[30]

Dies gilt vor allem für die von dem Architekten als Verwender in den Vertrag eingeführten Haftungsbeschränkungen.[31] Von besonderer Bedeutung ist der von der Bundesarchitektenkammer herausgegebene Einheitsarchitektenvertrag, bei dessen Neufassung von 1993 die Frage der Vereinbarkeit einzelner Klauseln mit dem AGBG höchst kontrovers ist.[32]

---

[24] *BGHZ* 31, 224, 226 = NJW 1960, 431; im Grundsatz zust. *Bindhardt/Jagenburg*, § 2, Rdnr. 48 ff.; differenzierend *Werner/Pastor*, Rdnr. 773 ff.

[25] In dieser Richtung *BGH*, NJW 1980, 122; *OLG Düsseldorf*, NJW 1982, 1541; NJW-RR 1995, 1425; *OLG München*, NJW-RR 1996, 341; *OLG Hamm*, NJW-RR 1990, 91; *Jagenburg*, BauR 1988, 155; NJW 1992, 149.

[26] *Locher*, BauR 1974, 293; ders. Rdnr. 215; *Sangenstedt*, ZAP, Fach 5, S. 98.

[27] Zurückhaltender *BGHZ* 136, 33 = NJW 1997, 3017.

[28] *OLG Düsseldorf*, BauR 1981, 401; 1982, 597; vgl. demgegenüber *Werner/Pastor*, Rdnr. 783 betr. Großprojekte, bei denen Planung und Ausführung in verschiedene Hände gegeben werden.

[29] *Werner/Pastor*, Rdnr. 781 (Überschreiten des Stadiums der Vorplanung); weitergehend *Neuenfeld*, Bd. 2, § 4 HOAI, Rdnr. 48.

[30] *Bindhardt/Jagenburg*, § 2, Rdnr. 15 ff.; *Neuenfeld/Groscurth*, Bd. 1, II, Rdnr. 301 ff. – Zum gesetzlichen Leitbild i.S. des § 9 AGBG s.u. IV, 2, e.

[31] S.u. 3.Teil, III, 2, b.

[32] Krit. vor allem *Bartsch*, BauR 1994, 314; gegen ihn *Löffelmann*, BauR 1994, 563; vgl. ferner zur Fassung 1985 *Neuenfeld/Groscurth*, Bd. 1, II, Rdnr. 306 ff.

III. Unwirksamkeitsgründe

1. *Unerlaubte Rechtsberatung*

Der Architektenvertrag kann wegen Verstoßes gegen Art. 1 § 1 RBerG nichtig sein (§ 134 BGB), wenn der Architekt im Vertrag die Besorgung von Rechtsangelegenheiten übernimmt, die über seine eigentliche Berufsaufgabe – die Planung und Errichtung des Gebäudes – hinausgehen.[33]

a) Abgrenzung der erlaubten Tätigkeiten.

Erlaubt sind dem Architekten die Besorgung rechtlicher Angelegenheiten, soweit es sich um Nebenpflichten im Rahmen seiner Berufsaufgaben handelt (Art. 1 § 5 Nr. 1 RBerG).

Das sind: rechtliche Beratung und Mitwirkung bei der Vergabe der Unternehmerleistungen (§ 15 II Nr. 7 HOAI), Mitwirkung bei der Rüge und Beseitigung von Baumängeln (§ 15 II Nr. 9 HOAI), Beachtung baurechtlicher Vorschriften[34] und Hinweise auf steuerliche Vergünstigungen[35] bei der Planung. Darüber hinaus geht die Ausarbeitung der Verträge betreffend die Veräußerung des Gebäudes[36] oder die Führung von Rechtsstreitigkeiten für den Auftraggeber.[37]

b) Rechtsfolgen des Verstoßes

Ist Art. 1 § 1 RBerG einschlägig, so ist jedenfalls die Verpflichtung des Architekten zur Vornahme der verbotenen Tätigkeit unwirksam und der darauf fußende Honoraranspruch nicht gegeben.

Ob die insoweit eingetretene Teilnichtigkeit die Nichtigkeit des gesamten Architektenvertrages zur Folge hat, ist unter Beachtung des § 139 BGB nach den Umständen des Einzelfalles zu beurteilen, jedoch im Zweifelsfalle zu verneinen.[38] Soweit Nichtigkeit vorliegt, muß eine Abwicklung nach Bereicherungsgrundsätzen erfolgen, wobei im Einzelfall bei Kenntnis des Architekten von dem Verstoß § 817 Satz 2 BGB eingreifen kann.[39]

2. *Verbot der Architektenbindung von Grundstücken*

a) Allgemeines

Nach Art. 10 § 3 des Gesetzes vom 4. 11. 1971[40] ist eine Koppelung von Grundstückskaufverträgen mit Ingenieur- und Architektenverträgen un-

---

[33] *BGHZ* 70, 12 = NJW 1978, 322; *Kniffka,* ZfBR 1994, 253; *Werner/Pastor,* Rdnr. 654.

[34] *BGHZ* 60, 1 = NJW 1973, 237; *BGHZ* 68, 169, 177 = NJW 1977, 898.

[35] *BGHZ* 60, 1 = NJW 1973, 237.

[36] *BGH,* NJW 1976, 1635; *BGHZ* 70, 12 = NJW 1978, 322.

[37] *OVG Lüneburg,* NJW 1972, 840; *OVG Münster,* NJW 1979, 2165.

[38] *Bindhardt/Jagenburg,* § 2, Rdnr. 103, *Kniffka,* ZfBR 1995, 14.

[39] Hierzu *BGHZ* 50, 86 = NJW 1968, 1329; *BGHZ* 70, 12 = NJW 1978, 322; *Bindhardt/Jagenburg,* § 2, Rdnr. 103; *Kniffka,* ZfBR 1995, 14.

[40] BGBl. I 1971, S. 1745.

zulässig. Der Gesetzgeber bezweckt, dem Erwerber von Grundstücken die Freiheit in der Auswahl von Architekt und Ingenieur nach Eignung und Zuverlässigkeit zu garantieren und diesen Personen die Ausbeutung entsprechender Monopolstellungen zu untersagen.[41]

b) Voraussetzungen

Die Vorschrift wird von der Rechtsprechung weit ausgelegt.[42]

(1) Erfaßt werden unstreitig nicht nur entsprechende Vereinbarungen im Grundstückskaufvertrag,[43] sondern auch Architekten- und Architektenvorverträge, die zwischen Architekt und Grundstückserwerber im Zusammenhang mit dem Grundstückskauf stehen.[44] Dabei spielt es für die Anwendung der Verbotsnorm keine Rolle, von wem die Initiative für die Koppelung ausging,[45] ebensowenig darauf, daß Eigentümer und Architekt von der von dem anderen veranlaßten Koppelung Kenntnis hatten.[46] Auch ein mittelbarer Zwang, den erwähnten Architekten zu beauftragen, kann genügen,[47] ja sogar schon der Anschein einer Koppelung.[48] Erfaßt wird auch der Verkauf von eigenen Grundstücken des Architekten und seiner Ehefrau.[49] Dem Verdikt kann der Architekt auch nicht dadurch entgehen, daß er über die eigentlichen Architektenleistungen hinaus zusätzliche Leistungen übernimmt und den Vertrag damit einem Baubetreuungsvertrag annähert,[50] für den Art. 10 § 3 an und für sich nicht gilt.[51]

(2) Für zulässig wird man es dagegen halten, wenn der Architekt *nach* Abschluß des Grundstückskaufvertrages einen Architektenvertrag abschließt, sobald der Erwerber über seine Entschließungsfreiheit aufgeklärt ist.[52] Der *BGH* hat es aus Gründen der praktischen Unvermeidbarkeit auch zugelassen, daß der sein Eigentum zu Wohnungseigentum aufspaltende Eigentümer (§ 8 WEG) in der Teilungserklärung die einzelnen

---

[41] BT-Dr. VI/1549, S. 14 ff.; *BGH*, NJW 1986, 1811; *Werner/Pastor*, Rdnr. 668.

[42] Überblicke bei *Neuenfeld/Groscurth*, Bd. 1, II, Rdnr. 39 ff.; *Bindhardt/Jagenburg*, § 2, Rdnr. 106 ff.; *Koeble*, BauR 1973, 25; *Hesse*, BauR 1977, 73; *Werner/Pastor*, Rdnr. 668 ff. – Eine einengende Auslegung befürwortend früher *Jagenburg*, BauR 1979, 91 m. Nw.

[43] *BGHZ* 71, 33 = NJW 1978, 1434; *BGH*, NJW-RR 1992, 1372; *KG*, NJW-RR 1992, 916; vgl. auch *BGHZ* 70, 262 = NJW 1978, 820 (Abstandszahlung); krit. *Jagenburg*, BauR 1979, 103.

[44] *BGHZ* 64, 173 = NJW 1975, 1218; *LG Bonn*, NJW 1973, 1843; *OLG Hamm*, BauR 1993, 495 m. Anm. *Haß; LG Kiel*, NJW-RR 1995, 981; *Werner/Pastor*, Rdnr. 672.

[45] *BGHZ* 64, 173 = NJW 1975, 1218; *BGH*, NJW 1981, 1840; *BGHZ* 89, 240 = NJW 1984, 732; a.A. *Jagenburg*, BauR 1979, 98; *Bindhardt/Jagenburg*, § 2, Rdnr. 131.

[46] *Werner/Pastor*, Rdnr. 674.

[47] *BGH*, BauR 1982, 183 (Auflagen zur Weiterveräußerung bei Nichtbebauung); *BGHZ* 40, 262 = NJW 1978, 829 (Abstandszahlung); *BGH*, NJW 1981, 2189; 1983, 227 (Architektenwettbewerb).

[48] *BGH*, NJW 1981, 1840; *OLG Hamm*, BauR 1994, 494; *Werner/Pastor*, Rdnr. 690.

[49] *BGHZ* 70, 55 = NJW 1978, 639; *OLG Düsseldorf*, BauR 1985, 700; *Werner/Pastor*, Rdnr. 680.

[50] *BGHZ* 70, 55 = NJW 1978, 639; *BGH*, NJW-RR 1991, 143; *Bindhardt/Jagenburg*, § 2, Rdnr. 158 ff.

[51] *BGHZ* 63, 302 = NJW 1975, 259; *BGHZ* 89, 240 = NJW 1984, 732; *BGH*, NJW 1993, 2240; *Werner/Pastor*, Rdnr. 682; krit. und de lege ferenda *Hesse*, BauR 1985, 30; *OLG Frankfurt*, NJW 1975, 1706; einschr. *VGH Kassel*, NJW 1985, 1356.

[52] *BGH*, BauR 1979, 530; *Jagenburg*, BauR 1979, 102; a.A. *OLG Köln*, BauR 1976, 290.

Erwerber verpflichtet, den bisher mit der Planung befaßten Architekten mit den weiter notwendigen Architektenaufgaben zu beauftragen.[53]

c) Rechtsfolgen

Der Verstoß gegen Art. 10 § 3 führt zur Nichtigkeit des Architektenvertrages, während der Grundstückskaufvertrag – im Zweifel – wirksam bleibt.[54]

(1) Eine Einengung dieser Rechtsfolge durch die Arglisteinrede (§ 242 BGB) dürfte dem Schutzzweck widersprechen.[55] In Frage kommt aber eine spätere Neuvornahme[56] und auch eine Bestätigung nach § 141 BGB, die aber ein rechtsgeschäftliches Verhalten in Kenntnis der bisherigen Unwirksamkeit voraussetzt.[57]

(2) Bei Unwirksamkeit des Architektenvertrages schuldet der Bauherr gemäß § 812 BGB das nach der HOAI zu berechnende Architektenhonorar, soweit er die Architektenleistung entgegengenommen hat und noch bereichert ist.[58] Schwierigkeiten ergeben sich allerdings bei unwirksamen Architektenvertrag hinsichtlich der (nunmehr nichtigen) Vertragsabreden, die zugunsten des Erwerbers gewirkt hätten.[59]

3. Schwarzarbeit

Ein Architektenvertrag mit der Abrede, daß das Architektenhonorar ohne Rechnung und ohne Mehrwertsteuer bezahlt werden soll, ist nach § 134 BGB in Verbindung mit dem Gesetz zur Bekämpfung der Schwarzarbeit[60] nichtig.[61]

Dem Architekten steht kein Honoraranspruch, dem Bauherrn stehen keine Gewährleistungsansprüche aus Vertrag zu.[62] Ob Bereicherungsansprüche entstehen oder an § 817 S. 2 BGB scheitern, ist umstritten und zweifelhaft.[63]

---

[53] *BGH,* NJW 1986, 1811 (insoweit im Gegensatz zu der in Fußn. 43 zitierten Rechtspr. betr. die Einzelveräußerung).

[54] *Werner/Pastor,* Rdnr. 669, 694.

[55] *Werner/Pastor,* Rdnr. 696; a.A. *OLG Hamm,* BauR 1974, 135; *Jagenburg,* BauR 1979, 101.

[56] S.o. Fußn. 52.

[57] *OLG Düsseldorf,* BauR 1975, 138; *Bindhardt/Jagenburg,* § 2 Rdnr. 142; a.A. *Werner/Pastor,* Rdnr. 694.

[58] *BGH,* NJW 1982, 879; *OLG Hamm,* NJW-RR 1986, 449; BauR 1993, 494; *Werner/Pastor,* Rdnr. 695; teilw. abw. *LG Kiel,* NJW-RR 1995, 981 (Anwendung von § 817 S. 2 BGB).

[59] Hierzu *Werner/Pastor,* Rdnr. 695; *Weyer,* BauR 1984, 324.

[60] Gesetz vom 30. 3. 1957 i.d.F. vom 26. 7. 1994 (BGBl. I S. 1792).

[61] *OLG Hamm,* NJW-RR 1997, 722.

[62] *OLG Hamm,* aaO.

[63] Bejahend *BGH,* NJW 1990, 2542; *OLG Düsseldorf,* NJW-RR 1993, 884; *Werner/Pastor,* Rdnr. 1044, 1921; verneinend *OLG Köln,* NJW-RR 1990, 251; *LG Bonn,* NJW-RR 1991, 180.

4. Verstoß gegen § 4 I HOAI

Ein Verstoß gegen die Höchstsätze der HOAI hat nicht die Unwirksamkeit des Architektenvertrages zur Folge; vielmehr wird lediglich das Honorar auf die Höchstsätze gekürzt.[64]

5. Fehlende Baugenehmigung

Ein Fehlen der Baugenehmigung hat keinen Einfluß auf die Wirksamkeit des Architektenvertrages.[65]

Der Architekt ist aber nach Treu und Glauben (§ 242 BGB) im Einzelfall verpflichtet, die Erbringung fortgeschrittener Leistungsphasen, insbesondere die Vergabe der Aufträge, so lange zurückzustellen, bis die Baugenehmigung erteilt ist.[66]

IV. Rechtsnatur des Architektenvertrages

1. Meinungsstand

Der Streit um die Rechtsnatur des Architektenvertrages kann hier nicht im einzelnen dargestellt werden. Die Rechtsprechung und h.L. ist von der „Werkvertragstheorie" geprägt.[67] Dies gilt sowohl bei dem auf die Planung beschränkten Architektenvertrag[68] als auch beim Gesamtarchitektenvertrag.[69]

Unklar blieben bisher Architektenverträge über die Objektüberwachung (bisher Bauleitung), die die Rechtspr. noch als Dienstverträge einordnete;[70] auch hier hat sich der BGH nach einigem Zögern nun zur Anwendung des Werkvertragsrechts bekannt.[71] Umstritten sind jetzt nur noch Teilverträge betr. Grundlagenermittlung (§ 15 Nr. 1 HOAI)[72] sowie Objektbetreuung/Dokumentation (§ 15 Nr. 9 HOAI),[73] bei denen teilweise noch Dienstvertragsrecht für anwendbar gehalten wird.[74]

---

[64] *BGH,* NJW-RR 1990, 239; *Werner/Pastor,* Rdnr. 697; s.u. 2. Teil, I, 3, d, (2), Fußn. 47.

[65] H.M.; vgl. *Werner/Pastor,* Rdnr. 657.

[66] S. u. V, 1, b, Fußn. 197.

[67] *BGHZ* 31, 224 = NJW 1960, 431; *BGHZ* 62, 204 = NJW 1974, 898; Überblick bei *Werner/Pastor,* Rdnr. 645 ff. – Krit. *Tempel,* JuS 1964, 346; *Jakobs,* FS Ballerstedt (1975), S. 355 366; *Ganten,* FS Korbion (1986), S. 85, 93.

[68] *RGZ* 97, 122, 125; *BGHZ* 37, 341 = NJW 1962, 1764.

[69] *BGHZ* 31, 224 = NJW 1960, 431; *Bindhardt/Jagenburg,* § 2, Rdnr. 71.

[70] *BGHZ* 32, 206 = NJW 1974, 898; *BGHZ* 59, 163 = NJW 1972, 1799.

[71] *BGHZ* 82, 100 = NJW 1982, 438; *Bindhardt/Jagenburg,* § 2, Rdnr. 72 ff. m.Nw.

[72] *Werner/Pastor,* Rdnr. 650; *Locher,* Rdnr. 224; *Motzke,* Rdnr. 15–17.

[73] *OLG Hamm,* NJW-RR 1995, 400; *Werner/Pastor,* Rdnr. 652; *Motzke,* Rdnr. 21, 22.

[74] Vgl. jedoch *Locher,* Rdnr. 224.

2. Einzelfragen

Geht man mit der h.M. von der Werkvertragstheorie aus, so ergeben sich weitere Einzelfragen.

a) Das Architektenwerk

Zunächst geht es um die Umschreibung des Architektenwerkes. Schuldet der Architekt ein geistiges, durch seine Aufgaben umschriebenes Architektenwerk[75] oder darüber hinaus das materielle Bauwerk?[76] Die Frage kann nur im erstgenannten Sinne entschieden werden, wenn man den Ansatz des *BGH* beachtet, wonach die Tätigkeit des Architekten zwar auf die Erstellung des Bauwerks gerichtet ist, er andererseits Gewährleistung nur im Rahmen der ihm obliegenden Pflichten schuldet.[77]

Diese Auffassung hat zur Konsequenz, daß die Gewährleistungsvorschriften der §§ 633 ff. BGB nicht nur für sich im Bauwerk manifestierende Mängel gelten, sondern auch im Rahmen der vermögensrechtlichen Betreuung des Bauherrn durch den Architekten auftretende Mängel.[78] Dies hat wieder Konsequenzen für den Umfang der Haftung nach § 635 BGB und der damit verbundenen Verjährung nach § 638 BGB.[79]

b) Mangelfolgeschäden

Nicht entschieden ist mit der rechtlichen Einordnung des Architektenvertrages als Werkvertrag die davon unabhängige Frage, ob Mangelfolgeschäden nach den Vorschriften über die positive Vertragsverletzung zu regulieren oder im Interesse einer einheitlichen Verjährung nach § 638 BGB einzubeziehen sind.[80]

c) Abnahme des Architektenwerks

Zweifelhaft ist, ob das Architektenwerk in dem unter a) beschriebenen, geistigen Sinne gemäß § 640 I BGB abgenommen werden kann. Das wird von der Rechtsprechung des BGH und der h.M. bejaht,[81] während eine

---

[75] Sog. eingeschränkte Werkvertragstheorie: *BGHZ* 31, 224 = NJW 1960, 431; *Bindhardt/Jagenburg,* § 2, Rdnr. 64, *Motzke,* Rdnr. 12, 24.

[76] Sog. erweiterte Werkvertragstheorie: *Ganten,* NJW 1970, 687; *Hess,* Die Haftung des Architekten für Mängel des Bauwerks, 4. Aufl. (1980), Rdnr. 23, 30.

[77] *BGHZ* 31, 224 = NJW 1960, 431; *BGHZ* 42, 16 = NJW 1964, 1719.

[78] *BGHZ* 74, 235 = NJW 1979, 1499; *Bindhardt/Jagenburg,* § 1, Rdnr. 29; *Neuenfeld/Dohna,* Bd. 1, IV, Rdnr. 73 ff.

[79] S.u. 3. Teil, I, 3; *Werner/Pastor,* Rdnr. 1486.

[80] *Bindhardt/Jagenburg,* § 4, Rdnr. 52 ff; m.Nw. –. Einzelfragen zur Abgrenzung s.u. 3. Teil, II, 6, b.

[81] *BGHZ* 37, 341 = NJW 1962, 1764; *BGHZ* 48, 257 = NJW 1967, 2259; *BGHZ* 83, 181 = NJW 1982, 1387; *BGHZ* 125, 111 = NJW 1994, 1276; *Bindhardt/Jagenburg,* § 3, Rdnr. 3 m.Nw.; *Locher,* Rdnr. 248; *Werner/Pastor,* Rdnr. 962.

Mindermeinung gegen eine Abnahmefähigkeit und für die Anwendung des § 646 BGB plädiert.[82]

(1) Die beiden Meinungen liegen allerdings nicht sehr weit auseinander. Einigkeit besteht darüber, daß es für die Abnahme nicht auf die Fertigstellung des materiellen Bauwerks ankommt, sondern auf die Entgegennahme des „geistigen" Architektenwerks.[83] Die h.M. verlangt hierfür die Abnahmefähigkeit, was die Vollendung der Architektenleistungen voraussetzt. Die Abnahmeerklärung besteht dann in der meist schlüssig erklärten Anerkennung der Architektenleistungen durch den Bauherrn.[84]

(2) Die eigentliche Problematik zeigt sich beim Vollarchitektenvertrag in der von der HOAI in § 15 II Nr. 9 eingeführten Leistungsphase „Objektbetreuung und Dokumentation" wodurch der Zeitpunkt der Abnahmefähigkeit weit hinausgeschoben wird.[85] Hier ist die Vertragspraxis auf abweichende Vereinbarungen angewiesen, z.B. durch Vereinbarung von Teilabnahmen.[86]

d) Sicherungshypothek nach § 648 BGB

Nicht entschieden ist mit der Bejahung der Werkvertragstheorie die Anwendung des § 648 BGB auf den Vergütungsanspruch des Architekten.[87]

Hierzu bedarf es einer eigenständigen, auf den Sinn und Zweck des § 648 BGB abgestellten Interpretation.[88]

e) Leitbildfunktion

Die Einordnung des Architektenvertrages als Werkvertrag hat Auswirkungen auf die Leitbildfunktion im Rahmen des § 9 AGBG.

(1) Das gilt vor allem für die nunmehr außer Betracht bleibenden Vorschriften des Dienstvertragsrechts, z.B. der §§ 613, 627, 628 BGB.[89]. Umgekehrt ist mit der Einordnung des Architektenvertrages in das Werkvertragsrecht die objektive Gewährleistung (§ 633 BGB)[90] und die fünfjährige Gewährleistungsfrist (§ 638 BGB)[91] als gesetzliches Leitbild maßgebend. Dieses Leitbild kann formularmäßig nicht durch eine abweichende Vereinbarung, in der ein anderer Vertragstyp als maßgebend erklärt wird, außer Kraft gesetzt werden.[92]

---

[82] *Jakobs,* FS Ballerstedt (1975), S. 355, 378; *Wolfensberger/Maltrecht,* BauR 1984, 574.

[83] *OLG Hamm,* MDR 1974, 313; *Bindhardt/Jagenburg,* § 3, Rdnr. 32; *Locher,* Rdnr. 248; *Werner/Pastor,* Rdnr. 2397.

[84] *BGHZ* 72, 257 = NJW 1979, 214; *Neuenfeld/Groscurth,* Bd. 1, II, Rdnr. 101; *Bindhardt/Jagenburg,* Rdnr. 29 ff.

[85] *BGHZ* 125, 111 = NJW 1974, 1276 m.Nw.; *OLG Köln,* NJW-RR 1992, 1173; *Locher,* Rdnr. 248; a.A. *Bindhardt/Jagenburg,* § 3, Rdnr. 79 (Ende der Leistungsphase Nr. 8 – Objektüberwachung – sei entscheidend).

[86] *BGHZ* 125, 111 = NJW 1994, 1276; *Werner/Pastor,* Rdnr. 964.

[87] Bejahend *BGHZ* 51, 190 = NJW 1969, 419; s.u. 2. Teil, VI, 2.

[88] Hierzu *Tempel,* JuS 1973, 414; s.u. 2. Teil, VI, 2.

[89] Zu § 627 BGB vgl. *OLG Koblenz,* NJW 1958, 634.

[90] S.u. 3. Teil, I, 1, a; *Motzke,* Rdnr. 24.

[91] S.u. 3. Teil, IV, 1, a.

[92] *BGHZ* 74, 258 = NJW 1979, 2207.

(2) Neben dem Werkvertragscharakter kommt allerdings den Bestimmungen der HOAI eine zusätzliche Leitbildfunktion zu.[93] Hier geht es um vorformulierte Vertragsbedingungen von Bauherren (meist der öffentlichen Hand), die auf eine Verminderung des Honorars des Architekten abzielen.

e) Subsidiäre Haftung und Ausgleichsanspruch

Bei der Frage, ob der Architekt neben dem Bauunternehmer bei Vorliegen von Mängeln des Bauwerks gleichrangig oder nur subsidiär haftet, kann die Einordnung des Architektenwerks eine Rolle spielen.[94] Gleiches gilt für die Frage, ob der Architekt bei Pflichtverletzungen im Rahmen der Objektüberwachung einen Ausgleichsanspruch nach § 426 BGB (Ausgleich unter Gesamtschuldnern) hat.[95]

Nach den frühzeitig ergangenen Grundsatzentscheidungen des BGH[96] sind diese Fragen in den Hintergrund getreten.[97] Sie sind aber durch ein Urteil des BGH vom 9.5.1996 wieder ins Blickfeld geraten.[98]

V. Beendigung des Architektenvertrages

1. Kündigung

Bei Annahme eines Werkvertrages kann der Bauherr den Architektenvertrag jederzeit kündigen (§ 649 S. 1 BGB), der Architekt dagegen nur, wenn der Bauherr ihm obliegende Mitwirkungspflichten verletzt (§§ 642, 643 BGB)[99] oder wenn ein wichtiger Grund in dessen Person vorliegt.[100]

Die jederzeitige Kündbarkeit des Architektenvertrages durch den Bauherrn entspricht nicht den praktischen Erfordernissen. Sie wird in der Praxis regelmäßig abbedungen, indem die Kündbarkeit für beide Teile auf die Fälle eines wichtigen Grundes

---

[93] *BGHZ* 81, 229 = NJW 1981, 2351; *Neuenfeld/Groscurth,* Bd. 1, II, Rdnr. 350; *Ulmer/Brandner/Hensen,* Anh. 9–11 AGBG, Rdnr. 117; *Motzke,* Rdnr. 42 ff.

[94] *BGHZ* 39, 261 = NJW 1963, 1401.

[95] *BGHZ* 43, 227 = NJW 1965, 1175.

[96] Fußn. 94, 95. – Krit. hierzu *Tempel,* JuS 1965, 262; zust. *Bindhardt/Jagenburg,* § 9, Rdnr. 11 m.Nw.

[97] *Werner/Pastor,* Rdnr. 2013, 2262 behandeln das Problem nur noch unter dem Gesichtspunkt der Zulässigkeit einer Subsidiaritätsklausel, ohne auf die Gesetzeslage einzugehen.

[98] *BGH,* NJW 1996, 2370 (kein Schadensersatzanspruch des Bauherrn gegen Architekten, wenn dieser wegen des Mangels keinen Werklohn an den Bauunternehmer zahlen muß). – Krit. hierzu *Glöckner,* BauR 1997, 529.

[99] *Neuenfeld/Groscurth,* Bd. 1, II, Rdnr. 420; *Bindhardt/Jagenburg,* § 12, Rdnr. 13; *Jochem,* BauR 1976, 392.

[100] *BGH,* NJW-RR 1989, 1248; *OLG Düsseldorf,* BauR 1995, 267; *Jagenburg,* NJW 1995, 1999; *Neuenfeld/Groscurth,* Bd. 1, II, Rdnr. 42; *Werner/Pastor,* Rdnr. 951.

reduziert wird.[101] Dagegen dürften unter dem Gesichtspunkt des § 9 ABGB keine Bedenken zu erheben sein.[102] Eine andere Frage ist der Einfluß der vorzeitigen Beendigung des Architektenvertrages auf den Vergütungsanspruch des Architekten.[103]

2. *Einverständliche Aufhebung*

Entsprechend der Vertragsfreiheit können die Parteien den Architektenvertrag jederzeit im gegenseitigen Einvernehmen aufheben.[104] Die Abgrenzung gegenüber einer widerspruchslos hingenommenen Kündigung ist in der Praxis verschwommen.

3. *Rücktritt des Bauherrn*

Der Bauherr hat nach § 636 I BGB ein Rücktrittsrecht, wenn der Architekt das Werk ganz oder zum Teil nicht rechtzeitig herstellt.[105]

Das Rücktrittsrecht ist unabhängig davon gegeben, ob der Architekt die Verzögerung zu vertreten hat; es besteht nach Treu und Glauben nicht, wenn der Bauherr die Verzögerung – z.B. durch nachträgliche Sonderwünsche oder durch Verletzung von Mitwirkungspflichten – selbst herbeigeführt hat oder wenn der Architekt wegen Zahlungsverzugs des Bauherrn mit Abschlagzahlungen zur Zurückbehaltung seiner Leistung berechtigt ist.[106] Im Regelfall muß der Bauherr dem Architekten eine Frist zur Bewirkung seiner Leistung mit Ablehnungsandrohung setzen (§§ 636 I, 634 I BGB); der Fristsetzung bedarf es in den Fällen § 634 II BGB nicht.[107]

4. *Tod eines Vertragpartners*

a) *Tod des Architekten*

Der Tod des Architekten beendet das Vertragsverhältnis, da die von dem Architekten geschuldeten Leistungen höchstpersönlicher Natur sind.[108]

Etwas anderes gilt, wenn der Architektenvertrag mit einer Sozietät oder juristischen Person geschlossen war; hier kommt eine Kündigung des Architektenvertrages nur in Frage, wenn der verstorbene Architekt die federführende Rolle bei der Abwicklung des Vertragsverhältnisses innegehabt hat.[109]

---

[101] *Neuenfeld/Groscurth*, Bd. 1, II, Rdnr. 406; *Werner/Pastor*, Rdnr. 951. Zu einzelnen Kündigungsgründen: *BGH*, NJW 1977, 1915 L; NJW-RR 1994, 15; *OLG Düsseldorf*, BauR – 1996, 574; *OLG Naumburg* NJW-RR 1996, 1302.

[102] *LG Aachen*, NJW-RR 1988, 1364; *Motzke*, Rdnr. 188; *Werner/Pastor*, Rdnr. 950; *Neuenfeld/Groscurth*, Bd. 1, II, Rdnr. 348, a.A. *OLG Hamburg*, MDR 1992, 1059.

[103] S.u. 2. Teil, V, 3.

[104] *Bindhardt/Jagenburg*, § 12, Rdnr. 14.

[105] *Bindhardt/Jagenburg*, § 6, Rdnr. 166 ff.; *Locher*, Rdnr. 270.

[106] *Bindhardt/Jagenburg*, § 6, Rdnr. 169.

[107] Hierzu *Bindhardt/Jagenburg*, § 6, Rdnr. 168.

[108] *Locher*, Rdnr. 355; *Bindhardt/Jagenburg*, § 12, Rdnr. 15.

[109] Im Ergebnis ebenso *Neuenfeld/Groscurth*, Bd. 1, II, Rdnr. 388, die aber eine automatische Beendigung annehmen.

b) Tod des Bauherrn

Der Tod des Bauherrn führt nicht zu einer automatischen Beendigung des Architektenvertrages. Die Erben haben aber ein Kündigungsrecht aus wichtigem Grund.[110]

5. Insolvenz eines Vertragspartners

a) Insolvenz des Architekten

Fällt der Architekt in Konkurs, so hat der Insolvenzverwalter das Wahlrecht aus § 103 InsO, wobei er allerdings die Erfüllung nur wählen kann, wenn der Architekt – Gemeinschuldner zur Weiterarbeit bereit ist. Der Bauherr hat ein Kündigungsrecht aus wichtigem Grund.[111]

b) Insolvenz des Bauherrn

Gerät der Bauherr in Konkurs, so steht dessen Insolvenzverwalter das Wahlrecht aus § 103 InsO zu.[112]

Ob man bei Insolvenz des Bauherrn die §§ 115, 116 InsO – mit der Folge des automatischen Erlöschens des Architektenvertrages – anwenden sollte[113], erscheint fraglich; mE steht dies im Widerspruch zur Rechtsnatur des Architektenvertrages als Werkvertrag, der nicht als Geschäftsbesorgung eingeordnet werden kann.

Zweiter Teil. Der Vergütungsanspruch des Architekten

I. Allgemeines

1. Rechtsgrundlage

Rechtsgrundlage für den Vergütungsanspruch des Architekten ist § 632 BGB (gegebenenfalls § 612 BGB)[1], wobei sich die Berechnung der Vergütung nach der Verordnung über die Honorare für Leistungen der Architekten und Ingenieure (HOAI) vom 19. 9 1976[2] richtet, die von der Bundesregierung mit Zustimmung des Bundesrats aufgrund der Ermächtigung in Art. 10 § 2 des Mietrechtsverbesserungsgesetzes vom 4. 11 1971[3] erlassen wurde.

---

[110] *Locher,* Rdnr. 355; *Neuenfeld/Groscurth,* Bd. 1, II, Rdnr. 395.
[111] *Neuenfeld/Groscurth,* Bd. 1, II, Rdnr. 397 ff.
[112] *NeuenfeldlGroscurth,* Bd. 1, II, Rdnr. 402.
[113] So für das bisherige Recht die Anwendung des § 23 KO befürwortend *Neuenfeld,* BauR, 1980, 130; *Locher,* Rdnr. 355.
[1] Entscheidend ist die rechtliche Einordnung des jeweiligen Vertrages; s.o. 1. Teil, IV, 1.
[2] BGBl. I, S. 2805.
[3] BGBl. I, S. 1745.

Die HOAI hat die vorher geltende Gebührenordnung für Architekten (GOA) abgelöst.[4] Sie wurde in der Zwischenzeit mehrfach abgeändert.[5] Seitens der Architekten ist die Neuregelung teilweise erheblicher Kritik ausgesetzt.[6]

2. *Anwendungsbereich der Honorarordnung*

a) Sachlicher Anwendungsbereich

Die HOAI regelt nach § 1 die Berechnung der Entgelte für die Leistungen der Architekten, soweit sie durch Leistungsbilder dieser Verordnung erfaßt werden. Soweit es sich um Leistungen bei Gebäuden (sowie Freianlagen und raumbildenden Ausbauten) handelt, bedarf es jeweils der Prüfung, ob die Leistungsphasen des § 15 HOAI einschließlich der Besonderen Leistungen (§ 2 III HOAI) gegeben sind.[7]

Von dem sachlichen Anwendungsbereich werden nicht erfaßt andere, in § 15 HOAI nicht erwähnte Leistungen, z.B. Gutachten über Materialien oder Bauleistungen.[8] Hier ist die Vergütung des Architekten nach den §§ 315, 316 BGB zu bestimmen.[9]

b) Persönlicher Anwendungsbereich

Der persönliche Anwendungsbereich der HOAI ist nach h.M. nicht auf die nach den Architektengesetzen der Länder zugelassenen Architekten beschränkt. Maßgebend für die Anwendbarkeit der HOAI ist vielmehr die sachliche Natur der Architektenleistungen, auch wenn sie von einem Nichtarchitekten erbracht werden.[10]

(1) Das bedeutet auch die Anwendbarkeit auf Vergütungsansprüche von juristischen Personen, die Architektenleistungen erbringen.[11] Trotz Erbringung sachlicher Architektenleistungen ist die HOAI nicht anwendbar, wenn ein Architekt solche Leistungen in einem Architekturbüro aufgrund unselbständiger Tätigkeit erbringt.[12] Ebenfalls ist die Anwendbarkeit zu verneinen auf Bauträger und andere Anbieter, wenn diese zusammen mit Bauleistungen auch Architektenleistungen erbringen.[13]

---

[4] Zur geschichtlichen Entwicklung der Gebührenordnungen *Neuenfeld,* Bd. 2, Vorb. Rdnr. 1 ff.

[5] ÄndVO vom 17.7.1984 (BGBl. I, S. 948); Gesetz vom 12.11.1984 (BGBl. I, S. 1337); ÄndVO vom 29.3.1988 (BGBl. I, S. 359); ÄndVO vom 4.3.1991 (BGBl. I S. 534); ÄndVO vom 21.9.1995 (BGBl. I, S. 1174); zu den einzelnen Verordnungen siehe *Neuenfeld,* Bd. 2, Vorb. Rdnr. 8 ff.

[6] *Neuenfeld,* Bd. 2, Vorb. Rdnr. 6 ff.

[7] Einzelheiten s.u. II, 1.

[8] *Werner/Pastor,* Rdor. 602.

[9] *Werner/Pastor,* Rdnr. 769, 770.

[10] *BGHZ* 136,1 = NJW 1997, 2329; *BGH,* NJW 1998, 1228; *OLG Düsseldorf,* NJW-RR 1993, 1173; a.A. *Locher/Koeble/Frik* § 1, Rdnr., 7 ff., *Werner/Pastor,* Rdnr. 604.

[11] *BGHZ* 136,1 = NJW 1997, 2329; *OLG Düsseldorf,* BauR 1996, 571; *OLG Frankfurt,* NJW-RR 1992, 1321.

[12] *OLG Düsseldorf,* BauR 1984, 671 L; *Werner/Pastor,* Rdnr. 606.

[13] *BGHZ* 136,1 = NJW 1997, 2329; *BGH,* NJW 1998, 1228; *OLG Stuttgart,* NJW-RR 1989, 917.

(2) Die h.M. geht inzwischen davon aus, daß die fehlende Qualifikation als Architekt für sich kein Grund ist, das Honorar des Erbringers dieser Leistungen zu kürzen, wenn die Leistung sachlich einwandfrei ist.[14]

Aus den gleichen Gründen sollte eine Anfechtung des Architektenvertrages nach § 119 II BGB (Fehlen einer wesentlichen Eigenschaft des Vertragspartners) nur in Frage kommen, wenn der Bauherr aus besonderen Gründen Wert auf die Architekteneigenschaft gelegt hat, z.B. bei der besonderen Größe des Bauwerks oder besonderen Schwierigkeiten des Bauvorhabens.[15] Auch ein Anspruch aus culpa in contrahendo sollte deshalb auf solche Fälle beschränkt werden.[16]

3. *Höchst- und Mindestsätze*

a) Grundsatz: Geltung der Mindestsätze

Die HOAI läßt der Vertragsfreiheit der Parteien insoweit Raum, als sie bei Auftragerteilung das Honorar innerhalb der durch die Honorartafel (§ 16 HOAI) niedergelegten Mindest- und Höchstsätze festlegen können (§ 4 I HOAI im Anschluß an Art. 10 § 2 III Nr. 3 MrVerbG). Sofern bei Auftragserteilung nicht schriftlich etwas anderes vereinbart ist, gelten die Mindestsätze als vereinbart (§ 4 IV HOAI). Die Mindestsätze sind damit die übliche Vergütung im Sinne des § 632 II BGB. Die Behauptungs- und Beweislast dafür, daß über die Mindestsätze hinaus ein Honorar vereinbart worden ist, trägt der Architekt.[17]

Von diesem Grundsatz der Geltung der Mindestsätze läßt die HOAI zwei Ausnahmen zu. Bei Aufträgen mit anrechenbaren Kosten (Bausumme) über 50 Millionen DM können die Vertragsparteien das Honorar frei vereinbaren (§ 16 III HOAI).[18] Eine Sonderregelung gilt nach § 16 II HOAI auch für Leistungen mit anrechenbaren Kosten bis 50.000 DM (§ 16 II HOAI).

b) Abweichende Vereinbarungen/Materielle Voraussetzungen

(1) Innerhalb der Spanne zwischen Mindest- und Höchstsätzen können die Parteien das Honorar ohne besondere Voraussetzungen anheben.[19]

Diese Vereinbarung muß ein bestimmtes Honorar ergeben, zumindest eine bestimmbare Vergütung zum Inhalt haben. In letzterem Falle kann dies geschehen durch Angabe eines bestimmten Prozentsatzes über den Mindestsätzen oder durch Festle-

---

[14] *Neuenfeld,* § 1 HOAI, Rdnr. 13 m.Nw.; *Werner/Pastor,* Rdnr. 605.

[15] Weitergehend *OLG Düsseldorf,* NJW-RR 1993, 1173; *OLG Nürnberg,* NJW-RR 1998, 1713; *Werner/Pastor,* Rdnr. 608 m.Nw.

[16] Weitergehend *OLG Düsseldorf,* NJW-RR 1993, 1173; *Bidinger/Jagenburg,* § 5, Rdnr. 3.

[17] *Neuenfeld,* Bd. 2, § 4 HOAI, Rdnr. 41, 42; *Werner/Pastor,* Rdnr. 703.

[18] Str. ist, ob der für 50 Millionen geltende Mindestsatz (§ 4 II HOAI) unterschritten werden darf; verneinend *Werner/Pastor,* Rdnr. 720; bejahend *Neuenfeld,* Bd. 2. § 16 HOAI, Rdnr. 9.

[19] *Sangenstedt,* ZAP Fach 5, S. 103; *Werner/Pastor,* Rdnr. 707; a.A. *Neuenfeld,* Bd. 2, § 4 HOAI, Rdnr. 4 (nur entsprechend Schwierigkeitsgrad und Aufwand).

gung der noch zu erörternden Bezugsgrößen.[20] Die Parteien können schließlich auch ein Pauschalhonorar vereinbaren.[21]

Die zulässige Spanne zwischen Mindest- und Höchstsätzen ist immer dann nach unten oder oben überschritten, wenn bei Zugrundelegung der richtigen Bezugsgrößen das Honorar im Endergebnis außerhalb dieser Spanne liegt.[22]

(2) Eine Überschreitung der Höchstsätze läßt § 4 III HOAI nur bei außergewöhnlichen oder ungewöhnlich lange dauernden Leistungen zu.

Es muß sich hierbei um Aufgaben handeln, die weit über dem Durchschnitt der von den Gebührensätzen zugrundegelegten Schwierigkeitsgrade und Bauzeiten hinausgehen.[23] Die Verlängerung der Bauzeit wurde bisher nicht als ein derart außergewöhnlicher Umstand angesehen.[24] Die Praxis hat sich bisher mit der Vereinbarung einer „Regelbauzeit" geholfen.[25] § 4a Satz 3 HOAI – eingeführt durch die 5. ÄnderungsVO[26] hat nunmehr eine Rechtsgrundlage für derartige Vereinbarungen geschaffen.[27]

(3) Eine Unterschreitung der Mindestsätze ist in Ausnahmefällen möglich (§ 4 II HOAI).[28]

Der Ausnahmefall muß in konkreten Umständen des Auftrages begründet sein. Er erfordert ein Mißverhältnis zwischen dem sich aus den Mindestsätzen ergebenden Honorar und dem im Einzelfall geringeren Wert der Leistung.[29] In Betracht kommen außerdem persönliche Beziehungen zwischen Architekt und Bauherr sowie karitative Gründe.[30]

c) Abweichende Vereinbarungen/Formelle Voraussetzungen

Die unter b) erwähnten Abweichungen sind an bestimmte formelle Voraussetzungen geknüpft.

(1) Die abweichende Vereinbarung erfordert Schriftform (§ 4 II–IV HOAI).

Das bedeutet nach § 126 I BGB die Unterzeichnung der Urkunde durch beide Vertragspartner.[31] Eine vom Architekvertrag getrennte Urkunde ist allerdings mög-

---

[20] *Sangenstedt,* aaO; *Werner/Pastor,* Rdnr. 711; zu den maßgebenden Kriterien *Neuenfeld,* Bd. 2, § 16 HOAI, Rdnr. 4–6.

[21] *KG,* NJW-RR 1994, 1298; *Lenzen,* BauR 1991, 692; *Neuenfeld,* Bd. 2, § 4 HOAI, Rdnr. 30; *Werner/Pastor,* Rdnr. 913. – Zur Beweislast vgl. *KG,* NJW-RR 1999, 242.

[22] *OLG Hamm,* NJW-RR 1994, 984; *Werner/Pastor,* Rdnr. 706, 720, 723, 816, 828.

[23] *Kroppen,* FS Korbion (1986), S. 232 m.Nw.; *Werner/Pastor,* Rdnr. 727.

[24] *OLG Hamm,* MDR 1985, 1031; *OLG Frankfurt,* BauR 1985, 585; *Osenbrück,* BauR 1987, 762; *Werner/Pastor,* Rdnr. 730.

[25] *Osenbrück,* BauR 1990, 762; *Werner/Pastor,* Rdnr. 730; zum Wegfall der Geschäftsgrundlage beim Pauschalvertrag vgl. *Werner/Pastor,* Rdnr. 918.

[26] S.o. Fußn. 5.

[27] Hierzu krit. *Neuenfeld,* Bd. 2, § 4a HOAI, Rdnr. 3.

[28] Hierzu *Osenbrück,* BauR 1987, 144; *Konrad,* BauR 1989, 653.

[29] *BGHZ* 136,1 = NJW 1997, 2329; *OLG Hamm,* NJW-RR 1988, m. Anm. *Sangenstedt,* BauR 1968, 368.

[30] *Osenbrück,* BauR 1986, 146; nur auf karitative und familiäre Gründe abstellend *Jagenburg,* BauR 1988, 158; einschr. auch *BGH,* NJW-RR 1997, 1448.

[31] *Werner/Pastor,* Rdnr. 735. – Zur körperlichen Verbindung einzelner Blätter vgl. nunmehr *Jagenburg,* NJW 1999, 1153 (unter Bezugnahme auf *BGHZ* 136, 357 = NJW 1998, 58

lich.[32] Auftragsbestätigungen reichen nicht aus.[33] Ein Zugang per Telefax soll nach der Rechtsprechung des BGH hierbei nicht genügen.[34]

(2) Die HOAI verlangt ferner, daß die abweichende Vereinbarung „bei Auftragserteilung" erfolgt (§§ 4 I, IV und § 4a HOAI).[35] Die h.M. legt dieses Erfordernis formell aus und läßt spätere abweichende Vereinbarungen im Grundsatz nicht zu.[36] Auch eine Umgehung dieses Erfordernisses durch Aufhebung und Neuabschluß des Architektenvertrages wird nicht zugelassen.[37]

Die h.M. gibt selbst zu, daß diese Regelung unbefriedigend ist, weil sich Gesichtspunkte für eine abweichende Vereinbarung oft erst im Laufe der Abwicklung des Bauvorhabens ergeben.[38] Der Schutz des Bauherrn ist durch das Schriftformerfordernis eigentlich genügend gewahrt.[39] Eine Ausnahme wird man bei Änderungen oder Erweiterungen des Architektenauftrages zulassen müssen.[40] Teilweise wird auch versucht, das Erfordernis „bei Auftragserteilung" etwas aufzulockern und abweichende Vereinbarungen, die in engem, zeitlichen Zusammenhang erfolgen, noch einzubeziehen.[41] Dagegeben sollen nach der Rechtsprechung abweichende Vereinbarungen zulässig sein, wenn sämtliche geschuldeten Architektenleistungen erbracht sind;[42] wenig einleuchtend ist, warum nach diesem Zeitpunkt dann ein völliger Verzicht des Architekten auf sein Honorar unzulässig bleiben soll.[43]

d) Rechtsfolgen bei unzulässigen Vereinbarungen

Lagen die unter b) und c) erwähnten Voraussetzungen nicht vor, so ist die abweichende Vereinbarung unwirksam. Das hat folgende Konsequenzen:

(1) Bei einer Vereinbarung über die Anhebung der Mindestsätze unter Wahrung der Höchstsätze[44] verbleibt es bei den Mindestsätzen.[45]

---

[32] *Werner/Pastor,* aaO.

[33] *BGH,* NJW-RR 1989, 786 (einseitige Auftragsbestätigung); *OLG Düsseldorf,* NJW-RR 1995, 340 (beiderseitige Auftragsbestätigung).

[34] *BGHZ* 121, 224, 228 = NJW 1993, 1126; *BGH,* NJW 1997, 3169; krit. *Jagenburg,* NJW 1999, 1153; a.A. KG NJW-RR 1994, 1298.

[35] Zur Bedeutung des § 154 II BGB siehe *Werner/Pastor,* Rdnr. 745 m.Nw.

[36] *BGH,* NJW-RR 1986, 18; 1986, 383; 1987, 1374; 1988, 725; *OLG Schleswig,* NJW-RR 1987, 535; *OLG Düsseldorf,* NJW-RR 1995, 1361; BauR 1996, 893; krit. *Werner/Pastor,* Rdnr. 748, 749; *Jagenburg,* NJW 1992, 148.

[37] *Sangenstedt,* ZAP Fach 5, S. 105.

[38] *Werner/Pastor,* Rdnr. 743, 759; *Kroppen,* FS Korbion (1986), S. 227, 228.

[39] Das entspricht den zahlreichen Schriftformerfordernissen des BGB, z.B. §§ 566, 766 BGB sowie neueren Verbraucherschutzgesetzen, z.B. § 4 VerbrKrG.

[40] *LG Köln,* BauR 1990. 634.

[41] *Werner/Pastor,* Rdnr. 749; vgl. auch *OLG Düsseldorf,* NJW-RR 1995, 274 (frühere unwirksame mündliche Vereinbarung).

[42] *BGH,* NJW-RR 1987, 13; 1988, 725; 1987, 1374; *OLG Stuttgart,* BauR 1995, 414 (Ende der Leistungsphase des § 15 II Nr. 9 HOAI!); *OLG Düsseldorf,* NJW-RR 1998, 1099; *Werner/Pastor,* Rdnr. 728, 752.

[43] *BGH,* NJW-RR 1996, 728.

[44] S.o. 3, b, (1).

[45] *Werner/Pastor,* Rdnr. 751.

(2) Bei einer unzulässigen Überschreitung der Höchstsätze[46] wird das Honorar auf die zulässigen Höchstsätze gekürzt.[47]

(3) Bei einer unzulässigen Unterschreitung der Mindestsätze[48] müßten folgerichtig die Mindestsätze als vereinbart gelten.

Der BGH will aber gegenüber einem solchen Verlangen des Architekten den Einwand des Rechtsmißbrauchs zulassen.[49] Auch kann dem Verlangen der Mindestsätze im Einzelfall ein Anspruch des Bauherrn aus culpa in contrahendo zustehen, wenn der Architekt den Bauherrn nicht über das Formerfordernis des § 4 II HOAI aufgeklärt hat.[50]

4. Grundleistungen und Besondere Leistungen

Eine weitere Besonderheit der HOAI ist die Unterscheidung zwischen Grundleistungen und Besonderen Leistungen. Sie werden in § 15 II HOAI gesondert umschrieben.

a) Grundleistungen

Grundleistungen sind diejenigen Leistungen, die zur ordnungsgemäßen Ausführung des Architekenauftrages im allgemeinen erforderlich sind (§ 2 I HOAI). Für sie kann der Architekt bei Erteilung des Auftrages in der Regel die entsprechende Vergütung verlangen.[51]

b) Besondere Leistungen

Sie fallen nach § 2 III HOAI an, wenn besondere Anforderungen an die Ausführung des Auftrags gestellt werden. Ihre Honorierung bedarf besonderer Vereinbarung.[52] Typische Fälle dieser Besonderen Leistungen sind in dem Katalog der einzelnen Leistungsphasen in § 15 II HOAI aufgeführt, der aber nicht abschließend ist (§ 2 III S. 2 HOAI).[53] Nach der gesetzlichen Regelung sind zu unterscheiden:

(1) Besondere Leistungen, die zu den Grundleistungen hinzutreten.[54]

---

[46] S.o. 3, b, (2).

[47] *BGH,* NJW-RR 1990, 276; *KG,* NJW-RR 1990, 91; *Werner/Pastor,* Rdnr. 697, 705; a.A. *Weyer,* BauR 1987, 140.

[48] S.o. 3, b, (3).

[49] *BGHZ* 136,1 = NJW 1997, 2329; NJW-RR 1999, 242; NJW-RR 1987, 13; ebenso *KG,* NJW-RR 1999, 242; hierzu *Jagenburg,* NJW 1997 2283; anders dagegen *OLG Hamm,* NJW-RR 1990, 522; *OLG München,* BauR 1997, 164; *Werner/Pastor,* Rdnr. 721.

[50] a.A. *BGH,* NJW-RR 1997, 1448.

[51] Zur teilweisen Leistungserbringung s.u. 5, b .

[52] Zur Unwirksamkeit abweichender AGB-Klauseln vgl. *Motzke,* Rdnr. 48; *Werner/Pastor,* Rdnr. 890; a.A. *LG Weiden,* BauR 1979, 71.

[53] Beispiel: *OLG Hamm,* NJW-RR 1994, 985.

[54] Zur Abgrenzung: *OLG Düsseldorf,* NJW-RR 1995, 1425; Einzelfragen bei *Weyer,* BauR 1995, 446.

Für sie darf ein Honorar nur vereinbart werden, wenn diese Leistungen zu den Grundleistungen einen nicht unwesentlichen Zeit- und Arbeitsaufwand verursachen (§ 5 IV S. 1 HOAI).[55] Formelle Voraussetzung ist eine schriftliche Vereinbarung,[56] die aber nach der Neufassung des § 5 IV HOAI durch die Novelle von 1990[57] auch nach der Auftragserteilung erfolgen kann.[58] § 5 IV S. 2 + 3 HOAI enthalten besondere Hinweise für die Berechnung des Honorars.[59]

(2) Besondere Leistungen, die ganz oder teilweise an die Stelle von Grundleistungen treten.

Für sie ist ein Honorar zu berechnen, das dem Honorar für die ersetzten Grundleistungen entspricht (§ 5 V HOAI).[60] Schriftform für die Vereinbarung ist hier nicht erforderlich.[61]

(3) Isolierte Besondere Leistungen.

Es handelt sich um Besondere Leistungen, die ohne Annex zu den Grundleistungen vergeben werden.[62] Hier ist eine formlose Vereinbarung zulässig, wobei die Vergütung von der HOAI nicht vorgeschrieben ist, sondern frei, z.B. auch nach Zeitaufwand erfolgen kann.[63]

(4) Besondere Leistungen zur Kostensenkung.

Hier kann nach § 5 IVa HOAI ein Erfolgshonorar vereinbart werden. Die Vereinbarung muß schriftlich und bei Auftragserteilung erfolgen.[64]

5. Teilleistungen

Bei Teilleistungen ist zu unterscheiden zwischen einem beschränkten Auftrag und der teilweisen Ausführung von Leistungen, die in Auftrag gegeben waren.

a) Beschränkte Auftragserteilung

Die Honorierung der Architektenleistungen bei beschränkten Aufträgen ist in der HOAI wie folgt geregelt:

(1) Werden nur einzelne Leistungsphasen des § 15 II HOAI in Auftrag gegeben,[65] so fallen nur die dem jeweiligen Leistungsbild zugeordneten Prozentsätze der Vergütung an (§ 5 I HOAI).

---

[55] *Werner/Pastor,* Rdnr. 891.

[56] *OLG Hamm,* NJW-RR 1993, 1175; 1998, 811; *Werner/Pastor,* Rdnr. 889 m.Nw.; zur Schriftform s.o. 3, c, (1).

[57] Fußn. 5.

[58] *Neuenfeld,* Bd. 2, § 5 HOAI, Rdnr. 9.

[59] Krit. zu dieser Regelung *Neuenfeld,* Bd. 2, § 5 HOAI, Rdnr. 9a; vgl. im übrigen *Werner/Pastor,* Rdnr. 894.

[60] Krit. *Neuenfeld,* Bd. 2, § 5 HOAI, Rdnr. 12.

[61] *BGH,* NJW-RR 1997, 1448; *Werner/Pastor,* Rdnr. 897.

[62] *Werner/Pastor,* Rdnr. 898. – Zur Abgrenzung *OLG Düsseldorf,* NJW-RR 1995, 276; *Locher/Koeble/Frik,* § 15 HOAI, Rdnr. 12.

[63] *Werner/Pastor,* Rdnr. 898; *Neuenfeld,* Bd. 2, § 5 HOAI, Rdnr. 14.

[64] *Werner/Pastor,* Rdnr. 898.

[65] Zu Teilarchitektenverträgen s.o. 1. Teil, II, 3.

(2) Werden aus einer Leistungsphase nicht alle Grundleistungen, sondern nur Teilleistungen vergeben, so darf nicht der volle Prozentsatz dieser Leistungsphase berechnet werden, sondern nur das Honorar, das dem Anteil an der gesamten Leistungsphase entspricht (§ 5 II HOAI). Dieses Honorar ist von den Parteien im Rahmen der schriftlichen Auftragserteilung zu berechnen[66] oder im Streitfall von dem Gericht gemäß § 287 ZPO zu schätzen.[67]

(3) Gleiches gilt, wenn Grundleistungen nach den zwischen Architekt und Bauherr getroffenen Vereinbarungen von anderen an der Planung und Überwachung fachlich Beteiligten erbracht werden (§ 5 III HOAI). Dabei wird nicht unterschieden, ob ein anderer Beteiligter die Leistung einer ganzen Leistungsphase oder nur Teile derselben übernimmt; im ersten Fall muß § 5 I, im zweiten Fall § 5 II HOAI gelten.

b) Teilweise Ausführung übertragener Leistungen

Für diese Fälle enthält die HOAI keine ausdrückliche Regelung.

(1) Ist eine übertragene Leistungsphase überhaupt nicht erbracht, so muß der für diese Leistungsphase vorgesehene Prozentsatz des Honorars entfallen.[68]

(2) Umstritten ist die Honorarberechnung, wenn innerhalb einer Leistungsphase einzelne Teilleistungen nicht vollständig erbracht werden.

Nach h.M. kann der Architekt in diesem Fall im Grundsatz das volle Honorar für die nicht voll ausgeführten Leistungen verlangen, wenn die unvollständigen Leistungen keinen Mangel des Architektenwerks bewirkt haben; ist das Architektenwerk mangelhaft, sollen dem Bauherrn Gewährleistungsansprüche zustehen.[69] Allerdings wird dieser Grundsatz von der h.M. wieder dahin eingeschränkt, daß sich das Architektenhonorar mindern soll, wenn der Architekt *zentrale* Leistungen der Leistungsphase nicht erbracht habe;[70] insoweit soll auch eine abweichende Vereinbarung in AGB oder einem Formularvertrag unwirksam sein.[71] Der h.M. kann jedoch nicht gefolgt werden, da sie dem allgemeinen, aus dem Äquivalenzprinzip fließenden und auch in § 5 II HOAI zum Ausdruck gekommenen Grundsatz widerspricht, daß eine Vergütung nur für das verlangt werden kann, was an Gegenleistung erbracht worden ist.[72] Eine Unterscheidung der Nichtausführung einer ganzen Leistungsphase[73] und der teilweisen Nichtausführung einer solchen kann nicht anerkannt werden. Vielmehr ist § 5 II HOAI analog anzuwenden.

---

[66] *Neuenfeld,* Bd. 2 , § 5, Rdnr. 5; *Werner/Pastor,* Rdnr. 882. – Zur Unwirksamkeit von AGB-Klauseln siehe *Motzke,* Rdnr. 68.

[67] *OLG Frankfurt,* BauR 1982, 600.

[68] *BGHZ* 45, 376 = NJW 1966, 1713 (betr. die frühere GOA); *Werner/Pastor,* Rdnr. 789; a.A. *Neuenfeld,* Bd. 2, § 4, Rdnr. 68.

[69] *BGHZ* 45, 372 = NJW 1966, 1713; *BGHZ* 83, 181 = NJW 1982, 1387; *OLG Celle,* BauR 1991, 371; *Bindhardt/Jagenburg,* § 2, Rdnr. 55; *Locher,* Rdnr. 338; *Motzke,* Rdnr. 72; *Eich,* BauR 1997, 198, 203; *Werner/Pastor,* Rdnr. 786, 788.

[70] *OLG Frankfurt,* BauR 1982, 600; *OLG Hamm,* NJW-RR 1994, 982; *OLG Düsseldorf,* NJW-RR 1994, 18; hierzu *Jagenburg,* NJW 1995, 2006 m.w. Hinw.; *dagegen Eich,* BauR 1997, 198, 201; jetzt auch *Werner/Pastor,* Rdnr. 788.

[71] *Locher,* Rdnr. 317.

[72] *Wussow,* BauR 1970, 74; *Preussner,* BauR 1991, 683.

[73] S.o. (1).

6. *Nebenkosten, Umsatzsteuer, Zinsen*

a) Auslagen

Hinsichtlich der bei der Ausführung des Auftrags entstandenen Nebenkosten statuiert § 7 I HOAI im Wege der Generalklausel eine Erstattbarkeit im Rahmen der erforderlichen Auslagen. § 7 II HOAI zählt dann einzelne typische Nebenkosten auf.

Bei der Frage der Erstattbarkeit kommt es – ebenso wie bei § 91 I ZPO – auf einen objektiven Maßstab an.[74] Im Regelfall ist ein Nachweis der einzelnen Auslagen erforderlich (§ 7 III Satz 1 HOAI).[75] Eine pauschale Abrechnung ist nur zulässig, wenn die Vertragsparteien dies bei Auftragserteilung schriftlich vereinbart haben (§ 7 III S. 2 HOAI).[76] Die vereinbarte Pauschale darf nicht übersetzt sein.[77]

b) Umsatzsteuer

Die Umsatzsteuer darf nach § 9 HOAI abgewälzt werden; sie ist also in den Höchstsätzen der HOAI nicht enthalten.

Nach der Neufassung des § 9 HOAI durch Gesetz vom 12. 11. 1984[78] bedarf die Abwälzung keiner besonderen Vereinbarung. Eine abweichende Vereinbarung, die die Abwälzung ausschließt, ist aber zulässig.[79]

c) Zinsen

Eine Verzinsung der Honorarforderung kann unter dem Gesichtspunkt des Verzuges (§ 288 BGB) oder der Prozeßzinsen (§ 291 BGB) erfolgen. Zweifelhaft ist, ob der Architekt gemäß § 641 II BGB Zinsen ab Abnahme verlangen kann.[80]

II. Die einzelnen Berechnungsfaktoren

Die einzelnen Berechnungsfaktoren ergeben sich aus § 10 I HOAI. Sie bestehen aus den anrechenbaren Kosten, der Honorarzone und dem Leistungsbild. Sie führen zur Honorartafel des § 16 HOAI.[81]

---

[74] *Neuenfeld,* Bd. 2, § 7 HOAI, Rdnr. 4.
[75] *BGH,* NJW-RR 1990, 1109; *Werner/Pastor,* Rdnr. 932.
[76] *BGH,* BauR 1990, 101; NJW-RR 1994, 280.
[77] *OLG Düsseldorf,* NJW-RR 1991, 345; a.A. *Werner/Pastor,* Rdnr. 933.
[78] Fußn. 5.
[79] *Locher,* NJW 1985, 367.
[80] Dafür *Werner/Pastor,* Rdnr. 937.
[81] Zur Interpolation bei Zwischenstufen siehe § 5a HOAI. – Formeln bei *Neuenfeld,* Bd. 2, § 5a HOAI, Rdnr. 2.

1. Das Leistungsbild (§ 15 II HOAI)

Die Honorartafel des § 16 HOAI enthält die Sätze für die Grundleistungen bei Gebäuden (und raumbildenden Ausbauten). Der Umfang des Leistungsbildes wird in einzelnen Leistungsphasen umschrieben, denen bestimmte Prozentsätze der Gesamtgebühr des § 16 HOAI zugeordnet sind. Diese Leistungsphasen sind gegenüber der früheren Regelung in § 19 GOA anders gegliedert[82] und inhaltlich weiter aufgefächert. Es handelt sich um die folgenden Leistungsphasen:

a) Grundlagenermittlung (§ 15 II Nr. 1 HOAI)

Diese durch die HOAI neu eingeführte Leistungsphase entspricht zusammen mit der unter b) zu behandelnden Vorplanung dem bisher in § 19 I a GOA behandelten „Vorentwurf". Sie ist praktisch die Feststellung der zu lösenden Planungsaufgabe nach den Wünschen der Bauherrn.

Der Sache nach besteht sie in einem Gespräch zwischen dem Bauherrn und dem Architekten, bei der der Architekt aufgrund seiner Sachkunde durch gezielte Fragen die Wünsche des Bauherrn nach Art und Umfang des beabsichtigten Bauvorhabens feststellt,[83] aber auch den Bauherrn hinsichtlich der Ermittlung der Aufgabenstellung sowie der notwendigen Einschaltung und Auswahl von Sonderfachleuten berät (z.B. Hinweis auf die Notwendigkeit einer Klärung der Boden- und Grundwasserverhältnisse).[83a]

b) Vorplanung (§ 15 II Nr. 2 HOAI)

Nach der Grundlagenermittlung schließt sich die Vorplanung an, die zusammen die Position „Vorentwurf" des früheren § 19 I a GOA ergeben. Die dortige Umschreibung der Position als „Vorentwurf" hat trotz der eloquenteren Beschreibung im Kern ihre Gültigkeit behalten. Der Architekt hat nach Untersuchung alternativer Lösungsmöglichkeiten eine probeweise zeichnerische Lösung zu Papier zu bringen (Maßstab 1 : 200 oder 1 : 100), eine Schätzung der erforderlichen Kosten nach DIN 276 vorzunehmen und bei den Behörden in erster Fühlungnahme die Genehmigungsfähigkeit des geplanten Bauvorhabens zu klären.[84] Hinzu kommt wie bisher ein Erläuterungsbericht.[85]

Das Gesetz nennt unter dieser Leistungsphase einleitend eine Reihe von Tätigkeitsabschnitten, die in der Position des § 19 I a) GOA nicht aufgeführt waren, aber für eine einwandfreie Verplanung als Basis für die weitere Planung eigentlich selbstverständlich sind: Analyse der Grundlagen, Abstimmen der Zielvorstellungen und Aufstellen eines planungsbezogenen Zielkatalogs.

---

[82] Synoptische Gegenüberstellung in Vorauflage, S. 289 sowie bei *Neuenfeld,* Bd. 2, § 15, Rdnr. 5.

[83] Zur Ermittlung des wirtschaftlichen Rahmens siehe *BGH,* NJW-RR 1991, 664.

[83a] *OLG Hamm,* NJW-RR 1997, 1310.

[84] *OLG Frankfurt,* NJW-RR 1987, 535 (Verhandlungen mit Grundstücksnachbarn).

[85] *Neuenfeld,* Bd. 2, § 15 HOAI, Rdnr. 25.

Unter den „Besonderen Leistungen", für die bei vorheriger Vereinbarung ein gesondertes Honorar verlangt werden kann, sind hervorzuheben: Das Untersuchen von Lösungsmöglichkeiten nach grundsätzlich verschiedenen Anforderungen; (die Leistung ist abzugrenzen gegenüber bloßen Varianten innerhalb derselben Anforderungen der Planungsaufgabe, die innerhalb der Grundleistung verbleibt, und der Herstellung zweier völlig verschiedener Planungsentwürfe, für die § 20 HOI gilt). Als *Besondere Leistungen* werden weiterhin erwähnt das Aufstellen eines Finanzierungsplanes und die Mitwirkung bei der Kreditbeschaffung[86] sowie die Durchführung einer baurechtlichen Voranfrage; letztere ist ein Mehr gegenüber der unverbindlichen Nachfrage nach der Genehmigungsfähigkeit des Bauvorhabens.[87]

c) Entwurfsplanung (§ 15 II Nr. 3 HOAI)

Sie baut auf der Vorplanung auf, indem das bisherige Planungskonzept im einzelnen durchgearbeitet wird.

Sie enthält vor allem: eine zeichnerische Darstellung des Gesamtentwurfs, Verhandlungen mit Behörden und anderen fachlich Beteiligten über die Genehmigungsfähigkeit des Bauvorhabens hinsichtlich Einzelfragen, die Kostenberechnung nach DIN 276, schließlich das Integrieren der Leistungen anderer an der Planung Fachbeteiligter. Als *„Besondere Leistungen"* sind erwähnt die Erstellung einer Wirtschaftlichkeitsberechnung und einer Kostenberechnung durch Aufstellen von Mengegerüsten oder Bauelementkatalog.

d) Genehmigungsplanung (§ 15 II Nr. 4 HOAI)

Hierbei geht es um das Erarbeiten sämtlicher Planungsunterlagen einschließlich Einzelzeichnungen, die für die Genehmigung des Bauvorhabens nach den Vorschriften des öffentlichen Baurechts erforderlich sind (z.B. Entwässerungspläne, Dispenserteilungen, Anpassung an Auflagen). Der Architekt hat insoweit für die Genehmigungsfähigkeit der Planung als Erfolg einzustehen.[88]

Dabei sind die Beiträge anderer an der Planung fachlich Beteiligter einzubeziehen. Der fertiggestellte Bauantrag ist sodann bei der Baubehörde einzureichen. Als *„Besondere Leistungen"* erwähnt das Gesetz das Mitwirken des Architekten bei der Beschaffung der nachbarlichen Zustimmung sowie das Erarbeiten von Unterlagen für besondere Prüfverfahren, z.B. nach dem Gewerbeaufsichtsrecht und dem Immissionsschutzrecht. Ferner gehört hierher ein Planungsmehraufwand, der durch eine Änderung der Genehmigungsunterlagen notwendig wird, falls der Architekt die notwendige Änderung nicht zu vertreten hat. Schließlich sind zu erwähnen die Unterstützung des Bauherrn in etwaigen Widerspruchs- und Klageverfahren.

e) Ausführungsplanung (§ 15 II Nr. 5 HOAI)

Sie besteht in einem weiteren Durcharbeiten der Leistungsphasen Nr. 3 und 4 unter Herstellung der notwendigen Ausführungs-, Detail- und Konstruktionszeichnungen im großen Maßstab (1 : 50 bis 1 : 1) mit den erforderlichen textlichen Erläuterungen. Dabei hat der Architekt die Lei-

---

[86] *BGH*, NJW 1996, 1889.
[87] Vgl. etwa § 97 HessBauO.; *OLG Düsseldorf*, NJW-RR 1995, 276; oben Fußn. 84.
[88] S.u. 3. Teil, I, 2 b, (1).

stungen aller anderen, an der Planung fachlich Beteiligten in die Gesamtplanung zu integrieren.[89]

§ 15 II Nr. 5 HOAI erwähnt zusätzlich, daß die Ausführungsplanung während der Objektausführung „fortzuschreiben" ist; damit sind weitere Ergänzungen der Planung durch mündliche Anweisungen oder Erläuterungen der Ausführungszeichnungen auf der Baustelle gemeint.[90] Als *„Besondere Leistungen"* werden detaillierte Objektbeschreibungen in Form eines Baubuches oder eines Raumbuches sowie die Prüfung der vom bauausführenden Unternehmen ausgearbeiteten Ausführungspläne auf ihre Übereinstimmung mit der Entwurfsplanung des Architekten erwähnt.[91]

f) Vorbereitung der Vergabe (§ 15 II Nr. 6 HOAI)

Diese Leistungsphase leitet den Abschluß der erforderlichen Bauverträge ein. Sie besteht in einem Ermitteln und Zusammenstellen der Massen aufgrund der erstellten Pläne und dem Aufstellen von Leistungsbeschreibungen nebst Leistungsverzeichnissen (siehe § 9 Nr. 3–9 VOB/A).

Der Architekt hat hierbei auf das vollständige Erfassen der notwendigen Leistungen zu achten, um Nachtragsaufträge und damit verbundene höhere Baukosten zu vermeiden. Die Leistungsbeschreibungen der einzelnen an der Planung fachlich Beteiligten hat der Architekt aufeinander abzustimmen. Als *„Besondere Leistungen"* kommen hier Leistungsbeschreibungen mit Leistungsprogrammen unter Bezug auf das in der Leistungsphase (5) erstellte Baubuch bzw. Raumbuch sowie vergleichende Kostenübersichten in Frage.

g) Mitwirkung bei der Vergabe (§ 15 II Nr. 7 HOAI)

Sie umfaßt das Zusammenstellen der Verdingungsunterlagen, das Einholen von Angeboten, das Prüfen und Werten der Angebote, die Verhandlungen mit den Bietern sowie die Mitwirkung bei der Auftragserteilung.

Hinzu kommt die Erstellung eines Kostenanschlages nach DIN 276, um die nunmehr ersichtlichen Baukosten zu erfassen; er besteht in einer Zusammenstellung der Leistungen in Leistungspositionen, versehen mit den erforderlichen Baupreisen, die aus den Angeboten von den bereits erteilten Aufträgen zu entnehmen sind.[92]

h) Objektüberwachung (§ 15 II Nr. 8 HOAI)

Ihr Hauptinhalt ist die Überwachung der Bauausführung mit dem Ziel, daß das Bauwerk fachgerecht und entsprechend der Planung des Archi-

---

[89] Vgl. auch *BGH,* NJW 1981, 2243 (eigene Maßnahmen des Bauherrn).
[90] *OLG Köln,* VersR 1993, 1229.
[91] Einschr. *BGH,* BauR 1985, 584.
[92] Hierzu *BGHZ* 67, 210 = NJW 1976, 2347; *Pöttgen/Raczinski,* ZAP Fach 5, S. 113.

tekten – einschließlich etwaiger künstlerischer Vorgaben[93] – erstellt und kostenmäßig entsprechend den abgeschlossenen Verträgen nebst ihrer tatsächlichen Ausführung richtig abgerechnet wird. Die Objektüberwachung umfaßt vier Tätigkeitsbereiche:

(1) Zunächst besteht eine Überwachungspflicht des Architekten dahin, daß das Objekt in Übereinstimmung mit der Baugenehmigung, den Ausführungsplänen und den Leistungsbeschreibungen errichtet wird und insgesamt den anerkannten Regeln der Technik und den einschlägigen Vorschriften entspricht.

Hierbei trifft den Architekten eine Koordinierungspflicht hinsichtlich sämtlicher an dem Bauvorhaben beteiligten Bauunternehmer und an der Objektüberwachung sonst beteiligten Sonderfachleute; diese bisher von der Rechtspr. klar herausgearbeitete Pflicht des Architekten[94] ist in § 15 II Nr. 8 HOAI mißverständlich formuliert, aber damit keineswegs entfallen.[95] Der Architekt hat weiterhin durch Aufstellen und Überwachen eines Zeitplanes für eine termingerechte Fertigstellung[96] und durch Führung eines Bautagebuches für die Sicherung der Beweise Sorge zu tragen.[97] Die Bauleistungen der einzelnen Unternehmer sind abzunehmen, worunter die h.M. eine technische Abnahme unter Feststellung etwaiger Mängel, nicht aber die rechtsgeschäftliche Abnahme i.S. der §§ 640 BGB, 12 VOB/B versteht.[98]

(2) Der Architekt hat im Rahmen der Leistungsphase „Objektüberwachung" aber auch für eine richtige Abrechnung der Leistungen der einzelnen Bauunternehmer zu sorgen.

Der Feststellung der erbrachten Leistungen dient ein *gemeinsames* Aufmaß mit den Bauunternehmern.[99] Daran schließt sich die Überprüfung der eingereichten Rechnungen hinsichtlich Art und Umfang der ausgeführten Leistungen und hinsichtlich ihrer Übereinstimmung mit den vertraglichen Vereinbarungen (Preise, unentgeltliche Nebenleistungen etc.) an. Der Architekt hat die geprüfte Rechnung mit einem Prüfvermerk[100] an den Bauherrn weiterzuleiten und diesem etwaige Unklarheiten der Rechnung zu erläutern.[101] In diesen Bereich der Kostenabrechnung fällt sodann noch die Kostenfeststellung nach DIN 276, bei der die Gesamtkosten des Bauwerks nach einer bestimmten Systematik zusammengefaßt werden.[102]

---

[93] Die HOAI enthält – im Gegensatz zu § 19 I, f GOA – keine eigene Leistungsphase der künstlerischen Gestaltung; Ausnahme § 15 III HOAI; hierzu *Neuenfeld,* Bd. 2, § 15, Rdnr. 66 ff., *OLG Schleswig,* NJW-RR 1997, 723.

[94] *BGHZ* 69, 169 = NJW 1977, 898; *BGHZ* 70, 12 = NJW 1978, 322.

[95] *Neuenfeld,* Bd. 2, § 15 HOAI, Rdnr. 73; *Bindhardt/Jagenburg,* § 6, Rdnr. 102, 110; *Olshausen,* BauR 1987, 365.

[96] *Neuenfeld,* Bd. 2, § 15 HOAI, Rdnr. 75.

[97] *Bindhardt/Jagenburg,* § 6, Rdnr. 109; *Neuenfeld,* Bd. 2. § 15 HOAI, Rdnr. 76.

[98] *BGHZ* 68, 169 = NJW 1977, 898; *BGHZ* 74, 235 = NJW 1979, 1499; *Bindhardt/Jagenburg,* § 6, Rdnr. 140 + § 14, Rdnr 36, *Brandt,* BauR 1972, 69. – Zur rechtsgeschäftlichen Abnahme s.o. § 4, 1. Teil, V, 3.

[99] § 15 II Nr. 8 HOAI geht über die bisherige Rechtslage, die ein einseitiges Aufmaß zuließ, hinaus; vgl. auch § 14 Nr. 2 VOB/B.

[100] Zum Prüfvermerk vgl. *Hochstein,* BauR 1973, 333; *Werner/Pastor,* Rdnr. 2032.

[101] *Neuenfeld,* Bd. 2, § 15 HOAI, Rdnr. 79.

[102] DIN 276, abgedruckt bei *Hesse/Korbion/Mantscheff/Vygen,* Anlage 7.

(3) Der Architekt hat weiterhin die Anträge auf behördliche Abnahmen zu stellen und an den Abnahmeterminen teilzunehmen.[103] Er hat sodann das Bauwerk an den Bauherrn zu übergeben.

Hierin liegt eine Einweisung des Bauherrn in das Gebäude unter Übergabe der erforderlichen Unterlagen (Bedienungsanleitungen, Prüfungsprotokolle) und etwaigen Erklärungen.[104]

(4) Der Architekten trifft schließlich eine Pflicht zur Mitwirkung bei der Mängelbeseitigung.

Er hat bei der Abnahme der Leistungen der einzelnen Bauunternehmer etwaige Mängel festzustellen und bei ihrer Beseitigung mitzuwirken.[105] Der Erhaltung von Gewährleistungsansprüchen dient die Pflicht zur Auflistung von Gewährleistungsfristen, bei der der Architekt anhand der einzelnen vertraglichen Vereinbarungen und unter Berücksichtigung der erfolgten Abnahmen den genauen Lauf der Gewährleistungsfristen zu berechnen und übersichtlich zu erfassen hat.[106]

(5) Als *„Besondere Leistungen"* im Rahmen der Objektüberwachung nennt das Gesetz das Aufstellen, Überwachen und Fortschreiben eines Zahlungsplanes sowie von differenzierten Zeit-, Kosten- oder Kapazitätsplänen. Ferner ist die Tätigkeit als verantwortlicher Bauleiter im Sinne des öffentlichen Baurechts[107] gesondert zu vergüten, soweit diese Tätigkeit nach dem jeweiligen Länderrecht über die Grundleistungen der Leistungsphase 8 hinausgeht, was aber im Regelfall zu verneinen ist.[108]

i) Objektbetreuung und Dokumentation (§ 15 II Nr. 9 HOAI)

Diese Leistungsphase umfaßt Tätigkeiten nach Fertigstellung des Bauwerks und betrifft drei Bereiche.

(1) Einmal handelt es sich um die Feststellung von Mängeln vor Ablauf der Gewährleistungsfristen; sie geschieht in Anknüpfung an das in der Leistungsphase 8 erfolgte Auflisten der Gewährleistungsfristen durch nochmalige Objektbegehung.[109]

(2) Soweit Mängel festgestellt werden, hat der Architekt für deren Beseitigung zu sorgen und diese Arbeiten zu überwachen, gegebenenfalls nochmals abzunehmen; streitig ist, inwieweit der Architekt den Bauherrn auch rechtlich beraten und gegebenenfalls auch rechtsgeschäftliche Erklärungen abgeben muß.[110] Im Zusammenhang mit diesem Bereich steht die Mitwirkung bei der Freigabe von Sicherheiten, bei der der Architekt festzustellen hat, ob die Voraussetzungen für die Freigabe vorliegen.

(3) Als dritte Leistung dieser Phase erwähnt das Gesetz die systematische Zusammenstellung der zeichnerischen Darstellungen und rechnerische Ergebnisse des Objekts.

---

[103] Rohbauabnahme, Gebrauchsabnahme, Schlußabnahme; hierzu *Neuenfeld,* Bd. 2, § 15 HOAI, Rdnr. 81.

[104] *Neuenfeld,* Bd. 2, § 15 HOAI, Rdnr. 82.

[105] *BGHZ* 71, 144 = NJW 1978, 1311; *BGHZ* 92, 251 = NJW 1985, 329; *Bindhardt/Jagenburg,* § 3, Rdnr. 52 + § 6, Rdnr. 155 ff.

[106] *Neuenfeld,* Bd. 2, § 15 HOAI, Rdnr. 83.

[107] *Schmalzl,* NJW 1970, 2265; *Neuenfeld,* Bd. 2, § 15 HOAI, Rdnr. 88.

[108] *BGHZ* 68, 169 = NJW 1977, 898; *BGH,* NJW 1980, 1101; *Bindhardt/Jagenburg,* § 1, Rdnr. 39.

[109] Bei unterschiedlichen Gewährleistungsfristen sind mehrfache Objektbegehungen notwendig; vgl. *Neuenfeld,* Bd. 2, § 15 HOAI, Rd. 90.

[110] Dafür *BGHZ* 61, 28 = NJW 1973, 1457; *BGHZ* 71, 144 = NJW 1978, 1311; *BGHZ* 74, 235 = NJW 1979, 1499; a.A. h.M., z.B. *Vygen,* BauR 1984, 245; *Bindhardt/Jagenburg,* § 3, Rdnr. 63 ff.

Diese neu eingeführte Leistungsphase ist sehr problematisch, da sie die Beendigung der Architektenleistungen über die Vollendung des Bauwerks zeitlich weit hinausschiebt und damit Einfluß auf die Fälligkeit des Architektenhonorars und den Beginn der Gewährleistungsfrist hat.[111]

Der Gesetzgeber hat durch Änderungsgesetz vom 12. 11. 1984[112] die Pflicht zur Mitwirkung an der Beseitigung von Mängeln (oben (2)) auf die Dauer von fünf Jahren seit Abnahme der Bauleistungen begrenzt; es handelt sich um eine wenig effektive Korrektur, da nach dieser Zeit die Gewährleistungsarbeiten im Regelfall abgeschlossen sind.[113]

2. *Die anrechenbaren Kosten*

a) Allgemeines

Die Vergütung des Architekten ist – ebenso wie die Gebühren des Rechtsanwalts – an die wertmäßige Höhe des „bearbeiteten Gegenstandes" gekoppelt. Die Kosten des Bauwerks stellen einen sachgerechten Berechnungsfaktor dar, da mit höheren Kosten des Bauwerks auch höhere Arbeitsleistungen und ein erhöhtes Haftungsrisiko verbunden sind.

b) Arten der Kostenermittlung

Hinsichtlich der Arten der Kostenermittlung verweist § 10 II HOAI auf die in der DIN 276 näher umschriebenen Kostenermittlungen. Es werden dort vier verschiedene Arten umschrieben, die entsprechend dem zeitlichen Ablauf der Architektenleistungen in bestimmten Leistungsphasen erbracht werden und in ihrer Genauigkeit und Zuverlässigkeit zunehmen.[114]

(1) Die *Kostenschätzung* dient zur überschlägigen Ermittlung der Gesamtkosten und ist vorläufige Grundlage für Finanzierungsüberlegungen. Ihre Erbringung gehört zur Leistungsphase 2 (Vorplanung).

(2) Die *Kostenberechnung* dient zur Ermittlung der angenäherten Gesamtkosten und ist Voraussetzung für die Entscheidung, ob das Bauvorhaben, wie geplant, durchgeführt werden soll. Sie gehört zur Grundleistung der Leistungsphase 3 (Entwurfsplanung).

(3) Der *Kostenanschlag* dient zu genauen Ermittlung der tatsächlich zu erwartenden Kosten durch die Zusammenstellung von Auftragnehmerangeboten, Eigenberechnungen, Honorar- und Gebührenberechnungen, und anderer, für das Baugrundstück, die Erschließung und die vorangehende Planung bereits entstandenen Kosten. Die Erstellung des Kostenanschlages gehört zur Leistungsphase 7 (Mitwirkung bei der Vergabe).

(4) Die *Kostenfeststellung* dient zum Nachweis der tatsächlich entstandenen Kosten und ist Voraussetzung für Vergleiche und Dokumentationen. Sie wird im Rahmen der Leistungsphase 8 (Objektüberwachung) erbracht.

---

[111] Zur Fälligkeit der Vergütung s.u. IV, 1, a, (2); zum Beginn der Gewährleistungsfrist s.u. 3. Teil, IV, 2, a, Fußn. 262.

[112] Fußn. 5.

[113] *Neuenfeld*, Bd. 2, § 15 HOAI, Rdnr. 92.

[114] *BGHZ* 81, 229 = NJW 1981, 2351, 2353; *Werner/Pastor*, Rdnr. 820, 822. Abdruck der DIN 276 bei *Hesse/Korbion/Mantscheff/Vygen*, Anl. 7.

c) Die maßgebende Kostenermittlung

§ 10 II HOAI regelt, welche Kostenermittlung für die Berechnung der Vergütung bei einzelnen Leistungsphasen maßgebend ist. Die Regelung geht von dem Prinzip aus, daß diejenige Kostenermittlung maßgebend sein soll, die bei Beendigung der jeweiligen Leistungsphase schon erbracht ist. Gleichzeitig wird vorgeschrieben, welche Kostenermittlung maßgebend sein soll, wenn der Architekt die endgültig vorgeschriebene Kostenermittlung noch nicht gefertigt hat. Im Gegensatz zur ursprünglichen Regelung der HOAI sieht § 10 II HOAI in der Fassung der 5. Novelle vom 21. 9. 1995[115] eine Dreiteilung vor:

(1) Für die Leistungsphasen 1–4 soll die Kostenberechnung aus der Leistungsphase 3 maßgebend sein. Solange sie noch nicht vorliegt, sind die Kosten nach der Kostenschätzung aus der Leistungsphase 2 anzusetzen.[116]

(2) Für die Leistungsphasen 5–7 soll der Kostenanschlag aus der Leistungsphase 7 maßgebend sein. Solange er noch nicht vorliegt, ist auf die Kostenberechnung aus der Leistungsphase 3 abzustellen.

(3) Für die Leistungsphasen 8 + 9 ist die Kostenfeststellung aus der Leistungsphase 8 maßgebend. Solange sie noch nicht vorliegt, kommt es auf den Kostenanschlag aus der Leistungsphase 7 an.

d) Bedeutung der verschiedenen Kostenermittlungen für die Abrechnung

Die unter c) dargestellte Dreiteilung bleibt für die Berechnung des Architektenhonorars in den ihr zugeordneten Leistungsphasen auch dann maßgebend, wenn eine spätere Kostenermittlung hinter ihr wertmäßig zurückbleibt.[117] Konsequenterweise muß der Architekt für die drei Leistungsbereiche drei verschiedene Berechnungen anstellen.[118]

(1) Abweichende Vereinbarungen von diesem Splittingverfahren sind nach § 4a HOAI[119] zulässig.[120] Dagegen sind AGB-Klauseln, die dieses Splittingverfahren beseitigen, nach § 9 AGBG unwirksam.[121]

(2) Ausnahmen von dem Splittingverfahren werden zugelassen wenn der Architektenvertrag vorzeitig endet und die endgültige Kostenermittlungsart nicht mehr stattfindet.[122] Hier hat der Architekt gegen den Bauherrn auch einen Anspruch auf Auskunft über die später ohne seine Mitwirkung angefallenen Kosten.[123]

---

[115] S.o. Fußn.5.

[116] *OLG Köln,* NJW-RR 1992, 979; *OLG Düsseldorf,* NJW-RR 1996, 1171.

[117] *OLG Düsseldorf,* BauR 1987, 708; *Werner/Pastor,* Rdnr. 824.

[118] *Werner/Pastor,* Rdnr. 824 mit Berechnungsbeispiel in Rdnr. 976.

[119] Für Unwirksamkeit der Vorschrift *Eich,* BauR 1996, 44.

[120] *Werner/Pastor,* Rdnr. 840, 828.

[121] *OLG Düsseldorf,* BauR 1987, 227; *KG,* BauR 1991, 251 m. Anm. *Locher; Motzke,* Rdnr. 106; *Neuenfeld,* Bd. 2, § 10 HOAI, Rdnr. 10; *Werner/Pastor,* Rdnr. 852, 853; *Weyer,* BauR 1982, 312.

[122] *OLG Hamm,* NJW-RR 1992, 979; OLG Rostock, NJW-RR 1994, 601; *Werner/Pastor,* Rdnr. 834 ff.

[123] *Werner/Pastor,* Rdnr. 855; vgl. auch *BGHZ* 127, 254 = NJW 1995, 399, das bei Verweigerung der Auskunftserteilung eine Schätzung der Kosten durch den Architekten zuläßt.

e) Umfang der anrechenbaren Kosten

§ 10 III–V HOAI enthalten eine nähere Regelung, was im einzelnen als anrechenbare Kosten anzusehen ist. Auszugehen ist von dem Grundsatz, daß die tatsächlich entstandenen Kosten anzusetzen sind,[124] wobei ein vereinbartes Baukostenlimit als Obergrenze zu beachten ist.[125]

(1) § 10 III HOAI bestimmt, daß in einer Reihe von Fällen ortsübliche Preise als anrechenbare Kosten anzusetzen sind, obwohl der Bauherr aus bestimmten Gründen einen niedrigeren Aufwand hat, z.B. aus Eigenleistungen, Eigenlieferungen, Vergünstigungen.[126] § 10 III a HOAI dehnt dieser Regelung auf bereits vorhandene und „mitverarbeitete" Bauteile aus,[127] wobei der Umfang der Anrechnung der schriftlichen Parteivereinbarung bedarf.[128] Der Begriff der „Ortsüblichkeit" der Preise ist – ebenso wie in § 15 Nr. 1 II VOB/B – dahin zu verstehen, daß es nicht auf den Bereich der politischen Gemeinde, in der das Bauvorhaben liegt, ankommt, sondern auf einen darüber hinausgehenden Bereich, in dem sich eine einheitliche Vergütung nach der Marktsituation gebildet hat.[129]

(2) § 10 IV HOAI will bestimmte Kosten – nämlich solche für Installationen, betriebstechnische Anlagen und betriebliche Einbauten, die der Architekt nicht plant und auch nicht überwacht – nur *teilweise* in die anrechenbaren Kosten einfließen lassen. Für deren Planung und Überwachung hat der Bauherr an Sonderfachleute eine zusätzliche Vergütung zu zahlen, so daß eine volle Anrechnung auf eine Doppelbelastung des Bauherrn hinauslaufen würde. Da andererseits aber der Architekt die Leistungen der Sonderfachleute in seine Gesamtplanung und Gesamtüberwachung einzubeziehen hat und insoweit auch ein Haftungsrisiko trägt, erscheint ihre teilweise Anrechnung gerechtfertigt.[130]

(3) § 10 V HOAI klammert bestimmte Kosten aus den anrechenbaren Kosten aus. Es handelt sich durchweg um Kostenpositionen, die auf den Umfang der Leistung des Architekten und sein Haftungsrisiko keinen Einfluß haben: Grundstückserwerbskosten, Kosten für das Herrichten des Grundstücks, die öffentliche Erschließung und andere einmalige Abgaben, die Kosten für die nicht öffentliche Erschließung und die Versorgungsanlagen, Außenanlagen etc.

3. Die Honorarzone

Entsprechend den unterschiedlichen Arten der Bauwerke und den damit verbundenen unterschiedlichen Anforderungen an die Aufgaben des Architekten wird das Honorar für einzelne Honorarzonen gestaffelt bemessen (§ 11 HOAI). Die Regelung ersetzt die bisherige Einteilung der Vergütung nach Bauklassen (§§ 7, 8 GOA).

---

[124] Einzelheiten bei *Koeble,* BauR 1983, 323.

[125] OLG Köln, BauR 1995,138 L; OLG München, NJW-RR 1996, 341; krit. *Jagenburg,* NJW 1995, 2004.

[126] Zum Begriff der Vergünstigung *Neuenfeld,* Bd. 2, § 10 HOAI, Rdnr.15 ff.; *Koeble,* BauR 1983, 323; *Werner/Pastor,* Rdnr. 841.

[127] Hierzu *Neuenfeld,* Bd. 2, § 10 HOAI, Rdnr. 19a *Werner,* FS Craushaar (1997), S. 65 ff.

[128] *LG Hamburg,* NJW-RR 1996, 855; krit. *Werner/Pastor,* Rdnr. 844; a.A. *OLG Hamm,* BauR 1996, 578.

[129] *Neuenfeld,* Bd. 2, § 10 HOAI, Rdnr. 13.

[130] Krit. *Neuenfeld,* Bd. 2, § 10 HOAI, Rdnr. 20 ff. mit Berechnungsbeispielen.

(1) Ihr Aufbau entspricht nicht der sachlogischen Form der Anwendung in der Praxis. § 11 I HOAI umschreibt die einzelnen Honorarzonen. § 12 HOAI enthält eine Objektliste und weist bestimmte Arten von Gebäuden einzelnen Honorarzonen zu. § 11 II und III HOAI enthält für Zweifelsfälle eine Hilfsformel, bei der bestimmte Bewertungsmerkmale mit Bewertungspunkten versehen werden und das Objekt entsprechend der Gesamtpunktzahl einer bestimmten Honorarzone dann zugewiesen wird.[131] In der Praxis verläuft der Weg zunächst über die Objektliste des § 12 HOAI; bei Fehlen einer Regelung wird auf § 11 I HOAI zurückgegriffen und erst bei völliger Ratlosigkeit das Punktsystem nach § 11 II, III HOAI angewandt.

(2) Abweichende Vereinbarungen über eine höhere Honorarzone sind zwar zulässig. Sie sind aber unwirksam, wenn dadurch erreicht wird, daß der Höchstsatz der richtigen Honorarzone überschritten oder der Untersatz unterschritten wird.[132]

4. Sonderfälle

Die HOAI enthält für zahlreiche Fälle Sonderregelungen für die Berechnung des Architektenhonorars, die hier nur kurz erwähnt werden.

a) Abänderung der Honorartafel bei Einzelvergabe von Vorplanung, Entwurfsplanung oder Objektüberwachung (§ 19 HOAI).
b) Besondere Honorartafel für die Grundleistungen bei Freianlagen (§ 17 HOAI).
c) Mehrere Vor- oder Entwurfsplanungen (§ 20 HOAI).[133]
d) Auftrag für mehrere Gebäude (§ 22 HOAI).[134]
e) Zuschlag bei Umbauten und Modernisierungen (§ 24 HOAI).[135]
f) Raumbildende Ausbauten (§ 25 HOAI).[136]
g) Instandhaltungen und Instandsetzungen (§ 27 HOAI).[137]

III. Die Urheberrechtsvergütung

Dem Architekten kann für seine Planung ein Urheberrecht nach § 2 I Nr. 7 UrhG, für das von ihm geschaffene Bauwerk ein solches nach § 2 I Nr. 4 UrhG erwachsen, wenn es eine persönliche geistige Schöpfung darstellt.[138] Der Architekt kann das in dem Urheberrecht enthaltene Nutzungsrecht (§§ 15, 31 UrhG) einem anderen gegen Entgelt zur Verwer-

---

[131] Bewertungsschema bei *Werner/Pastor,* Rdnr. 814; krit. *Neuenfeld,* Bd. 2, §§ 11, 12 HOAI, Rdnr. 7.

[132] S.o. I, 3, b, (1), Fußn. 22; *Werner/Pastor*, Rdnr. 816; *LG Stuttgart,* NJW-RR 1997, 1380.

[133] *BGH,* NJW-RR 1994, 1238.

[134] *BGH,* NJW 1981, 2151; *OLG München,* BauR 1991,650; Einzelfragen bei *Weyer,* BauR 1982, 519; *Pauly,* BauR 1997, 928.

[135] Zur Neuregelung *Neuenfeld,* Bd. 2, § 24 HOAI, Rdnr. 8; *Werner,* BauR 1992, 695.

[136] *BGH,* NJW-RR 1990, 277.

[137] *Werner/Pastor,* Rdnr. 862.

[138] *BGHZ* 18, 319 = NJW 1955, 1918; *BGHZ* 24, 55 = NJW 1957, 1106; *BGH,* NJW 1985, 1631; NJW-RR 1988, 1204; Übersicht bei *Werner/Pastor,* Rdnr. 1945, 1947; *Neuenfeld,* Bd. 1, III, Rdnr. 8 ff.

tung überlassen.[139] Auch kann bei unbefugter Verwertung von Plänen ein Schadensersatzanspruch nach § 97 UrhG entstehen.[140] Dagegen steht dem Architekten neben den Sätzen der HOAI kein zusätzlicher Vergütungsanspruch wegen der Nutzung des Urheberrechts an den Plänen zu.

1. Gesamtarchitektenvertrag

Hat der Architekt sämtliche Leistungsphasen im Auftrag des Bauherrn durchgeführt, so enthält die dem Architekten nach der HOAI zugebilligte Vergütung grundsätzlich auch die Abgeltung der Nutzung des Urheberrechts.[141]

Eine zusätzliche Vergütung kann auch nicht vertraglich vereinbart werden, da darin eine Überschreitung der Höchstsätze der HOAI liegen würde. Die gleiche Rechtslage besteht auch, wenn der Bauherr den Architektenvertrag vorzeitig kündigt, da der Architekt nach § 649 S. 2 BGB den Anspruch auf die Gesamtvergütung behält.[142]

2. Teilverträge

Äußerst umstritten ist dagegen die Urheberrechtsvergütung bei den Architektenteilverträgen.

a) Gesamtplanung

Bei dem auf die Planung beschränkten Architektenvertrag erhält der Architekt die Vergütung der Leistungsphasen des § 15 I Nr. 1–5 HOAI. Der Bauherr ist dann berechtigt, einen anderen Architekten mit den weiteren Leistungsphasen zu beauftragen, wobei das Bauwerk entsprechend den Plänen des ersten Architekten errichtet wird. Der erste Architekt kann nicht eine zusätzliche Vergütung unter Hinweis auf sein Urheberrecht dafür verlangen, daß nach seinen Plänen das Bauwerk errichtet wird.[143]

Denn es ist gerade der Sinn des Teilauftrages, dem Bauherrn die Möglichkeit zu geben, einen anderen Architekten mit der Bauausführung zu beuaftragen. Eine abweichende Vereinbarung in AGB und Formularverträgen würde gegen das Leitbild des Architektenteilauftrages verstoßen.[144]

---

[139] Zur Berechnung des Entgelts vgl. *BGH*, GRUR 1988, 533.

[140] *BGHZ* 61, 88 = NJW 1973, 1696; *Werner/Pastor*, Rdnr. 1961.

[141] *OLG Nürnberg*, NJW-RR 1989, 407; *OLG München*, NJW RR 1995, 474; *Werner/Pastor*, Rdnr. 900.

[142] *BGHZ* 64, 145 = NJW 1975, 1165; *Werner/Pastor*, Rdnr. 1947 m.Nw.

[143] *BGHZ* 64, 145 = NJW 1975, 1165; *OLG Nürnberg*, NJW-RR 1989, 407; *Gerlach*, GRUR 1976, 613; *Werner/Pastor*, Rdnr. 901; a.A. *Neuenfeld*, Bd. 1, III, Rdnr. 86.

[144] *Werner/Pastor*, Rdnr. 900 (Höchstpreischarakter der HOAI) m.Nw.; teilw. abw. *Hesse/Korbion/Mantscheff/Vygen*, § 4 HOAI, Rdnr. 68; ganz a.A. *Neuenfeld*, Bd. 2, § 4 HOAI, Rdnr. 49 + Bd. 1, III, Rdnr. 87.

b) Vorplanung

Etwas anderes soll nach überwiegender Meinung bei einem Teilvertrag gelten, der auf die Vorplanung (Leistungsphasen 1 und 2 des § 15 HOAI) beschränkt war.[145]

3. Nachbau

Eindeutig ist die Rechtslage im Falle des sogenannten Nachbaus, d.h. wenn der Bauherr nach Errichtung des Bauwerks die Planung des Architekten für die Errichtung eines weiteren Bauwerks verwenden will. Hier kann der Architekt für die nochmalige Verwertung der Planung eine Urheberrechtsvergütung verlangen.[146]

IV. Fälligkeit und Verjährung

1. Fälligkeit des Vergütungsanspruchs

Das Architektenhonorar wird in Abweichung von § 641 BGB nach § 8 I HOAI fällig, wenn die geschuldete Architektenleistung erbracht und eine prüffähige Honorarschlußrechnung überreicht worden ist.[147]

§ 8 I HOAI ist nach h.M. rechtsgültig[148], obwohl Bedenken bestehen, ob die Vorschrift von der in Art. 1 § 2 MRVerbG enthaltenen Ermächtigungsnorm gedeckt ist.[149]

a) Vollendung des Architektenwerks

Der Architekt muß alle ihm nach dem Architektenvertrag obliegenden Leistungen erbracht haben.

(1) Das Erfordernis der vertragsmäßig erbrachten Leistung bedeutet, daß das Werk abnahmefähig ist.[150] Geringfügige Mängel stehen der Abnahmefähigkeit nicht entgegen,[151] während wesentliche Mängel die Fälligkeit verhindern und zur Abweisung der

---

[145] *BGHZ* 24, 55, 70 = NJW 1957, 1108; *BGH,* NJW 1984, 2818 = GRUR 1984, 656 m. Anm. *Vinck; Werner/Pastor,* Rdnr. 902 m.Nw.

[146] *Werner/Pastor,* Rdnr. 903.

[147] *BGHZ* 81, 229 = NJW 1981, 2351; *Werner/Pastor,* Rdnr. 961.

[148] *BGHZ* 81, 229 = NJW 1981, 2351; *Werner/Pastor,* Rdnr. 960.

[149] *Quambusch,* BauR 1986, 141; *Hesse/Korbion/Mantscheff/Vygen,* § 8 HOAI, Rdnr. 4.

[150] *Werner/Pastor,* Rdnr. 962.

[151] *Neuenfeld,* Bd. 2, § 8 HOAI, Rdnr. 8; *Sangenstedt,* ZAP Fach 5, S. 106; *Wolfensberger/Maltrecht,* BauR 1984, 574.

Klage als derzeit nicht begründet führen.[152] Das Erfordernis gilt auch bei vorzeitiger Beendigung des Architektenvertrages.[153]

(2) Bei Übertragung der Leistungsphasen 8 (Objektüberwachung) und 9 (Objektbetreuung) kann dies zu einem sehr weitgehenden Hinausschieben der Fälligkeit führen.[154] Diesem mißlichen Umstand kann durch Fordern von Abschlagszahlungen,[155] durch (schriftliche) Vereinbarung besonderer Fälligkeitstermine (§ 8 IV HOAI)[156] sowie durch Vereinbarung von Teilabnahmen[157] begegnet werden. Von der Regelung in § 8 I HOAI abweichende Vereinbarungen in AGB und Formularverträgen (des Bauherrn), die die Fälligkeit noch weiter hinausschieben, sind nach § 9 AGBG unwirksam.[158]

b) Überreichung der prüfungsfähigen Schlußrechnung

Die Honorarschlußrechnung des Architekten muß prüfungsfähig erstellt und dem Bauherrn überreicht sein.[159]

(1) Die Anforderungen an die Prüfungsfähigkeit der Rechnung hat sich entsprechend dem in § 14 VOB/B für Unternehmerrechnungen aufgestellten Maßstab zu orientieren.[160] Erfordert wird mithin eine Mitteilung der einzelnen Berechnungsfaktoren und die Aufschlüsselung der erbrachten Leistungen gemäß den in § 15 II HOAI niedergelegten Leistungsphasen, sowie die Trennung in Grund- und Besondere Leistungen.[161] Die in § 10 II HOAI geforderte getrennte Kostenermittlung[162] muß eingehalten sein. Die überwiegende Rechtsprechung verlangt, daß der Architekt bei der Darlegung der anrechenbaren Kosten sich an die DIN 276 hält,[163] wobei das Formblatt DIN 276 nicht selbst verwendet werden muß.[164] Falsche Berechnungen schließen dagegen die Prüfungsfähigkeit der Rechnung nicht aus.[165]

---

[152] *BGHZ* 127, 254 = NJW 1995, 399. – Es gilt das Gleiche wie beim Bauvertrag; s.o. § 4, 4. Teil, II, 4, a, (1), Fußn. 32.

[153] *BGH,* NJW-RR 1986, 1279; *OLG Düsseldorf,* BauR 1987, 227; a.A. *LG München,* BauR 1983, 582; *OLG Hamm,* BauR 1986, 231; *Werner/Pastor,* Rdnr. 966.

[154] *Werner/Pastor,* Rdnr. 964; a.A. *Koeble,* FS Locher, S. 121.– S.o. II, 1, i, Fußn. 111.

[155] S.u. c).

[156] *Hesse/Korbion/Mantscheff/Vygen,* § 8 HOAI, Rdnr. 10, 22; *Motzke,* Rdnr. 90. – Der erforderliche Zeitpunkt ist str.; hierzu *Werner/Pastor,* Rdnr. 960.

[157] *BGH,* BauR 1994, 392; *Jagenburg,* BauR 1980, 406.

[158] *BGHZ* 81, 229 = NJW 1981, 2351; *Motzke,* Rdnr. 91.

[159] *Steckel/Becker,* ZfBR 1989, 85; *OLG Düsseldorf,* NJW-RR 1996, 1421 (Bezeichnung als Schlußrechnung nicht erforderlich).

[160] *BGH,* NJW-RR 1994, 1238; 1999, 95; *BGHZ* 139, 111 = NJW 1998, 3123; *OLG Hamm,* NJW-RR 1988, 727; *OLG Düsseldorf,* NJW-RR 1994, 18; 1996, 84; Einzelfragen bei *Neuenfeld,* Bd. 2, § 8 HOAI, Rdnr. 12 ff.; *Werner/Pastor,* Rdnr. 969.

[161] *BGH,* NJW-RR 1994, 1238; *BGHZ* 127, 254 = NJW 1995, 399; *OLG Bamberg,* NJW-RR 1998, 22; Einzelheiten bei *Schmitz,* BauR 1982, 219; *Neuenfeld,* BauR 1981, 436; *Stekkel/Becker,* ZfBR 1989, 85.

[162] S.o. II, 2, c + d.

[163] *OLG Düsseldorf,* NJW-RR 1994, 982; *OLG Köln,* NJW-RR 1992, 627; *OLG Koblenz,* NJW-RR 1998, 954; *OLG Hamm,* ZfBR 1996, 158; *Jagenburg,* NJW 1995, 2003; 1997, 2285. – Maßgebend ist (kurioserweise) nach dem Wortlaut des § 10 II HOAI die DIN 276 i.d.F. von 1981, obwohl sie 1993 eine Neufassung erhalten hat: *BGHZ* 138, 87 = NJW 1998, 1064; hierzu *Werner/Pastor,* Rdnr. 821.

[164] *BGHZ* 139, 111 = NJW 1998, 3123; *OLG Hamm,* NJW-RR 1994, 982; *OLG Frankfurt,* NJW-RR 1998, 374 ; *Werner/Pastor,* Rdnr. 821.

[165] *OLG Hamm,* NJW-RR 1990, 522; 1994, 982; *OLG Frankfurt,* NJW-RR 1994, 1502; *OLG Düsseldorf,* NJW-RR 1996, 84.

(2) Genügt die Rechnung nicht den in (1) dargestellten Anforderungen, so ist die Klage mangels Fälligkeit als derzeit unbegründet abzuweisen.[166] Die Einholung eines Sachverständigengutachtens zwecks Behebung der Unvollständigkeit der Rechnung kommt nicht in Betracht.[167] Der Architekt kann aber nach einem gemäß § 139 ZPO erfolgten Hinweis des Gerichts eine prüfungsfähige Rechnung nachreichen.[168]

(3) Die unter (1) und (2) dargestellten Grundsätze gelten auch bei vorzeitiger Beendigung des Architektenvertrages.[169]

c) Abschlagszahlungen

Der Architekt kann in Abweichung von § 641 BGB Abschlagszahlungen in angemessenen Zeitlichen Abständen verlangen (§ 8 II HOAI).[170] Nach Beendigung des Vertragsverhältnisses gilt das nicht mehr; dann muß der Architekt die Honorarschlußrechnung erstellen.[171]

d) Bindung an die Schlußrechnung

Nach bisheriger Rechtsprechung sollte der Architekt an die einmal erstellte Schlußrechnung gebunden, eine Nachforderung in Form einer nachträglich erstellten höheren Schlußrechnung ihm versagt sein.[172] Davon wurden allerdings Ausnahmen bei offenkundigen Versehen (Berichtigung)[173] und bei wichtigem Grund[174] zugelassen. Diese Rechtsprechung hat der BGH im Anschluß an die massive Kritik aus dem Schrifttum[175] erheblich eingeschränkt.[176]

Der BGH verlangt nunmehr eine umfassende Abwägung der beiderseitigen Interessen unter Berücksichtigung der Frage, wann sich der Bauherr gegenüber einer Schlußrechnung auf einen Vertrauensschutz berufen kann. Einmal soll dies im Einzelfall bei einem Vorbehalt der Nachforderung zulässig sein.[177] Ein Vertrauensschutz des Bauherrn sei jedenfalls zu verneinen, wenn er selbst alsbald die mangelnde Prüffähigkeit der Schluß-

---

[166] S.o. Fußn. 152; *Werner/Pastor,* Rdnr. 972. – Zur Teilabweisung bei Teilprüffähigkeit vgl. *BGH,* NJW-RR 1998, 312.

[167] *OLG Hamm,* NJW-RR 1994, 982.

[168] *BGH,* BauR 1994, 655; *OLG Hamm,* NJW-RR 1998, 811 (Schriftsatz); *Neuenfeld,* Bd. 2, § 8 HOAI, Rdnr. 13a; *Werner/Pastor,* Rdnr. 973.

[169] *BGH,* NJW-RR 1986,1279; 1994, 1233; *OLG Hamm,* NJW-RR 1992, 979; 1993, 1175; *OLG Rostock,* NJW-RR 1994, 661; *OLG Düsseldorf,* NJW-RR 1996, 1421; a.A. *Quambusch,* BauR 1987, 265.

[170] *OLG Köln,* NJW-RR 1998, 955; *OLG Stuttgart,* NJW-RR 1998, 1392; *Werner/Pastor,* Rdnr. 980; *Locher,* Rdnr. 347.

[171] *Werner/Pastor,* Rdnr. 984; zur Umdeutung in eine Schlußrechnung vgl. *OLG Hamm,* NJW-RR 1994, 1433.

[172] *BGHZ* 62, 208 = NJW 1974, 945; *BGHZ* 102, 392 = NJW 1988, 1910.

[173] *BGH,* NJW-RR 1986,1214.

[174] *BGH,* BauR 1974, 213; *Werner/Pastor,* Rdnr. 809.

[175] *Jagenburg,* BauR 1976, 319; *Weyer,* FS Korbion (1986), S. 481; *Rieble,* BauR 1989, 145; *Schibel,* BB 1991, 2089; *Neuenfeld,* Bd. 2, § 4 HOAI, Rdnr. 39.

[176] Hierzu *Locher,* Rdnr. 336; *Jagenburg,* NJW 1995, 2001; *Werner/Pastor,* Rdnr. 797 ff; *Neuenfeld,* Bd. 2 § 4 HOAI, Rdnr. 39a ff.

[177] *BGH,* NJW-RR 1990, 725.

rechnung gerügt habe.[178] Die Tatsache, daß der Architekt sein Honorar unter den Mindestsätzen der HOAI (§ 4 II HOAI) berechnet habe, lasse nicht ohne weiteres ein schutzwürdiges Interesse des Bauherrn entfallen.[179] Ein Fall fehlenden Vertrauens dürfte allerdings gegeben sein, wenn der Bauherr dem Architekten falsche Berechnungsdaten mitgeteilt hat.[180] Die Instanzgerichte sind dieser neuen Rechtsprechung des BGH gefolgt.[181]

2. *Verjährung des Vergütungsanspruchs*

a) Die Verjährungsfrist

Der Vergütungsanspruch des Architekten verjährt nach der neueren Rechtsprechung des BGH gemäß § 196 I Nr. 7 BGB in zwei Jahren, unabhängig von der Frage, ob Werk- oder Dienstvertragsrecht anwendbar ist.[182]

Dies gilt auch dann, wenn die Architektenleistungen für den Gewerbebetrieb des Bauherrn erbracht werden, da § 196 II BGB den Fall des § 196 I Nr. 7 BGB von der verlängerten Verjährungsfrist nicht erfaßt.[183] Etwas anderes gilt, wenn der Architekt Kaufmann ist (§ 196 I Nr. 1 i.V. mit § 196 II BGB).[184]

b) Beginn der Verjährung

Die Verjährung beginnt nach §§ 198, 201 BGB mit dem Schluß des Jahres, in dem die unter Ziff. 1 erwähnten Fälligkeitsvoraussetzungen eingetreten sind, d.h. Erbringung der vertragsgemäßen Leistungen und Erteilung der prüfungsfähigen Schlußrechnung.[185]

(1) Bei vorzeitiger Beendigung des Architektenvertrages ist der Beginn der Verjährungsfrist ebenfalls von der Erstellung und Überreichung der Schlußrechnung abhängig.[186]

(2) Problematisch ist der Beginn der Verjährungsfrist, wenn der Architekt die Erstellung und Überreichung der Schlußrechnung hinauszögert; der Architekt könnte auf diese Weise den Beginn der Verjährung hinausschieben.[187] Nach der Rechtsprechung des BGH kann der Bauherr in diesem Fall dem Architekten eine angemessene Frist zur Erstellung und Überreichung der Schlußrechnung setzen. Kommt der Architekt der

---

[178] *BGHZ* 120, 133 = NJW 1993, 659; *BGH,* NJW-RR 1998, 952; hierzu *Scholtissek,* BauR 1993, 394.

[179] *BGH,* NJW 1993, 661; s.o. I, 3, d, (3), Fußn. 49.

[180] *Neuenfeld,* Bd. 2, §§ 4 HOAI, Rdnr. 39a. – Zur Auskunftspflicht des Bauherrn s.o. III, 2, d, (2), Fußn. 123.

[181] *OLG Düsseldorf,* BauR 1992, 272; 1994, 146; NJW-RR 1996,1421; 1998, 454; *KG,* NJW-RR 1995, 536.

[182] *BGHZ* 59, 163 = NJW 1972, 1799.

[183] *Werner/Pastor,* Rdnr. 2371.

[184] *BGH,* NJW 1980, 447; *Werner/Pastor,* Rdnr. 2372.

[185] *Werner/Pastor,* Rdnr. 2370; *OLG Düsseldorf,* BauR 1996, 422; a.A. *Meiski,* BauR 1993, 23; das Ankoppeln an die Prüfungsfähigkeit der Rechnung ist nicht unbedenklich, da hierdurch in Grenzfällen Unsicherheit entsteht, s. auch (2), Fußn. 187.

[186] *BGH,* NJW-RR 1986, 1279; 1994, 1238; a.A. *Quambusch,* BauR 1987, 265

[187] *Werner/Pastor,* Rdnr. 967.

Aufforderung nicht nach, so muß er sich nach §§ 162 I, 242 BGB so behandeln lassen, als sei die Schlußrechnung innerhalb angemessener Frist erteilt worden.[188]

(3) Fordert der Architekt gemäß § 8 II HOAI Abschlagszahlungen, so werden diese Teilforderungen mit ihrer Geltendmachung und dem Nachweis der erbrachten Leistungen vorzeitig fällig. Dieser Zeitpunkt ist dann unter Beachtung der §§ 198, 201 BGB für den Lauf der Verjährungsfrist maßgebend. Gleichwohl läuft ab Erstellung und Übergabe der Schlußrechnung für die darin übernommenen Abschlagszahlungen eine neue Verjährungsfrist.[189]

c) Unterbrechung und Hemmung

Insoweit gelten die allgemeinen Regeln.[190]

V. Beeinflussung des Honoraranspruchs durch besondere Umstände

1. Culpa in contrahendo/positive Vertragsverletzung

Der nach der HOAI errechnete Honoraranspruch kann sich im Einzelfall wegen einer Ersatzpflicht des Architekten aus culpa in contrahendo oder positiver Vertragsverletzung mindern.

a) Aufklärungs- und Beratungspflichten

Der Architekt ist zwar im Grundsatz nicht gehalten, den Bauherrn über die Höhe des Honorars aufzuklären.[191]

Etwas anderes gilt ausnahmsweise, wenn der Bauherr ausdrücklich nach der Höhe des Architektenhonorars fragt oder wenn der Bauherr erkennbar falsche Vorstellungen über dessen Höhe hat.[192]

b) Betreuungspflichten

Der Architekt darf die einzelnen Leistungsphasen nur stufenweise dahin verwirklichen, wenn aufgrund einer früheren Leistungsstufe erst feststeht, daß das Bauvorhaben weiter in dieser Form verwirklicht werden kann.[193] Dem Bauherrn sollen auf diese Weise unnütze Kosten erspart bleiben.

---

[188] *BGH,* NJW-RR 1986, 1279; ebenso *KG,* NJW-RR 1988, 21; *Werner/Pastor,* Rdnr. 2370.

[189] *BGH,* NJW 1999, 713; *OLG Celle,* BauR 1991, 371; *Werner/Pastor,* Rdnr. 983.

[190] Zur Anwendung des § 203 II BGB wegen Vertrauens auf die frühere Rechtspr. des BGH betr. die 30-jährige Verjährungsfrist vgl. verneinend *BGHZ* 60, 98 = NJW 1973, 364; *BGH* NJW 1977, 375; krit. *Schneider,* MDR 1973, 305; *Schubert,* JR 1977, 323; *Ganten,* NJW 1973, 1165

[191] *OLG Köln,* NJW-RR 1994, 340; *Knacke,* BauR 1990, 395.

[192] *OLG Köln,* aaO.; vgl. auch *OLG Karlsruhe,* BauR 1984, 538; *OLG Stuttgart,* NJW 1989, 2402; *Neuenfeld/Groscurth,* Bd. 1, II, Rdnr. 296; *Werner/Pastor,* Rdnr. 763, 1880.

[193] *Weyer,* FS Korbion (1986) S. 482; *Motzke,* Rdnr. 38 (einschr.); *Werner/Pastor,* Rdnr. 790 ff.

So darf er beispielsweise nur die Leistungsphase 1 durchführen, wenn der Erwerb des Baugrundstücks noch nicht feststeht[194] oder der Baugrund erst durch ein Bodengutachten zu klären ist.[195] Entwurf und Bauvorlagen darf er erst anfertigen, wenn die Baufinanzierung gesichert ist.[196] Die Vorbereitung der Vergabe darf er erst nach Vorliegen der Baugenehmigung in Angriff nehmen.[197] Etwas anderes gilt nur dann, wenn der Bauherr ausdrücklich mit den vorzeitigen Arbeiten einverstanden und vom Architekten auf die Gebührenfolge hingewiesen worden ist.[198]

2. Änderungen des Umfangs der Leistung

Sie können unter bestimmten Voraussetzungen zu einer Änderung des Honorars führen.

a) Wegfall von Leistungen

Bei Wegfall einzelner Leistungsphasen oder von Teilen derselben wirkt sich dies automatisch durch eine Verminderung des Honorars aus.[199] Eine geringere Höhe der Baukosten schlägt sich in den anrechenbaren Kosten nieder.[200] Ändert sich die vereinbarte Honorarzone nach unten, kommt eine Anpassung des Honorars nach den Grundsätzen über den Wegfall der Geschäftsgrundlage in Betracht.[201]

b) Wiederholung von Leistungen

Muß der Architekt – aus von ihm nicht vertretbaren Gründen – eine abgeschlossene Leistung wiederholen, so kann er hierfür ein gesondertes Honorar verlangen.[202]

c) Längere Bauzeit

Bei einer längeren – nicht vorhersehbaren Bauzeit – kann dem Architekten ein gesondertes Honorar zustehen, wenn ein erheblicher Mehraufwand zu erbringen ist.[203] Die Parteien können die Voraussetzungen hierfür festlegen, indem sie bei Auftragserteilung schriftlich eine „Regelbauzeit" vereinbaren.[204]

---

194 *OLG Düsseldorf,* MDR 1972, 866; BauR 1980, 376; *OLG München,* NJW-RR 1996, 341; *Wussow,* BauR 1970, 65, 68; *Werner/Pastor,* Rdnr. 792.

195 *OLG Hamm,* NJW-RR 1997, 1310.

196 *OLG Düsseldorf,* MDR 1972, 867; BauR 1976, 141; *Werner/Pastor,* Rdnr. 791.

197 *OLG Düsseldorf,* NJW-RR 1996, 403; 1997, 915; *OLG Hamm,* BauR 1996, 578; *Jagenburg,* NJW 1997, 2287; *Motzke,* Rdnr. 39.

198 *Werner/Pastor,* Rdnr. 793; *OLG Düsseldorf,* NJW-RR 1996, 403.

199 S.o. I, 5, b.

200 S.o. II, 2, e) und d).

201 *Werner/Pastor,* Rdnr. 817.

202 *Werner/Pastor,* Rdnr. 868, 869.

203 *Werner/Pastor,* Rdnr. 877; *Neuenfeld,* Bd. 1, § 4 HOAI, Rdnr. 11.

204 *OLG Köln,* BauR 1990, 762 m.Anm. *Osenbrück; Werner/Pastor,* Rdnr. 877, 920; zur Änderung der Geschäftsgrundlage: *Neuenfeld,* § 4 HOAI, Rdnr. 10, 11.

d) Besondere Leistungen

Ergibt sich im Rahmen der Bauabwicklung die Notwendigkeit Besonderer Leistungen, so muß der Architekt den Bauherrn hierauf hinweisen und mit ihm eine schriftliche Vereinbarung über das Zusatzhonorar unter Beachtung des § 5 IV, IVa, V HOAI treffen.[205]

3. Vorzeitige Kündigung des Architektenvertrages

a) Kündigung des Bauherrn

Ausgangspunkt für die sich aus einer Kündigung ergebende Rechtslage für das Honorar des Architekten ist § 649 S. 2 BGB.

(1) Kündigt der Bauherr den Architektenvertrag,[206] so behält der Architekt nach § 649 S. 2 BGB den Anspruch auf die volle Vergütung. Er muß sich jedoch die durch die vorzeitige Beendigung seiner Tätigkeit ersparten Aufwendungen[207] und dasjenige anrechnen lassen, was er durch anderweitige Verwendung seiner Arbeitskraft erwirbt oder böswillig unterläßt. Diese Regelung wendet die Rechtsprechung auch auf den Gesamtarchitektenvertrag an.[208] Sie gilt auch, wenn der Bauherr den Architektenvertrag aus wichtigem Grund, den der Architekt nicht zu vertreten hat, kündigt.[209]

Die Musterarchitektenverträge sahen bisher für den Abzug wegen Ersparnis eine Pauschalierung in Höhe von 40 % des Honorars für die nicht erbrachten Leistungen vor. Die Rechtsprechung hatte bisher diese Regelung als AGBG – konform angesehen[210] und diesen Pauschsatz auch ohne Vereinbarung gemäß § 287 ZPO als sachgerechte Schätzung der Eigenersparnis zugrundegelegt.[211] Die Beweislast für Art und Umfang der Eigenersparnis sollte der Bauherr tragen.[212] Diese Rechtsprechung hat der BGH in zwei Urteilen vom 8. 2. 1996 und 10. 10. 1996[213] aufgegeben. Der BGH bejaht nunmehr einen Verstoß gegen §§ 10 Nr. 7, 11 Nr. 5 AGBG. In der Zukunft muß der Architekt die infolge der Kündigung ersparten Aufwendungen konkret darlegen, beziffern und bei Bestreiten durch den Bauherrn beweisen.[214]

---

[205] S.o. I, 4, b.

[206] S.o. 1. Teil, V, 1.

[207] *BGH,* NJW-RR 1988, 1295.

[208] *BGHZ* 31, 224 = NJW 1960, 431; krit. *Tempel,* JuS 1964, 352 betr. die Bauaufsicht (jetzt Objektüberwachung).

[209] *OLG Düsseldorf,* BauR 1988, 237; *Werner/Pastor,* Rdnr. 947.

[210] *BGH,* NJW 1969, 879; *BGHZ* 51, 190 = NJW 1969, 419.

[211] *Neuenfeld/Groscurth,* Bd. 1, II, Rdnr. 405; *Werner/ Pastor,* Rdnr. 939, 940.

[212] *BGH,* BauR 1986, 577; *Werner/Pastor,* Rdnr. 938.

[213] *BGH,* NJW 1996, 1751 (Schätzung nach § 287 ZPO), *BGH,* NJW 1997, 259 (AGB-Klausel). Ferner *BGH,* NJW-RR 1998, 1391 (AGB-Klausel).

[214] Hierzu *Brügmann,* NJW 1996, 2982; *Werner/Siegburg,* BauR 1997, 181; *Beigel,* BauR 1997, 782; *Jagenburg,* NJW 1997, 2280 m.w. Hinweisen. a.A., *von Rintelen,* BauR 1998, 603. – Vgl. aber *BGH,* NJW-RR 1998, 594 (Begrenzung des konkret berechneten Anspruchs entspr. der unwirksamen Klausel).

(2) Kündigt der Bauherr den Architektenvertrag aus Gründen die der Architekt zu vertreten hat,[215] so wird die unter (1) dargestellte Rechtsfolge des § 649 S. 2 BGB im Wege des Schadensersatzes modifiziert.

Der Architekt kann nur noch eine Vergütung für die geleistete Tätigkeit verlangen, während der Honoraranspruch für die noch ausstehenden Leistungsphasen in Wegfall kommt.[216] Auch die Vergütung für die erbrachten Leistungen kommt in Wegfall, wenn diese für den Bauherrn – trotz ihrer Mangelfreiheit – wertlos sind.[217]

b) Rücktritt des Bauherrn

Tritt der Bauherr gemäß § 636 BGB wegen verzögerter Leistung des Architekten von dem Vertrag zurück,[218] so entfällt der Honoraranspruch, soweit er auf den Architektenvertrag gegründet ist (§ 346 S. 1 BGB).

Soweit der Bauherr allerdings die Leistung des Architekten in Form der Planung weiterhin verwertet oder die Leistung seiner Dienste bei der Vergabe oder der Objektüberwachung von Nutzen bleiben, ist er gemäß § 346 S. 2 BGB zur Zahlung einer Vergütung verpflichtet, die sich wieder nach der HOAI richtet. In der Regel werden nur die Mindestsätze in Frage kommen.[219]

c) Kündigung des Architekten

Kündigt der Architekt den Vertrag nach §§ 642, 643 BGB oder aus wichtigem Grund,[220] so kann er nach § 645 BGB das Honorar für die geleisteten Arbeiten verlangen.

Eine Vergütung für die entfallenen Arbeiten steht ihm unter dem Gesichtspunkt des Schadensersatzes wegen entgangenen Gewinns (§ 645 II BGB, positive Vertragsverletzung) zu, wenn der Bauherr die Kündigungsgründe zu vertreten hat.

d) Vertragsaufhebung

Wird der Architektenvertrag einvernehmlich aufgehoben,[221] so gelten die unter a) bis c) dargestellten Regelungen, es sei denn, die Parteien hätten bei der Aufhebung des Vertrages etwas anderes vereinbart.[222]

Für den Regelfall verbleibt es also bei der unter a) (1) dargestellten Rechtslage, wonach der Architekt seinen Vergütungsanspruch abzüglich Eigenersparnis und anderweitiger Verwertung seiner Arbeitskraft behält.[223] Diese Handhabung erscheint sachge-

---

[215] S.o. 1. Teil, V, 1, Fußn. 101.
[216] *BGHZ* 31, 224 = NJW 1960, 431; *BGH*, NJW 1969, 419, 421; *BGHZ* 136, 33 = NJW 1997, 3017; *Locher*, Rdnr. 352; *Werner/Pastor*, Rdnr. 948.
[217] *BGH*, NJW 1975, 825; *BGHZ* 136, 33 = NJW 1997, 3017; *Neuenfeld/Groscurth*, Bd.1, II, Rdnr. 416.
[218] S.o. 1. Teil, V, 3.
[219] Vgl. jedoch *Neuenfeld/Groscurth*, Bd. 1, II, Rdnr. 382.
[220] S.o. 1. Teil, V, 1, Fußn. 101.
[221] S.o. 1. Teil, V, 2.
[222] *BGHZ* 62, 208 = NJW 1974, 945; *BGHZ* 65, 391 = NJW 1976, 518.
[223] *Werner/Pastor*, Rdnr. 957.

recht, da sich in der Praxis die einseitige Lösung (Kündigung, Rücktritt) und unvernehmliche Vertragsaufhebung meist nicht klar trennen lassen. Die Parteien können also im Prozeß die Gründe für die einvernehmliche Vertragsaufhebung nachschieben, um auf diese Weise den Honoraranspruch zu beeinflussen.[224]

VI. Die Sicherung des Vergütungsanspruchs

1. Die Sicherung nach § 648a BGB

Der durch Gesetz vom 27. 4. 1993 eingeführte § 648a BGB gibt dem Unternehmer eines Bauwerks einer Außenanlage oder eines Teils davon einen Anspruch auf Sicherheitsleistung.[225] Zu den Berechtigten zählen auch Architekten, die aufgrund eines Architektenvertrages für den Besteller tätig werden.[226]

Zweifelhaft ist, ob auch der Architekt für planerische Leistungen einen Anspruch auf Sicherheit hat, bevor das Bauwerk errichtet ist.[227]

2. Die Sicherungshypothek nach § 648 BGB

Unter Zugrundelegung der von ihm praktizierten „Werkvertragstheorie“[228] ist der Architekt nach der Rechtsprechung des BGH als Unternehmer des Bauwerks anzusehen und ihm der Anspruch auf Einräumung einer Sicherungshypothek nach § 648 BGB zuzubilligen.[229] Nachdem im Rahmen der Bauvertrags die Probleme um § 648 BGB abgehandelt wurden,[230] ist hier nur noch auf die besonderen Fragen hinzuweisen, die sich aus der Rechtsstellung und den Aufgaben des Architekten ergeben.

a) Anwendungsbereich

(1) Die Anwendbarkeit des § 648 BGB wird einhellig bejaht beim Gesamtarchitektenvertrag[231] und dem Teilarchitektenvertrag betreffend die Objektüberwachung.[232]

---

[224] *BGHZ* 65, 391 = NJW 1976, 518; *Locher*, Rdnr. 354.

[225] S.o. § 4, 2. Teil, VIII, 2.

[226] *Slapnicar/Wiegelmann*, NJW 1993, 2903, 2907; *Weber*, WM 1994, 725; *Werner/Pastor*, Rdnr. 324.

[227] Bejahend *Werner/Pastor*, Rdnr. 324 unter Hinweis auf *Staudinger/Peters*, § 648a BGB, Rdnr. 3.

[228] S.o. 1. Teil, IV, 1.

[229] *BGHZ* 51, 190 = NJW 1969, 419; zust. *Locher*, Rdnr. 438; Einzelheiten bei *Werner/Pastor*, Rdnr. 211 ff.; krit. *Tempel*, JuS 1973, 414.

[230] S.o. § 4, 2. Teil, VIII, 3.

[231] *BGHZ* 51, 190 = NJW 1969, 419; *Bindhardt/Jagenburg*, § 2, Rdnr. 70; *Werner/Pastor*, Rdnr. 212.

[232] *BGHZ* 82, 100 = NJW 1982, 438, 441; *Locher*, Rdnr. 438; *Neuenfeld/Groscurth*, Bd. 1, II, Rdnr. 104; *Werner/Pastor*, Rdnr. 212.

Zu verneinen ist demgegenüber die Anwendbarkeit, wenn der Architekt ausnahmsweise aufgrund eines Dienstvertrags tätig wird.[233]

(2) Bei einem auf die Planung des Bauwerks gerichteten Architektenvertrag ist zweifelhaft, ob der Architekt in jedem Falle, also auch vor Manifestierung seines geistigen Werks in dem Bauwerk schon einen Anspruch hat.

Dies ist früher teilweise unter Hinweis auf den Werkvertragscharakter des Planungsvertrages bejaht worden,[234] wird aber heute fast einhellig mit dem Argument verneint, daß bei unterbliebener Errichtung des Bauwerks eine Wertsteigerung des Grundstücks zu verneinen sei.[235] Dieser Meinung dürfte der Vorzug zu geben sein, wenn man mit der Grundsatzentscheidung des BGH[236] auf die Wertsteigerung des Grundstücks abstellt.

b) Schadensersatzansprüche

Nach der Rechtsprechung des BGH erstreckt sich der Sicherungsanspruch auch auf Schadensersatzansprüche des Architekten wegen Nichterfüllung und Verzugs,[237] was mit dem zugrundeliegenden Prinzip der Wertsteigerung nicht vereinbar ist.[238]

Der Anspruch besteht nicht, wenn das Bauwerk nicht errichtet wird.[239]

c) Mängel des Architektenwerks

Der Anspruch auf Sicherung besteht ebenso wie im Baurecht[240] nicht, soweit und solange das Architektenwerk mangelhaft ist und der Architekt hierfür verantwortlich ist.[241]

3. Das Gesetz zur Sicherung von Bauforderungen

Das genannte Gesetz vom 1. 6. 1909[242] findet auch auf die Ansprüche von Architekten Anwendung.[243]

---

233 *Locher,* Rdnr. 438; *Werner/Pastor,* Rdnr. 213; s.o. 1. Teil, IV, 1, Fußn. 72–74.

234 *OLG Düsseldorf,* NJW 1963, 1459; *OLG Hamm,* NJW 1963, 1399; *LG Traunstein,* NJW 1971, 1460.

235 *KG,* NJW 1963, 813; *LG Nürnberg-Fürth,* NJW 1972, 453; *OLG Düsseldorf,* NJW 1972, 1863; *OLG München,* NJW 1973, 289 L; *LG Fulda,* NJW-RR 1991, 790; *OLG Frankfurt,* OLGR 1995, 97; *OLG Celle,* NJW-RR 1996, 855; *OLG Dresden,* NJW-RR 1996, 920; *Neuenfeld/Groscurth,* Bd. 1, II, Rdnr. 104 m.Nw.; *Werner/Pastor,* Rdnr. 212.

236 S.o. Fußn. 229.

237 *BGHZ* 51, 190 = NJW 1969, 419; BGH, NJW 1974, 1761; ebenso *LG Nürnberg-Fürth,* NJW 1972, 453; zust. *Ingenstau/Korbion,* § 16 VOB/B, Rdnr. 406; *Locher,* Rdnr. 438; *Werner/Pastor,* Rdnr. 228.

238 *Tempel,* JuS 1973, 418.

239 *LG Zweibrücken,* MDR 1982, 669.

240 S.o. § 4, 2. Teil, VIII, 3, b, (6), Fußn. 338.

241 *BGHZ* 68, 180 = NJW 1977, 947; *Peters,* NJW 1981, 2550.

242 S.o. § 4, 2. Teil, VIII, 4.

243 *Neuenfeld/Groscurth,* Bd.1, II, Rdnr. 105.

Dritter Teil. Gegenansprüche des Bauherrn wegen mangelhafter Architektenleistung

I. Die Einstandspflicht des Architekten

1. Das Architektenwerk

a) Allgemeines

Entsprechend der Werkvertragstheorie des *BGH*[1] ist von § 633 BGB auszugehen. Das versprochene Architektenwerk ist so herzustellen, daß es die zugesicherten Eigenschaften hat und nicht mit Fehlern behaftet ist, die den Wert oder die Tauglichkeit zu dem gewöhnlichen oder nach dem Vertrag vorausgesetzten Gebrauch aufheben oder mindern.

(1) Architektenwerk in diesem Sinne ist nach der eingeschränkten Werkvertragstheorie[2] nicht das Bauwerk in seiner Körperlichkeit, sondern das geistige Architektenwerk, wie es sich nach dem in § 15 HOAI umschriebenen Leistungsbild darstellt.

(2) Ein Fehler des Bauwerks ist also nicht automatisch ein Fehler des Architektenwerks, sondern nur dann, wenn es auf eine Verletzung der dem Architekten obliegenden Pflichten zurückzuführen ist.[3]

(3) Ist das Bauwerk noch nicht erstellt, so ist die geschuldete Planung fehlerhaft, wenn sie notwendigerweise zu einem Mangel des Bauwerks führen muß.[4]

b) Maßgebende Vorschriften

Für die Abgrenzung des Pflichtenkreises des Architekten sind folgende Normenkomplexe heranzuziehen:

(1) Die in dem einzelnen Architektenvertrag getroffenen Vereinbarungen.[5] Dies folgt aus dem subjektiven Fehlerbegriff, der auf die Diskrepanz zwischen Soll- und Istbeschaffenheit abstellt.[6]

So können sich beispielsweise Bauherr und Architekt auf eine bestimmte Gestaltung des Bauwerks einigen mit der Folge, daß die künstlerische Gestaltungsfreiheit des Architekten eingeengt wird.[7] Je nach Inhalt des Vertrages kann der Architekt verpflichtet sein, Arbeiten Dritter zu überprüfen, z.B. die statische Berechnung[8] oder der mit der

---

[1] S.o. 1. Teil, IV, 1.

[2] S.o. 1. Teil, IV, 2, a.

[3] *BGHZ* 31, 224 = NJW 1960, 431; *BGH,* NJW 1971, 92 m.Anm. *Ganten,* NJW 1971, 374 u. Anm. *Korbion,* BauR 1971, 59; *Bindhardt/Jagenburg,* § 4, Rdnr. 14; *Werner/Pastor,* Rdnr. 1475, 1480; *Soergel,* MK, § 633, Rdnr. 50.

[4] *BGH,* NJW 1971, 92; *Soergel,* MK, § 633, Rdnr. 49. – Zur getrennten Beurteilung bei „stufenweiser Beauftragung“: *BGHZ* 136, 342 = NJW 1998, 135.

[5] *BGH,* NJW-RR 1998, 952; *Werner/Pastor,* Rdnr. 1476.

[6] S.o. § 4, 3. Teil, I, 1, c, (1).

[7] *BGHZ* 19, 382 = NJW 1956, 627.

[8] *OLG Frankfurt,* NJW-RR 1990, 1496; s. zur allgemeinen Überprüfungspflicht u. Fußn. 17–20.

Bauüberwachung beauftragte Architekt die Planungs- oder Vergabetätigkeit seines Vorgängers.[9] Hat der Architekt während der Vertragsdurchführung gefälligkeitshalber zusätzliche Aufgaben übernommen, soll nach einer Entscheidung des BGH keine Erweiterung seiner Einstandspflicht vorliegen; der Architekt soll nur für Verschulden haften.[10]

(2) Das in § 15 HOAI umschriebene Leistungsbild des Architekten.[11] Es ist nicht einzusehen, daß der Architekt Honorar für Leistungspositionen verlangt, ohne in der Verantwortung zu stehen.[12] Richtig ist nur, daß der Architekt trotz fehlender Ausführung einzelner Leistungsphasenteile nicht aus Gewährleistung in Anspruch genommen werden kann, wenn das errichtete Bauwerk mangelfrei ist.[13]

Maßgebend für die Umschreibung des Leistungsbildes sind zunächst die in § 15 HOAI umschriebenen Grundleistungen. Sind an die Ausführung des Auftrages besondere Anforderungen zu stellen, sind auch die Besonderen Leistungsbilder heranzuziehen,[14] und zwar nicht nur, wenn deren Erbringung besonders vereinbart wurde (§ 5 IV HOAI); vielmehr ist der Architekt aufgrund der Beauftragung mit der Errichtung des Bauwerks gehalten, bei Feststellung der „besonderen Anforderungen (§ 2 III HOAI)“ den Bauherrn auf deren Notwendigkeit hinzuweisen, widrigenfalls er unter dem Gesichtspunkt der culpa in contrahendo oder der positiven Vertragsverletzung schadensersatzpflichtig wird und den Bauherrn nach § 249 BGB so stellen muß, als habe er ihn aufgeklärt und den Auftrag zu den Besonderen Leistungen erhalten.

(3) Die anerkannten Regeln der Technik.[15] Hierzu gehören vor allen Dingen die Technischen Vorschriften der VOB Teil C, aber auch andere Regelwerke.[16]

Eingeschränkt ist die Einstandspflicht des Architekten hinsichtlich der Arbeiten der Sonderfachleute, da der Architekt nicht die Spezialkenntnisse der einzelnen Fachgebiete haben kann.[17] Hier beschränkt sich seine Einstandspflicht auf die notwendige Einschaltung derselben,[18] eine sachgemäße Koordinierung mehrere Spezialfirmen[19] sowie auf das Erkennen eindeutiger Fehlausführungen.[20]

---

[9] *OLG Bamberg,* NJW-RR 1992, 91; *OLG Köln,* NJW-RR 1997, 597; *LG Würzburg,* NJW-RR 1992, 89; *OLG Düsseldorf,* NJW-RR 1998, 741; vgl. auch *BGH,* NJW-RR 1989, 86 (eigene Planungstätigkeit des öffentlichen Auftraggebers).

[10] *BGH,* NJW 1996, 1278; *Werner/Pastor,* Rdnr. 1512.

[11] *Werner/Pastor,* Rdnr. 1477, 1496; a.A. *BGHZ* 133, 399 = NJW 1997, 586; s.o. 1. Teil, I, 1, Fußn. 3.

[12] a.A. wohl *Jagenburg,* NJW 1997, 2287.

[13] Zum (teilweisen) Wegfall des Honorars s.o. 2. Teil, I, 5, b, (2).

[14] *Locher/Koeble/Frik,* § 15 HOAI, Rdnr. 27; *Motzke,* Rdnr. 27.

[15] *Soergel,* MK, § 633, Rdnr. 51. – Zum Begriff s.o. § 4, 3. Teil, I, 1, d.

[16] *Werner/Pastor,* Rdnr. 1460; *Bindhardt/Jagenburg,* § 4, Rdnr. 5 + § 6, Rdnr. 38; *OLG Hamm,* NJW-RR 1991, 1045.

[17] *Bindhardt/Jagenburg,* § 6, Rdnr. 130; *OLG Köln,* NJW-RR 1994, 1110.

[18] *Bindhardt/Jagenburg,* § 6, Rdnr. 6 ff.; *Neuenfeld/Dohna,* Bd. 1, IV, Rdnr. 201; *Locher,* Rdnr. 252.

[19] *OLG Celle,* MDR 1969, 391; BauR 1970, 182; *Bindhardt/Jagenburg,* § 6, Rdnr. 12; *Locher,* Rdnr. 255.

[20] *BGH,* VersR 1967, 1150; 1964, 830; *Ganten,* Pflichtverletzung und Schadensrisiko im privaten Baurecht (1974), S. 77.

(4) Die Vorschriften des öffentlichen Baurechts.

Maßgebend sind die einzelnen Landesbauordnungen nebst dazu ergangenen Rechtsverordnungen und örtliche Bauvorschriften der Gemeinden. Zu beachten sind auch die von der obersten Baubehörde durch öffentliche Bekanntmachung eingeführten technischen Bestimmungen.

(5) Die standesrechtlichen Berufungsgrundsätze der Architekten.

Aus ihnen ergibt sich, daß der Architekt als Sachwalter des Bauherrn mit entsprechenden Beratungsaufgaben anzusehen ist,[21] sowie eine Fortbildungspflicht des Architekten dahin, daß er sich über die Entwicklung des Baurechts und der allgemein anerkannten Regeln der Baukunst zu unterrichten hat.[22]

c) *Maßgebender Zeitpunkt*

Im Rahmen der Gewährleistung stellt der BGH – sehr weitgehend – auf das Ende der Gewährleistungsfristen ab.[23]

Nach der Ausführung der Architektenleistung aufgetretene spätere Erkenntnisse sind also im Rahmen der Prüfung des Fehlers zu berücksichtigen.[24] Dagegen kommt es im Bereich der Verschuldenshaftung auf den Zeitpunkt der Ausführung der Architektentätigkeit an.[25]

d) *Tauglichkeit und Wert der Leistung*

Maßgebend für die Beurteilung von Tauglichkeit und Wert der Leistung ist in erster Linie der nach dem Vertrag vorausgesetzte Gebrauch, hilfsweise der gewöhnliche Gebrauch.[26]

Unerhebliche Beeinträchtigungen bleiben im Rahmen des Fehlers außer Betracht,[27] während sie bei Fehlen einer zugesicherten Eigenschaft in der Regel – mit Ausnahme der Mißbrauchsgrenze – zu berücksichtigen sind.[28]

2. *Einzelfragen der Haftung im technischen Bereich*

a) *Allgemeines*

Ausgangspunkt der Haftung ist das von dem Architekten geschuldete geistige Architektenwerk.[29] Der Architekt hat dafür Sorge zu tragen, daß das von dem Bauherrn in Auftrag gegebene Bauwerk in dem durch den

---

[21] *Ganten,* BauR 1974, 78.

[22] *Bindhardt/Jagenburg,* § 4, Rdnr. 9, *Neuenfeld/Groscurth,* Bd. 1, II, Rdnr. 291.

[23] *BGHZ* 48, 310 = NJW 1968, 43; *BGH,* NJW 1971, 92; *Werner/Pastor,* Rdnr. 1483 m.Nw.

[24] Krit. *Jagenburg,* FS Korbion (1986), S. 179 ff.

[25] *BGHZ* 48, 310 = NJW 1968, 43; *OLG Hamm,* NJW-RR 1991, 731.

[26] *Jauernig/Schlechtriem,* § 633, Rdnr. 3; *BGH,* NJW-RR 1995, 591.

[27] *Soergel,* MK, § 633, Rdnr. 20.

[28] *Soergel,* MK, § 633, Rdnr. 23.

[29] S.o. 1. Teil, IV, 1, a.

Architektenvertrag gegebenen Rahmen richtig geplant und verwirklicht wird.[30]

(1) Dazu gehört eine stufenweise Verwirklichung der ihm nach § 15 HOAI übertragenen Leistungen, wobei der Architekt laufend verpflichtet ist, bereits erbrachte Teilleistungen daraufhin zu überprüfen, ob sie für die nächste Teilphase geeignet sind.[31]

(2) Der Architekt hat für die Einschaltung der notwendigen Sonderfachleute zu sorgen[32] die Leistungen aller an der Planung und Ausführung Beteiligten zu koordinieren,[33] den Bauherrn über etwaige Risiken aufzuklären[34] und ihn bei der Durchsetzung von Mängelansprüchen gegen Handwerker und Baustofflieferanten zu unterstützen.[35]

b) Die Planung des Bauwerks

Die mangelfreie Planung des Bauwerks umfaßt:

(1) Die Erstellung eines genehmigungsfähigen Planes.[36] Der Architekt hat die maßgebenden Vorschriften des öffentlichen Baurechts einschließlich der Sondervorschriften[37] zu beachten.[38]

Etwaige Zweifel hat der Architekt durch eine Vorsprache bei der Bauaufsichtsbehörde, eventuell durch eine Voranfrage zu klären.[39] Auf die Erteilung einer rechtmäßigen und bestandskräftigen Baugenehmigung hat er hinzuwirken.[40] Beanstandungen der Bauaufsichtsbehörde hat er durch Änderung seiner Planung Rechnung zu tragen.[41] Auflagen der Bauaufsichtsbehörde hat er zu beachten.

Eine zusätzliche Problematik ist neuerdings durch die Änderung des öffentlichen Baurechts aufgetaucht, wonach in einzelnen Ländern die Überwachung durch die Bauaufsichtsbehörde gelockert ist: statt der Baugenehmigung hat der Architekt zu versichern, daß das geplante Bauvorhaben den öffentlichrechtlichen Bauvorschriften entspricht.[42] Ergibt die nachträgliche Prüfung das Gegenteil, so haftet der Architekt, so daß das Risiko der Prüfung auf ihn verlagert ist.

(2) Die Planung eines technisch einwandfreien Bauwerks.[43] Das ist nicht der Fall, wenn die Planung notwendig zu einem Mangel des Bau-

---

[30] S.o. I, 1, a.

[31] *Werner/Pastor*, Rdnr. 1479.

[32] S.o. I, 1, b, (3), Fußn. 18.

[33] *Bindhardt/Jagenburg*, § 6 Rdnr. 94 ff.

[34] *Schmalzl*, BauR 1977, 365; *Weyer*, BauR 1987, 131.

[35] *BGH* 61, 28 = NJW 1973, 1457; *Bindhardt/Jagenburg*, § 6, Rdnr. 128, 155 ff.; *Locher*, Rdnr. 248, 297.

[36] *BGH*, NJW-RR 1998, 952; *OLG Düsseldorf*, NJW-RR 1986, 469; 1996, 1234; *OLG München*, NJW-RR 1992, 788; *Bindhardt/Jagenburg*, § 6, Rdnr. 66 ff.; *Maser*, BauR 1994, 180. – Bedenklich *BGHZ* 136, 342 = NJW 1998, 135 (stufenweise Beauftragung).

[37] *Neuenfeld/Dohna*, Bd. 1, IV, Rdnr. 199.

[38] *Bindhardt/Jagenburg*, § 6, Rdnr. 64; *Jagenburg*, NJW 1987, 2976; *OLG München*, NJW-RR 1992, 788.

[39] *BGH*, WM 1972, 1457; *OLG Düsseldorf*, NJW-RR 1996, 403; *Bindhardt/Jagenburg*, § 6, Rdnr. 72; einschr. *OLG Köln*, BauR 1993, 358.

[40] *BGH*, VersR 1983, 983.

[41] *OLG Düsseldorf*, NJW-RR 1994, 18.

[42] *Ortloff/Rapp*, NJW 1996, 2436.

[43] Überblick bei *Werner/Pastor*, Rdnr. 1484.

werks führen muß[44] oder den anerkannten Regeln der Technik widerspricht.[45]

In diesem Rahmen hat der Architekt für die Einholung der Statik zu sorgen[46] und die Bodenverhältnisse einschließlich des Grundwasserstandes zu untersuchen oder durch Sonderfachleute untersuchen zu lassen.[47] Bei Anlagen der Haustechnik (Heizung, sanitäre und elektrotechnische Anlagen, Klimatechnik) kann er an Stelle der Einschaltung von Fachingenieuren die Planung auch den Fachfirmen überlassen; das entlastet ihn aber nur, wenn diese durch besondere Vereinbarung die Planungsverantwortung übernehmen.[48] Der Architekt ist weiterhin verpflichtet, das Bauwerk gegen Einwirkung von Oberflächen- und Grundwasser zu schützen[49] sowie die Einhaltung der DIN-Vorschriften,[50] besonders der Vorschriften über Wärmeschutz[51] und Schallschutz[52] zu beachten.

Ob er bei der Planung Detailpläne (§ 15 II Nr. 5 HOAI) zu erstellen hat oder den Handwerkern auf der Baustelle mündliche Detailanweisungen erteilt, ist eine Frage des Einzelfalles.[53]

(3) Die Beachtung der von dem Bauherrn im Architektenvertrag oder durch spätere mündliche Weisung vorgeschriebenen Gestaltung.

Dem Architekten steht zwar ein gewisses Planungsermessen zu.[54] Verlangt der Bauherr aber eine bestimmte Ausführung, so geht dies dem Planungsermessen des Architekten vor.[55] Spannungen zwischen Weisungsrecht des Bauherrn und künstlerischer Gestaltungsfreiheit sind – jedenfalls bei technischen Zweckbauten – zugunsten des Bauherrn zu entscheiden.[56] Verlangt der Bauherr allerdings ungeeignete und unfachmännische Maßnahmen, ist der Architekt verpflichtet, seine Bedenken zu äußern und den Bauherrn auf etwaige Risiken hinzuweisen.[57] Grenzen des Weisungsrechts bestehen, wenn der Architekt durch die Befolgung gegenüber Dritten haftpflichtig oder sich gar strafbar machen würde.[58]

---

[44] *BGHZ* 48, 310 = NJW 1968, 43; s.o. I, 1, a, (3).

[45] Zur Verwendung neuartiger Konstruktionen siehe *BGH*, BauR 1976, 66; 1981, 76; *OLG Celle*, BauR 1990, 759; *Bindhardt/Jagenburg*, § 6, Rdnr. 55.

[46] *OLG Oldenburg*, BauR 1981, 399; s.o. Fußn. 18.

[47] *BGH* VersR 1971, 667; *OLG Düsseldorf*, BauR 1985, 341; NJW-RR 1992, 156; 1996, 1300; *OLG Stuttgart*, BauR 1996, 748; *Neuenfeld/Dohne*, Bd. 1, IV, Rdnr. 181; *Bindhardt/Jagenburg*, § 6, Rdnr. 13 ff.

[48] *Bindhardt/Jagenburg*, § 6, Rdnr. 32.

[49] *BGH*, NJW 1962, 390; *BGHZ* 90, 344 = NJW 1984, 1676; *OLG Köln*, NJW-RR 1993, 1493.

[50] *BGHZ* 48, 310 = NJW 1968, 43; *Bindhardt/Jagenburg*, § 6, Rdnr. 37 ff.

[51] *BGH*, BauR 1981, 395; *OLG Celle*, NJW = RR 1991, 1175; *Neuenfeld/Dohna*, Bd. 1, IV, Rdnr. 199 m. Nw.

[52] *OLG Frankfurt*, BauR 1991, 785; *OLG Düsseldorf*, NJW-RR 1994, 88.

[53] *BGH*, NJW-RR 1988, 275; *OLG Köln*, VersR 1993, 1229; *Werner/Pastor*, Rdnr. 1489.

[54] *OLG Hamm*, NJW-RR 1989, 470.

[55] *BGH*, NJW-RR 1998, 668; *Bindhardt/Jagenburg*, § 4, Rdnr. 19 + § 6, Rdnr. 57.

[56] *BGH*, NJW 1971, 556; *Bindhardt/Jagenburg*, § 6, Rdnr. 59 ff.; *Locher*, Rdnr. 269.

[57] *Bindhardt/Jagenburg*, § 6, Rdnr. 62; *Werner/Pastor*, Rdnr. 1491.

[58] Siehe § 323 StGB; *Bindhardt/Jagenburg*, § 4, Rdnr. 24; *Locher*, Rdnr. 269 (Zumutbarkeit).

c) Die ordnungsgemäße Vergabe der Bauleistungen

Im Rahmen der Vergabe der Bauleistungen (§ 15 II Nr. 6 + 7 HOAI)[59] ist der Architekt zunächst zum sorgfältigen Ermitteln und Zusammenstellen der Massen, der Auswahl richtigen Materials[60] und dem Aufstellen klarer und vollständiger Leistungsbeschreibungen[61] verpflichtet. Er hat sodann geeignete Bauunternehmer auszuwählen, die den gestellten Aufgaben technisch und personell gewachsen sind[62] und anschließend auf die Vereinbarung eindeutiger, dem konkreten Bauvorhaben entsprechender Bauverträge zu achten.[63]

d) Die Objektüberwachung

Bei dieser, die praktische Umsetzung der Planung auf der Baustelle betreffenden Leistungsphase treffen den Architekten sehr weitgehende Pflichten:

(1) Ihm obliegt vor allem die Kontrolle der Bauarbeiten dahin, daß diese entsprechend der Baugenehmigung, den Plänen und Leistungsbeschreibungen sowie den Weisungen des Bauherrn durchgeführt werden.[64]

Der Architekt hat sowohl die gelieferten Materialien[65] als auch die Arbeiten der einzelnen Bauunternehmer[66] zu überprüfen. Der Umfang dieser Kontrolle richtet sich nach den Umständen des Einzelfalles,[67] wobei der Architekt auf der einen Seite „handwerkliche Selbstverständlichkeiten" nicht überwachen muß,[68] andererseits seine Kontrollpflicht gesteigert ist bei besonders wichtigen Bauabschnitten mit typischen Gefahren,[69] bei besonderen Anhaltspunkten für drohende Mängel[70] und sich als unzuverlässig

---

[59] S.o. 2. Teil, II, 1, f + g.

[60] *BGH,* NJW 1962, 1569; 1973, 754; zur Verwendung neuartiger Baustoffe siehe *BGH,* BauR 1986, 66; *OLG München,* NJW-RR 1988, 85; *OLG Köln,* BauR 1990, 103; *OLG Hamm,* NJW-RR 1991, 731; *Bindhardt/Jagenburg,* § 6, Rdnr. 52 ff.

[61] *OLG Stuttgart,* BauR 1977, 140; *Bindhardt/Jagenburg,* § 6, Rdnr. 49.

[62] *BGHZ* 70, 12 = NJW 1978, 322; *Bindhardt/Jagenburg,* § 6, Rdnr. 50.

[63] *BGH,* NJW 1981, 2182; BauR 1982, 185.

[64] *BGHZ* 39, 261 = NJW 1963, 1401; *BGHZ* 68, 174 = NJW 1977, 989; *BGH,* NJW 1999, 427; *OLG Oldenburg,* NJW-RR 1992, 409; *OLG Düsseldorf,* NJW-RR 1998, 741; *Werner/Pastor,* Rdnr. 1498, 1503.

[65] *Bindhardt/Jagenburg,* § 6, Rdnr. 125.

[66] *BGHZ* 70, 12 = NJW 1978, 322; *Werner/Pastor,* Rdnr. 1498.

[67] *OLG München,* NJW-RR 1988, 366; *Bindhardt/Jagenburg,* § 6, Rdnr. 111.

[68] *BGH,* NJW 1971, 1130; *Bindhardt/Jagenburg,* § 6, Rdnr. 112; *Werner/Pastor,* Rdnr. 1499.

[69] *BGHZ* 39, 261 = NJW 1963, 1401; *BGH,* NJW 1971, 1130; *BGHZ* 68, 169 = NJW 1977, 898 (Gießen von Betondecken und ihre Bewehrung); *BGH,* NJW-RR 1986, 182; *OLG München,* NJW-RR 1988, 336; *OLG Hamm,* NJW-RR 1990, 158; 1990, 915; 1992, 1049; *OLG Düsseldorf,* NJW-RR 1995, 532; *OLG Celle,* NJW-RR 1995, 1486; *KG* NJW-RR 1999, 244; *Bindhardt/Jagenburg,* § 6, Rdnr. 114 ff.

[70] *BGHZ* 125, 111 = NJW 1994, 1276; *OLG Oldenburg,* NJW-RR 1992, 409.

herausstellenden Handwerkern.[71] Sonderfachleute hat er in der Regel nicht zu überwachen.[72] Wichtig ist jedoch das Koordinieren der einzelnen an der Bauausführung Beteiligten.[73]

(2) Dem Architekten obliegen im Rahmen der Objektüberwachung weiterhin die technische Abnahme der Bauleistungen und die Feststellung etwa vorhandener Mängel sowie die Mitwirkung bei der Beseitigung derselben.[74]

Soweit der Architekt Baumängel feststellt, hat er zunächst deren Ursache zu klären[75] und sodann den zuständigen Bauunternehmer namens des Bauherrn zur Mangelbeseitigung aufzufordern, die notwendigen Fristen zu setzen und bei Unterbleiben der Mangelbeseitigung im Einvernehmen mit dem Bauherrn einen anderen Unternehmer hiermit zu beauftragen.[76] Der Architekt hat außerdem die Gewährleistungsfristen aufzulisten[77] und dem Bauherrn bei drohendem Ablauf der Fristen auf die Notwendigkeit der Unterbrechung durch Klageerhebung etc.[78] hinzuweisen.[79] Die Beseitigung der bei der Abnahme festgestellten Mängel hat der Architekt zu überwachen und sodann die Arbeiten erneut technisch abzunehmen.[80] Werden die Mängel, ihre Ursache oder ihr Umfang nebst Kosten der Beseitigung von dem Bauunternehmer bestritten, so hat der Architekt die Beweise in technischer Hinsicht zu sichern und den Bauherrn auf die Notwendigkeit eines zusätzlichen Beweissicherungsverfahrens hinzuweisen.[81]

e) Die Objektbetreuung

Im Rahmen dieser seit der Novelle von 1985 zeitlich auf die Dauer von fünf Jahren seit Abnahme der Bauleistungen beschränkten Leistungsphase[82] ist der Architekt im Anschluß an die Objektüberwachung verpflichtet, bei der Erfassung und Beseitigung von Mängeln mitzuwirken.

Der Architekt ist verpflichtet, vor Ablauf der jeweiligen Gewährleistungsfristen[83] das Objekt zu begehen, etwaige Mängel festzustellen und die jeweiligen Handwerker rechtzeitig zur Mängelbeseitigung aufzufordern.[84] Er hat anschließend die Beseitigung der Mängel zu überwachen.

---

[71] *BGHZ* 70, 12 = NJW 1978, 322; *Bindhardt/Jagenburg*, § 6, Rdnr. 126; *Werner/Pastor*, Rdnr. 1499, 1505.

[72] *Werner/Pastor*, Rdnr. 1505; vgl. jedoch *OLG Frankfurt*, NJW-RR 1990, 1496 (statische Berechnung).

[73] S.o. 2. Teil, II, 1, h, (1), Fußn. 94, 95. – *OLG Köln*, NJW-RR 1992, 1500; *Locher*, Rdnr. 255.

[74] Einzelheiten bei *Werner/Pastor*, Rdnr. 1507.

[75] *BGH*, NJW-RR 1986, 182. – Eigene Planungs- und Aufsichtsfehler darf der Architekt nicht verschweigen: *BGHZ* 92, 251 = NJW 1985, 328; *Bindhardt/Jagenburg*, § 6, Rdnr. 155; *Werner/Pastor*, Rdnr. 1508, s.u. IV, 2, b, (4), Fußn. 267.

[76] *BGHZ* 61, 28 = NJW 1973, 1457; krit. *Bindhardt/Jagenburg*, § 3, Rdnr. 53, 54 + § 6, Rdnr. 156 m.Nw.

[77] *Locher*, BauR 1991, 135.

[78] S.o. § 4, 3. Teil, I, 7, d.

[79] Einschr. *Bindhardt/Jagenburg*, § 6, Rdnr. 144, 145.

[80] *BGH*, BauR 1971, 205; *Ehe*, BB 1972, 1337; *Bindhardt/Jagenburg*, § 6, Rdnr. 155.

[81] *Locher*, Rdnr. 301.

[82] S.o. 2. Teil, II, 1, i, (3), Fußn. 112, 113.

[83] S.o. Fußn. 77, 78.

[84] Auch hier einschr. *Bindhardt/Jagenburg*, § 6, Rdnr. 159.

3. Einzelfragen der Haftung im wirtschaftlichen Bereich

a) Allgemeines

Der Architekt ist nicht nur verpflichtet, ein den Erfordernissen der Technik und des öffentlichen Baurechts entsprechendes Bauwerk zu errichten. Die Durchführung des Bauvorhabens hat auch den finanziellen Interessen des Bauherrn Rechnung zu tragen.

Diese Pflicht wird heute entsprechend dem Leistungsbild in § 15 HOAI als Hauptpflicht angesehen, bei deren Verletzung ein Anspruch auf Schadensersatz nach § 635 BGB gegeben ist.[85]

b) Planung und Wirtschaftlichkeit

Die Pflicht zur Berücksichtigung der wirtschaftlichen Interessen des Bauherrn wirkt sich bereits bei der Planung des Bauvorhabens aus.

(1) Der Architekt hat ein den wirtschaftlichen Zwecken des Bauherrn geeignetes Bauwerk zu planen.

So muß die Größe und Anlage der Räume der beabsichtigten Nutzungsart (bzw. dem Verkaufszweck) des Gebäudes Rechnung tragen.[86] Ein zum Verkauf oder der Vermietung gedachtes Mehrfamilienhaus muß so geplant werden, daß die Wohnungen den Anforderungen des Wohnungsmarktes entsprechen und eine hohe Rendite abwerfen.[87] Zwecks Erlangung steuerlicher Vorteile hat der Architekt die Wohnflächen gemäß den maßgebenden steuerrechtlichen Vorschriften zu planen und zu berechnen.[88] Ist dem Architekten die Finanzierung übertragen, so hat er die Planung so anzulegen, daß die Finanzierung gesichert ist.[89]

(2) Der Architekt soll zwar im allgemeinen nicht gehalten sein, so kostengünstig wie möglich zu planen.[90]

An diesem Grundsatz sind zumindest dort Zweifel angebracht, wenn es sich bei den Bauherrn um Privatpersonen handelt, bei denen erkennbar nur geringes Eigenkapital vorhanden ist und die Finanzierung auf die Einkommensverhältnisse zugeschnitten sein muß.[91] Auf der gleichen Linie liegt eine mangelhafte Wirtschaftlichkeitsberechnung, die der Architekt als Besondere Leistung übernommen hatte.[92]

---

[85] *BGH,* NJW 1981, 2182; 1983, 871; *Bindhardt/Jagenburg,* § 6, Rdnr. 198; *Lauer,* BauR 1991, 401; *Locher,* Rdnr. 276; *Schmalzl,* NJW 1983, 1717.

[86] *BGHZ* 37, 341 = NJW 1962, 1764 (Garage); *BGH,* VersR 1956, 659 (Schalldämmung bei Bürohaus); *BGH,* MDR 1971, 1271 (Dachkonstruktion betr. eine Lagerhalle für pharmazeutische Artikel); *BGH,* NJW-RR 1995, 591 (Tragfähigkeit einer Geschoßdecke); *BGHZ* 138, 87 = NJW 1998, 1064 (Nutzflächen); *OLG Hamm,* NJW-RR 1989, 470 (Repräsentationszwecke eines Bürohauses).

[87] *BGH,* NJW 1975, 1657; *Bindhardt/Jagenburg,* § 6, Rdnr. 82.

[88] *BGHZ* 60, 1 = NJW 1973, 237; *OLG Düsseldorf,* NJW-RR 1991, 90; *OLG Köln,* NJW-RR 1993, 1493; *LG Stuttgart,* BauR 1990, 496; *OLG Koblenz,* NJW-RR 1998, 20.

[89] *BGH,* BauR 1984, 420; *Locher,* Rdnr. 300.

[90] *BGHZ* 60, 1, 3 = NJW 1973, 237; *Bindhardt/Jagenburg,* § 1, Rdnr. 8.

[91] *BGH,* NJW-RR 1991, 664; *OLG Naumburg,* BauR 1996, 889; *Werner/Pastor,* Rdnr. 1781 ff.

[92] *BGH,* BauR 1976, 286; *OLG Stuttgart,* BauR 1979, 174.

c) Vergabe und Wirtschaftlichkeit

Die Pflicht zum wirtschaftlichen Bauen zeigt sich im Rahmen der Vergabe in folgenden Punkten:

(1) Der Architekt hat die Leistungsverzeichnisse vollständig zu erstellen, damit nicht später Zusatzaufträge erforderlich werden, die Mehrkosten verursachen können.[93]

Die Leistungsverzeichnisse und die Ausschreibungen sind auch so klar zu formulieren, daß es später bei der Abrechnung keinen Streit mit dem Bauunternehmer geben kann (§ 9 VOB/A).

(2) Der Architekt hat in der Regel mehrere Angebote einzuholen, um sich von der Preisgünstigkeit und Qualität der Leistungen der einzelnen Bauunternehmer ein richtiges Bild machen zu können.[94]

Dies folgt jetzt auch aus § 15 II Nr. 7 HOAI, der als Grundleistung das Prüfen und Werten der Angebote einschließlich Aufstellen eines Preisspiegels erwähnt.

(3) Bei der Auswahl der Unternehmer hat der Architekt auf die wirtschaftliche Leistungsfähigkeit derselben zu achten und erkennbar solche mit zweifelhafter Bonität auszuscheiden.[95]

(4) Die Verträge sind klar abzufassen[96] und haben den konkreten Erfordernissen des Bauvorhabens Rechnung zu tragen. Das gilt auch für die richtige Terminplanung.[97] Bisher wurde angenommen, daß der Architekt ohne weiteres den Verträgen die VOB/B zugrundelegen darf.[98] Dem kann aber nicht gefolgt werden.

Die kurzen Gewährleistungsfristen (§ 13 Nr. 4 VOB/B)[99] entsprechen nach dem heutigen Stand der Erkenntnisse nicht den Interessen des Bauherrn.[100] Nicht nur bei besonderen Umständen,[101] sondern in der Regel verletzt der Architekt seine Sorgfaltspflichten gegenüber dem Bauherrn, wenn er auf die VOB/B Bezug nimmt und damit den Bauherrn diesen kurzen Gewährleistungsfristen aussetzt. Nur in Ausnahmefällen ist der Architekt hierzu berechtigt, allerdings erst nach einer entsprechenden Aufklärung des Bauherrn über die nachteiligen Folgen.[102]

---

[93] *BGH,* BauR 1982, 185.

[94] *Bindhardt/Jagenburg,* § 6, Rdnr. 87; *Locher,* Rdnr. 273, 298.

[95] *Bindhardt/Jagenburg,* § 6, Rdnr. 85; *Locher,* Rrdnr. 298.

[96] *BGH,* NJW 1983, 871.

[97] *Bindhardt/Jagenburg,* § 6, Rdnr. 162. – Zur Einschaltung eines Spezialbüros für Bau-Controlling vgl. *Böggering,* BauR 1983, 402.

[98] *Bindhardt/Jagenburg,* § 6, Rdnr. 90; *Locher,* Rdnr. 273.

[99] S.o. § 4, 3. Teil, I, 7, a, (2).

[100] S. § 4, 1. Teil, I, 2, f, (2), Fußn. 97.

[101] So *Bindhardt/Jagenburg,* § 14, Rdnr. 35; vgl. auch *BGH,* NJW 1983, 871.

[102] *Bindhardt/Jagenburg,* § 6, Rdnr. 91; *Hessel/Korbion/Mantscheff/Vygen,* § 65 HOAI, Rdnr. 152.

d) Bausummenüberschreitung

Wird die ursprünglich zugrundegelegte Bausumme überschritten, so kann die Einstandspflicht des Architekten verletzt sein. Der Architekt muß in der Regel davon ausgehen, daß der Bauherr mit der Einhaltung der ursprünglich kalkulierten Kosten rechnet. Der Architekt ist deshalb gehalten, die einzelnen Kostenermittlungen vorzunehmen.[103] Es kommen bei einer Erhähung der Baukosten folgende Fallgestaltungen in Betracht:

(1) Unterläßt der Architekt die Kostenermittlungen und werden deshalb die erhöhten Baukosten nicht erkannt, so haftet er dem Bauherrn auf Schadensersatz. Gleiches gilt, wenn dem Architekten bei der Kostenermittlung Fehler unterlaufen, die die voraussichtlichen Baukosten geringer erscheinen lassen.[104]

(2) Der Architekt haftet ebenfalls auf Schadensersatz, wenn er eine erkennbare Überschreitung der zunächst zugrundegelegten Baukosten dem Bauherrn nicht unverzüglich mitteilt, damit dieser die erforderlichen Dispositionen treffen kann.[105] Deren Feststellung dienen die durch die 5. Novelle zur HOAI in § 15 II Nr. 3, 7 und 8 eingeführten Kostenkontrollen.[105a]

(3) Hat der Architekt eine ausdrückliche „Kostengarantie" übernommen,[106] dann hat er für deren Einhaltung auch ohne Verschulden einzustehen.[107]

Dabei wird dem Architekten eine gewisse Toleranzgrenze zugebilligt;[108] diese wird je nach der Genauigkeit der Kostenermittlung entsprechend dem Stand des Bauvorhabens größer oder kleiner zu bemessen sein, z.B. bei der Kostenschätzung etwa 30 %, bei der Kostenberechnung 20 %, bei dem Kostenanschlag 10 %.[109] Allerdings bezieht sich diese Toleranzgenze nicht auf offensichtliche Schätzungs- und Rechenfehler, die der Architekt immer zu vertreten hat.[110] Eine pflichtwidrige Überschreitung der Kosten liegt nicht vor, wenn die erhöhten Kosten auf eine Änderung der Planung, Sonderwünsche des Bauherrn, unvorhersehbare Lohn- und Materialpreiserhöhungen oder unvorhersehbare technische Schwierigkeiten der Bauausführung zurückzuführen sind.[111] Die unter (2) erwähnte Informationspflicht des Architekten bleibt bestehen.

(4) Noch weitergehend ist die Einstandspflicht des Architekten, wenn er eine sogenannte „totale Bausummengarantie" übernommen hat.

---

[103] S.o. 2. Teil, II, 2, b.

[104] *Gauch,* FS Heiermann (1995), S. 79 ff.; *BGH,* ZfBR 1997, 195; *Werner/Pastor,* Rdnr. 1780 ff.

[105] So ausdrücklich § 1 II S. 2 AVA. – *BGH,* NJW-RR 1997, 1376; *OLG Naumburg,* NJW-RR 1996, 1302; *ZfBR* 1996, 322; *OLG Düsseldorf,* NJW-RR 1993, 285; *Bindhardt/Jagenburg,* § 6, Rdnr. 175; *Werner/Pastor,* Rdnr. 1775.

[105a] Hierzu *Eich,* BauR 1997, 203.

[106] *OLG Düsseldorf,* NJW-RR 1993, 285; *Werner/Pastor,* Rdnr. 1778.

[107] *Bindhardt/Jagenburg,* § 6, Rdnr. 200 ff.; *Werner/ Pastor,* Rdnr. 1777.

[108] *BGH,* NJW 1994, 856; NJW-RR 1997, 850; krit. *Hartmann,* BauR 1995, 151.

[109] Überblick bei *Werner/Pastor,* Rdnr. 1787 ff.

[110] *BGH,* NJW-RR 1997, 402.

[111] *BGH,* NJW-RR 1997, 850; *OLG Düsseldorf,* NJW-RR 1995, 1361; *Werner/Pastor,* Rdnr. 1793, 1794.

Hier trägt der Architekt auch das Risiko notwendiger und nicht vorhersehbarer Änderungen des Bauvorhabens.[112] Auch hier bedarf es aber ebenfalls der Auslegung, der Vertragsabrede im Einzelfall, inwieweit der Architekt das Risiko unvorhersehbarer Mehrkosten übernommen hat.[113]

e) Objektüberwachung

Bei der Bauüberwachung hat der Architekt ebenfalls Pflichten zur Wahrnehmung der finanziellen Interessen des Bauherrn.

(1) Der Architekt hat auf die Einhaltung der vertraglich vereinbarten Fristen durch die Bauunternehmer zu achten und diese bei deren Überschreitung in Verzug zu setzen.[114]

(2) Weiterhin hat der Architekt die Rechnungen der Bauunternehmer auf ihre sachliche Richtigkeit zu überprüfen, und zwar einmal daraufhin, ob die in Rechnung gestellten Arbeiten in dem berechneten Umfang und der vereinbarten Qualität auch ausgeführt worden sind, zum andern, daß die Abrechnung den vertraglichen Vereinbarungen entspricht.[115]

Der ersten Aufgabe dient die Pflicht zur Erstellung eines *gemeinsamen* Aufmaßes mit den bauausführenden Unternehmen und die (technische) Abnahme der Bauleistungen.[116]

(3) Den Architekten treffen außerdem Beratungspflichten betreffend den Vorbehalt von Gewährleistungsansprüchen und Vertragsstrafen.[117]

4. Einschränkungen der Einstandspflicht

a) Weisung des Bauherrn

Eine Gewährleistung des Architekten kommt in Wegfall, wenn er auf ausdrückliche Weisung des Bauherrn gehandelt hat (§ 242 BGB; Grundsatz des venire contra factum proprium).[118]

Beispiele: Verwendung eines nicht genügend erprobten Baustoffes, Beauftragung eines in der Liquidität beschränkten Bauunternehmers; Bestehen auf Sonderwünschen bei einer Bausummenüberschreitung. – Allerdings kann den Architekten eine Hinweis- und Belehrungspflicht treffen, wenn der Bauherr sich über die Folgen seiner Weisung nicht im klaren ist. Im Prinzip gilt die gleiche Regelung wie im Bauhandwerkerrecht nach § 4 Nr. 3 VOB/B.[119]

---

[112] *BGH,* NJW-RR 1987, 337; *OLG Düsseldorf,* NJW-RR 1993, 285; *Bindhardt/Jagenburg,* § 6, Rdnr. 203.

[113] *BGH,* NJW 1958, 1483; 1960, 1567; *OLG Düsseldorf,* NJW-RR 1995, 1361; *Locher,* NJW 1965, 1696.

[114] *Bindhardt/Jagenburg,* § 6, Rdnr. 163 ff. (Aufstellen und Überwachung eines Zeitplanes – Balkendiagramm – nach § 15 II Nr. 8 HOAI).

[115] *Bindhardt/Jagenburg,* § 6 Rdnr. 150; *Werner/Pastor,* Rdnr. 1509. – Siehe ferner *BGH,* NJW 1981, 2182 (Zusatzaufträge); NJW-RR 1998, 1549 (Abschlagszahlungen).

[116] Einzelheiten bei *Bindhardt/Jagenburg,* § 6, Rdnr. 140 ff., 146 ff.

[117] *BGHZ* 74, 235 = NJW 1979, 1499; *Bindhardt/Jagenburg,* § 6, Rdnr. 141, 142; *Kleine-Möller/Merl,* § 13, Rdnr. 374 ff. – S.o. § 4, 3. Teil, II, 2, d.

[118] *Bindhardt/Jagenburg,* § 4, Rdnr. 20. – S.o. I, 2, b, (3).

[119] *Bindhardt/Jagenburg,* § 4, Rdnr. 21 + § 6, Rdnr. 62; *Werner/Pastor,* Rdnr. 1491; *OLG München,* NJW-RR 1988, 336; 1989, 470; *OLG Düsseldorf,* NJW-RR 1992, 156.

b) *Einwilligung des Bauherrn*

Eine Einwilligung in eine fehlerhafte Bauplanung dürfte regelmäßig ausscheiden.[120]

Jedenfalls setzt deren Wirksamkeit voraus, daß der Bauherr Bedeutung und Tragweite der fehlerhaften Planung erkannt hat; dies erfordert eine entsprechende Aufklärung und Beratung durch den Architekten.[121]

c) *Mitverschulden*

Die Einstandspflicht kann sich mindern oder ganz entfallen, wenn den Bauherrn an der Entstehung des Mangels bzw. des Schadens ein Mitverschulden trifft (§§ 254 I, 242 BGB).[122]

Als Beispiel für ein Mitverschulden des Bauherrn sei eine Verletzung von Mitwirkungspflichten bei der Beschaffung von Unterlagen im Baugenehmigungsverfahren genannt.[123]

Auch für das Verschulden von Erfüllungsgehilfen hat der Bauherr einzustehen,wobei der Bauunternehmer nicht Erfüllungsgehilfe des Bauherrn gegenüber dem Architekten ist,[124] wohl aber der im Namen des Bauherrn beauftragte Sonderfachmann.[125]

II. Die einzelnen Ansprüche

1. *Allgemeines*

Sieht man den Architektenvertrag als Werkvertrag an,[126] so ergeben sich Umfang und Rechtsfolgen der Einstandspflicht des Architekten aus den §§ 633–635 BGB.[127] Das gilt auch für die Haftung im wirtschaftlichen Bereich.[128]

Das System der Rechtsfolgen wurde bereits im Rahmen des Bauvertrages dargestellt.[129] Hierauf kann zunächst verwiesen werden. Im folgenden werden deshalb lediglich die Besonderheiten dargestellt, die sich aus der Eigenart des Architektenwerks als geistiges Werk ergeben, das mit dem Bauwerk nicht identisch ist.[130]

---

120 *BGH,* NJW-RR 1994, 916; *Locher,* Rdnr. 268.

121 *BGH,* NJW 1996, 2370; *OLG Saarbrücken,* NJW-RR 1998, 93.

122 Gegenüber dem Nachbesserungsanspruch ist auf § 242 BGB abzustellen: *Neuenfeld/Dohna,* Bd. 1, IV, Rdnr. 146; *Werner/Pastor,* Rdnr. 2446.

123 Weitere Beispiele bei *Neuenfeld/Dohna,* Bd. 1, IV, Rdnr. 150, 153; *Locher,* Rdnr. 268.

124 *Werner/Pastor,* Rdnr. 2466.

125 *OLG Frankfurt,* NJW-RR 1990, 1496; *Bindhardt/Jagenburg,* § 6 Rdnr. 11 + § 8, Rdnr. 14; *Werner/Pastor,* Rdnr. 2463, 2465.

126 S.o. 1. Teil, IV, 1.

127 S.o. 3. Teil, I, 1, a. – Zu den Ausnahmen bei Annahme eines Dienstvertrages *Werner/Pastor,* Rdnr. 1634.

128 S.o. 3. Teil, I, 3, a, Fußn. 85.

129 S.o. § 4, 3. Teil, I, 2.

130 S.o. 1. Teil, IV, 2, a und 3. Teil, I, 1, a, (1).

2. *Der Nachbesserungsanspruch*

a) *Voraussetzungen*

Das in § 633 II 1 BGB geregelte Nachbesserungsrecht des Bestellers setzt voraus, daß das geschuldete Werk „nachbesserungsfähig“ ist.[131] Bei dem Architektenwerk ist nach dem Umfang der Verträge und dem Stand der Ausführung der Architektenleistungen zu differenzieren:

(1) Handelt es sich um einen auf die Planung beschränkten Teilarchitektenvertrag oder um einen Vollarchitektenvertrag, bei dem die Leistungen des Architekten nur bis zur Planung gediehen sind, das Bauwerk also nicht errichtet ist, so kann eine Nachbesserung der fehlerhaften Planung durch Veränderung der Pläne und der Leistungsbeschreibungen erfolgen, um den vereinbarten Sollzustand herzustellen.[132] Gleiches gilt, wenn der Architekt die von ihm im Rahmen der Objektüberwachung zu erbringende Rechnungsprüfung und die Auflistung der Gewährleistungsfristen[133] unterlassen oder unvollständig durchgeführt hat.[134]

(2) Ist das Bauwerk dagegen bereits erstellt, so ist bei fehlerhafter Planung oder mangelhafter Objektüberwachung im technischen Bereich[135] eine Nachbesserung in Form einer Veränderung der Pläne[136] oder einer Wiederholung der Objektüberwachung[137] nicht möglich. Das Nachbesserungsrecht kann sich auch nicht auf die Beseitigung der Mängel des Bauwerks erstrecken, da der Architekt nicht das Bauwerk als körperliche Leistung schuldet, sondern nur im Rahmen des geistigen Architektenwerks bei der Errichtung des Bauwerks mitwirkt.[138] Der Architekt ist hier nur insoweit zur Nachbesserung verpflichtet, als zur Beseitigung von Mängeln des Bauwerks seine Architektenleistung – unabhängig davon, ob sie mangelhaft war oder nicht – notwendig wird (§ 15 II Nr. 8 HOAI).[139]

Soweit die Nachbesserung nicht möglich ist, kann der Bauherr den Anspruch auf Schadensersatz nach § 635 BGB geltendmachen, ohne daß es einer Fristsetzung bedarf (§ 634 II BGB).[140]

b) *Durchführung der Nachbesserung*

Der Bauherr muß den Architekten zur Nachbesserung unter konkreter Angabe der zu beanstandenden Fehler auffordern (§ 633 II BGB).

---

[131] *Bindhardt/Jagenburg,* § 2, Rdnr. 84.

[132] *OLG Düsseldorf,* NJW-RR 1994, 18; *OLG Hamm,* NJW-RR 1995, 724; *Bindhardt/Jagenburg,* § 4, Rdnr. 31; *Tempel,* JuS 1964, 349, 350; *Werner/Pastor,* Rdnr. 1637.

[133] S.o. I, 3, d, (2), Fußn. 77.

[134] *Bindhardt/Jagenburg,* § 4, Rdnr. 31.

[135] S.o. I, 2, b + d.

[136] *BGH,* NJW 1962, 390; 1962, 1499; *Bindhardt/Jagenburg,* § 4, Rdnr. 31 m.Nw.; *Werner/Pastor,* Rdnr. 1639.

[137] *Werner/Pastor,* Rdnr. 1640.

[138] *BGH,* VersR 1967, 260; *Kaiser,* NJW 1973, 1910, 1912; *Locher,* Rdnr. 225, 226; *Werner/Pastor,* Rdnr. 1639.

[139] *OLG Düsseldorf,* BauR 1973, 25; *OLG Hamm,* BauR 1978, 326; *Kaiser,* NJW 1975, 1910, 1912; *Bindhardt/Jagenburg,* § 4 Rdnr. 32; *Locher,* Rdnr. 238; *Werner/Pastor,* Rdnr. 1641.

[140] *BGH,* NJW 1962, 1499; *Werner/Pastor,* Rdnr. 1645.

Der Nachbesserungsanspruch erlischt, wenn der Bauherr dem Architekten eine Frist zur Nachbesserung mit Ablehnungsandrohung gesetzt hat und diese Frist fruchtlos verstrichen ist (§ 634 I S. 3 BGB).[141] Gleiches gilt bei vorbehaltloser Abnahme des Architektenwerks (§ 640 II BGB).[142] Dagegen bleibt der Nachbesserungsanspruch auch nach Kündigung des Architektenvertrages bestehen.[143]

3. Der Anspruch auf Selbstabhilfe

Der Anspruch des Bauherrn auf Selbstabhilfe ergibt sich aus § 633 III BGB.

a) Voraussetzungen

Der Anspruch setzt voraus, daß der Bauherr den Architekten wegen der konkret bezeichneten Mängel des Architektenwerks in Verzug gesetzt hat.

Eine Fristsetzung ist nicht erforderlich, aber zweckmäßig, bevor der Bauherr zur Eigennachbesserung schreitet. Eine Ablehnungsandrohung darf dagegen mit der Fristsetzung nicht verbunden werden, da sonst der Abhilfeanspruch nach § 634 I S. 3 BGB erlischt.[144]

b) Inhalt des Anspruchs

Nach Durchführung der Eigennachbesserung besteht der Anspruch auf Ersatz der notwendigen Kosten.

(1) In Frage kommt das Honorar für die Einschaltung eines anderen Architekten zur Überarbeitung der Planung oder bei der Beseitigung von Bauwerksmängeln bzw. der Nacharbeitung der Rechnungsprüfung.

(2) Ebenso wie im Baurecht besteht ein Anspruch auf Zahlung eines Vorschusses.[145]

4. Der Anspruch auf Wandelung

a) Voraussetzungen

Der Bauherr kann bei Möglichkeit der Nachbesserung des Architektenvertrages nach Fristsetzung mit Ablehnungsandrohung,[146] bei Unmöglichkeit der Nachbesserung sofort, den Architektenvertrag wandeln (§ 634 I S. 2 BGB).

---

[141] Zur Entbehrlichkeit der Fristsetzung: *Bindhardt/Jagenburg*, § 4, Rdnr. 35.

[142] *Bindhardt/Jagenburg*, § 3, Rdnr. 10; *Werner/Pastor*, Rdnr. 2272; vgl. jedoch *OLG Düsseldorf*, NJW-RR 1994, 15 (abweichende Vereinbarung nach Fristablauf).

[143] *OLG Hamm*, NJW - RR 1995, 724; *Werner/Pastor*, Rdnr. 1645.

[144] S.o. Fußn. 141.

[145] *BGHZ* 61, 28 = NJW 1973, 1457; s.o. § 4, 3. Teil, I, 2, c, (4).

[146] Zur Entbehrlichkeit der Fristsetzung siehe *BGH*, BauR 1975, 137; *OLG Düsseldorf*, NJW-RR 1994, 18; *Werner/Pastor*, Rdnr. 1657.

Ausgeschlossen ist dies allerdings bei geringfügigen Mängeln (§ 634 III BGB) oder bei einer vereinbarten Beschränkung der Kündigung des Architektenvertrages auf einen wichtigen Grund.[147]

b) Rechtsfolgen

Die ausgesprochene Wandelung führt zu einer Rückabwicklung des Vertragsverhältnisses entsprechend den Rücktrittsvorschriften (§§ 634 IV, 467, 346 ff. BGB). Die beiderseitigen Leistungen sind zurückzugewähren.

(1) Eine Rückgewähr des Architektenwerks kommt nur bei noch nicht ausgeführter Errichtung des Bauwerks in Betracht. In diesem Fall sind die planerischen Leistungen des Architekten zurückzugeben; der Architekt verliert den Anspruch auf sein Honorar, das er bei bereits erfolgter Zahlung zu erstatten hat .[148]

(2) Ist die Planung schon in das Bauwerk umgesetzt, so kann sie nicht zurückgewährt werden. Der Bauherr hat für die bisher erbrachten Leistungen nach § 346 S. 2 BGB eine Vergütung zu zahlen. Deren Höhe entspricht zunächst den Mindestsätzen der HOAI, ist aber im Hinblick auf die Mängel nach §§ 634 IV, 472 BGB zu mindern.[149] Der Sache nach läuft dies darauf hinaus, daß die Wandelung eines durch Errrichtung des Bauwerks bereits durchgeführten Architektenvertrages in einer Minderung des Architektenhonorars besteht.

5. Der Anspruch auf Minderung

a) Voraussetzungen

Der Anspruch auf Minderung besteht – ebenso wie der Anspruch auf Wandelung[150] – unter den Voraussetzungen des § 634 I und II BGB. Im Gegensatz zur Wandlung kann auch wegen geringfügiger Mängel gemindert werden.

Hat der Architekt nur Einzelleistungen nicht oder schlecht erbracht, diese sich aber nicht in einem Mangel des Bauwerks niedergeschlagen, so scheidet eine Minderung nach h.M. aus.[151]

b) Rechtsfolgen

Das Architektenhonorar ist nach §§ 634 IV, 472 BGB verhältnismäßig herabzusetzen.[152]

Bei der Berechnung ist der Wert der mangelfreien Architektenleistung zu dem Wert der mangelhaften Architektenleistung in Verhältnis zu setzen und die vereinbarte Vergütung entsprechend herabzusetzen. Der Wert der mangelfreien Architektenleistung wird in der Regel mit dem vereinbarten Honorar identisch sein.[153] Für die Berechnung der

---

[147] *BGH,* NJW 1972, 526; *Bindhardt/Jagenburg,* § 4, Rdnr. 36.

[148] *Bindhardt/Jagenburg,* § 4, Rdnr. 37; *Locher,* Rdnr. 240.

[149] *Krukenberg,* Der Architektenvertrag (1967), S. 46 ff; Einzelheiten s.u. 5, b.

[150] S.o. 4, a.

[151] S.o. 2. Teil I, 5, b, (2); *Werner/Pastor,* Rdnr. 1669.

[152] *Bindhardt/Jagenburg,* § 4, Rdnr. 41; *Werner/Pastor,* Rdnr. 1667 ff.

[153] *Bindhardt/Jagenburg,* § 4, Rdnr. 41.

mangelhaften Architektenleistung ist auf den Zeitpunkt der Abnahme abzustellen.[154] Ist das Architektenwerk völlig unbrauchbar, ist das Honorar auf Null zu reduzieren.[155]

6. *Der Anspruch auf Schadensersatz*

Im Vordergrund der Sanktionen bei Verletzung der Einstandspflicht des Architekten steht der Anspruch auf Schadensersatz (§ 635 BGB).

a) *Voraussetzungen*

Der Anspruch ist anstelle von Wandelung oder Minderung gegeben und an folgende Voraussetzungen geknüpft:

(1) Der Anspruch des Bauherrn auf Erfüllung (Nachbesserung) muß gemäß § 634 I oder II BGB durch Fristsetzung, Unmöglichkeit der Nachbesserung, Verweigerung derselben entfallen oder durch ein besonderes Interesse des Bauherrn gerechtfertigt sein.[156]

Hat die fehlerhafte Architektenleistung zu einem Mangel des Bauwerks geführt, so entfällt in jedem Falle mangels Möglichkeit der Nachbesserung das Erfordernis der Fristsetzung.[157]

(2) Der zu liquidierende Schaden muß nach h.M. nach der Abnahme des Architektenwerks entstanden sein.[158]

Das erscheint bedenklich, da die Systematik der Sanktionen nach BGB keine scharfe Trennung zwischen Schäden vor und nach Abnahme kennt und die nach h.M. dann für die positive Vertragsverletzung Platz greifende 30jährige Verjährung nach der Grundkonzeption des BGH über die Abgrenzung zwischen Mangel- und Mangelfolgeschaden[159] hiermit nicht vereinbar ist.[160]

(3) Der Anspruch setzt zusätzlich zu der objektiven Pflichtverletzung ein Verschulden des Architekten voraus. Der Architekt hat für das Verhalten eines gewissenhaften, sorgfältigen Angehörigen des Berufsstandes einzustehen.[161] Über die maßgebenden DIN-Vorschriften und öffentlichrechtlichen Baunormen muß er sich unterrichten.[162] Unter Umständen kann ihn das Befolgen einer (veralteten) DIN-Vorschrift entlasten.[163]

---

[154] *BGHZ* 42, 232 = NJW 1965, 152; *BGHZ* 58, 181 = NJW 1972, 821; *Bindhardt/Jagenburg,* § 4, Rdnr. 40; *Locher,* Rdnr. 243; *Werner/Pastor,* Rdnr. 1668.

[155] *BGH,* NJW 1965, 152; *OLG Nürnberg,* NJW-RR 1993, 1300; *Werner/Pastor,* Rdnr. 1669.

[156] *Bindhardt/Jagenburg,* § 4, Rdnr. 46.

[157] *BGH,* MDR 1981, 836; *Werner/Pastor,* Rdnr. 1492. – S.o. II, 2, a, (2).

[158] *BGH,* NJW 1969, 838; *OLG Hamm,* NJW-RR 1989, 468; *Werner/Pastor,* Rdnr. 1676.

[159] S.u. b.

[160] Vgl. auch *Bindhardt/Jagenburg,* § 4, Rdnr. 58, der § 326 BGB anwenden will.

[161] *Bindhardt/Jagenburg,* § 4, Rdnr. 45; *Neuenfeld/Dohna,* Bd. 1, IV, Rdnr. 77.

[162] *Schmalzl,* NJW 1967, 12. – S.o. I, 2, b, (1), Fußn. 37, 38. – Einschr. *OLG Zweibrücken,* NJW-RR 1998, 1097 (schwierige Rechtsfragen).

[163] *BGH,* NJW 1971, 92.

Für das Verschulden von Erfüllungsgehilfen hat er nach § 278 BGB einzustehen.[164] Sonderfachleute sind nur dann seine Erfüllungsgehilfen, wenn er sie in eigenem Namen beauftragt und die Klärung der Gutachterfrage zu seinen vertraglichen Pflichten gehört.[165] Anders ist es dagegen, wenn der Sonderfachmann von dem Architekten im Namen des Bauherrn beauftragt wird: dann ist der Sonderfachmann nicht Erfüllungsgehilfe des Architekten; dieser haftet nur für eigenes Verschulden, das allerdings in der Auswahl und Überprüfung des Sonderfachmanns liegen kann.[166]

(4) Ein Vorbehalt des Anspruchs bei Abnahme (§ 640 II BGB) ist nach h.M. nicht erforderlich.[167]

(5) Hinsichtlich der Beweislast ist festzuhalten, daß der Bauherr den objektiven Mangel des Architektenwerks, die objektive Pflichtverletzung[168] und die Kausalität zwischen beiden darlegen muß, wobei ihm allerdings die Grundsätze des Anscheinsbeweises zu Hilfe kommen können.[169] Stehen diese Tatsachen fest, muß sich der Architekt hinsichtlich des Verschuldens entlasten.[170]

Eine hiervon abweichende AGB-Klausel, die dem Bauherrn die Beweislast für das Verschulden des Architekten auferlegt; ist unwirksam.[171]

b) Die Reichweite des § 635 BGB

Hier gilt die schon beim Bauvertrag dargestellte Rechtsprechung des BGH, wonach dem § 635 BGB nur Schäden entfallen, die an dem geschuldeten Werk selbst aufgetreten sind oder doch eng und unmittelbar damit zusammenhängen; entfernte Mangelfolgeschäden sollen dagegen dem Bereich der positiven Vertragsverletzung unterfallen.[172] Daraus folgt folgende Abgrenzung der beiden Bereiche:[173]

---

[164] *BGH,* NJW-RR 1989, 86.

[165] *BGH,* BauR 1997, 488; NJW 1997, 586; 1997, 2173; *Jagenburg,* NJW 1997, 2291.

[166] *BGH,* VersR 1967, 260; 1967, 1150; BauR 1971, 265; *OLG Köln,* NJW-RR 1998, 1476; *Werner/Pastor,* Rdnr. 2463.

[167] *BGH,* NJW 1980, 1952; Bedenken bei *Bindhardt/Jagenburg,* § 3 Rdnr. 10; *Peters,* NJW 1980, 750.

[168] S.o. I, 1, a, (2).

[169] *Baumgärtel,* Hdb. der Beweislast, Bd. 1, 2. Aufl. § 635 BGB, Rdnr. 30; *Bindhardt/Jagenburg,* § 4, Rdnr. 10, 11, 18; krit. *Locher,* Rdnr. 249 (S. 209) + BauR 1974, 295; hierzu *Bindhardt/Jagenburg,* § 4, Rdnr. 17, 18.

[170] *BGH,* NJW 1962, 31; *BGHZ* 48, 310 = NJW 1968, 43; *OLG Köln,* MDR 1975, 401; *OLG Frankfurt,* NJW-RR 1992, 602 = *Baumgärtel,* (Fußn. 169), Rdnr. 31; *Werner/Pastor,* Rdnr. 1676; krit. *Locher,* aaO; *Neuenfeld/Dohna,* Bd. 1, IV, Rdnr. 139.

[171] S.u. III, 2, b, (2).

[172] *BGHZ* 35, 130 = NJW 1961, 1256; *BGHZ* 58, 305 = NJW 1972, 1195; m. Anm. *Schlechtriem,* NJW 1972, 1554; *BGH,* NJW 1979 1651.– S.o. § 4, 3. Teil, I, 2, f, (1), Fußn. 44 ff. – Zusammenstellung der Rechtspr. bei *Bindhardt/Jagenburg,* § 4, Rdnr. 53; *Werner/Pastor,* Rdnr. 1689.

[173] Zusammenstellung bei *Werner/Pastor,* Rdnr. 1691, 1692.

(1) Unter § 635 BGB fallen folgende Schäden:

- Kosten der Nachbesserung der Planungsleistungen,[174]
- Kosten der Mangelbeseitigung des Bauwerks;[175] einschließlich der Kosten der Beseitigung von Schäden am sonstigen Eigentum des Bestellers, die im Zuge der Nachbesserung zwangsläufig entstehen;[176]
- Kosten von Sachverständigengutachten zur Feststellung des Schadens an der Planung bzw. des Bauwerks;[177]
- ein nach Beseitigung der Mängel am Bauwerk verbleibender merkantiler Minderwert;[178]
- zusätzliche, durch die Nachbesserungsarbeiten entstehende Kosten (Regiekosten, Zwischenfinanzierungskosten);[179]
- der durch die Nachbesserungsarbeiten entgangene Gewinn, z.B. Miet- und Nutzungsausfälle);[180]
- Kosten für die Inanspruchnahme eines anderen Architekten nach Verletzung der dem Architekten obliegenden Sachwalterpflichten.[181]

(2) Dagegen unterfallen nach der Rechtsprechung der positiven Vertragsverletzung:

- Schäden vor Abnahme;[182]
- Schäden an persönlichen Rechtsgütern;[183]
- Kosten für die Beseitigung von Sachschäden außerhalb der baulichen Anlage;[184]
- der infolge der Beseitigung von entfernteren Mangelfolgeschäden entstandene Gewinn;[185]
- Schäden aus der Verletzung von Nebenpflichten;[186]
- der Schaden, der durch die Inanspruchnahme eines Dritten aus einem Mangelfolgeschaden bei dem Bauherrn entsteht.[187]

c) Der Umfang des Ersatzanspruchs

Bei dem grundsätzlich auf Geld gerichteten Ersatzanspruch[188] hat der Bauherr – ebenso wie bei dem Anspruch des Käufers aus § 463 BGB[189] die

---

174 *BGHZ* 37, 341 = NJW 1962, 1764.

175 *BGHZ* 58, 85 = NJW 1972, 625; *BGHZ* 58, 225 = NJW 1972, 901; *BGHZ* 72, 257 = NJW 1979, 214.

176 *BGHZ* 72, 31 = NJW 1978, 1626.

177 BGHZ 54, 352 = NJW 1971, 99 = BauR 1971, 51 m. Anm. *Korbion; OLG Hamm,* NJW-RR 1992, 1049.

178 *BGHZ* 58, 225 = NJW 1972, 901; Beispiele bei *Werner/Pastor,* Rdnr. 1726.

179 *BGHZ* 46, 238 = NJW 1067, 340.

180 *BGHZ* 54, 352 = NJW, 1971, 99; *BGHZ* 58, 225 = NJW 1979, 901; a.A. *BGHZ* 72, 31 = NJW 1978, 1626.

181 S.o. I, 3, b, (1).

182 S.o. II, 6, a, (2).

183 *BGH,* NJW 1972, 625; 1972, 1651; *Bindhardt/Jagenburg,* § 4, Rdnr. 55.

184 *BGHZ* 58, 85 = NJW 1971, 1195; *BGH* VersR 1962, 460 (Feuchtigkeitsschäden an Waren); *BGHZ* 115, 32 = NJW 1991, 2418 (Einbruchsschaden); abw. *OLG München,* NJW-RR 1988, 85.

185 *BGH,* NJW 1982, 2244.

186 Hierzu *Bindhardt/Jagenburg,* § 4, Rdnr. 57. – Beispiel: *BGH,* NJW 1997, 2174 (Auswahl und Überprüfung eines Sonderfachmanns).

187 *BGH,* NJW-RR 1994, 601.

188 *BGH,* NJW 1978, 1853 m. Anm. *Ganten,* NJW 1978, 2593.

189 S.o. § 1, 2. Teil, V, 2 + 3.

Wahl zwischen einem großen und kleinen Schadensausgleich. Der „große" Schadensersatz[190] in Form der Ablehnung bzw. Rückgabe des Werkes wird bei dem Architektenvertrag selten in Frage kommen, da er auf eine Art Wandelung hinausläuft, die auf Schwierigkeiten stößt.[191] In der Regel wird der „kleine Schadensersatz" geltendgemacht, der auf Ersatz der notwendigen Beseitigungskosten des Mangels und etwaiger Folgeschäden gerichtet ist.[192] Für die Höhe des Schadens gilt als allgemeine Regel die Differenzhypothese des § 249 BGB.

(1) Die Kosten der Beseitigung sind ohne Rücksicht darauf zu ersetzen, ob die Beseitigung schon erfolgt ist oder nicht,[193] so daß ein Vorschußanspruch hier nicht in Betracht kommt.[194]

(2) Als nicht ersatzfähiger Schaden scheiden diejenigen Beseitigungskosten aus, die auch angefallen wären, wenn der Architekt von Anfang an sein Werk mangelfrei erbracht hätte.[195] Das gilt vor allem für die sogenannten „so-wie-So-Kosten."[196] Kein-Schaden besteht, wenn der Bauherr wegen des Mangels an den Bauunternehmer keinen Werklohn zahlen muß.[197] Anzurechnen sind im Wege der Vorteilsausgleichung etwaige Wertverbesserungen.[198]

(3) Kann der Schaden am Gebäude nicht mehr beseitigt werden, schuldet der Architekt Ersatz des Minderwertes desselben.[199] Ist das Architektenwerk völlig unbrauchbar, kann der Bauherr als Mindestschaden Rückzahlung des Architektenhonorars bzw. Befreiung von dieser Verbindlichkeit verlangen.[200]

(4) Die dargestellten Grundsätze gelten auch für den Ausgleich von Schäden im wirtschaftlichen Bereich.[201] Bei der Bausummenüberschreitung[202] besteht der Schaden des Bauherrn in Höhe der Mehraufwendungen, die über der angenommenen Toleranzgrenze[203] liegen.[204] Hinzukommen Kosten eines notwendigen Zusatzkredites, den der Bauherr zur Finanzierung dieser Mehraufwendungen aufnehmen mußte.[205] Anzurechnen auf den Schaden sind im Wege der Vorteilsausgleichung konkrete Vorteile oder ein höherer Verkehrswert des Bauwerks.[206] Abzustellen für die Berechnung des Mehrwerts ist bei gewerblichen Grundstücken auf den Ertragswert des Gebäudes[207], bei eigengenutzten

---

[190] *Werner/Pastor,* Rdnr. 1680; *Soergel,* MK, § 635, Rdnr. 30.

[191] S.o. II, 4, b, (2).

[192] *BGH,* NJW 1997, 2879.

[193] *BGHZ* 61; 28 = NJW 1973, 1457; *BGHZ* 62, 323 = NJW 1974, 1322; *OLG Koblenz,* NJW-RR 1995, 655; *Soergel,* MK, § 635 BGB, Rdnr. 34.

[194] *BGHZ* 61, 28 = NJW 1973, 1457; a.A. *Kroppen,* BauR 1972, 75.

[195] *BGH,* BauR 1976, 59; NJW-RR 1990, 728; 1994, 148.

[196] *BGH,* NJW 1989, 717; NJW-RR 1990, 728.

[197] *BGH,* NJW 1996, 2370; s.o. 1. Teil, IV, 2, e, Fußn. 98.

[198] *BGH,* BauR 1971, 60; Einzelheiten bei *Werner/Pastor,* Rdnr. 2470 ff.; *Bindhardt/Jagenburg,* § 15, Rdnr. 2–4.

[199] *BGH,* NJW-RR 1995, 591; *OLG Celle,* NJW-RR 1991, 1175.

[200] *BGHZ* 70, 240 = NJW 1978, 814.

[201] S.o. I, 3.

[202] S.o. I, 3, d.

[203] S.o. I, 3, d, (3), Fußn. 108, 109.

[204] *BGH,* NJW 1994, 856; *Werner/Pastor,* Rdnr. 1796.

[205] *BGH,* NJW 1994, 856; *OLG Köln,* NJW-RR 1994, 981.

[206] *BGH,* NJW 1970, 2018; 1971, 1840; 1994, 856; *OLG Köln,* NJW-RR 1993, 986; 1994, 981; *OLG Düsseldorf,* NJW-RR 1994, 211; *Locher,* NJW 1965, 1697.

[207] *Werner/Pastor,* Rdnr. 1801; *Bindhardt/Jagenburg,* § 6, Rdnr. 194; *OLG Düsseldorf,* BauR 1974, 354.

Grundstücken auf den Sachwert,[208] wie er sich im Zeitpunkt der letzten mündlichen Verhandlung darstellt.[209] Zweifelhaft ist, ob der Bauherr dem Einwand der Vorteilsausgleichung unter Hinweis auf die „aufgedrängte Bereicherung" entgegentreten kann.[210]

(5) Die Beweislast für die Höhe des Schadens liegt bei dem Bauherrn,[211] wobei das Gericht im Rahmen der Schadensschätzung nach § 287 ZPO gewisse Beweiserleichterungen schaffen kann. Der Architekt hat die Beweislast für den Einwand der Vorteilsausgleichung.[212]

III. Haftungsbeschränkungen

1. Gesetzliche Haftungsbeschränkungen

a) Schadensminderungspflicht

Den Bauherrn trifft bei der Behebung des Schadens die Pflicht, den Schaden möglichst niedrig zu halten (§ 254 II BGB).[213]

(1) Diese Pflicht besteht nicht nur bei den Ansprüchen auf Schadensersatz nach § 635 BGB und aus positiver Vertragsverletzung; die gleiche Pflicht wird bei dem Anspruch auf Selbstabhilfe[214] aus § 242 BGB hergeleitet.[215] Für das Verschulden von Erfüllungsgehilfen hat der Bauherr nach § 278 BGB einzustehen (§ 254 II S. 2 BGB).

(2) Der Bauherr ist beispielsweise verpflichtet, im Rahmen der Behebung des Schadens auf gewisse Abänderungen in der Gestaltung des Bauwerks einzugehen.[216] Vor allem hat er bei der Einschaltung Dritter hinsichtlich der Beseitigung der Mängel das Kosteninteresse des Architekten zu beachten; es gilt das Gleiche wie im Baurecht.[217]

(3) Eine besondere Ausgestaltung der Schadensminderungspflicht stellt das von der Rechtsprechung entwickelte Nachbesserungsrecht des Architekten dar.[218] § 254 II BGB bzw. § 242 BGB kann eingreifen, wenn der Bauherr es unterläßt, dem Architekten selbst auf dessen Verlangen die Beseitigung der von ihm zu verantwortenden Mängel zu überlassen.[219]

---

[208] *BGH,* NJW 1970, 2018.

[209] *BGH,* NJW-RR 1997, 402; *OLG Köln,* NJW-RR 1993, 986; *Werner/Pastor,* Rdnr. 1804.

[210] Hierzu *Werner/Pastor,* 1800, 1803; *Locher,* NJW 1965, 169.

[211] *Baumgärtel,* Hdb. der Beweislast, Bd. 1, § 635 BGB, Rdnr. 30.

[212] *Werner/Pastor,* Rdnr. 2477.

[213] *Werner/Pastor,* Rdnr. 1562.

[214] S.o. II, 3.

[215] *Werner/Pastor,* Rdnr. 2446.

[216] *OLG Hamm,* NJW-RR 1993, 729.

[217] S.o. § 4, 3. Teil, I, 2, f, (3), 184.

[218] *BGHZ* 43, 227 = NJW 1965, 1175; *BGH,* NJW 1962, 1499; *OLG Hamm,* NJW-RR 1995, 724; 1996, 1233.

[219] *Locher,* Rdnr. 239; *Ganten,* FS Korbion (1986), S. 85; *Werner/Pastor,* Rdnr. 1642 ff.

So hat der Architekt vor allem ein Recht auf eigene Nachbesserung durch Änderung der fehlerhaften Planung zum Zwecke der Kosteneinsparung.[220] Gleiches gilt aber auch bei den von dem Architekten zu vertretenden Bauwerksmängeln, bei denen er durch seine Fachkenntnisse und Verbindungen die Beseitigung der Schäden kostengünstig beeinflussen kann;[221] ferner bei der Behebung des Schadens durch Bausummenüberschreitung.[222]

Das alles gilt aber nur, wenn die von dem Architekten vorgeschlagenen Maßnahmen erfolgversprechend und zumutbar sind;[223] letzteres ist z.B. nicht der Fall bei eklatanten Mängeln des Architektenwerks, die das Vertrauen des Bauherrn erheblich erschüttert haben.[224] Ferner kann dieser Einwand die Höhe des Ersatzanspruchs nur beeinflussen, wenn der Architekt nachweist, daß er die Mängel mit einem geringeren Kostenaufwand hätte beseitigen können.[225] Das Nachbesserungsrecht erlischt, wenn der Architekt trotz Aufforderung des Bauherrn mit Fristsetzung hiervon keiner Gebrauch macht.[226]

b) Unverhältnismäßigkeit des Kostenaufwands

Ein Anspruch auf vollen Ausgleich der Beseitigungskosten kann entfallen, wenn die Beseitigung einen unverhältnismäßigen Aufwand erfordert (§ 633 II S. 2; 251 II BGB).[227]

Der BGH stellt bei der Frage der Unverhältnismäßigkeit auf die Umstände des Einzelfalles und das Verhältnis zwischen Beseitigungsaufwand und dem zu erreichenden Erfolg ab.[228] Bei Bejahung der Unverhältnismäßigkeit verbleibt dem Bauherrn der Minderungsanspruch.[229]

2. Vertragliche Haftungsbeschränkungen

a) Allgemeines

Die Haftung des Architekten kann im Architektenvertrag durch Einzelabreden beschränkt sein.[230] Ihre Wirksamkeit ist anhand des § 138 I BGB und des AGBG zu überprüfen. Für sämtliche Verträge gilt das Verbot des Haftungsausschlusses für Vorsatz (§ 276 II BGB) und die Unzulässigkeit des Ausschlusses bei arglistigem Verschweigen von Mängeln (§ 637 BGB). Für AGB-Klauseln und Formularverträge gelten zusätzlich die Vorschriften des AGBG, vor allem § 11 Nr. 7 und 10 und die Generalklausel des § 9 AGBG.

b) Einzelfälle

Zu einzelnen typischen Klauseln ist folgendes zu bemerken:

---

220 *OLG Düsseldorf,* NJW-RR 1994, 18; *OLG Hamm,* NJW-RR 1995, 724; *Werner/Pastor,* Rdnr. 1791.

221 *Bindhardt/Jagenburg,* § 4, Rdnr. 49; *Locher,* Rdnr. 239.

222 S.o. II, 3, d.

223 *BGH,* BauR 1972, 62; *Werner/Pastor,* Rdnr. 1642.

224 *LG Marburg,* BauR 1994, 420.

225 *BGH,* S.F. Z.3.01 Bl. 378.

226 *Werner/Pastor,* Rdnr. 1645.

227 *Werner/Pastor,* Rdnr. 1684.

228 *BGHZ* 59, 365 = NJW 1973, 138.

229 Zur Berechnung *Werner/Pastor,* Rdnr. 1715; *OLG München,* OLGR 1992, 133.

230 Zu einzelnen Musterverträgen siehe *Neuenfeld/Dohna,* Bd. 1, IV, Rdnr. 206 ff.

(1) Verschuldensklausel

Eine Beschränkung der Haftung auf Verschulden würde die verschuldensunabhängigen Gewährleistungsansprüche des Bauherrn[231] beseitigen. Sie ist als erhebliche Abweichung vom gesetzlichen Leitbild des Architektenvertrages im Rahmen des AGBG nach § 9 II Nr. 1 und nach § 11 Nr. 10a AGBG nicht mehr zulässig.[232]

(2) Beweislastklausel

Eine Klausel, wonach der Architekt auf Schadensersatz nur für *nachgewiesenes* Verschulden haften soll, die also die nach Gesetz und Rechtsprechung bestehende Beweislast des Architekten für fehlendes Verschulden[233] auf den Bauherrn abwälzt, verstößt gegen § 11 Nr. 15a AGBG.[234] Das gilt auch, soweit die Beweislastverteilung sich auf leichte Fahrlässigkeit erstreckt, für die der Architekt seine Schadensersatzpflicht ausschließen kann.[235]

(3) Unmittelbarkeitsklausel

Eine andere Klausel beschränkt die Einstandspflicht des Architekten auf Schäden, die unmittelbar am Bauwerk eintreten. Die Rechtsprechung hatte diese Klausel schon bisher einschränkend ausgelegt, sie insbesondere nicht für anwendbar erachtet bei Schäden, die sich nicht am Bauwerk niederschlagen können, vor allem also bei Schäden im wirtschaftlichen Bereich des Bauherrn.[236] Diese Klausel verstößt mit Sicherheit gegen § 11 Nr. 7 AGBG, wonach die Haftung für Vorsatz und grobe Fahrlässigkeit nicht ausgeschlossen werden kann.[237]

(4) Subsidiaritätsklausel

Nach der Subsidiaritätsklausel soll der Architekt im Rahmen der Bauaufsicht (Objektüberwachung) nur subsidiär haften; der Bauherr soll in erster Linie den Bauunternehmer, der den Mangel verursacht und zu vertreten hat, und nicht den Architekten, der „nur" seine Aufsichtspflicht verletzt hat, in Anspruch nehmen.[238] Da die Rechtsprechung eine subsidiäre Haftung des Architekten kraft Gesetzes abgelehnt hat[239] liegt eine Abweichung vom gesetzlichen Leitbild vor. Sie verstößt zudem gegen § 11 Nr. 10a AGBG. Der Architekt kann den Bauherrn zwar zunächst auf die Ansprüche gegen den Bauunternehmer verweisen,[240] aber seine Haftung nicht von der vorherigen gerichtlichen Inanspruchnahme der Bauunternehmer abhängig machen.[241]

(5) Dritthaftungsklausel

Die Dritthaftungsklausel will die Haftung des Architekten im Außenverhältnis zum Bauherrn auf die interne Ausgleichsquote des Innenverhältnisses zum Bauunternehmer als anderen Gesamtschuldner (§ 426 II BGB) beschränken. Sie ist mit Sicherheit bei

---

[231] S.o. II, 2–5.

[232] *BGH*, NJW-RR 1990, 856; *Motzke*, Rdnr. 184.

[233] S.o. II, 6, a, (5), Fußn. 170.

[234] *BGH*, NJW-RR 1990, 856; *Hesse*, BauR 1975, 88, *Motzke*, Rdnr. 185; *Werner/Pastor*, Rdnr. 2254, 2255.

[235] *Locher*, Rdnr. 313; vgl. LG München, DAR 1991, 225.

[236] *BGH*, VersR 1969, 60; *BGH*, BauR 1972, 185 = NJW 1972, 526 L; NJW 1971, 1130; 1977, 174; *Bindhardt/Jagenburg*, § 10, Rdnr. 6 ff.

[237] *Bindhardt/Jagenburg*, § 2, Rdnr. 25; *Motzke*, Rdnr. 181; *Werner/Pastor*, Rdnr. 2260.

[238] *Locher*, Rdnr. 311.

[239] *BGHZ* 39, 261 = NJW 1963, 1401; *BGHZ* 43, 227 = NJW 1965, 1175; *BGH*, NJW 1962, 1499. – S.o. 1. Teil, IV, 2, e.

[240] *Werner/Pastor*, Rdnr. 2262, 2266; *BGH*, NJW 1980, 2200 (Bauträger).

[241] *Bindhardt/Jagenburg*, § 2, Rdnr. 28; *Motzke*, Rdnr. 182.

Vorsatz und grober Fahrlässigkeit unwirksam (§ 11 Nr. 7 AGBG). Aber auch bei leichter Fahrlässigkeit verstößt sie gegen § 9 und § 11 Nr. 10 AGBG, da sie den Bauherrn mit der Führung eines weiteren Prozesses gegen einen Dritten belastet.[242]

(6) Dritteinwendungsklausel

Diese Klausel will dem Architekten Einwendungen und Einreden aller Art zugestehen, die ein anderer Bauunternehmer gegen den Bauherrn hat. Sie erweitert den Anwendungsbereich des § 422 BGB zu Lasten des § 425 BGB. Sie verstößt ebenfalls gegen § 11 Nr. 7 und Nr. 10a AGBG.[243]

(7) Schätzungsklausel

Nach dieser Klausel soll der Architekt für bestimmte Arten von Kostenermittlungen nicht haften, indem sie diese als nur überschlägige Schätzungen deklariert. Diese Klausel verstößt ebenfalls gegen § 11 Nr. 7 AGBG, soweit sie die gesetzliche Haftung über die zugestandenen Toleranzgrenzen[244] hinaus einschränken soll.[245]

(8) Schadensbeseitigungsklausel

Die Schadensbeseitigungsklausel gibt dem Architekten das Recht, daß ihm im Falle seiner Einstandspflicht die Schadensbeseitigung übertragen wird; sie schließt mithin das Selbsthilferecht des Bauherrn nach § 633 III BGB aus und schränkt den Schadensersatzanspruch aus § 635 BGB auf Ersatz der Beseitigungskosten in Form der Beauftragung einer Drittfirma ein.[246] Da ein solches Nachbesserungsrecht des Architekten im Einzelfall schon nach § 254 II BGB bestehen kann[247] kann diese Klausel im Rahmen der kraft Gesetzes bestehenden Rechtslage anerkannt werden.[248]

(9) Höhenmäßige Beschränkung

Eine generelle Beschränkung der Haftung auf bestimmte Höchstsummen ist grundsätzlich unwirksam, da die Haftung für grobe Fahrlässigkeit nicht ausgeschlossen werden kann (§ 11 Nr. 7 AGBG) und eine geltungserhaltende Reduktion nicht möglich ist.[249] Gleiches gilt für die Haftung wegen Fehlens zugesicherter Eigenschaften (§ 11 Nr. 11 AGBG).[250] Bei leichter Fahrlässigkeit ist eine Beschränkung der Haftung bei Verletzung wesentlicher Vertragspflichten nur dann wirksam, wenn der Höchstbetrag die vertragstypischen, vorhersehbaren versicherten Schäden abdeckt.[251] Dagegen ist bei nicht versicherbaren Schäden eine Beschränkung der Haftung auf bestimmte Höchstsummen – begrenzt durch die Höhe des Architektenhonorars – nach § 9 AGBG unwirksam, da es an einer Abgrenzung der versicherbaren Schäden fehlt (Grundsatz der Transparenz) und die Beschränkung auf die Höhe des Architektenhonorars unangemessen ist.[252]

---

[242] *OLG München,* NJW-RR 1988, 336; *Bindhardt/Jagenburg,* § 2, Rdnr. 38; *Locher,* Rdnr. 311; *Motzke,* Rdnr. 183.

[243] Zur Unzulässigkeit der Subsudiaritätsklausel s.o. (4).

[244] S.o. I, 3, d, (3), Fußn. 108, 109.

[245] *Locher,* Rdnr. 312.

[246] *Bindhardt/Jagenburg,* § 4, Rdnr. 50.

[247] S.o. III, 1, a, (3).

[248] *Werner/Pastor,* Rdnr. 2224.

[249] *OLG Stuttgart,* VersR 1984, 450; *Locher,* Rdnr. 310; *Werner/Pastor,* Rdnr. 2228.

[250] *Werner/Pastor,* Rdnr. 2227.

[251] *BGH,* NJW 1993, 335; NJW-RR 1986, 1147; *Locher,* Rdnr. 310; *Werner/Pastor,* Rdnr. 2229.

[252] *Locher,* Rdnr. 310; *Werner/Pastor,* Rdnr. 2230; *Ulmer/Brandner/Hensen,* Anhang zu §§ 9–11 AGBG, Rdnr. 114.

IV. Die Verjährung

1. Die Verjährungsfristen

a) Grundsatz

Die Ansprüche des Bauherrn auf Gewährleistung und Schadensersatz verjähren bei Bauwerken gemäß § 638 BGB in fünf Jahren.[253] Dies gilt nicht nur für den Vollarchitektenvertrag, sondern auch bei den auf die Planung eines Bauwerks oder dessen Objektüberwachung gerichteten Teilarchitektenverträgen.[254]

b) Ausnahmen

Ausnahmsweise gilt die 30jährige Verjährungsfrist:

(1) bei dem Anspruch aus positiver Vertragsverletzung betreffend die entfernteren Mangelfolgeschäden, die nicht dem § 635 BGB unterfallen;[255]
(2) wenn der Architektenvertrag ausnahmsweise als Dienstvertrag einzuordnen ist;[256]
(3) im Falle der Arglist;[257] dabei wird die Entscheidung des BGH bei Verletzung der Organisationspflichten[258] auch auf die Architektenhaftung übertragen.[259]

Bezieht sich die Planung des Architekten auf Instandhaltungsmaßnahmen des Gebäudes, gilt die einjährige Verjährungsfrist des § 638 BGB.[260]

2. Beginn der Verjährungsfrist

a) Grundsatz

Die Verjährungsfrist beginnt mit der Abnahme der Leistungen des Architekten (§ 638 I S. 2 BGB). Darunter wird die Abnahme des geistigen Architektenwerkes verstanden, nicht des Bauwerks.[261]

Bei einem Vollarchitektenvertrag kommt es auf die Abnahme aller Leistungen, also einschließlich der Leistungsphase „Objektbetreuung/Dokumentation" (§ 15 II Nr. 9

---

253 *BGH,* NJW 1960, 1198.
254 *BGH,* NJW 1964, 1022; *Bindhardt/Jagenburg,* § 17, Rdnr. 26; *Werner/Pastor,* Rdnr. 2395 (Planung); *BGH,* NJW 1973, 1458 (Objektüberwachung).
255 *BGH,* NJW 1961, 1256; *BGHZ* 37, 341 = NJW 1962, 1764; *Werner/Pastor,* Rdnr. 2383.
256 *OLG Hamm,* NJW-RR 1995, 400; *Bindhardt/Jagenburg,* § 17, Rdnr. 37; *Jagenburg,* NJW 1997, 2291.
257 *Bindhardt/Jagenburg,* § 17, Rdnr. 32.
258 *BGHZ* 117, 318 = NJW 1992, 1754; s.o. § 4, 3. Teil, I, 7, a, (3), Fußn. 240.
259 *OLG Celle,* NJW-RR 1995, 1486.
260 *BGH,* NJW 1993, 723.
261 *BGHZ* 72, 257 = NJW 1979, 214; *Werner/Pastor,* Rdnr. 2397.

HOAI) an.[262] Bei Teilarchitektenverträgen ist die Abnahme der jeweils letzten Leistungsphase entscheidend.[263]

b) Ausnahmen

Sie bestehen in folgenden Fällen:

(1) Verlangt der Bauherr Nachbesserung, so beginnt die Verjährung frühestens mit dem Ende der Nachbesserungsarbeiten oder mit der Erklärung des Architekten, daß er die Nachbesserung ablehne. Bis zu diesen Zeitpunkten fehlt es entweder an der Abnahme oder die Verjährung ist nach § 639 II BGB gehemmt.

(2) Gleiches gilt, wenn der Architekt von seinem Nachbesserungsrecht[264] Gebrauch macht. Auch in diesem Fall beginnt die Verjährungsfrist nach Beendigung der Nachbesserung (erstmals oder erneut) zu laufen.

(3) Ist vertraglich eine subsidiäre Haftung des Architekten vereinbart[265] so beginnt die Verjährungsfrist erst zu laufen, wenn der in erster Linie Haftende die Haftung ablehnt oder sein Unvermögen betreffend die Beseitigung des Mangels feststeht; hier kann auch eine Hemmung der Verjährung nach § 202 BGB in Frage kommen.[266]

(4) Der Architekt ist im Rahmen des von ihm übernommenen Aufgabengebietes verpflichtet, den Bauherrn auf die Möglichkeit von Ansprüchen gegen sich selbst hinzuweisen. Unterläßt er dies, so haftet er dem Bauherrn aus positiver Vertragsverletzung mit der Folge, daß die normale Verjährungsfrist nicht zu laufen beginnt.[267] Es gilt dann die für positive Vertragsverletzung maßgebende 30jährige Verjährungsfrist.[268]

3. Unterbrechung und Hemmung

Insoweit gelten die allgemeinen Vorschriften der §§ 208 ff. und § 639 II BGB. Deshalb kann auf die Darstellung zum Bauvertrag[269] verwiesen werden.

4. Rechtspolitische Würdigung

Die Verjährung der Gewährleistungsfristen im Bereich des Architektenrechts ist unter zwei Gesichtspunkten zu diskutieren.

a) Deskrepanz zur VOB/Regelung

Aus Architektenkreisen wird vor allem auf die kurzen Verjährungsfristen des § 13 Nr. 4 VOB/B verwiesen und daraus auf eine nicht gerecht-

---

262 *BGHZ* 125, 111 = NJW 1994, 1276; *OLG Köln,* NJW-RR 1992, 1173; *Werner/Pastor,* Rdnr. 2399; *Motzke,* Rdnr. 175.

263 *BGHZ* 72, 257 = NJW 1979, 214; *BGH,* NJW 1974, 95.

264 S.o. III, 1, a, (3).

265 S. o. III, 2, b, (4).

266 *BGH,* NJW 1981, 2343; *Werner/Pastor,* Rdnr. 2403; *Peters,* NJW 1982, 562 (nur § 202 BG).

267 *BGHZ* 71, 144 = NJW 1978, 1311; *BGHZ* 92, 251, 258 = NJW 1985, 328; *BGH,* NJW 1996, 1278; NJW-RR 1986, 182; *Werner/Pastor,* Rdnr. 1508, 2398; *Weise,* Sekundärhaftung der Architekten und Ingenieure (1997).

268 *Werner/Pastor,* Rdnr. 1508 m.Nw.

269 S.o. § 4, 3. Teil, II, 7, d + e.

fertigte Schlechterstellung der Architekten gegenüber den Bauunternehmern geschlossen.

Diese „Ungleichbehandlung" verliert zunehmend ihre Berechtigung, wenn man die zweijährige Verjährungsfrist des § 13 Nr. 4 VOB/B als unangemessen ansieht und ihre Abschaffung fordert.[270]

b) Die Einbeziehung der Leistungsphase 9

Bedeutsam ist dagegen das Argument, daß mit der Einbeziehung der Leistungsphase des § 15 II Nr. 9 HOAI der Beginn der Verjährungsfrist ungebührlich hinausgezögert wird.[271] Die von dem Gesetzgeber eingeführte Befristung der Leistungsphase auf die Zeit von fünf Jahren ab Abnahme der Bauleistungen[272] bringt nicht die notwendige Entlastung, da selbst dann eine zehnjährige Einstandspflicht des Architekten bestehen bleibt. Hier kann aber durch entsprechende Vereinbarung von Teilabnahmen geholfen werden.[273]

5. Abweichende Vereinbarungen

Eine Verlängerung der Verjährungsfrist ist nach § 638 II BGB zulässig. Im Vordergrund steht aber die Möglichkeit einer Verkürzung der Verjährungsfrist.

a) Grundsatz

Einer Verkürzung der Verjährungsfrist des § 638 I BGB steht für AGB und Formularverträge das Klauselverbot des § 11 Nr. 10f AGBG entgegen.[274] Dieses ist auch dann verletzt, wenn der Beginn der Verjährungsfrist an die Abnahme des Bauwerks – statt des geistigen Architektenwerks – gekoppelt wird.[275]

b) Ausnahmen

Als zulässige Möglichkeiten der Abkürzung verbleiben:

(1) die Individualvereinbarung. Eine solche individuelle Abrede liegt aber nicht darin, daß in einem Formularvertrag die Jahreszahl offengehalten wird und laut Fußnote dann durch handschriftliches Einsetzen der Zahl 2 ersetzt werden soll.[276]

---

270 S.o. § 4, 1. Teil, II, 2, f, (2).

271 S.o. Fußn. 262. – *Bindhardt/Jagenburg,* § 3, Rdnr. 36ff.; *Koeble,* FS *Locher,* (1990), S. 117.

272 S.o. 2. Teil, II, 1, i, (3), Fußn. 112, 113.

273 S.u. 5, b, (2).

274 *BGH,* NJW-RR 1987, 144; *Werner/Pastor,* Rdnr. 2240.

275 *BGH,* NJW 1992, 2759; *Motzke,* Rdnr. 175; *Werner/Pastor,* Rdnr. 2241.

276 Zum Begriff des Aushandelns *BGH,* NJW-RR 1987, 144; 1992, 1107; 1992, 2759; ferner die neuere Rechtspr. des BGH betr. „Ausfüllungsalternativen": *BGH,* NJW 1996, 1208.

(2) *die Vereinbarung einer Teilabnahme nach Beendigung der Phase „Objektüberwachung"*, um die Leistungsphase der Objektbetreuung/Dokumentation abzukoppeln.[277] Ob dies auch durch eine AGB-Klausel bzw. Formularvertrag geschehen kann ist zweifelhaft.[278] Weitergehende Verpflichtungen zu Teilabnahmen nach Beendigung früherer Leistungsphasen sind auf jeden Fall nach § 9 AGBG unwirksam.[279]

(3) die Abkürzung der 30jährigen Verjährungsfrist für die Fälle der positiven Vertragsverletzung und der Dienstvertragsfälle[280] auf fünf Jahre.[281]

V. Weitere Anspruchsgrundlagen

Außerhalb der Gewährleistung kommen folgende Anspruchsgrundlagen in Betracht:

1. Culpa in contrahendo

a) Anwendungsbereich

Eine Haftung wegen Verschuldens bei Vertragsschluß kommt vor allem bei Verletzung von Offenbarungspflichten in Frage.[282]

Beispiele sind: unterlassene Hinweise über fehlende fachliche Eignung des Architekten,[283] über bautechnische Schwierigkeiten des beabsichtigten Bauvorhabens[284] sowie Angabe zu niedriger Baukosten.[285]

b) Rechtsfolgen

Der Anspruch aus culpa in contrahendo geht in der Regel nur auf Ersatz des Vertrauensschadens; der Bauherr ist so zu stellen, als habe er den Architektenvertrag nicht abgeschlossen.[286] Der Bauherr braucht dem Architekten kein Honorar zu zahlen, er kann eventuell Ersatz nutzloser Aufwendungen verlangen.[287]

Ausnahmsweise kann – unter Anwendung des § 249 BGB – auch Ersatz des Erfüllungsinteresses in Frage kommen.[288] Bezogen auf Mängel der Architektenleistung bedeutet dies Ersatz der Beseitigungskosten, eventuell auch des entgegangenen Gewinns.

---

[277] *BGHZ* 125, 111 = NJW 1994, 1276; *OLG Köln,* BauR 1992, 803.

[278] Dafür *Motzke,* Rdnr. 176; *Ulmer/Brandner/Hensen,* Anh. zu §§ 9–11 AGBG, Rdnr. 112; dagegen *Werner/Pastor,* Rdnr. 2400.

[279] *Motzke,* Rdnr. 177.

[280] S.o. IV, 1, b, (1) + (2).

[281] *Werner/Pastor,* Rdnr. 2348.

[282] *Bindhardt/Jagenburg,* § 4, Rdnr. 5 + § 5, Rdnr. 12; *Werner/Pastor,* Rdnr. 1879.

[283] *OLG Düsseldorf,* BauR 1970, 119; 1993, 630; *OLG Köln,* BauR 1980, 372; *Bindhardt/Jagenburg,* § 1, Rdnr. 30.

[284] *BGH,* NJW 1978, 41; *Bindhardt/Jagenburg,* § 5, Rdnr. 6.

[285] *BGH,* NJW 1971, 1840; *Bindhardt/Jagenburg,* § 5, Rdnr. 10.

[286] *BGHZ* 49, 77 = NJW 1968, 547; *Bindhardt/Jagenburg,* § 4, Rdnr. 26; *Werner/Pastor,* Rdnr. 1893.

[287] *BGH,* NJW 1975, 43.

[288] *BGH,* aaO; *Werner/Pastor,* Rdnr. 1894.

c) Verjährung

Der Anspruch aus culpa in contrahendo verjährt grundsätzlich in 30 Jahren.[289]

Soweit ausnahmsweise Ersatz des Erfüllungsinteresses in Frage kommt und dessen Inhalt sich mit den Ansprüchen aus §§ 633, 635 BGB deckt, kommen die kurzen Verjährungsfristen zur Anwendung.[290]

2. Positive Vertragsverletzung

a) Anwendungsbereich

Der Umfang des Haftungsbereichs aus positiver Vertragsverletzung hängt im wesentlichen davon ab, wie der Anspruch aus § 635 BGB abgegrenzt wird.[291]

Folgt man der Rechtsprechung des BGH, so verbleiben für den Bereich der positiven Vertragsverletzung die Haftung für entferntere Mangelfolgeschäden, die Verletzung echter Nebenpflichten und das Einstehen für Körper- und Gesundheitsschäden.[292]

b) Verjährung

Der Anspruch aus positiver Vertragsverletzung verjährt in 30 Jahren,[293] kann aber durch Vertrag auf die Dauer von 5 Jahren verkürzt werden.[294]

3. Deliktsansprüche

Sie stehen zu den vertraglichen Ansprüchen in Anspruchskonkurrenz. Allerdings gilt hinsichtlich der Voraussetzungen der Grundsatz, daß eine Eigentumsverletzung im Sinne des § 823 I BGB ein bereits vorhandenes mangelfreies Bauwerk voraussetzt. Insoweit und wegen der von der Rechtsprechung entwickelten Abgrenzungsfragen kann auf die Darstellung im Baurecht[295] verwiesen werden.

Der Architekt kann außerdem haftpflichtig werden bei Übergriffen in fremdes Eigentum durch Überbau,[296] nicht sachgerechtes Unterfangen des Nachbargrundstücks[297]

---

[289] *BGH,* aaO; *Bindhardt/Jagenburg,* § 4, Rdnr. 26; *Werner/Pastor,* Rdnr. 1895.

[290] *BGH,* NJW 1969, 1710; *BGHZ* 60, 319 = NJW 1973, 1234; *Werner/Pastor,* Rdnr. 1895.

[291] S.o. II, 6, b, (2).

[292] *Bindhardt/Jagenburg,* § 4, Rdnr. 61 ff.

[293] *Werner/Pastor,* Rdnr. 2409.

[294] S.o. IV, 5, b, (3).

[295] S.o. § 4, 3. Teil, I, 8, c.

[296] *BGH,* NJW 1958, 1288; *Bindhardt/Jagenburg,* § 13, Rdnr. 7

[297] *BGH,* NJW 1970, 608; 1996, 3205; *OLG Köln,* NJW-RR 1994, 89. – Zur Beweislast: *OLG Düsseldorf,* NJW-RR 1997, 146.

und bei Abbrucharbeiten.[298] Weiterhin kann den mit der Objektüberwachung betrauten Architekten neben dem in erster Linie hierfür verantwortlichen Bauunternehmer[299] eine sekundäre Verkehrssicherungspflicht hinsichtlich der Baustelle treffen[300]; er haftet, wenn er selbst gefahrbringende Zustände auf der Baustelle verursacht[301] oder solche durch Dritte verursachte Gefahren trotz Erkennbarkeit nicht beseitigt.[302] Schließlich kann auch die Verletzung eines Schutzgesetzes (§ 823 II BGB) in Betracht kommen,[303] z.B. § 323 StGB.[304]

VI. Zurückbehaltungsrecht und Aufrechnung

1. Das Zurückbehaltungsrecht

a) Zurückbehaltungsrecht des Architekten.

Es dürfte gegenüber dem Nachbesserungsanspruch des Bauherrn kaum in Frage kommen.

Insbesondere kann der Architekt insoweit nicht auf die ausstehende Vergütung verweisen. Einmal ist das Architektenhonorar nicht vor Vollendung der Architektenleistungen fällig (§ 8 HOAI).[305] Außerdem steht hiervon abweichenden Klauseln in Architektenformularverträgen § 11 Nr. 10d AGBG entgegen.

b) Zurückbehaltungsrecht des Bauherrn

Der Bauherr kann gegenüber dem Honoraranspruch des Architekten die Einrede des nicht erfüllten Vertrages erheben (§ 320 BGB), soweit ihm ein Nachbesserungsanspruch zusteht. Die Höhe des zurückbehaltenen Betrages richtet sich nach dem Beseitigungsaufwand zuzüglich eines Druckzuschlages.[306]

(1) Ein Ausschluß des Leistungsverweigerungsrechts des § 320 BGB in Architektenformularverträgen ist nach § 11 Nr. 2a AGBG unwirksam.[307]

(2) Eine Klausel, mit der der Architekt ein Zurückbehaltungsrecht des Bauherrn gegenüber dem Vergütungsanspruch von der Anerkennung von Mängeln durch ihn selbst abhängig macht, verstößt gegen § 11 Nr. 2b AGBG.[308]

---

[298] *BGHZ* 57, 245, 251 = NJW 1972, 195; *BGHZ* 85, 375 = NJW 1983, 875; *BGH,* NJW-RR 1996, 852; *Bindhardt/Jagenburg,* § 13, Rdnr. 9.

[299] *BGHZ* 68, 168 = NJW 1977, 898.

[300] Überblicke bei *Bindhardt/Jagenburg,* § 18, Rdnr. 12; *Werner/Pastor,* Rdnr. 1858 ff., 1864.

[301] *BGH,* NJW 1984, 360.

[302] *BGH,* NJW 1970, 2290; 1984, 360; 1987, 1013; NJW-RR 1989, 921: *Kullmann,* BauR 1977, 84.

[303] *Bindhardt/Jagenburg,* § 13, Rdnr. 35 ff.; *Locher,* Rdnr. 455 ff.

[304] *Neuenfeld/Dohna,* Bd. 1, IV, Rdnr. 110; *Bindhardt/Jagenburg,* § 19.

[305] S.o. 2. Teil, IV, 1.

[306] *Bindhardt/Jagenburg,* § 6, Rdnr. 151; s.o. § 4, 4. Teil II, 4, b, (2), Fußn. 40.

[307] *Werner/Pastor,* Rdnr. 2532.

[308] *Werner/Pastor,* Rdnr. 2513, 2519.

2. *Die Aufrechnung*

Gegenüber dem Schadensersatzenspruch des Bauherrn auf Geldersatz kann der Architekt mit seinem (fälligen) Anspruch auf Vergütung aufrechnen. Soweit er auf Vergütung klagt, kann die Aufrechnung des Bauherrn mit Schadensersatzansprüchen im Grundsatz durch eine Klausel ausgeschlossen und der Bauherr damit zu einem gesonderten Prozeß – oder zur Geltendmachung seiner Forderung durch Widerklage – gezwungen werden.

(1) Die grundsätzliche Wirksamkeit des Aufrechnungsverbots folgt aus § 11 Nr. 5 AGBG;[309] sie kann auch nicht durch Geltendmachung eines Zurückbehaltungsrechts umgangen werden.[310]

(2) Die Klausel ist allerdings nach § 11 Nr. 3 AGBG unwirksam, soweit die Gegenforderung des Bauherrn von dem Architekten nicht bestritten wird oder bereits rechtskräftig festgestellt ist. Die Rechtsprechung hat darüber hinaus das Aufrechnungsverbot bei Konkurs einer Partei[311] oder Vermögensverfall[312] nicht durchgreifen lassen. Ebensowenig wirkt das Aufrechnungsverbot gegenüber dem Minderungsverlangen des Bauherrn.[313]

(3) Das Aufrechnungsverbot zugunsten des Architekten gilt schließlich nicht, wenn der Bauherr nach § 635 BGB den großen Schadensersatz in Form der Nichterfüllung des gesamten Vertrages[314] verlangt;.[315] begründet wird dies mit der Differenzhypothese, die eine Verrechnung der beiderseitigen Positionen zum Gegenstand habe. Anders soll dies bei Geltendmachung des kleinen Schadensersatzes sein: hier soll es sich um eine Aufrechnung handeln, so daß das Aufrechnungsverbot – vorbehaltlich der unter (2) erwähnten Ausnahmen – wirken soll.[316]

Viertel Teil. Prozessuale Fragen

I. Allgemeines

Die bereits beim Bauvertrag angesprochenen Schwierigkeiten der Prozeßabwicklung[1] gelten in abgewandelter Form auch für den Architektenvertrag.

Technische Fragestellungen, unzulänglicher Parteivortrag, fehlende Kenntnisse der Prozeßbeteiligten im Architektenrecht, Probleme bei der Einschaltung eines Sachverständigen und die Arbeitsüberlastung der Gerichte machen sich auch hier bemerkbar.

---

[309] *OLG Düsseldorf*, NJW-RR 1999, 244.
[310] *Werner/Pastor*, Rdnr. 2575.
[311] *BGH*, NJW 1975, 442.
[312] *BGHZ* 23, 17, 26 = NJW 1957, 591; *BGH*, NJW 1984, 357.
[313] *BGH*, BauR 1976, 285; *Werner/Pastor*, Rdnr. 2575.
[314] S.o. II, 6, c, Fußn. 190.
[315] *BGH*, NJW 1972, 526; *BGHZ* 70, 240 = NJW 1978, 814; *Werner/Pastor*, Rdnr. 2576.
[316] Krit. *Werner/Pastor*, Rdnr. 2577 m.Nw.
[1] S.o. § 4, 1. Teil, I, 1.

Es gelten deshalb auch hier die bei dem Bauvertrag gegebenen allgemeinen Hinweise für die Prozeßgestaltung.[2]

II. Einzelfragen zum Vergütungsanspruch

Die prozessuale Prüfung des Vergütungsanspruchs erfolgt in mehreren „Etappen“, deren Reihenfolge sich aus präjudiziellen und prozeßökonomischen Gesichtspunkten ergibt.

1. Die Vorprüfung

a) Vertragsgrundlage

In erster Linie ist zu prüfen, ob ein Architektenvertrag zwischen den Parteien zustandegekommen ist[3] und ob, gegebenenfalls welche Vereinbarungen hinsichtlich des Auftragsumfangs und des Architektenhonorars getroffen wurden.[4]

(1) Ein schriftlicher Architektenvertrag ist vorzulegen. Ein mündlicher Architektenvertrag ist von dem Kläger darzulegen und bei Bestreiten nach Ort, Zeit und Umständen des Vertragsschlusses zu substantiieren.

(2) Bei der Beweiswürdigung hinsichtlich eines konkludenten Vertragsschlusses kann dem Architekten ein Indizienbeweis zugute kommen, wenn er im Einverständnis mit dem Bauherrn tätig geworden ist.[5] Dabei bedarf es aber der Abgrenzung gegenüber der unentgeltlichen Akquisition.[6]

b) Fälligkeit

Der klagende Architekt muß darlegen, daß er seine durch den Architektenvertrag übertragenen Arbeiten beendet und den beklagten Bauherrn eine prüfungsfähige Schlußrechnung überreicht hat.[7]

(1) Voraussetzung ist auch hier die bereits oben[8] angeschnittene Frage nach dem Umfang des Architektenauftrags.

Wenn der Beklagte die Fälligkeit mit dem Hinweis, die übertragenen Aufgaben seien noch nicht beendet, in Abrede stellt, ist es Aufgabe des Klägers, die Durchführung der Arbeiten substantiiert darzutun,[9] z.B. durch Vorlage der Pläne und den Hinweis auf die

---

[2] S.o. § 4, 1. Teil, I, 2.

[3] S.o. 1. Teil, II, 1.

[4] S.o. 1. Teil, II, 3 + 2. Teil, I, 3, b + c sowie I, 4, b.

[5] *Locher,* Rdnr. 214; *Bindhardt/Jagenburg,* § 2, Rdnr. 10; zurückhaltend *OLG Hamm,* BauR 1987, 583; 1996, 83.

[6] S.o. 1. Teil, I, 2, b.– Zum Einwand der Unentgeltlichkeit siehe *BGH,* NJW 1987, 2742; *OLG Hamm,* NJW-RR 1990, 91.

[7] S o. 2. Teil, IV 1, a + b.

[8] S.o. 1, a.

[9] *OLG Hamm,* BauR 1993, 741.

von ihm erwirkte Baugenehmigung, bei der Vergabe durch die Vorlage der von ihm ausgearbeiteten Bauverträge oder den Stand der Bauarbeiten, bei der Objektüberwachung durch Vorlage von Urkunden (Kostenberechnungen, Abnahmeprotokolle, Aufmaß, Korrespondenz etc.) oder durch Benennung von Zeugen (z.B. des Baupoliers).

(2) Das Erfordernis der Beendigung der übertragenen Aufgaben gilt auch, wenn der Architektenvertrag vorzeitig beendet worden ist.[10]

(3) Die Überreichung der Schlußrechnung an den Bauherrn wird meist unstreitig sein.

Bestreitet der Beklagte den Zugang der Rechnung, ist hierüber Beweis zu erheben. Diese Voraussetzung kann aber dadurch geheilt werden, daß der Kläger im Prozeß ein Duplikat der Schlußrechnung dem Gericht und dem Beklagten übermittelt.

(4) Die Prüfungsfähigkeit der Rechnung[11] braucht nicht untersucht zu werden, wenn der Beklagte die Forderung nicht in Abrede stellt.

Nur wenn der Beklagte die Forderung bestreitet und die Prüfungsfähigkeit der Schlußrechnung substantiiert bestreitet, ist ein Eingehen des Gerichts auf diese Frage erforderlich.[12] – Ist die Rechnung dann nicht prüfungsfähig, wird meist ein Hinweis nach § 139 ZPO verbunden mit einer Auflage nach § 273 II Nr. 1 ZPO angebracht sein, so daß der Kläger die Möglichkeit erhält, seine Rechnung nunmehr ordnungsgemäß zu erstellen und den Mangel zu heilen.

c) Aktiv- und Passivlegitimation

Eine Prüfung dieser Fragen ist nur bei besonderen Anhaltspunkten im Parteivorbringen erforderlich, dann aber gegenüber der Prüfung der Forderung selbst aus prozeßökonomischen Gründen vorrangig.

d) Einrede der Verjährung

Bei Erhebung der Einrede der Verjährung ist die Prüfung dieser Frage[13] zweckmäßigerweise vorrangig gegenüber der Prüfung der Forderung selbst.

Nach Feststellung des Beginns der Verjährung (§ 198 BGB), die mit der Fälligkeit der Forderung zusammenfällt, bedarf es im Regelfall der Prüfung, ob die Verjährung durch rechtzeitige Klageerhebung unterbrochen worden ist (§ 209 I BGB, § 270 III ZPO).

2. Die Prüfung der Höhe des Vergütungsanspruchs

Die Prüfung der Höhe des verlangten Honorars erfolgt anhand der von dem Kläger vorgelegten Honorarschlußrechnung in den folgenden Abschnitten.

---

[10] S.o. 2. Teil, IV, 1, a, Fußn. 153.

[11] S.o. 2. Teil, IV, 1, b.

[12] *BGHZ* 136, 342 = NJW 1998, 135; *BGHZ* 139, 111 = NJW 1998, 3123; *Werner/Pastor,* Rdnr. 971.

[13] S.o. 2. Teil, IV, 2.

a) Vertraglich vereinbartes Honorar

Der Kläger kann Honorar für die vertraglich vereinbarten Leistungen verlangen. Davon ist im Regelfall auszugehen.

(1) Bestreitet der Beklagte den Umfang des erteilten Architektenauftrages in Verbindung mit der Behauptung, der Kläger habe über den Auftrag hinaus freiwillig Leistungen erbracht,[14] so ist der Kläger für den behaupteten Umfang des Architektenauftrags darlegungs- und beweispflichtig.[15] Im Rahmen der freien Beweiswürdigung (§ 286 ZPO) kann allerdings bei Kenntnis des Auftraggebers von entsprechenden Tätigkeiten des Architekten und fehlendem Widerspruch des Bauherrn eine tatsächliche Vermutung bestehen, daß der Architekt im Rahmen des erteilten Auftrags gehandelt hat.

(2) Mehraufwendungen aufgrund besonderer Vereinbarungen hat der Architekt im einzelnen darzulegen.[16]

b) Ausgeführte Leistungen

Für einen schlüssigen Klagevortrag dürfte es zunächst ausreichen, daß der Kläger auf die vorgelegte Honorarschlußrechnung verweist und allgemein behauptet, die darin in Rechnung gestellten Arbeiten seien von ihm ausgeführt worden.

(1) Bestreitet der Beklagte allerdings, daß der Kläger bestimmte Leistungspositionen nicht erbracht hat, hat das Gericht nach Prüfung der Erheblichkeit[17] dem Kläger aufzugeben, seinen Vortrag nunmehr zu substantiieren und Beweis hierfür anzutreten. Es bedarf dann im Regelfall einer Beweisaufnahme. Auch hier können dem beweispflichtigen Kläger im Einzelfall Beweiserleichterungen zugestanden werden; so spricht die Erteilung der Baugenehmigung dafür, daß der Architekt die Leistungsphasen des § 15 II Nr. 1–4 HOAI erbracht hat. [18]

(2) Ausnahmsweise kann der Architekt bei vorzeitig beendetem Architektenauftrag unter bestimmten Voraussetzungen eine Vergütung auch für nicht ausgeführte Leistungen verlangen.[19] In diesem Falle hat der Architekt den Grund für die vorzeitige Beendigung des Architektenvertrages vorzutragen und wegen der nachstehenden Rechtsfolgen seine Honorarrechnung in ausgeführte und nicht ausgeführte Leistungen aufzuteilen.

Bei einer freien Kündigung behält der Architekt seinen Honoraranspruch für die nicht ausgeführten Leistungen vorbehaltlich der Anrechnung der ersparten Aufwendungen und anderweitigen Erwerbs (§ 649 S. 2 BGB).[20] Diese hat der Architekt nach der neuen Rechtsprechung des BGH konkret darzulegen und gegebenenfalls zu beweisen.[21]

---

[14] Beispiel: Der mit der Planung beauftragte Architekt erscheint gelegentlich auf der Baustelle.

[15] S.o. 1. Teil, II, 3, Fußn. 26.

[16] *BGH,* NJW-RR 1997, 1377.

[17] Hierzu 2. Teil, I, 5, b.

[18] *OLG Frankfurt,* BauR 1982, 600; *OLG Düsseldorf,* BauR 1981, 401.

[19] S.o. 2. Teil, V, 3.

[20] S.o. 2. Teil, V, 3, a, (1).

[21] S.o. 2. Teil, Fußn. 213, 214.

Hat der Architekt bei einer Kündigung aus wichtigem Grund die vorzeitige Beendigung zu vertreten, so hat der Bauherr diesen Kündigungsgrund vorzutragen und gegebenenfalls zu beweisen.[22] Der Anspruch des Architekten beschränkt sich auf die erbrachten Leistungen, wobei er deren Mangelfreiheit zu beweisen hat.[23] Den Einwand der Wertlosigkeit der erbrachten Leistungen[24] hat der Bauherr darzulegen und zu beweisen;[25] diesen Beweis kann er vor allem dann führen, wenn er einen anderen Architekten mit der Wiederholung der Leistungen beauftragt hat; er wird die von diesem erstellten neuen Planunterlagen vorlegen und ihn auch als Zeugen benennen.

c) Die Berechnungsfaktoren

Eine Überprüfung der Berechnungsfaktoren findet im Grundsatz nicht statt, wenn der Bauherr dieselben nicht bestritten hat.[25a] Davon bestehen aber folgende Ausnahmen:

(1) Verlangt der Architekt mehr als die Mindestsätze, so hat das Gericht von Amts wegen zu berücksichtigen, wenn die nach § 4 I, IV HOAI geforderte Schriftform[26] nicht eingehalten worden ist. Gleiches gilt bei Verlangen eines Honorars für Besondere Leistungen, die zu den Grundleistungen hinzutreten (§ 5 IV HOAI).[27]

(2) Bei den anrechenbaren Kosten wird das Gericht zumindest zu prüfen haben, ob die vom Gesetz in § 10 II HOAI geforderte Dreiteilung der Kostenermittlungen[28] eingehalten worden ist.

(3) Bei der zugrundegelegten Honorarzone[29] wird das Gericht eklatante Fehleinordnungen im Rahmen des § 11 HOAI von Amts wegen zu berücksichtigen haben, um einer unzulässigen Überschreitung der Höchstsätze bzw. einer unzulässigen Unterschreitung der Mindestsätze entgegenzutreten.[30]

Eine eingehende Prüfung der Berechnungsfaktoren hat stattzufunden, wenn der Beklagte bestimmte Einzelpositionen substantiiert bestreitet.

Bestreitet der Beklagte z.B. die Höhe der anrechenbaren Kosten[31] so muß der Kläger die maßgebenden Kostenermittlungen nach § 10 II HOAI vorlegen.[32] Soweit der Beklagte dann einzelne Kostenpositionen bestreitet, ist der Kläger gehalten, diese durch Vorlage der Rechnungen der einzelnen Unternehmer zu belegen. Die Einholung eines Sachverständigengutachtens wird erst in Frage kommen, wenn eine Vielzahl einzelner Kostenpositionen streitig wird und der Sachverständige aus einem größeren Paket von Abrechnungsunterlagen die anrechenbaren Kosten zusammenstellen soll; ferner, wenn in den Fällen des § 10 III HOAI die ortsüblichen Preise zwischen den Parteien streitig sind.

---

[22] *BGH*, BauR 1990, 632; *Baumgärtel*, Handb. der Beweislast, Bd. 1, § 649 *BGB*, Rdnr. 1.

[23] *BGHZ* 136, 33 = NJW 1997, 3017.

[24] S.o. 2. Teil, V, 3, a, (2), Fußn. 217.

[25] *BGHZ* 136, 33 = NJW 1997, 3017.

[25a] *BGHZ* 136, 342 = NJW 1998, 135.

[26] S.o. 2. Teil, I, 3, c, (1).

[27] S.o. 2. Teil, I, 4, b,(1) Fußn. 56.

[28] S.o. 2. Teil, II, 2, d.

[29] S.o. 2. Teil, II, 3.

[30] S.o. 2. Teil, I, 3, b, (1), Fußn. 22.

[31] S.o. 2. Teil, II, 2, e.

[32] *OLG Hamm*, NJW-RR 1992, 979; *Werner/Pastor*, Rdnr. 823 m.Nw. – Zur ausnahmsweisen Beschränkung auf den Vortrag der Schätzungsunterlagen vgl. *BGHZ* 127, 254 = NJW 1995, 399.

Wird die von dem Kläger zugrundegelegte Honorarzone von dem Beklagten angegriffen, so wird das Gericht in vielen Fällen anhand der Objektliste des § 12 HOAI eine eigene Entscheidung treffen können. Erst bei zweifelhafter Einordnung sollte das Gericht auf § 11 II und III HOAI zurückgreifen. In diesen Fällen sollte den Parteien Gelegenheit gegeben werden, zur „Punktverteilung" Stellung zu nehmen. Anschließend wird das Gericht zu entscheiden haben, ob es die Zuordnung selbst vornehmen kann oder hierzu einen Sachverständigen hören will.[33]

d) Sachverständigengutachten

Aus den Ausführungen zu a) – c) ergibt sich, daß dem Sachverständigengutachten bei der Prüfung des Architektenhonorars nur eine untergeordnete, sekundäre Rolle zukommt.

(1) Es ist sicher falsch und prozessual unzulässig, wenn das Gericht bei Bestreiten der Höhe des geforderten Architektenhonorars ohne eigene Aufklärung die Einholung eines Sachverständigengutachtens anordnet. Das Gericht ist vielmehr gehalten, vorab zu klären, worin die einzelnen Streitpunkte bei der Berechnung liegen, dabei auftauchende Rechtsfragen zu entscheiden und in tatsächlicher Hinsicht eine Klärung durch Beweisaufnahme (z.B. Beiziehung der Bauakten, Verlangen von Urkunden, Vernehmung von Zeugen) herbeizuführen. In den meisten Fällen wird sich bei diesem Vorgehen die Einholung eines Sachverständigengutachtens erübrigen.

(2) Ein Sachverständigengutachten kommt meist nur für bestimmte Detailfragen zum Zuge, zum Beispiel

- welcher Honorarzone im Sinne des § 11 I HOAI das Gebäude unter Beachtung der Punktbewertung des § 11 II, III HOAI zuzuordnen ist;
- welche anrechenbaren Kosten der Berechnung des Architektenhonorars zugrundezulegen sind, insbesondere hinsichtlich einzelner von den Parteien unterschiedlich bewerteter Kostenpositionen und der Einsetzung der ortsüblichen Preise im Falle des § 10 III HOAI;
- ob bei der Vorplanung Lösungsmöglichkeiten nach grundsätzlich verschiedenen Anforderungen untersucht worden sind (Besondere Leistung der Leistungsphase 2);
- ob mehrere Vor- und Entwurfsplanungen nach grundsätzlich verschiedenen Anforderungen gefertigt worden sind (§ 20 HOAI).

(3) In komplizierten Fällen kann dann der Sachverständige ersucht werden, nach Klärung der einzelnen Streitpunkte eine berichtigte Honorarschlußrechnung zu erstellen.

3. Die Tenorierung

Für die Fragen der Tenorierung des Urteils kann auf die Ausführungen zum Bauvertrag verwiesen werden.[34]

Eine Abweisung der Vergütungsklage mangels Fälligkeit kommt in Frage, wenn der Architekt keine prüfungsfähige Rechnung vorlegt[35] oder wenn die Architektenleistungen wegen erheblicher Mängel nicht abnahmefähig sind.[36] Bei geringfügigen Mängeln kann dagegen eine Verurteilung zur Zahlung des Honorars Zug um Zug gegen Beseitigung der Mängel erfolgen (§ 320 BGB).

---

[33] Hierzu *OLG Frankfurt,* BauR 1982, 600; *Werner/Pastor,* Rdnr. 818.

[34] S.o. § 4, 4. Teil, II, 4.

[35] S.o. 2. Teil, IV, 1, b, (2).

[36] S.o. 2. Teil, IV, 1, a, (1), Fußn. 152; anders Vorauflage, S. 303.

4. *Die prozessuale Durchsetzung des Anspruchs aus § 648 BGB*

Soweit ein Anspruch des Architekten auf Bewilligung der Eintragung einer Sicherungshypothek nach § 648 BGB besteht,[37] kann dieser bei Weigerung des Bauherrn zur Abgabe der Eintragungsbewilligung (§ 873 BGB, § 19 GBO) sowohl im Wege der Hauptklage geltendgemacht als auch durch Eintragung einer Vormerkung nach § 883 BGB im Wege der einstweiligen Verfügung vorläufig durchgesetzt werden. Auf die Ausführungen zum Bauvertrag kann verwiesen werden.[38]

In beiden Verfahren müssen je nach Streitstand sowohl die besonderen Voraussetzungen des § 648 BGB als auch im Hinblick auf die Akzessorietät des Ansprüchs das Bestehen des Vergütungsanspruchs geprüft werden.

III. Die prozessuale Behandlung der Mängelansprüche

1. *Die Vorprüfung*

Eine Reihe von Gesichtspunkten bedarf auch im Architektenhaftungsprozeß aus prozeßökonomischen Gründen einer vorrangigen Prüfung, da von deren Entscheidung das weitere Vorgehen des Gerichts abhängig ist.

a) Die Vertragsgrundlagen

In erster Linie ist der Inhalt des Architektenvertrages zu klären, da hiervon der Umfang der Pflichten des Architekten abhängt (§ 15 HOAI). Maßgebend ist der Umfang des geistigen Architektenwerks[39], im Einzelfall zusätzlich das Vorliegen von Nebenpflichten.[40]

(1) Die Klärung erfolgt in erster Linie durch Vorlage von Urkunden (Architektenvertragsurkunde, Vorlage von Schriftwechsel), in zweiter Linie durch Feststellung mündlicher Absprachen[41] durch Anhörung der Parteien (§ 141 ZPO) und Vernehmung von Zeugen. Im Einzelfall kann aber auch aus der Tätigkeit des Architekten auf einen entsprechenden Auftragsumfang geschlossen werden.[42]

(2) Ist der Umfang der übertragenen Architektenaufgaben streitig, so muß das Gericht sich im Rahmen der Mängelprüfung klarwerden, ob der von den Parteien vorgetragene unterschiedliche Auftragsumfang für die Haftungsfrage von Bedeutung ist. Teilweise wird dies erst im Zusammenhang mit der Feststellung der Mängel und deren Ursachen beantwortet werden können, z.B. ob es um Planungs- oder Aufsichtsverschulden geht. In diesen Fällen kann die Klärung des Auftragsumfangs zwar parallel mit der Haftungsfrage erfolgen, endgültig aber nur gleichzeitig mit ihr entschieden werden.

---

[37] S.o. 2. Teil, VI, 2.
[38] § 4, 2. Teil, VIII, 3, c.
[39] S.o. 3. Teil, I, 1, a, (1).
[40] S.o. 3. Teil, II, 6, b, (2), Fußn. 186 sowie V, 1, a.
[41] S.o. II, 1, a, (1).
[42] S.o. II, 1, a, (2).

b) Abnahme des Architektenwerks

Dieser Punkt bedarf ebenfalls einer vorrangigen Klärung. Von ihm hängen vor allem der Beginn der Verjährung[43] und die Anwendung des § 640 II[44] BGB ab.

(1) Bejaht man die Abnahmefähigkeit des Architektenwerks[45] so sind zu klären: die Vollendung der Architektenleistungen, die Kenntnis des Bauherrn von deren Vollendung und seine – nach außen zum Ausdruck gekommene – Billigung der Arbeiten als vertragsgemäße Leistung. Meist wird dies alles nur aus den Umständen geschlossen werden können. Etwas anderes gilt allerdings dann, wenn die Parteien eine förmliche Abnahme vereinbart haben.

(2) Soweit im Architektenvertrag die Abnahme an äußere Umstände geknüpft ist, muß das Gericht die Wirksamkeit einer solchen Absprache nach § 10 Nr. 5 und § 11 Nr. 6 AGBG prüfen.[46] Sieht der Vertrag Teilabnahmen vor, ist deren Zulässigkeit [47] und bejahendenfalls deren Vorliegen zu klären.

c) Verjährung

Erhebt der Architekt die Einrede der Verjährung, so ist das Durchgreifen der Einrede vorab zu prüfen, da sie gegebenenfalls ein Eingehen auf das Vorliegen von Mängeln erübrigt. Die Klärung der Verjährungsfrage erfolgt in folgenden Teilabschnitten:

(1) Zunächst ist zu klären, ob eine vom Gesetz (§ 638 BGB) abweichende Verjährung vereinbart ist (was sich aus dem vorzulegenden Architektenvertrag ergibt) und ob diese Vereinbarung wirksam ist.[48]

(2) Anschließend ist zu prüfen, wann die Verjährungsfrist zu laufen begonnen hat[49] und ob sie bei Klageerhebung schon abgelaufen war (§ 209 I BGB).

(3) Ist letzteres zu bejahen, sind zusätzlich andere Gründe für Unterbrechung und Hemmung der Frist zu klären.

(4) Ist der Anspruch danach verjährt, verbleibt letztrangig die Prüfung, ob die Geltendmachung der Verjährungseinrede gegen Treu und Glauben verstößt.[50]

d) Art des Anspruchs

Schließlich ist wegen der unterschiedlichen Voraussetzungen vorab zu klären, welche Art von Anspruch der Bauherr geltendmacht (Nachbesserung, Aufwendungsersatz, Minderung, Wandelung, Schadensersatz) und auf welchem Gebiet der Leistung des Architekten der geltendgemachte Mangel liegt (technischer oder wirtschaftlicher Bereich), da hiervon die weitere Prüfung abhängt.

---

[43] S.o. 3. Teil, IV, 2, a.

[44] S.o. 3. Teil, II, 2, b, Fußn. 142.

[45] S.o. 1. Teil, IV, 2, c.

[46] S.o. 3. Teil, IV, 5, a, Fußn. 275.

[47] S.o. 3. Teil, IV, 5, b, (2).

[48] S.o. 3. Teil, IV, 5, b (1) + (2) betr. Abkürzungen; rechtlich in Frage kommen noch Verlängerungen der Verjährungsfrist (§ 638 II BGB), die aber praktisch kaum vorkommen.

[49] S.o. 3. Teil, IV, 2 + IV, 5, b, (2).

[50] Siehe auch oben 3. Teil, IV, 2, b, (4).

2. *Die Prüfung von Mängeln im technischen Bereich*

Das Vorgehen des Gerichts im einzelnen hängt von der Art des geltendgemachten Mangels ab.

a) Versagen der Baugenehmigung

(1) Hat die Bauaufsichtsbehörde der gefertigten und vorgelegten Planung die Genehmigung versagt, so wird dies meist unstreitig sein.

Gleichwohl empfiehlt es sich, aus Gründen der näheren Information die Akten der Bauaufsichtsbehörde beizuziehen, um festzustellen, aus welchen Gründen im einzelnen die Genehmigung versagt worden ist. Zur Ergänzung, ob nicht durch einen Dispens oder eine dem Bauherrn zumutbare geringfügige Abänderung der Planung die Genehmigung doch noch zu erreichen ist, kann eine Auskunft der Bauaufsichtsbehörde eingeholt, eventuell auch der zuständige Sachbearbeiter als Zeuge gehört werden. Das Verschulden des Architekten wird in diesen Fällen meist auf der Hand liegen, da er ja die öffentlichen Vorschriften des Baurechts, die Voraussetzungen der Erteilung der Baugenehmigung sind, kennen muß.[51] Eine Entlastung müßte von ihm konkret vorgetragen werden.

Die Höhe des Schadens hat der Bauherr darzulegen. Eine Versagung der Vergütung wegen Wertlosigkeit der Planung kann das Gericht ohne Sachverständigen aussprechen; die Höhe der Mehrkosten für eine Abänderung der Planung wird es meist erst nach Anhörung eines Sachverständigen schätzen können, wobei meist ein Zeithonorar (§ 6 HOAI) in Frage kommt.

(2) Ist das Bauwerk errichtet und versagt die Bauaufsichtsbehörde mangels Baugenehmigung oder wegen planwidriger Ausführung die Abnahme und verlangt statt dessen Abriß, teilweisen Abriß oder eine Änderung des Bauwerks, so empfiehlt sich ebenfalls eine Beiziehung der Bauakten.

Aus den dort befindlichen Protokollen über die Abnahme, den Beseitigungsanordnungen und sonstigem Schriftverkehr ergibt sich meist der nähere Umfang des Schadens. Auch hier kann eine ergänzende Auskunft der Bauaufsichtsbehörde die Möglichkeit des Dispenses klären. Das Verschulden des Architekten, der ohne Baugenehmigung oder unter Abweichung von den genehmigten Plänen baut, liegt auf der Hand. Das Mitverschulden des Bauherrn ist von dem Architekten im einzelnen darzulegen, z.B. dessen ausdrückliche Weisung oder zumindest die Kenntnis und Billigung des Vorgehens des Architekten. Die Höhe der Kosten für die Beseitigung des baurechtswidrigen Umstandes wird das Gericht unter Zuhilfenahme eines Sachverständigen schätzen (§ 287 ZPO).

b) Technische Mängel des Bauwerks

Liegen lediglich Pläne des Architekten vor, während das Bauwerk noch nicht errichtet ist, so bedarf es der Prüfung, ob die Planung den technischen Erfordernissen entspricht.[52] Das Gegenteil kann sich aus der Baugenehmigung bzw. deren Versagung ergeben.[53] Andernfalls hat der Bau-

---

[51] S.o. 3. Teil, I, 1, b, (4); I, 2, b, (1).
[52] S.o. 3. Teil, I, 1, b, (3) + I, 2, b, (2).
[53] S.o. 3. Teil, I, 2, b, (1).

herr die Mängel der Planung im einzelnen vorzutragen, wobei er in der Regel das Privatgutachten eines anderen Architekten vorlegen wird. Nach Stellungnahme des Architekten ist ein Sachverständiger dazu zu hören,

- ob die Planung den anerkannten Regeln der Baukunst widerspricht und notwendig zu einem Mangel des Bauwerks führen wird;
- bejahendenfalls ob die Planung durch Nachbesserung behoben werden kann und welche Kosten hierfür aufzuwenden sind.

Ist dagegen das Bauwerk schon errichtet, so ist an den Mangel des Bauwerks anzuknüpfen und darauf aufbauend sind die Voraussetzungen der Einstandspflicht zu klären.

(1) Zunächst ist der *Mangel des Bauwerks* festzustellen.

Der Bauherr muß zunächst konkret vortragen, inwiefern das Bauwerk mit Mängeln behaftet ist. Das geschieht entweder durch Vortrag schon konkret eingetretener Schäden (z.B. Mauerrisse, Eindringen von Wasser, Lärmbelästigung durch ungenügende Schalldämpfung) oder durch Hinweis auf Zustände, die latent die Gefahr eines Schadens in sich tragen (z.B. ungenügend befestigte Fassadenplatten, zu klein dimensionierte Abwasserrohre).[54] In vielen Fällen wird dieser Vortrag durch Lichtbilder, Privatgutachten oder Gutachten aus vorangegangenen Beweissicherungsverfahren) belegt. Zu diesem Vortrag hat sich der Architekt substantiiert zu äußern.

Ist der Mangel unstreitig, so kann zur Prüfung der nächsten Voraussetzung (unten 2) übergegangen werden. Ist der Mangel streitig, bedarf es einer Beweisaufnahme. In erster Linie wird diese in einer Besichtigung des Mangels oder Zustandes des Bauwerks durch das Gericht oder einen Sachverständigen bestehen; letzterer kann gebeten werden, seinem Gutachten Fotos über die von ihm getroffenen Feststellungen beizufügen. Ist der Mangel allerdings schon beseitigt, kann sich die Beweisaufnahme nur auf die Vorlage von Fotos sowie die Feststellungen früherer Personen (Beweissicherungsgutachten, Zeugen) erstrecken.

(2) Alsdann ist die *Ursache des Schadens bzw. des Mangels* zu klären. Es bedarf der Aufklärung, in welchen Verantwortungsbereich der festgestellte Schaden bzw. Mangel fällt. Das können einer oder mehrere Handwerker und/oder der Architekt und/oder ein Sonderfachmann sein.

In vielen Fällen weisen die von dem Bauherrn in Anspruch genommenen Personen die eigene Verantwortung von sich und verweisen auf einen anderen. Die von ihnen abgegebenen Stellungnahmen ergeben für das Gericht erste Anknüpfungspunkte für eine Prüfung der relevanten Tatsachen. Diese Stellungnahmen ergeben sich, wenn die potentiellen Schädiger verklagt sind, aus den eingereichten Schriftsätzen, sonst aus der von dem Bauherrn mit diesen Personen geführten vorprozessualen Korrespondenz. In Anknüpfung an diese Stellungnahmen wird das Gericht zu prüfen haben, ob nach dem Vorbringen der Beteiligten die einzelnen Handwerker sich bei der Ausführung ihrer Arbeiten an die ihnen vorgelegten Pläne und die Leistungsbeschreibung gehalten haben oder nicht. Davon hängt das weitere Vorgehen ab.

(3) Ein *Planungsverschulden* ist gegeben, wenn die von dem Architekten entworfenen Pläne oder die den Bauhandwerkern überlassene Lei-

---

[54] Es gilt die Symptomtheorie: *BGHZ* 136, 342 = NJW 1998, 135; s.o. § 4, 4. Teil, III, 2, a, Fußn. 51.

stungsbeschreibung fehlerhaft bzw. unvollständig waren oder der Architekt auf der Baustelle fehlerhafte Anweisungen gegeben hat. Es bedarf zur Klärung dieses Vorwurfs grundsätzlich der Vorlage sämtlicher Planungsunterlagen durch den Architekten (einschließlich der Detailzeichnungen, in einschlägigen Fällen zusätzlich der erstellten statischen Berechnung). Mündliche Anweisungen des Architekten auf der Baustelle bedürfen in der Regel der Aufklärung durch Anhörung des Architekten sowie der Vemehmung der zuständigen Bauhandwerker.

Anschließend ist es regelmäßig Aufgabe eines Sachverständigen, sich dazu zu äußern,

- ob die von dem Architekten gefertigten Pläne Fehler oder Lücken aufweisen, die zu dem Schaden an dem Bauwerk geführt haben;
- ob die von dem Architekten angefertigte Leistungsbeschreibung Fehler oder Lücken aufweist, die zu dem Schaden am Bauwerk geführt haben;
- ob die von dem Architekten verwendeten Baustoffe für die Errichtung des Bauwerks geeignet oder aber für den eingetretenen Schaden ursächlich waren;
- ob der Architekt es unterlassen hat, Detailzeichnungen zu entwerfen und an die Handwerker zu übergeben und der Schaden am Bauwerk hierauf zurückzuführen ist;
- ob der Architekt fehlerhafte Anweisungen gegeben bzw. notwendige Anweisungen an die Handwerker unterlassen hat und der Schaden am Bauwerk hierauf zurückzuführen ist;
- ob die Planungsunterlagen bestimmter Sonderfachleute Fehler bzw. Lücken aufweisen und dies den Schaden an dem Bauwerk herbeigeführt hat; bejahendenfalls, ob der Architekt dies bei Anwendung üblicher Sorgfalt hätte erkennen können.

(4) *Ein Verschulden durch fehlerhafte Koordination einzelner Bauleitungen* bedarf zunächst der Feststellung dahin, welche einzelnen Handwerker bei einem bestimmten Arbeitsvorgang zusammenwirken müssen. Insoweit ist den Parteien aufzugeben, die Vertragsunterlagen nebst Leistungsbeschreibungen dieser Handwerker vorzulegen. Bei Unklarheiten über den Arbeitsablauf sind die beteiligten Handwerker als Zeugen zu hören, am besten im Beisein des Sachverständigen, der dann sachdienliche Fragen stellen kann. Alsdann muß sich der Sachvertändige dazu äußern,

- ob die Schadensursache in einem fehlerhaften Zusammenpassen einzelner Handwerkerleistungen liegt;
- ob dieses fehlende Zusammenpassen zurückzuführen ist auf eine den anerkannten Regeln der Technik widersprechende Diskrepanz oder Unklarheit in den Ausschreibungsunterlagen;
- ob dieses fehlende Zusammenpassen zurückzuführen ist auf das Fehlen einer nach der Praxis üblichen und notwendigen Überwachung bzw. mündlichen Einweisung der beteiligten Handwerker durch den Architekten in die ihnen obliegenden Aufgaben.

(5) Ein *Aufsichtsverschulden* des Architekten setzt zunächst die Feststellung einer fehlerhaften Handwerkerleistung voraus.[55] Alsdann ist der Architekt zu befragen, aus welchen Gründen er die fehlerhafte Handwerkerleistung während der Objektüberwachung nicht bemerkt hat. Aus

[55] S.o. § 4, 3. Teil, I, 1.

dem von dem Architekten vorzulegenden Bautagebuch ist festzustellen, wann die fragliche Handwerkerleistung erbracht worden ist. Sodann ist dem Architekten aufzugeben, sich dazu zu erklären, ob er bei der Ausführung dieser Arbeiten auf der Baustelle war, in welchen zeitlichen Abständen er die Baustelle überprüft und ob er unmittelbar nach Durchführung der Arbeit diese auf ihre Korrektheit überprüft hat.

Im Hinblick auf die von der Rechtsprechung entwickelten Grundsätze[56] ist sodann ein Sachverständiger zu befragen,

- ob die fehlerhafte Handwerkerleistung eine wichtige oder gefahrenträchtige Baumaßnahme gewesen ist;
- ob es bei der im Verkehr geforderten Sorgfalt üblich und notwendig ist, daß der Architekt diese Handwerkerleistung während ihrer Erbringung überwacht oder unmittelbar danach auf ihre ordnungsmäßige Erbringung untersucht;
- ob und wie lange nach der Erbringung der fehlerhaften Handwerkerleistung der Architekt die Fehlerhaftigkeit der Arbeitsweise noch hätte erkennen und für Abhilfe sorgen können.

(6) Steht die Verantwortlichkeit des Architekten fest, so ist die *Höhe des Schadens* zu klären. Dabei ist zunächst festzustellen, ob der Bauherr den Schaden schon beseitigt hat oder nicht. Ist der Schaden schon beseitigt, so ist dem Bauherrn aufzugeben, die angefallenen Beseitigungskosten durch Vorlage von Rechnungen etc. zu belegen. Der Architekt hat sich dazu zu äußern, ob er diese Beseitigungskosten als notwendig und angemessen anerkennt. Ein substantiiertes Bestreiten des Architekten erfordert, daß er angibt, ob andere, billigere Maßnahmen in Frage gekommen wären oder daß die in Rechnung gestellten Arbeiten umfangmäßig als zu weit oder preislich zu beanstanden sind. Bei erheblichem Bestreiten ist der Sachverständige zu befragen,

- ob die von dem Bauherrn nach den vorgelegten Rechnungen durchgeführten Baumaßnahmen zur Beseitigung des von dem Architekten zu verantwortenden Schadens notwendig waren und die eingesetzten Preise angemessen sind.

Ist der Mangel noch nicht beseitigt, so ist dem Bauherrn ebenfalls aufzugeben, die Höhe der notwendigen Beseitigungskosten substantiiert vorzutragen (z.B. durch Vorlage eines Kostenvoranschlages oder eines Privatgutachtens). Alsdann ist der gerichtliche Sachverständige zu befragen,

- welche Maßnahmen im einzehlen zur Beseitigung des von dem Architekten zu verantwortenden Schadens erforderlich sind;
- wie hoch die hierbei anfallenden Kosten für Bauhandwerker, eventuell auch für einen zu deren Überwachung zu beauftragenden Architekten, voraussichtlich sein werden.

In beiden Fällen ist der Sachverständige zusätzlich zu befragen,

- ob durch die Durchführung der Beseitigungsarbeiten gegenüber der ursprünglich vorgesehenen Ausführungsart eine Wertverbesserung eintritt, bzw. eingetreten ist, gegebenenfalls in welcher Höhe;

---

[56] S.o. 3. Teil, I, 3, d, (1), Fußn. 67–71.

- ob nach der Durchführung der Beseitigungsarbeiten ein merkantiler Minderwert des Bauwerks verbleibt, gegebenenfalls in welcher Höhe.

3. Die Prüfung von Mängeln im wirtschaftlichen Bereich

a) Wirtschaftliche Mängel des Bauwerks

In dieser Fallgruppe[57] hat der Bauherr zunächst darzulegen, zu welchen wirtschaftlichen Zwecken das Bauwerk errichtet werden sollte und inwieweit er den Architekten mit dieser Aufgabenstellung im einzelnen vertraut gemacht hat.

Bestreitet der Architekt die behauptete Aufgabenstellung, ist hierüber Beweis zu erheben. Der Beweis kann durch Vernehmung von Zeugen geschehen, sich aber auch aus dem Architektenvertrag, der gewechselten Korrespondenz oder der von dem Architekten an die Bauaufsichtsbehörde gerichteten Baubeschreibung ergeben.

(2) Der Bauherr hat sodann im einzelnen vorzutragen, daß dieser wirtschaftliche Zweck mit dem errichteten Bauwerk nicht oder nur mit Schwierigkeiten erreicht werden kann. Auch hierzu wird sich der Architekt äußern müssen. Bei seinem Bestreiten ist in der Regel ein Sachverständiger dazu zu hören,

- ob das Bauwerk in der jetzigen Ausführung zur Benutzung als ... nicht geeignet ist, bzw. ob und inwieweit diese Nutzung in Frage gestellt ist;
- bejahendenfalls, welche Maßnahmen der Bauplanung fehlerhaft waren, d.h. den angestrebten wirtschaftlichen Zweck vereitelt oder erschwert haben.

(3) Die Höhe des Schadens hat der Bauherr zunächst zu substantiieren. Er hat darzulegen, ob die angestrebte volle Nutzbarkeit durch zusätzliche Baumaßnahmen mit einem bestimmten Kostenaufwand hergestellt werden kann, oder ob er nunmehr zusätzliche Aufwendungen hat, um die behinderte Nutzung auszugleichen. Dem Architekten ist wiederum Gelegenheit zu geben, sich hierzu zu äußern. Bei Bestreiten hat der Bauherr den Beweis für die Höhe seines Schadens zu führen. Er kann zunächst Belege vorlegen, z.B. einen Kostenvoranschlag betreffend vorgesehene zusätzliche Baumaßnahmen oder Rechnungen betreffend den Mehraufwand. Im Einzelfall kommt auch die Vornahme eines Augenscheins oder die Vernehmung von Zeugen in Frage. Falls das Gericht nicht gemäß § 287 ZPO den Schaden selbst frei schätzen kann, ist wiederum der Sachverständige zu hören,

- welche Mehraufwendungen dem Bauherrn durch die eingeschränkte Nutzbarkeit des Bauwerks entstehen;
- ob die eingeschränkte Nutzbarkeit durch zusätzliche Baumaßnahmen ausgeglichen werden kann; bejahendenfalls durch welche Maßnahmen, und wie hoch sich die hierfür erforderlichen Kosten voraussichtlich belaufen werden;

---

[57] S.o. 3. Teil, I, 3, b.

– ob das Bauwerk bei einer Veräußerung im jetzigen Zustand gegenüber dem Zustand bei Verwirklichung der vereinbarten Zielsetzung einen merkantilen Minderwert hat, bejahendenfalls in welcher Höhe.

b) Pflichtverletzungen bei der Vergabe

(1) In diesen Fällen[58] ist es zunächst Aufgabe des Bauherrn, die Pflichtverletzung im einzelnen vorzutragen.

Hierzu hat sich der Architekt konkret zu äußern.

So hat er zu dem Vorwurf, er habe den Auftrag auf ein ungünstiges Angebot erteilt, vorzutragen, wie viele Angebote er betreffend ein bestimmtes Gewerk eingeholt hat; diese Angebote hat er sodann vorzulegen. Im übrigen wird es darum gehen, die Leistungsverzeichnisse und Ausschreibungen auf ihre Vollständigkeit und Klarheit zu überprüfen. Diese Schriftstücke hat der Bauherr dem Gericht vorzulegen und konkrete Beanstandungen anzubringen.

(2) Eine etwaige Beweisaufnahme wird hier meist in einem Sachverständigengutachten bestehen. Dieses wird sich dazu äußern,

– ob die von dem Architekten erstellten Leistungsverzeichnisse und Ausschreibungen vollständig und klar abgefaßt sind, gegebenenfalls ob sie die von dem Bauherrn vorgetragenen Beanstandungen aufweisen;
– ob die von dem Architekten erteilten Aufträge zu angemessenen Vertragsbedingungen und ortsüblichen Preisen erteilt worden sind; verneinendenfalls, inwieweit eine Abweichung von der richtigen Vergabe vorliegt;
– gegebenenfalls ob die Baukosten bei der richtigen Vergabe niedriger ausgefallen wären.

c) Bausummenüberschreitung

In dieser Fallgruppe[59] ist Ausgangspunkt die in der Kostenfeststellung nach DIN 276 ermittelten endgültigen Baukosten. Die weitere Prüfung hängt von den einzelnen Fallgestaltungen ab.

(1) Macht der Bauherr geltend, der Architekt habe zu Beginn der Planung die Kosten falsch geschätzt,[60] so bedarf es der konkreten Feststellung, inwieweit der Architekt in der Kostenschätzung bestimmte notwendige Positionen vergessen oder solche falsch bewertet hat.

Diese Kostenschätzung hat der Kläger vorzulegen und die konkreten Beanstandungen vorzutragen. Bestreitet der Architekt die Beanstandungen des Klägers, wird hierzu ein Sachverständiger zu hören sein. Der zu ersetzende Schaden ist zu substantiieren, z.B. durch Angabe der Kosten für notwendige Zusatzaufträge.

(2) Beruft sich der Bauherr darauf, der Architekt habe eine späteren eingetretene Überschreitung der zunächst zugrundegelegten Baukosten ihm nicht oder nicht unverzüglich mitgeteilt,[61] so hat er darzulegen, ob und wann der Architekt ihm hiervon tatsächlich Mitteilung gemacht hat.

---

[58] S.o. 3. Teil, I, 3, c.
[59] S.o. 3. Teil, I, 3, d.
[60] S.o. 3. Teil, I, 3, d, (1).
[61] S.o. 3. Teil, I, 3, d, (2).

Es bedarf dann der Klärung, wann die Überschreitung der Baukosten für den Architekten früher erkennbar wurde (z.B. durch Auflagen der Baubehörde, Abschluß der einzelnen Verträge, Auftreten von Mehrkosten verursachender Umstände).[62]

Die Höhe des Schadens hat der Bauherr unter Beachtung der Differenzhypothese (§ 249 BGB) zu substantiieren. Er muß also darlegen, inwieweit sich die wirtschaftliche Situation für ihn bei früherer Mitteilung günstiger gestaltet hätte (z..B. durch einen günstigeren Kredit, durch eine Abänderung der Planung). Das Gericht wird hier gemäß § 287 ZPO auf eine Schätzung zurückgreifen müssen.

(3) Bei einer Inanspruchnahme aus einer Bausummengarantie ist zunächst zu klären, ob eine solche Garantie von dem Architekten verbindlich abgegeben wurde und welchen Umfang sie im einzelnen hatte.[63] Anschließend bedarf es der Feststellung, ob die von der Rechtsprechung dem Architekten zugebilligten Toleranzgrenzen überschritten wurden.[64] Entlastungsumstände hat der Architekt vorzutragen, z.B. mangelnde Vorhersehbarkeit, Sonderwünsche des Bauherrn).[65] Bei Nachweis dieser Umstände sind die in der Kostenermittlung enthaltenen tatsächlichen Kosten um die entlastenden Mehrkostenpositionen zu kürzen und nunmehr erneut zu prüfen, ob die maßgebende Toleranzgrenze jetzt eingehalten oder noch überschritten ist. Meist wird zu diesen Fragen ein Sachverständiger gehört werden müssen, wobei das Gericht die von ihm für angemessen gehaltene Toleranzgrenze selbst festzulegen hat und dies zweckmäßigerweise dem Sachverständigen mitteilen wird. Der Sachverständige wäre demnach zu befragen

- ob der/die von dem Architekten erstellte Kostenschätzung/Kostenberechnung/Kostenanschlag/Kostenfeststellung unter Beachtung einer Toleranzgrenze von ... % unter Berücksichtigung der im Zeitpunkt ihrer Erstellung ihm vorliegender Erkenntnisse fehlerhaft ist;
- worauf im einzelnen die zu geringen Kosten beruhen (Fehlen notwendiger Leistungspositionen, falsche Massen, zu niedrige Preise, Sonderwünsche, höhere Lohn- und Materialkosten; offensichtliche Schätzungs- oder Rechenfehler);
- inwieweit der Architekt im Zeitpunkt der Kostenermittlung mit einer Steigerung von Lohn- und Materialkosten rechnen mußte;
- ob die Kostenermittlung den DIN 276 entspricht.

Zur Höhe des Schadens – (Mehraufwendungen und Vorteilsausgleich)[66] hat sich der Sachverständige zu folgen Punkten zu äußern:

- welche Mehraufwendungen aufgetreten sind, die über der bereits angegebenen Toleranzgrenze von ... % liegen;
- inwieweit der Bauherr durch die genannten Mehraufwendungen einen konkreten Vorteil erhalten hat oder der Verkehrswert (Ertragswert/Sachwert)[67] des Grundstücks erhöht worden ist.

---

[62] S.o. 3. Teil, II, 6, c, (4).
[63] S.o. 3. Teil, I, 3, d, (3) + (4).
[64] S.o. 3. Teil, I, 3, d, (3), Fußn. 108 ff.
[65] S.o. 3. Teil, I, 3, d, (3), Fußn. 111.
[66] S.o. 3. Teil, II, 6, c, (4), Fußn. 204–206.
[67] S.o. 3. Teil, II, 6, c, (4), Fußn. 207, 208.

d) Pflichtverletzung bei der Bauüberwachung

(1) Eine Pflichtverletzung kann einmal in einer unrichtigen Rechnungsprüfung bestehen.[68] In diesem Fall hat der Bauherr unter Vorlage der vom Architekten geprüften Schlußrechnung konkret darzulegen, daß der Architekt bestimmte Positionen der jeweiligen Schlußrechnung zu Unrecht anerkannt oder zu wenig gemindert hat, z.B. zu hohe Massen, vertragswidrig berechnete Preise oder Positionen für nicht ausgeführte Leistungen anerkannt hat. Hierzu hat sich der Architekt zu äußern. Eine sodann notwendige Beweisaufnahme wird an die von dem Architekten geprüfte Schlußrechnung anknüpfen. Das Gericht wird vor Einholung eines Sachverständigengutachtens die zur Überprüfung notwendigen Unterlagen von den Parteien verlangen: das gemeinsame Aufmaß und die jeweiligen Vertragsunterlagen der durch die unrichtige Rechnungsprüfung begünstigten Unternehmen. Der Sachverständige hat sich sodann zu äußern,

- ob und inwieweit der Architekt die Positionen ... der Schlußrechnung der Firma ... vom ... (Bl. ...) unter Berücksichtigung des vorgelegten Aufmaßes und der Vertragsunterlagen zu Unrecht anerkannt hat;
- gegebenenfalls welche Beträge der Architekt nur hätte anerkennen dürfen;
- ob die von dem Architekten anerkannten Zusatzarbeiten in dem ursprünglichen Bauauftrag enthalten waren und ob diese Zusatzarbeiten einem Mehraufwand des Bauunternehmers entsprechen.

(2) Hat der Architekt es unterlassen, den Bauherrn auf ablaufende Gewährleistungsfristen hinzuweisen,[69] so ist es wiederum zunächst Aufgabe des Bauherrn, die Pflichtverletzung und den eingetretenen Schaden genau darzulegen. Der Bauherr hat darzulegen, daß ein bestimmmter Mangel am Bauwerk bestanden hat und er es – wegen unterlassener Beratung durch den Architekten – versäumt hat, die notwendigen Erklärungen und Rechtshandlungen vorzunehmen. Außerdem hat er darzulegen, inwieweit ihm hieraus ein Schaden entstanden ist (z.B. Beseitigungskosten). Zur Klärung der Gewährleistungs- und Verjährungsfristen bedarf es wiederum der Vorlage der Verträge mit den entsprechenden Bauhandwerkern.

Zu dem Vortrag des Bauherrn hat sich sodann der Architekt zu äußern. Eine Beweisaufnahme kann sich auf die von dem Architekten behauptete Erfüllung seiner Vertragspflichten und auch auf den Eintritt und die Höhe des Schadens beziehen. In einigen Fällen kann das Gericht die Akten eines Vorprozesses des Bauherrn gegen den Bauhandwerker beiziehen, in dem die Klage des Bauherrn wegen eingetretener Verjährung abgewiesen worden ist; auf eine durch Streitverkündung des Bauherrn an den Architekten (§ 72 ZPO) herbeigeführte Interventionswirkung (§ 68 ZPO) ist zu achten. Hinsichtlich der Höhe des Schadens gilt das gleiche wie bei den Mängeln im technischen Bereich.[70]

---

[68] S.o. 3. Teil, I, 3, e, (2).

[69] S.o. 3. Teil, I, 2, d, (2) + 3, e, (1).

[70] S.o. III, 2, b, (6).

4. Die Tenorierung

Insoweit kann auf die Ausführungen zum Bauvertrag verwiesen werden.[71]

Auch hier ist bei der Verurteilung zur Nachbesserung der konkrete Mangel (der Planung oder des Bauwerks) im Urteil anzugeben, während dem Architekten die Art und Weise der Beseitigung des Mangels vorbehalten bleibt.[72]

5. Die Mängelansprüche des Bauherrn als Einwand gegenüber dem Anspruch auf Eintragung einer Sicherungshypothek

a) Erheblichkeit des Einwandes

Die Mängelansprüche können auch dem Anspruch des Architekten auf Eintragung einer Sicherungshypothek (§ 648 BGB)[73] entgegengehalten werden, da die Sicherungshypothek von dem Bestehen der gesicherten Forderung abhängt.

Falls der Anspruch auf Bewilligung der Hypothek im Hauptprozeß kumulativ neben dem Anspruch auf Zahlung geltengemacht wird, ergeben sich keine Sonderprobleme; die Mängelansprüche sind – wie oben dargestellt – zu prüfen und greifen bei Bestehen auch gegenüber dem Anspruch aus § 648 BGB durch.

b) Einstweilige Verfügung

Sonderprobleme ergeben sich im einstweiligen Verfügungsverfahren auf Eintragung der Vormerkung (§§ 648, 883 BGB). Auch hier kann der Bauherr nach der Rechtsprechung des *BGH* gegenüber dem Sicherungsanspruch den Mängeleinwand erheben. Soweit und solange das Architektenwerk mit Mängeln behaftet ist, steht dem Architekten mangels Werterhöhung des Grundstücks kein Sicherungsanspruch zu.[75]

Der Gegenanspruch wegen Mängeln des Architektenwerks ist von dem Bauherrn darzulegen und bei Bestreiten glaubhaft zu machen. Auf die Beschränkung der Beweismittel (§ 294 ZPO) ist zu achten; in Frage kommen als Beweismittel vor allem Urkunden (Architektenvertrag, Schriftwechsel, Planunterlagen) und die Vorlage eines von dem Bauherrn eingeholten Privatgutachtens.[76]

---

[71] S.o. § 4, 4. Teil, III, 5.
[72] S.o. 3. Teil, III, 5, a, (1).
[73] S.o. 2. Teil, VI, 2, c.
[74] *BGHZ* 68, 180 = NJW 1977, 947 m.Nw.
[75] Str., wie hier *BGHZ* 68, 180 = NJW 1977, 947; s.o. 2. Teil, VI, 2, c.
[76] Zur Glaubhaftmachung *Werner/Pastor,* Rdnr. 275.

§ 6. Der Bauträgervertrag

Literatur (Auswahl):

Allgemeine Darstellungen: Basty, Der Bauträgervertrag (1993); *Brych/Pause*, Bauträgerkauf und Baumodelle, 2. Aufl. (1996); *Koeble*, Rechtshandbuch Immobilien, Bd. I, 3. Aufl. 1997, Teil 2; *Locher*, Das private Baurecht, 6. Aufl. (1996); *Locher/Koeble*, Baubetreuungs- und Bauträgerrecht, 4. Aufl. (1985); *Marcks*, Makler- und Bauträger-Verordnung, 5. Aufl. (1991); *Reithmann/Meichssner/v. Heymann*, Kauf vom Bauträger, 7. Aufl. (1995); *Schulze-Hagen*, Aktuelle Probleme des Bauträgervertrages, BauR 1992, 230; *Werner/Pastor*, Der Bauprozeß, 9. Aufl. (1999).

Rechtsprechungsübersichten: Jagenburg, Die Entwicklung des Baubetreuungs-, Bauträger- und Wohnungseigentumsrechts, zweijährlich erscheinende Übersichten seit 1977, zuletzt NJW 1992, 282; 1995, 2196; 1997, 2362; *Doerry*, ZfBR WM 1991, Beilage, Nr. 35.

Vertragsmuster: Kutter, Beck'sches Notar-Handbuch, 2. Aufl. (1997), S. 211 ff.; *Schippel*, Beck'sches Formularbuch zum Bürgerlichen Handels- und Wirtschaftsrecht, 6. Aufl. (1995), III, B, 4, S. 147 ff.; *Schmidt*, Münchner Vertragshandbuch, 3. Aufl. (1992), Bd. IV/1, S. 210.

I. Begriff, Rechtsnatur und maßgebende Vorschriften

1. Begriff und Abgrenzung

a) Begriff

Der Bauträgervertrag ist ein Vertrag, in dem ein Gewerbetreibender sich gegen Zahlung einer Vergütung (Festpreis) verpflichtet, auf einem Grundstück, das nicht im Eigentum des Betreuten steht, im eigenen Namen und auf eigene Rechnung ein Bauwerk (Eigenheim oder Eigentumswohnung) zu errichten und nach Fertigstellung des Bauwerks das Grundstück (bzw. das Wohnungseigentum) an den Erwerber zu übereignen und zu übergeben.[1]

(1) Unerheblich für den Begriff des Bauträgervertrages ist es dagegen, ob der Bauträger das Gebäude selbst als Bauunternehmer errichtet oder ob er hiermit ganz oder teilweise Dritte beauftragt.[2] Entscheidend ist nur die Errichtung des Bauwerks auf dem Grundstück des Bauträgers (oder eines Dritten) und der Abschluß der Verträge mit den Baubeteiligten (Bauhandwerkern, Architekten, Sonderfachleuten) im eigenen Namen; der Erwerber tritt zu ihnen in keine unmittelbare Rechtsbeziehung; ihn

---

[1] *Brych/Pause*, Rdnr. 32; zur Entwicklung siehe *Reithmann/Meichssner/von Heymann*, A, Rdnr. 3 ff.; *Brych/Pause*, Rdnr. 1 ff.

[2] *BGH*, NJW 1984, 869; *Brych/Pause*, Rdnr. 33.

trifft keine Haftung gegenüber diesen Drittbeteiligten; eine davon abweichende AGB-Klausel, die den Bauträger bevollmächtigt, namens des Erwerbers Verträge mit dem Bauunternehmer abzuschließen, ist unwirksam.[3] Der Erwerber hat vielmehr eine einheitliche Vergütung für Grundstück und Bauwerk an den Bauträger zu zahlen, die im Regelfall in einem Festpreis besteht.[4]

(2) Die wirtschaftliche Bedeutung des Bauträgervertrages ergibt sich aus der Interessenlage der Vertragsparteien.

Für den Bauträger besteht die Möglichkeit, Grundstücke (meist ein größeres Areal) aufzukaufen, durch Belastung des gesamten Areals eine einheitliche Finanzierung in Form von „Globalkrediten" durchzuführen und nach entsprechender Aufteilung des Areals in die für die einzelnen Erwerber bestimmten Grundstückseinheiten eine einheitliche Bebauung vorzunehmen, ohne an Weisungen der Erwerber gebunden zu sein. Der einzelne Erwerber hat den Vorteil, mit der Errichtung des Bauwerks und der Erschließung des Baugebiets im einzelnen nichts zu tun zu haben und nach außen gegenüber Dritten keine Haftung zu übernehmen. Er erwirbt das gekaufte Objekt zu einem im Bauträgervertrag festgelegten Festpreis, so daß für seine eigene Finanzierung der Vergütung eine feste kalkulatorische Grundlage vorhanden ist.

b) Abgrenzung

Der Bauträgervertrag ist von der Baubetreuung im engeren Sinne abzugrenzen.

(1) Baubetreuung im engeren Sinn ist die wirtschaftliche Vorbereitung oder Durchführung eines Bauvorhabens in fremdem Namen und für fremde Rechnung (§ 34c Nr. 2b GewO).

Der zivilrechtliche Begriff der Baubetreuung deckt sich mit dem gewerberechtlichen.[5] Ausgangspunkt für die Tätigkeit des Baubetreuers (im Gegensatz zum Bauträger) ist die Tatsache, daß das Bauvorhaben auf einem Grundstück des Betreuten (= Auftraggebers) erfolgt. Die Beauftragung der Bauhandwerker, des Architekten und der Sonderfachleute erfolgt im Namen des Auftraggebers, mit der Folge, daß direkte Rechtsbeziehungen zwischen diesem und den Dritten entstehen; Bauherr ist mithin der Auftraggeber, der von dem Betreuer unterstützt wird.[6] Er trägt das „Bauherrenwagnis". Im Gegensatz zum Bauträgervertrag, bei dem die Vergütung des Bauträgers im Festpreis enthalten ist, wird die Vergütung des Baubetreuers typischerweise von den Vergütungen für die Bauhandwerker, Architekten und Sonderfachleute gesondert ausgeworfen (Betreuungsgebühr).[7]

(2) Neben der Baubetreuung im engeren Sinn haben sich die sogenannten „Bauherrenmodelle" entwickelt, die auf steuerrechtlichen Erwägungen beruhen.[8]

---

[3] *OLG Nürnberg*, NJW 1982, 2326; *Brych/Pause*, Rdnr. 280; s.u. Fußn. 45.

[4] S.u. III, 1, a.

[5] Zur Entwicklung des Begriffs *Locher*, NJW 1967, 326.

[6] Hierzu *BGH*, NJW 1981, 757; *Marcks*, § 34c GewO, Rdnr. 37 ff.

[7] *Locher*, Rdnr. 403.

[8] Hierzu Vorauflage, S. 369 ff.; eingehend *Reithmann/Meichssner/von Heymann*, E, Rdnr. 1 ff.

Einerseits wird versucht, die Rechtsstellung des Erwerbers entsprechend der Baubetreuung im engeren Sinne auszugestalten, um ihm die steuerlichen Vorteile zu verschaffen, die voraussetzen, daß er das Bauherrenwagnis trägt.[9] Andererseits besteht das Bedürfnis, den Erwerber vor den Zugriffen Dritter auf sein Vermögen zu schützen, was zu einer Annäherung der Vertragsgestaltung an den Bauträgervertrag führt, was einem zivil- und steuerrechtlichen „Spagat" gleicht. Der BGH hat die zivilrechtliche Wirksamkeit der Bauherrenmodelle anerkannt.[10] Die restriktive Rechtsprechung der Finanzgerichte und die strengen Erlasse der Finanzverwaltung haben die Erwartungen an die steuerlichen Vorteile inzwischen erheblich gedämpft, so daß die Entwicklung der Bauherrenmodelle rückläufig ist.[11] Aus diesem Grund wird hier von einer Darstellung der komplizierten Rechtsmaterie abgesehen.[12]

2. *Rechtsnatur*

a) Grundsatz

Der Bauträgervertrag ist nach heute h.M. ein aus Kauf- und Werk(lieferungs)vertragselementen zusammengesetzter Vertrag.[13]

(1) Auf den Teil, der die Verschaffung des Eigentums (bzw. Wohnungseigentums) am Grundstück und die Übergabe betrifft, ist Kaufrecht, auf die Verpflichtung zur Errichtung des Bauwerks ist Werkvertragsrecht anzuwenden.[14]

(2) Eine einheitliche Behandlung findet dagegen bei der Beurteilung des Vergütungsanspruchs des Bauträgers statt. Das gilt für die Fragen der Fälligkeit[15] und der Verjährung.[16]

(3) Eine differenzierte Beurteilung findet sich dagegen bei der Frage nach der vorzeitigen Beendigung des Vertrages.[17]

b) Rechtsentwicklung

Die Einordnung des Bauträgervertrages als Kombinationsvertrag ist Ergebnis einer längeren Entwicklung.

---

[9] *Brych/Pause*, Rdnr. 802 ff.; *Reithmann/Meichssner/von Heymann*, E, Rdnr. 1 ff.

[10] *BGHZ* 67, 334 = NJW 1977, 294; *BGHZ* 76, 86 = NJW 1980, 992; *BGHZ* 78, 346 = NJW 1981, 274; *BGHZ* 93, 264 = NJW 1985, 1020.

[11] *Brych*, BB 1983, 737; *Deschler*, DB 1983, 2546.

[12] Eingehende Darstellung der Baumodelle bei *Brych/Pause*, Rdnr. 800 ff.; *Reithmann/Meichssner/von Heymann*, ab S. 164 ff.

[13] *BGHZ* 74, 204 = NJW 1979, 1406; *BGHZ* 92, 123 = NJW 1984, 2573; *BGHZ* 96, 275 = NJW 1986, 925; *Brych/Pause*, Rdnr. 39; *Locher*, Rdnr. 406; für Werkvertrag: *Werner/Pastor*, Rdnr. 1444 m.Nw.

[14] Einzelheiten s.u. IV, 1+3.

[15] S.u. III, 2.

[16] S.u. III, 5.

[17] S.u. V.

Ursprünglich hatte ein Teil der Literatur den Bauträgervertrag einheitlich als Kaufvertrag beurteilt.[18] Der *BGH* hat jedoch nach Sinn und Zweck des Vertrages, der wirtschaftlichen Bedeutung der Verpflichtung zur Errichtung des Gebäudes und der Interessenlage der Parteien die (teilweise) Einordnung als Werklieferungsvertrag über eine nicht vertretbare Sache für angemessen gehalten.[19] Dahinter stand die interessenmäßige Wertung, dem Erwerber bei Mängeln des Bauwerks Nachbesserungs- und Gewährleistungsrechte nach §§ 633 ff. BGB zu verschaffen und die mit einem Jahr zu kurz bemessene Verjährungsfrist für Sachmängel beim Grundstückskauf (§ 477 BGB) auszuschalten. Der *BGH* hat diese Ausgangsposition immer weiter ausgebaut und auch den sogenannten „Vorratsbau" einbezogen.[20] Er hat mehrfach betont, daß für die Einordnung des Vertrages dessen sachlicher Inhalt maßgebend und es deshalb unbeachtlich ist, wenn im Vertragstext von „Verkäufer" und „Käufer" gesprochen[21] und sogar die Anwendung des Kaufrechts vereinbart wurde.[22]

3. *Maßgebende Vorschriften*

a) BGB

Neben den maßgebenden Teilen des Kaufrechts und des Werkvertragsrechts[23] kann im Einzelfall auf das Auftrags- und Geschäftsbesorgungsrecht zurückgegriffen werden, soweit dies mit der Grundkonzeption des Vertragstyps vereinbar ist.[24]

Außerdem gelten natürlich die Vorschriften des Allgemeinen Teils und der Allgemeine Teil des Schuldrechts.[25]

b) Gewerberecht

Mittelbar von Bedeutung für die zivilrechtliche Beurteilung sind Vorschriften des Gewerberechts. § 34c I Nr. 2a GewO enthält die Definition des Bauträgervertrages, die auch für das Zivilrecht von Bedeutung ist.[26] Außerdem sind, soweit nicht die Ausnahmevorschrift des § 34c V GewO zum Zuge kommt, die Vorschriften der Makler- und Bauträger-Verordnung von maßgebendem Einfluß auf die Gestaltung der Bauträgerverträge. Die Verordnung datiert vom 20. 6. 1974[27] und wurde mehrfach geän-

---

[18] So vor allem *Reithmann/Brych/Manhart*, Kauf vom Bauträger, 2. Aufl. (1977), S. 18 ff.; Rechtspr.-Nw. bei *Reithmann*, WM 1986, 377; ferner im Ausgangspunkt *Kellermann*, NJW 1980, 401.

[19] Grundlegend *BGHZ* 60, 362 = NJW 1973, 1235; *BGH*, NJW 1981, 2344; 1985, 2551.

[20] *BGHZ* 65, 353 = NJW 1976, 515; *BGH*, NJW 1982, 2243; *Locher*, Rdnr. 407.

[21] *BGHZ* 74, 204 = NJW 1979, 1406.

[22] *BGHZ* 60, 362 = NJW 1973, 1235; *Brych/Pause*, Rdnr. 48.

[23] S.o. I, 2.

[24] *BGHZ* 92, 123 = NJW 1984, 2573; *Brych/Pause*, Rdnr. 46.

[25] Vertragsschluß, Verzugsfolgen, die Vorschriften über den gegenseitigen Vertrag.

[26] *Marcks*, § 34c GewO, Rdnr. 36 ff.

[27] BGBl. 1974 I, S. 1314.

dert, zuletzt durch die Verordnungen vom 7.11.1990[28], 6.11.1995[28a] und 14.2.1997[29]. Diese sieht in den §§ 3 und 7 besondere Schutzpflichten des Bauträgers zugunsten des Erwerbers hinsichtlich Fälligkeit der Vergütung und Sicherheitsleistung durch den Bauträger vor,[30] die jener durch vertragliche Vereinbarung weder ausschließen noch beschränken kann (§ 12 MaBV).

(1) Im Schrifttum ist zwar streitig, ob MaBV zivilrechtliche Auswirkungen hat. Im Gegensatz zu einer Mindermeinung[31] wird dies mit Recht überwiegend bejaht.[32] Dies folgt aus dem Schutzzweck der Verordnung, wie er vor allem in § 12 zum Ausdruck kommt.

Unterschiedlich sind jedoch die Meinungen über die zivilrechtlichen Rechtsfolgen eines Verstoßes gegen § 12 MaBV. Teilweise wird Nichtigkeit gemäß § 134 BGB unter Aufrechterhaltung des übrigen Vertrages nach § 139 BGB angenommen.[33] Andere sehen in den §§ 2–8 MaBV Schutzgesetze im Sinne des § 823 II BGB und stellen den Erwerber über Unterlassungs- und Schadensersatzansprüche so, als wären die vorgeschriebenen Schutzmaßnahmen vereinbart worden.[34] Eine dritte Meinung sieht in dem Verstoß gegen § 3 MaBV eine positive Vertragsverletzung und gewährt dem Erwerber einen Anspruch auf Schadensersatz oder ein Rücktrittsrecht.[35] In der Sache laufen die beiden ersten Meinungen auf das gleiche Ergebnis hinaus, daß der Erwerber sich auf die §§ 3 MaBV berufen kann, auch wenn sie nicht vereinbart sind. Die von der dritten Meinung befürwortete Einräumung eines Rücktrittsrechts erscheint demgegenüber zu weitgehend, da bei Durchgreifen der Schutzbestimmungen zugunsten des Erwerbers für ein Lösungsrecht kein Bedürfnis besteht. Im übrigen hat die Streitfrage keine große praktische Bedeutung, da ein Bauträgervertrag der notariellen Beurkundung bedarf[36] und der Notar regelmäßig die MaBV im Vertragswerk berücksichtigt.

(2) Freigestellt von der MaBV sind die in § 34c V GewO genannten Unternehmen.

Durch die ÄndVO vom 7.11.1990[37] wurde der Freistellungsbereich stark eingeengt, indem die Privilegierung der gemeinnützigen Wohnungsbauunternehmen beseitigt wurde.[38]

c) Das AGB-Gesetz

Dem AGBG kommt maßgebende Bedeutung für die Inhaltskontrolle von Bauträgerverträgen zu.

---

[28] BGBl. 1990 I, S. 2476; hierzu *Basty*, DNotZ 1991, 18.

[28a] BGBl. 1995 I, S. 1134; hierzu *Osenbrück*, NW 1995, 3370.

[29] BGBl. 1997 I, S. 272; hierzu *Basty*, DNotZ 1997, 284; *Locher*, NJW 1997, 1427.

[30] S.u. III, 2.

[31] *Hepp*, NJW 1977, 617; *OLG Bremen*, NJW 1977, 638.

[32] Nachw. bei *Marcks*, § 12 MaBVc, Rdnr. 6.

[33] *Kanzleiter*, DNotZ 1974, 556; WuV 1981, 96; *Marcks*, § 12 MaBV, Rdnr. 9, 10.

[34] *Lach*, Gesetz für Immobilienmakler, Darlehensvermittler und Vermögensanlageberater, 8. Aufl. (1978), S. 102 ff.

[35] *OLG Bremen*, NJW 1977, 638; *OLG* Hamm, NJW 1977, 1594.

[36] S.u. II, 1, a.

[37] S.o. Fußn. 28.

[38] *Brych/Pause*, Rdnr. 101; *Marcks*, § 34c GewO, Rdnr. 47.

(1) Bei den in der Praxis verwendeten Vertragsformularen handelt es sich um vorformulierte Vertragsbedingungen im Sinne von § 1 I AGBG, wobei der Bauträger als Verwender anzusehen ist.

Eindeutig ist dies, wenn das Vertragsformular von ihm selbst stammt und dem Notar zur Verfügung gestellt wird.[39] Gleiches muß aber gelten, wenn das Vertragsformular von einem Dritten (z.B. einem Berufsverband) aufgestellt worden ist oder vom Notar, der den Vertrag selbst – meist unter Zuhilfenahme eines Formularbuches – entworfen hat.[40] Wenn die Rechtsprechung bei von einem Notar entworfenen Vertrag teilweise zu anderen Ergebnissen gekommen ist,[41] war dies schon bisher unrichtig und wird sich nach der Einfügung von § 24a AGBG nicht mehr halten lassen.[42] Daß der Vertrag notariell beurkundet wird und der Notar hierbei den Vertragstext vorliest und erläutert, steht der Anwendung des AGBG nicht entgegen; ein „Aushandeln" i.S. von § 1 II AGBG ist hierin nicht zu sehen.[43]

(2) Maßgebend für die Inhaltskontrolle nach § 9 AGBG ist das Leitbild des Bauträgervertrages.

Es wird geprägt von dem Festpreis[44] und der fehlenden Außenhaftung des Erwerbers.[45] Für die Gewährleistungsansprüche greifen hinsichtlich der Errichtung des Bauwerks zusätzlich § 11 Nr. 2a und 10a + f und 11 AGBG ein.[46] Der Schutz vor Vorauszahlungen ohne Sicherheit ist in der Regel bereits durch die §§ 3 und 12 MaBV gewährleistet,[47] kann aber über § 9 AGBG bei Ersetzung der Sicherheit durch Bürgschaft (§ 7 MaBV) von Bedeutung werden.[48]

d) Das Verbraucherkreditgesetz

Das VerbrKrK kann in seinem § 7 I von Bedeutung sein, wonach der Kreditvertrag binnen einer Woche nach Abgabe der Erklärung des Verbrauchers widerrufen werden kann, was auch bei verbundenen Geschäften (9 VerbrKrG) gilt.[49]

Bei unterbliebener Belehrung über das Widerrufsrecht könnte das der Fälligkeit des Vergütungsanspruchs nach § 3 I Nr. 1 MaBV entgegenstehen.[50] Für den Regelfall scheidet § 7 I VerbrKrG allerdings aus, da es auf Realkredite einschließlich Zwischenfinanzierungen nicht anwendbar ist.[51] Streitig ist die Anwendbarkeit dieser

---

[39] *BGH*, NJW 1988, 558; *OLG Düsseldorf*, NJW-RR 1997, 659.

[40] *BGH*, NJW 1982, 2243; 1985, 2477; 1992, 2160; *Brych/Pause*, Rdnr. 180ff., 209; *Koeble*, Rechtshandbuch, Bd. I, Teil 2, Rdnr. 42.

[41] *BGH*, NJW 1984, 2094; 1991, 843; hierzu *Lerch*, BauR 1996, 161.

[42] *Brych/Pause*, Rdnr. 209; *Heinrich*, NJW 1996, 2190; 1997, 170.

[43] *BGHZ* 62, 251 = NJW 1974, 1135; *BGH*, NJW 1977, 624; *Brych/Pause*, Rdnr. 185; *Lerch*, BauR 1996, 155; *Reithmann/Meichssner/von Heymann*, A, Rdnr. 67; *Koeble*, Rechtshandbuch, Bd. I, Teil 2, 16, Rdnr. 56.

[44] *LG Bremen*, NJW-RR 1994, 476; s.o. I, 1, a.

[45] S.o. I, 1, a, (1), Fußn. 3 sowie u. II, 1, a, Fußn. 64.

[46] S.u. IV, 3, d, (4).

[47] S.u. III, 2.

[48] S.u. III, 2, f, (1), Fußn. 147.

[49] S.o. § 2, 3. Teil, IV, 3.

[50] S.u. III, 2, a + b.

[51] *Brych/Pause*, Rdnr. 215, 216; *Reithmann/Meichssner/von Heymann*, B, Rdnr. 94a.

Ausnahmevorschrift für nicht grundpfandrechtlich gesicherte Zwischenfinanzierungen.[52]

e) Das Beurkundungsgesetz

Wegen der Formbedürftigkeit des Bauträgervertrages[53] ist bei der Beurkundung hinsichtlich der Möglichkeit der Verweisung auf nicht verlesene Unterlagen § 13a BeurkG zu beachten.[54]

f) Insolvenz

Hinsichtlich der Konkursfestigkeit der zugunsten des Erwerbers eingetragenen Vormerkung auf Auflassung des Grundstücks ist § 106 InsO zu beachten.[55]

II. Der Abschluß des Bauträgervertrages

1. Formzwang

a) Umfang des Formzwangs

Der gesamte Bauträgervertrag bedarf gemäß § 313 BGB der notariellen Beurkundung (§ 313 BGB).[56] Eine Trennung von Bauverpflichtung und Grundstückserwerb mit der Folge, daß nur der Vertrag über letzteren dem Beurkundungszwang unterworfen wird, ist nicht möglich, weil beide Teile einen Einheitswillen erkennen lassen.[57]

Ob bei einem zeitlichen Auseinanderfallen beider Vertragsteile etwas anderes gelten kann, erscheint fraglich.[58] Im übrigen bedürfen im Rahmen des § 313 BGB alle Absprachen der notariellen Beurkundung,[59] also auch Details wie die Baubeschreibung, Pläne, sowie Teilungserklärung und Gemeinschaftsordnung beim Wohnungseigentum.[60] Sonderwünsche brauchen dagegen in der Regel nicht beurkundet zu werden.[61] Spätere Än-

---

[52] *Brych/Pause*, Rdnr. 218 ff.; *Graf von Westphalen*, § 3 VerbrKrG, Rdnr. 87; ders. WM 1993, 1445.

[53] S.u. II, 1, a.

[54] S.u. II, 1, b, (2).

[55] S.u. IV, 1, c, (2).

[56] *BGH*, NJW 1981, 273; *BGHZ* 97, 147 = NJW 1986, 1983; *Brych/Pause*, Rdnr. 53; *Reithmann/Meichssner/von Heymann*, A, Rdnr. 77 ff.

[57] *BGH*, NJW 1981, 273.

[58] *BGH*, aaO.

[59] *BGH*, DNotZ 1966, 537; *BGHZ* 63, 359 = NJW 1975, 536; *BGHZ* 74, 346 = NJW 1979, 1496; *Brych/Pause*, Rdnr. 57.

[60] *BGHZ* 69, 266 = NJW 1978, 102; *Brych/Pause*, Rdnr. 59. Zur Ausnahme bei bereits vorliegenden und grundbuchlich vollzogenen Teilungserklärungen vgl. *BGH*, NJW 1979, 1495; 1979, 1498; *Brych/Pause*, Rdnr. 62.

[61] *Brych/Pause*, Rdnr. 75.

derungen und Ergänzungen sind dagegen dem Formzwang unterworfen.[62] So bedarf beispielsweise eine nachträgliche Bevollmächtigung des Bauträgers, Aufträge im Namen des Bauherrn zu vergeben, der notariellen Beurkundung, da hierdurch der Bauträgervertrag in seinem Wesensgehalt[63] verändert wird.[64]

b) Beurkundungsfragen

In formeller Hinsicht ist das Beurkundungsverfahren im Beurkundungsgesetz geregelt.

(1) Der Notar soll den Sachverhalt klären und die Beteiligten über die *rechtliche* Tragweite der abgegebenen Erklärungen belehren (§ 17 BeurkG).[65]

Deshalb bestehen Bedenken gegen eine Aufteilung der Beurkundung in Angebot und Annahme sowie das Auftreten eines vollmachtlosen Vertreters für den Erwerber.[66] Die Belehrungspflicht soll sich aber im Grundsatz nicht auf steuerliche Folgen und Risiken sowie die *wirtschaftliche* Tragweite des beurkundeten Rechtsgeschäfts erstrecken,[67] es sei denn, der Notar hat aufgrund besonderer Umstände des Einzelfalles die Vermutung, daß ein Beteiligter sich der besonderen Gefahren hinsichtlich steuerrechtlicher Folgen nicht bewußt ist.[68] Die Belehrungspflicht ist allerdings zu trennen von einer echten Betreuungstätigkeit, die der Notar zusätzlich übernehmen muß (§ 24 BNotO).[69] Den Notar trifft eine Pflicht zur vorherigen Einsicht in das Grundbuch, worauf die Beteiligten nach Belehrung verzichten können (§ 21 BeurkG).

(2) In der Verhandlung ist die fertiggestellte Niederschrift vom Notar selbst oder – in seiner Gegenwart – von einem Dritten vorzulesen (§ 13 BeurkG).[70]

Die Pflicht zur Verlesung gilt auch für die in Bezug genommenen Anlagen[71]; Karten, Zeichnungen oder Abbildungen müssen den Beteiligten zur Durchsicht vorgelegt werden. Eine ergänzende Bezugnahme ist nach § 13a BeurkG[72] möglich auf „eine andere notarielle Niederschrift, die nach den Vorschriften über die Beurkundung von Willenserklärungen errichtet worden ist". Sie erfordert allerdings die Erklärung der Beteiligten, daß ihnen der Inhalt der in Bezug genommenen Urkunde bekannt ist und sie auf

---

[62] *Brych/Pause*, Rdnr. 73.

[63] S.o. I, 1, a.

[64] *OLG Hamm*, NJW-RR 1994, 1296.

[65] *BGH*, NJW 1992, 3237; 1995, 330; 1996, 520; 1996, 2037; *Brych/Pause*, Rdnr. 292 ff.; *Hill*, WM 1982, 890; *Reithmann/Meichssner/von Heymann*, G, Rdnr. 42 ff.

[66] *Brych/Pause*, Rdnr. 54, 55; *Kutter*, Rdnr. 25; *Reithmann/Meichssner/von Heymann*, K, Rdnr. 112, 117.

[67] *BGH*, NJW 1985, 1225 m. Anm. *Winkler*, JR 1985, 374; 1991, 1346; *OLG Düsseldorf*, DNotZ 1985, 185; VersR 1993, 236; *OLG Koblenz*, DNotZ 1996, 128 m. Anm. *Vollhardt*; *Reithmann/Meichssner/von Heymann*, G, Rdnr. 48, 50.

[68] *BGH*, DNotZ 1954, 330; NJW 1988, 1143; NJW-RR 1988, 972; NJW 1993, 2744; 1996, 522; *Reithmann/Meichssner/von Heymann*, G, Rdnr. 51; *Koeble/Reithmann*, Rechtshandbuch Bd. I, Teil 7a, 92, Rdnr. 20 ff.

[69] *Reithmann/Meichssner/von Heymann*, G, Rdnr. 59. – S.u. c).

[70] *Reithmann/Meichssner/von Heymann*, G, Rdnr. 39; *OLG Hamm*, NJW 1978, 2604.

[71] *BGH*, NJW 1979, 1496; 1994, 1288; *OLG Celle*, RPfleger 1983, 310.

[72] Zur Entstehung der Vorschrift *Brych/Pause*, Rdnr. 20, 69.

das Verlesen der Urkunde verzichten.[73] Eine Bezugnahme auf privatschriftliche Vereinbarungen ist dagegen nicht zulässig, wohl aber „erläuternde Bezugnahmen“ (sogenannte Identifizierungsbehelfe), z.B. Verweisung auf öffentliche Pläne und Bücher, Gesetze, Verordnungen und DIN-Normen.[74]

c) Notarielle Betreuung

Zusätzlich zu der Beurkundung übernimmt der Notar im Bauträgervertrag eine Betreuungstätigkeit für die Beteiligten betreffend die Abwicklung des Vertrages. Hierzu gehören:

(1) die Einreichung der Anträge auf Eintragung der Auflassung und sonstiger Eintragungen bei dem Grundbuchamt (§ 53 BeurkG i.V.m. § 15 GBO).[75]
(2) die Einholung bestimmter Genehmigungen[76] und Negativatteste.[77]
(3) Treuhandtätigkeiten zur Sicherung von Leistung und Gegenleistung, insbesondere bei der Eintragung einer Auflassungsvormerkung in Verbindung mit der Auszahlung hinterlegter Kaufpreisteile.[78]
(4) Treuhandtätigkeiten gegenüber dem Globalgläubiger des Bauträgers bei der (teilweisen) Freigabe der Sicherheit betreffend das verkaufte Objekt.[79]
(5) Treuhandtätigkeiten bei der Kaufpreisfinanzierung in Form der Bestellung von Einzelgrundpfandrechten zugunsten einer Bank des Erwerbers.[80]

2. Unwirksamkeitsgründe

a) Sittenwidrigkeit

Die Anwendung des § 138 I BGB kommt in Betracht, wenn die vereinbarte Vergütung etwa das Doppelte des Wertes der Gegenleistung beträgt, wobei es aber auf die Umstände des Einzelfalles, insbesondere den Gesamtcharakter des Geschäfts, ankommt.[81]

b) Fehlende Gewerbeerlaubnis

Das Fehlen der nach § 34c I Nr. 2 GewO erforderlichen Erlaubnis des Bauträgers führt nicht zur Unwirksamkeit des Vertrages.[82] Es kann aber eine Anfechtung des Vertrages nach §§ 119 II, 123 BGB in Betracht kommen.[83]

---

[73] *BGH*, NJW-RR 1992, 991; *Brych/Pause*, Rdnr. 72.
[74] *Reithmann/Meichssner/von Heymann*, G, Rdnr. 74.
[75] *Reithmann/Meichssner/von Heymann*, G, Rdnr. 81 ff.
[76] *Reithmann/Meichssner/von Heymann*, G, Rdnr. 85 ff.
[77] *Reithmann/Meichssner/von Heymann*, G, Rdnr. 89.
[78] *Reithmann/Meichssner/von Heymann*, G, Rdnr. 91 ff.
[79] *Reithmann/Meichssner/von Heymann*, G, Rdnr. 94.
[80] *Reithmann/Meichssner/von Heymann*, G, Rdnr. 95 ff. – S.u. III, 3, b.
[81] *BGHZ* 125, 218 = NJW 1994, 1344.
[82] *BGH*, NJW 1981, 387; 1981, 399; 1984, 869; *Brych/Pause*, Rdnr. 103; *Locher*, Rdnr. 419.
[83] *Brych/Pause*, Rdnr. 104.

c) Architektenbindung

Art. 10 § 3 MRVerbG betreffend das Verbot der Architektenbindung[84] findet auf den Bauträgervertrag keine Anwendung.[85]

Zur Begründung wird angeführt, daß die Beschaffung von Grundstücken und ihre Bebauung zwecks Weiterverkauf zum typischen Berufsbild der Baubetreuung gehöre.[86] Dagegen greift das Verbot ein, wenn ein Architekt oder Ingenieur als Bauträger auftritt.[87] Der *BGH* begründet dies mit dem Zweck des Verbots, jeglichen Wettbewerb unter Architekten und Ingenieuren durch Koppelung von Architektenauftrag mit einem Grundstückserwerb zu verhindern.[88]

d) Rechtsberatungsgesetz

Der Bauträgervertrag verstößt nicht gegen Art. 1 § 1 RBerG, da hier die Ausnahmevorschrift des Art. 1 § 5 Nr. 1 RBerG eingreift.[89]

e) Makler- und Bauträger-Verordnung

Verstöße gegen § 3 MaBV führen nicht zur Unwirksamkeit des gesamten Bauträgervertrages, sondern nur zur Unwirksamkeit der einzelnen Bestimmungen des Vertrages (§ 12 MaBV).[90]

f) Rückabwicklung

Soweit eine Unwirksamkeit des Vertrages vorliegt, erfolgt die Rückabwicklung nach Bereicherungsrecht.[91]

III. Der Anspruch des Bauträgers auf Vergütung

1. Der Umfang der Vergütung

a) Der Festpreis

Der Bauträger hat Anspruch auf Zahlung der im Bauträgervertrag vereinbarten Vergütung. Sie besteht regelmäßig in einem Festpreis, um das

---

[84] Siehe hierzu § 5, 1. Teil, III, 2.

[85] *BGHZ* 63, 302 = NJW 1975, 259; *BGHZ* 89, 240 = NJW 1984, 732; *Brych/Pause*, Rdnr. 84; einschr. *VGH Kassel*, NJW 1985, 1356.

[86] *Locher*, Aktuelle Fragen zum Baubetreuungs- und Bauträgerrecht, 4. Aufl. (1989), S. 17.

[87] *BGHZ* 70, 55 = NJW 1978, 639; *BGH*, NJW-RR 1988, 147; 1991, 143; krit. und differenzierend *Brych/Pause*, Rdnr. 86 ff.

[88] Vgl. hierzu *Reithmann/Meichssner/von Heymann*, D, Rdnr. 33.

[89] *BGH*, NJW 1976, 1635; 1978, 322.

[90] *Brych/Pause*, Rdnr. 176 m.Nw. – S.o. I, 3, b, (1).

[91] *BGH*, NJW 1995, 454; *Brych/Pause*, Rdnr. 733, 734.

Finanzierungsrisiko für den Erwerber kalkulierbar zu machen.[92] Der Festpreis umfaßt:

(1) den Kaufpreis für das Grundstück[93] und die Kosten für die Herstellung des Gebäudes (bzw. der Eigentumswohnung) wie sie umfangmäßig der Vereinbarung entspricht.[94]

(2) die gesamten Erschließungskosten.[95] Zu unterscheiden sind die Kosten für die Erschließungsanlagen (§ 127 II BauGB) und zusätzliche Abgaben für die Anlagen zur Ableitung von Abwasser sowie zur Versorgung mit Elektrizität, Gas, Wärme und Wasser (§ 127 IV BauGB). Eine dritte Gruppe bilden die sogenannten Nachfolgelasten, die von den Gemeinden kraft besonderer öffentlichrechtlicher Vereinbarung auf den Bauträger abgewälzt werden können.[96] Keine Rolle spielt, ob die Beiträge bei Abschluß des Bauträgervertrages bereits fällig waren oder erst später im Rahmen der Gesamterschließung fällig werden.[97] Vorausleistungen des Bauträgers (§ 133 III BauGB) sind wegen ihrer Verrechnung wie endgültige Abgaben zu behandeln.[98]

Dem Erwerber steht gegenüber dem Vergütungsanspruch des Bauträgers ein Zurückbehaltungsrecht (§ 273 BGB) zu, solange nicht durch eine Bestätigung der Gemeinde nachgewiesen wird, daß sämtliche Erschließungskosten bezahlt sind oder ihre Entrichtung durch den Bauträger sichergestellt ist.[99] Soweit der Erwerber gleichwohl nach Umschreibung des Eigentums von der Gemeinde auf Zahlung von Erschließungsbeiträgen gemäß § 134 BauGB in Anspruch genommen wird, hat er einen Freistellungs- bzw. Erstattungsanspruch gegen den Bauträger.[100]

b) Zusätzliche Kosten

Es kommen hier in Frage:

(1) Die Erschließungskosten können durch eine AGB-Klausel weder ganz noch teilweise auf den Erwerber abgewälzt werden.[101] Umstritten ist, inwieweit durch ausdrückliche Vereinbarung im Bauträgervertrag einzelne Erschließungskosten dem Erwerber aufgebürdet werden können.[102]

(2) Die Kosten für die Beurkundung des Bauträgervertrages, der notwendigen Auflassung (§ 449 BGB) und der Kosten des Grundbuchamtes

---

[92] *Locher/Koeble*, Rdnr. 415 ff.; *Locher*, Rdnr. 415; *Brych/Pause*, Rdnr. 305 ff.

[93] *Brych/Pause*, Rdnr. 306.

[94] *Reithmann/Meichssner/von Heymann*, B, Rdnr. 66.

[95] Überblick bei *Brych/Pause*, Rdnr. 311 ff.

[96] *BVerwG*, NJW 1973, 1895; *Brych/Pause*, Rdnr. 314; *Reithmann/Meichssner/von Heymann*, H, Rdnr. 46, 59.

[97] *Brych/Pause*, Rdnr. 315.

[98] *BGH*, NJW 1988, 2099; *LG Hanau*, NJW 1984, 983; *Reithmann/Meichssner/von Heymann*, H, Rdnr. 40.

[99] *Brych/Pause*, Rdnr. 317; *Reithmann/Meichssner/von Heymann*, H, Rdnr. 38.

[100] *BGH*, NJW 1992, 2817; *Brych/Pause*, Rdnr. 318.

[101] *BGH*, NJW 1984, 171.

[102] Einschr. *Reithmann/Meichssner/von Heymann*, H, Rdnr. 36.

für die Umschreibung trägt der Erwerber. Gleiches gilt für die Zahlung der Grunderwerbssteuer.

(3) Die Kosten für Sonderwünsche (Abweichungen von der im Bauträgervertrag vereinbarten Standardausführung) gehen zu Lasten des Erwerbers.[103] Die finanzielle Abwicklung kann auf zweierlei Art geschehen, wobei diese schon im Bauträgervertrag verbindlich vereinbart werden kann oder später bei Auftreten von Sonderwünschen geregelt werden muß.[104]

- Der Bauträger kann Lieferant der Sonderwünsche sein. In diesem Fall beschafft er die zusätzliche Leistung in eigenem Namen und stellt sie dem Erwerber gesondert in Rechnung.[105]
- Die Sonderwünsche werden von dem Erwerber direkt an die ausführenden Firmen vergeben, wobei der Bauträger als Vermittler oder Vertreter auftreten kann. In diesem Falle wird die Vergütung direkt zwischen Lieferant und Erwerber abgerechnet.[106] Soweit der Sonderwunsch eine in der Baubeschreibung enthaltene, durch den Festpreis abgegoltene Standardleistung ersetzt, ist der Bauträger wegen Wegfall derselben zu einer Gutschrift verpflichtet.[107]
- Ein Sonderhonorar des Architekten des Bauträgers wegen der Sonderwünsche ist nur in Ausnahmefällen gerechtfertigt und bedarf besonderer Vereinbarung.[108]

c) Eigenleistungen

Eigenleistungen darf der Erwerber nur dann auf die Vergütung anrechnen, wenn dies ausdrücklich vereinbart ist.[109]

d) Zinsen

Zinsansprüche des Bauträgers können auf besonderer Vereinbarung beruhen, wenn bezüglich bestimmter Vergütungsraten Zinsen ab Fälligkeit zu zahlen sind.[110] Daneben können dem Bauträger Zinsen ab Verzugseintritt zustehen (§§ 286, 288 BGB).

Auf eine Mahnung kann hierbei im Formularvertrag nicht verzichtet werden (§ 11 Nr. 4 AGBG).[111] Höhere als gesetzliche Zinsen unterliegen den Schranken des § 11 Nr. 5 AGBG, müssen also innerhalb der banküblichen Zinsen liegen.[112]

e) Anpassung des Festpreises

Eine Erhöhung des Festpreises kommt nur in Ausnahmefällen in Betracht, da den Bauträger grundsätzlich das Risiko einer Erhöhung der

---

[103] *OLG München*, BauR 1975, 739 L.
[104] *Kutter*, Rdnr. 49, 50; *Locher*, Rdnr. 415; *Werner/Pastor*, Rdnr. 1039.
[105] *Baden*, BauR 1983, 313; *Brych/Pause*, Rdnr. 238; *Locher/Koeble*, Rdnr. 488.
[106] *Brych/Pause*, Rdnr. 244.
[107] *Brych/Pause*, Rdnr. 239 ff., 246; *Locher* (Fußn. 86), S. 64.
[108] *Brych/Pause*, Rdnr. 253; *Locher* (Fußn. 86), S. 62.
[109] *Brych/Pause*, Rdnr. 256; *Locher*, Rdnr. 415; *Locher/Koeble*, Rdnr. 492 ff.
[110] *Reithmann/Meichssner/von Heymann*, B, Rdnr. 77.
[111] *Brych/Pause*, Rdnr. 321; *Reithmann/Meichssner/von Heymann*, B, Rdnr. 78.
[112] *BGH*, NJW 1982, 331; *Brych/Pause*, Rdnr. 322.

Preise trifft. Deshalb scheidet eine Änderung des Festpreises nach den Grundsätzen des Wegfalls der Geschäftsgrundlage aus.[113]

Ausnahmsweise soll eine Erhöhung des Festpreises entsprechend der Entwicklung der Baupreise im Rahmen des § 11 Nr. 1 AGBG vereinbart werden können[114], wobei aber nur genehmigungsfreie Leistungsvorbehalte in Betracht kommen.[115] Gleiches gilt für die Erhöhung des Mehrwertsteuersatzes.[116]

2. *Die Fälligkeit der Vergütung*

a) Allgemeines

Die in § 641 I BGB für den Werkvertrag getroffene Regelung, wonach die Vergütung erst nach Abnahme des Werkes zu zahlen ist, entspricht nicht der Interessenlage beim Bauträgervertrag, da der Bauträger auf frühere Zahlungen des Erwerbers angewiesen ist, um aus den gezahlten Beträgen seine Kredite gegenüber den Banken abzutragen und die Kosten für den Erwerb des Grundstücks, die Erschließung und die Errichtung des Bauwerks zu finanzieren. Andererseits bedarf der Erwerber einer dinglichen Absicherung für den Fall der Insolvenz des Bauträgers. § 3 MaBV trägt diesen widerstreitenden Interessen durch eine eingehende, zwingende Regelung (§ 12 MaBV) Rechnung, die nach der Neufassung auch für Altbauvorhaben gilt.[117]

b) Volle Wirksamkeit des Vertrages

Nach § 3 I Nr. 1 MaBV muß der Vertrag zwischen Bauträger und Erwerber voll wirksam sein. Dem dienen folgende Einzelregelungen:

(1) Es müssen sämtliche erforderlichen Genehmigungen vorliegen.[118]

In Betracht kommen: die Genehmigung des Vertretenen bei Handeln eines vollmachtlosen Vertreters (§ 177 BGB), die Genehmigungen bei Grundstücksgeschäften des Vormunds (§ 1821 BGB), die Genehmigung bei Veräußerung landwirtschaftlicher Grundstücke (§ 5 GrstVG), die (notwendige) Genehmigung bei Vorliegen einer Preisklausel,[118a] die Zustimmung des Verwalters nach § 12 WEG.[119] Nach ausdrücklicher gesetzlicher Regelung in § 3 Nr. 1 MaBV gilt das auch für Genehmigungen, die die Durch-

---

[113] *BGH*, NJW 1977, 2262; *Brych/Pause*, Rdnr. 307; *Reithmann/Meichssner/von Heymann*, B, Rdnr. 67.

[114] *Reithmann/Meichssner/von Heymann*, B, Rdnr. 67; *Brych/Pause*, Rdnr. 308; einschr. *LG Bonn*, NJW-RR 1992, 917.

[115] *Brych/Pause*, Rdnr. 309. – Ab 1. 1. 1999 gilt die Regelung gemäß dem Preisangaben- u. Preisklausel-Gesetz vom 3. 12. 1984 (BGBl. I S. 1429) i.d.F. des Änderungsgesetzes vom 9. 6. 1998 (BGBl. I, S. 1242) i.V. mit den §§ 1, 2 der Preisangaben- und PreisklauselVO vom 23. 6. 1998 (BGBl. I, S. 3043); hierzu *Vogler*, NJW 1999, 1236.

[116] *Brych/Pause*, Rdnr. 308; *Reithmann/Meichssner/von Heymann*, B, Rdnr. 68.

[117] ÄndVO vom 7. 11. 1990 (Fußn. 28); hierzu *Schulze-Hagen*, BauR 1992, 323.

[118] *Brych/Pause*, Rdnr. 108 ff.

[118a] Zur neuen Rechtslage s.o. Fußn. 115.

[119] *BGH*, NJW 1991, 1613; *Pause*, NJW 1994, 501; *Brych/Pause*, Rdnr. 109.

führung des Vertrages betreffen, einschließlich der Teilungsgenehmigung nach § 19 BauGB,[120] nicht aber für Negativatteste.[121]

(2) Bei Koppelung des Bauträgervertrages mit einem Kreditvertrag kann in Ausnahmefällen der Ablauf der Widerrufsfrist des § 7 I VerbrKrG von Bedeutung sein.[122]

(3) Dem Bauträger dürfen keine vertraglichen Rücktrittsrechte im Vertrag eingeräumt werden,[123] während das Bestehen gesetzlicher Rücktrittsrechte (§ 326 BGB) nicht schadet.[124]

(4) Der beurkundende Notar muß die Wirksamkeit des Vertrages einschließlich des Vorliegens sämtlicher Genehmigungen schriftlich bestätigen.[125]

c) Vormerkung

Zugunsten des Erwerbers muß eine Vormerkung zur Sicherung des Anspruchs auf Eigentumsübertragung an der vereinbarten Rangstelle eingetragen sein (§ 3 I Nr. 2 MaBV).

(1) Die Vormerkung muß im Grundbuch bereits eingetragen sein.

Es genügt also nicht, daß die Eintragung der Vormerkung vom Bauträger bewilligt, vom Erwerber die Eintragung beantragt ist und dem Grundbuchamt keine unerledigten Anträge vorliegen, die den Anspruch auf Auflassung beeinträchtigen könnten. Ist der Bauträger nicht Eigentümer des Grundstücks, so genügt auch nicht als Ersatz die Abtretung des Anspruchs des Bauträgers gegen seinen Verkäufer nebst eingetragener Auflassungsvormerkung.[126] Ist Gegenstand des Vertrages ein Wohnungs- der Teileigentum, so muß die Teilungserklärung im Hinblick auf § 7 IV Nr. 2 WEG im Grundbuch vollzogen sein.[127]

(2) Ist die Vormerkung nicht an erster Stelle eingetragen, sondern gehen ihr Grundpfandrechte – in der Regel der Banken des Bauträgers[128] – vor oder stehen ihr im Range gleich, die auch nicht von dem Erwerber übernommen werden,[129] so muß der Freistellungsanspruch des Erwerbers gesichert sein (§ 3 I S. 2–5 MaBV).[130]

---

[120] *Basty*, DNotZ 1991, 18; *Brych/Pause*, Rdnr. 118; *Marcks*, § 3 MaBV, Rdnr. 11.

[121] *Brych/Pause*, Rdnr. 111; *Reithmann/Meichssner/von Heymann*, B, Rdnr. 95.

[122] S.o. I, 3, d; *Brych/Pause*, Rdnr. 110.

[123] *BGH*, NJW 1985, 438; *Brych/Pause*, Rdnr. 114; teilw. abw. *Reithmann/Meichssner/von Heymann*, B, Rdnr. 95 (vertragliche Ausgestaltung des gesetzlichen Rücktrittsrechts).

[124] *Brych/Pause*, Rdnr. 114.

[125] *Brych/Pause*, Rdnr. 112, 298; *Reithmann/Meichssner/von Heymann*, B, Rdnr. 125.

[126] *Brych/Pause*, Rdnr. 116; *Usinger*, NJW 1987, 934; *Marcks*, § 3 MBaV, Rdnr. 10; a.A. *Reithmann/Meichssner/von Heymann*, B, Rdnr. 163.

[127] *Brych/Pause*, Rdnr. 118; *Marcks*, § 3 MaBV, Rdnr. 11.

[128] Zur Globalbelastung s.o. I, 1, a, (2).

[129] *Brych/Pause*, Rdnr. 123.

[130] Eingehend zur Vertragsgestaltung *Kutter*, Rdnr. 64 ff.; vgl. ferner *Reithmann/Meichssner/von Heymann*, B, Rdnr. 174 ff.

Die Regelung knüpft an eine schon Erlaß der MaBV entwickelte Praxis in Form von Freistellungserklärungen der Banken an.[131] Es handelt sich bei der Freistellungserklärung um einen einseitig verpflichtenden Vertrag, bei dem die Bank ein Angebot an den es angeht, abgibt und das durch den Abschluß des Bauträgervertrages von dem Erwerber stillschweigend angenommen wird (§ 151 BGB).[132] Die Bank verpflichtet sich zur Löschung der nicht von dem Erwerber übernommenen Grundpfandrechte, und zwar unverzüglich nach Zahlung der „geschuldeten" Vertragssumme; hieraus wird mit Recht gefolgert, daß die vereinbarte Vertragssumme um Gegenpositionen (Minderung, Kosten der Ersatzvornahme, Schadensersatz) zu kürzen und auch ein Leistungsverweigerungsrecht wegen Mängeln zu berücksichtigen ist.[133] Die Freistellung muß sich auch auf den Fall der Insolvenz des Bauträgers und Nichtvollendung des Bauvorhabens beziehen, wobei § 3 I S. 3 MaBV der Bank die Einräumung eines Vorbehalts gestattet, an Stelle der Freistellung dem Erwerber die bereits geleisteten Zahlungen bis zum anteiligen Wert des Vertragsobjekts zurückzuzahlen.[134] Die vollständige Freistellungserklärung muß dem Erwerber ausgehändigt sein (§ 3 I S. 4 MaBV).

d) Baugenehmigung

Die Baugenehmigung für das Bauvorhaben muß erteilt sein (§ I Nr. 4 MaBV).

Ihr Vorliegen ist vom Bauträger nachzuweisen.[135] Eine Teilbaugenehmigung genügt nicht.[136] Streitig ist, ob die Baugenehmigung rechtskräftig sein muß, was überwiegend verneint wird.[137] Bei von der Genehmigung freigestellten Vorhaben ist eine Bestätigung der Baubehörde vorzulegen, deren näherer Inhalt sich aus dem Gesetz ergibt.[138]

e) Zahlungsplan

Zahlungen an den Bauträger sind nur entsprechend dem Baufortschritt zu leisten, der in § 3 II MaBV konkretisiert ist.

(1) Die erste Rate wird nach § 3 II Nr. 1 MaBV in Höhe von 30 % (bei Erbbaurechten in Höhe von 20 %) der Vertragssumme bei Beginn der Erdarbeiten fällig. Hinsichtlich der übrigen Vergütung stellt § 3 II Nr. 2 MaBV in der Neufassung der ÄndVO vom 14. 2. 1997[139] zwölf verschiedene Leistungsphasen mit einzelnen Prozentsätzen auf, woraus der Bauträger (einschließlich der ersten Rate von 30 %) sieben Raten bilden darf.

---

[131] *Schöner*, DNotZ 1974, 327 ff.

[132] *Schöner*, DNotZ 1974, 331; *Reithmann/Meichssner/von Heymann*, B, Rdnr. 175; teilw. abw. *BGH*, NJW 1976, 2340; 1984, 169 (Vertrag zugunsten Dritter); *ebenso Locher/Koeble*, Rdnr. 497; unentschieden *Brych/Pause*, Rdnr. 127.

[133] *Brych/Pause*, Rdnr. 129; *Reithmann/Meichssner/von Heymann*, B, Rdnr. 179; im Anschluß an *BGH*, NJW 1984, 169.

[134] *Brych/Pause*, Rdnr. 128; *Reithmann/Meichssner/von Heymann*, B, Rdnr. 182, 183.

[135] *Brych/Pause*, Rdnr. 136.

[136] *Usinger*, NJW 1987, 934; *Marcks*, § 3 MaBV, Rdnr. 20; *Brych/Pause*, Rdnr. 136.

[137] Hierzu *Reithmann/Meichssner/von Heymann*, B, Rdnr. 103.

[138] § 3 I S. 1 Nr. 4 i.d.F. der ÄndVO vom 6. 9. 1995 (BGBl. I, S. 1134).

[139] S.o. Fußn. 29.

Hinsichtlich der Voraussetzungen der einzelnen Teilphasen muß hier auf die (zukünftige) Kommentierung zu § 3 MaBV verwiesen werden.[140]

(2) Die Prozentsätze sind aus der „Vertragssumme" zu errechnen. Das ist die gesamte im Bauträgervertrag festgelegte Vergütung.

Einzubeziehen sind demnach auch die Vergütungen für die Sonderwünsche, die von dem Bauträger übernommen worden sind,[141] nicht für diejenigen, die der Erwerber direkt mit dem einzelnen Handwerker abrechnet.[142] Schwierigkeiten ergeben sich bei der Erstellung von Nebenanlagen z.B. Garagen, wenn hierfür keine gesonderte Vergütung im Vertrag ausgeworfen wurde.[143] Der Wert von Eigenleistungen des Erwerbers, die ursprünglich vom Bauträger zu erbringen waren, mindern den Wert der Vertragssumme.[144]

f) Ausnahmen

(1) Nach § 7 I MaBV kann von den Fälligkeitsvoraussetzungen nach § I und II MaBV abgewichen werden, wenn der Bauträger für „alle etwaigen Ansprüche des Erwerbers auf Rückgewähr oder Auszahlung seiner Vermögenswerte" Sicherheit leistet.

(1) Die Sicherheit ist durch (selbstschuldnerische) Bürgschaft zu leisten (§ 2 II MaBV).[145] Nach h.M. ist eine völlige Freistellung von dem Zahlungsplan[146] nicht möglich; die Fälligkeit muß sich nach § 9 AGBG entsprechend dem Baufortschritt an dem Umfang der erbrachten Gegenleistung orientieren.[147] Ein Austausch der Sicherungen nach §§ 2–6 und des § 7 ist nunmehr in § 7 I S. 4 MaBV zugelassen;[148] die neue Sicherheit muß dann aber auf die volle Vertragssumme lauten, da mit ihr „alle etwaigen Ansprüche", also auch die auf Rückgewähr, abgesichert werden sollen.[149] Nicht zulässig ist dagegen eine „Vermischung" der beiden Sicherungsarten.[150]

(2) Unabhängig von § 7 I MaBV sind Abweichungen von dem Zahlungsplan des § 3 II MaBV bei geringen Grunderwerbskosten zugunsten des Erwerbers zulässig, wenn nicht sogar nach § 9 AGBG angezeigt.[151] Abweichungen zum Nachteil des Erwerbers können zulässig sein, wenn einzelne Leistungsphasen durch den Bauträger nicht erbracht werden sollen.[152]

---

[140] Die bislang vorliegende Literatur berücksichtigt noch nicht die Neufassung. – Zur bisherigen Aufteilung vgl. *Brych/Pause*, Rdnr. 146 ff.

[141] S.o. III, 1, b, (3), Fußn. 105.

[142] *Brych/Pause*, Rdnr. 141; *Reithmann/Meichssner/von Heymann*, B, Rdnr. 114.

[143] Hierzu *BGH*, NJW 1985, 1154; *Reithmann/Meichssner/von Heymann*, B, Rdnr. 116.

[144] *BGH*, aaO.; *Reithmann/Meichssner/von Heymann*, B, Rdnr. 115.

[145] Zum Kreis der Bürgen siehe *Marcks*, § 2 MaBV, Rdnr. 9, 10. – Durch Neufassung des § 2 II S. 2 MaBV gemäß ÄndVO vom 14. 2. 1997 (Fußn. 29) sind nunmehr auch ausländische Kreditinstitute zugelassen; hierzu *Basty*, DNotZ 1997, 284; *Locher*, NJW 1997, 1427, 1428.

[146] S.o. III, 2, e.

[147] *Basty*, DNotZ 1994, 15; *Brych/Pause*, Rdnr. 159, 186, 320; *Kutter*, Rdnr. 81; a.A. *Grziwotz*, NJW 1994, 2745; *Blank*, DNotZ 1996, 501; *Reithmann*, NJW 1997, 1817.

[148] Hierzu *Brych/Pause*, Rdnr. 165, 166.

[149] *Brych/Pause*, Rdnr. 165; *Basty*, DNotZ 1991, 25; *Marcks*, § 7 MaBV, Rdnr. 3; a.A. *Usinger*, NJW 1987, 935; *Schmidt*, BauR 1997, 219; *zweifelnd Reithmann/Meichssner/von Heymann*, B, Rdnr. 134.

[150] *Basty*, DNotZ 1991, 18, 26; *Kutter*, Rdnr. 80; *Schulze-Hagen*, BauR 1992, 325.

[151] *Brych/Pause*, Rdnr. 140; *Marcks*, § 3 MaBV, Rdnr. 22, 23.

[152] *Brych/Pause*, Rdnr. 142.

3. Die Zahlung der Vergütung

a) Allgemeines

Es ist grundsätzlich Sache des Erwerbers, sich das notwendige Kapital für die Zahlung der Vergütung in Form von Eigenkapital oder Fremdfinanzierung zu beschaffen. Im Regelfall ist der Erwerber bei der Fremdfinanzierung auf eine Belastung des zu erwerbenden Grundstücks zugunsten seiner Bank angewiesen. Dadurch ergeben sich schwierige Abwicklungsverhältnisse, insbesondere zwischen der Bank des Bauträgers, die die Globalfinanzierung des Gesamtbauvorhabens übernommen hat, und der Bank des Erwerbers, die die Finanzierung der Vergütung des einzelnen Erwerbers übernimmt.

b) Bestellung der Grundpfandrechte

Zugunsten der von dem Erwerber eingeschalteten Bank (oder mehrerer Banken) werden regelmäßig Einzelgrundpfandrechte eingetragen.[153]

(1) Da der Bauträger noch Eigentümer des zu belastenden Grundstücks ist, ist er zur Mitwirkung in Form der Eintragungsbewilligung verpflichtet.

Die Verpflichtung ergibt sich entweder aus einer ausdrücklich im Bauträgervertrag niedergelegten Verpflichtung, kann sich aber auch aus einer aus Treu und Glauben hergeleiteten Nebenpflicht ableiten lassen.[154]

(2) Eine Mitwirkung des Erwerbers bei der Bestellung der Grundpfandrechte ist ebenfalls erforderlich.

Er muß den Rangrücktritt mit der zu seinen Gunsten eingetragenen Auflassungsvormerkung erklären, die persönliche Haftung übernehmen und meistens auch sich der sofortigen Zwangsvollstreckung aus der Urkunde unterwerfen (§ 794 I Nr. 5 ZPO).

(3) Die damit notwendige Mitwirkung von Bauträger und Erwerber kann dadurch vereinfacht werden, daß dem Bauträger eine „Belastungsvollmacht" erteilt wird, so daß er allein vor dem Notar erscheint und die Erklärungen des Erwerbers in dessen Namen abgibt.[155]

Die Belastungsvollmacht bedarf der notariellen Beurkundung[156] und muß zum Schutze des Erwerbers durch Einschaltung eines Notars eingeschränkt sein.[157]

---

[153] Einzelheiten bei *Reithmann/Meichssner/von Heymann*, B, Rdnr. 203 ff.

[154] *Brych/Pause*, Rdnr. 346, 645.

[155] *BGH*, DNotZ 1989, 757; *Reithmann/Meichssner/von Heymann*, B, Rdnr. 215, 216 mit Formulierungsbeispielen.

[156] *BGH*, NJW 1980, 41 = DNotZ 1980, 344 m. Anm. *Wolfsteiner*.

[157] *Reithmann/Meichssner/von Heymann*, B, Rdnr. 215.

c) Die Auszahlung

Die Auszahlung des Kredites erfolgt im Regelfall zunächst auf ein Konto des Erwerbers. Die Weiterüberweisung hat dann entsprechend dem Zahlungsplan des § 3 MaBV[158] an den Bauträger – bzw. bei einer Abtretung des Vergütungsanspruchs an die Globalfinanzierungsbank des Bauträgers zu erfolgen, wobei letztere dann für die Lastenfreistellung[159] zuständig ist.

(1) Zur Sicherung des Erwerbers ist bei Bestellung einer Grundschuld eine Zweckerklärung üblich, wonach die Auszahlung nur zur Finanzierung der Vergütung des Bauträgers betreffend das finanzierte Bauvorhaben erfolgen darf.[160]

(2) Dem Notar bzw. einem Dritten kann eine Abbuchungsvollmacht erteilt werden. Dem Bevollmächtigten wird die Weisung erteilt, die Abbuchung der Teilbeträge entsprechend dem Zahlungsplan des § 3 II MaBV vorzunehmen, falls ihm der Baufortschritt durch eine Bescheinigung des Architekten nachgewiesen wird. Im Hinblick auf § 11 Nr. 2 AGBG darf diese Weisung nicht unwiderruflich sein.[161]

d) Zinsausgleich

Die Eintragung der Einzelgrundpfandrechte zugunsten der Bank des Erwerbers und damit die Auszahlung der Vergütung an den Bauträger kann sich durch die erforderlichen Beurkundungen, die Schaffung der Eintragungsvoraussetzungen (Anlegung eines besonderen Grundbuchblatts) und langsame Tätigkeit des Grundbuchamts verzögern. In diesem Fall erspart der Erwerber oft Zinsen zu Lasten des Bauträgers.

Deshalb wird im Bauträgervertrag vereinbart, daß Teile der Vergütung so lange gestundet werden, bis die Grundpfandrechte eingetragen sind und die Auszahlung durch die Kreditinstitute erfolgt. Der Erwerber verpflichtet sich, die von der Fälligkeit der entsprechenden Rate bis zur Zahlung an den Bauträger ersparten Zinsen zu erstatten.[162]

e) Einrede des nicht erfüllten Vertrages

Der Erwerber kann bei Vorliegen von Mängeln die Zahlung der Vergütung bis zur Nachbesserung verweigern.[163]

Das gilt auch für die Zahlung der letzten, bei Fertigstellung fälligen Rate.[164] Unwirksam ist eine in Bauträgerverträgen übliche Klausel, wonach der Erwerber die beiden letzten Raten vor Übergabe des bezugs- und gebrauchsfertigen Hauses auf ein Anderkonto des Notars einzuzahlen hat und dieser unwiderruflich angewiesen wird, diese Vergütung nach Umschreibung des Eigentums an den Bauträger auszuzahlen. Der

---

[158] S.o. III, 2, e.
[159] S.o. III, 2, c, (2).
[160] *Reithmann/Meichssner/von Heymann*, B, Rdnr. 209, 210.
[161] *BGH*, NJW 1985, 852; *Reithmann/Meichssner/von Heymann*, B, Rdnr. 222.
[162] *Reithmann/Meichssner/von Heymann*, B, Rdnr. 206.
[163] *Brych/Pause*, Rdnr. 143.
[164] *Pohlmann*, BauR 1978, 335; *Reithmann/Meichssner/von Heymann*, B, Rdnr. 111; a.A. *Brych/Pause*, Rdnr. 154.

BGH hat hierin mit Recht einen Verstoß gegen § 11 Nr. 2 AGBG gesehen, da dem Erwerber bei Vorliegen von Mängeln das Recht aus § 320 BGB abgeschnitten wird.[165]

4. Sicherungsrechte des Bauträgers

a) Allgemeines

Der Bauträger ist bei der Abwicklung des Bauträgervertrages insofern ohne weiteres gesichert, als er bis zur Zahlung der Vergütung Eigentümer des Grundstücks bleibt; er kann eine Auflassung und Umschreibung des Eigentums bis zur Zahlung der letzten Rate, die Besitzübergabe bis zur Zahlung der vorletzten Rate verweigern (§ 320 BGB).[166] Sein Sicherungsinteresse geht dahin, daß der Erwerber die vereinbarte Vergütung entsprechend dem Zahlungsplan pünktlich zahlt und dieser Anspruch bei Verzug des Erwerbers schnell durchsetzbar ist. Dem dienen die nachstehend beschriebenen Regelungen.

b) Vollstreckbare Urkunde

Der Erweber unterwirft sich im Bauträgervertrag hinsichtlich der übernommenen Zahlungsverpflichtung der sofortigen Zwangsvollstreckung aus der notariellen Urkunde (§ 794 I Nr. 5 ZPO).

(1) Durch die Schaffung dieses Vollstreckungstitels erübrigt sich eine klageweise Geltendmachung der Forderung durch den Bauträger.

Falls der Erwerber das Bestehen der Forderung bzw. deren Fälligkeit bestreitet, muß er Vollstreckungsgegenklage erheben (§§ 797, 767 ZPO). Er kann nach §§ 795, 769 ZPO die einstweilige Einstellung der Zwangsvollstreckung beantragen.[167] Eine Umkehr der Beweislast tritt durch die Unterwerfung nicht ein.[168] Ebenso soll eine Klausel des Bauträgervertrages, in der der Erwerber ein abstraktes Schuldanerkenntnis abgibt und damit hinsichtlich des Anspruchs aus § 812 II BGB die Beweislast aufgebürdet bekommt, nicht gegen § 11 Nr. 15 AGBG verstoßen;[169] das erscheint bedenklich: § 3 AGBG sollte Anwendung finden.

(2) Falls der Bauträger den Anspruch auf Vergütung an seine Bank oder einen Dritten abgetreten hat, muß sich der Erwerber auch ihnen gegenüber der sofortigen Zwangsvollstreckung unterwerfen.

---

[165] *BGH*, NJW 1985, 852; zust. *Blank*, DNotZ 1997, 298; *Werner/Pastor*, Rdnr. 1239; abl. *Reinartz*, DNotZ 1985, 292; *Usinger*, NJW 1987, 936; *Basty*, Rdnr. 27.

[166] *Brych/Pause*, Rdnr. 352; *Reithmann*, NJW 1997, 1816.

[167] *Brych/Pause*, Rdnr. 333.

[168] *Reithmann/Meichssner/von Heymann*, B, Rdnr. 219; *Wolfsteiner*, DNotZ 1990, 513; *Münch*, NJW 1991, 795.

[169] So h.M. und *BGHZ* 99, 274 = NJW 1987, 904 m.Nw.; *BGH*, NJW-RR 1990, 246; vgl. die umfangreichen Nachw. bei *Münch*, NJW 1991, 799 in Fußn. 30–32.

Die alleinige Unterwerfung gegenüber dem Bauträger wäre unwirksam.[170] Anders ist die Rechtslage, wenn der Bauträger den Anspruch auf Vergütung erst nach Errichtung der Urkunde an seine Bank oder einen Dritten abtritt; dann kann der Titel nach §§ 795, 727 ZPO auf den Zessionar umgeschrieben werden.

(3) Umstritten ist die Wirksamkeit des bei der Unterwerfung seitens des Erwerbers abgegebenen „Nachweisdispenses". Nach dieser Klausel verzichtet der Erwerber gegenüber dem Notar darauf, daß der Bauträger bei Beantragung der Vollstreckungsklausel die Voraussetzungen der Fälligkeit nachzuweisen hat.

Eine bisher nicht unerhebliche Meinung hielt dies für zulässig.[171] Sie beruf sich darauf, daß trotz des Dispenses der Bauträger nicht ohne Rücksicht auf die durch den Zahlungsplan festgelegte Fälligkeit die Erteilung der vollstreckbaren Ausfertigung beantragen dürfe[172] und eine Änderung der Beweislast durch den Dispens nicht eintrete.[173] Dem Interesse des Erwerbers sei dadurch Rechnung zutragen, daß der Notar ihm rechtliches Gehör zu dem gestellten Antrag auf Erteilung der Vollstreckungsklausel zu gewähren habe[174] Der BGH hat sich nunmehr gleichwohl für die Unwirksamkeit der Klausel ausgesprochen.[175] – Geht man von der Unwirksamkeit der Klausel aus, so ist weiter strittig, wie dieser Einwand prozessual geltendzumachen ist; über eine Erinnerung nach § 732 ZPO[176] oder eine Klage analog § 767 ZPO.[177]

c) Finanzierungsbestätigung

Der Erwerber kann sich im Bauträgervertrag im Interesse des Bauträgers verpflichten, hinsichtlich der von ihm eingesetzten Fremdmittel eine Finanzierungsbestätigung seiner Bank vorzulegen und diese unwiderruflich zur Zahlung anzuweisen.[178]

(1) Die Bank verpflichtet sich für den Garantiefall, der bei Widerruf der Zahlungsanweisung durch den Erwerber eintritt, unbedingt Zahlung an den Bauträger (bzw. dessen Bank als Zessionarin) zu leisten. Einwendungen aus dem Deckungsverhältnis zum Erwerber sind der Bank grundsätzlich versagt.[179] Doch wird man den Einwand der mangelnden Fälligkeit (§ 3 II MaBV) auch der Bank zugestehen müssen.[180]

---

[170] *Brych/Pause*, Rdnr. 335.

[171] *LG München II*, NJW-RR 1990, 1465; *OLG Celle*, NJW-RR 1991, 667; *OLG Hamm*, DNotZ 1993, 244; *OLG München*, NJW-RR 1992, 125; *Basty*, Rdnr. 275 ff.; *Brych/Pause*, Rdnr. 332, 333; *Reithmann/Meichssner/von Heymann*, B, Rdnr. 219, 220; *Cuypers*, ZfBR 1998, 4; *Wolfsteiner*, DNotZ 1990, 531, 544; *Schulze-Hagen*, BauR 1992, 325.

[172] *Brych/Pause*, Rdnr. 330.

[173] S.o. Fußn. 168.

[174] *Brych/Pause*, Rdnr. 334; *Reithmann/Meichssner/von Heymann*, B, Rdnr. 221.

[175] *BGHZ* 139, 387 = NJW 1999, 51. – In gleichem Sinne früher *OLG Koblenz*, BauR 1988, 748; *LG Waldshut-Tiengen*, NJW 1990, 192; *OLG Nürnberg*, NJW-RR 1990; 1467; *LG Mainz*, DNotZ 1990, 567; *OLG Hamm*, BauR 1996, 141; *OLG Düsseldorf*, NJW-RR 1996, 148; *Stürner*, JZ 1977, 432; *Kniffka*, ZfBR 1992, 195. – Ebenso jetzt *OLG Köln*, NJW-RR 1999, 22.

[176] *LG Mainz*, DNotZ 1990, 567.

[177] *BGH*, NJW 1992, 2160; *OLG Hamm*, BauR 1996, 141; *OLG Köln*, NJW-RR 1999, 22; für ein Wahlrecht des Erwerbers *Cuypers*, ZfBR 1998, 417.

[178] Hierzu eingehend *Löffelmann*, BauR 1981, 320; *Locher/Koeble*, Rdnr. 428 ff.

[179] *Löffelmann*, aaO.

[180] *Löffelmann*, BauR 1981, 323 ff.; *Locher/Koeble*, Rdnr. 431.

(2) An Stelle der Finanzierungsbestätigung kommt auch eine Abtretung der Ansprüche des Erwerbers auf Auszahlung des Darlehens an den Bauträger in Frage.[181]

d) Ausschluß von Aufrechnung und Zurückbehaltungsrecht

(1) Die Aufrechnung wird innerhalb der zulässigen Grenzen (§ 11 Nr. 3 AGBG) ausgeschlossen.[182]

(2) Das Zurückbehaltungsrecht kann nach § 11 Nr. 2 AGBG nicht ausgeschlossen werden.

Allerdings kann der Erwerber das Zurückbehaltungsrecht nur in Relation zu dem Umfang der geltendgemachten Mängel ausüben.[183] Solange ein Leistungsverweigerungsrecht wegen Mängeln oder sonstiger Ansprüche besteht, soll der Bauträger nicht zur Übereignung des Grundstücks und Einräumung des Besitzes verpflichtet sein;[184] hinsichtlich der Einräumung des Besitzes scheint dies jedenfalls bei geringfügigen Mängeln fraglich (§ 242 BGB).

5. Die Verjährung des Vergütungsanspruchs

a) Länge der Frist

Der Vergütungsanspruch des Bauträgers verjährt gemäß § 196 I Nr. 1 BGB in zwei Jahren.[185]

(1) Eine Aufteilung des Anspruchs in eine Teilvergütung für die Errichtung des Bauwerks einerseits und die Übertragung des Grundstücks andererseits mit der Folge, daß für den letztgenannten Teil die 30jährige Verjährungsfrist gilt, ist abzulehnen. Der BGH geht mit Recht von einer einheitlichen Verjährung aus. Auch durch eine Aufteilung in einzelne Verträge kann eine getrennte Regelung der Verjährung nicht erreicht werden.[186]

(2) Ausnahmsweise unterliegt der Anspruch des Bauträgers der 30jährigen Verjährung, wenn der Erwerber sich der sofortigen Zwangsvollstreckung aus der notariellen Urkunde unterworfen hat (§ 218 I S. 2 BGB).[187]

b) Beginn der Verjährung

Die Verjährung beginnt, wenn der Anspruch fällig geworden ist (§ 198 BGB), wobei auf die Fälligkeit der einzelnen Rate abzustellen ist.[188] Auf die Erteilung einer Rechnung soll es nicht ankommen.[189]

---

[181] *Brych/Pause*, Rdnr. 347.

[182] S.o. § 4, 2. Teil, IV, 2, b; *BGHZ* 92, 312 = NJW 1985, 319.

[183] *BGH*, NJW 1985, 852 (passim); *Brych/Pause*, Rdnr. 143; *Reithmann/Meichssner/von Heymann*, B, Rdnr. 122.

[184] *Brych/Pause*, Rdnr. 153, 354.

[185] *BGHZ* 72, 229 = NJW 1979, 156; *BGH*, NJW 1979, 2193; *BGHZ* 102, 167 = NJW 1988, 483 (Erstattung von Erschließungskosten); *Brych/Pause*, Rdnr. 42, 324.

[186] *BGH*, NJW 1981, 273.

[187] *Brych/Pause*, Rdnr. 327.

[188] *Brych/Pause*, Rdnr. 325.

[189] *BGHZ* 79, 176 = NJW 1981, 814; zum Bauvertrag s.o. § 5, 2. Teil, VII, 2, b, Fußn. 296.

Für Erschließungskosten, die ausnahmsweise von dem Erwerber getrennt übernommen werden,[190] ist der Beginn der Verjährung an den Zeitpunkt geknüpft, in dem der Bauträger die Erschließung abschließend abrechnen kann.[191]

IV. Die Ansprüche des Erwerbers

1. Der Anspruch auf Eigentumsübertragung

Rechtsgrundlage für den Anspruch auf Eigentumsverschaffung ist – entsprechend der Zweiteilung in der rechtlichen Beurteilung des Bauträgervertrages[192] – § 433 I BGB.

a) Umfang der Verpflichtung

Der Umfang des Anspruchs ergibt sich aus der im Bauträgervertrag umschriebenen Grundstücksfläche, die so genau wie möglich zu erfolgen hat.

In der Regel erfolgt sie durch Bezeichnung der Parzelle(n) entsprechend Kataster und Grundstücksbezeichnung (§ 28 GBO). Ist eine katastermäßige Vermessung der Gesamtfläche und Aufteilung der Einzelparzellen noch nicht erfolgt, so wird die Fläche durch Eintragung in einen Plan näher gekennzeichnet, der dem Bauträgervertrag als Anlage beigefügt und auf den in der notariellen Verhandlung Bezug genommen wird (§ 13a BeurkG);[193] in diesem Falle wird der Umfang des Grundstücks mit einer „ca-qm"-Angabe versehen. Die dann notwendige Vermessung und Aufteilung hat der Bauträger dann auf eigene Kosten zu bewirken.[194]

b) Fälligkeit

Der Anspruch auf Eigentumsübertragung wird nach voller Zahlung der Vergütung fällig.[195]

Entsprechend dem Zahlungsplan (§ 3 II Nr. 2 MaBV) bedeutet dies, daß der Erwerber erst nach vollständiger Fertigstellung des Bauwerks (nebst Außenanlagen) die Eigentumsumschreibung verlangen kann. Verweigert der Erwerber die (restliche) Zahlung der Vergütung wegen Mängeln, so wird der Eigentumsverschaffungsanspruch nicht fällig.[196]

c) Auflassungsvormerkung

Abgesichert wird der Anspruch des Erwerbers auf Verschaffung des Eigentums durch eine im Grundbuch einzutragende Auflassungsvormer-

---

[190] S.o. III, 1, b, (1).
[191] *BGH*, NJW 1990, 1170; *OLG Hamm*, BauR 1991, 620; *Brych/Pause*, Rdnr. 328.
[192] S.o. I, 2, a, (1).
[193] S.o. II, 1b, (2).
[194] S.o. III, 1, a.
[195] *Brych/Pause*, Rdnr. 352.
[196] Hierzu *Brych/Pause*, Rdnr. 354, 355 mit Lösungsvorschlägen zugunsten des Erwerbers.

kung. Ihre Bewilligung und Eintragung liegt auch im Interesse des Bauträgers, da die Fälligkeit seines Vergütungsanspruchs von der Eintragung der Vormerkung abhängt (§ 3 I Nr. 2 MaBV).[197]

(1) Die Auflassungsvormerkung kann bereits vor der katastermäßigen Vermessung der verkauften Einzelparzelle(n) eingetragen werden, indem der Umfang der Belastung in der Bestellungsurkunde umschrieben und auf einen beigefügten Plan verwiesen wird.[198]

(2) Grundsätzlich wird der Erwerber im Hinblick auf die eingetragene Auflassungsvormerkung den Anspruch auf Auflassung und Umschreibung im Grundbuch gegenüber dem Bauträger durchsetzen können. Die Auflassungsvormerkung wirkt auch im Konkurs gegenüber dem Insolvenzverwalter (§ 106 InsO).[199] Die Wirkung der Vorschrift erfaßt allerdings nicht den Anspruch des Erwerbers auf lastenfreie Übertragung des Eigentums.[200]

(3) Der Anspruch auf Freistellung von den im Range vorgehenden Rechten der Bank ist nicht durch die Auflassungsvormerkung abgesichert. Insoweit muß sich der Erwerber an die Lastenfreistellungserklärung der Bank[201] halten. Dieser Anspruch auf Lastenfreistellung ist nur schuldrechtlicher Natur und wäre bei einer Insolvenz der Bank nicht durch § 106 InsO abgesichert.[202] Im Hinblick auf die Überwachung der Banken durch das Bundesaufsichtsamt für das Kreditwesen ist dieser Gesichtspunkt aber mehr theoretischer Natur. Deshalb findet in der Praxis die Eintragung einer zusätzlichen Löschungsvormerkung gegenüber der Bank nicht statt.[203]

d) Rechtsmängelhaftung

Der dem Erwerber aufzulassende Grundstücksteil ist im Regelfall frei von Rechten Dritter zu verschaffen (§ 434 BGB). Das bedeutet, daß das auf der Gesamtfläche lastende Grundpfandrecht der Bank des Bauträgers gelöscht werden muß; der Erwerber hat einen Anspruch auf Freistellung.

(1) Eine Ausnahme besteht, wenn der Erwerber das auf der von ihm zu erwerbenden Grundstücksfläche lastende Globalpfandrecht nach Aufteilung in ein Einzelgrundpfandrecht in einer bestimmten Höhe unter Anrechnung auf den Erwerbspreis übernimmt.[204]

(2) Gelegentlich müssen von dem Erwerber bestimmte dingliche Belastungen des Grundstücks, die in Abt. II des Grundbuchs eingetragen sind, übernommen werden (Beispiel: Wege- oder Leitungsrechte).[205]

---

[197] S.o. III, 2, c.

[198] *Stumpp*, RPfleger 1973, 389; *Weirich*, Grundstücksrecht, 2. Aufl. (1996), Rdnr. 637; *Haegele/Schöner/Stöber*, Hdb. der Rechtspraxis Bd. 4, Grundbuchrecht, 11. Aufl. (1997), Rdnr. 1503 m.Nw.

[199] Für die Zeit bis 31. 12. 1998 galt § 24 KO i.d.F. des Gesetzes vom 22. 6. 1977 (BGBl. I, S. 998); hierzu *BGH*, NJW 1978, 1437; *Brych/Pause*, Rdnr. 19; *Reithmann/Meichssner/von Heymann*, B, Rdnr. 152.

[200] *BGH*, NJW 1994, 3231.

[201] S.o. III, 2, c, (2).

[202] *Reithmann/Meichssner/von Heymann*, B, Rdnr. 202; teilw. abw. *Behmer*, DNotZ 1985, 195 (Aussonderungsrecht).

[203] *Schöner*, DNotZ 1974, 342.

[204] *Brych/Pause*, Rdnr. 123; *Marcks*, § 3 MaBV, Rdnr. 23.

[205] *Brych/Pause*, Rdnr. 522.

(3) Nicht unter die Verpflichtung zur Lastenfreistellung nach § 434 BGB fallen öffentliche Lasten (§ 436 BGB).[206]

(4) Soweit die Rechtsmängelhaftung Platz greift, ergeben sich die Ansprüche des Erwerbers aus den §§ 440, 325, 326 BGB.

e) Sachmängelhaftung

Für Sachmängel des Grundstücks hat der Bauträger nach den §§ 459 ff. BGB einzustehen.

(1) Hauptfall der Einstandspflicht ist die im Bauträgervertrag zugrundegelegte Grundstücksfläche.

Da die Haftung für Sachmängel ausgeschlossen werden kann,[207] nimmt die Rechtsprechung im Regelfall eine Zusicherung im Sinne von § 468 BGB an mit der Folge, daß der Bauträger für die zugesagte Größe des Grundstücks ohne die Möglichkeit eines Gewährleistungsausschlusses einzustehen hat (§§ 459 II, 463 BGB, § 11 Nr. 11 AGBG).[208] Das gilt auch – mit einer geringen Toleranzgrenze – bei „ca-Angaben".[209]

(2) Weitere Fälle der Gewährleistung für Sachmängel sind Beschränkungen in der Nutzbarkeit des Grundstücks[210] und auf dem Grundstück ruhende Altlasten.[211]

Soweit sich die Altlasten allerdings auf die Bausubstanz erstrecken, kommt die Gewährleistung nach Werkvertragsrecht zum Zuge.[212]

(3) Kein Fall der Sachmängelgewährleistung nach Kaufrecht ist dagegen die im Bauträgervertrag angegebene, aber nicht eingehaltene Wohnflächengröße; hier kommt richtiger Ansicht nach die Gewährleistung nach Werkvertragsrecht zum Zuge.[213]

(4) Die Ansprüche des Erwerbers bei Vorliegen von Sachmängeln und Fehlen zugesicherter Eigenschaften ergeben sich aus den §§ 462, 463 BGB.

Schadensersatz kann also nur bei Fehlen einer zugesicherten Eigenschaft oder arglistigem Verschweigen von Mängeln verlangt werden.

(5) Haftungsbeschränkungen sind im Grundsatz zulässig, da § 11 Nr. 10 AGBG hinsichtlich des Grundstücks keine Anwendung findet.[214]

Ausgenommen ist das Einstehen bei Fehlen zugesicherter Eigenschaften (§ 11 Nr. 11 AGBG) und das Vorliegen von Arglist (§ 476 BGB). Eine solche Arglist wird teilweise

---

[206] Zur abw. Behandlung der Erschließungskosten s.o. III, 1, a, (2).

[207] S.u. (5).

[208] *Brych/Pause*, Rdnr. 515, 516, *BGH*, WM 1984, 941.

[209] *BGH*, WM 1984, 941; NJW 1986, 920; *Brych/Pause*, Rdnr. 517.

[210] *BGH*, WM 1971, 1382; hierzu *Jagenburg*, NJW 1981, 2395.

[211] *OLG Karlsruhe*, NJW 1991, 1836; *OLG Köln*, VersR 1994, 686; *Brych/Pause*, Rdnr. 510.

[212] *Brych/Pause*, Rdnr. 465, 511; s.u. 3, d, (1), Fußn. 246.

[213] *Brych/Pause*, Rdnr. 502; s.u. 3; a.A. *Reithmann/Meichssner/von Heymann*, B, Rdnr. 20.

[214] *Brych/Pause*, Rdnr. 525; vgl. bereits *BGH*, NJW 1967, 32.

bei der Haftung für Altlasten durch Aufstellen einer Untersuchungspflicht des Bauträgers hinsichtlich der Qualität des Baugrundes befürwortet.[215]

(6) Die Verjährungsfrist für Ansprüche wegen Sachmängeln und Fehlens zugesicherter Eigenschaften beträgt ein Jahr (§ 477 BGB).[216]

Die Frist beginnt mit der Übergabe des Grundstücks zu laufen.[217] Eine Abkürzung der Verjährungsfrist ist nach § 225 S. 2 BGB zulässig, und zwar auch in Formularverträgen, da § 11 Nr. 10 f. AGBG nicht zum Zuge kommt.[218] Ausnahmsweise gilt die dreißigjährige Verjährungsfrist im Falle der Arglist (§§ 477 I, 195 BGB).[219]

2. Der Anspruch auf Besitzverschaffung

Rechtsgrundlage für den Anspruch auf Besitzverschaffung ist § 433 I BGB.

a) Umfang

Der Anspruch auf Besitzverschaffung bezieht sich auf den im Bauträgervertrag umschriebenen Gegenstand, d.h. das Grundstück nebst dem errichtetem Bauwerk (bzw. Eigentumswohnung).

b) Fälligkeit

Aus dem Zahlungsplan in § 3 II Nr. 2 MaBV ergibt sich, daß der Anspruch auf Besitzverschaffung fällig wird mit der Bezugsfertigkeit.

Aus der genannten Vorschrift ist zu entnehmen, daß Bezugsfertigkeit weniger ist als die Fertigstellung, zu der die Fassadenarbeiten und die Außenanlagen hinzukommen müssen. Nach Nr. 3.3.2.1. der MaBVwV[220] ist ein Gebäude oder eine Wohnung dann als bezugsfertig anzusehen, wenn „der Bau soweit fortgeschritten ist, daß den zukünftigen Mietern oder sonstigen Bewohnern zugemutet werden kann, das Gebäude oder die Wohnung zu beziehen. Wann dieser Zeitpunkt gegeben ist, ist nach der Verkehrsauffassung zu beurteilen."[221]

c) Rechtsmängelhaftung

Bei Beeinträchtigung des Rechtes zum Besitz durch Dritte greifen die Vorschriften der §§ 440, 325, 326 BGB ein.

---

[215] *Brych/Pause*, Rdnr. 511, 529; für Zulässigkeit der Freizeichnung offenbar *Pape*, NJW 1994, 409, 412.

[216] *Brych/Pause*, Rdnr. 613; *Reithmann/Meichssner/von Heymann*, B, Rdnr. 65.

[217] *Brych/Pause*, Rdnr. 623. – Die Übergabe ist nicht mit der Abnahme des Bauwerks identisch.

[218] *Brych/Pause*, Rdnr. 619.

[219] *Brych/Pause*, Rdnr. 637.

[220] Bekanntmachung des Bayerischen Staatsministeriums für Wirtschaft und Verkehr vom 21. 2. 1986, mehrfach geändert, abgedruckt bei *Brych/Pause*, S. 421 ff.

[221] Einzelheiten bei *Brych/Pause*, Rdnr. 151; *Reithmann/Meichssner/von Heymann*, B, Rdnr. 108.

3. *Der Anspruch auf Errichtung des Bauwerks*

Rechtsgrundlage für den Anspruch auf Errichtung des Bauwerks ist – entsprechend der Zweiteilung in der rechtlichen Beurteilung des Bauträgervertrages[222] – § 631 BGB i.V. mit § 651 I BGB. Die vom BGH vorgenommene Einordnung beruht auf der Interessenlage, daß dem Erwerber hinsichtlich des Bauwerks vor allem der Anspruch auf Nachbesserung (§ 633 II BGB) und ihm hinsichtlich der Gewährleistung die – gegenüber dem Kaufrecht längere – Verjährungsfrist des § 638 I BGB zustehen soll.

a) *Zeitlicher Anwendungsbereich*

Die Anwendung von Werkvertragsrecht ist nicht davon abhängig, daß der Bauträger im Zeitpunkt des Vertragsschlusses mit der Herstellung des Bauwerks noch nicht begonnen hat. Wegen der Gleichheit der Interessenlage ist Werkvertragsrecht auch dann anwendbar, wenn das Bauwerk bei Vertragsschluß schon ganz oder teilweise errichtet ist.

Die Rechtsprechung hat nach anfänglichem Zögern den Zeitpunkt der Vollendung des Bauwerks immer weiter hinausgezogen und dieses Erfordernis schließlich ganz aufgegeben (sogenannter „Vorratsbau").[223] Zu weitgehend erscheint allerdings die noch weitergehende Meinung des BGH, wonach Werkvertragsrecht auch dann noch anwendbar sein soll, wenn der Bauträger das Bauwerk vor der Veräußerung schon einige Monate selbst bewohnt hat.[224] Nach Nutzung des Bauwerks durch den Bauträger oder Dritte handelt es sich bei der späteren Überlassung an einen Erwerber nicht mehr um ein neu hergestelltes Bauwerk. Gleiches muß aber auch gelten, wenn das Bauwerk zwischen Errichtung und Vertragsschluß eine längere Zeitspanne leer gestanden hat, da es dann nicht mehr als „neu" im Sinne von § 11 Nr. 10 AGBG angesehen werden kann.[225]

b) *Der Fertigstellungstermin*

Er ergibt sich regelmäßig aus dem Bauträgervertrag.[226]

(1) Ist im Vertrag kein Fertigstellungstermin genannt, so ist ein solcher Termin „aus den Umständen" (§ 271 BGB) zu bestimmen[227]. Ist im Vertrag ein Termin für die Bezugsfertigkeit genannt[228] so sind die restlichen Arbeiten unverzüglich im Anschluß daran auszuführen.

(2) Bei nicht rechtzeitiger Fertigstellung des Bauwerks hat der Erwerber die Rechte aus § 636 BGB (Rücktritt), § 286 BGB (Ersatz des Ver-

---

[222] S.o. I, 2, a, (1).

[223] *BGHZ* 63, 96 = NJW 1975, 47; *BGHZ* 65, 359 = NJW 1976, 515; *BGHZ* 68, 372 = NJW 1977, 1336; *BGHZ* 74, 204 = NJW 1979, 1406; *BGHZ* 74, 258, 267 = NJW 1979, 2207; *BGHZ* 100, 391 = NJW 1988, 490; ferner *OLG Hamm*, NJW-RR 1993, 340.

[224] *BGH*, BauR 1982, 58; NJW 1985, 1551; 1989, 2748; NJW-RR 1986, 1026.

[225] *Brambring*, NJW 1987, 97, 101; *Medicus*, JuS 1992, 273, 276; *Hochstein*, FS Locher, S. 77 ff.; *Brych/Pause*, Rdnr. 531.

[226] *Brych/Pause*, Rdnr. 359; *Kutter*, Rdnr. 52.

[227] Hierzu *Brych/Pause*, aaO.

[228] Zur Bezugsfertigkeit s.o. 2, b, Fußn. 221.

zugsschadens) und § 326 BGB (Schadensersatz wegen Nichterfüllung).[229] Außerdem kann sich der Bauträger im Vertrag für den Fall nicht rechtzeitiger Fertigstellung zur Zahlung einer Vertragsstrafe verpflichten.[230]

c) Die Abnahme des Bauwerks

Der Bauträger hat einen Anspruch auf Abnahme des Bauwerks.[231]

(1) Die Abnahme setzt „Abnahmefähigkeit" der Bauleistungen voraus.[232] Das Bauwerk muß vollständig fertiggestellt sein und darf keine wesentlichen Mängel aufweisen.[233]

(2) Die Abnahme fällt regelmäßig mit der Einräumung des Besitzes zusammen.[234] Eine besondere Form ist nicht vorgeschrieben; es kann allerdings im Bauträgervertrag eine förmliche Abnahme vereinbart werden.[235]

Zweifelhaft ist die Zulässigkeit einer „fiktiven Abnahme". Auszugehen ist davon, daß § 12 Nr. 5 VOB/B nicht eingreifen kann,[236] da nach der Rechtsprechung des BGH die VOB/B im Bauträgervertrag nicht vereinbart werden kann.[237] Teilweise werden aber Vertragsklauseln über eine fiktive Abnahme – unter Beachtung des § 10 Nr. 5 AGBG – für wirksam erachtet.[238]

(3) Das Sondereigentum an einer Eigentumswohnung kann getrennt vom Gemeinschaftseigentum abgenommen werden.[239] Besondere Fragen wirft die Abnahme des Gemeinschaftseigentums auf.[240]

d) Gewährleistung und Schadensersatz

Voraussetzungen und Rechtsfolgen betreffend die Einstandspflicht des Bauträgers richten sich in dem zeitlich angegebenen Rahmen nach Werkvertragsrecht.[241]

(1) Ob ein Fehler im Sinne von § 633 I BGB vorliegt, beurteilt sich unter Zugrundelegung des subjektiven Fehlerbegriffs[242] nach den Absprachen im Bauvertrag und den in Bezug genommenen Urkunden, insbesondere der Baubeschreibung.[243]

---

[229] Einzelheiten bei *Brych/Pause*, Rdnr. 365 ff., 368 ff.
[230] *OLG Köln*, BauR 1995, 708.
[231] *Brych/Pause*, Rdnr. 415.
[232] *Brych/Pause*, Rdnr. 418.
[233] *Brych/Pause*, Rdnr. 432.
[234] *Brych/Pause*, Rdnr. 417; *Reithmann/Meichssner/von Heymann*, B, Rdnr. 37.
[235] *Brych/Pause*, Rdnr. 424; *Schmidt*, BauR 1997, 218.
[236] *Brych/Pause*, Rdnr. 427;
[237] S.u. 3, d, (4), Fußn. 255.
[238] *Brych/Pause*, Rdnr. 426; *Reithmann/Meichssner/von Heymann*, B, Rdnr. 28.
[239] *Brych/Pause*, Rdnr. 429 (Teilabnahme).
[240] S.u. 3, d, (6).
[241] S.o. 3, a.
[242] Hierzu § 4, 3. Teil, I, 1, c, (1). – *Brych/Pause*, Rdnr. 476.
[243] *BGHZ* 100, 391 = NJW 1988, 490; *Brych/Pause*, Rdnr. 357, 457, 475; *Kutter*, Rdnr. 48; *Reithmann/Meichssner/von Heymann*, B, Rdnr. 9.

Ebenso wie im Baurecht muß das Werk in technischer und wirtschaftlicher Sicht den Absprachen im Bauträgervertrag entsprechen. Bei Lücken der Baubeschreibung ist ergänzend auf die Regeln der Baukunst, die maßgebenden DIN-Vorschriften und die Verkehrsauffassung zurückzugreifen.[244] Eine im Bauträgervertrag angegebene Wohnfläche ist einzuhalten.[245] Bei Sanierung von Altbauten besteht in der Rechtsprechung die Tendenz, den Bauträger auch für die erhaltene und einbezogene Altbausubstanz haften zu lassen.[246]

(2) Eine Einstandspflicht besteht auch bei Fehlen zugesicherter Eigenschaften (§ 633 I BGB), ohne daß der Wert oder die Tauglichkeit des Bauwerks beeinträchtigt sein muß.[247]

Sie bedürfen der notariellen Beurkundung.[248] Nicht jede in der Baubeschreibung enthaltene Angabe stellt aber eine Zusicherung dar;[249] Voraussetzung ist vielmehr, daß der Bauträger zu erkennen gegeben hat, daß er für einen bestimmten Umstand ohne Rücksicht auf Verschulden einstehen will.[250] Beispiele sind Erklärungen über die Einhaltung genau angegebener Werte betr. Schall- oder Wärmedämmung oder Eigenschaften des Objekts im Hinblick auf die Erlangung von Steuervorteilen.[251]

(3) Die einzelnen Ansprüche ergeben sich aus den § 633 ff. BGB: Anspruch auf Nachbesserung (§ 633 II S. 1 BGB), Eigennachbesserung mit Kostenerstattung (§ 633 III BGB), Wandelung und Minderung (§ 634 BGB) sowie bei Verschulden Schadensersatz (§ 635 BGB). Insoweit kann auf die Darstellung zum Bauvertrag verwiesen werden.[252]

(4) Haftungsbeschränkungen müssen sich im Rahmen des AGBG halten (§ 11 Nr. 10 + 11 AGBG). Es gilt das Gleiche wie im Bauvertrag.[253]

Eine Verweisung auf die Gewährleistungsvorschrift des § 13 VOB/B, eine seit langen Jahren streitige Frage,[254] hat der BGH verneint.[255] Dem hat sich das neuere Schrifttum teilweise angeschlossen.[256] Auch wenn man die Theorie von der „Ausgewogenheit" der

---

244 Zu Prospektangaben siehe *BGH*, NJW 1988, 490; *Brych/Pause*, Rdnr. 475.

245 *OLG Düsseldorf*, NJW-RR 1997, 853; zur Flächenberechnung siehe *BGH*, NJW 1991, 912; *Brych/Pause*, Rdnr. 503, 504 (keine automatische Anwendung der Regeln der II. BerechnVO).

246 *BGH*, NJW 1988, 490; 1988, 1972; *Reithmann/Meichssner/von Heymann*, D, Rdnr. 97; krit. *Brych/Pause*, Rdnr. 469 ff.

247 *Brych/Pause*, Rdnr. 477.

248 *Brych/Pause*, Rdnr. 482; *Reithmann/Meichssner/von Heymann*, B, Rdnr. 13.

249 *Brych/Pause*, Rdnr. 477; *Reithmann/Meichssner/von Heymann*, B, Rdnr. 13.

250 *BGH*, NJW 1981, 1501. – S.o. zum Kaufrecht, § 1, 1. Teil, II, 1, b, Fußn. 174; zum Bauvertrag § 5, 3. Teil, I, 1, b, (3).

251 *BGHZ* 96, 111 = NJW 1986, 711 (Wärmedämmung); *BGH*, NJW-RR 1986, 700 (Steuervorteile); hierzu *Brych/Pause*, Rdnr. 478, 479.

252 S.o. § 5, 3. Teil, I, 4, b. – Überblick bei *Brych/Pause*, Rdnr. 560 ff.; *Reithmann/Meichssner/von Heymann*, O, Rdnr. 48 ff.

253 S.o. § 5, 3. Teil I, 3, b; *BGH*, NJW 1998, 904. – Überblick bei *Brych/Pause*, Rdnr. 531 ff.; *Locher*, Rdnr. 410 ff.

254 Siehe Vorauflage S. 359.

255 *BGHZ* 96, 129 = NJW 1986, 315; *BGHZ* 100, 391 = NJW-RR 1987, 1046; *OLG Celle*, NJW-RR 1994, 475.

256 *Brych/Pause*, Rdnr. 615; *Mehrings*, NJW 1998, 3457; *Schulze-Hagen*, FS Craushaar (1997); S. 169 ff.; *Schlünder/Scholz*, ZfBR 1997, 167; a.A. *Werner/Pastor*,

VOB/B als Grund für die Privilegierung nicht teilt[257] ist nach heutiger Auffassung davon auszugehen, daß jedenfalls die zweijährige Verjährungsfrist in § 13 Nr. 4 VOB/B in keiner Weise mehr mit den technischen Erkenntnissen und den heutigen Anforderungen an einen Verbraucherschutz vereinbar ist.[258]

Über den Bereich der AGB-Klauseln hinaus hat der BGH auch einem „formelhaften Ausschluß" der Gewährleistungsansprüche gemäß § 242 BGB die Wirksamkeit versagt, wenn nicht eine ausführliche Belehrung über die einschneidenden Rechtsfolgen erfolgt ist.[259]

(5) Die Verjährung der Ansprüche aus den §§ 633–635 BGB unterliegt der Regelung des § 638 BGB, so daß bei Mängeln an dem Bauwerk regelmäßig die fünfjährige Verjährungsfrist zum Tragen kommt,[260] die ab Abnahme des Bauwerks läuft.[261]

Eine Abkürzung ist nach § 11 Nr. 10f. AGBG unwirksam. Auf die Regelung in § 13 Nr. 4 VOB kann nicht zurückgegriffen werden.[262]

(6) Sonderprobleme ergeben sich bei dem Gemeinschaftseigentum. Sie beruhen darauf, daß jeder einzelne Wohnungseigentümer einen Anspruch auf mangelfreie Errichtung des Gemeinschaftseigentums hat.[263] Bei der Vielzahl der einzelnen Ansprüche können sich dann Diskrepanzen zwischen dem Lauf der Verjährungsfristen und bei der Geltendmachung der unterschiedlichen Ansprüche ergeben.

Bei der Abnahme des Gemeinschaftseigentums versucht die Praxis durch entsprechende Klauseln in den Bauträgerverträgen zu erreichen, daß eine einheitliche Abnahme durch die Wohnungseigentümergemeinschaft erfolgt[264] und bei „Nachzügler-Erwerbern" eine Fristenangleichung vereinbart wird.[265] Ebenso hat der *BGH* die Geltendmachung der Gewährleistungsansprüche durch die einzelnen Erwerber unter dem

---

Rdnr. 1017; *Locher*, Rdnr. 414. – Immer noch zögernd *Reithmann/Meichssner/von Heymann*, A, Rdnr. 39 ff.

[257] S.o. § 5, 1. Teil, II, 2, f.

[258] S.o. § 5, 3. Teil, I, I, 6, a, (2), Fußn. 221. – Die unter Fußn. 256 mitgeteilte Gegenmeinung will die Vereinbarung der VOB/B mit einer 5 jährigen Verjährungsfrist zulassen; vgl. insbes. *Locher*, Rdnr. 414.

[259] *BGHZ* 74, 204 = NJW 1979, 1406; *BGHZ* 100, 391 = NJW 1988, 490; *BGHZ* 101, 350 = NJW 1988, 135; *BGH*, NJW 1982, 2243; 1984, 2094; 1989, 2748; NJW-RR 1986, 1026; 1987, 1035; *OLG Schleswig*, NJW-RR 1995, 590; zust. *Brych/Pause*, Rdnr. 187, 188; *Reithmann/Meichssner/von Heymann*, A, Rdnr. 41, 42; krit. *Brambring*, NJW 1987, 104; DNotZ 1988, 296; *Stürner*, DNotZ 1991, 162.

[260] *Brych/Pause*, Rdnr. 607 ff. – Ausnahme auch hier die Arglist, s.o. Fußn. 219.

[261] *Brych/Pause*, Rdnr. 621. – Zur Abnahme s.o. 3, c.

[262] S.o. 3, d, (4), Fußn. 258.

[263] *BGHZ* 62, 388 = NJW 74, 1552; *BGHZ* 68, 372 = NJW 1977, 1336; *Brych/Pause*, Rdnr. 433, 677; *Reithmann/Meichssner/von Heymann*, O, Rdnr. 90; *Werner/Pastor*, Rdnr. 478 m.Nw.

[264] *Brych/Pause*, Rdnr. 435; *Reithmann/Meichssner/von Heymann*, B, Rdnr. 39.

[265] *Brych/Pause*, Rdnr. 439 ff.; *Reithmann/Meichssner/von Heymann*, B, Rdnr. 31 + 0, Rdnr. 87.

Gesichtspunkt der „Gemeinschaftsbezogenheit eingeschränkt".[266] Sie können erst geltendgemacht werden, wenn eine alle Erwerber bindende Beschlußfassung der Eigentümergemeinschaft vorliegt, die auch darüber befinden kann, ob Nachbesserung, Minderung oder *kleiner* Schadensersatz geltendgemacht werden soll.[267] Gleichzeitig kann die Wohnungseigentümergemeinschaft darüber befinden, ob diese Ansprüche von ihr selbst durchgesetzt oder dem einzelnen Erwerber überlassen werden sollen.[268] Bis zu dieser Beschlußfassung verbleibt dem einzelnen Erwerber der Nachbesserungsanspruch.[269] Auch wird man dem einzelnen Erwerber die Entscheidung über Wandelung des Bauträgervertrages und die Geltendmachung des *großen* Schadensersatzes überlassen müssen, da er in beiden Fällen dann aus der Gemeinschaft ausscheidet.[270]

4. Sonstige Ansprüche

a) Positive Vertragsverletzung

Ansprüche aus positiver Vertragsverletzung kommen unter zwei Gesichtspunkten in Betracht:

(1) Ebenso wie im Baurecht[271] ist nach der Rechtsprechung des BGH diese Anspruchsgrundlage für die „entfernteren Mangelfolgeschäden" heranzuziehen, die nicht dem § 635 BGB unterfallen sollen.

(2) Außerdem können bei dem Erwerber Ersatzansprüche aus positiver Vertragsverletzung bei Verletzung von Nebenpflichten durch den Bauträger in Frage kommen. Es geht hier vor allem um die Nebenpflichten des Bauträgers bei der Finanzierung des Bauvorhabens durch den Erwerber.[272]

Als Beispiele sind anzuführen: unvollständige oder fehlerhafte Aufstellung des Finanzierungsplanes, die Vermittlung überhöhter Kredite, die fehlende Mitwirkung bei der Belastung des Grundstücks[273] sowie die verzögerte Lastenfreistellung des zu erwerbenden Grundstücks, fehlende Hinweise auf Gefahren bei der Bedienung von Anlagen[274] und die Bestellung eines unzuverlässigen Wohnungseigentumsverwalters.[275]

---

[266] *BGHZ* 74, 258 = NJW 1979, 2207; *Brych/Pause*, Rdnr. 660, 676; *Pause*, NJW 1993, 553; *Reithmann/Meichssner/von Heymann*, O, Rdnr. 91 ff.; *Schulze-Hagen*, BauR 1992, 330; *Werner/Pastor*, Rdnr. 477.

[267] *BGHZ* 110, 258 = NJW 1990, 1663; *Brych/Pause*, Rdnr. 680 ff.; *Pause*, NJW 1993, 553, 557; *Reithmann/Meichssner/von Heymann*, O, Rdnr. 95 ff.; *Werner/Pastor*, Rdnr. 488, 495.

[268] *BGH*, NJW 1983, 453; 1990, 1663; *Brych/Pause*, Rdnr. 679, 687; *Pause*, NJW 1993, 553, 558; *Reithmann/Meichssner/von Heymann*, O, Rdnr. 101; *Werner/Pastor*, Rdnr. 497 treten für eine Doppelgläubigerschaft ein.

[269] *Brych/Pause*, Rdnr. 677.

[270] *Brych/Pause*, Rdnr. 682; *Reithmann/Meichssner/von Heymann*, O, Rdnr. 94 (Wandlung); *Werner/Pastor*, Rdnr. 486, 491; *BGHZ* 74, 258 = NJW 1979, 2207.

[271] S.o. § 5, 3. Teil, I, 2, f, (1), Fußn. 144–146.

[272] *Brych/Pause*, Rdnr. 645.

[273] S.o. III, 3, b, (1).

[274] *Brych/Pause*, Rdnr. 643.

[275] *BGH*, NJW-RR 1986, 700; *Brych/Pause*, Rdnr. 645.

b) Culpa in contrahendo

(1) Ansprüche aus culpa in contrahendo scheiden nach allgemeiner Ansicht aus, soweit sie sich auf einen Mangel des Grundstücks oder Bauwerks stützen können.[276] Der BGH läßt aber eine Ausnahme für die Fälle einer vorsätzlichen Verletzung einer Offenbarungspflicht zu.[277]

(2) Dagegen kommen Ansprüche aus Verschulden bei Vertragsschluß zum Zuge, wenn es sich um den Ausgleich von Schäden handelt, die außerhalb der Gewährleistungsvorschriften liegen.[278]

Der BGH hat dies beispielsweise angenommen bei falschen Angaben über Steuervorteile, die keinen Zusammenhang mit dem Grundstück oder dem Bauwerk haben,[279] bei unterlassener Aufklärung über die Notwendigkeit einer Feuertreppe[280] sowie unterlassener Offenbarung über die Feuchtigkeit des Bauwerks.[281]

c) Deliktsansprüche

Sie sind vor allem in Erwägung zu ziehen im Zusammenhang mit der Verletzung eines Schutzgesetzes (§ 823 II BGB), z.B. § 263 StGB oder § 4 MaBV.[282]

d) Freistellungsansprüche

Diese kommen bei zu Unrecht ausgeübter Stellvertretung des Bauträgers in Betracht.

Soweit der Bauträger vertragswidrig Aufträge im Namen des Erwerbers vergibt[283] und dieser von dem Dritten mit Erfolg aufgrund einer Duldungs- oder Anscheinsvollmacht in Anspruch genommen wird, hat er einen Ersatzanspruch auf Freistellung von dieser Verbindlichkeit, bzw. nach Zahlung auf Erstattung der an den Dritten geleisteten Beträge. Auch soweit der Bauträgervertrag – im Gegensatz zu seiner Konzeption – eine Vollmacht des Bauträgers enthält, wird man im Hinblick auf den vereinbarten Festpreis einen Freistellungs- bzw. Erstattungsanspruch bejahen müssen.

e) Rechnungslegung

Im Hinblick auf den vereinbarten Festpreis hat der Erwerber keine Ansprüche auf Rechnungslegung oder Herausgabe von Bauunterlagen.[284]

Sinngemäß muß etwas anderes gelten, wenn der Bauträger im Einzelfall seinen Vergütungsanspruch nicht auf eine Festpreisabrede stützen kann, z.B. bei der Durch-

---

[276] *Brych/Pause*, Rdnr. 650; *Werner/Pastor*, Rdnr. 1878.

[277] *BGH*, NJW-RR 1988, 10; 1990, 78; *Brych/Pause*, Rdnr. 652.

[278] *Brych/Pause*, Rdnr. 652.

[279] *BGHZ* 114, 263 = NJW 1991, 2556.

[280] *BGH*, NJW 1989, 173.

[281] *BGH*, NJW-RR 1990, 78; dies dürfte beim Bauträgervertrag nur bei Verkauf nach Vorratsbau zum Zuge kommen.

[282] *Brych/Pause*, Rdnr. 278.

[283] S.o. I, 1, a, (1).

[284] *OLG München*, BauR 1992, 95; *Brych/Pause*, Rdnr. 343.

führung von Sonderwünschen[285] oder der Erhöhung der Vergütung wegen einer Preisgleitklausel.[286]

f) Herausgabe von Unterlagen

Der Erwerber hat Anspruch auf Herausgabe von Unterlagen und Pläne, die für die Nutzung des Bauwerks und eventuell späterer Änderungen von Bedeutung sind.[287] Beispiele sind: Bau- und Installationspläne, Betriebsanleitungen.

V. Vorzeitige Beendigung des Bauträgervertrages

1. Kündigung durch Erwerber

a) Ausschluß der freien Kündigung

Ein freies Kündigungsrecht auf den die Errichtung des Bauwerks beschränkten Teil des Bauträgervertrages gemäß § 649 BGB hat der BGH abgelehnt mit der Begründung, daß dies dem wirtschaftlichen Ziel des Vertrages zuwiderlaufen würde.[288]

b) Außerordentliche Kündigung

Dem Erwerber steht aber analog § 626 BGB ein außerordentliches Kündigungsrecht des auf die Errichtung des Bauwerks betreffenden Vertragsteils zu.[289] Ob ein wichtiger Grund vorliegt, entscheiden die Umstände des Einzelfalles.

Die wirksame Kündigung bewirkt, daß der bauvertragliche Teil des Vertrages rückabgewickelt wird, während der Erwerber den Anspruch auf Übereignung des Grundstücks behält. Der Anspruch auf Vergütung beschränkt sich auf den anteiligen Wert des Grundstücks und den erreichten Bautenstand.[290] Dem Erwerber kann aber bei Verschulden des Bauträgers ein Anspruch auf Schadensersatz zustehen, der den Vergütungsanspruch beschränken kann.[291]

---

[285] S.o. III, 1, b, (3), Fußn. 105.

[286] S.o. III, 1, e, Fußn. 114.

[287] *OLG Hamm*, NJW-RR 1988, 268; *AG Traunstein*, NJW-RR 1989, 598; *Brych/Pause*, Rdnr. 397 m.Nw.

[288] *BGHZ* 96, 275 = NJW 1986, 925.

[289] *BGH*, aaO; zur Einschränkung des Kündigungsrechts bei Erwerb einer Eigentumswohnung vgl. *Brych/Pause*, Rdnr. 261.

[290] *Kutter*, Rdnr. 65, 66; s.u. bei Fußn. 296.

[291] S.o. § 5, 2. Teil, VI, 3, a.

2. *Insolvenz des Bauträgers*

Bei Insolvenz des Bauträgers hat der Insolvenzverwalter das Wahlrecht aus § 103 InsO. Dies führt zu folgenden Konsequenzen:

a) Erfüllung des Vertrages

Wählt der Insolvenzverwalter die Erfüllung des Vertrages, so ist der Bauträgervertrag entsprechend den Vereinbarungen abzuwickeln.[292]

b) Ablehnung der Erfüllung

In diesem Falle behält der Erwerber den Anspruch auf Eigentumsverschaffung betreffend das Grundstück, wobei er durch die eingetragene Auflassungsvormerkung dinglich geschützt ist (§ 106 InsO).[293] Der Erwerber hat auch den Anspruch auf Lastenfreistellung.[294] Der die Errichtung des Bauwerks betreffende Teil des Bauträgervertrages ist dagegen rückabzuwickeln.

Der Erwerber ist zur Zahlung einer Teilvergütung für das Grundstück und den bereits erbrachten Bautenstand verpflichtet.[295] Für die Festlegung der Höhe dieser Vergütung ist auf die §§ 315, 316 BGB unter Berücksichtigung einer ergänzenden Vertragsauslegung abzustellen.[296]

---

[292] *Brych/Pause*, Rdnr. 274 ff.

[293] *BGHZ* 79, 103 = NJW 1981, 991; *Brych/Pause*, Rdnr. 263; s.o. IV, 1, c, (2).

[294] *BGHZ* 79, 103 = NJW 1981, 991.

[295] *BGH*, aaO; *Reithmann/Meichssner/von Heymann*, B, Rdnr. 154.

[296] *BGH*, aaO; *Brych/Pause*, Rdnr. 263.

§ 7. Der Reisevertrag

Literatur (Auswahl):

Allgemeine Darstellungen: Bechhofer, Reisevertragsrecht (1995); *Bidinger/Müller*, Reisevertragsgesetz, 2. Aufl. (1995); *Eckert*, Die Risikoverteilung im Pauschalreiserecht, 2. Aufl. (1995); *Estel*, Der Reiseprozeß, Beck'sches RA-Handbuch, 6. Aufl. (1999), S. 341 ff.; *Führich*, Reiserecht, 3. Aufl. (1998); *Isermann*, Reisevertragsrecht, 2. Aufl. (1991); *Isermann*, Reisevertragsrecht, Beck'sches Richterhandbuch (1995), S. 546 ff.; *Kappus*, Reise- und Hotelaufnahmebedingungen, in Graf von Westphalen, Vertragsrecht und AGB-Klauselwerke, (1996); *Pick*, Reiserecht (1995); *Ruhwedel*, Der Luftbeförderungsvertrag, 3. Aufl. (1998); *Schlotmann*, Das Reisevertragsgesetz, Theorie und Praxis (1992); *Seyderhelm*, Reiserecht (1997); *Tonner*, Der Reisevertrag, 3. Aufl. (1995); *Xanke/Dutschke*, Praxis des Pauschalreiserechts (1994).

Aufsätze: Bartl, Das neue Reisevertragsrecht, TranspR 1994, 409; *Eichinger*, Grundfälle zum Reisevertragsrecht, Jura 1981, 185; *Isermann*, Reisen, nur noch ein Rechtsabenteuer?, NJW 1988, 373; *Isermann*, 10 Jahre Reisevertragsgesetz, DAR 1989, 374; *Larenz*, Zur Typologie des Reisevertrages, VersR 1980, 689; *Neuner*, Der Reisevermittlungsvertrag, AcP Bd. 193 (1993), S. 1 ff.; *Schlotmann*, Reisereklamation und Reiseklagen in der touristischen Praxis, RRa 1995, 2, 22, 42; *Schlotmann*, Das alte, neue Reiserecht, DZWiR 1995, 446; *Seyderhelm*, Prozessuale Besonderheiten des Reiseprozesses, ZAP Fach 6, S. 265; *Tempel*, Entwicklungen im Reisevertragsrecht, JuS 1984, 81; *Tempel*, Entwicklung und Tendenzen im Reisevertragsrecht, RRa 1998, 19; *Tempel*, Informationspflichten bei Pauschalreisen, NJW 1996; *Tonner*, Die Entwicklung des Reisevertragsrechts durch Rechtsprechung, Gesetzgebung und Verbandsverhandlungen, AcP Bd. 189 (1989), S. 122 ff.; *Weber*, Einführung in das Reisevertragsrecht, DtZ-Inf. 1991, 7; JuS-L 1992, 25; *Wolter*, Das Verhältnis des reiserechtlichen Gewährleistungsrechts der §§ 651c ff. zum allgemeinen Recht der Leistungsstörungen, AcP Bd. 183 (1983), S. 36 ff.

Rechtsprechungsübersichten: Bethäuser, DAR 1990, 396; *Führich*, DB 1988, 2137; *Hoppmann*, MDR 1994, 747; TranspR 1995, 217; 1997, 132; *Nies/Traut*, Reiserecht (1995); *Recken*, WM 1987, 889; *Schmid* (Luftbeförderung), NJW 1992, 464; 1994, 2451; 1998, 1911; *Schmid/Leffers*, Rechtsprechung zum Charterflug (1997); *Siegel*, VuR 1987, 181; *Teichmann*, JZ 1993, 823, 990; *Tonner*, DAR 1998, 434.

I. Begriff, Rechtsnatur und maßgebende Vorschriften

1. Der Begriff des Reisevertrages

Der Reisevertrag ist ein gegenseitiger Vertrag, bei dem ein Reiseveranstalter gegen Zahlung einer Vergütung eine Gesamtheit von Reiseleistungen in eigener Verantwortung erbringt (§ 651a I BGB).[1]

[1] H.M.; vgl. etwa *Führich*, Rdnr. 84; *Tonner*, MK, Vor § 651a, Rdnr. 8.

a) Gesamtheit von Reiseleistungen

Nach der gesetzlichen Definition müssen mehrere Teilleistungen vorliegen.

(1) Hauptbeispiel für den Typus der Pauschalreise ist die Erbringung der Transportleistung (Flug, Bahn, Bus) in Verbindung mit der Zurverfügungstellung einer Unterkunft.[2] Die Transportleistung ist aber kein unverzichtbares Kriterium, so daß auch bei Selbstanreise des Reisenden bei Vorliegen zweier anderer Leistungen ein Reisevertrag vorliegen kann.[3]

Abzustellen ist auf die typischen Hauptleistungen.[4] Das sind neben Transport und Unterkunft[5] auch andere wesentliche Leistungen (z.B. Skikurse, Sprachunterricht, Fahrschule),[6] während unbedeutende Nebenleistungen außer Betracht bleiben (Beispiel: Verpflegung im Flugzeug).[7]

(2) Die Hauptleistungen müssen zu einem „Leistungsbündel" der Reise verknüpft sein.[8] Das Mittel für diese „sogenannte Verschmelzung" ist die Koordinationspflicht des Reiseveranstalters.[9]

Diese Voraussetzung ist auch gegeben, wenn ein Reiseveranstalter in einem Katalog Einzelleistungen anbietet, die von dem Reisenden nach einem „Baukastenprinzip" ausgewählt und dann von dem Reiseveranstalter als einheitliche Reise ausgeführt werden.[10] Sie sind aber nicht gegeben, wenn der Kunde in einem Reisebüro einzelne Leistungen selbst aussucht und getrennt – ohne Koordinierung durch die Gegenpartei – bucht.[11]

(3) Die Rechtsprechung hat unter Rückgriff auf Entscheidungen aus der Zeit vor Inkrafttreten des Reisevertragsgesetzes[12] die §§ 651a ff. BGB auf einzelne Teilleistungen des Reiseveranstalters – vorbehaltlich der unter b) zu behandelnden weiteren Voraussetzung – analog angewandt.

---

[2] Bedenklich *LG Berlin*, RRa 1996, 233 (Campingflug).

[3] *Eckert*, S. 10; *Seyderhelm*, § 651a Rdnr. 10.

[4] *Führich*, Rdnr. 71.

[5] Für Unterkunft und Verpflegung als eine Hauptleistung: *Führich*, Rdnr. 71; *Tonner*, MK, § 651a, Rdnr. 6; für mehrere Leistungen: *OLG München*, NJW 1984, 132; *Eckert*, S. 15; *Staudinger/Schwerdtner*, § 651a, Rdnr. 15.

[6] *LG Frankfurt*, NJW-RR 1994, 634 (Vermittlung als Dressman); Einzelnachweise bei *Tonner*, § 651a, Rdnr. 12.

[7] *Führich*, Rdnr. 72; *Tonner*, Reisevertrag, § 651a, Rdnr. 5; ders. MK, § 651a, Rdnr. 19.

[8] *BGH*, NJW 1992, 3148; *BGHZ* 130, 128 = NJW 1995, 2629; *Eckert*, S. 18; *Führich*, Rdnr. 73; *Seyderhelm*, § 651a, Rdnr. 15; *Tonner*, MK, § 651a, Rdnr. 15.

[9] Hierzu unten III, 1, d.

[10] *LG Frankfurt*, NJW-RR 1993, 124; *Schmid*, RRa 1995, 117; *Seyderhelm*, § 651a, Rdnr. 17. – Vgl. auch die Graphik in RRa 1995, 136.

[11] *OLG Düsseldorf*, TranspR 1986, 201; *OLG Frankfurt*, NJW-RR 1991, 1018; RRa 1995, 15; *KG*, NJW-RR 1991, 1071; *OLG Hamm*, NJW-RR 1994, 441; *LG Bonn*, NJW-RR 1995, 248; *AG Bamberg*, RRa 1996, 59; *AG Berlin-Mitte*, NJW-RR 1996, 1400; *LG Hamburg*, NJW-RR 1998, 1670; *Seyderhelm*, § 651a, Rdnr. 18.

[12] *BGHZ* 61, 275 = NJW 1974, 37 (Ferienhaus).

Hauptbeispiel ist die Zurverfügungstellung von Ferienhaus oder Appartement bei eigener Anreise des Reisenden.[13] Gleiches muß aber auch bei Buchung eines einzelnen Hotelaufenthalts gelten.[14] Anders ist dies bei Buchung eines reinen Fluges, bei dem nicht Reiserecht, sondern Werkvertragsrecht zur Anwendung kommt.[15]

b) Leistungserbringung in eigener Verantwortung

Der Reiseveranstalter muß die Reiseleistungen in eigener Verantwortung erbringen.[16] Im Klartext heißt dies: er muß in eigenem Namen handeln und nicht nur als Stellvertreter Leistungen Dritter vermitteln.

(1) Dem Erfordernis steht nicht entgegen, daß der Reiseveranstalter Dritte beauftragt, für ihn die von ihm vertraglich übernommenen Leistungen auszuführen, die dann als Erfüllungsgehilfen (§ 278 BGB) und sogenannte „Leistungsträger“ für ihn tätig sind.[17]

Zu diesen Leistungsträgern tritt der Reisende nach der Konzeption des Gesetzgebers in keine vertraglichen Beziehungen. Tendenzen der Rechtsprechung, wegen Insolvenzen einzelner Reiseveranstalter dem Reisenden im Wege eines stillschweigenden Vertrages zugunsten Dritter gemäß § 328 BGB direkte Ansprüche gegen einzelne Leistungsträger zuzubilligen,[18] widersprechen dem Willen der drei beteiligten Personen und übersehen die Bedeutung des § 334 BGB.[19] Seit der Einführung des Insolvenzschutzes (§ 651k BGB) hat diese Fragestellung an Bedeutung verloren.[20]

(2) Mit dem Erfordernis des Handelns in eigenem Namen steht die Reiseveranstaltung im Gegensatz zur Reisevermittlung durch ein Reisebüro, bei der der Vertragspartner in fremdem Namen handelt und die eingeschalteten Dritten (Hotel, Transportunternehmer) zu dem Reisenden in direkte Vertragsbeziehungen treten.[21] Hinzutreten kann allerdings ein

---

[13] *BGH*, NJW 1985, 906; *BGHZ* 119, 152 = NJW 1992, 3158; *BGHZ* 130, 128 = NJW 1995, 2629; *LG Frankfurt*, NJW 1985, 330; NJW-RR 1986, 854; *LG München*, NJW 1985, 331; *LG Hannover*, NJW-RR 1986, 213; *Eckert*, S. 10 ff.; *Führich*, Rdnr. 77; *Seyderhelm*, § 651a, Rdnr. 21 ff.; *Tonner*, § 651a, Rdnr. 110, 114.

[14] *LG Frankfurt*, NJW 1993, 124; *Seyderhelm*, § 651a, Rdnr. 30; *Tonner*, MK, § 651a, Rdnr. 34.

[15] *LG Frankfurt*, NJW-RR 1989, 48; 1990, 1211; *LG Hamburg*, RRa 1995, 171; *Führich*, Rdnr. 79; *Ruhwedel*, Der Flugbeförderungsvertrag, Rdnr. 4, Fußn. 5; *Schlotmann*, DZWir 1995, 450; *Seyderhelm*, § 651a, Rdnr. 32; a.A. *AG Bad Homburg*, RRa 1995, 65; *AG Offenbach*, RRa 1995, 91 m. abl. Anm. *Schmid*; *Bidinger/Müller*, § 651a, Anm. 8.

[16] *BGH*, NJW 1985, 906; 1985, 1165; *Führich*, Rdnr. 74.

[17] *Führich*, Rdnr. 74; *Bidinger/Müller*, Vor § 651a, Anm. 12; *Grunewald*, NJW 1980, 1924; *Seyderhelm*, § 651a, Rdnr. 77, 78.

[18] *BGHZ* 93, 271 = NJW 1985, 1457; *LG Frankfurt*, NJW 1983, 52; zust. *Gottwald*, JZ 1985, 574; *Gitter*, JR 1985, 327; *Führich*, Rdnr. 84; *Ruhwedel*, Rdnr. 148, 149; *Tonner*, § 651a, Rdnr. 25.

[19] *LG Frankfurt*, NJW-RR 1986, 852; Vorauflage, S. 392; *Schwenk*, RRa 1997, 3, 9; Gansfort, RRa 1994, 2, 22.

[20] *Seyderhelm*, § 651a, Rdnr. 80.

[21] *Führich*, Rdnr. 86 ff.; *Neuner*, AcP Bd. 193 (1993), S. 1 ff.

Reisevermittlungsvertrag zwischen Kunden und Reisebüro, der auf die Vermittlung abstellende spezifische Pflichten enthält.[22]

Die Reisevermittlung wird von den selbständigen Reisebüros ausgeübt, während sie auf die Tätigkeit der von den Veranstaltern eingerichteten Filialen nicht zutrifft; insoweit liegt mangels eigener Rechtspersönlichkeit der Filiale ein Handeln des jeweiligen Veranstalters vor.[23] Eindeutige Fälle der Reisevermittlung sind der Verkauf von Fahrkarten von Transportunternehmen (Flugtickets, Eisenbahnfahrkarten, Fährschiffkarten) und die Vermittlung einzelner Hotelunterkünfte durch Ausgabe von Hotelvouchern.[24] Gleiches gilt aber auch bei Vermittlung einer Veranstalterreise durch ein selbständiges Reisebüro; hier wird das Reisebüro als Stellvertreter für den Reiseveranstalter tätig.[25] In Ausnahmefällen kann aber auch ein Reisebüro in eigener Verantwortung eine Reise durchführen.[26]

(3) Bei der Abgrenzung zwischen Reiseveranstaltung (1) und Reisevermittlung (2) kommt es im Interesse des Verbraucherschutzes auf die Sicht des Reisenden an.[27]

Maßgebend sind hierbei vor allem die Prospektbeschreibung,[28] die in der Anmeldung enthaltenen Hinweise und die in der Reisebestätigung enthaltenden Angaben.[29] Insofern ist durch § 3 II f InfVO eine Klarstellung zugunsten des Reisenden eingetreten, da die Reisebestätigung nunmehr den Reiseveranstalter ausdrücklich benennen muß.[30] Im übrigen aber gilt § 651a II BGB: eine im Widerspruch zu den tatsächlichen Gegebenheiten stehende Erklärung des Vertragspartners oder eine in AGB enthaltene Vermittlerklausel ist unwirksam.[31]

Eine besonders sorgfältige Prüfung des Tatbestandsmerkmals „in eigener Verantwortung" bedarf es bei einzelnen Teilleistungen,[32] da hier beide Möglichkeiten des Tätigwerdens in Frage kommen: der Reiseveranstalter kann z.B. Ferienhäuser oder Appartements für die eigentlichen Vermieter bloß vermitteln.[33] Gleiches gilt bei einzelnen zusätzlichen Leistungen, die

---

[22] *Isermann*, VuR 1987, 301; *Führich*, Rdnr. 570 ff.; *Bidinger/Müller*, Anhang nach § 651l, Rdnr. 3. – Zu den Informationspflichten des Reisebüros *Tempel*, NJW 1996, 1625, 1633 ff.; *Nies*, RRa 1997, 211.

[23] *Führich*, Rdnr. 87, 565 a.E.

[24] *LG Hannover*, MDR 1983, 53; *AG Nürnberg*, NJW-RR 1995, 1203; *Führich*, Rdnr. 562; *Ruhwedel*, S. 178.

[25] *Seyderhelm*, § 651a, Rdnr. 74, 75; *Tempel*, NJW 1996, 1625, 1633 m.Nw.

[26] *OLG Düsseldorf*, RRa 1998, 50; *Führich*, Rdnr. 569; *Bechhofer*, S. 153; *Seyderhelm*, § 651a, Rdnr. 58 ff.

[27] *BGHZ* 61, 275 = NJW 1974, 37; *BGHZ* 119, 52 = NJW 1992, 3158; *OLG Celle*, NJW-RR 1990, 445; *Führich*, Rdnr. 87; *Seyderhelm*, § 651a, Rdnr. 48, 51 (Einbeziehung des vorprozessualen Verhaltens).

[28] *OLG Frankfurt*, NJW-RR 1988, 1388; *LG Frankfurt*, NJW-RR 1990, 957 („Reservation-Service").

[29] *Seyderhelm*, § 651a, Rdnr. 49. – Zum Erfordernis der Eindeutigkeit *LG Frankfurt*, NJW-RR 1993, 1271; *AG Bad Homburg*, NJW-RR 1996, 821.

[30] *Seyderhelm*, § 651a, Rdnr. 50.

[31] *BGH*, NJW 1985, 906; *BGHZ* 119, 152 = NJW 1992, 3158, 3161; *LG Frankfurt*, NJW-RR 1990, 957; 1995, 168; 1995, 862; *OLG Celle*, NJW-RR 1990, 445; RRa 1995, 52 eingehend *Tonner*, MK, § 651a, Rdnr. 61 ff.

[32] S.o. I, 1, a, (3).

[33] *LG Hamburg*, NJW-RR 1987, 370; *OLG Düsseldorf*, VuR 1995, 33; eingehend zur Abgrenzung *Tonner*, § 651a, Rdnr. 110 ff.

von dem Reiseveranstalter fakultativ angeboten werden und einer eigenen Buchung bedürfen (Beispiele: Fahrschule, Schwimmkurse, Sprachkurse, Therateraufführungen, Ausflüge, Besichtigungen). Hier kommt es sehr auf die Ausgestaltung des Angebots an.[34]

(4) Im übrigen hat die Rechtsprechung zu den Problemen der Abgrenzung eine eingehende Judikatur entwickelt.[35]

Als Beispiele seien die Stichworte erwähnt: Bootschartervertrag,[36] Wohnmobile,[37] Planwagenfahrten,[38] und Hochseeyacht.[39]

c) Die Vergütung

Der Reisende ist verpflichtet, als Gegenleistung für die Ausführung der Reise den vereinbarten Reisepreis zu bezahlen (§ 651a I S. 2 BGB).

(1) Der Reisepreis wird dem Reisenden in den Prospektangaben – meist in Form einer Preistabelle – oder bei Sonderangeboten in einer gesonderten Ausschreibung mitgeteilt (§ 1 I S. 1 InfVO) und bei der Reiseanmeldung konkret berechnet. Er wird sodann in der Reisebestätigung definitiv festgelegt (§ 3 II InfVO).

Es handelt sich bei dem festgelegten Reisepreis in der Regel um einen Pauschalpreis. Notwendig ist dies aber nicht für die Bejahung eines Reisevertrages, wenn auch ein solcher Pauschalpreis ein wichtiges Indiz für das Erfordernis der „Gesamtbündelung“ der Reiseleistungen[40] ist.[41]

(2) An den vereinbarten Reisepreis ist der Reisende gebunden.

Er kann sich später nicht darauf berufen, daß – nach seinen Recherchen am Urlaubsort – andere Reisende für die gleiche Unterkunft einen geringeren Reisepreis bezahlt haben.[42] Ausnahmsweise kann der Reisende eine Korrektur des Reisepreises verlangen, wenn derselbe entsprechend den bei Vertragsschluß vorliegenden Preistabellen falsch errechnet[43]

---

[34] *OLG Düsseldorf*, NJW-RR 1991, 55 (Jeep-Ausflug); *OLG Frankfurt*, NJW-RR 1993, 1329; *OGH Wien*, IPrax 1994, 460 m. Anm. *Tonner*; *LG Stuttgart*, RRa 1995, 102 m. Anm. *Lettow*; *Führich*, Rdnr. 81; *Seyderhelm*, § 651a, Rdnr. 84–86; *Tonner*, MK, § 651a, Rdnr. 62. – Vgl. auch *Löwe*, RRa 1996, 215 (Haftung aus Vermittlungsvertrag).

[35] Vgl. etwa *Führich*, Rdnr. 71, 76; *Seyderhelm*, § 651a, Rdnr. 34 ff.; *Bidinger/Müller*, § 651a, Anm. 8; *Schlotmann*, DZWir 1995, 446, 448.

[36] *OLG München*, NJW-RR 1987, 366; *OLG Hamm*, NJW-RR 1994, 441; *LG Frankfurt*, RRa 1995, 89; *Schlotmann*, TranspR 1995, 369; *Seyderhelm*, § 651a, Rdnr. 34.

[37] *OLG Karlsruhe*, NJW-RR 1988, 945; *LG Frankfurt*, NJW-RR 1993, 952; *OLG Düsseldorf*, TranspR 1993, 121; NJW-RR 1998, 50; *Seyderhelm*, § 651a, Rdnr. 35.

[38] *LG Frankfurt*, VuR 1987, 182; 1989, 23.

[39] *BGHZ* 130, 128 = NJW 1995, 2629; *Schlotmann*, DZWir 1995, 449 m.w.Nw.

[40] S.o. I, 1, a, (2).

[41] *Eckert*, S. 20; *Führich*, Rdnr. 73; *Bidinger/Müller*, § 651a, Anm. 4; *Bechhofer*, § 651a, Anm. B, V; *Seyderhelm*, § 651a, Rdnr. 15; *Tonner*, MK, § 651a, Rdnr. 17.

[42] *OLG Düsseldorf*, NJW-RR 1995, 368.

[43] Anspruch aus c.i.c. – Für ein Anfechtungsrecht des Reisenden aus § 119 I BGB dagegen *Führich*, Rdnr. 125; *Seyderhelm*, § 651a, Rdnr. 166, 167.

oder eine Beratungspflicht betreffend Sonderangebote[44] oder einen günstigeren Abflughafen[45] verletzt wurde; dann können Ansprüche aus culpa in contrahendo entstehen.[46]

(3) Der Reiseveranstalter kann sich im Reisevertrag – auch in den Reisebedingungen[47] – vorbehalten, den Reisepreis wegen Erhöhung der Beförderungskosten, Abgaben oder Änderung der Wechselkurse zu erhöhen, jedoch nur unter den in § 651a III BGB und § 11 Nr. 1 AGBG vorgesehenen zeitlichen und höhenmäßig angegebenen Grenzen.[48] Bei Erhöhung um mehr als 5 % des Reisepreises steht dem Reisenden ein Rücktrittsrecht zu (§ 651a IV BGB).

(4) Der Reisepreis ist nach allgemeiner Rechtspraxis vor Reiseantritt zu zahlen.

Nach der Gesetzeslage finden die Vorschriften der §§ 641 I, 646 I BGB keine Anwendung, da der Reisevertrag ein eigenständiger Vertragstyp ist.[49] Der BGH hat zudem die in den ARB der Reiseveranstalter niedergelegte Vorleistungspflicht des Reisenden im „Vorauskasse-Urteil" anerkannt,[50] jedoch im Interesse des Verbraucherschutzes zusätzliche, praktisch schwer einzuhaltende zusätzliche Voraussetzungen aufgestellt (Aushändigung sogenannter „qualifizierter Reisepapiere").[51] Durch die Einführung der Insolvenzsicherung in § 651k BGB[52] ist insoweit dem Verbraucherschutz Genüge getan.

Es verbleiben allerdings zwei Probleme, die über die Inhaltskontrolle nach § 9 AGBG zu lösen sind: eine Begrenzung der Höhe der Anzahlung, die man entsprechend der ursprünglichen Fassung des § 651k IV BGB auf 10 % des Reisepreises, höchstens 500 DM begrenzen sollte,[53] sowie die Begrenzung der Fälligkeit der Restvergütung auf einen nicht zu langen Zeitraum vor Antritt der Reise, höchstens 4–6 Wochen.[54]

(5) Der Reisepreis ist an den Reiseveranstalter zu zahlen.

Soweit der Reisevertrag durch Einschaltung eines selbständigen Reisebüros abgeschlossen wird, ist dieses nicht ohne weiteres zum Inkasso des Reisepreises berechtigt.[55]

---

[44] *Pick*, § 651i, Rdnr. 54.

[45] *AG Bad Homburg* v.d.H., NJW-RR 1997, 1340.

[46] *Seyderhelm*, § 651a, Rdnr. 63; *Tempel*, NJW 1996, 1634; vgl. auch *Pick* (Fußn. 44), der Anfechtung nach § 123 BGB für möglich hält.

[47] Siehe etwa Nr. 4 ARB; hierzu *Kappus*, Rdnr. 56–62.

[48] Einzelfragen bei *Bidinger/Müller*, § 651a, Anm. 24–31; *Führich*, Rdnr. 139–145; *Tonner*, MK, § 651a, Rdnr. 65–88.

[49] S.u. I, 2, a; a.A. *Pick*, § 651a, Rdnr. 95.

[50] *BGHZ* 100, 157 = NJW 1987, 1931; hierzu *Bidinger/Müller*, § 651a, Anm. 16; *Führich*, Rdnr. 129; *Seyderhelm*, § 651a, Rdnr. 168.

[51] Krit. hierzu *Tonner*, MK, § 651a, Rdnr. 51.

[52] ÄndG vom 24. 6. 1994 (BGBl. I, S. 1322; ÄndG vom 20. 12. 1996 (BGBl. I, S. 2090); durch das letztgenannte Gesetz wurde auch die Forderung einer Anzahlung von der Aushändigung des Sicherungsscheins abhängig gemacht; hierzu *Führich*, RRa 1997, 51.

[53] *Seyderhelm*, § 651a, Rdnr. 169 + § 651k, Rdnr. 31; *Tempel*, RRa 1998, 34; *Tonner*, MK, § 651a, Rdnr. 54.

[54] *Führich*, Rdnr. 131; *Seyderhelm*, aaO (Fußn. 53); *Tonner*, MK, § 651a, Rdnr. 52; *Tempel*, RRa 1998, 34; siehe auch *Pick*, § 651k, Rdnr. 48.

[55] *LG Frankfurt*, RRa 1994, 82; *LG Stuttgart*, RRa 1995, 126; *Bidinger/Müller*, Anhang nach § 651l, Anm. 10; a.A. *Tonner*, MK, § 651a, Rdnr. 129; *Führich*, Rdnr. 588 (Agenturvertrag).

Es bedarf vielmehr einer konkreten Inkassoermächtigung durch den Reiseveranstalter; in Einzelfällen kann sich der Reisende möglicherweise auf eine Anscheinsvollmacht berufen.[56]

2. Die Rechtsnatur des Reisevertrages und die maßgebenden Vorschriften

a) Rechtsnatur

Das Gesetz bezeichnet in der Überschrift des 7. Teils den Reisevertrag als „werkvertragsähnlichen Vertrag". Entgegen einer Mindermeinung,[57] die den Reisevertrag noch als Werkvertrag ansieht und zur Lückenergänzung auf die Vorschriften der §§ 631 ff. BGB zurückgreifen will, geht die h.M. inzwischen von einem eigenständigen Vertragstyp aus.[58] Für eine Heranziehung der Regeln des Werkvertragsrechts besteht kein Bedürfnis.[59]

Maßgebend geprägt wird der Reisevertrag durch den Begriff der Reise, wie er in § 651 a I BGB als „Inbegriff der Gesamtheit von Reiseleistungen" definiert ist.[60] Daraus kann aber nicht gefolgert werden, daß der Reiseveranstalter die Reise als Erfolg schulde; insbesondere hat er nicht für den Erholungserfolg einzustehen.[61] Auch der BGH betont, daß er für den Erfolg der Reise nur im Rahmen der von ihm übernommenen Pflichten einzustehen hat.[62]

b) Reiserechtsnormen

In erster Linie ist der Reisevertrag nach den §§ 651a–l BGB zu beurteilen. Hinzu tritt die aufgrund der Ermächtigung des § 651a IV BGB erlassene Verordnung über die Informationspflichten der Reiseveranstalter vom 14. 11. 1994,[63] die damit als wesentlicher Bestandteil in die BGB-Normen integriert ist.[64]

---

[56] *Seyderhelm*, § 651a, Rdnr. 176, 177; *AG Ebersberg*, RRa 1999, 24 m. Anm. *Tonner*.

[57] *Brox*, JABl. 1979, 493; *Eichinger*, Jura 1981, 185; *Löwe*, BB 1979, 1358; *Schmitt*, JR 1987, 265.

[58] *Bidinger/Müller*, Vorb. zu § 651a, Anm. 16; *Führich*, Rdnr. 68; *Larenz*, VersR 1980, 689; *Seyderhelm*, § 651a, Rdnr. 1; *Tonner*, MK, Vor § 651a, Rdnr. 16.

[59] Für Prüfung einer analogen Anwendung auf Einzelfälle demgegenüber *Führich*, Rdnr. 67; *Teichmann*, JZ 1986, 759; *Wolter*, AcP Bd. 183 (1983), S. 59 ff.; ebenso Voraufl. S. 385.

[60] *BGHZ* 97, 255 = NJW 1996, 1748; *BGHZ* 130, 128 = NJW 1995, 2629.

[61] *Führich*, Rdnr. 195; *Tempel*, RRa 1998, 20 ff.

[62] *BGHZ* 130, 128 = NJW 1995, 2629.

[63] BGBl. I 1994, S. 3436.

[64] *Tempel*, NJW 1996, 1625, 1626; *Führich*, Rdnr. 521; *Kappus*, Rdnr. 10; *Tonner*, MK, Vor § 1 InfVO, Rdnr. 6; a.A. *Bidinger/Müller*, Anhang zu § 651a, Anm. 6.

c) *Europarecht*

Die Richtlinie des Rates der EWG Nr. 90/314 vom 13.6.1990 über Pauschalreisen[65] ist durch den deutschen Gesetzgeber – wenn auch verspätet[66] – in innerdeutsches Recht umgesetzt worden.[67] Insofern kann jetzt unmittelbar das umgesetzte Recht angewendet werden. Es bleibt auf drei Gesichtspunkte hinzuweisen:

(1) Es ist offen, ob die in § 651k geregelte Insolvenzsicherung, die allein auf die Reiseveranstalter abstellt und die Reisevermittler unerwähnt läßt, mit Art. 7 der Richtlinie übereinstimmt.[68]

(2) Die Richtlinie kann in Zweifelsfällen des deutschen Rechts im Wege der richtlinienkonformen Auslegung[69] herangezogen werden.

(3) Strengere Vorschriften zum Schutze des Verbrauchers können erlassen werden (Art. 8 RL); ebenso bleiben solche Normen und deren Auslegung durch die Rechtsprechung unberührt.[70]

d) *Mietrecht und Gastwirtshaftung*

Die Vorschriften über die (teilweise) verschuldensunabhängige Haftung des Vermieters (§ 538 BGB) und des Gastwirts (§ 701 BGB) können in die Einstandspflicht des Reiseveranstalters nicht einbezogen werden, da die §§ 651c ff. BGB eine abschließende Regelung der Einstandspflicht des Reiseveranstalters zum Inhalt haben.[71]

Tendenzen, diese Vorschriften in das Reiserecht im Interesse des Verbrauchers zu übertragen[72] sind durchweg auf Ablehnung gestoßen und können deshalb nicht mehr aufrechterhalten werden.[73]

e) *Allgemeine Vorschriften über Nichterfüllung*

Der Gesetzgeber des Reisevertragsgesetzes ging in Anlehnung an die kauf- und werkvertragliche „doppelspurige" Lösung davon aus, daß die

---

[65] ABlEG Nr. L 158 vom 23.6.1990 = EuZW 1990, 413 = *Führich*, S. 860 = *Pick*, S. 377 = *Seyderhelm*, S. 513.

[66] Umsetzungsfrist nach Art. 9 I RL: 31.12.1992; Inkrafttreten des ÄndG: 1.11.1994; Inkrafttreten der InfVO: 15.11.1994. – Zur Staatshaftung wegen verspäteter Umsetzung siehe *EuGH*, NJW 1996, 3141.

[67] *Bartl*, TranspR 1994, 409; *Eckert*, DB 1994, 1069; *Führich*, NJW 1994, 2446; *Isermann*, ZAP, Fach 6, S. 229.

[68] Eine Lücke besteht jedenfalls dann, wenn das nicht zur Entgegennahme von Zahlungen ermächtigte Reisebüro (s.o. I, 1, c, (5), Fußn. 55, 56) den Reisepreis nicht an den Reiseveranstalter weiterleitet und illiquide wird.

[69] Allgemein zur richtlinienkonformen Auslegung *Lutter*, JZ 1992, 593; *Grundmann*, JZ 1996, 274, 281, m.Nw.; *Hasselbach*, JZ 1997, 942.

[70] *Ulmer/Brandner/Hensen*, § 9 AGBG, Rdnr. 137; *Tempel*, RRa 1996, 4.

[71] *Führich*, Rdnr. 186; *Seyderhelm*, § 651c, Rdnr. 51, 53; *Eckert*, S. 60 ff.; *LG Berlin*, NJW 1985, 144; *AG Kleve*, RRa 1996, 102.

[72] *LG Frankfurt*, NJW 1983, 2263; 1983, 2264; *LG Berlin*, NJW 1985, 2425; *AG Bamberg*, NJW-RR 1994, 1137; *Tempel*, JuS 1984, 81, 90.

[73] *Blaschczok*, JZ 1984, 136: *Tempel*, RRa 1998, 20; *LG Frankfurt*, NJW-RR 1994, 1477 = RRa 1994, 156.

allgemeinen Vorschriften über Nichterfüllung neben den §§ 651c ff. BGB anwendbar bleiben.[74] Das hat in der Praxis zu schwierigen Abgrenzungsfragen geführt.[75] Der BGH hat sich deshalb in der Grundsatzentscheidung vom 20. 3. 1986[76] mit Recht dafür ausgesprochen, „daß alle Umstände, die nach Vertragsschluß auftreten und nicht allein in der Person des Reisenden liegen, den nach dem Vertrag vorausgesetzten Nutzen der Reise behindern und damit zur Fehlerhaftigkeit der Reise im Sinne der §§ 651c ff. BGB führen."

Er hat sich damit im Ergebnis der von *Wolter*[77] vertretenen Auffassung angeschlossen, wobei er auf das sach- und interessengerechte Ergebnis abstellt und den entgegenstehenden Willen des Gesetzgebers „herunterspielt".[78] Diese Rechtsentwicklung ist in der Literatur und Rechtsprechung der Instanzgerichte allgemein akzeptiert worden.[79] Im Gegensatz zu früheren abweichenden Ansichten dürften die §§ 323 ff. BGB überhaupt nicht mehr zur Anwendung kommen, also auch nicht mehr bei Total- oder Teilausfall einer Reise.[80] Konsequenterweise werden bei Verzögerung von Reiseleistungen die Vorschriften über den Verzug ebenfalls durch die §§ 651c ff. BGB verdrängt.[81]

f) Positive Vertragsverletzung/Culpa in contrahendo

Beide Institute haben im Bereich des Reiserechts nur einen geringen Anwendungsbereich. Bei Verletzung von Hauptpflichten, zu denen nach der Rechtsprechung auch Beratungspflichten[82] und die Koordinierungspflicht zählen, liegt ein Reisemangel vor, so daß die auch Mangelfolgeschäden umfassende Vorschrift des § 651 f I BGB eingreift.[83]

Ein begrenzter Anwendungsbereich für diese Anspruchsgrundlagen bleibt erhalten für die Fälle, in denen es nicht zu einem rechtswirksamen Vertrag kommt, bei Verletzung bestimmter Nebenpflichten[84] und bei Verletzung von Verkehrssicherungspflichten in den Filialen des Reiseveranstalters.[85]

---

[74] Vgl. etwa *Löwe*, BB 1979, 1358; *Teichmann*, JZ 1979, 737.

[75] *BGHZ* 77, 320 = NJW 1980, 2189 (Kreuzfahrt); *BGHZ* 85, 301 = NJW 1983, 448 (Abbruch der Beförderung durch Weisung des Kapitäns); vgl. ferner *LG Frankfurt*, NJW 1982, 1538; NJW-RR 1986, 214.

[76] *BGHZ* 97, 255 = NJW 1986, 1748 m. Anm. *Wolter* ebenda u. Anm. *Teichmann*, JZ 1986, 788; zusammenfassend *Führich*, Rdnr. 178–180.

[77] *Wolter*, AcP Bd. 183 (1983), S. 63.

[78] Zu letzterem krit. *Wolter*, NJW 1986, 1750 (Anm.).

[79] *Eckert*, S. 39; *Bidinger/Müller*, § 651c, Anm. 2; *Führich*, Rdnr. 180; *Bechhofer*, Einl. zu § 651c; *Seyderhelm*, § 651c, Rdnr. 5; *Tonner*, MK, § 651c, Rdnr. 4.

[80] *Eckert*, S. 160 ff.; *Führich*, Rdnr. 179, S. 165; *Tonner*, MK, § 651c, Rdnr. 26, 27. – a.A. *OLG Celle*, NJW 1982, 770; *OLG Hamburg*, NJW 1982, 1537; *Kaller*, RRa 1999, 19, 20.

[81] *Bidinger/Müller*, § 651c, Anm. 2; *Bechhofer*, § 651a, Anm. B, I, 1; *Eckert*, S. 40; *Tonner*, MK, § 651c, Rdnr. 28.

[82] S.u. III, 1, e.

[83] *Führich*, Rdnr. 182, 183; *Bechhofer*, § 651a, Anm. B, I, 1; *Seyderhelm*, § 651f., Rdnr. 22.

[84] *AG Nürnberg*, RRa 1995, 189.

[85] *Tonner*, MK, § 651c, Rdnr. 29.

g) *Allgemeiner Teil des BGB*

Die Vorschriften des Allgemeinen Teils des BGB sind voll anwendbar.[86]

Dies gilt für Vorschriften über den Schutz der Minderjährigen und (beschränkt oder voll) Geschäftsfähigen, den Vertragsschluß einschließlich der Stellvertretung;[87] bei letzteren ist allerdings zu beachten, daß § 164 II BGB durch § 651a II BGB eine Ergänzung erfährt.[88] Bei der Frage der Anfechtung wegen Irrtums (§ 119 II BGB) ist die allgemeine, auch im Bereich des Kaufrechts streitige Frage,[89] inwieweit die Regelung der Anfechtung durch das Gewährleistungsrecht der § 651c ff. BGB verdrängt werden, zu prüfen.[90]

h) *Geschäftsgrundlage*

Soweit § 651j BGB die Beeinträchtigung der Reise durch höhere Gewalt regelt, ist für eine Anwendung der Regeln über den Wegfall der Geschäftsgrundlage kein Raum.[91]

Inwieweit andere Umstände ausnahmsweise von den Parteien zur Geschäftsgrundlage eines Reisevertrages gemacht werden, bedarf der Prüfung des Einzelfalles. Die Frage hat in der Rechtsprechung gelegentlich eine Rolle gespielt, wenn eine Reise aus bestimmten Gründen unternommen worden ist, die später nicht eingetreten sind.[92]

i) *Sondervorschriften und internationale Abkommen*

Eine große Bedeutung haben hinsichtlich des Transports die Vorschriften des Luftverkehrsgesetzes und des Warschauer Abkommens über die internationale Beförderung im Luftverkehr,[93] da nach dem Zusatzabkommen von Guadalajara[94] die Reiseveranstalter als vertragliche Luftfrachtführer in die Regeln des Warschauer Abkommens einbezogen werden. Sonstige internationale Abkommen können im Rahmen der Haftungsbeschränkung nach § 651h II BGB zum Zuge kommen.[95]

k) *Allgemeine Reisebedingungen*

Von fast allen Reiseveranstaltern werden allgemeine Geschäftsbedingungen in die Reiseverträge einbezogen.

---

[86] *Führich*, Rdnr. 89 betr. Vertragsschluß.

[87] S.u. II, 2.

[88] S.o. I, 1, b, (3), Fußn. 31.

[89] S.o. § 1, 1. Teil, V, 2, b, Fußn. 359.

[90] *Führich*, Rdnr. 185, 413; *Staudinger/Schwerdtner*, § 651a, Rdnr. 62. – S.u. II, 1, e, Fußn. 134.

[91] *Führich*, Rdnr. 184. – Zur teilw. abw. Rechtspr. des BGH s.u. VI, 1, c, (2), Fußn. 844.

[92] *AG Frankfurt*, FVE ZivR, Nr. 360 (Theaterbesuch); *OLG Braunschweig*, NJW 1976, 570 m. Anm. *Menden*, NJW 1976, 969 (Ausfall einer Ausstellung); *AG Berlin-Charlottenburg*, FVE ZivR, Nr. 250 (Boykott der Olympischen Spiele in Moskau); hierzu *Eckert*, S. 194; *Tempel*, JuS 1984, 88.

[93] S.u. V, 4.

[94] BGBl. II 1963, S. 1161 = *Seyderhelm*, S. 586. – Hierzu *Schmid*, RRa 1995, 138.

[95] S.u. IV, 5, d, (4).

(1) Während vor Inkrafttreten des Reisevertragsgesetzes die AGB der Reiseveranstalter zur Ausformung des Reisevertrages unumgänglich waren,[96] ist ihre Bedeutung nach dessen Inkrafttreten erheblich zurückgegangen.

Der Deutsche Reisebüroverband gibt Konditionenempfehlungen heraus,[97] die teilweise von den Reiseveranstaltern übernommen werden, während andere abweichende Bedingungen verwenden. Die Daseinsberechtigung derartiger umfangreicher Klauselwerke, die große Teile der gesetzlichen Vorschriften wiederholen und dadurch wenig Transparenz zeigen, ist zweifelhaft.[98] Rechtspolitisch erwünscht wäre es, die AGB auf wenige Klauseln zu beschränken, was die Geltungsvereinbarung erleichtern und die Transparenz erhöhen würde.[99]

(2) Die AGB – einschließlich der Konditionenempfehlung (ARB) des deutschen Reiseverbandes – unterliegen der Inhaltskontrolle nach dem AGBG.

Das AGBG tritt allerdings in seiner Bedeutung stark zurück, da § 651l BGB die Vorschriften der §§ 651a–651k BGB zugunsten der Reisenden für halbzwingend erklärt; von ihnen darf nicht zum Nachteil des Verbrauchers abgewichen werden.[100] Richtiger Ansicht nach gilt dies auch für die InfVO.[101] Hinsichtlich der hiernach unwirksamen Klauseln wird vor allem auf die Darstellung bei *Kappus* hingewiesen.[102]

l) Deliktsrecht

Ansprüche aus Deliktsrecht bleiben neben den vertraglichen Ansprüchen aus § 651a ff. BGB erhalten.[103]

Das Deliktsrecht spielt vor allem bei Personenschäden wegen Verletzung von Verkehrssicherungspflichten und über § 831 BGB eine Rolle,[104] da es die alleinige Anspruchsgrundlage für Schmerzensgeldansprüche gegen den Reiseveranstalter darstellt. – Gelegentlich kann auch die Gefährdungshaftung eingreifen, z.B. bei der Halterhaftung, wenn der Reiseveranstalter gleichzeitig Halter des Transportmittels ist (Busreisen).

m) Verträge mit Auslandsberührung

Art. 29 I, IV EGBGB verwehrt es (inländischen und ausländischen) Reiseveranstaltern, gegenüber dem im Inland wohnenden Verbraucher

---

[96] *Führich*, Rdnr. 13; *Tonner*, MK, Vor § 651a, Rdnr. 42.

[97] *Tonner*, MK, Vor § 651a, Rdnr. 44, 48. – Abdruck der Fassung von 1994 bei *Führich*, S. 877 ff.; *Pick*, S. 431; *Seyderhelm*, S. 540 ff. – Zur Neufassung von Nr. 2 siehe Bekanntmachung Nr. 57/97 vom 18. 8. 1997 (BAnz vom 28. 8. 1997, S. 11174).

[98] Hierzu *Kappus*, Rdnr. 2; *Tempel*, RRa 1998, 32.

[99] *Tempel*, aaO.

[100] *Führich*, Rdnr. 480.

[101] *Tempel*, NJW 1996, 1625, 1627; a.A. *Bidinger/Müller*, § 651l, Anm. 2.

[102] *Kappus*, Reise- und Hotelaufnahmebedingungen (1996). – Zur Fälligkeit des Reisepreises s.o. I, 1, c, (4); zur Inhaltskontrolle der Stornoklauseln s.u. VI, 2, b, (2).

[103] *Eckert*, S. 63; *Führich*, Rdnr. 32.

[104] S.u. V, 3, b + c.

sich durch Vereinbarung ausländischen Rechts den zwingenden Vorschriften des deutschen Reiserechts einschließlich des AGBG[105] zu entziehen, wenn sie im Inland ein ausdrückliches Angebot abgeben oder Werbung betreiben oder entweder selbst bzw. ihre Vertreter die Buchung im Inland entgegengenommen haben.

Kompliziert ist die Rechtslage bei Ferienhaus- und Appartementsverträgen, da Art. 29 IV Nr. 2 S. 2 EGBGB nur Pauschalverträge mit kombinierten Beförderungs- und Unterbringungsleistungen in die Regelung des Art. 29 EGBGB einbeziehen will.[106] Bei inländischen Reiseveranstaltern geht die h.M. davon aus, daß Art. 29 I EGBGB direkte Anwendung finde, da diese ihre Leistungen nicht ausschließlich im Ausland erbringen, sondern auch im Inland durch Entgegennahme der Vergütung und organisatorische Maßnahmen (z.B. Aushändigung der Reiseunterlagen) tätig würden (arg. Art. 29 IV S. 1 Nr. 2 EGBGB).[107] Bei ausländischen Reiseveranstaltern versagt diese Argumentation, so daß ausländisches Recht zum Zuge kommt (Art. 27, 28 EGBGB).[108] Insoweit ist aber über § 12 AGBG ein eingeschränkter Schutz des Verbrauchers zu erreichen, da dann – unter den dort genannten, mit Art. 29 I EGBGB identischen Voraussetzungen – die Vorschriften des AGBG zu berücksichtigen sind.[109]

II. Der Abschluß des Reisevertrages

1. Der Abschlußtatbestand

Der Reisevertrag kommt – wie jeder andere Vertrag – durch Angebot und Annahme zustande (§ 145 BGB).

a) Das Angebot

In der Ausgabe von Katalogen liegt nach h.M. noch kein Vertragsangebot, das der Reisende annehmen könnte, sondern nur die Aufforderung zur Abgabe von Angeboten.[110]

Das Angebot liegt in der Regel in der Anmeldung der Reise durch Vorsprache im Reisebüro, kann aber im Einzelfall auch schriftlich oder telefonisch oder per Fax erfolgen.

---

[105] *Ulmer/Brandner/Hensen*, Anhang zu § 2 AGBG, Rdnr. 2a.

[106] In dieser Richtung *BGHZ 109*, 29, 36 = NJW 1990, 317 m. Anm. *Lindacher*, BB 1990, 661 und *Tonner*, VuR 1990, 80; *Pick*, Einl. Rdnr. 146 m.w.Nw.

[107] *BGHZ* 119, 152 = NJW 1992, 3158; *Karetzke*, NJW 1994, 823, 825; *Führich*, Rdnr. 62; ders. VersR 1995, 1143; *Lindacher*, BB 1990, 661.

[108] *Karetzke*, NJW 1992, 825.

[109] *Martiny*, MK, Art. 29 EGBGB, Rdnr. 21. – Zur Interpretation dieser Rechtsfolge siehe *Hübner*, NJW 1980, 2601; *Jayme*, ZHR 1978, 105; *Sonnenberger*, FS Ferid (1978), S. 377 ff.

[110] *Bidinger/Müller*, Vorb. vor § 651a, Anm. 23 sowie RRa 1993, 49; *Führich*, Rdnr. 89, 90, 530; *Seyderhelm*, § 651a, Rdnr. 23; a.A. *Tonner*, MK, § 651a, Rdnr. 35 und Vor § 1 InfVO, Rdnr. 14.

b) Die Annahme

(1) Sie erfolgt in der Regel durch die Reisebestätigung, der in diesem Falle konstitutive Wirkung zukommt. Sie bedarf in diesem Falle zu ihrer Wirksamkeit des Zugangs (§ 130 BGB).

Bei Buchung über ein selbständiges Reisebüro[111] kommt es hierbei auf den Zugang bei dem Reisenden an; die Übermittlung der Reisebestätigung durch den Reiseveranstalter an das Reisebüro reicht nicht aus,[112] da das selbständige Reisebüro keine Abschlußvollmacht hat und auch nicht zur Entgegennahme der Annahme von dem Reisenden ermächtigt ist.[113]

(2) Die Annahme kann nach § 147 II BGB nur innerhalb einer Frist erfolgen, innerhalb deren der Reisende eine Annahme erwarten darf (§ 147 II BGB); im Regelfall dürfte dies eine Frist von zwei Wochen sein.[114]

In AGB der Reiseveranstalter enthaltene Klauseln über längere Bindungsfristen unterliegen der Inhaltskontrolle nach § 10 Nr. 1 AGBG.[115] So ist eine Klausel, wonach der Reisevertrag erst bei Einstieg in das Transportmittel zustandekommen soll, nach §§ 3, 9, 10 Nr. 1 AGBG unwirksam.[116] Für verspätet zugegangene Annahmeerklärungen gelten die §§ 149, 150 I BGB. Im Rahmen des § 150 I BGB nimmt der Reisende dann das neue Angebot durch Zahlung des Reisepreises an.

(3) Ausnahmsweise kommt der Reisevertrag schon bei der Anmeldung im Reisebüro zustande.

Dies gilt bei einer datenverarbeitenden Buchung mit Reservierungssystem: hier kommt der Vertrag sofort mit der Buchung in den externen Rechner und dessen Mitteilung betreffend das „okay“ an den Reisenden zustande.[117] Gleiches gilt bei kurzfristigen Buchungen nach telefonischer Rückfrage der Filiale bzw. des selbständigen Reisebüros bei der Zentrale.[118] In diesen Fällen hat die spätere Reisebestätigung nur deklaratorische Bedeutung, so daß sie bei abweichendem Inhalt an dem zuvor abgeschlossenen Vertrag nichts mehr ändern kann.[119]

c) Die Formfreiheit

Der Reisevertrag bedarf grundsätzlich keiner Form. Er kann auch mündlich geschlossen werden.[120]

---

[111] S.o. I, 1, b, (2), Fußn. 25.

[112] *OLG Köln*, VersR 1989, 52; *Bidinger/Müller*, Vorb. vor § 651a, Anm. 23; a.A. *AG Berlin-Schöneberg*, NJW-RR 1992, 116; *AG Kleve*, RRa 1996, 10; *Bechhofer*, § 651a, Anm. b, VII; *Kappus*, Rdnr. 14.

[113] Zur Vertretungsmacht s.u. II, 2, a.

[114] *Bidinger/Müller*, Vorb. vor § 651a, Anm. 23; *Seyderhelm*, § 651a, Rdnr. 93; vgl. jedoch *AG Frankfurt*, NJW-RR 1989, 47; *Führich*, Rdnr. 91; (Buchung per Telex).

[115] *Tonner*, MK, § 651a, Rdnr. 34.

[116] *LG Frankfurt*, NJW-RR 1988, 1451 (Busreise); *Kappus*, Rdnr. 14.

[117] *LG Kiel*, RRa 1996, 103; *Führich*, Rdnr. 91; *Tonner*, Reisevertrag, § 651a, Rdnr. 12 u. MK, § 651a, Rdnr. 36; *Seyderhelm*, § 651a, Rdnr. 91.

[118] *LG Frankfurt*, NJW-RR 1991, 690.

[119] *LG Frankfurt*, NJW-RR 1991, 690; *Führich*, Rdnr. 91; *Kappus*, Rdnr. 16; *Tonner*, MK, § 651a, Rdnr. 36.

[120] So auch Nr. 1 III S. 2 ARB; *Bartl*, TranspR 1995, 417; *Seyderhelm*, § 651a, Rdnr. 88; a.A. *Bechhofer*, § 651a, Anm. B, VII.

An dieser Rechtslage hat sich durch § 3 I InfVO nichts geändert. Die dort normierte Pflicht des Reiseveranstalters „zur Aushändigung einer Urkunde über den Reisevertrag (Reisebestätigung)" dient nur der Pflicht des Reiseveranstalters zur Information des Reisenden über den Inhalt des Reisevertrages.[121] Besondere Bedeutung hat dies bei mündlich vereinbarten Sonderwünschen.[122]

d) Der Dissens

Weicht die konstitutive Reisebestätigung[123] inhaltlich von der Anmeldung ab, so gilt dies nach § 150 II BGB als Ablehnung der Annahme in Verbindung mit einem neuen Angebot, das der Reisende wieder annehmen kann.[124]

(1) Bei der Frage der Abweichung von Angebot und Annahme ist allerdings zu beachten, daß die Reisebestätigung sich im allgemeinen auf die grundlegenden Daten der gebuchten Reise (Zeitraum, Zielort, gebuchtes Objekt, Art der Leistung[125] und Reisepreis) beschränkt, ohne die Katalogbeschreibung zu wiederholen. Dann kommt ein Dissens nur bei Abweichen dieser bestimmten essentialia zum Tragen[126] nicht aber bei Fehlen der Einzelheiten der Katalogbeschreibungen.[127] Ebensowenig sind damit mündlich geäußerte Sonderwünsche abgelehnt[128] oder mündliche Zusicherungen gegenstandslos.[129]

(2) Für den Fall der von der Buchung abweichenden Reisebestätigung sehen die Reisebedingungen meist eine Frist vor, innerhalb deren der Reiseveranstalter an das neue abweichende Reiseangebot gebunden ist.[130] Gleichwohl läßt die Rechtsprechung auch noch eine spätere Annahme zu, die in der Zahlung der geforderten Anzahlung oder in dem Antritt der Reise gesehen wird.[131]

---

[121] *Bidinger/Müller*, Anh. zu § 651a, Anm. 15; *Führich*, Rdnr. 89, 537; *Pick*, § 651a, Rdnr. 26; *Tempel*, NJW 1996, 1625, 1632; s. auch BT-Dr. 12/5354, S. 16.

[122] S.u. Fußn. 128.

[123] Anders die deklaratorische Reisebestätigung, s.o. Fußn. 119.

[124] *Führich*, Rdnr. 92; *Seyderhelm*, § 651a, Rdnr. 95.

[125] Art der Unterkunft (DZ, EZ, Studio, App., Bungalow) und Art der Verpflegung (VP, HP, ÜF, Ü).

[126] *LG Frankfurt*, 1. 8. 1988, 2/24 S 431/87 (abw. Reisepreis); zu den essentialia siehe *Tempel*, NJW 1996, 1625, 1628.

[127] *LG Frankfurt*, NJW-RR 1991, 690; *Seyderhelm*, § 651a, Rdnr. 96.

[128] *LG Frankfurt*, NJW-RR 1986, 143; *Tonner*, Reisevertrag, Anhang zu § 651a, Rdnr. 47 + MK, § 651c, Rdnr. 25; a.A. *Bidinger/Müller*, Vorb. § 651a, Anm. 23; § 651c, Anm. 13. – Teilw. abw. *Seyderhelm*, § 651a, Rdnr. 118.

[129] S.u. II, 5, Fußn. 190, 192.

[130] Nr. 1 III ARB; hierzu *Kappus*, Rdnr. 16.

[131] *LG Frankfurt*, NJW-RR 1989, 308; *Führich*, Rdnr. 92; *Seyderhelm*, § 651a, Rdnr. 95.

e) Anfechtbarkeit

Übersieht der Reisende eine Abweichung in der Reisebestätigung, so kann er die von ihm erfolgte Annahmeerklärung[132] nach § 119 I BGB anfechten, wenn er sich über die Abweichung geirrt hat.[133] Eine Anfechtung nach § 119 II BGB wegen unrichtiger Prospektbeschreibung dürfte wegen des Vorrangs der §§ 651c ff. BGB ausgeschlossen sein.[134]

(2) Eine Anfechtung wegen arglistiger Täuschung (§ 123 BGB) dürfte nur in Ausnahmefällen in Frage kommen.[135] So soll eine Anfechtung wegen arglistiger Täuschung durch falsche Prospektangaben nach einer Meinung wegen des Vorrangs der §§ 651c ff. BGB ausgeschlossen sein.[136] Das erscheint zweifelhaft, wenn der Reisende vor Reiseantritt durch Abstandnahme von der Reise der bei Rücktritt entstehenden Entschädigung bzw. Stornopauschale (§ 651i II + III BGB)[137] entgehen will.

(3) Der Reiseveranstalter kann den bestätigten Reisepreis nicht nachträglich wegen Kalkulationsirrtums anfechten, da es sich um einen internen und damit unbeachtlichen Kalkulationsirrtum handelt.[138] Etwas anderes gilt aber, wenn der Reisende aufgrund eigener Berechnung den richtigen Reisepreis kannte.[139]

2. Probleme der Stellvertretung

Sie können auf beiden Seiten der Vertragspartner bestehen.

a) Vertretung des Reiseveranstalters

Auf Seiten des Reiseveranstalters ist zwischen seinen eigenen unselbständigen Filialen und selbständigen Reisebüros zu unterscheiden.

(1) Bei unselbständigen Filialen des Reiseveranstalters hat der einzelne Reisebüroangestellte Handlungsvollmacht im Sinne von § 54 I HGB, die nicht nur die Verhandlung, sondern auch den Abschluß der Reiseverträge umfaßt.[140]

---

[132] S.o. d, (2), Fußn. 132.

[133] *LG Frankfurt*, NJW-RR 1989, 308; *Seyderhelm*, § 651a, Rdnr. 95; *Führich*, Rdnr. 92, 185.

[134] S.o. I, 2, g, Fußn. 90.

[135] Zur Offenbarungspflicht des Reiseveranstalters s.u. III, 2, b, (2), Fußn. 259, 260.

[136] *Eckert*, S. 42; a.A. wohl *Bidinger/Müller*, Vorb. vor § 651a, Anm. 22; *Pick*, § 651i, Rdnr. 54.

[137] S.u. VI, 2, b, (2).

[138] *LG Frankfurt*, NJW-RR 1988, 1331; *AG Frankfurt*, NJW-RR 1990, 116 (Computerirrtum); zust. *Führich*, Rdnr. 92.

[139] Vgl. hierzu noch *Seyderhelm*, § 651a, Rdnr. 166.

[140] *BGHZ* 82, 219, 222 = NJW 1982, 377.

Bei Nebenabreden und mündlichen Zusicherungen kann die Vollmacht aber beschränkt sein,[141] wobei dem Reisenden dann der Schutz des § 54 III HGB zugute kommen kann.[142]

(2) Selbständige Reisebüros haben bei ständiger, auf einem Agenturvertrag beruhenden Vermittlungstätigkeit die Stellung eines Handelsvertreters im Sinne der §§ 84 ff. HGB;[143] sonst werden sie als Handelsmakler tätig.[144] Eine *Abschlußvollmacht* ist in beiden Fällen für den Regelfall zu verneinen; sie bedarf einer besonderen Legitimation, die sich aus dem Agenturvertrag ergeben kann. Fehlt eine solche Legitimation, so gilt § 177 BGB, so daß der Vertrag mit der in der Reisebestätigung liegenden Genehmigung des Reiseveranstalters wirksam wird.[145]

b) Vertretung der Reisenden

Auf seiten der Reisenden ergeben sich Probleme, wenn nur einer der Reisenden an der Buchung mitwirkt. Gesetzliche Vertretungsmacht kommt nur in Ausnahmefällen in Betracht, vor allem, wenn Eltern als gesetzliche Vertreter für ihre Kinder Reiseverträge abschließen (§ 1629 BGB), während die Schlüsselgewalt als Vertretungsmacht für den Abschluß von Reiseverträgen ausscheidet.[146] Fraglich ist vor allem die Fremdwirkung bei Auftreten aufgrund rechtsgeschäftlicher Bevollmächtigung. Dabei geht es weniger um das Vorliegen der Bevollmächtigung, sondern um die Frage, ob der Buchende in fremdem oder in eigenem Namen handelt. Dies hängt in erster Linie von seiner ausdrücklichen Erklärung, sonst von den Umständen ab (§ 164 I Satz 2 BGB). Die Rechtsprechung hat hierzu folgende Gesichtspunkte berücksichtigt:

(1) Bucht der Erklärende für Mitreisende, die einer familien*fremden* Gruppe angehören, so handelt er bei erteilter Vollmacht in fremdem Namen[147], vorausgesetzt natürlich, daß er Namen und Anschriften der vertretenen Personen mitteilt.[148] Insoweit werden nur die vertretenen Perso-

---

[141] S.u. II, 5, b.

[142] *Tonner*, § 651c, Rdnr. 24.

[143] *BGHZ* 62, 71 = NJW 1974, 852; *BGHZ* 82, 219 = NJW 1982, 377; *BGH*, NJW 1988, 488; *LG Frankfurt*, NJW 1985, 1160; *Seyderhelm*, § 651a, Rdnr. 75.

[144] *Führich*, Rdnr. 88, 565, 566; *Seyderhelm*, aaO; hierzu *Tempel*, NJW 1996, 1625, 1633.

[145] Ausnahme: elektronische Reservierung oder telefonische Rückfrage des Reisebüros beim Reiseveranstalter; s.o. II, 1, a, (3).

[146] *OLG Frankfurt*, FamRZ 1983, 913; *OLG Köln*, NJW-RR 1991, 1092; a.A. *LG Hanau*, RRa 1994, 133; *Tonner*, MK, § 651a, Rdnr. 55.

[147] *LG Frankfurt*, NJW 1987, 784; RRa 1996, 51; *OLG Düsseldorf*, RRa 1995, 162; *OLG Hamburg*, RRa 1996, 132; *AG Stuttgart*, RRa 1995, 125; *Seyderhelm*, § 651a, Rdnr. 109; *Tonner*, MK, § 651a, Rdnr. 157.

[148] *AG Hamburg*, RRa 1996, 39; *Seyderhelm*, § 651a, Rdnr. 110.

nen aus dem Reisevertrag berechtigt und verpflichtet.[149] Eine in den ARB enthaltene „Anmeldeklausel" macht die Übernahme der Zahlung des Reisepreises mit Recht davon abhängig, daß der Anmelder eine entsprechende Verpflichtung durch ausdrückliche und gesonderte Erklärung übernommen hat.[150]

Gleiches gilt auch bei echten „Gruppenreisen": Das Gruppenmitglied, das die Reise bucht, ist bevollmächtigt, den Reisevertrag für die vertretenen Gruppenmitglieder abzuschließen.[151] Die gleiche Vertretungsmacht hat auch der Sammelbesteller.[152]

(2) Bucht ein Familienangehöriger für sich als auch die anderen Familienangehörigen, so kann zwar davon ausgegangen werden, daß er auch den anderen Familienangehörigen eigene Rechte verschaffen will; dies kann sowohl im Wege der Stellvertretung als auch über § 328 BGB geschehen.[153] Auch wenn durch eine äußerliche Gestaltung der Anmeldung – bzw. der Reisebestätigung – der Buchende von den Mitreisenden getrennt aufgeführt wird, kann nicht der Buchende als alleiniger Vertragspartner, die Mitreisenden als rechtlose Begünstigte angesehen werden.[154] Dagegen ist der Buchende verpflichtet, den Reisepreis nicht nur für sich, sondern auch für seine Familienangehörigen zu zahlen.[155]

Die oben erwähnte „Anmelderklausel"[156] kann hier m.E. nicht zum Zuge kommen, da sie erkennbar für familienfremde Mitreisende aufgestellt ist. Auch die §§ 3 und 5 AGBG dürften nicht eingreifen, da es für den Buchenden wohl einsichtig ist, daß er für den Reisepreis hinsichtlich seiner mitreisenden Familienangehörigen gerade zu stehen hat.

c) Abtretungsverbote

Im Zusammenhang mit den Fragen der Stellvertretung ist auf die Zulässigkeit von Abtretungsverboten einzugehen.

Abtretungen der Ansprüche aus dem Reisevertrag werden aus zwei Gründen vorgenommen. Einmal soll der eigentliche Vertragspartner aus der Rolle des Klägers entfernt werden, damit er im Prozeß als Zeuge auftreten kann. Zum anderen werden auch Abtretungen vorgenommen, um Zweifelsfragen hinsichtlich der Aktivlegitimation auszuräumen. Die Konditionenempfehlung der ARB enthalten kein Abtretungsverbot; sie tauchen aber gelegentlich in von einzelnen Reiseveranstaltern verwendeten Bedingungen auf.

---

[149] *LG Hamburg*, RRa 1995, 187. – Vgl. jedoch *LG Frankfurt*, NJW-RR 1991, 691 (§ 242 BGB).

[150] Siehe Nr. 1 II S. 2 ARB. – Zur Vereinbarkeit der Klausel mit dem AGBG siehe *Führich*, Rdnr. 98, 101, 572; *Kappus*, Rdnr. 8.

[151] *Tonner*, § 651a, Rdnr. 57.

[152] *LG Frankfurt*, NJW-RR 1988, 247.

[153] *BGHZ* 108, 52 = NJW 1989, 2750, 2751; *OLG Düsseldorf*, NJW-RR 1990, 186; *Tonner*, § 651a, MK, Rdnr. 56.

[154] *LG Frankfurt*, NJW-RR 1987, 1078; zust. *Tonner*, § 651a, Rdnr. 57. – Bedenklich deshalb *OLG Düsseldorf*, NJW-RR 1988, 636, zust. *Kappus*, Rdnr. 6, wonach der Anspruch der Mitreisenden durch eine AGB-Klausel ausgeschlossen werden kann.

[155] *Seyderhelm*, § 651a, Rdnr. 105.

[156] S.o. Fußn. 150.

Der BGH geht von der grundsätzlichen Zulässigkeit von Abtretungsverboten in Einkaufs- und Lieferungsbedingungen aus.[157] Die dort bestehende Interessenlage kann aber mE nicht ohne weiteres auf den Reisevertrag übertragen werden.[158]

Der BGH hat in einem Fall, in dem in den AGB gleichzeitig festgelegt war, daß allein der Anmelder berechtigt sein soll, Ansprüche aus dem Reisevertrag geltendzumachen, ein Abtretungsverbot für unwirksam erklärt.[159] Gleiches hat das LG München für den Fall angenommen, daß der Anmelder entsprechend der „Anmelderklausel"[160] die besondere Verpflichtungserklärung unterschrieben hat, für die Verpflichtungen aller von ihm angemeldeten Reiseteilnehmer einzustehen.[161]

Unabhängig von diesen Fallgestaltungen ist m.E. davon auszugehen, daß Abtretungsverbote in den AGB von Reiseveranstaltern mangels besonderer Interessen an dem Ausschluß der Abtretung unwirksam sind. Dafür spricht auch die Neuregelung in § 354a HGB, wonach Abtretungsverbote unter Kaufleuten unwirksam sind.[162]

3. Die Einbeziehung der AGB

Die Geltungsvereinbarung der Allgemeinen Reisebedingungen ist aus drei Gründen mit Schwierigkeiten verbunden: der Umfang der Bedingungen und die geübte Praxis telefonischer Buchungen stehen einer Überreichung der Bedingungen hindernd im Wege; außerdem hat sich die Rechtslage durch die Neuregelung des § 3 III InfVO verschärft.

a) Allgemeine Anforderungen an die Geltungsvereinbarung

Bisher galt für die Geltungsvereinbarung § 2 AGBG, der für die Einbeziehung voraussetzte: ausdrücklicher Hinweis oder deutlich sichtbarer Aushang am Ort des Vertragsschlusses sowie zumutbare Möglichkeit der Kenntnisnahme der AGB durch den Kunden. Nach der nunmehr erlassenen InfVO müssen die AGB „dem Reisenden vor Vertragsschluß vollständig übermittelt werden" (§ 3 III). Es ist streitig, ob diese Vorschrift die Voraussetzungen für die Einbeziehung verschärft[163] oder aber § 2 AGBG unberührt gelassen hat.[164]

---

[157] *BGHZ* 51, 113 = NJW 1969, 415; *BGHZ* 56, 173 = NJW 1971, 1311; *BGHZ* 77, 274 = NJW 1980, 2245.

[158] So aber die h.M.: *LG Stuttgart*, NJW-RR 1993, 1018; *LG Hamburg*, RRa 1995, 187; *Seyderhelm*, Anh. VII, Rdnr. 4; *Führich*, Rdnr. 510.

[159] *BGHZ* 108, 52 = NJW 1989, 2750; zust. *Führich*, Rdnr. 510.

[160] S.o. Fußn. 150.

[161] *LG München*, RRa 1996, 143.

[162] Siehe *Wagner*, NJW 1995, 180, 181, der vom rechtspolitischen Standpunkt aus die Beschränkung auf Kaufleute bedauert.

[163] *Tonner*, MK, § 3 InfVO, Rdnr. 14; *Tempel*, NJW 1996, 1625, 1630; *Kappus*, Rdnr. 9.

[164] *Bechhofer*, § 651a, Anm. VIII, 1; *Bidinger/Müller*, Vor § 651a, Anm. 30; *Noll*, RRa 1993, 42; *Führich*, Rdnr. 103, 551; *Seyderhelm*, § 651a, Rdnr. 104; im Ausgangspunkt

Richtigerweise ist davon auszugehen, daß nunmehr allein auf § 3 III InfVO abzustellen ist.[165] Nur bei Annahme eines Vorrangs des § 3 III InfVO ist Art. 4 (2) b) der Richtlinie 90/314 voll in das deutsche Reiserecht umgesetzt.

b) Einzelheiten betreffend Aushändigung der AGB

Diesem Erfordernis kann genügt werden einmal durch vorherige Aushändigung des Reiseprospektes (§ 3 IV InfVO) oder eines gesondert gedruckten Exemplars der AGB vor der Anmeldung.[166]

Die vorherige Aushändigung des Reiseprospektes kann aber im Streitfalle auf beweismäßige Schwierigkeiten stoßen.[167] Einer Bestätigung der Aushändigung in der Reiseanmeldung steht § 11 Nr. 15b ABGB entgegen.[168] Will der Reiseveranstalter sichergehen, so muß er sich die Aushändigung durch eine Individualvereinbarung (§ 4 AGBG) mit einer zusätzlichen Unterschrift des Reisenden bestätigen lassen.

c) Die Übermittlung vor Vertragsschluß

Hier wird teilweise – sehr streng in Anlehnung an den Wortlaut von § 3 III InfVO – verlangt, daß die Übermittlung vor Beginn des Buchungsvorgangs erfolgt,[169] während eine zweite Meinung genügen lassen will, daß die AGB dem Reisenden mit der Buchungserklärung – vor deren Unterschrift – übergeben werden.[170]

Es ist nicht zu verkennen, daß die Reiseveranstalter bei dieser Rechtslage vor schwierige organisatorische Fragen gestellt sind, die sich zur Zeit nicht hinreichend durch eine einheitliche Rechtsprechung untermauern lassen. Besondere Schwierigkeiten wirft die Übermittlung bei einer telefonischen Buchung auf, soweit der Reisende nicht im Besitz eines Katalogs mit den AGB ist.[171] Hier wird man fordern müssen, daß der Reiseveranstalter nach Entgegennahme der Buchung die AGB dem Reisenden schriftlich übermittelt und mit der unterschriebenen Anmeldung die gesonderte Bestätigung der Entgegennahme dem Reiseveranstalter zurückschickt. Ob man das gleiche Ergebnis durch einen Verzicht des Reisenden auf die Aushändigung der AGB erreichen kann,[172] erscheint im Hinblick auf § 651l BGB sehr fraglich.

---

auch *Bartl*, RRa 1996, 27, der aber dem Reisenden einen Anspruch aus c.i.c. zugestehen will; dagegen *Kappus*, aaO.

[165] Hierzu *Tempel*, NJW 1996, 1630; vgl. auch *Ruhwedel*, Rdnr. 140, betr. Einbeziehung der AGB-Flugpassage.

[166] *Tonner*, MK, § 3 InfVO, Rdnr. 14.

[167] *Tonner*, MK, § 3 InfVO, Rdnr. 17.

[168] *BGHZ* 100, 373 = NJW 1987, 2012; *Ulmer/Brandner/Hensen*, § 11 Nr. 15 AGBG, Rdnr. 18.

[169] *Tonner*, MK, § 3 InfVO, Rdnr. 14.

[170] *Noll*, RRa 1993, 42, 43; *Führich*, Rdnr. 551; *Tempel*, NJW 1996, 1631.

[171] *Tonner*, MK, § 3 InfVO, Rdnr. 19.

[172] So *Führich*, Rdnr. 108 m.Nw.; *Bartl*, RRa 1996, 27; *Seyderhelm*, § 651a, Rdnr. 104.

d) *Ausnahme bei kurzfristigen Buchungen*

Eine Ausnahme von dem strengen Erfordernis der Geltungsvereinbarung gibt § 3 IV InfVO für kurzfristige Buchungen.[173]

Die Vorschrift ist zwar richtlinienkonform (Art. 4 (2), c RL 90/314), vom Standpunkt des Verbraucherschutzes aber nicht einsichtig, da auch kurzfristige Buchungen durchweg im Reisebüro erfolgen und damit dem Erfordernis des § 3 III InfVO ebenso wie bei normalen Buchungen entsprochen werden könnte.[174]

4. *Die Einbeziehung der Prospektbeschreibung*

a) *Notwendiger Inhalt*

Der notwendige Inhalt der Reiseprospekte ist in § 1 II InfVO vorgeschrieben. Die Vorschrift nennt als Minimum die Angaben über den Reisepreis, die Höhe der zu leistenden Anzahlung sowie die Fälligkeit des Restbetrages. Es folgt dann ein Katalog von Merkmalen, deren Umfang aber durch den Einschub „soweit für die Reise von Bedeutung" relativiert ist.[175] Bei den notwendigen Angaben handelt es sich nicht durchweg um „essentialia" für den Vertragsschluß.[176]

b) *Geltungsvereinbarung*

Im Gegensatz zu den AGB gilt für die Einbeziehung der Prospektangaben in den Reisevertrag im Grundsatz § 2 AGBG, da § 3 III InfVO nur die Reisebedingungen erwähnt. Es genügt also ein ausdrücklicher Hinweis des Reiseveranstalters, der auch in der Reiseanmeldung enthalten sein kann, oder ein deutlich sichtbarer Aushang, dem durch das Vorhandensein eines Prospekts im Reisebüro zur Einsichtnahme genügt ist.[177] Insoweit bestehen hier bei telefonischer Buchung nicht die gleichen Schwierigkeiten wie bei den Reisebedingungen. Nach der Neuregelung durch die InfVO besteht allerdings eine Ausnahme hinsichtlich der in § 1 I InfVO genannten Katalogangaben, insbesondere betr. Transportmittel, Unterkunft und Verpflegung. Sie sind entweder in die Reisebestätigung aufzunehmen (§ 3 II InfVO) oder durch eine Verweisung auf den dem Reisenden *zur Verfügung gestellten Katalog* in die Geltung einzubeziehen (§ 3 IV InfVO).

---

[173] Zum Begriff siehe *Tonner*, § 3 InfVO, Rdnr. 20 (Buchung 7 Tage vor Reiseantritt); großzügiger bei § 3 UWG *LG Düsseldorf*, RRa 1995, 211.

[174] *Tempel*, NJW 1996, 1631; vgl. auch *Tonner*, aaO.

[175] Einzelheiten sind str.; vgl. für weitgehende Angaben *Tonner*, § 1 InfVO, Rdnr. 2 ff.; etwas großzügiger *Seyderhelm* § 1 InfVO, Rdnr. 1 ff.; *Bidinger/Müller*, Anhang zu § 651 a, Anm. 10; siehe hierzu *Tempel*, NJW 1996, 1628.

[176] *Tempel*, NJW 1996, 1628.

[177] *LG Frankfurt*, NJW-RR 1988, 635; *LG Berlin*, MDR 1980, 404; *Seyderhelm*, § 651 a, Rdnr. 98.

(1) Aufgrund der allgemeinen Handhabung besteht eine tatsächliche Vermutung, daß der Reisende aufgrund des vorliegenden Prospektes bucht und ein solcher im Reisebüro ausgelegen hat.

Der Reisende muß diese Vermutung widerlegen, wenn er eine ungünstige Beschreibung des gebuchten Objekts nicht gegen sich gelten lassen will.[178] Auf eine günstige Prospektbeschreibung kann sich der Kunde in jedem Falle berufen, ohne den Nachweis einer Einbeziehung des Prospektes nachweisen zu müssen.[179]

(2) Vertragsinhalt wird grundsätzlich derjenige Prospekt, der bei Buchung gültig ist und die geschuldete Reise betrifft.[180] Prospekte anderer Reiseveranstalter und ein Privatprospekt des gebuchten Hotels, die sich der Reisende von einem selbständigen Reisebüro oder anderweitig beschafft hat, scheiden dagegen als Vertragsinhalt aus.[181]

Mit der Ausgabe eines neuen Prospektes verlieren vorangegangene Prospekte automatisch ihre Gültigkeit. Auf sie kann sich der Reisende dann nicht mehr berufen.[182] Bei Vorausbuchungen wird das gebuchte Objekt zwar aufgrund des früheren Katalogs bezeichnet, weil der für die vorgesehene Reisezeit maßgebende Katalog noch nicht erschienen ist; maßgebend ist dann der spätere Katalog, wenn der Reiseveranstalter in der Vorausbestätigung hierauf hingewiesen hat.[183] Nach Erlaß der InfVO wird man aber im Hinblick auf § 3 II, IV InfVO einen Hinweis des Reiseveranstalters auf den neuen Katalog verlangen müssen, wenn sich an den in § 1 I InfVO genannten Prospektangaben etwas geändert hat.[183a] Dem Kunden müssen außerdem bestimmte, aufgrund der Vorausbuchung bestätigte Vertragsinhalte, z.B. eine Preisermäßigung erhalten bleiben, selbst wenn sie in dem neuen Katalog nicht mehr vorgesehen sind.[184]

(3) Hat sich der Reiseveranstalter im Prospekt ergänzende Angaben – z.B. über den näheren Reiseverlauf bei Besichtigungsreisen und Kreuzfahrten – vorbehalten, so werden diese Ergänzungen durch nachträgliche Aushändigung der Reisebeschreibung ebenfalls Vertragsinhalt.[185]

Diese ergänzenden Leistungsbeschreibungen dürfen allerdings nicht den Angaben des Hauptprospektes, erst recht nicht den in Buchung und Reisebestätigung enthaltenen Essentialia widersprechen, sondern müssen sich als Ergänzung und Konkretisierung im Rahmen dieser Vereinbarung halten.[186] Eine Erweiterung der Reiseveranstalterpflichten ist aber für den Reiseveranstalter bindend.[187]

---

[178] *Seyderhelm*, § 651a, Rdnr. 104.

[179] *LG Hamburg*, NJW-RR 1996, 117 (Sonderangebot). – Zu Fortuna-Reisen s.u. III, 4, a, (2).

[180] *LG Frankfurt*, NJW-RR 1987, 747; *AG Landau*, RRa 1997, 56; *Seyderhelm*, § 651a, Rdnr. 99.

[181] *LG Frankfurt*, NJW 1985, 1166; *AG Essen*, RRa 1995, 143; *Tonner*, MK, § 651c, Rdnr. 11.

[182] *LG Frankfurt*, NJW-RR 1988, 635.

[183] *LG Frankfurt*, NJW-RR 1987, 747; *Führich*, Rdnr. 117; *Seyderhelm*, § 651a, Rdnr. 99; abw. *Bidinger/Müller*, § 651c, Anh. 7 (keine Hinweispflicht). – Bedenklich *LG Landau*, NJW-RR 1998, 192 (Austausch durch ein kleineres Ferienhaus); dagegen *Tempel*, RRa 1998, 147.

[183a] *Tempel*, RRa 1998, 147.

[184] *LG Frankfurt*, 15. 3. 1982, 2/24 S 109/81.

[185] *Seyderhelm*, § 651a, Rdnr. 98.

[186] *OLG Karlsruhe*, OLGZ 1984, 250.

[187] a.A. *AG Frankfurt*, NJW-RR 1993, 60 (Hoteltransfer); dagegen mit Recht *Seyderhelm*, § 651a, Rdnr. 98.

(4) Die für die Prospektbeschreibung maßgebenden Grundsätze gelten auch für besondere Verkaufsinformationen, die – meist für last-minute-Reisen – kurzfristig auf besonderen Blättern ausgegeben werden, entsprechend.[188] Dagegen sind rein interne, an das Reisebüro gerichtete Verkaufsinformationen für den Reisenden nicht bindend, wenn sie ihm bei Vertragsschluß nicht zur Kenntnis gebracht worden sind.[189]

5. *Nebenabreden*

Zum Vertragsinhalt zählen auch individuelle Nebenabreden. Dazu gehören besondere Absprachen über Reiseleistungen, Zusicherungen[190] und von dem Reisenden mitgeteilte Sonderwünsche.[191]

a) Schriftformklausel

Die Einbeziehung mündlicher Nebenabreden scheitert nach h.M. nicht an einer in den AGB enthaltenen Schriftformklausel oder einer Bestätigungsklausel.[192] Der Verbindlichkeit von Nebenabreden kann der Reiseveranstalter auch nicht dadurch entgehen, daß er diese in einem gesonderten Formular beurkundet, das den Hinweis „kein Vertragsbestandteil" enthält.[193]

Allerdings hat der schriftliche Vertrag, wie er sich in Form der Reiseanmeldung und der Reisebestätigung darstellt, die Vermutung der Vollständigkeit und Richtigkeit für sich. Der Reisende ist damit für das Vorliegen von mündlichen Nebenabreden behauptungs- und beweispflichtig.

b) Vertretungsmacht

Nebenabreden werden nur dann Vertragsbestandteil, wenn sie von einer mit Vertretungsmacht versehenen Person abgegeben werden. Nach h.M. kommt jeder in einer Buchungsstelle tätigen Person eine Handlungsvollmacht in diesem Sinne zu.[194]

Allerdings kann die Handlungsvollmacht beschränkt sein, wobei der Reisende im Rahmen des § 54 III HGB geschützt wird.[195] Der Reisebüroangestellte kann deshalb Zusicherungen abgeben, die die Prospektbeschreibung ergänzen,[196] aber nicht solche,

---

[188] *Seyderhelm*, aaO.
[189] *LG Frankfurt*, NJW-RR 1991, 690.
[190] S.u. III, 3.
[191] S.o. Fußn. 128.
[192] *Seyderhelm*, § 651, Rdnr. 114; *Tonner*, MK, § 651a, Rdnr. 44.
[193] *LG Frankfurt*, NJW-RR 1986, 143; *AG Kleve*, RRa 1998, 174; einschr. *Seyderhelm*, § 651a, Rdnr. 118; *Teichmann*, JZ 1993, 823.
[194] *Tonner*, MK, § 651c, Rdnr. 24; einschr. *Tempel*, JuS 1984, 83.
[195] *Tonner*, aaO; zum selbständigen Reisebüro vgl. *Seyderhelm*, § 651a, Rdnr. 117.
[196] *BGHZ* 82, 219 = NJW 1982, 377.

die in offenem Widerspruch zur Prospektbeschreibung stehen.[197] In solchen und sonstigen außergewöhnlichen Fällen, in denen der Reisende Zweifel an der Vertretungsmacht haben muß, können diese Zweifel ausgeräumt werden, wenn der Angestellte die Erklärung nach einem internen Telefonat mit der Zentrale des Reiseveranstalters abgibt.

c) Abgrenzungsfragen

Unabhängig von Fragen der Schriftform und der Vertretungsmacht bedarf es im Einzelfall der Prüfung, ob eine mündliche Erklärung eine bloße Anpreisung oder eine verbindliche Zusicherung ist.

So bestehen m.E. Bedenken dagegen, daß bloße Wunscherklärungen des Reisenden durch bloßes Schweigen des Reisebüroangestellten zum Vertragsinhalt werden, wenn für den Reisenden klar ersichtlich ist, daß die Verwirklichung des Wunsches nur möglich ist, wenn sie in die schriftliche Anmeldung aufgenommen wird.[198] Anders ist dies, wenn Sonderwünsche in die Anmeldung oder ein gesondertes Vertragsformular aufgenommen werden, und zwar selbst dann, wenn in dieser Urkunde erklärt wird, diese Erklärungen seien „kein Vertragsbestandteil".[199]

6. Vertragsänderung

Vertragsänderungen sind aufgrund der Vertragsfreiheit im Grundsatz möglich. Dabei ergeben sich folgende Probleme:

a) Umbuchung

Eine Vertragsänderung in Form einer Umbuchung ist bis zum Antritt der Reise möglich.

(1) In der Umbuchung liegt aber kein Rücktritt vom Vertrag in Verbindung mit einem Neuabschluß; eine abweichende Regelung durch AGB mit der Folge, daß dann eine Stornogebühr anfallen würde, verstößt gegen §§ 9 und 10 Nr. 5 AGBG.[200] Der Reiseveranstalter kann aber eine (angemessene) Umbuchungsgebühr berechnen.[201] Nach Nr. 5.2 ARB (Konditionenempfehlung) soll dies aber nur für bestimmte Zeiträume vor Reiseantritt gelten.[202]

(2) Bei der Umbuchung wird der neue Katalogpreis für die nunmehr gebuchte Reise berechnet. Der Reisende hat keinen Anspruch auf Beibehaltung einzelner Preisvorteile aus der ursprünglichen Buchung.[203]

(3) In der Gestellung einer Ersatzreise im Rahmen des Schadensersatzes durch den Reiseveranstalter liegt weder eine Umbuchung durch den Reisenden noch eine Vertragsänderung.[203a]

---

[197] *LG Frankfurt*, NJW-RR 1987, 495 (Nebel von Agadir); *AG Kleve*, RRa 1996, 10; *OLG Frankfurt*, RRa 1995, 147; *AG Bonn*, RRa 1998, 155; *Bidinger/Müller*, § 651c, Anm. 13; *Führich*, Rdnr. 120; *Seyderhelm*, § 651a, Rdnr. 116.

[198] a.A. *BGHZ* 82, 219 = NJW 1982, 377.

[199] S.o. Fußn. 193.

[200] *BGHZ* 119, 152 = NJW 1992, 3158; *Bidinger/Müller*, § 651i, Anm. 17; *Kappus*, Rdnr. 39; *Seyderhelm*, § 651i, Rdnr. 11; *Führich*, Rdnr. 429.

[201] Siehe Nr. 5.2 ARB. – *Bidinger/Müller*, aaO; *Führich*, Rdnr. 157, 429.

[202] Für Wirksamkeit dieser Klauseln *Kappus*, Rdnr. 40; *Tonner*, MK, § 651i, Rdnr. 18.

[203] *LG Frankfurt*, VuR 1989, 136 (geänderter Abflughafen).

[203a] a.A. *AG Kleve*, RRa 1998, 92; dagegen *Tempel*, RRa 1998, 182.

b) Einseitige Erklärungen

Teilt der Reiseveranstalter – meist kurz vor Antritt der Reise – eine Abweichung im Reiseverlauf oder sonstige Abweichungen vom Vertragsinhalt mit, so kann in dem bloßen Antritt der Reise allein kein Einverständnis mit den mitgeteilten Abweichungen gesehen werden.[204] Gleiches gilt bei Hinweisen auf bevorstehende Mängel.[205]

c) Abweichende Leistungen im Urlaubsgebiet

Bei Annahme von Vertragsänderungen im Urlaubsgebiet ist große Zurückhaltung angebracht.

(1) Die bloße Hinnahme abweichender Reiseleistungen stellt im Regelfall keine Änderung des Reisevertrages dar, selbst wenn dies mit einer Teilerstattung des Reisepreises verbunden ist.

Dem widerspricht die Regelung des § 651l, dessen Schutzbereich bis zum Ende der Reise anzunehmen ist.[206] Gleiches gilt, wenn auf Mängelrüge des Reisenden die Reiseleistung – in Form der Zuweisung eines teureren Ersatzobjekts – abgeändert wird, da es sich dann um eine Abhilfe im Sinne von § 651c II BGB handelt,[207] die kostenlos zu erfolgen hat.[208]

(2) Dagegen ist eine Vertragsänderung anzunehmen, wenn der Reisende, ohne daß Reisemängel hervorgetreten oder geltendgemacht sind, an die Reiseleitung mit dem Verlangen einer Änderung der Leistung herantritt, z.B. in ein anderes Objekt umzuziehen oder den Umfang der Leistung zu ändern (Umsteigen auf Vollpension). Der Reisende hat in diesem Fall keinen Anspruch auf Beibehaltung etwaiger Preisvorteile aus der ursprünglichen Buchung.[209]

(3) Bei Gruppenreisen kann eine Vertragsänderung, z.B. eine Änderung der Reiseroute oder des Besichtigungsprogramms nicht durch eine Mehrheitsentscheidung herbeigeführt werden.[210]

d) Übertragung des Vertrages

Einen besonderen Fall der Vertragsänderung stellt die Auswechslung des Reisenden nach § 651b dar.

Die Vorschrift ist in der Praxis ohne Bedeutung, obwohl sie bei persönlichen Hindernissen des Reisenden die Möglichkeit gibt, ohne Zahlung einer Stornogebühr aus dem Vertrag auszusteigen.

---

[204] *LG Frankfurt*, NJW-RR 1987, 747; *Seyderhelm*, § 651a, Rdnr. 130; *Tempel*, RRa 1999, 110.

[205] *LG Frankfurt*, NJW-RR 1987, 747; *Bidinger/Müller*, § 651c, Anm. 10.

[206] *LG Frankfurt*, NJW 1983, 233; 1984, 1762; NJW-RR 1986, 539; *LG Kleve*, NJW-RR 1992, 1525; a.A. *AG Königstein*, RRa 1996, 162; *LG Hamburg*, RRa 1994, 185.

[207] *Seyderhelm*, § 651a, Rdnr. 131; *Tempel*, RRa 1999, 112.

[208] S.u. IV, 1, c, (6); a.A. *LG Hannover*, NJW-RR 1987, 496.

[209] *LG Frankfurt*, NJW-RR 1989, 566 (Fortfall des Preisvorteils einer Joker-Reise).

[210] *Seyderhelm*, § 651a, Rdnr. 134; *Tempel*, RRa 1999, 113; a.A. *AG Hagen*, RRa 1995, 203.

III. Der Umfang der Einstandspflicht des Reiseveranstalters

1. Die Pflichten des Reiseveranstalters im allgemeinen

a) Grundsatz

Der Reiseveranstalter hat die Pflicht, die gebuchte Pauschalreise mit dem vertraglich vereinbarten Inhalt auszuführen.[211]

(1) Es handelt sich bei dem Reisevertrag um ein Fixgeschäft,[212] so daß Änderungen des Zeitplanes nur in sehr engen Grenzen zulässig sind.[213]

(2) Der Reiseveranstalter ist verpflichtet, die eingeschalteten Leistungsträger gewissenhaft unter dem Gesichtspunkt der Eignung und Zuverlässigkeit auszuwählen und auch in einem gewissen, durch Treu und Glauben bestimmten Umfang laufend auf ihre Eignung und Zuverlässigkeit und Einhaltung der mit ihnen getroffenen Vereinbarung zu überwachen.[214]

Der Reiseveranstalter genügt dieser Aufgabe durch die von ihm eingesetzte örtliche Reiseleitung oder durch besonders beauftragte Personen, die ihm üblicherweise periodische Berichte über besondere Vorkommnisse erstatten. Ergeben sich hieraus oder aus Beschwerden von Reisenden oder aufgrund zufälliger Wahrnehmung begründete Zweifel an der Eignung und Zuverlässigkeit des Leistungsträgers, so ist der Reiseveranstalter zu einer konkreten näheren Überprüfung und bei positivem Ergebnis zum Einschreiten verpflichtet.[215]

b) Beförderungspflicht

Der Reiseveranstalter ist verpflichtet, den Reisenden und sein Gepäck auf dem vereinbarten Transportweg sicher und zeitentsprechend hin- und zurückzubefördern.[216]

Für die Sicherheit des Transportablaufs hat der Reiseveranstalter auch bei Einschaltung öffentlicher Verkehrsmittel[217] einschließlich der Flugunternehmen[218] einzustehen. Die Beförderungspflicht entfällt naturgemäß bei vereinbarter Selbstanreise.

c) Unterkunft und Verpflegung

Der Reiseveranstalter ist verpflichtet, Unterkunft und Verpflegung entsprechend der getätigten Buchung zu gewähren.

---

[211] *BGHZ* 130, 128 = NJW 1995, 2629.

[212] *BGHZ* 60, 14 = NJW 1973, 318; *BGHZ* 77, 310 = NJW 1980, 2189; *Tonner*, MK, § 651c, Rdnr. 28.

[213] *Bartl*, NJW 1978, 731; zu Flugverspätungen siehe *R. Schmid*, Chartervertrag, S. 71 ff.

[214] *Führich*, Rdnr. 354 ff. m.Nw.

[215] *LG Frankfurt*, NJW-RR 1986, 145; 1999, 711; *Seyderhelm*, § 651a, Rdnr. 153 ff.

[216] *Tonner*, MK, § 651c, Rdnr. 42.

[217] *Führich*, Rdnr. 788, 828.

[218] *Führich*, Rdnr. 752; *Schmid/Sonnen*, NJW 1992, 464.

(1) Die Leistung hat die konkret gebuchte Unterkunft zum Gegenstand.

Soweit bei der Buchung die Unterkunft nur allgemein umschrieben wurde (z.B. Privatzimmer mit fl. Wasser, Mittelklassehotel) schuldet der Reiseveranstalter in dem angegebenen Rahmen eine Leistung mittlerer Art und Güte (§ 243 I BGB).[220] Die Auswahl des Objekts muß entsprechend dem Zielgebiet erfolgen. Die Konkretisierung der Leistung erfolgt dann durch Zuweisung einer entsprechenden Unterkunft durch die Reiseleitung am Urlaubsort. Auf sie ist § 243 II BGB analog anzuwenden: nach der Konkretisierung ist der Reiseveranstalter verpflichtet, für das von ihm ausgewählte Hotel so einzustehen, als ob es von vornherein gebucht und geschuldet gewesen wäre.[221]

(2) Die gleichen Grundsätze gelten auch für preisverbilligte Reisen (Fortuna-Reisen, Joker-Reise, Roulette-Reisen), bei denen der Reiseveranstalter innerhalb eines näher umschriebenen Urlaubsziels, manchmal auch durch qualitative Einengungen, die nähere Auswahl der Unterkunft übernimmt.[222]

Der Reiseveranstalter bietet solche Reisen preisgünstig an, um auf diese Weise noch nicht ausgebuchte, aber von ihm reservierte Hotels noch kurzfristig zu belegen. Der Kunde übernimmt als Gegenleistung für die Preisverbilligung das Risiko der Auswahl durch den Reiseveranstalter auf sich. Allerdings enthält das Auswahlrecht des Reiseveranstalters keinen Freibrief für Willkür, sondern ist durch § 315 BGB auf billiges Ermessen begrenzt.[223]

c) Zusätzliche Leistungen

Der Reiseveranstalter ist verpflichtet, bei besonderer Vereinbarung weitere zusätzliche Leistungen zu erbringen.[224]

Dazu gehören die Stellung eines Mietwagens zur Durchführung von Ausflügen, die Veranstaltung von Schulungskursen (Tauchen, Segeln, Skifahren, Tennisspiel, Fahrschule), die Durchführung von Kuren, Fitneßbehandlungen etc. Im Einzelfall bedarf es der Prüfung, ob der Reiseveranstalter eine eigene Verpflichtung eingegangen ist oder nur eine Fremdleistung vermittelt.[225] In letzterem Falle beschränkt sich seine Haftung auf ein Auswahlverschulden.[226]

d) Koordinierungspflicht

Der Reiseveranstalter ist verpflichtet, die einzelnen von ihm übernommenen Leistungen so zu koordinieren, daß sich ein reibungsloser Ablauf der Gesamtreise ergibt.[227]

---

[219] *LG Frankfurt*, NJW 1983, 233; *Tempel*, RRa 1995, 158 m.Nw.

[220] *Tonner*, MK, § 651c, Rdnr. 14.

[221] *Tonner*, aaO.

[222] *LG Frankfurt*, NJW 1985, 143; NJW-RR 1988, 248; *Kaller/Schäfer*, RRa 1995, 78 ff.; *Tonner*, MK § 651c, Rdnr. 14.

[223] *Staudinger/Schwerdtner*, § 651c, Rdnr. 43; gegen Anwendung des § 315 BGB *Tonner*, MK, § 651c, Rdnr. 14.

[224] *Führich*, Rdnr. 81.

[225] S.o. I, 1, b, (3), Fußn. 34.

[226] *Führich*, Rdnr. 575; *Tonner*, § 651a, Rdnr. 126.

[227] *Seyderhelm*, § 651a, Rdnr. 142.

Das gilt vor allem für das Ineinandergreifen der einzelnen Transportmittel,[228] aber auch für das Ineinandergreifen einzelner Reiseabschnitte, wie das vor allem bei zusammengesetzten Reisen und Rundreisen der Fall ist.[229]

e) *Informationspflichten*

Der Reiseveranstalter ist verpflichtet, den Reisenden über alle wesentlichen Umstände zu informieren, die für den Abschluß des Reisevertrages und zu seiner Abwicklung von Bedeutung sind. Diese Informationspflichten ergeben sich nunmehr vorrangig aus der InfVO, insbesondere deren §§ 1 und 2,[230] aber auch aus einer weitergeltenden[231] oder künftig noch zu entwickelnden Rechtsprechung. Inhaltlich lassen sich folgende Informationspflichten unterscheiden:

(1) Prospektangaben (§ 1 InfVO);

(2) Belehrungspflichten vor Vertragsschluß (§ 2 InfVO) über Paß und Visavorschriften und gesundheitliche Formalitäten, aber auch über besondere Gefahren am Urlaubsort.[232]

(3) Informationspflichten zur Konkretisierung seiner Hauptpflichten, die der Reisende im Rahmen seiner Mitwirkungspflichten benötigt, insbesondere die Unterrichtung über An- und Abfahrtszeiten (§ 4 Ia InfVO)[233] sowie die Mitteilung des konkreten Hotels bzw. der Schlüsselübergabestelle bei Selbstfahrern.[234]

(4) Informationen über nachträglich aufgetretene Gefahren sowie Änderung der Paß-, Visa- und Gesundheitsvorschriften.[235]

(5) Informationen über nach Buchung der Reise aufgetretene Mängel[236] oder sonstige, mit konkreter Wahrscheinlichkeit zu erwartende Beeinträchtigungen der Reise.[237]

(6) Belehrung über die Obliegenheiten des Reisenden betreffend die Mängelanzeige nach § 651d II BGB, die Voraussetzungen der Kündigung nach § 651e und die Notwendigkeit der nach § 651g einzuhaltenden Fristen (§ 3 II, g und d InfVO). Hinzu tritt die

---

[228] *OLG Köln*, NJW 1972, 1815 (Nichtbuchung des Rückflugs); *AG Bonn*, NJW 1973, 469 (Anschluß Bahn – Schiff); *LG Berlin*, NJW-RR 1989, 1020 (Umsteigen bei Flugreisen); *Bechhofer*, § 651c, Anm. IV, 2, a.

[229] *LG Mönchengladbach*, NJW-RR 1990, 317 (Wechsel der Reihenfolge von Rundreise und Badeaufenthalt).

[230] *Führich*, Rdnr. 521 ff., 532 ff.; *Tempel*, NJW 1996, 1625.

[231] *Führich*, Rdnr. 521; *Tempel*, NJW 1996, 1629; Hauptbeispiel: Informationspflicht betr. Paß- und Visavorschriften gegenüber ausländischen Staatsangehörigen: *AG Stuttgart*, NJW-RR 1986, 142; *AG Bad Homburg*, NJW-RR 1998, 223; *Bidinger/Müller*, Anhang zu § 651a, Anm. 13; für Richtlinienwidrigkeit insoweit *Tonner*, § 2 InfVO, Rdnr. 4.

[232] *BGH*, NJW 1982, 152 (Jamaica-Bungalow).

[233] *Bidinger/Müller*, Anhang zu § 651a, Anm. 19; *Tempel*, NJW 1996, 1632; *LG Kleve*, NJW-RR 1998, 563.

[234] *LG Frankfurt*, NJW-RR 1989, 48 (aber keine Pflicht zur Angabe der günstigsten Reiseroute).

[235] *Tempel*, NJW 1996, 1633; *Führich*, Rdnr. 208.

[236] *LG Frankfurt*, NJW 1986, 1616; NJW-RR 1991, 317; *LG Düsseldorf*, NJW-RR 1987, 176.

[237] *LG Frankfurt*, NJW-RR 1991, 313 (Hurrican); *LG Frankfurt*, NJW-RR 1991, 695 (Algenpest); *LG Frankfurt*, NJW-RR 1991, 691 (politische Unruhen); *OLG Köln*, NJW-RR 1992, 1014 (Golf-Krise); *Führich*, Rdnr. 442; *Seyderhelm*, § 651a, Rdnr. 162.

Pflicht des Reiseveranstalters zur Benennung der Stelle, bei der der Reisende seine Reklamationen vorbringen kann (§ 4 Ic InfVO).[238]

(7) § 651a IV n.F. hat zu Lasten des Reiseveranstalters eine Informationspflicht eingeführt, wenn er bei wesentlichen Reiseleistungen *zulässigerweise* eine erhebliche Änderung vornehmen will oder die Reise *zulässigerweise* absagt. Es ist bisher nicht eindeutig geklärt, wann eine solche „zulässige" Änderung der Reiseleitung vorliegt. Richtiger Ansicht nach kommt es – ebenso wie bei der zulässigen Absage der Reise – auf die konkreten Vereinbarungen im Reisevertrag (einschließlich Prospektbeschreibung) an, nicht aber auf in den AGB vereinbarte Änderungsvorbehalte.[238a]

f) Obhuts- und Betreuungspflichten

Den Reiseveranstalter treffen schließlich gewisse Obhuts- und Betreuungspflichten.

(1) Sie erstrecken sich vor allem auf die Wahrung der körperlichen Unversehrtheit und Gesundheit des Reisenden.[239]

Das gilt sowohl für die Sicherung gegenüber Gefahren, die von zur Verfügung gestellten Sachen und Einrichtungen ausgehen (Verkehrssicherungspflicht)[240] als auch für die Gefährdung durch Personen einschließlich der Mitreisenden.[241] Auch in Fällen von Krankheit oder besonderer Bedürftigkeit können Schutzpflichten entstehen.[242]

(2) Der Reiseveranstalter hat den Reisenden auch vor Schäden im Vermögensbereich zu bewahren.

Er hat auf Gefahren hinzuweisen und darf auf keinen Fall falsche Ratschläge geben.[243] Jedoch wird man hier eine Grenze zu ziehen haben: Diebstähle oder Sachbeschädigungen durch Hotelpersonal dürften nicht mehr in den Verantwortungsbereich des Reiseveranstalters fallen.

g) Anspruch auf Reiseleitung

Zweifelhaft ist, inwieweit der Reisende Anspruch auf Betreuung durch eine eigene Reiseleitung hat.

---

[238] Hierzu *Tempel*, NJW 1996, 1633; *Tonner*, MK, § 3 InfVO, Rdnr. 11, 12.

[238a] *Tempel*, RRA 1999, 109, – a.A. die h.M.: *Führich*, Rdnr. 146; *Tonner*, MK § 651a, Rdnr. 89. – Zu den Änderungsvorbehalten s.u. IV, 4, a, (3).

[239] *BGHZ* 103, 298 = NJW 1988, 1380 („Balkon-Urteil"); *LG Frankfurt*, NJW 1977, 1687; NJW-RR 1989, 310; einschr. *LG Frankfurt*, NJW 1985, 2424.

[240] *Seyderhelm*, § 651a, Rdnr. 153, 154 m. Hinw. auf Einzelfragen; *Tonner*, § 651c, Rdnr. 40.

[241] *BGH*, NJW 1982, 1521; *OLG Frankfurt*, NJW 1983, 235; *LG Frankfurt*, NJW-RR 1989, 310; *Tonner*, § 651c, Rdnr. 39; einschr. *AG Stuttgart*, RRa 1994, 76 (Nichtraucherbus).

[242] *OLG Frankfurt*, NJW-RR 1988, 153; *LG Duisburg*, RRa 1999, 30 (Rücktransport); *OLG Düsseldorf*, NJW-RR 1990, 825 (keine Sicherstellung ärztlicher Betreuung im Hotel); zur Fürsorgepflicht gegenüber Behinderten vgl. *LG Frankfurt*, NJW 1989, 2397; 1990, 1211; zu eng insoweit *AG Düsseldorf*, VersR 1987, 674. – Siehe auch die in Art. 5 (2) RiL 90/314 statuierte Hilfeleistungspflicht.

[243] *LG Duisburg*, NJW-RR 1995, 693.

(1) Mangels ausdrücklicher Vereinbarung, die auch durch Angabe im Reiseprospekt erfolgen kann, dürfte bei normalen Erholungsreisen ein Anspruch auf eigene Reiseleitung zu verneinen sein.[244]

Allerdings muß der Reiseveranstalter dafür Vorsorge treffen, daß der Reisende bei Vorliegen von Reisemängeln seine Rechte auf Abhilfe sowie die Erklärungen betreffend Fristsetzung und Kündigung gegenüber geeigneten Adressaten wahrnehmen kann (§ 4 Ia InfVO).[245] Hier kann der Reiseveranstalter bei Fehlen einer eigenen Reiseleitung andere Personen benennen (Schlüsselhalter, örtliche Agenturen). Unterläßt er dies, so hat das Auswirkungen auf die formellen Erfordernisse der Rechte des Reisenden.[246]

(2) Dagegen wird man bei Bildungs- und Studienreisen einen Anspruch auf Reiseleitung bejahen müssen, soweit die Betreuung durch einen deutsch sprechenden Reiseleiter gefordert wird.[247]

Genau betrachtet handelt es sich dann allerdings nicht um die sonst mit organisatorischen Aufgaben betraute Reiseleitung, sondern um eine zusätzliche Leistung in Form einer Betreuung durch Fremdenführer.[248]

2. *Die Einstandspflicht bei Fehlern der Reise*

a) Gesetzliche Regelung

Die Voraussetzungen eines Reisemangels sind in § 651c I BGB in zwei Alternativen geregelt. Im Vordergrund steht hierbei die fehlerhafte Reise. Nach § 651c I BGB hat der Reiseveranstalter „die Reise so zu erbringen, daß sie nicht mit Fehlern behaftet ist, die den Wert oder die Tauglichkeit zu dem gewöhnlichen oder nach dem Vertrag vorausgesetzten Nutzen aufheben oder mindern."

Die Formulierung ist der Gewährleistungsvorschrift im Werkvertragsrecht (§ 633 I BGB) nachgebildet. Es handelt sich um eine vom Verschulden des Reiseveranstalters unabhängige Einstandspflicht des Reiseveranstalters,[249] bei der es im Grundsatz nicht darauf ankommt, ob die Beeinträchtigung der Reiseleistung auf den Reiseveranstalter selbst oder auf Dritte zurückzuführen ist.[250] Auch für die Fehlerfreiheit der mit den Leistungen zusammenhängenden Sachen und Einrichtungen hat der Reiseveranstalter einzustehen.[251]

[244] *Bidinger/Müller*, § 651a, Anm. 29; *Führich*, Rdnr. 486; a.A. de lege ferenda *Neumann*, ZRP 1998, 20, 23.

[245] S.o. Fußn. 238.

[246] S.u. IV, 1, b, (1); IV, 2, a, (2), Fußn. 447; IV, 3, b, (3), Fußn. 485–487; IV, 4, c, (2), Fußn. 567.

[247] *Führich*, Rdnr. 486; *Seyderhelm*, § 651d, Rdnr. 87, 88; *Tonner*, Anhang zu § 651e, Rdnr. 17; *LG Düsseldorf*, NJW-RR 1998, 562, s.u. Fußn. 285.

[248] Reiseleiter und Fremdenführer können auch kumulativ vorhanden sein.

[249] *BGHZ* 85, 50 = NJW 1983, 33; *Tonner*, MK, § 651c, Rdnr. 5.

[250] *Bidinger/Müller*, § 651c, Anm. 15; *Tonner*, MK, § 651c, Rdnr. 39.

[251] *Bidinger/Müller*, § 651c, Anm. 16; *Tonner*, MK, § 651c, Rdnr. 40.

b) Begriff des Fehlers

Bei der Umschreibung des Fehlers wird von der h.M. auf den subjektiven Fehlerbegriff abgestellt: ein Fehler ist gegeben, wenn zwischen versprochener und erbrachter Leistung eine Diskrepanz besteht.[252] Eine Gegenmeinung vertritt dagegen einen „subjektiv-objektiven“ Fehlerbegriff.[253] Größere Unterschiede zwischen beiden Ansichten ergeben sich in der Praxis nicht, weil auch bei Zugrundelegung des subjektiven Fehlerbegriffs objektive Momente im Rahmen der nach Treu und Glauben vorzunehmenden Auslegung (§§ 157, 242 BGB) in die Beurteilung der Sollbeschaffenheit einfließen.

Die Feststellung dieser Sollbeschaffenheit der Leistungen hat folgende Einzelpunkte zu berücksichtigen:

(1) Ausdrückliche Vereinbarungen

Sie ergeben sich aus dem Reisevertrag oder einer gesonderten Urkunde sowie mündlichen Absprachen.[254] Sie gehen allen weiteren Gesichtspunkten vor.

(2) Prospektangaben

Für die Auslegung des Prospektes, der im Hinblick auf die allgemeine Abfassung für eine Vielzahl von Fällen mit AGB gleichzustellen ist, gelten die allgemeinen Grundsätze der Auslegung (§§ 133, 157, 242 BGB) und die Unklarheitenregel des § 5 AGBG.[255] Die Rechtsprechung hat dies näher dahin konkretisiert, daß der Prospekt den Grundsätzen der Prospektklarheit und Prospektwahrheit zu entsprechen hat.[256] § 1 I S. 1 InfVO spricht nunmehr zusätzlich aus, daß der Prospekt „deutlich lesbare, klare und genaue Angaben“ enthalten muß.

Der Grundsatz der *Prospektwahrheit* besagt, daß die Angaben im Prospekt mit der Wirklichkeit übereinstimmen müssen. Die Angaben müssen richtig und vollständig sein.[257] Sie dürfen aus der Sicht des Reisenden keine falschen Eindrücke erwecken.[258] Negative Umstände müssen genannt, dürfen also nicht durch einen allgemeinen Hinweis auf die Landesüblichkeit ersetzt werden,[259] wobei es hinsichtlich der Informationspflicht allerdings auf Art, Intensität, Häufigkeit und Örtlichkeit der jeweiligen Umstände ankommt.[260]

---

[252] *Seyderhelm*, § 651c, Rdnr. 7; *Staudinger/Schwerdtner*, § 651c, Rdnr. 19; *Tempel*, JuS 1984, 81, 85; RRa 1998, 21.

[253] *Bidinger/Müller*, § 651c, Anm. 5; *Führich*, Rdnr. 199; *Isermann*, S. 69, 70; *Pick*, § 651c, Rdnr. 5; *Tonner*, MK, § 651c, Rdnr. 9.

[254] Zur Schriftformklausel s.o. II, 5, a, Fußn. 193.

[255] *Seyderhelm*, § 651a, Rdnr. 144; etwas einschr. *Tonner*, MK, § 651c, Rdnr. 11.

[256] *Tonner*, MK, § 651c, Rdnr. 19.

[257] *Führich*, Rdnr. 203, 204. – Zur Zulässigkeit von „Umschreibungen“ vgl. *Seyderhelm*, § 651a, Rdnr. 148, 149.

[258] *LG Frankfurt*, NJW-RR 1987, 566; 1987, 748; *Bidinger/Müller*, § 651c, Anm. 7.

[259] *BGHZ* 100, 157 = NJW 1987, 1931.

[260] Hauptfälle: Beeinträchtigungen durch Straßenlärm, Baulärm, Eisenbahn, Flugbetrieb, Disco; Überblicke bei *Tonner*, MK, Anh. zu § 651e, Rdnr. 7–9; *Führich*, Rdnr. 272–305; *Seyderhelm*, § 651d, Rdnr. 45–51; *Pick*, § 651c, Rdnr. 49, 50.

Der Grundsatz der *Prospektklarheit* hat zum Inhalt, daß die Angaben an der Stelle im Katalog enthalten sein müssen, wo sie der Reisende beim Studium eines bestimmten Objektes erwarten kann.[261] Insbesondere ist es nicht zulässig, das Objekt im Katalog positiv zu umschreiben, aber in einem gesonderten Preiskatalog einschränkende oder negative Umstände hinzuzufügen.[262] Allgemeine Beschreibungen des Urlaubsorts können vor den einzelnen Objekten „zusammenfassend vor die Klammer gezogen" werden.[263]

Auch wenn die in dem Prospekt enthaltenen Angaben nach § 1 I S. 2 InfVO bindend sind, kann nicht jede im Prospekt enthaltene Angabe als Umschreibung der geschuldeten Leistung angesehen werden.

Einmal scheiden reklamehafte Anpreisungen aus, die keinen sachlichen Kern besitzen und damit für den einsichtigen Kunden erkennbar keinen Vertrauenstatbestand begründen.[264] Ferner müssen Teile des Prospekts ausscheiden, die mit der Leistung des Reiseveranstalters nichts zu tun haben, sondern ebenso wie in einem Reiseführer mehr den Ort und seine Umgebung beschreiben.[265] Zweifelhaft ist auch ein Rechtsbindungswille bei Zuständen, auf deren Fortbestand der Reiseveranstalter – auch aus der Sicht des Reisenden – keinen Einfluß hat.[266] Bei Sonderangeboten, die im Reiseprospekt beschriebene Objekte zum Inhalt haben, sollten dagegen die Prospektangaben Anwendung finden, wenn nicht der Reiseveranstalter in der Sonderausschreibung ausdrücklich auf einen abweichenden Standard hinweist.[267]

Zweifelhaft ist schließlich die Bedeutung der in den Prospekten hinsichtlich einzelner Objekte angegebenen Kategorien, wobei die Reiseveranstalter entweder Kategorien des Zielgebietes oder auch eigene Einteilungen benutzen.[268] Die bisher überwiegende Meinung sieht in diesen Einteilungen keine Angaben mit bindender Wirkung für die Sollbeschaffenheit;[269] der Reisende kann nach dieser Meinung aus einer falschen Kategorisierung nicht ohne weiteres einen Fehler herleiten; die zum Vertragsinhalt gewordene Kategorisierung sei aber im Rahmen der Auslegung und der damit verbundenen Feststellung der Soll-Beschaffenheit zu berücksichtigen. Eine Gegenmeinung sieht dagegen in der angegebenen Hotelkategorie mit Recht einen eigenen Fehlertatbestand.[270] Es erscheint zweifelhaft, ob die bisher herrschende Meinung noch aufrechterhalten werden kann, nachdem § 1 I S. 1 lit. c) InfVO die Katalogangaben auch hinsichtlich der Kategorie mit Bindungswirkung versehen hat.

---

[261] *LG Frankfurt*, NJW-RR 1986, 1143; *Seyderhelm*, § 651a, Rdnr. 147.

[262] *LG Frankfurt*, aaO.

[263] *Seyderhelm*, § 651a, Rdnr. 147; *Tempel*, NJW 1996, 1628.

[264] *Pick*, § 651c, Rdnr. 39; *Tonner*, MK, § 651c, Rdnr. 17.

[265] Beispiele: Angaben über Feste, Ausflugsmöglichkeiten, Verkehrsverbindungen.

[266] Verneinend *LG Frankfurt*, NJW 1983, 237 (Öffnung von Museen bei Städtereisen); a.A. *Führich*, Rdnr. 195.

[267] *Tonner*, § 651c, Rdnr. 11; a.A. *AG Hamburg*, RRa 1995, 121. – S. auch o. Fußn. 179; zu den Hotelkategorien s.u. Fußn. 268 ff.

[268] Hierzu *Bidinger/Müller*, Anhang zu § 651a, Anm. 10; *Führich*, Rdnr. 527; *Seyderhelm*, § 1 InfVO, Rdnr. 4.

[269] *OLG Düsseldorf*, NJW-RR 1989, 1528; *AG Hamburg*, RRa 1995, 102; *AG Kleve*, RRa 1996, 10; *AG Essen*, NJW-RR 1991, 53; für den Regelfall auch *LG Frankfurt*, NJW-RR 1994, 178; aus der Literatur: *Bechhofer*, § 651c, Anm. IV, 3, b; *Seyderhelm*, § 651d, Rdnr. 57.

[270] *AG Düsseldorf*, VersR 1985, 483; *AG Düren*, MDR 1985, 322; das maßgebende Korrektiv liegt in dem weiteren Erfordernis der Minderung von Wert oder Tauglichkeit der Reise; noch weitergehend *Führich*, Rdnr. 276 und *Tonner*, MK Anhang zu § 651e, Rdnr. 5 (zugesicherte Eigenschaft).

Auf die positiven Umschreibungen im Reiseprospekt kann sich auch der Kunde einer Fortuna-Reise berufen, obwohl er bei Buchung das später zugewiesene Objekt noch nicht kennt.[271]

Dies folgt m.E. aus dem nach Treu und Glauben auszulegenden Angebot des Reiseveranstalters, der nach Ausübung des Bestimmungsrechts[272] den Reisenden so behandeln muß, als habe er das zugewiesene Objekt direkt gebucht und damit mit den übrigen Reisenden gleichzubehandeln ist.[273]

(3) Der Reisepreis

Im allgemeinen kann aus der Höhe des Reisepreises nicht auf einen bestimmten Standard geschlossen werden.[274] Ausnahmsweise kann der Reisepreis Anhaltspunkte für eine bestimmte Sollbeschaffenheit abgeben, und zwar sowohl bei einem außergewöhnlich hohen Preis[275] als auch einer besonders niedrigen Vergütung.[276] Im letzteren Falle muß selbst bei Billigangeboten ein gewisser Mindeststandard eingehalten werden.[277]

(4) Die Art der gebuchten Reise

Je nach Art der gebuchten Reise müssen die Leistungen des Reiseveranstalters dem vereinbarten Reisezweck entsprechen.[278]

Beispiele: Bei einem Badeurlaub spielt die Strandbeschaffenheit und das zumindest erreichbare Meer eine entscheidende Rolle.[279] Bei einer Erholungsreise braucht der Reisende nicht mit besonderen Strapazen zu rechnen.[280] Umgekehrt darf und muß der Reisende bei Expeditions- und Abenteuerreisen mit besonderen Anforderungen an seine Konstitution und einem oft geringeren Standard der Unterkunft rechnen.[281] Bei Aktivurlaub, insbesondere einem Cluburlaub, kann der Reisende ein entsprechendes Angebot an Sportarten erwarten.[282] Bei ausgesprochenen „Jugendreisen" können die jugendlichen Reisenden eine entsprechende Altersgruppierung der Mitreisenden erwarten.[283] Bei Bildungs- und Besichtigungsreisen muß das Programm in zeitlicher Hinsicht

---

[271] *LG Frankfurt*, NJW-RR 1988, 248; *Kaller/Schäfer*, RRa 1995, 82; *Pick*, § 651c, Rdnr. 58; a.A. *AG Hannover*, NJW-RR 1991, 1210; *Seyderhelm*, § 651d, Rdnr. 136. Zu negativen Umständen s.u. IV, 4, a, (2), Fußn. 361.

[272] S.o. III, 1, b, (2).

[273] *Tempel*, RRa 1998, 26.

[274] S.o. I, 1, c. (2), Fußn. 42.

[275] *LG Frankfurt*, NJW-RR 1992, 380.

[276] *AG Emmerich*, RRa 1995, 110.

[277] *LG Frankfurt*, NJW-RR 1987, 368; *AG Bielefeld*, RRa 1996, 204; *Tempel*, RRa 1998, 26.

[278] Überblicke bei *Tonner*, MK, § 651c, Rdnr. 15; *Führich*, Rdnr. 296 ff.

[279] *LG Frankfurt*, NJW-RR 1993, 61; *AG Frankfurt*, NJW-RR 1991, 1142.

[280] Beispiel: Unzumutbare Wegstrecke zum Strand (Klettersteig): *LG Frankfurt*, 19. 10. 1992, 2/24 S 149/92.

[281] *LG Frankfurt*, RRa 1994, 173; *Tempel*, NJW 1997, 2206, 2212; *Tonner*, MK, § 651c, Rdnr. 15.

[282] *LG Frankfurt*, NJW-RR 1990, 700; *LG Hannover*, NJW – 1984, 2417; *Seyderhelm*, § 651d, Rdnr. 73 ff.

[283] *LG Frankfurt*, 5. 2. 1979, 2/24 S 226/78 („Club 28"). – Allgemein zu Jugendreisen siehe *Schuster*, RRa 1997, 107.

die Möglichkeit zu Besichtigungen geben[284]; außerdem muß ein (deutschsprechender) Reiseleiter mit entsprechenden Kenntnissen zur Verfügung stehen.[285]

(5) Das gebuchte Zielland

Es kann mit bestimmten klimatischen Bedingungen,[286] unterschiedlichen Lebensweisen[287] und Moralvorstellungen[288] verknüpft sein. Auch das Verpflegungsangebot kann hierdurch geprägt sein.[289]

In diesem Rahmen kann dem Gesichtspunkt der „Landesüblichkeit“ eine gewisse Bedeutung zukommen.[290] Eine in AGB enthaltene Landesüblichkeitsklausel kann aber nicht vorrangige Prospektbeschreibungen außer Kraft setzen[291] oder die Unterschreitung der Mindeststandards rechtfertigen.[292] Hier hat die konkrete Hinweispflicht im Prospekt den Vorrang.

(6) Der Gesichtspunkt des Massentourismus

Er wird von den Reiseveranstaltern viel zu oft und an falscher Stelle in die Diskussion gebracht, um Fehlleistungen zu entschuldigen.[293] Er kann vor allem nicht konkrete Prospektbeschreibungen außer Kraft setzen.

Der Massentourismus spielt in gewissem Umfang eine Rolle bei der notwendigen Enge des Transports[294], der notwendigen Gleichschaltung bei Besichtigungsreisen[295] sowie der Organisation des Essens in großen Hotels.[296]

(7) Besondere Umstände in der Person des Reisenden

Werden besondere Umstände in der Person des Reisenden bei der Buchung dem Reiseveranstalter bekannt[297] so können sich im Einzelfall aus Treu und Glauben Hinweispflichten und Obhutspflichten ergeben, z.B. gegenüber Behinderten[298] oder Kleinkindern.[299]

---

284 *LG Frankfurt*, zitiert in Vorauflage, S. 421, Fußn. 392, 393.

285 *LG Frankfurt*, MDR 1985, 141; *AG Frankfurt*, NJW-RR 1998, 709; *Seyderhelm*, § 651d, Rdnr. 88; *Tonner*, MK, § 651c, Rdnr. 15; Anh. zu § 651e, Rdnr. 17.

286 *LG Frankfurt*, NJW-RR 1987, 566. (Regenzeit, Sri Lanka).

287 Beispiele: spätere Essenszeiten, spätere Nachtruhe; vgl. hierzu *Seyderhelm*, § 651d, Rdnr. 51.

288 Beispiel: Anforderungen an bestimmte Kleidung in Moscheen.

289 *AG Cuxhaven*, NJW-RR 1988, 1332; *Seyderhelm*, § 651d, Rdnr. 62.

290 *Bidinger/Müller*, § 651c, Anm. 20; *Seyderhelm*, § 651c Rdnr. 34; *Tonner*, MK, § 651c, Rdnr. 21.

291 *BGHZ* 100, 157, 173 = NJW 1987, 1931; *BGHZ* 119, 152 = NJW 1992, 3158, 3162.

292 Zu den Mindeststandards s.o. Fußn. 277.

293 *Isermann*, S. 62.

294 Zu Flugverspätungen siehe die Übersichten bei *R. Schmid*, Chartervertrag, S. 71 ff.; *Seyderhelm*, § 651d, Rdnr. 83; *Tonner*, MK, Anh. zu § 651e, Rdnr. 12.

295 Beispiel: zeitlicher Ablauf des vorgesehenen Programms.

296 Beispiel: Wartezeiten, Essen in Schichten; hierzu *Seyderhelm*, § 651d, Rdnr. 63; *Tempel*, NJW 1997, 2211.

297 Analogie zu § 651e I S. 2; hierzu *Tonner*, MK, § 651e, Rdnr. 9.

298 *LG Frankfurt*, NJW 1989, 2397; 1990, 1211.

299 *Seyderhelm*, § 651d, Rdnr. 22, 90.

(8) Mündliche Erklärungen

Mündliche Erklärungen der Reisebüroangestellten können im Einzelfall die Sollbeschaffenheit beeinflussen, soweit der Reisende auf eine verbindliche Erklärung vertrauen kann.[300]

c) Beeinträchtigung von Wert oder Tauglichkeit der Reise

Neben der Diskrepanz zwischen Soll- und Istbeschaffenheit setzt die Einstandspflicht voraus, daß der Wert oder die Tauglichkeit der Reise zu dem gewöhnlichen oder nach dem Vertrag vorausgesetzten Nutzen der Reise aufgehoben oder gemindert ist.[301]

(1) Der Wert der Reise kann nur objektiv bestimmt werden. Es ist derjenige Wert, der nach § 651d I BGB in Verbindung mit § 472 I BGB für die Minderung maßgebend ist. Das ist der vereinbarte Reisepreis.[302] Der Reisende soll unter Beachtung der Gewährleistung nur das an Reisepreis zahlen, was die fehlerhafte Reise bei objektiver Betrachtung wert ist.

(2) Bei der Tauglichkeit der Reise können neben den aus dem Vertrag ersichtlichen Umständen, insbesondere dem Reisezweck[303], auch subjektive Gesichtspunkte des Reisenden eine Rolle spielen, soweit sie für den Reiseveranstalter erkennbar sind.[304]

d) Geringfügige Reisemängel

Geringfügige Reisemängel lösen keine Einstandspflicht des Reiseveranstalters aus. Die h.M. stützt dies generell auf eine analoge Anwendung des § 459 I S. 2 BGB.[305] Richtigerweise können derartige Mängel schon vorrangig durch entsprechende einengende Auslegung der Sollbeschaffenheit[306] oder durch Verneinung der Beeinträchtigung von Wert oder Tauglichkeit[307] eliminiert werden.[308] § 459 I S. 2 BGB kommt dann erst an dritter Stelle zum Zuge.

Hinsichtlich geringfügiger Reisemängel besteht eine umfangreiche kasuistische Rechtsprechung. Insoweit kann hier nur auf die Zusammenstellung in der Literatur verwiesen werden.[309]

---

[300] S.o. II, 5, b; *Führich*, Rdnr. 207.

[301] *Tempel*, NJW 1997, 2208.

[302] *Tempel*, aaO.

[303] S.o. III, 2, b, (4).

[304] *Tonner*, MK, § 651c, Rdnr. 9.

[305] *Bidinger/Müller*, § 651c, Anm. 19; *Führich*, Rdnr. 217; *Seyderhelm*, § 651c, Rdnr. 25 ff.

[306] S.o. III, 2, b.

[307] S.o. III, 2, c.

[308] *Tempel*, NJW 1997, 2206.

[309] *Führich*, Rdnr. 218–221; *Pick*, § 651c, Rdnr. 6–10; *Seyderhelm*, § 651c, Rdnr. 25 ff.; vgl. auch *Tempel*, NJW 1997, 2209.

e) Weiter oder enger Mangelbegriff

Unter diesem Stichwort wird die Frage diskutiert, ob der Reiseveranstalter ohne Rücksicht auf die Art des Mangels und seine Ursachen für die Fehlerhaftigkeit der Reise nach Gewährleistungsgrundsätzen einzustehen hat. Einigkeit besteht im Ausgangspunkt darüber, daß die objektive Gewährleistung (§ 651c BGB) Verschuldensmomente nicht zu berücksichtigen hat.[310]

(1) Der enge Mangelbegriff geht davon aus, daß der Reiseveranstalter Gewähr im Rahmen der von ihm übernommenen Pflichten[311] zu leisten hat. Im Zusammenhang mit der in § 323 BGB enthaltenen Wertung soll der Reiseveranstalter bei der Erfüllung der Hauptpflichten (Transport, Unterbringung, Verpflegung) in vollem Umfang für ihre Beeinträchtigung einstehen, und zwar auch im Falle der Beeinträchtigung durch höhere Gewalt.[312] Bei der Beeinträchtigung des Umfeldes des Urlaubsorts sollte es dagegen auf eine zusätzliche Abgrenzung unter Berücksichtigung des subjektiven Fehlerbegriffs ankommen.[312a]

Beispiele für eine solche Einschränkung sind die Fälle der Algenpest[313], die Strandbeschaffenheit[314] die Beeinträchtigung einer Angelreise[315], die Klimaverhältnisse[316] und gewisse mit der Reise verbundene Zielsetzungen.[317] Hier kann die Auslegung des Vertrages nach Treu und Glauben ergeben, daß der Reiseveranstalter für diese Umstände keine objektive Gewähr übernimmt, sondern eine Einstandspflicht nur bei zugesicherten Eigenschaften[318] und Verletzung von Informationspflichten[319] besteht.

[310] S.o. III, 2, a.

[311] *BGHZ* 130, 128 = NJW 1995, 2629.

[312] *LG Frankfurt*, NJW-RR 1990, 517; 1990, 1017; *Eckert*, S. 186; *Seyderhelm*, § 651c, Rdnr. 12; *Tempel*, RRa 1998, 23; jetzt auch *Führich* (3. Aufl.) Rdnr. 198 (in Abw. von 2. Aufl. Rdnr. 206);

[312a] *Führich*, Rdnr. 197.

[313] *LG Frankfurt*, NJW-RR 1990, 761; *LG Hannover*, NJW-RR 1991, 76; a.A. *LG Tübingen*, NJW-RR 1991, 376; *Seyderhelm*, § 651c, Rdnr. 20 (Verwendungsrisiko).

[314] Beispiel: Anschwemmen von Seetang; vgl. die in Vorauflage S. 406 zitierte, nicht veröffentlichte Rechtspr. des LG Frankfurt. – Ferner: Belästigungen durch Bettler, fliegende Händler oder Papagallos am Strand.

[315] *OLG Frankfurt*, NJW-RR 1988, 1328. – a.A. *BGHZ* 77, 310 = NJW 1980, 2192 (Elefanten-Safari).

[316] *LG Frankfurt*, NJW-RR 1992, 890 (sportbeeinträchtigende Windverhältnisse); *LG Frankfurt*, NJW-RR 1991, 879 (Fehlen sicherer Schneeverhältnisse).

[317] Es bedarf hier jeweils der Prüfung, ob die besondere Zielsetzung nur bei Gelegenheit der Reise verwirklicht werden soll oder ausdrücklich als besonderer Reisezweck in die Vertragsleistung einbezogen wurde. – S.o. I, 1, b, (3), Fußn. 34. – Vgl. auch *LG Berlin*, RRa 1997, 75 (Teilnahme am Weltfrauen-Kongress).

[318] *LG Frankfurt*, NJW-RR 1990, 761 (Algenpest).

[319] *LG Tübingen*, NJW-RR 1991, 376 (Verharmlosung der Algenpest); zu eng *LG Frankfurt*, NJW-RR 1991, 695, das nur einen Anspruch aus c.i.c. auf das negative Interesse geben will; dagegen mit Recht *Seyderhelm*, § 651c, Rdnr. 22.

(2) Die Vertreter des weiten Mangelbegriffs lehnen eine solche Einengung der Einstandspflicht ab.[320] Allerdings schränken sie die Einstandspflicht dann auf andere Weise ein, nämlich durch Ausklammerung der Umstände des allgemeinen Lebensrisikos[321], durch Einführung des Begriffs des Verwendungsrisikos[322] oder einer Umweltbeobachtungspflicht.[323]

(3) Die Diskussion hat m.E. inzwischen mehr theoretischen Charakter, da die Ergebnisse in den meisten Fällen nicht voneinander abweichen.[324] Der enge Mangelbegriff hat m.E. den Vorzug, daß er aus Vereinfachungsgründen auf zusätzliche einengende Voraussetzungen verzichtet und damit alles über die Feststellung der Sollbeschaffenheit zu klären versucht.

Anknüpfungspunkt für die Prüfung der Diskrepanz zwischen Soll- und Istbeschaffenheit sollte die einzelne Reiseleistung sein.[325] Das entspricht den Bedürfnissen der Praxis, bei der in Anlehnung an den subjektiven Fehlerbegriff jeweils zu klären ist, was der Reiseveranstalter versprochen hat (Sollbeschaffenheit) und was er im einzelnen an Leistungen erbracht hat (Istbeschaffenheit). Die Gegenmeinung will dagegen die Gesamtbeeinträchtigung der Reise in den Vordergrund stellen, betont aber, daß die Beeinträchtigung einzelner Teilleistungen zu einem Mangel der Gesamtreise führen könne.[326] Für die Entscheidung von Einzelfällen ist diese Kontroverse ohne Bedeutung.[327]

f) Abgrenzung von Mangel und Schaden

Ein Reisemangel setzt eine Fehlerhaftigkeit der einzelnen Reiseleistung (bzw. des Umfeldes) von einiger Dauer voraus, so daß der Reisende die Beeinträchtigung fühlbar wahrnimmt.

(1) Auszuscheiden aus dem Mangelbegriff haben deshalb Schäden, die aufgrund plötzlich auftretender Ereignisse zu einem Körper- oder Sachschaden des Reisenden führen.

Hierher gehören Verkehrsunfälle[328] oder plötzlich auftretende Schäden im Bereich der Unterkunft[329] sowie Körperschäden wegen Verletzung von Schutz- und Verkehrssi-

---

[320] *Bidinger/Müller*, § 651c, Anm. 18; *Tonner*, § 651c, Rdnr. 35, der aber lt. Rdnr. 36 (im Gegensatz zu Rdnr. 44) höhere Gewalt ausnehmen will.

[321] *Bidinger/Müller*, § 651c, Anm. 21, 22; *Siebert*, RRa 1994, 110, 126; *Tonner*, MK, § 651c, Rdnr. 37. – Auch Vertreter des engen Mangelbegriffs wollen auf das allgemeine Lebensrisiko nicht verzichten, vgl. etwa *Führich*, Rdnr. 196; *Seyderhelm*, § 651c, Rdnr. 44 ff.

[322] *Seyderhelm*, § 651c, Rdnr. 18, 19; *Teichmann*, JZ 1993, 823.

[323] *Peter/Tonner*, NJW 1992, 1794; *Tonner*, MK, § 651c, Rdnr. 43 ff.

[324] *Tempel*, RRa 1998, 22.

[325] *LG Frankfurt*, NJW 1983, 2264; *OLG Frankfurt*, NJW-RR 1988, 1328; *Seyderhelm*, § 651c, Rdnr. 15; *Tempel*, RRa 1998, 23.

[326] *BGHZ* 130, 128 = NJW 1995, 2629; *Blaurock/Wagner*, Jura 1980, 169, 170; *Führich*, Rdnr. 191, 212.

[327] *Tempel*, RRa 1998, 23.

[328] *LG Frankfurt*, NJW-RR 1986, 214.

[329] *LG Frankfurt*, NJW 1983, 2264.

cherungspflichten.[330] Gleiches gilt bei Verletzung von Nebenpflichten.[331] Hier kommen nur Schadensersatzansprüche in Betracht. Es widerspricht mE der gesetzlichen Wertung, hier die verschuldensunabhängige Gewährleistung eingreifen zu lassen mit dem Hinweis, „die Reise" sei beeinträchtigt. Der Schaden kann natürlich auch in dem nutzlos aufgewendeten Reisepreis liegen, wenn der Reisende infolge einer Körperverletzung die weitere Reise nicht mehr wie üblich nutzen kann oder gar krank aus dem Urlaub zurückkommt.[332] Unterschiedliche Ergebnisse zeigen sich vor allem in der möglichen Berücksichtigung eines Mitverschuldens (§ 254 I BGB)[333] sowie bei dem Ausschluß des Schadensersatzes bei Transportschäden durch das Warschauer Abkommen.[334]

(2) Dagegen liegt ein Mangel vor, wenn von den Leistungen des Reiseveranstalters erkennbare konkrete Gefahren ausgehen, die den Eintritt eines Schadens in sich bergen und deshalb die Entgegennahme der Leistung unzumutbar erscheinen lassen.

In Frage kommen gefahrträchtige Umstände im Bereich der Unterkunft sowie verkehrsgefährdende Anlagen.[335] Bei der Frage der Zumutbarkeit der Entgegennahme kann die Eigenart des Reisenden eine Rolle spielen (ältere Leute, Behinderte, Kinder). Umgekehrt müssen im Rahmen der Zumutbarkeit gewisse Unzulänglichkeiten, die auch mit der Landesüblichkeit zusammenhängen können, hingenommen werden.[336]

3. Die Einstandspflicht bei zugesicherten Eigenschaften

a) Grundsatz

§ 651c I BGB nennt als weiteren Tatbestand für eine Einstandspflicht das Fehlen einer zugesicherten Eigenschaft. Dieser Tatbestand spielt im Reiserecht keine so entscheidende Rolle, da – im Gegensatz zum Kaufrecht (§ 463 BGB) – an das Fehlen einer zugesicherten Eigenschaft keine verschuldensunabhängige Schadensersatzpflicht geknüpft ist.

Unterschiede gegenüber der Fehlerhaftigkeit der Reise bestehen vor allem darin, daß es nicht auf die Erheblichkeit der Beeinträchtigung hinsichtlich Wert oder Nutzen der Reise ankommt.[337] Auch geringfügige Beeinträchtigungen sollen zu einer Einstandspflicht führen, wobei allerdings völlig bedeutungslose Abweichungen nach § 242 BGB auszuscheiden haben.[338]

---

[330] *BGHZ* 101, 298 = NJW 1988, 1380 (Balkongeländer).

[331] *LG Frankfurt*, NJW 1983, 2884; *Tempel*, NJW 1996, 1627; teilw. abw. *Tonner*, § 651c, Rdnr. 29.

[332] *LG Frankfurt*, NJW 1983, 2264; s.u. IV, 5, b, (3).

[333] S.u. III, 4, a, (4), Fußn. 365; IV, 3, c, (4); IV, 5, d, (2).

[334] S.u. V, 4.

[335] Beispiele: eine unbeleuchtete Treppe; ein nicht sicheres Balkongeländer; eine fehlende Leiter oder Absicherung bei einem Etagenbett; ein Kinderspielplatz mit defekten Spielgeräten; nicht gesicherte Steckdosen. – Siehe hierzu Vorauflage S. 407 mit Hinweisen auf nicht veröffentlichte Rechtspr. des LG Frankfurt.

[336] Beispiele: Glatte Treppe; defekte Gehwegplatten; defekte Lichtschranke bei Fahrstuhl; Stolperkante im Restaurant. – Siehe Vorauflage, S. 407, Fußn. 217 mit Hinweisen auf nicht veröffentlichte Rechtspr. des LG Frankfurt.

[337] *Führich*, Rdnr. 216; *Seyderhelm*, § 651c, Rdnr. 8.

[338] *Führich*, Rdnr. 216.

b) Voraussetzungen

Zusicherungsfähig sind alle Umstände der Reiseleistung und ihres Bezuges zur Umwelt.[339] Eine Zusicherung ist gegeben, wenn der Reiseveranstalter eine ausdrückliche oder stillschweigende Erklärung abgibt, daß er für den Bestand (und Fortbestand) der betreffenden Eigenschaft ohne Rücksicht auf Verschulden einstehen will.[340]

Im Hinblick auf die einschneidenden Folgen, insbesondere die nicht notwendige Beeinträchtigung der Reise[341] sollte man nicht bei jeder Katalogangabe eine zugesicherte Eigenschaft annehmen,[342] sondern eben nur dann, wenn der Reisende nach Treu und Glauben von einer so weitreichenden Erklärung ausgehen durfte.[343] Das dürfte vor allem von zwei Komponenten abhängen. Handelt es sich bei der Eigenschaft um ein zukünftiges Ereignis, so sollte dessen Eintritt im Einflußbereich des Reiseveranstalters liegen.[344] Außerdem muß der Reisende an dem Vorliegen bzw. Eintritt der Eigenschaft ein besonderes Interesse haben.[345]

c) Rechtsfolgen

Die Rechtsfolgen bei Fehlen einer zugesicherten Eigenschaft sind die gleichen wie bei einem Fehler der Reise. Deshalb wird in der Praxis der Unterscheidung keine Bedeutung zugemessen.[346]

4. Haftungsbeschränkungen

Beschränkungen der Einstandspflicht sind nur in engen Grenzen möglich. Dabei ist zwischen Fehlern der Reise und zugesicherten Eigenschaften zu unterscheiden.

a) Haftungsbeschränkungen bei Fehlern

Sie sind nach der halbzwingenden Regelung in § 651l BGB im Grundsatz nicht möglich. Das gilt auch für Individualvereinbarungen, insbesondere Einverständniserklärungen und Verzichte vor Reiseantritt[347] sowie

---

[339] *Tonner*, MK, § 651c, Rdnr. 10; *Seyderhelm*, § 651c, Rdnr. 9.

[340] *Führich*, Rdnr. 214; aus dem Kaufrecht: *BGHZ* 59, 158 = NJW 1972, 1706.

[341] S.o. Fußn. 337.

[342] *Seyderhelm*, § 651c, Rdnr. 10; *AG Stuttgart – Bad Canstatt*, RRa 1996, 106.

[343] Ebenso jetzt auf den Einzelfall abstellend: *Führich* (3. Aufl.), Rdnr. 215.

[344] a.A. *BGHZ* 77, 370 = NJW 1980, 2192 (Safari).

[345] *Bidinger/Müller*, § 651c, Anm. 14; *Bechhofer*, § 651c, Anm. III, 3, c. – Beispiele: Werbung für eine bestimmte Fluglinie: *LG Frankfurt*, NJW-RR 1991, 877; *LG Bonn*, RRa 1997, 197; *AG Bielefeld*, NJW-RR 1998, 92; *R. Schmid*, NJW 1996, 1636; ökologische Abfallbeseitigung: *AG Bad Homburg*, NJW-RR 1997, 1139. – Vgl. ferner *Tempel*, NJW 1997, 2207.

[346] Hierzu *Tonner*, MK, § 651e, Rdnr. 4.

[347] S.o. II, 6, b.

Erklärungen am Urlaubsort bis zum Ende der Reise.[348] Hinzuweisen ist aber auf folgende scheinbare Ausnahmen:

(1) Den Reiseveranstalter trifft keine Einstandspflicht, wenn er im Prospekt unter Beachtung der Grundsätze der Prospektklarheit und Prospektwahrheit[349] deutlich auf negative Umstände hinweist; dies folgt aus dem subjektiven Fehlerbegriff, der auf der vereinbarten Sollbeschaffenheit aufbaut.[350]

Eine solche Einschränkung liegt aber nicht vor, wenn der Reiseveranstalter nur auf die Möglichkeit des Eintritts gewisser nachteiliger Umstände hinweist,[351] da er insoweit nur seiner Informationspflicht nachkommt und eine Verschuldenshaftung ausschließt.[352] Unzulässig ist auch eine sogenannte Drucklegungsklausel, wonach (positive) Prospektangaben sich nur auf den Zeitpunkt der Drucklegung des Prospektes beziehen sollen.[353] Bei einem späteren Wegfall eines solchen positiven Umstands ist der Reiseveranstalter zur Information verpflichtet.[354]

(2) Besonderheiten hinsichtlich der Beschränkung der Einstandspflicht gelten bei den sogenannten „Fortuna-Reisen".[355]

Soweit der Reiseveranstalter sein Bestimmungsrecht nach §315 BGB ausübt,[356] ist der Reisende mit Gewährleistungsansprüchen ausgeschlossen, welche die örtliche Lage und die vereinbarte Kategorie betreffen.[357] Das ist nicht mehr der Fall, wenn die Unterbringung außerhalb des vereinbarten Zielgebiets erfolgt[358] oder das zugewiesene Objekt eine andere Kategorie aufweist.[359] Zu der vom Reiseveranstalter zu bestimmenden Lage des Hotels gehört auch nicht mehr das ungünstige Umfeld, so daß die Einflugschneise des Flughafens, Straßenlärm oder der Gestank einer Kläranlage Reisemängel darstellen, die von dem Ausschluß der Gewährleistung nicht umfaßt sind.[360] Auch sonst kann sich der Reiseveranstalter nicht auf eine negative Prospektbeschreibung des zugewiesenen Objekts berufen, da sie der Reisende bei der unbestimmten Buchung nicht gekannt hat.[361]

---

348 S.o. II, 6, c, (1), Fußn. 206.

349 S.o. III, 2, b, (2), Fußn. 257, 261.

350 S.o. III, 2, b, Fußn. 252.

351 Beispiel: Hinweis, daß es in den Sommermonaten bei großen Trockenperioden in einzelnen Ferienhäusern oder in bestimmten Stockwerken zu einer Wasserknappheit kommen könne.

352 *Seyderhelm*, §651c, Rdnr. 49.

353 *Löwe*, BB 1979, 1359; *Führich*, Rdnr. 128.

354 *Tonner*, MK, §651a, Rdnr. 96.

355 S.o. III, 1, c, (2).

356 S.o. Fußn. 223.

357 Hierzu *Seyderhelm*, §651d, Rdnr. 134.

358 *LG Frankfurt*, NJW-RR 1993, 435 („Cancun"); *LG Mönchen-Gladbach*, NJW-RR 1986, 1475; *Kaller/Schäfer*, RRa 1995, 80.

359 *LG Frankfurt*, NJW-RR 1987, 826 („Mittelklasse-Hotel"); zur Einhaltung von Mindeststandards siehe *LG Frankfurt*, NJW-RR 1987, 495.

360 *Führich*, Rdnr. 296; *Seyderhelm*, §651d, Rdnr. 134; a.A. *AG Bad Homburg*, RRa 1995, 203 m. abl. Anm. *Tempel*, RRa 1996, 62.

361 *LG Frankfurt*, NJW-RR 1988, 248; 1991, 317; *Bechhofer*, §651c, Anm. V, 4; *Führich*, Rdnr. 296; *Kaller/Schäfer*, RRa 1995, 82; *Pick*, §651c, Rdnr. 58; *Seyderhelm*, §651c, Rdnr. 136; a.A. *LG Essen*, MDR 1991, 1332.

(3) Klauseln betreffend Änderungsvorbehalte sind im Rahmen des § 10 Nr. 4 AGBG zulässig. Das bedeutet eine Beschränkung auf zumutbare Änderungen. Insbesondere darf der Gesamtzuschnitt der Reise nicht erheblich beeinträchtigt sein.[362]

Dagegen können Reisemängel nicht durch eine Information des Reiseveranstalters nach Vertragsabschluß gemäß § 651a IV S. 1 +2 BGB n.F. gerechtfertigt werden. In diesem Fall liegt keine „zulässige" Änderung der Reiseleistung vor. Zulässige Leistungsänderung im Sinne des § 651a IV BGB und Reisemangel schließen sich gegenseitig aus.[363]

(4) Hat der Reisende den fehlerhaften Zustand selbst herbeigeführt, so entfällt naturgemäß die Einstandspflicht des Reiseveranstalters.[364]

Dagegen schließt ein Mitverschulden des Reisenden die objektive Einstandspflicht nicht aus.[365] Allerdings kann im Rahmen der Abgrenzung der Sollbeschaffenheit eine Beeinträchtigung der Reise aus dem Fehlerbegriff ganz ausscheiden, wenn der Reisende nach der Verkehrsauffassung selbst hierfür verantwortlich ist.[366]

b) Haftungsausschluß bei zugesicherten Eigenschaften

Ein Ausschluß der Haftung für das Fehlen zugesicherter Eigenschaften kann nach § 11 Nr. 11 AGBG nicht durch eine AGB-Klausel herbeigeführt werden. Gleiches muß nach § 651l BGB für eine Individualvereinbarung gelten, die nach Abschluß des Reisevertrages geschlossen wird. Bei Abschluß des Reisevertrages abgegebene Erklärungen müssen im Gesamtzusammenhang gesehen werden und können dazu führen, daß nach den oben dargestellten Voraussetzungen[367] eine Zusicherung gar nicht vorliegt.

5. Einzelfälle

Aus Raumgründen muß hier auf die Darstellung und Erörterung von Einzelfällen von Reisemängeln verzichtet werden.[368] Insoweit ist auf die kaum noch überschaubare Kasuistik zu verweisen, wie sie sich aus den Veröffentlichungen in den maßgebenden Zeitschriften[369] und der Kommentarliteratur[370] ergibt.

---

[362] *BGH*, NJW 1983, 35, 36; *Eckert*, S. 97; *Führich*, Rdnr. 147; *Kappus*, Rdnr. 66 ff.

[363] a.A. die h.M. – S.o. III, 1, e, (7), Fußn. 238a

[364] *Seyderhelm*, § 651d, Rdnr. 2.

[365] *OLG Frankfurt*, NJW-RR 1986, 1172; *Estel*, Rdnr. 21; *Seyderhelm*, § 651d, Rdnr. 2; a.A. *LG Hannover*, NJW-RR 1986, 1056; *AG Bonn*, RRa 1996, 221.

[366] *Seyderhelm*, § 651f, Rdnr. 9; *Tonner*, MK, § 651 f, Rdnr. 27.

[367] S.o. III, 3, b.

[368] Siehe Vorauflage, S. 408 ff.

[369] Vor allem NJW-RR, RRa.

[370] Siehe etwa *Bidinger/Müller*, Anhang zu § 651d; *Führich*, Rdnr. 272 ff.; *Seyderhelm*, § 651d, Rdnr. 27 ff.; *Tonner*, MK Anhang nach § 651e; ferner *Nies/Traut*, Reiserecht (1995); siehe auch die im Literaturverzeichnis angegebenen Rechtsprechungsübersichten.

IV. Einzelne Rechte des Reisenden bei Verletzung der Einstandspflicht

Bei Vorliegen von Reisemängeln stehen dem Reisenden verschiedene Rechte zu. Grundgedanke der gesetzlichen Regelung ist, in erster Linie den vertraglichen Zustand herzustellen und nur bei Unterbleiben dieser Herstellung dem Reisenden Ausgleichsansprüche zu geben.[371]

1. Das Recht auf Abhilfe (§ 651c II BGB)

a) Rechtsnatur

Es handelt sich der Sache nach um den ursprünglichen Erfüllungsanspruch. Er geht auf Herstellung des vertraglichen Zustandes.[372]

Dies kann bei Unterbringung in einer anderen Unterkunft die Zurverfügungstellung der geschuldeten Unterkunft sein; bei Fehlen von Einrichtungsgegenständen die Beschaffung des notwendigen Inventars, bei Vorliegen von Defekten die Vornahme von Reparaturen. Der Reiseveranstalter hat allerdings in gewissen Grenzen die Befugnis, statt des geschuldeten Zustandes einen anderen gleichwertigen Zustand herbeizuführen (sog. „erweiterte Abhilfe"),[373] dies gilt vor allem für das Angebot von Ersatzobjekten.[374]

b) Geltendmachung des Anspruchs

Der Anspruch auf Abhilfe muß von dem Reisenden in der Regel geltendgemacht werden.[375] Dies geschieht durch das sogenannte Abhilfeverlangen. Der Reiseveranstalter soll durch das Abhilfeverlangen Kenntnis von dem Vorliegen des Reisemangels und der Tatsache erhalten, daß der Reisende den vorgefundenen Zustand nicht als vertragsgemäße Leistung hinnehmen will. Auf diese Weise soll ihm Gelegenheit gegeben werden, den vertraglichen Zustand herbeizuführen und damit dem Entstehen von Rechten des Reisenden auf Gewährleistung entgegenzuwirken.[376]

Das Abhilfeverlangen deckt sich – jedenfalls in der Praxis – mit der Mängelrüge nach § 651d II BGB.[377] Es spielt im Reise*prozeß* nur eine sekundäre Rolle: es wird nicht als Anspruch geltendgemacht, sondern wirkt sich als Obliegenheit des Reisenden zur Mit-

---

[371] Hierzu *Tempel*, NJW 1986, 547.

[372] *Tonner*, MK, § 651c, Rdnr. 54; *Führich*, Rdnr. 228.

[373] *LG Frankfurt*, NJW 1985, 1473; *Bidinger/Müller*, § 651c, Anm. 24; *Seyderhelm*, § 651c, Rdnr. 61; gegen diese Unterscheidung *Tonner*, § 651c, Rdnr. 54.

[374] S.u. 1, c, (4) + 2, b, (2).

[375] Zu Ausnahmen s.u. b, (1), ab Fußn. 382.

[376] *Bidinger/Müller*, § 651c, Anm. 18; *Führich*, Rdnr. 228; *Tempel*, NJW 1984, 1753; NJW 1986, 554; *Tonner*, MK, § 651c, Rdnr. 50, 56.

[377] Unterschiede betonen *BidingerMüller*, § 651c, Anm. 26; *Tonner*, MK, § 651c, Rdnr. 50.

wirkung bei der Mängelbeseitigung aus, deren Verletzung Auswirkungen auf seine eigentlichen Rechte hat.

(1) Aus der Funktion des Abhilfeverlangens folgt, daß es im Grundsatz gegenüber dem Reiseveranstalter, also nicht den örtlichen Leistungsträgern auszuüben ist.[378]

Maßgebender Adressat ist deshalb die örtliche Reiseleitung,[379] wobei es nur auf das Auftreten nach außen, nicht auf interne Zuständigkeiten ankommt.[380] Bei kleineren Mängeln kann es zwar der Verkehrssitte entsprechen, zunächst die Geschäftsführung des Leistungsträgers (Rezeption, Schlüsselhalter) auf Abhilfe anzusprechen und erst bei Erfolglosigkeit der Maßnahme die Reiseleitung einzuschalten; in diesen Fällen kann der Reiseveranstalter dem für die Zeit bis zur Abhilfe bestehenden Minderungsanspruch nicht entgegenhalten, er hätte sogleich die Reiseleitung einschalten sollen (§ 651d II BGB).[381]

Voraussetzung für die Geltendmachung des Abhilfeverlangens ist natürlich, daß der Reiseveranstalter die Person, den Standort und die Sprechzeit der Reiseleitung in für den Reisenden klarer Weise bekanntgegeben hat (§ 4 Ic InfVO)[382] und daß die Reiseleitung in zeitlich genügendem Umfang für die Entgegennahme des Abhilfeverlangens zur Verfügung steht.[383] Erst recht nicht darf die Reiseleitung die Entgegennahme der Erklärung verweigern, indem sie z.B. eine Sprechstunde abbricht, obwohl noch Reisende die Reiseleitung sprechen wollen.[384] Dem Reisenden im Ausland muß auch ein deutschsprechender Gesprächspartner zur Verfügung stehen.[385]

Bei Fehlen einer Reiseleitung am Urlaubsort selbst kann dem Reisenden nach Treu und Glauben eine Fahrt in einen nahegelegenen Nachbarort zur dort befindlichen Reiseleitung zugemutet werden.[386] Dagegen dürfte, wenn man von deutschsprechenden Nachbarländern (Schweiz, Österreich) einmal absieht, dem Reisenden die telefonische Kontaktaufnahme aus dem Ausland mit der Zentrale des Reiseveranstalters in Deutschland nur „in besonders gelagerten Ausnahmefällen" zuzumuten sein.[387] Der Reisende ist aber zu einer solchen telefonischen Kontaktaufnahme berechtigt.[388]

Im übrigen kommen bei Fehlen einer eigenen Reiseleitung sonstige Kontaktadressen in Betracht, die der Reiseveranstalter zur Entgegennah-

---

[378] *BGHZ* 108, 52 = NJW 1989, 2750 m.Nw.

[379] *Bidinger/Müller*, § 651c, Anm. 29; *Tonner*, MK, § 651c, Rdnr. 51; *Staudinger/Schwerdtner*, § 651c, Rdnr. 142.

[380] *Tempel*, NJW 1986, 549.

[381] *LG Frankfurt*, 17. 12. 1984, 2/24 S 322/83; *Seyderhelm*, § 651d, Rdnr. 109.

[382] *LG Frankfurt*, NJW-RR 1991, 378; 1991, 1076; *Tonner*, § 651c, Rdnr. 52.

[383] *BGHZ* 108, 52 = NJW 1989, 2750; *LG Frankfurt*, NJW 1985, 330 (Ankunftstag); NJW-RR 1991, 631; *LG Köln*, NJW-RR 1989, 565; *Tempel*, NJW 1986, 549; *Bidinger/Müller*, § 651c, Anm. 29; *Seyderhelm*, § 651c, Rdnr. 102; *Tonner*, MK, § 651c, Rdnr. 52; *Pick*, § 651c, Rdnr. 63; zu großzügig *AG Berlin-Charlottenburg*, RRa 1995, 142 m. abl. Anm. *Tempel*, RRa 1996, 46.

[384] *LG Frankfurt*, 14. 11. 1988, 2/24 S 270/88.

[385] *LG Köln*, NJW-RR 1989, 565; *LG Frankfurt*, NJW-RR 1990, 760; *Seyderhelm*, § 651c, Rdnr. 106.

[386] *Seyderhelm*, § 651d, Rdnr. 102; *Tonner*, § 651c, Rdnr. 52; *Tempel*, NJW 1986, 549, mit jeweils unterschiedlichen Grenzen zur Zumutbarkeit.

[387] *BGHZ* 108, 52 = NJW 1989, 2750; *BGHZ* 119, 156 = NJW 1992, 3158, 3162; *BGH*, NJW 1993, 263; *LG Frankfurt*, NJW-RR 1988, 634; 1990, 760; *Bidinger/Müller*, § 651c, Anm. 28; *Seyderhelm*, § 651d, Rdnr. 107.

[388] *LG Frankfurt*, NJW-RR 1988, 1330.

me des Abhilfeverlangens (und der anderen formellen Erklärungen) in erkennbar klarer Weise[389] dem Reisenden bekanntgegeben hat.

In Frage kommen örtliche Agenturen, die Hotelrezeption, die Verwaltung einer Ferien- bzw. Clubanlage, die Schlüsselübergabestelle.[390] Im Einzelfall können diese Personen auch unter dem Gesichtspunkt der Anscheins- und Duldungsvollmacht als Adressaten in Frage kommen, wenn der Reiseveranstalter bzw. die örtliche Reiseleitung sie als mögliche Ansprechpartner fungieren läßt.[391]

(2) Das Abhilfeverlangen ist an keine bestimmte Form gebunden. Es muß aus der mündlichen Erklärung nur ersichtlich sein, daß der Reisende mit dem angetroffenen Zustand hinsichtlich konkret genannter Beanstandungen nicht zufrieden ist und auf vertragsmäßiger Erfüllung besteht.[392]

Eine besondere förmliche Erklärung wird also nicht verlangt. Auch eine höfliche Bitte kann genügen.[393] Dem Einwand des Reiseveranstalters, der Reisende habe nur den Anschein einer Unterrichtung bezweckt, nicht aber Abhilfe in eigentlichem Sinne verlangt, ist entgegenzuhalten, daß im Zweifel der Reisende keine unverbindlichen Gespräche führen will und die Reiseleitung durch geeignete Fragen klären muß, welchen Erklärungswert das Verhalten des Reisenden hat. Eine Fristsetzung ist nicht erforderlich, aber im Hinblick auf den Übergang zur Selbstabhilfe[394] zweckmäßig.[395]

c) Die Durchführung der Abhilfe

Mit dem Abhilfeverlangen geht das Risiko der Beseitigung des Mangels auf den Reiseveranstalter bis zu dessen Beseitigung über.[396]

(1) Zunächst ist die Reiseleitung verpflichtet, sich über den gerügten Mangel zu unterrichten, soweit es sich nicht um offenkundige, bereits bekannte Mängel (z.B. eine Großbaustelle) handelt.

Die Reiseleitung hat sich durch Aufsuchen der Unterkunft ein Bild über den gerügten Zustand (Größe des Zimmers, Verschmutzung, Defekte, fehlendes Inventar etc.) zu verschaffen.[397] Bei Rüge schlechten Essens oder Essensservices hat sie sich an Ort und Stelle über die Qualität des Essens bzw. des Services zu unterrichten.

(2) Sodann ist eine eindeutige Stellungnahme der Reiseleitung erforderlich, ob sie den gerügten Zustand als bestehend und als Reisemangel anerkennt sowie, daß sie zur Abhilfe bereit und in der Lage ist.[398]

---

[389] § 4 I c InfVO; *BGHZ* 119, 152 = NJW 1992, 3158, 3162; *LG Frankfurt*, NJW-RR 1991, 1076.

[390] *Bidinger/Müller*, § 651c, Anm. 29; *Seyderhelm*, § 651d, Rdnr. 103, 104; *Tempel*, NJW 1986, 549.

[391] *Bernreuther*, DAR 1985, 51; *LG Frankfurt*, 21.11.1983, 2/24 S 138/83 (räumliche Verquickung von Agentur und Reiseleitung); *Seyderhelm*, § 651d, Rdnr. 105.

[392] *Bidinger/Müller*, § 651c, Anm. 32; *Führich*, Rdnr. 230.

[393] Hierzu *Seyderhelm*, § 651d, Rdnr. 110, 111; vgl. zu den ähnlichen Problemen bei § 651g I unten VII, 1, f, (1), Fußn. 959.

[394] Hierzu unten 2, a, (1).

[395] *Bidinger/Müller*, § 651c, Anm. 33.

[396] *Bidinger/Müller*, § 651c, Anm. 34. – S.u. (5).

[397] *Bidinger/Müller*, § 651c, Anm. 34; *Tempel*, NJW 1986, 550.

[398] *Führich*, Rdnr. 234; *Tempel*, NJW 1986, 549.

Gibt der Reiseleiter keine Erklärung oder nur unverbindliche Floskeln (Bagatellisierung, Vertröstungen) ab, so muß dies als Verweigerung der Abhilfe gewertet werden.[399]

(3) Die angebotene Abhilfe muß geeignet sein, den gerügten Mangel *restlos* zu beseitigen. Der Reisende ist nicht verpflichtet, auf Abhilfeangebote einzugehen, die zwar eine gewisse Verbesserung des gerügten Zustandes bedeuten, aber immer noch hinter der vertraglich geschuldeten Leistung zurückbleiben.[400] Erst recht nicht braucht er auf Abhilfeangebote einzugehen, die zwar den gerügten Mangel beseitigen, aber nunmehr andere Abweichungen von dem vertraglich geschuldeten Zustand mit sich bringen.

So ist bei einer gerügten Lärmbeeinträchtigung der Umzug in ein anderes Zimmer nicht zumutbar, wenn die Lärmquelle zwar geringer zu hören ist, aber immer noch als rügefähiger Zustand fortbesteht.[401] Wer ein Zimmer mit Balkon oder Meerblick gebucht hat, ist nicht gehalten, das lärmbefallene oder verschmutzte Zimmer gegen ein solches ohne Balkon bzw. Meerblick auszutauschen.[402] Bei Nichtbenutzbarkeit des Swimmingpools ist es keine geeignete Abhilfe, wenn dem Reisenden die Benutzung eines anderen Swimmingpools in erheblicher Entfernung angeboten wird.[403] Ausnahmen bestehen unter dem Gesichtspunkt von Treu und Glauben (§ 242 BGB) bei ganz geringfügigen Beeinträchtigungen, z.B. einem tropfenden Wasserhahn.

Nimmt der Reisende derartige nicht gleichwertige Ersatzleistungen gleichwohl an, so liegt keine Vertragsänderung vor; der Reisende behält also seine Gewährleistungsansprüche.[404]

(4) Der Reisende ist im Rahmen von Treu und Glauben (§ 242 BGB) gehalten, in angebotene Ersatzobjekte umzuziehen; Voraussetzung ist allerdings, daß sie – gemessen an der Buchung, also nicht an ihrer Prospektbeschreibung – mangelfrei sind.[405]

Örtlich sind nur Ersatzangebote am gleichen Ort, nicht darüber hinaus zulässig.[406] Im Bereich von Unterkunft und Verpflegung muß das angebotene Ersatzobjekt im übrigen voll mangelfrei sein. So ist eine Umstellung auf eine andere Art der Unterbringung (Club statt Bungalow, Hotel statt Bungalow, Appartement statt Hotel etc.) keine geeignete Ersatzleistung.[407] Vor allem darf die Entfernung vom Strand nicht erheblich

---

[399] *Bidinger/Müller*, § 651c, Anm. 34; *Führich*, Rdnr. 234; *Seyderhelm*, § 651c, Rdnr. 59; vgl. auch *LG Frankfurt*, NJW-RR 1991, 247 (Vorschlag einer Selbstabhilfe durch eigenes Verhandeln mit Mitreisenden).

[400] *LG Frankfurt*, NJW 1985, 1474; NJW-RR 1987, 368; *OLG Düsseldorf*, VuR 1987, 27; *Seyderhelm*, § 651c, Rdnr. 61, 64; *Tonner*, MK, § 651c, Rdnr. 55, 56; abzulehnen deshalb *OLG Karlsruhe*, NJW-RR 1988, 246; *AG Bonn*, RRa 1996, 221; bedenklich *AG Hamburg*, RRa 1995, 10 („annähernd gleichwertig").

[401] *LG Frankfurt*, 12. 1. 1987, 2/24 S 239/85; *Seyderhelm*, § 651c, Rdnr. 64.

[402] *AG Bad Homburg*, NJW-RR 1997, 819.

[403] *LG Frankfurt*, 11. 7. 1988, 2/24 S 357/86 (Zubringerbus); *Seyderhelm*, § 651c, Rdnr. 61.

[404] *Tonner*, MK, § 651c, Rdnr. 61; teilw. a.A. *LG Frankfurt*, NJW 1983, 2884.

[405] *LG Frankfurt*, NJW 1985, 1474; *OLG Düsseldorf*, VuR 1987, 27; *Bidinger/Müller*, § 651c, Anm. 36; *Führich*, Rdnr. 236; *Tonner*, MK, § 651c, Rdnr. 57.

[406] *LG Frankfurt*, NJW 1985, 1474; *OLG München*, NJW 1984, 132; krit. zum „gleichen Ort" *Seyderhelm*, § 651c, Rdnr. 63; *Tonner*, MK, § 651c, Rdnr. 57.

[407] *Seyderhelm*, § 651c, Rdnr. 62.

von dem gebuchten Objekt abweichen.[408] Bei der Verpflegung ist ein Umsteigen auf eine andere Verpflegungsart (Vollpension statt Halbpension oder Frühstück, überhaupt Verpflegung statt bloße Unterkunft) nicht möglich.[409] Bei Zusatzleistungen sind geringfügige Abweichungen im Rahmen von Treu und Glauben zumutbar.[410] Im übrigen können weitere Umstände die Annahme eines Ersatzangebotes unzumutbar machen.[411]

Trotz der Obliegenheit, derartige Ersatzobjekte anzunehmen, verbleibt dem Reisenden ein Anspruch auf Minderung wegen Unterbringung in einem von der Buchung abweichenden Objekt.[412] Ebenso hat er Minderungsansprüche wegen sonstiger Mängel des Ersatzobjekts[413] sowie wegen der auf den Umzug entfallenden verlorenen Urlaubszeit.[414]

(5) Die Reiseleitung ist gehalten, sich solange um die Beseitigung des Reisemangels selbst zu kümmern, bis er beseitigt ist.[415]

Sie genügt nicht ihrer Verpflichtung zur Abhilfe, wenn sie den Reisenden an die Rezeption des Hotels verweist.[416] Soweit Umzüge in ein anderes Zimmer oder ein Ersatzobjekt angeboten werden, hat sie dem Reisenden vor seiner Stellungnahme, ob er das Angebot annimmt, die Gelegenheit zu einer Besichtigung zu verschaffen.[417] Nach dem Abhilfeangebot hat sie sich zu vergewissern, ob die Abhilfe durchgeführt ist und ob sie nunmehr zu einer mangelfreien Reiseleistung geführt hat; der Reisende ist nur in Ausnahmefällen gehalten, die Mängelrüge zu wiederholen.[418]

(6) Die Durchführung der Abhilfe darf an keine Bedingungen geknüpft werden. Da es sich um die Herstellung des vertraglich geschuldeten Zustandes handelt, ist vor allem die Forderung nach Zahlung eines Aufpreises unzulässig (Grundsatz der kostenlosen Abhilfe).[419]

---

[408] *OLG Frankfurt*, OLG-Report, 1992, 194.

[409] *LG Frankfurt*, NJW-RR 1990, 699 (Doppelzimmer mit Verpflegung statt Ferienappartement mit Kochnische).

[410] *LG Frankfurt*, NJW 1985, 1474; *Seyderhelm*, § 651c, Rdnr. 62; *Führich*, Rdnr. 237.

[411] *OLG Frankfurt*, NJW-RR 1988, 632 (Urlaubsbekanntschaften, Bedenken bei *Seyderhelm*, § 651c, Rdnr. 67); *LG Frankfurt*, 9. 5. 1983, 2/24 S 389/82 (Gehbehinderung); vgl. jedoch *LG Frankfurt*, 14. 3. 1988, 2/24 S 44/87 (Umzug der Großeltern in ein anderes Stockwerk und dadurch bedingte Entfernung von Tochter, Schwiegersohn und Enkel zumutbar; a.A. insoweit *Seyderhelm*, § 651c, Rdnr. 679).

[412] *LG Frankfurt*, NJW 1985, 1474.

[413] *LG Frankfurt*, aaO.

[414] *AG Kleve*, RRa 1998, 1591; *Seyderhelm*, § 651c, Rdnr. 82.

[415] *Bidinger/Müller*, § 651c, Anm. 34; *Seyderhelm*, § 651c, Rdnr. 76.

[416] *Tempel*, NJW 1986, 547, 549; vgl. auch *OLG Frankfurt*, RRa 1995, 224; *LG Frankfurt*, NJW-RR 1991, 241 (Verweisung an Mitreisende).

[417] *LG Frankfurt*, NJW 1983, 233; *Seyderhelm*, § 651c, Rdnr. 76; *Tonner*, MK, § 651c, Rdnr. 57; der Reisende ist auch gehalten, das angebotene Ersatzzimmer zu besichtigen; *LG Frankfurt*, 17. 9. 1984, 2/24 S 211/83.

[418] *LG Frankfurt*, 9. 3. 1987, 2/24 S 234 /86.

[419] *LG Frankfurt*, NJW-RR 1987, 826; *AG Hannover*, RRa 1996, 222; *Bidinger/Müller*, § 651c, Anm. 39; *Seyderhelm*, § 651c, Rdnr. 78; *Führich*, Rdnr. 239; *Tonner*, MK, § 651c, Rdnr. 62; teilw. abw. *Führich*, aaO und *LG Hannover*, NJW-RR 1987, 496, die abweichende Vereinbarungen zu Lasten des Reisenden zulassen wollen; ebenso bei einfachen Mängeln unterhalb der Kündigungsgrenze *LG Frankfurt*, NJW 1983, 2884.

Der Reiseveranstalter muß also notfalls, wenn kein gleichwertiges Ersatzobjekt zur Verfügung steht, ohne Forderung eines Aufpreises eine bessere Unterkunft (höhere Kategorie) zur Verfügung stellen.[420] Soweit allerdings bei Umsteigen auf ein Ersatzobjekt im Einverständnis des Reisenden[421] Mehrleistungen erbracht werden,[422] muß sich der Reisende die infolge Wegfalls der Eigenversorgung ersparten Aufwendungen für zusätzliche Mahlzeiten nach § 242 BGB anrechnen lassen;[423] das Gericht hat sie nach § 287 ZPO zu schätzen.[424]

Der Reiseveranstalter und seine Reiseleitung darf auch nicht zulassen, daß der Leistungsträger des mangelhaften Objekts den Reisenden nur gegen Zahlung einer „Leerbettengebühr" ausziehen läßt.

Es ist Angelegenheit des Reiseveranstalters, sich mit dem Leistungsträger auseinanderzusetzen, inwieweit dieser wegen leerstehender Betten Ansprüche gegen den Reiseveranstalter hat.[425] Auch ein Vorstrecken von Beträgen durch den Reisenden unter Verweisung auf Rückerstattung nach Reiseende ist unstatthaft.[426] Ebensowenig darf die Reiseleitung die Abhilfe davon abhängig machen, daß der Reisende für den Zeitraum bis zur Abhilfe auf Minderung oder Schadensersatz verzichtet (§ 651l BGB).[427]

(7) Die Zuweisung des Ersatzzimmers bzw. des Ersatzobjekts muß endgültig sein.[428]

(8) Entsprechend dem Fixcharakter des Reisevertrages und dem daraus folgenden Interesse des Reisenden, möglichst schnell in den ungehinderten Genuß der Reiseleistung zu kommen, hat die Abhilfe unverzüglich (§ 121 II BGB) zu erfolgen.[429]

Dieses Erfordernis deckt sich mit dem für das Recht auf Selbstabhilfe erforderlichen Voraussetzung der „angemessenen Fristsetzung" (§ 651c III BGB). Eine starre Zeitspanne kann für die Abhilfe nicht angegeben werden. Maßgebend ist neben dem Interesse des Reisenden auf alsbaldige Herstellung des vertragsgemäßen Zustandes die Art und Schwere der Mängel: je schwerer die Mängel wiegen, desto kürzere Fristen zur Beseitigung sind anzusetzen.[430] Auf keinen Fall geht es an, die Abhilfe über die erforderliche Zeit hinaus bis zum nächsten Abreisetag anderer Reisender und damit freiwerdender mangelfreier Objekte zuzulassen. Bei Schwerstmängeln, bei denen der Bezug der angebotenen Unterkunft unzumutbar ist, hat die Abhilfe sofort zu erfolgen.[431]

Der Reisende ist im Rahmen von Treu und Glauben (§ 242 BGB) gehalten, an der Durchführung der Abhilfe mitzuwirken, z.B. durch den Transport seiner Habseligkei-

---

[420] *KG*, NJW-RR 1993, 1209.

[421] S.o. Fußn. 409.

[422] Beispiel: Zusätzliche Verpflegung.

[423] *LG Frankfurt*, 13.7.1987, 2/24 S 50/87; die Eigenersparnis ist weniger als der normale Hotelpreis.

[424] Beispiel: VP statt HP: 10–12 DM/Tag für eine zusätzliche Mahlzeit; VP statt ÜF: 20–24 DM für zwei zusätzliche Mahlzeiten; ÜF statt Ü: 5–6 DM pro Frühstück.

[425] *LG Frankfurt*, NJW-RR 1987, 826.

[426] *Seyderhelm*, § 651c, Rdnr. 79; a.A. *LG Düsseldorf*, RRa 1997, 116.

[427] *LG Frankfurt*, NJW 1984, 1762; a.A. *LG Hamburg*, RRa 1994, 185; teilw. abw. *Bidinger/Müller*, § 651c, Anm. 39; § 651e, Anm. 5; hiergegen *Tempel*, RRa 1999, 112.

[428] *LG Frankfurt*, NJW-RR 1989, 312; *Seyderhelm*, § 651c, Rdnr. 71; *Tonner*, MK, § 651c, Rdnr. 57.

[429] *Bidinger/Müller*, § 651c, Anm. 34; *Seyderhelm*, § 651c, Rdnr. 72, 73.

[430] *LG Frankfurt*, NJW 1985, 1473; *Tempel*, NJW 1986, 550.

[431] *LG Frankfurt*, NJW-RR 1992, 1083; *Bidinger/Müller*, § 651c, Anm. 34.

ten in das neue Zimmer oder das Ersatzobjekt oder Duldung von Reparaturarbeiten auf seinem Zimmer. Er braucht allerdings nicht ständig parat zu stehen, sondern kann erwarten, daß die Reiseleitung oder die Rezeption ihn von den bevorstehenden Maßnahmen rechtzeitig benachrichtigt.[432]

(9) Der Reisende ist zwar im Grundsatz bis zum Abschluß der Reise verpflichtet, auf Abhilfemaßnahmen der Reiseleitung einzugehen, solange er nicht selbst irgendwelche Konsequenzen aus dem Reisemangel durch Selbstabhilfe oder Kündigung des Reisevertrages gezogen hat.

Dies folgt aus dem Interesse des Reiseveranstalters, den vertragsgemäßen Zustand herbeizuführen und damit Ansprüche des Reisenden auf Minderung oder Schadensersatz abzuwenden. Auch nach Ablauf der nach § 651c III S. 1 und § 651e II S. 1 BGB gesetzten Fristen ist deshalb die Abhilfebefugnis des Reiseveranstalters zu bejahen. Allerdings können im Einzelfall aus dem Gesichtspunkt von Treu und Glauben und der Zumutbarkeit der Abhilfebefugnis Grenzen setzen.[433] So darf die Abhilfe nicht zur Unzeit erfolgen.[434] Außerdem kann dem Reisenden in den letzten Tagen vor der Abreise der Umzug in ein anderes Zimmer nicht mehr zugemutet werden.[435]

Das LG Frankfurt hat hinsichtlich des Angebots von Ersatzobjekten die Befugnis des Reiseveranstalters noch stärker zeitlich eingegrenzt. Im Hinblick auf das Interesse des Reisenden an alsbaldiger Bestimmung seiner örtlichen Bleibe ist der Reiseveranstalter gehalten, diese Umquartierung innerhalb der in § 651c III S. 1 und § 651e II S. 1 BGB vorgesehenen Fristen vorzunehmen; unterläßt er dies, wobei es auf die Gründe nicht ankommt, ist ein späterer Umzug nur noch mit Einverständnis des Reisenden möglich.[436]

d) Unterlassene Abhilfe

Wird seitens des Reiseveranstalters die Abhilfe verweigert oder innerhalb der angegebenen Fristen[437] nicht vorgenommen, so hat der Reisende einen Anspruch auf Beweissicherung in Form einer schriftlichen Bestätigung der Reiseleitung,[438] bei dessen Nichterfüllung im späteren Reiseprozeß Nachteile im Rahmen der Beweiswürdigung (§ 286 ZPO) eintreten können.[439] Die schriftliche Erklärung der Reiseleitung hat sich auf folgende Punkte zu erstrecken:

(1) ob und wann der Reisende bestimmte Reisemängel gerügt und deren Abhilfe verlangt hat;

(2) ob und welche der beanstandeten Reisemängel nach den angestellten Recherchen der Reiseleitung vorgelegen haben;[439]

---

[432] *Pick*, § 651c, Rdnr. 72; *Seyderhelm*, § 651c, Rdnr. 77.

[433] *LG Frankfurt*, NJW 1985, 1473.

[434] *Tempel*, NJW 1986, 556.

[435] *OLG Frankfurt*, NJW-RR 1988, 632.

[436] *LG Frankfurt*, NJW 1985, 1473; zust. *Pick*, § 651c, Rdnr. 69.

[437] S.o. c, (8) + (9).

[438] *Führich*, Rdnr. 234; *Tempel*, RRa 1998, 31; a.A. *Bidinger/Müller*, § 651c, Anm. 34; *Seyderhelm*, § 651c, Rdnr. 58, 59.

[439] Zum Beweiswert der Mängelprotokolle vgl. einerseits *LG Frankfurt*, NJW 1988, 1219; NJW-RR 1989, 309; *Führich*, Rdnr. 256; andererseits *LG Hannover*, NJW-RR 1988, 1454; *LG Berlin*, NJW-RR 1989, 1213; *Isermann*, S. 97; vermittelnd *AG Düsseldorf*, NJW-RR 1998, 51; *Baumgärtel/Strieder*, Hdb. der Beweislast Bd. 1, § 651c, Rdnr. 2; *Seyderhelm*, § 651d, Rdnr. 95 (Indizwirkung).

(3) ob, wann und wie den gerügten Reisemängeln abgeholfen worden ist;
(4) gegebenenfalls aus welchen Gründen die Abhilfe unterblieben ist.

Die Reiseveranstalter sollten hierfür geeignete Formulare entwickeln und ihren Reiseleitungen zur Verfügung stellen. Dagegen sollte die Unterschrift der Reiseleitung unter vom Reisenden „vorbereitete Erklärungen" unterbleiben. Aus organisatorischen Gründen ist natürlich erforderlich, daß die Reiseleitung Durchschriften für sich selbst und die Zentrale fertigt.

2. Das Recht auf Selbstabhilfe (§ 651c III BGB)

Nach § 651c III BGB darf der Reisende unter bestimmten Voraussetzungen selbst Abhilfe schaffen und Ersatz der für die Beseitigung des Reisemangels erbrachten Aufwendungen verlangen. Eine Verpflichtung hierzu besteht nicht.[440]

a) Formelle Voraussetzungen

(1) Voraussetzung für die Selbstabhilfe ist das erfolglose Setzen einer angemessenen Frist zur Abhilfe (§ 651c III S. 1 BGB).

Im Regelfall deckt sich diese Voraussetzung mit dem bereits erörterten Abhilfeverlangen.[441] Das förmliche Setzen einer Frist wird bei den juristisch nicht versierten Reisenden selten vorliegen; im allgemeinen wird durch das Abhilfeverlangen eine angemessene Frist in Lauf gesetzt.[442] Die Länge der angemessenen Frist deckt sich mit dem Inhalt der Pflicht zur unverzüglichen Abhilfe.[443] Nicht erforderlich ist eine Ablehnungsandrohung, wie sie das Gesetz in anderen Fällen (§§ 326 I S. 1, 634 I, S. 1 BGB) vorsieht.[444]

(2) Eine Fristsetzung ist in Ausnahmefällen nicht notwendig (§ 651c III S. 2 BGB).

Einmal entfällt die Fristsetzung, wenn der Reiseveranstalter auf das Abhilfeverlangen die Abhilfe verweigert,[445] was auch stillschweigend oder durch Angebot einer unzulässigen Abhilfe, z.B. durch das Angebot eines Ersatzobjekts nur gegen Zahlung eines Aufpreises, geschehen kann.[446] Gleiches gilt, wenn ein Abhilfeverlangen wegen Fehlens einer Reiseleitung oder einer anderen zur Entgegennahme ermächtigten Stelle oder zumutbaren Erreichbarkeit derselben nicht abgegeben werden kann.[447] Ist eine Abhilfe nicht möglich, so ist eine Fristsetzung ebenfalls entbehrlich.[448] Schließlich entfällt die Notwendigkeit eines Abhilfeverlangens mit Fristsetzung, wenn die sofortige Abhilfe durch ein besonderes Interesse des Reisenden gerechtfertigt ist; hierunter sind vor allem in der Person des Reisenden liegende Umstände zu verstehen (Krankheit, Ge-

---

[440] *Seyderhelm*, § 651c, Rdnr. 101.
[441] S.o. IV, 1, b.
[442] *Seyderhelm*, § 651c, Rdnr. 89; *Tempel*, NJW 1986, 550; *Tonner*, MK, § 651c, Rdnr. 64.
[443] S.o. IV, 1, c, (8).
[444] *Seyderhelm*, § 651c, Rdnr. 89.
[445] S.o. IV, 1, c, (2).
[446] *Seyderhelm*, § 651c, Rdnr. 91; *Tempel*, NJW 1986, 550.
[447] S.o. IV, 1, b, (1); *Seyderhelm*, § 651c, Rdnr. 92.
[448] *LG Frankfurt*, 3. 8. 1987, 2/24 S 71/87.

brechen, Kleinkinder),[449] weniger zeitliche Dringlichkeit, bei denen die Entbehrlichkeit der Fristsetzung sich bereits aus der Unmöglichkeit der Abhilfe im zeitlich erforderlichen Rahmen ergibt.[450]

b) Materielle Voraussetzungen

(1) Bei der normalen Abhilfe, d.h. Beseitigung von Mängeln unter Beibehaltung der Reiseleistungen im übrigen, ist der Reisende ohne besondere materiellen Voraussetzungen zur Selbstabhilfe berechtigt.

(2) Im Rahmen der erweiterten Selbstabhilfe, bei denen die Abhilfe in dem Bezug eines Ersatz-objekts besteht,[451] muß richtiger Ansicht nach in Analogie zu § 651e I BGB eine erhebliche Beeinträchtigung vorliegen, da sich diese Form der Selbstabhilfe einer Teilkündigung des Reisevertrages – unter Beschränkung der Leistungen des Reiseveranstalters auf den Rücktransport – nähert.[452]

Die h.M., die diese Einschränkung des Selbstabhilferechts ablehnt[453] setzt sich mit der in § 651e I BGB niedergelegten Wertung in Widerspruch, wenn sie wegen geringer Mängel, z.B. einem fehlenden Balkon, dem Ausfall der Toilette, einer fehlenden Klimaanlage, langen Wartezeiten beim Essen oder drei Geckos nebst einer Kakerlake dem Reisenden das Recht geben will, das Hotel zu wechseln.

c) Rechtsfolgen

Der Reisende kann nach erfolgter Selbstabhilfe Ersatz der erforderlichen Aufwendungen verlangen.

(1) Bei der normalen Abhilfe sind dies diejenigen Beträge, die der Reisende durch Ankauf erforderlicher Einrichtungsgegenstände oder Lebensmittel, durch Inanspruchnahme der Dienste oder Leistungen Dritter[454] aufgewendet hat. Auch bei Vornahme gewisser Arbeiten in Eigenregie kann eine angemessene Vergütung verlangt werden.[455] Ferner kommt eine Erstattung von Fahrtkosten in Betracht.[456]

---

[449] *Führich*, Rdnr. 244; *Seyderhelm*, § 651c, Rdnr. 92; *Tempel*, NJW 1986, 551; *Tonner*, MK, § 651c, Rdnr. 65.

[450] S.o. IV, 1, c, (8).

[451] S.o. IV, 1, a, Fußn. 373; IV, 1, c, (4).

[452] *LG Frankfurt*, NJW 1983, 2884; NJW-RR 1992, 310; 1992, 630; 1995, 1521; RRa 1995, 48; *AG Hamburg*, RRa 1995, 10; *AG Bad Homburg*, RRa 1996, 186; *Pick*, § 651c, Rdnr. 78; *Tempel*, NJW 1986, 547, 550; *Seyderhelm*, § 651c, Rdnr. 93. – Zu den Rechtsfolgen eines danach ungerechtfertigten Umzugs siehe *LG Frankfurt*, NJW-RR 1992, 310; *Seyderhelm*, § 651c, Rdnr. 100 (hypothetische Minderung); s.u. IV, 4, f, (2) + (4), Fußn. 588, 589.

[453] *Staudinger/Schwerdtner*, § 651c, Rdnr. 149, 150; *Tonner*, § 651c, Rdnr. 66 (der aber die Gegenmeinung falsch wiedergibt); *Führich*, Rdnr. 241.

[454] Beispiele: Reinigung der Unterkunft; Reparatur bestimmter Sachen (Kochherd, Kühlschrank); Buchung eines Landausflugs; Taxitransfer vom Flughafen zum Hotel.

[455] Beispiel: Selbstreinigung des Appartements oder Ferienhauses.

[456] *LG Mönchengladbach*, NJW-RR 1986, 1175; *LG Frankfurt*, NJW-RR 1991, 879.

(2) Soweit eine erweiterte Selbstabhilfe zugelassen wird,[457] kann der Reisende Ersatz der aufgewendeten Hotelkosten verlangen, jedoch nur im Rahmen des Notwendigen und der Verhältnismäßigkeit.[458] Er darf nur ein Hotel am gleichen Ort beziehen[459] und im Regelfall auch nur innerhalb der gleichen Hotelkategorie, es sei denn, ein solches Hotel ist am gleichen Ort nicht beziehbar; dann kommt auch eine höherwertige Unterkunft in Betracht.[460] Hinzutreten die Kosten des Umzugs (Taxikosten) und der Ersatz für den durch den Umzug verlorenen Urlaubstag in Form der Erstattung des anteiligen Reisepreises.[461]

(3) Wird dem Reisenden kein termingerechter Rückflug angeboten, dann darf er für den gleichen Tag einen Linienflug in Anspruch nehmen.[462]

(4) Der Reisende hat – ebenso wie der Besteller im Werkvertragsrecht – einen Anspruch auf Vorschuß gegen den Reiseveranstalter.[463] Dieser Anspruch wird aber bei Weigerung der Reiseleitung zur Abhilfe nicht durchsetzbar sein.

3. Das Recht auf Minderung des Reisepreises (§ 651d BGB)

a) Allgemeines

Nach § 651d BGB mindert sich bei Vorliegen eines Reisemangels für dessen Dauer der Reisepreis nach Maßgabe des § 472 BGB.

Im Gegensatz zur Regelung im Kaufrecht[464] bedarf es also nicht der Geltendmachung eines Anspruchs auf Minderung oder gar des Abschlusses eines Herabsetzungsvertrages.[465] Die Minderung ist deshalb auch vorrangig gegenüber dem Anspruch auf Schadensersatz nach § 651f BGB.[466]

b) Formelle Voraussetzung (Mängelanzeige)

(1) Nach § 651d II BGB tritt die Minderung nicht ein, wenn der Reisende es schuldhaft unterläßt, den Mangel anzuzeigen. Ebenso wie das Abhilfeverlangen[467] soll die Mängelrüge dem Reiseveranstalter Kenntnis von der mangelhaften Beschaffenheit seiner Leistung (meist bei Bewirken derselben durch einen Leistungsträger) und deren fehlende Entgegennahme als vertragsgemäße Leistung verschaffen, um ihm Gelegenheit zu ge-

---

[457] S.o. b.

[458] *LG Frankfurt*, NJW-RR 1992, 310; *Seyderhelm*, § 651c, Rdnr. 95; *Führich*, Rdnr. 245; *Tonner*, § 651c, Rdnr. 67.

[459] *LG Frankfurt*, NJW-RR 1992, 310.

[460] *KG*, NJW-RR 1993, 1209; *OLG Köln*, NJW-RR 1993, 252.

[461] *Seyderhelm*, § 651c, Rdnr. 99.

[462] *Seyderhelm*, § 651c, Rdnr. 95; *Tonner*, MK, § 651c, Rdnr. 67.

[463] *Bidinger/Müller*, § 651c, Anm. 45; *Seyderhelm*, § 651c, Rdnr. 97; *Führich*, Rdnr. 249; *Tonner*, MK, § 651c, Rdnr. 68.

[464] S.o. § 1, 2. Teil, III, 2, a.

[465] H.M. – Vgl. etwa *Seyderhelm*, § 651d, Rdnr. 1; *Tempel* NJW 1986, 548; *Bidinger/Müller*, § 651d, Anm. 1.

[466] *Tempel*, NJW 1986, 548; a.A. *Blaurock/Wagner*, Jura 1985, 169; *Tonner*, § 651d, Rdnr. 3; *Bidinger/Müller*, § 651d, Anm. 2: Rechte bestehen nebeneinander, aber praktischer Vorrang (so *Tonner*).

[467] S.o. IV, 1, b.

ben, den Mangel zu beseitigen, sei es durch eigenes Verhalten oder durch Einwirken auf den eingeschalteten Leistungsträger. Es handelt sich bei § 651d II um eine Einwendung (Ausschlußtatbestand)[468], was Folgen für die prozessuale Beweislast hat.[469]

(2) Die Mängelanzeige nach § 651d II BGB ist zwar dogmatisch von dem Abhilfeverlangen nach § 651c II BGB zu unterscheiden.[470] In der Praxis fallen sie aber im Regelfall zusammen.[471] Die Ausführungen über die Geltendmachung des Abhilfeanspruchs (oben 1b) gelten entsprechend. Eine bestimmte Form ist nicht vorgeschrieben[472] und darf – weder in AGB noch durch Individualvereinbarung – festgelegt werden.[473]

(3) Entsprechend dem unter (1) erwähnten Zweck der Mängelanzeige haben Rechtsprechung und Schrifttum im Wege der teleologischen Reduktion Ausnahmetatbestände anerkannt, in denen auf eine Mängelanzeige wegen fehlender Schutzwürdigkeit des Reiseveranstalters verzichtet werden kann.[474] So ist eine Mängelanzeige entbehrlich, wenn

– eine Abhilfe nicht möglich ist;[475]

Beispiele: die vorhandene Großbaustelle kann nicht stillgelegt, konstruktionsbedingte Mängel des Hotels lassen sich nicht beheben; eine nicht vorhandene Klimaanlage kann jedenfalls während des Aufenthalts des Reisenden nicht eingebaut werden; der im gesamten Zielgebiet eingetretene Wassermangel läßt sich nicht beheben; die vorhandene Steilküste und die damit beeinträchtigte Bademöglichkeit läßt sich nicht beseitigen. – Dieser Ausnahmetatbestand ist allerdings zweifelhaft, wenn eine erweiterte Abhilfe durch Bezug eines Ersatzobjekts in Frage kommt.[476]

– der Reiseveranstalter bereits Kenntnis von dem Mangel hat.[477]

Dies kann sich ergeben aus der Offenkundigkeit des Mangels,[478] den Mängelanzeigen anderer Reisender betreffend allgemeine Reisemängel,[479] ferner dann, wenn der Reiseveranstalter den Mangel gezielt herbeigeführt hat,[480] oder aus einem vor Reiseantritt erfolgten Informationsschreiben des Reiseveranstalters über die bevorstehenden

---

[468] *LG Frankfurt*, NJW-RR 1986, 540; *Eckert*, S. 142; a.A. *Tonner*, MK, § 651d, Rdnr. 4 („formelle Entstehungsvoraussetzung").

[469] S.u. VIII, 5, a, (2).

[470] *Bidinger/Müller*, § 651d, Anm. 12; *Führich*, Rdnr. 253; *Tonner*, MK, § 651d, Rdnr. 4.

[471] S.o. IV, l, b, Fußn. 377.

[472] *Bidinger/Müller*, § 651d, Anm. 15.

[473] *BGH*, NJW 1984, 1752; *Führich*, Rdnr. 255; *Tonner*, § 651d, Rdnr. 4.

[474] *Tempel*, NJW 1986, 552; *Führich*, Rdnr. 258; *Tonner*, MK, § 651d, Rdnr. 5.

[475] *BGHZ* 92, 177 = NJW 1985, 132; *Bidinger/Müller*, § 651d, Anm. 17; *Pick*, § 651d, Rdnr. 10; *Seyderhelm*, § 651d, Rdnr. 114; *Tonner*, MK, § 651d, Rdnr. 5.

[476] *Tempel*, NJW 1986, 553; *Seyderhelm*, § 651d, Rdnr. 114, 126.

[477] *Tempel*, NJW 1986, 553.

[478] *Bidinger/Müller*, § 651d, Anm. 17; *Seyderhelm*, § 651d, Rdnr. 116; *Tonner*, § 651d, Rdnr. 5. – Beispiel: Großbaustelle.

[479] *OLG Frankfurt*, RRa 1998, 1967; *Seyderhelm*, § 651d, Rdnr. 116. – Also nicht bei Reisemängel in einzelnen Zimmern.

[480] *LG Frankfurt*, NJW 1983, 233; *Bidinger/Müller*, § 651d, Anm. 17; Beispiel: Überbuchung.

Mängel[481] oder wenn der Reiseveranstalter das Objekt falsch ausgeschrieben hat und ihm eine Verletzung seiner Überprüfungspflichten[482] vorzuwerfen ist.[483]

– der Reiseveranstalter den Reisenden in ein anderes als das gebuchte Objekt einweist und er deshalb mit Abweichungen von dem gebuchten Standard rechnen muß.[484]

– eine für die Mängelanzeige und die notwendige Abhilfe zuständige Empfangsperson am Urlaubsort nicht vorhanden oder im zumutbaren Rahmen[485] nicht erreichbar ist[486] oder der Reiseveranstalter seiner Verpflichtung zur Unterrichtung des Reisenden (§ 4 I c InfVO) nicht nachgekommen ist.[487]

– wenn der Reiseveranstalter entgegen § 3 II g InfVO – weder in der Reisebestätigung noch in einem dem Reisenden zur Verfügung gestellten Prospekt – auf die Obliegenheit zur Mängelanzeige hingewiesen hat.[488]

– wenn der Reisende ohne Verschulden an der Abgabe der Mängelanzeige verhindert ist (§ 651d II BGB); dies kommt bei persönlichen Umständen (Krankheit, Behinderung) in Frage oder bei einem Auftritt der Mängel kurz vor Reiseende.[489]

(4) Unterläßt der Reisende die ihm obliegende Mängelanzeige, ohne daß einer der unter (3) erwähnten Ausnahmetatbestände vorliegt, so tritt eine Minderung des Reisepreises nicht ein. Bei einer verspäteten Mängelanzeige tritt die Minderung für den Zeitraum nicht ein, von dem ab früher hätte gerügt und Abhilfe geschaffen werden können.

Für die Zeit bis zum hypothetischen Abhilfezeitpunkt bei rechtzeitiger Rüge bleibt dagegen die Minderung bestehen.[490] Beruft sich der Reiseveranstalter darauf, daß er bei rechtzeitiger Rüge dem Reisenden ein („zumutbares“[491]) Ersatzobjekt hätte anbieten können, so muß sich der Reisende ab dem (fiktiven) Zeitpunkt des Umzugs in das Ersatzobjekt so behandeln lassen, als sei er umgezogen.[492]

---

[481] *LG Frankfurt*, NJW 1983, 233; *Seyderhelm*, § 651d, Rdnr. 116; *Tonner*, MK, § 651d, Rdnr. 5. – Zur dahingehenden Informationspflicht s.o. III, 1, e, (5), Fußn. 236.

[482] S.o. III, 1, a, (2), Fußn. 214.

[483] *LG Frankfurt*, NJW-RR 1986, 145; einschr. *Seyderhelm*, § 651d, Rdnr. 118.

[484] *LG Frankfurt*, NJW 1983, 233; *Seyderhelm*, § 651d, Rdnr. 117; *Tonner*, MK, § 651d, Rdnr. 5.

[485] S.o. IV, 1, b, (1), Fußn. 383.

[486] *LG Frankfurt*, NJW 1985, 330; NJW-RR 1988, 634; 1990, 760; *Führich*, Rdnr. 258; *Seyderhelm*, § 651d, Rdnr. 119; *Tonner*, MK, § 651d, Rdnr. 5.

[487] *Bidinger/Müller*, § 651d, Anm. 18; *Führich*, Rdnr. 258; *Tonner*, MK, § 651d, Rdnr. 5.

[488] *Führich*, Rdnr. 258; *Eckert*, S. 206; *Tonner*, MK, § 651d, Rdnr. 6 (der aber zu Unrecht eine Belehrung in AGB noch für zulässig hält).

[489] *Führich*, Rdnr. 258; *Pick*, § 651d, Rdnr. 11; *Tonner*, MK, § 651d, Rdnr. 6.

[490] *LG Frankfurt*, 2. 2. 1987, 2/24 S 234/85; teilweise a.A. *OLG Düsseldorf*, NJW-RR 1992, 1401.

[491] S.o. IV, 1, c, (4).

[492] *LG Frankfurt*, NJW 1985, 1474; *Seyderhelm*, § 651d, Rdnr. 122.

(5) Gegenüber der unter (4) dargestellten Rechtsfolge des Wegfalls der Minderung kann der Reisende sich auf Treu und Glauben und damit auf das Fortbestehen der Minderung berufen, wenn er darlegt und beweist, daß auch bei erfolgter Mängelanzeige nicht abgeholfen worden wäre.[493]

Beispiele: Der Reiseveranstalter hat auch auf eine verspätete Anzeige dem Mangel nicht abgeholfen[494] oder auf Mängelanzeigen anderer Reisender wegen des gleichen Mangels nicht reagiert.

c) Berechnung der Minderung

§ 651d I BGB verweist hinsichtlich der Berechnung der Minderung auf § 472 BGB. Die nach dieser Vorschrift vorzunehmende „verhältnismäßige Herabsetzung" des Reisepreises[495] stößt in der Praxis auf Schwierigkeiten, da der tatsächliche Wert der Reise – als abweichender Wert vom Reisepreis – nicht festgestellt werden kann. In der Praxis hat sich deshalb mit Recht eine Minderung nach Prozentsätzen des vereinbarten Reisepreises durchgesetzt.[496] Dabei ergeben sich folgende Grundsätze und Probleme der Berechnung:

(1) Auszugehen ist nach herrschender Auffassung vom Gesamtreisepreis, da nur dieser bei der pauschalen Vergütung nach außen ersichtlich ist.[497] Das bedeutet auch die Einbeziehung der darin enthaltenen Transportkosten in die Berechnung.[498]

Der Gesamtreisepreis ist auch bei einer aus einzelnen Teilen zusammengesetzten Rundreise maßgebend, wenn nur eine Teilleistung mangelbehaftet ist (Analogie zu § 472 II BGB).[499] Abzuziehen vom Gesamtreisepreis sind aber Vergütungsteile, die außerhalb des synallagmatischen Verhältnisses von Pauschalreise und Pauschalpreis stehen, wie Beiträge für eine gleichzeitig abgeschlossene Versicherung,[500] ein vom Reisenden gezahlter Zuschlag für die Flugbeförderung erster Klasse[501] oder Kosten für zusätzliche Zwischenübernachtungen bei An- und Abreise.[502]

Sind nur einzelne Reisende von dem Mangel betroffen, so ist nur deren Reisepreis zugrundezulegen.[503] Bei unterschiedlicher Betroffenheit einzelner Reisender ist ausge-

---

493 *OLG Frankfurt*, NJW 1983, 235, 237.

494 *AG Stuttgart-Bad Cannstatt*, RRa 1996, 56; *Seyderhelm*, § 651d, Rdnr. 123.

495 *Tonner*, Reisevertrag, § 651d, Rdnr. 3.

496 *Bidinger/Müller*, § 651d, Anm. 5; *Führich*, Rdnr. 264; *Seyderhelm*, § 651d, Rdnr. 7; *Tempel*, NJW 1985, 100; *Tonner*, MK, § 651d, Rdnr. 7.

497 *LG Frankfurt*, NJW-RR 1992, 51; *OLG Düsseldorf*, NJW-RR 1995, 368; *Bidinger/Müller*, § 651d, Anm. 5 + 9; *Führich*, Rdnr. 260 m.Nw.; *Seyderhelm*, § 651d, Rdnr. 8; *Tonner*, § 651d, Rdnr. 8; a.A. *LG Hannover*, NJW 1984, 2417; NJW-RR 1989, 633; *Müller-Langguth*, NJW 1985, 900. – Einschr. *LG Frankfurt*, NJW-RR 1994, 634 (Dressman-Vermittlung).

498 *Tempel*, NJW 1985, 900; *Seyderhelm*, aaO; *Tonner*, aaO.

499 *OLG Düsseldorf*, NJW-RR 1991, 1202; *LG Frankfurt*, NJW-RR 1992, 115; *Führich*, Rdnr. 263; *Seyderhelm*, § 651d, Rdnr. 11; *Tempel*, NJW 1994, 1639.

500 *LG Frankfurt*, NJW-RR 1992, 51.

501 *LG Frankfurt*, NJW-RR 1992, 890.

502 *LG Frankfurt*, NJW-RR 1993, 952.

503 *AG Hannover*, NJW-RR 1992, 51; *LG Frankfurt*, NJW-RR 1993, 1330; *OLG Düsseldorf*, NJW-RR 1991, 377; *Seyderhelm*, § 651d, Rdnr. 115.

hend von dem jeweiligen Reisepreis für den einzelnen Reisenden eine getrennte Berechnung vorzunehmen.[504]

(2) Die Höhe des Prozentsatzes richtet sich nach Art und Intensität des jeweiligen Reisemangels.[505] Abzustellen ist auf die einzelne Reiseleistung[506] wobei aber die Beeinträchtigung des Nutzens bzw. der Tauglichkeit der Gesamtreise durch Berücksichtigung des Reisezwecks eine Rolle spielen kann.[507]

Das hat richtiger Ansicht nach die Konsequenz, daß bezüglich jeden Reisemangels ein getrennter Prozentsatz ausgeworfen werden muß.[508] Bei der anschließenden Addition darf natürlich bei einer Minderung auf Null kein höherer Prozentsatz als 100 % herauskommen; richtiger Ansicht nach sind deshalb bezüglich einzelner Reiseleistungsarten (Transport, Unterkunft, Verpflegung, Nebenleistungen) Höchstsätze zu bilden, um eine Vergütung für mangelfreie Teile der Leistungsarten dem Reiseveranstalter für den Regelfall zu erhalten.[509]

Bei der Ermittlung des Prozentsatzes ist auf einen objektiven Maßstab abzustellen, während subjektive Empfindungen und Empfindlichkeiten des einzelnen Reisenden – seien sie vorhanden oder auch nicht selten leicht „aufgebauscht" im Reiseprozeß vorgetragen – außer Betracht bleiben.[510] Besondere objektivierbare Umstände in der Person einzelner Reisender, z.B. eine Behinderung, können in entsprechender Anwendung des § 651e I S. 2 BGB eine Heraufsetzung rechtfertigen.[511] Umgekehrt kann bei mangelhaften Nebenleistungen eine Minderung entfallen, wenn eine Beeinträchtigung für den Reisenden offenkundig oder nachweisbar nicht gegeben ist.[512]

Die in § 472 I BGB angeordnete verhältnismäßige Herabsetzung des Reisepreises muß den Umfang der von dem Reiseveranstalter zu erbringenden Gesamtleistungen berücksichtigen, so daß z.B. ein Mangel der Unterkunft bei einer Reise mit Vollpension zu einem geringeren Prozentsatz führen muß, als bei einer Reise mit Halbpension, Übernachtung mit Frühstück oder gar einer auf die Unterkunft beschränkten Reiseleistung des Veranstalters.[513]

---

[504] *LG Frankfurt*, NJW 1989, 2397; *Führich*, Rdnr. 269.

[505] H.M.; vgl. etwa *Führich*, Rdnr. 268; *Bidinger/Müller*, § 651d, Anm. 6.

[506] *LG Frankfurt*, NJW 1983, 2264; *OLG Frankfurt*, NJW-RR 1988, 1328; *Tempel*, NJW 1985, 99; *Tonner*, MK, § 651d, Rdnr. 9; a.A. *Blaurock/Wagner*, Jura 1985, 170 (Gesamtreise).

[507] *Bidinger/Müller*, § 651d, Anm. 6; *Führich*, Rdnr. 268; *Tempel*, RRa 1988, 23; *Tonner*, § 651d, MK, § 651d, Rdnr. 9.

[508] *LG Frankfurt*, NJW 1983, 2264; a.A. *OLG Stuttgart*, RRa 1994, 28; *OLG Celle*, RRa 1995, 163; *Tonner*, MK, § 651d, Rdnr. 9.

[509] *Tempel*, NJW 1985, 100 unter Hinweis auf die Frankfurter Tabelle. – Vgl. hierzu noch einschr. *Seyderhelm*, § 651d, Rdnr. 21. – Zum fehlenden Eigenwert der Transportleistung siehe *Tempel*, NJW 1985, 100; teilw. zust. *R. Schmid*, Chartervertrag, S. 111.

[510] *Bidinger/Müller*, § 651d, Anm. 6; *Tempel*, NJW 1985, 100; RRa 1997, 67; 1997, 133; *Tonner*, MK, § 651d, Rdnr. 9.

[511] *LG Frankfurt*, NJW 1989, 2397; *AG Hamburg*, RRa 1995, 224; *Seyderhelm*, § 651d, Rdnr. 23; *Tempel*, NJW 1985, 100; *Tonner*, MK, § 651d, Rdnr. 9.

[512] *Tempel*, NJW 1985, 100. – Anders bei Hauptleistungen (Unterkunft, Verpflegung), bei denen der Reisende nicht zur Abnahme verpflichtet ist; *LG Frankfurt*, NJW-RR 1987, 367.

[513] *Tempel*, NJW 1985, 100; 1996, 164; *OLG Frankfurt*, RRa 1998, 67, 71; zust. *Führich*, Rdnr. 262; *Tonner*, § 651d, Rdnr. 8a; im Grundsatz auch *Seyderhelm*, § 651d, Rdnr. 21.

(3) Die Minderung beschränkt sich nach § 651d I BGB „auf die Dauer des Mangels“.[514]

Eine Rückwirkung der Minderung auf zeitlich vorangegangene Teile der Reiseleistung findet ebensowenig statt[515] wie eine Nachwirkung nach Beseitigung des Mangels.[516] In letzterem Falle kann allerdings eine Nachwirkung einen Schadensersatzanspruch nach § 651f I BGB auslösen, der aber prozentual geringer sein kann als der Minderungssatz für die Dauer des Mangels und unter dem Gesichtspunkt des Mitverschuldens (§ 254 II BGB) beschränkt werden kann.[517]

Eine weitere Ausnahme von dem Grundsatz der zeitlichen Kongruenz der Minderung zur Dauer des Mangels ergibt sich bei Unterlassung oder Verzögerung der nach § 651d II BGB notwendigen Mängelanzeige (§ 651d II BGB).

Solange der Reisende den Mangel nicht anzeigt, ist der Minderungsanspruch ausgeschlossen, es sei denn, daß einer der Ausnahmetatbestände vorliegt, bei denen eine Mängelanzeige nicht erforderlich ist.[518] Bei einer verzögerten Mängelanzeige verringert sich der minderungsfähige Zeitraum.[519]

(4) Ein Mitverschulden des Reisenden an der Entstehung des Mangels ist bei der Minderung nicht zu berücksichtigen.[520]

(5) Die 24. Zivilkammer des LG Frankfurt hat im Jahre 1985 eine Tabelle veröffentlicht, in der zwecks Vereinheitlichung der Berechnung einheitliche Maßstäbe entwickelt werden.[521] Die Tabelle stellt für typische Reisemängel Rahmenrichtsätze auf, innerhalb deren das Gericht nach den oben unter (2) dargestellten Gesichtspunkten die konkrete Minderung festsetzen soll und die je nach dem Inhalt des Reisevertrages und dem daraus folgenden Synallagma von Vergütung und Gegenleistung[522] variiert werden.[523]

---

[514] *Tempel*, RRa 1997, 67; *Führich*, Rdnr. 266; *OLG Frankfurt*, RRa 1998, 67.

[515] *LG Hannover*, NJW-RR 1989, 633; *LG Frankfurt*, NJW-RR 1993, 1330; *Tempel*, RRa 1997, 70; a.A. *LG Frankfurt*, NJW-RR 1996, 1396; *OLG Düsseldorf*, NJW-RR 1991, 187; *OLG Frankfurt*, RRa 1998, 67.

[516] *OLG Düsseldorf*, NJW-RR 1991, 57; *LG Frankfurt*, NJW-RR 1993, 1330; im Ergebnis ebenso *LG Frankfurt*, NJW-RR 1990, 571; *Tempel*, RRa 1997, 69; a.A. *LG Hamburg*, NJW-RR 1997, 1138 = RRa 1997, 61 (beeinträchtigtes Hochzeitsessen) m.abl. Stellungnahme von *Tempel*, RRa 1997, 131.

[517] *Tempel*, RRa 1997, 69; ebenso *OLG Frankfurt*, RRa 1998, 67.

[518] *Führich*, Rdnr. 266; *Seyderhelm*, § 651d, Rdnr. 122; *Tempel*, RRa 1997, 68. – S.o. IV, 3, b, (3).

[519] *Seyderhelm*, § 651d, Rdnr. 123. – S.o. IV, 3, b, (4).

[520] S.o. III, 4, a, (4), Fußn. 365. – Zum Anspruch aus § 651f I s.o. Fußn. 517.

[521] NJW 1985, 113; Ergänzung in NJW 1994, 1639.

[522] S.o. (2), Fußn. 513.

[523] Hierzu *Tempel*, NJW 1985, 97; 1996, 1611; RRa 1998, 26.

Die Frankfurter Tabelle ist teilweise auf zustimmende Resonanz gestoßen,[524] hat aber auch herbe Ablehnung erfahren.[525] Die vor allem auf die Einzelfallgerechtigkeit abstellende Kritik geht an der Sache vorbei, da die Rahmenrichtsätze der Tabelle genügend Spielraum für die Einzelfallbewertung lassen und zudem als bloße Orientierungshilfen für besonders atypische Fallgestaltungen Ausnahmen zulassen.[526] Vom rechtspolitischen Standpunkt ist eine solche Orientierung unbedingt notwendig, wenn man dem Reisenden Verbraucherschutz in Form der Berechenbarkeit seiner Ansprüche bieten und zudem die vorprozessuale Erledigung von Reiserechtsstreitigkeiten fördern will.[527]

d) Rechtsfolgen

Bei einem Durchgreifen der Minderung verringert sich der vereinbarte Reisepreis um den errechneten Minderungsbetrag. Der Reisende kann Rückerstattung dieses Betrages verlangen.[528]

Es handelt sich bei diesem Anspruch nicht um einen Bereicherungsanspruch aus § 812 BGB, sondern um einen vertraglichen Rückerstattungsanspruch, so daß der Einwand der Entreicherung (§ 818 III BGB) nicht durchgreift.[529] Der Reiseveranstalter kann den Anspruch nicht durch Übersendung eines Reisegutscheins „mit den besten Wünschen für die nächste Reise" erfüllen.[530]

4. Das Recht auf Kündigung (§ 651e BGB)

a) Allgemeines

§ 651e BGB gibt dem Reisenden bei Vorliegen von Reisemängeln das Recht, sich unter bestimmten Voraussetzungen vorzeitig vom Reisevertrag zu lösen.

Die Vorschrift findet keine Anwendung bei Beeinträchtigung der Reise durch höhere Gewalt, da hier die Sonderregelung des § 651j BGB eingreift,[531] richtiger Ansicht nach auch nicht bei vor Reiseantritt drohenden Reisemängeln.[532] Durch das Warschauer Abkommen wird das Recht auf Kündigung nicht ausgeschlossen.[533]

---

[524] *OLG Düsseldorf*, NJW-RR 1988, 812; 1991, 954; *AG Bad Homburg v.d.H.*, NJW-RR 1997, 819; *AG Mannheim*, RRa 1997, 120; *Pick*, § 651d, Rdnr. 39; *Führich*, Rdnr. 270; *Seyderhelm*, § 651d, Rdnr. 19; *Tonner*, MK, § 651d, Rdnr. 12.

[525] *OLG Hamburg*, NJW 1985, 3030; *LG Hamburg*, NJW-RR 1996, 117; *Müller/Langguth*, NJW 1985, 900; 1985, 1886; *Isermann*, NJW 1988, 873; *Bechhofer*, § 651d, Anm. A, I, 6.

[526] Hierzu *Seyderhelm*, § 651d, Rdnr. 19–27; *Tempel*, NJW 1985, 1885; RRa 1998, 27.

[527] *Willingmann*, RRa 1997, 91.

[528] Teilw. abw. *LG Frankfurt*, NJW 1983, 2884.

[529] *Bidinger/Müller*, § 651d, Anm. 19 m.Nw.

[530] *Tonner*, § 651d, Rdnr. 15.

[531] Hierzu unten VI, 1; *Seyderhelm*, § 651e, Rdnr. 5; zweifelhaft bei Fehlen einer zugesicherten Eigenschaft, siehe zur früheren Rechtslage *LG Frankfurt*, NJW-RR 1990, 761; nunmehr *Tempel*, NJW 1997, 621, 624: abl. *Führich*, Rdnr. 437.

[532] S.u. VI, 2, c.

[533] *LG Frankfurt*, TranspR 1993, 350; *Seyderhelm*, § 651e, Rdnr. 19.

b) Materielle Voraussetzungen

§ 651e I BGB geht davon aus, daß der Reisevertrag nicht wegen jeden Mangels vorzeitig aufgelöst werden kann, sondern – wie dies bei Dauerschuldverhältnissen auch sonst üblich ist[534] – nur bei Reisemängeln von einigem Gewicht, die dem Reisenden die Fortsetzung des Vertragsverhältnisses unzumutbar machen;[535] in den weniger gravierenden Fällen ist der Reisende auf die übrigen Rechte (Selbstabhilfe, Minderung, Schadensersatz) beschränkt.[536] Das Gesetz stellt zwei alternative Voraussetzungen auf:

(1) Im Vordergrund steht § 651e I S. 1 BGB: Danach ist eine Kündigung des Reisevertrages statthaft, wenn eine erhebliche Beeinträchtigung der Reise vorliegt, was mangels abweichender Regelung auch für zugesicherte Eigenschaften zu gelten hat.[537] Hat eine Abhilfe stattgefunden, kommt es darauf an, ob im Zeitpunkt der Kündigung noch eine erhebliche Beeinträchtigung vorliegt; bei einer Abhilfe durch Umzug in ein Ersatzobjekt kommt es deshalb nur noch auf dessen Beschaffenheit an.[538] Für die Frage der Erheblichkeit ist darauf abzustellen, ob die *fortbestehenden* Mängel die Fortsetzung der Reise für den Reisenden unter Berücksichtigung des Reisezwecks[539] unzumutbar erscheinen lassen.[540] Dabei darf aber die Schwelle der erheblichen Beeinträchtigung nicht zu hoch angesetzt, insbesondere nicht mit der Vereitelung oder erheblichen Beeinträchtigung der Reise im Sinne von § 651 f. II gleichgesetzt werden.[541]

Während einzelne Gerichte stets auf die Umstände des Einzelfalles abstellen,[542] versuchen andere zwecks Schaffung größerer Voraussehbarkeit eine Abgrenzung durch Quantifizierung der Reisemängel anhand der Prozentzahlen der Minderung zu gelangen, wobei die Ansichten über den maßgebenden Prozentsatz auseinandergehen;[543] vorgeschlagen werden 20 %,[544] 30 oder 33 %[545] und – zwecks Gleichschaltung mit

---

[534] Siehe § 626 BGB. – Vgl. auch *BGH*, NJW-RR 1996, 949 (Rücktritt wegen pVV).

[535] Auf sonstige Motive zur Kündigung kann es nicht ankommen: *LG Frankfurt*, 3.2.1986, 2/24 S 116/84, ebensowenig auf die Kenntnis der Umstände: *LG Frankfurt*, RRa 1997, 42.

[536] S. IV, 2 + 3 + 5.

[537] *LG Frankfurt*, NJW-RR 1990, 761; *Führich*, Rdnr. 311; *Seyderhelm*, § 651e, Rdnr. 18; *Tonner*, MK, § 651e, Rdnr. 4.

[538] *LG Frankfurt*, NJW-RR 1993, 61; *Seyderhelm*, § 651e, Rdnr. 17.

[539] Hierzu oben III, 2, b, (4).

[540] *Führich*, Rdnr. 311, Fußn. 49; *Seyderhelm*, § 651e, Rdnr. 14; *Tempel*, NJW 1999, 2013; a.A. *Tonner*, MK, § 651e, Rdnr. 7a. – Zur Beeinträchtigung einzelner Mitglieder einer Familie oder Gruppe, siehe *Tonner*, aaO, Rdnr. 13; zur Minderung i.d.F. s.o. IV, 3, c, (1), Fußn. 503, 504.

[541] *Tempel*, NJW 1986, 551. – S.u. Fußn. 547.

[542] Vgl. etwa *OLG Frankfurt*, RRa 1995, 224.

[543] *Tempel*, NJW 1986, 551; RRa 1998, 27.

[544] *LG Frankfurt*, NJW 1985, 113; NJW-RR 1986, 539; 1992, 1083; RRa 1995, 67; (die Entscheidung RRa 1997, 42 ist m.E. – entgegen dem Leitsatz – keine Abweichung, da die erwähnten 50 % die Erwägungen zu § 651e III S. 3 BGB betreffen); ferner *AG Essen*, RRa 1996, 252.

[545] *Führich*, Rdnr. 311 (30 %); *Tonner*, MK, § 651e, Rdnr. 7 (33 %).

§ 651 f II BGB – 50 %,[546] Letzteres erscheint jedenfalls zu hoch, da § 651 f II eine andere Wertung zugrundeliegt.[547] Die Gegenmeinung sieht hierin – ebenso wie bei den Minderungstabellen[548] – die Gefahr einer zu großen Schematisierung.[549] Das Argument überzeugt auch hier nicht, da im Interesse der Gleichbehandlung und der Voraussehbarkeit die Praxis gewisser Richtlinien bedarf;[550] natürlich bleiben auch hier Sonderfälle, die sich einer Einordnung nach Prozentsätzen entziehen.[551] Läßt man solche Prozentsätze als Regelsätze zu, so kommt es für die Ermittlung des Prozentsatzes wegen des Mangels auf den Zeitpunkt der Kündigung[552] und das voraussichtliche Fortbestehen für einen gewissen, nicht ganz unerheblichen, Zeitraum an,[553] nicht etwa auf die Minderung des Reisepreises für die gesamte Zeit der Reise.[554]

Wegen einzelner Fälle der erheblichen Beeinträchtigung muß hier auf die in den Kommentaren enthaltenen Rechtsprechungsübersichten verwiesen werden.[555]

(2) Einen Sonderfall der Kündigung regelt § 651e I S. 2 BGB. Eine Kündigung soll auch zulässig sein, wenn dem Reisenden „infolge eines Reisemangels“ die Reise aus wichtigem, dem Reiseveranstalter erkennbaren Grund nicht zuzumuten ist.

Die sprachlich verunglückte Vorschrift[556] will über § 651e I S. 1 hinaus auch nicht erhebliche Mängel erfassen, wenn wegen der besonderen Situation des Reisenden eine Fortsetzung der Reise unzumutbar erscheint.[557] Nach h.M. müssen diese subjektiven Umstände dem Reiseveranstalter bei Vertragsabschluß erkennbar gewesen sein.[558] Diese Einschränkung erscheint zweifelhaft; es dürfte genügen, wenn der Reisende auf die

---

[546] *LG Hannover*, NJW-RR 1986, 213; 1992, 50; 1998, 194; *AG Stuttgart*, RRa 1996, 151; *LG Stuttgart*, RRa 1994, 28; *LG Bonn*, RRa 1996, 83.

[547] Siehe *Tempel*, aaO (Fußn. 543); *Seyderhelm*, § 651e, Rdnr. 14; das geben auch *Tonner*, MK, § 651e, Rdnr. 7a und *Führich*, Rdnr. 311 zu.

[548] S.o. IV, 3, c, (5), Fußn. 525.

[549] *Tonner*, § 651e, Rdnr. 7a.

[550] *Führich*, Rdnr. 311 („Faustregel“): vermittelnd *Seyderhelm* § 651e, Rdnr. 13, 14 (20 %-Grenze als Indiz, aber Berücksichtigung des Reisezwecks; der Reisezweck fließt aber m.E. schon in die Bewertung des Mangels und damit in den Prozentsatz ein: so auch *Seyderhelm*, § 651e, Rdnr. 47 betr. § 651e III S. 3 BGB).

[551] *LG Frankfurt*, NJW-RR 1990, 571 („Drei-Insel-Springen“); NJW-RR 1989, 1399 (Ferienfahrschule); *AG Frankfurt*, NJW-RR 1995, 1264 (Einbruchsgefahr bei Ferienhaus).

[552] S.o. Fußn. 538.

[553] *Seyderhelm*, § 651e, Rdnr. 16; *Tempel*, NJW 1985, 551; 1999, 2013; *LG Frankfurt*, NJW-RR 1998, 1083 (Fristsetzung nach § 651e II BGB).

[554] *LG Frankfurt*, NJW-RR 1992, 1083; a.A. *LG Bonn*, RRa 1996, 83; *LG Kleve*, NJW-RR 1997, 1140.

[555] *Bidinger/Müller*, § 651e, Anm. 7; *Führich*, Rdnr. 312; *Seyderhelm*, § 651e, Rdnr. 21–24.

[556] *Staudinger/Schwerdtner*, § 651e, Rdnr. 11.

[557] *Tonner*, § 651e, Rdnr. 8; – Hauptbeispiel: der Behinderte, den bestimmte Mängel besonders treffen (fehlender oder defekter Aufzug). – In den meisten Fällen wird bereits § 651e I S. 1 BGB zum Zuge kommen, wenn wegen Behinderung des Reisenden der Prozentsatz entsprechend angehoben wird; s.o. IV, 3, c, (1), Fußn. 504 sowie Erl Nr. 2, a der Frankfurter Tabelle.

[558] *Führich*, Rdnr. 313; *Staudinger/Schwerdtner*, § 651e, Rdnr. 14.

besonderen Umstände der Beeinträchtigung am Urlaubsort hinweist und der Reiseveranstalter dann seiner Betreuungspflicht nicht nachkommt.[559]

c) Formelle Voraussetzungen

(1) Für den Regelfall ist – ebenso wie bei der Selbstabhilfe nach § 651c III[560] – die Ausübung des Rechts zur Kündigung erst zulässig, wenn der Reiseveranstalter eine vom Reisenden bestimmte angemessene Frist hat verstreichen lassen, ohne Abhilfe zu leisten (§ 651e II S. 1 BGB).[561]

Der Reiseveranstalter kann demnach im Regelfall das Kündigungsrecht des Reisenden abwenden, wenn er innerhalb angemessener Frist sämtliche gerügten Mängel beseitigt oder wenigstens durch teilweise Beseitigung auf das Maß unterhalb der erheblichen Beeinträchtigung zurückführt.[562] Hat der Reisende nach fruchtlosem Ablauf der angemessenen Frist gekündigt, so ist ein späteres Abhilfeangebot des Reiseveranstalters unbeachtlich.[563]

(2) In Ausnahmefällen ist eine Fristsetzung entbehrlich (§ 651e II S. 2 BGB). Klar sind hierbei die Fälle der Unmöglichkeit der Abhilfe[564] und deren Verweigerung durch den Reiseveranstalter.[565] Gleiches muß gelten, wenn der Reiseveranstalter entgegen § 3 II g InfVO den Reisenden nicht auf das Erfordernis der Fristsetzung hingewiesen hat[566] oder eine für die Entgegennahme der Fristsetzung zuständige Reiseleitung nicht vorhanden oder in zumutbarer Weise erreichbar ist.[567] Darüber hinaus ist die Fristsetzung vor allem entbehrlich, wenn die sofortige Kündigung durch ein besonderes Interesse des Reisenden gerechtfertigt ist.

Dieser Ausnahmefall ist gegeben, wenn es sich um ganz erhebliche Mängel handelt, deren unverzügliche Beseitigung im Interesse eines Bezugs der Unterkunft oder Herbeiführung eines zumutbaren Zustandes derselben erforderlich und eine Abhilfe in kürzester Zeitspanne nicht möglich ist.[568] Zu betonen ist allerdings, daß in diesen Ausnahmefällen nur die Fristsetzung, nicht aber das Abhilfeverlangen entbehrlich ist. Letzteres ist nur dann entbehrlich, wenn ein Adressat für das Abhilfeverlangen am Urlaubsort oder in zumutbarer (örtlicher und zeitlicher) Reichweite nicht vorhanden oder die Belehrung nach § 4 I c InfVO unterblieben ist.[569]

---

559 *Tempel*, NJW 1986, 551; *Tonner*, MK, § 651e, Rdnr. 9, 10.

560 S.o. IV, 2, a.

561 *Seyderhelm*, § 651e, Rdnr. 26; *Führich*, Rdnr. 314; 242.

562 S.o. Fußn. 538, 540; *Führich*, Rdnr. 314; *Seyderhelm*, § 651e, Rdnr. 26. – Siehe auch Frankfurter Tabelle, Erl. 6, a, Satz 2.

563 *Seyderhelm*, § 651e, Rdnr. 38.

564 S.o. IV, 2, a, (2), Fußn. 448; IV, 3, b, (3), Fußn. 475.

565 S.o. IV, 1, c, (2), Fußn. 399.

566 *Seyderhelm*, § 651e, Rdnr. 27; s.o. IV, 3, b, (3), Fußn. 488.

567 S.o. IV, 2, a, (2), Fußn. 447; IV, 3, b, (3), Fußn. 486; *LG Frankfurt*, NJW-RR 1996, 888; *Führich*, Rdnr. 315; *Tonner*, MK, § 651e, Rdnr. 12.

568 *LG Frankfurt*, NJW 1985, 330; NJW-RR 1994, 375; RRa 1997, 42; *LG Köln*, NJW-RR 1989, 565; *LG Hamburg*, NJW-RR 1997, 1204; *Seyderhelm*, § 651e, Rdnr. 28; z.B. ist bei einer schlechten Beheizung der Ferienwohnung eine Fristsetzung und Warten zumutbar; so *LG Frankfurt*, 21. 7. 1986, 2/24 S 24/86.

569 *LG Köln*, NJW-RR 1989, 565; *Seyderhelm*, § 651e, Rdnr. 29.

c) *Ausübung des Kündigungsrechts*

(1) Das Kündigungsrecht unterliegt auch ohne gesetzliche Regelung einer zeitlichen Begrenzung. Der Reisende ist nach Treu und Glauben gehalten, nach Eintritt der materiellen und formellen Voraussetzungen das Kündigungsrecht innerhalb einer angemessenen Frist auszuüben, anderenfalls eine Verwirkung eintritt.[570]

Durch die Fristsetzung bzw. das Abhilfeverlangen wird ein ungewisser Schwebezustand geschaffen, der auch im Interesse des Reiseveranstalters baldmöglichst zu beseitigen ist. Dies entspricht der gesetzlichen Regelung bei außerordentlichen Kündigungen in anderen Fällen.[571] Der Reisende darf vor allem nicht bis zum Reiseende zuwarten, um dann kurz vor Antritt der Rückreise das Kündigungsrecht auszuüben und die für ihn günstigere Abwicklung nach § 651e III, IV BGB zu erreichen.

(2) Die Kündigungserklärung ist gegenüber der örtlichen Reiseleitung abzugeben, bei deren Fehlen auch gegenüber den mitgeteilten Ersatzadressaten.[572]

Sie kann auch durch (telefonische, telegraphische, oder mittels Fax) erfolgende Mitteilung gegenüber der Zentrale des Reiseveranstalters vorgenommen werden, wozu der Reisende aber nicht verpflichtet ist.[573] Ist kein Ansprechpartner am Urlaubsort vorhanden, muß es auch genügen, wenn der Reisende nach Rückkehr aus dem Urlaub die Kündigung gegenüber dem Reiseveranstalter in Deutschland erklärt.[574]

(3) Eine besondere Form der Erklärung ist nicht vorgeschrieben.

Es genügt jede Erklärung, die für den Reiseveranstalter (Reiseleitung) das Verlangen nach vorzeitiger Beendigung des Reisevertrages klar erkennen läßt, z.B. das Verlangen nach vorzeitiger Rückbeförderung.[575] Die bloße Abreise ohne Einschaltung der Reiseleitung reicht aber nicht aus.[576]

(4) Haben mehrere gemeinsam ein Objekt gemietet und bezogen, so müssen alle Mitglieder der Gruppe kündigen und das Objekt vorzeitig zur Verfügung stellen.[577] Andere wollen bei Mängeln, die nur einzelne Gruppenmitglieder betreffen, auch eine Teilkündigung zulassen.[578]

---

[570] *OLG Düsseldorf*, RRa 1995, 70; *Seyderhelm*, § 651e, Rdnr. 37; *Führich*, Rdnr. 317.

[571] Vgl. § 626 II BGB.

[572] *Bidinger/Müller*, § 651e, Anm. 12. – Zu den Adressaten s.o. IV, 1, b, (1).

[573] *Seyderhelm*, § 651e, Rdnr. 35; zur gleichen Rechtslage bei dem Abhilfeverlangen s. Fußn. 387, 388. – a.A. *AG Hamburg*, RRa 1994, 79; *Bidinger/Müller*, § 651e, Anm. 12.

[574] *LG Frankfurt*, NJW-RR 1991, 880; *Bidinger/Müller*, § 651e, Anm. 12 (notwendig die Abgabe bis zum vereinbarten Reiseende); *Führich*, Rdnr. 316; *Seyderhelm*, § 651e, Rdnr. 35 (zulässig Abgabe bis zum Ablauf der Anmeldefrist des § 651g I).

[575] *LG Köln*, MDR 1991, 840; *Seyderhelm*, § 651e, Rdnr. 36; enger *Bidinger/Müller*, § 651e, Anm. 13.

[576] *LG Frankfurt*, NJW-RR 1991, 880.

[577] *LG Frankfurt*, NJW-RR 1986, 1173; *Seyderhelm*, § 651e, Rdnr. 40; *Führich*, Rdnr. 318; differenzierend *Tonner*, MK, § 651e, Rdnr. 13.

[578] *Bidinger/Müller*, § 651e, Anm. 13; *Tonner*, aaO, Rdnr. 14.

e) Rechtsfolgen der (wirksamen) Kündigung

Die Rechtsfolgen der Kündigung ergeben sich aus § 651e III und IV BGB. Entgegen der üblichen ex-nunc-Wirkung verliert der Reiseveranstalter den Anspruch auf den vereinbarten Reisepreis. Er ist verpflichtet, die infolge der Aufhebung des Vertrages notwendigen Maßnahmen zu treffen. Diese Maßnahmen bestehen vor allem in der unverzüglichen Rückbeförderung des Reisenden,[579] aber auch in der bis dahin notwendigen Weitergewährung von Unterkunft (eventuell Ersatzunterkunft) und Verpflegung in dem der Buchung entsprechenden Umfang. Dabei entstehende Mehrkosten fallen ihm zur Last (§ 651e IV S. 2 BGB). Die Parteien haben im einzelnen die nachfolgend aufgeführten Ansprüche:

(1) Der Reisende hat Anspruch auf

- Rückzahlung des Reisepreises; dieser Anspruch beruht auf dem vertraglichen Abwicklungsverhältnis, nicht auf ungerechtfertigter Bereicherung, so daß dem Reisenden nicht der Einwand des Wegfalls der Bereicherung entgegengehalten werden kann.[580]
- Erstattung der Kosten der Selbstabhilfe analog § 651c III bei Beschaffung eigener Unterkunft und Verpflegung und einer etwaigen in eigener Regie beschafften Rückbeförderung;[581]
- Schadensersatz nach § 651f I und II BGB, soweit die gesetzlichen Voraussetzungen vorliegen; dies gilt vor allem für den Anspruch aus § 651f II betreffend Entschädigung wegen erheblicher Beeinträchtigung der Reise;[582] daneben kann der Reisende, der auf eigene Kosten angereist ist, Ersatz der nutzlosen Reisekosten nach § 651f I BGB ersetzt verlangen.[583]

(2) Der Reiseveranstalter hat demgegenüber einen Anspruch auf Entschädigung für die von ihm erbrachten bzw. für die bis zur Beendigung der Reise noch zu erbringenden Leistungen (§ 651e III S. 2 BGB).[584]

In der Praxis hat sich der Trend entwickelt, die Entschädigung anhand der vereinbarten Vergütung zu berechnen abzüglich der Minderung für die Reisemängel;[585] der Sache nach ist dies eine teilweise Wiederherstellung der ex-nunc-Wirkung der Kündi-

---

[579] *LG Frankfurt*, NJW 1985, 143; *OLG Düsseldorf*, NJW-RR 1986, 1175; *AG Kleve*, RRa 1996, 227; *Seyderhelm*, § 651e, Rdnr. 49. – *Tonner*, MK, § 651e, Rdnr. 21 will im Einzelfall auch den Rücktransport mit einem geringerwertigen Beförderungsmittel (Bahn statt Flug) zulassen (bedenklich).

[580] *BGHZ* 85, 50 = NJW 1983, 33; *Führich*, Rdnr. 319; *Seyderhelm*, § 651e, Rdnr. 41; *Tonner*, MK, § 651e, Rdnr. 16.

[581] *Bidinger/Müller*, § 651e, Anm. 19; *Führich*, Rdnr. 324; *Pick*, § 651e, Rdnr. 87; *Tonner*, MK, § 651e, Rdnr. 22; einschr. *Seyderhelm*, § 651e, Rdnr. 52 (teilweise Kostenbelastung des Reisenden).

[582] *Seyderhelm*, § 651e, Rdnr. 57. – S.u. IV, 5, c, Fußn. 687.

[583] *Führich*, Rdnr. 327; *Tonner*, MK, § 651e, Rdnr. 22. – S.u. IV, 5, b, (3), Fußn. 630.

[584] *Seyderhelm*, § 651e, Rdnr. 44.

[585] *LG Frankfurt*, NJW 1984, 1762; NJW-RR 1986, 55; *Tempel*, NJW 1985, 102; *Führich*, Rdnr. 266, 320; *Seyderhelm*, § 651e, Rdnr. 43; jetzt wohl auch *Tonner*, MK, § 651e, Rdnr. 17 (in Abw. vom Reisevertrag, § 651e, Rdnr. 12; der Hinweis auf die zeitliche Zerlegung ist keine Abweichung von der Berechnung der Minderung; s.o. IV, 3, c, (3).

gung. Nach § 651e III S. 3 BGB entfällt allerdings eine Entschädigung, wenn die Leistungen des Reiseveranstalters für den Reisenden infolge der Aufhebung des Vertrages kein Interesse haben; auch hier wird versucht, diesen Sonderfall durch Richtlinien zu strukturieren, indem bei Mängeln im Gesamtgewicht eines bestimmten Prozentsatzes der Interessenwegfall bejaht wird.[586] Außerdem spricht viel dafür, kurzfristige Aufenthalte wegen Interesselosigkeit des Reisenden von der Entschädigungspflicht auszunehmen.[587]

f) Abwicklung des zu Unrecht gekündigten Vertrages

War die Kündigung wegen Fehlens der materiellen und/oder formellen Voraussetzungen des § 651e BGB nicht wirksam, so ergeben sich ebenfalls Abwicklungsprobleme, die hier kurz angedeutet werden sollen.

(1) Hat der Reiseveranstalter die Rückbeförderung abgelehnt und ist der Reisende am Urlaubsort im gebuchten Objekt geblieben, so richten sich die Ansprüche nach dem weiter bestehenden Reisevertrag. Der Reisende hat dann höchstens Ansprüche auf Erstattung der Kosten einer etwaigen Selbstabhilfe und auf Minderung, wenn zwar Reisemängel vorgelegen, aber nicht die Erheblichkeitsgrenze des § 651e I BGB erreicht haben.

(2) Hat der Reiseveranstalter die Rückbeförderung abgelehnt und hat der Reisende auf eigene Kosten ein Ersatzobjekt bezogen, so kann er nach der hier vertretenen Auffassung nicht die Kosten dieses Ersatzobjektes verlangen.[588] Der Gegenstandpunkt der h.M. zeigt die Unrichtigkeit dieser Auffassung; denn danach erhält der Reisende über § 651c III BGB nunmehr die Kosten erstattet, die ihm § 651e BGB wegen Unwirksamkeit der Kündigung versagt.

(3) Hat der Reiseveranstalter die Rückbeförderung vorgenommen, so erscheint es fraglich, ob er sich im späteren Reiseprozeß noch auf die Unwirksamkeit der Kündigung berufen kann. In der Rückbeförderung könnte ein Anerkenntnis der Kündigung liegen.

(4) Ist der Reisende auf eigene Kosten wieder abgereist, so ist er mit dem (ungerechtfertigten) Auszug in Annahmeverzug geraten. Er hat den Reisepreis voll zu zahlen. Er kann allerdings die hypothetische Minderung geltendmachen, die bei weiterer Entgegennahme der (mangelhaften) Leistungen bestanden hätte.[589] Außerdem kann er den Einwand erheben, daß der Reiseveranstalter oder der Leistungsträger das vorzeitig frei gewordene Objekt anderweitig belegt hätten; kann der Reisende dies nachweisen, so entfällt für diese Zeit der Anspruch des Reiseveranstalters auf die Vergütung in analoger Anwendung des § 552 BGB.[590]

---

[586] *LG Frankfurt*, NJW 1984, 1762; NJW-RR 1986, 1140 (50 % der Minderung); zust. *Führich*, Rdnr. 321 („Faustregel"); dagegen *Tonner*, MK, § 651e, Rdnr. 18; *Bidinger/Müller*, § 651e, Anm. 16.

[587] *LG Frankfurt*, NJW-RR 1989, 312; *OLG Düsseldorf*, NJW-RR 1986, 1175; *Seyderhelm*, § 651e, Rdnr. 46.

[588] S.o. IV, 2, b, Fußn. 452.

[589] *LG Frankfurt*, NJW-RR 1991, 880; RRa 1995, 48; *Bechhofer*, § 651d, Anm. A, I, 3; *Führich*, Rdnr. 266; *Seyderhelm*, § 651e, Rdnr. 57; *Tempel*, RRa 1997, 70; a.A. *LG Kleve*, NJW-RR 1997, 1140; *Bidinger/Müller*, § 651e, Anm. 21.

[590] *LG Frankfurt*, NJW-RR 1987, 367; zu Recht einschr. *Seyderhelm*, § 651e, Rdnr. 57 (nur bei voller Belegung des Kontingentes); abl. *Bidinger/Müller*, § 651e, Anm. 21.

5. Das Recht auf Schadensersatz (§ 651f BGB)

Der Reisende kann nach § 651f BGB unter bestimmten Voraussetzungen Schadensersatz verlangen. Das Gesetz unterscheidet zwischen dem Schadensersatz wegen Nichterfüllung (§ 651f I) und dem Anspruch auf angemessene Entschädigung nach Vereitelung der Reise oder wegen deren erheblichen Beeinträchtigung (§ 651f II).

a) Gemeinsame Voraussetzungen

(1) Der Schadensersatzanspruch nach § 651f setzt in beiden Fällen ein Verschulden des Reiseveranstalters voraus. Maßstab für das Verschulden sind die §§ 276 BGB, 347 HGB und die sich aus der Verkehrssitte ergebenden Anforderungen an einen ordentlichen Reiseveranstalter.[591]

Konkretisierungen erfolgen im wesentlichen durch die Rechtsprechung im Anschluß an die oben[592] erwähnten Pflichten des Reiseveranstalters.[593] Für das Verschulden der Erfüllungsgehilfen, zu denen auch das die Buchung vermittelnde Reisebüro[594] und die einzelnen Leistungsträger mit ihren Bediensteten gehören[595] hat der Reiseveranstalter nach § 278 BGB einzustehen.[596] Die Beweislast für das fehlende Verschulden trifft den Reiseveranstalter, wie der Gesetzgeber mit Änderungsgesetz vom 24. 6. 1994[597] in Umsetzung der Vorgabe in Art. 5 (2) der RL 90/314/EWG und im Anschluß an die bisherige Rechtsprechung[598] ausdrücklich festgeschrieben hat.[599]

(2) Hinsichtlich der formellen Voraussetzungen, die in § 651f BGB nicht erwähnt werden, hat sich der BGH mit Recht für eine Analogie zu

---

[591] *Führich*, Rdnr. 338; *Seyderhelm*, § 651f, Rdnr. 4, 5.

[592] S.o. III, 1.

[593] Beispiele: *LG Frankfurt*, NJW-RR 1992, 823 (Kanufahrt); *OLG München*, RRa 1995, 204 m. Anm. *Führich* (Raftingtour); *AG Nordenham*, NJW-RR 1995, 1204 (Fischvergiftung); *LG Frankfurt*, NJW-RR 1997, 244 m. Anm. *Tonner*, RRa 1996, 171 (Fischvergiftung); *AG Königstein*, NJW-RR 1995, 1203 (Klimaanlage im Bus); *AG Bonn*, RRa 1996, 218 (Zimmereinbruch); *LG Duisburg*, NJW-RR 1995, 693 (Diebstahl von Reisegepäck). – Zu den Verkehrssicherungspflichten s.u. V, 3, a.

[594] *BGHZ* 82, 219 = NJW 1982, 377; *LG Frankfurt*, NJW-RR 1998, 196; *Tempel*, NJW 1996, 1634.

[595] *LG Frankfurt*, RRa 1994, 98 (Hotelier); *OLG Düsseldorf*, NJW-RR 1991, 55 (Jeepausflug); *LG Berlin*, NJW-RR 1990, 1018 (Flugunternehmen); *AG Frankfurt*, NJW-RR 1993, 1328 (Reederei); *LG München I*, NJW-RR 1995, 1522 (Schiffswerft); *OLG Düsseldorf*, NJW-RR 1992, 1330 (Flughafengesellschaft).

[596] *Führich*, Rdnr. 338; *Seyderhelm*, § 651f, Rdnr. 6, 7; *LG Frankfurt*, NJW-RR 1991, 313. – Zum Streik der Leistungsträger siehe bejahend *LG Frankfurt*, NJW-RR 1987, 822; *Tonner*, § 651f, Rdnr. 26; *Führich*, Rdnr. 339; verneinend *LG Hannover*, NJW-RR 1989, 820.

[597] BGBl. I 1994, S. 1322.

[598] *BGHZ* 100, 185 = NJW 1987, 1938 m.Anm. *Teichmann/Theis*, JZ 1987, 825.

[599] Zum Entlastungsbeweis in Einzelfällen vgl. *LG Frankfurt*, NJW-RR 1991, 1203; *OLG Köln*, NJW-RR 1995, 314; *LG Duisburg*, NJW-RR 1995, 693. – Siehe zur richtlinienkonformen Auslegung auch *Tonner*, MK § 651f, Rdnr. 23a.

den Regelungen der Gewährleistung ausgesprochen, wobei die Rechtsprechung und auch das Schrifttum ihm fast einhellig gefolgt sind.[600]

Die Gegenmeinung, die den Weg über eine Schadensminderungspflicht nach § 254 II BGB für richtiger hielt, hat sich nicht durchgesetzt.[601] Allerdings kann dem BGH nicht gefolgt werden, wenn er Abhilfeverlangen und Mängelanzeige wahlweise als formelle Voraussetzung fordert; vielmehr ist wegen der Ähnlichkeit von Minderung und Schadensersatz („dulde und liquidiere") eine Mängelanzeige ausreichend.[602] Das bedeutet andererseits, daß die Mängelanzeige unter den gleichen Voraussetzungen wie bei der Minderung[603] entfallen kann.[604]

b) Der Anspruch auf Schadensersatz nach § 651f I BGB

Die Vorschrift gibt dem Reisenden einen Anspruch auf Ersatz der Schäden, die auf einem Reisemangel beruhen. Ansprüche auf Erstattung der Kosten der Selbstabhilfe[605] der Minderung[606] und aus der Abwicklung nach Kündigung[607] gehen dem Ersatzanspruch vor,[608] so daß für den Ausgleich nach § 651f I BGB nur weitergehende Schäden verbleiben.[609] Diese Abgrenzung hat im Prozeß eine gewisse Bedeutung bei der Berechnung der Ansprüche des Reisenden[610] sowie der Frage einer Beschränkung der Ansprüche bei Eingreifen des Warschauer Abkommens.[611]

Im Rahmen des § 651f I BGB wird – entgegen § 635 BGB – nicht zwischen Mangel- und Mangelfolgeschäden unterschieden.[612] Je nach Abgrenzung des Reisemangels[613] ist der Anwendungsbereich der Vorschrift gegenüber Ansprüchen aus positiver Vertragsverletzung unterschiedlich.[614] Das betrifft einmal die Frage der Abgrenzung zwischen Haupt- und Nebenpflichten[615], zwischen Mangel und Schaden[616] sowie die zeitliche Begrenzung der Minderung,[617] wobei sich aber hinsichtlich der Rechtsfolgen keine wesentlichen Unterschiede ergeben.[618]

---

[600] *BGHZ* 92, 177 = NJW 1985, 132 m. Anm. *Gitter*, JR 1985, 326; *OLG Düsseldorf*, NJW-RR 1989, 735; zust. *Bidinger/Müller*, § 651f, Anm. 7; *Führich*, Rdnr. 337; *Pick*, § 651f, Rdnr. 78; *Seyderhelm*, § 651f, Rdnr. 10, 30.

[601] So heute noch *Eckert*, S. 119 ff.; *Tonner*, MK, § 651f, Rdnr. 16, 17 m.Nw.

[602] *Tempel*, NJW 1986, 552; *Isermann*, S. 122.

[603] S.o. IV, 3, b, (3).

[604] *Seyderhelm*, § 651f, Rdnr. 10.

[605] S.o. IV, 2.

[606] S.o. IV, 3, a, Fußn. 466; *OLG Düsseldorf*, VuR 1995, 214.

[607] S.o. IV, 4.

[608] *Seyderhelm*, § 651f, Rdnr. 11, 12.

[609] S.u. (2).

[610] S.o. VIII, 3, f.

[611] S.u. V, 4, d, (1).

[612] *Blaurock/Wagner*, Jura 1985, 175; *Seyderhelm*, § 651f, Rdnr. 13; *Tonner*, MK, § 651f, Rdnr. 6; a.A. *Schmidt*, JR 1987, 271.

[613] S.o. III, 2.

[614] Hierzu *Seyderhelm*, § 651f, Rdnr. 22; *Tonner*, MK, § 651f, Rdnr. 4.

[615] Hauptfälle: Informationspflichten, s.o. III, 1, e; Obhuts- und Betreuungspflichten, s.o. III, 1, f.; abw. *Führich*, Rdnr. 337.

[616] S.o. III, 2, f; *Tonner*, MK, § 651f, Rdnr. 19.

[617] S.o. IV, 3, c, (3) und unten (3), Fußn. 632.

[618] *Seyderhelm*, § 651f, Rdnr. 22.

Als Gruppen ersatzfähiger Schäden lassen sich unterscheiden:

(1) Mangelschäden

Hierunter fallen Aufwendungen zur Beseitigung des Reisemangels und seiner Begleitschäden.

Beispiele: Kosten für zusätzliche Verpflegung,[619] Kosten für Taxifahrten (zu einem entfernten Strand oder bei Umzug in ein Ersatzobjekt),[620] Kosten für Reinigung eines verschmutzten Appartements, bei einer Kündigung des Reisevertrages die Kosten eines vorzeitigen Rückfluges,[621] bei Nichtantritt der Reise (aus vom Reiseveranstalter zu vertretenden Gründen) die Kosten einer Ersatzreise.[622]

(2) Mangelfolgeschäden

Hierzu gehören Schäden, die nach Beseitigung des Reisemangels zusätzlich anfallen.

Beispiele: zusätzliche Transportkosten,[623] Aufwendungen zum Ankauf von Ersatzkleidung bei Verlust oder verspäteter Aushändigung von Reisegepäck,[624] Arztkosten und Verdienstausfall, die bei Erkrankung des Reisenden wegen verdorbenen Essens entstehen,[625] Kosten einer Schädlingsbekämpfung,[626] Vermögensschäden bei Verschiebung einer Reise,[627] die Kosten eines Rechtsanwaltes.[628]

(3) Frustrationsschäden

In diese Rubrik sind Vermögensschäden des Reisenden einzureihen, die derselbe durch nutzlose Aufwendungen im Hinblick auf mangelhafte Reiseleistungen erleidet.

Beispiele: nutzlose Anschaffung von Gegenständen für die geplante, dann ausgefallene Reise,[629] Ersatz der Reisekosten von Selbstfahrern,[630] eventuell auch nutzlos aufgewendete Prämien für eine Reiserücktrittskostenversicherung,[631] andere Versicherungen oder überflüssige Impfungen. Nach der hier vertretenen Auffassung fällt hierunter auch die (ganze oder teilweise) Erstattung des Reisepreises über die zugebilligte Minderung hinaus, wenn der Mangel auf andere Teile der Reiseleistung (sachlich oder zeitlich) aus-

---

[619] *Seyderhelm*, § 651f, Rdnr. 16.

[620] *LG Köln*, MDR 1991, 840.

[621] *OLG Düsseldorf*, NJW-RR 1986, 1175; r.A. nach besteht aber Vorrang des § 651c III; s.o. IV, 4, e, (1), Fußn. 581.

[622] *BGH*, NJW 1986, 1748; *LG Frankfurt*, NJW 1986, 1616; NJW-RR 1987, 178; a.A. *Tonner*, MK, § 651f, Rdnr. 22; *Wolter*, NJW 1986, 3062. – Abwegig *AG Kleve*, RRa 1998, 92 m. abl. Anm. *Tempel*, RRa 1998, 982; a. A. auch *LG Düsseldorf*, NJW 1999, 2049.

[623] *AG Düsseldorf*, RRa 1995, 210; *OLG Düsseldorf*, NJW-RR 1998, 53.

[624] *Pick*, § 651f, Rdnr. 92, 93; *Seyderhelm*, § 651f, Rdnr. 14, 20.

[625] *Seyderhelm*, § 651f, Rdnr. 14.

[626] *OLG Köln*, NJW-RR 1993, 252.

[627] *LG Frankfurt*, NJW-RR 1991, 1271.

[628] *LG Frankfurt*, NJW-RR 1986, 1475 (das noch auf Verzugsschaden abstellt); *AG Hamburg*, RRa 1996, 39; *Führich*, Rdnr. 343.

[629] *Tonner*, MK, § 651f, Rdnr. 21. – Die fehlende anderweitige Verwendung, die der Reisende oft behauptet, bedarf aber nach § 287 ZPO einer kritischen Überprüfung.

[630] *OLG Düsseldorf*, NJW-RR 1986, 1175 = VuR 1987, 27 m. Anm. *Tonner*; *Seyderhelm*, § 651f, Rdnr. 15.

[631] *Seyderhelm*, § 651f, Rdnr. 21 (m.E. nach Antritt der Reise zweifelhaft).

gestrahlt hat.[632] Hinsichtlich der zeitlichen Ausdehnung sollte aber – ebenso wie bei der Minderung[633] – eine Rückwirkung auf zeitlich vorangegangene Reiseteile unterbleiben[634] während eine Nachwirkung auf spätere Zeiträume der Reise durchaus angebracht ist[635] nicht aber eine Nachwirkung auf die Zeit nach Urlaubsende.[636]

c) Der Anspruch auf Entschädigung nach § 651f II BGB

Nach dieser Vorschrift kann der Reisende, wenn die Reise vereitelt oder erheblich beeinträchtigt ist, wegen nutzlos aufgewendeter Urlaubszeit eine angemessene Entschädigung in Geld verlangen. Es handelt sich um einen zusätzlichen Anspruch, der neben den Anspruch auf Schadensersatz nach § 651f I BGB tritt.[637]

(1) Die jetzige Regelung knüpft an die vor Inkrafttreten des Reisevertragsgesetzes ergangene Rechtsprechung an, die dem Reisenden bei erheblicher Beeinträchtigung der Reise einen Geldbetrag als Schadensersatz für nutzlos verbrauchte Urlaubstage zugebilligt hatte, wobei sie diesen Anspruch – im Hinblick auf § 253 BGB – als Ausgleich für einen Vermögensschaden deklarierte.[638] Nach Inkrafttreten der Neuregelung entstanden Meinungsverschiedenheiten, ob § 651f II BGB nur die bisherige Rechtsprechung sanktioniert oder aber eine eigenständige Entschädigung für immaterielle Beeinträchtigung geschaffen habe.[639]

Der *BGH* hatte sich – nach einigem Zögern[640] und ohne klare dogmatische Einordnung – von der rein kommerziellen Betrachtungsweise gelöst; unter Bezugnahme auf den Willen des Gesetzgebers stellte er bei der Bemessung der Entschädigung auf die Umstände des Einzelfalles ab, wobei er das Einkommen des Reisenden und den Reisepreis als Bemessungsfaktor nannte und im übrigen dem Tatrichter einen großen Ermessensspielraum einräumte.[641] Nach dieser Grundkonzeption soll auch nichtverdienenden Reisenden (Rentnern, Schülern und Studenten) eine Entschädigung zukommen.[642] Die Einheitlichkeit der Rechtsprechung der Instanzgerichte wurde durch den einge-

---

[632] S.o. IV, 3, c, (3), Fußn. 517. – *LG Frankfurt*, NJW-RR 1989, 1213; 1991, 1272; 1993, 1330; RRa 1994, 98; *Seyderhelm*, § 651f, Rdnr. 11; *Tempel*, RRa 1997, 67, 69; a.A. *Führich*, Rdnr. 343.

[633] S.o. IV, 3, c, (3), Fußn. 515.

[634] *LG Frankfurt*, NJW-RR 1993, 1330; *Bidinger/Müller*, § 651f, Rdnr. 3; *Tempel*, RRa 1997, 70; a.A. *LG Frankfurt* (21. ZivK.), NJW-RR 1990, 1396.

[635] *Tempel*, RRa 1997, 67, 133; *OLG Frankfurt*, RRa 1998, 67.

[636] *LG Frankfurt*, NJW-RR 1993, 1330.

[637] *LG Frankfurt*, NJW-RR 1992, 823; *Seyderhelm*, § 651f, Rdnr. 29; *Tonner*, MK, § 651f, Rdnr. 28; a.A. *LG Düsseldorf*, NJW-RR 1991, 55.

[638] *BGHZ* 63, 98 = NJW 1975, 40; *BGHZ* 77, 116 = NJW 1980, 1947; *BGHZ* 80, 366 = NJW 1981, 1833; *BGH*, NJW 1982, 1522.

[639] In erstem Sinne: *Bartl*, NJW 1979, 1388; *Tonner*, JuS 1982, 411; JZ 1983, 208; *Teichmann*, JZ 1979, 1250. – In zweitem Sinne: *Löwe*, BB 1979, 1364. – Vgl. die weiteren Nachw. bei *Tonner*, MK, § 651f, Rdnr. 41, 42.

[640] *BGH*, NJW 1982, 1522.

[641] *BGH*, NJW 1983, 35; vgl. auch *BGHZ* 130, 128 = NJW 1995, 2629.

[642] *BGHZ* 85, 168 = NJW 1983, 218; neuerdings *AG Magdeburg*, RRa 1996, 225; *Eckert*, S. 128 m.Nw.

räumten Ermessensspielraum nicht gefördert.[643] Immerhin machte sich eine Tendenz zu einer immateriellen Betrachtungsweise bemerkbar,[644] die auch in der Literatur zunehmend auf Zustimmung stieß.[645] Allerdings ist damit die Frage der Berechnung nicht entschieden. Das zeigen die unterschiedlichen Entscheidungen der Instanzgerichte.[646] Im Vordergrund stehen aber nach wie vor die Entscheidungen der 24. Zivilkammer des *LG Frankfurt* und des *LG Hannover*[647] die auf bestimmte Tagessätze abstellen, die zwar im wesentlichen einheitlich sind, aber unterschiedlich begründet werden.[648]

(2) Neben der bereits erwähnten formellen Voraussetzung der Mängelanzeige[649] setzt der Anspruch aus § 651f II BGB voraus, daß die Reise vereitelt oder erheblich beeinträchtigt worden ist. Vereitelt ist die Reise, wenn sie gar nicht ausgeführt wurde oder der Reisende nach Ankunft am Urlaubsort sofort[650] wieder zurückfährt.[651] Schwieriger ist die erhebliche Beeinträchtigung zu umschreiben. Einigkeit besteht darüber, daß nicht jede mit Reisemängeln behaftete Reise als erheblich beeinträchtigt anzusehen ist. Voraussetzung ist vielmehr, daß der Urlaub durch gravierende Reisemängel als „restlos vertan“, „nutzlos“ oder „verfehlt“ anzusehen ist.[652] Das kommt nicht nur bei einem Erholungsurlaub in Frage, sondern auch dann, wenn im Rahmen des Urlaubs nach dem vereinbarten Reisezweck bestimmte Tätigkeiten (Sport, Sprachbildung etc.) ausgeübt werden sollen.[653]

Ein Teil der Gerichte hat diese Leerformeln im Interesse der Rechtssicherheit und Voraussehbarkeit der Rechtsprechung dahin konkretisiert, daß sie als Richtlinie das Vorliegen von Reisemängeln im Gesamtgewicht von mindestens 50 % verlangen.[654] In der Literatur wird dieser Schematisierung überwiegend zugestimmt,[655] die Grenze der erheblichen Beeinträchtigung teilweise auch anders gezogen.[656] Eine zusätzliche Toleranz-

[643] Hierzu neuerdings *Tempel*, RRa 1998, 28; vgl. auch RRa 1997, 67, Fußn. 7.

[644] *LG Frankfurt*, NJW-RR 1989, 310; NJW-RR 1998, 1590 = RRa 1998, 119; *LG Hannover*, NJW-RR 1989, 633.

[645] *Bidinger/Müller*, § 651f, Anm. 10; *Führich*, Rdnr. 351; *Seyderhelm*, § 651f, Rdnr. 45; jetzt auch (mit kritischen Untertönen) *Tonner*, MK, § 651f, Rdnr. 44 ff., der aber m.E. zu Unrecht auf die Genugtuungsfunktion abstellen will.

[646] S.u. (3).

[647] S.o. Fußn. 644 und u. Fußn. 667.

[648] *LG Frankfurt*: das durchschnittliche Nettotageseinkommen des Reisenden; *LG Hannover*: durchschnittlicher Tagespreis der Pauschalreise.

[649] S.o. IV, 5, a, (2).

[650] Eine kurze Zeitspanne, die im wesentlichen nur den Verhandlungen über eine Abhilfe mit den notwendigen Fristsetzungen dient, schadet nicht. – S. auch o. IV, 4, e, (2), Fußn. 587.

[651] *Führich*, Rdnr. 347; *Seyderhelm*, § 651f, Rdnr. 32; *Tonner*, MK, § 651f, Rdnr. 30.

[652] *BGHZ* 63, 106 = NJW 1975, 40; *Seyderhelm*, § 651f, Rdnr. 33; *Tonner*, MK, § 651f, Rdnr. 31.

[653] *LG Frankfurt*, NJW-RR 1992, 1210 (Sprachkurs).

[654] *OLG Frankfurt*, NJW 1985, 143; NJW-RR 1988, 632; RRa 1995, 147; *LG Frankfurt*, NJW 1984, 1762; *OLG Düsseldorf*, NJW-RR 1986, 280; *LG Hannover*, NJW-RR 1986, 213; 1989, 633; *LG Köln*, MDR 1991, 840.

[655] *Seyderhelm*, § 651f, Rdnr. 34; *Führich*, Rdnr. 348 („Orientierungswert“).

[656] *KG*, MDR 1982, 317; *Führich*, Rdnr. 348; *Tonner*, MK, § 651f, Rdnr. 31: 30 %; vgl. auch *OLG Celle*, RRa 1995, 163.

grenze von zwei Tagen ist nach der immateriellen Betrachtungsweise nicht mehr anzuerkennen.[657]

Teilweise wird in der Literatur die in § 651f II BGB erwähnte „nutzlos aufgewendete Urlaubszeit" als weitere Voraussetzung genannt.[658] Richtigerweise handelt es sich hierbei nicht um eine Anspruchsvoraussetzung, sondern um einen Berechnungsfaktor mit der Folge, daß insoweit § 287 ZPO zur Anwendung kommen kann.[659]

(3) Als einzelne Berechnungsfaktoren sind in Rechtsprechung und Schrifttum folgende Positionen herausgestellt worden:

- nur das Einkommen;[660]
- nur die Reisekosten;[661]
- Einkommen und Reisekosten sowie sonstige Umstände;[662]
- ein Mittelwert von Einkommen und Reisekosten,[663] wobei aber bei Reisenden ohne Einkommen der Reisepreis allein maßgebend sein soll;[664]
- Reisepreis und Aufwendungen für einen Ersatzurlaub;[665]
- ein Richtzahlensystem, bei dem die Auswirkung auf den Urlaub und bestimmte Kategorien von Urlaubern (Arbeitnehmer, Selbständige, Rentner, Schüler, Hausfrauen, Arbeitslose) zu berücksichtigen sind;[666]
- ein Basissatz als Richtbetrag, der für alle Personen für einen völlig verlorenen Urlaubstag zugrundezulegen und entsprechend dem Gesamtgewicht der Mängel zu variieren ist.[667]

Geht man von einem immateriellen Ausgleich aus, so kann nur die letztgenannte Berechnungsmethode als richtig anerkannt werden.[668] Es erscheint bei dieser Betrachtungsweise folgerichtig, alle Reisenden gleich zu behandeln, wobei die einkommenslosen Reisenden einzubeziehen sind.

---

657 *Seyderhelm*, § 651f, Rdnr. 35; *Führich*, Rdnr. 348; a.A. früher *LG Frankfurt*, NJW-RR 1986, 1440.

658 *Führich*, Rdnr. 349; *Tonner*, MK, § 651f, Rdnr. 32.

659 *Seyderhelm*, § 651f, Rdnr. 36; *Tempel*, NJW 1985, 102. – S.u. Fußn. 678, 679.

660 *LG Frankfurt*, NJW 1983, 1127; 1985, 143; *LG Stuttgart*, NJW-RR 1986, 349; *LG Hannover*, VuR 1987, 217; *Bendref*, NJW 1986, 1721.

661 *OLG Düsseldorf*, NJW-RR 1990, 187; 1994, 950; *OLG Frankfurt*, NJW 1981, 827; RRa 1995, 224; *LG Köln*, NJW-RR 1994, 741; *LG München I*, RRa 1996, 78; *Bidinger/Müller*, § 651f, Anm. 18; *Führich*, Rdnr. 352.

662 *OLG Celle*, OLGZ 1982, 476; *OLG München*, NJW-RR 1987, 748; *LG Hannover*, NJW-RR 1990, 1019; *LG Frankfurt*, VuR 1992, 235; *OLG Frankfurt*, RRa 1998, 67.

663 *Tonner*, MK, § 651f, Rdnr. 54; ihm folgend *OLG Frankfurt*, OLG-Report 1992, 193.

664 *Tonner*, aaO, Rdnr. 57, 58, der aber hinsichtlich der Hausfrau in Rdnr. 56 keine klare Stellungnahme abgibt.

665 *Pick*, § 651f, Rdnr. 114.

666 *Müller*, Schadensersatz wegen verdorbenen Urlaubs (1976), S. 185 ff.

667 *LG Frankfurt*, NJW-RR 1988, 1451 (100 DM); NJW-RR 1998, 1590 = RRa 1998, 119 (130 DM) jeweils für einen völlig verlorenen Urlaubstag; hierzu *Tonner*, RRa 1998, 106.

668 *Seyderhelm*, § 651f, Rdnr. 49.

Es bedarf demnach zunächst einer Gesamtgewichtung der Mängel, wobei auf die einzelnen Urlaubstage abzustellen und nicht etwa eine Gesamtminderung für die Reise als solche mit dem Reisepreis zu vergleichen ist; es können also einzelne Reisetage erheblich beeinträchtigt sein und bleiben es auch, selbst wenn andere Reisetage mangelfrei oder weniger als 50 % beeinträchtigt gewesen sind.[669] Eine Rückwirkung der Beeinträchtigung auf zuvor mangelfreie Reisetage ist abzulehnen,[670] ebenso eine Nachwirkung auf mangelfreie oder unter 50 % beeinträchtigte Reisetage.[671]

Eine unterschiedliche Bemessung der Prozentsätze ist – ebenso wie bei der Minderung[672] – möglich, soweit die Beeinträchtigung voneinander abweicht.[673] So kann auch bei bestimmten Personengruppen wie Kindern und Jugendlichen die Intensität der Beeinträchtigung entsprechend dem Erlebniswert der jeweiligen Gruppe anders als bei Erwachsenen zu bewerten sein, wobei die Beeinträchtigung im Einzelfall ganz zu verneinen ist.[674] Über den Regelsatz hinausgehende Beträge sollten nicht zugesprochen werden, auch wenn die Reisenden sich gelegentlich auf besondere Umstände (z.B. Geburtstage, Hochzeiten, Jubiläen) berufen.[675]

(4) Als typische Berechnungsfälle sind anzuführen:

- Bei der durchgeführten Reise ist die Entschädigung entsprechend der sich aus der jeweiligen Minderung ergebenden Beeinträchtigung festzusetzen.[676]

Es kann also gerechtfertigt sein, bestimmte Tage, in denen der Reisende in besonderem Umfang mit zusätzlichen Begleiterscheinungen von Reisemängeln, z.B. mehrfachen Vorsprachen bei der Reiseleitung, Besichtigung von Ersatzobjekten, Umzug in solche Ersatzobjekte, befaßt war, als völlig vertan anzusehen und hierfür den vollen Regelsatz zuzubilligen.

- Bei der nicht angetretenen Reise ist zu unterscheiden, ob der Reisende den Urlaub nunmehr zu Hause verbracht oder aber eine Ersatzreise angetreten hat.

Hat er den Urlaub zu Hause verbracht, so ist er für diesen „Balkonurlaub" in jedem Falle zu entschädigen, da ein zu Hause verbrachter Urlaub ein aliud gegenüber dem ge-

---

669 *OLG Düsseldorf*, NJW-RR 1989, 1978; *LG Frankfurt*, NJW-RR 1991, 378; 1991, 1271; 1992, 823; *Seyderhelm*, § 651f, Rdnr. 35. *Führich*, Rdnr. 348; *Tempel*, RRa 1997, 71. – a.A. *LG Düsseldorf*, NJW 1999, 2049 = RRa 1999, 61 m. Anm. *Tonner* u. Anm. *Tempel*, NJW 1999, 2012.

670 *LG Frankfurt*, NJW 1983, 2264; NJW-RR 1989, 1213; 1993, 1330; *Tempel*, RRa 1997, 71; a.A. *OLG Düsseldorf*, NJW-RR 1990, 187; *LG Frankfurt*, NJW-RR 1990, 1396; *LG Darmstadt*, RRa 1995, 123; *OLG Frankfurt*, RRa 1998, 67; differenzierend *Seyderhelm*, § 651f, Rdnr. 56; *Tonner*, § 651f, Rdnr. 18.

671 *LG Frankfurt*, NJW-RR 1993, 1330.

672 S.o. IV, 3, c, (1), Fußn. 504.

673 *OLG Düsseldorf*, NJW-RR 1986, 280; *LG Frankfurt*, NJW-RR 1993, 1330.

674 *BGH*, NJW 1983, 35; *BGHZ* 85, 168 = NJW 1983, 218; *AG Hamburg*, NJW-RR 1989, 564; *AG Kleve* NJW-RR 1999, 489 = RRa 1998, 174; hierzu *Seyderhelm*, § 651f, Rdnr. 51, 52; *Tonner*, MK, § 651f, Rdnr. 58.

675 *Seyderhelm*, § 651f, Rdnr. 50; a.A. *LG Hannover*, NJW-RR 1989, 633.

676 *LG Frankfurt*, NJW-RR 1988, 1451, 1453.

buchten Urlaub in der Fremde darstellt.[677] Geht man von einer immateriellen Betrachtungsweise aus, spielt es keine Rolle, ob der Reisende seine Arbeit weitergeführt hat und damit den Urlaub später nachholen wird.[678] Auszugehen ist bei der Berechnung von dem vollen Richtsatz von (nunmehr) 130 DM. Hierauf ist aber ein gewisser Restwert des zu Hause verbrachten Urlaubs anzurechnen, der gemäß § 287 ZPO zu schätzen ist.[679] Dabei kann es aber nicht auf die konkrete Urlaubsgestaltung und einen Vergleich der konkreten Wetterverhältnisse am Urlaubs- und Heimatort ankommen.[680] Hinsichtlich der Bemessung des Restwertes hat die Rechtsprechung gewisse Mittelwerte als Richtlinie eingeführt,[681] was die Abwicklung vereinfacht. Das schließt natürlich nicht aus, im Einzelfall den Restwert geringer anzusetzen.[682]

Hat der Reisende eine Ersatzreise angetreten,[683] so kann er neben den Mehrkosten der Ersatzreise, die er nach § 651f I BGB liquidieren kann[684] nicht noch eine zusätzliche Entschädigung für die ausgefallene Reise mit der Begründung fordern, diese Ersatzreise sei nach ihrem Zielort und im Hinblick auf ihre konkrete Gestaltung kein qualitativ gleichwertiger Ersatz für die ausgefallene Reise gewesen.[685] Ebenso scheidet eine Entschädigung nach § 651f II BGB aus, wenn der Reisende ein zumutbares Angebot für eine Ersatzreise abgelehnt hat (§ 254 II BGB).[686]

– Bei der vorzeitig abgebrochenen Reise sind die Grundsätze der mangelhaft durchgeführten Reise und der nicht angetretenen Reise zu kombinieren.

Für den Zeitraum am Urlaubsort gelten die Grundsätze der ausgeführten Reise. Die auf die Zeit von An- und Abreise entfallenen Urlaubstage können als völlig vertan angesehen und mit dem vollen Richtsatz entschädigt werden, wenn die am Urlaubsort verbrachte Zeit völlig geringfügig gewesen war[687] oder bei einem längeren Verweilen am Urlaubsort der Minderungssatz von 50 % durchweg erreicht war. Für den anschließend zu Hause verbrachten Urlaub gelten die Grundsätze für den Balkonurlaub.[688] Hat der Selbstfahrer auf der Rückreise einen neuen Standort für den Resturlaub gefunden, wird man dies einer Ersatzreise gleichzustellen haben mit der Folge, daß der Entschädigungsanspruch entfällt.

---

677 *BGHZ* 77, 116 = NJW 1980, 1947; *BGH*, NJW 1983, 35; *OLG München*, NJW 1984, 132; *Seyderhelm*, § 651f, Rdnr. 37; *Tonner*, MK, § 651f, Rdnr. 32, 33; a.A. *AG Hamburg*, NJW-RR 1989, 565.

678 *LG Frankfurt*, NJW 1991, 315; *Führich*, Rdnr. 353; a.A. *OLG Düsseldorf*, NJW-RR 1990, 573.

679 *BGHZ* 77, 116 = NJW 1980, 1947; *BGH*, NJW 1983, 35; *Bidinger/Müller*, § 651f, Anm. 15; *Seyderhelm*, § 651f, Rdnr. 37; *Tonner*, MK, § 651f, Rdnr. 32, 33; a.A. *AG Hamburg*, NJW-RR 1989, 565, jetzt auch *Führich*, (3. Aufl.) Rdnr. 349.

680 *LG Frankfurt*, NJW 1980, 1286; a.A. *OLG München*, NJW 1984, 132.

681 *LG Frankfurt*, NJW 1980, 1286; 1982, 2452; (in der Regel 50 %); zust. *Seyderhelm*, § 651f, Rdnr. 37.

682 *BGHZ* 77, 116 = NJW 1980, 1947 (Eltern mit behindertem Kind); *AG Hamburg*, NJW-RR 1989, 564 (Ausfall einer Bildungsreise). – Zur Belastung der Hausfrau siehe *Seyderhelm*, § 651f, Rdnr. 37.

683 Zur Abgrenzung siehe *LG Frankfurt*, NJW-RR 1993, 1211.

684 S.o. IV, 5, b, (1), Fußn. 622.

685 *LG Frankfurt*, NJW–RR 1987, 568; 1992, 187; *Pick*, § 651f, Rdnr. 105.

686 *LG Frankfurt*, NJW 1986, 1616; *Seyderhelm*, § 651f, Rdnr. 42.

687 *LG Frankfurt*, NJW-RR 1991, 1203; *Seyderhelm*, § 651f, Rdnr. 53.

688 *OLG Düsseldorf*, NJW-RR 1989, 1078.

- Bei der verschobenen Reise steht dem Reisenden ein Anspruch aus § 651f II BGB nur für den Tag der nutzlosen An- und Abreise zu.[689]
- Bei der verzögerten Rückkehr steht dem Reisenden für die Zeitdauer der Verspätung ein Anspruch aus § 651f II BGB zu,[690] wobei man allerdings im Hinblick auf die 50 %-Grenze[691] verlangen muß, daß die Verspätung über die Zeitdauer eines halben Tages hinausgeht.[692]

d) Gesetzliche Haftungsbeschränkungen

Über die für die verschuldensunabhängige Einstandspflicht bereits angesprochenen Haftungsbeschränkungen[693] hinaus können bei dem Schadensersatzanspruch aus § 651f BGB weitere Haftungsbeschränkungen zum Zuge kommen.

(1) Im Rahmen der Luftbeförderung sind die Vorschriften des Luftverkehrsgesetzes und des Warschauer Abkommens von Bedeutung, die auch auf den Reiseveranstalter als „vertraglichen Luftfrachtführer" Anwendung finden.[694] Diese sehen jedenfalls für den Regelfall Haftungshöchstbeträge vor.

Nicht betroffen von dieser Beschränkung sind die verschuldensunabhängigen Ansprüche auf Minderung, Rückforderung des Reisepreises nach Kündigung gemäß § 651e III BGB.[695] Gleiches dürfte auch für den Anspruch auf Kostenerstattung nach Selbstabhilfe (§ 651c III BGB) gelten, obwohl er einem Schadensersatzanspruch stark angenähert ist.[696]

(2) Der Einwand des Mitverschuldens bei Entstehung des Schadens (§ 254 I BGB) kann – im Gegensatz zu den verschuldensunabhängigen Gewährleistungsansprüchen[697] – ebenfalls relevant werden.[698]

Der Mitverschuldenseinwand dürfte allerdings gegenüber dem Anspruch auf Ersatz des Mangelschadens regelmäßig ausscheiden, da der Reiseveranstalter für die mangelfreie Erbringung der Reise einzustehen hat, der Reisende vor Reiseantritt in der Regel keine Kenntnis von den Mängeln hat[699] und bei Kenntniserlangung auf Abhilfe beste-

---

689 *LG Frankfurt*, NJW-RR 1991, 1271; *Seyderhelm*, § 651f, Rdnr. 55.

690 *LG Frankfurt*, NJW-RR 1991, 630; *OLG Düsseldorf*, NJW-RR 1988, 636; *Seyderhelm*, § 651f, Rdnr. 54.

691 S.o. Fußn. 654.

692 Teilw. abw. *LG Frankfurt*, NJW-RR 1991, 630 (Toleranzgrenze von 4 Stunden).

693 S.o. III, 4.

694 S.u. V, 4.

695 *LG Hannover*, NJW 1985, 2903; *LG Frankfurt*, NJW-RR 1986, 216; 1994, 1270; *OLG Frankfurt*, NJW-RR 1993, 1147; *Ruhwedel*, Rdnr. 314; *Schmid/Sonnen*, NJW 1992, 472; *Seyderhelm*, § 651f, Rdnr. 9.

696 *LG Frankfurt*, 5. 11. 1990, 2/24 S 467/89.

697 S.o. III, 4, a, (4), Fußn. 365.

698 *Seyderhelm*, § 651f, Rdnr. 9.

699 Im Antritt der Reise in Kenntnis der Mängel liegt kein Mitverschulden, auch keine Vertragsänderung, s.o. II, 6, b, Fußn. 205.

hen darf.[700] § 254 I BGB kann aber in Frage kommen bei Ansprüchen des Reisenden aufgrund unrichtiger Information über Visavorschriften, wenn der Reisende eine bessere Sachkenntnis hat oder in seiner Person in Form ausländischer Staatsangehörigkeit Sonderumstände vorliegen und er den Reiseveranstalter hierauf nicht hinweist.[701] Gleiches gilt bei Abhandenkommen von Reisegepäck.[702]

Bei Personenschäden infolge von Unfällen kann ein Mitverschulden bei Entstehung des Schadens ebenfalls berücksichtigt werden, soweit nicht bereits eine Haftung des Reiseveranstalters mangels Verletzung der Einstandspflicht ausscheidet.[703] Dies gilt unabhängig davon, ob man den hieraus resultierenden Ersatzanspruch dem § 651f I BGB unterstellt oder aber – wegen Verneinung eines Reisemangels – aus positiver Vertragsverletzung ableitet.[704]

(3) Größere Bedeutung hat der Einwand des Mitverschuldens hinsichtlich der Obliegenheit, den Schaden abzuwenden oder zu mindern (§ 254 II BGB). Das gilt für eingetretene Personenschäden,[705] Sachschäden[706] und vor allem hinsichtlich der Obliegenheit zur Entgegennahme bzw. Buchung einer Ersatzreise.[707]

Der Reisende ist bei Scheitern einer Reise nach § 254 II BGB gehalten, sich um geeignete Ersatzreisen zu bemühen und hierbei auch die Gleichwertigkeit der zu buchenden Ersatzreise mit der ausgefallenen Reise zu berücksichtigen.[708] Insoweit ist der Reisende auch verpflichtet, auf geeignete Angebote des Reiseveranstalters einzugehen. Der Reiseveranstalter muß sich hierbei gemäß § 278 BGB das Verhalten des Reisebüros entgegenhalten lassen, wenn dieses nur untaugliche Ersatzreisen anbietet.[709] Eine zeitliche Umdisposition wird man dem Reisenden im Hinblick auf den Fixcharakter des Reisevertrages nur in engen Grenzen zumuten können.[710]

(4) Einen besonderen Fall gesetzlicher Haftungsbeschränkung regelt § 651h II BGB. Der Reiseveranstalter kann sich auf gesetzliche Haftungsausschlüsse[711] und Haftungsbeschränkungen berufen, die dem Leistungsträger auf Grund internationaler Übereinkommen oder auf solchen Übereinkommen beruhenden gesetzlichen Vorschriften zustehen.

Die durch das Änderungsgesetz vom 24. 6. 1994[712] eingeschränkte Fassung greift also nicht (mehr) bei Haftungsbeschränkungen in rein nationalen Gesetzen.[713] In Frage kommen vor allem Einschränkungen im Beförderungsrecht,[714] nach h.M. aber nicht die

---

[700] S.o. IV, 1. – Auch in dem Unterlassen einer Kündigung liegt kein Mitverschulden: *LG Frankfurt*, 1. 6. 1987, 2/24 S 221/86.

[701] *LG Frankfurt*, NJW 1980, 1230; *LG Hannover*, NJW-RR 1986, 1055.

[702] *LG Frankfurt*, NJW-RR 1990, 571; *OLG Düsseldorf*, NJW-RR 1991, 248.

[703] S.o. III, 4, a, (4), Fußn. 366.

[704] S.o. III, 2, f + u. V, 1, (2).

[705] S.o. IV, 5, b, (2), Fußn. 625.

[706] S.o. IV, 5, b, (2), Fußn. 624; ferner *AG Bad Homburg*, NJW-RR 1996, 820.

[707] *Seyderhelm*, § 651f, Rdnr. 42.

[708] *LG Frankfurt*, NJW 1986, 1616; NJW-RR 1987, 178.

[709] *LG Frankfurt*, NJW-RR 1987, 178.

[710] *LG Frankfurt*, 31. 10. 1988, 2/24 S 127/88.

[711] Nunmehr gesetzlich klargestellt; a.A. vorher *BGHZ* 87, 191 = NJW 1983, 1612.

[712] BGBl. I 1994, S. 1322.

[713] *Eckert*, S. 170; *Seyderhelm*, § 651h, Rdnr. 16.

[714] *Führich*, Rdnr. 399; *Tonner*, MK, § 651h, Rdnr. 29 ff.

Gastwirtshaftung.[715] Die Haftungsbeschränkung kommt auch nicht zum Zuge, wenn der Reiseveranstalter aufgrund eigener schuldhafter Pflichtverletzungen ohnehin haftet.[716]

e) Vertragliche Haftungsbeschränkungen

Die Möglichkeit vertraglicher Haftungsbeschränkungen unterliegt einer Reihe gesetzlicher Grenzen.

(1) In Analogie zu §§ 476, 637 BGB sind Vereinbarungen, durch welche dem Reiseveranstalter die Haftung erlassen oder beschränkt wird, nichtig, wenn er einen Mangel der Reise arglistig verschweigt.

Dies wird im Einzelfall zu bejahen sein, wenn der Reiseveranstalter durch täuschende Angaben im Prospekt (z.B. falsche, nicht zu dem Objekt gehörende Fotos) offensichtliche Mängel verschweigt oder den Reisenden in Kenntnis gravierender Mängel die Reise antreten läßt.[717] Bei der Frage, auf die Kenntnis welcher Personen es hierbei ankommt, ist – ähnlich wie im Baurecht[718] – auf die eigenverantwortlich handelnden Personen, d.h. die gesetzlichen Vertreter und die leitenden Angestellten, abzustellen. Bisher ungeklärt ist die Frage, inwieweit die im Baurecht erfolgte Ausdehnung der Arglist bei Fehlen der organisatorischen Voraussetzungen im Urteil des BGH vom 12. 3. 1992[719] Auswirkungen auf die Arglist im Reiserecht hat.[720]

(2) Nach § 276 II BGB kann die Haftung für Vorsatz nicht ausgeschlossen werden.

Ähnlich wie im Falle der Arglist kann vorsätzliches Handeln gegeben sein, wenn der Reiseveranstalter Überbuchungen geschehen oder den Reisenden in Kenntnis von erheblichen Mängeln am Urlaubsort die Reise antreten läßt.

(3) Nach § 651h I BGB kann der Reiseveranstalter die Haftung auf Schadensersatz – also nicht die Ansprüche auf Aufwendungsersatz nach § 651c III BGB, auf Minderung nach § 651d I BGB und die Ansprüche aus Abwicklung nach Kündigung (§§ 651e III, IV BGB)[721] – in zwei Fällen auf den dreifachen Reisepreis[722] beschränken, wobei aber nach der Neufassung durch Gesetz vom 24. 6. 1994[723] Ansprüche aus der Haftung für Körperschäden nunmehr ausdrücklich ausgenommen sind.[724]

---

[715] *Führich*, Rdnr. 404; *Seyderhelm*, § 651h, Rdnr. 20; *Tonner*, MK, § 651h, Rdnr. 28.

[716] *Seyderhelm*, § 651h, Rdnr. 17; *Tonner*, MK, § 651h, Rdnr. 11.

[717] *LG Frankfurt*, NJW 1978, 1008; NJW-RR 1991, 317; *Tempel*, NJW 1987, 2849.

[718] Hierzu *BGHZ* 62, 63 = NJW 1974, 553; *BGHZ* 66, 43 = NJW 1976, 516.

[719] *BGHZ* 117, 318 = NJW 1992, 1754.

[720] Zumindest ist der Chefreiseleiter vor Ort in diese Organisation einzubeziehen, indem er angewiesen werden muß, am Urlaubsort aufgetretene Mängel erheblicher Natur der Zentrale zu melden.

[721] *BGHZ* 100, 157 = NJW 1987, 1931, 1937; *LG Frankfurt*, NJW-RR 1986, 214; *Bidinger/Müller*, § 651h, Anm. 4.

[722] Hierzu *Bidinger/Müller*, § 651h, Anm. 7.

[723] S.o. Fußn. 712.

[724] a.A. vorher *BGHZ* 100, 157 = NJW 1987, 1931 – Zur Beschränkung der Deliktsansprüche s.u. V, 3, d.

- Dies gilt einmal im Falle des Eigenverschuldens des Reiseveranstalters (einschließlich seiner Erfüllungsgehilfen) dann, wenn der Schaden weder vorsätzlich noch grob fahrlässig herbeigeführt worden ist (§ 651h I Nr. 1 BGB). Das bedeutet einen Haftungsausschluß für leichte Fahrlässigkeit.[725]

Das Fehlen des Vorsatzes und der groben Fahrlässigkeit hat allerdings der Reiseveranstalter zu beweisen;[726] er hat deshalb darzulegen, daß er seinen Pflichten im wesentlichen nachgekommen ist.

- Ferner ist eine Haftungsbeschränkung auf den dreifachen Reisepreis möglich, wenn lediglich ein Verschulden eines Leistungsträgers vorliegt, für das der Veranstalter nach § 278 BGB einstehen müßte (§ 651h I Nr. 2 BGB).

Dies gilt selbst bei Vorsatz oder grober Fahrlässigkeit des Leistungsträgers; insofern ist der Reiseveranstalter gegenüber der allgemeinen Regelung in § 11 Nr. 7 AGBG privilegiert.[727] Aus diesem Grund kommt es auf die Abgrenzung der Verantwortungsbereiche zwischen Reiseveranstalter und Leistungsträger an.[728] Bedeutungsvoll werden hierbei die bereits behandelten Organisationspflichten des Reiseveranstalters.[729] Maßgebend für die Abgrenzung sollte der Umstand sein, ob die schuldhaft handelnde Person in den Organisationsbereich des Reiseveranstalters eingegliedert ist und damit seinem Weisungsrecht unterliegt.[730] Bei Verschulden örtlicher Reiseleiter und bei Führung eigener Hotels des Reiseveranstalters kommt demnach die Haftungsbeschränkung nicht zum Zuge.

(4) Umstritten ist, inwieweit die nach § 651h I BGB zugelassene Haftungsbeschränkung einer zusätzlichen Inhaltskontrolle nach § 9 AGBG unterliegt. Die h.M. hält dies für möglich, wobei sie § 651h I BGB zunächst als eine Regelung für Individualvereinbarungen ansieht, die bei Enthaftungsklauseln durch AGB durch die Vorschriften des AGBG ergänzt werden müsse.[731] Im Klartext bedeutet dies, daß die Haftung für leichte Fahrlässigkeit bzw. für Leistungsträger dann nicht ausgeschlossen werden kann, wenn es sich um die Verletzung von Kardinalpflichten handelt oder die typischerweise zu erwartenden Schäden über dem dreifachen Reisepreis liegen.[732]

---

[725] *Seyderhelm*, § 651h, Rdnr. 8, 9.

[726] *Tonner*, MK, § 651h, Rdnr. 43; *Baumgärtel/Strieder*, Handb. der Beweislast, Bd. 1, § 651h, Rdnr. 1.

[727] Krit. *Eckert*, S. 172; *Tonner*, MK, § 651h, Rdnr. 11.

[728] Hierzu *Grunewald*, NJW 1980, 1924.

[729] *Bidinger/Müller*, § 651h, Anm. 7; *Kappus*, Rdnr. 108; *Seyderhelm*, § 651h, Rdnr. 11; *Tonner*, MK, § 651h, Rdnr. 10.

[730] *Grunewald*, aaO (Fußn. 728); *Tonner*, MK § 651h, Rdnr. 12. Das gilt auch bei organisatorischer oder wirtschaftlicher Verflechtung: *Führich*, Rdnr. 395; *Tonner*, aaO; a.A. *Bidinger/Müller*, § 651h, Anm. 9; Bedenken auch bei *Seyderhelm*, § 651h, Rdnr. 12.

[731] *Bidinger/Müller*, § 651h, Anm. 10; *Führich*, Rdnr. 391; *Kappus*, Rdnr. 101–103; *Tonner*, MK, § 651h, Rdnr. 16.

[732] *Kappus*, Rdnr. 103.

Dieser Auffassung kann nicht gefolgt werden. § 651h I BGB verdrängt nach dem Willen des Gesetzgebers als Lex specialis die Regeln des AGBG insgesamt. Die Argumentation der h.M., § 651h I BGB erfasse nur Individualvereinbarungen,[733] geht m.E. an den Realitäten der Praxis vorbei, da solche Vereinbarungen im Reiserecht nicht geschlossen werden, sondern die Enthaftungen durchweg in AGB-Klauseln enthalten sind. Es ist aber nicht Aufgabe der Rechtsprechung, unter Zuhilfenahme des AGBG eine anderweitige gesetzliche Regelung zu unterlaufen und den Gesetzgeber wegen einer für rechtspolitisch verfehlt gehaltenen Regelung zu korrigieren.[734] Ebenso erscheint es zweifelhaft, bei bloßer Wiederholung des Gesetzeswortlauts die Haftungsbeschränkungsklausel für unwirksam zu erklären, weil sie nicht ausdrücklich Deliktsansprüche von der Anwendung ausnehme.[735]

V. Andere Anspruchsgrundlagen

1. Culpa in contrahendo/positive Vertragsverletzung

Für diese beiden von der Rechtsprechung entwickelten Rechtsinstitute bleibt im Reisevertragsrecht wenig Raum. Soweit ein Fehlverhalten des Reiseveranstalters zu einem Reisemangel und Schaden führt, geht § 651f I BGB, der auch Mangelfolgeschäden umfaßt,[736] als Sondervorschrift vor.[737]

(1) Für die Fälle der culpa in contrahendo verbleiben vor allem Schäden, die dem Reisenden bei Aufsuchen des Reisebüros entstehen.[738] Bei der positiven Vertragsverletzung kann der Anwendungsbereich unterschiedlich sein, je nachdem, wie weit man den Begriff des Reisemangels faßt[739] und inwieweit man bei Verletzung von Nebenpflichten § 651f I BGB eingreifen läßt.[740]

(2) Im übrigen ist diese Abgrenzung für die Entscheidung einzelner Sachfragen ohne Bedeutung.[741] So wird man bei Eingreifen der positiven Vertragsverletzung statt des § 651d II BGB[742] den Einwand, der Reisende habe auf den drohenden Eintritt des Schadens nicht hingewiesen, mit § 254 I BGB begründen. Die Beweislastverteilung ist die gleiche wie bei § 651f BGB: der Reiseveranstalter muß sich entlasten. Haftungsbeschränkungen durch den Reiseveranstalter wird man im gleichen Umfang wie in § 651h I BGB zulassen müssen. Auch die Notwendigkeit der Anmeldung des Schadens nach § 651g I BGB ist wie bei Reisemängeln zu bejahen.[743]

---

[733] Vgl. etwa *Kappus*, Rdnr. 101.

[734] *LG Frankfurt*, NJW-RR 1986, 214; *Schwerdtner*, EWiR 1986, 359; *Seyderhelm*, § 651h, Rdnr. 13; im Ergebnis wohl auch *BGHZ* 100, 157 = NJW 1987, 1931.

[735] So aber *BGHZ* 100, 157 = NJW 1987, 1931; ebenso die Vorinstanz *OLG Frankfurt*, NJW 1986, 1621; das Problem ist durch Neufassung von Nr. 11.1 ARB ausgestanden.

[736] S.o. IV, 5, b, (2).

[737] *BGHZ* 100, 157, 180 = NJW 1987, 1931, 1937; *Bidinger/Müller*, Vorbem. zu § 651a, Anm. 20; *Tonner*, MK, § 651c, Rdnr. 4, 29; *Seyderhelm*, § 651f, Rdnr. 22.

[738] *Tonner*, MK, § 651f, Rdnr. 8.

[739] S.o. III, 2, f, (1).

[740] Für Anwendung des § 651f und damit gegen pVV die h.M.: *Führich*, Rdnr. 331; *Seyderhelm*, § 651f, Rdnr. 22; *Tonner*, § 651f, Rdnr. 5.

[741] *Seyderhelm*, aaO.

[742] S.o. IV, 5, a, (2), Fußn. 602.

[743] Hierzu *Führich*, Rdnr. 359; *Seyderhelm*, § 651f, Rdnr. 22; *AG Nürnberg*, RRa 1995, 189.

2. Verzögerungsschäden

Ein Anspruch auf Ersatz des Verzugsschadens nach §§ 286 ff. BGB scheidet insoweit aus, als man bei Verzögerungen in der Leistungserbringung einen Reisemangel annimmt und damit ebenfalls zu einem Schadensersatzanspruch nach § 651f I BGB gelangt.[744] Vor allem gilt dies bei Verzögerungen in der Beförderung und der verspäteten Aushändigung von Reisegepäck, wobei allerdings die Sondervorschriften des LuftVG und des Warschauer Abkommens zum Zuge kommen können.[745]

3. Deliktshaftung

a) Allgemeines

Der Reiseveranstalter ist dem Reisenden auch im Rahmen der §§ 823 ff. BGB für zugefügte Körper- und Sachschäden verantwortlich, die während der Reise entstanden sind, soweit sie auf einer dem Reiseveranstalter zurechenbaren Pflichtverletzung beruhen.

Diese zusätzliche Anspruchsgrundlage ist bei Körperschäden allerdings nur von Bedeutung für die Zubilligung eines Schmerzensgeldes (§§ 253, 847 BGB) und die nach § 852 BGB geltende längere Verjährungsfrist von 3 Jahren.[746] Voraussetzung für eine Haftung des Reiseveranstalters aus Delikt ist u.a. ein Verschulden in seinem Organisationsbereich (§ 823 I BGB) oder ein rechtswidriges Verhalten eines Verrichtungsgehilfen (§ 831 BGB).

b) Haftung nach § 823 I BGB

Eine Haftung des Reiseveranstalters nach § 823 I BGB setzt ein pflichtwidriges und schuldhaftes Verhalten von Personen im Organisationsbereich desselben voraus. Ein Verhalten der Leistungsträger kann dem Reiseveranstalter nicht zugerechnet werden, ebensowenig ein Verschulden der örtlichen Reiseagentur oder der im Inland eingeschalteten Reisevermittler.[747] Im Vordergrund der Debatte steht die Frage, inwieweit eine Überprüfungspflicht des Reiseveranstalters hinsichtlich der von ihm eingesetzten Leistungsträger besteht. Der BGH hat in einer vielbeachteten Entscheidung vom 25. 2. 1988 diese Überprüfungspflicht hinsichtlich der verkehrssicheren Ausgestaltung von Hotelunterkünften sehr weit gezogen.[748] Die Entscheidung hat Zustimmung erfahren,[749] aber auch Kritik

---

[744] *Seyderhelm*, § 651f, Rdnr. 23; *Tonner*, MK, § 651f, Rdnr. 28.

[745] Hierzu unten V, 4, d.

[746] Zur Verjährung s.u. e.

[747] *LG Frankfurt*, NJW 1985, 2424; RRa 1998, 234 (Hotelier); *OLG Hamburg*, MDR 1985, 141 (Schiffsarzt); *LG Hannover*, NJW-RR 1986, 1055 (Clubleitung); *AG Ludwigsburg*, RRa 1998, 74 (Ausflug).

[748] *BGHZ* 103, 298 = NJW 1988, 1380 = JZ 1988, 661 m.Anm. *Teichmann, Mildner*.

[749] *Führich*, DB 1990, 1501.

ausgelöst.[750] Die Rechtsprechung der Instanzgerichte ist insoweit etwas zurückhaltender und differenzierter.[751]

Die Problematik liegt darin, zwischen den dem Reiseveranstalter möglichen und zumutbaren Überprüfungen auf der einen Seite und dem Verbraucherschutz des Reisenden auf der anderen Seite einen vernünftigen Ausgleich zu finden. Danach wird man dem Reiseveranstalter bei Übernahme eines Hotels (Clubanlage, Ferienhaus) in sein Programm eine weitgehende Überprüfungspflicht hinsichtlich der Verkehrssicherheit auferlegen müssen, was gefahrträchtige Zustände und Anlagen angeht.[752] Aber auch eine daran anschließende Pflicht zur Überprüfung, ob der ursprünglich einwandfreie Zustand und die Sicherheitsstandards noch gewahrt sind, ist zu bejahen; laut BGH soll dies in regelmäßigen Zeitabständen stattfinden.[753] Hier wird man aber nach der Art der Gefahrenquellen etwas differenzieren müssen, so daß bei geringerem Gefahrenpotential eine laufende Überprüfungspflicht eher zu verneinen ist.[754] Auch ist die Rechtsprechung bei verkehrsgefährdenden Umständen außerhalb des Hotelbereichs mit Recht zurückhaltend.[755] Eine Überprüfungspflicht hinsichtlich einzelner Mahlzeiten ist ebenso zu verneinen[756] wie bei einzelnen Ausflugsfahrten[757] und selbständigen Transportunternehmen,[758] da hier kaum Einwirkungsmöglichkeiten bestehen. Umgekehrt ist eine Verkehrssicherungspflicht zu bejahen bei Übernahme bestimmter Verrichtungen[759] und mangelndem Einschreiten in Kenntnis bestimmter Gefahrenzustände.[760] Ausgeschlos-

---

[750] *Gerauer*, BB 1989, 1003; *Larenz/Canaris*, SchuldR, Bd. II/2, 13. Aufl., S. 428; dagegen *Recken*, BB 1989, 1709.

[751] Überblick bei *Führich*, Rdnr. 354c ff.; *Tonner*, MK, § 651f, Rdnr. 11a.

[752] *LG Frankfurt*, NJW 1977, 1687 (Gastechnische Anlage); *BGHZ* 103, 298 = NJW 1988, 1380 (Balkongeländer); *OLG Köln*, NJW-RR 1992, 1185 (Organisationsplan betr. Brandbekämpfung); *LG München I,* RRa 1996, 78 (Internationales Sicherheitszertifikat betr. Passagierschiff); *OLG Düsseldorf*, RRa 1997, 81 (Fenster- und Türanlagen des Hotels).

[753] *BGHZ* 103, 298 = NJW 1988, 1380; dem folgend *OLG Frankfurt*, NJW-RR 1994, 560 (Wasserboiler, sehr weitgehend).

[754] *OLG Frankfurt*, NJW-RR 1990, 188 (undichte Balkontür); *AG Frankfurt*, NJW-RR 1990, 317 (aufspringendes Fenster); *LG München I,* MDR 1992, 457 (nicht waagerecht haltender Aufzug); *OLG Düsseldorf*, VersR 1994, 1439 (fehlende Standfestigkeit einer Thekenanlage); NJW-RR 1993, 315 (ungesicherter Einmetersockel im Restaurant); *LG Frankfurt*, RRa 1995, 84 m. Anm. *Führich* (automatisch schließende Hoteleingangstür); *LG Frankfurt*, RRa 1995, 62 (schadhafte Wasserzuleitung); *LG Frankfurt*, RRa 1996, 62 (fehlendes Treppengeländer in Mexiko); *AG Bonn* RRa 1996, 24 (Stromleitungen in der Dusche); *LG Bonn*, RRa 1996, 82 (fehlendes Treppengeländer, Feuchtigkeit auf Treppe); *LG Bonn*, NJW-RR 1996, 374 (Sturz auf Hafentreppe); *OLG Celle*, NJW-RR 1986, 372 (undichte Hotelgasleitung); *AG Bad Homburg*, RRa 1996, 79 (lose Steinplatte auf Hotelterasse).

[755] *LG Kleve*, RRa 1995, 50; abw. *LG Hannover*, RRa 1998, 58.

[756] *OLG Düsseldorf*, NJW-RR 1990, 187; *LG Frankfurt*, RRa 1995, 46.

[757] *OLG Düsseldorf*, NJW-RR 1990, 825; *OLG Frankfurt*, NJW-RR 1993, 1329; *LG Kleve*, RRa 1995, 50; *AG München*, RRa 1996, 247; vgl. demgegenüber *LG Stuttgart*, RRa 1995, 102 (Auswahl eines Busfahrers) m. krit. Anm. *Lettow* (der aber zu Unrecht eine Haftung bei Fremdleistungen verneinen will; dagegen *Kappus*, Rdnr. 108).

[758] *LG Frankfurt*, NJW 1990, 520 (Busunternehmen); RRa 1993, 32 (Fluggesellschaft) m. Anm. *Schmid*; hierzu *Schmid,* TranspR 1988, 243.

[759] *OLG Frankfurt*, NJW-RR 1988, 153 (Krankenrücktransport).

[760] *LG Frankfurt*, NJW 1985, 2424 (Gasherdexplosion); NJW-RR 1989, 310 (Kakerlakenbefall).

sen ist eine Haftung des Reiseveranstalters bei Kenntnis des Reisenden von bestimmten Gefahrenquellen[761] und bei erheblichem Mitverschulden.[762]

c) Haftung nach § 831 BGB

Im Rahmen der Haftung nach § 831 BGB ist davon auszugehen, daß die Leistungsträger mangels Weisungsgebundenheit nicht als Verrichtungsgehilfen im Sinne dieser Vorschrift angesehen werden können.[763]

Versuchen einzelner Gerichte, den Begriff des Verrichtungsgehilfen auszuweiten und die Weisungsgebundenheit auf ein Minimum zu reduzieren[764] ist im Interesse der Gesetzestreue entgegenzutreten.[765] Verrichtungsgehilfen sind dagegen die von dem Reiseveranstalter eingesetzten Reiseleiter.[766]

d) Haftungsbeschränkung

Eine Beschränkung der Haftung ist bei Körperschäden nicht zulässig. Obwohl sich § 651h I BGB nur mit der Beschränkung der Haftung bei vertraglichen Ansprüchen befaßt, ist der Vorschrift doch die gesetzliche Wertung zu entnehmen, daß der Schadensausgleich bei Körperschäden im Interesse des Reisenden keiner Einschränkung zugänglich ist.[767]

Dagegen ist bei Sachschäden in Analogie zu § 651h I BGB eine Beschränkung auf den dreifachen Reisepreis zulässig, soweit nicht Vorsatz oder grobe Fahrlässigkeit des Reiseveranstalters selbst vorliegen.[768]

e) Verjährung

Die Verjährung der Deliktansprüche unterliegt der dreijährigen Verjährungsfrist nach § 852 BGB.[769]

f) Schmerzensgeld

Soweit die Deliktshaftung bejaht wird, ist bei der Bemessung des Schmerzensgeldes zu berücksichtigen, daß der Reisende bereits für die

---

[761] *OLG Frankfurt*, NJW-RR 1990, 188; *LG Bonn*, RRa 1994, 164; *LG Frankfurt*, RRa 1995, 62; *AG Duisburg*, RRa 1995, 132; *AG Frankfurt*, RRa 1998, 38.

[762] *OLG Karlsruhe*, RRa 1994, 212; *LG München I*, RRa 1994, 203; *LG Hannover*, RRa 1998, 58.

[763] *LG Frankfurt*, NJW 1985, 2424; NJW-RR 1999, 711; *AG Bonn*, RRa 1996, 224. – Zur Abgrenzung *Seyderhelm*, § 651a, Rdnr. 81, 82; *Tonner*, MK, § 651f, Rdnr. 11.

[764] *OLG München*, zitiert bei Recken, BB 1989, 1709; *OLG Düsseldorf*, NJW-RR 1991, 55, 56.

[765] Hierzu *LG Frankfurt*, NJW 1985, 2424; 1990, 520.

[766] *LG Frankfurt*, NJW-RR 1989, 310; *Bidinger/Müller*, Anh. zu § 651f, Anm. 9.

[767] *OLG Düsseldorf*, NJW-RR 1992, 1185; *BGHZ* 100, 157 = NJW 1987, 1931; *Seyderhelm*, § 651h, Rdnr. 6; *Kappus*, Rdnr. 100, 106.

[768] *Kappus*, Rdnr. 106.

[769] Hierzu *Kappus*, Rdnr. 117.

Beeinträchtigung der Reise nach § 651f II BGB eine Entschädigung für vertanen Urlaub erhalten hat.[770]

4. *Sondervorschriften bei der Luftbeförderung*

a) Allgemeines

Im Rahmen der Luftbeförderung greifen die Sondervorschriften des LuftVG für die nationale Beförderung, die Vorschriften des Warschauer Abkommens[771] und des Zusatzabkommens von Guadalajara[772] für die internationale Beförderung Platz. Danach werden die Ansprüche des Reisenden gegen den Reiseveranstalter auf Schadensersatz aus § 651f BGB,[773] c.i.c./pVV und aus Delikt durch diese Sondervorschriften ersetzt, soweit deren sachliche Regelungsbereiche betroffen sind.

(1) Dies beruht darauf, daß der Reiseveranstalter als sogenannter „vertraglicher Luftfrachtführer" in den Kreis der haftpflichtigen Personen einbezogen wird (§ 49a I LuftVG; Art. III des Zusatzabkommens von Guadalajara). Die Vorschriften sehen im Interesse der Vertragsparteien zwingende Regeln vor, bei denen im Grundsatz ohne Verschulden, jedoch nur innerhalb bestimmter Höchstbeträge gehaftet wird, wobei aber Ausnahmen zur Enthaftung des Luftfrachtführers auf der einen Seite, aber auch unbeschränkte Haftung zugunsten des Reisenden auf der anderen Seite vorgesehen sind.

(2) Neuerdings ist die Rechtslage zugunsten des Verbrauchers durch die Verordnung der EG Nr. 2027/97 vom 9. 10. 1997[774] und das IATA-Intercarrierr Agreement on Passenger Liability vom 31. 10. 1995[775] und deren Übernahme in die Beförderungsbedingungen der Luftfahrtunternehmen[776] verbessert worden.

Die insgesamt komplexe Rechtsmaterie kann hier nur in Stichworten skizziert werden.

---

[770] *LG Frankfurt*, NJW-RR 1989, 310.

[771] Zum Warschauer Abkommen in seinen beiden Fassungen vom 12. 10. 1929 (RGBl. II 1933, S. 1039) und der novellierten Fassung des Haager Protokolls vom 28. 9. 1955 (BGBl. II, 1958, S. 291 = *Ruhwedel*, S. 2 ff.) vgl. *Ruhwedel*, Rdnr. 22 ff.; dort auch in Rdnr. 38 eine Übersicht über die Vertragsstaaten.

[772] Abkommen vom 18. 9. 1961 (BGBl. II 1963, S. 1161 = *Ruhwedel*, S. 23 ff.). – Zum Geltungsbereich siehe *Führich*, Rdnr. 188; *Ruhwedel*, Rdnr. 38 (z.B. keine Geltung für USA und Türkei).

[773] Das gilt auch für den Anspruch aus § 651f II BGB; *Ruhwedel*, Rdnr. 469; *R. Schmid*, Chartervertrag, S. 15; *Führich*, Rdnr. 401.

[774] ABlEG Nr. L 285 vom 17. 10. 1997 = TranspR 1998, 41 = *Ruhwedel*, S. 30; hierzu *Ruhwedel*, TranspR 1998, 13; *Tonner*, RRa 1998, 211; *Mühlbauer*, VersR 1998, 1335.

[775] Abgedruckt bei *Ruhwedel*, S. 88.

[776] Zur Lufthansa vgl. ABB-Flugpassage (*Ruhwedel*, S. 49); BBB Überbuchung (*Ruhwedel*, S. 84) und ABB-Fracht der Lufthansa Cargo AG (*Ruhwedel*, S. 93). – Zur Problematik der Einbeziehung vgl. *Giemulla/Schmid*, NJW 1999, 1057, die auf § 2 AGBG abstellen, ohne auf § 3 III InfVO einzugehen; s.o. I, 3, a.

b) Haftung für Personenschäden

Bei Personenschäden besteht die Haftung des Luftfrachtführers nach § 44 I LuftVG bzw. Art. 17 WA, wenn der Fluggast an Bord des Luftfahrzeugs oder beim Ein- und Aussteigen getötet, körperlich verletzt oder sonst gesundheitlich geschädigt wird. Vorausgesetzt wird ein Unfall,[777] der im übrigen auf die typischen Gefahren des Flugverkehrs zurückzuführen ist.[778]

(1) Die Haftung entfällt, wenn der Luftfrachtführer den Entlastungsbeweis führen kann, daß er und seine Leute alle erforderlichen Maßnahmen zur Verhütung des Schadens getroffen haben oder daß sie diese Maßnahme nicht treffen konnten (Art. 20 WA, § 45 LuftVG). Im Bereich der VO Nr. 2027/97 kann der Luftfrachtführer bis zu einer bestimmten Schadenshöhe den Entlastungsbeweis nicht mehr führen.

(2) Im Grundsatz besteht eine summenmäßig beschränkte Haftung (Art. 22 Nr. 1 WA, § 46 I LuftVG). Eine unbeschränkte Haftung besteht,

- wenn der Fluggast nachweist, daß der Schaden auf ein gravierendes Verschulden (der Sache nach grobe Fahrlässigkeit) des Luftfrachtführers oder seiner Leute zurückzuführen ist (Art. 25 WA, § 48 I LuftVG);[779]
- wenn bei internationaler Beförderung dem Fluggast kein Flugschein ausgestellt wurde oder wenn der Flugschein keinen Hinweis auf die Haftungsbeschränkung enthält (Art. 3 II WA);[780]
- bei Luftfahrtunternehmen der Europäischen Gemeinschaft (Art. 3 Ia der VO Nr. 2027/97);[781]
- wenn der Luftfrachtführer im Rahmen seiner AGB das erwähnte IATA-Intercarrier Agreement[782] in den einzelnen Luftbeförderungsvertrag einbezogen hat, was nach Art. 3 II WA (in der Fassung des Haager Protokolls) bis zum Beweis des Gegenteils vermutet wird.[783]

(3) Ein Mitverschulden des Geschädigten ist zu berücksichtigen (Art. 21 WA, § 51 LuftVG).[784]

(4) Bei nationaler Beförderung besteht eine Anzeigepflicht innerhalb von drei Monaten (§§ 47, 40 LuftVG).[785] Für die internationale Beförderung enthält das WA keine entsprechende Regelung.

(5) Die Klage auf Schadensersatz muß binnen einer Ausschlußfrist von zwei Jahren erhoben werden (Art. 29 WA). Bei nationaler Beförderung

---

[777] Einzelheiten bei *Ruhwedel*, Rdnr. 322 ff.

[778] *Ruhwedel*, Rdnr. 331 ff.; *Seyderhelm*, Anl. III, Rdnr. 17.

[779] Hierzu *Ruhwedel*, Rdnr. 399 ff.

[780] *Ruhwedel*, Rdnr. 398.

[781] *Ruhwedel*, Rdnr. 380; TranspR 1998, 13; *Tonner*, RRa 1998, 212; *R. Schmid*, RRa 1999, 3 (keine Anwendung der VO auf den vertraglichen Luftfrachtführer).

[782] S.o. Fußn. 775.

[783] *Ruhwedel*, Rdnr. 380.

[784] Einzelheiten bei *Ruhwedel*, Rdnr. 638 ff.

[785] *Ruhwedel*, Rdnr. 373.

besteht eine Verjährungsfrist von drei Jahren (§§ 47, 39 LuftVG, 852 BGB).[786]

c) Haftung für Sachschäden

Bei Sachschäden haftet der Reiseveranstalter als vertraglicher Luftfrachtführer für Verlust, Zerstörung oder Beschädigung von Reisegepäck (§ 44 II LuftVG, Art. 18 I WA), die während der Luftbeförderung entstehen (§ 44 II S. 2 LuftVG, Art. 18 II WA).[787]

(1) Die Haftung entfällt bei Führung des Entlastungsbeweises nach Art. 20 WA bzw. § 45 III LuftVG.

(2) Auch hier ist die Haftung dem Grundsatz nach summenmäßig beschränkt (Art. 22 Nr. 2 + 3 WA; § 46 II + III LuftVG)[788]. Eine unbeschränkte Haftung besteht, ebenso wie bei Personenschäden

- bei Nachweis des gravierenden Verschuldens (Art. 25 WA; § 48 I LuftVG);[789]
- wenn bei internationaler Beförderung ein Fluggepäckschein nicht ausgestellt wurde oder derselbe keinen Hinweis auf die Haftungsbeschränkung enthält (Art. 4 Nr. 2 S. 3 WA).[790]

(3) Die EGVO Nr. 2027/97 und die AGB-Klauseln spielen bei der Haftung für Sachschäden keine Rolle.[791]

(4) Ein Mitverschulden des Verletzten ist bei der Haftung zu berücksichtigen (Art. 21 WA; §§ 47, 34 LuftVG).

(5) Bei vorbehaltloser Abnahme des Gutes tritt gemäß Art. 26 I WA eine Umkehr der Beweislast ein.

(6) Bei Beschädigung des Frachtgutes ist eine Anzeige zu erstatten, die im Rahmen der internationalen Beförderung sieben Tage (Art. 26 II WA)[792] bei nationaler Beförderung drei Monate beträgt (§§ 47, 40 LuftVG). Die Anzeige kann auch an den ausführenden Luftfrachtführer mit Wirkung gegen den Reiseveranstalter erfolgen.[793]

d) Haftung für Verspätungsschäden

Im Rahmen der internationalen Beförderung verdrängt Art. 19 WA die Anspruchsgrundlage des § 651f BGB, während die Rechte auf Minderung (§ 651d BGB) und Kündigung (§ 651e BGB) erhalten bleiben. Die Vorschrift betrifft sowohl die Verspätung bei der Luftbeförderung der Rei-

---

[786] *Ruhwedel*, Rdnr. 649, 658.
[787] *Ruhwedel*, Rdnr. 435 ff.
[788] *Ruhwedel*, Rdnr. 491 ff.
[789] *Ruhwedel*, Rdnr. 520, 524.
[790] *Ruhwedel*, Rdnr. 518.
[791] *Ruhwedel*, Rdnr. 523.
[792] Zu Ausnahmen siehe *Ruhwedel*, Rdnr. 488 ff.
[793] *Ruhwedel*, Rdnr. 481.

senden als auch die verspätete Auslieferung von Gepäck. Für den innerdeutschen Luftverkehr enthält das LuftVG keine Sonderregelung, so daß es bei § 651f BGB verbleibt.[794]

(1) Keine Anwendung findet die Haftungsnorm des Art. 19 WA, wenn die Verspätung nicht auf die dem Luftverkehr innewohnenden Gefahren zurückzuführen ist.[795]

(2) Auch hier gelten die Höchstbeträge des Art. 22 I WA betreffend die Personenbeförderung und Art. 22 II WA betreffend die Gepäckbeförderung, jeweils mit den Ausnahmen des Art. 3 II und 25 WA.[796]

(3) Bei der verspäteten Auslieferung von Reisegepäck ist eine Anzeige von 14 bzw. 21 Tagen nach der verspäteten Auslieferung erforderlich (Art. 26 Nr. 2 S. 2 WA),[797] die auch gegenüber der Reiseleitung des Reiseveranstalters erfolgen kann.[798]

e) Ansprüche bei Nichtbeförderung

Weder im LuftVG noch im WA sind Ansprüche des Reisenden bei Nichtbeförderung geregelt. Sie verbleibt deshalb bei den Regeln des Reisevertragsrechts.[799] Auf folgende typische Fälle ist hinzuweisen:

(1) Im Fall der Nichtbeförderung wegen Überbuchung steht dem Reisenden sowohl das Kündigungsrecht aus § 651e BGB[800] als auch der Schadensersatzanspruch aus § 651f BGB zu. Der Reisende kann auf Kosten des Reiseveranstalters einen Ersatzflug buchen oder zusätzliche Kosten geltendmachen.[801]

Die Ansprüche aus Art. 4 der EG-VO Nr. 295/91 stehen dagegen dem Reisenden in der Regel nicht zu, sondern nur dann, wenn es sich ausnahmsweise um einen Linienflug handelt.[802] Teilweise wird die VO auch bei bestimmten Charterflügen für anwendbar erachtet.[803] Soweit die VO anwendbar ist, legt deren Art. 5 I eine Erstattungspflicht des Luftfahrtunternehmens gegenüber dem Reiseveranstalter fest, der seinerseits verpflichtet ist, die in der VO festgelegten Pauschsätze an den Reisenden „auszukehren" (Art. 5 II VO).

(2) Bei unterbliebener Beförderung wegen fehlender Rückbestätigung hat der Reisende Schadensersatzansprüche aus § 651f BGB.

Soweit eine Rückbestätigung überhaupt bei einem Pauschalreisevertrag kraft Vereinbarung erforderlich ist,[804] ist der Reiseveranstalter im Verhältnis zum Reisenden ver-

---

[794] *Ruhwedel*, Rdnr. 561.

[795] *Ruhwedel*, Rdnr. 543, 552.

[796] *Ruhwedel*, Rdnr. 491 ff. – S.o. Fußn. 779, 780.

[797] *Ruhwedel*, Rdnr. 569.

[798] *LG Frankfurt*, NJW-RR 1986, 216.

[799] *R. Schmid*, S. 11.

[800] S.o. IV, 4.

[801] *R. Schmid*, S. 57.

[802] *Ruhwedel*, Rdnr. 162; *R. Schmid*, S. 58; TranspR 1991, 928; a.A. *Führich*, Rdnr. 762a; *Seyderhelm*, Anl. III, Rdnr. 30.

[803] Einzelheiten bei *R. Schmid*, S. 58.

[804] Zur Unüblichkeit *Seyderhelm*, Anl. III, Rdnr. 36; ob eine entsprechende AGB-Klausel wirksam ist, erscheint zumindest zweifelhaft: dafür *AG Berlin-Charlottenburg*, RRa 1995, 34, best. durch *LG Berlin*, RRa 1995, 111; dagegen mit Recht, *Seyderhelm*, Anl. III, Rdnr. 36; vgl. auch *R. Schmid*, S. 102 (besondere Hinweispflicht).

pflichtet, diese Rückbestätigung vorzunehmen.[805] Im übrigen sind Flugunternehmen und Reiseveranstalter nicht berechtigt, aus rein wirtschaftlichen Gründen einen Flug zu verlegen und sich deshalb auf eine fehlende Rückbestätigung zu berufen.[806]

(3) Bei Verlust oder Vergessen eines Flugtickets muß sich die Reiseleitung um die Ausstellung von Ersatztickets bemühen.[807]

(4) Bei Nichtbeförderung infolge bloßen Nichterscheinens verliert der Reisende seinen Beförderungsanspruch.[808]

Bei einem verspäteten Erscheinen des Reisenden am Abflugschalter ist das Flugunternehmen aber verpflichtet, bei noch laufender Abfertigung anderer Fluggäste dem Reisenden den Vorrang gegenüber Interessenten auf der Warteliste einzuräumen.[809] Außerdem besteht eine Haftung des Reiseveranstalters, wenn er das verspätete Eintreffen des Reisenden am Abflugschalter verschuldet hat, z.B. durch Verletzung seiner Pflicht zur Unterrichtung des Reisenden über die Abflugzeiten[810] oder wenn er für den unterbliebenen oder verspäteten Transfer vom Hotel zum Flugplatz verantwortlich ist.[811]

5. Sondervorschriften bei Bahnbeförderung

Hat der Reiseveranstalter hinsichtlich der Transportleistung die Bahn eingeschaltet, so kommt bei internationaler Beförderung Art. 26 ff. des Übereinkommens über den internationalen Eisenbahnverkehr (COTIF) sowie dessen Anlage A (CIV)[812] zum Zuge, die Haftungsbeschränkungen enthalten, auf die sich der Reiseveranstalter nach § 651h II BGB berufen kann.[813] Bei einem inländischen Bahntransport kann sich der Reiseveranstalter dagegen nicht auf die Haftungsbeschränkungen der EVO berufen, da sie nicht auf einem internationalen Abkommen beruhen.[814]

---

[805] *LG Frankfurt*, 4. 11. 1985, 2/24 S 36/85; *Führich*, Rdnr. 290.

[806] *LG Frankfurt*, NJW-RR 1989, 49; *Seyderhelm*, Anl. II, Rdnr. 38 m.Nw.; *R. Schmid*, S. 100.

[807] *LG Frankfurt*, NJW-RR 1988, 244; *LG Berlin*, RRa 1995, 111; vgl. auch Art. III, 1, c, ABB-Flugpassage.

[808] *Seyderhelm*, Anl. III, Rdnr. 23.

[809] *LG Frankfurt*, NJW 1991, 2572; *Führich*, Rdnr. 289; *R. Schmid*, S. 54; *Seyderhelm*, Anl. III, Rdnr. 23; a.A. *OLG Düsseldorf*, NJW-RR 1993, 823.

[810] § 4 I a InfVO; *R. Schmid*, S. 42, 51; *Tempel*, NJW 1996, 1632.

[811] *AG Frankfurt*, RRa 1994, 132; *AG Düsseldorf*, RRa 1997, 101; *R. Schmid*, S. 55, 56.

[812] BGBl. II, 1985, S. 130, 666.

[813] *Führich*, Rdnr. 400, 825; *Seyderhelm*, § 651h, Rdnr. 18.

[814] *Tonner*, MK, § 651h, Rdnr. 29. – S.o. IV, 5, d, (4), Fußn. 713.

6. Sondervorschriften bei Seepassage

Bei der Seepassage kann sich der Reiseveranstalter auf § 664 HGB und die in dessen Anlage enthaltenen Haftungsbeschränkungen berufen[815] da sie auf einem internationalen Übereinkommen beruhen.[816]

VI. Vorzeitige Auflösung des Reisevertrages

1. Das Kündigungsrecht wegen höherer Gewalt (§ 651j BGB)

a) Allgemeines

§ 651j I BGB gibt beiden Parteien des Reisevertrages das Recht, das Vertragsverhältnis vorzeitig zu kündigen, wenn die Reise infolge bei Vertragsschluß nicht vorhersehbarer höherer Gewalt erheblich erschwert, gefährdet oder beeinträchtigt wird. Es handelt sich um einen gesetzlich geregelten Fall des Wegfalls der Geschäftsgrundlage,[817] der bei der Abwicklung gemäß § 651j II BGB abweichenden Regelungen gegenüber der Kündigung in § 651e III + IV BGB unterworfen wird.

(1) Die Sonderregelung des § 651j BGB schließt die Anwendbarkeit des Kündigungsrechts aus § 651e BGB aus, was der Gesetzgeber in der Neufassung der Vorschrift nunmehr ausdrücklich klargestellt hat.[818]

Bei Fehlen zugesicherter Eigenschaften ist diese Ausschlußwirkung wenig sachgerecht.[819] Eine Konkurrenz mit § 651e BGB kann eintreten, wenn neben der Beeinträchtigung durch höhere Gewalt zusätzlich Reisemängel vorliegen.[820]

(2) § 651j BGB findet nach h.M. auch Anwendung auf Fälle drohender Beeinträchtigung der Reise vor Reiseantritt.[821]

Die vom Verfasser bisher vertretene Gegenmeinung,[822] die im Endergebnis zu gleichen Lösungen führte, wird aufgegeben.

b) Voraussetzungen

Das Kündigungsrecht ist im einzelnen an folgende Voraussetzungen geknüpft:

---

[815] Abgedruckt bei *Führich*, S. 768.
[816] *Führich*, Rdnr. 402; *Tonner*, MK, § 651h, Rdnr. 40.
[817] BT-Dr. 8/786, S. 21; 8/2343, S. 12; *Tonner*, MK, § 651j, Rdnr. 1.
[818] A.A. früher *BGHZ* 85, 51 = NJW 1983, 33; NJW-RR 1990, 1334; dagegen *LG Frankfurt*, NJW-RR 1991, 691.
[819] *Tempel*, NJW 1997, 624.
[820] *Eckert*, S. 185; *Tempel*, NJW 1997, 624.
[821] *Führich*, Rdnr. 435; *Seyderhelm*, § 651j, Rdnr. 6; *Tonner*, MK, § 651j, Rdnr. 3.
[822] Vorauflage, S. 462; NJW 1990, 821.

(1) Es muß eine erhebliche Erschwerung, Gefährdung oder Beeinträchtigung der Reise vorliegen,[823] bzw. vor Reiseantritt drohen.[824]

In Frage kommen sowohl Schwierigkeiten bei der Erbringung einzelner Reiseleistungen[825] als auch der Beeinträchtigung des Umfeldes am Urlaubsort,[826] ferner eine Gefährdung des Reisenden in persönlicher Hinsicht.[827] Bei der Frage der „Erheblichkeit" der Beeinträchtigung können die Erwägungen herangezogen werden, die bei Kündigung des Reisevertrages wegen erheblicher Reisemängel (§ 651e I BGB) angestellt werden.[828] Zweifelhaft ist, ob man hierbei auf die bei § 651e I BGB maßgebenden Prozentsätze der Frankfurter Tabelle[829] zurückgreifen kann.[830] Bei Erschwerung oder Gefährdung der Reise dürfte dies jedenfalls ausscheiden.

(2) Die Erschwerung, Gefährdung oder Beeinträchtigung muß auf höherer Gewalt beruhen.[831]

Zu verneinen ist dies bei Ereignissen, die sich im betrieblichen Risikobereich des Reiseveranstalters abspielen,[832] wozu auch der Streik von Bediensteten des Reiseveranstalters und seiner Leistungsträger gehört,[833] nicht aber Streiks dritter Personen, insbesondere ein Generalstreik.[834] Höhere Gewalt wurde bejaht bei der Strahlenverseuchung durch den Reaktorunfall von Tschernobyl[835] und Naturereignissen.[836] Bei politischen Unruhen verlangt die herrschende Rechtsprechung der Instanzgerichte, daß flächendeckende, bürgerkriegsähnliche Zustände herrschen, so daß einzelne Terroranschläge nicht genügen sollen;[837] das erscheint unter Berücksichtigung des Verbraucherschutzes zu eng.[838] An die Zukunftsprognose der drohenden Beeinträchtigung dürfen im übrigen keine übertriebenen Anforderungen gestellt werden.[839]

---

[823] Hierzu *Bidinger/Müller*, § 651j, Anm. 6; *Tempel*, NJW 1998, 1827.

[824] Zur Frage der Prognose betr. Fortbestehen bis zum Reiseantritt siehe *LG Frankfurt*, NJW-RR 1991, 1205 (Chinarundreise).

[825] *LG Frankfurt*, NJW-RR 1991, 313 (Luftbeförderung, „Hurrican Gilbert"); NJW-RR 1991, 1272 (Blitzschlag im Ferienhaus).

[826] *LG Frankfurt*, 23. 9. 1991, 2/24 S 273/90 (Unmöglichkeit oder Unzumutbarkeit, das Hotel wegen Ausgangssperre zu verlassen); *LG Frankfurt*, NJW 1990, 761 (Algenpest).

[827] *BGHZ* 109, 224 = NJW 1990, 572 (Tschernobyl); vor allem Terroranschläge, hierzu unten Fußn. 837, 839.

[828] *Führich*, Rdnr. 443; *Seyderhelm*, § 651j, Rdnr. 24; *Tonner*, MK; § 651j, Rdnr. 4.

[829] S.o. IV, 4, b, (1).

[830] Dafür *LG Frankfurt*, NJW-RR 1990, 761, 763.

[831] Zum Begriff *BGHZ* 100, 185 = NJW 1987, 1938; *Eckert*, S. 177.

[832] *BGHZ* 100, 185 = NJW 1987, 1939 (Brand auf Nilschiff); *LG Frankfurt*, NJW-RR 1991, 1205 (Schiffszusammenstoß); weitere Beispiele bei *Führich*, Rdnr. 439.

[833] *LG Frankfurt*, NJW-RR 1987, 823; *Bidinger/Müller*, § 651j, Anm. 4; *Führich*, Rdnr. 440.

[834] *LG Hannover*, NJW-RR 1989, 820 (Flughafenpersonal); *Eckert*, S. 180.

[835] *BGHZ* 109, 224 = NJW 109, 224 = NJW 1990, 572.

[836] *LG Frankfurt*, NJW-RR 1990, 761 (Algenpest); *LG Frankfurt*, NJW-RR 1991, 313 (Hurrican Gilbert); *OLG Düsseldorf*, NJW-RR 1990, 252 (Hurrican Gilbert); *LG Frankfurt*, NJW-RR 1991, 1272 (Blitzschlag).

[837] *OLG Düsseldorf*, NJW-RR 1990, 573; *LG Frankfurt*, NJW-RR 1995, 883; *AG Ludwigsburg*, NJW-RR 1994, 311; *AG Hamburg*, NJW-RR 1994, 635; *AG Leverkusen*, NJW-RR 1994, 1204; *AG Heidelberg*, NJW-RR 1998, 1434.

[838] *Tempel*, NJW 1998, 1827, 1830.

[839] *AG Frankfurt*, RRa 1994, 151; *Tempel*, aaO.

(3) Die Erschwerung, Gefährdung oder Beeinträchtigung darf nicht voraussehbar gewesen sein, wobei es nach der gesetzlichen Regelung auf den Zeitpunkt des Vertragsschlusses ankommt.

Es muß also nachträglich im Reiseprozeß eine Prognose darüber angestellt werden, wie sich die Zukunft aus der Sicht der Parteien bei Vertragsschluß voraussichtlich entwickeln würde. Dabei wird man für den Veranstalter schärfere Anforderungen (Informationspflicht) stellen müssen, während der Reisende im wesentlichen auf die Berichterstattung in den Medien angewiesen ist.[840] Das Tatbestandsmerkmal der Voraussehbarkeit ist rechtspolitisch verfehlt, da die Parteien mit unabwägbaren Risiken belastet werden und zudem nicht einzusehen ist, daß bei Bejahung der Voraussehbarkeit dem Reisenden trotz erheblicher Gefahren für seine Person ein Kündigungsrecht verweigert wird.[841] Deshalb wird man dieses Merkmal einschränkend interpretieren müssen: erforderlich ist die Voraussehbarkeit der konkreten Gefahrenlage.[842]

(4) Im Einzelfall kann der Reiseveranstalter gemäß § 242 BGB dem Kündigungsrecht durch Angebot von Ersatzangeboten (am gleichen Urlaubsort bzw. Region) den Einwand des Rechtsmißbrauchs entgegenhalten.[843]

c) Abwicklung des Reisevertrages nach Kündigung

Hinsichtlich der Abwicklung nach Kündigung verweist § 651j II S. 1 BGB auf § 651e III Sätze 1 + 2 und IV Satz 1 BGB. Die unterschiedliche Rechtslage gegenüber der Kündigung wegen Reisemängeln liegt vor allem in der fehlenden Anwendbarkeit von § 651e III S. 3 BGB und der Ersetzung des § 651e IV Satz 2 durch die Sätze 2 und 3 des § 651j II BGB. Im Klartext folgt hieraus:

(1) Der Reisevertrag wird durch die Kündigung aufgelöst.

Der Reiseveranstalter bleibt aber gleichwohl verpflichtet, die notwendigen Maßnahmen zu treffen und den Reisenden unverzüglich zurückzubefördern (§ 651e IV S. 1 BGB). Unter den „notwendigen Maßnahmen" ist vor allem die Weitergewährung von Unterkunft und Verpflegung zu verstehen, gegebenenfalls eingeschränkt oder modifiziert durch die auf höherer Gewalt gründenden Umstände.

(2) Der Reiseveranstalter verliert den Anspruch auf Vergütung (§ 651e III S. 1 BGB) und erhält statt dessen einen Anspruch auf Entschädigung für erbrachte und noch zu erbringende Leistungen (§ 651e III S. 2 BGB).

---

[840] *Bidinger/Müller*, § 651j, Anm. 5; *Seyderhelm*, § 651j, Rdnr. 18, 19; *Tonner*, MK, § 651j, Rdnr. 8b.

[841] Hierzu *Tempel*, NJW 1998, 1829.

[842] *LG Frankfurt*, NJW-RR 1991, 313; 1991, 691; *Tempel*, NJW 1998, 1831; ebenso *Führich*, Rdnr. 442; *Seyderhelm*, § 651j, Rdnr. 19; a.A. *OLG Düsseldorf*, NJW-RR 1990, 575.

[843] *LG Frankfurt*, NJW-RR 1991, 1272 (Ferienhaus); *AG Ludwigsburg*, NJW-RR 1994, 56 (Flug statt Bus von Kairo nach Luxor, wobei die damalige Prognose aus heutiger Sicht falsch war); *Führich*, Rdnr. 443, *Seyderhelm*, § 651j, Rdnr. 27.

Daraus ist für die Kündigung vor Reiseantritt die eindeutige Folgerung zu ziehen, daß dem Reiseveranstalter keine Entschädigung zustehen soll, und zwar auch nicht für interne Vorleistungen.[844] Bei erbrachten Leistungen nach Reiseantritt ist die Entschädigung wie im Fall der Kündigung nach § 651e III S. 2 BGB zu berechnen, d.h. zeitanteilig nach dem Reisepreis abzüglich etwaiger Minderungen wegen Nichterbringung bzw. eingeschränkter Erbringung seiner Leistungen[845] wobei nach der hier vertretenen Auffassung eine Minderung für Hauptleistungen zu gewähren ist, nicht aber für infolge höherer Gewalt entfallene oder beeinträchtigte Zusatzleistungen.[846] Die Entschädigung entfällt im Gegensatz zu § 651 III S. 3 BGB nicht, wenn die erbrachten oder noch zu erbringenden Leistungen für den Reisenden ohne Interesse sind. In erster Linie gilt dies für die Transportkosten (insbesondere bei Flugreisen).[847] Dabei schreibt aber § 651j II S. 2 BGB für Mehrkosten bei der Rückbeförderung eine Halbierung der Lastentragung vor; der Reiseveranstalter müßte diese Mehrkosten allerdings belegen.[848] Sonstige Mehrkosten, z.B. für einen zwangsweisen längeren Aufenthalt am Urlaubsort hat der Reisende alleine zu tragen (§ 651j II S. 3 BGB).[849]

(3) Die für den Reisenden gegenüber § 651e III–IV BGB ungünstigere Berechnung der Entschädigung kann aber zu einer Rückausnahme führen, wenn der Reiseveranstalter bei Vertragsschluß oder vor Antritt der Reise seine Informationspflichten verletzt hat.[850]

Der Reiseveranstalter ist gehalten, sich durch Kontakte mit den Leistungsträgern, eigener Reiseleitung, eingeschalteten Agenturen, aber auch mit amtlichen Stellen[851] über die Umstände am Urlaubsort oder Schwierigkeiten bei der Anreise laufend zu vergewissern und den Reisenden bei konkreten Gefahren – bei Buchung und/oder anschließend bis zum Antritt der Reise – zu unterrichten. Bei Verletzung dieser Pflicht haftet er aus culpa in contrahendo bzw. positiver Vertragsverletzung[852] mit der Folge, daß der Reisende so zu stellen ist, als habe er die Reise nicht angetreten (§ 249 BGB). Dann wären die nunmehr nach § 651j II BGB zu entschädigenden Leistungen nicht erbracht worden. Auch die Mehrkostenregelung in § 651j III S. 2+3 BGB entfällt. Der Anspruch des Reisenden umfaßt auch eine Entschädigung wegen vertanen Urlaubs (§ 651f II BGB).[853]

---

[844] a.A. *BGHZ* 109, 224 = NJW 1990, 572 m. zust. Anm. *Teichman*. – Die Entscheidung wurde überwiegend abgelehnt: *Eckert*, S. 183, *Führich*, Rdnr. 446; DB 1991, 493, 495; *Pick*, § 651j, Rdnr. 11; *Seyderhelm*, § 651j, Rdnr. 36; *Tempel*, NJW 1990, 821. – Etwas wohlwollender *Tonner*, Reisevertrag § 651j, Rdnr. 12; MK, § 651j, Rdnr. 126.

[845] *Eckert*, S. 186; *Pick*, § 651j, Rdnr. 63; *Seyderhelm*, § 651j, Rdnr. 30; *Tempel*, NJW 1997, 623.

[846] S.o. III, 2, e, (1).

[847] *Tempel*, NJW 1997, 624; zur Berechnung siehe *LG Frankfurt*, NJW-RR 1991, 691.

[848] *Seyderhelm*, § 651j, Rdnr. 29; *Tempel*, NJW 1997, 624.

[849] Zur Begrenzung (Notwendigkeit und § 254 II BGB) siehe *Tempel*, NJW 1997, 624.

[850] *LG Frankfurt*, NJW-RR 1991, 313; 1991, 665; *Führich*, Rdnr. 446; *Bidinger/Müller*, § 651j, Anm. 5; *Eckert*, S. 187; *Seyderhelm*, § 651j, Rdnr. 31.

[851] Auswärtiges Amt, Konsulate des Urlaubslandes, Wetterdienste.

[852] *Führich*, Rdnr. 446, wendet § 651f an.

[853] *LG Frankfurt*, NJW-RR 1991, 331; *OLG Köln*, NJW-RR 1992, 1014; *Führich*, Rdnr. 446.

d) Abwicklung bei unterbliebener Kündigung

Wird der Reisevertrag nicht gekündigt, so kann der Reisende die zu zahlende Vergütung wegen Reisemängeln (nicht erbrachte oder schlecht erbrachte Reiseleistungen) in dem oben bezeichneten Umfang[854] mindern. Schadensersatzansprüche aus § 651f scheiden dagegen wegen fehlenden Verschuldens aus. Hat der Reiseveranstalter seine Informationspflicht verletzt,[855] so können sich die Minderungsansprüche auch auf die durch höhere Gewalt beeinträchtigten Zusatzleistungen erstrecken. Außerdem kommen Schadensersatzansprüche in Frage.

Ist der Reiseveranstalter seiner Informationspflicht nachgekommen und hat der Reisende die Reise gleichwohl in Kenntnis der Risiken angetreten, so wird man gleichwohl wegen der beeinträchtigten Hauptleistungen einen Minderungsanspruch bejahen können, da in dem Antritt der Reise kein Verzicht auf solche Ansprüche zu sehen ist.[856] Auch ein Kündigungsrecht wird man dem Reisenden nicht absprechen können, so daß er bei anderer Einschätzung der Gefahrenlage am Urlaubsort gleichwohl kündigen und die Reise vorzeitig abbrechen kann.

2. Lösungsrechte des Reisenden

Außer dem bereits im Rahmen der Gewährleistung behandelten Recht auf Kündigung wegen Reisemängeln (§ 651e BGB)[857] hat der Reisende folgende zusätzliche Möglichkeiten, vorzeitig aus dem Reisevertrag auszuscheiden.

a) Ersetzungsbefugnis

Der Reisende kann bis zum Reisebeginn verlangen, daß statt seiner ein Dritter an der Reise teilnimmt (§ 651b BGB).

Die Regelung spielt in der Praxis eine unbedeutende Rolle, so daß von einer näheren Darstellung der Probleme abgesehen wird.

b) Freier Rücktritt vor Antritt der Reise

Nach § 651i I BGB kann der Reisende vor Reiseantritt jederzeit vom Vertrag zurücktreten.

(1) Eine Angabe von Gründen ist nicht erforderlich. Maßgebender Endzeitpunkt für die Möglichkeit des Rücktritts ist der Beginn der ersten Reiseleistung,[858] d.h. bei einer Flugreise das Einchecken.[859]

---

[854] S.o. Fußn. 845, 846.

[855] S.o. Fußn. 850.

[856] S.o. II, 6, b. – Anders bei den Zusatzleistungen, *Tempel*, NJW 1997, 623.

[857] S.o. IV, 4.

[858] *Seyderhelm*, § 651i, Rdnr. 6: keine analoge Anwendung auf die Zeit nach Reiseantritt.

[859] *LG Hannover*, NJW-RR 1986, 602; *LG Stuttgart*, TranspR 1991, 349; *Seyderhelm*, § 651i, Rdnr. 20; *R. Schmid*, S. 62.

Erforderlich ist eine ausdrückliche Rücktrittserklärung des Reisenden gegenüber dem Reiseveranstalter oder dem die Reise vermittelnden Reisebüro;[860] ein bloßes Nichterscheinen am Flughafen („no-show") ist nicht ausreichend.[861]

(2) Die Rechtsfolge des Rücktritts besteht in der Auflösung des Reisevertrages. Anstelle der Vergütung erhält der Reiseveranstalter eine Entschädigung. Als Grundsatz sieht § 651i II BGB eine konkrete Berechnung vor, die dem § 649 S. 2 BGB nachgebildet ist (Reisepreis abzüglich ersparter Aufwendungen und des durch anderweitige Verwendung der Reiseleistungen erzielbaren Erwerbs). Sie spielt in der Praxis derzeit keine Rolle, da die Reiseveranstalter von der in § 651i III BGB vorgesehenen Möglichkeit Gebrauch machen, in den Allgemeinen Reisebedingungen eine Stornopauschale zu vereinbaren, die in Höhe eines bestimmten Prozentsatzes der Reisevergütung ausgedrückt wird.

Nach dem Gesetz wird – im Anschluß an Entscheidungen des BGH und des OLG Frankfurt[862] – eine Differenzierung nach „Reisearten" und anderen Gesichtspunkten – vor allem Zeitpunkt des Rücktritts in Bezug auf den Beginn der Reise – vorgenommen. Die Differenzierung nach Arten einzelner Reisen ist jedenfalls für den Außenstehenden wenig einleuchtend.[863] Da im Gesetz eine Festlegung einzelner Prozentsätze unterblieben ist und auch die vom Deutschen Reisebüroverband empfohlenen ARB aus kartellrechtlichen Gründen keine Prozentsätze enthalten, bietet sich in der Praxis ein buntes Bild unterschiedlicher Prozentsätze, deren gerichtliche Überprüfung auf große Schwierigkeiten stößt. Maßstab für eine Überprüfung sind neben § 651i III BGB – „gewöhnlich ersparte Aufwendungen und der durch anderweitige Verwendung der Reiseleistungen erzielbare Erwerb" die Vorschriften des AGBG, nämlich § 11 Nr. 5, b und § 9 AGBG[864] während § 11 Nr. 5a AGBG nach h.M. wegen des Vorrangs des § 651i III BGB ausscheiden dürfte.[865] Das in § 11 Nr. 5b AGBG enthaltene Verbot des Ausschlusses des – vom Reisenden schwer zu führenden Gegenbeweises[866] eines geringeren Schadens – spielt in der Praxis bezeichnenderweise eine größere Rolle[867] als die Überprüfung der Angemessenheit der Pauschalen, deren Höhe – meist gestaffelt bis 50 % – erheblichen Bedenken auf ihre Angemessenheit unterliegen.[868] Die Gerichte sind hier im Interesse des Verbraucherschutzes zu einer größeren Aufklärung gefordert,[869] zumal de lege ferenda die Zulässigkeit derartiger Pauschalen in der Rechtsprechung zunehmend auf Widerstand stößt.[870]

---

860 *Tonner*, MK, § 651i, Rdnr. 5.

861 *Führich*, Rdnr. 416; *Seyderhelm*, § 651i, Rdnr. 17; a.A. *Tonner*, MK, § 651i, Rdnr. 5.

862 *BGHZ* 60, 14 = NJW 1973, 318; *OLG Frankfurt*, NJW 1982, 2198.

863 Krit. *Kappus*, Rdnr. 32; *Tonner*, MK, § 651i, Rdnr. 11, 12; die Praxis billigend *Bidinger/Müller*, § 651i, Anm. 25.

864 *BGH*, NJW-RR 1990, 114; NJW 1972, 3163; *Seyderhelm*, § 651i, Rdnr. 38 m.Nw.; *Tonner*, MK, § 651i, Rdnr. 13, 14.

865 *Bidinger/Müller*, § 651i, Anm. 27; *Tonner*, MK, § 651i, Rdnr. 13.

866 Notwendig ist eine Offenlegung der Kalkulationsgrundlagen durch den Reiseveranstalter; hierzu *LG Braunschweig*, NJW 1982, 144; *Führich*, Rdnr. 425; *Kappus*, Rdnr. 35.

867 *BGH*, NJW 1985, 633; 1992, 3163; *OLG Hamburg*, NJW 1981, 2420; *Seyderhelm*, § 651i, Rdnr. 39 m.Nw.

868 Hierzu *Tempel*, RRa 1998, 35 m.Nw.

869 *Tempel*, RRa 1998, 36; deshalb richtig *AG Staufen*, RRa 1997, 196; auf fehlende Differenzierung nach Reisearten abstellend *LG Hamburg*, NJW 1998, 3281.

870 Vgl. zum Architektenrecht *BGH*, NJW 1996, 1282; 1996, 1751; 1997, 259; hierzu oben § 5, V, 3, a, (1), Fußn. 213, 214.

c) *Abstandnahme von der Reise wegen bevorstehender Mängel*

Der Reisende muß die Möglichkeit haben, von der gebuchten Reise ohne Nachteile (Stornogebühr) Abstand zu nehmen, wenn bereits vor Reiseantritt feststeht, daß die Reise mit Mängeln behaftet sein wird.

(1) Die Rechtslage für ein solches Lösungsrecht ist umstritten, da es im Gesetz nicht geregelt ist.

Der BGH hatte sich in der „Safari-Entscheidung" dafür ausgesprochen, das Kündigungsrecht aus § 651e BGB auf die Zeit vor Reiseantritt auszudehnen[871] mit der Folge, daß der Reisende nur bei Bevorstehen erheblicher Reisemängel kündigen kann. Eine solche Erheblichkeit läßt sich ohne Nachprüfung durch den Reisenden am Zielort nur schwer feststellen, ebensowenig die Eignung der vom Reiseveranstalter angebotenen Ersatzobjekte.[872] Gleichwohl ist die Rechtsprechung der Lösung des BGH durchweg gefolgt.[873] Das LG Frankfurt hatte sich dagegen für das Rücktrittsrecht aus § 651i I BGB ausgesprochen, wobei die Stornogebühr gemäß § 242 BGB entfallen sollte.[874] Konsequenz dieser Lösung: Rücktritt auch bei Mängeln unter der Erheblichkeitsgrenze des § 651e I BGB und kein Recht des Reiseveranstalters zum Angebot von Ersatzobjekten. Nach dem Änderungsgesetz vom 24. 6. 1994[875] ist als weitere Rechtsgrundlage § 651a IV S. 2 BGB in die Diskussion gekommen, was die Rechtslage erst recht verwirrt hat.[876]

(2) Die angemessene Lösung bietet nach wie vor § 651i BGB.

Das Vorliegen eines erheblichen Reisemangels im Sinne des § 651e I BGB entspricht nicht der Interessenlage[877] und ist vom Heimatort aus schwer feststellbar.[878] Auch das Angebot von Ersatzobjekten sollte das Rücktrittsrecht des Reisenden nicht einschränken,[879] sondern erst gegenüber einem Schadensersatzanspruch des Reisenden zum Zuge kommen.[880] § 651e I BGB ist in seiner Ausgestaltung auf das Vorliegen einer bereits vorliegenden Beeinträchtigung zugeschnitten. § 651a IV BGB sollte auf nach dem Reisevertrag zulässige Änderungen beschränkt werden; die Vorschrift scheidet deshalb bei Vorliegen von Reisemängeln aus.[881]

---

[871] *BGHZ* 77, 130 = NJW 1980, 2192.

[872] Zum Besichtigungsrecht des Reisenden vor Ort. s.o. IV, 1, c, (5), Fußn. 417.

[873] *LG Düsseldorf*, NJW-RR 1987, 177; *AG Neuss*, RRa 1997, 245; zust. *Bidinger/Müller*, § 651e, Anm. 2; *Eckert*, S. 35, 213; *Teichmann*, JZ 1979, 739; *Führich*, Rdnr. 313.

[874] *LG Frankfurt*, NJW 1986, 1616; NJW-RR 1987, 178; zust. *Pick*, § 651i, Rdnr. 11 (allerdings im Widerspruch zu Rdnr. 12); abl. *Wolter*, NJW 1986, 3062.

[875] BGBl. I 1994, S. 1322.

[876] Für § 651a IV S. 2 als Spezialregelung z.B. *Seyderhelm*, § 651a, Rdnr. 122, 123; für weitere Anwendung des § 651e dagegen *Tonner*, MK, § 651e, Rdnr. 2 + § 651i, Rdnr. 2; *Bidinger/Müller*, § 651e, Anm. 2; *Führich*, Rdnr. 154, 317.

[877] Geringe Reisemängel müssen allerdings nach § 242 BGB ausscheiden (siehe die gleichen Erwägungen bei der Abhilfe: IV, 1, c, (3) und bei den Ersatzobjekten: IV, 1, c, (4), Fußn. 410).

[878] Meist geht es um Mitteilungen des Reiseveranstalters, mit der er seiner Informationspflicht nachkommen will (s.o. III, 1, e, (5). Sie sind überwiegend beschönigend.

[879] Das entspricht der in § 651a IV S. 3 BGB n.F. zum Ausdruck kommenden Wertung.

[880] *LG Frankfurt*, NJW-RR 1987, 178.

[881] S.o. III, 4, a, (3), Fußn. 363.

d) Rücktritt wegen einer zulässigen Änderung der Reiseleistung

Nach § 651a IV BGB n.F. kann der Reisende – außer bei einer bestimmten Erhöhung des Reisepreises – bei einer zulässigen erheblichen Änderung einer wesentlichen Reiseleistung vom Vertrag zurücktreten.

Der Sache nach geht es um im Reisevertrag vereinbarte konkrete Änderungsvorbehalte.[882] Der Reisende kann wahlweise statt des Rücktritts die Teilnahme an einer mindestens gleichwertigen Reise verlangen, „wenn der Reiseveranstalter in der Lage ist, eine solche Reise ohne Mehrpreis für den Reisenden aus seinem Angebot anzubieten."[883] Ansprüche auf Schadensersatz scheiden dagegen aus, weil der Reiseveranstalter sich aufgrund des Änderungsvorbehalts vertragsgemäß verhalten hat.[884]

e) Kündigung aus wichtigem Grund

Ein Kündigungsrecht des Reisenden aus wichtigem Grund (Analogie zu § 626 BGB, § 242) könnte bei schwerwiegenden Rechtsverstößen des Reiseveranstalters in Frage kommen.[885] Gleiches gilt, wenn der Reisende wegen schwerer Erkrankung die angetretene Reise nicht zu Ende führen kann[886] oder im Falle des Todes eines Mitreisenden.[887] Die Abrechnung sollte in diesem Falle analog § 649 S. 2 BGB erfolgen.[888]

3. Lösungsrechte des Reiseveranstalters

a) Zahlungsverzug des Reisenden

Der Reiseveranstalter kann nach § 326 I BGB vom Reisevertrag zurücktreten, wenn der Reisende trotz Nachfristsetzung den Reisepreis nicht zahlt.[889]

b) Absage der Reise wegen Nichterreichen der Mindestteilnehmerzahl

Ist im Reisevertrag die Durchführung der Reise von dem Erreichen einer Mindestteilnehmerzahl abhängig gemacht (§ 3 II S. 1 i.V.m. § 1 I g InfVO)[890] so kann der Reiseveranstalter entsprechend diesem Vorbehalt die Reise absagen.[891]

---

[882] *Tempel*, RRa 1999, 109.
[883] In Umsetzung von Art. 4 (6) RL 90/314; das Recht dürfte in der Praxis kaum von Bedeutung werden.
[884] Anders *Seyderhelm*, § 651a, Rdnr. 124 für den Fall der unzulässigen Änderung.
[885] Vgl. hierzu die (etwas realitätsfernen) Beispiele bei *Pick*, § 651i, Rdnr. 35.
[886] Vgl. zum Nachweis über den Streitstand *Seyderhelm*, § 651i, Rdnr. 6.
[887] *LG Frankfurt*, NJW 1991, 498; *Clausen*, NJW 1991, 2813 mit Hinweisen auf Nebenpflichten des Reiseveranstalters.
[888] *LG Frankfurt*, NJW 1991, 498; *Seyderhelm*, § 651i, Rdnr. 6 m.Nw.
[889] *LG Frankfurt*, NJW-RR 1994, 1542; *Kappus*, Rdnr. 24; *Seyderhelm*, § 651i, Rdnr. 15.
[890] ARB Nr. 7, b.
[891] *Kappus*, Rdnr. 22, 23; *Seyderhelm*, § 651i, Rdnr. 138; *Tonner*, MK, § 651a, Rdnr. 104, 105; *Tempel*, NJW 1996, 1629, 1632.

c) *Kündigung wegen unterlassener Mitwirkung*

Die AGB des Reiseveranstalters können Kündigungsgründe für die Nichterfüllung von Mitwirkungspflichten des Reisenden vorsehen, z.B. bei Nichtbeschaffung von Reisedokumenten oder Nichtdurchführung behördlich vorgeschriebener Impfungen.[892]

d) *Absage wegen wirtschaftlicher Unzumutbarkeit*

Ein allgemeines Recht auf Absage der Reise steht dem Reiseveranstalter nicht zu, es kann insbesondere nicht aus § 651a IV S. 1 BGB hergeleitet werden.[893]

Eine AGB-Klausel, wonach dem Reiseveranstalter ein Rücktrittsrecht wegen zu geringer Beteiligung und daraus folgender wirtschaftlicher Unzumutbarkeit der Durchführung zustehen soll,[894] ist wegen Verstoßes gegen § 9 AGBG unwirksam.[895] Der Reiseveranstalter ist insoweit auf die unter b) behandelte Möglichkeit eines Vorbehalts der Mindestteilnehmerzahl zu verweisen.

e) *Kündigung aus wichtigem Grund*

Der Reiseveranstalter, – nicht der Leistungsträger[896] – kann den Reisevertrag aus wichtigem Grund kündigen, wenn der Reisende – in der Regel erst nach erfolgter Abmahnung – die Durchführung der Reise so erheblich stört, daß die weitere Teilnahme für die Mitreisenden oder auch den Reiseveranstalter nebst Mitarbeitern oder die Leistungsträger nicht mehr zugemutet werden kann.[897]

Entsprechende AGB-Klauseln[898] sind wirksam,[899] im Grunde aber überflüssig.[900] Die Abwicklung des gekündigten Vertrages besteht in einer unverzüglichen Rückbeförderung (Analogie zu § 651a IV BGB).[901] In minderschweren Fällen ist der Reiseveranstalter berechtigt und verpflichtet, durch Zuweisung eines Ersatzobjekts eine Fortsetzung des Vertragsverhältnisses zu ermöglichen.[902] Für die finanzielle Abwicklung ist § 649 S. 2 BGB analog anzuwenden;[903] der Reisende kann demnach nur Ersatz der ersparten Aufwendungen verlangen. Der Reiseveranstalter hat unter Umständen einen Gegenanspruch aus positiver Vertragsverletzung wegen eingetretener Schäden und zusätzlicher Aufwendungen.

---

[892] *Bidinger/Müller*, § 651i, Anm. 8; *Tonner*, MK, § 651a, Rdnr. 103.

[893] Mißverständlich *Seyderhelm*, § 651a, Rdnr. 136.

[894] So ARB Nr. 7, c.

[895] *Kappus*, Rdnr. 23; *Seyderhelm*, § 651a, Rdnr. 141; *Tempel*, RRa 1998, 34.

[896] *LG Frankfurt*, NJW-RR 1993, 1145; *Bidinger/Müller*, § 651i, Anm. 8.

[897] *LG Frankfurt*, NJW-RR 1994, 375; *Führich*, Rdnr. 310; *Seyderhelm*, § 651e, Rdnr. 7.

[898] ARB Nr. 7, a.

[899] Einschr. *Kappus*, Rdnr. 50.

[900] *Tempel*, RRa 1998, 34.

[901] *LG Frankfurt*, NJW-RR 1994, 375; *AG Kleve*, RRa 1996, 227.

[902] *LG Frankfurt*, aaO.

[903] *AG Kleve*, RRa 1996, 227.

VII. Anmeldeerfordernis und Verjährung

§ 651g BGB enthält eine Regelung für die Geltendmachung etwaiger Ansprüche nach Reiseende. Der Reisende hat sich an den Reiseveranstalter zu wenden, indem er seine Ansprüche anmeldet, worauf der Reiseveranstalter eine Stellungnahme abzugeben hat.

Dieses Vorverfahren bezweckt einmal, dem Reiseveranstalter Gelegenheit zu Recherchen über die erhobenen Vorwürfe zu geben, zum anderen aber auch, die Vertragspartner zu einer gütlichen Regelung anzuhalten und damit Reiseprozesse zu verhindern. Das Gesetz legt deshalb in § 651g I BGB eine einmonatige Anmeldefrist ab Reiseende fest und statuiert eine kurze Verjährungsfrist von sechs Monaten. Damit soll eine möglichst schnelle Abwicklung der Ansprüche erreicht werden, da eine Aufklärung streitiger Tatsachen im Massentourismus bei längerem Zeitablauf und im Hinblick auf den meist entfernten Urlaubsort auf Schwierigkeiten stößt. Die Regelung hat eine gewisse Parallele im Versicherungsrecht, so daß in Einzelfällen auf die zu § 12 VVG ergangene Rechtsprechung zurückgegriffen werden kann.

1. Die Ausschlußfrist (§ 651g I BGB)

a) Allgemeines

Der Reisende hat seine Ansprüche nach den §§ 651c–f BGB innerhalb eines Monats nach der vertraglich vorgesehenen Beendigung der Reise bei dem Reiseveranstalter geltendmachen (§ 651g I S. 1 BGB).

Die Anmeldung soll dem Reiseveranstalter, der wegen der getrennten Organisationsbereiche von Heimatland (Zentrale und Buchungsbüro) und Zielort (Reiseleitung, Leistungsträger) über die Abwicklung der einzelnen Reiseverträge meist nicht unterrichtet ist, zunächst eine Kenntnis verschaffen, daß der Reisende Ansprüche wegen Schlechterfüllung des Reisevertrages geltendmachen will. Diese Kenntnis soll dem Reiseveranstalter dann die Möglichkeit geben, alsbald Nachforschungen über die geltendgemachten Mängel anzustellen, den Schadensfall einem etwaigen Haftpflichtversicherer anzuzeigen und eigene Rückstellungen zu bilden sowie den von ihm eingeschalteten Leistungsträger Regreßansprüche anzudrohen.[904] Schließlich soll durch die Anmeldefrist die alsbaldige Regulierung der Ansprüche erreicht werden, da mit schwindender Zeit die Aufklärung des Sachverhalts zunehmend erschwert wird.

b) Abgrenzung gegenüber Mängelrüge

Der Gesetzgeber geht von getrennten Organisationsbereichen hinsichtlich des Reiseveranstalters am Urlaubsort und im Heimatland aus. Bereits hieraus ergibt sich, daß die Mängelrüge nach § 651d II BGB nicht mit der Anmeldung der Ansprüche nach § 651g I BGB identisch ist.[905]

---

[904] *BGHZ* 92, 363 = NJW 1984, 1752; *Seyderhelm*, § 651g, Rdnr. 2; *Tempel*, NJW 1987, 2841.

[905] *LG Frankfurt*, NJW 1983, 11227; *Pick*, § 651g, Rdnr. 50, 53 m.Nw.; *Tonner*, § 651g, Rdnr. 7, 7a.

Dies folgt im übrigen aus der unterschiedlichen Zielsetzung der beiden Erklärungen. Sinn und Zweck der Mängelrüge am Urlaubsort ist es, die örtliche Reiseleitung über bestehende Mängel zu unterrichten, damit sie für Abhilfe sorgen kann. Die Anmeldung der Ansprüche nach Reiseende bezweckt die Einleitung des Regulierungsverfahrens wegen nicht beseitigter Mängel.

(1) Gewisse Überschneidungen und Abgrenzungsschwierigkeiten ergeben sich aus der Tatsache, daß der Reisende nach nunmehr gefestigter Meinung auch schon vor Reiseende Ansprüche bei dem Reiseveranstalter nach § 651g I BGB anmelden[906] und andererseits die Mängelrüge nach § 651d II BGB auch gegenüber der Zentrale des Reiseveranstalters erheben kann.[907]

Es bedarf in diesem Falle einer Auslegung der Erklärung des Reisenden gegenüber der Zentrale, ob er nur eine Mängelrüge erheben oder bereits Ansprüche anmelden will. Mit dem BGH ist zu fordern, daß bei derartigen Erklärungen des Reisenden gegenüber der Zentrale der Reisende eindeutig und vorbehaltlos die Geltendmachung der Forderung ersichtlich machen muß.[908] Weiteres Indiz für die Abgrenzung dürfte der Zeitpunkt der Erklärung sowie die Tatsache sein, ob eine Abhilfe hinsichtlich des Mangels überhaupt noch möglich ist.

(2) Eine weitere Überschneidung der beiden Organisationsbereiche ergibt sich in Sonderfällen, in denen der Reisende am Urlaubsort durch Handhabungen des Reiseveranstalters bzw. seiner örtlichen Reiseleitung einen gewissen Vertrauensschutz dafür in Anspruch nehmen kann, daß er bereits eine Anmeldung der Ansprüche vorgenommen hat und nach Reiseende nichts weiter zur Verfolgung seiner Ansprüche unternehmen muß.

In Frage kommt dies bei Ausfüllung von Niederschriften mit gemeinsamer Unterschrift von Reisenden und Reiseleitung, in denen der Eindruck der Weiterleitung der Niederschrift an die Zentrale zur abschließenden Bearbeitung der Reklamation erweckt wird,[909] ferner dann, wenn der Reiseleiter die Weiterleitung einer schriftlichen Beanstandung an die Zentrale zusagt.[910]

c) Anwendungsbereich

Nach dem Gesetzeswortlaut hat der Reisende innerhalb der Monatsfrist Ansprüche nach den §§ 651c–f BGB anzumelden.

---

[906] S.u.d., Fußn. 925.

[907] *LG Frankfurt*, NJW-RR 1988, 1330; s.o. IV, 1, b, (1), Fußn. 388.

[908] *BGHZ* 102, 80 = NJW 1988, 488; *Tonner*, § 651g, Rdnr. 7.

[909] *LG Frankfurt*, MDR 1984, 757 = NJW 1984, 1628 L; NJW 1985, 146; NJW-RR 1987, 568; RRa 1995, 170; *LG Hannover*, NJW-RR 1988, 1454; *AG Kleve*, RRa 1996, 36; 1996, 108; zust. *Tonner*, MK, § 651g, Rdnr. 8; dagegen *Führich*, Rdnr. 366; *Pick*, § 651g, Rdnr. 52; zurückhaltend *AG Bonn*, RRa 1996, 219.

[910] *LG Frankfurt*, 18.7.1988, 2/24 S 307/86; vgl. hierzu auch *LG Hannover*, NJW-RR 1987, 749; insoweit zust. *Führich*, Rdnr. 366.

Eine sachliche Erweiterung des Anwendungsbereichs ergibt sich durch die Ausdehnung der Vorschriften der §§ 651a ff. BGB auf den Ferienhaus- und Appartementsvertrag.[911] Außerdem ist durch die neuere Rechtsprechung des BGH zur Abgrenzung der §§ 651c ff. BGB gegenüber dem allgemeinen Recht der Leistungsstörungen[912] eine Ausdehnung des Anwendungsbereichs eingetreten.

(1) Unabhängig davon sollte die Vorschrift nach ihrem Sinn und Zweck ausdehnend auf sämtliche vertaglichen Ansprüche angewendet werden, da auch insoweit der Reiseveranstalter des Schutzes bedarf und zudem der Reisende als juristischer Laie kaum eine Abgrenzung nach juristischen Gesichtspunkten vornehmen dürfte.

Zu bejahen ist deshalb die Anwendbarkeit für Ansprüche auf Rückzahlung des Reisepreises nach ausgesprochener Kündigung nach § 651e BGB[913] und § 651j BGB,[914] Ansprüche aus culpa in contrahendo und positiver Vertragsverletzung[915] und aus dem übriggebliebenen schmalen Bereich der allgemeinen Leistungsstörungen. Auch im Falle der Arglist kann auf das Erfordernis der Anmeldung nicht verzichtet werden.[916]

(2) Zweifelhaft ist dagegen die Anwendbarkeit des Anmeldungserfordernisses auf Deliktansprüche, insbesondere bei Personenschäden. Über den Gesetzeswortlaut hinaus ist eine analoge Anwendung der Vorschrift geboten, da gerade auch in diesen Fällen (Unfälle durch Verletzung von Verkehrssicherungspflichten) der Reiseveranstalter ein schützenswertes Interesse daran hat, über die den geltendgemachten Ersatzansprüche zugrundeliegenden Vorgänge Recherchen anzustellen.[917]

Die Gegenmeinung, die auf den Wortlaut des § 651g I S. 1 BGB abstellt[918] vermag nicht zu überzeugen. Jeder Reisende mit Durchschnittsverstand wird schon im Eigeninteresse Personenschäden dem Reiseveranstalter nach Reiseende mitteilen. Bei erst nach Ablauf der Anmeldefrist auftretenden Schäden kann dem Reisenden gemäß § 651g I S. 2 BGB geholfen werden. Zumindest sollte eine AGB-Klausel, die das Anmeldeerfordernis auf die Ansprüche aus Delikt erstreckt, zugelassen werden.[919]

(3) Ansprüche auf Rückzahlung des Reisepreises nach Rücktritt des Reisenden vor Reiseantritt (§ 651i BGB) oder auf Ersatz von Schäden, die

---

[911] S.o. I, 1, a, (3), Fußn. 13.

[912] S.o. I, 2, e, Fußn. 76.

[913] *BGHZ* 85, 301 = NJW 1983, 448; *LG Frankfurt*, NJW 1985, 146.

[914] *Seyderhelm*, § 651g, Rdnr. 5; *Tempel*, NJW 1987, 2842.

[915] *Bidinger/Müller*, § 651g, Anm. 3; *Seyderhelm*, § 651f, Rdnr. 22 + § 651g, Rdnr. 6; *Führich*, Rdnr. 359; *Tempel*, aaO.

[916] *LG Frankfurt*, NJW 1987, 132; *Führich*, Rdnr. 361; *Pick*, § 651g, Rdnr. 16; *Tonner*, MK, § 651g, Rdnr. 15.

[917] *LG Frankfurt*, NJW 1990, 520; *Bechhofer*, § 651g, Anm. III, 3 sowie RRa 1998, 160; *Recken*, RGR-Komm. § 651g, Anm. 3f; *Tempel*, NJW 1987, 2843.

[918] *LG Düsseldorf*, RRa 1994, 115; *AG Bonn*, RRa 1995, 161; *Bidinger/Müller*, § 651g, Anm. 3; *Kappus*, Rdnr. 116; *Seyderhelm*, § 651g, Rdnr. 7.

[919] *LG Frankfurt*, RRa 1998, 160 m. zust. Anm. *Bechhofer*; RRa 1999, 88 m abl. Anm. *Tonner*; *Eckert*, S. 156; *Führich*, Rdnr. 358; dagegen *Bidinger/Müller*, § 651g, Anm. 3; *Tonner*, MK, § 651g, Rdnr. 2.

sich vor Antritt der Reise niedergeschlagen haben[920] sollten im Wege der teleologischen Reduktion von dem Anmeldeerfordernis ausgenommen werden, da hier die der Vorschrift zugrundeliegende organisationsmäßige Trennung der beiden Organisationsbereiche des Reiseveranstalters keine Rolle spielt.[921]

(4) Auch bei im Wege der Rechtsnachfolge übergegangenen Ansprüchen ist die Wahrung der Ausschlußfrist erforderlich.[922]

(5) Sondervorschriften für Anzeigeobliegenheiten bestehen im Rahmen der Luftbeförderung.[923]

d) Fristprobleme

Nach § 651g I BGB beginnt die Frist mit dem vertraglich vereinbarten Vertragsende zu laufen. Maßgebend ist hierbei das Ende der bei dem Reiseveranstalter gebuchten Reise.[924] Das schließt nicht aus, daß der Reisende schon vor dem Reiseende (meist vom Urlaubsort) die Ansprüche fristwahrend anmelden kann;[925] die Gesetzesformulierung – „innerhalb der Frist" ist also nicht wörtlich zu nehmen.

(1) Für den Fristbeginn ist § 187 I BGB maßgebend, da das Reiseende ein Ereignis im Laufe des Tages ist; der Tag der Beendigung der Reise wird nicht mitgerechnet.[926]

Auch bei vorzeitiger Rückreise (z.B. bei Kündigung) bleibt es bei dem vertraglich vorgesehenen Reiseende als Fristbeginn.[927] Liegt das tatsächliche Reiseende später als das vertraglich vorgesehene, so ist nach Sinn und Zweck der Vorschrift, auf die tatsächliche Rückkehr abzustellen.[928] Bei Selbstanreisenden ist die Reise bereits mit der Abrei-

---

[920] Beispiele: Verletzung der Verkehrssicherungspflicht bei Buchung in der Filiale des Reiseveranstalters; Ersatzpflichten des Reiseveranstalters bei Kündigung vor Reisebeginn.

[921] S.o. VII, 1, a. – *LG Frankfurt*, NJW-RR 1994, 376; *LG Düsseldorf*, RRa 1994, 115; zust. *Seyderhelm*, § 651g, Rdnr. 5; *Tonner*, MK, § 651g, Rdnr. 2 (im Widerspruch zu Rdnr. 4); *Isermann*, MDR 1995, 224; a.A. *Bechhofer*, § 651g, Anm. III, 1; *Bidinger/Müller*, § 651g, Anm. 3; *Führich*, Rdnr. 360, 362 sowie RRa 1994, 107 (Anm.); *LG Düsseldorf*, RRa 1997, 40.

[922] *LG Frankfurt*, NJW 1990, 520; zust. *Bechhofer*, § 651g, Anm. A, III, 5; *LG Frankfurt*, RRa 1999, 137.

[923] S.o. V, 4, b, (4); V, 4, c, (6) und V, 4, d, (3).

[924] *AG München*, RRa 1996, 109.

[925] *BGHZ* 102, 80 = NJW 1988, 488; *Eckert*, S. 139; *Bidinger/Müller*, § 651g, Anm. 11; *Seyderhelm*, § 651g, Rdnr. 12; *Tonner*, MK, § 651g, Rdnr. 10; vgl. auch *AG Köln*, NJW-RR 1989, 1527; a.A. *OLG München*, NJW-RR 1987, 369 m. abl. Anm. *Tempel*, NJW 1987, 1532; *Führich*, Rdnr. 367; *Bechhofer*, § 651g, Anm. A, V, S. 111.

[926] *LG Frankfurt*, NJW 1986, 594; *LG Hannover*, NJW-RR 1990, 572; *Führich*, Rdnr. 326; *Tonner*, MK, § 651g, Rdnr. 4; a.A. *AG Düsseldorf*, NJW 1985, 980.

[927] *Seyderhelm*, § 651g, Rdnr. 25.

[928] *LG Frankfurt*, NJW 1986, 594, *Tempel*, NJW 1987, 2844; *Tonner*, § 651g, Rdnr. 4; a.A. *LG Kleve*, RRa 1996, 146.

se am Urlaubsort beendet, da der Reiseveranstalter die Rückbeförderung nicht schuldet und ihm die ungewisse Dauer der Rückreise nicht zugerechnet werden kann.[929]

Die Frist beginnt nicht zu laufen, wenn der Reiseveranstalter seiner Obliegenheit, auf das Anmeldeerfordernis in der Reisebestätigung hinzuweisen (§ 3 II InfVO) nicht nachgekommen ist.[930] Ein Hinweis im Prospekt genügt nach richtiger Ansicht nicht.[931]

(2) Eine Form ist für die fristwahrende Anmeldung nicht vorgeschrieben und kann auch in AGB nicht vereinbart werden.[932]

In Frage kommen also auch mündliche und telefonische Anmeldungen, die allerdings aus Gründen des späteren Beweises keineswegs anzuraten sind. Auch Anmeldungen durch Telegramm und Faxübermittlung sind zulässig.

(3) Die Anmeldeerklärung muß vor Ablauf der Frist in den Einfluß- und Verantwortungsbereich des Reiseveranstalters gelangen (§ 130 BGB).

Für den Zugang gilt § 130 BGB mit der Folge, daß die Erklärung innerhalb der normalen Geschäftszeit dem Adressaten zugegangen sein muß.[933] Zweifelhaft ist, ob der Reisende statt der Anmeldeerklärung dem Reiseveranstalter ohne „Vorwarnung" eine Klageschrift zustellen kann;[934] selbst wenn man dies bejahen sollte, kann jedenfalls § 270 III ZPO (Rückwirkung der Fristwahrung auf den Zeitpunkt der Klageeinreichung) nicht angewandt werden.[935]

Adressat der Geltendmachung ist neben dem Reiseveranstalter und seinem Filialnetz[936] auch das selbständige Reisebüro, bei dem der Reisende die Reise gebucht hat.[937] Abweichenden AGB-Klauseln des Reiseveranstalters ist im Hinblick auf §§ 651k, 9 AGBG die Wirksamkeit zu versagen.[938] Daran hat sich auch durch § 3 II h InfVO nichts geändert.[939]

---

[929] *Seyderhelm*, § 651g, Rdnr. 25; *Tempel*, NJW 1987, 2844.

[930] *Seyderhelm*, § 3 InfVO, Rdnr. 6; a.A. *Führich*, Rdnr. 372 (Entschuldigung nach § 651g I S. 2 BGB; hierzu unter g (3)).

[931] *Führich*, Rdnr. 541; *Tempel*, NJW 1996, 1631, 1632.

[932] *BGHZ* 90, 363 = NJW 1984, 1752.

[933] *LG Frankfurt*, MDR 1985, 233; *AG Frankfurt*, NJW-RR 1993, 1332; *AG Kleve*, RRa 1996, 257; *LG Hamburg*, NJW-RR 1997, 502; RRa 1999, 141.

[934] Dafür *Isermann*, RRa 1995, 178; a.A. *AG Bad Homburg*, RRa 1995, 49; *Führich*, Rdnr. 368.

[935] *AG Düsseldorf*, NJW 1986, 593; *AG Bad Homburg*, RRa 1995, 49; *Isermann*, RRa 1995, 98, 101; *Seyderhelm*, § 651g, Rdnr. 28; *Tempel*, NJW 1987, 2845; *Tonner*, MK, § 651g, Rdnr. 6.

[936] *Tonner*, MK, § 651g, Rdnr. 5; zur Generalvertretung *OLG München*, NJW-RR 1990, 892.

[937] *BGHZ* 102, 80 = NJW 1988, 488 = JZ 1988, 513 m. Anm. *Teichmann*; *LG Frankfurt*, NJW 1985, 1167; *LG Hannover*, NJW-RR 1987, 177; *Führich*, Rdnr. 365; a.A. *LG Hannover*, NJW 1982, 343; *Isermann*, S. 171 ff.

[938] *LG Frankfurt*, NJW-RR 1987, 745; *Seyderhelm*, § 651g, Rdnr. 9; a.A. *Bidinger/Müller*, § 651g, Anm. 12.

[939] *Tempel*, RRa 1996, 1; *Kappus*, Rdnr. 114; *Seyderhelm*, § 651g, Rdnr. 9; *Tonner*, MK, § 651g, Rdnr. 5; a.A. *LG Kleve*, NJW 1999, 1117; *Führich*, Rdnr. 365, 549; *Isermann*, ZAP 1994, Fach 2, S. 32.

e) Befugnis zur Anmeldung

Befugt zur Anmeldung ist die Vertragspartei, und zwar auch für die Ansprüche der Mitreisenden.[940] Bei Schadensersatzansprüchen ist auch jedes betroffene Familienmitglied selbst anmeldebefugt (§ 328 BGB).[941]

(1) Dagegen soll nach h.M. ein Mitreisender nicht befugt sein, für den Vertragspartner und die anderen Mitreisenden Ansprüche anzumelden.[942] Im Hinblick auf die aus der Sicht der Reisenden unklare Vertragsgestaltung hinsichtlich der Vertragspartei ist dies wenig befriedigend.[943] Wenn man ihnen schon die Vertragsstellung abspricht, sollte man sie zumindest für ermächtigt ansehen, die Ansprüche für sich und die Mitreisenden anzumelden.[944] Die Gegenmeinung eröffnet dem Reiseveranstalter Gelegenheiten, aus formellen Erwägungen ohne sachlichen Grund berechtigten Ansprüchen auszuweichen.

(2) Bei Gruppenreisen wird man den Gruppenleiter zumindest für befugt halten müssen, Mängel, die alle Reisenden gleichermaßen betroffen haben, für alle Gruppenmitglieder anzumelden.[945] Dabei braucht der Gruppenleiter die Namen der einzelnen Gruppenmitglieder nicht anzugeben, wenn diese dem Reiseveranstalter schon aufgrund des Vertragsabschlusses bekannt sind.[946]

(3) Eine Stellvertretung ist bei der Anmeldung nach allgemeinen Grundsätzen zulässig, was in der Praxis vor allem durch den beauftragten Rechtsanwalt geschieht: Die von einigen Gerichten und einem Teil des Schrifttums befürwortete Anwendung des § 174 BGB[947] mit der Folge, daß der Reiseveranstalter eine Anmeldung ohne Vorlage der Vollmachtsurkunde zurückweisen kann, ist abzulehnen.[948]

Abgesehen davon, daß § 174 BGB auf gestaltende Willenserklärungen zugeschnitten ist, was auf die Anmeldung nicht zutrifft, ist ein Schutzbedürfnis für den Reiseveranstalter nicht zu erkennen.[949] Das gelegentlich herangezogene Erfordernis der Klarheit,[950]

---

940 *Seyderhelm*, § 651g, Rdnr. 29; *Tonner*, MK, § 651g, Rdnr. 8; a.A. *LG Hamburg*, RRa 1995, 187.

941 *Tonner*, MK, § 651g, Rdnr. 18; *Tempel*, NJW 1987, 2849.

942 *AG Düsseldorf*, VuR 1995, 152; *Tonner*, § 651g, Rdnr. 18; *Führich*, Rdnr. 370.

943 S.o. II, 2, b, (2), Fußn. 154.

944 So die frühere (nicht veröffentlichte) Rechtspr. des *LG Frankfurt*, 31. 10. 1983, 2/24 S 92/83; für eine konkludente Genehmigung durch den anderen Mitreisenden *Seyderhelm*, § 651g, Rdnr. 29.

945 *Tempel*, NJW 1987, 2489 m.Nw.; *Tonner*, MK, § 651g, Rdnr. 18.

946 *Tonner*, MK, § 651g, Rdnr. 18; a.A. *OLG Düsseldorf*, NJW 1985, 146 L.

947 *LG Düsseldorf*, NJW-RR 1992, 443; *LG Kleve*, NJW-RR 1995, 316; *Bidinger/Müller*, § 651g, Anm. 8 m.Nw.

948 *OLG Karlsruhe*, NJW-RR 1991, 54; *LG Hamburg*, NJW-RR 1997, 502; *Isermann*, RRa 1995, 98; *Seyderhelm*, § 651g, Rdnr. 30; *Teichmann*, JZ 1993, 990, 991; *Tempel*, RRa 1998, 29; *Führich*, Rdnr. 370.

949 *Tempel*, RRa 1998, 29.

950 *Tilly*, RRa 1998, 51.

für wen der Anmeldende Erklärungen abgibt, folgt schon aus § 164 BGB; ihm kann auch genügt werden, wenn der Reiseveranstalter in Zweifelsfällen nachfragt und die Nachreichung der Vollmachtsurkunde fordert.[951] Erfahrungen aus der Praxis zeigen, daß einzelne Reiseveranstalter bei Eingang einer Anmeldung ohne Vollmachtsurkunde den Vorgang zunächst unbearbeitet lassen, teilweise sogar mit der Bitte um „Geduld" bestätigen, um dann nach Ablauf der Anmeldefrist sich auf § 174 BGB zu berufen; das ist als treuwidrig und arglistig anzusehen und verdient keine gerichtliche Billigung.[952]

f) Notwendiger Inhalt der Anmeldung

Die über den notwendigen Inhalt der Anmeldung vertretenen Ansichten entsprechen oft nicht den Intentionen des Gesetzgebers und lassen den Schutz des Verbrauchers außer Acht.[953]

(1) Stellt man auf den Sinn und Zweck des Anmeldeerfordernisses ab,[954] so muß es genügen, wenn der Reisende die Mängel einzeln (stichwortartig) so bezeichnet, daß der Reiseveranstalter in der Lage ist, die Recherchen am Urlaubsort in die Wege zu leiten.[955]

Nicht erforderlich ist danach eine substantiierte Darlegung im Sinne eines schlüssigen Klagevorbringens oder eine Angabe der Anspruchsgrundlagen,[956] erst recht nicht der Beweismittel. Ebensowenig ist eine (ungefähre) Bezifferung der Ansprüche notwendig;[957] bei einer erfolgten Bezifferung tritt keine Bindungswirkung zu Lasten des Reisenden ein, so daß er später im Prozeß (nach anwaltlicher Beratung) seine Ansprüche erhöhen kann.[958] Auch eine ausdrückliche Erklärung, es würden Ansprüche geltendgemacht (Zahlungsverlangen) kann nicht verlangt werden;[959] es genügt, wenn der Reiseveranstalter bei vernünftiger Würdigung der Erklärung entnehmen kann, daß der Reisende Ansprüche geltendmachen will, was bei Mitteilung erheblicher Mängel stets der Fall ist.[960] Ist der Reiseveranstalter im Zweifel, so muß er Rückfrage halten.[961]

(2) Von dem Erfordernis der Bezeichnung der Mängel sind Ausnahmen zuzulassen. Zweifelhaft ist allerdings die Meinung des BGH, man könne

---

[951] *Isermann*, RRa 1995, 98.

[952] Zur gleichen Problematik bei inhaltlichen Mängeln der Anmeldung s.u. f, (3), Fußn. 967.

[953] *Tempel*, NJW 1987, 2846; RRa 1998, 29.

[954] S.o. VII, 1, a.

[955] *LG Frankfurt*, NJW 1983, 1127; 1987, 184; *Seyderhelm*, § 651g, Rdnr. 29; *Führich*, Rdnr. 369; *Tonner*, MK, § 651g, Rdnr. 11, 12.

[956] *AG Bonn*, RRa 1997, 125.

[957] *LG Frankfurt*, NJW 1987, 784; *AG Bonn*, RRa 1997, 125; *Tonner*, MK, § 651g, Rdnr. 13; *Führich*, Rdnr. 369.

[958] *LG Frankfurt*, NJW-RR 1987, 1078; *Seyderhelm*, § 651g, Rdnr. 21; teilw. abw. *AG Düsseldorf*, RRa 1995, 210.

[959] *LG Frankfurt*, NJW-RR 1986, 1441; NJW 1987, 784; NJW-RR 1992, 504; 1993, 436; *Führich*, Rdnr. 366; *Seyderhelm*, § 651g, Rdnr. 21; *Tonner*, § 651g, Rdnr. 13; a.A. *OLG Düsseldorf*, VuR 1991, 287 m. abl. Anm. *Tonner*; *AG Düsseldorf*, VersR 1987, 628; *AG Stuttgart*, RRa 1995, 180; *AG Frankfurt/Höchst*, RRa 1996, 184 (Fragebogen); *Bidinger/Müller*, § 651g, Anm. 9.

[960] *Seyderhelm*, § 651g, Rdnr. 21; *Führich*, Rdnr. 369.

[961] *Tempel*, NJW 1987, 2847; *LG Frankfurt*, NJW-RR 1986, 1441; *Führich*, Rdnr. 369; *Seyderhelm*, § 651g, Rdnr. 21.

zur Ergänzung der Anmeldung insoweit auf die konkrete (Mängelrüge(n)) am Urlaubsort verweisen[962] da hierdurch die getrennten Organisationsbereiche miteinander verbunden werden und bei Mängelrügen am Urlaubsort in der Regel keine schriftlichen Aufzeichnungen der Reiseleitung erfolgen, auf die dann zurückgegriffen werden kann.[963] Eine Ausnahme ist aber immer dann zuzulassen, wenn der Reiseveranstalter in seinem Organisationsbereich im Heimatland innerhalb der Monatsfrist auf andere Weise bereits Kenntnis von den Mängeln erhalten hat.[964]

Diese Ergänzung der unvollständigen Anmeldung kommt vor allem in Frage, wenn dem Reiseveranstalter Mängelprotokolle vom Urlaubsort innerhalb der Anmeldefrist bereits vorliegen,[965] oder wenn er selbst vor Reiseantritt in einem Informationsschreiben auf wahrscheinlich auftretende Mängel hingewiesen hat. Auch bei Arglist des Reiseveranstalters kann auf die weitere Beschreibung der Mängel verzichtet werden, desgleichen bei vertragswidriger Unterbringung in einer anderen Unterkunft hinsichtlich deren abweichender Beschaffenheit.[966]

(3) Bei einer nicht den inhaltlichen Anforderungen entsprechenden Anmeldung verstößt der Reiseveranstalter gegen Treu und Glauben, wenn er zunächst den Eindruck erweckt, er werde in eine Prüfung der Ansprüche eintreten oder eine Stellungnahme in der Sache abgibt, um dann nach Fristablauf sich auf die fehlenden Erfordernisse zu berufen.[967]

g) Entschuldigung bei Nichtwahrung der Anmeldefrist

Ist der Reisende an der Einhaltung der Frist ohne Verschulden gehindert worden, so kann er Ansprüche auch noch nach Ablauf der Monatsfrist anmelden (§ 651g I S. 2 BGB).

(1) In Frage kommen schwere Krankheit,[968] Fehlinformationen durch den Reiseveranstalter,[969] das eingeschaltete Reisebüro oder die örtliche Reiseleitung,[970] postalische Verzögerungen[971] sowie Pannen im Büro des beauftragten Rechtsanwalts, den aber selbst kein Verschulden treffen darf, da dieses dem Reisenden zugerechnet wird.[972] Hin-

---

[962] *BGHZ* 90, 363 = NJW 1984, 1752; zust. (mit Einschränkungen) *Führich*, Rdnr. 369.

[963] *Tempel*, NJW 1984, 1753 (Anm.); *AG Bad Homburg*, NJW-RR 1996, 177; *Seyderhelm*, § 651g, Rdnr. 21.

[964] *LG Frankfurt*, NJW 1983, 1127.

[965] *LG Frankfurt*, 30. 11. 1987, 2/24 S 249/87; *Führich*, Rdnr. 369.

[966] *LG Frankfurt*, 10. 3. 1986, 2/24 S 216/85 (dort entschieden für die Mängelrüge nach § 651d II BGB).

[967] *LG Frankfurt*, NJW-RR 1987, 567; *Tempel*, NJW 1987, 2846; *Seyderhelm*, § 651g, Rdnr. 23; *Bidinger/Müller*, § 651g, Anm. 17; *Führich*, Rdnr. 369.

[968] *Seyderhelm*, § 651g, Rdnr. 35.

[969] *AG Bad Homburg*, NJW-RR 1995, 1523.

[970] Das betrifft nicht die bei Fußn. 909, 910 erwähnten Fälle des Anscheins bzw. Zusage der Weiterleitung der Niederschrift an die Zentrale, bei denen nach Treu und Glauben bereits eine fristgerechte Anmeldung vorliegt.

[971] *AG Kleve*, RRa 1996, 156; Einzelheiten bei *Seyderhelm*, § 651g, Rdnr. 36.

[972] *Tempel*, NJW 1987, 2845; *Seyderhelm*, § 651g, Rdnr. 36.

sichtlich der Entschuldigungsgründe hat das LG Frankfurt im Prozeß Glaubhaftmachung genügen lassen.[973]

(2) Nicht geregelt ist im Gesetz, ob der Reisende nach Wegfall der Hinderungsgründe zeitlich unbegrenzt nachmelden kann; es spricht viel dafür, ihn nach § 242 BGB für verpflichtet zu halten, die Nachholung alsbald nach Wegfall des Hindernisses vorzunehmen, andernfalls er seine Ansprüche verwirkt.[974] Als Regelfrist kommen in Analogie zu § 234 I ZPO zwei Wochen in Frage.[975]

(3) Die fehlende Belehrung über die Anmeldefrist ist kein Fall der Entschuldigung im Sinne des § 651g I S. 2 BGB, da die Frist in diesem Fall richtiger Ansicht nach gar nicht zu laufen beginnt.[976] Der Reisende ist deshalb in diesem Falle nicht zu einer unverzüglichen Nachholung der Anmeldung verpflichtet.

2. Die Verjährung (§ 651g II BGB)

Ansprüche des Reisenden nach §§ 651c–f BGB verjähren in sechs Monaten nach vertraglichem Reiseende.

a) Anwendungsbereich

Hier ergeben sich die gleichen Probleme wie bei der Ausschlußfrist nach § 651g I BGB.[977]

(1) Nach dem Sinn und Zweck der Vorschrift sollten in ausdehnender Anwendung alle vertraglichen Ansprüche der kurzen Verjährungsfrist unterworfen werden.[978]

(2) Deliktsansprüche wegen Personenschäden verjähren dagegen in drei Jahren (§ 852 BGB). Eine Einbeziehung dieser Ansprüche durch eine AGB-Klausel ist nicht zulässig.[979]

Gleiches gilt für Ansprüche wegen Personenschäden im nationalen Luftverkehr,[980] während bei Ansprüchen aus dem Warschauer Abkommen eine zweijährige Ausschlußfrist gegeben ist.[981]

(3) Im Falle arglistigen Verschweigens von Mängeln gilt in Analogie zu §§ 477, 638 BGB die dreißigjährige Verjährungsfrist.[982] Zur Arglist selbst ist auf die Ausführungen zur Haftungsbeschränkung zu verweisen.[983]

---

973 *LG Frankfurt*, NJW 1987, 132; hierzu *Seyderhelm*, § 651g, Rdnr. 39; *Tonner*, VuR 1987, 37.

974 *Tempel*, NJW 1987, 2845.

975 *Seyderhelm*, § 651g, Rdnr. 38; für kürzere Fristen *AG München*, RRa 1993, 54 (1 Woche bis 10 Tage); *Bidinger/Müller*, § 651g, Anm. 13.

976 a.A. *Seyderhelm*, § 651g, Rdnr. 37 (allerdings im Widerspruch zu § 3 InfVO, Rdnr. 6); *Führich*, Rdnr. 372.

977 S.o. 1, c.

978 *Seyderhelm*, § 651g, Rdnr. 43.

979 *Kappus*, Rdnr. 117; *Führich*, Rdnr. 360, 374.

980 S.o. V, 4, b, (5), Fußn. 786.

981 S.o. aaO.

982 *BGHZ* 88, 174 = NJW 1983, 2699.

983 S.o. IV, 5, e, (1).

b) Berechnung der Verjährungsfrist

Die Verjährung beginnt ab vertraglichem Reiseende zu laufen.[984] Auch hier richtet sich die Berechnung der Frist nach § 187 I BGB, d.h. der Tag des Reiseendes wird nicht mitgerechnet.[985]

c) Hemmung der Verjährung

§ 651g II S. 3 BGB schafft in Fortentwicklung der früher zu § 639 II BGB ergangenen Rechtsprechung[986] einen Hemmungstatbestand. Der Lauf der Verjährung ist für die Dauer der Prüfung der angemeldeten Ansprüche durch den Reiseveranstalter gehemmt.

(1) Die Hemmung beginnt mit der Anmeldung der Ansprüche durch den Reisenden, d.h. mit dem Zugang seiner Erklärung bei dem Reiseveranstalter oder dem Reisebüro.

In den Sonderfällen, in denen ausnahmsweise eine Anmeldung vor Reiseende[987] oder ein Vertrauenstatbestand in Form einer Anmeldung am Urlaubsort[988] vorliegt, beginnt die Verjährung mit dem vertraglich vereinbarten Reiseende nicht zu laufen.[989]

(2) Die Hemmung endet mit der schriftlichen Zurückweisung der Ansprüche durch den Reiseveranstalter, wobei es auf den Zugang dieser Erklärung bei dem Reisenden bzw. bei dem von ihm eingeschalteten Rechtsanwalt (nicht bei dem eingeschalteten Reisebüro[989a]) ankommt. Der Reiseveranstalter hat den Zugang zu beweisen.[990]

Die Zurückweisung bedarf keiner Begründung;[991] in den Antwortschreiben der Reiseveranstalters ist sie aber – mehr oder weniger – enthalten, teilweise verbunden mit allgemeinen Redensarten.[992] Die Rechtsprechung verlangt mit Recht eine eindeutige Erklärung des Reiseveranstalters, daß er eine abschließende Entscheidung über die geltendgemachten Ansprüche abgibt.[993] Nach richtiger Ansicht reichen auch Vergleichsangebote des Reiseveranstalters, auf die der Reisende noch eine Stellungnahme abgeben soll, nicht aus,[994] wohl aber eine mit der Ablehnung angekündigte Kulanzzah-

---

[984] Hierzu o. VII, 1, d, (1).

[985] *LG Frankfurt*, NJW 1986, 594; *LG Hannover*, NJW-RR 1990, 572; *Rixecker*, VersR 1985, 217. – Vgl. im übrigen § 188 II BGB.

[986] *BGHZ* 66, 367 = NJW 1976, 1447.

[987] S.o. VII, 1, d, Fußn. 925.

[988] S.o. VII, 1, b, (2).

[989] *Tempel*, NJW 1985, 149; 1987, 1532, 1534; hierzu *Führich*, Rdnr. 378.

[989a] *Seyderhelm*, § 651g, Rdnr. 51; a.A. *LG Kleve*, RRa 1996, 250; *AG Düsseldorf*, RRa 1999, 95; *Führich*, Rdnr. 378.

[990] Zur Beweiserleichterung betr. Zeitpunkt des Zugangs vgl. *LG Frankfurt*, NJW-RR 1987, 568 (tatsächliche Vermutung nach § 270 II ZPO); zust. *Seyderhelm*, § 651g, Rdnr. 60.

[991] *BGHZ* 88, 174, 178 = NJW 1983, 2699.

[992] Vgl. hierzu *LG Frankfurt*, NJW 1985, 147.

[993] *BGHZ* 88, 174 = NJW 1983, 2699; *LG Frankfurt*, NJW 1985, 147.

[994] *LG Frankfurt*, NJW 1985, 147; *Führich*, Rdnr. 379; a.A. *LG Hannover*, MDR 1982, 1018; *OLG Düsseldorf*, NJW-RR 1993, 635; vermittelnd *Tonner*, MK, § 651g, Rdnr. 22. – Zur Einlösung eines Schecks als Vergleichsannahme siehe *BGH*, NJW 1990,

lung.[995] Desgleichen liegt auch keine eindeutige Zurückweisung in dem Hinweis, man lehne zwar Ansprüche ab, habe aber den Vorgang der Haftpflichtversicherung übermittelt, die sich mit dem Reisenden in Verbindung setzen werde.[996] Einer Zurückweisung gleichzustellen ist nach einer Entscheidung des BGH die Erhebung des Widerspruchs bzw. die Einlegung des Einspruchs im Mahnverfahren[997] mit der Konsequenz, daß bei Nichtbetreiben des Verfahrens durch den Reisenden während weiterer sechs Monate die gerichtlich geltendgemachten Ansprüche verjähren (§ 211 II BGB).[998]

(3) Durch eine Gegenvorstellung des Reisenden gegenüber dem Reiseveranstalter, er solle die Zurückweisung der Ansprüche nochmals überprüfen, wird keine erneute Hemmung bewirkt.[999]

Etwas anderes kann gelten, wenn der Reiseveranstalter einen erneuten Vertrauenstatbestand setzt, indem er mitteilt, er werde erneut in eine Prüfung der Ansprüche eintreten und dann auf die Sache zurückkommen.[1000] Gleiches muß gelten, wenn er ein neues Vergleichsangebot unterbreitet.[1001] In diesen Ausnahmefällen muß der Reiseveranstalter dann die Ansprüche erneut zurückweisen, um die zweite Hemmung zu beenden.

(4) Weist der Reiseveranstalter die Ansprüche nicht zurück, so bleibt die Verjährung auf Dauer gehemmt.[1002] Auch eine Verwirkung der Ansprüche kommt dann nicht in Betracht.[1003]

d) Unterbrechung der Verjährung

Für die Unterbrechung der Verjährung gelten die allgemeinen Vorschriften.

In Frage kommen das Anerkenntnis nach § 208 BGB und die gerichtliche Geltendmachung der Ansprüche nach § 209 BGB.[1004] Die Unterbrechung durch gerichtliche Geltendmachung wirkt nur zugunsten der Kläger, die die Klage erhoben haben,[1005] und nur innerhalb des gleichen Streitgegenstandes.[1006] Hinsichtlich des Endes der Unterbrechung ist § 211 II BGB zu beachten.[1007]

1656; *AG Baden-Baden*, RRa 1996, 55; *Seyderhelm*, Anl. VII, Rdnr. 33; ZAP Fach 6, S. 272.

[995] *Tempel*, NJW 1987, 2850; *Führich*, Rdnr. 379.

[996] *LG Frankfurt*, NJW-RR 1994, 179; RRa 1995, 46.

[997] *BGHZ* 88, 174 = NJW 1983, 2699.

[998] Zust. noch *Tempel*, NJW 1987, 2850; aus heutiger Sicht m.E. bedenklich, da der Reisende diese Zusammenhänge nicht erkennt und dies der Wertung über die nunmehr eingeführten Belehrungspflichten widerspricht.

[999] *OLG Düsseldorf*, NJW-RR 1990, 825; *LG Frankfurt*, RRa 1995, 46; *LG Kleve*, RRa 1995, 50; *OLG Celle*, NJW-RR 1996, 372.

[1000] *Bidinger/Müller*, § 651g, Anm. 17; *Führich*, Rdnr. 379; *Seyderhelm*, § 651g, Rdnr. 53; *Tempel*, NJW 1987, 2850.

[1001] *Tempel*, NJW 1987, 2850.

[1002] *Tonner*, MK, § 651g, Rdnr. 23.

[1003] *Tonner*, aaO; *Führich*, Rdnr. 379; *Seyderhelm*, § 651g, Rdnr. 55; a.A. *Bidinger/Müller*, § 651g, Anm. 18.

[1004] Auch die §§ 270 III, 693 II ZPO kommen zur Anwendung; zu einem Sonderfall vgl. *LG Frankfurt*, NJW 1985, 1166.

[1005] *Tempel*, NJW 1987, 2851; *Seyderhelm*, § 651g, Rdnr. 40, 57.

[1006] *Seyderhelm*, § 651g, Rdnr. 58; *Tempel*, NJW 1987, 2851.

[1007] *AG Berlin-Charlottenburg*, NJW-RR 1993, 1402.

VIII. Prozessuale Fragen

1. Gerichtsstand

a) Inländische Reiseveranstalter

Grundsätzlich sind Klagen des Reisenden gegen den inländischen Reiseveranstalter im Gerichtsstand des Firmensitzes zu erheben (§ 17 ZPO).[1008]

(1) Daneben kann der Gerichtsstand der Niederlassung (§ 21 ZPO) in Frage kommen, wenn es sich nach dem äußeren Erscheinungsbild um eine selbständige Buchungsstelle des Reiseveranstalters handelt.[1009] Dieser Gerichtsstand kann durch AGB ausgeschlossen werden.[1010]

(2) Bei Verträgen über Ferienhäuser im Ausland gilt ebenfalls § 17 ZPO, wenn der Reiseveranstalter das Ferienhaus in eigener Verantwortung zur Verfügung stellt;[1011] Art. 16 Nr. 1a GVÜ greift nicht ein, da es sich nicht um einen Mietvertrag handelt.[1012]

Anders ist dies bei eigentlichen Mietverträgen zwischen Vermieter und Mieter, wobei ein eingeschalteter Reiseveranstalter als bloßer Vermittler aufgetreten ist;[1013] hier gilt gemäß Art. 16 Nr. 1a GVÜ der ausschließliche Gerichtsstand der belegenen Sache im Ausland, jedoch nicht für Ansprüche auf Schadensersatz oder Entschädigung.[1014] Die deutschen Gerichte bleiben aber nach der Neuregelung in Art. 16 Nr. 1b GVÜ voll zuständig, wenn sowohl der verklagte Eigentümer des Ferienhauses als auch der deutsche Mieter ihren Wohnsitz in Deutschland haben.

b) Ausländische Reiseveranstalter

Bei ausländischen Reiseveranstaltern kommt der Gerichtsstand der Zweigniederlassung (§ 21 ZPO) in Frage, wobei dieser Begriff in Art. 5 Nr. 5 GVÜ weiter als in § 21 ZPO gefaßt ist.[1015] Daneben kann der Gerichtsstand des Verbrauchers (Art. 14 II GVÜ) zum Zuge kommen, wenn die Voraussetzungen des Art. 13 I Nr. 3 a) + b) vorliegen.[1016]

[1008] Für das Mahnverfahren gilt § 689 II ZPO.

[1009] *AG Freiburg*, NJW 1977, 2319; *LG Osnabrück*, NJW-RR 1988, 133; *Tonner*, MK, § 651g, Rdnr. 31; Bedenken bei *Seyderhelm*, Anl. VII, Rdnr. 18.

[1010] *Tonner*, MK, § 651g, Rdnr. 35. – Siehe Nr. 16.1 ARB.

[1011] S.o. I, 1, a, (3), Fußn. 13.

[1012] *EuGH*, NJW 1992, 1029; *BGH*, NJW 1992, 3158; *LG Frankfurt*, NJW 1982, 1949.

[1013] S.o. I, 1, b, (3), Fußn. 33.

[1014] *EuGH*, NJW 1985, 905.

[1015] *EuGH*, NJW 1988, 625; *AG Braunschweig*, RRa 1994, 47; *Seyderhelm*, ZAP, Fach 6, S. 269.

[1016] *BGH*, NJW 1995, 1225; *EuGH*, EuZW 1994, 766. – Zur örtlichen Zuständigkeit *LG Konstanz*, NJW-RR 1993, 638; *OLG München*, NJW-RR 1993, 701.

2. Der Klageantrag

a) Zulässigkeit des unbezifferten Antrags

Für den Regelfall gilt nach § 253 II Nr. 2 das Erfordernis der Angabe eines bestimmten Geldbetrages. Bei dem Anspruch auf Entschädigung nach § 651f II BGB sollte man – wenn man von der immateriellen Natur des Anspruchs ausgeht[1017] – einen unbezifferten Antrag zulassen.[1018]

b) Widerklage

Eine Widerklage des Reiseveranstalters kommt in Betracht, wenn der Reisende (ausnahmsweise) den Reisepreis noch nicht vollständig bezahlt hat oder wenn er sich vor Klageerhebung eines höheren als des dann eingeklagten Anspruchs berühmt hat.[1019]

3. Die Vorprüfung

Bevor in eine Klärung der materiellen Ansprüche hinsichtlich der Reisemängel oder eines Schadens eingetreten wird, sind einige Fragen aus prozeßökonomischen Gründen vorab zu prüfen.

a) Der Vertragsinhalt

Er ist notwendige Voraussetzung für die Beurteilung der geltendgemachten Ansprüche sowie der Klärung von Aktiv- und Passivlegitimation.

Der Vertragsinhalt ergibt sich aus der Reisebestätigung (eventuell in Zusammenhang mit der Reiseanmeldung) sowie dem maßgebenden Reiseprospekt. Diese Unterlagen hat der Kläger vorzulegen; gegebenenfalls ist er durch eine prozeßleitende Anordnung hierzu anzuhalten (§§ 139, 273 II Nr. 1 ZPO).[1020] Mündliche Nebenabreden und Zusicherungen hat der Kläger darzulegen und im Bestreitensfall zu beweisen.

b) Die Aktivlegitimation

Sie ergibt sich aus den schriftlichen Vertragsunterlagen, wobei es gelegentlich deren Auslegung bedarf.[1021] Gegebenenfalls kommt hier bei

---

[1017] S.o. IV, 5, c, (1), Fußn. 644, 645.

[1018] *LG Hannover*, NJW 1989, 1936; *Führich*, Rdnr. 355, 513; *Seyderhelm*, Anl. VII, Rdnr. 23; a.A. *Bendref*, NJW 1986, 1722; *AG Bad Homburg*, NJW-RR 1997, 819; gegen diese Entscheidung *Seyderhelm*, ZAP, Fach 6, S. 269.

[1019] *Seyderhelm*, Anl. VII, Rdnr. 34; zum Feststellungsinteresse einschr. *LG Frankfurt*, NJW-RR 1991, 379.

[1020] Siehe *Tempel*, Mustertexte, Bd. I, Muster 46.

[1021] S.o. II, 2, b. – *Seyderhelm*, ZAP, Fach 6, S. 266.

Schäden von Mitreisenden nur eine Klage auf Leistung an den Mitreisenden in Betracht.[1022]

Die Aktivlegitimation kann im Einzelfall auch durch eine Abtretung oder eine Ermächtigung des Klägers (gewillkürte Prozeßstandschaft) herbeigeführt werden. Geschieht dies erst im Laufe des Rechtsstreits, kann dies zu Problemen bei der rechtzeitigen Unterbrechung der Verjährung führen.[1023]

c) Die Passivlegitimation

Sie ergibt sich regelmäßig aus der Reisebestätigung (§ 3 II f InfVO).[1024]

Im Einzelfall kann zweifelhaft sein, ob der Beklagte als Reiseveranstalter oder als Vermittler aufgetreten ist.[1025] In diesem Fall muß dies durch Auslegung des Reisevertrages, gegebenenfalls anhand von Indizien, entschieden werden.[1026]

d) Wahrung der Anmeldefrist (§ 651g I BGB)

Die rechtzeitige Anmeldung sollte entgegen h.M.[1027] erst dann geprüft werden, wenn der Reiseveranstalter sich hierauf beruft;[1028] zumindest muß das Gericht bei Ausgehen von der h.M. einen Hinweis nach § 139 ZPO geben, um Überraschungsentscheidungen zu vermeiden.[1029]

Im Regelfall ist zur Klärung dieser Frage erforderlich, daß der Kläger sämtliche Eingaben vorlegt, die er innerhalb eines Monats nach Reiseende dem Reiseveranstalter übersandt hat. Kommt es auf den Zeitpunkt des Eingangs bei dem Reiseveranstalter an, so ist dieser zur Vorlage des Originals anzuhalten, um anhand des Eingangsstempels den Zeitpunkt des Zugangs zu klären. Im Einzelfall ist bei verspäteter Anmeldung die Frage der Entschuldigung nach § 651g I S. 2 BGB zu prüfen.

e) Einrede der Verjährung

Sie ist erst auf Einrede des Reiseveranstalters einer Prüfung zugänglich. Hierbei geht es dann um zwei Unterpunkte:

(1) Der Beginn der Hemmung der Verjährung fällt im Regelfall mit dem Eingang der Anmeldung zusammen,[1030] so daß auf die Ausführungen zu d) verwiesen werden kann. Die Beendigung der Hemmung durch Zurückweisung der Ansprüche[1031] erfordert eine Auslegung der Schreiben des Reiseveranstalters, wobei es zweckmäßig ist, daß beide Parteien die gesamte im Vorverfahren gewechselte Korrespondenz vorlegen.

[1022] *OLG Düsseldorf*, NJW-RR 1988, 636.

[1023] S.o. VII, 2, d, Fußn. 1005. – Eingehend *Seyderhelm*, ZAP, Fach 6, S. 266.

[1024] S.o. I, 1, b, (3), Fußn. 30.

[1025] S.o. I, 1, b, (3), Fußn. 32.

[1026] Hierzu *Seyderhelm*, ZAP, Fach 6, S. 268.

[1027] *Führich*, Rdnr. 386; *Isermann*, RRa 1995, 98; *Tonner*, MK, § 651g, Rdnr. 26.

[1028] *LG Frankfurt*, NJW-RR 1989, 1212; zust. *Seyderhelm*, § 651g, Rdnr. 3. – Die Streitfrage hat nur Bedeutung bei Erlaß eines Versäumnisurteils (§ 331 II ZPO).

[1029] *LG Frankfurt*, NJW-RR 1989, 1212; *Tempel*, RRa 1998, 30.

[1030] Ausnahme: Anmeldung vor Reiseende; s.o. VII, 2, c, (1), Fußn. 987–989.

[1031] S.o. VII, 2, c, (2).

(2) Eine Unterbrechung der Verjährung kann sich einmal ergeben, wenn der Reiseveranstalter im Vorverfahren den Anspruch anerkannt hat (§ 208 BGB), zum anderen durch rechtzeitige Klageerhebung (§ 209 I BGB), wobei auf die § 270 III ZPO[1032] und § 211 II BGB[1033] besonderes Augenmerk zu richten ist.

f) Wahl der Anspruchsgrundlage

Der Kläger muß vorab erklären, welches der unter IV, 2–5 sowie V, 1–5 erwähnten Rechte er geltendmacht, da hiervon die weitere Begründung und Prüfung der Ansprüche abhängt.[1034]

(1) Macht der Kläger Minderung geltend, so können nicht ohne weiteres Ansprüche auf Schadensersatz nach § 651 f BGB zuerkannt werden. Soweit der Schadensersatz minderungsähnlichen Charakter hat, z.B. bei Frustrationsschäden nach § 65 f I BGB oder sonstige Anhaltspunkte für ein entsprechendes Begehren des Klägers ersichtlich sind, ist das Gericht verpflichtet, nach § 139 ZPO für eine Aufklärung zu sorgen.

(2) Beruft sich dagegen der Kläger unter Vortrag von Reisemängeln nur auf Schadensersatz, so wird man im allgemeinen davon ausgehen können, daß er den weniger weitgehenden Minderungsanspruch ebenfalls geltendmacht.[1035]

(3) Stützt der Kläger die Klage auf Rückzahlung des Reisepreises auf die Kündigung des Reisevertrages, so ist im Zweifelsfalle zu unterstellen, daß er für den Fall, daß das Gericht die Wirksamkeit der Kündigung nicht anerkennt, hilfsweise Minderungsansprüche (einschließlich fiktiver) geltendmachen will.[1036]

4. Die Prüfung der Reisemängel

Die Prüfung, ob Reisemängel vorliegen, hat zwei Gesichtspunkte zu berücksichtigen: Die „Sollbeschaffenheit" und die „Istbeschaffenheit" der Reise.

a) Die „Sollbeschaffenheit"

Sie betrifft die Feststellung der vertraglich geschuldeten Leistungen. Es geht um die Frage, welche Leistungen der Reiseveranstalter im Vertrag versprochen hat,[1037] bei der zugesicherten Eigenschaft zusätzlich um das unbedingte Einstehen für bestimmte Eigenschaften ohne Rücksicht auf Wert oder Tauglichkeit der Reise.[1038]

Zu klären ist deshalb der Umfang der einzelnen von dem Reiseveranstalter übernommenen Pflichten,[1039] was im wesentlichen auf eine Auslegung der schriftlichen Vereinbarung in Form der Reisebestätigung, sonstiger Urkunden (z.B. der Reiseanmel-

---

1032 S.o. VII, 2, c, (2), Fußn. 1005.
1033 S.o. VII, 2, c, (2), Fußn. 1007.
1034 *Seyderhelm*, Anl. VII, Rdnr. 24; ZAP, Fach 6, S. 271.
1035 *LG Frankfurt*, NJW-RR 1992, 1083, 1084.
1036 S.o. IV, 4, f, (1) + (4).
1037 S.o. III, 2, b.
1038 S.o. III, 3, b.
1039 S.o. III, 1.

dung) sowie der Prospektangaben[1040] hinausläuft. Die hierzu notwendige Aufklärungsarbeit seitens der Prozeßbeteiligten wurde bereits im Rahmen der Vorprüfung[1041] dargestellt. In Ausnahmefällen sind auch mündliche Erklärungen von Bedeutung, die von dem Kläger vorzutragen und im Bestreitensfalle von ihm zu beweisen sind.

b) Die „Istbeschaffenheit"

Sie betrifft die tatsächliche Beschaffenheit der durchgeführten Reise. Ihre Feststellung erfolgt in folgenden Schritten:

(1) Zunächst ist der Kläger gehalten, die von ihm geltendgemachten Mängel im einzelnen vorzutragen.

Der Kläger hat die Tatsachen für die Reisemängel so konkret vorzutragen, daß das Gericht beurteilen kann, ob die gesetzlichen Voraussetzungen der an seine Behauptung geknüpften Rechtsfolge[1042] erfüllt sind.[1043] Deshalb genügen allgemeine Redewendungen oder subjektive Wertungen nicht.[1044] Erforderlich sind Angaben über Art des Mangels, seine Intensität, Häufigkeit und Dauer sowie die Auswirkungen auf die einzelnen Reisenden.[1045] Dabei kann im Einzelfall zur Klarstellung die Vorlage von Lageskizzen zweckdienlich sein.[1046] Das Gericht hat bei ungenügender Substantiierung von seiner Hinweispflicht (§ 139 ZPO) Gebrauch zu machen.[1047] Übertriebene Anforderungen an die Darlegungslast, die gelegentlich zu beobachten sind und teilweise sogar die Grenze zur Unerfüllbarkeit überschreiten, sind zu vermeiden.[1048]

(2) Der beklagte Reiseveranstalter hat auf diesen Klagevortrag unter Beachtung des § 138 ZPO zu erwidern.

Er darf sich insoweit nicht mit formelhaften Redewendungen begnügen oder sich unter Beschränkung auf formelle Einwendungen (Nichtwahrung der Anmeldefrist oder Verjährung) eine spätere Stellungnahme zu den Reisemängeln vorbehalten. In letzterem Falle läuft er Gefahr, daß ein späteres Vorbringen gemäß § 296 II ZPO zurückgewiesen wird.[1049] Im übrigen genügt er nicht seiner Darlegungslast und der ihm obliegenden Wahrheitspflicht, wenn er alles einfach oder mit Nichtwissen bestreitet.[1050]

Soweit der Reiseveranstalter sich auf das Angebot von Ersatzobjekten[1051] beruft, genügt nicht der allgemeine Vortrag, dem Kläger seien geeignete und gleichwertige Ersatzobjekte erfolglos angeboten worden; der Reiseveranstalter muß vielmehr das oder die konkreten Ersatzobjekte namentlich bezeichnen und hierbei ihre örtliche Lage und Gleichwertigkeit im einzelnen dartun (Vorlage eines Ortsplanes, der das Ersatzobjekt

---

1040 S.o. III, 2, b, (2).

1041 S.o. VIII, 3, a.

1042 S.o. VIII, 3, f.

1043 *BGH*, NJW-RR 1993, 185; 1995, 722; *Frohn*, JuS 1996, 247.

1044 *Seyderhelm*, ZAP Fach 6, S. 270 mit Einzelbeispielen.

1045 S.o. IV, 3, c, (1), Fußn. 504; IV, 5, b, (3), Fußn. 672–674.

1046 Beispiele: Lage des Zimmers, des Swimming-pools oder des Strandes im Verhältnis zur beanstandeten Baustelle; Größe, Zuschnitt und Ausstattung des Hotelzimmers oder des Appartements.

1047 *Führich*, Rdnr. 512; *Tempel*, RRa 1998, 30.

1048 *Tempel*, NJW 1985, 1986, Fußn. 14; RRa 1998, 31 – Beispiel: *OLG Düsseldorf*, NJW-RR 1998, 921 (Fluglärm).

1049 *LG Frankfurt*, NJW-RR 1993, 1271; *Seyderhelm*, Anl. VII, Rdnr. 17.

1050 *LG Frankfurt*, NJW-RR 1991, 378; vgl. auch *BGH*, NJW 1995, 130.

1051 S.o. IV, 1, c, (4).

betreffenden Prospektbeschreibung, eventuell Privatprospekt).[1052] Außerdem hat er anzugeben, wann, durch wen und gegenüber welchem (Mit-)Reisenden das Angebot erfolgt ist.[1053]

Bei mangelnder Substantiierung hat das Gericht durch Auflagen auf die Konkretisierung des Beklagtenvortrags hinzuwirken.

(3) In bestimmten Fällen wird eine Stellungnahme des Klägers auf die Klageerwiderung erforderlich sein, die das Gericht gemäß §§ 275 IV, 276 III ZPO zu gewähren hat.

Der Kläger erhält damit Gelegenheit, seinen bisherigen Klagevortrag zu substantiieren[1054] oder nunmehr Beweis für bestrittene Tatsachen anzutreten. Außerdem kann er zu dem Vortrag des Beklagten betreffend Angebot von Ersatzobjekten erstmals Stellung nehmen.

(4) Sind nach dem beiderseitigen Parteivorbringen die Tatsachen, welche nach rechtlicher Prüfung durch das Gericht Reisemängel darstellen, streitig, hat eine Beweisaufnahme stattzufinden.

Gelegentlich kann es zweckmäßig sein, den Kläger nach § 141 ZPO persönlich anzuhören, um einen unklaren Parteivortrag zu entwirren oder in den Schriftsätzen enthaltene Übertreibungen auf das richtige Maß zurückzuführen. Bei auswärtigen Parteien muß das Gericht in diesem Fall befinden, ob im Hinblick auf die Wichtigkeit des Vortrags eine Anreise der Partei zum Prozeßgericht unter Berücksichtigung der persönlichen Belange des Klägers und der finanziellen Belastung vertretbar ist.

Vorrangige Beweismittel sind von den Parteien vorgelegte Fotos und Videoaufnahmen, die zum Gegenstand der mündlichen Verhandlung zu machen sind.[1055] Ansonsten kommt der Beweis von Zeugen in Betracht, die im Regelfall nicht am Sitz des Prozeßgerichts wohnhaft sind.

Das Gericht hat hier zu entscheiden, wie ihre Einvernahme vonstatten gehen soll. Bei ganz ausschlaggebenden Zeugen kann es geboten sein, sie vor das Prozeßgericht zu laden, um durch eingehende Befragung und Gewinnung eines persönlichen Eindrucks sich die notwendigen Grundlagen für eine sichere Beweiswürdigung zu verschaffen. Im übrigen kommt eine Vernehmung im Wege der Rechtshilfe durch das für den Wohnsitz des Zeugen zuständige Amtsgericht (§§ 362 I, 375 I ZPO) in Betracht, wobei die Beweisthemen im Beweisbeschluß – gegebenenfalls durch Aufnahme zusätzlicher Fragen – genau anzugeben sind.[1056] Bei Einschaltung verschiedener Rechtshilfegerichte ist im Interesse der Beschleunigung des Verfahrens eine parallele Durchführung der Ersuchen zu empfehlen.[1057] An dritter Stelle steht die schriftliche Befragung des Zeugen nach § 377 III ZPO zur Verfügung, die – im Hinblick auf die Schwierigkeiten bei der Abfassung der Aussage durch den Zeugen und den Gefahren einer einseitigen Darstellung – mit Skepsis zu betrachten ist; auf eine genaue Abfassung des Anschreibens ist besonderer Wert zu legen.[1058]

[1052] *LG Kleve*, RRa 1996, 197; *Seyderhelm*, § 651c, Rdnr. 84, 85; a.A. *AG Bonn*, RRa 1996, 221.

[1053] Zur zeitlichen Begrenzung der Zulässigkeit von Ersatzangeboten s.o. IV, 1, c, (9).

[1054] Nach dem Bestreiten durch den Reiseveranstalter kann die Substantiierungslast erweitert sein: *Tempel*, Mustertexte Bd. II, § 16, S. 667, Fußn. 100, 101 m.Nw.

[1055] Hierzu *Seyderhelm*, Anl. VII, Rdnr. 16.

[1056] Siehe hierzu *Tempel*, Mustertexte, Bd. I, Muster 34, Ziff. IV.

[1057] Hierzu *Seyderhelm*, Anl. VII, Rdnr. 9.

[1058] Hierzu *Tempel*, Mustertexte, Bd. I, Muster 61.

Bei Zeugen im Ausland (Reiseleiter, Geschäftsführer und Angestellte von Leistungsträgern) stehen dem Gericht verschiedene Möglichkeiten zur Wahl:

Das förmliche Rechtshilfeersuchen unter Einschaltung ausländischer Behörden (§ 363 I ZPO), die Beweisaufnahme vor einer deutschen Behörde im Ausland (§ 363 II ZPO), die Einholung einer schriftlichen Aussage (§ 377 III ZPO)[1059] sowie letztlich die Aufforderung an die Partei, die Erledigung der Beweisaufnahme selbst im Ausland zu betreiben (§ 364 ZPO);[1060] sie dürfte nur gegenüber dem Reiseveranstalter in Betracht kommen, der entsprechende Kontakte zu dem Urlaubsland und den Zeugen hat.

(4) Nach Erschöpfung der Beweisaufnahme hat das Gericht im Rahmen der Beweiswürdigung (§ 286 ZPO) zu entscheiden, welche Reisemängel nunmehr als bewiesen anzusehen sind. Die Beweislast für das Bestehen der Reisemängel trägt der Reisende.[1061] Das soll auch für die Mangelhaftigkeit der angebotenen und ausgeschlagenen Ersatzobjekte gelten.[1062]

5. Die Prüfung formeller Voraussetzungen

a) Die Mängelrüge

Bei der Mängelrüge im Sinne von § 651d II BGB ist zu unterscheiden:

(1) Der Kläger hat darzulegen, daß er eine Mängelanzeige abgegeben hat, und zwar unter Angabe der Zeit, des Empfängers und der gerügten Mängel im einzelnen.[1063]

Von dieser Darlegungslast ist der Kläger befreit, wenn einer der Ausnahmetatbestände gegeben ist, in denen von einer Mängelanzeige abgesehen werden kann.[1064] Der Kläger muß dann allerdings die Tatsachen für das Vorliegen dieser Ausnahmen darlegen. Behauptet der Kläger, ein Adressat für die Mängelanzeige sei – entgegen der Belehrung nach § 4 I c InfVO – nicht vorhanden gewesen, hat der Reiseveranstalter Beweis für das Gegenteil anzutreten.[1065]

(2) Ist bei der Beweisaufnahme über die erfolgte Mängelanzeige ein non-liquet eingetreten,[1066] so trägt der Reiseveranstalter hierfür die Beweislast.

[1059] S.o. Fußn. 1058; *Seyderhelm*, Anl. VII, Rdnr. 11. – Zu völkerrechtlichen Bedenken bei Zeugen mit ausländischer Staatsangehörigkeit *OLG Frankfurt*, RRa 1996, 20.

[1060] Zum Ermessen *BGH*, NJW 1984, 2039; zu Unrecht einschr. *OLG Köln*, NJW 1975, 2349.

[1061] *Tonner*, MK, § 651c, Rdnr. 69.

[1062] *Tonner*, aaO; *AG Stuttgart-Bad Canstatt*, RRa 1996, 104 (zweifelhaft).

[1063] *Seyderhelm*, ZAP, Fach 6, S. 271.

[1064] S.o. IV, 3, b, (3).

[1065] *Seyderhelm*, § 651d BGB, Rdnr. 125.

[1066] Häufig im Hinblick auf die zwei „Zeugengruppen": Mitreisende auf der einen, Reiseleiter und Angestellte des Leistungsträgers auf der anderen Seite. – Zur Bedeutung der Mängelprotokolle siehe o. Fußn. 439.

Dies folgt aus der Konstruktion des § 651d II BGB als Einwendung[1067] und der Interessenlage.[1068] Die gegenteilige, auch vom BGH passim geäußerte Rechtsauffassung[1069] ist abzulehnen. – Für die Ausnahmetatbestände, in denen eine Mängelanzeige nicht notwendig ist,[1070] trägt der Reisende die Beweislast.[1071] Gleiches gilt für die Umstände, wonach den Reisenden an der unterlassenen Mängelrüge kein Verschulden trifft.[1072]

b) Fristsetzungen

Bei dem für den Anspruch auf Selbstabhilfe (§ 651c III BGB)[1073] und den Ausspruch der Kündigung nach § 651e II S. 1 BGB[1074] erforderlichen Fristsetzungen trägt der Reisende die Beweislast,[1075] ebenso für das Vorliegen der Ausnahmetatbestände. Auch den Ausspruch der Kündigung muß der Reisende beweisen.

Nach der hier vertretenen Auffassung verbleibt dem Reisenden bei einem non-liquet betr. Mängelrüge und Fristsetzung der Anspruch auf Minderung.[1076]

6. Besondere Probleme bei Schadensersatz

a) Reisemangel/Pflichtwidrige Handlung

Der Kläger hat entweder den Reisemangel oder die Pflichtwidrigkeit der Handlung der maßgebenden Person, für die der Reiseveranstalter haften soll, darzutun. Der Reiseveranstalter kann zunächst dieses Vorbringen bestreiten, z.B. den behaupteten verkehrswidrigen Zustand der Unterkunft oder das behauptete verdorbene Essen. Dann hat der Kläger den Beweis für seinen Tatsachenvortrag zu führen.

b) Kausalität

Der Reiseveranstalter kann außerdem die Kausalität zwischen dem vorgeworfenen Verhalten und dem eingetretenen Erfolg bestreiten, z.B.

[1067] S.o. IV, 3, b, Fußn. 468, 469.

[1068] *LG Frankfurt*, NJW-RR 1986, 540; NJW-RR 1988, 1451; *AG Bad Homburg*, RRa 1997, 100; *LG Kleve*, NJW-RR 1997, 1207; *Baumgärtel/Strieder*, Handb. der Beweislast, Bd. 1, § 651d, Rdnr. 3; *Führich*, Rdnr. 271; *Bidinger/Müller*, § 651d, Anm. 20; *Seyderhelm*, § 651d, Rdnr. 124; *Tempel*, RRa 1998, 31.

[1069] *BGHZ* 92, 177, 183 = NJW 1985, 123, 133; *LG Hannover*, NJW-RR 1990, 1018; *AG Hamburg*, RRA 1995, 20.

[1070] S.o. IV, 3, b, (3).

[1071] *Seyderhelm*, § 651d, Rdnr. 126.

[1072] *Seyderhelm*, § 651d, Rdnr. 125.

[1073] S.o. IV, 2, a.

[1074] S.o. IV, 4, c.

[1075] *LG Frankfurt*, NJW-RR 1986, 540; *BGHZ* 92, 177, 183 = NJW 1985, 123, 133; *Bidinger/Müller*, § 651c, Anm. 46; § 651e, Anm. 22; *Seyderhelm*, § 651e, Rdnr. 53; *Tempel*, RRa 1998, 32.

[1076] *Seyderhelm*, § 651e, Rdnr. 53.

daß die eingetretene Erkrankung auf ein verdorbenes Essen im Hotel zurückzuführen sei. Auch hierfür ist der Kläger im Grundsatz beweispflichtig, wobei ihm allerdings nach der Rechtsprechung Beweiserleichterungen zugute kommen können.[1077]

c) Verschulden

Für das fehlende Verschulden ist der Reiseveranstalter im Rahmen der vertraglichen Ansprüche behauptungs- und beweispflichtig.[1078] Bei Deliktsansprüchen ist der Kläger für das Verschulden beweispflichtig, wobei ihm der Anscheinsbeweis zugute kommen kann.

Bei dem ihm obliegenden Entlastungsbeweis hat der Reiseveranstalter konkret darzulegen, daß er und die von ihm eingeschalteten Leistungsträger die im Verkehr erforderliche Sorgfalt beobachtet haben.[1079] Das gilt sowohl bei Entgegennahme der Buchung, bei Vorbereitung der Reise bis zum Reiseantritt und schließlich bei Durchführung der Reise. Es ist auch zu prüfen, ob das Verhalten des Reiseveranstalters nach Verlangen der Abhilfe eines Mangels gegenüber dem Leistungsträger den gestellten Anforderungen an die verkehrsübliche Sorgfalt genügt.[1080] Soweit diese erheblichen Entlastungstatsachen von dem Kläger bestritten werden, wird eine Beweisaufnahme erforderlich.

d) Mitverschulden

Für ein etwaiges Mitverschulden des Reisenden ist der Reiseveranstalter nach allgemeinen Grundsätzen darlegungs- und beweispflichtig.

e) Vertragliche Haftungsbeschränkung

Für das Vorliegen der vertraglichen Haftungsbeschränkung nach § 651h I BGB[1081] ist der Reiseveranstalter behauptungs- und beweispflichtig. Er hat zunächst nachzuweisen, daß die AGB, aus denen sich die Haftungsbeschränkung regelmäßig ergibt, Vertragsbestandteil geworden sind.[1082]

(1) Im Falle des § 651h I Nr. 1 BGB hat der Reiseveranstalter darzulegen und gegebenenfalls zu beweisen, daß weder bei ihm selbst noch bei dem Leistungsträger Vorsatz oder grobe Fahrlässigkeit vorgelegen haben.[1083]

(2) Im Falle des § 651h I Nr. 2 BGB hat der Reiseveranstalter darzulegen und eventuell zu beweisen, daß der Schaden ausschließlich durch ein Verschulden des Leistungs-

---

[1077] *BGH*, NJW 1982, 2447; 1985, 1402; *LG Hannover*, VuR 1987, 217; NJW-RR 1989, 633; *LG Frankfurt*, NJW-RR 1993, 1330; *Bidinger/Müller*, § 651c, Anm. 46; *Führich*, Rdnr. 355 m.Nw.; zurückhaltend *AG Bad Homburg*, RRa 1998, 73.

[1078] S.o. IV, 5, a, (1).

[1079] *LG Frankfurt*, NJW-RR 1990, 1396; 1991, 1203; *LG München I*, NJW-RR 1995, 522; *OLG Köln*, NJW-RR 1995, 314.

[1080] *LG Frankfurt*, NJW-RR 1989, 310.

[1081] S.o. IV, 5, e, (3).

[1082] *Baumgärtel/Strieder* (Fußn. 1068), § 651h, Rdnr. 1; *Seyderhelm*, § 651h, Rdnr. 21.

[1083] *Baumgärtel/Strieder*, § 651h, Rdnr. 3.

trägers verursacht worden ist.[1084] Zweifelhaft ist, ob der Reiseveranstalter auch darlegen und beweisen muß, daß eine wirtschaftliche Verflechtung mit dem Leistungsträger nicht vorliegt.[1085]

(3) Folgt man der h.M., so hat das Gericht zusätzlich zu prüfen, ob der Haftungsausschluß nach § 9 AGBG einer Inhaltskontrolle standhält.[1086]

6. Die Höhe des Anspruchs

a) Minderung

Die Minderung hängt von Art, Umfang und Intensität der Mängel ab. Das Gericht wird nach der Klärung gemäß Ziffer 4) vor allem zu beurteilen haben, ob es sich um bloße Unannehmlichkeiten, stärkere Belästigungen oder eklatante Beeinträchtigungen handelt.[1087] Dementsprechend ist die prozentuale Minderung des Reisepreises vorzunehmen. Je nachdem, welche Rechtsauffassung das Gericht zur Bemessung der Minderung teilt, wird es den Prozentsatz gemäß § 287 ZPO schätzen oder sich hierbei zusätzlich gewisser Richtlinien bedienen.[1088]

b) Höhe des Schadensersatzes

Sie bringt keine besonderen reiserechtlichen Probleme mit sich. Die Höhe des Schadens ist nach Beweisaufnahme, gegebenenfalls nach § 287 ZPO zu schätzen.

(1) Mehraufwendungen im Bereich von § 651f I BGB[1089]

Sie hat der Reisende konkret vorzutragen und durch Urkunden (Rechnungen etc.) zu belegen. Außerdem kann das Gericht neben Zeugen auch den Kläger gemäß § 287 I S. 3 ZPO als Partei vernehmen und die Mehraufwendungen frei schätzen.

(2) Frustrationsschäden

Diese Schadensposition[1090] hat der Kläger darzulegen und bei Bestreiten durch den Beklagten zu beweisen, wobei auch hier eine Parteivernehmung nach § 287 I S. 3 ZPO in Betracht kommt.

Der Kläger hat vor allem darzulegen, inwieweit die Reise durch Reisemängel insgesamt beeinträchtigt bzw. inwieweit er durch pflichtwidrige Handlungen des Reiseveranstalters und der Leistungsträger in der Gestaltung des Urlaubs eingeengt war. Dann hat das Gericht gemäß § 287 ZPO die Höhe der Beeinträchtigung bzw. des Restwerts

---

[1084] *Baumgärtel/Strieder*, § 651h, Rdnr. 2.
[1085] Hierzu *Seyderhelm*, § 651h, Rdnr. 21 m.Nw.
[1086] S.o. IV, 5, e, (4).
[1087] S.o. IV, 3, c, (2).
[1088] Zur Frankfurter Tabelle s.o. IV, 3, c, (5).
[1089] S.o. IV, 5, b, (2).
[1090] S.o. IV, 5, b, (3).

des Urlaubs zu schätzen und insoweit eine Erstattung des Reisepreises vorzunehmen. – Bei nutzlosen Aufwendungen für (eigene) An- und Abreise sind deren Kosten gemäß § 287 ZPO ebenfalls zu schätzen.[1091]

(3) Schadensersatz nach § 651f II BGB

Das Gericht muß hier – eventuell nach Beweisaufnahme gemäß Ziffer 4, b – entscheiden, ob der Zweck der Reise vereitelt oder erheblich beeinträchtigt war. Das deckt sich in der Regel mit der Feststellung der Mängel und ihrer Bewertung.[1092] Anschließend hat das Gericht zu schätzen, wie viele Urlaubstage nutzlos oder vertan waren. Dabei ist auch der Restwert des Urlaubs[1093] nach § 287 ZPO zu schätzen.

Die Berechnung der Entschädigung wird unterschiedlich vorgenommen, je nachdem welcher Meinung das Gericht hinsichtlich der Interpretation des § 651f II BGB folgt.[1094] Wer auf das Einkommen des Reisenden abstellt, muß bei Bestreiten desselben durch den Beklagten dasselbe durch Vorlage von Verdienstbescheinigungen bzw. durch Einholung von Auskünften der Arbeitgeber nach § 377 II ZPO klären; eventuell kommen auch die Kosten für eine vorübergehend eingestellte Ersatzkraft in Frage. – Bei immaterieller Einordnung der Entschädigung ist diese anhand der festgestellten Mängel und der vorgelegenen Beeinträchtigung ohne weiteres zu schätzen.

7. Entscheidungsreife

Ein Urteil ist zu erlassen, wenn der Rechtsstreit entscheidungsreif ist (§ 300 I ZPO).

a) Teilaufklärung

Im Einzelfall kann der Rechtsstreit entscheidungsreif sein, ohne daß sämtliche Reisemängel einer Aufklärung durch Auflagen und Beweisaufnahme bedürfen.

Einmal ist dies der Fall, wenn das Gericht bereits für einen Teil der vorgetragenen (unstreitigen oder bewiesenen) Reisemängel den verlangten Betrag für angemessen erachtet. Dann bleibt das Vorliegen der weiteren Reisemängel dahingestellt. Außerdem kann eine tatsächliche Aufklärung (ganz oder teilweise) dahingestellt bleiben, wenn der Reiseveranstalter einen bestimmten Betrag bereits vorprozessual gezahlt hat oder einen solchen (eventuell einen zusätzlichen) im Prozeß anerkennt und das Gericht der Auffassung ist, daß mit dieser Zahlung auch nach seiner Ansicht die geltendgemachten Ansprüche restlos abgegolten sind. Das Gericht darf aber nicht aus „prozeßökonomischen Gründen“ (Arbeitsersparnis) der Versuchung erliegen, im ersten Fall für die unstreitigen oder bewiesenen Mängel einen sachlich nicht gerechtfertigten höheren Minderungsbetrag zuzusprechen oder im zweiten Fall die Minderungsquote an dem gezahlten (bzw. anerkannten) Betrag auszurichten.

[1091] Bei Benutzung des eigenen Wagens kommt eine km-Pauschale in Betracht; die Anzahl der gefahrenen Km kann das Gericht anhand von Autoatlanten schätzen bzw. überprüfen.

[1092] S.o. IV, 5, c, (2); Erl 6 der Frankfurter Tabelle.

[1093] S.o. IV, 5, c, (4), Fußn. 679.

[1094] S.o. IV, 5, c, (3).

b) Teilurteile

Der Erlaß von Teilurteilen (§ 301 ZPO) unterliegt gewissen Grenzen.

Es ist zu beachten, daß das Teilurteil einer selbständigen Anfechtung unterliegt und die Gefahr widersprechender Entscheidungen zwischen dem Berufungsurteil und dem Endurteil erster Instanz ausgeschlossen sein muß.[1095] Im übrigen sind Teilurteile, die lediglich einen Teil der Klage abweisen, prozeßökonomisch unzweckmäßig. Gleiches gilt für Teilurteile, die einem Teil der Klage stattgeben.[1096]

8. Das Urteil

a) Der Urteilstenor

Der Tenor des Urteils kann bestehen in

(1) einer Abweisung der Klage;

(2) einem Stattgeben der Klage durch Verurteilung zur Zahlung eines bestimmten Geldbetrages;

(3) einer Kombination von (1) und (2);

(4) der Verurteilung zur Zahlung eines Geldbetrages Zug um Zug gegen Rückgabe eines von dem Reiseveranstalter dem Kläger übersandten, aber nicht akzeptierten Reisegutscheins.[1097]

b) Der Tatbestand des Urteils

Er sollte im Reiseprozeß folgenden Mindestinhalt aufweisen:[1098]

(1) Daten der Reise, Reiseziel, Reisepreis, Art der Reise, Art der Unterkunft und Verpflegung; hierbei sollten Hinweise auf die Anmeldung bzw. Reisebestätigung und die Katalogbeschreibung erfolgen.

(2) Angabe, ob die Reise durchgeführt, unterblieben oder vorzeitig abgebrochen oder verändert worden ist;

(3) Angabe, welche Rechte der Kläger geltendmacht;

(4) Angabe von Art und Umfang der von dem Kläger geltendgemachten Mängel sowie etwaiger Schadenspositionen;

(5) Anträge der Parteien;

(6) Angabe der von dem Reiseveranstalter geltendgemachten Verteidigungsmittel (Bestreiten der Mängel, Berufung auf Haftungsbeschränkungen, Ausschlußfrist, Verjährung);

(7) Kurze Angabe, ob und welche Beweisaufnahme stattgefunden hat; dabei Hinweise auf die Vernehmungsprotokolle und sonstigen Fundstellen der Beweismittel, insbesondere Fotos, etc.

[1095] *LG Frankfurt*, NJW 1989, 1935; NJW-RR 1990, 189; *Seyderhelm*, Anl. VII, Rdnr. 31.

[1096] Kurioses Beispiel: Der Kläger verlangt für einen bestimmten Mangel 30 % Minderung aus dem Reisepreis von 6.000 DM = 1.800 DM. Das Gericht spricht ohne Beweisaufnahme 10 % = 600 DM durch Teilurteil zu. Gleichzeitig weist es die Klage wegen weiterer 15 % = 800 DM ab. Wegen der restlichen 5 % = 300 DM erläßt es einen Beweisbeschluß (!).

[1097] *Estel*, Rdnr. 47; *Seyderhelm*, ZAP Fach 6, S. 247.

[1098] Siehe Tempel, *Mustertexte*, Bd. I, Muster 99; Bd. II, Muster 236.

c) *Die Entscheidungsgründe*

Sie bestehen im Regelfall aus folgenden Abschnitten, wobei nach allgemeinen Grundsätzen eine Beschränkung auf die tragenden Gründe geboten ist:[1099]

(1) Erwähnung der – bei Abweisung möglichen – Anspruchsgrundlagen;
(2) Stellungnahme zum Vorliegen der Mängel einschließlich der Würdigung einer stattgefundenen Beweisaufnahme;
(3) Rechtliche Bewertung der Mängel unter Berücksichtigung des Vertragsinhalts;
(4) Feststellung der formellen Voraussetzungen der §§ 651c III, 651d II, 651e II BGB, bzw. ihrer Entbehrlichkeit;
(5) Ziffernmäßige Bewertung der Mängel;
(6) Ziffernmäßige Begründung eines weiteren Schadens;
(7) (im Einzelfall) Ausführungen zur Begrenzung der Haftung nach § 651h BGB;
(8) Feststellung der Wahrung der Anmeldefrist nach § 651g I BGB;
(9) Feststellung der nicht begründeten Verjährungseinrede nach § 651g I BGB;
(10) Nebenentscheidungen.

Zu (2), (3) und (6): Der Grundsatz des rechtlichen Gehörs verlangt eine Stellungnahme des Gerichts in tatsächlicher und rechtlicher Hinsicht zu den einzelnen geltendgemachten Reisemängeln.

Der Kläger muß dem Urteil entnehmen können, welche Reisemängel das Gericht für gegeben erachtet und welche Minderungsbeträge es hierfür auswerfen will. Ein Urteil mit der lakonischen Kürze, daß „das Gericht für die erwiesenen Mängel eine Gesamtminderung von x-Prozent für angemessen halte“, ist nichtssagend und entspricht nicht diesen Anforderungen;[1100] es unterliegt in der Berufungsinstanz der Aufhebung und Zurückverweisung (§ 539 ZPO), da unklar bleibt, inwieweit der Klage stattgegeben wurde und eine Beschwer der Parteien vorliegt.

[1099] Siehe Fußn. 1098.
[1100] *LG Frankfurt*, 1. 6. 1987, 2/24 S 316/86.

§ 8. Der Provisionsanspruch des Immobilienmaklers

Literatur (Auswahl):

Allgemeine Darstellungen: Außer den Kommentierungen zu §§ 652 ff. BGB in den einschlägigen BGB-Kommentaren sind zu erwähnen: *Altmeppen*, Provisionsansprüche bei Vertragsauflösung (1987); *Braun*, Der Maklerprozeß, Beck'sches RA-Handbuch, 6. Aufl. (1999), S. 289 ff.; *Eduard Graf von Westphalen*, Maklerrecht, in Friedrich Graf von Westphalen, Vertragsrecht und AGB-Klauselwerke; *Mäschle*, Maklerrecht von A–Z (1998); *Reichel*, Die Maklerprovision (1913); *Schwerdtner*, Maklerrecht, 3. Aufl. (1987); *Tempel*, Maklerrecht, in Vertragsschuldverhältnisse (1974), S. 367 ff.

Aufsätze: Knieper, Der Maklervertrag im System des BGB, NJW 1970, 1295; *Reuter*, Das Maklerrecht als Sonderrecht der Maklertätigkeit, NJW 1990, 1321.

Rechtsprechungsübersichten: Büchner, ZfIR 1999, 418; *Dehner*, Das Maklerrecht in der höchstrichterlichen Rechtsprechung, RWS-Skript 181, (1987); ders., NJW 1991, 3254; 1993, 3236; 1997, 18; *Mormann*, WM 1968, 954; 1971, 1066; 1975, 70; *Schwerdtner*, JZ 1983, 777; *Werner*, JurAnalysen 1979, 353; *Wolf*, WM 1978, 1282; 1981, 666; 1985, Sonderbeilage 3; *Zopfs*, Das Maklerrecht in der höchstrichterlichen Rechtsprechung, RWS-Skript 181, 3. Aufl. (1996).

I. Inhalt und Abschluß des Maklervertrages

1. Inhalt des Maklervertrages

a) Erfolgsbedingte Dienstleistung

Der Maklervertrag ist bei einem Immobilienmakler auf die Leistung von Diensten des Maklers gerichtet, die den Abschluß eines Vertrages zwischen dem Auftraggeber und einem Dritten hinsichtlich eines Grundstücks oder einer Grundstücksbeteiligungsgesellschaft herbeiführen soll; dazu gehört neben dem Verkauf auch die Begründung von Nutzungsverhältnissen, z.B. Miete von Wohn- oder Gewerberaum oder Pacht von gewerblichen Grundstücken. Die Dienste des Maklers können bestehen in dem Nachweis der Gelegenheit oder der Vermittlung eines solchen Geschäfts.[1] Als Vergütung erhält der Makler eine Provision, die nach der gesetzlichen Regelung[2] von dem wirksamen Abschluß des Geschäfts abhängig ist (§ 652 BGB).[3]

---

[1] *E. Graf von Westphalen*, Rdnr. 3. – Zu den Funktionen des Maklers in einer freien Marktwirtschaft vg. *Knieper*, NJW 1970, 1295; *Reuter*, NJW 1990, 1321.

[2] Es gilt nur das BGB, nicht das Handelsrecht; s.u. c).

[3] S.u. II, 1.

(1) Die Tätigkeit des Maklers ist also erfolgsbedingt: dem Auftraggeber steht es frei, hinsichtlich des nachgewiesenen oder bei der Vermittlung anstehenden Objekts den Vertrag abzuschließen und damit die Provisionspflicht entstehen zu lassen oder aber aus irgendwelchen Gründen hiervon Abstand zu nehmen mit der Folge, daß der Makler trotz – möglicherweise erheblicher – Tätigkeit und Mühen keine Vergütung erhält (sogenannte Abschlußfreiheit).[4]

(2) Umgekehrt ist der Makler im Normalfall nicht zur Ausübung einer Tätigkeit verpflichtet; er wird nicht ersatzpflichtig, wenn er den Auftrag nicht oder nachlässig ausführt, z.B. ein dem Auftraggeber interessantes Objekt einem anderen Auftraggeber anbietet.[5] Beide Parteien können den Vertrag auch jederzeit widerrufen.

(3) Der Maklervertrag beinhaltet zwar ein Austauschverhältnis, kann aber wegen Fehlen des Synallagmas zwischen den beiden Leistungen nicht als gegenseitiger Vertrag angesehen werden,[6] ebensowenig als Geschäftsbesorgungsvertrag.[7]

b) Nebenpflichten

Außer der den Auftraggeber als Hauptpflicht treffenden Pflicht zur Provisionszahlung entstehen für beide Parteien gewisse Nebenpflichten hinsichtlich Rücksichtnahme, Aufklärung und Information des Vertragspartners.[8]

c) Handelsrecht

Die Vorschriften des Handelsgesetzbuchs über den Handelsmakler (§§ 94 ff. HGB) finden auf den Immobilienmakler keine Anwendung (§ 93 II HGB).

Während der Handelsmakler in Rechtsbeziehungen zu beiden Parteien tritt (§§ 98, 99 HGB), ist der BGB-Makler nach der Grundkonzeption des Gesetzes nur für eine Partei tätig; Doppeltätigkeit ist die Ausnahme und bedarf besonderer Erlaubnis.[9] Dagegen können die allgemeinen Vorschriften über Handelsgeschäfte zur Anwendung kommen, wenn der Makler als Kaufmann im Sinne des §§ 1, 2 HGB n.F. anzusehen ist.[10]

d) Abweichende Vereinbarungen

Nach der Rechtsprechung des BGH können die Parteien den Typus des Maklervertrages abweichend dahin regeln, daß der Makler zu einem Tätigwerden verpflichtet ist (Maklerdienstvertrag)[11] oder sogar die Herbeiführung eines Erfolges schuldet (Maklerwerkvertrag).[12]

---

[4] *BGH*, NJW 1966, 1404; 1975, 647; *Schwerdtner*, Rdnr. 101; *Reuter*, NJW 1990, 1322; teilw. abw. *Pauly*, JR 1998, 353.

[5] *Reuter*, NJW 1990, 1322; anders beim Alleinauftrag, s.u. III, 1, a, Fußn. 334.

[6] *Staudinger/Reuter*, Vorb. zu §§ 652 BGB, Rdnr. 2, 7.

[7] *Staudinger/Reuter*, aaO, Rdnr. 4.

[8] S.u. II, 11 + 12.

[9] S.u. II, 7, a.

[10] *Schwerdtner*, Rdnr. 7, 18. – Zur Neuregelung des Kaufmannsbegriffs durch das Handelsrechtsreformgesetz vom 22. 6. 1998 (BGBl. I, S. 1474) siehe *K. Schmidt*, NJW 1998, 2161; zur Verjährung s.u. II, 8, c.

[11] *BGH*, NJW-RR 1991, 627; *Schwerdtner*, Rdnr. 22.

[12] *BGH*, NJW 1988, 967; *Schwerdtner*, Rdnr. 23.

Dem ist entgegenzuhalten, daß der Makler keine Vergütung für die Dienste erhält, sondern für das Zustandekommen des Hauptvertrages.[13] Ebensowenig kann er für einen Erfolg einstehen. Die von ihm geschuldeten Dienste können auch nicht genügend bestimmt werden.[14]

2. *Abschluß des Maklervertrages*

a) Angebot und Annahme

Der Abschluß des Maklervertrages unterliegt den allgemeinen Regeln des Vertragsrechts (§§ 145 ff. BGB).

(1) Das Angebot zum Abschluß kann sowohl vom Makler als auch von dem Auftraggeber ausgehen.

Zeitungsanzeigen des Maklers stellen noch kein Angebot dar, sondern nur eine Aufforderung des Maklers an einen unbestimmten Personenkreis, sich zu melden und in Vertragsverhandlungen einzutreten.[15]

(2) Die Annahme des Angebots liegt in der Erklärung des Auftraggebers, die Dienste des Maklers in Anspruch zu nehmen.[16]

Die Grundsätze über das Schweigen auf ein Bestätigungsschreiben finden Anwendung, wenn der Auftraggeber Kaufmann ist.[17] Gleiches gilt aber auch, wenn er in erheblichem Umfang am Geschäftsverkehr teilnimmt.[18]

(3) Ein stillschweigender Vertragsschluß ist möglich.[19] Er unterliegt aber der Einschränkung hinsichtlich des Erfordernisses der Provisionsabrede.[20]

b) Die Provisionsabrede

Nach § 653 I BGB „gilt ein Mäklerlohn als stillschweigend vereinbart, wenn die dem Mäkler übertragene Leistung den Umständen nach nur gegen eine Vergütung zu erwarten ist." Bei der Anwendung der Vorschrift ist nach h.M. zu beachten, daß das Auftreten eines Maklers gegenüber einem Interessenten mehrdeutig ist. Er kann beabsichtigen, mit einem Interessenten einen Maklervertrag abzuschließen. Er kann aber auch lediglich beabsichtigen, einen geeigneten Vertragspartner für ein Objekt aus-

---

[13] *Reuter*, NJW 1990, 1327; *Schäfer*, NJW 1989, 209; *Staudinger/Reuter*, Vorb. zu §§ 652 ff. BGB, Rdnr. 10, 13.

[14] S.o. Fußn. 4

[15] *KG*, NJW 1961, 511; *OLG Bremen*, NJW 1965, 977; *OLG Frankfurt*, MDR 1975, 1019; *OLG Hamburg*, MDR 1985, 673; *Staudinger/Reuter*, § 652 BGB, Rdnr. 10.

[16] *BGH*, NJW 1984, 232; *BGHZ*, 95, 393 = NJW 1986, 177; a.A. *Reuter*, NJW 1990, 1322, re. Sp.: die Annahme liege in dem Abschluß des Hauptvertrages.

[17] *Schwerdtner*, Rdnr. 66; *Staudinger/Reuter*, § 652 BGB, Rdnr. 16.

[18] *OLG Düsseldorf*, NJW-RR 1995, 501 (Architekt).

[19] *KG*, NJW 1958, 63.

[20] Siehe sogleich unter b).

findig zu machen, für das er von einem anderen Interessenten schon einen Auftrag hat. Die Rechtsprechung behandelt die beiden Fälle hinsichtlich der Anwendung des § 653 I BGB unterschiedlich.

(1) In der ersten Fallgruppe wendet sie § 653 I BGB an, indem sie von einem Erfahrungssatz ausgeht: Wer sich an einen Makler wendet und dessen Dienste in Anspruch nimmt, müsse von der Entgeltlichkeit des Auftrags ausgehen und gebe ein Angebot auf Abgabe eines Maklervertrages ab, das der Makler durch Leistung der Dienste annehme.[21]

(2) In der zweiten Fallgruppe geht es darum, daß der Makler bereits von dritter Seite einen Maklerauftrag erhalten hat und nunmehr nach Interessenten für seinen Auftraggeber sucht. Hier könne der angesprochene Interessent nicht ohne weiteres davon ausgehen, daß der Makler auch von ihm eine Provision fordern wolle; § 653 I BGB finde keine Anwendung. Vielmehr sei es Aufgabe des Maklers, den Interessenten darauf hinzuweisen, daß er auch mit ihm einen provisionspflichtigen Maklervertrag abschließen wolle.[22] Unterlasse er dies, stehe ihm kein Provisionsanspruch zu; auch § 354 HGB finde keine Anwendung.[23]

Erforderlich ist ein eindeutiger Hinweis.[24] Erst wenn der Interessent auf diesen Hinweis weitere Maklerdienste in Anspruch nehme, könne von einem provisionspflichtigen Vertragsschluß ausgegangen werden.[25] Der Auftraggeber müsse diesen Hinweis positiv zur Kenntnis genommen haben, so daß beispielsweise die Überreichung eines Exposés, in dem der Hinweis enthalten ist, nicht ausreicht, solange der Interessent dieses mangels Durchlesen noch nicht zur Kenntnis genommen hat.[26] Lehnt der Interessent die Zahlung einer Provision ab, so liegt in dem Gefallenlassen weiterer Dienste kein widersprüchliches Verhalten, da der Interessent nach wie vor davon ausgehen kann, der Makler werde für seinen bisherigen Auftraggeber tätig.[27] Der Interessent kann allerdings nach Beendigung der Dienste dem Makler noch eine Provision versprechen.[28]

---

[21] *BGH*, NJW 1967, 1365; 1970, 700; 1981, 144; 1989, 247; *Dehner*, NJW 1991, 3255; *Zopfs*, Rdnr. 5; krit. *Staudinger/Reuter*, § 652, Rdnr. 8.

[22] *BGHZ* 95, 393 = NJW 1986, 177; *BGH*, NJW-RR 1991, 371; 1996, 1459; *OLG Düsseldorf*, NJW-RR 1990, 1013; *OLG Köln*, NJW-RR 1993, 764; *Reuter*, NJW 1990, 1322; *Dehner*, NJW 1991, 3256 m.Nw.; *Zopfs*, Rdnr. 7.

[23] *BGHZ 95, 393, 398 = NJW 1986, 177; Dehner*, S. 17 ff.; *Reuter*, NJW 1990, 1321; *Zopfs*, Rdnr. 16 m.Nw.

[24] Hierzu *OLG Düsseldorf*, NJW-RR 1990, 1013; 1996, 1466 (Hinweise in AGB sollen ausreichen, zweifelhaft); 1997, 368; *OLG Hamm*, NJW-RR 1994, 1078; 1995, 819; 1998, 842; Einzelfragen bei *Staudinger/Reuter*, § 652, Rdnr. 57: Üblichkeit der Doppeltätigkeit in einer Region soll nicht genügen.

[25] *BGHZ* 95, 393, 397 = NJW 1986, 177; *BGH*, NJW-RR 1989, 1071; 1991, 371; *OLG Koblenz*, NJW-RR 1981, 881; *OLG Düsseldorf*, NJW-RR 1998, 564; *Reuter*, NJW 1990, 1323.

[26] *BGH*, NJW-RR 1991, 371; *OLG Hamm*, NJW-RR 1994, 1078; *OLG Düsseldorf*, NJW-RR 1998, 564; zu Informationsschreiben vgl. *OLG Düsseldorf*, NJW-RR 1996, 1466.

[27] *BGHZ* 95, 393 = NJW 1986, 177; NJW-RR 1986, 1496; 1996, 114; *Dehner*, NJW 1997, 19; *Reuter*, NJW 1990, 1321; *Schäfer*, WM 1989, 1, 3; *Schwerdtner*, Rdnr. 51; *Zopfs*, Rdnr. 8.

[28] *BGH*, NJW 1991, 490; 1998, 62; NJW-RR 1991, 686; *OLG Düsseldorf*, NJW-RR 1997, 370; 1998, 564; *Zopfs*, Rdnr. 28.

Eine weitergehende Ansicht will dem Makler in jedem Falle (also auch in der unter (1) erwähnten Fallgruppe) für verpflichtet halten, auf die Provisionspflicht hinzuweisen.[29] Damit wird allerdings die Vorschrift des § 653 I BGB außer Kraft gesetzt.[30]

(3) Zweifelhaft sind die in der Mitte zwischen den Fallgruppen (1) und (2) stehenden Sachverhalte, in denen der Interessent sich aus eigener Initiative an einen Makler mit dem Ersuchen wendet, für ihn ein geeignetes Objekt zu benennen.

Geht der Interessent davon aus, daß der Makler ihm geeignete Objekte „aus seinem Bestand" namhaft macht, spricht dies dafür, den Fall der Gruppe (2) zuzuordnen.[31] Handelt es sich dagegen um einen sogenannten „Suchauftrag", so erscheint die Behandlung nach (1) gerechtfertigt.[32] Die Meinungen sind aber hier geteilt; eine Gegenmeinung verlangt auch hier die Offenlegung des Provisionsverlangens.[33]

c) Stellvertretung

Sie ist nach allgemeinen Grundsätzen (§ 164 BGB) zulässig, wobei aber an das Handeln in fremdem Namen besondere Anforderungen zu stellen sind.[34]

§ 1357 BGB ist bei Eheleuten nicht einschlägig, da es sich bei Maklerverträgen nicht um Geschäfte zur angemessenen Deckung des Lebensbedarfs handelt.[35]

d) Form

Eine besondere Form ist für den Immobilien-Maklervertrag nicht vorgeschrieben (anders ist dies nach § 15 I S. 1 VerbrKrG für die Kreditvermittlung). Im Hinblick auf die geforderte Eindeutigkeit der Provisionsabrede[36] und die den Makler treffende Beweislast für den Vertragsschluß ist schriftlicher Abschluß sehr zu empfehlen und de lege ferenda zu fordern.

(1) Soweit Schriftform angestrebt wird, gelten die allgemeinen Regeln, z.B. § 154 II BGB.

(2) Die Rechtsprechung hat bei Maklerverträgen, bei denen sich der Auftraggeber verpflichtet, einen Kaufvertrag über ein Grundstück abzuschließen, im Hinblick auf § 313 BGB notarielle Beurkundung des Maklervertrages gefordert,[37] wobei dann Hei-

---

[29] *Werner*, JurAnalysen, 1970, 353, 370; *Schwerdtner*, Rdnr. 42 ff.; ders. JZ 1983, 778.

[30] So ausdrücklich *Schwerdtner*, Rdnr. 50 (Vorschrift sei obsolet geworden).

[31] *OLG Hamm*, NJW-RR 1994, 1540; *Schwerdtner*, Rdnr. 47; a.A. wohl *OLG Hamburg*, NJW-RR 1996, 1463.

[32] *OLG Hamm*, NJW-RR 1994, 1540.

[33] *OLG Hamm*, NJW-RR 1989, 1210; *E. Graf von Westphalen*, Rdnr. 6; *Schwerdtner*, Rdnr. 47, 50.

[34] *BGH*, NJW-RR 1996, 1459; *OLG Düsseldorf*, NJW-RR 1996, 1524.

[35] *OLG Düsseldorf*, NJW-RR 1996, 1524.

[36] S.o. I, 2, b.

[37] *BGH*, NJW 1970, 1915; 1980, 1622; NJW-RR 1994, 559; zust. *Knieper*, NJW 1970, 1295; *Götz*, JuS 1971, 338; *Dehner*, NJW 1991, 3256; *Staudinger/Reuter*, § 652, Rdnr. 20 ff.; *Zopfs*, Rdnr. 11.

lung der Unwirksamkeit gemäß § 313 S. 2 BGB mit dem Abschluß des Grundstückskaufvertrages eintritt.[38] Diese sehr zweifelhafte Bejahung des § 313 BGB[39] war gedacht als Schutz des Auftraggebers gegen die Vereinbarung erfolgsunabhängiger Provisionen. Dieses Problem läßt sich aber ebensogut über die Inhaltskontrolle nach § 9 AGBG lösen.[40]

(3) Neuerdings wird bei Alleinaufträgen Schriftform verlangt.[41]

e) Abwälzung der Provision

Es kommt in der Praxis häufig vor, daß der Auftraggeber entsprechend den Gepflogenheiten des Marktes die von ihm gegenüber dem Makler zu leistende Provision nicht endgültig tragen soll, sondern dem Vertragsgegner (z.B. dem Käufer des Grundstücks, dem Mieter der Wohnung) aufgebürdet wird. Diese Interessenlage führt zu Absprachen, die oft nicht eindeutig sind und später zum Nachteil des Maklers interpretiert werden. In Frage kommen folgende Konstruktionen:

(1) Der „Auftraggeber" teilt dem Makler mit, dieser müsse sich die ihm zustehende Provision von dem von ihm ausfindig zu machenden Interessenten holen.

Das könnte einmal bedeuten, daß der „Auftraggeber" dem Makler nur die Gelegenheit zum Abschluß des Hauptvertrages mitteilt und überhaupt keinen Maklervertrag mit dem Makler abschließen will; diesem bliebe es überlassen, mit dem Interessenten einen Maklervertrag abzuschließen.[42] Es kann aber auch bedeuten, daß der Auftraggeber die Provision zunächst schuldet, bis der Vertragspartner die Provision übernommen und gezahlt hat.[43] Um die Übernahme der Provision hat sich der Auftraggeber zu bemühen.[44]

(2) Der Auftraggeber schließt mit dem Makler einen Maklervertrag ab und es wird lediglich in Aussicht genommen, daß die von ihm geschuldete Provision auf den Vertragsgegner im Innenverhältnis abgewälzt wird.

Diese Abwälzung kann wiederum durch eine direkte Absprache zwischen Makler und Vertragsgegner geschehen, wobei der Vertragsgegner sich zur Übernahme der Provision verpflichtet. Die Abwälzung kann aber auch im Hauptvertrag geschehen, indem im notariellen Kaufvertrag der Käufer die Zahlung der vom Verkäufer geschuldeten Maklerprovision übernimmt. Bei einer derartigen Klausel erhebt sich die Frage, ob der Makler hieraus direkt Rechte gemäß § 328 BGB herleiten kann.[45] Bejaht man dies, so erwirbt der Makler einen eigenen Anspruch auf Provisionszahlung gegen den Überneh-

---

[38] *BGH*, NJW 1981, 2293; 1987, 1628; NJW-RR 1990, 57; *Schwerdtner*, Rdnr. 32, *Dehner*, NJW 1997, 19; *Staudinger/Reuter*, § 652, Rdnr. 25. – Vgl. jedoch zur Verwirkung der Provision u. II, 7, b, (2), Fußn. 238.

[39] Krit. *Schwerdtner*, Rdnr. 36.

[40] S.u. II, 3, d, (3).

[41] S.u. III, 2, c.

[42] *BGH*, WarnRspr. 1964, Nr. 259.

[43] *Schwerdtner*, Rdnr. 274; *E. Graf von Westphalen*, Rdnr. 121.

[44] *BGH*, MDR 1987, 636.

[45] *BGHZ* 138, 170 = NJW 1998, 1552; zurückhaltender *BGH*, NJW-RR 1990, 628; 1991, 820; hierzu *Dehner*, NJW 1991, 3261; *Schwerdtner*, Rdnr. 275 ff.; *Zopfs*, Rdnr. 10.

mer, der ihm nicht mehr durch Vereinbarung der Vertragsparteien entzogen werden kann.[46]

3. Geschäftsbedingungen des Maklers

Soweit Maklerverträge schriftlich abgeschlossen werden, werden regelmäßig von dem Makler aufgestellte Geschäftsbedingungen zum Vertragsinhalt gemacht. Diese Handhabung beruht auf der unvollkommenen gesetzlichen Regelung, aber auch auf dem Bestreben der Makler, die kraft Gesetzes bestehende Rechtslage zu ihren Gunsten zu verändern. Insoweit gelten heute die Regelungen des AGBG.

a) Abgrenzung

Das AGBG gilt für AGB und von dem Makler benutzte Formularverträge (§§ 1, 24a Nr. 1 AGBG).

Der BGH hat den Bereich der Verwendung von AGB sehr weit, den des Aushandelns nach § 1 II AGBG sehr eng gezogen.[47]

b) Geltungsvereinbarung

Die Einbeziehung der AGB in den Vertrag hängt gemäß § 2 AGBG davon ab, daß der Makler bei Vertragsschluß ausdrücklich auf sie hinweist und der andere Teil die zumutbare Möglichkeit hat, von ihrem Inhalt Kenntnis zu nehmen.

Das bedeutet in der Regel, daß der Makler den Inhalt der Bedingungen dem anderen Teil durch Übergabe eines Exemplars der AGB zur Kenntnis bringt.[48] Eine nachträgliche Übergabe nach Vertragsschluß bzw. nach der erfolgten Dienstleistung des Maklers (Nachweis, Vermittlung) reicht nicht aus.[49]

c) Überraschende Klauseln

Sie werden nach § 3 AGBG nicht Vertragsbestandteil.

So braucht der Auftraggeber nicht damit zu rechnen, daß in einer „Objektnachweis" überschriebenen Erklärung eine Klausel enthalten ist, wonach der Unterzeichnende sich zur Zahlung einer Maklerprovision verpflichtet.[50] Ebenso ist eine AGB-Klausel, wonach der Auftraggeber einen Alleinauftrag erteilt, als überraschende Klausel anzusehen.[51]

---

[46] *BGH*, NJW-RR 1991, 820; *OLG Hamburg*, NJW-RR 1988, 1202; teilw. abw. *OLG Frankfurt*, NJW-RR 1986, 1176; a.A. *Dehner*, NJW 1991, 3256 für den Fall des Rücktritts.

[47] *BGH*, NJW-RR 1986, 54; NJW 1988, 410; NJW-RR 1993, 504; zum Aushandeln *E. Graf von Westphalen*, Rdnr. 37 ff. m.Nw.; zur Unzulässigkeit einer Bestätigungsklausel betr. das Aushandeln *BGHZ* 99, 374 = NJW 1987, 1634.

[48] Hierzu *BGH*, NJW 1987, 2431 („Vorbemerkungen"); *Schwerdtner*, Rdnr. 286.

[49] *KG*, NJW-RR 1994, 1265.

[50] *OLG Hamm*, NJW-RR 1988, 687; vgl. auch *BGH*, NJW-RR 1991, 371.

[51] S.u. III, 2, b.

d) Inhaltskontrolle

Die nach § 9 AGBG einsetzende Inhaltskontrolle hat sich am gesetzlichen Leitbild des Maklervertrages auszurichten.[52] Die Rechtsprechung hat hierbei vor allem folgende Regelungen für unabdingbar gehalten:

(1) Die Widerrufsfreiheit des Auftraggebers.[53]

Eine Ausnahme besteht für den Alleinauftrag.[54]

(2) Die Abschlußfreiheit.[55]

(3) Die Erfolgsbedingtheit der Provision.[56] Für den Bereich der Wohnungsvermittlung ist sie gesetzlich verankert (§ 2 I, V WoVermG).

Danach sind Klauseln unzulässig, die die Provision vom Abschluß des Hauptvertrages lösen,[57] das Erfordernis der Identität zwischen vereinbartem und abgeschlossenem Geschäft lockern,[58] auf das Erfordernis von Nachweis bzw. Vermittlung verzichten[59] und schließlich das Erfordernis der Kausalität zwischen Dienstleistung und Abschluß des Hauptvertrages abbedingen.[60] Auch als verkappte Provisionen anzusehende Aufwendungsersatzklauseln sind unzulässig,[61] ebenso entsprechende Vertragsstrafen[62] und überhöhte Vergütungen für Reservierungsvereinbarungen.[63]

4. Nichtigkeit des Maklervertrages

Der Maklervertrag kann im Einzelfall wegen Verstoßes gegen ein gesetzliches Verbot (§ 134 BGB) oder wegen Sittenverstoßes oder Wuchers (§ 138 BGB) nichtig sein.[64]

Nicht zur Nichtigkeit führen nach h.M. die fehlende Gewerbeerlaubnis des Maklers,[65] der Verstoß gegen § 57 IV 2 StBerG[66] und der fehlende Auftrag des Eigentümers

---

[52] Hierzu *Reuter*, NJW 1990, 1327; *Schwerdtner*, Rdnr. 288; *Vollkommer*, FS Larenz (1983), S. 699.

[53] *E. Graf von Westphalen*, Rdnr. 113.

[54] S.u. III, 3, a.

[55] *BGH*, NJW 1971, 557; 1987, 54; *OLG Düsseldorf*, NJW 1972, 1816; *Schwerdtner*, Rdnr. 101, 290. – Zur Unzulässigkeit einer „Hinzuziehungsklausel" siehe *BGHZ* 88, 368 = NJW 1984, 360; *E. Graf von Westphalen*, Rdnr. 104.

[56] *BGH*, NJW 1985, 2477; 1987, 1634; NJW-RR 1989, 760; 1992, 817; *LG München*, NJW-RR 1998, 995; *E. Graf von Westphalen*, Rdnr. 51 ff.; *Schwerdtner*, Rdnr. 306; *Michalski*, NZM 1998, 209.

[57] *BGH*, NJW 1975, 647; *Schwerdtner*, Rdnr. 172; zur Unzulässigkeit der Vereinbarung einer Vorfälligkeit siehe *OLG Hamm*, NJW-RR 1996, 1526; *E. Graf von Westphalen*, Rdnr. 48.

[58] S. II, 2, b, (3).

[59] S.u. II, 3, c.

[60] S.u. II, 4, e.

[61] S.u. II, 10, b.

[62] *E. Graf von Westphalen*, Rdnr. 48.

[63] S.u. II, 10, c, (3).

[64] *BGHZ* 94, 268 = NJW 1985, 2405; *BGH*, WM 1986, 209; *BGHZ* 125, 135 = NJW 1994, 1475; *Schwerdtner*, Rdnr. 71; *Zopfs*, Rdnr. 15c.

[65] *BGHZ* 78, 269 = NJW 1981, 387; a.A. *Stober*, GewA 1981, 313.

[66] *BGHZ* 78, 263 = NJW 1981, 399.

bzw. Vermieters zum Angebot der Vermietung von Wohnraum (§ 6 I Wohnungsvermittlungsgesetz).[67] Zur Nichtigkeit führende Normen sind dagegen § 2 II Nr. 3 WoVermG, § 14 IV BNotO und § 54 IV Nr. 1 Satz 2 StBerG.[68] Soweit Nichtigkeit Platz greift, scheidet eine Vergütung nach § 812 BGB nach dem Schutzzweck der Verbotsnorm regelmäßig aus.[69]

5. *Anfechtbarkeit des Maklervertrages*

Der Maklervertrag kann nach §§ 119, 123 BGB anfechtbar sein.[70] Wird angefochten, entfällt der vertragliche Vergütungsanspruch; dagegen kann ein Bereicherungsanspruch zu bejahen sein.[71]

II. Voraussetzungen des Provisionsanspruchs

1. *Rechtswirksamer Abschluß des Hauptvertrages*

a) Grundsätze

Der Provisionsanspruch setzt einen privatrechtlichen Hauptvertrag voraus.

(1) Das bedeutet, daß ein Erwerb im Wege der Zwangsversteigerung, der sich durch öffentlichrechtlichen Hoheitsakt vollzieht, kraft Gesetzes einen Provisionsanspruch nicht auslöst.[72]

Hier kann nur im Wege der Individualvereinbarung eine Gleichstellung erreicht werden,[73] nicht durch AGB.[74]

(2) Der Auftraggeber soll nur dann eine Provision zahlen, wenn er gegenüber dem Dritten eine unentziehbare Rechtsposition erworben hat (§ 652 I BGB); dieser Grundsatz der Erfolgsbedingtheit der Provision führt dazu, daß Abschlußmängel des Hauptvertrages die Provision nicht

---

[67] *BGH*, NJW 1986, 50; *OLG Karlsruhe*, NJW 1976, 1408; *Schwerdtner*, JZ 1983, 778; a.A. *LG Hannover*, NJW-RR 1991, 1295.

[68] *BGH*, NJW-RR 1990, 948; str., vgl. *Schwerdtner*, Rdnr. 69; *Staudinger/Reuter*, Vorb. zu §§ 652 ff., Rdnr. 54.

[69] *Schwerdtner*, Rdnr. 34; a.A. *Rust*, MDR 1959, 449.

[70] *BGH*, NJW 1980, 2460; *OLG Celle*, MDR 1971, 392.

[71] *OLG Köln*, NJW 1971, 1493; a.A. *Schwerdtner*, Rdnr. 79.

[72] So *BGHZ* 112, 60 = NJW 1990, 2744; *Dehner*, NJW 1990, 2744; NJW 1991, 3258; 1993, 3240. – a.A. *OLG Frankfurt*, NJW-RR 1986, 2117; *OLG Koblenz*, NJW-RR 1989, 1210; *Staudinger/Reuter*, § 652, Rdnr. 34.

[73] *BGHZ* 112, 60 = NJW 1990, 2744; *BGH*, NJW-RR 1992, 817; *Dehner*, NJW 1991, 3258; a.A. *Schwarz*, NJW 1993, 306.

[74] *BGHZ* 119, 32 = NJW 1992, 2568; NJW-RR 1993, 504; *Dehner*, NJW 1991, 3259; *Schwerdtner*, JZ 1991, 309; krit. *Staudinger/Reuter*, § 652, Rdnr. 34; a.A. *Roth*, MK, § 652, BGB, Rdnr. 95; *Schwarz*, aaO.

entstehen lassen, während das Risiko der Durchführung des Hauptvertrages nicht zu Lasten des Maklers geht.[75] Die Abgrenzung zwischen diesen beiden Risikobereichen ist im einzelnen streitig.

b) Abschlußmängel

Jeder Umstand, der einen durchsetzbaren Anspruch des Auftraggebers gegen den Vertragspartner hindert, steht dem Provisionsanspruch des Maklers entgegen.

(1) Ob der Abschluß eines Vorvertrages genügt, hängt von der Vereinbarung im Maklervertrag ab.[76] Durch eine AGB-Klausel kann die Entstehung des Provisionsanspruchs nicht auf den Abschluß des Vorvertrages vorverlegt werden.[77]

(2) Nichtigkeit des Hauptvertrages (wegen Formmangels,[78] Sittenwidrigkeit, Gesetzesverstoßes[79] oder Geschäftsunfähigkeit eines Vertragsteils) läßt die Provisionspflicht nicht entstehen.[80] Das gilt nach der Rechtsprechung auch dann, wenn der Makler die Nichtigkeit weder kennt noch kennen mußte, oder gar der Auftraggeber die Nichtigkeit selbst arglistig herbeigeführt hat (Beispiel: Schwarzkauf).[81]

(3) Bei wirksamer Anfechtung des Hauptvertrages entfällt rückwirkend (§ 142 I BGB) der Provisionsanspruch.[82] Keine Rolle spielt, wem das Anfechtungsrecht zusteht: d.h. der Provisionsanspruch entfällt auch dann, wenn der Auftraggeber den Willensmangel des Vertragsgegners selbst verschuldet hat.[83]

(4) Aufschiebend bedingter Vertragsschluß läßt nach § 652 I S. 2 BGB die Provisionspflicht nicht entstehen.[83a] Gleichgestellt wird von der Rechtsprechung, wenn ein zeitlich befristetes, an keine sonstige Voraussetzungen geknüpftes Rücktrittsrecht ausgeübt wird.[84]

(5) Bei der auflösenden Bedingung stellt die h.M. mit Recht auf die Umstände des Einzelfalles, insbesondere darauf ab, ob in der Laufzeit des Vertrages bis zum Eintritt der auflösenden Bedingung für den Auftraggeber ein wesentlicher wirtschaftlicher Nutzen vorgelegen hat.[85]

---

[75] *BGH*, NJW-RR 1991, 820; 1993, 248; *Dehner*, NJW 1991, 3257; *Schwerdtner*, Rdnr. 146; krit. *Altmeppen*, S. 4 ff.

[76] *BGH*, NJW-RR 1991, 1073; *Schwerdtner*, Rdnr. 150.

[77] *BGH*, NJW 1975, 647.

[78] *Schwerdtner*, Rdnr. 147 m.Nw. – Zur nachträglichen Wirksamkeit durch Heilung nach § 313 S. 2 BGB vgl. *BGH*, NJW 1987, 1628; *Staudinger/Reuter*, § 652, Rdnr. 78; zur Verwirkung siehe u. II, 7, b, (2), Fußn. 238.

[79] *BGHZ* 70, 55 = NJW 1978, 639 (Verstoß gegen Art. 10, § 3 MRVerbG).

[80] Teilw. abw. *Schwerdtner*, Rdnr. 149, der entsprechende Vereinbarungen für die Vermittlung oder den Nachweis eines formnichtigen Vertrages zulassen will.

[81] *BGH*, NJW 1969, 1628; *OLG Celle*, OLGZ 1969, 417; zust. *Schwerdtner*, Rdnr. 147; *Werner*, JurAnalysen 1970, 375.

[82] *BGH*, NJW 1979, 975; *OLG Hamm*, NJW-RR 1991, 249 (Rückabwicklung wegen c.i.c.).

[83] *BGH*, NJW 1979, 975; *Schwerdtner*, Rdnr. 151; *Staudinger/Reuter*, § 652, Rdnr. 82; a.A. *Altmeppen*, S. 19 ff., 59 ff.; *Knieper*, NJW 1970, 1297.

[83a] *BGH*, NJW-RR 1998, 1205 (Bebauungsfähigkeit des Grundstücks).

[84] *BGH*, NJW 1974, 694; NJW-RR 1991, 820; 1991, 248; *Dehner*, NJW 1997, 21; *Staudinger/Reuter*, § 652, Rdnr. 90, 91. – Zum Rücktritt im übrigen s.u. Fußn. 94, 95.

[85] *Altmeppen*, S. 144 ff.; *Staudinger/Reuter*, § 652, Rdnr. 89; a.A. *Schwerdtner*, Rdnr. 162, 163 m.Nw.

(6) Ist der Hauptvertrag von einer Genehmigung abhängig, so ist die Provision erst mit der Erteilung der Genehmigung verdient.[86] Das gilt auch dann, wenn die Genehmigung – wie im Fall des § 19 II BauGB – sich nur auf die Erfüllung des Vertrages bezieht, da bei Verweigerung der Genehmigung der Kaufvertrag hinfällig wird.[87] Fraglich ist, ob der Auftraggeber die Provision zu zahlen hat, wenn er sich um die Beschaffung der Genehmigung nicht kümmert; stellt man auf die Abschlußfreiheit ab, so ist dies zu verneinen.[88]

(7) Bei Ausübung eines Vorkaufsrechts ist entscheidend, wer Auftraggeber des Maklers ist. Ist Auftraggeber der Verkäufer, so ist die Provision mit Abschluß des Hauptvertrages verdient, da der Verkäufer auf jeden Fall sein Grundstück verkauft hat, entweder an seinen Vertragspartner oder an den Vorkaufsberechtigten.[89] Ist Auftraggeber des Maklers der Käufer, so ist die Provision erst dann verdient, wenn von dem Vorkaufsrecht kein Gebrauch gemacht wird, während der Auftraggeber (Käufer) bei Ausübung des Vorkaufsrechts von der Provisionspflicht befreit wird.[90] Streitig ist, ob der Vorkaufsberechtigte die *Verkäufer*provision zu zahlen hat, wenn der ursprüngliche Käufer sie im Kaufvertrag gegenüber dem Verkäufer übernommen hat; das hängt von der Anwendung des § 505 II BGB ab.[91]

c) Durchführungsmängel

Sie gehen zu Lasten des Auftraggebers.[92] Zu erwähnen sind:

(1) die nachträgliche Aufhebung des Vertrages;[93]

(2) der Rücktritt kraft Gesetzes;[94]

(3) im Regelfall auch die Ausübung eines vertraglich vereinbarten Rücktrittsrechts;[95]

---

[86] *BGHZ* 60, 385 = NJW 1973, 1276; *BGH*, NJW-RR 1992, 558; *Schwerdtner*, Rdnr. 165 m.Nw.

[87] *BGHZ* 37, 233 = NJW 1972, 1715; NJW-RR 1992, 558; *Schwerdtner*, Rdnr. 165; *Staudinger/Reuter*, § 652, Rdnr. 95; krit. *Altmeppen*, S. 168; *Dehner*, NJW 1993, 3258. – Zur Nichterteilung der Abgeschlossenheitsbescheinigung nach § 7 WEG vgl. *OLG Köln*, VersR 1993, 315; krit. hierzu *Dehner*, NJW 1993, 3239.

[88] *BGH*, WM 1976, 1132; *Mormann*, WM 1971, 1069; *Schwerdtner*, Rdnr. 165; *Zopfs*, Rdnr. 61 (zweifelhaft).

[89] *BGH*, WM 1982, 332; *Schwerdtner*, Rdnr. 169; im Ergebnis ebenso *Altmeppen*, S. 157 ff.; *Staudinger/Reuter*, § 652, Rdnr. 96; a.A. *OLG Celle*, NJW-RR 1996, 629.

[90] *RGZ* 157, 243; *Schwerdtner*, Rdnr. 166; JZ 1983, 781; a.A. *Rust*, MDR 1959, 452; teilw. abw. *Altmeppen*, S. 154, 157; *Staudinger/Reuter*, § 652, Rdnr. 97.

[91] Für Provisionspflicht *BGHZ* 131, 318 = NJW 1996, 654; zu dieser Frage vgl. *Altmeppen*, S. 160; *Dehner*, NJW 1991, 3262, Fußn. 92; NJW 1997, 27; *Hitzelberger*, NJW 1982, 2854; *Schwerdtner*, Rdnr. 167, 168; *Zopfs*, Rdnr. 10.

[92] Zum Grundsatz s.o. 1, a, (2), Fußn. 75.

[93] *BGH*, WM 1974, 257; DB 1976, 2252; NJW 1986, 1165; einschr. *OLG Köln*, NJW-RR 1997, 693; *OLG Celle*, NJW-RR 1998, 128 (Anfechtungsgrund); *Schwerdtner*, Rdnr. 154, 155; *Werner*, JurAnalysen, 1970, 375.

[94] *BGH*, NJW 1974, 257; *OLG Köln*, JR 1956, 461; einschr. *LG Aurich*, NJW 1967, 398; *OLG Köln*, NJW-RR 1997, 693; *Altmeppen*, S. 74 ff.

[95] *BGH*, NJW 1974, 694; NJW-RR 1991, 820; 1993, 248; *OLG München*, NJW 1970, 200; *Altmeppen*, S. 31 ff. Zur Ausnahme s.o. Fußn. 84. – Mehr auf die Auslegung des Maklervertrages abstellend *BGH*, NJW 1997, 1583; *OLG Düsseldorf*, BB 1997, 2070; *OLG Koblenz*, WM 1997, 544.

(4) der Eintritt von Leistungsstörungen wie Verzug, Unmöglichkeit, Wandlung[96] oder Wegfall der Geschäftsgrundlage;[97]

(5) gegebenenfalls der Eintritt einer auflösenden Bedingung.[98]

d) Abweichende Vereinbarungen

Von der unter b) erwähnten Rechtslage abweichende AGB-Klauseln sind nach § 9 AGBG unwirksam, da die Vereinbarung einer erfolgsunabhängigen Provision dem gesetzlichen Leitbild des Maklervertrages widerspricht.[99]

Fraglich erscheint dies in den oben[100] erwähnten Fällen, in denen der Auftraggeber die Unwirksamkeit bzw. Anfechtbarkeit des Vertrages selbst arglistig herbeigeführt hat. Die Rechtsprechung läßt auch hier abweichende Vereinbarungen nicht zu.[101]

2. Inhaltliche Anforderungen an den Hauptvertrag

a) Ausschluß von Eigengeschäften

Der Hauptvertrag muß mit einem Dritten abgeschlossen sein; Eigengeschäfte des Maklers führen nicht zur Provisionspflicht des Auftraggebers.[102]

(1) Die Rechtsprechung hat den Eigengeschäften auch solche Verträge gleichgestellt, bei denen auf der Gegenseite eine Person aufgetreten ist, an der der Makler in erheblichem Umfang beteiligt ist[103] oder der Wille beider von einem Dritten bestimmt wird.[104]

Ob das Gleiche auch dann gilt, wenn der Vertragsgegner an dem Unternehmen des Maklers beteiligt ist, ist zweifelhaft.[105]

(2) Darüber hinaus kann ein Provisionsanspruch zu verneinen sein, wenn der Makler ohne eine derartige Verflechtung mit dem Vertragsgeg-

---

[96] *OLG Hamburg*, OLGE 1939, 208; *OLG Köln*, MDR 1956, 294; einschr. *OLG Braunschweig*, NJW 1954, 1083; *Schwerdtner*, Rdnr. 161; *Altmeppen*, S. 31 ff., 40 (Wandlung statt Anfechtung); dagegen *Staudinger/Reuter*, § 652, Rdnr. 85.

[97] *LG Hamburg*, MDR 1966, 1000; differenzierend *Altmeppen*, S. 96 ff.

[98] S.o. I, 1, c, (5), Fußn. 85.

[99] *BGHZ* 60, 385 = NJW 1973, 1276 (fehlende Genehmigung); *OLG Düsseldorf*, NJW 1972, 1816; *Schwerdtner*, Rdnr. 172, 293, 306.

[100] S.o. Fußn. 81, 83.

[101] *BGH*, DB 1976, 2252; a.A. *OLG Karlsruhe*, NJW 1958, 1495; OLGZ 1969, 327; *OLG Celle*, NJW-RR 1998, 128.

[102] *BGH*, NJW 1971, 1839; 1973, 651; *KG*, NJW 1968, 1782; *OLG Brandenburg*, NJW-RR 1995, 695; *Schwerdtner*, Rdnr. 220.

[103] *BGH*, NJW 1971, 1839; 1974, 137; 1974, 1130; 1985, 2473; *Dehner*, NJW 1991, 3259; 1993, 3240 m.Nw.; *Schwerdtner*, Rdnr. 231; *Staudinger/Reuter*, § 652, Rdnr. 134.

[104] *BGH*, WM 1978, 708; *Dehner*, NJW 1991, 3259; *Schwerdtner*, Rdnr. 220.

[105] Dagegen *OLG Karlsruhe*, NJW-RR 1996, 629; *Dehner*, S. 48; anders jetzt NJW 1997, 22.

ner in einem sogenannten „institutionalisierten Interessenkonflikt" steht, so daß er als ungeeignet für die dem gesetzlichen Leitbild entsprechende Tätigkeit erscheinen muß (sogenannte unechte Verflechtung).[106]

(3) Ebenso wurde ein Provisionsanspruch verneint, wenn der Makler bei Abschluß des Hauptvertrages als Vertreter des Vertragsgegners mitwirkt; hier liegt ebenfalls eine unerwünschte Interessenkollision vor.[107]

(4) Nach § 2 II Nr. 2 WoVermG ist der Provisionsanspruch ausgeschlossen, wenn der Mietvertrag über Wohnräume abgeschlossen wird, deren Eigentümer, Verwalter oder Vermieter der Wohnungsmakler ist; hier wird also auf die Verwaltung des *Wohnraums*, nicht auf die Verwaltung des *Gemeinschaftseigentums* abgestellt.[108] Eine solche Mitwirkung liegt aber auch vor, wenn der Verwalter durch Ausübung der Zustimmungsbefugnis nach § 12 WEG in den Abschluß des Hauptvertrages eingebunden ist.[109]

(5) Dagegen soll ein persönliches Verhältnis zwischen Makler und Vertragspartner nicht ausreichen, um den Provisionsanspruch zu verhindern.[110]

(6) Unterschiedlich ist allerdings die Rechtslage hinsichtlich der Abdingbarkeit der unter (1) bis (4) erwähnten Einschränkungen.

Während im Rahmen der Wohnungsvermittlung abweichende Vereinbarungen unwirksam sind (§ 2 V WoVermG), hat die Rechtsprechung bei den sonstigen Immobiliengeschäften eine abweichende Vereinbarung zugelassen, soweit der Auftraggeber über die Tatsache der wirtschaftlichen Verflechtung und ihre rechtliche Bedeutung eindeutig aufgeklärt worden ist.[111] Dabei wird allerdings auch die Frage diskutiert, ob es sich in diesen Fällen überhaupt noch um einen Maklervertrag oder um einen selbständigen Vertragstyp handelt.[112] Soweit der Auftraggeber in Kenntnis der Sachlage und des Nichtbestehens des Provisionsanspruchs gleichwohl die geforderte Provision zahlt, ist deren Rückforderung nach § 814 BGB ausgeschlossen.[113]

b) Identität zwischen vereinbartem und eingetretenem Erfolg

Das nachgewiesene Objekt als Vertragsgelegenheit[114] bzw. das vermittelte Geschäft muß mit demjenigen übereinstimmen, mit dessen Her-

---

[106] *BGH*, NJW 1981, 2293; 1987, 1008; *BGHZ* 112, 240 = NJW 1991, 168; 1992, 2818 (Handelsvertreter); *BGHZ* 138, 170 = NJW 1998, 1552; *BGH*, NJW-RR 1998, 992; *LG Hannover*, NJW-RR 1999, 419; *Dehner*, NJW 1991, 3259; 1993, 3241; *E. Graf von Westphalen*, Rdnr. 34, 35; teilw. abw. *OLG Karlsruhe*, NJW-RR 1996, 629.

[107] *BGH*, NJW 1974, 137; 1975, 1215; *Schwerdtner*, Rdnr. 222, 226; *Zopfs*, Rdnr. 46.

[108] *LG Ravensburg*, NJW-RR 1998, 1070; *Dehner*, NJW 1991, 3260; 1993, 3241 m.Nw.; *Schwerdtner*, Rdnr. 230; *Staudinger/Reuter*, § 652, Rdnr. 143.

[109] *BGHZ* 112, 240 = NJW 1991, 168; hierzu *Dehner*, NJW 1991, 3260.

[110] *BVerfGE* 76, 126 = NJW 1987, 2733; *BVerfGE* 78, 128 = NJW 1988, 2663 (Ehefrau); *BGH*, NJW 1981, 2293; abw. *Staudinger/Reuter*, § 652, Rdnr. 140, 145; teilw. abw. *Zopfs*, Rdnr. 47.

[111] *BGH*, NJW 1974, 1132; 1975, 1215; NJW-RR 1987, 1075; *BGHZ* 112, 240 = NJW 1991, 168; *OLG Hamburg*, NJW-RR 1988, 1202; *Staudinger/Reuter*, § 652, Rdnr. 149, 150; Übersicht bei *Zopfs*, Rdnr. 50; krit. *Schwerdtner*, Rdnr. 223 ff.; ders. JZ 1983, 784.

[112] Hierzu *BGH*, NJW-RR 1987, 1075; *Dehner*, S. 50; *Schwerdtner*, Rdnr. 231.

[113] *BGH*, WM 1981, 42; *Dehner*, S. 52.

[114] *Dehner*, NJW 1991, 3253.

beiführung der Makler beauftragt war. Die Parteien haben es durch entsprechend weite oder enge Beschreibung der gesuchten Vertragsgelegenheit in der Hand, die Voraussetzungen der Provisionspflicht zu bestimmen. Hierbei ist stets zu fragen, ob der von dem Auftraggeber mit dem Maklerauftrag bezweckte wirtschaftliche Erfolg eingetreten ist.[115] Bei der Prüfung der wirtschaftlichen Gleichwertigkeit kommen sachliche und personelle Probleme zum Tragen.

(1) Bei der sachlichen Eingrenzung ist unter Beachtung der notwendigen Auslegung des Maklervertrages auf folgende Fallkonstellationen hinzuweisen:

- Abschluß des Hauptvertrages über ein anderes, im Maklervertrag ursprünglich nicht vorgesehenes Objekt;[116]
- Abschluß über nur einen Teil des Objekts;[117]
- Abschluß des Hauptvertrages zu anderen Vertragsbedingungen; hier ist besonders zu klären, ob die im Maklervertag genannten Bedingungen echte Begrenzungen der Maklertätigkeit darstellten[118] oder aber nur Hinweise als Verhandlungsbasis enthielten;[119]
- Abschluß des Hauptvertrages in anderer Rechtsform;[120]
- Folgegeschäfte.[121]

Trotz fehlender sachlicher Identität zwischen ursprünglich beabsichtigtem und später abgeschlossenem Geschäft kann die Provision geschuldet sein, wenn der Auftraggeber sich die Dienste für das abgeschlossene Geschäft gefallen läßt und damit die Abweichung genehmigt.[122]

(2) Eine personelle Identität ist gegeben, wenn die im Maklervertrag vorgesehenen Personen den Hauptvertrag abschließen. Auch hier ist unter dem Gesichtspunkt der wirtschaftlichen Gleichwertigkeit eine gewisse Auflockerung notwendig.[123] Dabei sind zwei Konstellationen zu unterscheiden.

---

[115] *BGH*, NJW 1988, 967, NJW-RR 1998, 411; *Dehner*, NJW 1991, 3259; *Zopfs*, Rdnr. 34. – Zur Darlegungslast des Auftraggebers passim, *BGH*, NJW-RR 1996, 113 (Versäumnisurteil!); krit. hierzu *Dehner*, NJW 1997, 21.

[116] *BGH*, WM 1969, 884; NJW 1986, 1036; NJW-RR 1991, 51.

[117] Hierzu *OLG Nürnberg*, NJW 1961, 512 m. abl. Anm. *Warncke II*; *OLG Hamm*, NJW-RR 1991, 1206; *BGH*, NJW-RR 1996, 113 Nr. 36.

[118] *BGH*, NJW 1988, 967; *Dehner*, S. 37; *Schwerdtner*, Rdnr. 86; *Staudinger/Reuter*, Rdnr. 41, 66.

[119] *BGH*, NJW-RR 1998, 411 (Preisvorstellungen); BGHZ, NJW 1999, 1255; *OLG Hamm*, NJW-RR 1998, 1070; *Dehner*, NJW 1991, 3259, Fußn. 60; 1993, 3240; *Staudinger/Reuter*, § 652, Rdnr. 115; *Zopfs*, Rdnr. 33.

[120] *LG München*, NJW-RR 1992, 54; *OLG Karlsruhe*, NJW-RR 1995, 753; *Dehner*, NJW 1997, 19; *Schwerdtner*, Rdnr. 137; *Staudinger/Reuter*, § 652, Rdnr. 68, 72, 73.

[121] *BGH*, NJW 1986, 1036; NJW-RR 1991, 51; *E. Graf von Westphalen*, Rdnr. 58; *Schwerdtner*, Rdnr. 302; *Staudinger/Reuter*, § 652, Rdnr. 114; *Zopfs*, Rdnr. 57.

[122] *BGH*, WM 1985, 1422; NJW-RR 1996, 113; *Schwerdtner*, Rdnr. 65, 136; *Zopfs*, Rdnr. 33; dagegen *Staudinger/Reuter*, § 652, Rdnr. 67.

[123] *Scheibe*, BB 1988, 849.

Ein Vertragsschluß des Auftraggebers mit einem anderen Interessenten auf der Gegenseite als dem ursprünglich vorgesehenen Partner kann gleichwertig sein, wenn eine besonders enge persönliche oder wirtschaftliche Beziehung zwischen beiden Personen bestand.[124] Schließt nicht der Auftraggeber, sondern ein Dritter den Vertrag ab, so kann ebenfalls der im Maklervertrag vorgesehene wirtschaftliche Erfolg eingetreten sein, wenn eine dem Auftraggeber nahestehende Person den Vertrag abschließt, an dessen Erfolg der Auftraggeber partizipiert, z.B. die Ehefrau,[125] sonstige nahe Angehörige,[126] die Lebensgefährtin[127] oder eine andere dem Auftraggeber nahestehende Person im Gesellschaftsrecht.[128] Eine lockere Geschäftsverbindung zwischen Auftraggeber und Dritten reicht nicht aus.[129] Hat allerdings der Auftraggeber vertragswidrig[130] die Informationen des Maklers an den Dritten weitergegeben, so kann eine Schadensersatzpflicht des Auftraggebers in Frage kommen.[131]

(3) *AGB-Klauseln.* In AGB wird teilweise versucht, das Erfordernis der Identität zwischen erstrebtem und abgeschlossenem Geschäft zugunsten des Maklers aufzulockern. Solche Klauseln sind am Maßstab des § 9 AGBG zu messen.

Keine Bedenken bestehen danach gegen solche Klauseln, wonach es für das Entstehen der Provisionspflicht auf die Herbeiführung des wirtschaftlichen Erfolgs ankommt, da sie nur die oben wiedergegebene Rechtslage wiederholen.[132] Zulässig sind in gewissem Rahmen die Gleichstellung von Verträgen mit Dritten, an die der Auftraggeber die Maklerinformation weitergegeben hat.[133] Der zulässige Bereich der Bestimmung des wirtschaftlichen Erfolgs ist aber überschritten, wenn die Provision nach den AGB auch anfallen soll für sogenannte Zusatzgeschäfte,[134] für zeitlich später liegende, das gleiche Objekt betreffende Geschäfte,[135] oder für sogenannte Folgegeschäfte über andere, nicht nachgewiesene Objekte zwischen den gleichen Parteien.[136] Hier wird das gesetzliche Leitbild des Maklervertrages, der sich auf die Herbeiführung eines bestimmten wirtschaftlichen Erfolges durch den Makler bezieht und die hierbei anfallende Pro-

---

124 *BGH*, § 652 BGB, Nr. 55, 86; NJW 1984, 358; *OLG Karlsruhe*, NJW-RR 1988, 249; *LG Freiburg*, NJW-RR 1990, 373; *Dehner*, NJW 1991, 3256, Fußn. 60.

125 *BGH*, NJW 1976, 1844; WM 1984, 1412; a.A. *OLG Hamm*, NJW-RR 1988, 685 (die Gleichstellung mit dem vom BVerfG Fußn. 110 – entschiedenen „umgekehrten" Fall ist m.E. verfehlt).

126 Hierzu *Schwerdtner*, Rdnr. 142.

127 *BGH*, NJW 1991, 490; *OLG Koblenz*, MDR 1986, 317.

128 *BGH*, NJW 1995, 3311 (Best. von *OLG Karlsruhe*, NJW-RR 1995, 1136); NJW-RR 1998, 411; *OLG München*, NJW-RR 1995, 1525; *OLG Koblenz*, NJW-RR 1991, 881; MDR 1993, 122; eingehend hierzu *Scheibe*, JuS 1999, 117 m.Nw. – Der Provisionsanspruch richtet sich gegen den Auftraggeber, nicht gegen den Dritten: *BGH*, NJW-RR 1997, 1276, es sei denn, die Voraussetzungen des § 826 BGB sind gegeben, *OLG Koblenz*, NJW-RR 1991, 881.

129 *BGH*, NJW 1984, 358; *LG Freiburg*, NJW-RR 1990, 373.

130 S.u. II, 11, Fußn. 294.

131 *BGH*, NJW 1987, 2431; *OLG München*, NJW-RR 1995, 1525; *OLG Dresden*, NJW-RR 1999, 847; *Reuter*, NJW 1990, 1327; *Scheibe*, BB 1988, 853; *Schwerdtner*, Rdnr. 124.

132 *BGH*, NJW-RR 1986, 50; weitere Beispiele bei *Tempel*, S. 389, Fußn. 67.

133 *BGH*, NJW 1987, 2431; *OLG Koblenz*, NJW-RR 1991, 881; *Zopfs*, Rdnr. 64; abl. für den Vermittlungsmakler *E. Graf von Westphalen*, Rdnr. 68.

134 Beispiele bei *Tempel*, S. 390, Fußn. 70; *OLG Koblenz*, NJW-RR 1991, 881.

135 Beispiele bei *Tempel*, S. 390; Fußn. 72; *BGH*, WM 1973, 611; *OLG Düsseldorf*, NZM 1998, 272; *Schwerdtner*, Rdnr. 302, 303.

136 *BGHZ* 60, 243 = NJW 1973, 990; *BGH*, NJW 1986, 1036; *E. Graf von Westphalen*, Rdnr. 57; *Staudinger/Reuter*, § 652, Rdnr. 228.

vision für den Auftraggeber kalkulierbar macht, verlassen.[137] Derartige Ausdehnungen sind nur im Rahmen einer Individualabrede zulässig.[138]

3. Erforderliche Dienstleistung des Maklers

Der Makler erwirbt nur dann einen Anspruch auf die Provision, wenn er bei dem zustandegekommenen Geschäft mitgewirkt hat. Die erforderliche Dienstleistung kann in einem Nachhinweis des Objekts oder in einer Vermittlung bei dem Zustandekommen des Hauptvertrages bestehen. Ist im Maklervertrag nichts Konkretes vereinbart, so genügt eine Nachweistätigkeit.[139]

a) Nachweistätigkeit

Der Nachweismakler hat seine Provision verdient, wenn er dem Auftraggeber ausreichende Kenntnis von der konkreten Möglichkeit eines Vertragsschlusses verschafft hat: Eine zusätzlich geleistete Vermittlungstätigkeit ist dann ohne rechtliche Bedeutung,[140] während Vermittlungstätigkeit ohne Nachweis nicht ausreicht.[141] Wird im Maklervertrag von „Nachweis und Vermittlung" gesprochen, so ist es eine Frage der Auslegung im Einzelfall, ob diese Angabe kumulativ oder alternativ zu verstehen ist.[142]

(1) Das nachgewiesene Objekt muß zum Verkauf (Vermietung) anstehen, wobei es unschädlich ist, daß der benannte Dritte im Zeitpunkt des Nachweises noch nicht Eigentümer ist oder noch nicht die Verfügungsbefugnis hat, wenn er fähig und willens ist, sich diese Stellung zu verschaffen.[143]

Liegt dagegen bei dem benannten Dritten keine Verkaufsbereitschaft vor, so ist eine provisionspflichtige Nachweistätigkeit des Maklers zu verneinen, selbst wenn der Dritte sich später zum Verkauf (Vermietung) entschließt und der Auftraggeber dann den Vertrag ohne Mitwirkung des Maklers abschließt.[144] Ebensowenig ist ein provisionspflichtiger Nachweis gegeben, wenn der Eigentümer (Vermieter) seine Bereitschaft zum Vertragsschluß endgültig aufgibt und später eine neue Gelegenheit zum Vertragsschluß entsteht, die der Maklerkunde wahrnimmt.[145]

---

[137] S.o. I, 3, d, (3).

[138] Einschr. *Schwerdtner*, Rdnr. 304 (§ 138 BGB).

[139] *Schwerdtner*, Rdnr. 98; *Staudinger/Reuter*, § 652, Rdnr. 27.

[140] *Schwerdtner*, Rdnr. 90.

[141] *OLG Frankfurt*, MDR 1984, 53; *E. Graf von Westphalen*, Rdnr. 9; *Dehner*, S. 21.

[142] *Dehner*, NJW 1994, 18, Fußn. 4; abw. *OLG Koblenz*, NJW-RR 1984, 824 (alternativ); *Schwerdtner*, Rdnr. 98 a.E. (im Zweifel kumulativ).

[143] *BGH*, NJW-RR 1991, 371; 1996, 113, Nr. 36.

[144] *BGH*, NJW-RR 1991, 950; *OLG Hamm*, NJW-RR 1999, 633; *Dehner*, NJW 1991, 3257.

[145] *BGH*, NJW-RR 1990, 1008; 1991, 950; *OLG Frankfurt*, NJW-RR 1999, 635. – Andere wollen hier auf die Unterbrechung des Kausalzusammenhangs abstellen; s.u. II, 4, b, (3), Fußn. 190.

(2) Der Makler muß das Objekt dem Auftraggeber so benennen, daß dieser in der Lage ist, unverzüglich konkrete Verhandlungen mit dem benannten vorgesehenen Vertragspartner aufzunehmen.[146]

Dazu gehört in der Regel die Bekanntgabe von Name und Anschrift des Eigentümers/Vermieters bzw. seines Vertreters (Verwalters).[147] Die Übergabe einer Liste mit allen möglichen Objekten genügt nicht,[148] ebensowenig wie die Verweisung an andere Mittelspersonen.[149] Woher der Makler diese Kenntnis hatte, ist belanglos; auch eine durch Zeitungsanzeigen erlangte Kenntnis und Weitergabe derselben an den Auftraggeber ohne Zustimmung des Dritten steht dem Provisionsanspruch nicht entgegen.[150] Die Rechtsprechung läßt von dem Erfordernis der Bekanntgabe von Name und Anschrift des Dritten jedoch Ausnahmen zu: einmal, wenn bei Mitteilung des Objekts keine weiteren Nachforschungen zur Feststellung des Verkäufers erforderlich sind,[151] zum andern, wenn es dem Kunden zunächst gar nicht auf die Person des Verkäufers ankommt und er später den Hauptvertrag „am Makler vorbei" abschließt.[152]

(3) Die Provision ist mangels Nachweis nicht verdient, wenn der Auftraggeber von dem mitgeteilten Objekt und der Verkaufs-(Vermietungsbereit-)schaft schon vorher Kenntnis hatte.[153]

Erforderlich ist aber eine solche Kenntnis, die es dem Auftraggeber ermöglicht hätte, die Verhandlungen mit dem vorgesehenen Vertragspartner aufzunehmen.[154] Vage Vermutungen über eine Gelegenheit zum Vertragsschluß genügen nicht, so daß zusätzliche Informationen des Maklers einen echten Nachweis darstellen können.[155] Ebensowenig genügt eine früher einmal vorhandene Kenntnis, die dem Auftraggeber keinen Anstoß zu Verhandlungen gab und sozusagen „abgelegt" war.[156]

Die so umschriebene „Vorkenntnis" reicht bei ihrem objektiven Vorliegen zum Ausschluß der Nachweistätigkeit aus; der Auftraggeber ist also nicht zur Offenbarung der-

---

[146] *BGH*, WM 1987, 23; NJW-RR 1988, 1397; *OLG München*, NJW-RR 1993, 1272; *Schwerdtner*, Rdnr. 91; *Staudinger/Reuter*, § 652, Rdnr. 32; sehr weitgehend *OLG Köln*, ZMR 1982, 18 (Übersendung der Planungsunterlagen); *Dehner*, S. 23 (Bekanntgabe der Erwerbsbedingungen).

[147] *BGH*, WM 1984, 560; NJW-RR 1987, 172; NJW 1987, 1628; *KG*, OLGZ 1985, 367; *OLG Frankfurt*, NJW-RR 1986, 352; *OLG Düsseldorf*, NJW-RR 1999, 349; *OLG Hamm*, NJW-RR 1999, 632 (Miteigentümer); *Schwerdtner*, Rdnr. 91; *Zopfs*, Rdnr. 25.

[148] *Staudinger/Reuter*, Rdnr. 35.

[149] *Schwerdtner*, Rdnr. 93; *Staudinger/Reuter*, Rdnr. 36.

[150] *AG Köln*, NJW 1973, 662; *Schwerdtner*, Rdnr. 95.

[151] *Schwerdtner*, Rdnr. 94. – Beispiel: Der Verkäufer wohnt im eigenen Einfamilienhaus.

[152] *BGH*, WM 1984, 560; NJW-RR 1987, 172; NJW 1987, 1628; WM 1987, 511; *OLG Hamm*, NJW-RR 1999, 632; hierzu *Zopfs*, Rdnr. 25.

[153] *BGH*, NJW-RR 1990, 1269; *Schwerdtner*, Rdnr. 96, 97 mit Einzelfragen; *Zopfs*, Rdnr. 24, 42; zur Zurechnung der Kenntnis eines eingeschalteten Beraters vgl. *BGH*, NJW 1971, 1133. – Zum Erfordernis der positiven Kenntnis vgl. *OLG München*, NJW-RR 1991, 1145 (Wechsel des Sachbearbeiters); Zugang eines Briefes i.S. von § 130 BGB reicht nicht: *Staudinger/Reuter*, § 652, Rdnr. 107; a.A. *OLG Köln*, NJW 1966, 1412.

[154] *BGH*, NJW 1983, 1849; NJW-RR 1990, 1008; 1996, 691; *Dehner*, NJW 1991, 3257; 1993, 3238; 1997, 19.

[155] *BGH*, NJW 1983, 1849; NJW-RR 1990, 1269; *E. Graf von Westphalen*, Rdnr. 70; *Zopfs*, Rdnr. 43 m.w.Nw.

[156] *BGH*, NJW 1983, 1849; *Dehner*, S. 27; vgl. auch *BGH*, NJW-RR 1991, 950; *Zopfs*, Rdnr. 43a.

selben verpflichtet.[157] Nur wenn der Auftraggeber auf ausdrückliches Befragen des Maklers eine vorhandene Vorkenntnis verneint, soll eine spätere Berufung hierauf ausgeschlossen sein.[158] Das bloße Verschweigen der Vorkenntnis kann aber zu einer Ersatzpflicht des Auftraggebers aus positiver Vertragsverletzung führen, wenn der Makler in der Folgezeit nutzlosen Aufwand betreibt.[159] Schließlich kann eine erstmals im Prozeß behauptete Vorkenntnis im Falle ihres Bestreitens durch den Makler im Rahmen der Beweiswürdigung eine Rolle spielen.

b) Vermittlungstätigkeit

Der Vermittlungsmakler verdient seine Provision durch Einwirken auf den Vertragsgegner des Auftraggebers, um dessen Abschlußbereitschaft herbeizuführen.[160] Einer Mitwirkung bei dem eigentlichen Vertragsschluß bedarf es dagegen nicht.[161] Dagegen vermag die Nachweistätigkeit allein die nach dem Maklervertrag geforderten Vermittlerdienste nicht zu ersetzen.[162]

(1) Ein bloßes Zusammenbringen der Interessenten reicht ebensowenig aus wie eine Einwirkung auf den Auftraggeber selbst, den Vertrag abzuschließen.[163]

Ist der Vertragsgegner bereits zum Vertragsschluß bereit, so genügt die Feststellung dieses Entschlusses durch den Makler, um die Provision auszulösen.[164] War der Makler schließlich dazu eingeschaltet, einen höheren (bzw. niederen) Kaufpreis auszuhandeln und scheitert dieser Versuch, so ist die Provision nicht verdient.[165]

(2) In der Regel muß der Makler auf den Vertragsgegner selbst eingewirkt haben; eine mittelbare Einwirkung dergestalt, daß der Makler mit einem Dritten verhandelt, der seinerseits auf den Vertragspartner einwirkt, reicht nur bei besonders engen persönlichen oder wirtschaftlichen Beziehungen zwischen Dritten und Vertragspartner aus.[166]

---

[157] *OLG Karlsruhe*, NJW-RR 1994, 509; *Dehner*, NJW 1997, 20; *Reuter*, NJW 1990, 1325; a.A. *OLG Köln*, NJW-RR 1993, 764.

[158] *BGH*, NJW-RR 1996, 114; *E. Graf von Westphalen*, Rdnr. 70.

[159] *Reuter*, NJW 1990, 1325; *Staudinger/Reuter*, § 652, Rdnr. 29 (Analogie zu § 307 BGB).

[160] *BGH*, NJW 1976, 1844; NJW-RR 1989, 1071, 1073; 1991, 820; *OLG Koblenz*, NJW-RR 1992, 891; *Dehner*, NJW 1991, 3257; *Staudinger/Reuter*, Rdnr. 38, 118; *Schwerdtner*, Rdnr. 85, 86.

[161] *OLG Hamm*, MDR 1957, 36.

[162] *BGH*, NJW 1981, 277; NJW-RR 1989, 1071; *Dehner*, S. 22; *Schwerdtner*, Rdnr. 98; a.A. *OLG München*, NJW-RR 1996, 239; eine abw. Auslegung des Maklervertrages durch das Berufungsgericht billigend *BGH*, NJW-RR 1994, 1260; hierzu *Zopfs*, Rdnr. 23.

[163] Vgl. auch *BGH*, NJW 1976, 44 (Verhandeln mit dem Notar). – Ob das „Vermitteln" ein Verhandeln mit beiden Seiten verlangt, ist zweifelhaft; hierzu *Schwerdtner*, Rdnr. 86.

[164] *Schwerdtner*, Rdnr. 86 m.Nw.

[165] S.o. II, 2, b, (1), Fußn. 118.

[166] *BGH*, NJW 1976, 1844; 1984, 358; *Dehner*, S. 95; *Zopfs*, Rdnr. 30.

c) AGB-Klauseln

In den AGB enthaltene Klauseln, die die Provision des Maklers von dessen notwendiger Dienstleistung (Nachweis oder Vermittlung) loslösen wollen, sind im Hinblick auf die zum gesetzlichen Leitbild des Maklervertrages gehörende Erfolgsabhängigkeit der Maklerprovision gemäß § 9 AGBG unwirksam.[167]

Die in den Maklerbedingungen früher durchweg enthaltene „Vorkenntnisklausel", wonach der Auftraggeber die Obliegenheit hatte, diese Vorkenntnis unverzüglich bei einem nachgewiesenen Objekt zu offenbaren, andernfalls er sich auf eine solche Vorkenntnis nicht mehr berufen könne, hat der BGH im Hinblick auf die Ablehnung einer solchen Offenbarungspflicht[168] nicht mehr anerkannt.[169] Nach dem Verdikt des BGH ist die Praxis auf konkrete Nachweisbestätigungen[170] ausgewichen. Im übrigen ist bei Unwirksamkeit der Vorkenntnisklausel nunmehr im Prozeß zu prüfen, ob eine solche Vorkenntnis vorlag[171], gegebenenfalls, ob trotz Vorkenntnis die zusätzliche Mitteilung des Maklers für den Abschluß des Hauptvertrages ursächlich war.[172]

4. Das Erfordernis der Kausalität

a) Allgemeines

Der Makler hat nach § 652 I BGB seine Provision nur verdient, wenn der Hauptvertrag „infolge" des Nachweises oder „infolge" der Vermittlung zustandekommt.

(1) Bei der hiernach erforderlichen Kausalität zwischen Maklertätigkeit und Erfolg genügt nicht jede „conditio sine qua non". Vielmehr ist nur diejenige Tätigkeit des Maklers in den Kreis der Kausalitätsbetrachtung einzubeziehen, die auf den nach dem Vertrag herbeizuführenden Erfolg zielgerichtet war (sogenannte vertragsadäquate Kausalität).[173]

Das bedeutet auch die Eingrenzung der Kausalität, auf das (die) im Maklervertrag umgrenzte(n) Objekt(e),[174] woraus die fehlende Provisionspflicht für Folgegeschäfte hergeleitet werden kann.[175] – Insgesamt genügt dem Erfordernis der vertragsadäquaten Kausalität auch eine entsprechende Mitursächlichkeit des Maklerverhaltens.[176]

---

[167] *OLG Düsseldorf*, NJW 1972, 1816; *Schwerdtner*, Rdnr. 306; s.o. I, 3, d, (3), Fußn. 59.

[168] S.o. Fußn. 157.

[169] *BGH*, NJW 1971, 1133; 1976, 2346; krit. *Schwerdtner*, Rdnr. 97, 297; *Reuter*, NJW 1990, 1328; *Staudinger/Reuter*, § 652, Rdnr. 224, 226; *Baumgärtel/Laumen*, Handb. der Beweislast, Bd. 1, § 652 BGB, Rdnr. 16–18 m.Nw. (widerlegbare Vermutung).

[170] Hierin liegt ein deklaratorisches Schuldanerkenntnis; *Schwerdtner*, Rdnr. 97.

[171] S. bereits oben 3, a, (3).

[172] S.o. Fußn. 155.

[173] *BGH*, NJW 1976, 1844; NJW-RR 1988, 1397; 1990, 1008; *BGHZ*, NJW 1999, 1255 m.Nw.; *OLG Karlsruhe*, NJW 1966, 2169; *OLG Dresden*, NJW-RR 1998, 994; *Schmidt-Salzer*, DB 1969, 1091; *Schwerdtner*, Rdnr. 192; *Staudinger/Reuter*, § 652, Rdnr. 104; *Zopfs*, Rdnr. 41.

[174] *LG Heidelberg*, MDR 1965, 132; s.o. II, 2, b.

[175] S.o. II, 2, b, (1), Fußn. 121; vgl. auch *Zopfs*, Rdnr. 31.

[176] *BGH*, NJW 1983, 1849; *Mormann*, WM 1971, 1070; *Staudinger/Reuter*, § 652, Rdnr. 104; krit. *Schwerdtner*, Rdnr. 179.

(2) Die Darlegung eines hypothetischen Kausalverlaufs, der später ohne Einschaltung des Maklers zum Erfolg geführt hätte, schließt die Kausalität nicht aus.[177]

(3) Der Kausalität zwischen den Maklerdiensten und dem Abschluß des Hauptvertrages steht schließlich auch nicht entgegen, daß der Hauptvertrag erst abgeschlossen wird, nachdem der Maklervertrag durch Kündigung oder Widerruf beendet worden ist.[178]

b) Kausalität bei Nachweistätigkeit

Ausgangspunkt ist der Nachweis der Gelegenheit des Vertragsschlusses, wie er im Maklervertrag vereinbart war.[179] Bei der erforderlichen Kausalität zwischen diesem Nachweis und dem Abschluß des Hauptvertrages ergeben sich für den beweisbelasteten Makler gewisse Schwierigkeiten, da er ja bei den Vertragsverhandlungen nicht zugegen sein muß und damit die einzelnen Zusammenhänge, wie es zur Aufnahme der Vertragsverhandlungen und zum Abschluß des Hauptvertrages gekommen ist, nicht kennt.

(1) Die Rechtsprechung erleichtert dem Makler die Beweisführung durch eine Beweislastregel: Stehen die – unter 3, a beschriebene – Nachweistätigkeit des Maklers und der zeitlich spätere Abschluß des Hauptvertrages fest, so wird der Kausalzusammenhang zwischen beiden vermutet; es ist dann Sache des Auftraggebers zu beweisen, daß eine ursächliche Verknüpfung zwischen Nachweis und Vertragsschluß nicht gegeben war.[180]

(2) Behauptet der Auftraggeber, von dem genannten Objekt schon vorher Kenntnis gehabt zu haben,[181] so muß an und für sich der Makler beweisen, daß er dem Auftraggeber erstmalig den Nachweis für den Vertragsschluß erbracht hat.[182]

Um diese für den Makler schwierige Beweislage[183] zu mildern, erscheint es angebracht, die unter (1) erwähnte Beweisregel auch hier anzuwenden. Liegen Nachweis und Abschluß des Hauptvertrages fest, so muß der Auftraggeber darlegen, daß er im Zeitpunkt des Nachweises schon von dritter Seite Kenntnis von der Vertragsgelegenheit hatte.[184] Hat der Auftraggeber diesen Beweis geführt, obliegt es wiederum dem

---

[177] *BGH*, NJW 1983, 1849; *OLG Karlsruhe*, NJW-RR 1996, 628; *Schwerdtner*, Rdnr. 177, 192; *Staudinger/Reuter*, § 652, Rdnr. 108.

[178] *BGH*, NJW 1965, 964; *E. Graf von Westphalen*, Rdnr. 21; *Schwerdtner*, Rdnr. 173.

[179] *BGH*, NJW 1988, 942; NJW-RR 1991, 950; *Dehner*, NJW 1991, 3257.

[180] *BGH*, NJW 1971, 1133; 1979, 869; 1983, 1849; *Schwerdtner*, Rdnr. 179; einschr. *Baumgärtel/Laumen*, Handb. der Beweislast, Bd. 1, § 652 BGB, Rdnr. 7 ff.; *Staudinger/Reuter*, § 652, Rdnr. 30, 116 (nur Anscheinsbeweis); abl. *Werner*, JurAnalysen, 1979, 377.

[181] *Staudinger/Reuter*, § 652, Rdnr. 105; andere lassen es bereits am Nachweis fehlen, s.o. II, 3, a, (3).

[182] *BGH*, NJW 1969, 645; *OLG Köln*, NJW 1968, 2011.

[183] *Knieper*, NJW 1970, 1293; *Schwerdtner*, Rdnr. 199; *Werner*, JurAnalysen 1970, 359.

[184] *BGH*, WM 1984, 62, 63; *Baumgärtel/Laumen* (Fußn. 180), Rdnr. 11, 12; *Schwerdtner*, Rdnr. 199.

Makler, den Beweis dafür zu führen, daß seine Tätigkeit für den Vertragsschluß gleichwohl ursächlich war,[185] z.B. bei Lieferung zusätzlicher Informationen.[186]

(3) Eine Unterbrechung des Kausalzusammenhangs kann auch bei längerem zeitlichen Zwischenraum zwischen Nachweis und Vertragsschluß in Frage kommen, allerdings nur dann, wenn die Vertragsverhandlungen lange Zeit geruht haben und ein sachlicher Zusammenhang zwischen Nachweis und Neuaufnahme der Verhandlungen nicht mehr festgestellt werden kann.[187]

Weitere Indizien für die Unterbrechung des Kausalzusammenhangs sind die Rücknahme des Maklerauftrags[188] sowie eine neue Entscheidungsgrundlage.[189] Hier kann der Provisionsanspruch aber schon daran scheitern, daß zwischen dem im ursprünglichen Maklervertrag vorgesehenen Hauptvertrag und späteren Vertragsschluß keine Vertragsidentität mehr besteht.[190]

c) Kausalität bei Vermittlungstätigkeit

Bei einem Vermittlungsauftrag ist die Kausalität zu bejahen, wenn die Vermittlungstätigkeit des Maklers zu dem Vertragsschluß beigetragen hat.[191]

Auch hier wird man entsprechend der oben unter b) (1) erwähnten Beweisregel davon ausgehen müssen, daß bei festgestellter Vermittlungstätigkeit und anschließendem Vertragsschluß die Kausalität vermutet wird und der Auftraggeber somit Umstände dartun muß, die eine Kausalität ausschließen. Die Kausalität ist immer noch gegeben, wenn die von dem Makler geführten Verhandlungen zunächst scheiterten und abgebrochen wurden und der Vertrag dann später direkt zwischen den Parteien ausgehandelt wird.[192] Auch hier kann eine Unterbrechung des Kausalzusammenhangs bei Ruhen der Verhandlungen nur bei sehr langen Zeiträumen in Frage kommen.[193] Auch für derartige, die Kausalität ausschließenden Umstände ist der Auftraggeber beweispflichtig.[194]

d) Kausalität bei Einschaltung mehrerer Makler

Eine erhebliche Bedeutung hat das Erfordernis der Kausalität bei Einschalten und Tätigwerden mehrerer Makler. Im Hinblick darauf, daß eine mitursächliche Tätigkeit des Maklers genügt, besteht bei Beauftragung mehrerer Makler die Möglichkeit und Gefahr für den Auftraggeber, ge-

---

185 *BGH*, MDR 1969, 645; *Schwerdtner*, Rdnr. 199.

186 S.o. II, 3, b, (3), Fußn. 155.

187 *BGH*, NJW 1983, 1849; *BGHZ*, NJW 1999, 1255 m.Nw.; *OLG Bamberg*, NJW-RR 1998, 565; *OLG Hamm*, NJW-RR 1998, 1070; *Lauer*, MDR 1986, 809; *Schwerdtner*, Rdnr. 193; *Staudinger/Reuter*, § 652, Rdnr. 106, 109, 111.

188 *Lauer*, MDR 1986, 810.

189 *BGH*, NJW-RR 1988, 942 (Zwischenerwerb); *AG Nürtingen*, NJW-RR 1994, 1079; *Lauer*, MDR 1986, 809; *Schwerdtner*, Rdnr. 187.

190 *BGH*, NJW-RR 1991, 950; *OLG Bamberg*, NJW-RR 1998, 565.

191 *Schwerdtner*, Rdnr. 183; *Staudinger/Reuter*, § 652, Rdnr. 118.

192 *BGH*, BB 1955, 490; *OLG Hamm*, MDR 1959, 841.

193 *Schwerdtner*, Rdnr. 140.

194 *BGH*, WM 1977, 207; *Schwerdtner*, Rdnr. 196.

genüber mehreren Maklern provisionspflichtig zu werden.[195] Von den Berufsverbänden der Makler hierzu herausgegebene Richtlinien über „Gemeinschaftsgeschäfte“ haben für das Außenverhältnis zwischen Makler und Kunden keine rechtliche Bedeutung.[196]

(1) Gering ist diese Gefahr bei dem Zusammentreffen mehrerer *Nachweismakler.* Auszugehen ist davon, daß der zunächst eingeschaltete Makler mit seinem Nachweis die Provision verdient hat und sich hieran bei weiteren Nachweisen durch andere Makler nichts ändert; die Tätigkeit des ersten Nachweismaklers bleibt selbst dann ursächlich, wenn nach Einschaltung des zweiten Maklers der Vertrag zu einem geringeren Preis als ursprünglich angeboten abgeschlossen wird.[197] Gegenüber den Ansprüchen der späteren Nachweismakler kann sich der Auftraggeber auf den Nachweis des ersten Maklers und die hierdurch eingetretene Vorkenntnis berufen.[198] Die späteren Nachweismakler können nur dann einen Provisionsanspruch erwerben, wenn sie beweisen, daß der erste Nachweis nicht ursächlich war, weil er bei dem Auftraggeber infolge Zeitablaufs in Vergessenheit geraten war[199] oder wenn der „Zweitnachweis“ wirklich den Ausschlag für den Vertragsschluß gegeben hat.[200] Bei gleichzeitigem Nachweis erhält nur derjenige Makler eine Provision, der in Abweichung von der oben[201] dargestellten Beweisregel nachweist, daß sein Nachweis für den Abschluß ursächlich war.[202]

(2) Beim Zusammentreffen eines *Nachweismaklers* mit einem späteren *Vermittlungsmakler* erhalten nach h.M. beide Makler ihre Provision, da jeder Makler die ihm obliegende Tätigkeit ausgeführt hat.[203] Ist zunächst ein *Vermittlungsmakler* eingeschaltet, so kann ein späterer *Nachweismakler* keine Provision mehr fordern, da dem die Vorkenntnis entgegensteht.[204]

(3) Beim Zusammentreffen zweier *Vermittlungsmakler* neigt die Rechtsprechung ebenfalls zu einer Häufung der Provisionsansprüche.[205] Etwas anderes gilt auch hier nur dann, wenn der Auftraggeber nachweist, daß die Vermittlungstätigkeit des einen Maklers nicht ursächlich für den Vertragsschluß war, weil die Verhandlungen auf der von ihm geschaffenen Basis erfolglos waren und abgebrochen wurden.[206] Überschneiden sich dagegen die Vermittlungstätigkeiten, so hat der Makler an jeden die volle Provision zu zahlen.[207] Etwas anderes kommt nur in Betracht, wenn die mehreren Makler in gegenseitigem Einvernehmen zugezogen wurden.[208]

---

[195] Zum Gesamtproblem vgl. *Knütel*, ZHR 144 (1980), 289; *Schwerdtner*, Rdnr. 181 ff.; *Schäfer*, MDR 1988, 354.

[196] *Dehner*, S. 82 ff.; zum Innenverhältnis vgl. *BGH*, NJW-RR 1987, 171; *OLG Karlsruhe*, NJW-RR 1993, 762; *Dehner*, NJW 1993, 3237, Fußn. 13 m.Nw.

[197] *BGH*, NJW 1980, 123; *BGHZ* 78, 269 = NJW 1981, 387.

[198] *Reichel*, Die Maklerprovision (1913), S. 180; *Schäfer*, MDR 1988, 535; *Staudinger/Reuter*, § 652, Rdnr. 125.

[199] S.o. Fußn. 156; *Knütel* (Fußn. 195), S. 324; teilw. abw. *OLG Frankfurt*, NJW 1979, 878.

[200] *BGH*, NJW 1996, 114; *OLG München*, OLGZ 1978, 444; *Dehner*, NJW 1997, 20; *Schwerdtner*, Rdnr. 181.

[201] S.o. Fußn. 180.

[202] *BGH*, NJW 1979, 869 = JR 1979, 368 m. Anm. *Knütel*; *Schäfer*, MDR 1988, 535; vgl. hierzu *Knütel* (Fußn. 195), S. 313 ff., der für eine Provisionsteilung eintritt; ferner *Wolf*, WM 1981, 670.

[203] *BGH*, NJW 1977, 41; *Staudinger/Reuter*, § 652, Rdnr. 123.

[204] *Schäfer*, MDR 1988, 537.

[205] *Mormann*, WM 1968, 959; *Schwerdtner*, Rdnr. 181.

[206] *OLG München*, DJ 1938, 343 = HRR 1938 Nr. 433 (L); *Schwerdtner*, Rdnr. 184.

[207] *BGH*, NJW 1977, 41; 1980, 123; abw. *Knütel* (Fußn. 195), S. 316, der (analog § 660 BGB) für eine Provisionsteilung eintritt; dagegen *Schwerdtner*, Rdnr. 181.

[208] *Schwerdtner*, Rdnr. 181 a.E.; siehe auch *Staudinger/Reuter*, § 652, Rdnr. 123.

e) AGB-Klauseln

Abweichende Vereinbarungen in AGB, nach denen der Makler auch ohne den erforderlichen Kausalzusammenhang zwischen Maklertätigkeit und Vertragsschluß eine Provision fordern kann, sind nach § 9 AGBG unwirksam; zulässig sind insoweit nur Individualabreden.[209]

(1) Unzulässig ist danach auch die sogenannte Rückfrageklausel, nach der der Auftraggeber verpflichtet ist, vor Abschluß des Vertrages bei dem Makler rückzufragen, ob die Zuführung des Vertragspartners auf seinen Nachweis zurückzuführen ist.[210]

(2) Ferner sind Klauseln unwirksam, wonach bei Abschluß des Hauptvertrages binnen einer bestimmten Frist nach Nachweis oder Vermittlung der Kausalzusammenhang vermutet wird.[211] Dem Interesse des Maklers ist schon durch die mehrfach erwähnte Beweislastregel[212] Rechnung getragen; starre Fristen, innerhalb deren der Kausalzusammenhang unwiderlegbar vermutet wird, widersprechen der oben dargestellten Rechtslage, wonach dem Auftraggeber im Einzelfall der Nachweis der Unterbrechung des Kausalzusammenhanges offen bleiben muß.[213]

5. Das Erfordernis der Kenntnis des Auftraggebers von der Maklertätigkeit

Nach der Rechtsprechung ist der Provisionsanspruch des Maklers nur gegeben, wenn der Auftraggeber bei Abschluß des Hauptvertrages Kenntnis davon gehabt hat, daß der Makler zum Zustandekommen des Vertrages beigetragen hat.[214] Begründet wird dies mit der Erwägung, daß nur dann der Auftraggeber in der Lage sei, bei Festlegung des Kaufpreises (bzw. einer sonstigen Vergütung) und den sonstigen Vertragsbedingungen den von ihm geschuldeten Maklerlohn einzukalkulieren. Etwas anderes soll dann gelten, wenn feststehe, daß der Auftraggeber auch bei Kenntnis der Provisionsverpflichtung zum gleichen Preis abgeschlossen hätte.[215]

Dieses Erfordernis widerspricht m.E. dem Gesetz. Es legt dem Makler eine Verpflichtung auf, die er kaum erfüllen kann. Umgekehrt ist es dem Auftraggeber zuzumuten, sich bei dem von ihm beauftragten Makler zu erkundigen, ob ein Kaufinteressent von dem Makler zugeführt wurde.[216]

---

209 *BGHZ* 88, 368 = NJW 1984, 360; NJW-RR 1986, 347; *E. Graf von Westphalen*, Rdnr. 49, 50; *Schwerdtner*, Rdnr. 202; *Staudinger/Reuter*, § 652, Rdnr. 227.

210 *E. Graf von Westphalen*, Rdnr. 74; *Schwerdtner*, Rdnr. 300; a.A. früher *OLG Karlsruhe*, OLGZ 1967, 134.

211 a.A. früher *Tempel*, S. 394.

212 S.o. Fußn. 180.

213 S.o. Fußn. 184, 193, 194.

214 *RGZ* 83, 32; *RG*, JW 1937, 222; *Schwerdtner*, Rdnr. 204; *Staudinger/Reuter*, § 652, Rdnr. 37.

215 *RGZ* 68, 202; *BGH*, NJW-RR 1994, 1260.

216 *OLG München*, NJW 1968, 894; krit. auch *Knütel* (Fußn. 195), S. 528; teilw. krit. auch *Schwerdtner*, Rdnr. 207.

6. *Zusätzliche vertraglich vereinbarte Erfordernisse*

Die Parteien des Maklervertrages können im Einzelfall den Anfall der Provision von weiteren Voraussetzungen abhängig machen. So kann der Provisionsanspruch vor allem von der Durchführung des Hauptvertrages abhängig gemacht werden.[217]

Es bedarf in diesem Fall der Prüfung, ob hierdurch nur die Fälligkeit des Provisionsanspruchs hinausgeschoben werden oder aber die Entstehung des Anspruchs durch die Vertragsausführung bedingt sein soll. Im ersten Fall wird der Provisionsanspruch trotz Nichtdurchführung des Hauptvertrages nach einer gemäß § 242 BGB zu bestimmenden Zeitspanne fällig,[218] bei der zweiten Alternative entsteht kein Provisionsanspruch – § 87a HGB ist nicht entsprechend anwendbar –, es sei denn, daß die Durchführung des Vertrages treuwidrig unterblieb.[219]

7. Ausschlußtatbestände

a) Doppeltätigkeit des Maklers

Der Provisionsanspruch des Maklers ist ausgeschlossen, wenn er „dem Inhalt des Vertrages zuwider" auch für den Dritten tätig geworden ist (§ 654 BGB).[220] Grundgedanke dieser Verwirkung ist, daß in diesem Fall die Neutralität des Maklers gegenüber dem Auftraggeber nicht gesichert ist.[221]

(1) Ein etwaiges vertragswidriges Verhalten von Erfüllungsgehilfen muß sich der Makler nach § 278 BGB zurechnen lassen.[222] Auf den Eintritt eines Schadens kommt es nicht an.[223]

(2) Bei der gesetzlichen Regelung bleibt offen, wann der Makler „dem Inhalt des Vertrages zuwider" für den „Vertragsgegner" tätig geworden ist.[224]

Vorrangig ist eine ausdrückliche Absprache zwischen den Parteien. Im übrigen kommt es auf eine Auslegung des Vertrages nach Treu und Glauben (§ 157 BGB) an. Insoweit läßt die Rechtsprechung eine beiderseitige Nachweistätigkeit zu,[225] ebenso daß der Makler für den einen Vertragsteil eine Nachweis-, für den anderen eine Vermittlungstätigkeit ausübt.[226] Problematisch ist vor allem der Fall der beiderseitigen Vermitt-

---

[217] *BGH*, WM 1977, 1049; zur Auslegung der Klausel „Zahlung bei notariellem Kaufabschluß" vgl. *BGH*, NJW 1973, 1276; *KG*, NJW 1961, 512 m. Anm. *Warncke*.

[218] *BGH*, WM 1980, 1071 = LM § 652 BGB Nr. 68; WM 1985, 775; *Zopfs*, Rdnr. 58.

[219] *BGHZ* 2, 281 = NJW 1951, 649; *BGH*, NJW 1966, 1404; *Schwerdtner*, Rdnr. 217.

[220] Vgl. auch *BGH*, NJW 1983, 1847 betr. Auftreten im Eigeninteresse, bei dem der BGH eine konkludente Vertragsaufhebung annimmt; krit. *Schwerdtner*, Rdnr. 217; vgl. zu diesem Urteil noch *Zopfs*, Rdnr. 67.

[221] *Krause*, FS Molitor (1962), S. 383; für eine mildere, maklerfreundliche Betrachtungsweise, *Zopfs*, Rdnr. 76.

[222] *Zopfs*, Rdnr. 79.

[223] *BGH*, NJW-RR 1990, 372.

[224] *Schwerdtner*, Rdnr. 343.

[225] Teilweise wird Offenlegung verlangt: *OLG Frankfurt*, NJW-RR 1986, 600; MDR 1989, 65; *OLG Naumburg*, NJW-RR 1996, 1082; *OLG Karlsruhe*, NJW-RR 1995, 500; *LG Hamburg*, NJW-RR 1998, 1665 (AGB-Klausel).

[226] *BGH*, NJW 1986, 2573; *OLG Stuttgart*, NJW 1954, 313; *OLG Frankfurt*, MDR 1973, 407.

lungstätigkeit. Die Rechtsprechung will auch diese für den Regelfall zulassen, betont aber, daß der Makler sich dann „strengster Unparteilichkeit" gegenüber beiden Parteien befleißigen müßte.[227] Nur dem sogenannten „Vertrauensmakler" soll die doppelte Vermittlungstätigkeit untersagt sein.[228]

Diese Rechtsprechung ist abzulehnen. Eine beiderseitige Vermittlungstätigkeit sollte grundsätzlich verboten und nur bei beiderseitiger Gestattung erlaubt sein; denn die ursprünglich vereinbarte Vermittlungstätigkeit kann nicht mehr in dem versprochenen Sinne[229] durchgeführt werden, wenn der Makler streng unparteilich vorgehen muß. Außerdem ist unklar, wann ein solcher Vertrauensmakler vorliegen soll.[230] Selbst bei beiderseitiger Nachweistätigkeit bestehen Bedenken gegen die Doppeltätigkeit, da Nachweis und Vermittlung fließend ineinanderübergehen und auch hier wegen der Nebenpflichten des Maklers Interessenkollisionen nicht auszuschließen sind.[231] Bei beiderseitiger Gestattung muß dagegen eine Doppeltätigkeit zulässig sein, wobei dann – wie bei einem Handelsmakler – die Pflicht zu unparteilichem Handeln besteht.[232] Dann sollte der Makler im Hinblick auf seine eingeschränkte Tätigkeit die Provision nur einmal verlangen können.[233]

b) Sonstige Pflichtverletzungen

Rechtsprechung und Lehre nehmen analog § 654 BGB eine Verwirkung des Provisionsanspruchs an, wenn der Makler *wesentliche* Vertragspflichten vorsätzlich oder grobfahrlässig verletzt.[234] Dabei muß sich der Makler auch hier das Verschulden von Erfüllungsgehilfen zurechnen lassen.[235]

(1) Die Analogie soll für alle Pflichtverletzungen des Maklers gelten, so auch für solche im Vorvertragsstadium.[236] Ein Schaden muß auch hier nicht entstanden sein.[237]

An Einzelfällen sind zu erwähnen: die Vereinbarung formnichtiger Ankaufsverpflichtungen unter dem Gesichtspunkt der unzulässigen erfolgsunabhängigen Provision;[238] pflichtwidriges Verhalten bei vereinbarter Übererlösprovision;[239] ein unzulässi-

---

[227] *BGHZ*, 48, 344 = NJW 1968, 150; *BGH*, NJW 1970, 1075; *BGHZ* 61, 17 = NJW 1973, 1458 m. Anm. *Lopau*, NJW 1973, 1971; *OLG Hamm*, NJW-RR 1994, 125; hierzu *Schwerdtner*, Rdnr. 345 ff.; vgl. auch *Zopfs*, Rdnr. 76.

[228] *BGH*, NJW 1964, 1467; *OLG Naumburg*, JW 1930, 279; *Burghardt*, AcP 140, 85, 93.

[229] S.o. II, 3, b, Fußn. 160.

[230] Abl. zu dieser Rechtspr. *Schwerdtner*, Rdnr. 346.

[231] *Schwerdtner*, aaO; vgl. *OLG Hamm*, NJW-RR 1998, 844.

[232] Einzelheiten bei *Schwerdtner*, Rdnr. 347 ff.

[233] *E. Graf von Westphalen*, Rdnr. 85; *Tempel*, S. 408.

[234] *RGZ* 113, 264, 269; *BGHZ* 36, 323 = NJW 1962, 734; *Dehner*, NJW 1991, 3261. – Überblick bei *Schwerdtner*, Rdnr. 240.

[235] *BGH*, WM 1978, 245.

[236] *OLG Hamm*, NJW-RR 1993, 506; offengelassen in *BGH*, NJW 1984, 232.

[237] *BGH*, NJW-RR 1990, 57 (hierzu *Dehner*, NJW 1991, 3261, Fußn. 84); 1990, 372; *BGH*, NJW 1986, 2573; a.A. *Schwerdtner*, Rdnr. 247.

[238] *BGH*, NJW 1981, 280; NJW-RR 1989, 760 (selbst bei Heilung nach § 313 S. 2 BGB); 1990, 57; 1990, 372; 1992, 817.

[239] *BGH*, NJW 1969, 1628, 1629 (Verheimlichung von Sonderabsprachen); *OLG Düsseldorf*, NJW-RR 1997, 1278.

ger Zwischenerwerb des Maklers mit Zwischengewinn,[240] falsche Angaben über das Objekt,[241] Angebot an Dritte trotz Einräumen einer Option;[242] unredliches Erlangen einer Provisionserhöhung.[243]

(2) Diese Analogie begegnet erheblichen Bedenken. Sie wird von dem Willen des Gesetzgebers nicht gedeckt.[244]

Richtiger erscheint es, bei solchen Pflichtverletzungen dem Auftraggeber einen Ersatzanspruch aus positiver Vertragsverletzung zuzubilligen, der eben nur bei Vorliegen eines Schadens eingreift.[245]

8. Fälligkeit und Verjährung des Provisionsanspruchs

a) Entstehung

Der Anspruch auf Provision entsteht regelmäßig erst mit dem Abschluß des Hauptvertrages; vorher besteht nach der Rechtsprechung des *BGH* eine rechtlich geschützte Anwartschaft.[246]

Daraus folgt: Hat der Makler zu seinen Lebzeiten eine Tätigkeit entfaltet, die ursächlich für das nach seinem Tod zustandegekommene Geschäft war, so steht den Erben des Maklers der Provisionsanspruch zu.[247] Mit dieser Rechtslage steht es aber nicht im Einklang, daß der Makler mit seinem Provisionsanspruch nicht am Insolvenzverfahren teilnehmen soll (§ 35 InsO), wenn der Maklervertrag vor, der Hauptvertrag nach Eröffnung des Insolvenzverfahrens abgeschlossen wird; hier soll der Schwerpunkt des Tatbestandes erst in dem Abschluß des Hauptvertrages liegen.[248]

b) Fälligkeit

Der Provisionsanspruch wird regelmäßig auch mit Abschluß des Hauptvertrages fällig.

(1) In AGB enthaltene abweichende Vereinbarungen, die die Fälligkeit des Provisionsanspruchs auf die Zeit vor Abschluß des Hauptvertrages vorverlegen, sind nach § 9 AGBG unwirksam.[249]

(2) Abweichende Vereinbarungen, die die Fälligkeit weiter hinausschieben, sind zulässig. Bleibt das Ereignis, an das die Fälligkeit geknüpft wurde, aus, so wird der Pro-

---

[240] *OLG Brandenburg*, NJW-RR 1995, 695.

[241] *BGH*, WM 1981, 590; NJW 1981, 2297; *OLG Frankfurt*, NJW-RR 1986, 601; *OLG Hamm*, NJW-RR 1995, 695; *OLG Koblenz*, NJW-RR 1996, 1468.

[242] *OLG Hamm*, NJW 1991, 360.

[243] *BGH*, NJW 1986, 2574.

[244] *Reuter*, NJW 1990, 1325; *Roth*, MK, § 654 BGB, Rdnr. 3, 19; *Schwerdtner*, Rdnr. 244.

[245] S.u. II, 12, f; zur Konkurrenz beider Ansprüche *OLG Hamm*, NJW-RR 1997, 370.

[246] *BGH*, NJW 1965, 864; *BGHZ* 65, 74 = NJW 1974, 227; abl. *Schwerdtner*, Rdnr. 134.

[247] *BGH*, NJW 1965, 964; WM 1976, 503; zust. *Schwerdtner*, Rdnr. 173.

[248] *BGHZ* 63, 74 = NJW 1974, 2277; die Entscheidung verlangt darüber hinaus, daß der Makler das Ergebnis seiner Nachweis- bzw. Vermittlungstätigkeit noch vor Eröffnung des Vergleichsverfahrens mitgeteilt hat; darauf kann es aber m.E. nicht ankommen.

[249] *BGH*, NJW 1975, 674; *OLG Hamm*, NJW-RR 1996, 1526.

visionsanspruch in dem Zeitpunkt fällig, in dem normalerweise mit dem Eintritt des Ereignisses gerechnet werden konnte;[250] spätestens jedoch, wenn feststeht, daß das Ereignis nicht eintreten wird.[251] Eine Anwendung des § 87a III S. 1+2 HGB auf derartige Vereinbarungen mit der Folge, daß der Auftraggeber teilweise mit dem Risiko der unterbliebenen Ausführung belastet wird, ist abzulehnen.[252]

c) Verjährung

Hinsichtlich der Länge der Verjährungsfrist sind nach der Neuregelung der Kaufmannseigenschaft durch Gesetz vom 22.6.1998 (BGBl. I, S. 1474) drei Fälle zu unterscheiden:

(1) Ist der gewerbsmäßig tätige Makler Kaufmann, weil entweder sein Unternehmen nach Art und Umfang einen in kaufmännischer Weise eingerichteten Geschäftsbetrieb erfordert (§ 1 HGB n.F.) oder weil die Firma des Unternehmens in das Handelsregister eingetragen ist (§ 2 HGB n.F.), so verjährt der Provisionsanspruch nach § 196 I Nr. 1 BGB in zwei Jahren, bzw., wenn seine Tätigkeit für den Gewerbebetrieb des Auftraggebers erfolgt, in vier Jahren (§ 196 II BGB).

(2) Betreibt der Makler ein Kleingewerbe – d.h. sein Unternehmen erfordert nach Art und Umfang keinen in kaufmännischer Weise eingerichteten Geschäftsbetrieb (§ 1 II HGB n.F.) und ist seine Firma auch nicht in das Handelsregister eingetragen (§ 2 HGB n.F.) –, so verjährt sein Provisionsanspruch nach § 196 I Nr. 7 BGB in zwei Jahren. Eine vierjährige Verjährungsfrist nach § 196 II BGB scheidet in diesem Falle auch aus, wenn die Leistungen des Maklers für einen Gewerbebetrieb des Auftraggebers erfolgen.

(3) Der Provisionsanspruch des – nicht gewerbsmäßig tätigen – Gelegenheitsmaklers verjährt nach § 195 BGB in dreißig Jahren.

Die Verjährungsfrist beginnt in jedem Falle gemäß § 201 BGB mit dem Schluß des Jahres zu laufen, in dem der Provisionsanspruch fällig wurde.

9. Höhe der Provision

a) Grundsatz

Die Höhe der Maklerprovision wird bei Grundstücksmaklern regelmäßig durch einen Prozentsatz der Vergütung aus dem nachgewiesenen bzw. vermittelten Geschäft bestimmt. Sie beträgt in der Regel 3 %, die bei (zulässiger) Doppeltätigkeit von beiden Auftraggebern erhoben wird.[253]

(1) Bei Fehlen einer ausdrücklichen Vereinbarung wird nach § 653 II BGB der übliche Lohn geschuldet, wobei das Gericht meist den bereits erwähnten Satz von 3 % als üblichen und angemessenen Lohn feststellen wird.

---

[250] *BGH*, WM 1980, 1071; zur Auslegung *BGH*, NJW 1986, 1035.

[251] *Mormann*, WM 1968, 960; *Schwerdtner*, Rdnr. 215.

[252] *BGH*, NJW 1966, 1404; a.A. *Schwerdtner*, Rdnr. 216, 217.

[253] *BGHZ* 125, 135 = NJW 1994, 1475; *Zopfs*, Rdnr. 54. – Zum Gelegenheitsmakler siehe *Staudinger/Reuter*, § 652 BGB, Rdnr. 152 (gleich hohe Provision); abw. *Schwerdtner*, Rdnr. 265 (nur 50 %).

Die früher häufig anzutreffende Meinung, daß die Provision örtlich verschieden sei und durch Tabellen der Maklerverbände dokumentiert werde,[254] ist aus rechtspolitischen Erwägungen abzulehnen.[255] Das Gericht kann im Streitfalle selbst die Üblichkeit der Provision bestimmen; den Interessen der Makler ist durch die Möglichkeit einer ausdrücklichen Vereinbarung genügend Rechnung getragen. Aus den gleichen Gründen ist auch ein Bestimmungsrecht des Maklers nach § 316 BGB abzulehnen.[256]

(2) Maßgeblich für den Prozentsatz bei Grundstücksgeschäften ist die im Hauptvertrag vereinbarte Gegenleistung einschließlich der übernommenen Belastungen.[257]

Erschließungskosten und öffentliche Abgaben bleiben unberücksichtigt.[258] Eine Minderung des Kaufpreises hat in der Regel keinen Einfluß auf die Höhe der Provision.[259]

(3) Die Mehrwertsteuer kann – jedenfalls bei Nichtkaufleuten – nur bei ausdrücklicher Vereinbarung aufgeschlagen werden.[260]

b) Übererlös

Gelegentlich wird in Maklerverträgen eine Mehrerlösprovision vereinbart. Die Rechtsprechung hält solche Absprachen für zulässig,[261] wogegen mit Recht gewichtige Bedenken erhoben werden.[262]

c) Wohnungsvermittlung

Eine besondere Regelung der Provisionshöhe besteht auf dem Gebiet der Wohnungsvermittlung. Nach § 3 I WoVermG bestimmt sich die Provision nach einem Bruchteil oder Vielfachen der Monatsmiete.[263]

d) Auskunftsanspruch

Der Makler hat bei Unkenntnis der die Höhe der Provision bestimmenden Umstände einen Anspruch auf Auskunft gegen den Auftraggeber.[264]

---

[254] *Glaser/Warncke*, Maklerrecht, 7. Aufl. (1982), S. 49; ebenso Vorauflage, S. 501; vgl. auch *Dehner*, S. 57.

[255] *Schwerdtner*, Rdnr. 264.

[256] Für den Regelfall ebenso *BGHZ* 94, 98 = NJW 1985, 1895; NJW-RR 1994, 1260; hierzu *Zopfs*, Rdnr. 55; die Ausnahmen stärker betonend *Staudinger/Reuter*, § 652 BGB, Rdnr. 151; *Vollkommer*, JZ 1985, 879.

[257] *Staudinger/Reuter*, § 652 BGB, Rdnr. 154. – Zur Unzulässigkeit erweiternder AGB-Klauseln siehe *OLG-Düsseldorf*, NJW-RR 1998, 1594.

[258] *BGH*, NJW 1965, 1755; *Schwerdtner*, Rdnr. 250.

[259] *BGH*, WM 1977, 21; vgl. jedoch *AG Köln*, NJW-RR 1995, 754.

[260] *OLG Zweibrücken*, OLGZ 1977, 212; *Schwerdtner*, Rdnr. 251; *Zopfs*, Rdnr. 56; *Staudinger/Reuter*, § 652 BGB, Rdnr. 155.

[261] *BGH*, NJW 1969, 1628; 1970, 1705; vgl. jedoch *OLG Düsseldorf*, NJW-RR 1996, 1012; zust. *Staudinger/Reuter*, § 652 BGB, Rdnr. 160.

[262] *Schwerdtner*, Rdnr. 255. – S. auch unten Fußn. 268.

[263] *OLG Frankfurt*, NJW-RR 1992, 1462 (Bruttomiete); vgl. jedoch *LG Dresden*, NJW-RR 1997, 1481 (überhöhter Mietzins).

[264] *BGH*, WM 1984, 62; NJW-RR 1987, 173; 1990, 1370; *LG Köln*, NJW-RR 1988, 1200; *LG Offenburg*, NJW-RR 1995, 499.

Danach kann der Makler zumindest Einsicht in die Urkunde betreffend den abgeschlossenen Hauptvertrag, eventuell – bei Unklarheiten – noch zusätzliche Auskünfte verlangen.

e) Höchstgrenzen

Die Höhe der vereinbarten Provision unterliegt der Grenze des § 138 I BGB, wobei die Rechtsprechung in der Bejahung der Sittenwidrigkeit sehr zurückhaltend ist.[265]

(1) Maßgebend für das Mißverhältnis von Leistung und Gegenleistung ist nämlich nicht der Umfang der geleisteten Dienste, sondern die Qualität der verschafften und in Anspruch genommenen Vertragsgelegenheit.[266] Darüber hinaus sollte die Höhe der vereinbarten Provision an der Üblichkeit der Provision gemessen werden.[267]

(2) Bei einer Übererlösprovision hat der BGH neuerdings im Hinblick auf den geringen Arbeitsaufwand Sittenwidrigkeit nach § 138 I BGB bejaht.[268]

(3) Im Bereich der Wohnungsvermittlung hat der Gesetzgeber durch ÄndG vom 21.7.1993[269] die Höhe der zulässigen Provision auf zwei Monatsmieten (zuzüglich Umsatzsteuer) begrenzt (§ 3 II WoVermG n.F.). Eine Auslagenerstattung darf nur vereinbart werden, wenn die nachgewiesenen Auslagen eine Monatsmiete übersteigen (§ 3 III WoVermG).

(4) Eine überhöhte und bereits gezahlte Provision kann nach § 812 BGB zurückgefordert werden; § 817 S. 2 BGB steht nicht entgegen.[270]

(5) Teilweise wird dafür plädiert, unverhältnismäßig hohe Provisionen in ausdehnender Anwendung von § 655 BGB herabzusetzen.[271]

10. Anspruch auf Aufwendungsersatz

Ein Anspruch des Maklers auf Ersatz seiner Aufwendungen besteht nur bei besonderer Vereinbarung (§ 652 II BGB). Der Gesetzgeber geht davon aus, daß der Makler seine Kosten aus der von ihm kassierten Provision abdeckt und bei Nichtzustandekommen des Hauptvertrages die ihm entstandenen Kosten aus anderen, von ihm erzielten Provisionen entnimmt. Damit wird die oft bestehende Diskrepanz zwischen der angefallenen Provision und dem oft geringen Umfang der Dienstleistungen gerechtfertigt. Falls im Einzelfall besonders hohe Kosten entstehen, muß sich der Makler für den Fall, daß keine Provision anfällt, durch eine besondere Absprache über den Aufwendungsersatz absichern.

---

[265] *BGH*, DB 1976, 573; *BayObLG*, JR 1967, 69; *LG Hamburg*, NJW 1971, 1411; *Schwerdtner*, Rdnr. 71; *Staudinger/Reuter*, § 652 BGB, Rdnr. 49.

[266] *Staudinger/Reuter*, Vorb. zu § 652 BGB, Rdnr. 5.

[267] S.o. II, 9, a, Fußn. 253. – Bei einer Überschreitung der Provision um 100 % sollte auf jeden Fall Sittenwidrigkeit bejaht werden; vgl. die ähnlichen Erwägungen im Rahmen des Konsumentenkredits, § 3, 2. Teil, II, 3, d, (1), Fußn. 94.

[268] *BGHZ* 125, 135 = NJW 1994, 1475; hierzu *Martinek*, JZ 1994, 1048; *Dehner*, NJW 1997, 23.

[269] BGBl. I 1993, S. 1257.

[270] *Dehner*, NJW 1993, 3236; *Staudinger/Reuter*, § 652 BGB, Rdnr. 148.

[271] *Schwerdtner*, Rdnr. 252; dagegen *Staudinger/Reuter*, § 655 BGB, Rdnr. 5.

a) Individualabrede

Eine Individualabrede über Aufwendungsersatz wird der Makler in Sonderfällen treffen, in denen besonders hohe Aufwendungen (z.B. Reisekosten bei Auslandsreisen, Kosten für aufwendige Werbeprospekte oder sonstige Werbemaßnahmen) anfallen.

Die Vereinbarung kann zwar auch konkludent getroffen werden; es sind jedoch im Interesse des Auftraggebers strenge Anforderungen an die Erkennbarkeit einer solchen Abrede zu stellen.[272] Die Tatsache allein, daß ein Vertrag mit dem nachgewiesenen Interessenten bzw. trotz Vermittlungstätigkeit des Maklers nicht zustandekommt, reicht jedenfalls allein nicht aus. Eine Ausnahme kann bestehen bei Verletzung der den Auftraggeber treffenden Pflicht zur Mitteilung dahin, daß sich der Auftrag erledigt habe; dann besteht ein Schadensersatzanspruch des Maklers hinsichtlich der Aufwendungen, die bei pflichtgemäßer Information nicht mehr angefallen wären.[273]

b) AGB-Klausel

Nach der Rechtsprechung kann der Aufwendungsersatz auch in AGB ausbedungen werden.[274] Dort finden sich demgemäß Klauseln, wonach der Makler bei Scheitern des Geschäfts einen bestimmten Prozentsatz der sonst angefallenen Provision als pauschalierten Aufwendungsersatz verlangen kann. Diese Klauseln sind in Anpassung an die strenger werdende Rechtsprechung betr. Unzulässigkeit einer erfolgsunabhängigen Provision[275] getreten.

Die Zulässigkeit solcher pauschalierten Aufwendungsersatzansprüche wird in der Rechtsprechung dem Grunde nach überwiegend bejaht,[276] jedoch der Höhe nach im Wege der Inhaltskontrolle nach § 9 AGBG begrenzt: die Höhe des Aufwendungsersatzes darf nicht auf eine versteckte erfolgsunabhängige Provision hindeuten und muß so gestaltet sein, daß ein unstatthafter Druck auf die Entschlußfreiheit des Auftraggebers ausscheidet.[277] Während früher über unterschiedliche Prozentsätze gestritten wurde,[278] ist durch ein Urteil des BGH vom 28. 1. 1987 die Entwicklung zu einem gewissen Abschluß gekommen; danach kann nur ein mäßiger Höchstbetrag vereinbart werden, nicht aber eine prozentuale Pauschale.[279] Der Streit wird künftig um die Frage gehen, was als mäßiger Höchstbetrag anzusehen ist.[280] Zu beachten ist außerdem § 11 Nr. 5 AGBG: der Nachweis, daß ein geringerer Aufwand entstanden ist als die vereinbarte Pauschale abgelten soll, darf dem Auftraggeber nicht abgeschnitten werden.[281]

---

[272] *AG Marbach*, NJW-RR 1986, 1176.

[273] S.u. II, 11, Fußn. 295.

[274] *BGHZ* 99, 374 = NJW 1987, 1634; a.A. *Schwerdtner*, Rdnr. 283.

[275] S.o. I, 3, d, (3).

[276] a.A. *AG Ulm*, ZIP 1983, 121 m. zust. Anm. *Geßler*; *OLG Hamburg*, ZIP 1983, 587.

[277] *BGH*, NJW 1971, 557; 1980, 1622; *BGHZ* 99, 374 = NJW 1987, 1634; *LG Bonn*, NJW-RR 1996, 240.

[278] *BGH*, NJW 1987, 54; *LG Frankfurt*, NJW 1984, 2419.

[279] *BGHZ* 99, 374 = NJW 1987, 1634; *E. Graf von Westphalen*, Rdnr. 78; zum gleichen Problem bei der Reservierungsvereinbarung s.u. Fußn. 288.

[280] Hierzu *OLG Frankfurt*, NJW-RR 1986, 597.

[281] *Ulmer/Brandner/Hensen*, Anhang zu §§ 9–11 AGBG, Rdnr. 490. – Zur Höhe vgl. auch *LG Frankfurt*, NJW 1984, 2419.

c) Reservierungsvereinbarungen

Eine andere Form der Vergütung des Maklers bei gescheitertem Geschäft ist die sogenannte Reservierungsvereinbarung. Darin verpflichtet sich der Makler, ein bestimmtes Objekt, für das sich der Auftraggeber ernsthaft interessiert, für eine bestimmte Bedenkzeit zu reservieren, d.h. keinem anderen Interessenten anzubieten. Für diese Reservierung läßt sich der Makler sodann eine Vergütung versprechen.

(1) Die rechtliche Bedeutung einer solchen Reservierungsvereinbarung erscheint zweifelhaft, da der Makler wegen der Abschlußfreiheit des Auftraggebers dem Kunden eine Reservierung nicht verschaffen kann.[282] Wenn überhaupt, dann kann dies bei einem Alleinauftrag geschehen, bei dem auch Direktgeschäfte ausgeschlossen sind.[283] Hier bestehen allerdings Bedenken, daß der Makler seine Pflicht, möglichst bald und günstig das Objekt an den Mann zu bringen, durch Einstellung der Suche nach anderen Interessenten verletzt.[284]

(2) Ob eine Reservierungsvereinbarung durch AGB zugelassen werden soll, ist umstritten,[285] richtiger Ansicht nach aber zu verneinen. Eine Pflicht zur notariellen Beurkundung der Reservierungsvereinbarung scheidet aus, da ein Druck auf den Veräußerer zum Verkauf nicht ausgeübt und der Berechtigte aus der Reservierungsvereinbarung nicht zum Erwerb der Immobilie verpflichtet wird.[286]

(3) Soweit man eine Reservierungsvereinbarung für wirksam hält, wird man die Höhe der Vergütung ebenso wie bei dem pauschalen Aufwendungsersatz[287] begrenzen müssen. Die Vergütung kann nicht prozentual, sondern nur in einem mäßigen Festsatz vereinbart werden, bei dessen Fixierung die Dauer der Reservierungszeit und der Umfang etwaiger Aufwendungen des Maklers zu berücksichtigen sind.[288] Vor allen Dingen kann bei einem zusätzlichen Auftrag des Interessenten nicht wirksam vereinbart werden, daß die Vergütung bei Abschluß des Hauptvertrages neben dem dann anfallenden Maklerlohn – ohne Anrechnung – zu zahlen ist.

(4) Eine Reservierungszeit auf unbestimmte Zeit verstößt gegen § 138 I BGB und ist unwirksam.[289] Gleiches soll nach BGH gelten, wenn der Kunde nur zur Zahlung eines unangemessen niedrigen Kaufpreises bereit ist und dies den Parteien der Reservierungsvereinbarung bewußt war.[290] Die zulässige Dauer der Reservierung dürfte nur in einem kurzen Zeitraum anzuerkennen sein, die sich danach bemißt, wie lange der Kunde braucht, um sich über den endgültigen Entschluß zum Abschluß des Hauptvertrages

---

[282] *LG Frankfurt*, NJW 1984, 2419; *Schwerdtner*, JZ 1983, 597.

[283] *Schwerdtner*, Rdnr. 284; zur Zulässigkeit von Direktgeschäften beim Alleinauftrag s.u. III, 1,b, (3).

[284] *LG Frankfurt*, NJW 1984, 2419; *Dehner*, NJW 1997, 26; *Schwerdtner*, Rdnr. 285; *Staudinger/Reuter*, § 652 BGB, Rdnr. 174.

[285] Dafür *Ulmer/Brandner/Hensen*, Anhang zu §§ 9–11 AGBG, Rdnr. 490; dagegen *LG Frankfurt*, NJW 1984, 2419; *OLG Hamm*, NJW-RR 1989, 1209; *Schwerdtner*, JZ 1983, 786; *Staudinger/Reuter*, § 652 BGB, Rdnr. 60.

[286] *Roth*, MK, § 652 BGB, Rdnr. 190; teilw. abw. *BGHZ* 103, 235 = NJW 1988, 1716; *OLG Düsseldorf*, NJW 1983, 181; *Zopfs*, Rdnr. 14; *Staudinger/Reuter*, § 652 BGB, Rdnr. 174.

[287] S.o. II, 10, b, Fußn. 279.

[288] *OLG Stuttgart*, NJW-RR 1996, 822; dort auch Ausführungen zur Zulassung des Gegenbeweises nach § 11 Nr. 5, b AGBG und zur Unzulässigkeit der Vorauskasse; vgl. ferner *Zopfs*, Rdnr. 14.

[289] *BGHZ* 103, 235 = NJW 1988, 1716.

[290] *BGH* aaO (Fußn. 289); krit. zu dieser Entscheidung *Breithold*, MDR 1989, 31; *Dehner*, NJW 1997, 26.

klar zu werden.[291] Ist eine Frist für die Reservierung nicht vereinbart, so kommt es darauf an, ob unter Berücksichtigung dieses Gesichtspunkts durch Auslegung der Vereinbarung eine konkludente Vereinbarung festgestellt werden kann.[292] Eine Lösung des Maklers von der Reservierungspflicht müßte über § 326 BGB (Fristsetzung mit Ablehnungsandrohung) erfolgen.

11. Ansprüche des Maklers auf Schadensersatz

Schadensersatzansprüche des Maklers aus positiver Vertragsverletzung können sich ergeben, wenn der Auftraggeber Nebenpflichten aus dem Maklervertrag verletzt.[293]

Zu erwähnen ist die Pflicht des Auftraggebers, die ihm vom Makler zugeleiteten Informationen über die Objekte vertraulich zu behandeln. Verletzt der Auftraggeber diese Pflicht durch Weitergabe, so kann bei Abschluß durch einen Dritten eine Ersatzpflicht in Höhe der dem Makler entgangenen Provision gegeben sein.[294] Ferner besteht eine Nebenpflicht des Auftraggebers, den Makler von dem Wegfall der Geschäftsabsicht zu unterrichten; die Verletzung dieser Pflicht kann einen Ersatzanspruch des Maklers wegen nutzloser Aufwendungen auslösen.[295]

12. Gegenansprüche des Auftraggebers

Dem Auftraggeber können gegen den Makler Gegenansprüche auf Schadensersatz wegen Verletzung von Nebenpflichten aus positiver Vertragsverletzung zustehen. Neben der allgemeinen Treuepflicht, die Interessen seines Auftraggebers zu wahren,[296] hat die Rechtsprechung folgende Nebenpflichten konkretisiert:

a) Aufklärungspflicht des Maklers

Der Makler ist verpflichtet, den Auftraggeber über alle für den Vertragsschluß bedeutsamen Umstände aufzuklären; dies selbst dann, wenn sie geeignet sind, den Auftraggeber von dem Vertragsschluß abzuhalten und damit den Anfall der Provision zu gefährden.[297]

---

[291] Längere Zeiträume, die zur Klärung einer Planung und Finanzierung benötigt werden, dürften nicht in Betracht kommen.

[292] *BGHZ* 103, 235 = NJW 1988, 1716.

[293] *Schäfer*, BB 1990, 2275.

[294] *BGH*, NJW 1987, 2431; *Staudinger/Reuter*, § 652 BGB, Rdnr. 179; *Zopfs*, Rdnr. 62, 64 – S.o. II, b, (2), Fußn. 130, 131.

[295] *Knieper*, NJW 1970, 1296; *Schwerdtner*, Rdnr. 78, 121; *Staudinger/Reuter*, § 652 BGB, Rdnr. 177; *Zopfs*, Rdnr. 65.

[296] *Schwerdtner*, Rdnr. 103 ff.; *Zopfs*, Rdnr. 68, 78; krit. *Reuter*, NJW 1990, 1326; *Staudinger/Reuter*, § 652 BGB, Rdnr. 182.

[297] *BGH*, WM 1982, 428; *Burghardt*, AcP 149, 87; *Schwerdtner*, Rdnr. 109 ff.; JZ 1983, 786; *Staudinger/Reuter*, § 652 BGB, Rdnr. 183, 186 m.Nw.

(1) Hierunter fallen vor allem die mangelnde Bonität des Vertragspartners[298] und Mängel des angebotenen Objekts,[299] ferner fehlende Sicherheit[300] und Unzuverlässigkeit eines beim Grundstückskauf übernommenen Architekten.[301] Allerdings braucht der Makler nur auf solche Umstände hinzuweisen, deren Bedeutung für den Auftraggeber ihm erkennbar ist.[302]

(2) Nicht ganz eindeutig ist der Umfang der dem Makler obliegenden Sorgfaltspflicht. Einigkeit besteht darüber, daß er jedenfalls alle ihm bekannten Umstände mitzuteilen hat,[303] wozu gegebenenfalls auch die Mitteilung bekannter Verdachtsgründe genügt.[304] Dagegen wird eine Erkundigungs- und Nachprüfungspflicht des Maklers für den Regelfall verneint.[305] Ausnahmsweise haftet der Makler für fahrlässige Verletzung der Aufklärungspflicht, wenn er bestimmte Zusicherungen gemacht hat („geprüfte Objekte"),[306] wenn er eine besondere Erkundigung ausdrücklich übernommen hat,[307] wenn er durch eine besonders intensive Werbung bei dem Auftraggeber das Vertrauen erweckt, daß er das Bauvorhaben in persönlicher und sachlicher Hinsicht auf seine Eignung und Solidität überprüft hat,[308] schließlich, wenn es sich um besonders gefährliche Geschäfte handelt und der Auftraggeber offensichtlich unerfahren ist.[309]

(3) Den Makler trifft im Einzelfall eine Hinweispflicht hinsichtlich der Provision, so z.B. wenn für ihn erkennbar ist, daß der Auftraggeber im Hinblick auf einen bereits einem anderen Makler erteilten Alleinauftrag möglicherweise eine zweite Provisionspflicht eingeht.[310]

b) Beratungspflicht des Maklers

Eng verwandt mit der sich auf Tatsachen beziehenden Aufklärungspflicht ist die Pflicht des Maklers, als sachkundige Person den Auftraggeber richtig zu beraten.[311]

(1) In Frage kommen die Erteilung von Rechtsauskünften[312] einschließlich der steuerrechtlichen Fragen.[313] Auf die Formulierung des Vertragstextes braucht der

---

298 *BGH*, WM 1970, 1270; *Schwerdtner*, Rdnr. 113. – Weitergehend *OLG Hamburg*, NJW-RR 1998, 1206 (Mangelnde Bonität des Bauträgers).

299 *BGH*, NJW 1981, 2685; 1982, 1145.

300 *BGH*, WM 1962, 1318; 1969, 880; 1970, 1270.

301 *BGH*, JZ 1968. 69.

302 *BGH*, NJW 1981, 2685; *OLG Karlsruhe*, NJW-RR 1993, 1273; *Schwerdtner*, Rdnr. 112; *Zopfs*, Rdnr. 68.

303 *BGHZ* 36, 323, 328 = NJW 1962, 734; *BGH*, NJW 1982, 1147; 1983, 1730; *OLG Hamm*, NJW-RR 1993, 506; *Reuter*, NJW 1990, 1326.

304 *BGH*, DB 1956, 794; JZ 1968, 69.

305 *BGH*, NJW 1982, 1147; *OLG Düsseldorf*, NJW-RR 1996, 1525; *Staudinger/Reuter*, § 652 BGB, Rdnr. 184; *Zopfs*, Rdnr. 69.

306 *BGH*, DB 1956, 794; *LG Bonn*, MDR 1973, 1017; *Burghardt*, AcP 140, 91.

307 *BGH*, NJW 1982, 1147; NJW-RR 1991, 627; *Zopfs*, Rdnr. 70.

308 *OLG München*, NJW 1956, 1760.

309 *OLG Köln*, MDR 1959, 210; *Schwerdtner*, Rdnr. 114.

310 *OLG Hamm*, NZM 1998, 273 = NJW-RR 1998, 842.

311 Einschr. *Reuter*, NJW 1990, 1326 (nur bei Vermittlung).

312 *BGH*, NJW 1981, 2685; *LG Freiburg*, NJW-RR 1997, 1281; einschr. *Zopfs*, Rdnr. 71 (Haftung nur für erteilte Rechtsauskünfte; im übrigen kann er auf Anwalt und Notar verweisen).

313 *OLG München*, NJW 1961, 1534; *LG Hamburg*, MDR 1971, 1009; *Schwerdtner*, Rdnr. 107.

Makler allerdings nicht Einfluß zu nehmen, sondern kann dies dem Notar überlassen,[314] an den er den Auftraggeber im Einzelfall zu verweisen hat.[315] Auf fehlende Kenntnis der Rechtslage kann sich der Makler hierbei nicht berufen; er ist kraft seines Berufes gehalten, sich die entsprechenden Kenntnisse und Informationen zu beschaffen.[316]

(2) Der Umfang der Beratungspflicht richtet sich im übrigen nach der Person des Auftraggebers; unerfahrene Personen bedürfen einer umfassenderen Beratung als geschäftsgewandte Auftraggeber, bei denen der Makler die Kenntnis gewisser Rechtsfragen voraussetzen kann.[317] Der Makler darf auch nicht auf einen unvorteilhaften und überstürzten Vertragsschluß hinwirken.[318] Bei der Bewertung des in Frage stehenden Objekts steht ihm ein gewisser Spielraum zu, bei deren Überschreiten – nämlich bei offenkundigem Mißverhältnis zwischen dem vom Makler angegebenen Preis und dem tatsächlichen Verkehrswert – er einzustehen hat.[319]

c) Unterlassungspflicht des Maklers

Der Makler ist verpflichtet, jegliches Verhalten zu unterlassen, was den Abschluß und die Durchführung des Vertrages gefährden könnte.[320]

So darf er mit dem Vertragsgegner keine heimlichen Sonderabreden treffen und damit den Bestand des Vertrages wegen Formfehlers nach § 313 BGB gefährden.[321] Er darf den von ihm selbst nachgewiesenen Interessenten nicht von dem Kaufabschluß durch die unrichtige Behauptung abhalten, sein Auftraggeber habe schon anderweitig abgeschlossen.[322] Er darf den Vertragsschluß nicht durch anstößige Mittel herbeiführen[323] oder den Vertragszweck nach Abschluß des Vertrages vereiteln.[324] Der Makler ist jedoch nicht gehindert, ein ihm bekanntes Objekt mehreren Auftraggebern anzubieten; auch steht ihm die Bestimmung frei, welche Objekte aus seinem Angebot er dem Auftraggeber zur Kenntnis bringt.[325]

d) Verschwiegenheitspflicht des Maklers

Der Makler ist verpflichtet, über gewisse, seinen Auftraggeber betreffenden Umstände, die ihm aus Anlaß seiner Tätigkeit bekannt geworden sind, Stillschweigen zu bewahren.[326] Das gilt vor allem für ihm bekanntgewordene Geschäfts- und Betriebsgeheimnisse.

---

[314] *BGH*, VersR 1970, 316; *OLG Düsseldorf*, NJW-RR 1997, 1280.

[315] *BGH*, NJW 1981, 2685; *Zopfs*, Rdnr. 71.

[316] *OLG Hamburg*, VersR 1965, 375.

[317] *BGH*, MDR 1964, 495.

[318] *RG*, JW 1913, 641; *Burghardt*, AcP 140, 87 m.Nw.

[319] Hierzu *Burghardt*, AcP 140, 90; vgl. auch *Döbereiner*, BauR 1982, 11.

[320] *BGH*, NJW 1983, 1847 (Auftreten als Kaufinteressent); *Staudinger/Reuter*, § 652 BGB, Rdnr. 190; *Zopfs*, Rdnr. 67.

[321] *BGH*, NJW 1969, 1628.

[322] *Schwerdtner*, Rdnr. 116.

[323] *Reichel*, S. 257.

[324] *Reichel*, S. 247.

[325] *BGH*, AIZ 1967, 152; *OLG Hamm*, NJW-RR 1998, 844.

[326] *Staudinger/Reuter*, § 652 BGB, Rdnr. 189.

e) Garantiezusagen

In der Regel übernimmt der Makler keine Garantie für die Bonität des Vertragsgegners und die vertragsgerechte Abwicklung.[327] Dies gilt auch dann, wenn der Makler Verkaufsprospekte der Gegenseite benutzt, in denen der Inhalt des abzuschließenden Vertrages in bestimmter Weise dargestellt wird;[328] darin liegt lediglich eine Beschreibung des angebotenen Objekts und die Mitteilung des von der Gegenseite angebotenen Vertragsinhalts. Anderes gilt, wenn der Makler eine eigene Verpflichtung zur Klärung bestimmter Fragen übernommen hat.[329]

f) Schadenshöhe

Bei Bestehen einer Schadensersatzpflicht, die der Auftraggeber zu beweisen hat,[330] kann der Auftraggeber Rückzahlung der Provision[331] und gegebenenfalls Ausgleich der weiteren Vermögensnachteile verlangen.[332]

g) Haftungsausschluß

AGB-Klauseln, die die Haftung des Maklers für unrichtige Angaben des Verkäufers ausschließen, sind wirksam, da sie nur die dargestellte Rechtslage wiedergeben.[333] Das kann nicht gelten bei Vorsatz oder grober Fahrlässigkeit (§ 11 Nr. 7 AGBG) und im Falle bestimmter Zusicherungen (§ 11 Nr. 11 AGBG).

III. Der Alleinauftrag

1. Inhalt und Rechtsnatur

Der Alleinauftrag stellt im Rahmen der Maklerverträge einen besonderen Vertragstypus dar, der durch folgende Merkmale geprägt ist:

a) Pflichten des Maklers

Beim Alleinauftrag ist der Makler verpflichtet, entsprechend dem erteilten Auftrag tätig zu werden.[334]

---

[327] *Schwerdtner*, Rdnr. 119.
[328] *BGH*, NJW 1981, 2295 (Festpreisgarantie).
[329] *BGH*, WM 1982, 13; *Dehner*, S. 67; *Schwerdtner*, Rdnr. 119.
[330] *BGH*, NJW 1982, 1147.
[331] Einengend *BGHZ* 92, 184 = NJW 1985, 45; vgl. auch *BGH*, NJW-RR 1992, 110.
[332] *BGH*, NJW-RR 1988, 1196; *Schwerdtner*, Rdnr. 120; *Zopfs*, Rdnr. 73, 74.
[333] S.o. Fußn. 303 ff., 328.
[334] *BGH*, NJW 1964, 1467; 1966, 1405; 1967, 108; 1969, 1138; NJW-RR 1987, 944; *Schwerdtner*, Rdnr. 323; *Staudinger/Reuter*, § 652 BGB, Rdnr. 211 ff.

(1) Eine Verpflichtung, den Erfolg herbeizuführen, besteht aber nicht.[335]

(2) Im Regelfall ist beim Alleinauftrag eine Doppeltätigkeit des Maklers ausgeschlossen.[336]

b) Pflichten des Auftraggebers

Der Auftraggeber verpflichtet sich, keinen weiteren Makler einzuschalten.[337]

(1) Trotz dieser Pflicht bleibt die Abschlußfreiheit des Auftraggebers bestehen.[338] Die Vereinbarung einer erfolgsunabhängigen Provision für den Fall des Scheiterns des Geschäfts ist nur im Wege der Individualvereinbarung möglich.[339]

(2) Bei Verletzung der Pflicht entsteht ein Anspruch des Maklers auf Schadensersatz, der nach der Rechtsprechung im Regelfall nur auf Ersatz der vergeblichen Aufwendungen gerichtet ist,[340] richtiger Ansicht nach aber den Ersatz der entgangenen Provision zum Inhalt hat.[341]

(3) Umstritten ist, ob der Auftraggeber zusätzlich verpflichtet ist, sogenannte Direktgeschäfte zu unterlassen, d.h. ohne Einschaltung des beauftragten Alleinmaklers mit einem Interessenten den Hauptvertrag abzuschließen, den er ohne Einschaltung eines anderen Maklers gefunden hat. Der BGH und die h.M. verneinen dies, halten also solche Direktgeschäfte für zulässig.[342] Konsequenterweise sind danach AGB-Klauseln, die Direktgeschäfte verbieten, unwirksam;[343] gleiches gilt für „Hinzuziehungs-" und „Verweisungsklauseln"[344] und sogenannte „Bestätigungsklauseln".[345] Die Einbeziehung der Direktgeschäfte ist nach dieser Meinung nur durch Individualabrede möglich („qualifizierter Alleinauftrag").[346]

Diese Rechtsprechung begegnet erheblichen Bedenken. Bereits aus dem normalen Typus des Alleinauftrages, insbesondere der Pflicht des Maklers zum Tätigwerden,[347]

---

[335] *BGH*, NJW 1964, 1467; *Schwerdtner*, Rdnr. 312, 324; teilw. abw. *Staudinger/Reuter*, § 652 BGB, Rdnr. 215.

[336] *BGH*, NJW 1964, 1467; 1968, 150; *Roth*, MK, § 652 BGB, Rdnr. 229; *Schmidt-Salzer*, DB 1969, 1138; teilw. abw. *Schwerdtner*, Rdnr. 327.

[337] *Knieper*, NJW 1970, 1297; *Schwerdtner*, Rdnr. 311, 331.

[338] *BGH*, NJW 1970, 1915; *BGHZ* 60, 377 = NJW 1973, 1194; *Schwerdtner*, Rdnr. 328 m.Nw.; *Roth*, MK, § 652 BGB, Rdnr. 218.

[339] *KG*, NJW 1965, 1277.

[340] *BGH*, NJW 1966, 2008; *BGHZ* 60, 377 = NJW 1973, 1194.

[341] *Schwerdtner*, Rdnr. 332.

[342] *BGH*, NJW 1967, 1125; *BGHZ* 60, 377 = NJW 1973, 1194; *BGHZ* 88, 368 = NJW 1984, 360; zust. *Staudinger/Reuter*, § 652 BGB, Rdnr. 198, 202.

[343] *BGHZ* 88, 368 = NJW 1984, 360.

[344] *BGHZ* 60, 377 = NJW 1973, 1194; *Staudinger/Reuter*, § 652 BGB, Rdnr. 202.

[345] *OLG Stuttgart*, NJW-RR 1986, 275.

[346] *BGH*, WM 1976, 533; *BGHZ* 88, 368 = NJW 1984, 360; *Staudinger/Reuter*, § 652 BGB, Rdnr. 208; *Zopfs*, Rdnr. 80.

[347] S.o. III, 1, a.

folgt bei einer an Treu und Glauben (§ 157 BGB) orientierten Vertragsauslegung (§ 157 BGB), daß dem eine Pflicht des Auftraggebers, Direktgeschäfte zu unterlassen, entsprechen muß.[348] Folgt man dieser Auffassung, so sind entsprechende Klauseln, die das Verbot aussprechen, wirksam, da sie nur die entsprechende Gesetzeslage wiedergeben.[349] Der Schutz des Maklerkunden ist dadurch gewährleistet, daß der Abschluß des Alleinauftrages nur durch eine Individualabrede, nicht durch eine AGB-Klausel zulässig ist.[350]

(4) Bei einem verbotenen Direktgeschäft, das nach der Rechtsprechung des BGH nur beim sogenannten qualifizierten Alleinauftrag gegeben sein kann,[351] nach der hier vertretenen Auffassung aber bei jedem Alleinauftrag gegeben ist, hat der Makler einen Schadensersatzanspruch. Auch hier gibt die Rechtsprechung dem Makler für den Regelfall nur einen Anspruch auf Ersatz der vergeblichen Aufwendungen und unter den Voraussetzungen des § 252 BGB auch Anspruch auf Ersatz des entgangenen Gewinns.[352]

Begründet wird diese Auffassung mit dem Argument, es stehe im Hinblick auf die Abschlußfreiheit des Auftraggebers[353] nicht mit hinreichender Sicherheit fest, ob der Auftraggeber den Hauptvertrag bei Einschaltung des Maklers in jedem Fall abgeschlossen hätte.[354] Dem kann – ebenso wie im Falle der Einschaltung eines anderen Maklers –[355] nicht gefolgt werden.[356] Richtiger Ansicht nach besteht der Schaden des Maklers in der bei vertragsgerechten Verhalten des Auftraggebers angefallenen Provision.[357]

Der Auftraggeber kann im Wege der Vorteilsausgleichung keine ersparten Aufwendungen abziehen.[358] Dagegen ist es dem Makler verwehrt, als Schaden noch eine weitere entgangene Provision zu liquidieren, die er durch Doppeltätigkeit von dem Vertragsgegner erhalten hätte;[359] eine solche Doppeltätigkeit ist dem Makler bei dem Alleinauftrag nicht gestattet.[360]

c) Rechtsnatur

Der Makleralleinauftrag wird von der h.M. als besonderer Typ des Maklervertrages angesehen.[361] Zweifelhaft ist, ob der Alleinauftrag im

---

[348] *Roth*, MK, § 652 BGB, Rdnr. 216, 228; *Schwerdtner*, Rdnr. 336; *Werner*, JurA 1970, 363.

[349] Vgl. hierzu früher *BGH*, NJW 1966, 2008.

[350] S.u. III, 2, b.

[351] S.o. Fußn. 346.

[352] *BGH*, NJW 1966, 2008; 1967, 1125; *BGHZ* 60, 377 = NJW 1973, 1194.

[353] S.o. III, 1, b, (1).

[354] *BGHZ* 60, 377 = NJW 1973, 1194.

[355] S.o. III, 1, b, (3).

[356] So mit Recht *Roth*, MK, § 652 BGB, Rdnr. 219; *Staudinger/Reuter*, § 652 BGB, Rdnr. 206; *Schwerdtner*, Rdnr. 338.

[357] Teilw. abw. *Schwerdtner*, Rdnr. 337 (primärer Leistungsanspruch, oder Ersatzanspruch bei Verletzung der Hinzuziehungs- und Verweisungsobliegenheit). – Vgl. auch *BGH*, NJW-RR 1996, 1276 (prozessuale Verschiedenheit beider Ansprüche); krit. *Dehner*, NJW 1997, 25.

[358] a.A. *Beuthien*, FS Larenz (1973), S. 515.

[359] *BGHZ* 60, 377 = NJW 1973, 1194; *Mormann*, WM 1975, 75.

[360] S.o. III, 1, a, (2).

[361] H.M. – Abw. *Roth*, MK, § 652 BGB, Rdnr. 207 (eigenständiger Vertrag).

Hinblick auf die unter a) und b) erwähnten Verpflichtungen als gegenseitiger Vertrag zu qualifizieren ist.[362]

Richtiger Ansicht nach ist dies zu verneinen, da die Pflicht des Maklers zum Tätigwerden und die Pflicht des Auftraggebers zur Provisionszahlung in keinem synallagmatischen Verhältnis stehen.[363] Die Provisionspflicht besteht auch, wenn der Makler nur eine geringe – oder gegebenenfalls wie beim Direktgeschäft[364] – überhaupt keine Tätigkeit entfaltet hat. Die Pflicht zum Tätigwerden hängt wiederum nicht von der Provisionspflicht des Auftraggebers ab, da dem Auftraggeber ja die Abschlußfreiheit verbleibt.

2. *Abschluß des Alleinauftrags*

a) Individualvereinbarung

Es gelten die allgemeinen Vorschriften für den Vertragsschluß und die von der Rechtsprechung entwickelten Regeln für den Abschluß von Maklerverträgen.[365] Die Rechtsprechung verlangt aber im Hinblick auf die besonderen Pflichten der Parteien einen ausdrücklichen Abschluß.[366]

Der Gebrauch des Wortes „Alleinauftrag" ist nicht erforderlich; es genügen auch Ausdrücke wie „Festauftrag" oder „fest an die Hand geben".[367] Im Einzelfall kann den Makler unter dem Gesichtspunkt von Treu und Glauben eine Pflicht zur Aufklärung des unkundigen Auftraggebers treffen, deren Verletzung eine Ersatzpflicht des Maklers gemäß den Grundsätzen der „culpa in contrahendo" nach sich zieht.[368]

b) AGB-Klausel

Durch eine AGB-Klausel kann ein Alleinauftrag nicht begründet werden.[369] Insoweit handelt es sich um eine „überraschende Klausel" im Sinne von § 3 AGBG, mit der der Auftraggeber nicht zu rechnen braucht.

c) Schriftform

Eine Schriftform ist für den Makleralleinauftrag nicht vorgeschrieben.

---

[362] Dafür *Knieper*, NJW 1970, 1298.

[363] *Schwerdtner*, Rdnr. 312; *Staudinger/Reuter*, Vorb. zu § 652 BGB, Rdnr. 8, 9; einschr. *E. Graf von Westphalen*, Rdnr. 86.

[364] S.o. III, 1, b, (3).

[365] S.o. I, 2.

[366] *BGH*, NJW 1967, 198; 1969, 1625;

[367] *BGH*, NJW 1969, 1625.

[368] *BGH*, NJW 1969, 1625; *OLG Celle*, NdsRPfl 1963, 277; *Schwerdtner*, Rdnr. 313.

[369] *BGHZ* 49, 84, 87 = NJW 1968, 149; *BGH*, WM 1976, 533; 1978, 791; *Ulmer/Brandner/Hensen*, Anhang zu §§ 9–11 AGBG, Rdnr. 487; a.A. *Schwerdtner*, Rdnr. 313 m.Nw.; *E. Graf von Westphalen*, Rdnr. 90, 91. – Die Gegenmeinung steht aber im Widerspruch zu der gleichzeitigen These, daß der Auftrag „ausdrücklich" erfolgen muß (oben Fußn. 366).

Davon weicht neuerdings eine Entscheidung des Kartellsenats des BGH ab.[370] Sie will aus § 18 I Nr. 2 GWB in Verbindung mit § 34 GWB ein Schriftformerfordernis herleiten. Dem kann aber nicht zugestimmt werden.[371]

3. Beendigung des Alleinauftrages

a) Befristung

Der Alleinauftrag ist im Regelfall – im Hinblick auf die Tätigkeitspflicht des Maklers und die damit verbundenen Aufwendungen einerseits, die Bindung des Auftraggebers an einen Makler andererseits – für eine bestimmte Laufzeit abgeschlossen.[372]

(1) Fehlt eine Befristung so gilt eine angemessene Frist als vereinbart,[373] nach deren Ablauf der Alleinauftrag dann gekündigt werden kann.[374]

(2) Ein während der Befristung gleichwohl erfolgter Widerruf des Auftraggebers ist unwirksam.

Der Makler kann sich für diesen Fall durch Vereinbarung einer Vertragsstrafe absichern, jedoch nur im Wege einer Individualabrede, nicht durch eine Klausel in seinen Geschäftsbedingungen.[375]

(3) Die Länge der Befristung unterliegt im Rahmen des § 9 AGBG der Inhaltskontrolle. § 11 Nr. 12 AGBG findet dagegen keine Anwendung, weil der Alleinauftrag nicht auf die Erbringung regelmäßiger Dienstleistungen gerichtet ist.[376]

Die Länge der Befristung muß angemessen sein.[377] Bei einem normalen Immobilienauftrag sollte sie bei sechs Monaten liegen,[378] während sie bei einem Maklervertrag über Wohnraum eine kürzere Frist – etwa drei Monate – nicht überschreiten darf.[379] In Sonderfällen kann aber auch eine längere Befristung zulässig sein.[380]

---

[370] *BGH*, NJW-RR 1998, 1260 (Best. von *OLG Karlsruhe*, NJW-RR 1995, 237).

[371] *Dehner*, NJW 1997, 24; *Zopfs*, Rdnr. 80a. – Dagegen dem BGH zust. *OLG Hamm*, VersR 1996, 1496; *Heße*, NJW 1998, 561.

[372] H.M. – Zur Unwirksamkeit unbefristeter Verträge vgl. *BGH*, NZM 1998, 677; *Schwerdtner*, Rdnr. 316.

[373] *BGH*, NJW-RR 1994, 559; *Staudinger/Reuter*, § 652 BGB, Rdnr. 200; *Zopfs*, Rdnr. 81.

[374] *OLG Hamm*, NJW 1966, 887; a.A. *Schwerdtner*, Rdnr. 315 (automatische Beendigung).

[375] *BGH*, NJW 1970, 1915; *Schwerdtner*, Rdnr. 314, 322; *E. Graf von Westphalen*, Rdnr. 99 ff.; zur Wohnungsvermittlung vgl. § 4 WoVermG.

[376] *BGH*, WM 1981, 561; a.A. *E. Graf von Westphalen*, Rdnr. 94.

[377] *Schmidt-Salzer*, DB 1969, 1138.

[378] *OLG Hamm*, NJW 1966, 887.

[379] Hierzu *E. Graf von Westphalen*, Rdnr. 96.

[380] *BGH*, WM 1974, 257; 1976, 533; *OLG Hamm*, NJW 1966, 887.

b) Kündigung

Zu unterscheiden sind ordentliche und außerordentliche Kündigung.

(1) Eine ordentliche Kündigung des Alleinauftrages nach Ablauf der Befristung ist möglich.

Die Kündigungsfristen sind aber einer Kontrolle nach § 9 AGBG unterworfen.[381] Eine formularmäßige Verlängerung der (angemessenen) Bindungsfrist für den Fall der Nichtkündigung ist zwar zulässig,[382] muß jedoch im Wege der Inhaltskontrolle beschränkt werden, m.E. – unter Heranziehung der in § 11 Nr. 12b AGBG getroffenen Wertung – auf die Hälfte der ursprünglichen (angemessenen) Laufzeit, also bei Immobilienaufträgen in der Regel auf drei Monate.[383]

(2) Eine außerordentliche Kündigung des Alleinauftrages ist auch während der Laufzeit aus wichtigem Grund zulässig.[384]

Die Ausschlußfrist von zwei Wochen (Analogie zu § 626 II BGB) kann hierbei nicht zum Zuge kommen.[385] Als wichtiger Grund für die vorzeitige Kündigung kommt vor allem die Verletzung der Tätigkeitspflicht des Maklers in Frage,[386] gegebenenfalls auch sonstige erhebliche Pflichtverletzungen, zum Beispiel eine verbotene Doppeltätigkeit[387] oder die Zuführung eines unseriösen Interessenten.[388]

c) Rechtsmißbrauch

Bei einem „Einschlafen“ der Tätigkeit des Maklers ohne formelle Kündigung kann die Geltendmachung einer Provision für einen späteren Verkaufsfall gegen Treu und Glauben verstoßen.[389]

---

[381] Hierzu Schwerdtner, Rdnr. 316, der eine Umdeutung auf eine angemessene Bindungsdauer zulassen will. – § 11 Nr. 12b AGBG findet keine Anwendung: *BGH*, WM 1981, 561; *Schwerdtner*, Rdnr. 317.

[382] *Schwerdtner*, Rdnr. 317.

[383] Hierzu *E. Graf von Westphalen*, Rdnr. 97.

[384] *BGH*, NJW 1969, 1626; *Schwerdtner*, Rdnr. 319; *Staudinger/Reuter*, § 652 BGB, Rdnr. 201; *Zopfs*, Rdnr. 81, 82.

[385] *Schwerdtner*, Rdnr. 320; *Staudinger/Reuter*, § 652 BGB, Rdnr. 60.

[386] *BGH*, NJW 1969, 1626.

[387] S.o. III, 1, a, (2).

[388] *BGH*, WM 1979, 1457; *Schwerdtner*, Rdnr. 320.

[389] *BGH*, NJW 1966, 1405; WM 1977, 871; krit. *Schwerdtner*, Rdnr. 321.

§ 9. Der Unfallhaftpflichtprozeß

Literatur (Auswahl):

Allgemeine Darstellungen: *Bauer*, Die Kraftfahrtversicherung, 4. Aufl. (1997); *Brüggemeier*, Deliktsrecht (1986); *Buschbell*, Straßenverkehrsrecht in der Praxis (1997); ders. Der Straßenverkehrsfall, Beck'sches RA-Handbuch, B, IX, 3. Teil; *Deutsch*, Haftungsrecht, Bd. I: Allgemeine Lehren (1979); *Geigel/Schlegelmilch*, Der Haftpflichtprozeß, 22. Aufl. (1997); *Greger*, Haftungsrecht des Straßenverkehrs, 4. Aufl. (1997); *Grünberg*, Haftungsquoten bei Verkehrsunfällen, 5. Aufl. (1999); *Hacks/Ring/Böhm*, Schmerzensgeldbeträge, 18. Aufl. (1997); *Himmelreich/Klimke*, Kfz-Schadensregulierung, Loseblattsammlung, 4 Bde. (ab 1978); *Hofmann*, Haftpflichtrecht für die Praxis, (1989); *Jagusch/Hentschel*, Straßenverkehrsrecht 34. Aufl. (1997); *Kunschert*, Der Haftpflichtfall, Beck'sches RA-Handbuch, 6. Aufl. (1999), S. 303 ff.; *Sanden/Völtz*, Sachschadensrecht des Kraftverkehrs, 6. Aufl. (1994); *Scheffen/Pardey*, Schadensersatz bei Verkehrsunfällen mit Kindern und Jugendlichen (1995); *Slizyk*, Beck'sche Schmerzensgeldtabelle, 3. Aufl. (1997); *Stiefel/Hofmann*, Kraftfahrtversicherung, 16. Aufl. (1995); *Wussow/Küppersbusch*, Ersatzansprüche bei Personenschäden, 6. Aufl. (1996).

Allgemeine Überblicke zum Verkehrsrecht: Hentschel, NJW 1995, 627; 1997, 625; 1998, 649; zur Rechtsprechung des BGH zum Haftpflichtrecht: *von Gerlach*, DAR 1994, 217; 1995, 221; 1996, 205; 1997, 221; 1998, 213; 1999, 241.

Erster Teil. Anspruchsgrundlagen

I. Ansprüche aus Deliktsvorschriften

1. Der Anspruch aus § 823 I BGB

a) Tatbestandsmäßigkeit

Der Anspruch aus § 823 I BGB setzt im Rahmen der Tatbestandsmäßigkeit die unmittelbare Verletzung eines der dort genannten Rechtsgüter voraus.

(1) Hinsichtlich der Personenschäden kommt die Verletzung des Körpers und der Gesundheit in Frage.

Unter Verletzung des Körpers versteht man Eingriffe in die körperliche Integrität, während die Verletzung der Gesundheit die Störung der inneren Lebensvorgänge – körperlicher, geistiger oder seelischer Natur[1] – erfaßt. Auch die Leibesfrucht ist geschützt.[2] Eine nähere Abgrenzung zwischen Verletzung des Körpers und der Gesund-

---

[1] Zu psychischen Schäden siehe *BGHZ* 39, 351 = NJW 1985, 1390; *BGHZ* 107, 359 = NJW 1989, 2616.

[2] *BGHZ* 58, 48 = NJW 1972, 1126; *BGHZ* 93, 351 = NJW 1985, 1390.

heit erfolgt in der Praxis regelmäßig nicht, da sie praktisch bedeutungslos ist. Gänzlich unerhebliche Beeinträchtigungen bleiben außer Betracht.[3]

(2) Das Eigentum ist bei Verkehrsunfällen verletzt, wenn in die Sachsubstanz durch Zerstörung oder Beschädigung eingegriffen wird.[4]

Darüber hinaus wird eine Eigentumsverletzung auch bei nicht unerheblicher Beeinträchtigung der bestimmungsmäßigen Verwertung der Sache bejaht.[5] Das gilt bei Verkehrsunfällen z.B. bei einer durch einen Auffahrunfall verursachten „Einkeilung" eines PKW.[6]

(3) Die Verletzung des Rechtsgutes muß *unmittelbar* in der Person des Rechtsträgers erfolgt sein, d.h., es darf nicht das Vermögen eines anderen Rechtssubjekts in den Verletzungsvorgang zwischengeschaltet sein. Dagegen schadet eine mittelbare Verursachung nicht, solange nicht ein anderer Vermögensträger zwischengeschaltet ist.

Daraus folgt insbesondere, daß bei den sogenannten Schockschäden eine unmittelbare Verletzung des Rechtsguts Gesundheit vorliegt.[7] Wird eine Hausfrau körperlich verletzt, so ist sie unmittelbar in ihrer Erwerbsfähigkeit beeinträchtigt und nach § 843 BGB zum Schadensersatz berechtigt; eine Anspruchsberechtigung des Ehemannes nach § 845 BGB scheidet aus, da die Ehefrau nicht Dienste im Hauswesen des Mannes leistet;[8] gleiches muß dann konsequenterweise für den geschädigten Hausmann gelten.[9]

b) Rechtswidrigkeit

Der Anspruch aus § 823 I BGB setzt weiterhin die Rechtswidrigkeit der erfolgten Rechts- bzw. Rechtsgutverletzung voraus.

(1) Nach der Theorie vom Erfolgsunrecht wird die Rechtswidrigkeit nach der erfolgten Rechts- bzw. Rechtsgutverletzung vermutet; es ist Sache des Verletzers, einen besonderen Rechtsfertigungsgrund für den erfolgten Eingriff darzutun.[10] Die sodann auftauchenden üblichen Rechtfertigungsgründe der Notwehr (§ 227 BGB), der Einwilligung und des rechtfertigenden Notstandes (§ 34 StGB) spielen im Rahmen des Unfallhaftpflichtsrechtes so gut wie keine Rolle.

---

[3] *Kupisch/Krüger*, JuS 1980, 423. – Zum Schockschaden s.u. Fußn. 7.

[4] *Geigel/Schlegelmilch/Rixecker*, Kap. 2, Rdnr. 9.

[5] *BGH*, NJW 1994, 517; *OLG Koblenz*, NJW-RR 1994, 86.

[6] *Geigel/Schlegelmilch/Rixecker,* Kap. 2, Rdnr. 9; *AG Bonn* NJW-RR 1992, 1439; im Anschluß an *BGHZ* 55, 153 = NJW 1971, 886 („Fleet-Fall"); a.A. *BGH,* NJW 1977, 2265; *Zeuner*, FS Flume (1978), Bd. I, S. 775, 786.

[7] *BGHZ* 56, 163 = NJW 1971, 1883; *BGHZ* 93, 351 = NJW 1985, 1390 m. Anm. *Dunz*, MedR 1985, 269; *Deubner*, JuS 1971, 622.

[8] *BGHZ* 50, 304 = NJW 1968, 1823; *BGHZ* 59, 172 = NJW 1972, 2217; *BGH*, NJW 1985, 735.

[9] *OLG Hamm*, NZV 1989, 72.

[10] *BGHZ* 24, 21 = NJW 1957, 785; *BGHZ* 90, 255 = NJW 1984, 2207.

Das Problem der Notwehr wird erörtert in den sogenannten Nötigungsfällen[11] und bei dem Streit um die Parklücke.[12] Aktive Eingriffsrechte werden dem Bedrohten durch § 227 BGB aber nicht gegeben, da ein Eingriff in die persönlichen Rechtsgüter „Körper" und „Gesundheit", aber auch in das Eigentum über die erforderliche Verteidigung hinausgehen; ein „Faustrecht" ist im Straßenverkehr wegen dessen Gefährlichkeit nach §§ 1, 11 II StVO ausgeschlossen.[13] Ein Notstand (§ 34 StGB) mag zwar im Einzelfall die Rechtswidrigkeit einer Übertretung der StVO ausschließen (z.B. Geschwindigkeitsüberschreitung durch Arzt im Eilfall),[14] aber wohl kaum die Verletzung der in § 823 I BGB genannten Rechtsgüter und Rechte rechtfertigen; abgesehen davon könnte dies an dem zivilrechtlichen Schadensausgleich nach dem Grundgedanken des § 904 S. 2 BGB nichts ändern.[15] Der Rechtfertigungsgrund der Einwilligung ist nur in Ausnahmesituationen diskutierbar, z.B. bei dem Anvertrauen an einen völlig betrunkenen Fahrer;[16] hier deckt sich die Einwilligung mit dem Handeln auf eigene Gefahr, das die Rechtsprechung als besonderen Ausschlußgrund der Haftung aufgegeben und durch die Anwendung des § 254 I BGB ersetzt hat.[17]

(2) Nach der Lehre vom Handlungsunrecht ist ein tatbestandsmäßiges Verhalten i.S. des § 823 I BGB nur dann rechtswidrig, wenn es mit einem eigenen Unwerturteil im Sinne der Sozialadäquanz versehen werden kann, was im Bereich des Straßenverkehrs mit dem „verkehrsrichtigen Verhalten" gleichzusetzen ist.[18] In diese Richtung ging die vieldiskutierte Entscheidung des BGH vom 4. 3. 1957.[19]

Diese Entscheidung ist aber von der h.M. mit Recht abgelehnt worden.[20] Sie verkennt vor allem, daß verkehrsrichtiges Verhalten zwar die Schaffung einer Gefahrenlage erlaubt, nicht aber die Verletzung der in § 823 I BGB genannten geschützten Rechte und Rechtsgüter rechtfertigen kann, sondern bei Eintritt drohender Schäden durch § 1 StVO modifiziert wird. Der Streit ist im übrigen eher von dogmatischem Interesse,[21] da auch nach Auffassung des BGH der Geschädigte die pflichtwidrige Handlung des Schädigers im Rahmen des Verschuldens beweisen muß[22] (anders ist dies bei § 831 BGB[23]). Es finden sich aber immer wieder Entscheidungen, die die Rechtswidrigkeit eines Verhaltens der Sache nach im Rahmen eines nicht gegebenen Handlungsunrechts verneinen.[24]

---

[11] *BGHSt* 18, 389 = NJW 1963, 1629; *BGHSt* 19, 263 = NJW 1964, 1426; *OLG Düsseldorf*, NJW 1989, 51; *Voß-Broemme*, NZV 1988, 2; *Haubrich*, NJW 1989, 1197.

[12] *BayOblG* NJW 1963, 824; *OLG Köln*, NZV 1989, 157; *Berz*, JuS 1969, 367.

[13] *OLG Düsseldorf*, NJW 1961, 1783; *OLG Hamm*, NJW 1972, 1826; *Deutsch*, Bd. I, § 15 I; *Krause*, GA 1979, 335.

[14] aber keine Trunkenheitsfahrt: *OLG Köln*, NJW 1988, 2316.

[15] *OLG Karlsruhe*, VRS 46, 275.

[16] *Geigel/Schlegelmilch/Rixecker*, Kap. 2, Rdnr. 22 (Einwilligung muß sich auf die Rechtsgutverletzung beziehen).

[17] *BGHZ* 34, 335 = NJW 1961, 655; *Geigel/Schlegelmilch/Rixecker*, Kap. 2, Rdnr. 19.

[18] *Wiethölter*, Der Rechtfertigungsgrund des verkehrsrichtigen Verhaltens (1960).

[19] *BGHZ* 24, 21 = NJW 1957, 785; vgl. auch *BGHZ* 36, 237 = NJW 1962, 484; zust. *Nipperdey*, NJW 1957, 1777; 1967, 1985. – Hierzu *Brüggemeier*, Rdnr. 84 ff.

[20] *Bettermann*, NJW 1957, 986; *Boehmer*, MDR 1958, 745; *Wussow*, NJW 1958, 891; *May*, NJW 1958, 1262; *Stoll*, JZ 1958, 137; *H. Lehmann*, FS Hedemann (1958), S. 189; *Dunz*, NJW 1960, 507; *Boennecke*, NJW 1960, 1188; *Weitnauer*, NJW 1962, 1190; *Larenz*, FS Dölle (1963), Bd. I, S. 169.

[21] *Geigel/Schlegelmilch/Rixecker*, Kap. 2, Rdnr. 12.

[22] *BGHZ* 24, 21 = NJW 1957, 785, 786 re. Sp.

[23] S.u. I, 3, b, (2), Fußn, 161 ff.

[24] *BGHZ* 107, 359 = NJW 1989, 2616; hierzu *Lipp*, JuS 1991, 809, 812; *OLG Hamm*, NJW-RR 1998, 1402.

(3) Die Rechtswidrigkeit eines Unterlassens setzt voraus, daß der Schädiger den Erfolg hätte abwenden können und auch hierzu rechtlich verpflichtet war.[25] Diese Frage kann in Einzelfällen im Verkehrshaftpflichtrecht eine Rolle spielen.[26]

c) Verschulden

Der Schädiger muß im Rahmen des § 823 I BGB weiterhin schuldhaft gehandelt haben. Diese subjektive Beziehung zur Tat erstreckt sich auf die Rechts- bzw. Rechtsgutsverletzung, nicht aber auf den Folgeschaden.[27] Schuldformen sind nach § 276 I 1 BGB Vorsatz und Fahrlässigkeit. Dabei kommt in Verkehrsunfallsachen der Fahrlässigkeit fast ausschließliche Bedeutung zu.

(1) Nach § 276 I 2 BGB handelt fahrlässig, wer die im Verkehr erforderliche Sorgfalt außer acht läßt.

Dieser Maßstab gilt ausnahmslos: die §§ 708, 1359, 1664 BGB, die für Gesellschafter, Ehegatten und Eltern (im Bereich der Sorge für die Kinder) eine Haftungsmilderung in Form der Haftung für „diligentia quam in suis" vorsehen, hat der BGH für den Bereich des Straßenverkehrs für nicht mehr anwendbar erachtet.[28]

(2) Die Fahrlässigkeit besteht aus zwei Komponenten: der „Pflichtwidrigkeit" und der „Voraussehbarkeit nebst Vermeidbarkeit des Erfolges (Rechtsgutverletzung)".[29]

Das Gesetz und ihm folgend die Rechtsprechung stellen hierbei auf einen objektiven Maßstab ab; im Gegensatz zum Strafrecht kommt es nicht auf die individuellen Fähigkeiten des Schädigers an.[30] Niemand kann sich zur Entschuldigung auf subjektive Besonderheiten berufen.[31] Andererseits können bestimmte konkrete Umstände die Sorgfaltspflicht im Einzelfall verschärften.[32] Die StVO stellt für besonders typische Gefahrenlagen gesteigerte Sorgfaltspflichten auf.[33] Bei der Voraussehbarkeit ist nicht erfor-

---

[25] *Geigel/Schlegelmilch/Rixecker*, Kap. 1, Rdnr. 3.

[26] *BGH*, NJW 1993, 654 (Vergewisserungspflicht des Busfahrers betr. Fahrgäste); *OLG Köln*, NVZ 1992, 32 (unterlassene Warnzeichen); *BGH*, NJW 1988, 969 (Prüfung der Fahrtüchtigkeit vor Fahrtantritt).

[27] H.M.; vgl. etwa *BGH*, NJW 1951, 1596; *BGHZ* 59, 30 = NJW 1972, 1366, 1368; *BGH*, NJW 1992, 1381.

[28] *BGHZ* 46, 313 = NJW 1967, 558; *BGHZ* 53, 352 = NJW 1970, 1271; *BGHZ* 63, 51 = NJW 1974, 2124; *BGHZ* 103, 338 = NJW 1988, 2667.

[29] *Geigel/Schlegelmilch/Rixecker*, Kap. 2, Rdnr. 26 m. Einzelheiten.

[30] *BGHZ* 24, 21, 27 = NJW 1957, 785; *BGH*, NJW 1989, 2879; Einzelheiten bei *Geigel/Schlegelmilch/Rixecker*, Kap. 2, Rdnr. 28, 34.

[31] *BGH*, JZ 1968, 10 (Augenfehler); VersR 1988, 358 (Alter).

[32] *BGH*, VersR 1958, 94; (Ortskundigkeit); vgl. auch *BGH*, NJW 1987, 1479 (Arzt).

[33] Beschränkte Sichtweite: § 2 IIIa; Geschwindigkeit bei Kindern und Hilfsbedürftigen: § 3 IIa; Überholen: §§ 5 und 18 IV; Fahrtstreifenwechsel: § 7 IV; Abbiegen, Wenden, Ein- und Ausfahren: § 10; Ein- und Aussteigen: § 14; Vorbeifahren an haltenden öffentlichen Verkehrsmitteln und Schulbussen: § 20; Überholen und Vorbeifahren an Überwegen: § 26 III. – Hierzu *Geigel/Schlegelmilch/Haag*, Kap. 27, Rdnr. 15.

derlich, daß der Geschehensablauf in allen Einzelheiten voraussehbar war; es genügt eine Voraussehbarkeit der Verletzung von Rechtsgütern im allgemeinen.[34]

(2) Für das Straßenverkehrsrecht hat die Rechtsprechung einige allgemeine Grundsätze für die Fahrlässigkeit entwickelt. Zu erwähnen sind: der Vertrauensgrundsatz, das Verhalten in unklarer Verkehrslage und die Entschuldbarkeit von Kurzschlußhandlungen.

Der Vertrauensgrundsatz besagt, daß der Verkehrsteilnehmer davon ausgehen kann, daß die anderen Verkehrsteilnehmer die Verkehrsregeln ebenfalls einhalten; er setzt also eigenes verkehrsgerechtes Verhalten voraus.[35] Er wird erst außer Kraft gesetzt, wenn für den Geschädigten das verkehrswidrige Verhalten des anderen Verkehrsteilnehmers erkennbar wird.[36] Keine Anwendung findet der Vertrauensgrundstz bei dem Auftauchen von Verkehrsteilnehmern, bei denen mit verkehrswidrigem und unüberlegtem Handeln zu rechnen ist (§ 3 II a St VO), insbesondere von Kindern,[37] sowie alten und gebrechlichen Leuten.[38] Er gilt ferner nicht für Verkehrssituationen, bei denen typischerweise häufig Verkehrswidrigkeiten auftauchen.[39]

Die letztgenannte Ausnahme leitet bereits über zu den von der Rechtsprechung entwickelten Pflichten bei unklarer Verkehrslage: in derartigen Zweifelsfällen muß der Kraftfahrer allen Eventualitäten Rechnung tragen: er darf nicht eine bestimmte Verkehrsregel als allein richtig unterstellen[40] oder darauf vertrauen, daß die Verkehrslage einen bestimmten Verlauf nimmt.[41]

Zugunsten eines Kraftfahrers, der eine Fehlreaktion vornimmt, wurde schließlich der Satz entwickelt, daß derjenige, der *unverschuldet* in eine plötzliche Gefahrenlage gerät und dort falsch reagiert, ausnahmsweise nicht fahrlässig handelt.[42]

(3) Die einzelnen Fälle der Sorgfaltspflichten im Straßenverkehr sind naturgemäß mannigfaltig, die Rechtsprechung kaum noch übersehbar. Auszugehen ist stets von den in der StVO und der StVZO geregelten besonderen Pflichten. Im übrigen ist auf § 1 StVO zurückzugreifen.

Wegen der Einzelheiten ist auf die einschlägige Kommentarliteratur und die Rechtsprechungsberichte[43] zu verweisen.

(4) Ein Verschulden ist nicht gegeben, wenn der Schädiger im Zustand der Bewußtlosigkeit oder in einem die freie Willensbestimmung ausschließenden Zustand gehandelt hat (§ 827 BGB); hierfür trifft ihn die Beweislast.[44]

---

[34] *BGHZ* 41, 123 = NJW 1964, 720; *BGHZ* 107, 359 = NJW 1989, 2616 m.Nw.

[35] *BGHZ* 14, 232 = NJW 1954, 1493; *BGHSt* 9, 92 = NJW 1956, 800; *BGH*, NJW-RR 1992, 350; *Barthelmes*, NZV 1998, 357; *Wimmer*, DAR 1963, 369; *Martin*, DAR 1964, 299; *Geigel/Schlegelmilch/Haag*, Kap. 27, Rdnr. 12–14.

[36] *OLG Schleswig*, VersR 1987, 825; *BGH*, NJW 1991, 292.

[37] *BGH*, NJW 1987, 2375; 1994, 941; 1997, 2756; NJW-RR 1992, 1116; *Geigel/Schlegelmilch/Haag*, Kap. 27, Rdnr. 122, 124; *Scheffen/Pardey*, Rdnr. 175 ff.; zum Warnzeichen 136: *BGH*, NJW 1994, 941; *v. Gerlach*, DAR 1994, 231.

[38] *BGH*, NJW 1994, 2829; *Grohmann*, DAR 1997, 252.

[39] *BGHSt* 12, 81 = NJW 1958, 1982; *BGHSt* 13, 169 = NJW 1959, 1547.

[40] *BGH*, VersR 1977, 58; *Geigel/Schlegelmilch/Rixecker*, Kap. 2, Rdnr. 39.

[41] *BGH*, NJW 1996, 60; *Wimmer*, DAR 1964, 37, 41 m.Nw.

[42] *BGH*, VersR 1988, 640; *Hofmann*, Kap. 1.1, Rdnr. 96 g.

[43] Siehe Literaturverzeichnis.

[44] *BGHZ* 98, 135 = NJW 1987, 121 m. Anm. *Dunz*, JR 1987, 239; weitere Nachw. bei *Baumgärtel/Strieder*, Handb. der Beweislast, Bd. 1, § 827, Rdnr. 1.

Ein alkoholbedingter Ausschluß der freien Willensbestimmung kommt erst bei einem Blutalkoholgehalt von 3‰ und Vorliegen besonderer Umstände in Frage.[45] In diesen Fällen ist der Schädiger aber regelmäßig wegen eines zeitlich vorgelagerten Verschuldens (actio libera in causa) verantwortlich (§ 827 S. 2 BGB).[46] Ähnliche Probleme wie bei Alkoholgenuß treten bei Bewußtseinsbeeinträchtigungen durch Einnahme von Drogen und Medikamenten auf.

(5) Jugendliche im Alter von 7 bis 18 Jahren sind nach § 828 II BGB nur bedingt deliktsfähig.[47] Ihre Verantwortlichkeit ist zu bejahen, wenn sie die zur Erkenntnis der Verantwortlichkeit erforderliche Reife gehabt haben.

Dabei wird von der Rechtsprechung allein auf die Einsichtsfähigkeit, nicht die Steuerungsfähigkeit abgestellt.[48] Es besteht eine umfangreiche Judikatur über die Frage der Einsichtsfähigkeit von Kindern und Jugendlichen im Straßenverkehr.[49]

(6) Eine Ausnahme von dem Verschuldensgrundsatz stellt die Billigkeitshaftung nach § 829 BGB dar. Danach haftet ein nicht Deliktfähiger,[50] wenn ein Anspruch gegen einen Aufsichtspflichtigen (§ 832 BGB) nicht gegeben ist, wenn die Billigkeit eine Schadloshaltung erfordert[51] und dem Schädiger nicht die Mittel zu einem angemessenen Unterhalt entzogen werden.[52]

Besteht – wie bei Kraftfahrzeugunfallschäden – eine Haftpflichtversicherung des Schädigers, so kann auf das Erfordernis der Unterhaltsgewährleistung verzichtet werden.[53] Die Billigkeitshaftung kann im Einzelfall auch erst später einsetzen, wenn die wirtschaftlichen Verhältnisse des Schädigers sich gebessert haben; insoweit kann zunächst Feststellungsklage erhoben werden.[54]

d) Kausalität

Zwischen dem pflichtwidrigen Verhalten und der Verletzung des Rechtsguts muß ein Kausalzusammenhang bestehen (sogenannte haf-

---

[45] *OLG Köln*, VersR 1995, 205.

[46] *OLG Köln*, NZV 1988, 73; 1989, 240.

[47] Zur Verfassungsmäßigkeit der Regelung: *OLG Celle*, NJW-RR 1989, 791; *LG Dessau*, NJW-RR 1997, 214; *BVerfG*, NJW 1998, 3557. – Zu Reformfragen siehe *Kuhlen*, JZ 1990, 273; *Canaris*, JZ 1990, 679; *Scheffen*, ZRP 1991, 458. Der RegE zum 2. SchadÄndG vom 21. 4. 1998 (BT-Drs. 13/10435) wollte bei Kindern bis 10 Jahren die Verantwortlichkeit bei Unfällen im Straßenverkehr ganz ausschließen; hierzu *Otto*, NZV 1998, 437; *Steffen*, VersR 1998, 1449.

[48] *BGH*, NJW 1970, 1038; 1984, 1958; *Scheffen/Pardey*, Rdnr. 9 ff.

[49] *OLG Frankfurt*, NJW-RR 1994, 1114; Überblick bei *Geigel/Schlegelmilch*, Kap. 16, Rdnr. 12; *Scheffen/Pardey*, Rdnr. 18 ff.

[50] *BGHZ* 39, 281 = NJW 1963, 1609.

[51] *BGH*, NJW 1995, 452.

[52] *BGHZ* 39, 281 = NJW 1963, 1609; *BGHZ* 76, 279 = NJW 1980, 1623 m. Anm. *Knütel*, JR 1980, 462.

[53] Hierzu *BGHZ* 23, 90; 76, 279 (Fußn. 52); *BGHZ* 127, 186 = NJW 1995, 452 (Schmerzensgeld); einschr. *Geigel/Schlegelmilch*, Kap. 16, Rdnr. 16.

[54] *BGH*, NJW 1958, 1630; 1979, 2076.

tungsbegründende Kausalität). Hierbei sind zwei Teilprüfungen notwendig.

(1) Zunächst muß ein Kausalzusammenhang im naturwissenschaftlich-philosophischen Sinne vorliegen, der nach der conditio-sine-qua-Formel zu beurteilen ist.[55]

„Als conditiones sine quibus“ sind nur diejenigen Ereignisse anzusehen, die nicht weggedacht werden können, ohne daß der sich dann ergebende Zustand überhaupt nicht mehr in die für die rechtliche Wertung in Betracht kommende Erfolgskategorie fällt, oder daß zum mindesten der konkrete Erfolg innerhalb dieser Kategorie in einer Weise verändert wird, die für die rechtliche Würdigung erheblich ist.[56] Ein Unterlassen ist ursächlich, wenn man es nicht hinwegdenken und die gebotene Handlung nicht hinzudenken kann, ohne daß der Schaden mit Sicherheit entfällt.[57]

In allen Fällen genügt auch psychisch vermittelte Verursachung[58] und auch ein mitursächliches Verhalten.[59] Aus der Fragestellung der conditio-sine-qua-non-Formel folgt auch, daß der Kausalzusammenhang im hier behandelten Sinne durch das – auch bewußte – Eingreifen Dritter nicht unterbrochen wird.[60] Eine hypothetische oder überholende Kausalität ist im Rahmen der Haftungsbegründung nicht zu berücksichtigen.[61]

Unter dem Gesichtspunkt des „rechtmäßigen Alternativverhaltens“ wird teilweise zusätzlich der Kausalzusammenhang verneint, wenn der Schaden auch bei hypothetischem rechtmäßigen Verhalten eingetreten wäre.[62] Maßgebend ist hierbei die Prognose, wie sich der Geschehensablauf für den Verkehrsteilnehmer unter dem Gesichtspunkt des Vertrauensgrundsatzes darstellt; erhöhte Risikoanforderungen, mit denen der Verkehrsteilnehmer nicht rechnen mußte, bleiben außer Betracht.[63]

(2) An die Bejahung der Ursächlichkeit im Sinne der conditio-sine-qua-non-Formel schließt sich die Prüfung an, ob das pflichtwidrige Verhalten als adäquate Ursache zu werten ist.[64] Nach der Rechtsprechung ist

---

[55] *BGHZ* 2, 138 = NJW 1951, 711; *BGH*, NJW 1986, 1329, 1331.

[56] *BGHZ* aaO; krit. *Otto*, NJW 1980, 417, 421.

[57] *BGHZ* 2, 138 = NJW 1951, 711; *BGHZ* 64, 46, 51 = NJW 1975, 824; *Geigel/Schlegelmilch/Rixecker*, Kap. 1, Rdnr. 1. – Abzustellen ist auf den Zeitpunkt des Beginns der fehlerhaften Verkehrslage: *BGH*, NJW 1985, 350; *OLG Bremen*, NZV 1988, 142; *OLG Oldenburg*, NJW-1990, 98; – Zur Reaktionszeit des Kraftfahrers umfassend *Dannert*, DAR 1997, 477.

[58] *BGHZ* 132, 341 = NJW 1996, 2425; *BGH*, NJW 1991, 717; 1998, 813.

[59] *BGH*, NJW 1991, 747; *OLG München*, VersR 1984, 342.

[60] *BGH*, NJW 1971, 459.

[61] *BGHZ* 29, 215 = NJW 1959, 1131; *BGHZ* 125, 56 = NJW 1994, 999; *BGH*, NJW 1958, 705; 1967, 551; *Geigel/Schlegelmilch/Rixecker*, Kap. 1, Rdnr. 22, 26.

[62] *BGHSt* 24, 31, 34 = NJW 1971, 388 m. Anm. *Knauber*, NJW 1971, 627; *BGH*, VersR 1982, 442; *Mühlhaus*, DAR 1965, 35.

[63] Verfehlt *BGHSt* 11, 1 = NJW 1958, 149 (Lastzugsfall); dagegen *Ranft*, NJW 1984, 1425.

[64] Zusammenfassend *Lange*, Schadensersatz, § 3, VI; *Geigel/Schlegelmilch/Rixecker*, Kap. 1, Rdnr. 3 ff.

eine Bedingung adäquat, „wenn sie die objektive Möglichkeit des Erfolges von der Art des eingetretenen generell in nicht unerheblicher Weise erhöht hat.“[65]

Die Tatsache muß allgemein und nicht nur unter besonders eigenartigen, ganz unwahrscheinlichen und nach dem regelmäßigen Verlauf der Dinge außer Betracht zu lassenden Umständen zur Herbeiführung des Erfolges geeignet gewesen sein.[66] Bei der dahinzielenden Würdigung sind zu berücksichtigen: a) alle zur Zeit des Eintritts der Begebenheit dem optimalen Beobachter erkennbaren Umstände; b) die dem Setzer der Bedingung darüber hinaus noch bekannten Umstände.[67] Bei dem Vorwurf der Unterlassung ist die Adäquanz dann zu verneinen, wenn der schädigende Erfolg bei einem normalen Verlauf nicht hätte eintreten können, sondern nur durch besondere Umstände herbeigeführt worden ist.[68]

Bei Verkehrsunfällen wurde die Adäquanz der Verursachung in den überwiegenden Fällen bejaht.[69] Nur in Ausnahmefällen hat die Rechtsprechung die Adäquanz des Kausalzusammenhangs verneint.[70] Im übrigen hat die Rechtsprechung den Umfang der Haftung unter dem Gesichtspunkt des Schutzzwecks der Norm[71] gelegentlich eingeschränkt, wobei man darüber streiten kann, welche der beiden Kriterien hier maßgebend sein sollte.[72]

e) Schutzzweck der Norm

Nach h.A. in Rechtsprechung und Schriftform ist nur derjenige Schaden dem Schädiger zuzurechnen, der im Schutzbereich der verletzten

---

[65] *BGHZ* 42, 118 = NJW 1964, 2157.

[66] *BGH*, NJW 1986, 1329, 1331; 1990, 2882 m.Nw.

[67] *BGHZ* 3, 261; *BGH*, NJW 1952, 1010; hierzu *Lindenmaier*, ZHR Bd. 113 (1950), S. 321; *Deutsch*, § 11, IV.

[68] *BGHZ* 7, 198 = NJW 1953, 700.

[69] Vgl. für Auffahrunfälle: *BGHZ* 43, 178 = NJW 1965, 1177; *BGH*, VersR 1972, 1072; 1975, 1026; *OLG Köln*, NJW 1966, 933; *OLG Bamberg*, VersR 1977, 38; *OLG Düsseldorf*, DAR 1977, 186. – Verletzung von Rettungspersonen: *RGZ* 164, 125; Vorfahrtverletzung: *BGH*, VersR 1964, 408; Schaffung von Gefahrenlagen: *BGH*, NJW 1964, 1565; VersR 1965, 1048; für Tod bei Bergung durch Stromschlag *OLG Hamm*, VersR 1977, 261; Bandabriß des Daumens durch kräftiges Hupen: *LG Traunstein*, NJW 1987, 2590. – Weitere Fälle bei *Geigel/Schlegelmilch/Rixecker*, Kap. 1, Rdnr. 5.

[70] *BGH*, VersR 1965, 363 (geplatzter Reifen); *BGH*, VersR 1970, 61 (Zweitunfall eines Pkw-Fahrers, der an der Unfallstelle seinen Hut sucht); *BGH*, VersR 1968, 311 (Auffahren auf einen LKW, der nach einem Erstunfall zwecks Hilfe gehalten hat); *BGHZ* 67, 14 = NJW 1976, 1934; *BGHZ* 72, 355, 360 = NJW 1979, 544; *BGH*, NJW 1984, 41 (Schleudern eines Mopedfahrers gegen ein verkehrsgerecht parkendes Fahrzeug); *OLG* Köln, NJW 1966, 11 = (Rechtsüberholen eines Linksfahrenden mit anschließender Nötigung); *BGHZ* 58, 162 = NJW 1972, 904 (Grünstreifenfall), gegen *LG Düsseldorf*, NJW 1955, 1031; *OLG Bremen*, VersR 1970, 424; hierzu unten Fußn. 88.

[71] S.u. e.

[72] Hierzu *Huber*, JZ 1969, 677; *v. Caemmerer*, DAR 1970, 282, *H. Lange*, JuS 1973, 280; JZ 1976, 198; „Ehrenrettung“ der Adäquanztheorie bei *Weitnauer*, Festgabe Oftinger, (1969), S. 321, 338; ähnlich *Schickedanz*, NJW 1971, 916; *Schünemann*, JuS 1979, 25.

Norm liegt.[73] Es handelt sich bei dieser Abgrenzung um eine zusätzliche wertende Betrachtung, deren Kriterien von der Rechtsprechung nach typischen Fallgruppen zu erarbeiten sind.[74]

(1) Als Richtlinien kommen hierbei in Frage: vom Standpunkt des Schädigers die Überschaubarkeit der von ihm geschaffenen Gefahr,[75] vom Standpunkt des Geschädigten das unsachgemäße Eingreifen in den schadensträchtigen Geschehensablauf und die Begrenzung durch das allgemeine Lebensrisiko.[76] Die Hauptbedeutung dieser ursprünglich für § 823 II BGB konzipierten Eingrenzung der Haftung[77] liegt bei der Bestimmung des Umfangs der Haftung im Rahmen der haftungsausfüllenden Kausalität.[78] Dagegen hat die Frage des Schutzzwecks der Norm bei der haftungsbegründenden Kausalität nur in Ausnahmefällen Bedeutung.[79]

(2) An typischen Einzefällen sind zu erwähnen: Eine Zurechnung ist zu verneinen, wenn der Unfall nur darauf zurückzuführen ist, daß der Schädiger einige Zeit zuvor zu schnell gefahren und deshalb an der Unfallstelle früher als bei Einhaltung der zulässigen Geschwindigkeit angekommen ist.[80]

Bei Auffahrunfällen haftet der Verursacher der ersten Auffahrkollision auch für die – im Rahmen einer Kettenreaktion – folgenden, in einem inneren Zusammenhang stehenden Auffahrunfälle[81] aber nicht mehr, wenn sich nach Bildung einer längeren Kolonne ein weiterer Auffahrunfall ereignet.[82] Ebenso ist bei den sogenannten *Rettungsunfällen* zu differenzieren: Schäden bei Rettungsaktionen, die in einem engeren sachlichen Zusammenhang mit dem Erstunfall stehen (Eingreifen des Retters nach § 323c StGB), sind von dem Verantwortlichen des Erstunfalls zu ersetzen,[83] nicht aber mehr Schäden aus

---

[73] *BGHZ* 27, 137 = NJW 1958, 1041; *BGHZ* 32, 194 = NJW 1960, 1201; *BGHZ* 107, 359 = NJW 1989, 2616; *BGH*, NJW 1991, 3275; hierzu *v. Caemmerer*, DAR 1970, 283; *Deutsch*, § 16; *Lange*, § 3, IX, X, m.Nw.; ders. JZ 1976, 198; *Geigel/Schlegelmilch/Rixecker*, Kap. 1, Rdnr. 8.

[74] *BGH*, NJW 1968, 2827; *Görgens*, JuS 1977, 709, 712; *Weitnauer* (Fußn. 72), S. 343; *Deutsch*, § 11, IV, 9; *Kupisch/Krüger*, JuS 1980, 730.

[75] *BGH*, JZ 1964, 178 m. Anm. *Lorenz*; *Geigel/Schlegelmilch/Rixecker*, Kap. 1, Rdnr. 15 m.Nw.

[76] *BGH*, NJW 1964, 1565; *Kramer*, JZ 1976, 342.

[77] S.u. I, 2, a, Fußn. 114.

[78] S.u. 3. Teil, I, 2, b.

[79] Gegen die Heranziehung bei der haftungsbegründenden Kausalität *Schickedanz*, NJW 1971, 917.

[80] *BGH*, NJW 1985, 350; 1988, 58; *OLG Oldenburg*, NJW-RR 1990, 98; *v. Caemmerer*, DAR 1970, 289; *Geigel/Schlegelmilch/Rixecker*, Kap. 1, Rdnr. 9.

[81] *OLG Köln*, NZV 1993, 194; *OLG Karlsruhe*, VRS DAR 1991, 300; einschr. *Kupisch/Krüger*, JuS 1980, 729, Anm. 29.

[82] *BGH*, VersR 1969, 895. – *OLG Karlsruhe*, NZV 1991, 269; *OLG Köln*, VRS 45, 182, wollen die Abgrenzung bei Treffen der erforderlichen Sicherheitsmaßnahmen ziehen; dagegen *Schmidt*, VersR 1970, 395.

[83] *RGZ* 164, 125; *OLG Stuttgart*, NJW 1965, 112; *OLG Düsseldorf*, NJW-RR 1995, 1365; *OLG Köln*, NJW-RR 1990, 669; *Görgens*, JuS 1977, 714; *v. Caemmerer*, DAR 1970, 291; *Geigel/Schlegelmilch/Rixecker*, Kap. 1, Rdnr. 19; teilw. abw. *Deutsch*, JZ 1975, 375; *Niebaum*, NJW 1976, 1673.

Bergungsaktionen, die ein nach Abschluß des Unfallgeschehens ausdrücklich hierzu Beauftragter erleidet.[84] Auch Schäden, die ein Dritter bei *Verfolgung eines der Verkehrsunfallflucht* oder einer sonstigen strafbaren Handlung *schuldigen Täters* erleidet, stehen noch in dem erforderlichen inneren Zusammenhang, nicht aber mehr Schäden, die ein Dritter (z.B. Polizeibeamter) bei einer späteren Festnahme des Täters erleidet.[85] Werden nach einem Unfall am Unfallort wertvolle Gegenstände aus dem beschädigten Fahrzeug entwendet, liegt dies noch im Rahmen der haftungsrechtlichen Schuldzuweisung zu Lasten des den Unfall Verursachenden; dies gilt aber nicht mehr, wenn die Gegenstände aus dem Unfallfahrzeug entwendet werden, nachdem es in polizeilichen Gewahrsam gelangt ist.[86]

Nicht mehr in den Haftungszusammenhang einbeziehen will der BGH Gesundheitsschäden des am Unfall beteiligten Fahrers, die nach dem Unfall aufgrund einer psychischen Belastung im Rahmen der Auseinandersetzung der Unfallbeteiligten eintreten.[87] Weitere Grenzfälle sind die Schäden, die nach einem *Unfallstau* durch nachfolgende Kraftfahrer infolge rechtswidriger *Benutzung des Grünstreifens* oder eines anderen nicht zum Fahren benutzten Weges entstehen: hier spricht sowohl das rechtswidrige, vorsätzliche Vorgehen dieser Kraftfahrer, das dem geschädigten Wegebenutzer eigene Ansprüche gibt, als auch der von dem Standpunkt des Erstverursachers nicht zu überblickende Umfang dieser Folgeschäden gegen eine Einbeziehung in die Ersatzpflicht.[88] Schließlich dürfte auch bei den sogenannten *Schockschäden*[89] der Kreis der Ersatzberechtigten unter dem Gesichtpunkt des Rechtswidrigkeitszusammenhangs abzugrenzen sein; im Gegensatz zum BGH,[90] der einen Ersatzanspruch auf nahe Angehörige beschränken will, dürfte es auch hier darauf ankommen, ob der Schock in einem inneren, örtlichen und zeitlichen Zusammenhang mit dem Unfallereignis steht, so daß alle hieran Beteiligten einschließlich der Zuschauer, nicht aber nachträglich Hinzukommende ersatzberechtigt sind.[91] Bei Unfällen von *Schwarzfahrern* ist die Haftung des Halters nach dem Schutzzweck der Norm ausgeschlossen, wenn der Schwarzfahrer den Unfall nicht schuldhaft verursacht hat.[92]

f) Ersatz von Folgeschäden

Im Rahmen von § 823 I BGB kann auch der Ersatz von Folgeschäden begehrt werden, die mittelbar verursacht auf die festgestellte Rechtsgutverletzung zurückzuführen sind. Diese Schäden können mittelbar verursachte Personenschäden des ursprünglich Verletzten (z.B. Zweitunfälle an

---

84 *BGHZ* 59, 175 = NJW 1972, 1754; vgl. auch *Kupisch/Krüger*, JuS 1980, 730 (an der Unfallstelle fotografierender Journalist).

85 *BGH*, NJW 1964, 1363; *BGHZ* 57, 25 = NJW 1971, 1980; *BGHZ* 63, 189 = NJW 1975, 168; *BGHZ* 132, 164 = NJW 1996, 1533; *Weber*, FS Steffen (1995), S. 507.

86 *BGH*, NJW 1997, 865.

87 *BGHZ* 107, 359 = NJW 1989, 2616; hierzu *Börgers*, NJW 1990, 2535; *Lipp*, JuS 1991, 809, 812; *v. Bar*, JZ 1989, 1071; *Dunz*, JR 1990, 115.

88 *BGHZ* 58, 162 = NJW 1972, 904; *Larenz*, NJW 1955, 1009; *Deutsch*, JZ 1972, 551; *Kramer*, JZ 1976, 344; *V. Caemmerer*, DAR 1970, 290; *Geigel/Schlegelmilch/Rixecker*, Kap. 1, Rdnr. 17.

89 S.o. Fußn. 7.

90 *BGHZ* 56, 163 = NJW 1971, 1883; *BGHZ* 93, 251 = NJW 1985, 1390; *BGH*, NJW 1984, 1405; 1989, 2317.

91 *LG Frankfurt*, NJW 1969, 2286 m. einschr. Anm. *Berg*, NJW 1970, 515; für Einbeziehung der Zuschauer *Schmidt*, MDR 1971, 538; dagegen *Kupisch/Krüger*, JuS 1980, 727, 730; *Geigel/Schlegelmilch/Rixecker*, Kap. 2, Rdnr. 8.

92 *RGZ* 136, 4; *v. Hippel*, VersR 1966, 507; vgl. auch *Geigel/Schlegelmilch/Kunschert*, Kap. 25, Rdnr. 170.

der Unfallstelle[93] oder bei dem Transport ins Krankenhaus,[94] Behandlungsfehler,[95] Spätfolgen der Erkrankung[96] oder auch auf Personenschäden zurückzuführende Vermögensschäden (Verdienstausfall etc.) sein. Über die allgemeinen Voraussetzungen dieser mittelbaren Schäden ist hier folgendes festzuhalten:

(1) Das Verschulden des Schädigers braucht sich nicht auf diese Folgeschäden beziehen.[97]

(2) Voraussetzung für die Ersatzfähigkeit ist ein Kausalzusammenhang zwischen Rechtsgutverletzung und Folgeschaden, der zunächst – ebenso wie bei dem Anspruchsgrund – nach der conditio-sine-qua-non-Formel zu beurteilen ist.[98]

Es ist also auch hier zu fragen, ob der Folgeschaden nicht eingetreten wäre, wenn die Rechtsgutverletzung durch den Schädiger nicht erfolgt wäre. Auch hier genügt Mitverursachung; das gilt vor allem für die sogenannten Anlageschäden: der Schädiger kann den Kausalzusammenhang nicht mit der Erwägung in Abrede stellen, der Geschädigte habe eine besondere (körperliche oder seelische) Anlage[99] oder ein Vorleiden.[100] Das gilt grundsätzlich auch bei dem Auftreten von Renten- und Konversionsneurosen.[101]

Bei der Feststellung der haftungsausfüllenden Kausalität ist das Gericht nach § 287 ZPO freier gestellt.[102] Die Rechtsprechung läßt dem Schädiger im übrigen den Einwand der hypothetischen oder überholenden Kausalität offen: kann dieser nachweisen, daß bestimmte Personen- oder Vermögensschäden bei dem Verletzten später auch ohne das ersatzpflichtige Verhalten mit Bestimmtheit eingetreten wären, so entfällt insoweit die haftungsausfüllende Kausalität und damit die Ersatzpflicht;[103] das gilt allerdings nicht für den unmittelbar verursachten Schaden[104] und für hypothetische Verläufe, die bei einem realen Verlauf einen Schadensersatzanspruch des Geschädigten gegen einen Dritten ausgelöst hätten.[105]

(3) Bei der Haftungsbegrenzung bestehen die gleichen Kontroversen wie bei der haftungsbegründenden Kausalität.[106] Die Rechtsprechung

---

[93] *BGH*, VersR 1970, 61.

[94] *Huber*, JZ 1969, 682; zur Anwendung des § 830 I S. 2 BGB siehe *BGH*, VersR 1971, 321 sowie unten I. 3. a. Fußn. 139 ff.

[95] *BGH*, VersR 1967, 1185; *RGZ* 102, 230.

[96] *BGH*, VersR 1962, 351; vgl. auch *BGH*, VersR 1960, 225.

[97] *BGH*, NJW-RR 1993, 345.

[98] S.o. I, 1, d, (1).

[99] *BGH*, NJW 1986, 777; 1991, 2346; *BGHZ* 132, 341 = NJW 1996, 2425; *OLG Hamm*, NJW 1997, 804 m.Nw.

[100] *BGH*, VersR 1965, 292; 1968, 648; weitere Nachw. bei *Geigel/Schlegelmilch/Rixecker*, Kap. 1, Rdnr. 6.

[101] S.u. 3. Teil, I, 2, d, (2) + (3).

[102] *BGHZ* 4, 192 = NJW 1952, 301; *Geigel/Schlegelmilch/Rixecker*, Kap. 37, Rdnr. 48.

[103] *BGH*, JR 1952, 70 m. Anm. *Neumann-Duesberg*; *BGHZ* 29, 207, 215 = NJW 1959, 1131; *OLG Frankfurt*, NJW 1984, 1409; *Lemhöfer*, JuS 1966, 337; *Deutsch*, § 12, III; *Frank/Löffler*, JuS 1985, 689.

[104] S.o. Fußn. 61.

[105] *BGH*, NJW 1958, 705; 1967, 551 m. Anm. *Lemhöfer*, VersR 1967, 552; *Hofmann*, Kap. 1.1. Rdnr. 89.

[106] S.o. I, 1, d, (2) + I, 1, e.

stellt sowohl auf die Adäquanz des Kausalzusammenhanges als auch auf den Schutzzweck der Norm ab, während in der Lehre teilweise die Adäquanztheorie als Leerformel abgelehnt und nur auf den Rechtswidrigkeitszusammenhang abgestellt wird.[107]

In der Sache kommt es auch hier darauf an, ob der weitere Schaden in innerem Zusammenhang mit dem Unfall steht[108] oder als Ausfluß des allgemeinen Lebensrisikos des Verletzten zu betrachten ist.[109] Auch die von dem BGH vorgenommene Begrenzung der Ersatzpflicht bei Neurosen[110] ist unter dem Gesichtspunkt des Schutzzweckes der Norm zu sehen.

2. *Anspruch aus § 823 II BGB*

Der Deliktsanspruch wegen Verletzung eines Schutzgesetzes spielt in der Praxis des Verkehrsunfallhaftpflichtrechts nur eine untergeordnete Rolle. Sein Anwendungsbereich deckt sich im wesentlichen mit den Voraussetzungen des § 823 I BGB.[111] Gewisse Abweichungen zugunsten des Geschädigten ergeben sich aus einer unterschiedlichen Beweislast hinsichtlich des Verschuldens.

a) Das Schutzgesetz

Der Anspruchsgrund setzt zunächst das Vorliegen eines Schutzgesetzes voraus, d.h. eines Gesetzes, das nach Inhalt und Zweck nicht nur die Gesamtheit der Rechtsgenossen, sondern auch den Schutz von Einzelpersonen oder eines Personenkreises beabsichtigt.[112] Der Unfallgeschädigte muß zum Kreis der geschützten Personen gehören.[113] Der geltendgemachte Schaden muß im Bereich der durch das Schutzgesetz geschützten

---

107 *Kramer*, JZ 1976, 343.

108 Hierzu *RGZ* 102, 230 (Behandlungsfehler im Krankenhaus); *RGZ* 105, 265 (Grippeinfektion im Krankenhaus); hierzu *Huber*, JZ 1969, 682; *Kramer*, JZ 1976, 344; *Lange*, § 3 XI 3.

109 *BGH*, NJW 1952, 1010 (Amputiertenfall; dagegen *Huber*, JZ 1969, 682); *LG Berlin*, VersR 1955, 365 (Unglück im Mietwagen); *BGH*, NJW 1968, 2287 (Entdeckung einer verborgenen Krankheit); *BGHZ* 25, 86 = NJW 1957, 1475 m. Anm. *Larenz*, NJW 1958, 627 (Tod infolge eines bei unfallbedingter Operation gleichzeitig erfolgten Eingriffs zur Beseitigung eines nicht unfallbedingten Leidens); *BGH*, NJW 1963, 1671 (Wundstarrkrampf infolge gelegentlicher Tetanusimpfung); *BGHZ* 86, 212 = NJW 1983, 1108 (verhinderter Urlaub); *BGHZ* 107, 359 = NJW 1985, 2616 (Schlaganfall wegen Auseinandersetzung über Unfallhergang, s.o. Fußn. 87).

110 S. u. 3. Teil, I, 2, d.

111 Teilw. abw. *Brüggemeier*, Rdnr. 791.

112 *BGHZ* 21, 146, 148 = NJW 1954, 675; *BGHZ* 28, 359, 365 = NJW 1959, 382; *BGHZ* 40, 306 = NJW 1964, 396; *BGH*, NJW 1976, 2129.

113 *BGHZ* 29, 100 = NJW 1959, 623; *BGHZ* 22, 293 = NJW 1957, 500; *BGH*, NJW 1968, 1279.

Interessen liegen.[114] Unter Berücksichtigung dieser Voraussetzungen ergibt sich für den Bereich des Verkehrshaftpflichtrechts folgendes:

(1) Die §§ 223, 230, 222 StGB sind Schutzgesetze zugunsten der Verkehrsteilnehmer; der darin liegende Schutz geht aber nicht weiter als § 823 I BGB, da dieser schon Ersatzansprüche wegen Verletzung von Körper und Gesundheit gibt. Auf § 248 b StGB können Verkehrsteilnehmer keine Ansprüche aus Unfällen anläßlich einer Schwarzfahrt gegen den „Gebrauchsdieb" herleiten, da diese Vorschrift nur dem Schutz des Gebrauchsberechtigten dient.[115] § 142 StGB ist dagegen ein Schutzgesetz zugunsten der Verkehrsopfer.[116] Die §§ 315b, 315c, 316 StGB sollen zwar in erster Linie das Funktionieren des Verkehrs und die Sicherheit der Verkehrsteilnehmer in toto schützen;[117] gleichwohl dürfte aber der Schutz der einzelnen Verkehrsteilnehmer vor Gesundheits- und Körperschäden mitbezweckt sein, so daß sie insoweit als Schutzgesetze anzusehen sind.[118] Zweifelhaft erscheint, ob man § 323c StGB (= § 330c StGB a.F.) Schutzcharakter zuerkennen kann;[119] selbst wenn man dies – mit Bedenken – noch bejahen sollte, scheitert der Schadensersatzanspruch m.E. an dem fehlenden Schutzbereich der Norm, die keine Pflicht zur Erfolgsabwendung, sondern nur zum Eingreifen statuiert.

(2) Dagegen kann den Bestimmungen des Straßenverkehrsrechts Schutzgesetzcharakter zugesprochen werden, soweit sie die Sicherheit und Leichtigkeit des Verkehrs regeln; [120] gleiches (teilweise) gilt auch für Verkehrszeichen.[121] Der Schutzzweck betrifft aber nur Leben, Gesundheit, Eigentum oder sonstige absolute Rechte,[122] nicht aber das Vermögen.[123]

(3) Als Schutzgesetze kommen weiterhin die Vorschriften über den Haftpflichtversicherungsschutz (§§ 1, 6 PflVG)[124] und die Vorschriften über die Anzeigepflicht des Halters betr. die Veräußerung des Fahrzeugs (§ 27 III 1 StVZO)[125] in Frage. Es ist aber stets zu prüfen, ob der Verstoß gegen das Schutzgesetz ursächlich für den eingetretenen Schaden war;[126] insoweit kann dem Geschädigten der Anscheinsbeweis zugutekommen.[127]

(4) Dagegen stellen die Vorschriften über die Anzeigepflicht des Versicherers bei Erlöschen der Haftpflichtversicherung (§ 29c StVZO)[128] und die Pflichten des Halters be-

---

[114] *BGHZ* 19, 114, 126 = NJW 1956, 217; *BGHZ* 27, 137, 143 = NJW 1958, 1041; *BGHZ* 20, 371, 379 = NJW 1956, 1068; *BGHZ* 39, 366 = NJW 1963, 1827; *BGHZ*, 46, 17, 23 = NJW 1966, 2014; *BGH*, NJW 1980, 1792.

[115] *BGHZ* 22, 293 = NJW 1957, 500; zust. *Knöpfle*, NJW 1967, 697.

[116] *BGH*, NJW 1981, 750.

[117] *BGHSt* 23, 161 = NJW 1970, 1381 (betr. § 315c StGB).

[118] *BGHZ* 19, 114 = NJW 1956, 217 (betr. §§ 315, 316 StGB a.F. – Eisenbahnverkehrsgefährdung).

[119] Verneinend *OLG Frankfurt*, NJW-RR 1989, 794; *Dütz*, NJW 1970, 1822; bejahend *AG Hochheim*, VersR 1972, 477; *Weimar*, JR 1975, 145.

[120] Überblick bei *Geigel/Schlegelmilch/Haag*, Kap. 27, Rdnr. 10 ff.

[121] *Geigel/Schlegelmilch/Haag*, Kap. 27, Rdnr. 756; *BGH*, VersR 1955, 183; 1957, 102; *OLG München*, NJW 1985, 981; verneinende Beispiele: *BGH*, NJW 1970, 421; *OLG Hamm*, NJW-RR 1990, 526; *KG*, NZV 1992, 486.

[122] *LG München* NJW 1874, 2288 (eingerichteter und ausgeübter Gewerbebetrieb; §§ 12 I, III StVO).

[123] *BGHZ* 27, 137 = NJW 1958, 1041 (kein Ersatz der Verteidigerkosten); *Geigel/Schlegelmilch/Haag*, Kap. 27, Rdnr. 10.

[124] *BGH*, NJW 1974, 1086.

[125] *BGH*, aaO.

[126] *OLG Düsseldorf*, VRS 10, 100 (Fahren ohne Fahrerlaubnis); weitere Beispiele bei *v. Caemmerer*, DAR 1970, 239; *Kramer*, JZ 1976, 338, 340.

[127] *BGH*, NJW 1984, 332.

[128] *BGH*, NJW 1956, 1715; *OLG Frankfurt*, NJW 1955, 109 m. Anm. *Prölss*, JZ 1954, 669.

tr. die Abmeldung des Fahrzeugs bei fehlendem Versicherungsschutz (§ 29d StVZO)[129] keine Schutzgesetze dar.

b) Rechtswidrigkeit und Verschulden

(1) Die Rechtswidrigkeit wird durch den Verstoß gegen das Schutzgesetz indiziert, Rechtfertigungsgründe bedürfen einer besonderen Darlegung.[130]

(2) Das Verschulden braucht sich nur auf die Verletzung des Schutzgesetzes zu beziehen, nicht auf den eingetretenen Schaden.[131]

Es wird nach der Rechtsprechung bei Vorliegen der objektiven Verletzung des Schutzgesetzes vermutet; der Schädiger muß sich entlasten.[132] Das setzt allerdings eine konkrete Beschreibung des Verbots im Schutzgesetz voraus,[133] was z.B. bei § 1 StVO zu verneinen ist.[134]

c) Kausalität

Der Kausalzusammenhang zwischen der Verletzung des Schutzgesetzes und dem eingetretenen Schaden ist von dem Verletzten zu beweisen.[135]

Auch hier unterscheidet die Rechtsprechung zwischen der haftungsbegründenden und der haftungsausfüllenden Kausalität.[136] Der Zusammenhang zwischen der Verletzung des Schutzgesetzes und dem bei dem Verletzten eingetretenen Schaden unterliegt der Beweiswürdigung nach § 286 ZPO,[137] der Zusammenhang mit den Folgeschäden der freien Würdigung nach § 287 ZPO.[138]

3. Die Anspruchsverpflichteten bei § 823 I und II BGB

a) Haftung des Fahrzeugführers

Aus § 823 I oder II BGB haftet, wer den Deliktstatbestand voll verwirklicht hat. Das ist bei einem Verkehrsunfall unter dem Gesichtspunkt der „Tatnähe" der Führer des Kraftfahrzeugs.

Hinsichtlich der Verursachung hat die Rechtsprechung bei Zweifeln an der Kausalität den § 830 I 2 BGB auch auf Verkehrsunfälle angewandt, indem sie für den Begriff

---

[129] *BGH*, NJW 1980, 1792; hierzu *Schlosser*, JuS 1982, 657; *Cypionka*, JuS 1983, 23.

[130] *Deutsch*, § 14, II, 1; *Kupisch/Krüger*, JuS 1981, 32, Fußn. 37.

[131] *BGHZ* 34, 375 = NJW 1961, 1157; *BGH*, VersR 1988, 842; *Geigel/Schlegelmilch*, Kap. 15, Rdnr. 21 (mit Ausführungen zum Irrtum); a.A. *Kupisch/Krüger*, JuS 1981, 33, Fußn. 40.

[132] *BGHZ* 51, 91, 103 = NJW 1969, 269; *BGH*, NJW 1973, 2207; *Deutsch*, § 9, III, 3.

[133] *BGHZ* 116, 251 = NJW 1992, 1039.

[134] *Geigel/Schlegelmilch*, Kap. 27, Rdnr. 19.

[135] *Geigel/Schlegelmilch*, Kap. 15, Rdnr. 26.

[136] S.o. I, 1, d.

[137] Zum Anscheinsbeweis vgl. *Geigel/Schlegelmilch/Rixecker*, Kap. 37, Rdnr. 57.

[138] *BGH*, VersR 1956, 793; 1957, 529.

der „Beteiligung" einen einheitlichen, örtlich und zeitlich zusammenhängenden Vorgang genügen läßt und auf eine subjektive Verbundenheit der Handelnden verzichtet.[139] Der Geschädigte muß in diesem Fall hinsichtlich der in Anspruch Genommenen sämtliche übrigen Haftungsvoraussetzungen mit Ausnahme der Kausalität beweisen;[140] während dem Beklagten der Nachweis, daß er als Verursacher ausscheidet, offenbleibt.[141] Der *BGH* hat diese Rechtsprechung jedoch im Hinblick auf kritische Äußerungen im Schrifttum[142] dahin eingeschränkt, daß § 830 I 2 BGB nicht zur Anwendung kommt, wenn einer der Beteiligten aus erwiesener Verursachung haftet.[143] Ferner läßt er eine Anwendung der Vorschrift nicht zu, wenn der Geschädigte möglicherweise den Schaden selbst verursacht hat.[144] Bei diesem Ausgangspunkt scheidet § 830 I 2 BGB bei den sogenannten „doppelten Auffahrunfällen" aus, soweit ein eigenes Verschulden des Geschädigten sich nicht ausschließen läßt; hier rekurriert der *BGH* auf eine Schadensschätzung und -teilung nach § 287 ZPO:[145] soweit ein Eigenverschulden des Geschädigten nicht zur Debatte steht, ist § 830 I 2 BGB aber anwendbar.[146]

b) Haftung des Halters

Neben dem Fahrer kann der Halter des Fahrzeugs[147] aus Delikt verantwortlich sein. Die Haftung kann auf einem eigenen Verschulden des Halters beruhen oder auf einem Auswahlverschulden für einen Verrichtungsgehilfen (§ 831 BGB).

(1) Eine Haftung für eigenes Verschulden kann sich zunächst daraus ergeben, daß der Halter durch die Inbetriebnahme eines nicht verkehrssicheren Fahrzeugs gegen § 31 II StVZO, bzw. eines nicht versicherten Fahrzeugs gegen §§ 1, 6 Kfz-PflVersG[148] verstoßen hat.

In dem erstgenannten Fall ist ein Verschulden regelmäßig gegeben, wenn der Halter nicht die vorgeschriebenen Inspektionen hat vornehmen[149] und im übrigen das Fahrzeug nicht vor Antritt der Fahrt – selbst oder durch einen zuverlässigen Fahrer[150] – hat überprüfen lassen. Ein Verstoß gegen die Versicherungspflicht führt nicht automatisch zur Haftung des Halters, sondern im Rahmen des § 249 BGB nur dann, wenn durch die unterbliebene Versicherung ein Ausfall entsteht.[151]

---

[139] *BGHZ* 33, 286 = NJW 1961, 263; *BGHZ* 55, 86 = NJW 1971 506.

[140] *Benicke*, Jura 1996, 127.

[141] *RGZ* 121, 400; *Baur*, JZ 1971, 4.

[142] Vor allem *Gernhuber*, JZ 1961, 48; dagegen *Deubner*, JuS 1962, 384.

[143] *BGHZ* 67, 14 = NJW 1976, 1934; *BGHZ* 72, 355 = NJW 1979, 544 m. Anm. *Fraenkel*, NJW 1979, 1202; ebenso *KG*, NZV 1989, 232.

[144] *BGHZ* 60, 177 = NJW 1973, 993; *BGHZ* 72, 355 = NJW 1979, 544; zust. *Hofmann*, Kap. 1.9 Rdnr. 18; dagegen *Heinze*, NJW 1973, 2021; *Deutsch*, § 21 V 4; *Brehm*, JZ 1980, 585.

[145] *BGH*, NJW 1973, 1283; hierzu *Henckel*, JuS 1975, 221.

[146] *LG Köln*, VersR 1966, 347 m. Anm. *Jagenburg*; *OLG Celle*, VersR 1977, 1008.

[147] Zum Begriff des Halters s.u. II, 2, b (1), Fußn. 301.

[148] S.o. Fußn. 124.

[149] *BGH*, VRS 30, 565; Einzelfragen bei *Jagusch/Hentschel*, § 31 StVZO, Rdnr. 11.

[150] *OLG Düsseldorf*, NJW 1970, 821; *OLG Karlsruhe*, VersR 1987, 1097; *BayObLG*, NZV 1990, 442.

[151] Beispiel: Der Deliktsanspruch gegen den Fahrer ist mangels Haftungsmasse nicht durchsetzbar.

Der Halter kann ferner ersatzpflichtig werden, wenn er das Fahrzeug an unzuverlässige Personen,[152] solche mit geringer Fahrpraxis[153] oder gar an Personen ohne Fahrerlaubnis[154] überläßt. Ausserdem bestehen Überwachungspflichten, besonders bei öffentlichen Verkehrsbetrieben.[155] Auch für eine Schwarzfahrt kann der Halter unter dem Gesichtspunkt der Verkehrssicherungspflicht verantwortlich sein.

Eine Haftung aus § 823 I BGB – über den Fall des § 7 III StVG hinaus – wird jedoch nur bejaht, wenn sich das Verschulden über das Ermöglichen der Schwarzfahrt hinaus auf eine außergewöhnliche Gefährdung des Verkehrs in Form der Benutzung durch nicht qualifizierte Schwarzfahrer bezieht.[156]

Fährt der Halter als Beifahrer im eigenen Kraftfahrzeug mit, so braucht er regelmäßig nicht die Fahrweise des Fahrers laufend zu überwachen; nur bei offensichtlich fehlsamer Fahrweise muß er eingreifen.[157]

(2) Eine Haftung nach § 831 BGB[158] setzt zunächst voraus, daß der Verkehrsunfall auf eine i.S. des § 823 I oder II BGB tatbestandsmäßige und rechtswidrige Handlung eines Verrichtungsgehilfen zurückzuführen ist.[159] Auf das Verschulden des Verrichtungsgehilfen kommt es nach § 831 I 1 BGB zwar nicht an; gleichwohl besteht Einigkeit darüber, daß der Geschäftsherr bei fehlendem Verschulden des Verrichtungsgehilfen nicht haftet; nur die Begründungen hierfür gehen auseinander.

Die Lehre vom Handlungsunrecht läßt bei verkehrsrichtigem Verhalten die Rechtswidrigkeit und damit die Voraussetzungen des § 831 I 1 BGB entfallen,[160] während die Lehre vom Erfolgsunrecht zwar § 831 I 1 BGB bejaht, aber dem Geschäftsherrn den Entlastungsbeweis zugesteht, daß sein Auswahlverschulden wegen des verkehrsrichtigen Verhaltens des Verrichtungsgehilfen nicht kausal war (§ 831 I 2 BGB).[161] Beide Meinungen wollen dem Geschäftsherrn die Beweislast für das verkehrsrichtige Verhalten des Verrichtungsgehilfen aufbürden.[162] Das erscheint wenig sachgemäß: ebenso wie bei § 823 I BGB der Geschädigte das Verschulden des Verletzers beweisen muß,[163] sollte auch bei § 831 BGB der Geschädigte das verkehrswidrige Verhalten des Verrichtungsgehilfen beweisen.[164]

Der Begriff des Verrichtungsgehilfen ist durch die Weisungsbefugnis des Geschäftsherrn gekennzeichnet.[165]

---

[152] *BGH*, NJW 1979, 2309.
[153] *BGH*, VersR 1961, 846.
[154] *BGH*, NJW-RR 1988, 1378.
[155] *BGH*, DAR 1957, 234; NJW 1964, 2401.
[156] *BGH*, NJW 1971, 459; 1981, 113.
[157] *BGH*, NJW 1953, 779; LM § 831 BGB (FC) Nr. 5.
[158] Überblick bei *Kupisch,* JuS 1984, 250.
[159] Zur Beweislast des Geschädigten: *BGH*, NJW 1994, 2756.
[160] S.o. I, 1, b, (2).
[161] *BGHZ* 12, 94 = NJW 1954, 913.
[162] *BGHZ* 24, 21, 29 = NJW 1957, 785; ebenso *Deutsch,* § 14 III 3; *Kupisch,* JuS 1984, 253.
[163] S.o. Fußn. 22.
[164] *Kupisch/Krüger,* JuS 1981, 351; *Kupisch,* JuS 1984, 253.
[165] *RGZ* 92, 345; *BGHZ* 45, 311 = NJW 1966, 1807.

Sie ist gegeben bei dem angestellten Kraftfahrer,[166] dem angestellten Fahrlehrer,[167] dem minderjährigen Sohn,[168] nicht dagegen bei dem Ehegatten,[169] dem BGB-Gesellschafter,[170] dem OHG-Gesellschafter,[171] und dem Reiseveranstalter hinsichtlich des beauftragten Beförderungsunternehmens.[172]

Die Zurechnung des Verkehrsunfalls auf den Geschäftsherrn setzt weiter voraus, daß dieser sich bei Ausführung der übertragenen Verrichtung zugetragen hat, mit dieser also in einem inneren Zusammenhang steht.[173]

Dieser Zusammenhang wird noch nicht unterbrochen durch Überschreitung der im Innenverhältnis eingeräumten Befugnisse,[174] wohl aber bei verbotswidriger Mitnahme von Personen in einem LKW,[175] ferner bei Beauftragung mit einer anläßlich einer Privatfahrt untergeordneten Tätigkeit.[176]

Die Führung des – rechtspolitisch verfehlten[177] – Entlastungsbeweises hat hinsichtlich des vermuteten Verschuldens in vierfacher Hinsicht zu erfolgen.[178]

Zunächst einmal hat der Geschäftsherr darzulegen, daß er den Verrichtungsgehilfen mit der erforderlichen Sorgfalt *ausgewählt* hat; dazu gehört eine Überprüfung der Fahrerlaubnis, der technischen Fahrfähigkeiten, der körperlichen Gesundheit und der notwendigen charakterlichen Eigenschaften.[179] Während der Dauer der Anstellung ist das Vorliegen dieser Voraussetzungen sodann zu *überwachen*, wobei hinsichtlich der Anforderungen teilweise auf strenge Maßstäbe,[180] teilweise auf die Umstände des Einzelfalles verwiesen wird;[181] allgemein besteht die Tendenz, bei öffentlichen Verkehrsbetrieben[182] und besonderen konkreten Umständen[183] scharfe Anforderungen zu stellen, dagegen bei Privatbetrieben die Anforderungen nicht zu überspannen.[184] Der Geschäftsherr muß drittens beweisen, daß er bei der *Leitung der Verrichtung* die erforder-

---

166 H.M.

167 *KG*, NJW 1966, 2365.

168 *BGH*, FamRZ 1964, 84; nach Herabsetzung der Volljährigkeit auf 18 Jahre noch akut für Fahrerlaubnisse der Klassen A1, L, M und T (§ 10 I Nr. 4 FeV).

169 *Meyer*, FamRZ 1955, 156.

170 *BGHZ* 45, 311 = NJW 1966, 1807; *Sellert*, AcP 175, 77.

171 Hierzu – teilw. abw. – *Beuthien*, DB 1975, 725, 773.

172 *LG Frankfurt*, NJW 1990, 520.

173 *BGHZ* 49, 19, 23 = NJW 1968, 391; *BGH*, NJW 1971, 31; NZV 1989, 266.

174 *BGHZ* 49, 19, 23 = NJW 1968, 391; *Geigel/Schlegelmilch*, Kap. 17, Rdnr. 10.

175 *BGH*, NJW 1965, 391.

176 *BGH*, NJW 1958, 1774.

177 *Seiler*, JZ 1967, 525; *Esser*, AcP 148, 135; *Helm*, AcP 166, 389; gegen Reform *Stein*, MK, § 831 BGB, Rdnr. 8.

178 Hierzu *Kiser*, VersR 1984, 213.

179 *BGH*, VersR 1966, 929; 1984, 67; *Geigel/Schlegelmilch/Kunschert*, Kap. 25, Rdnr. 145.

180 BGH, NJW-RR 1996, 867; *OLG München*, VersR 1960, 189; *OLG Hamm*, NJW-RR 1998, 1403.

181 *BGH*, VersR 1970, 318; Nachw. bei *Geigel/Schlegelmilch/Kunschert*, Kap. 25, Rdnr. 146.

182 *BGH*, DAR 1957, 234; NJW 1964, 2401; *OLG Köln*, NZV 1992, 279; *LG Stuttgart*, NJW-RR 1998, 1401.

183 *BGH*, VersR 1966, 1074.

184 *BGH*, VersR 1964, 49; 1966, 490; *OLG Düsseldorf*, NZV 1996, 120.

liche Sorgfalt beobachtet hat; das trifft vor allem die Einteilung der Arbeitszeit, um der Übermüdung von Fernlastfahrern vorzubeugen,[185] ferner Hinweise auf die Einhaltung besonderer Verladevorschriften;[186] dagegen dürften Hinweise auf Verkehrsvorschriften nur bei öffentlichen Verkehrsbetrieben[187] und bei besonderem Anlaß[188] notwendig sein. Schließlich hat sich der Entlastungsbeweis auf die *Beschaffung einwandfreier „Gerätschaften" zu richten*, d.h. der Geschäftsherr muß sich um die Verkehrssicherheit seiner Fahrzeuge kümmern.[189]

Der Entlastungsbeweis ist entweder zu führen für den einwandfrei feststehenden, für den Unfall verantwortlichen Verrichtungsgehilfen, oder – bei nicht einwandfreier Ermittlung desselben – für alle in Betracht kommenden Verrichtungsgehilfen.[190] Soweit der Geschäftsherr mit der Wahrnehmung aller dieser Aufgaben einen Angestellten beauftragt, muß er den sogenannten *dezentralisierten Entlastungsbeweis* führen, daß er einen bewährten und zuverlässigen Angestellten mit der Wahrnehmung der konkreten Aufgabe beauftragt und er diesen wieder auf die Einhaltung der übertragenen Tätigkeit überwacht hat.[191]

Hinsichtlich der vermuteten Kausalität hat der Geschäftsherr den Entlastungsbeweis dahin zu führen, daß der Schaden auch bei Anwendung der notwendigen Sorgfalt entstanden wäre.[192]

c) Verletzung der Aufsichtspflicht bei Minderjährigen

Eine ähnliche Haftung wie den Geschäftsherrn trifft den Aufsichtspflichtigen von Minderjährigen (§ 832 I BGB).[193] Auch hier genügt, daß die zu beaufsichtigende Person durch eine den Tatbestand der §§ 823 ff. BGB erfüllende Handlung einem Dritten widerrechtlich Schaden zugefügt hat.[194] Der Aufsichtspflichtige hat den Entlastungsbeweis zu führen, daß er seiner Aufsichtspflicht genügt hat oder daß der Schaden auch bei gehöriger Aufsichtsführung entstanden sein würde. Nach dieser Regelung haften Eltern für die durch ihre minderjährigen Kinder verursachten Verkehrsunfälle, ebenso diejenigen, die durch Vertrag eine Aufsichtspflicht übernommen haben (§ 832 II BGB).[195]

(1) Bei dem von den Eltern zu führenden Entlastungsbeweis sind zu berücksichtigen: auf seiten des Kindes dessen Alter, Veranlagung, Reifegrad, Eigenart und Charakter, auf seiten der Eltern gewisse, die zumutba-

---

[185] § 7a FahrpersonalG; Art. 15 II EWG-VO Nr. 3820/65; hierzu *BGH*, VersR 1964, 263; *BayObLG*, NZV 1996, 465.

[186] *BGH*, VersR 1970, 318; NJW-RR 1996, 867 (Gefahrgut); *OLG Düsseldorf*, NZV 1996, 120.

[187] *BGH*, VersR 1969, 518; *OLG Köln*, NZV 1992, 279.

[188] *BGH*, VersR 1960, 328; zum Fahrlehrer vgl. *KG*, NJW 1966, 2365 m. Anm. *Gaisbauer*, VersR 1967, 44 u. Anm. *Scheidt*, VersR 1967, 85.

[189] *BGH*, VersR 1965, 473.

[190] *BGH*, VersR 1967, 199; 1971, 1020.

[191] *BGHZ* 24, 200 = NJW 1957, 1315; *BGHZ* 77, 74 = NJW 1980, 1901; *BGH*, NJW 1986, 776; NJW-RR 1996, 867.

[192] *Geigel/Schlegelmilch*, Kap. 17, Rdnr. 6, 142; s.o. Fußn. 161.

[193] Zum Anwendungsbereich vgl. *Hofmann*, Kap. 1.5., Rdnr. 14 ff.

[194] *BGH*, NJW 1968, 249; *Geigel/Schlegelmilch*, Kap. 16, Rdnr. 40.

[195] *BGH*, NJW 1968, 1672; zur stillschweigenden Übernahme siehe *BGH*, NJW 1968, 1874.

ren Aufsichtsmaßnahmen beeinflussende Umstände wie Belastung mit sonstigen Familien- und Berufspflichten, hinsichtlich des Vorgangs selbst die Größe der geschaffenen Gefahr und die örtlichen Verhältnisse.[196]

Es kommt hierbei darauf an, ob die Eltern ihrer Aufsichtspflicht *im konkreten Fall* genügt und den Entlastungsbeweis in bezug auf die zur widerrechtlichen Schadenszufügung führenden Umstände geführt haben.[197]

(2) Hinsichtlich des Entlastungsbeweises besteht eine umfangreiche Judikatur.[198]

In gewissen Fällen kann schon das alleinige Losschicken des Kindes in den Verkehr als Verschulden anzusehen sein; die Grenze für alleiniges Teilnehmen von Kindern am Großstadtverkehr hat die Rechtsprechung bei etwa sieben bis acht Jahren gezogen.[199] In anderen Fällen hat die Rechtsprechung die Eltern für verpflichtet gehalten, das Kind auf bestimmte Verkehrsregeln oder Gefahren hinzuweisen[200] oder bestimmte Verbote auszusprechen.[201] Darüber hinaus hat die Rechtsprechung eine laufende Überwachung des Kindes gefordert; und zwar genügen im allgemeinen gelegentliche, unauffällige und unbemerkte Kontrollen,[202] während verstärkte Kontrollen bei besonderen Umständen verlangt werden, z.B. bei besonderer Veranlagung des Kindes zu üblen Streichen oder einschlägigen Vortaten.[203] An typischen Fallkonstellationen aus der Indikatur sind zu erwähnen: das Führen des Kleinkindes in Begleitung des Elternteils,[204] die Teilnahme des Kindes am Straßenverkehr als Fußgänger[105] die Benutzung von Dreirad,[206] Roller,[107] Fahrrad[208] und Kleinkraftrad.[209]

d) Weitere Haftpflichtige

Als weitere Haftpflichtige kommen in Betracht:

(1) Mitfahrer

Insassen des Fahrzeugs sind grundsätzlich nicht für die Fahrweise des Fahrers verantwortlich.[210] Etwas anderes gilt – neben dem bereits er-

---

[196] *BGH*, NJW 1968, 1672; 1969, 2138; 1984, 2574; *OLG München*, VersR 1989, 1302; *LG Saarbrücken*, NJW-RR 1991, 543; *AG Starnberg*, VersR 1988, 637; *LG Frankfurt*, NJW-RR 1986, 112.

[197] *BGH*, NJW 1968, 1672; *OLG Hamm*, NZV 1995, 112; *Rauscher*, JuS 1985, 760.

[198] *Geigel/Schlegelmilch*, Kap. 16, Rdnr. 42; *Scheffen/Pardey*, Rdnr. 228 ff.

[199] *BGH*, VersR 1976, 448; großzügiger *OLG Celle*, NJW-RR 1988, 216; *OLG Karlsruhe*, DAR 1989, 25; *AG Frankfurt*, NJW-RR 1997, 1314.

[200] *BGH*, VersR 1958, 85; 1965, 606.

[201] *BGH*, VersR 1961, 998; *OLG Köln*, VersR 1969, 44.

[202] *BGH*, NJW 1952, 786 (L); VersR 1965, 606; *OLG Köln*, VersR 1969, 44.

[203] *BGH*, VersR 1960, 355; *OLG Köln*, VersR 1969, 44.

[204] *OLG Celle*, FamRZ 1966, 107; *OLG Hamm*, VersR 1976, 392.

[205] *BGH*, NJW 1968, 249 m. Anm. *Ganschezian-Finck*, NJW 1968, 642; *BGHZ* 73, 190 = NJW 1979, 973; *Scheffen/Pardey*, Rdnr. 234 ff. m.Nw.

[206] *BGH*, VersR 1964, 313.

[207] *BGH*, VersR 1958, 85; 1964, 313; 1968, 301; *OLG Hamm*, NZV 1995, 112.

[208] *BGHZ* 44, 106 = NJW 1965, 1700; *BGH*, NJW-RR 1987, 1430; *OLG Celle*, NJW-RR 1988, 216; *AG Detmold*, NJW 1997, 1788; *AG Frankfurt*, NJW-RR 1997, 1314.

[209] *BGH*, NJW 1952, 786 (L); s.o. Fußn. 168.

[210] Das gilt auch für Insassen, die sich an den Benzinkosten beteiligen, a.A. *LG Dortmund*, MDR 1960, 761.

wähnten Halter[211] – für einen Insassen, der unmittelbar auf einen Verkehrsvorgang einwirkt, z.B. den Fahrer beim Fahren behindert,[212] ausdrücklich gewisse Fahrerpflichten übernimmt[213] oder in anderer Weise auf Verkehrsvorgänge eingewirkt hat.[214] Auch das bloße Mitfahren mit einem betrunkenen Fahrer löst keine Haftung aus.[215] Eine besondere Verantwortung trifft nach § 3 II StVG den Fahrlehrer.[216]

(2) Verantwortung aus vorangegangenem Tun

Dagegen trifft gewisse Personen gegenüber einem fahruntüchtigen Fahrer die Pflicht, ihn von dem Antritt einer Fahrt abzuhalten. In der Rechtsprechung wurde die Frage behandelt für den Gastwirt.[217] Inwieweit dies auch für andere Personen, z.B. private Gastgeber, Angehörige, Polizeibeamte, gilt, erscheint fraglich.[218]

(3) Reparaturwerkstatt

Beruht der Unfall auf einem technischen Mangel, der auf eine unsachgemäße Reparatur des Wagens zurückzuführen ist, kann die Reparaturwerkstatt nach §§ 823 ff. in Anspruch genommen werden.[219]

(4) Hersteller

Bei Lieferung defekter Neuwagen oder fehlerhafter Ersatzteile kommt eine Haftung des Herstellers nach den Regeln über die Produzentenhaftung in Frage. Diese kann sich heute auf zwei verschiedene Anspruchsgrundlagen stützen.

Als primäre Anspruchsgrundlage ist nach wie vor die Deliktshaftung nach §§ 823 ff. BGB anzusehen, die der BGH seit dem „Hühnerpest-Urteil" vom 26. 11. 1968[220] in ständiger Rechtsprechung praktiziert.[221]

Sie beruht zwar im Grundsatz auf einer Verschuldenshaftung, wobei aber das Verschulden des Herstellers vermutet wird, wenn feststeht, daß der Hersteller ein fehlerhaftes Produkt in den Verkehr gebracht hat. Der Sache nach handelt es sich um eine verkappte Gefährdungshaftung mit Entlastungsbeweis. Zusätzlich hat der BGH zur Frage der Kausalität zwischen Inverkehrbringen und fehlerhaftem Produkt dem Ge-

---

[211] S.o. I, 3, b, (1), Fußn. 157.

[212] *BGH*, VRS 4, 527; *OLG Düsseldorf*, DAR 1956, 280.

[213] *BGH*, VersR 1961, 233.

[214] *OLG Hamm*, VRS 72, 164 (drohende Gesten gegenüber anderem Fahrer).

[215] *OLG Düsseldorf*, MDR 1955, 674.

[216] *BGH*, NJW 1969, 2197; *KG*, NJW 1966, 2365; NZV 1989, 150; *OLG Düsseldorf*, NJW-RR 1988, 24; *OLG Hamm*, VersR 1985, 598; NZV 1991, 354; *OLG München*, DAR 1988, 55.

[217] Zu weitgehend *BGHSt* 4, 20 = NJW 1953, 551; *LG Heidelberg*, NJW 1954, 922 m. Anm. *Weber*; einschr. *BGHSt* 19, 152 = NJW 1964, 412; hierzu *Geilen*, JZ 1965, 429.

[218] Hierzu *Heuss*, VersR 1971, 109; *Bödecker*, DAR 1969, 281.

[219] *BGH*, VersR 1962, 43; 1963, 952; 1967, 707; *LG Stuttgart*, NJW-RR 1998, 960.

[220] *BGHZ* 51, 91 = NJW 1969, 269.

[221] *BGHZ* 116, 60 = NJW 1992, 560; *BGHZ* 116, 104 = NJW 1992, 1039 m. Anm. *Brüggemeier*, ZIP 1992, 415; *Schmidt/Salzer*, NJW 1992, 2871.

schädigten Beweiserleichterungen zugestanden.[222] Der Hersteller haftet nicht nur für Konstruktions- und Fabrikationsfehler;[223] ihn treffen auch Pflichten zur Instruktion[224] sowie Produktbeobachtungs-, Prüfungs- und Warnpflichten.[225] Neben dem Hersteller kommen gegebenenfalls Zulieferer[226] und inländische Vertriebsgesellschaften[227] als Schuldner in Frage.

Im Anschluß an die EG-Richtlinie 85/374 vom 25.7.1985 hat der Gesetzgeber das Produkthaftungsgesetz vom 15.11.1989[228] erlassen.

Bei der damit eingeführten Haftung für fehlerhafte Produkte handelt es sich um eine Gefährdungshaftung mit beschränktem Entlastungsbeweis (§ 1 II ProdHG). Die Haftung trifft den Hersteller (§ 4 I ProdHG),[229] Importeure (§ 4 II ProdHG) und hilfsweise Lieferanten, wenn der Hersteller nicht festgestellt werden kann (§ 4 III ProdHG). Eine Aufteilung der Pflichten, wie sie der BGH entwickelt hat,[230] kennt das ProdHG nicht; es ordnet in § 1 I S. 1 die Haftung für jeden Schaden an, der auf die Fehlerhaftigkeit des Produktes zurückzuführen ist. Die Ersatzpflicht ist auf den Ausgleich des materiellen Schadens begrenzt (kein Schmerzensgeld) und der Höhe nach beschränkt (§§ 7–11 ProdHG).

Nach den Vorstellungen des Gesetzgebers, wie sie in § 15 II ProdHG zum Ausdruck kommen, soll die bisherige Produzentenhaftung nach §§ 823 ff. BGB unberührt bleiben.[231]

Das hat dazu geführt, daß das ProdHG in der Praxis ein Schattendasein führt. Es bestehen auch erhebliche Streitfragen, inwieweit die Ausformung der Haftung im ProdHG Auswirkungen auf die Produzentenhaftung aus §§ 823 ff. BGB hat. Besonders umstritten ist im Hinblick auf die Regelung in § 1 I S. 2 ProdHG der Ersatz von Schäden bei weiterfressenden Mängeln.[232]

---

[222] *BGHZ* 104, 323 = NJW 1988, 2611; *BGH*, NJW 1993, 528; NJW-RR 1993, 988; *BGHZ* 129, 383 = NJW 1995, 2162 (Befunderhebungspflicht).

[223] *BGHZ* 104, 323 = NJW 1988, 2611; *LG Frankfurt*, NJW-RR 1989, 1193 (Kinderfahrrad); *OLG Köln*, NJW-RR 1991, 740 (Austausch-Dieselmotor); *BGH*, NJW 1996, 2224 (Einbau von Zulieferprodukt).

[224] *BGHZ* 59, 172 = NJW 1972, 1161; *BGH*, NJW 1975, 1827; *OLG Düsseldorf*, NJW 1997, 2333; *Rebe*, JuS 1974, 429; *Geigel/Schlegelmilch*, Kap. 14, Rdnr. 277.

[225] *BGHZ* 80, 199 = NJW 1981, 1606; *BGHZ* 99, 167 = NJW 1987, 1009; *OLG Hamm*, NZV 1993, 310; *LG Berlin*, NJWE-VHR 1997, 94; *OLG Saarbrücken*, NJW-RR 1993, 390 (Zulieferprodukt); zum Rückruf vgl. *Grote*, VersR 1994, 1269; *Pieper*, BB 1991, 985; *Krutein*, DAR 1985, 33; *Hager*, VersR 1984, 799.

[226] *BGH*, NJW 1968, 247; 1996, 2224; NJW-RR 1995, 342.

[227] *BGHZ* 99, 167 = NJW 1987, 1009; *BGH*, NJW 1994, 517; NJW-RR 1995, 342; *OLG Düsseldorf*, NJW-RR 1991, 288; *OLG Frankfurt*, NJWE-VHR 1996, 23.

[228] BGBl. I 1989, S. 2198. – Überblick bei *Graf v. Westphalen*, NJW 1990, 83; *Frietsch*, DB 1990, 29; *Mayer*, VersR 1990, 691; *Michalski*, Jura 1995, 505.

[229] Zum Zulieferer i.S. des § 4 I S. 1 siehe *Nagel*, DB 1993, 2469; zum sog. „Quasihersteller" siehe § 4 I S. 2 ProdHG.

[230] S.o. Fußn. 223–225.

[231] *Magnus*, JZ 1990, 1100; krit. *Honsell*, JuS 1995, 211.

[232] *Tiedtke*, NJW 1990, 2961; *Graf von Westphalen*, NJW 1990, 83; *Katzenmeier*, NJW 1997, 486.

(5) Tierhalterhaftung

Soweit Tiere Kraftfahrzeugunfälle verursachen, besteht eine Haftung des Tierhalters[233] (§ 833 BGB) und des Tierhüters (§ 834 BGB, § 823 II BGB i.V. mit § 28 StVO). Eine Haftung setzt voraus, daß der Schaden auf ein willkürliches Verhalten des Tieres, das Ausfluß der typischen Tiergefahr ist, zurückzuführen ist.[234]

Es handelt sich um eine Gefährdungshaftung, die aber bei „Haustieren"[235] durch die Möglichkeit des Entlastungsbeweises gemildert ist.[236] Der Entlastungsbeweis kann in zwei Richtungen geführt werden. Der Tierhalter muß entweder beweisen, daß er bei der Beaufsichtigung des Tieres die im Verkehr erforderliche Sorgfalt gewahrt hat oder daß der Schaden auch bei Verletzung der erforderlichen Sorgfalt entstanden wäre (§ 833 S. 2 BGB). An den Entlastungsbeweis sind strenge Anforderungen zu stellen, so insbesondere bei der Beaufsichtigung von Hunden im Straßenverkehr.[237] Eine umfangreiche Rechtsprechung befaßt sich mit der Absicherung von Tieren auf Weiden.[238]

4. Der Anspruch aus Delikt aus § 839 BGB (Amtshaftung)

a) Voraussetzungen

Soweit ein Verkehrsunfall bei Handeln in Ausübung eines öffentlichen Amtes verursacht wird,[239] richtet sich die Deliktshaftung nach § 839 BGB in Verbindung mit Art. 34 GG, die die Vorschriften der §§ 823 ff. BGB ausschließen.[240] Die öffentliche Hand haftet hierbei für diejenigen Amtsträger, die nach dem haftungsrechtlichen Beamtenbegriff mit der Wahrnehmung öffentlicher Aufgaben betraut worden sind.[241] Es haftet hierbei im Regelfall die Körperschaft, die den Amtsträger angestellt und ihm damit die Möglichkeit der Amtsausübung eröffnet hat.[242]

---

[233] *BGH*, NJW-RR 1988, 655; *Hofmann*, Kap. 1.6. Rdnr. 42 ff.

[234] *OLG Celle*, VersR 1980, 431; *AG Köln*, NJW 1986, 1266; *OLG Düsseldorf*, NJW-RR 1992, 475; *Geigel/Schlegelmilch*, Kap. 18, Rdnr. 15 ff.

[235] *OLG Frankfurt*, VersR 1995, 1362; *Geigel/Schlegelmilch*, Kap. 18, Rdnr. 22 ff.

[236] *Geigel/Schlegelmilch*, Kap. 18, Rdnr. 1.

[237] *BGH*, VersR 1962, 807; *OLG Bamberg*, NJW-RR 1990, 735; *Geigel/Schlegelmilch*, Kap. 18, Rdnr. 28.

[238] *BGH*, VersR 1966, 186 m. Anm. *Schmidt*, VersR 1966, 849; *OLG Celle*, NJW 1975, 1891; *OLG Frankfurt*, NJW 1976, 573; *LG Duisburg*, NJW-RR 1987, 340; *OLG Hamm*, NZV 1989, 234; *Geigel/Schlegelmilch*, Kap. 18, Rdnr. 32.

[239] Grundlegend *BGHZ* 29, 38 = NJW 1964, 1895; ferner *BGH*, NJW 1992, 1227; *Geigel/Schlegelmilch/Kunschert*, Kap. 20, Rdnr. 108. – Zu Dienstfahrten mit privatem PKW siehe *BGHZ* 29, 38; *BGH*, NJW 1979, 649 (L).

[240] *BGHZ* 121, 161 = NJW 1985, 1287; *BGH*, NJW 1993, 1258. – Ausgeschlossen ist auch die Haftung des Fahrers aus § 18 StVG: *BGH*, NJW 1958, 868.

[241] *BGHZ* 53, 217 = NJW 1970, 570; *BGHZ* 87, 202 = NJW 1984, 228; *BGHZ* 99, 326 = NJW 1987, 2737; *Hinkel*, NVwZ 1989, 119. – Einzelbeispiele s.u. c.

[242] *BGHZ* 87, 202 = NJW 1984, 228; *BGHZ* 99, 326 = NJW 1987, 2737 (Anstellungstheorie).

(1) Hinsichtlich der Tatbestandmäßigkeit besteht kein Unterschied: Der Beamte hat die Amtspflicht, die Straßenverkehrsvorschriften zu beachten, so daß jedes Verhalten, das dem § 823 I oder II BGB unterfällt, zugleich den Tatbestand der Amtshaftung erfüllt.[243] Auch die Kausalität ist nach den gleichen Grundsätzen[244] zu beurteilen.[245]

(2) Die Amtshaftung setzt wie jeder andere Deliktstatbestand Verschulden voraus. Das Verschulden muß sich auf die Verletzung der Amtspflicht beziehen.[246] Hinsichtlich des Verkehrshaftpflichtrechts ergeben sich insoweit keine Besonderheiten.

(3) Der in § 839 I S. 2 BGB angeordnete Subsidiaritätsgrundsatz hat im Unfallhaftpflichtrecht seine Bedeutung verloren.

Die Rechtsprechung des BGH ist durch drei Entwicklungsstufen gekennzeichnet: Zunächst wurde der Subsidiaritätsgrundsatz voll praktiziert,[247] dann erheblich beschränkt,[248] und schließlich für die Bereiche der Teilnahme am allgemeinen Verkehr[249] und der (hoheitlichen) Straßenverkehrssicherungspflicht[250] fallen gelassen. Anwendbar ist er noch bei der Inanspruchnahme von Sonderrechten nach § 35 StVO[251] sowie bei der Verletzung der Straßenverkehrsregelungspflicht nach den §§ 44, 45 III StVO.[252] Insoweit verbleibt es bei den Einschränkungen des Verweisungsprivilegs.[253]

b) Rechtsfolgen

Die Rechtsfolgen des Anspruchs decken sich mit denen der Ansprüche aus §§ 823 ff. BGB.

---

[243] *BGHZ* 16, 111, 113 = NJW 1955, 458; *BGHZ* 21, 48, 51 = NJW 1956, 1353; *BGHZ* 42, 176 = NJW 1964, 1895; *BGHZ* 49, 267 = NJW 1968, 696; *BGHZ* 68, 217 = NJW 1977, 1238; *BGH*, NJW 1985, 1950; *Geigel/Schlegelmilch/Kunschert*, Kap. 20, Rdnr. 93. – Vgl. auch *BGH*, NJW 1983, 2191 (Panzerfahrt eines Betrunkenen).

[244] S.o. I, 1, d.

[245] *BGH*, VersR 1966, 286.

[246] *BGH*, NJW 1965, 962.

[247] Zur Sozialversicherung: *BGHZ* 31, 148 = NJW 1960, 241; *BGHZ* 49, 267 = NJW 1968, 696; zur Privatversicherung: *BGHZ* 47, 196 = NJW 1967, 1273; *BGHZ* 50, 271 = NJW 1968, 1962.

[248] *BGHZ* 62, 380 = NJW 1974, 1767; *BGHZ* 62, 394 = NJW 1974, 1769; *BGHZ* 70, 7 = NJW 1978, 495; *BGHZ* 79, 26 = NJW 1981, 626; *BGHZ* 85, 320 = NJW 1983, 1668; *BGHZ* 111, 272 = NJW 1990, 2615.

[249] *BGHZ* 68, 217 = NJW 1977, 1238; *BGH*, NJW 1979, 1602; 1981, 681.

[250] *BGHZ* 75, 134 = NJW 1979, 2043; *BGH*, NJW 1981, 682; *BGHZ* 118, 368 = NJW 1992, 2476; *BGHZ* 123, 102 = NJW 1993, 2612.

[251] *BGH*, NJW 1983, 1667; 1997, 2102; *BGHZ* 113, 164 = NJW 1991, 1171; hierzu *Kunschert*, NZV 1991, 1864; *Lippold*, NZV 1992, 63. – Einschr. *BGH*, NJW 1997, 2109 (Zumutbarkeit).

[252] *BGHZ* 91, 48 = NJW 1984, 2097.

[253] S.o. Fußn. 248; Vorauflage, S. 540; *Geigel/Schlegelmilch/Kunschert*, Kap. 20, Rdnr. 154–157.

Daran ändert sich auch nichts dadurch, daß § 839 BGB im Gegensatz zu § 823 I BGB nicht nur Schadensersatz bei Verletzung bestimmter Rechtsgüter, sondern allgemein Schadensersatz bei Verletzung einer Amtspflicht, also auch für Vermögensschäden zugesteht.[254] Diese unterschiedliche Behandlung ist aber im Bereich des Straßenverkehrs nicht gerechtfertigt, sondern durch den Schutzzweck der Norm, der auch bei § 839 BGB zu beachten ist,[255] zu berichtigen: im Rahmen des Straßenverkehrs besteht auch für Amtsträger nur die Amtspflicht, im Umfang wie jeder andere Verkehrsteilnehmer gegenüber Dritten für Verkehrsunfälle einzustehen.[256]

c) Beispiele

An Fallgruppen für die Amtshaftung im Unfallhaftpflichtrecht sind hervorzuheben:

(1) Einsatz von Fahrzeugen der Bundeswehr;[257]
(2) Einsatz von Fahrzeugen des Zivildienstes;[258]
(3) Einsatz von Müllfahrzeugen;[259]
(4) Einsatz von Polizeifahrzeugen;[260]
(5) Einsatz von privaten Abschleppunternehmen im polizeilichen Auftrag;[261]
(6) Einsatz von Fahrzeugen der Feuerwehr;[262] und zwar auch bei der freiwilligen Feuerwehr;[263]
(7) Verletzungen der Verkehrssicherungspflicht[264] durch zuständige Behörde,[265] soweit diese hoheitlich organisiert ist;[266]
(8) Verletzungen der den Straßenverkehrsbehörden (§ 44 StVO) nach § 45 StVO obliegenden Pflichten zur Aufstellung und Unterhaltung der Verkehrszeichen und Verkehrseinrichtungen;[267]
(9) Verletzung der den Straßenverkehrszulassungsbehörden (§ 68 StVZO: Gemeinde, Kreis) obliegenden Pflichten im Rahmen der Zulassung der Kraftfahr-

---

[254] So ausdrücklich *BGH*, VersR 1960, 1046 (obwohl dort ohne Bedeutung).

[255] *BGHZ* 39, 358, 365 = NJW 1963, 1821; *BGHZ* 65, 196, 200 = NJW 1976, 186; *BGH*, NJW 1986, 1329; 1994, 1667.

[256] *BGHZ* 16, 111 = NJW 1955, 458; *BGH*, NJW 1985, 1950; 1992, 1227; *Geigel/Schlegelmilch*, Kap. 14, Rdnr. 42.

[257] *BGH*, VersR 1961, 512; *Geigel/Schlegelmilch/Kunschert*, Kap. 20, Rdnr. 54.

[258] *BGHZ* 87, 253 = NJW 1984, 118; *BGHZ* 118, 304 = NJW 1992, 2882; *BGH*, NJW 1997, 2109.

[259] *OLG Frankfurt*, VersR 1986, 1028. – Anders wohl bei Privatisierung der Müllabfuhr.

[260] *OLG Oldenburg*, VersR 1963, 1087; zur Sicherung der Unfallstelle: *OLG Köln*, NVwZ-RR 1993, 59; *OLG Düsseldorf*, NVwZ-RR 1995, 2.

[261] *BGHZ* 121, 161 = NJW 1993, 1258; *Kreisel*, NVwZ 1994, 349; *OLG Düsseldorf*, NJWE-VHR 1996, 19.

[262] *BGHZ* 20, 290 = NJW 1956, 1633; zum Transport von Blutkonserven: *BGH*, JR 1972, 128 m. Anm. *Erichsen*.

[263] *OLG Celle*, NJW 1960, 676; *OLG Düsseldorf*, NJW-RR 1994, 1444; *Kunschert*, NZV 1991, 186.

[264] Einzelfälle bei *Geigel/Schlegelmilch*, Kap. 14, Rdnr. 39 ff.

[265] Hierzu Art. 90 II, III GG; §§ 21, 5 FernstrG. – Überblick über die Zuständigkeiten bei *Geigel/Schlegelmilch*, Kap. 14, Rdnr. 56 ff.

[266] Zur Abgrenzung siehe *BGHZ* 9, 373 = NJW 1953, 1297; *BGH*, NJW 1968, 443; die meisten Ländergesetze sehen inzwischen hoheitliches Handeln vor.

[267] *BGHZ* 99, 249 = NJW 1987, 1945; *Geigel/Schlegelmilch/Kunschert*, Kap. 20, Rdnr. 96 m.Nw.

zeuge zum Verkehr (§§ 16, 19 StVZO),[268] der Entziehung der Zulassung (§ 17 StVZO)[269] sowie der Maßnahmen nach § 29 d II StVZO bei Fehlen des Pflichtversicherungsschutzes.[270]

Nicht in den Bereich der Amtshaftung fallen Verkehrsunfälle der schon bisher privatrechtlich organisierten Bundesbahn[271] und der nunmehr ebenfalls privatrechtlich strukturierten Bundespost.[272]

II. Der Anspruch aus Gefährdungshaftung nach StVG

1. Allgemeines

a) Gefährdungshaftung

Neben den Anspruch aus Delikt tritt im Regelfall ein Anspruch aus dem Straßenverkehrsgesetz (StVG). Er beruht auf der gesetzgeberischen Erwägung, daß die mit dem Betrieb eines Kraftfahrzeugs verbundenen Gefahren eine vom Verschulden losgelöste Haftung erfordern.

Der Gedanke der Gefährdungshaftung ist allerdings nicht konsequent durchgeführt. Vielmehr kann sich der Halter durch den Nachweis eines unabwendbaren Ereignisses (§ 7 II StVG), der Fahrer durch den Nachweis fehlenden Verschuldens (§ 18 I 2 StVG) entlasten.[273]

b) Haftungsbegrenzung

Die Haftung aus dem StVG ist auf den Ersatz von Personen- und Sachschäden begrenzt. Dem Geschädigten steht kein Anspruch auf Ersatz sonstiger Vermögensschäden zu, ebensowenig ein Schmerzensgeld.[274] Außerdem ist die Haftung für Personen- und Sachschäden durch Höchstbeträge begrenzt (§ 12 StVG).[275]

---

[268] Haftung auch für die amtlich anerkannten Sachverständigen: *BGHZ* 49, 108 = NJW 1968, 443; *BGH*, NJW 1973, 458.

[269] *BGHZ* 99, 326 = NJW 1987, 2737; zur Hauptuntersuchung nach § 29 StVZO siehe *OLG Köln*, VersR 1989, 1196; *OLG Braunschweig*, NJW 1990, 2629; *OLG München*, VersR 1995, 1054.

[270] *BGHZ* 99, 326 = NJW 1987, 2737; *BGHZ* 111, 272 = NJW 1990, 2615; *Weber*, DAR 1987, 340; *Lang*, VersR 1988, 324.

[271] *Geigel/Schlegelmilch/Kunschert*, Kap. 20, Rdnr. 49.

[272] *Geigel/Schlegelmilch/Kunschert*, Kap. 20, Rdnr. 51; *Allgaier*, VersR 1991, 636; *BGH*, NJW 1995, 2295.

[273] S.u. 3 u. 4.

[274] *Geigel/Schlegelmilch/Kunschert*, Kap. 25, Rdnr. 59. – Zu Reformfragen siehe *Deutsch*, ZRP 1998, 291. – Der RegE eines 2. SchadÄndG vom 21. 4. 1998 (BT-Dr 13/10435) sah auch im Rahmen des StVG ein Schmerzensgeld vor; hierzu *Otto*, NZV 1998, 433.

[275] S.u. 7.

2. *Der Grundtatbestand des § 7 I StVG*

a) Schaden bei Betrieb des Kraftfahrzeugs

Voraussetzung des Grundtatbestandes ist, daß „bei dem Betrieb eines Kraftfahrzeuges" ein Mensch getötet, der Körper oder die Gesundheit eines Menschen verletzt oder eine Sache beschädigt wird. Die normierten Rechtsgutverletzungen entsprechen im wesentlichen dem § 823 I BGB.[276] Die hier zu erörternde Besonderheit besteht darin, daß der Schaden „bei dem Betrieb des Kraftfahrzeugs" eingetreten sein muß, wobei es nicht auf die Verkehrswidrigkeit der Fahrweise und die Adäquanz des Zusammenhangs ankommt[277] sondern auf die Verwirklichung der von dem Kraftfahrzeug ausgehenden Gefahren, für die der Gesetzgeber einen Ausgleich herstellen will.[278] Widerrechtlichkeit wird aber zu verlangen sein.[279]

Die heute h.M. versteht den Begriff des Betriebs des Kraftfahrzeugs in verkehrstechnischem Sinne: Der Betrieb eines Kraftfahrzeugs ist gegeben, solange das Fahrzeug aufgrund der Zweckbestimmung des Fahrers[280] am Verkehr teilnimmt und damit die hierdurch geschaffene Gefahrenlage besteht.[281] Erst wenn das Fahrzeug aus dem allgemeinen Verkehr gezogen und außerhalb der Fahrbahn aufgestellt wird, ist der Betrieb unterbrochen.[282] Voraussetzung der Haftung ist entweder ein naher örtlicher und zeitlicher Zusammenhang des Schadens mit dem Betrieb des Fahrzeugs[283] oder aber – außerhalb dieses Zusammenhangs – der Umstand, daß sich die von dem Fahrzeug ausgehende Gefahr auf den Schadensablauf ausgewirkt hat.[284] Von dieser Grundposition aus ergeben sich folgende Konsequenzen:

(1) Die beiden Fahrzeuge brauchen sich nicht zu berühren. So ist die Haftung aus § 7 I StVG beispielsweise bejaht worden bei der Verschmutzung der Fahrbahn durch ein Fahrzeug,[185] bei dem Verlieren von Ladung,[286] bei dem (bewußten) Auswerfen von Streugut,[287] und bei dem Hochwerfen von auf der Fahrbahn liegenden Steinen.[288] Vor

---

[276] S.o. I, 1, a.

[277] *BGHZ* 79, 259 = NJW 1981, 983; a.A. wohl *BGH*, NJW 1975, 1886; hierzu *Geigel/Schlegelmilch/Kunschert*, Kap. 25, Rdnr. 36, 37.

[278] *BGH*, NJW 1971, 2030; 1990, 2885; NZV 1988, 63; *Müller*, VersR 1995, 489.

[279] *Geigel/Schlegelmilch/Kunschert*, Kap. 25, Rdnr. 4 ff.

[280] *LG Hannover*, DAR 1985, 256.

[281] *BGHZ* 29, 163 = NJW 1959, 627.

[282] *BGHZ* 29, 163 = NJW 1959, 627; *BGH*, NJW 1984, 41 m. Anm. *Tschernitschek*; *LG Hannover*, NJW-RR 1986, 26; *OLG Karlsruhe*, VersR 1986, 155; Überblicke bei *Geigel/Schlegelmilch/Kunschert*, Kap. 25, Rdnr. 90 ff.; *Schopp*, MDR 1990, 884.

[283] *BGH*, NJW 1988, 2802.

[284] *BGHZ* 107, 359 = NJW 1989, 2616; *Geigel/Schlegelmilch/Kunschert*, Kap. 20, Rdnr. 36, 49.

[285] *BGH*, NJW 1982, 2669.

[286] *LG Bayreuth*, NJW 1988, 1152; *LG Flensburg*, NZV 1989, 397.

[287] *BGHZ* 105, 65 = NJW 1988, 3019 m. Anm. *Baumgärtel*, JZ 1988, 1138 u. Anm. *Kuckuk*, NZV 1989, 19; *OLG Hamm*, NJW-RR 1988, 863.

[288] *BGH*, NJW 1974, 510; *OLG Nürnberg*, NJW-RR 1987, 803.

allem gilt dies auch bei einer physisch oder psychisch vermittelten Reaktion des anderen Fahrers[289] bzw. eines Radfahrers oder Fußgängers.[290]

(2) Auch stehen- und liegengebliebene Fahrzeuge, deren Motor ausgeschaltet ist, unterliegen solange der Haftung aus § 7 I StVG, bis sie aus dem Verkehrsraum entfernt und ordnungsgemäß abgestellt sind.[291] Deshalb unterfallen dem § 7 I StVG auch Fahrzeuge, die beladen oder entladen werden[292] oder die wegen Motorschadens oder sonstiger Pannen liegen geblieben sind.[293] Ebenso ist ein Fahrzeug noch in Betrieb, wenn ein Insasse aussteigt.[294] Dagegen ist ein Betrieb des Fahrzeugs zu verneinen, wenn die Funktion der Betriebseinrichtung als Arbeitsmaschine im Vordergrund steht.[295]

(3) Zweifelhaft ist die Frage, ob ein abgeschlepptes Fahrzeug ab Beginn des Abschleppens als selbständige Gefahrenquelle ausscheidet. Die bisher überwiegende Rechtsprechung bejaht dies mit der Folge, daß die Haftung nur das abschleppende Fahrzeug trifft.[296] Neuerdings werden aber zunehmend auch abweichende und differenzierende Auffassungen vertreten.[297]

(4) Die Rechtsprechung verlangt auch bei § 7 I StVG, daß der eingetretene Schaden im Schutzbereich der Norm liegt.[298] Das wurde verneint bei einem Schlaganfall eines Fahrers im Zusammenhang mit einer im Anschluß an den Zusammenstoß erfolgenden Auseinandersetzung über die Schuldfrage,[299] sowie bei durch Unfall- oder Fahrgeräusche ausgelösten Panikreaktionen von Tieren.[300]

b) Haftpflichtige Personen

Die Haftung aus § 7 I StVG trifft sowohl den Halter als auch den Fahrer (§ 18 I S. 1 StVG).

(1) Halter ist derjenige, der das Fahrzeug für eigene Rechnung gebraucht und die hierzu notwendige Verfügungsgewalt besitzt; auf die Zulassung und die Eigentumsverhältnisse kommt es nicht an.[301]

---

289 *BGH*, NJW 1972, 1808; 1990, 3085; *OLG Hamm*, NZV 1989, 274.

290 *BGH*, NJW 1973, 44; 1988, 2802; *OLG Hamm*, NJWE-VHR 1996, 213.

291 S.o. Fußn. 281; *BGH*, VersR 1960, 804 (Schieben eines Motorrades).

292 *BGH*, NJW 1955, 1836 (L); VersR 1955, 768; *BGHZ* 29, 163 = NJW 1959, 627. – Einschr. *BGH*, NJW 1975, 1826; *BGHZ* 71, 212 = NJW 1978, 1582.

293 *BGHZ* 29, 163 = NJW 1959, 627; *BGH*, NJW 1961, 1163 (Anhänger); *OLG Köln*, VersR 1978, 771; *OLG Stuttgart*, VersR 1994, 1083; *LG Schweinfurth*, NJW-RR 1993, 220.

294 *LG Osnabrück*, NJW-RR 1987, 152; *OLG Köln*, NJW-RR 1987, 857; vgl. jedoch *LG Karlsruhe*, VersR 1981, 143.

295 *BGH*, NJW 1975, 1886 (Silo-Fall); *BGHZ* 105, 65 = NJW 1988, 3019; *BGHZ* 113, 164 = NJW 1991, 1171; *OLG Hamm*, NJW 1996, 1354; *OLG Köln*, VersR 1994, 108; einschr. *Hofmann*, Kap. 1.11. Rdnr. 30.

296 *BGH*, NJW 1963, 251; 1971, 940; 1978, 2502.

297 *LG Nürnberg-Fürth*, DAR 1993, 232; *Geigel/Schlegelmilch/ Kunschert*, Kap. 25, Rdnr. 46.

298 *BGHZ* 37, 311 = NJW 1962, 1676; *BGHZ* 107, 359 = NJW 1989, 2616.

299 *BGHZ* 107, 359 = NJW 1989, 2616; zu dieser Entscheidung siehe bereits oben Fußn. 87.

300 *BGHZ* 115, 84 = NJW 1991, 2568; *OLG Hamm*, NJWE-VHR 1997, 93; *Deutsch*, JZ 1992, 97; *Kötz*, NZV 1992, 218; abw. *LG Köln*, NJW-RR 1998, 320.

301 *BGHZ* 13, 351 = NJW 1983, 1492 (Sicherungseigentümer); *BGHZ* 32, 331 = NJW 1960, 1572 + *BGHZ* 116, 200 = NJW 1992, 900 (Kfz-Vermieter); *BGHZ* 87, 133 = NJW 1983, 1492 (Leasingnehmer); *BGH*, VersR 1969, 907 (Eigentumsvorbehaltskäu-

Halter kann auch eine öffentliche Behörde sein, so daß die Amtshaftung aus § 839 BGB mit dem Anspruch aus § 7 I StVG konkurrieren kann.[302] Die Haftung des Halters endet, wenn er die Eigenschaft als Halter durch Verlust der Verfügungsgewalt endgültig verloren hat.[303]

(2) Fahrer ist derjenige, der das Fahrzeug eigenverantwortlich in Betrieb setzt.[304]

Der Fahrer behält diese Eigenschaft auch, wenn er das Fahrzeug parkt oder anhält.[305] Bei Übungsfahrten einer Fahrschule gilt der Fahrlehrer als Fahrer (§ 3 II StVG);[306] den Fahrschüler kann entsprechend seinem Ausbildungsstand eine Mitverantwortlichkeit treffen.[307]

(3) Hinsichtlich der Beteiligung von Halter und Fahrer ist § 830 I S. 2 BGB entsprechend anzuwenden.[307a]

3. Der Entlastungsbeweis des Halters

Der Halter kann die Gefährdungshaftung abwenden, wenn ein unabwendbares Ereignis zu dem Unfall geführt hat.

a) Unabwendbares Ereignis

Ein solches liegt vor, wenn sowohl der Halter als auch der Führer des Fahrzeugs jede nach den Umständen des Falles gebotene Sorgfalt beobachtet haben (§ 7 II StVG). Das Gesetz verlangt eine über den Rahmen des § 276 II BGB hinausgehende Sorgfalt eines idealen Fahrers.[308] Man darf aber die Sorgfaltsanforderungen nicht überspannen, insbesondere Unmögliches oder absolute Unvermeidbarkeit verlangen.[309]

(1) Die Beurteilung dieser Frage hat aus der Sicht des Fahrers ex ante zu erfolgen; es ist zu fragen, ob der Fahrer alle aus der damaligen Sicht naheliegenden Möglichkeiten einer Gefahr, insbesondere eines verkehrswidrigen Verhaltens Dritter einkalkuliert hat,[310]

---

fer); *KG*, NZV 1989, 373 (Dieb); *Geigel/Schlegelmilch/Kunschert*, Kap 25, Rdnr. 19 ff. mit weiteren Beispielen.

[302] *BGHZ* 50, 271 = NJW 1968, 1962; *BGHZ* 113, 164 = NJW 1991, 1171.

[303] *BGH*, NJW 1997, 660 (Diebstahl).

[304] *BGH*, NJW 1977, 1056; *Hofmann*, Kap. 1.11., Rdnr. 26.

[305] *OLG Hamm*, VersR 1975, 751.

[306] *BGH*, NJW 1972, 869.

[307] *BGH*, NJW 1969, 2197; *OLG Düsseldorf*, NJW 1966, 736.

[307a] *BGH*, NJW 1969, 2136 (betr. Halter); *Eberl-Borges*, AcP 196, 491. – Zu § 830 I S. 2 s.o. I, 3, a.

[308] *BGHZ* 117, 337 = NJW 1992, 1684; *BGH*, NJW 1987, 2375; *KG*, NJW-RR 1987, 284. – Der RegE zum 2. SchadÄndG vom 21.4.1998 (BTDr. 13/10435) wollte in Angleichung zu § 1 II HaftpflG den Entlastungsbeweis auf höhere Gewalt beschränken. – Hierzu *Steffen*, DAR 1998, 135.

[309] *BGH*, NJW 1973, 44; 1982, 1042; *Geigel/Schlegelmilch/Kunschert*, Kap. 25, Rdnr. 74.

[310] *BGH*, NJW 1973, 44.

wobei ihm – mit gewissen Einschränkungen – auch der Vertrauensgrundsatz[311] und neben der Reaktionszeit[312] auch eine Schrecksekunde[343] zugutekommen kann. Nach Auffassung des BGH sind solche Verstöße gegen den Typus des Idealfahrers außer Betracht zu lassen, die für den Unfall nicht ursächlich gewesen sind.[314] – Verneint wurde das unabwendbare Ereignis in den heute akuten Fällen des Überschreitens der Richtgeschwindigkeit von 130 km/h.[315]

(2) Sind Halter und Führer des Fahrzeugs nicht identisch, muß der Halter nachweisen, daß er den Führer sorgfältig ausgewählt und überwacht hat;[316] darauf kommt es aber nicht mehr an, wenn der Unfall für den Fahrer unabwendbar war.[317]

(3) Die Beweislast für die das unabwendbare Ereignis begründenden Umstände trägt der Halter.[318] Er muß aber nur diejenigen Unfallverläufe ausschließen, für die tatsächliche Anhaltspunkte bestehen.[319] Ein unabwendbares Ereignis ist jedoch nicht gegeben, wenn bei gesteigerter Sorgfalt der Unfall „nur“ weniger folgenschwer gewesen wäre.[320]

b) Technisches Versagen

Der Entlastungsbeweis ist ausgeschlossen, wenn der Unfall auf einem Fehler in der Beschaffenheit des Fahrzeugs oder auf einem Versagen seiner Verrichtungen beruht (§ 7 II S. 1 StVG).[321]

Als Beispiele sind zu erwähnen: Blendwirkung des falsch eingestellten Scheinwerfers,[322] das Versagen der Bremen,[323] Mängel in der Bereifung[324] oder der Brennstoffzufuhr[325] sowie das Verlieren von Öl.[326] Nicht darunter fallen Verkehrsvorgänge, die mit einer gewissen Regelmäßigkeit auftreten und gerade Ausfluß der mit dem Verkehr verbundenen typischen Gefahren sind, wie das Schleudern oder Rutschen eines Fahrzeugs.[327] Einem technischen Versagen gleichgestellt hat der BGH eine bei dem Fahrer auftretende plötzliche Ohnmacht.[328]

---

311 *BGH*, NJW 1961, 266; *AG Köln*, NJW-RR 1988, 28. – Das gilt natürlich nur in den oben unter I, 1, c, (2), Fußn. 36–39 erörterten Grenzen. – Siehe auch *Geigel/Schlegelmilch/Kunschert*, Kap. 25, Rdnr. 76.

312 *Geigel/Schlegelmilch/Kunschert*, Kap. 25, Rdnr. 79; einschr. *OLG Düsseldorf*, DAR 1990, 462.

313 *BGH*, VersR 1962, 164; 1964, 753; teilw. abw. *Geigel/Schlegelmilch/Kunschert*, Kap. 25, Rdnr. 82.

314 *BGH*, DAR 1976, 246.

315 *BGHZ* 117, 337 = NJW 1992, 1684; *Reiff*, VersR 1992, 714; *Gebhardt*, DAR 1992, 295; *Ludovisy*, DAR 1992, 278.

316 *BGH*, VersR 1964, 1241; 1965, 473; *Geigel/Schlegelmilch/Kunschert*, Kap. 25, Rdnr. 70.

317 *BGH*, VersR 1955, 308.

318 *BGHZ* 117, 337 = NJW 1992, 1684; *BGH*, NJW 1982, 1149.

319 *BGH*, VersR 1970, 423; *OLG Düsseldorf*, VersR 1977, 160.

320 *BGH*, VersR 1955, 308.

321 *Geigel/Schlegelmilch/Kunschert*, Kap. 25, Rdnr. 64 ff.

322 *BGH*, VersR 1963, 639.

323 *BGH*, VersR 1966, 146; 1966, 1139.

324 *BGH*, VersR 1966, 1139.

325 *BGH*, VersR 1965, 383.

326 *OLG Bamberg*, VersR 1987, 465.

327 *BGH*, DAR 1960, 136; *Geigel/Schlegelmilch/Kunschert*, Kap. 25, Rdnr. 68.

328 *BGHZ* 23, 90 = NJW 1957, 674.

c) Rettungsaktion

Ist der Entlastungsbeweis geführt, so kann eine Haftung des Schädigers nicht unter dem Gesichtspunkt einer Rettungsaktion nach § 904 S. 2 BGB angenommen werden.[329]

4. Der Entlastungsbeweis des Fahrers

Die Ersatzpflicht des Fahrzeugführers ist ausgeschlossen, wenn der Schaden nicht durch sein Verschulden verursacht ist (§ 18 I S. 2 StVG).

Der Verschuldungsbegriff entspricht dem Verschulden im Rahmen der Deliktshaftung.[330] Der Fahrer braucht – im Gegensatz zum Halter – also nicht nachzuweisen, daß er jede nur erdenkliche Sorgfalt hat walten lassen.[331] Der Fahrer muß das fehlende Verschulden[332] bzw. die mangelnde Kausalität einer etwaigen Pflichtverletzung[333] dartun und im Bestreitensfall beweisen.[334]

5. Der Ausschluß der Gefährdungshaftung

Die Haftung des Halters und des Führers aus §§ 7, 18 StVG ist ausgeschlossen in den Fällen der §§ 8 I, 8a I StVG.

a) Langsame Fahrzeuge

§ 8 I StVG nimmt einmal Fahrzeuge aus, die auf ebener Bahn keine höhere Geschwindigkeit als 20 km/h entfalten können; auf sie trifft der Gesetzeszweck der gesteigerten Betriebsgefahr nicht zu.

Im Gegensatz zur bisherigen Rechtsprechung[335] kommt es für die Eingrenzung dieser Fahrzeuge nur auf die konstruktionsbedingte Beschaffenheit und nicht auf die Möglichkeit einer Veränderung an.[336]

b) Tätigkeit des Verletzten bei dem Betrieb

Ausgeschlossen ist die Haftung ferner gegenüber denjenigen, die bei dem Betrieb des Kraftfahrzeugs tätig sind (§ 8 I StVG). Grund hierfür soll sein, daß der Verletzte sich durch die Tätigkeit selbst vorsätzlich den von dem Kraftfahrzeug ausgehenden Gefahren ausgesetzt hat.[337]

---

[329] *BGHZ* 92, 357 = NJW 1985, 490; *Konzen*, JZ 1985, 181; *Dilcher*, JuS 1987, 100.
[330] *BGH*, VersR 1957, 519; 1961, 423; *OLG Bamberg*, VersR 1974, 60.
[331] *BGH*, NJW 1983, 1326; *Geigel/Schlegelmilch/Kunschert*, Kap. 26, Rdnr. 9.
[332] *Hofmann*, Kap. 1.11. Rdnr. 137 m. Beispielen.
[333] *BGH*, VersR 1969, 895.
[334] *BGH*, NJW 1977, 1510; *Geigel/Schlegelmilch/Kunschert*, Kap. 26, Rdnr. 21.
[335] *BGHZ* 9, 123 = NJW 1953, 899.
[336] *BGHZ* 136, 69 = NJW 1997, 2517; *BGH*, NJW-RR 1998, 96; *Brötel*, NZV 1997, 381.
[337] *BGH*, NJW 1954, 393.

Hierunter fallen vor allem der Fahrer, die Beifahrer und sonstige Hilfspersonen; letztere müssen „durch unmittelbare Beziehung ihrer Tätigkeit zu den Triebkräften des Fahrzeugs, dessen typischer Betriebsgefahr mehr als die Allgemeinheit ausgesetzt sein"; diese Tätigkeit muß in der Regel von einer gewissen Dauer sein.[338]

c) Insassen

Schließlich ist die Haftung aus §§ 7, 18 I StVG ausgeschlossen gegenüber den Insassen des Fahrzeugs.[339] Soweit es sich um Tötung oder Verletzung einer Person handelt, stehen diesen nur Ansprüche aus Delikt und Beförderungsvertrag zu, die durch die Regelung des StVG nicht berührt werden (§ 16 StVG). Bei Sachschäden ist die Haftung auf solche Sachen beschränkt, die der Insasse an sich trägt oder mit sich führt (§ 8a I S. 1 + 2 StVG).[340]

6. Haftung für Unfälle bei Schwarzfahrten

a) Haftung des Halters

Besonders geregelt ist in § 7 III StVG die Gefährdungshaftung des Halters bei Unfällen anläßlich von Schwarzfahrten. Das Gesetz unterscheidet zwei Fallgruppen.

(1) In der Fallgruppe 1 haftet der Halter ohne Rücksicht darauf, ob er die Benutzung des Fahrzeugs durch den Dritten schuldhaft ermöglicht hat oder nicht. In diese Fallgruppe gehören der angestellte Fahrer[341] oder ein Dritter, dem das Fahrzeug von dem Halter überlassen worden ist (§ 7 III 2 StVG).[342]

(2) In der alle übrigen Fälle umfassenden Fallgruppe 2 haftet der Halter für Unfälle von Schwarzfahrern nur, wenn er die Benutzung des Fahrzeugs schuldhaft ermöglicht hat (§ 7 III 1 StVG). Diese Verantwortung des Halters bleibt bis zur Beendigung seiner Haltereigenschaft bestehen, d.h. bis ein Dritter sich die Befugnisse eines Halters, wenn auch unbefugt, anmaßt.[343] Die Pflichten des Halters zur Verhinderung von Schwarzfahrten werden von der Rechtsprechung sehr ernst genommen.[344]

(3) Neben die Gefährdungshaftung tritt gegebenenfalls die Haftung des Halters aus Delikt wegen schuldhafter Ermöglichung der Schwarzfahrt.[345] In Frage kommt sowohl § 823 I BGB[346] als auch § 823 II BGB (in Verbindung mit § 14 StVO als Schutzgesetz).[347]

---

[338] *BGH*, NJW 1954, 393; 1972, 1415; NZV 1989, 105; *KG*, NZV 1989, 150; Einzelheiten bei *Geigel/Schlegelmilch/Kunschert*, Kap. 25, Rdnr. 205 ff.

[339] *BGHZ* 37, 311 = NJW 1962, 1676; *OLG Koblenz*, NZV 1993, 193.

[340] *Geigel/Schlegelmilch/Kunschert*, Kap. 25, Rdnr. 220.

[341] *BGH*, VersR 1961, 708; *OLG Koblenz*, NJW 1957, 1843.

[342] *BGHZ* 5, 269 = NJW 1952, 581; *BGHZ* 22, 293, 300 = NJW 1957, 500; *BGHZ* 37, 306 = NJW 1962, 1678; *Geigel/Schlegelmilch/Kunschert*, Kap. 25, Rdnr. 173 ff.

[343] *BGH*, NJW 1997, 660; *Geigel/Schlegelmilch/Kunschert*, Kap. 25, Rdnr. 152 ff.; *Hofmann*, Kap. 1.11. Rdnr. 67.

[344] *BGHSt* 15, 357 = NJW 1961, 686; *BGH*, NJW 1981, 113; *Geigel/Schlegelmilch/Kunschert*, Kap. 25, Rdnr. 167. – Vgl. aber *BGH*, NJW 1970, 280.

[345] S.o. I, 3, b, (1), Fußn. 156.

[346] *Hofmann*, Kap. 1.11., Rdnr. 73.

[347] *BGH*, NJW 1981, 113.

b) Haftung des Schwarzfahrers

Neben dem Halter haftet der unbefugte Benutzer des Fahrzeugs (Schwarzfahrer).

Der Benutzer haftet in jedem Falle als Fahrer nach § 18 StVG. Daneben trifft ihn die strengere Halterhaftung, wenn er das Fahrzeug ohne Wissen und Willen des Fahrzeughalters benutzt hat (§ 7 III S. 1 StVG); unerheblich ist hierbei, ob der Halter die Benutzung fahrlässig ermöglicht hat.[348]

7. Die Höchstgrenzen der Haftung

Die Ansprüche aus Gefährdungshaftung nach dem StVG – einschließlich des Anspruchs wegen vermuteten Verschuldens nach § 18 I StVG – unterliegen den Höchstgrenzen des § 12 StVG.[349] Die Regelung ist sehr verwickelt und kommt natürlich nicht zum Zuge, soweit das Gericht den Anspruch auf § 823 ff. BGB stützt. Zu unterscheiden ist einmal, ob es sich um Personen- oder Sachschäden handelt, sowie, ob ein oder mehrere Verletzte Ansprüche geltendmachen.[350]

a) Personenschäden

(1) Ist nur ein Verletzter vorhanden, so beschränkt sich der Ersatz auf einen Kapitalbetrag von jährlich 500.000 DM oder auf einen Rentenbetrag von jährlich 30.000 DM (§ 12 I Nr. 1 StVG). Diese Grenze gilt nach Abzug der Quote wegen Mitverschuldens bzw. Betriebsgefahr.[351] Bei einem Übergang des Anspruchs auf Sozialversicherungsträger[352] ist die in § 166 III SGB X angeordnete relative Theorie[353] und das Quotenvorrecht des § 116 II SGB X[354] zu beachten.

Schwierigkeiten bereitet vor allem die Regelung, daß die Höchstbeträge für Kapital und Renten nicht kumulativ nebeneinander gelten, sondern eine einheitliche Höchstgrenze darstellen. Das führt zu folgenden Konsequenzen:

---

[348] *Geigel/Schlegelmilch/Kunschert*, Kap. 25, Rdnr. 162; a.A. *Hofmann*, Kap. 1.1. Rdnr. 68e.

[349] Hierzu *BGHZ* 51, 226 = NJW 1969, 656. – Vgl. ferner *BGH*, NJW 1996, 3418; hierzu *v. Gerlach*, DAR 1997, 230.

[350] Bei Ansprüchen aus § 10 II StVG kommt es auf die Zahl der körperlich Vrletzten oder Getöteten, nicht auf die Zahl der Untrhaltsberechtigten eines Getöteten an: *Geigel/Schlegelmilch/Rixecker*, Kap. 4, Rdnr. 171, 172.

[351] *RGZ* 123, 40; *BGHZ* 32, 149 = NJW 1960, 1199 (Gastwirthaftung); *Geigel/Schlegelmilch/Rixecker*, Kap. 3, Rdnr. 61.

[352] S.u. VI, 4, f, Fußn. 499.

[353] Siehe die Berechnungsbeispiele bei *Küppersbusch,* VersR 1983, 202.

[354] S.u. VI, 4, f, (3).

Der *zukünftige* Erwerbsschaden und die vermehrten Bedürfnisse können nur in Rentenform geltendgemacht werden (§ 13 I StVG); sie unterliegen deshalb der Jahreshöchstgrenze von 30.000 DM. Der Vergangenheitsschaden hinsichtlich Heilungskosten und Beerdigungskosten ist naturgemäß durch Kapitalzahlung auszugleichen. Der *in der Vergangenheit liegende* Erwerbsschaden und die vermehrten Bedürfnisse können nach Wahl des Verletzten entweder als Kapital oder Rentenzahlung verlangt werden.[355] Da die Höchstsummen von Kapital und Rente nicht kumulativ verlangt werden können, verringert das verlangte Kapital den Jahreshöchstbetrag der Rente derart, daß – entsprechend der Relation von 500.000 DM zu 30.000 DM – nur aus dem nicht verbrauchten Kapital 6 % als jährliche Höchstrente für die Zukunft zur Verfügung stehen.[356] Der Geschädigte wird sein Wahlrecht so ausüben, daß er bei voraussichtlich langer Dauer des Schadens (mehr als 16,6 Jahre) die Rentenform wählt, die mit dem Jahreshöchstbetrag auch noch zu zahlen ist, wenn das Kapital von 500.000 verbraucht ist. Der Geschädigte wird dagegen für den Erwerbsschaden die Ersatzform des Kapitals wählen, wenn der Schaden von nicht zu langer Dauer ist, aber in der Vergangenheit den Jahreshöchstbetrag der Rente von 30.000 DM überschreitet.[357] Das Wahlrecht ist bis zu einem bestimmten Zeitpunkt auszuüben, nämlich bis zur letzten mündlichen Verhandlung.[358] Der Verletzte und etwaige Rechtsnachfolger (Arbeitgeber, Sozialversicherungsträger, Dienstherr) können ihr Wahlrecht getrennt ausüben, mehrere Sozialversicherungsträger dagegen nur gemeinsam als Gesamtgläubiger.[359]

(2) Bei mehreren Verletzten sind die – gegebenenfalls bereits nach (1) gekürzten – Ansprüche zunächst zusammenzurechnen und festzustellen, ob sie die Höchstbeträge nach § 12 I Nr. 2 StVG (750.000 DM Kapital oder 45.000 DM jährliche Rente) überschreiten. Ist dies der Fall, so sind sie dann nach § 12 II StVG in dem Verhältnis zu kürzen, in welchem ihr Gesamtbetrag zu dem Höchstbetrag steht.

Das bereits erwähnte Urteil des BGH vom 16. 12. 1968[360] ist auch hier für den Fall bedeutsam, daß die mehreren Gläubiger unterschiedlich Kapital- oder Rentenform gewählt haben; in diesem Fall findet vor der anteiligen Kürzung eine Umrechnung der Renten in Kapitalbeträge nach dem oben[361] angegebenen Verhältnis statt: die jeweilige Jahresrente ist mit 16,6 zu multiplizieren.[362]

b) Sachschäden

Bei Sachschäden besteht eine Haftungshöchstgrenze von 100.000 DM (§ 12 I Nr. 3 StVG). Ist nur ein Verletzter vorhanden, so kann er seinen Schaden bis zu diesem Höchstbetrag liquidieren. Sind mehrere Personen geschädigt, so müssen sie sich diese Höchstsumme teilen; es findet dann die verhältnismäßige Herabsetzung nach § 12 II StVG statt.

---

[355] *BGH*, VersR 1964, 777; 1972, 1017.

[356] *RGZ* 136, 84; 156, 392; *BGH*, VersR 1969, 281; *Geigel/Schlegelmilch/Rixecker*, Kap. 4, Rdnr. 170.

[357] *Hofmann*, Kap. 1.11., Rdnr. 186, 186b.

[358] *BGHZ* 59, 187 = NJW 1972, 1711.

[359] *BGHZ* 59, 187 = NJW 1972, 1711; *BGH*, VersR 1966, 259; 1968, 197. – Zum Wegfall eines SVT vgl. *BGH*, NJW 1979, 2039.

[360] S.o. Fußn. 349.

[361] S.o. (1).

[362] *BGH*, VersR 1969, 281; *Küppersbusch*, VersR 1983, 202, 203.

III. Gefährdungshaftung der Bahnbetriebsunternehmer

Eine vom Verschulden unabhängige Gefährdungshaftung ähnlich dem StVG legt das Haftpflichtgesetz in § 1 fest.[363] Die Regelung gilt für Schienenbahnen (Eisenbahnen und Straßenbahnen) und Schwebebahnen.

1. Der Grundtatbestand der Haftung

Die Haftung des Bahnbetriebsunternehmers tritt nach § 1 HaftpflG ein, wenn bei dem Betrieb der Bahn ein Mensch getötet, der Körper oder die Gesundheit eines Menschen verletzt oder eine Sache beschädigt wird.

Der Begriff „bei dem Betrieb der Bahn"wird entsprechend dem Zweck der Gefährdungshaftung, die typischen Gefahren des Bahnbetriebs zu erfassen, weit ausgelegt. Einmal werden alle Unfälle erfaßt, die mit dem eigentlichen Verkehrsvorgängen zusammenhängen,[364] aber auch solche, die mit dem Bahnbetrieb in einem inneren Zusammenhang stehen.[365] Für den hier interessierenden Bereich des Kraftfahrzeugunfalls kommt der erstgenannte Bereich in Frage, nämlich vor allem der Zusammenstoß von Kraftfahrzeug und Eisenbahn auf einem Bahnübergang,[366] das Abkommen des PKW-Fahrers auf ein neben der Bundesstraße gelegenes Geleis der Bahnstrecke,[367] sowie der Zusammenstoß von Kraftfahrzeug und Straßenbahn im öffentlichen Verkehrsraum.[368]

2. Ausschluß der Haftung

a) Höhere Gewalt

Die Ersatzpflicht des Bahnunternehmers einer Schienenbahn ist ausgeschlossen, wenn der Unfall durch höhere Gewalt verursacht worden ist (§ 1 II S. 1 HaftpflG).

Nach dem sehr engen Begriff der höheren Gewalt[369] kommt dies bei Zusammenstößen auf Bahnübergängen nur selten in Frage, z.B. bei Selbstschädigung des Kraftfahrers in Selbstmordabsicht[370] oder Attentaten.[371] Versagen des Bahnpersonals oder Versagen betrieblicher Einrichtungen des Bahnbetriebs stellen keine höhere Gewalt dar.[372]

---

[363] Überblicke bei *Filthaut*, NZV 1990, 178; 1992, 177; 1994, 175; 1996, 181; 1998, 271.

[364] Einzelheiten bei *Geigel/Schlegelmilch/Kunschert*, Kap. 22, Rdnr. 13 ff.

[365] *BGH*, NJW 1987, 2445.

[366] *BGH*, NJW 1963, 1107; *Filthaut*, NZV 1992, 395.

[367] *BGH*, VersR 1988, 910.

[368] *OLG Düsseldorf*, VersR 1983, 861.

[369] *BGH*, NJW 1953, 184; NJW-RR 1988, 986; *BGHZ* 105, 335 = NJW 1988, 2733; *Geigel/Schlegelmilch/Kunschert*, Kap. 20, Rdnr. 21 ff.

[370] *OLG Frankfurt*, VersR 1979, 451.

[371] *BGH*, VRS 73, 18.

[372] *BGH*, VersR 1978, 1163.

b) Unabwendbares Ereignis

Bei Schienenbahnen, die im Verkehrsraum öffentlicher Straßen liegen,[373] ist die Haftung bereits bei einem unabwendbaren Ereignis ausgeschlossen (§ 1 II S. 2 HaftpflG).

Die Regelung stimmt mit dem Ausschlußtatbestand des § 7 II StVG überein.[374] Es wird deshalb die Beachtung einer über die Erfordernisse des Verkehrs hinausgehenden gesteigerten Sorgfalt verlangt.[375] Ebenso wie in § 7 II S. 1 StVG entfällt der Entlastungsbeweis, wenn der Unfall auf einem Fehler in der Beschaffenheit der Fahrzeuge oder Anlagen der Schienenbahn oder auf einem Versagen der Verrichtungen beruht.[376]

IV. Ansprüche aus Vertrag und Quasikontrakt

1. Vertragliche Ansprüche

Bei Personen, die in einem Kraftfahrzeug befördert werden und hierbei einen Schaden erleiden, kommen Schadensersatzansprüche aus Beförderungsvertrag in Betracht. Der vertragliche Ersatzanspruch bietet dem Geschädigten den Vorteil, daß der Beförderungsunternehmer sich hinsichtlich des Verschuldens entlasten muß, ist aber insofern von Nachteil, daß er keinen Raum für ein Schmerzensgeld läßt.

a) Entgeltliche Beförderung

Liegt ein entgeltlicher Beförderungsvertrag vor (Taxi, Bus), so ergeben sich hinsichtlich des Vertragsschlusses keine Probleme. Der Beförderungsunternehmer ist aus dem abgeschlossenen Beförderungsvertrag verpflichtet, die notwendige Sorgfalt bei der Beförderung zu beachten; außerdem kommt bei öffentlichen Verkehrsmitteln eine Pflicht zur Bereitstellung ordnungsgemäßer Haltestellen in Frage.[377]

b) Unentgeltliche Beförderung

Bei einer unentgeltlichen Beförderung bedarf es der Prüfung, ob ein Gefälligkeitsverhältnis in dem Sinne vorliegt, daß die gesamte Beziehung zwischen Beförderer und Beförderten die außerrechtliche Sphäre eines sozialen Kontaktes nicht überschreitet und deshalb ein Vertragsverhältnis zu verneinen ist.

---

[373] *OLG Frankfurt*, VersR 1988, 295; *Geigel/Schlegelmilch/Kunschert*, Kap. 22, Rdnr. 33, 34.

[374] S.o. II, 3, a.

[375] *BGH*, VersR 1976, 1135; 1985, 86; *OLG München*, NZV 1991, 189.

[376] *OLG Frankfurt*, NJW-RR 1986, 965.

[377] *Hofmann*, Kap. 1.11., Rdnr. 105.

Die Rechtsprechung ist in der Annahme reiner Gefälligkeitsverhältnisse sehr zurückhaltend.[378] In der Regel wird vertragliche Bindung bejaht, wobei dann allerdings die Frage eines stillschweigenden Haftungsausschlusses im Hinblick auf die Unentgeltlichkeit der Beförderung einer gesonderten Prüfung bedarf.[379]

2. *Ansprüche aus Geschäftsführung ohne Auftrag*

Die als „Quasikontrakt" zu bezeichnende Geschäftsführung ohne Auftrag kommt bei Verkehrsunfällen in den nachfolgenden vier typischen Varianten in Frage. Dies ermöglicht in den Varianten c) und d) die über § 683 S. 1 BGB heranzuziehende Auslegung des § 670 BGB, wonach auch unfreiwillige Vermögensschäden als ersatzfähige Aufwendungen anzusehen sind.[380]

a) Beschädigungen des Kraftfahrzeugs beim Abschleppen

Ein von dritter Seite (Polizei, Privatmann) beauftragter Abschleppunternehmer ist aus Geschäftsführung ohne Auftrag auch dem Eigentümer (Halter) des Kraftfahrzeugs zur sorgfältigen Abwicklung verpflichtet. Verletzt er diese Pflicht, so ist er bei Verschulden zum Ersatz des entstandenen Schadens verpflichtet.[381]

b) Winkzeichen/Hinweise

In der Rechtsprechung ist umstritten, ob ein Kraftfahrer, der einem anderen Kraftfahrer Winkzeichen oder Hinweise gibt und dadurch einen Verkehrsunfall verursacht, dem anderen Verkehrsteilnehmer wegen einer unrichtigen Ratserteilung aus Geschäftsführung ohne Auftrag haftet.[382]

c) Selbstaufopferung

Wer als Kraftfahrer zur Rettung eines anderen Verkehrsteilnehmers einen Unfall mit Selbstschädigung herbeiführt, kann von der geretteten (oder zu rettenden) Person Ersatz der Schäden nach §§ 683, 670 BGB verlangen.[383] Nach der Rechtsprechung des BGH setzt dies allerdings voraus, daß das Verhalten des Retters als unabwendbares Ereignis anzusehen ist.[384] Außerdem muß eine entsprechende Gefahrenlage tatsächlich bestanden haben.[385]

---

[378] *BGH*, VersR 1967, 882; *Willoweit*, JuS 1984, 909; 1986, 104 m.Nw.

[379] S.u. VII, 2, b, Fußn. 643.

[380] *Otto*, JuS 1984, 684, 685.

[381] *AG Neumünster*, DAR 1987, 387.

[382] Bejahend *BGHZ* 43, 188 = NJW 1965, 1271; *OLG Koblenz*, NJW 1962, 1515; verneinend *OLG Frankfurt*, NJW 1965, 1334.

[383] *BGHZ* 38, 272 = NJW 1963, 390; *BGH*, NJW 1957, 869; hierzu *Berg*, JuS 1975, 685; *Frank*, JZ 1982, 737.

[384] *BGHZ* 38, 272 = NJW 1963, 390.

[385] *OLG Frankfurt*, MDR 1976, 1021.

d) Hilfeleistung an Verkehrsopfern

Leistet jemand nach einem Verkehrsunfall dem Verletzten Hilfe und erleidet hierbei einen Schaden, besteht ebenfalls ein Anspruch aus Geschäftsführung ohne Auftrag auf Ersatz der Schäden, die bei einem hierdurch eintretenden Verkehrsunfall bei dem Hilfeleistenden eintreten.[386]

V. Der Direktanspruch gegen den Haftpflichtversicherer

1. Allgemeines

Zur Verstärkung der Rechtsstellung der Kraftfahrzeug-Unfall-Geschädigten hat § 3 PflVersG vom 5. 4. 1965[387] einen Direktanspruch gegen den Haftpflichtversicherer eingeführt.

Im Gegensatz zur früheren Rechtslage, bei der im Streitfall der Geschädigte den Schädiger auf Schadensersatz verklagen und nach obsiegendem Urteil dessen Ansprüche gegen den Versicherer auf Deckungsschutz pfänden und sich überweisen lassen mußte,[388] besteht nunmehr die Möglichkeit, daß der Geschädigte den Anspruch auf Schadensersatz direkt gegen den Versicherer geltendmachen kann, der neben dem haftpflichtigen Versicherungsnehmer (§ 10 II AKB) als Gesamtschuldner für dessen Verbindlichkeit einzustehen hat (§ 3 Nr. 1, 2 PflVersG in V. mit § 421 BGB).[389] Zahlt der Versicherer, so bleibt ihm bei Leistungsfreiheit im Innenverhältnis der Rückgriff gegen seinen Versicherungsnehmer vorbehalten (§ 3 Nr. 9 PflVG).[390]

2. Die Voraussetzungen des Direktanspruchs

a) Anzeigepflicht

Der Geschädigte muß seine Ansprüche binnen zwei Wochen nach dem Unfall dem Versicherer anzeigen (§ 3 Nr. 7 PflVG).[391]

Die Nichteinhaltung der Frist führt nicht zum Verlust der Ansprüche, sondern hat Konsequenzen im Rahmen des § 156 III VVG;[392] ihre Erfüllung bewirkt außerdem die Hemmung der Verjährung (§ Nr. 3 S. 3 PflVG).

---

[386] *BGH*, VersR 1970, 620. – Zur Frage des Anspruchsübergangs nach § 116 SGB X s.u. VI, 4, b, (1), Fußn. 475.

[387] BGBl. I, S. 213.

[388] Der Schutz des Geschädigten erfolgte durch die §§ 158c ff. VVG, welche die Einwendungen aus dem Innenverhältnis zwischen Versicherer und haftpflichtigem Schädiger beschränkten.

[389] Zur Rechtsnatur siehe *BGHZ* 57, 265 = NJW 1972, 387; *BGHZ* 79, 170 = NJW 1981, 925 (Deliktsanspruch); abw. h.M.: *Bauer*, Kraftfahrtversicherung, Rdnr. 775 m.Nw. (gesetzlicher Schuldbeitritt).

[390] Zu den internen Beschränkungen des Rückgriffs eingehend *Bauer*, Rdnr. 863 ff., vgl. auch *Lorenz*, VersR 1991, 505.

[391] Zum Umfang der Anmeldung: *BGHZ* 74, 393 = NJW 1979, 2155; *Bauer*, Rdnr. 794.

[392] *BGH*, NJW 1975, 260; *Bauer*, Rdnr. 788.

b) Akzessorietät

Der Geschädigte muß bei Geltendmachung des Direktanspruchs alle Voraussetzungen seines Ersatzanspruchs gegen den Schädiger darlegen.[393] Ein bestimmter Schädiger muß feststehen.[394]

c) Einwendungen

Der Versicherer kann alle Einwendungen erheben, die seinem Versicherungsnehmer gegenüber dem Anspruch zustehen, z.B. Mitverschulden, mitwirkende Betriebsgefahr, Haftungsausschlüsse.

Bei Übergang des Anspruchs auf Dritte stehen ihm diese Einwendungen auch gegenüber dem Rechtsnachfolger zu (§§ 404, 412 BGB).[395] Mit einem dem Versicherungsnehmer zustehenden Gegenanspruch, z.B. auf Ersatz seines Schadens an seinem eigenen PKW kann er dagegen nicht aufrechnen (§ 422 II BGB).

d) Anerkenntnis des Schädigers

Ein Anerkenntnis des Schädigers wirkt nur im Rahmen des § 154 II VVG[396] gegen den Versicherer (§ 3 Nr. 7 PflVG i.V. mit § 158e II VVG).[397]

Insoweit ist trotz Abweisung der Klage gegen den Versicherer ein stattgebendes Urteil gegen den Halter oder Fahrer aufgrund des Anerkenntnisses möglich.[398]

e) Geldersatz

§ 3 Nr. 1 S. 2 PflVG stellt klar, daß der Direktanspruch des Geschädigten – in Abweichung von § 249 BGB – auf Geldersatz gerichtet ist.

3. Einwendungen aus dem Versicherungsverhältnis

Sie unterliegen nach § 3 Nr. 1, 4–6 PflVG einer differenzierten Regelung.

a) Der Einwand des begrenzten Deckungsumfangs

Der Direktanspruch besteht nach § 3 Nr. 1 S. 1 PflVG nur „im Rahmen der Leistungspflicht des Versicherers". Daraus folgt, daß der Versicherer primäre und sekundäre Beschränkungen des Risikos auch dem Geschädigten entgegenhalten kann. Es handelt sich hierbei um folgende Einwendungen:

---

[393] S.o. I–IV.

[394] *Weber*, VersR 1985, 1004; a.A. *Fuchs-Wissemann*, VersR 1985, 219. – Zur Anwendung des § 242 BGB siehe *BGH*, NJW 1996, 2724.

[395] Zum Rechtsübergang s.u. VI.

[396] Hierzu *Bauer*, Rdnr. 569 ff.

[397] *Bauer*, Rdnr. 779.

[398] *BGH*, NJW 1982, 996.

(1) Der geltendgemachte Schaden liege nicht im Rahmen des übernommenen Risikos.[399]

(2) Es liege kein Schaden im Sinne des § 2 I KfzPflVV bzw. § 10 I AKB vor, der durch den Gebrauch des Kraftfahrzeugs entstanden ist.[400]

(3) Der Unfall sei von dem Versicherungsnehmer vorsätzlich, eventuell in Manipulation mit dem Geschädigten herbeigeführt worden.[401]

Der Einwand zieht auch bei einer vorsätzlichen Herbeiführung des Unfalls durch den Schwarzfahrer.[402] Er greift aber nicht Platz bei einer vorsätzlichen Herbeiführung durch einen mitversicherten Fahrer,[403] es sei denn, es handele sich bei ihm um einen Repräsentanten.[404]

(4) Der Versicherungsschutz sei durch Zahlung bis zur Deckungssumme erschöpft.[405]

Maßgebend ist hierbei nicht die vorgeschriebene Mindestversicherungssumme, sondern die vertraglich vereinbarte Deckungssumme (§ 10 VI AKB).[406]

(5) Es liege ein Haftungsausschluß im Sinne von § 11 AKB vor.

Neben dem selbstverständlichen Ausschluß einer vertraglich erweiterten Haftpflicht (§ 11 Nr. 1 AKB) sind auch Haftpflichtansprüche des Versicherungsnehmers, Halters oder Eigentümers gegen mitversicherte Personen wegen Sach- oder Vermögensschäden, also nicht (mehr) wegen Personenschäden, ausgeschlossen (§ 11 Nr. 3 AKB).[407] Ausgeschlossen sind nach § 11 Nr. 3 AKB (§ 4 Nr. 2 KfzPflVV) ferner Haftpflichtansprüche wegen Beschädigung, Zerstörung oder Abhandenkommens des Fahrzeugs[408] (dies ist Aufgabe der Kaskoversicherung) und gemäß § 11 Nr. 4 AKB und § 4 Nr. 3 KfzPflVV der mit dem Fahrzeug beförderten Sachen[409] (das ist Aufgabe der Transportversicherung).

b) Einwendungen aus dem „kranken" Versicherungsverhältnis

(1) Sie sind im Interesse des Geschädigten im Grundsatz ausgeschlossen (§ 3 Nr. 4 PflVG).[410] Es handelt sich um folgende Fälle:

- gewillkürte Gefahrerhöhung (§ 23 VVG);
- Obliegenheitsverletzungen (§§ 2 und 7 AKB);

---

[399] *BGHZ* 69, 153 = NJW 1977, 2163; *OLG Düsseldorf*, NJW 1976, 1459; zur Berücksichtigung eines Anspruchs des Versicherungsnehmers aus c.i.c. wegen fehlerhafter Aufklärung siehe *BGHZ* 108, 200 = NJW 1989, 3095.

[400] Einzelfragen bei *Bauer*, Rdnr. 702, 703; *Wussow*, VersR 1996, 668.

[401] *BGHZ* 71, 339 = NJW 1978, 2154; *BGH*, NJW 1982, 113; 1982, 996; *OLG Oldenburg*, VersR 1999, 482; *Bauer*, Rdnr. 1028 ff.

[402] *BGH*, NJW 1981, 113; *Rischar*, VersR 1983, 916; *Palmer*, VersR 1984, 817; a.A. *Schlegelmilch*, VersR 1985, 21.

[403] *BGH*, NJW 1971, 459; 1981, 113; *AG Mainz*, NJW-RR 1998, 604.

[404] *BGH*, NJW 1969, 1387.

[405] *BGHZ* 84, 151 = NJW 1982, 2321; *BGH*, NJW 1980, 2524 (Rentenzahlungen).

[406] *BGHZ* 87, 121 = NJW 1983, 2197; *Bauer*, Rdnr. 771, 825, 837.

[407] *OLG Stuttgart*, NJW-RR 1986, 904; *Schirmer*, DAR 1992, 11.

[408] *BGH*, NJW 1978, 2502; *OLG Koblenz*, VersR 1987, 707.

[409] *BGH*, NJW-RR 1994, 1302; 1995, 276; *OLG Frankfurt*, NJW-RR 1992, 356.

[410] *Bauer*, Rdnr. 11.

- Leistungsfreiheit wegen Prämienverzuges (§§ 38 II, 39 II VVG, § 1 II AKB);
- Leistungsfreiheit wegen Nichtigkeit oder erfolgter Anfechtung des Versicherungsvertrages bzw. Rücktritt (§§ 18, 20, 22 VVG);
- Beendigung des Versicherungsvertrages durch Zeitablauf.

(2) Von diesem Grundsatz bestehen aber zahlreiche Ausnahmen:

- Einmal haftet hier der Versicherer in allen unter (1) genannten Fällen nicht im Rahmen der vertraglich vereinbarten Deckungssumme,[411] sondern nur im Rahmen der amtlich festgesetzten Mindestversicherungssummen (§ 3 Nr. 6 S. 1 PflVG i.V.m. § 158c III VVG).[412]
- Ferner entfällt der Direktanspruch, wenn der Geschädigte einen Anspruch auf Schadensersatz gegen einen anderen Schadensversicherer oder einen Sozialversicherungsträger hat (§ 3 Nr. 6 S. 1 PflVG i.V.m. § 158c IV VVG).[413] Dem Anspruch gegen einen anderen Schadensversicherer gleichgestellt sind die Fälle der Befreiung von der Versicherungspflicht nach § 1 Nr. 1 bis 5 PflVG (§ 3 Nr. 6 S. 3 PflVG). Dieses „Verweisungsprivileg" bewirkte, daß Sozialversicherungsträger und Kaskoversicherer nicht aufgrund übergegangener Ansprüche[414] gegen den Versicherer eines „kranken Versicherungsverhältnisses" vorgehen konnten. Es ist in den letzten Jahren in drei Fällen eingeschränkt worden.

- Nach der Neufassung des § 3 Nr. 6 S. 1 PflVG durch das Änderungsgesetz vom 22. 3. 1988[415] gilt das Verweisungsprivileg nicht, wenn die Leistungsfreiheit des Versicherers darauf beruht, daß das Fahrzeug nicht den Bau- und Betriebsvorschriften der StVZO entsprach oder von einem unberechtigten Fahrer oder von einem Fahrer ohne Fahrerlaubnis geführt wurde (§ 3 Nr. 6 S. 1, Halbs. 2)[416]

- Das Verweisungsprivileg gilt ferner nicht, wenn der Kfz-Haftpflichtversicherer für mitversicherte Personen im Sinne des § 10 II AKB einzutreten hat, weil die aufgrund einer Obliegenheitsverletzung eintretende Leistungsfreiheit ihnen gegenüber nach § 158i VVG i.d.F. des Änderungsgesetzes vom 17. 12. 1990[417] nicht geltendgemacht werden kann; sie kann ihnen nur dann entgegengehalten werden, wenn die die Leistungsfreiheit begründenden Umstände in ihrer Person selbst vorlagen oder wenn diese Umstände ihnen nicht bekannt oder grob fahrlässig nicht bekannt waren.[418] In Anwendung des § 3 Nr. 1 S. 1 PflVG wirkt dies auch im Außenverhältnis gegenüber den Sozialversicherungsträgern und anderen Schadensversicherern.[419]

---

[411] S.o. Fußn. 406.

[412] Zur teilweisen Haftungsbeschränkung (§ 7 V AKB): *BGHZ* 87, 121 = NJW 1983, 2197; *Bauer*, Rdnr. 826.

[413] Anders bei Ansprüchen gegen einen Sozialhilfeträger: *BGHZ* 133, 192 = NJW 1996, 2933.

[414] S.u. VI, 3 + 4.

[415] BGBl. I, S. 358.

[416] Hierzu *Küppersbusch*, NZV 1988, 51.

[417] BGBl. I, S. 2964.

[418] Beispiel: Eine von dem Halter als Versicherungsnehmer unterlassene Prämienzahlung.

[419] *Bauer*, Rdnr. 831, 895, 898.

Ein dritter Fall der Einschränkung des Verweisungsprivilegs folgt aus § 5 III S. 1 der KfzPflVV vom 29.7.1994 und § 2b II AKB n.F.[420] Danach ist die Leistungsfreiheit des Kfz-Haftpflichtversicherers bei Verletzung einer vertraglichen Obliegenheit oder Gefahrerhöhung auf 10.000 DM beschränkt.[421] Jenseits der Grenze von 10.000 DM besteht eine uneingeschränkte Leistungspflicht des Versicherers und zwar auch gegenüber den Sozialversicherungsträgern und anderen Schadensversicherern.[422]

- In den Fällen der Nichtigkeit und erfolgter Anfechtung des Versicherungsvertrages, dessen Beendigung durch Zeitablauf sowie der Leistungsfreiheit wegen Prämienverzuges endet die Außenhaftung gegenüber dem Geschädigten einen Monat nach dem Zeitpunkt, in dem der Versicherer den Beendigungstatbestand der hierfür zuständigen Stelle (§ 29c StVZO) angezeigt hat (§ 3 Nr. 5 S. 1 PflVG).

Der Gesetzgeber geht davon aus, daß es der Kraftfahrzeugzulassungsstelle gelingen wird, innerhalb dieses Monats das Kennzeichen einzuziehen und damit die weitere Benutzung des Fahrzeugs im öffentlichen Verkehr zu verhindern.[423] Außerdem entfällt diese Nachhaftung des Versicherers mit dem Zeitpunkt, in dem der Kraftfahrzeugzulassungsstelle der Abschluß eines neuen Haftpflichtversicherungsvertrages mitgeteilt wird (§ 3 Nr. 5 S. 4 PflVG).

c) Versäumung der Klagefrist

Der Versicherer kann dem Geschädigten nicht entgegenhalten, daß er gegenüber seinem Versicherungsnehmer wegen dessen Versäumung der Klagefrist (§ 12 III VVG, § 8 I AKB) freigeworden ist (§ 3 Nr. 4 PflVG).[424]

VI. Die Anspruchsberechtigten

Zur Geltendmachung des Anspruchs ist zunächst derjenige legitimiert, in dessen Person er entstanden ist. Das ist bei den Ansprüchen aus Delikt und Gefährdungshaftung der unmittelbar Verletzte.[425] Eine Ausnahme von diesem Grundsatz der Unmittelbarkeit stellen die Ansprüche aus §§ 844, 845 BGB, 10 II StVG dar.[426] Im übrigen können Dritte nur aus abgeleitetem Recht Ansprüche geltendmachen. Diese Fälle des Anspruchsübergangs sind nachfolgend behandelt.

---

[420] KfzPflVV vom 29.7.1994 (BGBl. I, S. 1837); AKB i.d.F. vom 18.10.1996 (abgedr. bei *Bauer*, S. 332).

[421] Ausnahme: § 5 III KfzPflVV und § 2b II S. AKB (Erlangen des Kfz durch eine strafbare Handlung).

[422] *Bauer*, Rdnr. 852; *Geigel/Schlegelmilch*, Kap. 13, Rdnr. 68; *Römer/Langheid*, VVG (1997), § 3 PflVG, Rdnr. 13.

[423] Zur Amtshaftung s.o. I, 4, c, (9), Fußn. 270.

[424] *BGHZ* 79, 170 = NJW 1981, 925; *Bauer*, Rdnr. 815.

[425] Zur Prozeßführungsbefugnis bei Gütergemeinschaft: *BGH*, NJW 1994, 652.

[426] S.u. 3. Teil, VI, 2.

1. Die Abtretung (§ 398 BGB)

Ansprüche aus Verkehrsunfällen können abgetreten werden, was nach der Neufassung des § 847 BGB[427] auch für Schmerzensgeldansprüche gilt.[428] Die Abtretbarkeit ist aber in einer Reihe von Fällen eingeschränkt, was nach der Rechtsprechung auch nicht durch eine gewillkürte Prozeßstandschaft umgangen werden kann.[429]

a) Rentenansprüche

Der Anspruch auf Zahlung einer Rente wegen Verdienstausfalls ist nach § 400 BGB i.V. mit § 850 I Nr. 1 ZPO, der Anspruch eines Hinterbliebenen auf Zahlung einer Rente wegen entgangenen Unterhalts (§§ 844 II BGB, 10 II StVG) nach § 400 BGB i.V. mit § 850b I Nr. 2 ZPO zum Schutz des Gläubigers nicht abtretbar.[430]

Die Rechtsprechung hat jedoch in einschränkender Auslegung des § 400 BGB Ausnahmen zugunsten desjenigen zugelassen, der den Rentenberechtigten laufend durch Zahlungen unterstützt und damit Vorschüsse auf den Anspruch wegen entgangenen Unterhalts gewährt.[431]

b) Sachschaden

Die Ansprüche auf Ersatz des Sachschadens dürfen nicht an Dritte zur Regulierung des Schadens abgetreten werden, wenn diese Dritten durch die Schadensregulierung gegen das RBerG verstoßen (§ 1 RBerG, § 134 BGB).[432]

c) Verschaffung der Zeugenstellung

Dagegen dürfte einer Abtretung nicht deshalb die Wirksamkeit zu versagen sein, weil sie allein deshalb erfolgt, um dem Zedenten im Prozeß die Stellung eines Zeugen zu verschaffen; einer „Verbesserung“ dieser formalen Beweissituation ist im Rahmen der Beweiswürdigung Rechnung zu tragen.[433]

---

427 Gesetz vom 14. 3. 1990 (BGBl. I, S. 478).

428 *BGH*, NJW 1995, 783.

429 *BGHZ* 4, 153, 165 = NJW 1951, 337; *BGH*, NJW 1983, 1559, 1561; *OLG Frankfurt*, NJW 1954, 1040.

430 *BGH*, NJW 1988, 819 (Mehraufwendungen wegen Erblindung).

431 *BGHZ* 4, 153 = NJW 1951, 337; *BGHZ* 13, 360 = NJW 1954, 1153; *BGHZ* 59, 109 = NJW 1972, 1703; *BGH*, NJW 1988, 819.

432 *BGHZ* 47, 364 = NJW 1967, 1759; *BGH*, NJW-RR 1994, 1081; NJW 1996, 1965; *AG Nidda*, NJW-RR 1994, 1212; 1995, 630.

433 *BGH*, NJW 1980, 991; *OLG Frankfurt*, VersR 1978, 259; 1982, 1079; *Geigel/Schlegelmilch/Rixecker*, Kap. 35, Rdnr. 16; a.A. *AG Bad Homburg*, NJW-RR 1998, 1530; *Buß/Honert*, JZ 1997, 694.

2. *Die Rechtsnachfolge durch Erbfolge*

Der Vererblichkeit von Ansprüchen auf Schadensersatz aus Verkehrsunfällen steht ein Schutz des Verstorbenen nicht entgegen; die Ansprüche gehen grundsätzlich gemäß § 1922 BGB auf die Erben über.

Das gilt nach dem Änderungsgesetz vom 14.3.1990[434] auch für den Anspruch auf Schmerzensgeld.[435]

3. *Der Anspruchsübergang nach § 67 VVG*

Soweit dem Geschädigten aufgrund eines Privatversicherungsvertrages von dem Versicherer Ersatz geleistet wird, geht der Ersatzanspruch gemäß § 67 I 1 VVG auf den Versicherer über.[436] Die cessio legis soll eine Doppelentschädigung des Verletzten verhindern und dem Versicherer die Möglichkeit zum Rückgriff gegen den Schädiger geben.[437]

a) Anwendungsbereich

Die Vorschrift deckt nur Forderungsübergänge bei einer konkreten Schadensversicherung ab, nicht aber bei einer sogenannten Summenversicherung.[438]

Bei Verkehrsunfällen kommen in Frage: die Kaskoversicherung betr. das unfallgeschädigte Fahrzeug (§§ 12ff. AKB), die Krankenversicherung,[439] die Unfallversicherung, soweit eine konkrete Schadensdeckung vereinbart ist,[440] im Grundsatz auch die Transportversicherung (vgl. § 148 VVG), dagegen nicht die Krankenhaustagegeldversicherung, da sie Summenversicherung ist.[441]

b) Zeitpunkt des Übergangs

Der Anspruch geht erst mit der Leistung des Versicherers über, und zwar auch dann, wenn kein Anspruch auf Deckung bestand.[442]

Vor dem Anspruchsübergang kann der Geschädigte (Versicherungsnehmer) über den Anspruch verfügen, allerdings mit der Konsequenz der Leistungsfreiheit des Versicherers (§ 67 I S. 3 VVG). Nach dem Anspruchsübergang kann eine Verfügungsbefugnis des Geschädigten nach §§ 412, 407 BGB in Frage kommen.[443]

---

434 S.o. Fußn. 427.

435 *BGH*, NJW 1995, 783; *Hammen*, VersR 1989, 1121; *Voß*, VersR 1990, 821.

436 Zum Übergang vertraglicher Ansprüche vgl. *BAGE* 20, 352 = NJW 1968, 1846 m. Anm. *v. Hippel*, JZ 1969, 74; *BGH*, NJW-RR 1992, 283.

437 Überblick bei *Theda*, DAR 1984, 201.

438 *Neeße*, VersR 1976, 704.

439 *BGHZ* 52, 350 = NJW 1969, 2284; *LG Frankfurt*, NJW 1964, 1729.

440 *BGHZ* 25, 330, 338 = NJW 1957, 1874.

441 Hierzu *Hof*, VersR 1974, 101; *Neeße*, VersR 1976, 704; teilw. abw. *LG Regensburg*, VersR 1986, 481 m. Anm. *Hartung*, VersR 1986, 673.

442 *OLG Düsseldorf*, VersR 1995, 401.

443 *OLG Düsseldorf*, VersR 1995, 528; *Bauer*, Rdnr. 1124.

c) Sachliche Kongruenz

Der Übergang vollzieht sich nur im Rahmen der sachlichen Kongruenz der Versicherungsleistung mit den ihr entsprechenden Schadenspositionen.[444]

So gehen beispielsweise bei der Kaskoversicherung nur über der Anspruch auf Ersatz der Reparatur- bzw. Wiederbeschaffungskosten,[445] der Abschleppkosten[446] sowie des technischen und merkantilen Minderwerts;[447] und der Sachverständigenkosten,[448] nicht aber Ansprüche auf Ersatz der Sachfolgeschäden, nämlich des Schadensfreiheitsrabatts,[449] der Mietwagenkosten,[450] des Nutzungsentgangs[451] und der Anwaltskosten.[452] Die letztgenannten Ansprüche verbleiben dem Geschädigten.

d) Quotenvorrecht des Versicherungsnehmers

Soweit Ansprüche übergehen, steht dem Geschädigten nach h.M. ein sog. Quotenvorrecht zu: der Forderungsübergang findet nur mit der Maßgabe statt, daß der Geschädigte zunächst seinen Schaden in vollem Umfang aus dem Ersatzanspruch und der Versicherungsleistung ersetzt bekommt und nur ein etwaiger überschießender Betrag auf den Versicherer übergeht, was vor allem Bedeutung bei einer Quote wegen Mitverschuldens oder wegen Anrechnung der Betriebsgefahr oder der Begrenzung der Haftung nach § 12 StVG hat.[453]

Dabei kommt es bei der Abgrenzung dieses Schadens nur auf das versicherte Risiko an.[454] Soweit Ansprüche nur teilweise übergehen, sind Geschädigter und Versicherer als Einzelgläubiger anzusehen.[455]

e) Familienprivileg

Um den Versicherungsschutz wirtschaftlich nicht zu entwerten,[456] ist der Anspruchsübergang und damit der Rückgriff gegen die mit dem Ge-

---

[444] *OLG Hamm*, NZV 1993, 477; *Bauer*, Rdnr. 1134; *Pagendarm*, DAR 1960, 189.
[445] *BGH*, NJW 1994, 585; *OLG Stuttgart*, NJW 1967, 252.
[446] *BGH*, NJW 1982, 829 m. Anm. *Dannert*, VersR 1982, 667.
[447] *BGHZ* 82, 338 = NJW 1982, 827 m. Anm. *Dannert*, VersR 1982, 667.
[448] *BGH*, NJW 1982, 829; 1985, 1845.
[449] *BGHZ* 44, 382 = NJW 1966, 654.
[450] *BGH*, VersR 1958, 15; 1958, 53.
[451] *BGHZ* 25, 340 = NJW 1958, 180.
[452] *AG Köln*, VersR 1972, 633.
[453] *BGHZ* 13, 28 = NJW 1954, 1113; *BGHZ* 44, 382 = NJW 1966, 654; *BGHZ* 82, 328 = NJW 1982, 827; *KG*, VersR 1986, 60; *OLG Hamm*, NZV 1993, 477; *Pagendarm*, DAR 1960, 189; *Theda*, DAR 1984, 105; Rechenbeispiele bei *Bauer*, Rdnr. 1136; *Lachner*, ZfS 1999, 184.
[454] *BGHZ* 25, 340 = NJW 1958, 180 m. Anm. *Prölss*, VersR 1958, 53; *BGHZ* 44, 382 = NJW 1966, 654; *BGHZ* 47, 196, 200 = NJW 1967, 1273 m. Anm. *Schultz*, NJW 1967, 1756; *BGHZ* 47, 308 = NJW 1967, 1419; *BGH*, NJW 1982, 829; 1985, 1845 (L).
[455] *BGHZ* 44, 382 = NJW 1966, 654.
[456] *BGHZ* 30, 40 = NJW 1959, 1221; *BGH*, NJW 1994, 585.

schädigten in häuslicher Gemeinschaft lebenden Familienangehörigen[457] ausgeschlossen, es sei denn, der Familienangehörige habe den Schaden vorsätzlich herbeigeführt[458] (§ 67 VVG).

Keine Rolle spielt, daß der Familienangehörige selbst Haftpflichtversicherungsschutz genießt.[459] Die Regelung ist im übrigen zwingend (§ 68a VVG), kann also nicht durch eine Abtretung umgangen werden.[460]

(1) Unter den Begriff des Familienangehörigen fallen neben den eigentlichen Angehörigen[461] auch Pflegekinder, wenn sie in häuslicher Gemeinschaft leben,[402] jedoch nicht der unverheiratete Lebenspartner,[463] und erst recht nicht homophile Lebensgemeinschaften.[464]

(2) Das Familienprivileg greift nur bei Familienangehörigen des Versicherungs*nehmers* Platz, dessen Interesse durch die Sachversicherung abgedeckt ist.[465]

(3) Hinsichtlich des Zeitpunkts der Familienangehörigkeit, der früher umstritten war,[466] ist nunmehr § 116 VI S. 2 SGB X analog heranzuziehen: es genügt alternativ, wenn die Familienangehörigkeit entweder im Zeitpunkt des Unfalls oder der Inanspruchnahme gegeben war.[467]

f) Sonstige Ausschlüsse des Anspruchsübergangs

(1) Nach § 15 II AKB wird aus den gleichen Erwägungen der Rückgriff gegen den berechtigten Fahrer und andere in der Haftpflichtversicherung mitversicherte Personen sowie gegen Mieter und Entleiher des Fahrzeugs ausgeschlossen, es sei denn, daß sie den Unfall vorsätzlich oder grobfahrlässig herbeigeführt haben.[468]

(2) Der Rückgriff wird von der Rechtsprechung – ganz oder teilweise – auch dann ausgeschlossen, wenn der in Anspruch Genommene einen internen Ausgleichsanspruch (§ 426 BGB) gegen den Versicherungsnehmer, einen Mitversicherten oder einen Familienangehörigen hätte.[469]

---

457 Hierzu *BGH*, NJW 1962, 41; *OLG Frankfurt*, VersR 1984, 254; *LG München I*, VersR 1978, 1140; *Geigel/Schlegelmilch/Rixecker*, Kap. 13, Rdnr. 17; *Bauer*, Rdnr. 1132.

458 Zum Begriff des Vorsatzes: *BGH*, NJW 1962, 41; NJW-RR 1986, 106.

459 *BGHZ* 41, 79 = NJW 1964, 860; *BGH*, NJW 1979, 983; *Bauer*, Rdnr. 1130.

460 *BGHZ* 52, 350 = NJW 1969, 2284; *OLG Saarbrücken*, VersR 1988, 1038; *Bayer*, VersR 1989, 1123.

461 *BGH*, FamRZ 1980, 348 (Bruder); *BGH*, NJW-RR 1986, 385 (verheirateter Sohn).

462 *BGH*, NJW 1980, 1468.

463 *BGHZ* 102, 257 = NJW 1988, 1091; *Gotthardt*, FamRZ 1980, 17; *Weber*, DAR 1985, 1; a.A. *AG München*, DAR 1981, 358; *OGH Wien*, VersR 1989, 930; *LG Saarbrücken*, VersR 1995, 158; hierzu *Geigel/Schlegelmilch*, Kap. 13, Rdnr. 16.

464 *OLG Hamm*, NJW-RR 1993, 1443.

465 *BGH*, NJW 1994, 585 (verneint bei Alleingesellschafter einer GmbH – Versicherungsnehmerin); anders soll es bei einem OHG-Gesellschafter sein; hierzu *Armbrüster*, VersR 1994, 983.

466 Hierzu *Vorauflage*, S. 560.

467 *OLG Köln*, NJW-RR 1991, 670; *OLG Hamburg*, NJW-RR 1993, 40.

468 *OLG Frankfurt*, NJW-RR 1993, 102; *OLG München*, NZV 1994, 113; *Bauer*, Rdnr. 1127.

469 *BGHZ* 54, 256 = NJW 1970, 1844; *BGH*, NJW 1972, 440; *BGHZ* 117, 151 = NJW 1992, 1507.

4. *Der Anspruchsübergang auf Sozialversicherungsträger*

a) Allgemeines

Eine ähnliche Regelung wie in § 67 VVG ordnet § 116 SGB X in Form eines gesetzlichen Anspruchsübergangs auf Sozialversicherungsträger an (Krankenversicherung, Unfallversicherung, Rentenversicherung, jetzt auch Pflegeversicherung). Der Grund für den Anspruchsübergang liegt auch hier in der Vermeidung einer Doppelentschädigung und der Ermöglichung eines Rückgriffs für den Sozialversicherungsträger.[470]

b) Übergangsfähige Ansprüche

Die Anwendung der Vorschrift setzt das Bestehen der Ansprüche des Geschädigten im Außenverhältnis voraus; es besteht kein Anspruch des Sozialversicherungsträgers auf Ersatz von Leistungen, die im Außenverhältnis nicht erstattungsfähig sind.[471]

(1) Übergangsfähig sind alle Ansprüche aus Delikt (einschließlich Amtshaftung[472]), Gefährdungshaftung und Vertrag, die mit dem Unfall in Zusammenhang stehen,[473] nicht dagegen Ansprüche aus Selbstaufopferung und Rettungshilfe im Straßenverkehr[474], bei denen nach gesetzlicher Wertung (§ 2 I Nr. 13 SGB VII) der Sozialversicherungsträger endgültig für den Schaden eintreten soll.[475]

(2) Der Schädiger und der Haftpflichtversicherer können gemäß §§ 412, 404 BGB dem Sozialversicherungsträger alle Einwendungen entgegenhalten, die ihnen gegen den Geschädigten vor dem Anspruchsübergang zustanden.[476] Zusätzlich können sie gegenüber dem Sozialversicherungsträger den Einwand des Mitverschuldens aus § 254 II BGB hinsichtlich des Sozialversicherungsträgers erheben, z.B. daß dieser es versäumt habe, Rehabilitationsmaßnahmen überhaupt oder nicht rechtzeitig getroffen zu haben und dadurch der Schaden sich vergrößert habe.[477]

(3) Eine Ausnahme von dem Grundsatz der Abhängigkeit des Rückgriffs von den Ansprüchen im Außenverhältnis stellen Teilungsabkommen dar, in denen Sozialversicherungsträger und Haftpflichtversicherer vereinbart haben, eine bestimmte Quote des nachgewiesenen Umfangs der vom Leistungsträger erbrachten Leistungen ohne Rücksicht auf das Bestehen des Anspruchsgrundes oder einer Mithaftung des Geschädigten zu erstatten, wobei aber offensichtlich inadäquate „Groteskfälle" ausgeschieden werden.[478]

---

[470] *BGHZ* 54, 377, 382 = NJW 1971, 286; *Geigel/Schlegelmilch/Plagemann*, Kap. 30, Rdnr. 1.

[471] *BGH*, NJW 1981, 1846; 1982, 1638; *Wussow/Küppersbusch*, Rdnr. 435.

[472] Zum Subsidiaritätsprinzip (§ 839 I S. 2 BGB) s.o. I, 4, a, (3).

[473] *BGHZ* 26, 365 = NJW 1958, 710.

[474] S.o. IV, 2, c + d.

[475] *BGHZ* 92, 270 = NJW 1985, 492; *OLG Karlsruhe*, NJW 1988, 2676; *Waltermann*, NJW 1996, 1648; *Gitter*, JZ 1985, 392; *Geigel/Schlegelmilch/Plagemann*, Kap. 30, Rdnr. 15.

[476] *BGHZ* 63, 313 = NJW 1975, 537; *BGH*, NJW 1979, 2142.

[477] *BGH*, NJW 1981, 1099.

[478] *Küppersbusch*, SGb 1983, 419; *Geigel/Schlegelmilch/Plagemann*, Kap. 30, Rdnr. 95 ff.

(4) Eine weitere Ausnahme stellt die in § 116 VIII SGB X vorgesehene Pauschalierung von Heilungskosten dar.[479]

c) Der Zeitpunkt des Anspruchsübergangs

Im Gegensatz zu § 67 VVG[480] findet der Anspruchsübergang auf den Sozialversicherungsträger mit dem Zeitpunkt des Eintritts des Unfalls statt,[481] und zwar in der Regel auch insoweit, als die Leistungen des Sozialversicherungsträgers erst nach dem Unfallzeitpunkt eintreten oder später erhöht werden.[482] Eine Ausnahme macht die Rechtsprechung aber bei einer durch Systemänderung erfolgten Einführung oder Erhöhung von Leistungspflichten des Sozialversicherungsträgers, wobei es auf den Zeitpunkt des Inkrafttretens des die Systemänderung einführenden Gesetzes ankommt.[483]

Der so festgelegte Zeitpunkt des Anspruchsübergangs führt zu folgenden Konsequenzen:

(1) Der Geschädigte kann von dem Zeitpunkt des Anspruchsübergangs nicht mehr über dieselben verfügen, was sich vor allem bei Abfindungsvergleichen zwischen dem Geschädigten und dem Schädiger (bzw. dessen Haftpflichtversicherung) bemerkbar macht.[484] Der über § 412 BGB an sich geltende § 407 I BGB wird von der Rechtsprechung praktisch eliminiert, indem sie an die Kenntnis des Schädigers bzw. dessen Versicherers von dem Anspruchsübergang nur geringe Anforderungen stellt.[485] Soweit die Befriedigungswirkung ausnahmsweise eintreten sollte, billigt § 116 VII S. 1 SGB X dem Sozialversicherungsträger einen Erstattungsanspruch gegen den Zedenten zu.[485a]

(2) Ein von dem Verletzten selbst erstrittenes Urteil wirkt keine Rechtskraft für oder gegen den Sozialversicherungsträger, da die Ansprüche schon vor Prozeßbeginn auf den Sozialversicherungsträger übergegangen sind (§ 325 I ZPO).[486] Eine Ausnahme gilt auch hier gemäß §§ 412, 407 BGB, wenn der Ersatzpflichtige im Zeitpunkt der Klageerhebung (§ 263 ZPO) von dem Anspruchsübergang keine Kenntnis hatte.[487]

---

[479] S.u. 3. Teil II, 5, d.

[480] S.o. VI, 3, b.

[481] *BGHZ* 48, 181 = NJW 1967, 2199; *BGHZ* 132, 39 = NJW 1996, 1674; *BGHZ* 133, 129 = NJW 1996, 2508; *Geigel/Schlegelmilch/Plagemann*, Kap. 30, Rdnr. 31 ff. – Für die Pflegeversicherung ist dies umstr.: vgl. *Waltermann*, NJW 1996, 1646; *Plagemann*, DAR 1997, 430.

[482] *BGHZ* 19, 177 = NJW 1956, 461; *BGH*, NJW-RR 1990, 344; *Wussow/Küppersbusch*, Rdnr. 446.

[483] *BGHZ* 48, 181 = NJW 1967, 2159; *BGH*, NJW 1984, 607; *BGHZ* 134, 381 = NJW 1997, 1783 (häusliche Pflegehilfe); *Geigel/Schlegelmilch/Plagemann*, Kap. 30, Rdnr. 39; *Schwarz*, ZfS 1999, 273 (Pflegeversicherung).

[484] *BGHZ* 19, 177 = NJW 1956, 461; *BGHZ* 48, 181 = NJW 1967, 2199; *BGH*, NJW 1975, 978; *Wussow/Küppersbusch*, Rdnr. 448.

[485] *BGHZ* 19, 177 = NJW 1956, 461; *BGH*, NJW 1984, 607; *BGHZ* 127, 120 = NJW 1994, 3097.

[485a] Zum Rechtsweg siehe jetzt *OLG Frankfurt*, NJW-RR 1997, 1087.

[486] *BGH*, VersR 1964, 622.

[487] *Geigel/Schlegelmilch/Plagemann*, Kap. 30, Rdnr. 45.

(3) Hinsichtlich des Beginns der Verjährung kommt es allein auf die Kenntnis des Sozialversicherungsträgers und nicht des Geschädigten an.[488] Maßgebend ist hierbei die Kenntnis des zuständigen Bediensteten.[489]

(4) Soweit mehrere Sozialversicherungsträger Leistungen bewirkt haben, sind diese Gesamtgläubiger mit der Folge, daß das Gericht sich um die interne Aufteilung der übergegangenen Ansprüche nicht zu kümmern braucht (§ 117 SGB X).[490]

d) Das Erfordernis der Kongruenz

Da der Anspruch nur insoweit übergeht, als der Sozialversicherungsträger Leistungen zu gewähren hat, werden nach Feststellung der Ansprüche des Geschädigten diesen die Leistungen der Sozialversicherung gegenübergestellt.[491] § 116 I SGB X spricht jetzt ausdrücklich aus, daß jeweils diejenigen Ansprüche übergehen, die der Behebung eines Schadens der gleichen Art dienen und sich auf denselben Zeitraum wie der vom Schädiger zu leistende Schadensersatz beziehen.

(1) Bei der sachlichen Kongruenz werden üblicherweise folgende Schadenspositionen unterschieden:[492] Heilungskosten, vermehrte Bedürfnisse, Erwerbsschaden, Unterhaltsschaden, Beerdigungskosten.

Aus dem Grundsatz der sachlichen Kongruenz folgt umgekehrt, daß der Anspruch auf Schmerzensgeld niemals auf den Sozialversicherungsträger übergeht, da dieser keinen Ersatz für immateriellen Schaden gewährt.[493] Gleiches gilt für den Anspruch auf Ersatz der Anwaltskosen.[494] Der Anspruch auf Ersatz des Sachschadens kann nur in seltenen Fällen übergehen, wenn der Sozialversicherungsträger einmal Ersatz für Sachschäden gewährt.[495] Zweifelhaft und umstritten ist, inwieweit die obengenannten Schadenspositionen für die sachliche Kongruenz noch weiter zu untergliedern sind mit der Folge, daß dem Geschädigten abgespaltene Teile des Ersatzanspruchs zu seiner eigenen Befriedigung verbleiben.[496]

(2) Der Grundsatz der zeitlichen Kongruenz erfordert eine genaue Feststellung, für welche Zeiträume der Sozialversicherungsträger Leistungen erbracht hat und welche Ansprüche der Geschädigte in dem gleichen Zeitraum gegen den Schädiger gehabt hat.

---

488 *Geigel/Schlegelmilch/Plagemann*, Kap. 30, Rdnr. 36, s.u. VII, 6 b, (6).

489 *BGH*, NJW 1986, 2315; *BGHZ* 123, 129 = NJW 1996, 2500.

490 Im Anschluß an *BGHZ* 28, 68 = NJW 1958, 1588; *BGHZ* 40, 108 = NJW 1963, 2223; *BGH*, NJW 1995, 2413; *Wussow/Küppersbusch*, Rdnr. 501 ff.

491 *BGH*, NJW 1978, 2200; *OLG Celle*, NJW 1974, 1878.

492 Überblick bei *Geigel/Schlegelmilch/Plagemann*, Kap. 30, Rdnr. 23 ff.; *Wussow/Küppersbusch*, Rdnr. 452 ff.

493 *BGH*, NJW 1982, 1589.

494 *BGH*, NJW 1962, 202.

495 Beispiel: Ersatz künstlicher Gliedmaßen (§ 33 SGB V).

496 Beispiel: *BGH*, NJW 1973, 1196 (Mehrkosten der Privatbehandlung im Krankenhaus); weitere Fälle in Vorauflage, S. 563, Fußn. 556. – Die Problematik hat durch Einführung der „relativen Theorie in § 116 III SGB X (s.u. Fußn. 499) an Bedeutung verloren; so mit Recht *Wussow/Küppersbusch*, Rdnr. 454.

Bei Rentenleistungen bedeutet dies eine Abrechnung nach Monaten,[497] bei Krankengeld und Krankenpflege eine Abrechnung nach Tagen.[498]

f) Die Aufteilung bei gekürzten Ansprüchen

Im Gegensatz zur Rechtsprechung des BGH, die zur früheren Regelung der cessio legis in § 1542 RVO von einem Quotenvorrecht des Sozialversicherungsträgers ausging, geht § 116 SGB X von einer für den Geschädigten milderen, differenzierten Regelung aus.

Für die Fälle des Mitverschuldens und der mitwirkenden Betriebsgefahr gilt der in § 116 III SGB X niedergelegte Grundsatz der „relativen Theorie“: es geht der Anteil des Ersatzanspruchs über, der dem Vomhundertsatz entspricht, für den der Schädiger verantwortlich ist. Praktisch bedeutet dies, daß sich Geschädigter und Sozialversicherungsträger in gleicher Weise an der Kürzung der Ansprüche zu beteiligen haben.[499] Von diesem Grundsatz gibt es aber Ausnahmen:

(1) Der Anspruchsübergang ist ausgeschlossen, soweit der Geschädigte oder seine Hinterbliebenen hilfsbedürftig im Sinne des BSHG werden (§ 116 III S. 3 SGB X).[500]

(2) Hat der Sozialversicherungsträger vor dem Schadensereignis bereits Sozialleistungen erbracht und werden diese durch den Schadensfall nicht erhöht, sondern nur „umdeklariert“ (z.B. bisher Altersrente, jetzt Witwenrente), so besteht ein Quotenvorrecht des Geschädigten. Der Ersatzanspruch geht nach § 116 V SGB X nur insoweit über, als der geschuldete Schadensersatz nicht zur vollen Deckung des eigenen Schadens des Geschädigten bzw. seiner Hinterbliebenen erforderlich ist.[501] Die gesetzliche Regelung entspricht der bisherigen Rechtsprechung des BGH, der unter Kausalitätsgesichtspunkten nur die etwaige erhöhte Rente als übergangsbegründend angesehen hatte.[502]

(3) Ein weiteres Quotenvorrecht zugunsten des Geschädigten besteht bei Überschreiten der Höchsthaftungssumme (z.B. § 12 StVG, § 37 LuftVG). Der Geschädigte kann aus dem Anspruch zunächst seinen über die Haftungshöchstsumme hinausgehenden Schaden abdecken (§ 116 II SGB X), und zwar nach der Rechtsprechung des BGH seinen gesamten Schaden ohne Rücksicht auf das Erfordernis der sachlichen Kongruenz.[503]

(4) § 116 IV SGB X gewährt schließlich dem Geschädigten ein Befriedigungsvorrecht, wenn der Schadensersatzanspruch gegen den Schädiger aus tatsächlichen Gründen nicht realisiert werden kann.[504]

---

497 *BGH*, VersR 1973, 436; *Geigel/Schlegelmilch/Plagemann*, Kap. 30, Rdnr. 8.
498 *Wussow/Küppersbusch*, Rdnr. 464.
499 *Wussow/Küppersbusch*, Rdnr. 495, 497 ff.
500 *BGHZ* 133, 129 = NJW 1996, 2508; krit. *Küppersbusch*, VersR 1983, 199, 200.
501 Berechnungsbeispiel bei *Wussow/Küppersbusch*, Rdnr. 338.
502 *BGHZ* 54, 377 = NJW 1971, 286 m. Anm. *Weyers*, VersR 1971, 413.
503 *BGHZ* 135, 170 = NJW 1997, 1785; hierzu *Greger/Otto*, NZV 1997, 292.
504 Hierzu *Geigel/Schlegelmilch/Plagemann*, Kap. 30, Rdnr. 72.

g) Ausschluß des Anspruchsübergangs

In Sonderfällen findet ein Anspruchsübergang überhaupt nicht statt.

(1) Einmal gilt auch hier – ebenso wie in § 67 II VVG[505] – das „Familienprivileg". Die cessio legis unterbleibt – bei nicht vorsätzlichen Schädigungen[506] –, wenn der Schädiger ein Familienangehöriger des Schädigers ist (§ 116 VI SGB X). Grundgedanke der Regelung ist auch hier der Schutz der Familiengemeinschaft, bei der die an den Geschädigten gezahlten Sozialleistungen durch den Rückgriff der gemeinsamen „Familienkasse" wieder entzogen würden. Mangels Vorliegen dieses Schutzzwecks wird der Übergang des Direktanspruchs gegen den Kfz-Haftpflichtversicherer nicht ausgeschlossen.[507]

Hinsichtlich des Kreises der Familienangehörigen kann auf die Ausführungen zu § 67 II VVG verwiesen werden.[508] Den Partner einer nichtehelichen Lebensgemeinschaft will der BGH auch hier nicht dem Familienangehörigen gleichstellen.[509] Die bisherige Streitfrage, auf welchen Zeitpunkt es hinsichtlich des Bestehens der Familiengemeinschaft ankommt, hat der Gesetzgeber im Sinne einer Meistbegünstigung durch alternative Bejahung beider Zeitpunkte – Schadensereignis bzw. Inanspruchnahme – gelöst (§ 116 IV S. 1 u. 2 SGB X).[510] Ebenso wie bei § 67 II VVG hat die Rechtsprechung einen Rückgriff des Sozialversicherungsträgers gegen einen Zweitschädiger ausgeschlossen, wenn der in Anspruch Genommene intern einen Ausgleichsanspruch gegen den familienangehörigen Erstschädiger hätte.[511]

(2) Der Anspruchsübergang ist ferner im Falle des „gestörten Gesamtschuldnerausgleichs" ausgeschlossen, d.h. wenn dem Zweitschädiger aus internen Gründen gegen den Erstschädiger kein Ausgleichsanspruch zusteht.[512]

(3) Der Sozialversicherungsträger kann ferner in den Fällen des § 158i VVG n.F. [513] nicht gegen die mitversicherte Person vorgehen, die selbst keine Obliegenheitsverletzung begangen und auch von der Obliegenheitsverletzung des Versicherungsnehmers keine Kenntnis hatte bzw. grobfahrlässige Unkenntnis hatte.[514] Zweifelhaft ist, inwieweit die mitversicherte Person bei eigener Verantwortung sich auf interne, gegenüber

---

[505] S.o. VI, 3, e.

[506] Zum Vorsatz s.o. VI, 3, e, Fußn. 458.

[507] *BGHZ* 133, 192 = NJW 1996, 2933; vgl. auch *v. Gerlach*, DAR 1997, 228.

[508] S.o. VI, 3, e, (1).

[509] *BGHZ* 103, 257 = NJW 1988, 1091; zust. *Geigel/Schlegelmilch/Plagemann*, Kap. 30, Rdnr. 78; a.A. *Schirmer*, DAR 1988, 289; *Schulin*, SGb 1989, 1; *Kohte*, NZV 1991, 89.

[510] *Wussow/Küppersbusch*, Rdnr. 487. – Zur Frage des Wiederauflebens nach Scheidung siehe *Breuer*, NJW 1984, 276; zur Privilegierung des Erben: *BGH*, NJW 1985, 1958.

[511] *BGHZ* 54, 256 = NJW 1970, 1844; *BGH*, NJW 1988, 2080.

[512] *BGHZ* 51, 37 = NJW 1969, 236; *BGHZ* 55, 11 = NJW 1972, 194; *BGHZ* 58, 355 = NJW 1972, 1577; *OLG Hamm*, NJW-RR 1998, 1181.

[513] S. bereits oben V, 3, b, (2), Fußn. 418.

[514] *Bauer*, Rdnr. 892 ff., 897.

dem Versicherer bestehende Beschränkungen der Inanspruchnahme auch gegenüber dem Sozialversicherungsträger berufen kann.[515]

h) Beitragsregresse

Einer gesonderten Erwähnung bedürfen die Beitragsregresse der Sozialversicherungsträger. Die Regelung ist sehr differenziert und kann hier nur in den Grundzügen angedeutet werden.[516]

(1) Eine eigenständige Regelung stellt der Beitragsregreß nach § 119 SGB X dar. Er gilt für Schadensfälle ab 1. 7. 1983. Im Grundsatz besteht eine ähnliche Regelung wie in § 116 SGB X. Es findet eine cessio legis im Zeitpunkt des Unfalls[517] hinsichtlich des Schadensersatzanspruchs des Verletzten statt, soweit er sich auf die Zahlung von Sozialversicherungsbeiträgen bezieht.[518] Das Erfordernis der Kongruenz[519] wird aber durch die in § 62 SGB VI (Rentenversicherungsbeiträge)[520] und § 224 II SGB V (Krankenversicherungsbeiträge) enthaltenen Fiktionen ersetzt.[521]

Die Anwendung des § 119 SGB X setzt das Bestehen einer *gesetzlichen* Sozialversicherungspflicht im Zeitpunkt des Schadensfalles voraus.[522] Der Regreß besteht für Rentenversicherungsbeiträge[523] und Krankenversicherungsbeiträge,[524] nicht aber für die vom Arbeitgeber zu zahlenden Unfallversicherungsbeiträge,[525] die Beiträge in der Arbeitslosenversicherung[526] und auch nicht für den Regreß der Pflegekasse.[527]

Bei der Abwicklung gilt nicht das Familienprivileg des § 116 VI SGB X,[528] wohl aber der Haftungsausschluß des Arbeitgebers bei Arbeitsunfällen (§ 104 ff. SGB VII),[529] die

---

515 *Stiefel/Hofmann*, Kraftfahrtversicherung, 16. Aufl. (1995), § 2 AKB, Rdnr. 40 halten möglicherweise insoweit die geschäftsplanmäßige Erklärung der Versicherer von 1973 für einschlägig (Beschränkung der Leistungsfreiheit auf 5.000 DM); nach den Empfehlungen der VDS per 1. 1. 1994 kommt eine Beschränkung der Leistungsfreiheit auf 10.000 DM in Betracht (vgl. *Römer/Langheid*, VVG, § 5 KfzPflVV, Rdnr. 10); vgl. schließlich *BGHZ* 88, 296 = NJW 1988, 240; *BGHZ* 103, 52 = NJW 1988, 1267 (analoge Anwendung des § 76 II SGB IV).

516 Zu Einzelheiten siehe *Geigel/Schlegelmilch/Plagemann*, Kap. 30, Rdnr. 131 ff.; *Küppersbusch*, VersR 1988, 665; NZV 1992, 58; *Ritze*, VersR 1990, 947; *von der Heide*, VersR 1994, 274.

517 *Geigel/Schlegelmilch/Plagemann*, Kap. 30, Rdnr. 144.

518 *BGHZ* 129, 366 = NJW 1995, 1968; hierzu *Nixdorf*, NZV 1995, 337.

519 S.o. VI, 4, d, (1).

520 *BGHZ* 129, 366 = NJW 1995, 1968.

521 *Wussow/Küppersbusch*, Rdnr. 576, 578.

522 *Küppersbusch*, VersR 1988, 667; *OLG Karlsruhe*, NZV 1992, 156.

523 *BGHZ* 116, 260 = NJW 1992, 509; *BGHZ* 129, 366 = NJW 1995, 1968.

524 *Geigel/Schlegelmilch/Plagemann*, Kap. 30, Rdnr. 134; *Wussow/Küppersbusch*, Rdnr. 578.

525 *Geigel/Schlegelmilch/Plagemann*, Kap. 30, Rdnr. 133; *Wussow/Küppersbusch*, Rdnr. 581.

526 *BGH*, VersR 1988, 183, *Wussow/Küppersbusch*, Rdnr. 580.

527 *Wussow/Küppersbusch*, Rdnr. 582.

528 *BGHZ* 106, 284 = NJW 1989, 1217.

529 *Geigel/Schlegelmilch/Plagemann*, Kap. 30, Rdnr. 138.

in § 116 III S. 1 SGB X angeordnete relative Theorie bei Mitverschulden des Geschädigten[530] und das Befriedigungsvorrecht bei Überschreitung der Versicherungssumme (§ 116 IV SGB X).[531]

(2) Im Rahmen des § 116 SGB X verbleiben im Rahmen der sachlichen Kongruenz (§ 116 I S. 2 SGB X) folgende Anspruchsübergänge:

- Beiträge zur Rentenversicherung betreffend die Rentnerkrankenversicherung (§ 249 SGB V);[532]
- Beiträge zur Rentenversicherung, Arbeitslosenversicherung, Krankenversicherung und Pflegeversicherung aus den Lohnersatzleistungen (Krankengeld, Verletztengeld, Übergangsgeld, Arbeitslosengeld, Arbeitslosenhilfe).[533]

i) Rückgriff bei Arbeitsunfällen

Eine besondere Regreßmöglichkeit besteht nach § 110 SGB VII (früher § 640 RVO) gegen Unternehmer und andere Personen, deren Haftung gegenüber den Geschädigten nach §§ 104–107 SGB VII beschränkt ist.[534]

5. Weitere Fälle von Anspruchsübergängen

a) Bundesanstalt für Arbeit

Die Bundesanstalt für Arbeit kann bei Gewährung folgender Leistungen Rückgriff gegen den Schädiger nehmen:

(1) Bei Gewährung von Arbeitslosengeld und bei Rehabilitationsmaßnahmen steht der Bundesanstalt für Arbeit der Rückgriff nach § 116 SGB X zu.[535] Maßgebender Zeitpunkt für den Übergang ist derjenige, in dem ernsthaft mit der Gewährung solcher Leistungen zu rechnen ist.[536] Hinsichtlich der sachlichen Kongruenz ist bei dem Arbeitslosengeld auf den Erwerbsschaden des Geschädigten abzustellen.[537] Bei den Rehabilitationsmaßnahmen ist dagegen zu differenzieren: sie können sachlich den Heilungskosten, dem Erwerbsschaden oder den vermehrten Bedürfnissen zuzuordnen sein.[538]

(2) Bei Gewährung von Arbeitslosenhilfe (§§ 190 ff. SGB III) findet dagegen kein Anspruchsübergang statt, da der Anspruch auf Schadensersatz gegen Dritte vorrangig ist (§§ 190 I Nr. 5, 194 II S. 1 SGB III).[539] Die Bundesanstalt kann aber bei Nichtzahlung des Schadensersatzes in Vorlage treten und die Ansprüche des Geschädigten auf sich überleiten (§ 203 I S. 3 SGB III).[540]

---

[530] *Geigel/Schlegelmilch/Plagemann*, Kap. 30, Rdnr. 143.
[531] *Wussuw/Küppersbusch*, Rdnr. 574.
[532] *Geigel/Schlegelmilch/Plagemann*, Kap. 30, Rdnr. 25; *Wussow/Küppersbusch*, Rdnr. 466.
[533] *Küppersbusch*, NZV 1992, 58; *Wussow/Küppersbusch*, Rdnr. 470 ff., 577; vgl. auch *BGH*, NJW 1999, 421.
[534] S.u. VII, 1, e.
[535] *Waltermann*, NJW 1996, 1646.
[536] *BGHZ* 127, 120 = NJW 1994, 3097.
[537] *Geigel/Schlegelmilch/Plagemann*, Kap. 30, Rdnr. 25.
[538] Einzelheiten zweifelhaft. – S.u. 3. Teil, II, 4, a.
[539] *BGHZ* 108, 296 = NJW 1989, 3158; *Waltermann*, NJW 1996, 1645.
[540] *BGH*, aaO; *Wussow/Küppersbusch*, Rdnr. 532.

b) Versorgungsträger

Bezieht der Geschädigte Leistungen nach dem Bundesversorgungsgesetz[541] bewirkt § 81a BVG den Anspruchsübergang auf den Versorgungsträger.

Hier geht der Anspruch im Zeitpunkt des Unfalls auf den Versorgungsträger über.[542] In Abweichung von § 116 III S. 1 SGB besteht hier ein Quotenvorrecht zugunsten des Geschädigten (§ 81a I S. 2 BVG). Das Familienprivileg des § 67 II VVG[543] findet analoge Anwendung.[544]

c) Sozialhilfeträger

Gewährt der Sozialhilfeträger Leistungen nach dem Bundessozialhilfegesetz, so findet der Anspruchsübergang in direkter Anwendung des § 116 SGB X statt.

Nach der Rechtsprechung des BGH erfolgt der Übergang hier in dem Zeitpunkt, in dem „ernsthaft aufgrund konkreter Anhaltspunkte, zu denen auch die Bedürftigkeit des Geschädigten gehört, mit der Leistungspflicht des Sozialhilfeträgers zu rechnen ist."[545] Sachliche und zeitliche Kongruenz ist erforderlich.[546]

d) Arbeitgeber

Soweit der Verletzte Arbeitnehmer aufgrund des Entgeltfortzahlungsgesetzes vom 26. 5. 1994[547] für die die Zeit von sechs Wochen nach Eintritt des Arbeitsunfalls seinen Lohn vom Arbeitgeber weiter erhält, geht sein Anspruch auf Ersatz des Verdienstausfalls nach § 6 EFG auf den Arbeitgeber über.[548]

(1) Einschränkungen des Anspruchsübergangs ergeben sich aus dem auch hier anwendbaren Familienprivileg[549] und bei dem gestörten Gesamtschuldverhältnis.[550]

(2) Der Anspruchsübergang gilt nunmehr für alle Arbeitnehmer; die früher bei § 4 LFG erfolgte Ausklammerung der Angestellten, die eine Abtretung der Ansprüche an den Arbeitgeber erforderte,[551] entfällt.[552]

---

[541] Entspr. Anwendung bei § 5 OEG, § 52 III BSeuchG, § 80 SoldVersG.

[542] *BGH*, NJW 1995, 2413.

[543] S.o. IV, 3, e.

[544] *Geigel/Schlegelmilch/Plagemann*, Kap. 30, Rdnr. 152.

[545] *BGHZ* 131, 274 = NJW 1996, 726; *BGHZ* 132, 39 = NJW 1996, 1674; *BGHZ* 133, 129 = NJW 1996, 2508; hierzu *v. Gerlach*, DAR 1996, 209; abw. *Wussow/Küppersbusch*, Rdnr. 539 (Eintritt der Bedürftigkeit).

[546] Einzelheiten bei *Wussow/Küppersbusch*, Rdnr. 542.

[547] BGBl. I, 1994, S. 1014.

[548] Überblicke bei *Feldgen*, BB 1994, 1289; *Kleinsorge*, NZA 1994, 640; *Marburger*, BB 1994, 1417; *Marschner*, ZAP, Fach 17, S. 241; *Jahnke*, NZV 1996, 169.

[549] *BGHZ* 66, 104 = NJW 1976, 1208; *Jahnke*, NZV 1996, 173.

[550] *BGH*, VersR 1980, 938; *Jahnke*, NZV 1996, 173; *Geigel/Schlegelmilch/Rixecker*, Kap. 9, Rdnr. 23.

[551] *BGHZ* 66, 104, 111 = NJW 1976, 1208; *BGHZ* 107, 325 = NJW 1989, 2062.

[552] *Jahnke*, NZV 1996, 169.

(3) Der Anspruch geht erst mit den Leistungen des Arbeitgebers über.[553] Die notwendige Folge ist, daß es hinsichtlich des Beginns der Verjährung auf die Kenntnis des Arbeitnehmers ankommen soll[554] und der Arbeitnehmer bis zum Anspruchsübergang über die Ansprüche verfügen kann.[555]

(4) Übergangsfähig sind – im Rahmen der zeitlichen Kongruenz – alle den maßgebenden Zeitraum der Arbeitsunfähigkeit des geschädigten Arbeitnehmers betreffenden Ansprüche auf Arbeitslohn. Maßgebend ist hierbei der Bruttoarbeitslohn,[556] so daß also auch die Beiträge zur Kranken- und Rentenversicherung (einschließlich der vom Arbeitgeber zu tragenden Hälfte)[557] und sonstige soziale Leistungen des Arbeitgebers[558] zu erstatten sind. Auch das zeitanteilige Weihnachts- und Urlaubsentgelt geht über.[559] Der Arbeitgeber kann aber nicht Aufwendungen ersetzt verlangen, die er in eigenem Interesse oder aufgrund gesetzlicher Verpflichtungen zugunsten eines allgemeinen sozialen Ausgleichs macht, z.B. Beiträge zur Berufsgenossenschaft.[560]

(5) Nach § 6 III EFG besteht ein Quotenvorrecht des Arbeitnehmers. Sind deshalb die Ansprüche des Arbeitnehmers durch Mitverschulden oder Betriebsgefahr (§§ 254 I BGB, 17 StVG) eingeschränkt, geht der Anspruch erst auf den Arbeitgeber über, wenn der Schaden des Arbeitnehmers voll gedeckt ist.[561]

(6) Dagegen gehen Ansprüche des Sozialversicherungsträgers wegen des früheren zeitlichen Anspruchsübergangs dem Rückgriff des Arbeitgebers vor.[562] Das bedeutet, daß bei stationärem Krankenhausaufenthalt ersparte Verpflegungskosten, die nach der Rechtsprechung beim Erwerbsschaden im Wege der Vorteilsausgleichung anzurechnen sind,[563] von dem Rückgriffsanspruch des Arbeitgebers abgezogen werden müssen.[564]

e) Dienstherr

Nach § 87a BGB (und den entsprechenden Vorschriften der Landesbeamtengesetze) findet ein Übergang der Ansprüche des verletzten Beamten bzw. der Hinterbliebenen eines getöteten Beamten insoweit auf den Dienstherrn statt, als dieser während einer auf der Körperverletzung beruhenden Aufhebung der Dienstfähigkeit zur Gewährung von Dienstbezügen bzw. infolge der Körperverletzung oder Tötung des Beamten zur Gewährung einer Versorgung oder einer anderen Leistung verpflichtet ist.[565]

---

553 *BGH* VersR 1978, 660; *Wussow/Küppersbusch*, Rdnr. 62.

554 *OLG Koblenz*, VersR 1981, 465.

555 *OLG Köln*, r + s 1993, 419; *Wussow/Küppersbusch*, Rdnr. 62.

556 *BGH*, VersR 1965, 620; 1973, 1028; *Geigel/Schlegelmilch/Rixecker*, Kap. 9, Rdnr. 15; *Wussow/Küppersbusch*, Rdnr. 64.

557 *BGHZ* 43, 378 = NJW 1965, 1430; *Jahnke*, NZV 1996, 1.

558 *BGH*, NJW-RR 1986, 512 (Beiträge zur Urlaubs- und Lohnausgleichskasse); weitere Beispiele bei *Geigel/Schlegelmilch/Rixecker*, Kap. 9, Rdnr. 18; *Jahnke*, NZV 1996, 176.

559 *BGHZ* 59, 109 = NJW 1972, 1703; *BGHZ* 133, 1 = NJW 1996, 2296; *Jahnke*, NZV 1996, 175; zur Berechnung siehe *OLG Stuttgart*, NJW-RR 1988, 151.

560 *BGH*, NJW 1976, 326 (Beiträge zur Berufsgenossenschaft); *BGH*, NJW-RR 1986, 512 (Winterbauzulage nach § 186a AFG = § 354 SGB III).

561 *Wussow/Küppersbusch*, Rdnr. 63 mit Berechnungsbeispiel.

562 *Geigel/Schlegelmilch*, Kap. 30, Rdnr. 126.

563 S.u. 3. Teil, IV, 2, a, (4), Fußn. 163.

564 *Wussow/Küppersbusch*, Rdnr. 67.

565 Einzelfragen bei *Riedmaier*, VersR 1976, 793; 1978, 110.

(1) § 67 II VVG, der den Rechtsübergang gegen Familienangehörige ausschließt,[566] wird von der Rechtsprechung auch hier analog angewandt.[567] Ferner gelten auch hier die oben erwähnten Einschränkungen gegen einen Zweitschädiger.[568] Eine weitere Einschränkung des Rückgriffs folgt schließlich aus § 4 des sog. Erweiterungsgesetzes vom 7. 12. 1943,[569] das dem Beamten bei Dienstunfällen in Zusammenhang mit der Teilnahme am allgemeinen Verkehr zwar Ersatzansprüche gegen den anderen Verwaltungsträger zugesteht, aber zwecks Vermeidung von unnützem Verwaltungsaufwand den Rückgriff des Dienstherrn gegen den anderen Verwaltungsträger ausschließt.[570]

(2) Der Anspruchsübergang findet – ebenso wie bei § 116 SGB X[571] – im Zeitpunkt des Schadensfalles statt.[572] Dabei hat das Gericht im Grundsatz nicht nachzuprüfen, ob der Dienstherr die Zurruhesetzung zu Recht verfügt hat.[573] Erfolgte die Pensionierung aber aus erkennbar sachfremden Erwägungen, kann der Schädiger den Einwand der unzulässigen Rechtsausübung erheben.[574] Im übrigen gilt auch hier der Grundsatz der sachlichen Kongruenz: Das Gericht hat zunächst die Ansprüche des unmittelbar geschädigten Beamten bzw. seiner Hinterbliebenen festzustellen und sodann im Rahmen der sachlichen und zeitlichen Kongruenz den Rechtsübergang der Höhe nach durch Gegenüberstellung der entsprechenden Leistungen des Dienstherrn zu ermitteln.[575]

(3) Dem übergegangenen Anspruch kann seitens des Schädigers neben dem nach §§ 412, 404 BGB zulässigen Einwand des Mitverschuldens des Beamten[576] ein Mitverschulden des Dienstherrn entgegengehalten werden, soweit dieser dem Beamten aus der Verletzung einer beamtenrechtlichen Fürsorgepflicht haftet (§§ 426, 254 BGB).[577]

(4) Nach § 87a S. 2 BGB gilt ein Quotenvorrecht des Beamten, nicht des Dienstherrn.[578]

(5) Zweifelhaft ist das Innenverhältnis der auf Sozialversicherungsträger und Dienstherrn übergegangenen Ansprüche.[579]

---

[566] S.o. IV, 3, e.

[567] *BGHZ* 43, 72 = NJW 1965, 907; *OLG Hamm*, NJW-RR 1994, 536.

[568] *BGHZ* 61, 51 = NJW 1973, 1648; *BGHZ* 94, 173 = NJW 1985, 226.

[569] RGBl. I 1943, S. 674.

[570] *BGHZ* 43, 115 = NJW 1965, 753; einschr. *BGH*, NJW 1973, 896; Einzelfragen bei *Geigel/Schlegelmilch/Plagemann*, Kap. 30, Rdnr. 156.

[571] S.o. IV, 4, c.

[572] *BGH*, NJW 1960, 381; VersR 1988, 614; *Wussow/Küppersbusch*, Rdnr. 546.

[573] *BGH*, VersR 1972, 975.

[574] *Dunz*, VersR 1984, 905; *Wussow/Küppersbusch*, Rdnr. 555.

[575] *BGHZ* 74, 227 = NJW 1979, 1708; Einzelfragen zur sachlichen Konkurrenz bei *Geigel/Schlegelmilch/Rixecker*, Kap. 30, Rdnr. 158; *Wussow/Küppersbusch*, Rdnr. 546 ff.

[576] *BGH*, VersR 1983, 488.

[577] *BGHZ* 43, 178 = NJW 1965, 1177.

[578] *BGHZ* 22, 136 = NJW 1957, 182; *BGH*, NJW-RR 1998, 237; 1998, 1103; *Wussow/Küppersbusch*, Rdnr. 558; a.A. *Geigel/Schlegelmilch/Plagemann*, Kap. 30, Rdnr. 163 sowie *Plagemann*, NZV 1993, 178 (entspr. Anwendung von § 116 III S. 1 SGB X).

[579] Hierzu *Drees*, VersR 1986, 19 m.Nw.

VII. Einwendungen des Haftpflichtschuldners

1. Gesetzlicher Haftungsausschluß bei Arbeitsunfällen

a) Allgemeines

Im Hinblick auf die gesetzliche Unfallversicherung, die dem Geschädigten anstelle seiner zivilrechtlichen Ansprüche einen anderweitigen Ersatz in Form von Heilbehandlung, Rehabilitation, Pflege und Renten gewährt (§ 26 SGB VII) und für deren Aufkommen die Unternehmer Beiträge leisten (§ 150 SGB VII), ist die Haftung der Unternehmer gegenüber den versicherten Arbeitnehmern ausgeschlossen, es sei denn sie haben den Unfall vorsätzlich herbeigeführt (§ 104 I SGB VII).

(1) Hat ein Arbeitnehmer einem Versicherten desselben Betriebs durch eine betriebliche Tätigkeit einen Schaden zugefügt, greift der gleiche Haftungsaussschluß Platz (§ 105 I SGB VII). Diese Regelung dient der Erhaltung des Betriebsfriedens und will zudem verhindern, daß der Schädiger durch einen Freistellungsanspruch gegenüber dem Unternehmer[580] den Schaden auf diesen verlagern und dessen Haftungsausschluß nach § 104 I SGB VII zunichte machen würde.

(2) Der Haftungsausschluß nach §§ 104, 105 SGB VII ist an die Stelle der früheren §§ 636, 637 RVO getreten. Bei der Neuregelung sind aber Einzelheiten erheblich modifiziert worden.[581]

(3) Ausgeschlossen sind nach den §§ 104, 105 SGB VII alle Ansprüche wegen Personenschäden,[582] zu denen auch der Schmerzensgeldanspruch gehört,[583] obwohl der Geschädigte insoweit keinen Ausgleich von der Berufsgenossenschaft erhält.[584] Der Haftungsausschluß greift auch dann Platz, wenn für den Schädiger Haftpflichtversicherungsschutz besteht.[585]

(4) Die Haftung eines nicht in die Privilegierung eingeschlossenen Zweitschädigers ist ganz oder teilweise ausgeschlossen, soweit er gegen den Unternehmer bzw. den Arbeitnehmer einen Rückgriffsanspruch hätte.[586]

b) Einzelheiten zu § 104 SGB VII

Zu dem Ausschluß der Unternehmerhaftung nach § 104 SGB VII sind folgende Einzelheiten zu erwähnen:

(1) Betroffen von dem Haftungsausschluß sind alle Personen die aus der gesetzlichen Unfallversicherung Leistungen erhalten. Das sind die Versicherten (§§ 2 und 6 SGB VII), deren Angehörige (§ 2 IV SGB VII),

---

[580] S.u. VII, 1, g, Fußn. 623. – *Küchenhoff*, JuS 1967, 251.

[581] Überblick bei *Rolfs*, NJW 1996, 3177.

[582] *Geigel/Schlegelmilch/Kolb*, Kap. 31, Rdnr. 13, 16. – Vgl. jedoch § 8 III SGB VII (Hilfsmittel).

[583] *BGHZ* 3, 298 = NJW 1952, 462; *Geigel/Schlegelmilch/Kolb*, Kap. 31, Rdnr. 17.

[584] Zur Verfassungsmäßigkeit: *BVerfGE* 34, 118 = NJW 1973, 502; *BVerfG*, NJW 1995, 1607.

[585] *BGH*, VersR 1973, 736; *Geigel/Schlegelmilch/Kolb*, Kap. 31, Rdnr. 105; *Wussow/Küppersbusch*, Rdnr. 393. – Zur Haftungseinschränkung durch Arbeitsrecht siehe unten f, (1), ab Fußn. 613.

[586] *BGHZ* 51, 37 = NJW 1969, 236; *BGH*, NJW 1973, 1648; 1987, 2669.

Hinterbliebene (§ 104 I SGB VII) sowie die Leibesfrucht (§§ 104 II, 12 SGB VII).

Die versicherten Personen müssen entweder Betriebsangehörige sein (§ 2 I SGB VII) oder „wie nach § 2 I Nr. 1 SGB VII Versicherte" tätig werden (§ 2 II S. 1 SGB VII). Diese Regelung ersetzt die bisherige Rechtsprechung zur Frage der Gleichstellung der in dem Betrieb eingegliederten Personen.[587] Schließlich sind auch ausgeschlossen Ansprüche mitversicherter Unternehmer[588] sowie von Personen, die sich auf der Unternehmensstätte aufhalten (§ 3 I Nr. 2 i.V.m. § 106 II SGB VII), z.B. Besucher.

(2) Die im Bereich des Unfallhaftpflichtrechts interessierenden Arbeitsunfälle sind in § 8 SGB VII im einzelnen aufgeführt. Die bisher von der Rechtsprechung einbezogenen Wegeunfälle sind nunmehr in § 8 II SGB VII näher definiert worden.

Anstelle der früheren Abgrenzung der Unfälle bei Teilnahme am allgemeinen Verkehr hat der Gesetzgeber nunmehr in § 104 I S. 1 SGB VII eine konkrete Regelung getroffen. Der Haftungsausschluß greift nicht Platz bei den in § 8 II Nr. 1–4 SGB VII geregelten Fällen,[589] wobei sich der Geschädigte allerdings auf den bestehenden zivilrechtlichen Schadensersatzanspruch die von den Sozialversicherungsträgern erhaltenen Leistungen anrechnen lassen muß (§ 104 III SGB VII). In den übrigen Fällen (§ 8 II Nr. 5 und § 9–11 SGB VII) kommt dagegen der Haftungsausschluß zum Zuge.

(3) Begünstigte Person des Haftungsausschlusses ist der Unternehmer (§ 136 III SGB VII). Beim sogenannten „Leiharbeitsverhältnis" sind sowohl der Verleiher als auch der Entleiher als Unternehmer anzusehen.[590]

(4) Besteht Streit über die Frage, ob ein Versicherungsfall vorliegt, welchem Betrieb der Unfall zuzuordnen ist und ob ein Arbeits- bzw. Wegeunfall vorliegt, entscheiden hierüber die Sozialversicherungsträger bzw. die Sozialgerichte mit bindender Wirkung gegenüber anderen Gerichten, insbesondere also den ordentlichen Gerichten (§ 108 I SGB VII).[591] Die gebundenen Gerichte haben gegebenenfalls ihr Verfahren auszusetzen (§ 108 II SGB VII).[592]

c) Einzelheiten zu § 105 SGB VII

Zu dem Haftungsausschluß zwischen Arbeitnehmern ist folgendes anzumerken:

(1) Der Haftungsausschluß greift nur zwischen den Personen desselben Betriebes (§ 105 I S. 1 SGB VII). Die Zugehörigkeit zu einem anderen Betrieb des gleichen Unternehmens genügt nicht.[593]

---

[587] *Geigel/Schlegelmilch/Kolb*, Kap. 31, Rdnr. 41; *OLG Hamm*, NJW 1998, 2832.

[588] *Rolfs*, NJW 1996, 3179.

[589] *Geigel/Schlegelmilch/Kolb*, Kap. 31, Rdnr. 89; *Rolfs*, NJW 1996, 3179.

[590] *Geigel/Schlegelmilch/Kolb*, Kap. 31, Rdnr. 81; *Otto*, NZV 1996, 474.

[591] *BGH*, VersR 1968, 272; 1995, 682; 1995, 1209; einschr. *BGHZ* 129, 195 = NJW 1995, 2038; hierzu *Frahm*, VersR 1995, 1002.

[592] Einschr. *BGHZ* 52, 115 = NJW 1969, 1665.

[593] *Geigel/Schlegelmilch/Kolb*, Kap. 31, Rdnr. 100; so schon bisher, *BGH*, NJW 1988, 493.

Im Gegensatz zur bisherigen Rechtsprechung[594] müssen auf der Geschädigten- wie auf der Schädigerseite die gleichen Voraussetzungen für eine Eingliederung in denselben Betrieb gegeben sein.[595] Es genügt hierbei, daß die jeweilige Person „wie ein Versicherter" für den Betrieb tätig geworden ist (§ 4 II S. 1 SGB VII).[596] Gleichgestellt werden außerdem in dem gleichen Betrieb tätige, aber nicht versicherungspflichtige Personen (§ 105 I S. 2 i.V.m. § 4 I Nr. 1 SGB VII), z.B. Beamte.[597] Außerdem sind durch einen Versicherungsfall geschädigte, nicht versicherte Unternehmer in den Haftungsausschluß einbezogen (§ 105 II S. 1 SGB VII); ihre Ansprüche sind aber der Höhe nach beschränkt (§ 105 II S. 3 + 4 SGB VII).

(2) Weitere Voraussetzung für den Haftungsausschluß ist, daß der Versicherungsfall durch eine „betriebliche Tätigkeit" eingetreten ist. Es bedarf also der Abgrenzung gegenüber der Privatsphäre.[598]

(3) Ausgenommen von dem Haftungsausschluß sind wie bei § 104 SGB VII die Wegeunfälle im Sinne des § 8 II Nr. 1 SGB VII und die anderen in § 8 II Nr. 2–4 genannten Tätigkeiten (§ 105 I S. 1 SGB VII).

d) Die Ausklammerung der Vorsatztaten

Soweit eine vorsätzliche Herbeiführung des Versicherungsfalls vorliegt, greift der Haftungsausschluß sowohl bei § 104 als auch bei § 105 SGB VII nicht Platz.

In Abweichung von der bisherigen Rechtsprechung,[599] wonach der Vorsatz sich auf den Eintritt und den Umfang des Schadens beziehen mußte, genügt nunmehr, daß der Schädiger den „Versicherungsfall" vorsätzlich herbeigeführt hat.[600] Gleichwohl dürfte dieser Ausnahmetatbestand bei Verkehrsunfällen nur selten zum Zuge kommen. Ist der Unternehmer eine juristische Person, so soll eine Vorsatztat nicht in Frage kommen;[601] bei vorsätzlichem Handeln eines Organs wird man dem nicht folgen können.[602]

e) Rückgriff der Sozialversicherungsträger

§§ 110, 111 SGB VII regeln den Rückgriff der Sozialversicherungsträger gegenüber den durch den Haftungsausschluß begünstigten Personen, die den Versicherungsfall vorsätzlich oder durch grobe Fahrlässigkeit verursacht haben.[603] Die neue Regelung weicht in einigen Punkten von der bisherigen Regelung in § 640 RVO ab.

---

594 *BGH*, NJW 1996, 2937; *Wussow/Küppersbusch*, Rdnr. 399, 403.

595 *Rolfs*, NJW 1996, 3180.

596 *Rolfs*, NJW 1996, 3180.

597 *Rolfs*, NJW 1996, 3180; Abw. von der früheren Rechtspr.: *BGH*, NJW 1986, 1937; siehe Vorauflage, S. 573.

598 *Geigel/Schlegelmilch/Kolb*, Kap. 31, Rdnr. 98, 101 ff. mit Einzelfällen.

599 *BGHZ* 75, 328 = NJW 1980, 996; *OLG Karlsruhe*, NJW 1998, 995.

600 *Rolfs*, NJW 1996, 3178; *Otto* NZV 1997, 473; a.A. *Geigel/Schlegelmilch/Kolb*, Kap. 31, Rdnr. 86.

601 *Rolfs*, NJW 1996, 3178.

602 *Geigel/Schlegelmilch/Kolb*, Kap. 31, Rdnr. 86; vgl. auch § 111 S. 1 SGB VII.

603 Zur groben Fahrlässigkeit vgl. *Geigel/Schlegelmilch/Kolb*, Kap. 32, Rdnr. 10, 23; *Wussow/Küppersbusch*, Rdnr. 425.

(1) Im Gegensatz zu bisherigen Auffassungen[604] stellt §§110 SGB VII eine ausschließliche Regelung dar, neben der ein Rückgriff nach §116 SGB X ausgeschlossen ist.[605]

(2) Der Vorsatz bzw. die grobe Fahrlässigkeit braucht sich auch hier[606] nur auf den Versicherungsfall zu beziehen, nicht mehr auf den Schadensumfang.[607]

(3) Der Rückgriff setzt dem Grunde nach keine sachliche Kongruenz voraus, ist aber der Höhe nach auf die Höhe des (ausgeschlossenen) zivilrechtlichen Anspruchs beschränkt (§ 110 I S.1 SGB VII).

(4) Für die Verjährung des Rückgriffsanspruchs gilt nunmehr §852 BGB entsprechend (§113 SGB VII).

(5) Wie bisher ist ein mitwirkendes Verschulden des Verletzten nicht schadensmindernd zu berücksichtigen.[608]

(6) Eine Einschränkung des Rückgriffsanspruchs durch das Familienprivileg besteht nicht.[609] Als Ersatz kommt aber ein Verzicht des Sozialversicherungsträgers nach §110 II SGB VII in Betracht.[610]

(7) Für die Geltendmachung des Anspruchs ist wie bisher der Rechtsweg zu den ordentlichen Gerichten gegeben.[611]

f) Haftung des Arbeitnehmers gegenüber Arbeitgeber

Fügt der Arbeitnehmer dem Arbeitgeber einen Schaden im Rahmen betrieblicher Tätigkeit zu, so ist zu unterscheiden:

(1) Handelt es sich um einen Personenschaden, so kann sich der Arbeitnehmer gegenüber dem Arbeitgeber auf den Haftungsausschluß des §105 SGB VII berufen. § 105 II S. 1 SGB dehnt diese Rechtsfolge auch auf nichtversicherte Mitunternehmer aus.[612]

Allerdings gelten auch hier die in §8 II Nr. 1–4 SGB VII für Wegeunfälle niedergelegten Ausnahmen. Soweit danach eine zivilrechtliche Haftung des Arbeitnehmers gegenüber dem Arbeitgeber besteht, kommen aber die von der Rechtsprechung entwickelten Grundsätze über Haftungsbeschränkungen für Arbeitnehmer zum Zuge,[613] die nach der gewandelten Auffassung nicht mehr auf gefahrgeneigte Tätigkeiten beschränkt sind.[614] Danach haftet der Arbeitnehmer bei Vorsatz und grober Fahrlässigkeit allein;[615] bei leichter Fahrlässigkeit haftet er nicht;[616] bei normaler Fahrlässigkeit ist der

---

[604] *BGH*, VersR 1972, 171 (Wahlrecht), zust. *Wussow/Küppersbusch*, Rdnr. 430.

[605] *Weber*, VersR 1995, 875; a.A. *Geigel/Schlegelmilch/Kolb*, Kap. 32, Rdnr. 31.

[606] S.o. Fußn. 600.

[607] *Rolfs*, NJW 1996, 3181.

[608] *Geigel/Schlegelmilch/Kolb*, Kap. 32, Rdnr. 24.

[609] *BGHZ* 69, 354 = NJW 1978, 218; *Geigel/Schlegelmilch/Kolb*, Kap. 32, Rdnr. 7; Bedenken bei *Wussow/Küppersbusch*, Rdnr. 428.

[610] *BGH*, NJW 1968, 1429; *Geigel/Schlegelmilch/Kolb*, Kap. 32, Rdnr. 35, 36.

[611] *BGH*, NJW 1968, 251; 1968, 1429; *Weber*, VersR 1995, 877.

[612] *Geigel/Schlegelmilch/Kolb*, Kap. 12, Rdnr. 61; *Rolfs*, NJW 1996, 3179; einschr. *Stern-Krieger/Arnau*, VersR 1997, 408, 410 (nur bei freiwilliger Versicherung oder Versicherung kraft Satzung).

[613] *BAGE* 5, 1 = NJW 1958, 235; *BAGE* 78, 56 = NZA 1994, 1083.

[614] *BGH* (GmS), NJW 1994, 856; *BAG (GmS)*, NJW 1993, 1732; *BAG*, NJW 1995, 210; *Hanau/Rolfs*, NJW 1994, 1439; *Blomeyer*, JuS 1993, 903.

[615] Noch weiter einschr. *BAG*, NJW 1990, 468; 1999, 966; *LAG Nürnberg* NZA 1991, 196.

[616] *BAGE* 42, 130 = NJW 1983, 1693; *BAG*, NJW 1988, 2816 m. Anm. *Hanau/Preis*, JZ 1988, 1072.

Schaden zwischen Arbeitgeber und Arbeitnehmer zu quoteln. Diese Grundsätze greifen aber wiederum nicht Platz, soweit der Arbeitnehmer gegen Haftpflicht versichert ist;[617] das kann bei ihm aufgrund der von dem Unternehmer abgeschlossenen Kfz-Haftpflichtversicherung der Fall sein, soweit der Arbeitnehmer als mitversicherter Fahrer Deckungsschutz hat.[618]

(2) Bei Sach- und Vermögensschäden greift dagegen der Haftungsausschluß des § 105 SGB VII nicht ein.[619] Hier gelten die einschränkenden arbeitsrechtlichen Haftungsgrundsätze.[620]

Auf einen Haftpflichtversicherungsschutz aufgrund der vom Arbeitgeber abgeschlossenen Kfz-Haftpflichtversicherung kann sich dieser nicht berufen; denn insoweit ist der Arbeitnehmer gemäß § 11 Nr. 2 AKB von dem Deckungsschutz ausgeschlossen.

g) Haftung des Arbeitnehmers gegenüber Dritten

Fügt ein Arbeitnehmer im Rahmen einer betrieblichen Tätigkeit einem Dritten einen Schaden zu, so sind dessen Ansprüche (§§ 823 BGB, 7, 18 StVG) nicht beschränkt.

Es gelten weder § 105 SGB VII,[621] noch die arbeitsrechtlichen Grundsätze über die Haftungseinschränkung.[622] Dem Arbeitnehmer kann aber nach diesen Grundsätzen im Innenverhältnis zum Arbeitgeber ein Freistellungsanspruch zustehen.[623]

h) Beamtenrecht

Das Beamtenrecht enthält ebenfalls ähnliche Regelungen über den Haftungsausschluß. Nach der unter a) und b) dargestellten Neuregelung für das Arbeitsrecht ergeben sich Überschneidungen und Unterschiede.

(1) Die zivilrechtlichen Ansprüche der Beamten (bzw. Soldaten) einschließlich ihrer Hinterbliebenen aus Dienstunfällen gegenüber ihrem Dienstherrn sind nach §§ 46 II BeamtVG, 91a I S. 1 SoldVersG – sowie den entsprechenden Landesbeamtengesetzen – ausgeschlossen.[624] Voraussetzung ist das Vorliegen eines Dienstunfalls und die Tatsache, daß der Beamte (Soldat) in seiner Eigenschaft als öffentlicher Bediensteter gehandelt hat.[625]

---

617 *BGHZ* 116, 200 = NJW 1992, 900.

618 *Bauer*, Rdnr. 735, 739, 740.

619 S.o. VII, 1, a, (3).

620 S.o. (1), Fußn. 613–616.

621 Vgl. jedoch § 3 I Nr. 2 SGB VII; hierzu oben VII, 1, b.

622 *BGH*, NJW 1972, 440; *BGHZ* 108, 305 = NJW 1989, 3273; *BGH*, NJW 1994, 852; *BGHZ* 116, 200 = NJW 1992, 900, 902; hierzu *Baumann*, BB 1994, 1300.

623 *BGHZ* 41, 203 = NJW 1964, 1272.

624 *Otto*, NZV 1996, 475. – Zur Verfassungsmäßigkeit: *BVerfGE* 31, 212 = NJW 1971, 1837; *BVerfGE* 85, 176 = NJW 1992, 1091.

625 *BGHZ* 121, 131 = NJW 1993, 1790; *Hofmann*, Kap. 1.12. Rdnr. 57; *Geigel/Schlegelmilch/Plagemann*, Kap. 30, Rdnr. 156.

Eine Ausnahme besteht auch hier bei vorsätzlichem Handeln (§ 46 II S. 1 BeamtVG, § 91a I S. 2 SoldVersG) sowie bei der Teilnahme am allgemeinen Verkehr (§ 46 II S. 2 BeamtVG, § 91a I S. 2 SoldVersG i.V.m. § 1 I des Gesetzes über die erweiterte Zulassung von Schadensersatzansprüchen bei Dienst- und Arbeitsunfällen vom 7. 12. 1943, RGBl. I, S. 674).[626] Insoweit ist ungeklärt, ob die Rechtsprechung die Neuregelung über den Vorsatzbegriff in § 104 I S. 1 SGB VII[627] und die Konkretisierung des Wegeunfalls in § 8 II Nr. 1–4 SGB VII[628] übernehmen wird.

(2) Ansprüche zwischen Beamten sowie zwischen Beamten und Arbeitnehmern unterliegen nunmehr dem Haftungsausschluß nach § 105 I S. 2 SGB VII.[629] Hier gilt der eingeschränkte Vorsatzbegriff[630] und die Konkretisierung des Wegeunfalls gemäß § 8 II Nr. 1–4 kraft Gesetzes.[631]

Die in § 105 I S. 1 SGB VII normierte Beschränkung des Haftungsausschlusses auf Beschäftigte desselben Betriebes[632] bedarf allerdings bei öffentlichen Verwaltungen einer Modifizierung gemäß § 4 I des Gesetzes vom 7. 12. 1943.[633] Dessen umfangmäßige Weitergeltung ist in Anbetracht des Art. 4 § 16 des Unfallversicherungs-Neuregelungsgesetzes vom 30. 4. 1963[634] umstritten.[635] Eine Klärung dieser Fragen kann hier nicht geleistet werden.

(3) Ansprüche des Dienstherrn gegen den Beamten sind nach der bisherigen Regelung im Falle vorsätzlicher *und grobfahrlässiger* Herbeiführung des Dienstunfalls gegeben (§ 46 I BRRG).[636] Ob dies so bleiben oder ein Gleichklang mit der Neuregelung in § 105 I S. 2 SGB VII, der dem Unternehmer den Anspruch gegen den Beschäftigten nur bei Vorsatz zugesteht,[637] hergestellt werden soll, ist offen.

2. *Haftungsausschluß kraft Vereinbarung*

a) *Zulässigkeit des Haftungsausschlusses*

Der Vereinbarung eines Haftungsausschlusses zwischen Halter/Fahrer einerseits und den geschädigten Insassen, die auf seiten der letzteren Geschäftsfähigkeit voraussetzt,[638] und im Zweifel neben den vertraglichen

---

[626] *BGHZ* 17, 65 = NJW 1955, 711; *BGHZ* 33, 339 = NJW 1961, 457; *BGHZ* 121, 131 = NJW 1993, 1790; *BGH*, NJW 1975, 1323; NJW-RR 1990, 461.
[627] S.o. Fußn. 599, 600.
[628] S.o. VII, 1, b, (2), Fußn. 589.
[629] S.o. VII, 1, c, (1), Fußn. 597.
[630] S.o. Fußn. 600.
[631] S.o. VII, 1, b, (2), Fußn. 589.
[632] S.o. VII, 1, c, (1), Fußn. 595.
[633] S.o. Fußn. 626.
[634] BGBl. I, 1963, S. 241.
[635] Siehe BGBl. Teil III, Gliederungsnr. 2030-2-19. – Aus der Rechtspr.: *BGHZ* 64, 201 = NJW 1975, 1321; *BGH*, NJW 1975, 1323, beide m.Nw.
[636] *BVerwGE* 19, 243 = NJW 1965, 458.
[637] S.o. VII, 1, d.
[638] *BGH*, NJW 1958, 905.

Ansprüchen auch Ansprüche aus Delikt und Gefährdungshaftung umfaßt,[639] unterliegt einer Reihe von Beschränkungen:

(1) Die Haftung für Vorsatz des Schädigers selbst kann in keinem Falle ausgeschlossen werden (§ 276 II BGB).

(2) Die Ansprüche aus §§ 7, 18 StVG auf Ersatz von Personenschäden können bei entgeltlicher oder geschäftsmäßiger Beförderung von Personen weder ausgeschlossen noch beschränkt werden (§ 8a II StVG).[640]

(3) In AGB kann die Haftung für Vorsatz und grobe Fahrlässigkeit nicht ausgeschlossen werden, und zwar auch nicht für das entsprechende Verhalten von Erfüllungsgehilfen (§ 11 Nr. 7 AGBG).[641]

(4) Bei Ausschluß der Haftung für leichte Fahrlässigkeit bleibt die Frage, ob nicht die Pflicht zur unversehrten Beförderung als „Kardinalspflicht" anzusehen und deshalb gemäß § 9 AGBG unwirksam ist.[642]

b) Vorliegen eines Haftungsausschlusses

Die Rechtsprechung hat einen Haftungsausschluß im Rahmen des Unfallhaftpflichtrechts nur unter besonderen Umständen angenommen.[643] Betont wird, daß die aus den äußeren Umständen geschlossene Enthaftungserklärung nicht auf eine Fiktion hinauslaufen dürfe. Dabei spielt sicher der Gedanke, daß die Beteiligten im Regelfalle nicht die Haftpflichtversicherung entlasten wollen, eine ausschlaggebende Rolle.[644]

(1) „Besondere Umstände", die die Annahme eines Haftungsausschlusses rechtfertigen, hat die Rechtsprechung nicht bereits in einer unentgeltlichen Mitnahme (Gefälligkeitsfahrt),[645] in der widerspruchslosen Hinnahme eines Schildes mit der Aufschrift „Sie fahren auf eigene Gefahr"[646] oder in dem Bestehen freundschaftlicher Beziehungen[647] gesehen. Sie hat solche Umstände auch verneint in den Fällen bewußter Selbstgefährdung.[648]

(2) Dagegen wurden solche, auf einen Haftungsausschluß betr. leichte Fahrlässigkeit hindeutenden Umstände bejaht bei Überlassung eines Kraftfahrzeugs durch einen

---

639 *BGHZ* 96, 18 = NJW 1986, 1610; *BGH*, NJW 1979, 2148; *OLG Köln*, NJW-RR 1987, 53; 1988, 157; *Geigel/Schlegelmilch*, Kap. 12, Rdnr. 18, 23.

640 *BGHZ* 80, 303 = NJW 1981, 1842; *BGHZ* 114, 381 = NJW 1991, 2143.

641 Zur Anwendung des § 11 Nr. 7 AGBG auf Deliktsansprüche siehe *Locher*, Das Recht der AGB, 3. Aufl. (1997), S. 112; *BGHZ* 96, 18 = NJW 1986, 1610 m. Anm. *Prölss*, JZ 1986, 345.

642 *BGH*, NJW 1993, 335; NJW-RR 1993, 560; *Deutsch*, § 20, III, 4; *Geigel/Schlegelmilch*, Kap. 12, Rdnr. 17; *Locher* (Fußn. 641), S. 113; *Wolf*, NJW 1980, 2433.

643 *BGHZ* 34, 355 = NJW 1961, 655; *BGHZ* 41, 79 = NJW 1964, 860; *BGH*, NJW 1992, 2474.

644 *BGHZ* 63, 51 = NJW 1974, 2124; *BGH*, NJW 1960, 1197; 1966, 41; 1992, 2474; 1993, 3067; 1994, 3068.

645 *BGHZ* 30, 40 = NJW 1959, 1221; *BGH*, NJW 1958, 905; 1966, 41; 1979, 414; 1980, 1681; *v. Hippel*, FS Fritz v. Hippel (1967), S. 234; *Lange*, § 10, XVI, 2; a.A. *Hoffmann*, AcP 167, 394 m.Nw. in Fußn. 70.

646 *RGZ* 145, 190; vgl. auch *BGH*, NJW 1958, 905.

647 *BGHZ* 43, 72 = NJW 1965, 907; *BGHZ* 63, 51 = NJW 1974, 2124; *BGH*, NJW 1993, 3067 m.Nw.

648 *BGHZ* 34, 355 = NJW 1961, 655; *BGHZ* 39, 156 = NJW 1963, 1099; *Geigel/Schlegelmilch*, Kap. 12, Rdnr. 40, 41.

Händler oder eine Privatperson für eine Probefahrt,[649] bei Übernahme der Fahrt in besonderem Interesse des Halters[650] sowie bei fehlendem Versicherungsschutz unter Familienangehörigen.[651] In der Regel werden solche Ansprüche gegen Familienangehörige von den unmittelbar Betroffenen nicht gerichtlich geltendgemacht; soweit die Ansprüche des geschädigten Familienangehörigen auf Versicherungs- oder Versorgungsträger übergegangen sind, wird der Ausschluß der Haftung durch das „Familienprivileg" (§§ 67 II VVG, 116 VI SGB X) erreicht.[652]

(3) Bei Familienangehörigen wird zusätzlich neben der Frage eines rechtsgeschäftlichen Haftungsausschlusses auch erörtert, ob nicht deren Inanspruchnahme gegen die Pflichten aus der Ehe (§ 1353 BGB)[653] oder bei Kindern gegen § 242 BGB[654] verstoßen kann. Diese Problematik hat durch die Neufassung des § 11 AKB ihre Schärfe verloren, da nunmehr Personenschäden des Halters durch mitversicherte Personen vom Deckungsschutz erfaßt werden.[655] Bei Sach- und Vermögensschäden bleibt dagegen die Problematik bestehen.[656]

c) Wirkungen des Haftungsausschlusses

Soweit ein Haftungsausschluß wirksam vereinbart ist, wirkt er auch gegenüber den Rechtsnachfolgern (§§ 404, 412 BGB) und auch gegenüber den Ansprüchen der mittelbar Geschädigten (arg. § 846 BGB).[657]

3. Haftungsfreistellung bei gestörtem Gesamtschuldverhältnis

a) Problemstellung

Die Problematik taucht auf, wenn von zwei Schädigern der eine (Erstschädiger) aufgrund eines Haftungsprivilegs nicht haftet. Gibt man dem Verletzten gegen den nicht privilegierten Zweitschädiger den Anspruch auf vollen Schadensausgleich, so könnte ein (etwaiger) interner Rückgriffsanspruch aus § 426 BGB die Privilegierung des Erstschädigers zunichte machen.[658] Verneint man deshalb (ganz oder teilweise) dem Zweitschädiger den internen Ausgleichsanspruch, so führt dies bei sachgerechter Beurteilung zu einem Ausschluß bzw. zu einer Kürzung des Anspruchs des

---

649 *BGH*, NJW 1972, 1363 m. Anm. *Batsch*, NJW 1972, 1706; NJW 1979, 643; 1980, 1681; 1986, 1099.

650 *BGH*, VersR 1980, 835; *OLG Karlsruhe*, OLGZ 1980, 386; zum fahruntüchtigen Fahrer vgl. einerseits *LG Düsseldorf*, NJW 1968, 2379, andererseits *OLG Frankfurt*, NJW-RR 1986, 1350.

651 *BGH*, NJW 1979, 414; *OLG Frankfurt*, NJW-RR 1986, 1350.

652 *BGHZ* 41, 79 = NJW 1964, 860; *BGHZ* 43, 72 = NJW 1965, 907.

653 Hierzu *BGHZ* 61, 101 = NJW 1973, 1654; *BGHZ* 53, 352 = NJW 1970, 1271 = FamRZ 1970, 386 m. Anm. *Jayme*; *BGHZ* 63, 51 = NJW 1974, 2124; *BGH*, NJW 1988, 1208.

654 *BGH*, VersR 1961, 846.

655 *Bauer*, Rdnr. 737 ff.

656 *OLG Frankfurt*, NJW-RR 1986, 1350; *Hofmann*, Kap. 1.11, Rdnr. 115.

657 *BGH*, VersR 1978, 625; *Hofmann*, Kap. 1.11., Rdnr. 117.

658 *BGHZ* 19, 114, 120 = NJW 1956, 217; *BGH*, NJW 1967, 982.

Geschädigten gegen den Zweitschädiger im Außenverhältnis. Benachteiligt ist damit der Verletzte, der seinen Schaden nicht voll ersetzt erhält.

b) Familienprivileg

In den Fällen des Familienprivilegs versagt die Rechtsprechung und h.L. dem Zessionar die Ansprüche gegen den Zweitschädiger, soweit der Schaden nach § 426 BGB den privilegierten Familienangehörigen treffen würde.[659]

c) Gesetzlicher Haftungsausschluß

Bei einem gesetzlichen Haftungsausschluß zugunsten des Erstschädigers bezieht die Rechtsprechung ebenfalls das Innenverhältnis unter Zugrundelegung eines fiktiven Ausgleichsanspruchs ein.

Der Zweitschädiger kann nur insoweit in Anspruch genommen werden, soweit er im Innenverhältnis – ohne die Privilegierung gegen den Erstschädiger keinen Rückgriffsanspruch hätte, also den Schaden tragen müßte. Dies betrifft die Fälle des Haftungsausschlusses des Unternehmers nach § 104 SGB VII (früher § 636 RVO)[660] und des Dienstherrn nach § 46 II BeamtVG[661] sowie den Ausschluß der Haftung gegen Mitbeschäftigte nach § 105 SGB VII (früher § 637 RVO).[662] Umstritten ist, inwieweit hierbei interne Absprachen zwischen Erst- und Zweitschädiger im Außenverhältnis zu berücksichtigen sind.[663]

d) Vertraglicher Haftungsausschluß

Ist zwischen dem (späteren) Verletzten und dem Erstschädiger ein vertraglicher Haftungsausschluß vereinbart worden,[664] so soll im Gegensatz zu den unter b) und c) genannten Fallkonstellationen der Anspruch des Verletzten gegen den Zweitschädiger voll bestehen bleiben.[665]

---

[659] S.o. Fußn. 469, 511, 568, 586.

[660] S.o. VII, 1, b. – *BGHZ* 19, 114 = NJW 1956, 217; *BGH*, NJW 1967, 982 m. Anm. *Prölss*, VersR 1967, 678; *BGHZ* 51, 37 = NJW 1969, 236; *BGH*, NJW 1973, 1648; *Hofmann*, Kap. 1.12, Rdnr. 55; a.A. *OLG Düsseldorf*, NJW 1972, 213 m. abl. Anm. *Weyer*, NJW 1972, 770 m.Nw.

[661] S.o. VII, 1, h, (1). – *BGHZ* 94, 173 = NJW 1985, 2261.

[662] S.o VII, 1, c. – *BGHZ* 61, 51 = NJW 1973, 1648; *BGH*, NJW 1976, 1975; 1987, 2669.

[663] *BGHZ* 110, 114 = NJW 1990, 1361; *BGH*, NJW 1987, 2669 (Berücksichtigung einer internen Freistellungsklausel); dagegen mit Recht *Burkert/Kirchdörfer*, JuS 1988, 341.

[664] S.o. VII, 2.

[665] *BGHZ* 12, 213 = NJW 1954, 875 m. krit. Anm. *Reinicke*, NJW 1954, 1641; dagegen *Hofmann*, Kap. 1.9. Rdnr. 28b.

e) Haftungsausschluß wegen geringeren Haftungsmaßstabs

Haftet der Erstschädiger wegen eines geringeren Haftungsmaßstabes (§§ 708, 1359, 1364 BGB)[666] nicht, so kann nach der neueren Rechtsprechung der Zweitschädiger voll in Anspruch genommen werden.[667] Gleiches soll gelten, wenn die Inanspruchnahme des Erstschädigers an § 1353 BGB scheitert.[668]

4. Mitverschulden und Betriebsgefahr

a) Grundlagen

Die §§ 254 I BGB, 17 I S. 2, 18 III StVG schreiben vor, daß ein Mitverschulden des Verletzten sowie eine Mitwirkung der Betriebsgefahr des Kraftfahrzeugs, welches bei der Entstehung des Schadens vorgelegen hat, zu einer Verteilung des Schadens gemäß einer Abwägung nach den Umständen führen kann.[669] Voraussetzung für eine derartige Quotelung ist in erster Linie, daß zu Lasten des Verletzten eine Haftungsgrundlage aus Delikt bzw. Gefährdungshaftung gegeben ist (sogenannte „Haftungskompensation").[670] Eine solche Haftungskompensation greift auch bei bloßer Mitwirkung der Betriebsgefahr gegenüber Deliktsansprüchen (Schmerzensgeld) Platz.[671] Andererseits kann auch ohne Haftungskompensation ein Mitverschulden darauf gestützt werden, daß der Geschädigte nicht genügend auf seine eigene Sicherheit bedacht war (sogenanntes „Verschulden gegen sich selbst").[672]

(1) Der Mitverschuldenseinwand im Sinne der „Haftungskompensation" hängt vor allem von der Verletzung der Verkehrsregeln und der Verkehrssicherungspflichten ab.[673] Ein „Verschulden gegen sich selbst" kann vorliegen, wenn ein Beifahrer sich einem erkennbar fahruntüchtigen Fahrer anvertraut hat.[674] Derjenige, der sich verkehrsgerecht verhalten hat, verdient nicht deshalb den Vorwurf des Mitverschuldens, er habe mit einem groben Verstoß des Gegners gegen Verkehrsregeln rechnen müssen.[675]

---

[666] Für Verkehrsunfälle ohne Bedeutung: s.o. I, 1, c, (1), Fußn 28.

[667] *BGHZ* 103, 338 = NJW 1988, 2667 (in Abw. von *BGHZ* 35, 317 = NJW 1961, 1966; *BGHZ* 73, 190 = NJW 1979, 973); abl. *Schwab*, JuS 1991, 18, 21; *Mutscheler*, JR 1994, 441; *Selb*, MK, 3. Aufl., § 426 BGB, Rdnr. 27.

[668] *BGH*, NJW 1983, 624 m. Anm. *Hohloch*, JR 1983, 242.

[669] Überblick bei *Henke*, JuS 1988, 753; 1991, 265.

[670] Hierzu *Hofmann*, Kap. 1.13., Rdnr. 2.

[671] *BGHZ* 6, 319 = NJW 1952, 1015; *BGHZ* 26, 69 = NJW 1958, 341; *Geigel/Schlegelmilch/Rixecker*, Kap. 3, Rdnr. 33.

[672] *Geigel/Schlegelmilch/Rixecker*, Kap. 3, Rdnr. 1, 3; Beispiel: *BGHZ* 119, 268 = NJW 1993, 53 (Sicherheitsgurt).

[673] Zum Rechtswidrigkeitszusammenhang siehe *OLG Bamberg*, VersR 1988, 585.

[674] *BGH*, VersR 1970, 624 m. Anm. *Baumgärtel*, VersR 1970, 810; *OLG Frankfurt*, NJW-RR 1987, 91; NZV 1989, 11; *OLG Karlsruhe*, DAR 1989, 25; *OLG Koblenz*, NZV 1992, 278; *OLG Schleswig*, NZV 1995, 357; *OLG Hamm*, NJWE-VHR 1996, 39.

[675] *BGH*, NJW 1982, 1756.

(2) Der Einwand des Mitverschuldens setzt nach h.M. Schuldfähigkeit voraus; die §§ 827, 828 BGB sind analog anwendbar;[676] ebenso § 829 BGB.[677]

b) Zurechnung des Verhaltens Dritter

Besondere Fragen ergeben sich hinsichtlich der Anrechnung des Mitverschuldens und der Betriebsgefahr bei Einbeziehung dritter Personen.[678] Einmal ist hier § 9 StVG zu beachten, wonach bei der Haftung aus dem StVG für Sachschäden das Verschulden desjenigen, welcher die tatsächliche Gewalt über eine Sache ausübt, dem Verschulden des Verletzten gleichsteht; für den Anspruch aus Delikt gilt im Rahmen des § 254 I BGB die gleiche Regelung, soweit eine Haftungskompensation bejaht werden kann.[679] Im übrigen ist die in § 254 II 2 BGB angeordnete „entsprechende Anwendung" des § 278 BGB zu beachten. Hieraus ergeben sich folgende Einzelregelungen:

(1) Dem verletzten *Halter* ist ein Mitverschulden entgegenzuhalten, wenn er selbst eine unerlaubte Handlung begangen, etwa den Unfall selbst schuldhaft mitverursacht hat (z.B. durch mangelhafte Wartung des Fahrzeugs). Das Verschulden des Fahrers muß er bei Sachschäden nach § 9 StVG bzw. § 254 I BGB automatisch gegen sich gelten lassen.[680] Gleiches gilt aber auch bei Personenschäden des Halters; hier findet zwar § 9 StVG keine Anwendung; aber das Verschulden des Fahrers wird als ein die Betriebsgefahr erhöhender Umstand angesehen, der im Rahmen der Abwägung nach § 17 StVG zu beachten ist.[681] Das Verschulden eines (sonstigen) Dritten muß er im Rahmen des § 831 BGB (also mit der Möglichkeit des Entlastungsbeweises) gegen sich gelten lassen,[682] im Rahmen des § 278 BGB (ohne Entlastungsbeweis) nach herrschender Rechtsprechung nur, wenn im Zeitpunkt des Unfalls schon eine vertragliche Beziehung zum Schädiger bestanden hat.[683] Die Betriebsgefahr des eigenen Fahrzeugs muß er sich nach § 17 I 2 StVG entgegenhalten lassen, es sei denn, daß er den Entlastungsbeweis nach § 7 II StVG (unabwendbares Ereignis) führen kann.[684]

(2) Der *Fahrer des Fahrzeugs* muß sich auf jeden Fall ein eigenes Verschulden entgegenhalten lassen; die Betriebsgefahr des fremden Fahrzeugs muß er sich im Rahmen der Abwägung nach § 254 I BGB zurechnen lassen, es sei denn, er führt den Entlastungsbeweis nach § 18 I S. 2 StVG.[685]

(3) Der *Insasse eines Fahrzeugs* braucht sich das Mitverschulden des Fahrers und die Betriebsgefahr des fremden Fahrzeugs grundsätzlich nicht entgegenhalten zu lassen.

---

[676] *KG*, NZV 1995, 109; *Geigel/Schlegelmilch/Rixecker*, Kap. 3, Rdnr. 8, 9; *Scheffen/Pardey*, Rdnr. 14, 15, 266 ff.

[677] *BGHZ* 37, 102 = NJW 1962, 1199; *BGH*, NJW 1973, 1795; *OLG Celle*, NJW 1969, 1632 m. Anm. *Knippel*, NJW 1962, 2016; *Geigel/Schlegelmilch/Rixecker*, Kap. 3, Rdnr. 10, 11.

[678] *Henke*, JuS 1990, 30.

[679] S.o. Fußn. 670. – Folgerichtig verneinend für den Fall des § 8 I StVG *BGH*, NJW 1972, 1415; *Hofmann*, Kap. 1.13, Rdnr. 15.

[680] *BGH*, VersR 1965, 712; *Lange*, Schadensersatz, § 10, XI, 5, g.

[681] *BGHZ* 12, 124 = NJW 1954, 594; *OLG Hamm*, NJW-RR 1996 282; *Geigel/Schlegelmilch/Rixecker*, Kap. 3, Rdnr. 28; *Hofmann*, Kap. 1.11., Rdnr. 213a; a.A. wohl *Henke*, JuS 1990, 34.

[682] *Geigel/Schlegelmilch/Rixecker*, Kap. 3, Rdnr. 28.

[683] *Geigel/Schlegelmilch/Rixecker*, Kap. 3, Rdnr. 20; s.u. (4).

[684] *BGHZ* 6, 319 = NJW 1952, 1015; *BGHZ* 20, 259 = NJW 1956, 1067.

[685] *BGH*, NJW 1953, 1262 (L); *Hofmann*, Kap. 1.11., Rdnr. 214.

Eine Ausnahme macht die Rechtsprechung, wenn der Insasse Halter des Fahrzeugs ist.[686] Außerdem kann bei dem Insassen ein eigenes Verschulden vorliegen, z.B. wenn er die mangelnde Verkehrssicherheit des Fahrzeugs erkannt,[687] sich einem erkennbar fahruntüchtigen Fahrer anvertraut,[688] in die Bedienung des Fahrzeugs eingegriffen[689] oder ein gebotenes Eingreifen unterlassen[690] hat.

(4) Ein geschädigtes *Kind* muß sich im Rahmen seiner Einsichtsfähigkeit[691] ein eigenes Mitverschulden bei der Entstehung des Unfalls anrechnen lassen. Das Mitverschulden seiner gesetzlichen Vertreter oder von Erfüllungsgehilfen ist unstreitig anzurechnen, soweit im Zeitpunkt des Unfalls bereits eine vertragliche Sonderbeziehung zwischen Kind und Schädiger bestanden hat,[692] z.B. bei einer Fahrt mit der Bahn oder mit dem Omnibus; das soll u.a. auch bei Verträgen gelten, in denen das Kind über § 328 BGB in den Vertrag einbezogen ist,[693] desgleichen bei Vertragsanbahnungen.[694] Zweifelhaft und umstritten ist dagegen die Anrechnung des Mitverschuldens der Erfüllungsgehilfen, soweit eine vertragliche Sonderverbindung im Zeitpunkt des Unfalls noch nicht bestand. Die Rechtsprechung verneint im Grundsatz eine analoge Anwendung des § 278 BGB und will § 831 BGB anwenden,[695] während die überwiegende Meinung in der Literatur für die analoge Anwendung des § 278 BGB eintritt.[696] Die Rechtsprechung zeigt allerdings gewisse aufweichende Tendenzen.[697] – Eine Sonderfrage ist die Anrechnung des Mitverschuldens gesetzlicher Vertreter, das selbst von den Befürwortern einer analogen Anwendung des § 278 BGB auf Erfüllungsgehilfen überwiegend mit der Erwägung abgelehnt wird, daß der Minderjährige den gesetzlichen Vertreter nicht aussuchen könne und dieser in der Regel nicht in seiner Funktion als gesetzlicher Vertreter die Aufsicht über das Kind geführt habe.[698]

(5) Die *Hinterbliebenen* müssen sich bei der Geltendmachung von in der Person des getöteten Erblassers entstandenen Ansprüchen das Mitverschulden des Getöteten nach §§ 1922, 412, 404 BGB entgegenhalten lassen.[699] Bei originär in ihrer Person entstandenen Ansprüchen (§§ 844, 845 BGB) ordnet § 846 BGB die gleiche Anrechnung an. Die Betriebsgefahr des Fahrzeugs müssen sich die Hinterbliebenen nur dann entgegenhalten lassen, wenn der Getötete Halter des beteiligten Fahrzeugs war oder einer der unter (2) und (3) erörterten Ausnahmefälle vorgelegen hat.

(6) Bei den *Schockschäden* will der *BGH* analog §§ 254, 242 BGB das Verschulden des Opfers des Schockgeschädigten anrechnen.[700]

---

[686] *BGHZ* 6, 319 = NJW 1952, 1015.

[687] *BGH*, VersR 1955, 456; 1969, 217.

[688] S.o. Fußn. 674; hierzu noch *Wussow/Küppersbusch*, Rdnr. 377.

[689] *BGH*, VersR 1968, 946.

[690] *BGH*, VersR 1979, 938.

[691] S.o. Fußn. 676.

[692] *BGHZ* 1, 248 = NJW 1951, 477; *BGHZ* 73, 190 = NJW 1979, 973; *BGH*, NJW 1980, 2090; 1988, 2667; 1992, 1095.

[693] *BGHZ* 9, 316 = NJW 1953, 977; *BGHZ* 24, 325 = NJW 1957, 1187; *BGHZ* 33, 247 = NJW 1961, 211. – Die „Schutzwirkung" wirkt hier zu Lasten des Geschützten!

[694] *BGH*, NJW 1968, 1966.

[695] *BGHZ* 1, 248 = NJW 1951, 477; *BGHZ* 5, 378 = NJW 1952, 1050; *BGHZ* 9, 316 = NJW 1953, 977; *BGHZ* 103, 388 = NJW 1988, 2667 m. Anm. *Lange*, JZ 1989, 48; zust. *Henke*, JuS 1990, 34. – Zum Ausschluß des Entlastungsbeweises siehe *Geigel/Schlegelmilch/Rixecker*, Kap. 3, Rdnr. 28.

[696] *Deutsch*, § 20, I, 2; *Kupisch/Krüger*, JuS 1981, 349; *Lange*, Schadensersatz, § 10, XI, 6.

[697] *BGHZ* 73, 190 = NJW 1979, 973; *BGH*, NJW 1980, 2080; s. auch o. Fußn. 693, 694; *Geigel/Schlegelmilch/Rixecker*, Kap. 3, Rdnr. 22, 23.

[698] *Lange*, § 10, XI, 6; a.A. *Deutsch*, § 20, I, 2; *OLG Düsseldorf*, NJW 1973, 1801.

[699] *Geigel/Schlegelmilch/Rixecker*, Kap. 3, Rdnr. 15.

[700] *BGHZ* 56, 163 = NJW 1971, 1833; *BGHZ* 93, 351 = NJW 1985, 1390 m. krit. Anm. *Deubner*; ebenso *OLG Hamm*, NJW 1995, 2233; *Deutsch*, § 20, I, 2 + § 27, V, 3; a.A. *Deubner*, JuS 1971, 622.

(7) Sehr zweifelhaft ist, ob der *Leasinggeber* sich bei einem von dem Leasingnehmer verursachten Unfall die Betriebsgefahr des Leasingfahrzeugs oder ein Mitverschulden des Leasingnehmers anrechnen lassen muß. Der *BGH* hat dies im Hinblick auf die fehlende Haltereigenschaft des Leasinggebers verneint,[701] während andere in Analogie zu § 9 StVG die Zurechnung mit gutem Grund bejahen.[702]

(8) Ist der Schaden an einem *Tier* oder durch ein Tier entstanden, so ist im Rahmen der Tierhalterhaftung (§ 833 BGB) die Vorschrift des § 254 I BGB entsprechend anzuwenden.[703]

c) Die Quotelung

Bei der Durchführung des Schadensausgleichs werden nur die nachgewiesenen Umstände berücksichtigt,[704] und zwar auch nur solche, die sich adäquat kausal auf das Unfallgeschehen ausgewirkt haben.[705] Im übrigen wird von der Rechtsprechung in erster Linie auf das Maß der Verursachung, in zweiter Linie auf das Maß des Verschuldens abgestellt.[706]

(1) Es kommt hierbei auf die Umstände des Einzelfalles an, z.B. Geschwindigkeit[707] und Schwere des Fahrzeugs, Grad des Verschuldens[708] sowie die Tatsache, wer in einen normalen Verkehrsablauf regelwidrig eingegriffen hat.[709] Eine „erhöhte Betriebsgefahr" kann zu Lasten des aus der Gefährdungshaftung in Anspruch Genommenen führen.[710] In Ausnahmefällen kann die Betriebsgefahr, eventuell auch ein leichtes Verschulden des Verletzten soweit zurücktreten, daß der Verletzte den Schaden voll zu ersetzen hat; umgekehrt kann der Beitrag des Schädigers an dem Schadensereignis so gering sein, daß der Verletzte den Schaden allein zu tragen hat.[711]

(2) Soweit die Abwägung zu einer Schadensverteilung führt, ist dies durch Festlegung der entsprechenden Quoten im Urteil festzulegen und der Schadensberechnung sodann zugrundezulegen. Dabei sind Quoten von weniger als 1/5 selten, solche von weniger als 1/10 kaum vertretbar.[712] Bei Erwägung derart geringer Quoten spricht dann mehr für eine Auferlegung des Schadens auf einen der Beteiligten.[713] Unterschiedliche Quoten für Delikts- und Gefährdungshaftung sind zwar theoretisch möglich, aber nicht empfehlenswert.[714]

---

[701] *BGHZ* 87, 133 = NJW 1983, 1492.

[702] *LG Hamburg*, VersR 1986, 583; 1988, 1302; *Klimke*, VersR 1988, 329; *Schmitz*, NJW 1994, 301; vgl. hierzu noch *Kunschert*, VersR 1988, 13.

[703] *BGHZ* 67, 129 = NJW 1976, 2130.

[704] *BGH*, NJW 1957, 99; 1978, 421; VersR 1988, 842; *OLG Köln*, NZV 1995, 400.

[705] *BGH*, NJW 1995, 1029 (Fahruntüchtigkeit); *Geigel/Schlegelmilch/Rixecker*, Kap. 3, Rdnr. 36, 53.

[706] *BGH*, NJW 1969, 789; VersR 1988, 1238; *Geigel/Schlegelmilch/Rixecker*, Kap. 3, Rdnr. 36, 54.

[707] Zur Überschreitung der Richtgeschwindigkeit s.o. II, 3, a, (1), Fußn. 315.

[708] *Geigel/Schlegelmilch/Rixecker*, Kap. 3, Rdnr. 56, 57; zu den gesteigerten Sorgfaltspflichten der StVO s.o. I, 1, c, (2), Fußn. 33.

[709] Einzelfragen bei *Geigel/Schlegelmilch/Rixecker*, Kap. 3, Rdnr. 55; *Grünberg*, Haftungsquoten bei Verkehrsunfällen, 5. Aufl. (1999); *Splitter*, Schadensverteilung bei Verkehrsunfällen, 4. Aufl. (1998); *Kirchhoff*, MDR 1998, 12.

[710] *Geigel/Schlegelmilch/Rixecker*, Kap. 3, Rdnr. 37 m.Nw.

[711] Zur Bedeutung von Vorsatz und grober Fahrlässigkeit siehe *Geigel/Schlegelmilch/Rixecker*, Kap. 3, Rdnr. 56, 57.

[712] *BGH*, VersR 1979, 528; vgl. auch *Lange*, § 10, XII, 5, b.

[713] S.o. Fußn. 711.

[714] *BGH*, VersR 1957, 178; *Geigel/Schlegelmilch/Rixecker*, Kap. 3, Rdnr. 6.

(3) Bei gleichzeitiger Verletzung der Schadensminderungspflicht (§ 254 II BGB) ist zunächst der Anspruch auf das erforderliche Maß nach § 254 II BGB zu kürzen und daraus die Quote nach § 254 I BGB, § 17 StVG zu bilden.[715] Gleiches gilt bei Eingreifen der Höchstbeträge nach § 12 StVG.[716]

(4) Besondere Richtlinien gelten nach der Rechtsprechung für Fälle, in denen mehrere „Nebentäter" einen Unfall herbeigeführt haben. Hier tritt neben eine Einzelabwägung zwischen Geschädigtem und jedem einzelnen Nebentäter eine sogenannte Gesamtabwägung, wonach alle Nebentäter zusammen nicht mehr als den Betrag aufzubringen haben, der bei einer Gesamtschau dem Anteil ihrer Gesamtverantwortung entspricht.[717]

5. Der Ausschluß von Einwendungen durch Anerkenntnis der Schuld

a) Grundlagen

Ein Schuldanerkenntnis spielt bei Verkehrsunfällen in zwei typischen Fällen eine Rolle: bei Erklärungen der Unfallbeteiligten an der Unfallstelle[718] und bei Erklärungen des Haftpflichtversicherers im Rahmen der Schadensregulierung.

(1) Solche Erklärungen betreffen den Anspruchsgrund, d.h. das Vorliegen einer Anspruchsgrundlage und die Kürzung wegen Mitverschuldens und Betriebsgefahr.

Andere Einwendungen dürften, zum Beispiel der Ausschluß der Haftung nach §§ 104, 105 SGB VII[719], bei Erklärungen an der Unfallstelle regelmäßig ausscheiden, da die Unfallbeteiligten hierüber nicht orientiert sind und deshalb der Wille fehlt, das Schuldverhältnis insoweit endgültig festzulegen. Denkbar wäre dagegen der Ausschluß solcher Einwendungen bei der Schadensabwicklung durch den Haftpflichtversicherer.

(2) Für die rechtliche Einordnung solcher Erklärungen kommen in Frage: das abstrakte Schuldversprechen (§ 781 BGB), das bestätigende (deklaratorische) Anerkenntnis[720] sowie Erklärungen ohne rechtsgeschäftlichen Charakter, die jedoch im Rahmen der Beweiswürdigung relevant werden.[721]

b) Erklärungen an der Unfallstelle

Bei Erklärungen an der Unfallstelle dürfte ein abstraktes Schuldanerkenntnis im Sinne des § 781 BGB regelmäßig ausscheiden.[722] Die Rechtsprechung schwankt vor allem zwischen dem bestätigenden Anerkennt-

---

[715] *BGH*, NJW-RR 1992, 1050.

[716] S.o. II, 7, a, (1), Fußn. 351.

[717] *BGHZ* 30, 303 = NJW 1959, 1772; *BGHZ* 54, 283 = NJW 1971, 33; *BGHZ* 61, 213 = NJW 1973, 2022; *BGH*, NJW 1983, 623; 1995, 1150; 1996, 2023; 1996, 2646; aus der Literatur: *Geigel/Schlegelmilch/Rixecker*, Kap. 3, Rdnr. 64; *Hartung*, VersR 1980, 797; *Steffen* DAR 1990, 41.

[718] Überblick bei *Gehrlein*, JABl 1995, 598.

[719] S.o. VII, 1.

[720] Zu den Voraussetzungen *BGH*, NJW 1984, 799; 1995, 960; 1995, 961; NJW-RR 1987, 43.

[721] *Geigel/Schlegelmilch/Kolb*, Kap. 38, Rdnr. 11.

[722] *Geigel/Schlegelmilch/Kolb*, Kap. 38, Rdnr. 3.

nis[723] und bloßen, die Beweiswürdigung beeinflussenden Wissenserklärungen („Schuldbekenntnissen");[724] dabei wird bei letzteren die Erklärung überwiegend als Indiz im Rahmen der Beweiswürdigung verwertet, vereinzelt weitergehend auch eine Umkehr der Beweislast angenommen.[725]

(1) Eine generelle Einordnung wird sich nicht treffen lassen; vielmehr wird es auf die Umstände des Einzelfalles ankommen, wozu vor allem gehören: Mündlichkeit oder Schriftlichkeit sowie die näheren Umstände ihrer Abgabe.[726]

So spricht die Schriftlichkeit der Erklärung stark für einen rechtsgeschäftlichen Bindungswillen und das Vorliegen eines deklaratorischen Anerkenntnisses.[727] Die in einer *BGH*-Entscheidung[728] geforderte Voraussetzung, es müsse ein Gespräch über Haftpflichtansprüche vorausgegangen sein, dürfte zu weitgehend sein, zumal sich die Bedeutung der Erklärung für die Haftpflicht eigentlich aus den Umständen ergibt.[729] Bei mündlichen Erklärungen sollte man ein deklaratorisches Anerkenntnis jedenfalls dann annehmen, wenn der Erklärende hierdurch das Unterbleiben einer polizeilichen Unfallaufnahme und damit die für den anderen Teil angezeigte Beweissicherung veranlaßt.[730] Spontane, unter dem Eindruck des Unfalls und unter dem Einfluß von Verletzungen abgegebene Erklärungen sprechen gegen eine rechtsgeschäftliche Bindung,[731] ebenso der bloße Hinweis auf das Bestehen der Haftpflichtversicherung.[732]

(2) Umfang und Wirkungen des Anerkenntnisses richten sich nach der getroffenen rechtlichen Einordnung sowie der Auslegung nach den festgestellten Umständen des Einzelfalles.

Soweit ein deklaratorisches Anerkenntnis bejaht wird, sollte es entsprechend dem Zweck der Vereinbarung alle Einwendungen gegen den Grund ausschließen, also auch den Einwand des Mitverschuldens[733] und der mitwirkenden Betriebsgefahr;[734] auf den Wortlaut der Erklärung, „man erkenne die *Schuld* an", kann es hierbei nach dem Laienverständnis der Beteiligten nicht ankommen. Soweit ein deklaratorisches Anerkenntnis verneint wird, ist die Erklärung im Rahmen des § 286 ZPO frei zu würdigen; eine Um-

---

[723] *KG*, NJW 1971, 1219; *OLG Hamm*, VersR 1990, 81.

[724] *BGH*, NJW 1982, 996; 1984, 799; *OLG Bamberg*, VersR 1986, 1246; *Geigel/Schlegelmilch/Kolb*, Kap. 38, Rdnr. 11, 12.

[725] In letzterem Sinn *BGH*, WM 1974, 410; *OLG Hamm*, MDR 1974, 1019 m. abl. Anm. *Bergmann*, MDR 1974, 989.

[726] *BGHZ* 66, 251 = NJW 1976, 1259; *BGH*, NJW 1982, 996; NJW-RR 1987, 43; *Lindacher*, JuS 1973, 79.

[727] *LG Verden*, DAR 1980, 346.

[728] *BGH*, NJW 1984, 799 m. Anm. *Schlund*, JR 1984, 327.

[729] *KG*, NJW 1971, 1219.

[730] a.A. *BGH*, NJW 1984, 799.

[731] *AG Köln*, VRS 82, 242; a.A. *Lindacher*, JuS 1973, 82.

[732] *Geigel/Schlegelmilch/Kolb*, Kap. 38, Rdnr. 17; vgl. auch *OLG Köln*, VersR 1975, 1107.

[733] *KG*, NJW 1971, 1219; *OLG Hamm*, MDR 1974, 312; a.A. *OLG Frankfurt*, VersR 1974, 92; auf den Einzelfall abstellend *Geigel/Schlegelmilch/Kolb*, Kap. 38, Rdnr. 9, 16.

[734] *KG*, NJW 1971, 1219; *OLG Hamm*, MDR 1974, 312; 1974, 1019; a.A. *OLG Hamburg*, VersR 1974, 845; *OLG Hamm*, VersR 1976, 139.

kehr der Beweislast wird man dagegen nicht annehmen können,[735] da sonst kein Unterschied gegenüber dem deklaratorischen Anerkenntnis verbleibt.

(3) Ein formularmäßig abgefordertes Anerkenntnis kann wegen Verstoßes gegen § 9 AGBG unwirksam sein.[736] Eine Anfechtung des deklaratorischen Anerkenntnisses wegen Willensmängeln nach § 119 I BGB dürfte nicht in Frage kommen;[737] ebenso zweifelhaft ist die Zulässigkeit einer Kondiktion des deklaratorischen Anerkenntnisses nach § 812 BGB.[738] Richtigerweise kann sich der Empfänger des Anerkenntnisses nicht mehr auf dasselbe berufen, wenn die Beteiligten bei Abgabe der Erklärung einen für den Unfallverlauf relevanten Umstand als feststehend angenommen haben, der sich später als objektiv falsch herausstellt.[739] Bei einem gestellten Unfall entfällt jegliche Wirkung des Anerkenntnisses.[740]

c) Erklärungen im Rahmen der Schadensregulierung

Erklärungen des Haftpflichtversicherers, daß der Schaden ersetzt und Einwendungen nicht erhoben werden, werden von der Rechtsprechung durchweg als deklaratorisches Anerkenntnis gewertet.[741]

Dies entspricht den Umständen, unter denen die Erklärung erfolgt (Zeitablauf nach Unfall, Prüfung der Sach- und Rechtslage durch einen rechtskundigen Sachbearbeiter) und die eine stärkere Bindung rechtfertigen. Das Anerkenntnis kann den Grund des Anspruchs (volle Haftung, Anerkenntnis einer Haftungsquote) sowie einzelne Schadenspositionen (generelle Ersatzfähigkeit, betragsmäßige Festlegung) zum Inhalt haben. Ein abstraktes Schuldanerkenntnis wird aber auch hier regelmäßig verneint, so daß es bei der Verjährungsfrist des § 852 BGB verbleibt.[742]

6. Die Einrede der Verjährung

a) Verjährungsfristen

Für die Verjährung von Ansprüchen im Unfallhaftpflichtrecht[742a] kommen folgende Fristen in Frage:

(1) Ansprüche aus Delikt und Gefährdungshaftung verjähren einheitlich in drei Jahren (§§ 852 I BGB, 11 HaftpflG, 14 StVG, 12 ProdHG).

---

[735] a.A. *OLG Hamm*, MDR 1974, 1019 m. abl. Anm. *Bergmann*, MDR 1974, 989.

[736] *OLG Karlsruhe*, NJW 1991, 112.

[737] Hierzu *KG*, NJW 1971, 1219 m. Anm. *Mittenzwei*, NJW 1971, 2229.

[738] Hierzu *Geigel/Schlegelmilch/Kolb*, Kap. 38, Rdnr. 20.

[739] *BGH*, NJW 1963, 2316; *OLG Schleswig*, VersR 1975, 673; *Lindacher*, JuS 1973, 79.

[740] *AG Zweibrücken*, ZfS 1994, 399.

[741] *BGH*, NJW 1963, 2316; *KG*, NJW 1975, 1326; *OLG Karlsruhe*, VersR 1994, 937.

[742] *OLG Zweibrücken*, OLGZ 1966, 20; *KG*, NJW 1975, 1326, teilw. abw. *LG Hannover*, ZfS 1998, 417 L.

[742a] Eingehender Überblick bei *Jahnke*, VersR 1998, 1343, 1473.

(2) Vertragliche Ansprüche (z.B. aus Beförderungsvertrag) verjähren in 30 Jahren (§ 195 BGB), und zwar auch dann, wenn sie mit Ansprüchen aus Delikt etc. in Konkurrenz stehen.[743]

(3) Rechtskräftig festgestellte Ansprüche unterliegen einer Verjährungsfrist von 30 Jahren (§ 218 BGB).[744] Gleiches gilt bei einem schriftlichen Anerkenntnis des Haftpflichtversicherers für den Zukunftsschaden, der ein Feststellungsurteil ersetzt.[745] Zu beachten ist aber die Ausnahme in § 218 II BGB, wonach auch bei rechtskräftiger Verurteilung bzw. Feststellung wiederkehrender Leistungen (z.B. Renten nach §§ 843, 844 BGB) eine Verjährungsfrist von vier Jahren gilt.[746]

b) Beginn der Verjährung

Vertragliche Schadensersatzansprüche beginnen mit ihrer Entstehung zu verjähren (§ 198 BGB).[747] Für die im Vordergrund stehenden Ansprüche aus Delikt und Gefährdungshaftung ist der Zeitpunkt der Kenntnis von dem Schaden und der Person des Ersatzpflichtigen maßgebend (§ 852 I BGB).[748] Insoweit gelten folgende Grundsätze:

(1) Die Rechtsprechung läßt eine generelle Kenntnis der Tatsachen genügen, die auf die Person des Ersatzpflichtigen,[749] das schuldhafte Verhalten[750] das Vorliegen eines Schadens[751] sowie die eigene Schadensbetroffenheit[752] schließen lassen. Diese generelle Kenntnis muß so beschaffen sein, daß der Verletzte mit hinreichender Aussicht auf Erfolg eine Feststellungsklage erheben könnte.[753]

(2) Nicht erforderlich für den Beginn der Verjährung ist die richtige rechtliche Würdigung der anspruchsbegründenden Tatsachen,[754] ebensowenig die Kenntnis von dem Nichtbestehen etwaiger Einwendungen.[755]

(3) Der Verletzte darf den Beginn der Verjährung nicht dadurch hinausschieben, daß er durch Schließen von Augen und Ohren die unter (1) genannten konkreten Umstände wie Namen und Anschriften des Schädigers oder Einzelheiten des Schadens nicht zur Kenntnis nimmt. Die Rechtsprechung betont zwar einerseits, daß den Geschädigten keine Informationspflicht treffe und daß grobfahrlässige Unkenntnis nicht für den Beginn der Verjährungsfrist ausreiche.[756] Andererseits soll für die Kenntnis genügen,

---

743 *Geigel/Schlegelmilch*, Kap. 11, Rdnr. 46; *Hofmann*, Kap. 1.15., Rdnr. 10.

744 Zur Abweisung einer negativen Feststellungsklage siehe *BGH*, NJW 1972, 1043; 1975, 1320.

745 *BGH*, NJW 1985, 791; NZV 1998, 456; *LG Bielefeld*, NZV 1990, 193; *Wussow/Küppersbusch*, Rdnr. 617.

746 *BGH*, NJW-RR 1989, 215.

747 *BGHZ* 100, 228 = NJW 1987, 1887; *Geigel/Schlegelmilch*, Kap. 11, Rdnr. 45.

748 Überblicke bei *Lepa*, VersR 1986, 301; *Helm*, ZfS 1993, 253.

749 *BGH*, VersR 1971, 154 m. Anm. *Foerste*, VersR 1971, 716; *BGH*, NJW-RR 1990, 222.

750 *BGH*, NJW 1973, 316; 1984, 861.

751 *BGH*, NJW 1973, 702; 1993, 648.

752 *BGH*, NJW 1996, 117.

753 *BGHZ* 102, 246 = NJW 1988, 1146; *BGH*, NJW 1994, 1150; 1994, 3092; NJW-RR 1990, 222; *OLG Köln*, NJWE-VHR 1996, 197.

754 *BGH*, NJW 1984, 661; 1993, 2614; 1996, 117; a.A. *Geigel/Schlegelmilch*, Kap. 11, Rdnr. 1.

755 *BGH*, NJW 1993, 2614; *Geigel/Schlegelmilch*, Kap. 11, Rdnr. 11. – Anders bei § 839 I S. 2 BGB: *BGHZ* 102, 246 = NJW 1988, 1146; *BGHZ* 121, 65 = NJW 1993, 933.

756 *BGH*, NJW 1985, 2022; 1994, 3092; 1995, 776; 1999, 423; VersR 1996, 1258; *Geigel/Schlegelmilch*, Kap. 11, Rdnr. 1: Keine Pflicht zur Einsicht in die Ermittlungsakten (zweifelhaft).

wenn sich der Verletzte aufgrund bekannter Umstände die konkrete Kenntnis der zusätzlichen Tatsachen in zumutbarer Weise beschaffen kann.[757]

(4) Ausgeschlossen sein kann die Kenntnis bei Bewußtlosigkeit des Verletzten oder anderen Voraussetzungen, die die Einleitung der Rechtsverfolgung hindern.[758]

(5) Bei Minderjährigen kommt es auf die Kenntnis des gesetzlichen Vertreters an.[759] Bei gewillkürter Vertretung ist im Grundsatz auf die Person des Vertretenen abzustellen,[760] wobei allerdings die Person des Vertreters als sogenannter „Wissensvertreter" eine zusätzliche Rolle spielen kann.[761] Bei Behörden kommt es auf die Kenntnis desjenigen Bediensteten an, der für die Verfolgung der Ansprüche zuständig ist.[762]

(6) In den Fällen der cessio legis nach §§ 116 SGB X, 87a BGB ist im Hinblick auf den sofortigen Übergang der Ansprüche im Zeitpunkt des Unfalls[763] auf die Kenntnis der Person des Zessionars (Sozialversicherungsträgers,[764] Dienstherrn[765] und Versorgungsträgers[766]) abzustellen.[767] Anders ist dies bei dem späteren Übergang in den Fällen der Systemänderung[768] und auf die Bundesanstalt für Arbeit[769] und Sozialhilfeträger.[770] Ebenso ist wegen des späteren, an die Leistungen des Dritten anknüpfenden Anspruchsübergangs bei § 67 VVG, § 6 EFZG auf die Person des Zedenten abzustellen.[771]

c) Umfang der Verjährung

Die Verjährung erfaßt einheitlich den Anspruch auf Ersatz aller, auch der erst künftig entstehenden Schäden, soweit sie im Rahmen des Voraussehbaren liegen.[772]

Nur bei völlig aus dem Rahmen fallenden Spätschäden läßt die Rechtsprechung von deren Erkennen ab eine gesonderte Verjährungsfrist laufen.[773] Außerdem steht einer Erhöhung wiederkehrender Leistungen (Renten) im Rahmen einer Abänderungsklage (§ 323 ZPO) nicht die Einrede der Verjährung entgegen.[774]

---

[757] *BGH*, NJW 1985, 2022; 1987, 2120; 1989, 2323; 1994, 3092; *BGHZ* 133, 192 = NJW 1996, 2933; *v. Gerlach*, DAR 1995, 228; *Geigel/Schlegelmilch*, Kap. 11, Rdnr. 4 m.Nw.

[758] *BGH*, VersR 1961, 701; 1961, 886; 1964, 302.

[759] *BGH*, NJW 1976, 2344; *OLG Frankfurt*, FamRZ 1992, 181.

[760] *BGH*, NJW 1955, 706.

[761] *BGH*, NJW 1968, 988; 1989, 2323; 1994, 1150; NJW-RR 1990, 222 (Rechtsanwalt).

[762] *BGHZ* 133, 129 = NJW 1996, 2508; *BGHZ* 134, 343 = NJW 1997, 1584.

[763] S.o. VI, 4, c, Fußn. 481.

[764] S.o. VI, 4, c, (3); *BGHZ* 48, 181 = NJW 1967, 2199.

[765] S.o. VI, 5, e, (2), Fußn. 572; *BGH*, NJW 1965, 908.

[766] S.o. VI, 5, b, Fußn. 542.

[767] Zur für die Kenntnis maßgebenden Person s.o. Fußn. 762. – Weitere Einzelheiten bei *Geigel/Schlegelmilch*, Kap. 11, Rdnr. 6.

[768] S.o. VI, 5, c, Fußn. 483.

[769] S.o. VI, 5, a, (1), Fußn. 536.

[770] S.o. VI, 5, c, Fußn. 545.

[771] S.o. VI, 3, b, Fußn. 442; VI, 5, d, (3), Fußn. 553, 554.

[772] *BGH*, NJW 1973, 702; *OLG Köln*, NJW-RR 1993, 601; *OLG Hamm*, NJW-RR 1999, 252; *Geigel/Schlegelmilch*, Kap. 11, Rdnr. 10; Ausnahme: *BGH*, NJW 1991, 973 (Rechtsmißbrauch bei schweren Spätschäden); vgl. zur *BGH*-Rechtspr. teilw. abw. *Peters*, JZ 1983, 121; NZV 1991, 144.

[773] *BGH*, NJW 1973, 702; 1997, 2448; *Geigel/Schlegelmilch*, Kap. 11, Rdnr. 10; *Wussow/Küppersbusch*, Rdnr. 594 m.Nw.

[774] *BGH*, NJW 1982, 1809.

d) Unterbrechung der Verjährung

Eine Unterbrechung der Verjährung mit der Folge, daß nach deren Beendigung eine neue Verjährungsfrist zu laufen beginnt (§ 217 BGB), kommt vor allem in folgenden Fällen in Betracht:

(1) Die Verjährung wird unterbrochen, wenn der Berechtigte rechtzeitig Klage auf Leistung oder Feststellung des Anspruchs erhebt (§ 209 I BGB).

Zur Erhebung der Klage gehört nach § 253 I ZPO die Zustellung der Klageschrift; nach § 270 III genügt allerdings die fristgerechte Einreichung bei Gericht, wenn die Zustellung „demnächst" erfolgt, d.h. nicht durch schuldhaftes Verhalten des Klägers verzögert wird.[775] Die bloße Einreichung eines Antrages auf Bewilligung von Prozeßkostenhilfe genügt nicht für die Anwendung des § 270 III ZPO.[776]

Bei der gerichtlichen Geltendmachung genügt auch ein hilfsweises Vorbringen.[777] Ebenso genügt eine unbezifferte Schmerzensgeldklage.[778] Die Teilklage unterbricht nur für den geltendgemachten Betrag,[779] wobei aber die nachträgliche Aufgliederung des Klageantrages auf die Einzelforderungen unschädlich ist.[780] Nicht genügt der Abweisungsantrag gegenüber einer negativen Feststellungsklage des Schuldners.[781] Die Klage hat auch nur dann unterbrechende Wirkung, wenn sie vom Berechtigten erhoben wird,[782] was nicht unbedingt der Forderungsinhaber sein muß, sondern auch eine sonstige zur Prozeßführung befugte Person sein kann.[783]

(2) In gleicher Weise wie durch Klageerhebung wird die Verjährung durch Zustellung eines Mahnbescheids im Mahnverfahren unterbrochen (§ 209 II Nr. 1 BGB).

Voraussetzung ist, daß der geltendgemachte Anspruch im Mahnbescheid in der Weise bezeichnet ist (§ 692 I Nr. 1 i.V.m. § 690 I ZPO), daß er Grundlage eines Vollstreckungsbescheids sein und der Schuldner erkennen kann, welcher Anspruch gegen ihn geltendgemacht wird.[784] Die Einreichung bei einem unzuständigen Gericht schadet nicht.[785] Bei rechtzeitiger Einreichung des Antrags auf Erlaß des Mahnbescheids findet

---

[775] *BGH*, NJW 1991, 1745; 1992, 1820; 1994, 1073. – Maßgebender Zeitraum bei Einreichung vor Ablauf der Verjährungsfrist ist der Abstand zwischen Verjährungsende und Zustellung: *BGHZ* 86, 313 = NJW 1983, 1050; *BGH*, NJW 1986, 1347.

[776] *BGH*, VersR 1959, 757; *OLG Köln*, NJW 1994, 3360. – Zur Hemmung s.u.e, (3), Fußn. 808.

[777] *BGH*, NJW 1968, 692; *Oehlers*, NJW 1970, 845.

[778] *BGH*, NJW 1974, 1551.

[779] *BGH*, NJW 1988, 965; *Geigel/Schlegelmilch*, Kap. 11, Rdnr. 71 m.Nw. – Zur Teilfeststellungsklage siehe *BGH*, VersR 1996, 76; *OLG München*, VersR 1996, 63.

[780] *BGH*, NJW 1967, 2210 m. Anm. *Arens*, ZZP 82, 143; *BGH*, NJW 1984, 2346; NJW-RR 1988, 692; 1996, 885.

[781] *BGH*, NJW 1972, 1043; 1978, 1975.

[782] *OLG Düsseldorf*, NJW 1993, 2995; *Geigel/Schlegelmilch*, Kap. 11, Rdnr. 71 m.Nw.

[783] *BGHZ* 78, 1 = NJW 1980, 2461 m. Anm. *Olzen*, JR 1981, 108 (gewillkürte Prozeßstandschaft); a.A. *Tiedtke*, DB 1981, 1317.

[784] *BGH*, NJW 1992, 1111; 1993, 862; 1995, 2230. – Zur späteren Aufgliederung (s.o. Fußn. 780): *BGH*, NJW-RR 1996, 885.

[785] *BGHZ* 86, 313 = NJW 1983, 1050; *BGH*, NJW 1990, 1368.

– ebenso wie bei der Klageerhebung (§ 270 III ZPO)[786] – eine Rückwirkung statt, wenn der Mahnbescheid „demnächst" zugestellt wird (§ 693 II ZPO).[787]

(3) Als weiterer Unterbrechungsgrund kommt ein Anerkenntnis des Schuldners oder des für ihn handelnden Haftpflichtversicherers[788] in Betracht.

Hierfür genügt jede Handlung oder Äußerung dem Berechtigten gegenüber, aus der sich das Bewußtsein des Verpflichteten vom Bestehen des Anspruchs unzweideutig ergibt.[789] In Frage kommen: ein Anerkenntnis dem Grunde nach,[790] laufende Zahlungen des Haftpflichtversicherers aufgrund einer vereinbarten Haftungsquote,[791] im Einzelfall auch eine Abschlagszahlung[792] oder ein Vergleichsangebot.[793] Nach Ablauf der Verjährungsfrist kommt ein Anerkenntnis nach § 208 BGB nicht mehr in Betracht, sondern nur noch ein konstitutives Anerkenntnis (§ 780 BGB) oder ein „Verzicht" auf die Verjährungseinrede.[794]

e) Hemmung der Verjährung

Eine Hemmung der Verjährung mit der Folge, daß deren Zeitraum in die Verjährungsfrist nicht eingerechnet wird (§ 205 BGB), tritt vor allem in den folgenden Fällen ein:

(1) Die Verjährung wird für die Dauer der Verhandlungen über den Anspruch gehemmt (§ 852 II BGB).

Solche Verhandlungen schweben bereits dann, wenn der Versicherer nach Anmeldung der Ansprüche sich in Erörterungen einläßt, die ein Entgegenkommen erwarten lassen.[795] Die Hemmung endet mit dem Abbruch der Verhandlungen; dies ist dann der Fall, wenn einer der Beteiligten die Fortsetzung der Verhandlungen ausdrücklich verweigert,[796] aber auch dann, wenn der Ersatzberechtigte auf ein Schreiben des Haftpflichtversicherers nicht mehr antwortet und damit die Verhandlungen „einschlafen" läßt.[797] Gleiches gilt, bei Abschluß eines Abfindungsvergleichs mit Abfindungszahlung, wenn ein Zukunftsschaden vorbehalten wurde.[798]

Die Hemmungswirkung des § 852 II BGB durch Verhandlungen mit dem Haftpflichtversicherer wirkt auch gegen den (oder die) versicherten Schädiger, da der Haftpflichtversicherer diese Verhandlungen aufgrund der sich aus § 10 V AKB enthaltenen Vollmacht auch in deren Namen führt.[799] Umgekehrt gilt dies aber nicht: Verhandlun-

---

[786] S.o. Fußn. 775.

[787] Zur Einreichung vor Verjährungsbeginn: *BGHZ* 52, 47 = NJW 1969, 1164; *BGH*, NJW 1995, 3380.

[788] *BGH*, NJW 1970, 1119.

[789] *BGH*, NJW 1988, 1259 = NJW-RR 1988, 684; NJW-RR 1986, 324.

[790] *BGH*, VersR 1974, 571.

[791] *BGH*, NJW-RR 1986, 324; *OLG Koblenz*, NJW-RR 1994, 1049.

[792] *BGH*, VersR 1972, 398; NJW-RR 1986, 324.

[793] *BGH*, VersR 1965, 958; vgl. aber *BGH*, VersR 1966, 536.

[794] S.u. g).

[795] *BGH*, NJW-RR 1988, 73; NJW 1997, 3447; *Geigel/Schlegelmilch*, Kap. 11, Rdnr. 28.

[796] *BGH*, NJW 1991, 475; 1998, 2819; NJW-RR 1991, 796.

[797] *BGH*, NJW 1977, 674; 1986, 1337; NJW-RR 1990, 664; *OLG Karlsruhe*, NJW-RR 1994, 594.

[798] *OLG Karlsruhe*, NJW-RR 1997, 1318.

[799] *Geigel/Schlegelmilch*, Kap. 11, Rdnr. 28.

gen zwischen Geschädigten und den Schädigern wirken nicht verjährungshemmend zu Lasten des Versicherers (§ 425 II BGB).

(2) Einen zusätzlichen Hemmungstatbestand schafft § 3 Nr. 3 S. 4 PflVG. Die Verjährung ist gehemmt von der Anmeldung der Ansprüche bei dem Versicherer bis zum Erlaß eines Bescheides.

Die Anmeldung bedarf keiner Form, kann also auch mündlich erfolgen.[800] Der Bescheid des Versicherers muß dagegen schriftlich erfolgen[801] und erfordert eine eindeutige und endgültige Stellungnahme des Versicherers.[802] Auch ein positiver Bescheid beendet die Hemmung.[803] Zweifelhaft ist, ob daneben das bei § 852 II BGB zugelassene „Einschlafenlassen" der Verhandlungen[804] auch hier zu einer Beendigung der Hemmung führt.[805] Die Hemmung der Verjährung wirkt auch hier gegen den Versicherungsnehmer,[806] m.E. aber nicht umgekehrt.[807]

(3) Eine Hemmung wegen höherer Gewalt im Sinne des § 203 II BGB kommt nach der Rechtsprechung in Frage, wenn der Verletzte vor Ablauf der Verjährung fristgerecht einen Antrag auf Bewilligung von Prozeßkostenhilfe eingereicht hat, über den erst nach Ablauf der Verjährungsfrist entschieden wird; hier kann die nach Bewilligung der Prozeßkostenhilfe zugestellte Klage sodann verjährungsunterbrechende Wirkung haben.[808]

f) Einrede der Arglist

Einer formell zu Recht erhobenen Einrede der Verjährung kann der Verletzte die Einrede der Arglist entgegensetzen, wenn er nach dem Verhalten des Schädigers oder dessen Versicherers davon ausgehen konnte, die Verjährungseinrede werde nicht erhoben[809] oder wenn der Schädiger bzw. sein Versicherer den Verletzten bewußt von der rechtzeitigen Klageerhebung abgehalten haben.[810]

In diesen Fällen muß der Berechtigte nach Aufdecken der wahren Absichten des Schädigers (bzw. des Versicherers) binnen einer nur kurz zu bemessenden Frist Klage erheben.[811]

---

[800] *BGHZ* 74, 393 = NJW 1979, 2175; *BGH*, NJW-RR 1987, 916.

[801] Vgl. jedoch *Geigel/Schlegelmilch*, Kap. 11, Rdnr. 33 (§ 242 BGB).

[802] *BGH*, NJW-RR 1991, 470; *Geigel/Schlegelmilch*, Kap. 11, Rdnr. 32; *Wussow/Küppersbusch*, Rdnr. 607; teilw. abw. *OLG München*, NZV 1992, 322 (keine Endgültigkeit).

[803] *BGHZ* 114, 299, 301 = NJW 1991, 1954; *BGH*, NJW-RR 1992, 606; einschr. *BGH*, NJW-RR 1996, 474; hierzu *v. Gerlach*, DAR 1996, 210.

[804] S.o. Fußn. 797.

[805] Dafür *BGH*, NJW-RR 1990, 664; NJW 1997, 2521; *OLG Düsseldorf*, NZV 1990, 74.

[806] *BGHZ* 83, 162 = NJW 1982, 1761.

[807] a.A. wohl *Geigel/Schlegelmilch*, Kap. 11, Rdnr. 32.

[808] *BGHZ* 70, 235 = NJW 1978, 938; *BGH*, NJW 1987, 3120.

[809] *BGH*, VersR 1969, 451 m. krit. Anm. *Schirmer*, VersR 1970, 112; *BGH*, NJW 1978, 1256; 1998, 902.

[810] *BGH*, NJW-RR 1991, 1033.

[811] *BGH*, NJW 1978, 1256; 1991, 974.

g) Verzicht

Ein Verzicht auf die Verjährungseinrede ist nach § 225 BGB nicht wirksam.[812] Derartigen Erklärungen des Schuldners kann im Einzelfall mit der Einrede der Arglist begegnet werden.[813]

7. Der Vergleich

a) Bedeutung

Unfallhaftpflichtsachen werden in ihrer überwältigenden Mehrheit vorprozessual zwischen Geschädigten und dem Kfz-Haftpflichtversicherer bereinigt.[814] Dafür sind zwei Motive maßgebend:

(1) Die Erledigung ohne Einschaltung der Gerichte dient der Beschleunigung und erspart Kosten.

(2) Die Kfz-Haftpflichtversicherer haben ein Interesse an einer endgültigen Bereinigung unter Einbeziehung der Zukunftsschäden. Diese werden entweder durch Festlegung der zu zahlenden Renten für die Zukunft einem Streit entzogen oder aber – durch Umrechnung der Renten in einen Kapitalbetrag im Einverständnis mit dem Verletzten[815] – durch Zahlung eines Abfindungsbetrages endgültig erledigt.

b) Arten des Vergleichs

Entsprechend den unter a) genannten Zwecken steht der Gesamtvergleich durch Zahlung eines Abfindungsbetrages im Vordergrund. Er ist vorherrschend bei der Abgeltung von Sachschäden. Bei Personenschäden ist im Hinblick auf die oft unsichere Zukunftsprognose[816] auch der Rentenvergleich üblich. Daneben kommen aber auch in Frage:

(1) ein Grundvergleich, bei dem die Parteien sich zunächst nur darüber einigen, ob der Schaden von dem Versicherer voll oder nur mit einer bestimmten Quote übernommen wird,[817]

(2) ein Teilvergleich, bei dem nur bestimmte Schadenspositionen endgültig geregelt werden; auch ein Teilvergleich über die Zahlung eines Ersatzes für bestimmte Zeiträume kommt in Betracht.[818]

In beiden Fällen können sich an den Vergleichsschluß weitere Verhandlungen – z.B. auch die Klärung eines Personenschadens nach Einholung eines Sachverständigengutachtens – anschließen.

---

[812] Zur Prozeßerklärung: *BGHZ* 22, 267 = NJW 1957, 323 L.

[813] i.E. ebenso *Wussow/Küppersbusch*, Rdnr. 613, 614; vgl. ferner *BGH*, VersR 1992, 1091; *OLG Oldenburg* MDR 1997, 351.

[814] Überblicke bei *Klimke*, VersR 1975, 686; *Jahnke*, VersR 1995, 1145.

[815] § 843 III BGB.

[816] S.u. e.

[817] Zur Abwägung s.o. VII, 4.

[818] *Wussow/Küppersbusch*, Rdnr. 631.

c) Der Abschluß des Vergleichs

Er unterliegt den allgemeinen Regeln des BGB. So sind die §§ 104 ff. BGB über die Geschäftsfähigkeit[819] zu beachten, aber auch die §§ 119, 123, 138, 779 BGB.[820] Soweit es sich um vorformulierte Abfindungserklärungen der Versicherer handelt, ist auch das AGBG anwendbar.[821]

Hinsichtlich Abfindungserklärungen hat das Bundesaufsichtsamt für das Versicherungswesen Anordnungen getroffen.[822] Danach muß das Formular die Überschrift „Abfindungserklärung" enthalten. Im übrigen muß das Formular darauf hinweisen, daß der Geschädigte an die Abfindungserklärung nicht mehr gebunden ist, wenn die Zahlung des Versicherers nicht innerhalb einer bestimmten Frist (höchstens vier Wochen) erfolgt.

d) Personeller Umfang der Bindungswirkung

Der Vergleich äußert seine Wirkung über den Kreis der Vertragsschließenden hinaus. Es sind in die Bindung einbezogen:

(1) die von dem Haftpflichtversicherer vertretenen Versicherungsnehmer einschließlich der mitversicherten Personen.[823]

(2) die Zessionare, auf die der Anspruch erst nach Abschluß des Vergleichs übergeht (Kaskoversicherer, Arbeitgeber).[824]

Bei Sozialversicherungsträgern, auf die der Anspruch im Zeitpunkt des Unfalls sofort übergeht, besteht in der Regel keine Bindungswirkung[825] mit Ausnahme der seltenen Fälle des Gutglaubensschutzes nach § 407 BGB.[826] Keine Bindungswirkung besteht auch zu Lasten der mittelbar Geschädigten, die eigene Ansprüche haben.[827] Schließlich ist eine Klausel in der Abfindungserklärung, wonach sich der Verzicht des Geschädigten auf „jeden Dritten" – also über die bereits erwähnten Versicherungsnehmer[828] hinaus – erstreckt, wegen Verstoßes gegen die §§ 3, 9 AGBG unwirksam.[829]

e) Zulässigkeit von Nachforderungen beim Abfindungsvergleich

Entsprechend seinem Zweck, die Ansprüche des Verletzten endgültig zu bereinigen, sind beim Abfindungsvergleich Nachforderungen wegen späterer Schäden im Grundsatz ausgeschlossen.[830] Das gilt nicht nur für bei Vergleichsschluß erkennbare,[831] sondern auch für nicht erkennbare

---

[819] Siehe auch § 1822 Nr. 12 BGB.

[820] *Wussow/Küppersbusch*, Rdnr. 623; Einzelheiten bei *Geigel/Schlegelmilch/Kolb*, Kap. 40, Rdnr. 4 ff.

[821] *BGH*, NJW 1985, 970. – S.u. Fußn. 829.

[822] *Klimke*, VersR 1975, 886; *Wussow/Küppersbusch*, Rdnr. 628.

[823] *BGH*, NJW 1957, 1395; 1984, 115.

[824] S.o. VI, 3, b; VI, 5, d, (3), Fußn. 555.

[825] *Geigel/Schlegelmilch/Kolb*, Kap. 40; Rdnr. 53.

[826] S.o. VI, 4, c, (1), Fußn. 485.

[827] *Geigel/Schlegelmilch/Kolb*, Kap. 40, Rdnr. 52.

[828] S.o. Fußn. 823.

[829] *BGH*, NJW 1985, 970; a.A. *Geigel/Schlegelmilch/Kolb*, Kap. 40, Rdnr. 55, 57.

[830] *BGH*, NJW 1984, 115 (Rente); *BGHZ* 79, 187 = NJW 1981, 818 (Kapitalabfindung).

[831] *OLG Düsseldorf*, NZV 1995, 482.

Spätfolgen.[832] Insbesondere ist hier § 779 BGB nicht anwendbar.[833] Es ist aber auf folgende Ausnahmen hinzuweisen:

(1) Ausdrückliche Vorbehalte in der Abfindungserklärung sind natürlich zu beachten.[834]

(2) Eine Auslegung des Vergleichs (§§ 133, 157 BGB) kann ergeben, daß bestimmte Spätfolgen von der Abfindung nicht erfaßt werden sollen;[835] dabei ist aber ein strenger Maßstab anzulegen.[836]

(3) Im Einzelfall können die Grundsätze über den Wegfall der Geschäftsgrundlage zu einer Anpassung des Vergleichs führen.[837]

(4) Im Einzelfall kann das Festhalten am Abfindungsvergleich unter eng begrenzten Voraussetzungen als unzulässige Rechtsausübung zu werten sein: wenn nämlich zwischen gezahlter Abfindungssumme und dem Gesamtschaden ein so krasses Mißverhältnis besteht, daß der Schädiger bzw. sein Versicherer durch das Berufen auf den Vergleich gegen Treu und Glauben verstößt.[838]

(5) Der Anpassung einer im Vergleich zugebilligten Rente wegen Verlusts der Kaufkraft unter den Voraussetzungen des Wegfalls der Geschäftsgrundlage (clausula rebus sic stantibus) steht nichts entgegen.[839] Im Gegensatz zur Rechtsprechung zu § 323 ZPO[840] ist die Rechtsprechung bei Annahme einer „wesentlichen Änderung der Verhältnisse“ sehr engherzig.[841]

Zweiter Teil. Ersatz des Sachschadens

I. Der Sachschaden im engeren Sinne

Der Ersatz von Schäden am unfallbeteiligten Kraftfahrzeug kann auf verschiedene Weise reguliert werden. Ausgangspunkt für die Bemessung des Schadens ist hierbei § 249 BGB.

---

[832] *BGH*, NJW 1991, 1535; *OLG Frankfurt*, DAR 1983, 147; *OLG Koblenz*, VersR 1996, 232.

[833] *Geigel/Schlegelmilch/Kolb*, Kap. 40, Rdnr. 8; *Wussow/Küppersbusch*, Rdnr. 640.

[834] *OLG Hamm*, NJW 1995, 790.

[835] *BGH*, NJW 1955, 1025; *OLG Hamm*, NZV 1994, 435; *Geigel/Schlegelmilch/Kolb*, Kap. 40, Rdnr. 40, 54; *Wussow/Küppersbusch*, Rdnr. 633.

[836] *BGH*, NJW 1957, 1395.

[837] *BGH*, NJW 1957, 1395; MDR 1968, 225; *Geigel/Schlegelmilch/Kolb*, Kap. 40, Rdnr. 15; *Wussow/Küppersbusch*, Rdnr. 641; *OLG Saarbrücken*, NZV 1997, 271 (Herabsetzung wegen Erhöhung des Pflegegeldes); vgl. auch *BGH*, NJW-RR 1994, 434.

[838] *BGH*, VersR 1961, 382; NJW 1984, 115; 1991, 1535; *OLG Köln*, NJW-RR 1988, 924; *Wussow/Küppersbusch*, Rdnr. 644.

[839] *BGH*, NJW 1962, 2147; 1986, 2054 (Prozeßvergleich); *Wussow/Küppersbusch*, Rdnr. 645, 647.

[840] *Baumbach/Lauterbach/Albers/Hartmann*, § 323 ZPO, Rdnr. 37 (Regel: 10 %); noch weitergehend *OLG Düsseldorf*, NJW-RR 1994, 520.

[841] *BGH*, NZV 1989, 65 (verneinend bei 36 %).

1. *Der Ersatz auf Reparaturbasis*

a) *Allgemeines*

Ist das beschädigte Kraftfahrzeug noch reparabel, so besteht der Schadensersatz in der Wiederherstellung des früheren Zustands in Form der Reparatur. In der Praxis wird diese – an und für sich vom Schädiger geschuldete – Naturalrestitution ersetzt durch die Zahlung des für die Wiederherstellung erforderlichen Geldbetrages (§ 249 S. 2 BGB; § 3 Nr. 3 S. 2 PflVG).[1] Das bedeutet allerdings kein Abgehen von dem auf der Differenzhypothese des § 249 BGB aufbauenden Herstellungscharakter des Ersatzverlangens.[2]

b) *Die Reparaturkosten*

Geschuldet werden regelmäßig die zur Herstellung des vollen betriebsfähigen und betriebssicheren Zustands des Kfz notwendigen Reparaturkosten.[3] Die Rechtsprechung versteht hierunter denjenigen Geldbetrag, den ein verständiger, wirtschaftlich denkender Eigentümer für die Instandsetzung des Fahrzeugs als zweckmäßig und angemessen ansieht.[4]

(1) Auszuscheiden sind natürlich die Kosten der Reparatur, soweit sie sich auf die Beseitigung früherer Unfallschäden oder bereits bei Unfall vorhandener Verschleißerscheinungen beziehen.[5]

(2) Fehleinschätzungen bei Erteilung und Durchführung des Reparaturauftrages, die bei Anwendung der erforderlichen Sorgfalt von dem Geschädigten nicht zu vertreten sind, können auch die Erstattung von Kosten rechtfertigen, die aus der damaligen Sicht verständlich und angezeigt waren, bei Betrachtung ex post dagegen nicht im Rahmen des Notwendigen lagen.[6] Bei der Frage des Verschuldens hinsichtlich der Fehleinschätzung ist nur auf das Verschulden des Geschädigten selbst abzustellen, nicht auf das Verschulden der beauftragten Reparaturwerkstatt[7] oder eines von dem Geschädigten beauftragten Sachverständigen;[8] diese sind nach heute gefestigter Rechtsprechung nicht als Erfüllungsgehilfen des Geschädigten anzusehen, da die Reparatur von dem Schädiger geschuldet wird und sich hieran auch nichts durch das Verlangen von Geldersatz ändert.[9] Das bedeutet nach der Rechtsprechung auch die Eratzpflicht bei erhöhten Reparaturkosten, die auf überhöhte Ansätze von Material und Arbeitszeit sowie unwirtschaftliche Arbeitsweise zurückzuführen sind.[10] Einer zu weitgehenden Ersatzpflicht

---

[1] Vgl. jedoch *OLG Düsseldorf*, NJW-RR 1996, 1370.

[2] *Geigel/Schlegelmilch/Rixecker*, Kap. 4, Rdnr. 7, 8.

[3] *BGHZ* 54, 82 = NJW 1970, 1454; *BGH*, NJW 1972, 1800.

[4] *BGHZ* 54, 82 = NJW 1970, 1454; *BGHZ* 63, 182 = NJW 1975, 160; *BGH*, NJW 1982, 1518; 1992, 302.

[5] *BGHZ* 63, 182 = NJW 1975, 160; *OLG Oldenburg*, NZV 1989, 148.

[6] *BGHZ* 115, 364 = NJW 1992, 302; *Geigel/Schlegelmilch/Rixecker*, Kap. 4, Rdnr. 12.

[7] *BGHZ* 63, 182 = NJW 1975, 160; *BGHZ* 115, 364 = NJW 1992, 302.

[8] *OLG Karlsruhe*, VersR 1975, 335; *LG Köln*, NJW 1975, 57.

[9] *BGHZ* 63, 182 = NJW 1975, 160.

[10] *BGHZ* 63, 182 = NJW 1975, 160; zu weitgehend *OLG Hamm*, NZV 1995, 442 (tatsächlich nicht durchgeführte Arbeiten).

des Schädigers ist durch gewisse Anforderungen an die Auswahl- und Überwachungspflicht des Geschädigten sowie einer Eingrenzung des Schadens unter dem Gesichtspunkt der Kausalität und der Zumutbarkeit gegenzusteuern.[11]

(3) Der Geschädigte hat bisher nach h.M. grundsätzlich Anspruch darauf, daß bei der Reparatur fabrikneu genormte Ersatzteile eingebaut werden;[12] das soll selbst bei ganz alten Fahrzeugen gelten, bei denen der „wirtschaftlich und verständig denkende Eigentümer"[13] wahrscheinlich gebrauchte Ersatzteile benutzt hätte, wenn er den Schaden auf eigene Kosten repariert hätte; in diesen Fällen kann bei unwirtschaftlichen Maßnahmen ein entsprechender „Abzug neu für alt" in Frage kommen.[14] Hinsichtlich der Lackierung muß sich der Geschädigte nach dem heutigen Stand der Technik i.d.R. mit den Kosten einer Teillackierung zufrieden geben.[15]

(4) Auf die so ermittelten Reparaturkosten ist ein Abzug „neu für alt" zu machen, soweit durch die Reparatur eine Wertverbesserung eingetreten ist.[16] Dies ist i.d.R. nur der Fall, wenn der Geschädigte durch die Reparatur Aufwendungen erspart, die er ohne den Unfall später von sich aus hätte machen müssen; dies trifft vor allem für die sogenannten Verschleißteile zu.[17]

(5) Die von dem Geschädigten zu zahlende Umsatzsteuer ist dem Grundsatz nach als ersatzfähiger Schaden anzusehen; ihre Erstattung entfällt aber nach den Regeln der Vorteilsausgleichung, soweit der Geschädigte sie im Wege des Vorsteuerabzugs (§ 15 MehrwStG) von dem Finanzamt erstattet bekommt.[18] Es bedarf also jeweils der Klärung, ob der Geschädigte Unternehmer ist und das beschädigte Kfz zum Betriebsvermögen gehört.[19]

(6) Führt der Geschädigte die Reparatur privat in eigener Regie aus, so hat er gleichwohl Anspruch auf Ersatz der Reparaturkosten, die bei Beauftragung einer Werkstatt entstanden wären; dem Schädiger soll nicht zugute kommen, daß der Geschädigte seine besonderen technischen Fähigkeiten und seine Freizeit zur Behebung des Schadens einsetzt.[20]

(7) Betreibt der Geschädigte selbst eine Kfz-Werkstatt, so ist er in der Regel nicht verpflichtet, diese für die Reparatur des Wagens einzusetzen;[21] etwas anderes gilt aber, wenn diese Werkstatt gerade für die Reparatur eigener Fahrzeuge bestimmt ist.[22] Wird die Reparatur in eigener Werkstatt durchgeführt, soll allerdings der Unternehmergewinn abgezogen werden, wenn die Reparatur unter Ausnutzung freier Kapazitäten durchgeführt wird.[23]

---

[11] *Schmid*, DAR 1968, 143, 146; *Geigel/Schlegelmilch/Rixecker*, Kap. 4, Rdnr. 12.

[12] *Himmelreich/Klimke*, Rdnr. 682 ff.; vgl. jetzt aber *Reinking*, ZfS 1997, 81; DAR 1999, 56; *Budel*, VersR 1998, 1460; *Walter*, NZV 1998, 19; *Anselm*, NJW 1999, 153.

[13] S.o. Fußn. 4.

[14] S.u. (4).

[15] *OLG Hamm*, VersR 1975, 335; *LG München I*, DAR 1987, 384.

[16] *BGHZ* 30, 29 = NJW 1959, 1078; *BGH*, NJW 1996, 584.

[17] *BGH*, NJW 1997, 520; *LG Dresden*, DAR 1996, 60.

[18] *BGH*, NJW 1972, 1460.

[19] *Himmelreich/Klimke*, Rdnr. 950 ff.; *Geigel/Schlegelmilch*, Kap. 5, Rdnr. 13 ff.

[20] *BGH*, NJW 1970, 1454; 1992, 1618; *OLG Dresden*, DAR 1996, 54; a.A. *OLG Düsseldorf*, NZV 1995, 232; 1996, 279; krit. auch *Freundorfer*, VersR 1992, 1332; *Imbach*, VersR 1996, 425.

[21] *OLG Düsseldorf*, NJW-RR 1994, 1375.

[22] *BGH*, NJW 1970, 1454.

[23] *OLG Hamm*, NJW-RR 1990, 468; *LG Bochum*, NJW-RR 1989, 1195; *LG Heidelberg*, NJW-RR 1991, 352.

c) Merkantiler Minderwert

Zu den Reparaturkosten hinzu tritt der merkantile Minderwert. Dies ist der Betrag, den der Geschädigte bei einem etwaigen Verkauf des Fahrzeugs als „Unfallwagen" auf dem Gebrauchtwagenmarkt weniger erzielt, weil er den Unfallschaden als wertmindernde Eigenschaft offenbaren muß.[24] Keine Rolle spielt hierbei das häufig gebrachte Gegenargument, daß bei dem heutigen Stand der Kfz-Reparaturtechnik der Wagen nach der ordnungsgemäß durchgeführten Reparatur wieder voll betriebssicher sei;[25] dieser Hinweis übersieht die „psychologische Natur" des Minderwerts, wie er sich aus der Sicht des Kaufinteressenten ergibt.

(1) Die Zuerkennung eines merkantilen Minderwerts ist nach heutiger Verkehrsauffassung zu versagen bei nicht erheblichen Beschädigungen, wobei es auf die Beschädigung tragender Teile des Fahrzeugs ankommt,[26] bei älteren Fahrzeugen ab einem bestimmten Alter,[27] bei Fahrzeugen mit einer hohen Kilometerleistung,[28] und solchen Fahrzeugen, die üblicherweise nicht veräußert werden und für die ein Markt nicht vorhanden ist.[29]

(2) Maßgebend für die Bemessung des merkantilen Minderwerts ist der Zeitpunkt der Beendigung der Reparatur.[30] Bemessungsfaktoren sind nach den Ausführungen unter (1) die Art der Unfallschäden sowie Alter und Zustand des beschädigten Fahrzeugs, insbesondere Fahrleistung und etwaige Vorschäden.[31]

(3) In der Praxis wird bei der Bemessung des merkantilen Minderwerts häufig auf Tabellen abgestellt, wobei meist recht schematisch vorgegangen wird.[32] Zu erwähnen sind die Tabellen von *Ruhkopf-Sahm,*[33] die Berechnungsmethoden von *Halbgewachs*[34] und *Nölke-Nölke,*[35] sowie das sogenannte Hamburger Modell.[36] Soweit in diesen Tabellen auf die Reparaturkosten abgestellt wird, muß den unter (1) angestellten Erwägungen durch eine Begrenzung derselben auf die Reparatur tragender Teile Rechnung getragen werden. Andere Gerichte wenden sich gegen Tabellen und wollen mehr auf den Einzelfall abstellen;[37] dies führt zu einer willkürlichen Schätzung nach § 287 ZPO oder

---

[24] *BGHZ* 35, 369 = NJW 1961, 2253; *BGH*, NJW 1980, 281; *Fabricius*, JuS 1962, 224; *Geigel/Schlegelmilch/Rixecker*, Kap. 4, Rdnr. 36.

[25] So *Sanden/Völtz*, Rdnr. 155.

[26] *OLG Frankfurt*, DAR 1984, 318; *LG Kiel*, VersR 1988, 47; *Himmelreich/Klimke*, Rdnr. 826 ff.

[27] *Riedmaier*, VersR 1986, 731; *OLG Celle*, VersR 1984, 5860; *OLG Köln*, VersR 1990, 1251. a.A. *Geigel/Schlegelmilch/Rixecker*, Kap. 4, Rdnr. 44.

[28] Dagegen *Geigel/Schlegelmilch/Rixecker*, aaO., m.Nw. – Anders bei Nutzfahrzeugen: *BGH*, NJW 1980, 281.

[29] *Hofmann*, Kap. 2.1., Rdnr. 41 m.Nw.

[30] *BGH*, NJW 1967, 552 m. Anm. *Steindorff*, JZ 1967, 361.

[31] *OLG Köln*, DAR 1973, 71; *OLG Celle*, VersR 1973, 717.

[32] Eine Stellungnahme des BGH zu den Tabellen: *BGH*, NJW 1980, 280, 281.

[33] *Ruhkopf-Sahm*, VersR 1962, 593; hierzu *OLG Karlsruhe*, VersR 1983, 1065; *Geigel/Schlegelmilch/Rixecker*, Kap. 4, Rdnr. 38.

[34] *Halbgewachs*, Der merkantile Minderwert, 11. Aufl. (1992); *OLG Stuttgart*, VersR 1986, 773; *LG Hanau*, NJW-RR 1988, 862; *KG*, NZV 1995, 312; *Geigel/Schlegelmilch/Rixecker*, Kap. 4, Rdnr. 39.

[35] *Nölke/Nölke*, DAR 1972, 321.

[36] *OLG Hamburg*, VersR 1981, 1186 = DAR 1981, 388; *Geigel/Schlegelmilch/Rixecker*, Kap. 4, Rdnr. 41.

[37] *OLG Frankfurt*, VersR 1978, 1044; ZfS 1983, 5; *OLG Köln*, NZV 1992, 404 L; *Geigel/Schlegelmilch/Rixecker*, Kap. 4, Rdnr. 43; *Weber*, VersR 1996, 863.

zur Einschaltung eines Sachverständigen,[38] dessen Kosten in keinem angemessenen Verhältnis zu dem Streitobjekt stehen.

d) Fiktive Reparaturkosten

Der Geschädigte kann die zu b) und c) erwähnten Positionen[39] auch ersetzt verlangen, wenn er das Fahrzeug gar nicht oder nur teilweise reparieren läßt. Die Rechtfertigung eines Ersatzes der „fiktiven Reparaturkosten" wird aus der gesetzlichen Regelung gefolgert, wonach der Geschädigte den zur Herstellung *erforderlichen* Geldbetrag (§ 249 S. 2 BGB) verlangen kann.[40] Begründet wird dies zusätzlich mit der Dispositionsbefugnis des Geschädigten, dem es freistehen soll, ob und wie er den Schaden beheben läßt.[41]

(1) Dies soll sowohl für die Fälle gelten, in denen der Geschädigte die Reparatur unterläßt und das Fahrzeug in beschädigtem Zustand weiterbenutzt, als auch, wenn er das Fahrzeug verschrottet bzw. veräußert und den Erlös für Anschaffung eines Ersatzfahrzeugs verwendet oder den Erlös anderen Zwecken zuführt.[42] Auch im Falle einer privaten Eigenreparatur oder einer nur teilweisen bzw. verbilligten Reparatur können die fiktiven Reparaturkosten verlangt werden.[43] Es soll aber nicht ohne weiteres gelten, wenn der Geschädigte die Reparatur im eigenen Werkstattbetrieb kostengünstiger ausführt.[44]

(2) Der Höhe nach umfassen die fiktiven Reparaturkosten auch den merkantilen Minderwert[45] und nach der Rechtsprechung des *BGH* auch die auf die erforderlichen Reparaturkosten zu zahlende Mehrwertsteuer.[46] Der *BGH* hat die Höhe allerdings dahin eingeschränkt, daß der Geschädigte sich grundsätzlich in den durch die Abrechnung nach dem Wiederbeschaffungswert gezogenen Grenzen halten muß.[47] Im Klartext heißt dies, daß bei den fiktiven Reparaturkosten nicht die sonst bei der Abgrenzung zum Totalschaden zugelassene Überschreitung des Wiederbeschaffungswerts um bis zu 30%[48] gelten soll; diese Ausdehnung der Abrechnung auf Reparaturkostenbasis zu La-

---

[38] S.u. 4. Teil, III, 1, b, (2), Fußn. 197.

[39] Eine Ausdehnung auf sonstige Positionen des mittelbaren Sachschadens ist abzulehnen. S.u. II, 1, Fußn. 99; II, 2, a, Fußn. 106.

[40] *BGHZ* 66, 239 = NJW 1976, 1396; *Medicus*, DAR 1982, 352; *Geigel/Schlegelmilch/Rixecker*, Kap. 4, Rdnr. 10.

[41] *Grunsky*, NJW 1983, 2465, 2468; *Steffen*, VersR 1997, 2; *Weber*, VersR 1990, 934.

[42] *BGHZ* 66, 239 = NJW 1976, 1396; *BGH*, NJW 1985, 2469; 1992, 903; *OLG München*, DAR 1989, 419; *Grunsky*, NJW 1983, 2468; siehe jedoch unten Fußn. 47–49. – a.A. bei Veräusserung *LG Hannover*, NJW-RR 1999, 251 (unter Berufung auf *BGH* NJW 1993, 1793; vgl. aber jetzt *BGH*, NJW 1998, 2905).

[43] *BGHZ* 54, 82 = NJW 1970, 1454; *KG*, VersR 1985, 272; *LG München*, DAR 1987, 56; *LG Aachen*, DAR 1985, 214 m. Anm. *Klimke*.

[44] *BGHZ* 54, 82 = NJW 1970, 1454; *LG Bochum*, NJW-RR 1989, 1195. – S.o. Fußn. 23.

[45] *BGHZ* 35, 396 = NJW 1961, 2253; *Himmelreich/Klimke*, Rdnr. 793.

[46] *BGHZ* 61, 101 = NJW 1973, 1647; *BGH*, NJW 1982, 1864; 1985, 1222; abw. *20. DVGT*, VersR 1982, 229; *Hofmann*, DAR 1983, 374; *Kääb-Grube*, NZV 1989, 342.

[47] *BGHZ* 66, 239 = NJW 1976, 1396; *BGH*, NJW 1985, 2469; 1992, 305; *BGHZ* 115, 364 = NJW 1992, 903; *OLG Köln*, NJW-RR 1993, 1437; *OLG Hamm*, NZV 1993, 432; *OLG München*, NJW-RR 1995, 1230; *Weber*, VersR 1990, 934, 944.

[48] S.u. I, 2, a, (1), Fußn. 58.

sten der Abrechnung auf Totalschadensbasis soll nur demjenigen Geschädigten zugutekommen, der sein Fahrzeug tatsächlich repariert.[49]

(3) Bemessungsgrundlage für die fiktiven Reparaturkosten sind der eingeholte Kostenvoranschlag sowie vor allem das eingeholte Sachverständigengutachten über den für die Wiederherstellung „erforderlichen" Geldbetrag. Dabei soll es nach der Auffassung des BGH auch dann verbleiben, wenn die Reparatur durchgeführt ist. Der Geschädigte ist danach nicht verpflichtet, die Reparaturkostenrechnung vorzulegen.[50] Etwas anderes soll nur dann gelten, wenn der Schädiger bzw. seine Versicherung die Angemessenheit des Kostenvoranschlages bzw. der Sachverständigenschätzung „substantiiert" bestreite; erst dann müsse der Geschädigte die genaue Höhe des Schadens belegen, was auf eine Vorlage der Reparaturkostenrechnung hinauslaufe.[51]

Dieser Auffassung kann nicht zugestimmt werden; sie übersieht die vorläufige Natur der Kostenvoranschläge und Sachverständigengutachten und damit den Vorrang der Reparaturkostenrechnungen.[52] Der Schädiger bzw. seine Versicherung sind regelmäßig nicht in der Lage, ihrer vom BGH geforderten Substantiierungslast nachzukommen. – Ist allerdings auf Sachverständigenbasis abgerechnet worden, wird man eine spätere Korrektur der Abrechnung unter Hinweis auf die Reparaturkostenrechnung unter dem Gesichtspunkt einer vertraglichen Einigung bzw. eines Verstoßes gegen Treu und Glauben verneinen müssen.[53]

2. Der Ersatz auf Totalschadenbasis

Ist das beschädigte Kraftfahrzeug nicht mehr reparabel, so wird nach §§ 249 S. 2, 251 II S. 1 BGB eine Geldentschädigung geschuldet, die dem Geschädigten die Möglichkeit gibt, sich ein gleichwertiges Ersatzfahrzeug auf dem Gebrauchtwagenmarkt zu beschaffen.

a) Voraussetzungen

Ein Totalschaden ist einmal gegeben im Fall der vollständigen Zerstörung und der ihr gleichgestellten technischen Unmöglichkeit einer Wiederherstellung (sogenannter technischer Totalschaden; § 251 I BGB). Hierzu gehört aber auch der Fall, daß das Fahrzeug zwar technisch wiederhergestellt werden kann, dem Geschädigten aber im Hinblick auf die Art der Schäden und die Gefahr verborgener Mängel eine Weiterbenutzung nicht zumutbar ist (sogenannter untechnischer Totalschaden).[54]

---

[49] *OLG Stuttgart*, NZV 1990, 465; *LG München I*, NZV 1990, 479; *OLG Düsseldorf*, NJW 1989, 1041; NZV 1994, 479; *OLG Hamm*, r + s 1996, 100; *LG Gießen*, NJW-RR 1996, 1428.

[50] *BGH*, NJW 1989, 3009; 1992, 1618; 1997, 520 (kein Vorschußanspruch); *Steffen*, NZV 1991, 3; *Geigel/Schlegelmilch/Rixecker*, Kap. 4, Rdnr. 11 (vgl. aber Rdnr. 24, 25 unter Hinweis auf *BGHZ* 66, 239 = NJW 1976, 1396).

[51] *BGH*, NJW 1989, 3009; 1992, 1618; *LG Aachen*, NZV 1993, 274.

[52] *LG Berlin*, NZV 1990, 199; *OLG Köln*, NZV 1988, 222; *LG Bochum*, NJW-RR 1990, 859; VersR 1995, 1251; *Hofmann*, NZV 1989, 467; *Riedmaier*, VersR 1986, 730; *Freundorfer*, VersR 1992, 1332.

[53] Hierzu *Himmelreich/Klimke*, Rdnr. 727a.

[54] *LG München*, VersR 1975, 163; *Maase*, VersR 1968, 527; *Geigel/Schlegelmilch/Rixecker*, Kap. 4, Rdnr. 31.

Dem technischen Totalschaden gleichgestellt wird schließlich der sogenannte „wirtschaftliche Totalschaden", die wirtschaftliche Unrentabilität der Reparatur; die Rechtsgrundlage für diese „Opfergrenze" wurde bisher überwiegend aus § 251 II S. 1 BGB hergeleitet,[55] wird aber neuerdings auch auf das Merkmal der „Erforderlichkeit" in § 249 S. 2 BGB gegründet.[56]

(1) Zur Bestimmung des wirtschaftlichen Totalschadens werden in der Regel die (geschätzten) Reparaturkosten zuzüglich merkantiler Minderwert in Beziehung zu dem Wiederbeschaffungswert des Fahrzeugs vor dem Unfall gesetzt. Liegen jene erheblich über dem Wiederbeschaffungswert des Fahrzeugs, so kann nicht auf Reparaturkostenbasis abgerechnet werden.[57]

Die Toleranzgrenze hat sich inzwischen auf 130 % eingependelt.[58] D.h.: liegen die Reparaturkosten plus merkantiler Minderwert zuzüglich 30 % über dem Wiederbeschaffungswert, liegt ein Totalschaden vor. Bei diesem Prozentsatz handelt es sich um keine starre Grenze, sondern um einen Richtwert, der nach den Besonderheiten des Einzelfalles über- oder unterschritten werden kann.[59] Die Grenze ist aber insofern absolut, als der Geschädigte bei höheren Reparaturkosten seinen Anspruch nicht auf die Grenze von 130 % beschränken kann, um der Berechnung auf Totalschadensbasis zu entgehen.[60]

(2) Bei der Gegenüberstellung von voraussichtlichem Reparaturaufwand und Wiederbeschaffungswert soll aus Vereinfachungsgründen der Restwert des Fahrzeugs außer Betracht bleiben.[61] Das gilt aber nur bei der dann durchgeführten Reparatur, während bei der Abrechnung auf Gutachtenbasis (Ersatz der fiktiven Reparaturkosten)[62] dieses Privileg nicht gelten soll.[63]

(3) In Ausnahmefällen, in denen die Reparatur infolge schwer zu beschaffender Ersatzteile eine übermäßig lange Zeit in Anspruch nehmen würde, müssen in die Vergleichsrechnung auch die Positionen aus Folgeschäden (Mietwagenkosten, entgangener Gebrauchsvorteil, entgangener Gewinn) einbezogen werden.[64]

(4) Ebenso wie bei den Reparaturkosten[65] ist bei der Schätzung der voraussichtlichen Reparaturkosten von einer Betrachtung ex ante auszugehen, wobei ein von dem Ge-

---

[55] *Jordan*, VersR 1978, 688; *Kötz*, FS Hauß (1978), S. 181; *Weber*, VersR 1990, 934.

[56] *BGHZ* 115, 364 = NJW 1992, 302; *BGH*, NJW 1992, 1618; *Geigel/Schlegelmilch/Rixecker*, Kap. 4, Rdnr. 16; in dieser Richtung auch der RegE zu einem 2. SchadÄndG vom 21. 4. 1998 (BT-Drs. 13/10435); hierzu *Otto*, NZV 1998, 433.

[57] *BGH*, NJW 1972, 1800.

[58] *BGH*, NJW 1985, 2469; *BGHZ* 115, 375 = NJW 1992, 305; *BGH*, NJW 1992, 1618. – Für Nutzfahrzeuge: *BGH*, NJW 1999, 500; *OLG Hamm*, NJW 1998, 3500.

[59] *BGHZ* 115, 364 = NJW 1992, 302 unter Hinweis auf *Weber*, DAR 1991, 12; *AG Lahr*, NZV 1990, 356 (Sondereinrichtung für Behinderte).

[60] *BGHZ* 115, 375 = NJW 1992, 305; *OLG Stuttgart*, NZV 1990, 465; 1991, 309 m. Anm. *Efrem;* LG Bremen, NZV 1999, 253 (Sonderkonditionen); *Krombholz*, NZV 1990, 218, 220.

[61] *BGHZ* 115, 364 = NJW 1992, 302.

[62] S.o. I, 1, d.

[63] *BGHZ* 115, 364 = NJW 1992, 302; im Anschluß an *BGH*, NJW 1985, 2469; *OLG Köln*, NJW-RR 1993, 1437; *OLG Hamm*, NZV 1993, 432; *Geigel/Schlegelmilch/Rixecker*, Kap. 4, Rdnr. 14, 25.

[64] *BGHZ* 115, 364 = NJW 1992, 302; *OLG München*, VersR 1983, 468; *Steffen*, NZV 1991, 4; *Geigel/Schlegelmilch/Rixecker*, Kap. 4, Rdnr. 16.

[65] S.o. I, 1, b, (2).

schädigten nicht verschuldetes Werkstatt- oder Prognoserisiko zu Lasten des Schädigers geht.[66]

b) Abrechnung des Totalschadens

Grundlage für die Abrechnung auf Totalschadensbasis ist die Erwägung, daß der Geschädigte in den Stand zu versetzen ist, sich auf dem Gebrauchtwagenmarkt ein gleichwertiges Ersatzfahrzeug zu beschaffen.[67] Dem Geschädigten bleibt es aber unbenommen, den Schaden mit dem zugebilligten Geldbetrag auf andere Weise zu beheben, z.B. durch Anschaffung eines neuen Wagens unter Übernahme des Aufpreises.[68]

(1) Die Berechnung des Wiederbeschaffungswertes geht, um dem Erfordernis der Gleichwertigkeit des Ersatzfahrzeugs Rechnung zu tragen, von dem Zeitwert des beschädigten Fahrzeugs im Unfallzeitpunkt aus.[69] Ein sogenannter „Liebhaberwert" spielt keine Rolle,[70] ebensowenig ein sogenannter „Gebrauchswert".[71]

Versteht man unter „Zeitwert" des Fahrzeugs dessen „Verkaufswert" im Zeitpunkt des Unfalls, so besteht Einigkeit darüber, daß dieser Zeitwert durch einen Zuschlag auf den Wiederbeschaffungswert anzuheben ist.[72] Der BGH begründet diesen Zuschlag mit den Kosten einer Generaluntersuchung des Ersatzfahrzeugs und der Vergütung für eine Werkstattgarantie.[73] Dagegen lehnt er einen Risikozuschlag[74] ebenso ab wie einen sogenannten „Zweithandzuschlag".[75]

(2) Abzuziehen von dem so ermittelten Wiederbeschaffungswert ist der Restwert des Unfallwracks, falls es der Geschädigte verwertet.[76] Ob-

---

[66] *BGHZ* 115, 364 = NJW 1992, 302; *OLG München*, NZV 1991, 267; *Steffen*, NZV 1991, 2.

[67] *BGH*, NJW 1972, 1800; *BGHZ* 115, 364 = NJW 1992, 302; zum Begriff der Gleichwertigkeit vgl. *Jordan*, VersR 1978, 697; *Giesen*, NJW 1979, 2067; *OLG Hamm*, NZV 1996, 113.

[68] *BGH*, NJW 1966, 1454; *Hofmann*, Kap. 2.1., Rdnr. 11; *Steffen*, VersR 1991, 4.

[69] *BGH*, NJW 1966, 1454; *OLG Stuttgart*, NJW 1967, 252 m. Anm. *Hohenester*; *OLG Düsseldorf*, NZV 1997, 483; *Jordan*, VersR 1978, 695; *LG Hannover*, NJW-RR 1986, 193; *Sanden/Völtz*, Rdnr. 47 ff.

[70] *Sanden/Völtz*, Rdnr. 61, 62. – Siehe jedoch u. 3, b.

[71] *Sanden/Völtz*, Rdnr. 63, 64.

[72] *OLG Bamberg*, NJW 1968, 1832.

[73] *BGH*, NJW 1966, 1454; 1982, 1864; *Geigel/Schlegelmilch/Rixecker*, Kap. 4, Rdnr. 30; dagegen *Halbgewachs*, NZV 1993, 381; *Sanden/Völtz*, Rdnr. 53 m.Nw. – Vgl. hierzu noch *Klimke*, NJW 1974, 2128 m.Nw.

[74] *BGH*, NJW 1966, 1454; *OLG Hamburg*, DAR 1981, 388; zust. *Geigel/Schlegelmilch/Rixecker*, Kap. 4, Rdnr. 30; *Halbgewachs*, NZV 1993, 381; a.A. *KG*, NJW 1966, 735.

[75] *BGH*, NJW 1978, 1373 m. Anm. *Imbach*, VersR 1979, 19; für einen Zweithandzuschlag *OLG Köln*, NJW 1974, 2128 m. Anm. *Klimke*; vgl. hierzu noch *Klimke*, VersR 1979, 1078; *Halbgewachs*, NZV 1993, 382.

[76] *BGH*, NJW 1985, 2469; 1985, 2471; 1993, 1849.

wohl er nach der Rechtsprechung hierzu nicht verpflichtet ist,[77] wird diese Restverwertung in der Praxis in der Regel von dem Geschädigten durchgeführt.

Nach der neueren Rechtsprechung des BGH kann der Geschädigte diese Abrechnung grundsätzlich auf der Basis des vom Sachverständigen ermittelten Restwerts vornehmen.[78] Eine Ausnahme gilt aber dann, wenn der Geschädigte ohne überobligationsmäßige Anstrengungen einen höheren Erlös erzielt.[79] Auf höhere Ankaufspreise „spezieller Restwertverkäufer" braucht er sich in aller Regel nicht einzulassen.[80] Deshalb braucht der Geschädigte dem Kfz-Haftpflichtversicherer auch nicht das von ihm eingeholte Gutachten über den Restwert vor der Veräußerung des Unfallfahrzeugs zur Kenntnis zu bringen.[81] Damit ist die von einzelnen Versicherern in der Vergangenheit geübte Methode, nach der Veräußerung des Fahrzeugs durch den Geschädigten auf solche besseren Restwerterlöse hinzuweisen, um eine Anrechnung derselben über § 254 II BGB zu erreichen, unterbunden.

(3) In Einzelfällen kann der Ersatz zusätzlicher Umrüstungskosten in Frage kommen.[82]

(4) Hinzuzusetzen sind die Kosten für Ab- und Anmeldung der Fahrzeuge, die gemäß § 287 ZPO zu schätzen sind.[83]

(5) Ebenso wie bei den Reparaturkosten[84] ist dem Geschädigten die Mehrwertsteuer zu erstatten, soweit er nicht zum Vorsteuerabzug berechtigt ist, und zwar unabhängig davon, ob beim Erwerb des Ersatzwagens Mehrwertsteuer angefallen ist.[85]

3. Sonderfälle der Berechnung

In Abweichung von den unter 1 + 2 dargestellten Grundsätzen hat die Rechtsprechung dem Geschädigten in den folgenden Sonderfällen eine andere Berechnungsweise seines Schadens zugebilligt.

a) Abrechnung auf Neuwagenbasis

Bei erheblicher, d.h. nicht geringfügiger Beschädigung eines Neuwagens hat es die Rechtsprechung als unbillig angesehen, den Geschädigten

---

[77] *BGH*, NJW 1965, 1756; 1983, 2694; a.A. *Sanden/Völtz*, Rdnr. 138; für ein Wahlrecht des Schädigers *Marschall v. Bieberstein*, FS Hauß (1978), S. 241 m.Nw.

[78] *BGH*, NJW 1992, 903; *Steffen*, VersR 1991, 4; *OLG Köln*, NJW-RR 1993, 1437 (Inzahlungnahme bei Kauf eines Neuwagens).

[79] *BGH*, NJW 1992, 903.

[80] *BGH*, NJW 1993, 1849.

[81] *BGH*, NJW 1993, 1849; *OLG Hamm*, NJW-RR 1993, 404; *OLG Köln*, DAR 1993, 262; *AG Mönchengladbach*, NJW-RR 1991, 669; bisher sehr str. a.A. *OLG Hamm*, NJW 1992, 3244; Nw. bei *Sanden/Völtz*, Rdnr. 142; differenzierend *LG Bonn*, NJW-RR 1993, 596.

[82] *Himmelreich/Klimke*, Rdnr. 1182 ff. – Beispiele: Reklamebeschriftung; Sonderlackierung, Taxiumrüstung; vgl. etwa *OLG Karlsruhe*, NZV 1996, 393.

[83] *OLG Hamm*, NJW-RR 1995, 224; *AG Dortmund*, VRS 72, 86; a.A. *OLG Köln*, NZV 1991, 429; *Himmelreich/Klimke*, Rdnr. 1167a (konkreter Nachweis erforderlich).

[84] S.o. I, 1, b, (5).

[85] *BGH*, NJW 1982, 1864; *KG*, NZV 1994, 225; *Geigel/Schlegelmilch/Rixecker*, Kap. 5, Rdnr. 11.

auf die Reparatur des Unfallfahrzeugs bzw. den Kauf eines gleichwertigen Gebrauchtwagens zu verweisen; der Geschädigte soll dann vielmehr Anspruch auf Erwerb eines Neuwagens haben.[86]

(1) In der Vergangenheit hatte sich für die Grenzziehung ein km-Stand von 1000 als Richtlinie herausgebildet.[87] Bei einem km-Stand unterhalb dieser Grenze wurden dem Geschädigten die Kosten für einen Neuwagen gleichen Typs erstattet; es durfte sich nur nicht um einen Bagatellschaden handeln.[88] Ein Abzug für die mit dem Unfallfahrzeug gefahrenen km findet insoweit nicht statt.[89] Anzurechnen ist hierauf der Erlös aus dem Weiterverkauf des beschädigten Wagens, den der Geschädigte allerdings dem Schädiger überlassen darf.[90]

(2) Neuerdings hat die Rechtsprechung die Abrechnung auf Neuwagenbasis unter bestimmten Voraussetzungen weiter gezogen. Der Geschädigte darf bei einer km-Leistung bis 3000 und innerhalb der Gebrauchsdauer von einem Monat dann auf Neuwagenbasis abrechnen, wenn die Beschädigungen so erheblich sind, daß der frühere Zustand auch nicht annähernd wieder herstellt werden kann.[91] In diesem Bereich muß sich der Geschädigte allerdings im Wege der Vorteilsausgleichung einen Abzug für die mit dem Unfallfahrzeug gefahrenen km anrechnen lassen.[92]

b) Abrechnung bei Oldtimern

Bei Beschädigung besonders alter Fahrzeuge mit großer Fahrleistung (Oldtimers) wäre der Geschädigte mit der Zahlung eines Zeitwerts, der praktisch meist an der Grenze zum Schrottwert liegen würde, ohne angemessenen Ersatz. Man wird hier deshalb ausnahmsweise auf einen besonderen Gebrauchswert des Fahrzeugs unter Berücksichtigung der Wiederbeschaffungspreise auf dem „Liebhabermarkt" abstellen müssen.[93]

c) Ersatz des Weiterverkaufspreises

Hatte der Geschädigte das Fahrzeug vor dem Unfall an einen Dritten *nachweislich* zu einem über dem Verkehrswert liegenden Preis verkauft bzw. zu einem solchen Preis bei einem Neuwagenkauf in Zahlung gegeben, so besteht der konkrete Schaden in Form des entgangenen Gewinns in der Differenz zwischen Verkaufspreis und dem Wert des beschädigten Fahrzeugs nach dem Unfall.[94]

---

[86] *BGH*, NJW 1976, 1202 m. Anm. *Küppers*, NJW 1976, 1886.

[87] *BGH*, NJW 1982, 433; *OLG Hamm*, NJW 1981, 827; *OLG Oldenburg*, NJWE-VHR 1997, 106. – Für eine zusätzliche zeitliche Beschränkung *OLG Nürnberg*, NZV 1994, 430; *OLG Hamm*, MDR 1995, 153.

[88] *Riedmaier*, VersR 1977, 4; *Himmelreich/Klimke*, Rdnr. 1165 ff.

[89] *BGH*, NJW 1983, 2694.

[90] *BGH*, NJW 1965, 1756; 1983, 2694.

[91] *BGH*, NJW 1982, 433; VersR 1984, 46; *KG*, NJW-RR 1986, 1355; *OLG Köln*, NJW-RR 1989, 857; *LG Konstanz*, DAR 1993, 470; *OLG Stuttgart*, ZfS 1994, 49 Ls; *Liepe*, VersR 1983, 718.

[92] *BGH*, NJW 1982, 433; *LG München II*, NJW-RR 1986, 772; *Hofmann*, Kap. 2.1., Rdnr. 25.

[93] *LG Berlin*, VersR 1969, 431; *Himmelreich/Klimke*, Rdnr. 1132.

[94] *BGH*, NJW 1982, 1748; *OLG Frankfurt*, NJW-RR 1991, 919; *Geigel/Schlegelmilch/Rixecker*, Kap. 4, Rdnr. 101.

In Literatur und Rechtsprechung wird diese Subjektivierung des Schadensbegriffs aber auch abgelehnt.[95] Allerdings wird man an den Nachweis eines solchen Verkaufs strenge Anforderungen stellen und „Gefälligkeitsbescheinigungen" aus Bekannten- und Freundeskreisen über vor dem Unfall getätigte Verkäufe Skepsis entgegenbringen müssen.[96]

II. Der Sachschaden im weiteren Sinne

An den Sachschaden im engeren Sinne schließen sich einige Positionen an, die mit der Abwicklung des Kfz-Schadens in unmittelbarem Zusammenhang stehen. Es handelt sich hierbei um „unmittelbaren Schaden", was sich insbesondere bei der sachlichen Kongruenz im Rahmen des Anspruchsübergangs nach § 67 VVG zeigt.[97]

1. Abschleppkosten

Zu ersetzen sind die notwendigen tatsächlich entstandenen Abschleppkosten, wobei die zuzubilligende Fahrstrecke sich nach den Umständen des Einzelfalles sowie Treu und Glauben richtet.[98] Ein Ersatz „fiktiver Abschleppkosten" findet nicht statt.[99]

Bei erkennbar eindeutigem Totalschaden können nur die Kosten für das Abschleppen zur nächsten Werkstatt oder einem Abstellplatz verlangt werden.[100] Bei Reparaturfähigkeit[101] richtet sich die notwendige Abschleppstrecke nach der Art des Schadens und der Entfernung vom Heimatort. Liegt der Unfallort in der Nähe des Heimatortes, so darf der Geschädigte das Unfallfahrzeug in die auch sonst von ihm aufgesuchte Werkstatt seines Vertrauens bringen.[102] Ist der Unfallort aber vom Heimatort weiter entfernt, so kann der Geschädigte im Regelfall nur die Kosten für das Abschleppen bis zur nächstgelegenen Spezialwerkstatt verlangen.[103]

2. Sachverständigenkosten

a) Voraussetzungen der Kostenerstattung

Der Geschädigte darf in der Regel einen Sachverständigen beauftragen, damit dieser Art und Umfang des Schadens in einem Beweissicherungs-

---

[95] *LG Hagen*, VersR 1966, 1016; *LG Nürnberg-Fürth*, VersR 1978, 382; *Giesen*, VersR 1979, 389; NJW 1979, 2070.

[96] *Himmelreich/Klimke*, Rdnr. 1137.

[97] S.o. 1., Teil, VI, 3, c.

[98] Einzelheiten bei *Sanden/Völtz*, Rdnr. 205 ff.

[99] S.o. Fußn. 39.

[100] *Sanden/Völtz*, Rdnr. 206; *Himmelreich/Klimke*, Rdnr. 1947.

[101] S.o. I, 2, a. – *OLG Köln*, NZV 1991, 429.

[102] *OLG Hamm*, VersR 1970, 43; Einzelheiten bei *Himmelreich/Klimke*, Rdnr. 1942 ff.

[103] *OLG Celle*, VersR 1968, 1196 (L); *LG Köln*, VersR 1974, 1232 m. Anm. *Klimke*.

gutachten festhält und sich zur Frage der Reparaturfähigkeit äußert.[104] Die hierdurch entstehenden Kosten sind in der Regel erstattungsfähig,[105] allerdings nur bei tatsächlichem Anfall, nicht als sogenannte „fiktive Sachverständigenkosten."[106] Die Erstattungsfähigkeit ist selbst dann zu bejahen, wenn der Schädiger bzw. dessen Haftpflichtversicherung von sich aus einen eigenen Sachverständigen beauftragt oder den Schaden durch Haussachverständige begutachten läßt.[107] Eine Ausnahme von dem Grundsatz der Erstattungsfähigkeit besteht aber in drei Fällen:

(1) Die Schadenslage ist eindeutig und der Schädiger bzw. dessen Haftpflichtversicherer übernehmen ausdrücklich die volle Übernahme des Schadens.[108]

(2) Es handelt sich um einen sogenannten „Bagatellschaden", bei dem ein Kostenvoranschlag der Werkstatt genügt.[109] Die Grenze für solche Bagatellschäden wurde bisher bei voraussichtlichen Reparaturkosten von 1.000 DM gezogen.[110]

(3) Nicht erstattungsfähig sind die Kosten eines völlig unbrauchbaren Gutachtens.[111] Für diese Ausnahme genügt aber nicht, wenn sich das Gutachten später als falsch herausstellt.[112]

b) Höhe der Erstattung

Die Höhe der erstattungsfähigen Kosten richtet sich nicht nach der von den Gerichten gemäß § 3 ZuSEG zu entrichtenden Entschädigung, sondern nach den üblichen Sätzen (§ 315 BGB).[113]

---

[104] *BGH*, NJW-RR 1989, 953; *OLG Karlsruhe*, NJW 1968, 1333 m. Anm. *Fleischmann*, VersR 1969, 191; *OLG Hamm*, DAR 1987, 83 (Ergänzungsgutachten).

[105] *Wegener*, DAR 1996, 488; *Trost*, VersR 1997, 537; *Wortmann*, VersR 1998, 1204.

[106] *AG Mainz*, NJW 1979, 272 m. Anm. *Klimke*, NJW, 1979, 1307; a.A. *AG Wiesbaden*, ZfS 1993, 156. – Siehe jedoch oben Fußn. 73.

[107] *KG*, OLGZ 1977, 315; *AG Köln*, DAR 1983, 298; *Himmelreich/Klimke*, Rdnr. 1861 m.Nw.

[108] *OLG Stuttgart*, NJW 1974, 951; *LG Kaiserslautern*, VersR 1976, 178.

[109] *OLG Hamm*, NJW-RR 1994, 345; *AG Fürth*, DAR 1984, 28 (mit Übersicht in RedAnm).

[110] Eingehender Überblick bei *Himmelreich/Klimke*, Rdnr. 1885; *Sanden/Völtz*, Rdnr. 213; zur Anhebung dieser Grenze *Wegener*, DAR 1996, 490; *AG Dinslaken*, NJWE-VHR 1998, 110 (1.500–2.000 DM).

[111] *AG Neuwied*, NZV 1989, 196 m. Anm. *Jaeger*, VersR 1989, 921; *OLG Hamm*, NZV 1993, 149; 1993, 228; *AG Köln*, NJWE-VHR 1997, 39; *Himmelreich/Klimke*, Rdnr. 1889a ff.; *Sanden/Völtz*, Rdnr. 216 ff.

[112] *LG Bochum*, NZV 1993, 196; *OLG Hamm*, NZV 1994, 393; *Geigel/Schlegelmilch/Rixecker*, Kap. 4, Rdnr. 85.

[113] *AG Limburg*, NJWE-VHR 1997, 39; *Himmelreich/Klimke*, Rdnr. 1910b; *Kääb/Jandel*, NZV 1998, 268 m.Nw.; *Hiltscher*, NZV 1998, 488. – Zur Frage des Mitverschuldens *AG Hagen*, ZfS 1995, 15.

3. *Zeitaufwand und Auslagen*

a) *Zeit- und Arbeitsaufwand*

Einen Ersatz für den Zeit- und Arbeitsaufwand, der mit der Abwicklung des Schadens verbunden ist[114], billigt die Rechtsprechung dem Geschädigten nicht zu.[115]

Der Geschädigte muß einen etwaigen Verdienstausfall belegen.[116] Gleiches gilt im Grundsatz auch für die Bearbeitungskosten von Betrieben und Behörden.[117] Der Geschädigte kann auch nicht Ersatz der Kosten für ein gegen ihn angestrengtes Strafverfahren verlangen, da diese Kosten außerhalb des Schutzzwecks der Norm liegen.[118]

b) *Auslagen*

Der Geschädigte kann die mit der Abwicklung des Schadens entstandenen Auslagen wie Telefonkosten, Reisekosten, Porti, Inserate ersetzt verlangen.

Sie werden vom Gericht gemäß § 287 ZPO geschätzt, wobei bis zu einer bestimmten Höhe (Pauschalsatz) ein detaillierter Nachweis nicht verlangt wird.[119]

III. Der Nutzungsschaden

Dem Geschädigten steht über den bisher behandelten Ausgleich des unmittelbaren Sachschadens ein Anspruch auf Ersatz für den Entzug der Nutzungsmöglichkeiten des beschädigten Fahrzeugs zu. Ausgenommen sind lediglich nicht zugelassene Fahrzeuge[120] und solche ohne Haftpflichtversicherungsschutz.[121] In Frage kommen der Ersatz der Mietwagenkosten oder der entgangenen Gebrauchsvorteile. Für beide Schadenspositionen ist vorab der Zeitraum zu klären, für den Ersatz verlangt werden kann.

---

[114] Aufsuchen von Sachverständigen, Reparaturwerkstatt, Verhandlungen betr. Ersatzwagenkauf, Aufsuchen des beauftragten Rechtsanwalts.

[115] *BGHZ* 66, 112 = NJW 1976, 1256 m. Anm. *Schmidt*, NJW 1976, 1932; *BGHZ* 75, 230 = NJW 1980, 119; *BGHZ* 127, 348 = NJW 1995, 446; *Geigel/Schlegelmilch/Rixecker*, Kap. 4, Rdnr. 91; *Himmelreich/Klimke*, Rdnr. 1752a, 1925.

[116] *Himmelreich/Klimke*, Rdnr. 1926a ff.

[117] *BGHZ* 32, 280 = NJW 1961, 720; *BGHZ* 66, 112 = NJW 1976, 1256; *BGH*, NJW 1977, 35.

[118] Einzelheiten bei *Geigel/Schlegelmilch/Rixecker*, Kap. 4, Rdnr. 77.

[119] *KG*, NZV 1995, 312; Überblick bei *Himmelreich/Klimke*, Rdnr. 1921.

[120] *Gruber*, NZV 1991, 393; *OLG Köln*, ZfS 1981, 364.

[121] *OLG Frankfurt*, NZV 1995, 68; *OLG Hamm*, NJWE-VHR 1996, 213; *Himmelreich/Klimke*, Rdnr. 1633 m.Nw.

1. Die Dauer des Nutzungsschadens

Die für die Berechnung beider Schadenspositionen maßgebende Dauer des Entzugs der Gebrauchsmöglichkeit des Fahrzeugs besteht aus zwei verschiedenen Zeiträumen.

a) Überlegungsfrist

Dem Geschädigten wird in der Regel zunächst eine Prüfungs- und Überlegungsfrist zugebilligt, innerhalb deren er klären kann, ob das Fahrzeug noch reparabel ist oder ob auf Totalschadensbasis abzurechnen ist. Sie entfällt nur, wenn die Frage der Reparaturfähigkeit anhand der Schäden in einem bestimmten Sinne eindeutig entschieden werden kann.[122] Im Fall des Totalschadens bedarf es gleichwohl der Klärung des Zeitwerts des beschädigten Fahrzeugs, weil sich hieran die Ersatzbeschaffung des Ersatzfahrzeugs zu orientieren hat.[123]

(1) In der Regel wird dem Geschädigten eine Prüfungs- und Überlegungsfrist von einer Woche zugebilligt,[124] die im Einzelfall im Hinblick auf die Schadensminderungspflicht (§ 254 II BGB) zu verkürzen[125] oder im Hinblick auf besondere Umstände in der Person des Geschädigten angemessen zu verlängern[126] ist.

(2) Der Geschädigte hat unverzüglich einen Sachverständigen zu beauftragen, der bereit ist, das Unfallfahrzeug sofort zu besichtigen und in angemessener Zeit das Gutachten zu erstatten.[127] Zweifelhaft ist, ob der Geschädigte den Eingang des schriftlichen Gutachtens abwarten darf oder mit einer telefonischen Vorabmitteilung des Ergebnisses sich begnügen muß.[128] Auf jeden Fall ist der Geschädigte gehalten, auf zügige Abwicklung zu drängen und den schriftlichen Eingang des Gutachtens zu überwachen.[129]

b) Schadensbeseitigungsfrist

Im Anschluß an die Überlegungsfrist ist die Zeit des notwendigen Ausfalls des Kraftfahrzeugs unter Berücksichtigung der Art der Schadensabrechnung zu schätzen.

(1) Wird auf Reparaturbasis abgerechnet, so besteht die Ausfallzeit in der angemessenen Dauer einer zügig durchgeführten Reparatur.[130] Eine fiktive

---

[122] *BGHZ* 63, 182 = NJW 1975, 160; *Himmelreich/Klimke*, Rdnr. 1356, 1396a.

[123] *Himmelreich/Klimke*, Rdnr. 1355 m.Nw.

[124] *BGHZ* 63, 182 = NJW 1975, 160; *AG Gießen*, ZfS 1995, 93; *Himmelreich/Klimke*, Rdnr. 1360.

[125] *OLG München*, VersR 1976, 1145; *Himmelreich/Klimke*, Rdnr. 1359.

[126] *Himmelreich/Klimke*, Rdnr. 1366, 1367 (Verletzungen, verordnete Bettruhe).

[127] *Himmelreich/Klimke*, Rdnr. 1368, 1371.

[128] Hierzu *BGH*, NJW 1986, 2945; *OLG Hamm*, ZfS 1984, 230; *Himmelreich/Klimke*, Rdnr. 1358, 1368a.

[129] *Himmelreich/Klimke*, Rdnr. 1368b.

[130] *OLG Nürnberg*, NJW 1976, 1096; *Geigel/Schlegelmilch/Rixecker*, Kap. 4, Rdnr. 49. – Zur Frage einer provisorischen Reparatur: *OLG Stuttgart*, VersR 1981, 1061; 1992, 1485; *OLG Köln*, NZV 1990, 429.

Reparaturdauer gilt, wenn der Geschädigte auf eine Reparatur verzichtet und statt dessen einen Neuwagen anschafft.[131] Wird die Reparatur verzögert, so findet eine Verkürzung auf eine angemessene Reparaturzeit nur statt, wenn den Geschädigten ein eigenes Verschulden trifft, da er sich das Verschulden der Werkstatt nicht nach § 278 BGB anrechnen lassen muß.[132]

Ausnahmsweise kann nicht auf die tatsächliche Reparaturzeit abgestellt werden: wenn den Geschädigten ein eigenes Verschulden hinsichtlich der langen Reparaturzeit trifft[133] oder ihm nach § 254 II BGB bei besonders langer Dauer die Anschaffung eines Interimsfahrzeugs zuzumuten ist.[134] Erst recht gilt dies, wenn nicht unfallbedingte Reparaturen ausgeführt werden; in diesem Fall muß die tatsächliche Reparaturzeit auf eine angemessene Dauer, die zur alleinigen Beseitigung der Unfallschäden erforderlich gewesen wäre, verkürzt werden.[135] Wird das Fahrzeug nach der Reparatur dem Geschädigten von der Reparaturwerkstatt nicht ausgehändigt, weil er wegen Mittellosigkeit die Reparaturrechnung nicht bezahlen kann, so kann sich die Zeit der entgangenen Nutzung verlängern, wenn der Geschädigte den Schädiger bzw. seine Versicherung auf diesen Umstand hinweist und dieser nicht für die Auslösung des Wagens sorgt.[136]

(2) Wird auf Totalschadensbasis abgerechnet, so besteht die Ausfallzeit in der Frist zur Beschaffung eines gleichwertigen Ersatzfahrzeugs auf dem Gebrauchtwagenmarkt.[137]

Diese Wiederbeschaffungsfrist beträgt im Regelfall 1 bis 3 Wochen, je nach der Lage auf dem Gebrauchtwagenmarkt unter Berücksichtigung des entsprechenden Fahrzeugtyps.[138] Gleiches soll aber auch gelten, wenn der Geschädigte sich bei Reparaturfähigkeit des Fahrzeugs gegen die Reparatur und für die Beschaffung eines Ersatzfahrzeugs entscheidet; die Abrechnung des Schadens auf der Basis „fiktiver Reparaturkosten"[139] führt also nicht zu einem Ersatz des Nutzungsschadens auf der Basis einer fiktiven Reparaturdauer.[140]

Ausnahmsweise wird die Ausfallzeit über die Wiederbeschaffungsfrist eines Gebrauchtwagens hinaus verlängert: wenn nämlich der Geschädigte vor dem Unfall bereits einen Neuwagen bestellt hatte; in diesem Fall kann er den Nutzungsschaden bis zum Tage der Lieferung des Neuwagens liquidieren.[141] Gleiches gilt, wenn der Geschädigte über keine baren Mittel verfügt, keinen Kredit erlangen kann und der Haftpflichtversicherer trotz eines Hinweises keinen Vorschuß leistet.[142]

---

[131] *LG Berlin*, DAR 1992, 264; *OLG Hamm*, NJW-RR 1995, 1230; *Himmelreich/Klimke*, Rdnr. 1385.

[132] *OLG Hamm*, NJW-RR 1994, 1050; *LG Schwerin*, DAR 1995, 28.

[133] *BGH*, NJW 1986, 2945 (verzögerte Erteilung des Auftrags); *OLG München*, VersR 1966, 786 (Beauftragung einer überlasteten Werkstatt); *OLG Hamm*, NJW 1962, 397 (Mahnung und Fristsetzung gegenüber dem Versicherer zur unverzüglichen Besichtigung); *OLG Jena*, OLG-NL 1995, 223 (Drängen auf unverzügliche Durchführung der Reparatur).

[134] *BGH*, NJW 1982, 1518; *OLG Schleswig*, NZV 1990, 150; *LG Göttingen*, VersR 1995, 1111; *Eggert*, NZV 1988, 121; *Himmelreich/Klimke*, Rdnr. 1588.

[135] *BGH*, VersR 1960, 902; *Himmelreich/Klimke*, Rdnr. 1374a–f.

[136] *LG Stuttgart*, DAR 1991, 184; *LG Frankfurt*, NJW-RR 1992, 1183; *OLG Hamm*, NJW-RR 1994, 1050; LG Schwerin, DAR 1995, 28.

[137] *Himmelreich/Klimke*, Rdnr. 1387 m.Nw.; Müller, JuS 1985, 283.

[138] *Himmelreich/Klimke*, Rdnr. 1395 m.Nw.

[139] S.o. I, 1, d.

[140] *BGHZ* 66, 239 = NJW 1976, 1396.

[141] *OLG München*, DAR 1976, 156; *Himmelreich/Klimke*, Rdnr. 1391 m.Nw.

[142] *OLG Oldenburg*, DAR 1980, 18; *OLG Nürnberg*, DAR 1981, 14.

Ist ausnahmsweise die Beschaffung eines gleichartigen Ersatzfahrzeugs nur innerhalb eines längeren Zeitraums, der die übliche Dauer von 1 bis 3 Wochen übersteigt möglich, so ist der Geschädigte berechtigt und gegebenenfalls unter dem Gesichtspunkt der Schadensminderungspflicht verpflichtet, sich ein „Interimsfahrzeug" zu beschaffen.[143] Die Kosten für Finanzierung, Zulassung und Weiterveräußerungsverlust muß der Schädiger ersetzen,[144] ebenso die Kosten eines während der Besitzzeit eintretenden Motorschadens.[145]

(3) Ist ausnahmsweise auf Neuwagenbasis abzurechnen,[146] so besteht die Ausfallzeit in der Lieferfrist für den Neuwagen.[147]

Auch hier kann die Obliegenheit zur Schadensminderung (§ 254 II BGB) zur Anschaffung eines Interimsfahrzeuges bestehen.[148]

2. *Mietwagenkosten*

a) Allgemeines

Der Geschädigte kann unter den unter b) angegebenen Voraussetzungen für die Dauer der Wiederherstellung des früheren Zustandes einen Mietwagen nehmen und die Kosten hierfür dem Geschädigten in Rechnung stellen.[149] Die Rechtsgrundlage für diesen Anspruch wird unterschiedlich angegeben: Während früher teilweise auf §§ 250, 251 BGB abgestellt wurde[150] geht die Rechtsprechung des BGH nunmehr von § 249 S. 2 BGB aus, so daß bereits der hier genannte „erforderliche Geldbetrag" einen Maßstab für Umfang und Begrenzung der Kosten hergibt; gleichwohl werden aber in den meisten Entscheidungen zusätzlich § 254 II BGB, teilweise auch die Opfergrenze des § 251 II BGB zitiert.[151]

Der Streit ist, wenn man von der Beweislast des Geschädigten für die Voraussetzungen absieht, eher von dogmatischem Interesse.[152] Einigkeit besteht in der Praxis darüber, daß für die Abgrenzung des Umfangs des Ersatzes, insbesondere zur Höhe der Erstattungsfähigkeit, auch subjektive Momente in der Person des Geschädigten eine Rolle spielen, wie es dem § 254 II BGB entspricht.

---

[143] *BGH*, NJW 1982, 516; *Eggert*, NZV 1988, 121.

[144] *OLG Frankfurt*, MDR 1965, 481 m. Anm. *Schneider*, MDR 1965, 741.

[145] *OLG Düsseldorf*, VersR 1976, 891.

[146] S.o. I, 3, a.

[147] *OLG Bremen*, VersR 1969, 333; *OLG München*, DAR 1976, 156.

[148] S.o. Fußn. 134, 143.

[149] Überblicke bei *Müller*, JuS 1985, 279; *Riedmaier*, VersR 1986, 735; *Etzel/Wagner*, VersR 1993, 1192; DAR 1995, 17; *Nothoff*, VersR 1994, 909; 1995, 1015; 1996, 1200; 1998, 144; *Greger*, NZV 1994, 337; *Halbgewachs*, NZV 1997, 467.

[150] *BGHZ* 45, 212 = NJW 1966, 1260; *OLG Karlsruhe*, NZV 1994, 316.

[151] *BGH*, NJW 1985, 793; 1985, 2637; 1986, 2945; *BGHZ* 132, 373 = NJW 1996, 1958; *Geigel/Schlegelmilch/Rixecker*, Kap. 4, Rdnr. 46; *Sanden/Völtz*, Rdnr. 247; *Müller*, JuS 1985, 280; *Himmelreich/Klimke*, Rdnr. 1300, 1306.

[152] *BGH*, NJW 1985, 793; *OLG Köln*, NJW-RR 1993, 1053; *Etzel/Wagner*, DAR 1995, 18; *Hofmann*, Kap. 2.1., Rdnr. 46; a.A. *Nothoff*, VersR 1995, 1017.

b) Der Fahrbedarf

Ersatzfähig sind nur diejenigen – tatsächlich entstandenen[153] – Mietwagenkosten, die ein verständiger, wirtschaftlich denkender Mensch in der Lage des Geschädigten machen würde.[154] Das bedeutet das Vorliegen eines nicht geringfügigen Fahrbedarfs.[155]

(1) Der Fahrbedarf muß für jeden Tag der Inanspruchnahme des Mietwagens gegeben sein, wobei es keine Rolle spielt, ob dieser Bedarf auf beruflichen oder sonstigen Gründen beruht.[156] Der Fahrbedarf muß einen gewissen Umfang haben; bei geringem Fahrbedarf ist der Geschädigte gehalten, Taxis oder öffentliche Verkehrsmittel zu benutzen;[157] eine sogenannte „Mißbrauchsgrenze" liegt in etwa bei einer täglichen Fahrstrecke von nur 20 km;[158] bei derart geringen Fahrstrecken kann Ersatz der Mietwagenkosten nur unter besonderen Umständen bejaht werden.[159]

(2) Bei gewerblich genutzten Fahrzeugen ist die Mißbrauchsgrenze nicht an dem entgangenen Gewinn auszurichten; vielmehr ist sie erst dann überschritten, wenn die Inanspruchnahme des Mietwagens für einen wirtschaftlich denkenden Geschädigten aus der Sicht ex ante unvertretbar ist.[160]

(3) Umgekehrt kann bei einer nach Zeitdauer und Fahrstrecke besonders intensiven Mietwagennutzung ein Verstoß gegen die Schadensminderungspflicht vorliegen, z.B. bei langen Urlaubsfahrten,[161] Fahrten von Gastarbeitern in ihr Heimatland[162] oder bei übermäßig langer Reparaturdauer.[163]

c) Höhe der erstattungsfähigen Kosten

Bei der Höhe der ersatzfähigen Mietwagenkosten stellt die Rechtsprechung ab auf die Kosten für die Anmietung eines gleichwertigen Wagentyps.[164] Sie läßt mithin den Zeitwert des geschädigten Fahrzeugs, insbe-

---

[153] Kein Ersatz fiktiver Mietwagenkosten: *Geigel/Schlegelmilch/Rixecker*, Kap. 4, Rdnr. 48; *Werber*, AcP 173, 158; *Bötticher*, VersR 1966, 307; a.A. *Müller*, JuS 1985, 281; *Zeuner*, AcP 163, 380.

[154] *BGHZ* 54, 82 = NJW 1970, 1454; *BGHZ* 132, 373 = NJW 1996, 1958; *Etzel/Wagner*, DAR 1995, 18; *Geigel/Schlegelmilch/Rixecker*, Kap. 4, Rdnr. 47.

[155] *LG Göttingen*, VersR 1995, 1459; *AG Kassel*, ZfS 1995, 373; Nothoff, VersR 1996, 1202.

[156] OLG Nürnberg, OLGZ 1976, 190; *OLG Hamm*, NJW-RR 1993, 1053; *Himmelreich/Klimke*, Rdnr. 1304; a.A. *LG Nürnberg-Fürth*, NJW-RR 1999, 467.

[157] *BGHZ* 45, 212 = NJW 1966, 1260 (passim); *OLG Frankfurt*, VersR 1992, 620; *OLG München*, NZV 1992, 262; 1994, 316; *OLG Hamm*, NZV 1995, 356.

[158] *AG Kassel*, ZfS 1995, 373; *Riedmaier*, VersR 1977, 6; *Klimke*, VersR 1975, 622.

[159] *AG Herford*, VersR 1972, 701 (Körperbehinderung); *LG Deggendorf*, ZfS 1995, 454.

[160] *BGH*, NJW 1985, 793; 1993, 3321; *OLG Hamm*, NJW-RR 1994, 1050; NZV 1997, 310; *OLG Jena*, OLG-NL 1995, 223; *OLG Köln*, NZV 1993, 150; 1997, 181; *Geigel/Schlegelmilch/Rixecker*, Kap. 4, Rdnr. 59, 60; *Born*, NZV 1993, 4.

[161] *BGH*, NJW 1985, 2637; *LG Wiesbaden*, NJW-RR 1987, 858; *OLG Hamm*, NJW-RR 1989, 730.

[162] *KG*, DAR 1977, 185; *OLG Karlsruhe*, VersR 1981, 885; *OLG Stuttgart*, VersR 1982, 559; *LG Freiburg*, DAR 1984, 153.

[163] *OLG Stuttgart*, VersR 1981, 1061. – S.o. Fußn. 134.

[164] *BGH*, NJW 1982, 1518; 1985, 2637, 2639; *Müller*, JuS 1985, 283; *Klimke*, VersR 1974, 1234.

sondere dessen Alter und Km-Leistung außer Betracht;[165] eine Einschränkung macht die Rechtspr. bei sog. Luxuswagen.[166]

(1) In der Wahl des Kfz-Vermieters ist der Geschädigte grundsätzlich frei. Er wird in der Regel einen gewerblichen Vermieter einschalten. Ihm ist es aber auch nicht versagt, von einem Privatmann ein Fahrzeug anzumieten.[167] Auch Familienangehörige, z.B. die Ehefrau, kommen als Vermieter in Betracht.[168]

(2) Problematisch und umstritten ist, inwieweit der Geschädigte im Rahmen seiner Pflicht zur Schadensminderung (§ 254 II BGB)[169] gehalten ist, vor der Anmietung Preisvergleiche bei verschiedenen Firmen anzustellen, um ein preisgünstiges Angebot zu erhalten.

Die bisherige Fragestellung, inwieweit bei Preisvergleichen die Unfallersatztarife gemäß dem Rahmenabkommen zwischen HUK-Verband und dem Gesamtverband der Kfz-Vermieter eine Rolle spielen,[170] ist insofern überholt, als dieses seit Auslauf zum 31. 12. 1977 durch einseitige Empfehlungen des HUK-Verbandes[171] ersetzt worden ist.[172]

Einigkeit besteht darüber, daß der Geschädigte vor der Anmietung des Wagens keine Marktforschung betreiben und sich über Sondertarife erkundigen muß.[173] In dem Abschluß zu den sogenannten Unfallersatztarifen liegt deshalb in der Regel kein Verstoß gegen die Schadensminderungspflicht.[174] Umstritten ist, ob der Geschädigte vor Abschluß wenigstens ein bis zwei Vergleichsangebote einholen soll,[175] was richtiger Ansicht nach zu verneinen ist.[176]

Eine Verletzung des § 254 II BGB liegt aber vor, wenn die vereinbarte Vergütung für den Mietwagen eklatant aus dem Rahmen des Üblichen fällt und der Geschädigte dies bei gehöriger Sorgfalt hätte erkennen können.[177] Bei längerer Anmietung kann eine Ver-

---

[165] *AG Freiburg*, DAR 1988, 169; *Himmelreich/Klimke*, Rdnr. 1406, 1408; krit. *Born*, VersR 1978, 788; abw. *AG Hamburg-Wandsbeck*, NJWE-VHR 1998, 7.

[166] *BGH*, NJW 1985, 1518; 1983, 2695; *Himmelreich/Klimke*, Rdnr. 1412.

[167] *Himmelreich/Klimke*, Rdnr. 1342, 1417.

[168] *BGH*, NJW 1975, 255 m. Anm. *Fenn*, NJW 1975, 684; einschr. *Himmelreich/Klimke*, Rdnr. 1420.

[169] S.o. 2, a.

[170] Siehe Vorauflage, S. 604; *Himmelreich/Klimke*, Rdnr. 1586.

[171] NJW 1993, 376; *Himmelreich/Klimke*, Rdnr. 1588a + Anlage 2a.

[172] Hierzu *OLG Stuttgart*, NJW-RR 1994, 921; *AG Brackenheim*, NJW-RR 1994, 794; *OLG Frankfurt*, NZV 1995, 108.

[173] *BGHZ* 132, 373 = NJW 1996, 1958; *OLG Düsseldorf*, NZV 1995, 190; *Geigel/Schlegelmilch/Rixecker*, Kap. 4, Rdnr. 55; *v. Gerlach*, DAR 1997, 219; *Nothoff*, ZfS 1998, 1; abw. *OLG Hamburg*, NJW-RR 1994, 923.

[174] *BGHZ* 132, 373 = NJW 1996, 1958.

[175] So *OLG Nürnberg*, NJW-RR 1994, 24; *AG Brackenheim*, NJW-RR 1994, 794; *LG Hagen*, ZfS 1995, 215.

[176] *LG Nürnberg-Fürth*, DAR 1991, 387; *LG Frankfurt*, ZfS 1993, 119; *LG Mainz*, ZfS 1994, 364; *LG Hagen*, ZfS 1995, 215.

[177] *BGH*, NJW 1985, 793; *OLG Stuttgart*, NJW-RR 1994, 921; *OLG Düsseldorf*, NZV 1991, 465; *OLG Nürnberg*, NZV 1994, 24; *OLG Frankfurt*, NZV 1995, 108.

pflichtung des Geschädigten zu Erkundigung bestehen, ob er statt des angebotenen Tagestarifs einen günstigeren Wochentarif erhalten kann[178] oder sich insoweit mit der Haftpflichtversicherung des Schädigers in Verbindung zu setzen.[179] Bei Verletzung dieser Obliegenheit ist die erstattungsfähige Vergütung zu reduzieren.[180] Auch kann insoweit der Geschädigte wegen des nicht anerkannten Mehrbetrages einen Anspruch aus culpa in contrahendo gegen den Kfz-Vermieter wegen Verletzung der Aufklärungspflicht haben.[181]

(3) Sicher liegt ein Verstoß gegen § 254 II BGB vor, wenn der Geschädigte den Mietvertrag abschließt mit der Verpflichtung zu einer täglichen Mindestabnahme, obwohl er das Fahrzeug nur für eine wesentlich geringere Fahrstrecke benötigt.[182]

(4) Bei Beschaffung des Mietwagens von einer Privatperson[183] kann nicht die an einen gewerblichen Vermieter zu zahlende Vergütung in Rechnung gestellt werden, sondern nur eine gemäß § 287 ZPO zu schätzende geringere angemessene Vergütung.[184]

(5) Nicht eindeutig beantwortet wird die Frage, ob zu den ersatzfähigen Mietwagenkosten auch besondere Zuschläge zu rechnen sind, die der Geschädigte an den Vermieter für Rechtsschutzversicherung, Insassenunfallversicherung und Haftungsfreistellung zahlt.[185]

Bei der Insassenunfallversicherung kommt dies nur in Frage, wenn für das unfallgeschädigte Fahrzeug eine solche Versicherung bestanden hat.[186] Gleiches gilt dann, wenn der Geschädigte eine *Fahrzeug*-Rechtsschutzversicherung abgeschlossen hatte, da diese objektgebunden, d.h. auf das eigene Fahrzeug beschränkt ist;[187] anders ist dies bei der *Verkehrs*-Rechtsschutzversicherung, da diese personenbezogen ist; der Geschädigte kann auch bei einem Unfall mit einem Mietwagen seinen eigenen Verkehrsrechtsschutz in Anspruch nehmen.[188]

Im Vordergrund der Debatte steht die Erstattungsfähigkeit der Kosten für eine Haftungsfreistellung, wobei es einmal um die Haftung des Mieters für einen Fahrzeugschaden und sodann um die Haftung für Mietausfall geht.[189] Eindeutig zu bejahen ist die Erstattbarkeit der Kaskoversicherungsprämien, wenn für das Unfallfahrzeug eine Kasko-

---

178 *OLG Köln*, NJW-RR 1993, 1053; *OLG Hamm*, NJW-RR 1994, 923; *OLG Nürnberg*, NJW-RR 1994, 923; NZV 1994, 24; *OLG Düsseldorf*, NZV 1995, 190; *Geigel/Schlegelmilch/Rixecker*, Kap. 4, Rdnr. 55.

179 *OLG Köln*, NZV 1990, 429.

180 Hierzu *OLG Naumburg*, OLG-NL 1994, 272; *OLG München*, DAR 1995, 254; *LG Freiburg*, NJW-RR 1997, 1069 (dreifacher Satz der Nutzungsvergütung nach der Tabelle *Sanden/Danner*).

181 *BGHZ* 123, 373 = NJW 1996, 1958; *BGH*, NJW 1996, 1965; *OLG Stuttgart*, NJW-RR 1994, 921; *OLG Hamm*, NJW-RR 1994, 923; *OLG Frankfurt*, NZV 1995, 108; *AG Frankfurt*, NJW – RR 1999, 708; *Etzel/Wagner*, DAR 1995, 20; *Geigel/Schlegelmilch/Rixecker*, Kap. 4, Rdnr. 56.

182 *OLG Düsseldorf*, NJW 1969, 2051; *LG Darmstadt*, VersR 1970, 93 m. Anm. *Klimke*, VersR 1970, 405.

183 S.o. Fußn. 167, 168.

184 *BGH*, NJW 1975, 255; *LG Karlsruhe*, NJW-RR 1989, 732; *OLG Hamm*, NJW-RR 1993, 1053; *Sanden/Völtz*, Rdnr. 261.

185 Hierzu *Müller*, JuS 1985, 284; *Himmelreich/Klimke*, Rdnr. 1429 ff.

186 *OLG Frankfurt*, VersR 1980, 196; *Himmelreich/Klimke*, Rdnr. 1483; *Sanden/Völtz*, Rdnr. 299 m.Nw.

187 *OLG Hamm*, VersR 1972, 1033; *Himmelreich/Klimke*, Rdnr. 1480.

188 *Himmelreich/Klimke*, Rdnr. 1478; *Sanden/Völtz*, Rdnr. 277.

189 *Klimke*, VersR 1970, 792; *v. Caemmerer*, VersR 1971, 937.

versicherung bestand,[190] während sie im übrigen hoffnungslos streitig ist.[191] Der BGH will die Erstattbarkeit von der Schaffung eines Sonderrisikos abhängig machen,[192] was schwer feststellbar ist.[193] Die Erstattbarkeit sollte richtiger Ansicht nach in jedem Falle bejaht werden.[194] Das gilt auch für gesonderte Beiträge für die Haftungsfreistellung für den Verdienstausfall des Vermieters.[195]

c) Abzug wegen Eigenersparnis

Auf die als angemessen und erstattungsfähig festgestellten Mietwagenkosten ist im Wege der Vorteilsausgleichung ein Abzug für die Eigenersparnis am stilliegenden Eigenfahrzeug vorzunehmen.[196] Hierbei handelt es sich um zwei gesonderte Positionen: ersparte Wertminderung des eigenen Fahrzeugs und ersparte Betriebskosten.

(1) Hinsichtlich der Position „ersparte Wertminderung“ dürfte ein Abzug erst ab einer Fahrstrecke von 1.000 km in Betracht kommen, da sich vorher ein merkantiler Mehrwert infolge geringerer km-Leistung nicht meßbar feststellen läßt.[197] Von dieser Grenze ab ist für je 1.000 km Mietfahrleistung 1 % des Wiederbeschaffungswertes in Abzug zu bringen.[198]

(2) Dagegen sind ersparte „leistungsbezogene“ Betriebskosten entgegen einer Mindermeinung[199] für jeden Mietwagen-km in Ansatz zu bringen.[200] Bei der Berechnung der Eigenersparnis haben sich in der Praxis verschiedene Methoden herausgebildet.[201] Der *BGH*[202] verweist auf eine Ermittlung anhand von Betriebskostentabellen.[203] Das *LG Köln* hat eine nach Hubraumklassen differenzierende Tabelle herausgegeben.[204] Daneben wird von einem Teil der Gerichte ein Regelprozentsatz der Mietwagenkosten abgezogen. Diese Methode setzt sich dem Einwand aus, daß sie für Einzelfälle einen

---

190 *OLG Hamm*, NJW-RR 1994, 793; *KG*, NZV 1995, 312; *Nothoff*, VersR 1994, 910.

191 Zusammenstellung bei *Himmelreich/Klimke*, Rdnr. 1432.

192 *BGHZ* 61, 325 = NJW 1974, 91 m. Anm. *Klimke*, NJW 1974, 725; *BGH*, VersR 1974, 657 m. Anm. *Klimke*, VersR 1974, 427, 901; hierzu *Wadle*, JuS 1975, 360.

193 Vgl. z.B. *OLG Karlsruhe*, VersR 1975, 526; *KG*, VersR 1976, 370; *Himmelreich/Klimke*, Rdnr. 1441 ff.

194 *OLG Hamm*, NZV 1994, 188; *OLG Frankfurt*, ZfS 1995, 174; *Geigel/Schlegelmilch/Rixecker*, Kap. 4, Rdnr. 58; *Müller*, JuS 1985, 284; *Nothoff*, VersR 1996, 1202; für hälftige Erstattung *LG Hagen*, ZfS 1995, 215.

195 *Geigel/Schlegelmilch/Rixecker*, Kap. 4, Rdnr. 58; a.A. *Sanden/Völtz*, Rdnr. 293; differenzierend entsprechend der BGH-Rechtspr. (oben Fußn. 192) *Himmelreich/Klimke*, Rdnr. 1460 ff.

196 *Bonfig*, VersR 1969, 1073; *Klimke* VersR 1974, 422; 1976, 17.

197 *BGH*, NJW 1963, 1399.

198 *Himmelreich/Klimke*, Rdnr. 1576.

199 *LG Köln*, VersR 1974, 1231 m. Anm. *Himmelreich*.

200 *BGH*, NJW 1963, 1399; *Nothoff*, VersR 1994, 909 m.Nw.

201 Übersicht bei *Born*, VersR 1978, 777.

202 *BGH*, NJW 1963, 1399.

203 ADAC-Tabelle; hierzu *Himmelreich/Klimke*, Rdnr. 1565.

204 *LG Köln*, NJW 1973, 713; hierzu *Himmelreich*, NJW 1976, 1729; *Müller*, JuS 1985, 280.

falschen Bezugspunkt wählt.[205] Im übrigen ist die Bandbreite der vorgeschlagenen Prozentsätze immer größer geworden.[206]

(3) Umstritten ist, ob der Geschädigte den Abzug wegen Eigenersparnis durch Anmietung eines weniger komfortablen Wagens, also einer geringeren Preisklasse, vermeiden kann. Befürworter[207] und ablehnende Stimmen[208] halten sich hier die Waage.[209]

3. Entgangener Gebrauchsvorteil

a) Der materielle Schaden

Der Geschädigte kann für den unter (1) umgrenzten Zeitraum auch ohne Inanspruchnahme eines Mietwagens Ersatz für die entgangene Nutzung des Kraftfahrzeugs verlangen.[210]

Es handelt sich hierbei nach h.M. um den Ersatz eines materiellen Schadens, da die Nutzung eines Kraftfahrzeugs nach der Verkehrsauffassung kommerzialisiert sei.[211] Damit steht § 253 BGB der Zubilligung dieses Ersatzes nicht entgegen.[212] Anspruchsgrundlage für den Ersatzanspruch ist – ebenso wie bei den Mietwagenkosten[213] – § 249 S. 2 BGB.[214]

b) Voraussetzungen

Der Anspruch ist von folgenden Voraussetzungen abhängig:

(1) Zunächst ist erforderlich, daß dem Geschädigten die Nutzung des Fahrzeugs tatsächlich an bestimmten Tagen[215] entzogen ist.[216]

Benutzt der Geschädigte das Fahrzeug weiter, indem er die Reparatur unterläßt, steht ihm kein Anspruch auf (fiktive) Nutzungsentschädigung zu.[217] Gleiches gilt,

---

[205] Krit. *Riedmaier*, VersR 1977, 5; *Müller*, JuS 1982, 286.

[206] 25 %: *OLG Koblenz*, NZV 1988, 224. – 20 %: *LG Mainz*, NJW 1975, 1421. – 15 %: *OLG Nürnberg*, NZV 1994, 106; *OLG Hamm*, NJW-RR 1994, 793. – 10 %: *LG Ravensburg*, ZfS 1994, 125. – 5 %: *AG Kassel*, ZfS 1995, 373. – 3,5 %: *OLG Stuttgart*, NJW-RR 1994, 921. – 3 %: *OLG Karlsruhe*, DAR 1996, 56; *Meinig*, DAR 1993, 281; *Nothoff*, VersR 1995, 1016; 1996, 1201.

[207] *OLG Frankfurt*, NJW 1984, 1902; 1990, 3112; NJW-RR 1996, 984; *Born*, NZV 1993, 2; *Geigel/Schlegelmilch/Rixecker*, Kap. 4, Rdnr. 62; *Grunsky*, MK, § 249 BGB, Rdnr. 296. – Ebenso die Empfehlung des *HUK-Verbandes* (Fußn. 171).

[208] *BGH*, NJW 1983, 2694; *LG Berlin*, NJW-RR 1991, 151; *OLG Hamm*, NZV 1993, 189; *OLG Köln*, NZV 1994, 320; *Müller*, JuS 1985, 287.

[209] Überblick bei *Himmelreich/Klimke*, Rdnr. 1583.

[210] *BGHZ* 40, 345 = NJW 1964, 542; *BGHZ* 45, 212 = NJW 1966, 1260; hierzu *Stoll*, JuS 1968, 504; Überblicke bei *Himmelreich/Klimke*, Rdnr. 1613, 1613d; *Berr*, DAR 1990, 475.

[211] *BGHZ* 45, 212 = NJW 1966, 1260; *BGHZ* 56, 214 = NJW 1971, 1692.

[212] Hierzu *Lange*, § 6, VVI, 4, b, S. 187; *Hagen*, JZ 1983, 833.

[213] S.o. III, 2, a, Fußn. 151.

[214] *Rauscher*, NJW 1986, 2011, *Stoll*, JuS 1968, 504.

[215] S.u. Fußn. 240.

[216] *BGH*, NJW 1985, 2471; *Himmelreich/Klimke*, Rdnr. 1638 m.Nw.; *Klimke*, NJW 1976, 1970; a.A. *Lubitz*, NJW 1976, 322.

[217] *BGHZ* 66, 239 = NJW 1976, 1396; *BGHZ* 86, 212 = NJW 1983, 1107.

wenn der Geschädigte über ein zweites Fahrzeug verfügt, dessen ersatzweiser Einsatz ihm zuzumuten ist.[218] Dagegen kommt die unentgeltliche Zurverfügungstellung eines Ersatzfahrzeugs durch einen Dritten dem Schädiger nicht zugute.[219]

(2) Im übrigen verlangt die Rechtsprechung einen sogenannten Nutzungswillen und die Nutzungsmöglichkeit.[220]

Letztere soll z.B. nicht gegeben sein, wenn der Geschädigte – auch aus unfallbedingten Gründen – mit Verletzungen im Krankenhaus liegt.[221] Diese Einschränkung wird aber wieder dadurch eliminiert, daß man eine Nutzungsmöglichkeit durch Angehörige genügen läßt.[222]

(3) Die Rechtsprechung verlangt darüber hinaus eine fühlbare Beschränkung der wirtschaftlichen Bewegungsfreiheit.[223]

Diese Voraussetzung soll sich mit dem bei Mietwagenkosten geforderten *erheblichen* Fahrbedarf[224] decken.[225] Das erscheint bedenklich; m.E. sollte auch bei einem unter der Grenze des erheblichen Fahrbedarfs liegende Beeinträchtigung der Nutzung ein Ausgleich erfolgen, es sei denn, daß der unter (1) geforderte Entzug der Nutzung fehlt.[226]

(4) In der Praxis spielen die unter (2) und (3) erörterten, in der Sphäre des Geschädigten liegenden, oft nur sehr schwer feststellbaren Voraussetzungen eine geringe Rolle.

De facto wird von den Kfz-Haftpflichtversicherern der entgangene Gebrauchsvorteil für die Zeit der Reparatur bzw. der Ersatzbeschaffung ohne weitere Nachprüfung gezahlt.[227]

c) Berechnung des Anspruchs

Während zu Beginn der Rechtsprechung eine konkrete Berechnung der entgangenen Nutzung unter Berücksichtigung der Vorhaltekosten (Heraufrechnung) bzw. der Mietwagenkosten (Abzüge) vorgenommen wurde,[228] haben sich seit 1966 die von *Sanden/Danner* entwickelten Ta-

[218] *BGH*, NJW 1976, 286; *OLG Karlsruhe*, NZV 1989, 231; *Himmelreich/Klimke*, Rdnr. 1653 m.Nw.

[219] *BGH*, NJW 1970, 1120; 1975, 255.

[220] *BGHZ* 45, 212 = NJW 1966, 1260; *Greger*, NZV 1994, 338; *Himmelreich/Klimke*, Rdnr. 1633; krit. *Grunsky*, MK, Vor § 249 BGB, Rdnr. 19 b.

[221] *BGH*, NJW 1968, 1778 m. Anm. *Martens* = VersR 1968, 1057 m. Anm. *Herkner*; *BGH*, VersR 1975, 37; abl. *Hamann*, NJW 1970, 889; *Frössler*, NJW 1972, 1975.

[222] *BGH*, NJW 1974, 33 (Sohn); NJW 1975, 922 (Verlobte); *OLG Köln*, VersR 1977, 937.

[223] *BGHZ* 45, 212 = NJW 1966, 1260; *BGH*, NJW 1967, 552.

[224] S.o. III, 2, b.

[225] *BGH*, VersR 1966, 497; *Geigel/Schlegelmilch/Rixecker*, Kap. 4, Rdnr. 69; *Himmelreich/Klimke*, Rdnr. 1633, 1637a–b.

[226] Vgl. auch *Lange*, § 6, VII, 4, b, S. 187; *Grunsky*, MK, Vor § 249 BGB, Rdnr. 19.

[227] *Himmelreich/Klimke*, Rdnr. 1636a, b; krit. *Greger*, NZV 1994, 338.

[228] Vgl. beispielsweise *BGH*, NJW 1964, 717; *BGHZ* 45, 212 = NJW 1966, 1260; 1969, 1477; 1970, 1120; *BGHZ* 56, 214 = NJW 1971, 1692; *AG Bonn*, NJW 1963, 2175; *LG Berlin*, NJW 1965, 108.

bellen[229] durchgesetzt, die entsprechend fortgeschrieben wurden[230] und die der BGH „für geeignet befunden" erklärt hat.[231] Das stellt für die Praxis der Abwicklung als eines Massephänomens sowohl für die Versicherer als auch die Gerichte eine große Entlastung dar. Auf folgende Zweifelsfragen ist hinzuweisen:

(1) Ein Abzug von den in der Tabelle enthaltenen Sätzen wegen Einsparung von Betriebskosten des eigenen Kraftfahrzeugs kommt nicht in Betracht, da die Tabellen dies bereits berücksichtigen.[232]

(2) Auf das Alter und die Kilometerleistung des unfallgeschädigten Fahrzeugs kommt es in der Regel nicht an.[233]

Von diesem Grundsatz werden aber Einschränkungen vorgenommen. Der BGH hat im Urteil vom 20. 10. 1987 ausgesprochen, daß das Alter des Unfallfahrzeugs jedenfalls dann nicht unberücksichtigt bleiben kann, wenn dessen Nutzungswert mit demjenigen eines neuen Fahrzeugs des gleichen Typs schlechterdings nicht mehr vereinbar ist.[234] In diesem Fall sollen nur die Vorhaltekosten zugebilligt werden.[235] Andere Gerichte wollen ab einem bestimmten Alter des Fahrzeugs (z.B. ab 5 oder 8 Jahren) nur den aus der Tabelle ersichtlichen, um eine oder zwei Klassen tiefer liegenden Satz zubilligen.[236]

d) Nutzfahrzeuge

Zweifelhaft ist, ob bei gewerblich genutzten Fahrzeugen ein Ersatz von Gebrauchsvorteilen erfolgen soll.[237]

e) Verhältnis zu Mietwagenkosten

Mietwagenkosten und entgangener Gebrauchsvorteil schließen sich gegenseitig aus.

So kann bei Inanspruchnahme eines gegenüber dem Unfallfahrzeug kleineren Mietwagens[238] wegen geringeren Nutzungswertes kein Anspruch auf Ersatz der Wertdifferenz geltend gemacht werden.[239] Dagegen kann eine unterschiedliche Liquidierung des

---

[229] Erstmals *VersR* 1966, 697; weitere Fundstellennachweise bei *Himmelreich/Klimke*, Rdnr. 1700.

[230] Zuletzt *Küppersbusch/Rädel/Splitter*, NJW 1998, 2106; 1999, 2238.

[231] *BGH*, NJW 1969, 1477; *BGHZ* 56, 214 = NJW 1971, 1692.

[232] *Himmelreich/Klimke*, Rdnr. 1700.

[233] *OLG Frankfurt*, DAR 1983, 165; *LG Bad Kreuznach*, NJW-RR 1988, 1303; *KG*, NZV 1993, 478; *Himmelreich/Klimke*, Rdnr. 1715.

[234] *BGH*, NJW 1988, 484.

[235] *BGH*, aaO; unter Hinweis auf *Sanden/Danner*, VersR 1975, 972; ebenso *AG Düsseldorf*, ZfS 1993, 266.

[236] *OLG Frankfurt*, DAR 1985, 58; *OLG Karlsruhe*, VersR 1989, 58; Nachweise bei *Himmelreich/Klimke*, Rdnr. 1715 (Fußn. 1); *Geigel/Schlegelmilch/Rixecker*, Kap. 4, Rndr. 73.

[237] S.u IV, 1, d. –Zur gemischt privat-gewerblichen Nutzung vgl. *OLG Frankfurt*, NJW 1985, 2955; *OLG Hamm*, NJW-RR 1989, 1194.

[238] S.o. III, 2, c, (3).

[239] *BGH*, NJW 1967, 552 m. Anm. *Steindorff*, JZ 1967, 361; *Himmelreich/Klimke*, Rdnr. 1649 m.Nw.

Nutzungsschadens nach Mietwagenkosten und entgangenem Gebrauchsvorteil für einzelne Zeitabschnitt erfolgen.[240]

IV. Mittelbare Vermögensschäden

Zu der Gruppe der „Sachschäden" gehören schließlich Folgeschäden, die adäquat kausal auf die Zerstörung bzw Beschädigung des Kfz zurückzuführen sind und sich mittelbar in dem Vermögen des Geschädigten auswirken.

1. Vermögensschaden bei Ausfall eines gewerblichen Nutzfahrzeugs

Der Ausfall eines gewerblichen Nutzfahrzeugs kann zu einer Beeinträchtigung des Betriebsablaufs führen. Die Liquidation des herbeigeführten Schadens kann auf verschiedene Weise erfolgen.[241]

a) Interne Maßnahmen

Der Unternehmer kann im Rahmen seiner Schadensminderungspflicht (§ 254 II BGB) gehalten sein, bei nicht ausgelasteter Kapazität seines Fuhrparks den Transport auf andere Fahrzeuge zu verlagern;[242] in diesem Fall wird in der Regel kein ersatzfähiger Schaden verbleiben.[243]

Wird von dem Geschädigten – besonders bei öffentlichen Verkehrsbetrieben[244] – vorsorglich für Fahrzeugausfälle ein Reservefahrzeug bereitgehalten, so ist der Schädiger verpflichtet, den Aufwand für die vorsorgliche Bereitstellung zu ersetzen, soweit er auf die Einsatzzeit entfällt.[245] Die Reservehaltungskosten bestehen in den Gemeinkosten des Fahrzeugs, die unabhängig von seinem Betrieb und seiner Nutzung anfallen.[246]

b) Ersatzmietfahrzeug

Der Unternehmer ist, falls der Ausfall nicht durch die unter a) geschilderten Maßnahmen behoben werden kann, berechtigt und gegebenenfalls nach § 254 II BGB zwecks Vermeidung eines größeren Ausfallschadens

---

[240] *OLG Stuttgart*, VersR 1967, 1207; *Himmelreich/Klimke*, Rdnr. 1663, 1674; *Born*, NZV 1993, 5; abw. *OLG Köln*, DAR 1995, 289 (gewerblich genutztes Fahrzeug).

[241] *Born*, NZV 1993, 1; *Reitenspiess*, DAR 1993, 142.

[242] Zur Frage der Nachholbarkeit s.u. Fußn. 255.

[243] Zum entgangenen Gebrauchsvorteil s.u. d.

[244] Bei Privatbetrieben dürfte eine Reservehaltung in der Regel ausscheiden; *Reitenspiess*, DAR 1993, 143.

[245] *BGHZ* 70, 199 = NJW 1978, 812; *BGH*, NJW 1985, 2471; hierzu *Ruhwedel*, JuS 1982, 27; *Born*, NZV 1993, 4; abl. *Deutsch*, HaftungsR, Bd. I, § 26, II, 8; *Lange*, § 6, VIII, 4.

[246] Vgl. hierzu die Tabellen von *Danner/Echtler*, VersR 1984, 820; 1988, 33; 1990, 1066.

verpflichtet, ein Ersatzfahrzeug anzumieten, dessen Kosten der Schädiger nach den oben dargestellten Voraussetzungen und Höhe[247] zu ersetzen hat.[248]

Voraussetzung ist allerdings, daß hierbei die Mißbrauchsgrenze des § 251 II BGB nicht überschritten wird.[249]

c) Verdienstausfall

Kann der Ausfall des Kraftfahrzeugs nicht durch die unter a) und b) genannten Maßnahmen aufgefangen werden, ist der nunmehr eintretende entgangene Gewinn nach § 252 BGB zu ersetzen.[250]

Der ersatzfähige Schaden errechnet sich nach der Differenzhypothese des § 249 BGB. Er kann von dem Geschädigten wahlweise konkret[251] oder abstrakt[252] berechnet werden. Beide Berechnungsweisen gehen im Rahmen der §§ 252 BGB, 287 ZPO ineinander über. In jedem Falle muß auf die Einnahmen und Ausgaben aus einem vergleichbaren Zeitraum vor dem Unfall zurückgegriffen werden.[253] Entscheidend ist hierbei die Minderung des Gesamtbetriebsergebnisses, so daß z.B. sowieso nicht ausgelastete Kapazitäten einem Verdienstausfall entgegenstehen können.[254] Den Ertrag nachgeholter Geschäfte braucht sich der Geschädigte nicht anrechnen zu lassen, soweit sich die Nachholung als überpflichtmäßige Maßnahme darstellt.[255] In dem Ausfallzeitraum ersparte Betriebskosten sind im Wege des Vorteilsausgleichs abzusetzen.[256] Ebenso können weggefallene oder geminderte Steuern den Schaden verringern.[257]

d) Entgangener Gebrauchsvorteil

Schließlich kann im Einzelfall auch ohne Gewinnentgang der Ersatz entgangenen Gebrauchsvorteils in Frage kommen.[258]

Der BGH hat mehrfach ausgesprochen, daß auch bei gewerblichen Nutzfahrzeugen der Ersatz entgangener Gebrauchsvorteile nicht ausgeschlossen ist.[259] Das muß zumindest dann gelten, wenn der Ausfall eines Fahrzeugs nur infolge überobligationsmäßiger Anstrengungen des Unternehmers nicht zu einem Gewinnentgang führt.[260] Die Höhe

---

[247] S.o. II, 2.

[248] *Born*, NZV 1993, 2; *Reitenspiess*, DAR 1993, 143.

[249] S.o. II, 2, a, (2), Fußn. 160.

[250] *BGHZ* 70, 199 = NJW 1978, 812; *BGH*, NJW 1985, 2741; *Reitenspiess*, DAR 1993, 142.

[251] *BGH*, JurBüro 1977, 341; *Himmelreich/Klimke*, Rdnr. 1745.

[252] *Himmelreich/Klimke*, Rdnr. 1743 ff.; a.A. *OLG Karlsruhe*, DAR 1989, 106 m.Nw. in der RedAnm.

[253] *Himmelreich/Klimke*, Rdnr. 1744a; zur Darlegungslast *OLG Köln*, VersR 1980, 240.

[254] *Himmelreich/Klimke*, Rdnr. 1759.

[255] *BGHZ* 55, 329 = NJW 1971, 836.

[256] *Himmelreich/Klimke*, Rdnr. 1761.

[257] *Himmelreich/Klimke*, Rdnr. 1765, 1805.

[258] *OLG München*, NZV 1990, 348; *OLG Hamm*, NZV 1993, 65; *Grunsky*, MK, Vor § 249 BGB, Rdnr. 19a; *Reitenspiess*, DAR 1993, 145; a.A. *Sanden/Völtz*, Rdnr. 341.

[259] *BGHZ* 70, 199 = NJW 1978, 1812; *BGH*, NJW 1985, 2471; Übersicht über die Rechtspr. bei *Berr*, DAR 1990, 475.

[260] *Reitenspiess*, DAR 1993, 145.

des Nutzungsentgangs wird in einem Aufschlag von 20–30 % auf die Reservehaltungskosten[261] oder in einem Abschlag von 40 % auf die vergleichbaren Mietwagenkosten[262] berechnet.[263]

2. *Der Verlust des Schadensfreiheitsrabatts*

a) Haftpflichtversicherung

Im Rahmen der Haftpflichtversicherung lehnt der BGH unter Aufgabe seiner früheren abweichenden Ansicht[264] eine Ersatzfähigkeit ab, da es sich hierbei nicht um einen Sachfolgeschaden, sondern um einen reinen Vermögensschaden handele, der nicht in den Schutzbereich der §§ 823 BGB, 7 StVG falle.[265]

Eine Ausnahme gilt nur bei unbefugter Benutzung des Fahrzeugs; hier ist der Verlust des Schadensfreiheitsrabatts eine Folge der Eigentumsverletzung und deshalb nach § 823 I BGB, § 7 III StVG erstattungsfähig.[266]

b) Kaskoversicherung

Dagegen wird der Verlust des Schadensfreiheitsrabattes in der Kaskoversicherung als ersatzfähiger Sachfolgeschaden angesehen.[267]

(1) Notwendig ist allerdings eine Kausalität zwischen Unfall und Inanspruchnahme der Kaskoversicherung.

Sie wird von der Rechtsprechung auch dann bejaht, wenn den Geschädigten eine Mitverantwortung an dem Unfall trifft.[268] Sie ist aber zu verneinen, wenn der Geschädigte die Kaskoversicherung nur wegen des von ihm aufgrund Mitverschuldens oder Betriebsgefahr selbst zu tragenden Anteils in Anspruch nimmt.[269]

(2) Bei der Erstattungsfähigkeit ist auch zu prüfen, inwieweit die Inanspruchnahme der Kaskoversicherung als Verstoß gegen die Schadensminderungspflicht anzusehen ist.[270]

Dies dürfte jedoch nur ausnahmsweise zu bejahen sein, wenn die Haftpflichtversicherung des Schädigers zur alsbaldigen Zahlung, zumindest einer angemessenen Vor-

---

[261] *Klimke*, VersR 1977, 788. – S.o. Fußn. 246.

[262] *OLG Bamberg*, VersR 1976, 972; zust. *Riedmaier*, VersR 1977, 8.

[263] Hierzu *Reitenspiess*, DAR 1993, 146; *Born*, NZV 1993, 8.

[264] *BGHZ* 44, 382, 387 = NJW 1966, 654.

[265] *BGHZ* 66, 398 = NJW 1976, 1846; zust. *Honsell*, JuS 1978, 745; a.A. *Grunsky*, MK, § 249 BGB, Rdnr. 32.

[266] *BGHZ* 66, 398 = NJW 1976, 1846.

[267] *BGHZ* 44, 382 = NJW 1966, 654; *BGHZ* 66, 398 = NJW 1976, 1846; ebenso *OLG Hamm*, NZV 1993, 65.

[268] *BGHZ* 44, 382 = NJW 1966, 654; *OLG Stuttgart*, DAR 1989, 27; *Klunzinger*, NJW 1969, 2117; a.A. *Himmelreich/Klimke*, Rdnr. 1959.

[269] *Himmelreich/Klimke*, Rdnr. 1960, 1961; *Sanden/Völtz*, Rdnr. 227; *Honsell*, JuS 1978, 748.

[270] *Honsell*, JuS 1978, 747; *Weyert*, VersR 1968, 133.

schußzahlung, bereit war oder die durch Aufnahme eines Kredits entstehenden Kosten erheblich niedriger gewesen wären.[271] Das Gleiche gilt, wenn der Rückstufungsschaden erheblich niedriger als der Sachschaden ist.[272] Dagegen stellt die Inanspruchnahme der Kaskoversicherung wegen der erhöhten Leistung nach § 13 II, III AKB keinen Verstoß gegen die Schadensminderungspflicht dar.[273]

(3) Bei der Berechnung des erstattungsfähigen Rückstufungsschadens ist die zukünftige Entwicklung zu berücksichtigen.[274]

Das hat zur Folge, daß bei einem späteren von dem Geschädigten verschuldeten Unfall oder einer Abmeldung des Fahrzeugs die weitere Rückstufung nicht mehr als kausal anzusehen ist.[275] Deshalb kommt zunächst nur ein Feststellungsurteil in Betracht.[276]

3. Finanzierungskosten

Der Geschädigte kann unter bestimmten Voraussetzungen die Aufwendungen ersetzt verlangen, die durch eine Fremdfinanzierung des Sachschadens bis zum Eingang von Zahlungen des Schädigers (bzw. des Versicherers) entstanden sind.[277]

a) Anspruchsgrundlage

Der BGH sieht diese Aufwendungen als adäquaten Sachfolgeschaden an, so daß ein Ersatz auch für den Zeitraum vor Eintritt des Verzuges in Frage kommen kann.[278] Eine Gegenmeinung sieht in den Finanzierungskosten einen Verzugsschaden (§ 286 BGB), der deshalb von der Mahnung und dem Vorliegen eines Verschuldens abhängig ist.[279]

Die Unterschiede sind unerheblich, soweit die Verzugstheorie eine Mahnung fordert, da die h.M. statt dessen im Rahmen von § 254 II BGB eine Benachrichtigung des Versicherers verlangt.[280] Dagegen fällt nach der h.M. der Ablauf der Überprüfungs- und Bearbeitungsfrist weg, die im Rahmen des Verschuldens nach § 285 BGB eine Rolle spielt.[281]

---

[271] *Preußner*, VersR 1967, 1029; *Weyert*, VersR 1968, 133; *OLG Karlsruhe*, NJW-RR 1990, 92; *OLG* Hamm, NZV 1993, 65.

[272] *LG Bielefeld*, NJW-RR 1987, 923.

[273] *LG Köln*, VersR 1988, 1074; *LG Freiburg*, DAR 1990, 26; a.A. *OLG Saarbrücken*, NJW-RR 1986, 194; *LG Osnabrück*, NJW-RR 1987, 18; *OLG Karlsruhe*, NZV 1990, 431; *Himmelreich/Klimke*, Rdnr. 1956.

[274] a.A. *LG Rottweil*, NJW 1986, 1996.

[275] *BGH*, NJW 1992, 1035; *OLG Frankfurt*, NJW 1985, 2955.

[276] *BGH*, NJW 1992, 1035; *AG Hadamar*, NJW-RR 1987, 17.

[277] *BGHZ* 61, 346 = NJW 1974, 34; *Himmelreich*, NJW 1973, 978; *Himmelreich/Klimke*, Rdnr. 3100 ff.

[278] *BGHZ* 61, 346 = NJW 1974, 34; zust. *Himmelreich/Klimke*, Rdnr. 3129 ff. m.Nw. in Rdnr. 3133, Fußn. 1.

[279] *Sanden/Völtz*, Rdnr. 239 ff.; krit. zu BGH auch *Staudinger/Schiemann*. § 249 BGB, Rdnr. 231, 232.

[280] S.u. Fußn. 285.

[281] *BGHZ* 61, 346 = NJW 1974, 34; *Himmelreich/Klimke*, Rdnr. 3130.

b) Voraussetzungen

Die Rechtsprechung hat die Ersatzfähigkeit der Kreditkosten an einschränkende Voraussetzungen geknüpft, die der Geschädigte darzulegen und im Bestreitensfalle zu beweisen hat. Eine Erstattungsfähigkeit der Kreditkosten kommt nur dann in Betracht, „wenn und soweit sie ein verständiger, wirtschaftlich denkender Halter in der besonderen Lage des Geschädigten gemacht haben würde."[282]

(1) Danach muß die Kreditaufnahme notwendig sein. Je nach der Höhe des Schadens und dem Einkommen des Geschädigten kann dieser verpflichtet sein, die Kosten der Reparatur, des Mietwagens etc. ohne Rückgriff auf einen Bankkredit aus eigenen Mitteln oder über einen laufenden Kredit vorzustrecken, wenn dies ohne besondere Einschränkung der Lebensführung möglich ist.[283] Andere Gerichte sind dagegen verbraucherfreundlicher und wollen dem Geschädigten nur in Ausnahmefällen die Inanspruchnahme eigener Mittel zumuten.[284]

(2) Der Geschädigte ist in der Regel gehalten, den Schädiger bzw. dessen Haftpflichtversicherer über die Notwendigkeit einer Kreditaufnahme zu unterrichten[285] damit dieser die Kreditaufnahme durch Zahlung von Vorschüssen oder auf andere Weise[286] abwenden kann.

c) Höhe der Kosten

Die Höhe der erstattungsfähigen Kosten ist auf die notwendigen Kosten beschränkt. Begrenzungen ergeben sich hier vor allem aus dem später zugebilligten Ersatzbetrag sowie der wirtschaftlichen Vertretbarkeit.[287]

4. Anwaltskosten

Der Geschädigte hat Anspruch auf Ersatz der Kosten für den mit der Schadensregulierung beauftragten Rechtsanwalt.[288]

---

[282] *BGHZ* 61, 346 = NJW 1974, 34 (im Anschluß an *BGHZ* 54, 82 = NJW 1970, 1454; s.o. I, 1, b, Fußn. 4).

[283] *BGHZ* 61, 346 = NJW 1974, 34; zur Interessenabwägung im einzelnen siehe *Himmelreich/Klimke*, Rdnr. 3110 ff., 3160 ff.

[284] *LG Köln*, VersR 1974, 67; *LG Gießen*, VersR 1988, 1044 m. Anm. *Zwerenz*; *Geigel/Schlegelmilch/Rixecker*, Kap. 4, Rdnr. 86. – Deren Hinweis auf *BGH*, NJW 1989, 290 ist nicht überzeugend, da es sich dort nicht um einen Kfz-Unfallschaden handelt und es außerdem um erhebliche Beträge (ca. 1.200.000 DM) ging.

[285] *AG Freiburg*, DAR 1988, 97; *Himmelreich*, NJW 1973, 980; *Klimke*, VersR 1973, 885; *Geigel/Schlegelmilch/Rixecker*, Kap. 4, Rdnr. 86; *Himmelreich/Klimke*, Rdnr. 3220 m.Nw.

[286] Beispiel: Kostenübernahmeerklärung; hierzu *Heitmann*, VersR 1981, 1106; *Himmelreich/Klimke*, Rdnr. 3266.

[287] Einzelheiten bei *Himmelreich/Klimke*, Rdnr. 3342 ff.

[288] *Geigel/Schlegelmilch/Rixecker*, Kap. 4, Rdnr. 79; *Klingmüller/Müller*, VersR 1971, 25.

a) Anspruchsgrundlage

Es handelt sich hierbei um adäquate Folgekosten des Sachschadens, also nicht um einen Verzugsschaden.[289] Daraus folgt vor allem, daß der Geschädigte im Normalfall auch ohne Vorliegen der Voraussetzungen des Verzuges einen Anwalt mit der Schadensregulierung beauftragen darf.[290] Hiervon bestehen aber folgende Ausnahmen:

(1) Bagatellunfälle;[291]
(2) Fälle mit eindeutiger Rechtslage, insbesondere wenn der Versicherer den Anspruch nach Grund und Höhe vorbehaltlos anerkennt;[292]
(3) bei juristischen Personen und Großunternehmen mit eigener Rechtsabteilung;[293]
(4) in den Fällen des gesetzlichen Forderungsübergangs bei Geltendmachung durch den Rechtsnachfolger: hier gilt § 286 BGB.[294]

In den Fällen (1)–(3) fallen diese Ausnahmen mit Eintritt des Verzuges weg, d.h. der Geschädigte kann auch in diesen Fällen einen Anwalt beauftragen.[295] Ein Ersatz fiktiver Anwaltskosten findet aber in keinem Falle statt.[296]

b) Umfang der Erstattungspflicht

Der Höhe nach ist der Anspruch begrenzt auf die gesetzlichen Gebühren und den Rahmen zweckentsprechender Rechtsverfolgung (§ 254 II BGB, § 91 I S. 1 ZPO analog). Da ein Prozeßauftrag nicht vorliegt, richten sich die Gebühren des Rechtsanwalts nach den §§ 118, 23 BRAGO.

(1) Der Rechtsanwalt erhält in jedem Falle eine Geschäftsgebühr (§ 118 I Nr. 1 BRAGO), bei der Besprechung des Falles mit dem Versicherer[297] zusätzlich eine Besprechungsgebühr (§ 118 I Nr. 2 BRAGO),[298] sowie gegebenenfalls eine Vergleichsgebühr.[299]

---

[289] *BGHZ* 30, 154 = NJW 1959, 1631; *BGH*, NJW 1970, 1122 m. Anm. *Kubisch*, NJW 1971, 1456.

[290] *Himmelreich/Klimke*, Rdnr. 2014, 2015.

[292] *BGH*, VersR 1959, 674.

[292] *BGHZ* 127, 348 = NJW 1995, 446; hierzu *v. Gerlach*, DAR 1995, 223; *Hildebrand*, NJW 1995, 1944; *Nixdorf*, VersR 1995, 257; *Meiendresch/Heinke*, ZfS 1992, 281.

[293] *Himmelreich/Klimke*, Rdnr. 2052.

[294] *BGH*, VersR 1961, 1141; *Himmelreich/Klimke*, Rdnr. 2029; *Sanden/Völtz*, Rdnr. 400 ff.

[295] *BGHZ* 127, 348 = NJW 1995, 446; *Himmelreich/Klimke*, Rdnr. 2057.

[296] *Grunsky*, NJW 1983, 2470.

[297] Also nicht bei Gesprächen mit Dritten (str.): *AG Hamburg*, ZfS 1993, 207 (Fahrer); *AG + LG Köln*, JurBüro 1987, 1784, 1785 (Reparaturfirma); *AG Stadthagen*, JurBüro 1987, 1370 (Ehefrau); *OLG München*, DAR 1983, 267 (Zentralruf der Autoversicherer).

[298] Notwendig ist ein sachbezogenes (mündliches oder telefonisches) Gespräch im Gegensatz zur bloßen Erinnerung oder Anfrage nach dem Sachstand: *OLG Koblenz*, NJW-RR 1996, 182. – Einzelheiten bei *Jahnke*, VersR 1991, 264.

[299] Einzelfragen bei *Sanden/Völtz*, Rdnr. 374 ff.; vgl. auch *BGH*, NJW 1970, 1122; *Klingmüller/André*, VersR 1968, 857.

Bei der Geschäftsgebühr und der Besprechungsgebühr handelt es sich um Rahmengebühren, die je nach Schwierigkeit des Einzelfalles zwischen 5/10 und 10/10 der vollen Gebühr liegen (§ 118 II BRAGO); in der Regel wird eine 7,5/10-Gebühr zuzubilligen sein.[300] Die Vergleichsgebühr fällt dagegen bei der *außergerichtlichen* Erledigung in Höhe von 15/10 der vollen Gebühr an (§ 23 I S. 1 BRAGO n.F.).[301]

Nach dem von der Arbeitsgemeinschaft „Verkehrsrecht“ des Deutschen Anwaltsvereins herausgegebenen Merkblatt zur Abwicklung von Kfz-Haftpflichtschäden, dem eine große Gruppe von Kfz-Haftpflichtversicherern zugestimmt hat,[302] erhält der Rechtsanwalt zwecks Vereinfachung unabhängig davon, ob eine Besprechung stattgefunden hat oder ein Vergleich abgeschlossen wird, eine Pauschalgebühr von 15/10 der vollen Gebühr.

(2) Der Gegenstandswert der Gebühren richtet sich nach dem begründeten bzw. effektiv gezahlten Betrag,[303] so daß eine Quotelung der Kosten unter Berücksichtigung des zunächst geltendgemachten Betrages nicht in Betracht kommt.[304]

(3) Zusätzlich kann der Rechtsanwalt verlangen: Ersatz der Kosten für die Beschaffung eines Auszuges aus den strafrechtlichen Ermittlungsakten,[305] Ersatz seiner Auslagen (§ 25 III BRAGO) sowie die auf seine Vergütung entfallende Umsatzsteuer, es sei denn, der Geschädigte hat das Recht zum Vorsteuerabzug (§ 25 II BRAGO).

(4) Eine gesonderte Position bei Ersatz der Anwaltskosten sind die Kosten des Rechtsanwalts bei Abwicklung der Ansprüche des Geschädigten aus einer etwaigen Kaskoversicherung.[306]

V. Der Zinsanspruch

1. Die Verzinsung bei Wertminderung (§ 849 BGB)

a) Der Anwendungsbereich

§ 849 BGB regelt die Verzinsung, wenn wegen Entziehung einer Sache der Wert oder wegen deren Beschädigung die Wertminderung zu ersetzen ist. In diesen Fällen soll die Verzinsung mit dem Zeitpunkt beginnen, der der Bestimmung des Wertes zugrundegelegt wird. Die Vorschrift, die auch für Ansprüche aus Gefährdungshaftung (z.B. StVG) zur Anwendung gelangt,[307] betrifft in Unfallhaftpflichtsachen zwei Schadenspositionen:

(1) Im Falle der Reparatur des Fahrzeugs den merkantilen Minderwert,[308] wobei auf den Zeitpunkt der Beendigung der Reparatur abzustellen ist.[309] Für den Anspruch auf Ersatz der eigentlichen Reparaturkosten soll § 849 BGB nicht anwendbar sein.[310]

---

300 *Himmelreich/Klimke*, Rdnr. 2592; *Sanden/Völtz*, Rdnr. 398.

301 KostÄndG vom 24. 6. 1994 (BGBl. I, S. 1325).

302 NJW 1998, 3553 (Stand 1. 9. 1998).

303 *BGH*, NJW 1970, 1122; *Sanden/Völtz*, Rdnr. 399.

304 *Sanden/Völtz*, Rdnr. 384; *Himmelreich/Klimke*, Rdnr. 3007.

305 *Geigel/Schlegelmilch/Rixecker*, Kap. 4, Rdnr. 80.

306 *LG Bielefeld*, NJW-RR 1989, 1431; *OLG Karlsruhe*, NJW-RR 1989, 231; 1990, 929; *Sanden/Völtz*, Rdnr. 379.

307 *BGHZ* 87, 38 = NJW 1983, 1614.

308 *Himmelreich/Klimke*, Rdnr. 115c, 3156.

309 *BGH*, NJW 1967, 552; *Himmelreich/Klimke*, Rdnr. 805.

310 *BGH*, VersR 1962, 548; *Himmelreich/Klimke*, Rdnr. 115b; s. jedoch u. Fußn. 319.

(2) Im Falle des Totalschadens den Wiederbeschaffungswert,[311] wobei der Zeitpunkt des Unfalls in Frage kommt.[312] Verlangt der Geschädigte allerdings vom Zeitpunkt des Unfalls an Ersatz von Mietwagenkosten oder des entgangenen Gebrauchsvorteils, so verschiebt sich der Zeitpunkt des Beginns auf das Ende des ersatzfähigen Zeitraums dieser Positionen, da eine doppelte Entschädigung nicht gerechtfertigt ist.[313]

b) Höhe der Zinsen

Die Verzinsung besteht in Höhe des gesetzlichen Zinsfußes von 4 % (§ 288 I S. 2 BGB). Höhere Zinsen kommen unter dem Gesichtspunkt des Verzuges in Betracht.[314]

2. Die Verzinsung als Herstellungsaufwand (§ 249 BGB)

a) Anspruchsgrundlage

Eine in der Literatur vertretene Meinung will im Anschluß an die Grundsatzentscheidung des BGH vom 6. 11. 1973[315] eine Verzinsung von Reparaturkosten und Mietwagenkosten vom Zeitpunkt des Aufwands an zulassen, wenn die Herstellung ohne Einsatz von Fremdmitteln erfolgt.[316]

Dieser Auffassung ist zuzugeben, daß jedenfalls hinsichtlich der Reparaturkosten die Aufteilung des Zinsbeginns bei den eigentlichen Reparaturkosten (Verzug) und merkantilen Minderwert (§ 849 BGB: Beendigung der Reparatur)[317] nicht einsichtig ist. Gleichwohl ist eine Verzinsung des Herstellungsaufwands nach § 249 BGB als zu weitgehend abzulehnen. Sie kann insbesondere nicht als Fortführung des BGH-Urteils vom 6. 11. 1973 angesehen werden, da der BGH in diesem Urteil bei dem Einsatz von Eigenmitteln hinsichtlich der Erstattbarkeit auf die Voraussetzungen des Verzugs abstellt.[318] Eher wäre hinsichtlich der eigentlichen Reparaturkosten an eine analoge Anwendung des § 849 BGB zu denken.[319]

b) Höhe der Zinsen

In Frage kommt nur der gesetzliche Zinsfuß von 4 % (§ 246 BGB), es sei denn, der Geschädigte weist einen höheren Zinssatz bei Verwendung von Eigenmitteln nach.[320]

---

[311] *Himmelreich/Klimke*, Rdnr. 115c, 3156.

[312] *Himmelreich/Klimke*, Rdnr. 115k.

[313] *BGHZ* 87, 38 = NJW 1983, 1614.

[314] S.u. 3, b.

[315] *BGHZ* 61, 346 = NJW 1974, 34 m. Anm. *Himmelreich* = VersR 1974, 90 m. Anm. *Hartung*. – Dazu oben IV, 3, a, Fußn. 278 + IV, 3, b, (1), Fußn. 283.

[316] *Grunsky*, MK, § 249 BGB; Rdnr. 22; *Himmelreich/Klimke*, Rdnr. 3147, 3200, 3348; *Hofmann*, Kap. 2.1, Rdnr. 33; *Hartung*, VersR 1974, 90.

[317] S.o. V, 1, a, (1), Fußn. 308, 310.

[318] II, 2 der Entscheidungsgründe. – Ablehnend auch *Sanden/Völtz*, Rdnr. 240, 241, 242.

[319] Im Ergebnis so die Vorauflage, S. 615.

[320] *Himmelreich/Klimke*, Rdnr. 3200.

3. Der Anspruch auf Verzugszinsen (§ 288 BGB)

a) Voraussetzungen

Soweit eine Verzinsung nach den unter (1) und (2) dargestellten Möglichkeiten nicht in Frage kommt, sind die Ansprüche des Geschädigten ab Verzugseintritt zu verzinsen (§ 288 BGB).

(1) Der Verzug setzt eine qualifizierte Anmeldung der Ansprüche bei dem Kfz-Haftpflichtversicherer[321] sowie eine zusätzliche Mahnung (§ 284 I S. 1 BGB)[322] voraus.

(2) Die Rechtsprechung billigt dem Versicherer im Rahmen des § 285 BGB eine gewisse Bearbeitungsfrist zu, deren Länge sich nach Umfang und Schwierigkeiten des Schadensfalles richtet.[323] Den Ausgang eines etwaigen strafrechtlichen Ermittlungsverfahrens darf der Versicherer aber nicht abwarten.[324]

(3) Der Verzug des Haftpflichtversicherers wirkt wegen dessen Regulierungsvollmacht (§ 10 AKB) auch zu Lasten des Schädigers;[325] ebenso umgekehrt der Verzug des Schädigers gegenüber dem Versicherer,[326] so daß ein einheitlicher Zinsbeginn gegeben ist.

b) Höhe der Zinsen

Der gesetzliche Zinsfuß beträgt 4 % (§ 288 I S. 2 BGB).

(1) Den Einsatz höherer Zinsen muß der Geschädigte nachweisen, wobei ihm aber Beweiserleichterungen zugute kommen können.[327]

(2) Mehrwertsteuer auf die Verzugszinsen kann der Geschädigte nicht verlangen.[328]

Dritter Teil. Ersatz des Personenschadens

I. Allgemeines

Der Personenschaden setzt sich aus verschiedenen Einzelpositionen zusammen: Heilungskosten, vermehrte Bedürfnisse, Erwerbsschaden; Schmerzensgeld, Beerdigungskosten, Schaden der Hinterbliebenen. Für alle Positionen (mit Ausnahme der Beerdigungskosten und des Ersatzes für Hinterbliebene) ist entscheidend, inwieweit Körper und Gesundheit des

---

[321] *BGH*, VRS 22, 169.

[322] *AG Gütersloh*, NJW 1983, 1621; *OLG München*, JurBüro 1986, 1264 (Fristsetzung nicht erforderlich).

[323] *BGH*, NJW 1964, 1467 (L); VersR 1963, 475; 1983, 451; *OLG Saarbrücken*, NZV 1991, 312; Nw. bei *Himmelreich/Klimke*, Rdnr. 62a, 63, 64, 100.

[324] *Himmelreich/Klimke*, Rdnr. 62c + d.

[325] *OLG Nürnberg*, NJW 1974, 1950.

[326] *LG Köln*, VersR 1989, 1160 m. Anm. *Haarmann* (im Hinblick auf § 425 II BGB zweifelhaft).

[327] *BGH*, NJW-RR 1991, 793; 1991, 1406; *LG Koblenz*, NJW-RR 1991, 171.

[328] *EuGH*, NJW 1983, 505; *BGH*, VersR 1984, 1151; *OLG Frankfurt*, NJW 1983, 394.

Verletzten – wozu auch dessen Psyche gehört[1] – durch den Unfall beeinträchtigt worden sind und inwieweit der verursachte Schaden zu ersetzen ist.

1. Die haftungsausfüllende Kausalität

a) Allgemeines

Neben die schon erörterte haftungsbegründende Kausalität[2] tritt die Frage, inwieweit die bei dem Geschädigten festgestellten Schäden auf die bei dem Unfall eingetretene Rechtsgutsverletzung zurückzuführen ist.

Dabei können auch mittelbar verursachte, zeitlich später liegende Schäden in den Haftungszusammenhang fallen.[3]

b) Beweisfragen

Die haftungsausfüllende Kausalität ist von dem Gericht nach § 287 ZPO zu beurteilen, was gegenüber der Feststellung der haftungsbegründenden Kausalität eine gewisse Erleichterung in der Beweiswürdigung bedeutet.[4]

(1) Diese freiere Stellung des Richters in der Beweiswürdigung bezieht sich sowohl auf die Feststellung der für den Kausalverlauf maßgebenden, durch Tatsachen belegten Zwischenursachen[5] als auch die Beurteilung der eigentlichen Kausalität im medizinisch-naturwissenschaftlichen Sinne.[6] Inhaltlich besagt die Freistellung, daß der Tatrichter für die Gewinnung seiner Überzeugung in einem der jeweiligen Sachlage angemessenen Umfang nicht die volle Überzeugung erlangen und weniger wahrscheinliche Verlaufmöglichkeiten nicht mit der sonst gebotenen, an Sicherheit grenzenden Wahrscheinlichkeit ausschließen muß.[7] Er kann hierbei gewisse statistische Wahrscheinlichkeiten[8] berücksichtigen und auch auf das Ausmaß der zeitlichen Zwischenräume zwischen den einzelnen Kausalgliedern[9] zurückgreifen.

(2) Besondere, in der Person des Betroffenen liegende Umstände dürfen bei der Beurteilung nicht außer Betracht bleiben.[10] Überhaupt gilt, daß die Haftung gegenüber ei-

---

[1] *BGHZ* 20, 137 = NJW 1956, 1108; *BGHZ* 107, 359 = NJW 1989, 2610; *BGHZ* 137, 142 = NJW 1998, 810; *BGH*, NJW 1998, 813; *Heß*, NZV 1998, 402; *Dahlmann*, DAR 1992, 325.

[2] S.o. 1. Teil, I, 1, d.

[3] Beispiele: *BGH*, NJW-RR 1999, 819;*OLG Hamm*, r + s 1997, 65.

[4] *BGHZ* 4, 192 = NJW 1952, 301; *BGH*, NJW 1958, 1579; 1976, 1145; 1992, 3298; *OLG Düsseldorf*, r + s 1996, 288. – Zur Abgrenzung *BGH*, NJW 1998, 3417.

[5] *BGH*, NJW 1973, 1413; einschr. *BGH*, NJW 1970, 1971.

[6] *BGH*, NJW 1970, 1970 m. Anm. *Klauser*, JZ 1971, 228. – Zu der neuerdings häufig auftretenden Problematik des HWS-Schleudertraumas siehe *BGH*, NJW 1991, 747; *LG Bielefeld*, NJWE-VHR 1997, 201; *Wedig*, DAR 1995, 60; *Lemcke*, NZV 1996, 337; *Ziegert*, DAR 1998, 336.

[7] *BGH*, NJW 1973, 1413.

[8] *BGH*, VersR 1963, 872.

[9] *BGH*, VersR 1962, 431; *OLG Nürnberg*, VersR 1965, 390; *OLG München*, VersR 1966, 598.

[10] *BGH*, LM § 287 ZPO, Nr. 10; *OLG Frankfurt*, NJW 1984, 1409 (vorzeitiger Ausbruch einer Krankheit).

nem kranken oder geschwächten Menschen nicht deshalb verneint werden kann, weil die Erkrankung bei einem gesunden oder widerstandsfähigen Menschen keine oder nur geringe schädigende Auswirkungen gehabt hätte.[11] Weigert sich der Betroffene, durch Gestattung ärztlicher Untersuchungen zur Aufklärung des Schadens beizutragen, so kann dies zu seinem Nachteil verwertet werden.[12]

2. *Grenzen des Haftungsumfangs*

Die Grenzen des Haftungsumfangs ergeben sich aus dem schon bei dem Haftungsgrund behandelten Instrumentarium.[13] Außer der Beschränkung auf die unmittelbar Geschädigten[14] kommen folgende Möglichkeiten der Begrenzung des Haftungsumfangs in Frage:

a) Adäquanz

Auch die Folgeschäden müssen mit der Rechtsgutsverletzung in einem adäquaten Kausalzusammenhang stehen: für atypische Folgen wird nicht gehaftet.[15]

Die Adäquanz des Kausalzusammenhangs wird allerdings nicht dadurch ausgeschlossen, daß die Folgeschäden auf das Verhalten dritter Personen[16] oder ein eigenes Verhalten des Geschädigten[17] zurückzuführen sind.

b) Rechtswidrigkeitszusammenhang

Ausnahmsweise kann es an dem Rechtswidrigkeitszusammenhang fehlen.[18] Vor allem gilt dies für Folgen, die nur eine Verwirklichung des allgemeinen Lebensrisikos darstellen.[19]

c) Überholende Kausalität

Der Tatrichter kann gemäß § 287 ZPO zu der Überzeugung kommen, daß eine gewisse Krankheit auch unabhängig von der Unfallseinwirkung zu einem bestimmten Zeitpunkt eingetreten und damit die Erwerbsfähig-

---

[11] *BGH*, NJW 1958, 1579; 1986, 777; *BGHZ* 132, 341 = NJW 1996, 2425; *v. Gerlach*, DAR 1997, 217.

[12] *BGH*, VersR 1973, 1028.

[13] S.o. 1. Teil, I, 1, d–f.

[14] *BGH*, NJW 1984, 1405.

[15] *BGH*, NJW 1976, 1143; *BGHZ* 25, 86 = NJW 1957, 1475; *BGH*, NJW 1968, 2287; 1976, 1143; 1985, 792.

[16] *BGH*, NJW 1989, 768; *OLG Köln*, VersR 1987, 97.

[17] *BGH*, NJW 1992, 2086; *Hofmann*, Kap. 1.1., Rdnr. 70.

[18] *BGHZ* 25, 86 = NJW 1957, 1475; *BGHZ* 86, 212 = NJW 1983, 1108; *BGHZ* 107, 359 = NJW 1989, 2616; *BGH*, NJW 1991, 809; *Deutsch*, § 16, III, 2 + § 25, IV, 2; *Geigel/Schlegelmilch/Rixecker*, Kap. 1, Rdnr. 8 m.Nw.

[19] *BGHZ* 58, 162 = NJW 1964, 1363; *BGH*, NJW 1968, 2287; 1991, 3275 (Berufswechsel nach 18 Jahren).

keit von da ab nicht mehr auf das Unfallereignis kausal zurückzuführen ist.[20]

d) Seelische Reaktionen

Auch seelische Reaktionen des Verletzten sind im Grundsatz zurechenbar, z.B. verletzungsbedingte Depressionen, Neurosen und Wesensänderungen des Verletzten.[21] Eine Ausnahme besteht hier nur bei „Bagatellunfällen" mit Beliebigkeitscharakter."[22] Im übrigen sind folgende typische Fallkonstellationen zu unterscheiden:

(1) Bei den sogenannten Schockschäden hat der BGH eine Einschränkung der Zurechnung auf schwerwiegende Folgen mit Krankheitswert vorgenommen, die über die allgemeine Bestürzung und Trauer hinausgehen.[23]

(2) Bei Neuroseschäden hat der BGH die sogenannte „Renten- oder Begehrensneurose" von der Zurechnung herausgenommen. Diese liegt vor, „wenn die seelische Störung durch die – wenn auch unbewußte – Begehrensvorstellung nach einer Lebenssicherung oder die Ausnutzung einer vermeintlichen Rechtsposition ihr Gepräge erhält und der Unfall zum Anlaß genommen wird, den Schwierigkeiten des Lebens auszuweichen."[24]

(3) Bei der sogenannten Konversionsneurose, bei der ein seelischer Konflikt in körperliche Störungen umgewandelt wird, ist der Zurechnungszusammenhang im Regelfall zu bejahen;[25] hier besteht allerdings die oben[26] erwähnte Bagatellgrenze.

e) Unverhältnismäßigkeit

Die Höhe des Schadensersatzes kann durch § 251 II BGB begrenzt sein; dies gilt vor allem bei Schönheitsoperationen.[27]

---

[20] *BGHZ* 10, 6 = NJW 1953, 977; *OLG Frankfurt*, NJW 1984, 1409; *Geigel/Schlegelmilch/Rixecker*, Kap. 1, Rdnr. 23 ff.

[21] *BGHZ* 39, 313 = RzW 1963, 453; *BGHZ* 93, 351 = NJW 1985, 1390 (Schock der Schwangeren); *BGH*, NJW 1986, 777; 1991, 747; 1998, 813; *OLG Hamm*, NJW 1997, 804.

[22] *BGHZ* 132, 341 = NJW 1996, 2425; *BGHZ* 137, 142 = NJW 1998, 810; *BGH*, NJW 1998, 813; *v. Gerlach*, DAR 1998, 213; *Heß*, NZV 1998, 402.

[23] *BGHZ* 56, 163 = NJW 1971, 1883; *BGHZ* 93, 351 = NJW 1985, 1390.

[24] *BGHZ* 20, 137 = NJW 1956, 1108; *BGHZ* 39, 313 = RzW 1963, 453; *BGH*, NJW 1965, 2293; 1979, 1935; 1986, 777; 1997, 1640; *BGHZ* 137, 142 = NJW 1998, 810; ebenso *OLG Celle*, NJWE-VHR 1998, 6.

[25] *BGH*, NJW 1993, 1523; *v. Gerlach*, DAR 1994, 227; 1997, 217.

[26] S.o. Fußn. 22. – Zur Abgrenzung *OLG Hamm*, NJW 1997, 804.

[27] *BGHZ* 63, 295 = NJW 1975, 640; *KG*, DAR 1980, 341. – S.u. II, 1, a, Fußn. 41.

f) Vorteilsausgleichung

Vorteile, die der Geschädigte aus dem Schadensereignis zieht, sind im Grundsatz anzurechnen.[28] Die Anrechnung muß aber nach der Rechtsprechung gemäß Treu und Glauben zumutbar sein und darf den Schädiger nicht unangemessen entlasten.[29]

g) Mitverschulden

Die Höhe des erstattungsfähigen Schadens kann durch ein Mitverschulden des Verletzten begrenzt sein (§ 254 BGB).[30]

(1) So kann in dem Nichtanlegen von Sicherheitsgurten bzw. dem Nichttragen von Schutzhelmen bei Motorradfahrern ein Mitverschulden liegen, das den Anspruch auf Ersatz des Personenschadens mindert.[31] Der *BGH* fordert hierzu den Nachweis, daß die Verletzung dieser Pflicht für die Personenschäden ursächlich war,[32] läßt jedoch dann eine einheitliche Quotelung hinsichtlich der aus den einzelnen Verletzungen entstandenen Schäden zu.[33]

(2) Eine bedeutende Rolle spielt die Schadensminderungspflicht des Verletzten (§ 254 II BGB). Der Verletzte ist gehalten, im Rahmen der Zumutbarkeit sich den notwendigen Heilmaßnahmen zu unterziehen. Dazu gehört sicher die Vornahme gefahrloser Operationen, wenn sie sichere Aussicht auf Heilung oder Besserung bieten.[34] Ebenfalls nach § 254 II BGB ist zu entscheiden, inwieweit der Verletzte gehalten ist, einem teilweise möglichen Erwerb nachzugehen oder sich auf einen anderen Beruf umschulen zu lassen.[35] Soweit eine solche Umschulung möglich ist, hat der Schädiger nach der Rechtsprechung des BGH die hierbei entstehenden Kosten „in den Grenzen des Zumutbaren“ zu ersetzen.[36]

(3) Der Sozialversicherungsträger, auf den der Anspruch des Geschädigten auf berufliche Rehabilitation[37] nach § 116 SGB X übergegangen ist,[38] muß sich ein eigenes Mitverschulden nach § 254 II BGB anrechnen lassen, wenn er mögliche und erforderliche Umschulungsmaßnahmen unterlassen hat.[39]

---

[28] *Hofmann*, Kap. 2.1., Rdnr. 11 m.Nw.; *Geigel/Schlegelmilch/Rixecker*, Kap. 9, Rdnr. 1 ff.

[29] *BGH*, NJW 1987, 2741; *Steffen*, VersR 1985, 609.

[30] Hierzu *Köhnken*, VersR 1979, 788.

[31] *BGHZ* 83, 71 = NJW 1982, 985 (Sicherheitsgurt); *BGH*, NJW 1983, 1380 (Sturzhelm); – Zum Mitverschulden des nicht angegurteten Beifahrers vgl. *BGH*, NJW 1980, 2125.

[32] *BGH*, NJW 1980, 2125; 1981, 287; *Wussow/Küppersbusch*, Rdnr. 387, 388.

[33] *BGH*, NJW 1980, 2125; *OLG Frankfurt*, VersR 1987, 670. – Überblick über die Quotelung bei *Wussow/Küppersbusch*, Rdnr. 39.

[34] *BGH*, NJW 1970, 1229; 1994, 1592; *Geigel/Schlegelmilch/Rixecker*, Kap. 3, Rdnr. 43.

[35] *BGHZ* 10, 18 = NJW 1953, 1098; *BGHZ* 91, 357 = NJW 1984, 1520; *BGH*, NJW 1979, 2142; 1982, 1638; 1984, 354; 1991, 1412; 1996, 652; *Steffen*, VersR 1985, 610; *Geigel/Schlegelmilch/Rixecker*, Kap. 3, Rdnr. 46, 47.

[36] *BGH*, NJW 1982, 1638.

[37] S.u. IV, 1, a (2).

[38] S.u. IV, 2, a (6).

[39] *BGH*, NJW 1981, 1099; *Wussow/Küpersbusch*, Rdnr. 47.

II. Heilungskosten

1. Allgemeiner Umfang der Erstattungsfähigkeit

a) Heilung als Erfolgsziel

Der Verletzte kann nach §§ 249 BGB, 11 StVG Ersatz der Heilungskosten verlangen.[40] Unter Heilung ist hierbei nicht nur die äußere Wiederherstellung der körperlichen Integrität zu verstehen, sondern auch die Beseitigung der Spuren der Verletzung unter kosmetischen Gesichtspunkten[41] und die Ausheilung des Leidens (medizinische Rehabilitation).[42] Umfangmäßig ist der Anspruch begrenzt auf die Beseitigung der adäquat verursachten, im Schutzbereich der Norm liegenden Unfallfolgen.[43]

b) Notwendigkeit

Die Erstattungsfähigkeit der Heilkosten steht unter den Gesichtspunkten der Notwendigkeit und Angemessenheit. Diese Frage ist in erster Linie nach der medizinischen Sachkenntnis, bei echten medizinischen Alternativen nach dem Standpunkt eines vernünftigen, verständigen Menschen zu beurteilen.[44]

(1) In der Regel hat die Behandlung im Inland zu erfolgen. Nur in Ausnahmefällen können die Kosten einer Behandlung im Ausland in Frage kommen.[45]

(2) Für den Umfang der Behandlung im einzelnen können die im Sozialrecht festgelegten Behandlungsmethoden von Bedeutung sein,[46] zumal diese Leistungen bei den Sozialversicherten von den Leistungsträgern erfolgen und der Erstattungsanspruch im Wege der cessio legis auf diese übergeht.[47] Dabei müssen aber die „kostendämpfenden Maßnahmen“, die eine Eigenbeteiligung des Verletzten vorsehen, außer Betracht bleiben.[48] Gleiches gilt von den Leistungen der privaten Versicherung,[49] wobei deren Ausnahmetatbestände ohne Bedeutung sind.

(3) Auch in der Frage, inwieweit sogenannte Außenseitermethoden in die erstattungspflichtige Heilbehandlung einzubeziehen sind, können die im Sozialrecht entwickelten Leitlinien Berücksichtigung finden.[50]

---

[40] Überblicke bei *Klimke*, VersR 1971, 882; *Schmidt*, DAR 1970, 294; *Wussow/Küppersbusch*, Rdnr. 161 ff.

[41] *BGHZ* 63, 295 = NJW 1975, 640; *BGHZ* 97, 14 = NJW 1986, 1538 m. Anm. *Zeuner*, JZ 1986, 640 u. Anm. *Hohloch*, JR 1986, 367.

[42] S.u. 4.

[43] S.o. I, 2, a) + b).

[44] *BGH*, NJW 1969, 2281; *BGHZ* 63, 295 = NJW 1975, 640. – Siehe § 12 I SGB V.

[45] *OLG Hamburg*, NZV 1988, 105; *OLG Frankfurt*, NJWE-VHR 1997, 36; *Wussow/Küppersbusch*, Rdnr. 164; vgl. auch *BGH*, NJW 1989, 670 (Armeekrankenhaus).

[46] Siehe den in §§ 27 I S. 1 SGB V niedergelegten Grundsatz der Notwendigkeit.

[47] S.u. 5.

[48] *Geigel/Schlegelmilch/Rixecker*, Kap. 4, Rdnr. 107. – S.u. 3, (3), (4) und (5) und 5, b, Fußn. 76.

[49] § 1 II MBKK; hierzu *Schmid*, NJW 1981, 2504; *Hof*, NJW 1982, 687.

[50] *BSG*, NJW 1989, 2340; *BGH*, NJW 1993, 2369; *Henrichs*, VersR 1990, 464.

(4) Ohne Bedeutung für die Erstattungsfähigkeit ist der Umstand, ob die Heilmaßnahme Erfolg gehabt hat, wenn sie nur bei Betrachtung ex ante erfolgversprechend war.[51]

(5) Der Anspruch ist auf die Erstattung der Kosten für die tatsächlich durchgeführten Heilmaßnahmen beschränkt; ein Ersatz fiktiver Heilungskosten findet nicht statt.[52]

(6) Ohne Bedeutung für die Erstattungsfähigkeit ist der Umstand, daß ein Dritter im Rahmen seiner Unterhaltspflicht die Kosten der Heilbehandlung zu tragen hat (§ 843 IV BGB).

2. Kosten der Krankenhausbehandlung

a) Einzelpositionen

Zu den notwendigen Kosten[53] der Krankenhausbehandlung zählen:

(1) der allgemeine Pflegesatz;

(2) etwaige Zuschläge für Medikamente, Benutzung des Operationssaales etc.;

(3) die Mehrkosten der Behandlung der zweiten Klasse, wenn diese medizinisch indiziert war und der Verletzte diese aus besonderen Gründen auch dann auf sich genommen hätte, wenn kein Ersatzpflichtiger vorhanden gewesen wäre;[54]

(4) Gleiches wie (3) gilt für die nach § 3 BPflVO mögliche Inanspruchnahme privatärztlicher Behandlung;[55]

(5) in angemessenem Umfang die Kosten des Besuchs der nahen (nächsten) Angehörigen, wenn diese Besuche unter Berücksichtigung der Schwere der Erkrankung und des Alters des Verletzten notwendig und unvermeidbar sind;[56]

---

[51] *BGH*, VersR 1965, 439; *LG Koblenz*, NJW-RR 1986, 702; *OLG Hamm*, NJW 1995, 786; *Geigel/Schlegelmilch/Rixecker*, Kap. 4, Rdnr. 109. – Zur fehlenden Zurechnung der Kunstfehler der behandelnden Ärzte siehe *BGH*, NJW 1951, 797; VersR 1968, 773; NJW 1968, 2227; *Görgens*, JuS 1977, 709, 715; *Weitnauer*, Festgabe Oftinger (1969), S. 345.

[52] *BGHZ* 97, 14 = NJW 1986, 1538; *Grunsky*, JuS 1987, 441; *Geigel/Schlegelmilch/Rixecker*, Kap. 4, Rdnr. 109; a.A. *Rinke*, DAR 1987, 14; vgl. auch *OLG Köln*, VersR 1995, 1177.

[53] *OLG Hamm*, r + s 1996, 113.

[54] *BGH*, NJW-RR 1989, 670; NJW 1991, 2340; *Geigel/Schlegelmilch/Rixecker*, Kap. 4, Rdnr. 108; einschr. *Wussow/Küppersbusch*, Rdnr. 163.

[55] *BGH*, VersR 1970, 129; *OLG Hamm*, NJW 1995, 786; einschr. *Geigel/Schlegelmilch/Rixecker*, Kap. 4, Rdnr. 44; abl. *Plagemann*, AnwBl. 1995, 174; *Wussow/Küppersbusch*, Rdnr. 163.

[56] *BGHZ* 106, 28 = NJW 1989, 766; *BGHZ* 85, 2757 = NJW 1990, 1037; *OLG Hamm*, NJW-RR 1993, 409; 1995, 599; *OLG Karlsruhe*, VersR 1998, 1256; *LG München*, NJW 1998, 1801 (Lebensgefährtin); *Grunsky*, JuS 1991, 907; *Neumann-Duesberg*, NZV 1991, 455; *Wussow/Küppersbusch*, Rdnr. 126 ff.; krit. zur Konstruktion *Staudinger/Schiemann*, § 249 BGB, Rdnr. 240, 241.

(6) etwaige Telefonkosten[57] und – nach umstrittener Auffassung – auch Trinkgelder an das Pflegepersonal;[58]

(7) aber nicht mehr Kosten zur Vertreibung der Langeweile, z.B.: Lektüre, Fernsehen, Spiele.[59]

b) Vorteilsausgleichung

Auf den Ersatzanspruch anzurechnen ist die Eigenersparnis des Verletzten in Form der Verpflegung im Krankenhaus, die gemäß § 287 ZPO zu schätzen ist.[60]

Sie kann aber bei den in der gesetzlichen Krankenversicherung stehenden Verletzten durch die in § 39 IV SGB V angeordnete Zuzahlungspflicht aufgezehrt werden.[61]

3. Kosten der ambulanten Behandlung

Zu den Kosten der ambulanten Behandlungen gehören:

(1) Die Honorare der Ärzte.[62]

(2) Die Vergütung anderer heilkundiger Personen.[63]

(3) Die Kosten für Arznei- und Verbandsmittel §§ 31 I SGB V, 29 SGB VII, wobei die in §§ 31 II, 35 SGB V niedergelegten Festbeträge und die in § 31 III SGB V angeordneten Zuzahlungspflichten außer Betracht bleiben.[64]

(4) Kosten für notwendige Hilfsmittel (§§ 33 SGB V, 31 SGB VII), wobei die in §§ 33 II, 36 SGB V festgelegten Festbeträge außer Betracht bleiben.[64]

(5) Kosten für Heilmittel (§§ 32 SGB V, 32 SGB VII)[65] wobei die in § 32 II SGB V angeordnete Zuzahlungspflicht außer Betracht bleibt.

(6) Kosten für notwendige „Stärkungsmittel".[66]

(7) Zur Durchführung der Heilbehandlung notwendige Transportkosten (§ 43 SGB VII).[67]

(8) Die Kosten einer häuslichen Krankenpflege (§§ 37 SGB V, 32 SGB VII).

---

[57] *OLG Köln*, NJW 1988, 2957 m. Anm. *Pardey*, NJW 1989, 2314; einschr. *OLG Düsseldorf*, NJW-RR 1994, 352.

[58] *BGH*, VersR 1969, 623; a.A. *Freundorfer*, VersR 1976, 1115.

[59] *Wussow/Küppersbusch*, Rdnr. 167. – Für den Einzelfall großzügiger *OLG Düsseldorf*, NJW-RR 1994, 352 (Kind).

[60] *LG Koblenz*, NJW-RR 1986, 702; *OLG Celle*, NZV 1991, 228 m. Anm. *Schröder*, NZV 1992, 139; *Geigel/Schlegelmilch/Rixecker*, Kap. 9, Rdnr. 37; *Wussow/Küppersbusch*, Rdnr. 168.

[61] *Wussow/Küppersbusch*, Rdnr. 175.

[62] Maßgebend sind die gesetzlichen Gebühren nach der GOÄ; Honorarvereinbarungen betr. höhere Vergütung sind außer acht zu lassen.

[63] § 28 I S. 2 SGB V verlangt ärztliche Verordnung. – Beispiele: Psychotherapie, Schmerztherapie.

[64] S.o. Fußn. 48. – Beispiele: Brillen, Prothesen.

[65] Beispiele: Massagen, Bäder, Krankengymnastik, Wärme- und Kältetherapie.

[66] *BGH*, NJW 1958, 627; einschr. *OLG Düsseldorf*, NJW-RR 1994, 352.

[67] *OLG Hamm*, NJW-RR 1993, 409; NJWE-VHR 1997, 107.

4. Kosten der medizinischen Rehabilitation

a) Allgemeines

Herkömmlicherweise gehörten zu der Heilbehandlung die Kosten einer notwendigen Kur in einer besondere Anstalt.[68] In den letzten Jahrzehnten hat sich ein besonderer Zweig der Therapie entwickelt, der im Rahmen der Sozialversicherung angesiedelt ist und als medizinische Rehabilitation bezeichnet wird. Ihre Erstattung muß allgemein, d.h. auch den nicht in der Sozialversicherung stehenden Personen zugebilligt werden.

Außerhalb der *medizinischen* Rehabilitation stehen:

(1) Maßnahmen der *beruflichen* Rehabilitation, die auf die Eingliederung des Verletzten in das Arbeitsleben abzielen. Sie gehören zur Position des Erwerbsschadens.[69]

(2) Maßnahmen der *sozialen* Rehabilitation, welche die Pflegebedürftigkeit des Verletzten betreffen und in die Position „vermehrte" Bedürfnisse einzuordnen sind.[70]

b) Einzelpositionen

Als Maßnahmen der medizinischen Rehabilitation kommen in Frage:

(1) Ambulante Rehabilitation (§ 40 I SGB V).

(2) Stationäre Rehabilitation (§ 40 II SGB), was dem früheren „Kuraufenthalt" entspricht.

(3) Müttergenesungskuren (§ 41 SGB V).

(4) Ergänzende Leistungen (§ 43 SGB V).

5. Der Anspruchsübergang

a) Rechtsgrundlagen

Der Übergang der Ansprüche auf Heilungskosten ist geregelt in:

(1) § 116 SGB X betreffend den Übergang auf Sozialversicherungsträger;[71]

(2) § 67 VVG betreffend den Übergang auf private Krankenversicherungen;[72]

(3) § 87a Nr. 2 BBG (und den entsprechenden Vorschriften der Landesbeamtengesetze) betreffend den Übergang auf den Dienstherrn.[73]

b) Erfordernis der Kongruenz

Bei dem Erfordernis der sachlichen Kongruenz[74] werden die Heilungskosten in Untergruppen aufgeteilt, so daß dem Geschädigten bestimmte

---

[68] *BGH*, VersR 1967, 903; *OLG Frankfurt*, MDR 1971, 843.
[69] S.u. IV, 1, a (2).
[70] S.u. III, 2, b.
[71] S.o. 1. Teil, VI, 4.
[72] S.o. 1. Teil, VI, 3.
[73] S.o. 1. Teil, VI, 5, e.
[74] S.o. 1. Teil, VI, 4, d.

Teile seines Anspruchs erhalten bleiben.[75] Gleiches gilt im Falle der Zuzahlungspflichten in der gesetzlichen Krankenversicherung.[76]

c) Eigenersparnis

Bei den Krankenhauskosten muß sich der Sozialversicherungsträger die Verpflegungsersparnis des Verletzten[77] anrechnen lassen.[78]

Allerdings kann der Anspruch in Höhe der Eigenersparnis dann auf den Sozialversicherungsträger als Erwerbsschaden übergehen, wenn dem Verletzten insoweit ein Anspruch auf Ersatz des Verdienstausfalls zusteht und dieser das vom Sozialversicherer gezahlte Kranken- oder Hausgeld übersteigt.[79] Die gleiche Regelung muß auch für die stationären Aufenthalte im Rahmen der Rehabilitation[80] Anwendung finden.

d) Pauschalierung

Bei den Kosten der ambulanten Heilbehandlung kann der Sozialversicherer pauschal abrechnen (§ 116 VIII SGB X).[81]

(1) Die Pauschale beträgt je Schadensfall 5 % der monatlichen Bezugsgröße nach § 18 SGB IV.[82] Bei einer Mitverschuldensquote des Verletzten ist der Pauschalsatz entsprechend zu reduzieren.[83]

(2) Der Sozialversicherungsträger kann aber die Heilungskosten aber auch konkret abrechnen.[84]

III. Vermehrte Bedürfnisse

1. Begriff und Ersatzfähigkeit

Die Ersatzfähigkeit der Kosten für vermehrte Bedürfnisse ist in § 843 I BGB anerkannt. Es handelt sich hierbei um Kosten, die *nach* Abschluß des Heilungsverlaufs aus einer fortbestehenden Beeinträchtigung der Ge-

---

[75] *BGH*, NJW 1973, 1196 (Mehrkosten für die Benutzung der zweiten Klasse); *OLG München*, VersR 1978, 373 (Besuchskosten); hierzu *Wussow/Küppersbusch*, Rdnr. 453, 454.

[76] *Breuer/Labuhn*, VersR 1983, 914; *Klimke*, NJW 1986, 2355.

[77] S.o. 2, b, Fußn. 60.

[78] *BGH*, NJW 1966, 2356.

[79] *BGH*, NJW 1984, 2628; *Jahnke*, NZV 1996, 169, 178; *Wussow/Küppersbusch*, Rdnr. 169. – Zu den Folgen für den Anspruchsübergang nach § 6 EFG s.o. 1. Teil VI, 6, d, (6), Fußn. 564.

[80] S.o. b, (2) + (3). – So früher schon *OLG München*, VersR 1978, 373.

[81] *Geigel/Schlegelmilch/Plagemann*, Kap. 30, Rdnr. 90 ff.; *Wussow/Küppersbusch*, Rdnr. 476 ff.

[82] Zur Höhe der Sätze siehe SGB, Beckte-Texte, Dtv, 24. Aufl. (1998), S. 241.

[83] *Geigel/Schlegelmilch/Plagemann*, Kap. 30, Rdnr. 94.

[84] *Geigel/Schlegelmilch/Plagemann*, Kap. 30, Rdnr. 91; *Wussow/Küppersbusch*, Rdnr. 479.

sundheit oder des körperlichen Wohlbefindens verbleiben; insofern könnte man von „verlängerten Heilungskosten“ sprechen.[85] Die Abgrenzung gegenüber den Heilungskosten ist fließend.[86] Außerdem ist eine Abgrenzung gegenüber dem Erwerbsschaden notwendig.[87]

2. *Einzelpositionen*

a) Rechtsprechung

Die Ersatzfähigkeit der Kosten für vermehrte Bedürfnisse ist zunächst in erster Linie von der Rechtsprechung entwickelt worden.[88] Auf folgende Einzelfälle ist hinzuweisen:

(1) Mehrkosten für die notwendige Fortbewegung, z.B. Mehrkosten für einen zur Fortbewegung erforderlichen PKW[89] oder Rollstuhl.[90]
(2) Mehraufwendungen für Kleidung.[91]
(3) Kosten für zusätzliche Benutzung von Verkehrsmitteln.[92]
(4) Kosten für eine Pflegeperson.[93]
(5) Kosten für die Unterbringung in einem Tagesheim.[94]
(6) Kosten für eine Heimunterbringung.[95]
(7) Kosten für zusätzliche Wäsche.[96]
(8) Kosten für eine jährliche Kur.[97]
(9) Kosten für eine behindertengerechte Wohnung.[98]
(10) Kosten für ein Schwimmbad.[99]
(11) Mehraufwendungen für eine notwendig gewordene Wohnung am Arbeitsplatz.[100]
(12) Mehrkosten für Diät und Stärkungsmittel.[101]

---

[85] *BGH*, NJW 1956, 219; 1974, 41; 1982, 757; *Geigel/Schlegelmilch/Rixecker*, Kap. 4, Rdnr. 113, *Wussow/Küppersbusch*, Rdnr. 182.

[86] So insbesondere bei den Kurkosten (Fußn. 97).

[87] Zur beruflichen Rehabilitation s.u. IV, 1, a, (2).

[88] Überblick bei *Wussow/Küppersbusch*, Rdnr. 184; *Drees*, 1987, 784.

[89] *BGH*, NJW 1965, 102; 1970, 1865; NJW-RR 1992, 792; nicht ersatzfähig die Anschaffungskosten: *BGH*, NJW 1970, 1685; *OLG München*, DAR 1984, 58.

[90] *Geigel/Schlegelmilch/Rixecker*, Kap. 4, Rdnr. 113.

[91] *BGH*, NJW-RR 1992, 792 (Mehrverschleiß bei Amputationen).

[92] Ausnahme: Kostenlose Benutzung kraft Sozialrechts.

[93] *OLG Hamm*, NJW-RR 1994, 415; *Drees*, VersR 1987, 784; *Wussow/Küppersbusch*, Rdnr. 184 m.Nw.

[94] *OLG Köln*, VersR 1988, 61.

[95] *BGH*, r + s 1995, 181.

[96] *BGH*, VersR 1956, 22; NJW-RR 1992, 792; *Drees*, VersR 1987, 788.

[97] *RGZ* 69, 296; *OLG Celle*, VersR 1975, 1103.

[98] *BGH*, NJW 1982, 757; *OLG Frankfurt*, NJW-RR 1991, 419 (Fahrstuhl); *OLG Stuttgart*, VersR 1998, 366; *Hofmann*, Kap. 2.1., Rdnr. 7, *Wussow/Küppersbusch*, Rdnr. 185; *Drees*, VersR 1987, 787.

[99] *OLG Nürnberg*, VersR 1971, 260; *OGH Wien*, VersR 1992, 259; *Huber*, VersR 1992, 545 (als Heilungskosten).

[100] *OLG Celle*, VersR 1962, 292; *BGH*, NZV 1981, 387.

[101] *BGH*, NJW 1958, 727; hierzu *Wussow/Küppersbusch*, Rdnr. 184, Fußn. 25.

b) Sozialrecht

Im Rahmen der Entwicklung des Sozialrechts sind die Kosten für vermehrte Bedürfnisse bei den in der gesetzlichen Krankenversicherung Versicherten zunehmend von öffentlichen Trägern übernommen worden. Vorher hatte es solche Regelungen nur in geringerem Umfang, vor allem im Beamtenrecht gegeben. Als Beispiele sind anzuführen:

(1) Eingliederungshilfe (§ 10 Nr. 1 SGB I).
(2) Soziale Rehabilitation (§§ 39–42 SGB VII).
(3) Pflegeversicherung (§§ 28, 36 SGB XI).[102]
(4) Behindertenhilfe (§ 24 BSHG).
(5) Grundrente nach § 31 BVG.
(6) Beschädigtengrundrente für Soldaten (§ 80 SoldVersG i.V.m. § 31 BVG).
(7) Unfallausgleich oder Hilflosigkeitszuschlag für Beamte oder Soldaten (§ 139 BBG, § 34 II BeamtVG, § 85 SoldVersG).[104]

Die gesetzlich geregelten Fälle sind für die Ausformung des Anspruchs aus § 843 I BGB heranzuziehen, zumal bei den gesetzlich Versicherten der Anspruch auf die Leistungsträger[105] übergeht. Sie können aber auch für Ansprüche der nicht gesetzlich Versicherten im Rahmen der Auslegung des § 843 I BGB Berücksichtigung finden.

3. Höhe der Kosten

a) Schätzung

Die Höhe der unfallbedingten Bedürfnisse ist – gegebenenfalls nach Einholung eines medizinischen Sachverständigengutachtens nach § 287 ZPO zu schätzen.[106]

Bei einem einmaligen Bedarf ist der erforderliche Geldbetrag zuzusprechen. Bei laufenden Bedürfnissen kommt die Zusprechung einer Rente in Form eines monatlichen Durchschnittsbetrages in Betracht;[107] in Ausnahmefällen kommt aber auch hier ein einmaliger Kapitalanspruch in Frage (§ 843 III BGB).[108]

b) Vergangenheitsschaden

Ersatz für die vermehrten Bedürfnisse wird für die Vergangenheit auch dann geschuldet, wenn Aufwendungen von dem Geschädigten aus Geld-

---

[102] Gesetz vom 26.5.1994 (BGBl. I, S. 1014); Überblicke bei *Igl*, NJW 1994, 3185; *Schneider*, BB 1994, 1925; *Maschmann*, SGB 1996, 49.

[103] *BGH*, NJW 1965, 102.

[104] *BGH*, NJW 1965, 914; 1982, 557.

[105] S.u. 4.

[106] *BGH*, VersR 1978, 149; *OLG Hamm*, ZfS 1993, 333; NJW-RR 1997, 415; *OLG München*, DAR 1989, 384; *Wussow/Küppersbusch*, Rdnr. 184.

[107] *Drees*, VersR 1987, 789; zur zeitlichen Einschränkung wegen allgemeinen Altersabbaus siehe *BGH*, NJW 1995, 1619; zur Beweislast *BGH*, VersR 1972, 834.

[108] *Wussow/Küppersbusch*, Rdnr. 183.

mangel nicht erbracht wurden.[109] Allerdings sollte man – um „fiktive Kosten" auszuschließen – verlangen, daß der Verletzte diese Kosten bei dem Schädiger bzw. Versicherer geltendgemacht hatte.

c) Ersatz durch Dritte

Der Anspruch wird nicht dadurch ausgeschlossen, daß ein Unterhaltspflichtiger in Vorlage getreten ist.[110]

d) Steuerrecht

Nach der neueren Rechtsprechung des BFH unterliegt die Rente nicht der Steuerpflicht nach § 22 EStG.[111] Gleiches gilt aber auch bei Zahlung eines einmaligen Kapitalbetrages.[112]

4. Anspruchsübergang

a) Rechtsgrundlagen

Soweit ein Leistungsträger Ersatz für vermehrte Bedürfnisse leistet, geht der Anspruch des Verletzten nach § 116 SGB auf ihn über.[113] Für Beamte folgt das gleiche Ergebnis aus § 87a BBG (und den entsprechenden Vorschriften der Landesbeamtengesetze).[114]

b) Sachliche Kongruenz

Im Rahmen des Anspruchsübergangs wird der Anspruch auf vermehrte Bedürfnisse gegenüber Heilungskosten und Erwerbsschaden getrennt behandelt: ein Anspruchsübergang findet nur statt, wenn der Zessionar Ersatz für die vermehrten Bedürfnisse leistet.

Die sachliche Kongruenz im einzelnen ergibt sich aus der unter 2 a) und b) ersichtlichen Gegenüberstellung der zivilrechtlichen und sozialrechtlichen Ansprüche.[115]

---

[109] *BGH*, NJW 1958, 626; 1982, 757.

[110] *BGH*, VersR 1963, 463; teilw. abw. *OLG München*, NJW-RR 1995, 1239 (Übergang des Anspruchs auf den Unterhaltspflichtigen).

[111] *BFH*, NJW 1995, 1238.

[112] *BFH*, aaO.

[113] Zum Regreß der Pflegekasse siehe *Wussow/Küppersbusch*, Rdnr. 516 ff.; *Budel*, r + s 1997, 133.

[114] *BGH*, VersR 1982, 239; *KG*, r + s 1987, 71.

[115] Siehe im übrigen *Geigel/Schlegelmilch/Plagemann*, Kap. 30, Rdnr. 26, 24 mit teilw. a.A. zur Abgrenzung von Erwerbsschaden und vermehrten Bedürfnissen.

IV. Der Erwerbsschaden

1. Allgemeines

a) Einzelne Schadensposten

Der Geschädigte hat Anspruch auf Ersatz des durch die Gesundheitsbeeinträchtigung eintretenden Erwerbsschadens (§§ 842 BGB, 11 StVG). Zu entschädigen sind die Nachteile, die der Verkehrsunfall für den Erwerb oder das Fortkommen des Verletzten herbeiführt.

(1) Im Vordergrund steht der Ersatz des entgangenen Verdienstes.

Gemäß § 249 BGB wird der tatsächlichen Entwicklung der Erwerbsverhältnisse des Geschädigten fiktiv im Wege einer Prognose diejenige gegenübergestellt, die voraussichtlich abgelaufen wäre, wenn der Geschädigte nicht verletzt worden wäre (Differenztheorie).[116]

(2) Daneben kommen auch die Kosten als ersatzfähig in Betracht, die im Wege der Schadensminderung (§ 254 II BGB) aufgewendet werden.

Beispiele sind bei Selbständigen die Einstellung einer Ersatzkraft[117] sowie bei den Arbeitnehmern die Maßnahmen zur Wiedereingliederung des Verletzten in den Arbeitsprozeß in Form der Eingliederungshilfe (§ 10 Nr. 2 SGB I)[118] und der berufsfördernden Maßnahmen (§§ 16 Nr. 1 SGB VI, 35 I S. 1 Nr. 1, 37, 38 SGB VII).

(3) Eine Sonderform des Erwerbsschadens stellt die Beeinträchtigung der Tätigkeit des Ehegatten im Haushalt dar, soweit diese Tätigkeit für den anderen Ehegatten geleistet wird.[119]

b) Der Differenzschaden

Die Ermittlung des Differenzschadens besteht aus den folgenden Gedankengängen:

(1) Es ist zunächst zu klären, welchen Verdienst der Verletzte nach dem Unfall noch gehabt hat.

Dieser Verdienst kann in einem geringeren Einkommen bestehen oder auf Null geschrumpft sein. Bei einer fortschreitenden Genesung kann dieser tatsächliche Verdienst bei einer allmählich teilweise wieder aufgenommenen Arbeit auch nach Zeitabschnitten unterschiedlich sein.[120]

(2) Sodann ist die tatsächlich vorliegende unfallbedingte Erwerbsminderung zu klären.

---

116 Einzelheiten unten b.

117 S.u. 2, c, (2).

118 Zur Eingliederungshilfe bei vermehrten Bedürfnissen s.o. III, 2, b, (1).

119 S.u. IV, 2, f., Fußn. 224.

120 Zu den Konsequenzen für die Aufklärung s.u. 4. Teil, IV, 3, a, (1) +b.

Im Gegensatz zur Sozialversicherung kommt es hierbei nicht auf einen abstrakten Grad der Erwerbsminderung in Prozentsätzen an, aus deren Quote sodann auf den ersatzfähigen Verdienstausfall geschlossen werden könnte; maßgeblich ist vielmehr die konkrete Beeinträchtigung der Erwerbsfähigkeit. Der Wegfall oder die Minderung der Arbeitskraft als solcher reicht nach der Rechtsprechung des BGH zur Feststellung eines Erwerbsschadens nicht aus.[121] Es ist deshalb zu fragen, ob und inwieweit, gegebenenfalls wie lange der Verletzte nicht in der Lage war, dem bisher ausgeübten Beruf nachzugehen und hierzu auch in Zukunft nicht fähig sein wird.[122] So kann trotz einem geringen Prozentsatz der Erwerbsminderung die volle Erwerbsfähigkeit noch gegeben sein, während sie bei Vorliegen eines Prozentsatzes von 50 % voll zu verneinen ist.[123]

(3) An die Feststellungen zu (1) und (2) schließt sich dann die Prognose an, was der Verletzte in dem gleichen Zeitraum verdient hätte, wenn er nicht erwerbsgemindert gewesen wäre. Diese Prognose geschieht aufgrund einer Schätzung nach §§ 287 ZPO, 252 BGB,[124] wobei auch hier bei allmählicher Rückkehr in den Beruf eine Staffelung nach Zeiträumen vorzunehmen ist.

Etwaige spätere unfallunabhängige Entwicklungen nach oben (Lohnerhöhungen, Beförderungen) oder unten (Verschlechterung der Marktlage) sind in diese Prognosen einzubeziehen.[125] Dabei kommt dem Verletzten die Vermutung des § 252 BGB zugute.[126] Bei jungen Menschen darf die Prognose jedenfalls nicht darauf hinauslaufen, daß ihnen im Hinblick auf die ungewisse Entwicklung jeglicher Ersatz eines Verdienstausfallschadens abgeschnitten wird.[127] Bei Dauerschäden gehört zur Prognose auch die Festlegung des Zeitpunkts, bis zu dem der Verletzte voraussichtlich am Erwerbsleben teilgenommen hätte.[128] Der Verletzte muß sich auch entgegenhalten lassen, daß er die Einkünfte später auch ohne das schädigende Ereignis mit Gewißheit verloren hätte;[129] beweispflichtig hierfür ist allerdings der Schädiger.[130]

(4) Zu berücksichtigen im Rahmen der Schätzung ist nur der von der Rechtsordnung gebilligte Erwerb.[131]

Deshalb kann krimineller Erwerb und durch wettbewerbswidriges Einkommen erzieltes Einkommen nicht ersetzt verlangt werden;[132] ebensowenig ein unter Verstoß ge-

---

[121] *BGHZ* 54, 45 = NJW 1970, 1411; *Steffen*, VersR 1985, 606.

[122] *BGH*, VersR 1967, 1068.

[123] *BGH*, NJW 1995, 1023; bei Erwerbsminderungen bis zu 20 % wird es i.d.R. an der sichtbaren Auswirkung der Körperschäden auf den Erwerbsschaden fehlen: *BGH*, VersR 1970, 640; *Ruhkopf/Book*, VersR 1970, 693.

[124] *BGHZ* 29, 398 = NJW 1959, 1079; *BGHZ* 74, 221 = NJW 1979, 1403; *BGH*, NJW 1995, 2227 (wechselnde Arbeitsstellen).

[125] *BGH*, VersR 1985, 62; *OLG München*, r + s 1998, 465; *Steffen*, VersR 1985, 608.

[126] *OLG München*, r + s 1998, 465.

[127] *BGH*, NJW 1997, 937; vgl. auch *BGH*, NJW 1997, 941. – Zur Prognose bei noch nicht im Erwerbsleben stehenden Personen s.u. IV, 2, d.

[128] S.u. IV, 2, a, (3); IV, 2, c, (4).

[129] *BGHZ* 10, 6 = NJW 1953, 977; *BGH*, VersR 1967, 285; *Geigel/Schlegelmilch/Rixecker*, Kap. 4, Rdnr. 126.

[130] *BGH*, JR 1952, 70 m. Anm. *Neumann-Duesberg*.

[131] *BGH*, NJW 1964, 1181; *BGHZ* 75, 386 = NJW 1980, 775; *BGHZ* 79, 223 = NJW 1981, 920; *Stürner*, VersR 1976, 1012 m.Nw.; *Geigel/Schlegelmilch/Rixecker*, Kap. 4, Rdnr. 103.

[132] *BGHZ* 75, 366 = NJW 1980, 775; *Wussow/Küppersbusch*, Rdnr. 31.

gen die Vorschriften betreffend die Beschränkung der Arbeitszeit erzielter Erwerb.[133] Bloß formelle Verstöße, wie z.B. eine fehlende Genehmigung, die mit Sicherheit erteilt worden wäre, hindern den Eintritt eines ersatzfähigen Schadens nicht.[134] Umstritten ist die Ersatzfähigkeit des sittenwidrigen Erwerbs (§§ 138 I, 826 BGB), besonders bei Prostituierten.[135] Der BGH vertritt hier eine Mittelmeinung: er geht zwar von der grundsätzlichen Ersatzfähigkeit des entgangenen Dirnenlohnes aus, will dessen Höhe aber auf „ein existenzdeckendes Einkommen beschränken, das auch in einfachen Verhältnissen von jedem gesunden Menschen erfahrungsgemäß zu erreichen ist.[136]

c) Vorteilsausgleichung

Im Wege der Vorteilsausgleichung ist eine in der Vergangenheit bezogene Sozialhilfe auf den Erwerbsschaden anzurechnen, da insoweit der Anspruch des Verletzten auf den Sozialhilfeträger übergeht.[137]

Dagegen hat für den Zukunftsschaden wegen der Subsidiarität der Sozialhilfe eine Anrechnung zu unterbleiben.[138]

d) Brutto- oder Nettoberechnung?

Eine in der Vergangenheit viel erörterte Frage ist, ob bei der Berechnung des Erwerbsschadens von dem Brutto- oder Nettolohn auszugehen ist.[139] Nach dem letzten Grundsatzurteil des BGH vom 15. 11. 1994[140] lautet die Antwort salomonisch: es können sowohl die Bruttolohnbezüge (abzüglich der Vorteile durch Wegfall von Sozialabgaben und Steuern) als auch die Nettobezüge (zuzüglich aller Nachteile einschließlich der auf die Schadensersatzleistungen zu zahlenden Steuern) zugrundegelegt werden, da das Ergebnis gleich sei.[141] Auf folgende Einzelpunkte ist aber hinzuweisen:

(1) Bei einem durch Mitverschulden bzw. Mithaftung verminderten Anspruch ist die steuerliche Progressionsdifferenz dem Schädiger gutzubringen.[142]

(2) Sonstige schadensbedingte Steuerersparnisse sind in der Regel ebenfalls dem Schädiger gutzubringen, wenn nicht gerade der Zweck der Steuervergünstigung einer solchen Entlastung entgegensteht.[143]

---

[133] *BGH*, NJW 1986, 1486; Bedenken bei *Himmelreich/Klimke*, Rdnr. 1742g.

[134] *BGH*, NJW 1974, 1374; 1994, 851.

[135] Verneinend: *OLG Hamburg*, VersR 1977, 87; bejahend: *OLG Düsseldorf*, NJW 1970, 1852 m. abl. Anm. *Weigart*, NJW 1970, 2248 u. Anm. *Isenbeck*, NJW 1971, 288; *LG Offenburg*, VersR 1973, 69.

[136] *BGHZ* 67, 119 = NJW 1976, 1883; krit. *Born*, VersR 1977, 118.

[137] *BGH*, NJW 1997, 2175.

[138] *BGHZ* 131, 274 = NJW 1996, 726; *BGHZ* 133, 129 = NJW 1996, 2933.

[139] Überblick bei *Hartung*, VersR 1981, 1008; *Wussow/Küppersbusch*, Rdnr. 53 ff.

[140] *BGHZ* 127, 391 = NJW 1995, 389.

[141] Hierzu *v. Gerlach*, DAR 1995, 221; *Hofmann*, NZV 1993, 139; *Lange*, JZ 1995, 406; *Wussow/Küppersbusch*, Rdnr. 54.

[142] *BGHZ* 127, 391 = NJW 1995, 389; *Wussow/Küppersbusch*, Rdnr. 58.

[143] *BGH*, NJW 1986, 245; 1993, 1643; NJW-RR 1992, 1050; *BGHZ* 127, 391 = NJW 1995, 389; *v. Gerlach*, DAR 1995, 222.

Unter Berücksichtigung dieser Rechtsprechung ist es angezeigt, im Falle des Erwerbsschadens des Arbeitnehmers während der ersten sechs Wochen[144] und bei dem Erwerbsschaden des vorübergehend dienstunfähigen Beamten[145] von dem Bruttolohn auszugehen. Dagegen empfiehlt sich die modifizierte Nettolohntheorie für die übrigen Fälle, insbesondere bei der Berechnung des Verdienstausfalls des Arbeitnehmers nach Ablauf der ersten sechs Wochen[146] sowie bei dem Erwerbsschaden der Selbständigen.[147]

2. *Einzelne Fallgruppen*

a) Arbeitnehmer

Bei den Arbeitnehmern ist die Regulierung des Unfallschadens durch eine Verzahnung der arbeitsrechtlichen Fürsorge des Arbeitgebers mit den Leistungen der Sozialversicherung gekennzeichnet. Zur Vermeidung einer Doppelentschädigung dienen die Anspruchsübergänge nach § 6 EFG[148] und § 116 SGB X.[149] Ein erster Überblick über die nicht einfache Rechtsmaterie hat sich auf folgende Zeitabschnitte zu erstrecken:

(1) Während der ersten sechs Wochen behält der verletzte Arbeitnehmer nach § 3 EFG seinen Lohnanspruch, falls der Verkehrsunfall „unverschuldet“ war.[150]

Nach dem normativen Schadensbegriff“ kann sich der Schädiger allerdings nicht auf das Fehlen eines Schadens in der Person des Arbeitnehmers berufen.[151] Der Anspruch ist auf Ersatz des Bruttolohns gerichtet.[152] Zur Vermeidung einer Doppelentschädigung dient die cessio legis nach § 6 EFG. Während der Zeit vom 1. 10. 1996 bis 31. 12. 1996 war der Entgeltfortzahlungsanspruch auf 80 % der bisherigen Vergütung begrenzt; in Höhe von 20 % verblieb dem Arbeitnehmer ein Ersatzanspruch gegen den Schädiger.[153] Durch Gesetz vom 19. 12. 1998[154] wurde der Entgeltfortzahlungsanspruch für die Fälle ab 1. 1. 1999 wieder auf 100 % des Lohnes angehoben (§ 3 I EFG n.F.), jedoch ohne Ein-

---

[144] S.o. 1. Teil, VI, 5, d + u. 2, a, (1).

[145] S.o. 1. Teil, VI, 5, e, (2), Fußn. 575 + u. 2, b, (1).

[146] S.u. 2, a, (2). – Ebenso bei der Versetzung des Beamten in den Ruhestand, s.u. 2, b, (2).

[147] S.u. 2, c, (1).

[148] S.o. 1. Teil, VI, 5, d.

[149] S.o. 1. Teil, VI, 4.

[150] Grob fahrlässige Verletzung von Verkehrsvorschriften: *BAG*, NJW 1972, 703; Nichtanlegen des Sicherheitsgurts: *BAG*, NJW 1982, 1013; hierzu *Weber*, DAR 1983, 9; Trunkenheitsfahrt: *BAGE* 57, 380 = NJW 1988, 2323; hierzu *Künzl*, BB 1989, 62.

[151] *BGHZ* 7, 30 = NJW 1953, 1249 m. Aufs. *Reinicke*, NJW 1953, 1243; *BGHZ* 10, 107 = NJW 1953, 1346; *BGHZ* 21, 112 = NJW 1956, 1473; hierzu *Medicus*, JuS 1979, 234.

[152] S.o. 1. Teil, VI, 5, e, (4), Fußn. 556.

[153] Beschäftigungsförderungsgesetz vom 12. 12. 1996 (BGBl. I 1996, S. 1476); hierzu *Preis*, NJW 1996, 3369, 3374; *Geigel/Schlegelmilch/Rixecker*, Kap. 9, Rdnr. 19, 20.

[154] BGBl. I 1998, S. 3853.

beziehung der Vergütung für zusätzliche Überstunden (§ 3 Ia EFG n.F.); insoweit verbleibt nunmehr ein Ersatzanspruch wegen Verdienstausfalls gegen den Schädiger.

Der nach §§ 44, 46 I SGB V dem Grunde nach bestehende Anspruch auf Krankengeld ruht, solange das Arbeitsentgelt weitergezahlt wird (§ 49 I Nr. 1 SGB V). Auf eine – bei einem Arbeitsunfall anfallende – Verletztenrente (§§ 45 I, 46 I SGB VII) wird das von dem Arbeitgeber gezahlte Arbeitseinkommen angerechnet.

(2) Nach Ablauf der ersten sechs Wochen nach dem Unfall entfällt der Anspruch auf Entgeltfortzahlung. Der verletzte Arbeitnehmer ist auf die Leistungen aus der Sozialversicherung verwiesen. Diese bestehen in dem

- Anspruch auf Krankengeld (§ 45 I SGB V) dessen Höhe sich nach § 47 SGB V richtet und für die Dauer von 78 Wochen ab Eintritt der Arbeitsunfähigkeit gezahlt wird (§ 48 I SGB V).
- Anspruch auf Verletztengeld (§ 45 I Nr. 1 SGB VII), wenn es sich um einen Arbeitsunfall (§§ 7, 8 SGB VII) handelt. Zur Dauer vgl. die §§ 46 I, III SGB VII. Für die Dauer berufsfördernder Maßnahmen (§ 35 SGB VII) wird ein Übergangsgeld (§§ 49, 50 SGB VII) gezahlt. Ab der 26. Woche nach dem Versicherungsfall wird eine Rente gezahlt (§ 56 I SGB VII).
- Anspruch auf eine Rente aus der Rentenversicherung bis zur Vollendung des 65. Lebensjahres wegen Berufsunfähigkeit (§ 43 SGB VI) bzw. Erwerbsunfähigkeit (§ 44 SGB VI).

Bei konkurrierenden Leistungen aus den drei Sozialversicherungssparten finden sich Regelungen über eine gegenseitige Anrechnung (§ 50 I Nr. 1 SGB V, § 93 I SGB VI, § 95 SGB VI, § 52 Nr. 1 SGB VII).

(3) Der Anspruch des verletzten Arbeitnehmers auf Ersatz des Erwerbsschadens ist auf die voraussichtliche Dauer der Erwerbstätigkeit zu beschränken.[155]

Der BGH will bei dieser Prognose auf den gesetzlich vorgesehenen Zeitpunkt des Ruhestandes abstellen, wie er sich aus dem § 35 SGB V ergibt; das ist die Vollendung des 65. Lebensjahres.[156] Damit soll die Möglichkeit vorzeitigen Ausscheidens aus dem Erwerbsleben außer Betracht bleiben.[157] Diese generelle Nichtbeachtung flexibler Altersgrenzen[158] im Rahmen der Differenzhypothese (§ 249 BGB) stößt im Hinblick auf die tatsächliche Entwicklung auf erhebliche Bedenken.[159]

(4) Anzurechnen auf den Ersatzanspruch des Verletzten Arbeitnehmers ist im Wege der Vorteilsausgleichung der Erwerb aus einer dem Verletzten verbliebenen Arbeitskraft.[160]

Hierzu kann auch der Wert der Haushaltsführung gehören, wenn der Verletzte nunmehr den Haushalt übernimmt, damit der andere Ehegatte einer Erwerbstätigkeit nachgehen kann.[161] Anzurechnen sind weiterhin die durch den Wegfall der Erwerbstätigkeit

---

[155] *BGH*, NJW 1985, 482; 1994, 131; NJW-RR 1995, 1272.

[156] *BGH*, NJW-RR 1995, 1272; zust. *Geigel/Schlegelmilch/Rixecker*, Kap. 4, Rdnr. 163; früher schon *Drees*, VersR 1987, 739.

[157] Selbst bei Frauen: *BGH*, NJW 1995, 3313.

[158] Siehe Vorruhestandsgesetz vom 13.4.1984 (BGBl. I, S. 601).

[159] *Hofmann*, Kap. 211.5, Rdnr. 4; *Lemcke*, r + s 1995, 383; *Wussow/Küppersbusch*, Rdnr. 652, 653. – S. auch o. Fußn. 129.

[160] *BGH*, NJW 1979, 2142 (insbes. zur Beweislast); 1996, 652.

[161] *BGHZ* 74, 221 = NJW 1979, 1403; *Wussow/Küppersbusch*, Rdnr. 51.

ersparten Aufwendungen[162] sowie etwaige bei der Krankenhausbehandlung eingesparte Verpflegungskosten es sei denn, der Sozialversicherungsträger trägt die Kosten der stationären Heilbehandlung; dann gehen sie auf diesen über.[163]

(5) Wird nach Ablauf der ersten 6 Wochen nach dem Nettolohn abgerechnet,[164] ist auf den so berechneten Ersatzanspruch die hierauf zu entrichtende Einkommensteuer (§ 24 Nr. 1a EStG aufzuschlagen.[165]

Möglich wäre auch eine Verurteilung, den Verletzten von seiner Einkommensteuerverpflichtung freizustellen.[166]

(6) Die Kosten der *beruflichen* Rehabilitation[167] sind ebenfalls von dem Schädiger zu ersetzen.[168] Sie gehen bei den gesetzlich Versicherten auf den Sozialversicherungsträger über (§ 116 SGB X).[169]

b) Beamte

Zu unterscheiden ist vorübergehende und dauernde Dienstunfähigkeit.

(1) Wird ein Beamter durch einen Verkehrsunfall vorübergehend dienstunfähig, so werden ihm die Dienstbezüge weiterbezahlt (§ 9 BBesG). Der Anspruch auf Schadensersatz geht gemäß § 87a Nr. 1 BBG auf den Dienstherrn über, und zwar in Höhe der Bruttobezüge.[170] Es gilt mithin die gleiche Regelung wie bei Arbeitnehmern im Fall der Entgeltfortzahlung;[171] nur ist die Weiterzahlung der Dienstbezüge nicht auf die Dauer von 6 Wochen beschränkt.

Zu den Bruttobezügen gehören auch hier die während des Urlaubs fortgewährten Dienstbezüge[172] und das anteilig zu 1/12 auf jeden Monat umgelegte Weihnachtsgeld.[173] Auf den übergangsfähigen Anspruch braucht sich der Dienstherr nicht anrechnen zu lassen, was der verletzte Beamte bei einer Krankenhausbehandlung an Verpflegung erspart hat; die Rechtslage ist nach Auffassung des BGH[174] hier eine andere als bei dem Erwerbsschaden eines im privaten Dienstverhältnis stehenden Arbeitnehmers:[175] ein etwaiger Übergang auf eine private Krankenversicherung nach § 67 VVG wäre zumindest aus zeitlichen Gründen nachrangig.

---

[162] *Wussow/Küppersbusch*, Rdnr. 50; *AG Brake*, NJWE-VHR 1998, 8.
[163] S.o. II, 5, c, Fußn. 79.
[164] S.o. 1, d, Fußn. 144.
[165] *BGH*, VersR 1983, 183; NJW 1986, 245; *Wussow/Küppersbusch*, Rdnr. 78.
[166] *BGHZ* 74, 221 = NJW 1979, 1403.
[167] S.o. 1, a, (2), Fußn. 118.
[168] *BGH*, NJW 1982, 1638; 1982, 2321.
[169] *Geigel/Schlegelmilch/Rixecker*, Kap. 4, Rdnr. 25, 30.
[170] *BGHZ* 42, 76 = NJW 1964, 2007; *Drees*, VersR 1987, 741; *Wussow/Küppersbusch*, Rdnr. 54, 549.
[171] S.o. 2, a, (1), Fußn. 152.
[172] *BGHZ* 59, 154 = NJW 1972, 1705.
[173] *BGH*, NJW 1972, 766.
[174] *BGH*, NJW 1971, 240; zust. *Wussow/Küppersbusch*, Rdnr. 550.
[175] S.o. II, 2, b, Fußn. 60; II, 5, c, Fußn. 79; IV, 2, a (4), Fußn. 163.

(2) Wird der Beamte wegen der unfallbedingten dauernden Dienstunfähigkeit vorzeitig in den Ruhestand versetzt, so entsteht nunmehr für ihn ein Anspruch auf Ersatz des Schadens zwischen den Bezügen, die er bei weiterer Diensttätigkeit bezogen hätte, und den jetzt ausgezahlten – geringeren – Versorgungsbezügen.[176] Die Rechtslage gleicht nunmehr derjenigen des Arbeitnehmers nach Ablauf der Entgeltfortzahlung.[177] Zu ersetzen sind die entgangenen Nettobezüge zuzüglich der hierauf zu zahlenden Einkommensteuer.[178]

Daneben kann der Dienstherr infolge Anspruchsübergangs nach § 87a Nr. 2 BBG Ersatz der von ihm gezahlten Versorgungsbezüge verlangen. Eine Überprüfung der Zulässigkeit und Begründetheit der Inruhestandsetzung findet nicht statt.[179] Der Schädiger kann jedoch einwenden, daß der verletzte Beamte noch teilweise arbeitsfähig ist und deshalb der übergegangene Anspruch im Rahmen des nach § 254 II BGB zumutbaren Erwerbs zu kürzen sei.[180] Insoweit hat der Beamte bei Mitverschulden hinsichtlich des Grundes allerdings ein Quotenvorrecht.[181]

c) Freie Berufe

Der Erwerbsschaden bei der Schädigung von Personen, die freiberuflich tätig sind,[182] besteht nicht in dem Wegfall der Arbeitskraft als solcher,[183] so daß eine Schadensberechnung unter Zugrundelegung ausgefallener Arbeitsstunden ausscheidet.[184] Zweifelhaft ist deshalb auch, ob für eine wegfallende ehrenamtliche Tätigkeit Ersatz verlangt werden kann.[185] Die Berechnung des Erwerbsschadens der Selbständigen kann auf zwei Arten erfolgen:

(1) Der Schaden besteht in dem Verlust bisher gezogener Gewinne und dem Unterbleiben gesteigerter Gewinne (§ 252 BGB).[186] Zu ersetzen ist r.A. nach der dem Unternehmer entgehende Nettogewinn, der dann um die zu zahlenden Steuern aufzustocken ist.[187]

---

[176] *Drees*, VersR 1987, 741.

[177] S.o. III, 2, a, (2) + (5), Fußn. 164.

[178] a.A. *Wussow/Küppersbusch*, Rdnr. 554 (Bruttobezüge).

[179] *BGH*, NJW 1984, 354; 1993, 1790; *OLG Frankfurt*, NZV 1993, 471; krit. *Dunz*, VersR 1984, 905; abw. *OLG München*, NZV 1997, 518.

[180] *BGH*, NJW 1967, 2053; NJW-RR 1992, 1050; *OLG Frankfurt*, NZV 1993, 471; *Drees*, VersR 1987, 739; i.E. ebenso *Dunz*, VersR 1984, 905 (§ 242 BGB).

[181] *BGH*, VersR 1983, 488.

[182] Das trifft auch auf nebenberufliche Tätigkeit von Arbeitnehmern, Beamten und Richtern zu: *Grunsky*, DAR 1988, 400.

[183] *BGHZ* 54, 45 = NJW 1970, 1411; a.A. *Hagen*, JuS 1969, 61, 68; *Lieb*, JZ 1971, 358; *Grunsky*, DAR 1988, 403.

[184] Siehe hierzu noch unten (2), Fußn. 196.

[185] Verneinend *OLG Celle*, NJW 1988, 2618; bejahend *OLG Karlsruhe*, NJW-RR 1996, 1239 m.Nw.

[186] *OLG Oldenburg*, NZV 1993, 798; *Steffen*, VersR 1985, 609; *Hofmann*, Kap. 2.1.3., Rdnr. 62; Einzelfälle bei *Geigel/Schlegelmilch/Rixecker*, Kap. 4, Rdnr. 152.

[187] *Grunsky*, DAR 1988, 409; a.A. *BGH*, NJW 1987, 1814 (brutto); *Wussow/Küppersbusch*, Rdnr. 54 (brutto oder netto).

Zur Feststellung dieses Nettogewinns ist im Rahmen der Differenzhypothese gegenüberzustellen das tatsächlich entstandene wirtschaftliche Ergebnis mit demjenigen Verlauf, der ohne das Schadensereignis bestehen würde. Dabei sind ersparte Aufwendungen ebenso zu berücksichtigen[188] wie weggefallene oder geminderte Steuern.[189] Es bedarf hierzu eines konkreten Vortrages der Partei, damit das Gericht den entstandenen Nettoschaden gemäß §§ 252 BGB, 287 ZPO ermitteln kann.[190] Zur Vornahme der hypothetischen Zukunftsprognose ist meist eine Aufklärung der betrieblichen Entwicklung in einem dem Unfall vorangegangenen Zeitraum bestimmter Länge (z.B. 1–3 Jahre) notwendig.[191] Natürlich müssen bei der Prognose sonstige Umstände, die den Gewinn auch ohne den Unfall beeinflußt hätten, z.B. die allgemeine Marktentwicklung und die konkrete Lage des betroffenen Betriebes, berücksichtigt werden.[192] Letzten Endes läuft dies auf eine Vorlage der Bilanzen und deren Auswertung durch einen Sachverständigen hinaus.[193]

(2) Neben der unten (1) beschriebenen Berechnungsmethode kommt auch der Ersatz der Kosten für eine Ersatzkraft in Frage, die der Geschädigte zum Ausgleich seiner weggefallenen Arbeitskraft einstellt, wozu er nach § 254 II BGB verpflichtet sein kann.[194] Ist trotz Einstellung der Ersatzkraft ein Gewinnausfall eingetreten, so kann der Geschädigte beide Ersatzpositionen geltendmachen.[195]

Zweifelhaft ist dagegen, ob der geschädigte Unternehmer die Kosten einer Ersatzkraft berechnen darf, die er zur Abwendung des Gewinnausfalls hätte einstellen müssen, aber tatsächlich nicht eingestellt hat.[196] M.E. ist dies nach dem Ausgangspunkt des *BGH*[197] zu verneinen, da sonst im Ergebnis doch wieder die weggefallene Arbeitskraft des Unternehmers zum Gegenstand des Ersatzes gemacht und ein fiktiver Schadensersatz zugesprochen würde.[198] Ist der Schaden durch Überstunden von Mitarbeitern vermieden worden, so besteht gleichwohl ein Anspruch auf Ersatz der Überstunden.[199]

(3) Besonderheiten ergeben sich bei dem Erwerbsschaden eines Gesellschafters.

Bezieht der Gesellschafter eine Tätigkeitsvergütung, so ist bei Arbeitsunfähigkeit diese als Schaden zu betrachten; insoweit ist der geschädigte Gesellschafter wie ein Arbeitnehmer zu behandeln.[200] Erhält der Gesellschafter keine Tätigkeitsvergütung, so

---

188 *Grunsky*, DAR 1988, 405 (Betriebskosten).

189 *BGH*, NJW 1987, 1814; *Grunsky*, DAR 1988, 409; *Wussow/Küppersbusch*, Rdnr. 102, 103.

190 *BGH*, NJW 1993, 2673; 1995, 1023; 1995, 2227; 1997, 941; *v. Gerlach*, DAR 1994, 220 m.Nw.; *Grunsky*, DAR 1988, 406. – Zur Beweislast: *BGH*, NJW-RR 1996, 1077.

191 *Wussow/Küppersbusch*, Rdnr. 97.

192 *BGH*, VersR 1966, 445; NJW 1999, 136; *Wussow/Küppersbusch*, Rdnr. 99.

193 Einzelheiten bei *Ruhkopf/Book*, VersR 1970, 690; 1972, 114; *Keuk*, VersR 1976, 401.

194 *BGH*, NJW-RR 1992, 852; NJW 1997, 941; *Grunsky*, DAR 1988, 404; *Hofmann*, Kap. 2.1.3., Rdnr. 69; *Wussow/Küppersbusch*, Rdnr. 93, 101.

195 *Steffen*, VersR 1985, 607.

196 So z.B. *Bauer*, DAR 1959, 113; *Grunsky*, DAR 1988, 404.

197 S.o. Fußn. 183.

198 Ebenso *Hofmann*, Kap. 2.1.3., Rdnr. 62 (im Gegensatz zu Rdnr. 70).

199 *BGHZ* 55, 329 = NJW 1971, 836; *Steffen*, VersR 1985, 607.

200 *BGH*, NJW 1963, 1051 m. Anm. *Ganssmüller*, NJW 1963, 1446; *Wussow/Küppersbusch*, Rdnr. 104.

kann er nur Ersatz der auf ihn entfallenden Gewinndifferenz verlangen, während der auf die anderen Gesellschafter entfallende Gewinnausfall als mittelbarer Schaden eines Dritten nicht ersatzfähig ist.[201] Ausnahmen bestehen aber für die Ein-Mann-Gesellschaft[202] und die Gütergemeinschaft.[203]

(4) Bei einem Dauerschaden bedarf es einer Prüfung, wie lange der Geschädigte ohne die Unfallschädigung als Selbständiger gearbeitet hätte.

Die Rechtsprechung ist bisher mit Recht davon ausgegangen, daß ein Freiberufler im Gegensatz zum Arbeitnehmer und Beamten nicht ohne weiteres mit Erreichen der Altersgrenze sich aus dem Erwerbsleben zurückzieht.[204] Während der BGH zunächst dazu neigte, Renten bis in das 7. Lebensjahrzehnt zuzubilligen, besteht neuerdings eine Tendenz zur Herabsetzung der geschätzten Arbeitsfähigkeit.[205] Auf jeden Fall dürfte es der Realität entsprechen, ab dem Erreichen der Altersgrenze die darüber hinausgehende Rente zeitlich gestaffelt auf ein niedrigeres Niveau zurückzuführen.[206]

d) Personen ohne Erwerbstätigkeit

Es geht hier um die Gruppe der Kinder, Schüler, Auszubildenden und Studenten. Sie erleiden zunächst keinen Erwerbsschaden. Wegen des Zukunftsschadens kommt mangels greifbarer Anhaltspunkte zur Bemessung der Höhe des Schadens in der Regel zunächst nur ein Feststellungsurteil in Betracht.[207]

(1) Bei den Personen, die schon ein bestimmtes Ausbildungsziel verfolgen, ist bei ihrem späteren Eintritt in das Berufsleben sodann gemäß § 252 BGB und unter Zuhilfenahme des § 287 ZPO zu schätzen, inwieweit sich bei ihnen durch die Unfallfolgen die Aufnahme einer Erwerbstätigkeit verzögert hat[208] oder aber unfallbedingt eine andere Berufslaufbahn als die ursprünglich eingeschlagene oder beabsichtigte erfolgen muß.[209]

(2) Besondere Schwierigkeiten hinsichtlich der Prognose ergeben sich bei Kindern und Jugendlichen, über deren berufliche Laufbahn im Zeitpunkt des Unfalls keine besonderen Anhaltspunkte greifbar sind.[210] Hier ist eine gewisse Großzügigkeit am Platze, da die Beweisschwierigkeiten des Verletzten durch das Schadensereignis verursacht worden sind.[211]

---

201 *BGH*, NJW 1977, 1283; *Geigel/Schlegelmilch/Rixecker*, Kap. 4, Rdnr. 153; *Wussow/Küppersbusch*, Rdnr. 104.

202 *BGH*, NJW 1977, 1283; zur GmbH & Co KG vgl. *BGHZ* 61, 380 = NJW 1974, 134.

203 *BGH*, NJW 1994, 652.

204 *BGH*, VersR 1964, 778; NJW 1970, 95.

205 *BGH*, VersR 1976, 663; NJW-RR 1988, 470; *Hofmann*, Kap. 2.1.3., Rdnr. 73.

206 *Grunsky*, DAR 1988, 403.

207 *Geigel/Schlegelmilch/Rixecker*, Kap. 4, Rdnr. 154; *Steffen*, DAR 1984, 1.

208 *BGH*, NJW 1985, 791; NJW-RR 1992, 791; *OLG Hamm*, NJW 1970, 1853; *OLG Frankfurt*, NZV 1998, 249; *Medicus*, DAR 1994, 442; *Wussow/Küppersbusch*, Rdnr. 117.

209 *Funk*, DAR 1985, 42; *Geigel/Schlegelmilch/Rixecker*, Kap. 4, Rdnr. 154; *Steffen*, DAR 1984, 1; VersR 1985, 608; *Wussow/Küppersbusch*, Rdnr. 119 ff.

210 *Medicus*, DAR 1994, 442; *Steffen*, DAR 1984, 1; *OLG Frankfurt*, VersR 1989, 48.

211 *Steffen*, DAR 1984, 4 („Schätzungsbonus"); zust. *Wussow/Küppersbusch*, Rdnr. 121; krit. *Medicus*, DAR 1994, 446.

e) Arbeitslose

Bei einem Arbeitslosen kann der Erwerbsschaden nach der Rechtsprechung des BGH nicht mit dem Verlust seiner Arbeitskraft begründet werden.[212] Der BGH bejaht gleichwohl einen Erwerbsschaden mit der Erwägung, daß der Arbeitslose, der Arbeitslosengeld oder Arbeitslosenhilfe erhalte, weiterhin in den Arbeitsmarkt eingegliedert sei und ihm dieser der Existenzsicherung zugrundegelegte Status entzogen und er die damit verbundenen Leistungsansprüche verliere, wenn er unfallbedingt arbeitsunfähig werde.[213]

Bezieht der Verletzte im Zeitpunkt des Unfalls Arbeitslosengeld,[214] so geht der Anspruch auf Ersatz des Erwerbsschadens gemäß § 116 SGB X auf die Bundesanstalt für Arbeit über.[215] Bezieht der Arbeitslose dann ab der 7. Woche Krankengeld,[216] geht sein Anspruch auf Erwerbsschaden auf den Krankenversicherer über.[217] – Dagegen kommt kein Anspruchsübergang in Betracht, wenn der Arbeitslose im Zeitpunkt des Unfalls nur Arbeitslosenhilfe[218] bezog.[219]

f) Beeinträchtigung der Haushaltstätigkeit

Dem verletzten Ehegatten steht nach §§ 842, 843 BGB ein eigener Anspruch wegen Beeinträchtigung in der Führung des Haushalts zu.[220] Im Gegensatz zur früheren Regelung (§ 845 BGB) ist der Ehemann nach Inkrafttreten des Gleichberechtigungsgesetzes nicht mehr aktiv legitimiert.[221] Der Anspruch steht nach heutiger Auffassung auch dem sogenannten „Hausmann" zu,[222] während er bei Partnern nichtehelicher Lebensgemeinschaften umstritten ist.[223] In der rechtlichen Einordnung des Anspruchs hat sich der BGH für einen Mittelweg entschieden: soweit der Ehegatte mit der Hausarbeit den gesetzlich geschuldeten Beitrag zum Familienunterhalt leistet (§ 1360 BGB), handele es sich um einen Erwerbsschaden; soweit er sich dagegen selbst versorge, handele es sich um ver-

---

[212] S.o. IV, 2, c, Fußn. 183.

[213] *BGHZ* 90, 334 = NJW 1984, 1811. – Krit. *Geigel/Schlegelmilch/Plagemann*, Kap. 30; Rdnr. 25, Fußn. 12.

[214] Siehe §§ 117, 127 SGB III; zur Dauer von 6 Wochen siehe § 126 I S. 1 SGB III, zum Ruhen des Anspruchs siehe § 142 I Nr. 2 und § 142 II Nr. 1 SGB III.

[215] S.o. 1. Teil, VI, 5, a, (1).

[216] § 142 I Nr. 2 SGB III.

[217] *Wussow/Küppersbusch*, Rdnr. 113.

[218] Siehe §§ 190 ff. SGB III.

[219] S.o. 1. Teil, VI, 5, a, (2).

[220] *BGHZ* 38, 55 = NJW 1962, 2248; *Kilian*, AcP 169, 443; *Wussow*, NJW 1970, 1393.

[221] *BGHZ* 50, 304 = NJW 1968, 1823; vgl. auch *BGH*, VersR 1971, 416 (Prozeßstandschaft des Ehemannes ist zulässig).

[222] *BGH*, NJW-RR 1992, 792; *Wussow/Küppersbusch*, Rdnr. 129.

[223] Bejahend *OLG Karlsruhe*, DAR 1993, 391; *LG Zweibrücken*, NJW 1993, 3207; *Pardey*, DAR 1994, 265; einschr. *Geigel/Schlegelmilch/Rixecker*, Kap. 4, Rdnr. 161; *Wussow/Küppersbusch*, Rdnr. 130; krit. *Raiser*, NJW 1994, 2672.

mehrte Bedürfnisse.[224] Der Ersatzanspruch richtet sich im übrigen nicht nach der von dem Ehegatten *rechtlich* geschuldeten Leistung, sondern nach der von ihm *tatsächlich* ohne die Verletzung erbrachten Arbeitsleistung im Haushalt.[225]

(1) Die Höhe des Ersatzanspruchs bedarf zunächst der Konkretisierung nach den folgenden Faktoren:

Dem erforderlichen Zeitbedarf der Haushaltsversorgung entsprechend dessen Zuschnitt nach Personen;[226] dem Umstand, inwieweit der verletzte Ehegatte die erforderlichen Haushaltsarbeiten selbst ausgeführt oder – wegen eigener Erwerbstätigkeit – ganz oder teilweise dem anderen Ehegatten überlassen oder durch Dritte hat ausführen lassen;[227] schließlich der Einschränkung der Fähigkeiten, wie sie unter Beachtung von Art und Umfang der Verletzungen sowie der Art der Heilbehandlung (Krankenhaus oder ambulante Behandlung, Bettlägerigkeit, Beeinträchtigung durch Verbände etc.) gegeben sind.[228] Über den Umfang der Beeinträchtigung gibt es Tabellen, die der Richter im Rahmen der Schätzung nach § 287 ZPO zu Rate ziehen kann.[229]

(2) In dem so festgestellten Umfang der Beeinträchtigung kommt es auf die Kosten einer Ersatzkraft an, wobei die Rechtsprechung unterscheidet, ob eine solche Ersatzkraft eingestellt wurde oder nicht.[230]

Die Kosten der eingestellten Ersatzkraft sind zu ersetzen, soweit ihre Einstellung im Rahmen der nach (1) festgestellten Beeinträchtigung notwendig war[231] und ihre persönliche Qualifikation sich im Rahmen des § 254 II BGB gehalten hat.[232] Zu ersetzen ist in diesem Falle der Bruttolohn.[233] Wurde eine Ersatzkraft nicht eingestellt, weil sich die Familienmitglieder anderweit beholfen haben, so entlastet dies den Schädiger nach dem Grundgedanken des § 843 IV BGB nicht.[234] In diesem Fall ist der Wert der entfallenen

---

[224] *BGH*, NJW 1974, 41; 1985, 735; 1997, 256. – Zur Bedeutung dieser Einordnung für den Anspruchsübergang s.u. (4).

[225] *BGH*, NJW 1974, 1651; 1997, 256; *Hofmann*, VersR 1977, 296; *Wussow/Küppersbusch*, Rdnr. 132.

[226] *LG Koblenz*, NJW-RR 1987, 984; *LG Saarbrücken*, DAR 1994, 455; *Wussow/Küppersbusch*, Rdnr. 142, 135.

[227] *BGH*, VersR 1971, 1043; *OLG Celle*, VersR 1970, 352; *Hofmann*, VersR 1977, 302.

[228] *OLG Düsseldorf*, VersR 1982, 88; *OLG Frankfurt*, VersR 1982, 981 m. Anm. *Hofmann*; *Hofmann*, Kap. 2.1.3., Rdnr. 84c; auf die abstrakte Minderung der Erwerbsminderung kommt es nicht an; a.A. *OLG Frankfurt*, VersR 1980, 1122; – Zur Kausalität: *BGH*, NJW-RR 1990, 34.

[229] *Reichenbach/Vogel*, VersR 1981, 812; fortentwickelt von *Ludwig*, DAR 1991, 401; zust. zu dieser Tabelle *OLG Frankfurt*, VersR 1982, 981 m. Anm. *Hofmann*; *Schultz-Borck/Hofmann*, Schadensersatz bei Ausfall von Hausfrauen und Müttern im Haushalt 4. Aufl. (1993); krit. *Hofmann*, NZV 1990, 8; zust. *Jung*, DAR 1990, 161.

[230] *Hofmann*, Kap. 2.1.3., Rdnr. 84.

[231] S.o. Fußn. 229.

[232] *BGHZ* 50, 304 = NJW 1968, 1823; *BGHZ* 52, 82, 84 = NJW 1970, 1454; *BGH*, NJW 1971, 1983; *Wussow/Küppersbusch*, Rdnr. 142, 143.

[233] *BGHZ* 140, 39 = NJW 1999, 421 (Rentenbeiträge für die Pflegeperson); *Wussow/Küppersbusch*, Rdnr. 141.

[234] *BGHZ* 38, 55, 59 = NJW 1962, 2248; *BGHZ* 91, 357 = NJW 1984, 2520; *BGH*, NJW 1987, 322.

Arbeitskraft nach § 287 ZPO zu schätzen, wobei die fiktiven Kosten der erforderlichen Ersatzkraft nur ein Anhaltspunkt sind.[235] Dabei wird hinsichtlich der erforderlichen Qualifikation der erforderlichen Ersatzkraft auf vergleichbare Gruppen des BAT abgestellt.[236] Maßgebend ist hierbei nur der Nettolohn; nicht zu ersetzen sind die Nebenkosten wie Verpflegung, Steuern und Sozialabgaben.[237]

(3) Bei einem Dauerschaden ist zu schätzen, wie lange der verletzte Ehegatte ohne den Unfall den Haushalt noch hätte versorgen können.[238]

Zu beachten ist, daß mit dem Ausscheiden des anderen Ehegatten aus dem Erwerbsleben ein Teil der Haushaltstätigkeit von diesem – üblicherweise – übernommen wird, so daß eine Verminderung des Anspruchs eintritt.[239]

(4) Bei dem Anspruchsübergang auf Sozialversicherungsträger ist die vom BGH vorgenommene rechtliche Einordnung[240] und der Grundsatz der sachlichen Kongruenz zu beachten.

Soweit es sich um die Eigenversorgung des verletzten Ehegatten handelt, geht dessen Anspruch auf Ersatz vermehrter Bedürfnisse auf den Leistungsträger im Rahmen der sachlichen Kongruenz[241] über. Soweit der Ersatzanspruch dem Ausgleich der Beschränkung der Haushaltstätigkeit zugunsten des anderen Ehegatten dient, handelt es sich um einen Erwerbsschaden, der auf die Leistungsträger übergeht, die im Rahmen der sachlichen Kongruenz entsprechende Leistungen[242] erbringen. Die Aufteilung auf die beiden Anspruchsteile kann gemäß § 287 ZPO erfolgen.[243]

---

[235] *BGHZ* 54, 82 = NJW 1970, 1454; *BGHZ* 56, 389 = NJW 1971, 2066; *BGH*, NJW 1982, 2864; NJW-RR 1990, 34; 1992, 792; *Wussow/Küppersbusch*, Rdnr. 133 ff.

[236] *BGH*, NJW 1979, 1501; *BGHZ* 104, 113 = NJW 1988, 1783; *OLG Oldenburg*, NJW-RR 1989, 1429; *OLG Hamm*, DAR 1994, 496.

[237] *BGH*, NJW 1982, 2866; *BGHZ* 86, 372 = NJW 1983, 1425 (Bruttolohn abzüglich Pauschale von 30 %); für einen weiteren Abzug wegen Gewinns: *Wussow*, NJW 1979, 1393; dagegen *Eckelmann*, NJW 1971, 355. – Für Zubilligung des Bruttolohns: *OLG Hamburg*, VersR 1985, 646; *Grunsky*, NJW 1983, 2470.

[238] *BGH*, NJW 1974, 1651 (Einzelfall, 68. Lebensjahr, eventuell länger); *OLG Hamm*, NJW-RR 1995, 599 (75. Lebensjahr); *OLG Celle*, ZfS 1983, 291 (75. Lebensjahr); für Hinausschiebung bei Nachweis: *Wussow/Küppersbusch*, Rdnr. 146.

[239] *Wussow/Küppersbusch*, Rdnr. 145.

[240] S.o. (1), Fußn. 224.

[241] Siehe §§ 38 SGB V, 44, SGB VII; 36 SGB XI. – *BGH*, NJW 1997, 256; *BGHZ* 140, 39 = NJW 1999, 421 (Rentenbeiträge für die Pflegeperson).

[242] Siehe §§ 44 SGB V; 42, 45, 49, 54 SGB VII. – Abzulehnen die weitergehende Auffassung des BGH, wonach auch der Anspruch des verletzten Ehegatten auf Ersatz seines *Bar*unterhalts auf den Leistungsträger übergehen soll (vgl. die Nachw. u. VI, 2, c, (7), Fußn. 439; dem BGH zust. *Wussow/Küppersbusch*, Rdnr. 148); insoweit fehlt es an der sachlichen Kongruenz; vgl. hierzu auch *Geigel/Schlegelmilch/Plagemann*, Kap. 30, Rdnr. 25, Fußn. 15.

[243] *BGH*, NJW 1974, 41; 1985, 735 (Aufteilung nach Köpfen).

V. Ersatz des immateriellen Schadens (Schmerzensgeld)

1. *Allgemeines*

a) *Anspruchsgrundlage*

Der Geschädigte kann in den Fällen der Deliktshaftung[244] für den erlittenen Körper- und Gesundheitsschaden ein Schmerzensgeld verlangen.

Dagegen ist im Falle der Gefährdungshaftung im Grundsatz kein Schmerzensgeld gegeben. Gesetzliche Ausnahmeregelungen finden sich z.B. in § 53 III LuftVG und § 29 III AtomG. Im Bereich des Unfallhaftpflichtrechts ist in den Fällen der Haftung nach dem StVG und dem HaftpflG kein Anspruch auf Schmerzensgeld vorgesehen. Eine Ausdehnung auf diese Haftpflichttatbestände ist rechtspolitisch – jedoch kontrovers – im Gespräch.[245]

b) *Funktionen des Schmerzensgeldes*

Nach der Grundsatzentscheidung des BGH vom 7.5.1955 hat das Schmerzensgeld eine Ausgleichs- und eine Genugtuungsfunktion.[246] Neuerdings hat der BGH im Urteil vom 13. 10.1992 für die Fälle der Zerstörung der Persönlichkeit (bzw. der Zerstörung der Basis für deren Entfaltung) eine „eigenständige Bewertung" gefordert[247] und damit der Sache nach neben der Ausgleichsfunktion eine dritte Funktion des Schmerzengeldes anerkannt.[248]

c) *Mitverschulden*

Nach der Entscheidung vom 7.5.1955[249] soll auch das Mitverschulden ein Bemessungsfaktor sein, der in die Festsetzung der angemessenen Entschädigung einfließt.

Danach wäre die sukzessive Bemessung – zunächst ein „an sich angemessenes Schmerzensgeld", das sodann um die Mitverschuldensquote gekürzt wird – nicht zulässig.[250] Diese Argumentation ist keineswegs zwingend und außerdem wenig praktisch:

---

[244] Dazu gehören auch § 831 BGB: *OLG Frankfurt*, VersR 1975, 276; § 833 BGB: *BGH* NJW 1977, 2158; § 829 BGB: *BGH*, VersR 1957, 219; *BGHZ* 127, 186 = NJW 1995, 452.

[245] Für Ausdehnung RegE eines 2. SchadÄndG vom 21.4.1998 (BT-Dr 13/10435); hierzu *Otto*, NZV 1998, 433; *Kürschner*, NZV 1995, 6; krit. zum Entwurf: *Deutsch*, ZRP 1998, 291; überw. abl. zu einer Ausdehnung die Beschlüsse des 62. DJT 1998; siehe Bericht, NJW 1999, 117).

[246] *BGHZ* 18, 149 = NJW 1955, 1675; seitdem ständige Rechtspr.: *BGH*, NJW 1993, 1531; *BGHZ* 128, 117 = NJW 1905, 781 m.Nw.; hierzu *Müller*, VersR 1993, 909.

[247] *BGHZ* 120, 1 = NJW 1993, 781; ebenso *BGH*, NJW 1993, 1531.

[248] S.u. 2, c.

[249] Fußn. 246.

[250] *BGH*, VersR 1970, 624; NZV 1991, 306; *Müller*, VersR 1993, 915. – Zur Bedeutung des Mitverschuldens bei Erlaß des Grundurteils s.u. 4. Teil, I, 3, b, (1), Fußn. 170, 171.

sie steht der Aufstellung einer Schmerzensgeldtabelle, die notwendig auf dem Ausgleichsgedanken aufbaut und ein damit etwaiges Mitverschulden hierbei eliminieren muß, entgegen.[251] Die Praxis der Gerichte hält sich auch keineswegs an das Erfordernis der ganzheitlichen Bemessung, sondern übt weitgehend auch eine sukzessive Festsetzung.[252]

d) Geringfügige Verletzungen

Im Anschluß an einige Entscheidungen der Instanzgerichte[253] und einer Entschließung des 15. Verkehrsgerichtstages in Goslar (1977)[254] besteht die Streitfrage, ob auch bei geringfügigen Verletzungen ein Schmerzensgeld zugebilligt werden sollte.[255]

Grundgedanke für den Ausschluß ist die Überlegung, daß zwecks Vermeidung einer weiteren Belastung der Versicherungswirtschaft[256] die hierbei eingesparten Summen bei der Bemessung des Schmerzensgeldes den Schwerverletzten zugute kommen sollen. Die Rechtsprechung des BGH ist insoweit zurückhaltend, hat allerdings gebilligt, daß im Rahmen des § 287 ZPO der Tatrichter bei einer geringfügigen Verletzung ohne wesentliche Beeinträchtigung der Lebensführung ein Schmerzensgeld versagen könne.[257]

e) Kapital oder Rente

Die Rechtsprechung läßt in Ausnahmefällen auch die Zubilligung einer Schmerzensgeldrente zu.[258] Auch eine Häufung von Kapital und Rente ist in Ausnahmefällen zulässig.[259]

In Frage kommt die Zubilligung einer Rente vor allem bei schweren Dauerschäden, da dann bei Veränderungen der Beeinträchtigung, aber auch bei Schwinden des Geldwertes, die Rente nach § 323 ZPO den geänderten Verhältnissen angepaßt werden kann.[260] Die Höhe der Rente muß in einem angemessenen Verhältnis zu dem sonst geschuldeten Kapital stehen.[261] Der BGH hat es jedoch abgelehnt, im Urteil eine „dynamische Schmerzensgeldrente", die durch Koppelung mit dem amtlichen Lebenshaltungskostenindex der Geldentwertung automisch Rechnung trägt, zuzubilligen.[262]

---

[251] *Henke*, Die Schmerzensgeldtabelle (1969); *Wussow/Küppersbusch*, Rdnr. 196.

[252] *OLG Bremen*, NJW 1966, 781; LG *Saarbrücken*, DAR 1984, 323; vgl. auch *BGH*, VersR 1981, 1178, 1180; abl. auch *Wussow/Küppersbusch*, Rdnr. 196.

[253] *OLG Celle*, VersR 1973, 717; 1980, 358; *KG*, VersR 1975, 51.

[254] *Händel*, NJW 1977, 1096; hierzu Referat von *Hacks*, DAR 1977, 181.

[255] Überblick bei *Wussow/Küppersbusch*, Rdnr. 199. – Vgl. *Slizyk*, Einl. III, 2 + S. 391 ff.

[256] *BGH*, DAR 1976, 244; hierzu *Berger*, VersR 1977, 877.

[257] *BGH*, NJW 1983, 2939; 1992, 1043.

[258] *BGHZ* 18, 149, 167 = NJW 1955, 1675; *BGH*, NJW 1957, 383. – Nur auf Antrag des Klägers: *OLG Schleswig*, NJW-RR 1992, 95.

[259] *BGH*, NJW 1959, 1031; *OLG Hamburg*, NJW 1973, 1503; *OLG Düsseldorf*, VersR 1997, 65. – Weitere Entscheidungen s.u. Fußn. 307.

[260] *BGH*, NJW 1994, 1592; NJWE-VHR 1996, 141; *OLG Hamm*, NZV 1990, 469; NJWE-VHR 1997, 107; *Slizyk*, Einl. VIII, 1; *Wussow/Küppersbusch*, Rdnr. 207 m.Nw.

[261] *BGH*, VersR 1976, 967; *Geigel/Schlegelmilch/Kolb*, Kap. 7, Rdnr. 18.

[262] *BGH*, NJW 1973, 1653; dafür aber *Heidel*, VersR 1974, 924.

f) Vererblichkeit

Der Schmerzensgeldanspruch ist nach der Neufassung des § 847 BGB durch Gesetz vom 14. 3. 1990[263] wie jeder andere Anspruch frei vererblich.[264]

g) Verzinsung

Das Schmerzensgeld ist wie jeder andere Geldanspruch zu verzinsen (§§ 288, 291 BGB).[265]

Das gilt auch für den mit einem „unbezifferten Antrag"[266] geltendgemachten Schmerzensgeldanspruch,[267] der mithin ab Verzug bzw. Rechtshängigkeit zu verzinsen ist. Die spätere Konkretisierung der Höhe des Schmerzensgeldes hat also Rückwirkung. Voraussetzung ist jedoch in jedem Falle die Mitteilung der maßgebenden Schätzungstatsachen, da nur dann der Schuldner zu einer eigenen Bemessung und freiwilligen Zahlung in der Lage ist.

2. Die Bemessungsfaktoren

a) Die Ausgleichsfunktion

Der Zweck des Schmerzensgeldanspruchs ist in erster Linie der Ausgleich für die erlittene Beeinträchtigung.[268] Da die Beeinträchtigung nicht in Geld meßbar ist, kommt es für die Bemessung auf folgende Gesichtspunkte an:

(1) Art, Intensität und Schmerzhaftigkeit der erlittenen Verletzungen, wobei die Schmerzhaftigkeit einer gewissen Objektivierung bedarf.[269]

(2) Art und Dauer des Heilungsverlaufs, insbesondere Bettlägerigkeit, Krankenhausaufenthalte, operative Eingriffe, sonstige Behandlungsschwierigkeiten.[270]

(3) Dauer und Umfang der Erwerbsminderung,[271] eventuell ein notwendiger Berufswechsel und erst recht eine Berufsaufgabe.[272]

(4) Physische Beeinträchtigungen, z.B. Behinderungen im Sehen, Gehen, Greifen; Schlaflosigkeit.[273]

---

263 BGBl. I, S. 478.

264 *BGH*, NJW 1995, 783.

265 *OLG Celle*, NJW 1963, 1205; *OLG Köln*, NJW 1997, 3099.

266 S.u. 4. Teil, I, 3.

267 *BGH*, NJW 1965, 531; *Geigel/Schlegelmilch/Kolb*, Kap. 7, Rdnr. 30; a.A. *OLG Köln*, NJW 1960, 388.

268 *BGHZ* 18, 149 = NJW 1975, 1675; *BGHZ* 80, 384 = NJW 1981, 1836; *Müller*, VersR 1993, 909; *Nixdorf*, NZV 1996, 89.

269 *BGH*, NJW 1989, 2317; *Wussow/Küppersbusch*, Rdnr. 191; vgl. hierzu die Tabelle von *Düben*, VGT 1977, 137 ff., abgedruckt bei *Moog*, VersR 1978, 305.

270 *OLG Frankfurt*, VersR 1978, 966; *OLG München*, VersR 1981, 169; *OLG Zweibrücken*, VRS 87, 420.

271 *Slizyk*, Einl. IV, 1, c. – Auch hier kommt es nicht auf die abstrakte Erwerbsminderung an; s.o. IV, 1, b, (2); a.A. *Wussow/Küppersbusch*, Rdnr. 191.

272 *BGH*, VersR 1962, 759; *KG*, VersR 1979, 724.

273 *OLG Celle*, VersR 1981, 684; *OLG Nürnberg*, NJW 1982, 1337.

(5) Beeinträchtigungen des äußeren Erscheinungsbildes, z.B. Narben, Entstellungen.[274]

(6) Sonstige Einflüsse: Verminderung der Heiratschancen, der Ausübung von Hobby und Sport, Einschränkungen der Sexualität.[275]

(7) Psychische Beeinträchtigungen, z.B. Verminderung der Merkfähigkeit, des Geruchsinns, Geschmacksinns, Tastsinns, Depressionen, Angst vor einer Ausdehnung des Schadens.[276]

(8) Vorübergehende Beeinträchtigung oder Vorliegen eines Dauerschadens.[277] Hier spielt das Alter des Geschädigten eine wichtige Rolle.[278] Auch eine vor dem Unfall bestehende Beeinträchtigung oder eine die Unfallfolgen begünstigende Körperkonstitution soll mindernd zu berücksichtigen sein.[279]

(9) Nicht zu berücksichtigen ist der Eintritt gewisser Vorteile.[280]

b) Die Genugtuungsfunktion

Sie soll das beeinträchtigte Selbstwertgefühl des Verletzten wiederherstellen.[281] Sie spielt bei Verkehrsunfällen eine untergeordnete Rolle.[282] Die meisten von der Rechtsprechung im Rahmen der Ausgleichsfunktion erwähnten Umstände sind – zumal im Hinblick auf den bestehenden Versicherungsschutz[283] – problematisch. Zu erwähnen sind:

(1) Besondere Beziehungen der Beteiligten: Ehe,[284] Verwandtschaft, unentgeltliche Mitnahme im Kraftfahrzeug.[285]

(2) Der Grad des Verschuldens des Schädigers.[286] Da Vorsatz des Schädigers, der erhöhend wirken könnte,[287] bei Verkehrsunfällen regelmäßig ausscheidet, könnte es nur darauf ankommen, ob grobe Fahrlässigkeit einen Erhöhungsgrund bilden soll.[288]

---

[274] *OLG Bremen*, VersR 1980, 654; *OLG Frankfurt*, DAR 1994, 119.

[275] *OLG Celle*, NJW 1968, 1677; *OLG Köln*, NZV 1994, 278; *Slizyk*, Einl. IV, 1, d; einschr. *OLG Köln*, NZV 1995, 399.

[276] *BGH*, NJW 1979, 1654; 1983, 340; 1986, 777; 1991, 747; 1991, 2347; *LG München*, VersR 1995, 1499.

[277] *OLG Karlsruhe*, NJW 1973, 851; *OLG Hamburg*, NJW 1973, 1503 m. Anm. *Struck*, JZ 1974, 417; *OLG Hamm*, NJW-RR 1994, 94.

[278] *BGH*, NZV 1991, 150; *OLG Schleswig*, VRS 81, 8; *OLG Hamm*, NJW-RR 1994, 94; *Slizyk*, Einl. IV, 1, b; *Wussow/Küppersbusch*, Rdnr. 203.

[279] *BGH*, NJW 1962, 243; 1997, 455; *OLG Hamm*, NZV 1998, 413; *v. Gerlach*, DAR 1997, 237; *Wussow/Küppersbusch*, Rdnr. 203. – M.E. zweifelhaft (s.o. I, 1, b, (2), Fußn. 11).

[280] *BGH*, NJW 1982, 1589 (Verletztenrente aus der Unfallversicherung ohne Erwerbseinbuße); *OLG Hamm*, NJW-RR 1994, 991 (Unfallausgleich nach § 35 BeamtVG).

[281] *Hofmann*, Kap. 2.1., Rdnr. 3.

[282] *BGHZ* 18, 149, 167 = NJW 1955, 1675; *Kern*, AcP 191, 247.

[283] S.u. (3), Fußn. 290.

[284] So *BGHZ* 61, 101 = NJW 1973, 1654; *OLG Schleswig*, NJW-RR 1992, 95; dagegen mit Recht *OLG München*, VersR 1989, 1056; *LG Kiel*, DAR 1991, 181; *OLG Köln*, NZV 1995, 399.

[285] *BGH*, VersR 1967, 286, *BGHZ* 18, 149, 159 = NJW 1955, 1675; dagegen – m.E. mit Recht – *OLG Saarbrücken*, VersR 1975, 430; *OLG Hamm*, NJW-RR 1998, 1179.

[286] BGHZ 18, 149, 159 = NJW 1955, 1675; *BGH*, NJW 1982, 985.

[287] *BGHZ* 128, 117 = NJW 1995, 781.

[288] Dafür *BGH*, NJW 1993, 1531; *OLG Nürnberg*, ZfS 1995, 452; *LG Berlin*, ZfS 1997, 45; hierzu *Müller*, VersR 1993, 909, 914; abl. bei fahrlässiger Körperverletzung *OLG Düsseldorf*, VersR 1993, 1539.

(3) Die wirtschaftlichen Verhältnisse des Schädigers sind nach BGH zu berücksichtigen.[289] Im Hinblick auf den bestehenden Haftpflichtversicherungsschutz[290] ist dies nicht einleuchtend. Soweit das Fehlen des Versicherungsschutzes – wie regelmäßig – auf ein Verschulden des Schädigers zurückzuführen ist, ist nicht einzusehen, warum der Geschädigte hierunter leiden soll.[291] Andererseits ist es zweifelhaft, ob besonders gute wirtschaftliche Verhältnisse des Schädigers zu einer Erhöhung des nach der Ausgleichsfunktion angemessenen Schmerzensgeldes führen sollen.[292]

(4) Wirtschaftliche Verhältnisse des Geschädigten. Die hier vom BGH[293] angeführten Gesichtspunkte erscheinen problematisch, da sie die Gefahr einer Klassenjustiz in sich bergen.[294] In der Praxis spielen sie keine Rolle, da die wirtschaftlichen Verhältnisse des Geschädigten meist nicht näher aufgeklärt werden.

(5) Hinauszögern der Schadensregulierung. Die mit diesem Gesichtspunkt zu Recht erfolgende Erhöhung des Schmerzensgeldes[295] läßt sich auch nach dem Ausgleichsgedanken – stärkere psychische Belastung durch die Prozeßführung und Vorenthalten des geschuldeten Schadensersatzes – rechtfertigen.

(6) Die Berücksichtigung einer strafgerichtlichen Verurteilung oder sonstiger Maßnahmen (z.B. Disziplinarmaßnahmen) wird im Gegensatz zu früheren Befürwortungen[296] heute im Hinblick auf die Trennung von Zivil- und Strafrecht mit Recht abgelehnt.[297]

c) Die Würdefunktion

In Abkehr von seiner bisherigen Rechtsprechung[298], wonach der Wegfall der Empfindungsfähigkeit von Schmerzen und seelischen Leiden schmerzensgeldmindernd zu berücksichtigen sei, hat der BGH im Urteil vom 13. 10. 1992 ausgesprochen, daß der Verlust der personalen Qualität infolge schwerer Hirnschädigung schon von sich aus einen auszugleichenden immateriellen Schaden darstelle.[299] Es handele sich in diesen Fällen um eine eigenständige Fallgruppe, die eine von den Ausgleichs- und Genugtuungsfunktionen besondere Bewertung erfordere.

---

[289] *BGHZ* 18, 159 = NJW 1955, 1675; dagegen mit Recht *Knöpfel*, AcP 155, 135; *Honsell*, VersR 1974, 205, 206.

[290] *BGHZ* 76, 279 = NJW 1980, 1623; *BGHZ* 127, 186 = NJW 1995, 452.

[291] Vgl. *BGH*, DAR 1958, 41; VersR 1967, 607; *Geigel/Schlegelmilch/Kolb*, Kap. 7, Rdnr. 52. – Anders möglicherweise bei einer Überschreitung der Deckungssumme: *BGH*, VersR 1957, 572; *OLG Schleswig*, VersR 1978, 353; *Wussow/Küppersbusch*, Rdnr. 194.

[292] Offengelassen vom *OLG Schleswig*, NJW-RR 1990, 470.

[293] *BGHZ* 18, 159 = NJW 1955, 1675.

[294] Vgl. auch *Geigel/Schlegelmilch/Kolb*, Kap. 7, Rdnr. 44.

[295] *BGH*, VersR 1970, 134; *OLG Karlsruhe*, NJW 1973, 851 = m. Anm. *Roth-Stielow*, NJW 1973, 1503; *OLG München*, NZV 1993, 494; *OLG Nürnberg*, NJWE-VHR 1997, 197; 1997, 228; *Geigel/Schlegelmilch/Kolb*, Kap. 7, Rdnr. 50; *Slizyk*, Einl. IV, 2, f; a.A. *Honsell*, VersR 1974, 207; *Schwerdtner*, JuS 1978, 297; einschr. aber mit Recht bei zweifelhafter Rechtslage: *KG*, NJW 1970, 515; *OLG Hamm*, VersR 1980, 683; *Slizyk*, aaO.

[296] *OLG Celle*, JZ 1970, 548 m. Anm. *Deutsch; OLG Düsseldorf*, NJW 1974, 1289; NJW-RR 1994, 271; *Meyer*, JuS 1975, 87.

[297] *BGHZ* 128, 117 = NJW 1995, 781; *OLG Stuttgart*, NJW-RR 1993, 1121; *OLG Köln*, VersR 1993, 976; *LG Flensburg*, NJW 1999, 1640.

[298] *BGH*, NJW 1976, 1147; 1982, 2133.

[299] *BGHZ* 120, 1 = NJW 1993, 781.

Dieser Auffassung ist zuzustimmen, da im Hinblick auf das fehlende Erkennen des Ersatzes durch den bewußtlosen Geschädigten ein Ausgleich ebensowenig möglich ist wie eine der Genugtuung dienende Beeinflussung des Selbstwertgefühls des Verletzten. Im Hinblick auf den durch den BGH herangezogenen Art. 1 des GG hat *Deutsch* mit Recht von einer dritten Funktion des Schmerzensgeldes – einer „Würdefunktion“ – gesprochen.[300] Die Gewichtung der einzelnen Schadensfaktoren hat der BGH mit Recht dem Ermessen des Tatrichters überlassen; durch die Billigung der von dem Verletzten in dem anhängigen Verfahren gestellten Anträge[301] hat er jedoch deutlich gemacht, daß hier in Anlehnung an die Fälle der Schwerstschäden[302] erhebliche Beträge angemessen sind.

d) Sonderfälle

Sonderprobleme ergeben sich in den folgenden typischen Fällen:

(1) Bei Bagatellschäden kann von der Zubilligung eines Schmerzensgeldes abgesehen werden, wenn die Verletzung so geringfügig ist, daß eine wesentliche Beeinträchtigung der Lebensführung zu verneinen ist.[303] Wann dies der Fall ist, hat der Tatrichter im Rahmen seines Ermessens zu entscheiden.[304]

(2) Bei den „Schwerstschäden“ (Beispiel: Querschnittslähmungen) zeigt sich in Abkehr von der bisherigen Rechtsprechung[305] eine Tendenz zu höheren Beträgen.[306]

Die Aufwärtsbewegung begann bei Beträgen von 300.000 DM und geht zur Zeit bis zu einer „Schallgrenze“ von 600.000 DM, wenn man Kapitalbeträge und zusätzliche Rente zusammenrechnet.[307]

(3) Besonderheiten ergeben sich auch bei dem sofortigen oder alsbaldigem Tod des Verletzten.[308]

Zweifelhaft ist, ob ein Schmerzensgeld noch zuzubilligen ist, wenn der Verletzte noch an der Unfallstelle (oder bei dem Transport ins Krankenhaus) stirbt, ohne das Bewußtsein wieder erlangt zu haben.[309] Bei einem späteren Ableben innerhalb einer bestimmten Zeitspanne nach dem Unfall (1 Tag bis 3 Wochen) wird aber in jedem Fall ein Schmerzensgeld zuzusprechen sein.[310] Dabei dürfte es hinsichtlich der Höhe vor allem darauf ankommen, ob der Verletzte noch bei Bewußtsein war und seinen lebensbedro-

---

[300] *Deutsch*, NJW 1993, 784 (Anm.).

[301] Verlangt wurden 50.000 DM + 500 DM monatliche Rente.

[302] S.u. d, (2).

[303] S.o. V, 1, d.

[304] *Geigel/Schlegelmilch/Kolb*, Kap. 7, Rdnr. 51; *Küppersbusch*, VersR 1982, 618, 623; *AG Bielefeld*, ZfS 1995, 372.

[305] Vgl. etwa *OLG Hamm*, NZV 1990, 469; VRS 81, 84.

[306] *OLG Köln*, BB 1995, 899; r + s 1996, 310; *Slizyk*, Einl. VII, 3; krit. *Scheffner*, NZV 1997, 420 (Risiko muß versicherbar bleiben).

[307] Vgl. *OLG Düsseldorf*, NJW-RR 1993, 156; NZV 1993, 350; r + s 1995, 293; *OLG Köln*, NJW-RR 1996, 281; *OLG Frankfurt*, ZfS 1996, 131.

[308] Hierzu *Jaeger*, VersR 1996, 1177; MDR 1998, 450; *Slizyk*, Einl. VII, 5, a.

[309] Bejahend *KG*, NJW-RR 1995, 91; verneinend *OLG Düsseldorf*, r + s 1997, 159.

[310] Siehe den Überblick bei *Jaeger*, VersR 1996, 1182; ferner *Wussow/Küppersbusch*, Rdnr. 201; bejahend auch *Slizyk*, Einl. VII, 5, b.

henden Zustand kannte.[311] Bei fehlendem Bewußtsein dürfte die von dem BGH nunmehr eingeführte Würdefunktion[312] heranzuziehen sein, wobei aber die Dauer des Überlebens die Höhe maßgeblich beeinflussen wird.[312a]

(4) Eine vierte Sondergruppe betrifft die Schmerzensgeldfähigkeit von Kleinkindern.

Auch Kleinkinder empfinden Schmerzen, so daß ihnen die „Schmerzensgeldfähigkeit" nicht abgesprochen werden kann.[312b] Hier kann bei der Bemessung des Schmerzensgeldes die vom BGH eingeführte „Würdefunktion" (s.o. 2, c) ebenfalls von Bedeutung werden.

(5) Das Mitverschulden bei der Entstehung des Schadens sollte bei der Bemessung des angemessenen Schmerzensgeldes grundsätzlich außer Betracht und einer anschließenden Quotelung vorbehalten bleiben.[313]

Etwas anderes mag gelten, wenn die Unfallfolgen sich vergrößert haben, weil der Verletzte im Rahmen des § 254 II BGB eine zumutbare Heilbehandlung unterlassen hat;[314] dann können als Schätzungstatsachen nur diejenigen Unfallfolgen zugrundegelegt werden, die bei der durchgeführten, zumutbaren Behandlung vorliegen würden.

3. Ermessen und Schmerzensgeldtabellen

a) Ermessen des Tatrichters

Bei der Bemessung des Schmerzensgeldes steht dem Tatrichter ein Ermessensspielraum zu, der von dem Revisionsgericht nur beschränkt nachprüfbar ist.[315] Der BGH hat aber gleichwohl in die Bemessung des Schmerzensgeldes eingegriffen, wenn die maßgebenden Faktoren übergangen oder nicht richtig in ihrer Gewichtung gesehen wurden oder der zugebilligte Betrag außerhalb des üblichen Schmerzensgeldgefüges lag.[316]

b) Tabellen

Hinsichtlich der Einzelfragen der Bemessung ist auf die Schmerzensgeldtabellen zu verweisen.[317] Dabei ist jedoch vor einer schematischen Übernahme zu warnen, da jeder Einzelfall besonders gelagert ist.

---

311 *Wussow/Küppersbusch*, aaO.

312 S.o. c, Fußn. 299.

312a *OLG Schleswig*, NJW-RR 1998, 1404 m.Nw.

312b *OLG Nürnberg*, VersR 1993, 1365; *Scheffen/Pardey*, Rdnr. 641; *Slizyk*, Einl. III, 11, c; a.A. *AG Bochum*, ZfS 1994, 165.

313 S.o. V .1. c.

314 S.o. I, 2, g, (2), Fußn. 34; *OLG München*, NJW-RR 1994, 20.

315 *BGH*, VersR 1970, 281; *Geigel/Schlegelmilch/Kolb*, Kap. 7, Rdnr. 22.

316 *BGH*, VersR 1976, 967; NJWE-VHR 1996, 7; *Wussow/Küppersbusch*, Rdnr. 195.

317 *Hacks/Ring/Böhm*, Schmerzensgeldbeträge, 18. Aufl. (1998); *Slizyk* Beck'sche Schmerzensgeldtabelle, 3. Aufl. (1997). Siehe auch *Geigel/Schlegelmilch/Kolb*, Kap. 7, Rdnr. 59.

Oberster Grundsatz ist stets die Ermittlung des Geldbedarfs, der erforderlich ist, um dem Verletzten für die unter (2) aufgeführten Nachteile einen Ausgleich durch Gewährung von Daseinsfreude in einer den Umständen nach noch möglichen anderen Form zu verschaffen.[318] Ein etwaiges Mitverschulden des in der Tabelle erfaßten Falles muß „expoliert" werden.[319] Außerdem ist der Zeitpunkt der Entscheidung zu berücksichtigen, da in der Zwischenzeit durch Geldentwertung und Fortentwicklung der Rechtsprechung eine Änderung nach oben eingetreten sein kann.[320]

VI. Ersatzansprüche der mittelbar Geschädigten

1. Ersatz der Beerdigungskosten

a) Anspruchsgrundlagen

Nach § 844 I BGB (ebenso § 10 I S. 2 StVG, § 5 I S. 2 HaftpflG) hat der Schädiger die Kosten der Beerdigung des getöteten Unfallopfers zu tragen.

(2) Ersatzberechtigt ist vor allem der Erbe (§ 1968 BGB), eventuell auch der Ehegatte (§ 1360a BGB), Verwandte in gerader Linie (§ 1615 II BGB) sowie etwaige Dritte aus Geschäftsführung ohne Auftrag (§ 677 BGB).[321]

(2) Ein Mitverschulden des Getöteten sowie die Betriebsgefahr des Kraftfahrzeugs können zu einer quotenmäßigen Minderung des Ersatzanspruchs führen (§ 846 BGB).[322]

b) Umfang der Ersatzpflicht

Es gilt der allgemeine Grundsatz, daß die Kosten der „standesgemäßen Beerdigung" zu ersetzen sind (§ 1968 BGB).[323] Hierüber gibt es eine umfangreiche Judikatur.[324] Als Beispiele für ersatzfähige Kosten sind zu erwähnen:

(1) Die Kosten der sogenannten „Formalien": Leichenschau, Transportkosten,[325] Sterbeurkunden.[326]

---

[318] *BGH*, NJW 1953, 1626; auf die Anschaffung von Gegenständen oder die Höhe von Ausgaben zum Ausgleich kann es allerdings nicht ankommen; so mit Recht *Geigel/Schlegelmilch/Kolb*, Kap. 7, Rdnr. 56; diese gehören zu den vermehrten Bedürfnissen (s.o. III).

[319] S.o. I, 1, c, Fußn. 251, 252.

[320] *OLG Karlsruhe*, NJW 1973, 851; *OLG Saarbrücken*, NJW 1975, 1467; vgl. die Indextabelle bei *Hack/Rings/Böhm* (Fußn. 317); *OLG Hamm*, NZV 1990, 469.

[321] *OLG Saarbrücken*, VersR 1964, 1257; *Geigel/Schlegelmilch*, Kap. 8, Rdnr. 13.

[322] *Geigel/Schlegelmilch*, Kap. 8, Rdnr. 16.

[323] *BGHZ* 61, 238 = NJW 1973, 2103; *OLG Hamm*, NJW-RR 1994, 155; *OLG Düsseldorf*, NJW-RR 1995, 1161.

[324] Überblick bei *Geigel/Schlegelmilch*, Kap. 8, Rdnr. 11; *Theda*, DAR 1985, 10; *Wussow/Küppersbusch*, Rdnr. 342.

[325] *OLG Karlsruhe*, NJW 1954, 720; *LG Gießen*, DAR 1984, 151.

[326] *LG Hamburg*, VersR 1979, 64.

(2) Die Kosten für Todesanzeigen.[327]
(3) Die Kosten der eigentlichen Bestattung: Friedhofsgebühren, Sarg, Blumenschmuck.
(4) Die Kosten für Trauerkleidung, wobei streitig ist, inwieweit sich der Berechtigte einen Abzug für Eigenersparnis gefallen lassen muß.[328]
(5) Die Kosten für ein Trauermahl, soweit dieses üblich ist.[329]
(6) Die Kosten für die erste Anlage des Grabes nebst Grabstein.[330]
(7) In Ausnahmefällen die Kosten des Verdienstausfalls der nächsten Angehörigen, der durch Vorbereitung und Teilnahme an der Beerdigung entsteht.[331]

Nicht zu den Beerdigungskosten gehören die Kosten für Kränze der Verwandten und Bekannten[332] sowie die Kosten der laufenden Grabpflege.[333]

c) Anspruchsübergang

Der Anspruch auf Ersatz der Beerdigungskosten kann im Rahmen der sachlichen Kongruenz übergehen auf:

(1) den Dienstherrn, der ein Sterbegeld gewährt (§ 87a BBG);[334]
(2) Sozialversicherungsträger, die ein Sterbegeld zahlen (§§ 58 SGB V, 63 I Nr. 1 + 2 SGB VII).[335]
(3) einen privaten Sterbegeldversicherer (§ 67 VVG).[336]

2. Ersatzansprüche der Hinterbliebenen wegen entgangenen Unterhalts

a) Grundlagen

Den Hinterbliebenen steht nach § 844 II BGB (ebenso § 10 II StVG, § 5 II HaftpflG) ein Anspruch gegen den Schädiger auf Ersatz des Schadens wegen entgangenen Unterhalts zu. Es handelt sich bei dieser Regelung um die Zulassung von Ersatzansprüchen Dritter, die auf den entgangenen Unterhalt beschränkt ist, also nicht sonstige auf den Unfall zurückzuführende Vermögensschäden umfaßt.[337]

---

327 *LG Münster*, VersR 1975, 73.
328 Bejahend: *BGH*, VersR 1973, 224; *LG Düsseldorf*, VersR 1967, 985; Verneinend: *LG Münster*, DAR 1986, 121; *OLG Karlsruhe*, NZV 1992, 443; *Wussow/Küppersbusch*, Rdnr. 344 m.Nw.
329 *OLG Hamm*, VersR 1972, 405; *LG Stuttgart*, ZfS 1985, 166; *AG Grimma*, NJW-RR 1997, 1027.
330 *OLG Düsseldorf*, VersR 1995, 1195; nicht für ein Doppelgrab: *BGHZ* 61, 238 = NJW 1973, 2103.
331 *BGH*, VersR 1960, 357; *Wussow/Küppersbusch*, Rdnr. 343.
332 *Geigel/Schlegelmilch*, Kap. 8, Rdnr. 11.
333 *BGH*, VersR 1974, 140; *OLG Düsseldorf*, r + s 1997, 159.
334 *BVerwG*, VersR 1975, 1038; *BGH*, NJW 1977, 802.
335 *BGH*, NJW-RR 1986, 962.
336 *BGH*, VersR 1973, 224.
337 *BGH*, NJW 1986, 984; *Herzberg*, NJW 1990, 2525, 2526; *Hofmann*, Kap. 2.1.8., Rdnr. 1; a.A. *BGHZ* 32, 246 = NJW 1960, 1200; *Drees*, VersR 1992, 1169.

(1) Der Unterhaltsanspruch muß im Zeitpunkt des unfallschädigenden Ereignisses bestanden haben[338] und auch realisierbar gewesen sein.[339]

Der Ersatzanspruch geht nicht auf Ersatz der Rückstände betreffend den Zeitraum vor dem unfallschädigenden Ereignis.[340]

(2) Dem Umfang nach ist darauf abzustellen, was der einzelne Hinterbliebene bei Fortleben des Getöteten von ihm als Unterhalt erhalten hätte.[341] Dabei kommt es auf den *rechtlich* geschuldeten, nicht den *tatsächlich* gezahlten Unterhalt an,[342] wenn auch i.d.R. von den tatsächlichen Ausgaben des Getöteten für die Lebenshaltung ausgegangen werden kann, falls eine Abweichung der Ausgaben von der Höhe der Unterhaltsverpflichtung nach oben oder unten nicht dargelegt ist.[343]

Da es sich um den Verlust des gesetzlichen Unterhaltsanspruchs handelt, scheiden Verlobte[344] und Partner nichtehelicher Lebensgemeinschaften[345] als Anspruchsberechtigte aus.[346] Der Anspruch steht dem einzelnen Hinterbliebenen zu, so daß eine Aufteilung des Familienunterhalts erfolgen muß.[347]

(3) Der Anspruch umfaßt neben dem Barunterhalt[348] auch den Ersatz für die entgangene persönliche Betreuung[349] und entgangene Dienste im Geschäft bzw. Beruf des Ehegatten.[350]

Es handelt sich nach der Rechtsprechung um einen einheitlichen Anspruch, der aber zunächst nach unterschiedlichen Grundsätzen zu berechnen ist. Die Berechnung der beiden Positionen erfolgt in einzelnen Stufen,[351] wobei zweckmäßigerweise zunächst einmal von dem Zeitpunkt des Todes des Unterhaltsverpflichteten ausgegangen wird; spätere Änderungen sind anschließend darzustellen. Im Anschluß an die getrennte Berechnung sind nach Zusammenführung der beiden Positionen einige gemeinsame Punkte abzuhandeln.[352]

---

[338] *OLG Frankfurt*, VersR 1984, 449; *Geigel/Schlegelmilch*, Kap. 8, Rdnr. 18. – Vgl. jedoch § 844 I 2 BGB: Erzeugung des Unterhaltsberechtigten genügt; spätere Erzeugung dagegen nicht: *OLG Hamm*, r + s 1997, 65.

[339] *BGH*, NJW 1974, 1373; *KG*, NJW-RR 1987, 1095. – Von der Realisierbarkeit zu unterscheiden ist aber die Leistungsfähigkeit des Verpflichteten, die die Höhe des Unterhaltsanspruchs beeinflußt.

[340] *BGH*, NJW 1973, 1056; *Wussow/Küppersbusch*, Rdnr. 226; a.A. *OLG Nürnberg*, VersR 1971, 749 m. Anm. *Weyer*, VersR 1971, 921.

[341] *BGH*, NJW 1969, 1667; NJW-RR 1988, 1238; *Macke*, NZV 1989, 249.

[342] *BGH*, NJW 1974, 1373; NJW-RR 1988, 1238; NJW 1993, 124.

[343] *BGH*, NJW 1993, 124.

[344] *OLG Frankfurt*, VersR 1984, 449; *Geigel/Schlegelmilch*, Kap. 8, Rdnr. 22.

[345] *BGHZ* 91, 357 = NJW 1984, 2520; *BGH*, NJW 1993, 124.

[346] Vgl. auch *BGH*, NJW 1984, 977: Wegfall der Betreuung erstehelicher Kinder durch den Tod der Stiefmutter.

[347] S.u. b, (5) + c, (4).

[348] S.u. b.

[349] S.u. c.

[350] *BGHZ* 77, 157 = NJW 1980, 2196; hierzu *Moritz*, VersR 1981, 1101.

[351] Siehe hierzu insbesondere *Eckelmann/Schäfer*, DAR 1981, 365 (Barunterhalt) und *Eckelmann/Nehls/Schäfer*, DAR 1982, 377 (entgangene Dienste); *Drees*, VersR 1985, 611.

[352] S.u. d.

b) Die Berechnung des Anspruchs auf entgangenen Barunterhalt

Die Berechnung des Anspruchs auf entgangenen Barunterhalt unterliegt keinen Schwierigkeiten, wenn der Unterhaltsverpflichtete im Zeitpunkt des Todes von dem Verpflichteten getrennt gelebt hat.[353] Insoweit ist das Unterhaltsrecht der §§ 1361, 1601 ff., 1569 ff. BGB einschließlich der von der Rechtsprechung entwickelten Leitlinien[354] zu übernehmen.

Dagegen bedarf die Berechnung des entgangenen Barunterhalts einer gesonderten Betrachtungsweise, soweit die Unterhaltsberechtigten im Zeitpunkt des Todes des Unterhaltsverpflichteten mit diesem im Familienverbund gelebt haben. Insoweit ist auf die §§ 1360a I, 1610 BGB abzustellen.[355] Der Anspruch auf angemessenen Beitrag zum Familienunterhalt kann in diesem Fall nicht den von der Rechtsprechung entwickelten Unterhaltstabellen entnommen werden, die auf den Fall des Getrenntlebens abstellen.[356] In der Praxis hat sich vielmehr unter Zugrundelegung einer gemäß § 287 ZPO geschätzten Prognose folgende stufenweise Berechnung herausgebildet:

(1) Bisheriges Einkommen

Zunächst ist festzustellen, welches Einkommen der Getötete im Zeitpunkt des Todes gehabt hat. Dabei ist auf das Nettoeinkommen abzustellen, da nur dieses für den Familienunterhalt zur Verfügung stand.[357]

(2) Familieneinkommen

Es ist sodann das Nettoeinkommen anderer Familienangehöriger, insbesondere des Ehegatten (§ 1360 BGB) hinzuzurechnen. Es ergibt sich sodann das Familiennettoeinkommen.[358]

(3) Familienunterhaltsbedarf

Nunmehr ist der Familien-Netto-Unterhaltsbedarf zu ermitteln, wie er ohne den Tod des Unterhaltspflichtigen vorgelegen hätte. Dieser wird sich in der Regel mit dem Familiennettoeinkommen (2) decken.

Bei hohem Einkommen bedarf es dagegen der zusätzlichen Prüfung, inwieweit das Einkommen für den Familienunterhalt verwendet worden und inwieweit es als Überschuß anderweit eingesetzt, z.B. angelegt worden wäre.[359] Diese Beträge sind von dem Familieneinkommen abzusetzen.

---

[353] Geschiedene und getrenntlebende Eheleute, Kinder außerhalb des Familienverbands. – Ein etwa vorliegendes rechtskräftiges Urteil über den Unterhaltsanspruch ist zu berücksichtigen.

[354] Also auch die zahlreichen von den OLGn herausgegebenen Unterhaltstabellen.

[355] *BGH*, NJW 1988, 2365; *Geigel/Schlegelmilch*, Kap. 8, Rdnr. 37.

[356] *BGH*, NJW 1985, 1460; 1988, 2365; *Macke*, NZV 1989, 249; a.A. *OLG Frankfurt*, NJW-RR 1990, 1440, 1442.

[357] Einzelheiten bei *Geigel/Schlegelmilch*, Kap. 8, Rdnr. 64; *Wussow/Küppersbusch*, Rdnr. 229 ff.

[358] *OLG Celle*, MDR 1964, 234.

[359] *BGH*, NJW 1985, 49; 1986, 715; 1988, 2365; NJW-RR 1990, 221; *Eckelmann/Schäfer*, DAR 1981, 367; *Wussow/Küppersbusch*, Rdnr. 333.

(4) Fixe Kosten

Der gemäß (3) berichtigte Familiennettobedarf ist zunächst um die fixen Kosten zu kürzen.[360] Es handelt sich hierbei um diejenigen laufenden Ausgaben, die sich bei Wegfall einer Person nicht ändern und deshalb den Hinterbliebenen voll erhalten bleiben sollen[361] (Beispiele: Wohnungsmiete, Versicherungsprämien, Kosten der Autohaltung).[362] Ob sie mit Hilfe von Statistiken nachgewiesen werden können, ist streitig.[363]

(5) Aufteilung auf die Hinterbliebenen

Das um die fixen Kosten gekürzte Familiennettoeinkommen ist sodann auf die einzelnen Familienmitglieder – einschließlich des Getöteten – aufzuteilen. Damit wird praktisch der Eigenverbrauch des Getöteten für die weitere Berechnung ausgeschaltet und gleichzeitig die Bestimmung des entgangenen Unterhalts der einzelnen anspruchsberechtigten Personen in die Wege geleitet.

Die Aufteilung auf die einzelnen Familienmitglieder geschieht gemäß § 287 ZPO nach Bruchteilen.[364] Sie darf nach der Rechtsprechung nicht schematisch erfolgen, sondern muß der tatsächlichen Bedarfslage Rechnung tragen.[365]

(6) Aufteilung der fixen Kosten

Der für die einzelnen – überlebenden – Familienmitglieder ermittelte Anteil am Familiennettoeinkommen ist sodann wieder um die fixen Kosten zu erhöhen. Diese sind nunmehr insgesamt auf die überlebenden Familienmitglieder aufzuteilen.[366]

Die fixen Kosten dürfen also nicht einfach dem Anteil des überlebenden Ehegatten zugeschlagen werden. Auch die Kinder müssen hieran partizipieren. Natürlich kann aber die auf den überlebenden Ehegatten entfallende Quote der fixen Kosten erheblich größer sein als die der Kinder.[367]

(7) Sättigungsgrenze

Die nunmehr auf die Kinder entfallende Quote des Familiennettoeinkommens unterliegt einer Höchstgrenze; sie ergibt sich daraus, daß der Unterhaltsbedarf der Kinder im wesentlichen durch das „Kindsein“ geprägt ist und nicht unbegrenzt mit dem Einkommen der Eltern steigt.[368]

---

[360] *BGH*, VersR 1984, 79; 1988, 594; *BGH*, NJW 1988, 2365; *Wussow/Küppersbusch*, Rdnr. 234.

[361] *BGH*, VersR 1987, 1241; NJW 1988, 2365.

[362] Überblick über die einzelnen Posten bei *Wussow/Küppersbusch*, Rdnr. 235, 236.

[363] Dafür *OLG Frankfurt*, DAR 1990, teilw. auch *BGH*, VersR 1989, 954; *Eckelmann/Nehls/Schäfer*, NJW 1984, 946; dagegen *Wussow/Küppersbusch*, Rdnr. 234 m.Nw.

[364] *BGH*, NJW 1984, 979; 1986, 715; NJW-RR 1988, 66; *Eckelmann/Schäfer*, NJW 1984, 945, 948 (Tabelle).

[365] *BGH*, NJW-RR 1988, 66 m. Anm. *Nehls*, FamRZ 1988, 690; *Macke*, NZV 1989, 251.

[366] *BGH*, NJW 1972, 251; 1988, 2365.

[367] *BGH*, NJW 1986, 715; *Wussow/Küppersbusch*, Rdnr. 238.

[368] *BGH*, NJW 1983, 1249; 1983, 303; *Macke*, NZV 1989, 252.

Bei Ehegatten dürfte dagegen eine Sättigungsgrenze nur in Extremfällen in Frage kommen.[369]

(8) Eigenes Einkommen

Auf den um die fixen Kosten erhöhten Unterhaltsanteil des einzelnen Hinterbliebenen ist nunmehr dessen eigenes Nettoeinkommen anzurechnen, soweit der Unterhaltsbedarf daraus zu decken ist.[370] Dies folgt aus der Erwägung, daß auch bei Fortleben des Getöteten der Hinterbliebene seinen Anteil zum Familieneinkommen hätte erbringen müssen[371] und aus diesem Grunde auch sein Einkommen bei der Berechnung des Familieneinkommens berücksichtigt wurde (oben 2).

Anzurechnen ist aber auch das Nettoeinkommen, das der einzelne Hinterbliebene im Wege der Schadensminderungspflicht (§ 254 II BGB) erzielen müßte. Maßstab hierfür ist der Grundsatz der Zumutbarkeit.[372]

(9) Vorteilsausgleichung

Anzurechnen im Wege der Vorteilsausgleichung sind auf den Anspruch die dem einzelnen Hinterbliebenen durch den Tod des Unterhaltsverpflichteten zugeflossenen Vorteile, soweit sie mit dem Anspruch wegen des Verlusts des Rechts auf Barunterhalt in Zusammenhang stehen.[373]

Dabei ist zunächst § 843 IV BGB als Sondernorm zu beachten: der Anspruch auf Ersatz entgangenen Unterhalts wird nicht dadurch ausgeschlossen, daß ein Dritter anstelle des Getöteten Unterhalt zu gewähren hat. Aus dieser Norm wird der allgemeine Grundsatz abgeleitet, daß Leistungen Dritter nicht im Wege der Vorteilsausgleichung anzurechnen sind, soweit sie bei wertender Betrachtung dem Schädiger nicht zugute kommen sollen und den geschädigten Hinterbliebenen unbillig belasten würden.[374] Dies trifft vor allem zu für Leistungen aus Versicherungen.[375]

Dagegen sind folgende Fälle der Vorteilsausgleichung von Bedeutung:

Die Anrechnung von Unterhalt hat entgegen § 843 IV BGB zu erfolgen, wenn der Unterhalt aus demselben Vermögen wie bisher geleistet wird und lediglich die Person des Unterhaltspflichtigen gewechselt hat (sogenannte „Quellentheorie").[376] Eine durch den Tod an den Hinterbliebenen angefallene Erbschaft ist zwar hinsichtlich des Vermögensstammes nicht anzurechnen, wohl aber hinsichtlich der Erträgnisse, soweit sie schon zu Lebzeiten des Erblassers dazu bestimmt waren, der Bestreitung des Unterhalts zu dienen.[377] Auch bei Wiederverheiratung des hinterbliebenen Ehegatten fällt der

---

[369] *BGH*, VersR 1987, 1243; *Wussow/Küppersbusch*, Rdnr. 233.

[370] *BGH*, NJW 1957, 537; *Wussow/Küppersbusch*, Rdnr. 249, 250.

[371] *BGH*, NJW 1983, 2315; 1984, 979.

[372] *Geigel/Schlegelmilch*, Kap. 8, Rdnr. 19; *BGHZ* 4, 170 = NJW 1952, 99; NJW 1976, 1501; *BGH*, NJW 1987, 322; *Steffen*, VersR 1985, 610; (Witwe); *BGHZ* 91, 357 = NJW 1984, 2520 (nichtehel. Lebensgemeinschaft).

[373] *BGHZ* 56, 389 = NJW 1971, 2066; *BGHZ* 73, 109 = NJW 1979, 760; *BGHZ* 91, 357 = NJW 1984, 2520.

[374] *BGH*, VersR 1978, 249; *Wussow/Küppersbusch*, Rdnr. 316.

[375] *BGH* 19, 199 = NJW 1956, 222; *BGHZ* 25, 328 = NJW 1957, 1876; *BGH*, NJW 1971, 2069; *BGHZ* 73, 109 = NJW 1979, 760; *Wussow/Küppersbusch*, Rdnr. 323, 324.

[376] *BGH*, NJW 1969, 2008; *BGHZ* 62, 16 = NJW 1974, 745; *Wussow/Küppersbusch*, Rdnr. 312.

[377] *BGHZ* 73, 109 = NJW 1979, 760; krit. *John*, JZ 1977, 54.

Anspruch insoweit weg, als der Hinterbliebene von dem neuen Ehegatten Unterhalt erhält.[378] Anders soll dies bei Aufnahme einer nichtehelichen Lebensgemeinschaft sein; hier behält der Hinterbliebene seinen Anspruch auf entgangenen Unterhalt.[379] Auch bei einer Adoption kommt der Ersatzanspruch nicht in Wegfall.[380]

(10) Mithaftungsquote

Der nunmehr errechnete Ersatzbetrag ist um eine etwaige Mithaftungsquote (§§ 254 I BGB, 17 StVG) zu kürzen (§ 846 BGB).

Dabei ist aber ein Quotenvorrecht des Geschädigten zu beachten. Eine Witwe oder ein Abkömmling, denen nach den Ausführungen unter (7) eine Erwerbstätigkeit zugemutet wird, kann das hieraus fließende – tatsächliche oder fiktive – Einkommen zunächst zur Deckung der selbst zu tragenden Schadensquote verwenden.[381] Das bedeutet: nur das nach Deckung der eigenen Schadensquote verbleibende Einkommen ist anzurechnen.[382]

(11) Anspruchsübergang

Anschließend ist auf den nunmehr ermittelten Ersatzanspruch eine aus Anlaß des Unfalls an den Hinterbliebenen gezahlte Rente der Sozialversicherung abzuziehen, da diese im Rahmen der sachlichen und zeitlichen Kongruenz auf den Sozialversicherer nach § 116 SGB X übergeht;[383] gleiches gilt auch für die Leistungen des Dienstherren eines getöteten Beamten (§ 87a BBG).[384]

Kongruente Leistungen sind die von der Rentenversicherung bzw. dem Dienstherrn gezahlten Witwen- und Waisenrenten,[385] ferner die von der Rentenversicherung gezahlten Beiträge zur Rentnerkrankenversicherung.[386]

(12) Besteuerung

Entgegen bisheriger Praxis[387] ist nach einem neuerer Urteil des BFH[338] der Ersatzanspruch wegen entgangener Unterhaltspflicht nicht nach § 22 Nr. 1 EStG zu versteuern.[389]

---

[378] *BGH*, NJW 1979, 268; 1970, 1127; *Wussow/Küppersbusch*, Rdnr. 313.

[379] *BGHZ* 91, 357 = NJW 1984, 2520; krit. *Lange*, JZ 1985, 90; *Dunz*, VersR 1985, 509; hierzu *Wussow/Küppersbusch*, Rdnr. 357.

[380] *BGHZ* 54, 269 = NJW 1970, 2061; *Geigel/Schlegelmilch*, Kap. 8, Rdnr. 88.

[381] *BGHZ* 16, 265 = NJW 1955, 785; *BGH*, NJW 1976, 1501; 1983, 2315; *Eckelmann/Nehls/Schäfer*, NJW 1984, 948; *Wussow/Küppersbusch*, Rdnr. 253, 301.

[382] Vgl. das Berechnungsbeispiel in *BGH*, NJW 1983, 2315.

[383] S.o. 1. Teil, VI, 4, d.

[384] S.o. 1. Teil, VI, 5, e, (2).

[385] Witwenrenten: §§ 46 SGB VI; 65 SGB VIII; Waisenrenten: SGB 48 SGB VI, 67, 68 SGB VII. – Ferner Rente an Verwandte: § 69 SGB VII.

[386] *OLG Karlsruhe*, VersR 1978, 1068; *Geigel/Schlegelmilch/Rixecker*, Kap. 30, Rdnr. 28.

[387] *BFH*, DB 1979, 529.

[388] *BFHE* 175, 439 = NJW 1995, 1238; a.A. *Geigel/Schlegelmilch*, Kap. 5, Rdnr. 5; *Stein*, MK, § 843 BGB, Rdnr. 43.

[389] *Geigel/Schlegelmilch*, Kap. 8, Rdnr. 30.

(13) Dauer der Rente

Abschließend ist bei einem Dauerschaden die Dauer der Rente bei jedem einzelnen Hinterbliebenen festzulegen. Maßgebend hierfür ist der Grundsatz, wie lange der Getötete aller Voraussicht nach dem einzelnen Hinterbliebenen unterhaltspflichtig gewesen wäre.[390]

Diese Prognose hängt von der voraussichtlichen Leistungsfähigkeit des Getöteten und der voraussichtlichen Unterhaltsbedürftigkeit des einzelnen Hinterbliebenen ab. Zunächst ist die mutmaßliche Lebensdauer des Getöteten aufgrund der in der Versicherungswirtschaft maßgebenden Tabellen zu schätzen.[391] Anschließend ist die Dauer der mutmaßlichen Leistungsfähigkeit zu schätzen.[392] Es kommt hier die gleiche Kontroverse wie bei den Renten der Arbeitnehmer und Selbständigen[393] zum Tragen.

Bei Kindern besteht eine Unterhaltsverpflichtung auf jeden Fall bis zur Vollendung des 18. Lebensjahres (§§ 1615 f., 1610 III BGB). Im übrigen liegt die Dauer der weiteren Rente im Hinblick auf die künftige Berufsausbildung einer vorausschauenden Betrachtung.[394] Ist dies – insbesondere bei noch kleinen Kindern noch nicht möglich, ist die Rente bis zur Vollendung des 18. Lebensjahres zuzusprechen und die weitere Entwicklung abzuwarten;[395] soweit muß allerdings das Kind einen entsprechenden Feststellungsantrag stellen, um späteren Einwendungen gegen den Grund des Anspruchs und der Einrede der Verjährung vorzubeugen.[396]

c) Die Berechnung des Anspruchs auf entgangenen Betreuungsunterhalt

Eine Berechnung der nachfolgend beschriebenen Art setzt voraus, daß der Betreute im Zeitpunkt des Unfalls im Familienverband gelebt hat.[397] Im Gegensatz zur Berechnung des entgangenen Barunterhalts[398] wird ebenso wie bei dem verletzten Ehegatten[399] auf die Kosten der erforderlichen Ersatzkraft abgestellt, wobei es – jedenfalls im Ausgangspunkt[400] auf den *rechtlich* geschuldeten Umfang der Tätigkeit ankommt.[401] Ziel ist es, „den Geschädigten in die Lage zu versetzen, sich in der im Leben üblichen Weise, ohne sich Einschränkungen aufzuerlegen oder die Mildtätigkeit Dritter in Anspruch nehmen zu müssen, wirtschaftlich gleichwertige Dienste zu verschaffen."[402] Das führt zu folgenden Ermittlungsstufen:

---

[390] *Geigel/Schlegelmilch*, Kap. 8, Rdnr. 29; *Hofmann*, Kap. 2.1.11., Rdnr. 78; *Wussow/Küppersbusch*, Rdnr. 656.

[392] *Geigel/Schlegelmilch*, Kap. 8, Rdnr. 30.

[393] S.o. IV, 2, a, (3); IV, 2, c, (4).

[394] *BGH*, VersR 1966, 588; *Geigel/Schlegelmilch*, Kap. 8, Rdnr. 84.

[395] *BGH*, NJW 1986, 715.

[396] *BGHZ* 87, 121 = NJW 1983, 2197.

[397] S.o. VI, 2, a, (1) + (2).

[398] S.o. VI, 2, b.

[399] S.o. VI, 5, f, (2).

[400] S. jedoch unten (1), Fußn. 404.

[401] *BGH*, NJW 1974, 1651; 1979, 1501; 1993, 124.

[402] *BGHZ* 66, 389 = NJW 1971, 200 (Ziff. II); *BGH*, NJW 1972, 1716.

(1) Umfang der bisherigen Betreuungstätigkeit

Es bedarf zunächst der Ermittlung, in welchem Umfang der getötete Ehegatte nach dem Lebenszuschnitt der Familie vor dem Unfall den Haushalt geführt hat.

Das gilt trotz des vom BGH[403] betonten Ausgangspunkts über die *rechtlich* geschuldete Betreuung, da es nach § 1356 I S. 1 BGB den Ehegatten überlassen bleibt, die Haushaltsführung zu regeln.[404] Es bedarf mithin der Feststellung, ob und welcher der Ehegatten in der Ehe erwerbstätig war und wer gegebenenfalls eine „Nur-Haushaltstätigkeit" ausgeübt hat.[405] Auch bei Vorhandensein von Kindern ab einem bestimmten Lebensjahr (z.B. 14 Jahre) ist zu prüfen, inwieweit sie aufgrund einer gewissen Dienstleistungspflicht (§ 1619 BGB) eine Mithilfe im Haushalt geleistet haben.[406]

(2) Umfang der entfallenen Betreuung

Daran anschließend ist festzustellen, wie die Lage nach dem Wegfall des getöteten Ehegatten ist.[407] Es obliegt dem Tatrichter im Rahmen seines Ermessens nach § 287 ZPO, den weggefallenen Hausarbeitsbedarf zu schätzen. Hierzu stehen auch Tabellen zur Verfügung[408] deren Anwendung der BGH für praktikabel gehalten hat.[409]

Der BGH verlangte ursprünglich eine volle Berücksichtigung des Wegfalls der Eigenversorgung des Getöteten.[410] Dies führte bei der Haushaltsführung in „Doppelverdienerehen" zu einer weitgehenden Kompensation der beiderseitigen Haushaltspflichten.[411] Von diesem Standpunkt ist der BGH im Urteil vom 29. 3. 1988[412] abgerückt: er hat ausgesprochen, daß auch bei quantitativ gleicher Beteiligung der Ehegatten an der Haushaltsführung ein Anspruch aus § 844 II BGB in Höhe des *Mehraufwands* bestehen kann, den der hinterbliebene Ehegatte zu leisten hat.

Der hinterbliebene Ehegatte kann allerdings im Wege der Schadensminderungspflicht (§ 254 II BGB) gehalten sein, jedenfalls nach einer gewissen Übergangszeit eine kleinere Wohnung zu beziehen und dadurch den Zeitaufwand für die Betreuung zu verkleinern.[413]

(3) Finanzielle Bewertung

Der nach (2) ermittelte Arbeitsaufwand ist nunmehr finanziell zu bewerten, wobei sich die Rechtsprechung an den tatsächlich angefallenen oder den fiktiven Kosten der Ersatzkraft orientiert.[414]

---

403 S.o. Fußn. 401.

404 *BGH*, NJW 1993, 124; *Schacht*, FamRZ 1980, 107; *Wussow/Küppersbusch*, Rdnr. 257.

405 *BGHZ* 66, 389 = NJW 1971, 200; *BGH*, NJW 1972, 1716; *Hofmann*, VersR 1977, 297, 302; *Geigel/Schlegelmilch*, Kap. 8, Rdnr. 47.

406 *BGH*, NJW 1972, 1716; 1972, 429 (Landwirtschaft).

407 *Wussow/Küppersbusch*, Rdnr. 258.

408 *Schulz-Borck/Hofmann*, Schadensersatz bei Ausfall von Hausfrauen und Müttern im Haushalt, 3. Aufl. (1990); abw. Berechnung bei *Schacht*, VersR 1982, 519.

409 *BGH*, NJW 1979, 1501; *BGHZ* 104, 113 = NJW 1988, 1783.

410 *BGH*, NJW 1979, 1501 m. Anm. *Schlund*, JR 1979, 465; *BGH*, NJW 1982, 2866.

411 *BGH*, NJW 1985, 49; krit. *Eckelmann/Nehls/Schäfer*, DAR 1983, 383.

412 *BGHZ* 104, 113 = NJW 1988, 1783 m. Anm. *Schlund*, NZV 1988, 62 u. Anm. *Eckelmann*, DAR 1989, 94; hierzu *Macke*, NZV 1989, 254.

413 *BGHZ* 104, 113 = NJW 1988, 1783.

414 *BGHZ* 54, 82 = NJW 1971, 2069; *Hofmann*, VersR 1977, 298; vgl. aber NJW 1979, 1502; NJW-RR 1986, 1217 (Teilersatzkraft).

Bei den tatsächlich angefallenen Kosten der Ersatzkraft bedürfen diese einer Überprüfung dahin, ob die Ersatzkraft lediglich den nach (2) ermittelten Arbeitsaufwand leistet oder darüber hinaus auch die – bei ihrer Aufnahme in den Haushalt zu ihren Gunsten erfolgende Eigenbetreuung – sowie die von den Familienangehörigen kraft Mithilfepflicht zu leistende Arbeit[415] mitabgilt.[416] Ferner ist zu prüfen, ob die Arbeit der angestellten Ersatzkraft sich im Rahmen des Notwendigen hält (§ 254 II BGB).[417] Hier werden je nach Art der zu versorgenden Personen die unterschiedlichen Vergütungsgruppen nach BAT als Richtlinien herangezogen.[418] Darüber hinausgehende Versuche, den Wert der Haushaltstätigkeit durch Leitlinien zu konkretisieren, sind bisher ohne Resonanz geblieben.[419] Bei der eingestellten Ersatzkraft ist der Bruttolohn zu ersetzen.[420]

Ist keine Ersatzkraft eingestellt worden, so kommt es auf die fiktiven Kosten der notwendigen Ersatzkraft an, wobei dieser aber nach der Rechtsprechung nur als Anhaltspunkt anzusehen ist.[421] Auszugehen ist dabei vom Nettolohn.[422] Sind die Kinder bei einer Familie oder Verwandten untergebracht, so ist auf die Kosten der Unterbringung in einer fremden Familie abzustellen, nicht auf die Kosten einer Heimunterbringung;[423] dies bedeutet aber nicht, daß auf den Richtsatz der Sozialhilfe abgestellt werden darf.[424] Bei Unterbringung in einem Heim werden die Heimkosten geschuldet.[425]

(4) Aufteilung auf die Hinterbliebenen

Der nach (3) ermittelte Geldbedarf ist sodann auf die im Familienverband betreuten Personen[426] aufzuteilen, da es sich um unterschiedliche Ansprüche handelt.

Die Aufteilung erfolgt gemäß § 287 ZPO nach freiem Ermessen, wobei im Regelfall der hinterbliebene Ehegatte den größeren Anteil erhält als die Kinder.[427]

(5) Vorteilsausgleichung

Auf den aufgeteilten Anspruch ist im Wege der Vorteilsausgleichung anzurechnen, was der einzelne Berechtigte durch den Unfall zusätzlich erlangt oder erspart hat.[428] Eine solche Anrechnung kommt richtiger Ansicht nach nur bei solchen Vorteilen in Betracht, die mit der weggefalle-

---

415 S.o. (1) Fußn. 405, 406.

416 *Wussow/Küppersbusch*, Rdnr. 264.

417 *Hofmann*, VersR 1977, 301.

418 *BGHZ* 104, 113 = NJW 1988, 1783; *BGH*, NZV 1990, 21; *Eckelmann/Nehls/Schäfer*, DAR 1982, 386; zur Heranziehung örtlicher (günstigerer) Lohntarife: *BGH*, NJW 1982, 2866 m. Anm. *Hofmann*, VersR 1982, 1192; *OLG Düsseldorf*, DAR 1988, 24. – Einzelheiten bei *Wussow/Küppersbusch*, Rdnr. 262, 263.

419 Hierzu *Landau*, DAR 1989, 116; *Hofmann*, NZV 1990, 8.

420 *Wussow/Küppersbusch*, Rdnr. 267. – S.o. Fußn. 233.

421 *BGH*, NJW-RR 1990, 962; *OLG Stuttgart*, VersR 1993, 1536; *Wussow/Küppersbusch*, Rdnr. 260 ff. m. Einzelheiten.

422 *BGH*, NJW 1972, 1716; 1982, 2866; *BGHZ* 86, 372 = NJW 1983, 1425 (Bruttolohn abzüglich Pauschale von 30 %); *Wussow/Küppersbusch*, Rdnr. 266.

423 *BGH*, NJW 1971, 2069; 1982, 2864; 1985, 1460; 1986, 1715; *OLG Hamm*, NJW-RR 1990, 452.

424 *Eckelmann*, DAR 1973, 256; *Eckelmann/Nehls/Schäfer*, DAR 1982, 385.

425 *LG Duisburg*, *OLG Düsseldorf*, VersR 1985, 698.

426 *BGH*, NJW 1972, 1130; 1972, 251; *Weyer*, DRiZ 1971, 261.

427 *BGH*, VersR 1972, 176; *Wussow/Küppersbusch*, Rdnr. 272; *Eckelmann/Nehls/Schäfer*, DAR 1982, 387.

428 *Wussow/Küppersbusch*, Rdnr. 274.

nen Haushaltsführung und ihrem Ersatz in einem unmittelbaren Zusammenhang stehen. Dies ist einmal zu bejahen, wenn einer Ersatzkraft Unterkunft und Verpflegung gewährt wird.[429] Ferner stellt der Wegfall der Mithilfepflicht der Berechtigten einen anrechenbaren Vorteil dar (§§ 1353, 1619 BGB), der nicht bei der weggefallenen Betreuung,[430] sondern bei dem Anspruch des einzelnen Berechtigten zu berücksichtigen ist.[431]

Der BGH will bei dem Anspruch des Ehegatten auch den ersparten Unterhalt gegenüber dem getöteten Ehegatten anrechnen.[432] Eine solche Anrechnung ist aber abzulehnen, da dann ein Ausgleich der entgangenen Haushaltsführung nicht oder nicht in vollem Maße stattfindet.[433] Ebenso will der BGH Einkünfte aus der eigenen Erwerbstätigkeit des Berechtigten anrechnen.[434] Auch dies ist abzulehnen, da das Einkommen für die Lebensführung zur Verfügung stehen muß und deshalb nur ein Abzug bei dem Anspruch wegen entgangenen Barunterhalts in Frage kommen kann.[435]

(6) Mithaftungsquote

Der nunmehr festgestellte Anspruch des einzelnen Berechtigten ist um eine etwaige Mithaftungsquote (§§ 254 BGB, 17 StVG) zu kürzen (§ 846 BGB).

Der Geschädigte hat auch hier ein Quotenvorrecht.[436] Die anzurechnenden Vorteile sind zunächst auf die ungedeckte Haftungsquote zu verrechnen.[437]

(7) Anspruchsübergang

Ein Anspruchsübergang nach §§ 116 SGB X, 87a BBG, 81a BVG, 67 VVG) kommt richtiger Ansicht nach nur in Frage, soweit ein Leistungsträger (bzw. Privatversicherer) Leistungen erbringt, die mit dem Anspruch auf Ersatz entgangener Haushaltsführung in sachlicher Kongruenz stehen.[438]

---

429 *BGHZ* 4, 123 = NJW 1952, 459 (zu § 845 BGB).

430 So *BGH*, NJW 1960, 141; 1979, 1501 m. Anm. *Schlund*, JR 1979, 465.

431 *BGH*, NJW 1984, 977; krit. zur Anrechnung *Eckelmann/Nehls/Schäfer*, DAR 1982, 383.

432 *BGHZ* 56, 389 = NJW 1971, 2066; zust. *Hofmann*, VersR 1977, 297, 303; *Weyer*, DRiZ 1971, 265; *Drees*, VersR 1985, 615; einschr. *OLG Zweibrücken*, NJW-RR 1989, 479.

433 *Eckelmann/Nehls/Schäfer*, DAR 1982, 385; *Eckelmann/Boos*, VersR 1978, 210; vgl. auch *Wussow/Küppersbusch*, Rdnr. 294; *Geigel/Schlegelmilch*, Kap. 8, Rdnr. 51.

434 *BGH*, VersR 1972, 948; vgl. jedoch *Wussow/Küppersbusch*, Rdnr. 295.

435 Vgl. auch *Hofmann*, VersR 1977, 304.

436 S.o. VI, 2, b, (10), Fußn. 381.

437 Wegen des Quotenvorrechts bei eigener Erwerbstätigkeit (wenn man sie entgegen Fußn. 435 für anrechenbar hält), s. *BGH*, NJW-RR 1986, 1400; *Geigel/Schlegelmilch*, Kap. 8, Rdnr. 52.

438 Das trifft nur im Falle erhöhter Pflegebedürftigkeit zu: *BGH*, NJW 1993, 124 (erhöhte Pflegezulage nach § 35 I S. 5 BVG a.F.), so daß der Anspruch auf Ersatz der *normalen* Betreuung dem Berechtigten erhalten bleibt.

Die von der Rechtsprechung bejahte Übergangsfähigkeit der Ansprüche auf Ersatz des entgangenen Barunterhalts[439] ist abzulehnen, da es insoweit an der sachlichen Kongruenz fehlt.[440]

(8) Besteuerung

Eine Besteuerung der Rente wegen entgangener Betreuung findet nach dem Urteil des BFH vom 25. 10. 1994 nicht mehr statt.[441]

(9) Dauer der Rente

Abschließend ist die Dauer der geschuldeten Rente festzulegen. Sie hängt von der Fragestellung ab, wie lange der getötete Ehegatte die Haushaltstätigkeit weiter hätte verrichten können und wie lange die einzelnen Berechtigten auf sie angewiesen sind.[442] Die Dauer der Rente wegen entgangener Haushaltsführung kann also unterschiedlich sein gegenüber der Dauer der Rente wegen entgangenen Barunterhalts.[443]

Die Frage der *Leistungsfähigkeit* des Ehegatten für die Haushaltsführung ist nach § 287 ZPO zu schätzen und dürfte in der Regel – je nach Gesundheitszustand – zwischen 70 und 75 Jahren liegen.[444] Bei dem überlebenden Ehegatten besteht die *Bedürftigkeit* auf Lebenszeit, kommt aber m.E. hier bei einer Wiederverheiratung grundsätzlich in Wegfall.[445] Bei Kindern besteht die Bedürftigkeit auf jeden Fall bis zur Vollendung des 18. Lebensjahres.[446] Eine darüber hinausgehende zeitliche Betreuung hängt von dem Verbleib im elterlichen Haushalt und der Gestaltung der beruflichen Verhältnisse ab.[447] Sie wird sich bei jungen Kindern meist noch nicht überblicken lassen, so daß nur die Feststellung einer generellen Ersatzpflicht in Frage kommt, bei der Umfang der Betreuung und Höhe des Ersatzbetrages noch offen bleiben müssen.[448]

d) Spätere Veränderungen der Ansprüche aus § 844 II BGB

Die Ausführungen unter b) und c) haben bei der Berechnung auf den Beginn der Rente, nämlich als Stichtag den Zeitpunkt des den Tod des Ehegatten herbeiführenden Schadensereignisses abgestellt. Der Anspruch kann sich jedoch im Laufe der Zeit wegen Änderung der tatsächlichen

---

[439] *BGH*, NJW 1971, 1983; 1974, 41; 1982, 1045; zust. *Hofmann*, VersR 1977, 304; *Schlund*, DAR 1977, 286.

[440] So mit Recht *Eckelmann*, DAR 1978, 35; *Meurer*, DRiZ 1973, 413; *OLG Frankfurt*, VersR 1980, 287 m. Anm. *Perkuhn*, VersR 1981, 136; *Gotthard*, FamRZ 1981, 728; *Ruland*, JuS 1982, 706.

[441] *BFHE* 175, 439 = NJW 1995, 1238; *Wussow/Küppersbusch*, Rdnr. 332.

[442] *Eckelmann/Nehls/Schäfer*, DAR 1982, 389, 397.

[443] Hierzu oben VI, 2, b, (13).

[444] *BGHZ* 56, 389 = NJW 1971, 2066; *BGH*, NJW 1974, 1651; *OLG Hamm*, NJW-RR 1995, 599; *KG*, r + s 1997, 461; vgl. hierzu noch *Schacht*, VersR 1982, 518 (Verringerung der Leistungsfähigkeit ab dem 65. Lebensjahr).

[445] a.A. *Wussow/Küppersbusch*, Rdnr. 314; *BGH*, NJW 1970, 1127. Im Gegensatz zum entgangenen Barunterhalt (s.o. Fußn. 378) kommt hier m.E. ein teilweiser Wegfall nicht in Frage.

[446] Arg. §§ 1626, 1631 BGB; hierzu *Schacht*, VersR 1982, 519.

[447] *BGH*, VersR 1973, 84; *Weyer*, DRiZ 1971, 265; *Wussow/Küppersbusch*, Rdnr. 284.

[448] *BGH*, FamRZ 1973, 535, 537.

Verhältnisse ändern. Hinsichtlich der prozessualen Behandlung ist hierbei zu unterscheiden:

(1) Die bis zum Zeitpunkt der letzten mündlichen Verhandlung eingetretenen Änderungen sind bei der Berechnung des Vergangenheitsschadens zu berücksichtigen; es bedarf in diesem Fall einer Berechnung der Ansprüche nach bestimmten Zeiträumen.

Für die Zukunft kann, soweit es sich um *sichere* Prognosen oder Ereignisse handelt, eine zeitlich gestaffelte Rente zugesprochen werden. In Frage kommt dies vor allem hinsichtlich der Prognose des mutmaßlichen Einkommens des Getöteten in Form einer sicheren Erhöhung oder der Dauer der zuzusprechenden Rente.

(2) Unsichere Erwartungen bleiben dagegen ausgespart und einer Abänderungsklage (§ 323 ZPO) vorbehalten. Als Beispiele sind zu nennen:

- Erhöhungen des mutmaßlichen Einkommens des Getöteten durch zunächst nicht zu erwartenden beruflichen Aufstieg.
- Lohnerhöhungen.[449]
- Geldentwertungen.
- Verminderungen des Einkommens durch die konjunkturelle Entwicklung.
- Änderung des Nettoeinkommens anderer Familienangehöriger mit der Notwendigkeit einer anderen Aufteilung des Familieneinkommens.[450]
- Ausscheiden einzelner Familienangehöriger aus dem Familienverband mit der Folge einer anderweitigen Aufteilung des Familieneinkommens.[451]
- Wiederverheiratung der Ehefrau, wenn diese sich nunmehr ihren Unterhaltsanspruch gegen ihren neuen Ehegatten auf den Barunterhalt anrechnen lassen muß.[452]
- Wegfall der Betreuungsbedürftigkeit der Ehefrau bei Wiederverheiratung.[453]
- Zumutbarkeit einer Erwerbstätigkeit der Ehefrau nach § 254 II BGB ab einem bestimmten Zeitpunkt, wenn das Alter der Kinder eine solche Tätigkeit erlaubt.[454]
- Änderung der von den Leistungsträgern gezahlten Renten, die sich auf den Anspruchsübergang auswirkt.[455]

Vierter Teil. Prozessuale Fragen

I. Allgemeines zur Klageerhebung

1. Gerichtsstand

Klagen aus Verkehrsunfällen können im allgemeinen Gerichtsstand des Wohnsitzes bzw. des Sitzes (§§ 12, 17 ZPO) und außerdem im Gerichts-

[449] *BGH*, VersR 1966, 588; 1969, 350.
[450] *OLG Hamm*, NJW-RR 1996, 1221.
[451] *OLG Hamm*, aaO.
[452] S.o. VI, 2, b, (9), Fußn. 378.
[453] S.o. VI, 2, c, (9), Fußn. 445.
[454] *BGH*, VersR 1962, 1176.
[455] S.o. VI, 2, a, (11) + VI, 2, c, (7).

stand der unerlaubten Handlung (§§ 32 ZPO, 20 StVG) erhoben werden;[1] für letzteren ist der Unfallort maßgebend.

a) Klagehäufung

Sollen aus einem Unfall mehrere Schuldner verklagt werden,[2] so kann dies entweder im Gerichtsstand der unerlaubten Handlung oder an einem vereinbarten Gerichtsstand geschehen. Eine Bestimmung des Gerichtsstandes nach § 36 Nr. 3 ZPO scheidet regelmäßig aus.[3]

b) Prozeßverbindung

Mehrere im gleichen Gerichtsstand gegen verschiedene Personen erhobene Klagen können gemäß § 147 ZPO zur gemeinsamen Verhandlung und Entscheidung verbunden werden.[4]

Hiervon sollte nur nach sorgsamer Überlegung Gebrauch gemacht werden. Gehen Klagebegründungen oder die Einwendungen der Beklagten auseinander, kann durch die Verbindung der Prozeßstoff unübersichtlich werden. Außerdem wird den Parteien die Möglichkeit eines Zeugenbeweises beschnitten.

2. Teilklage

a) Quotenmäßige Beschränkung

Der Kläger kann, um das Prozeßrisiko zu vermindern, nur einen Teil seiner Ansprüche geltendmachen: das gilt sowohl, um dem Einwand des Mitverschuldens und der mitwirkenden Betriebsgefahr vorzubeugen, als auch bei zweifelhafter Rechts- und Beweislage hinsichtlich der Höhe des Schadens. Allerdings setzt er die Gefahr, daß der Beklagte eine negative Feststellungswiderklage erhebt.[5] Außerdem muß der Kläger die Klage vor Ablauf der Verjährungsfristen doch erweitern.

Werden bei der Teilklage verschiedene Anspruchspositionen – Sachschaden, Erwerbsschaden, vermehrte Bedürfnisse, Schmerzensgeld – geltendgemacht, so verlangt die Rechtspr. zwecks Klärung, was dem Kläger zuzusprechen ist (§ 308 ZPO), und wegen der materiellen Rechtskraft des Urteils eine Aufteilung des eingeklagten Betrages auf die einzelnen Positionen;[6] erst recht gilt dies bei Geltendmachung von Ansprüchen verschiedener Geschädigter.[7] Jeder Geschädigte kann allerdings die einzelnen Positio-

---

[1] *BGH*, NJW 1983, 1799 (auch Direktanspruch nach § 3 Nr. 1 PflVG).

[2] S.u. I, 5, a.

[3] *BGH*, NJW 1983, 996; Ausnahme (Unfallort im Ausland): *BGH*, NJW 1983, 1799; *BayObLG*, NJW-RR 1990, 893.

[4] Die Klagen können auch vor verschiedenen Kammern anhängig sein: *Thomas/Putzo*, § 147 ZPO, Rdnr. 1.

[5] S.u. I, 6, Fußn. 37.

[6] *BGHZ* 11, 192 = NJW 1954, 757; *BGH*, NJW 1984, 2346; 1990, 2069.

[7] *BGHZ* 11, 181 = NJW 1954, 716; *BGH*, NJW 1981, 2462.

nen durch Bedingungen in ein Abhängigkeitsverhältnis stellen, z.B. erklären, daß die verlangten x DM in erster Linie als Verdienstausfall, hilfsweise als Schmerzensgeld geltendgemacht werden.[8] Die Aufteilung ist zwar Zulässigkeitsvoraussetzung der Klage, kann aber im Laufe des Rechtsstreits noch nachgeholt werden,[9] und zwar – bei Vorliegen der Voraussetzungen des § 270 III ZPO – mit Rückwirkung auf den Zeitpunkt der Klageeinreichung.[10]

b) Teilschmerzensgeld

Umstritten ist ob eine Schmerzensgeldklage auf einen in der Vergangenheit liegenden Teil Schadensverlauf beschränkt werden kann.[11]

Das sollte zumindest dann zulässig sein, wenn die zukünftige Entwicklung noch nicht voll übersehbar ist.[12]

3. Unbezifferter Antrag

a) Funktion und Bedeutung

§ 253 II Nr. 2 ZPO erfordert für die Klageschrift einen bestimmten Antrag, d.h. bei Geltendmachung von Zahlungsansprüchen die Angabe des verlangten Geldbetrages. Die Rechtsprechung hat jedoch in Ausnahmefällen einen unbezifferten Klageantrag zugelassen, wenn dem Kläger eine Bezifferung unmöglich oder – aus Gründen des Kostenrisikos – unzumutbar ist.[13]

In Verkehrsunfallsachen ist dies vor allem für den Schmerzensgeldanspruch von Bedeutung, bei dem der Kläger wegen der Schwierigkeit der Bezifferung in den Zwiespalt zwischen zu geringem Antrag (§ 308 ZPO) oder einer Abweisung des zuviel geforderten mit teilweiser Kostenbelastung gerät. Hier kann der Kläger jeweils einen Antrag zur Verurteilung zur Zahlung eines „angemessenen Betrages" stellen, dessen Höhe in das Ermessen des Gerichts gestellt wird.[14]

b) Zulässigkeit

(1) Voraussetzungen für die Zulässigkeit eines unbezifferten Schmerzensgeldantrages sind nach der Rechtsprechung die Angabe der sogenannten Schätzungs- oder Bewertungstatsachen, die praktisch an die Stel-

---

[8] *BGHZ* 11, 194 = NJW 1954, 716; *BGH*, NJW-RR 1989, 396; hierzu *Baumbach/Hartmann*, § 253 ZPO, Rdnr. 44.

[9] *BGHZ* 20, 219 = NJW 1956, 870; *BGH*, LM § 253 ZPO Nr. 11 = NJW 1955, 1030 L.

[10] *BGH*, NJW 1967, 2210 = ZZP 82, 141 m. Anm. *Arens*; *BGH*, NJW 1987, 2346.

[11] Dagegen *OLG Oldenburg*, NJW-RR 1988, 615; *OLG Düsseldorf*, NZV 1995, 449 = NJW-RR 1996, 927; im Grundsatz auch *Slizyk*, Einl. VIII, 3, a.

[12] *BGH*, NJW 1975, 1463, 1465; *OLG Hamm*, NJW-RR 1994, 991.

[13] *BGHZ* 4, 138 = NJW 1952, 382; vgl. jedoch *BGH*, NJW 1967, 1420 = ZZP 82, 131 m. Anm. *Pawlowski* (unzulässig hinsichtlich der Mitverschuldensquote).

[14] *OLG Celle*, NJW 1969, 279; *Slizyk*, Einl. IX, 1, a; a.A.; *Gerstenberg*, NJW 1988, 1352.

le der Ziffer des verlangten Geldbetrages treten,[15] sowie die Angabe des Größenbereichs, in dem sich das verlangte Schmerzensgeld nach Auffassung des Klägers bewegen soll;[16] anderenfalls fehle es möglicherweise bei Zusprechen eines niedrigen Betrages an dem Erfordernis der Beschwer für die Berufung.[17] Schließlich ist anzugeben, ob Kapital oder Rente verlangt wird.[18]

(2) Das Fehlen einzelner Voraussetzungen kann in der Tatsacheninstanz nachgeholt werden.[19]

Die Rechtsprechung lehnt jedoch hier – im Gegensatz zur nachträglichen Aufteilung der Klageansprüche[20] eine Rückwirkung ab, so daß bei Nachholung der Ablauf etwaiger Fristen (Verjährung, Ausschlußfristen) nicht mehr beseitigt werden kann.[21]

(3) Nachdem die neuere Rechtsprechung des *BGH* die angegebene Größenordnung als Maßstab für die Quotelung der Prozeßkosten berücksichtigen will,[22] ist der maßgebende Zweck für die Zulassung des unbezifferten Klageantrags entfallen.

4. Feststellungsantrag

a) Bedeutung

Im Unfallhaftpflichtprozeß wird neben der Leistungsklage auf Zahlung oft ein Feststellungsantrag dahin gestellt, daß der Beklagte verpflichtet ist, „allen weiteren Schaden aus dem Unfall vom ... zu ersetzen."

(1) Grund für dieses prozessuale Vorgehen ist die Möglichkeit des Eintritts von Spätschäden, die sich im hierfür maßgebenden Zeitpunkt der Klageerhebung[23] noch nicht übersehen, geschweige denn beziffern lassen.[24] Das antragsgemäß ergehende Urteil bewirkt die materiell rechtskräftige Feststellung der Ersatzpflicht, so daß diese im Nachfolgeprozeß nicht mehr in Frage gestellt werden kann, sondern dort lediglich über das Vorliegen der Spätfolgen, ihre Verursachung durch den Unfall und die Höhe des Ersatzbetrages zu befinden ist.

(2) Der Feststellungsantrag ist außerdem erforderlich, um die kurze Verjährung zu unterbrechen (§ 209 I BGB) und die dreißigjährige Verjährungsfrist herbeizuführen (§ 218 I BGB).[25]

---

[15] *BGHZ* 4, 138 = NJW 1952, 382; *BGH*, JZ 1975, 448 = JR 1976, 23 m. Anm. *Berg*.

[16] *BGH*, NJW 1969, 1427; 1982, 340; 1984, 1807; 1992, 311.

[17] *BGH*, NJW 1992, 311; 1993, 2875; 1999, 1339; *Geigel/Schlegelmilch/Kolb*, Kap. 7, Rdnr. 27.

[18] *BGHZ* 4, 138 = NJW 1952, 382; *BGH*, NJW 1998, 3411; *OLG Schleswig*, NJW-RR 1992, 95; *Slizyk*, Einl. VIII, 1; a.A. *Hofmann*, Kap. 2.1., Rdnr. 15.

[19] *BGH*, VersR 1975, 856; *OLG Köln*, VersR 1985, 844; a.A. *OLG Düsseldorf*, VersR 1987, 203.

[20] S.o. I, 2, a, Fußn. 10.

[21] *BGHZ* 22, 257 = NJW 1957, 263; *BGH*, MDR 1964, 831.

[22] S.u. IV, 7, b, (2), Fußn. 293.

[23] *BGH*, NJW 1984, 1552; NJW-RR 1988, 445; WM 1993, 1241; *OLG Hamm*, NZV 1995, 26.

[24] *OLG Karlsruhe*, VRS 79, 251; *OLG Brandenburg*, OLG-NL 1996, 259; *Thomas/Putzo*, § 256 ZPO, Rdnr. 20.

[25] *Münzberg*, NJW 1960, 1604; *Wussow/Küppersbusch*, Rdnr. 603.

(3) Nicht notwendig ist der Feststellungsantrag nach der Rechtsprechung, wenn es lediglich um die Zusprechung einer Rente geht, deren spätere Anpassung an die veränderten Verhältnisse nach § 323 ZPO erfolgt, wobei in diesem Verfahren der Anspruchsgrund nicht geprüft wird und die Einrede der Verjährung ausgeschlossen ist.[26]

b) Zulässigkeit

Entsprechend seiner Funktion setzt der Feststellungsantrag ein rechtliches Interesse dahin voraus, daß in Zukunft mit weiteren Unfallfolgen zu rechnen ist, wobei hierfür bereits eine gewisse Wahrscheinlichkeit genügt.[27]

Die Feststellung der Ersatzpflicht kann sich nicht nur auf künftige materielle Schäden beziehen, sondern auch die Feststellung der Ersatzpflicht künftiger immaterieller Schäden umfassen, wenn mögliche Spätfolgen jetzt noch nicht in Rechnung gestellt werden können.[28] Im Zweifel bezieht sich die Feststellung der Ersatzpflicht auch auf den immateriellen Schaden.[29] Ob das Feststellungsinteresse durch Anerkenntnis des Schuldners und Verzicht auf die Verjährungseinrede ausgeschlossen wird, ist zumindest zweifelhaft.[30] Auf ein Feststellungsinteresse kommt es allerdings nicht mehr an, wenn der geltendgemachte Ersatzanspruch bereits abweisungsreif ist.[31]

5. Subjektive Klagehäufung

a) Passivseite

Der Geschädigte kann mehrere Haftpflichtige in einer Klage gleichzeitig auf Ersatz verklagen (§ 59 ZPO). In Frage kommen neben dem Halter vor allem der beteiligte Fahrer und der Haftpflichtversicherer.[32]

(1) Die Klage gegen den Versicherer bezweckt die Inanspruchnahme des potenten Schuldners, der zudem auch im Innenverhältnis unter den Haftpflichtigen federführend für die Schadensregulierung ist (§ 3 Nr. 9 KfzPflVersG, § 10 V AKB). Die Einbeziehung des Fahrers und des Halters erfolgt in der Praxis häufig aus der prozeßtaktischen Erwägung, sie als Zeugen für die Beweisführung der Gegenseite über den Unfallhergang auszuschalten.[33]

(2) Es handelt sich in allen Fällen einer Klage gegen mehrere Haftpflichtige um eine sogenannte einfache, keine notwendige Streitgenossenschaft.[34]

---

[26] *BGHZ* 34, 110 = NJW 1961, 871; 1986, 3142.

[27] *BGH*, NJW 1973, 1550; 1991, 2707; 1992, 560; 1993, 648; 1998, 160; *OLG Karlsruhe*, NZV 1998, 412; *OLG Hamm*, NJW-RR 1998, 751.

[28] *BGH*, VersR 1967, 256 m. Anm. *Müller*, VersR 1967, 843; *BGH*, NJW-RR 1989, 1367.

[29] *BGH*, NJW 1985, 2022.

[30] Bejahend *OLG München*, NJW 1968, 2013; verneinend *OLG Schleswig*, MDR 1977, 233; zur dreißigjährigen Verjährungsfrist in diesem Falle s.o. 1. Teil, VII, 6, a, (3), Fußn. 746.

[31] *BGHZ* 12, 308, 316 = NJW 1954, 1159; *BGH*, NJW 1958, 384; 1991, 2702; krit. hierzu *Olschewski*, NJW 1971, 551; *Weiss*, NJW 1971, 1596.

[32] *Liebscher*, NZV 1994, 215.

[33] *OLG Frankfurt*, VersR 1978, 259; *Geigel/Schlegelmilch/Kolb*, Kap. 25, Rdnr. 186.

[34] *BGHZ* 63, 51 = NJW 1974, 2124; *Geigel/Schlegelmilch*, Kap. 13, Rdnr. 25; a.A. *Denck*, VersR 1980, 704.

b) Aktivseite

Umgekehrt können auch mehrere Geschädigte gemeinsam klagen, z.B. der Halter des beschädigten Kraftfahrzeugs und der bei dem Unfall verletzte Fahrer oder ein sonstiger Verletzter (Insasse).

Häufig geschieht dies nicht, um diese anderen Personen als Zeugen zur Verfügung zu haben. Der Beklagte begegnet dem dann häufig mit einer Widerklage gegen die übrigen Verletzten, soweit er gegen sie Ansprüche geltendmachen kann.[35]

6. Widerklage

a) Zulässigkeit

Die Beklagten können, wenn sie ihrerseits Ansprüche aus dem Verkehrsunfall haben, diese – neben der Möglichkeit einer Aufrechnung – auch im Wege der Widerklage geltendmachen.[36]

Ferner kommt eine negative Feststellungswiderklage in Betracht, wenn der Kläger nur einen Teil seiner Ansprüche einklagt,[37] sich aber weitergehender Ansprüche berühmt.[38]

b) Widerklage gegen Dritte

Die Widerklage kann nach der Rechtsprechung – unter den Voraussetzungen der Klageänderung gemäß § 263 ZPO (Einwilligung des Klägers oder Sachdienlichkeit – nicht nur gegen den Kläger, sondern auch gegen Dritte gerichtet werden, soweit der Kläger mitverklagt wird.[39]

Die hierfür nach §§ 33, 59, 264 ZPO geforderten Voraussetzungen liegen bei gegenseitigen Ansprüchen aus einem Verkehrsunfall regelmäßig vor. Auch hier ist die Einbeziehung des Haftpflichtversicherers des Klägers sinnvoll, um eine Gesamtregulierung zu erreichen. Die Erstreckung der Widerklage auf den Fahrer des klagenden Halters ist dagegen oft nur ein taktisches Prozeßmanöver, um den Kläger in seiner Beweisführung zu beeinträchtigen, oft ein Gegenschlag gegen das entsprechende Vorgehen des Klägers.[40]

---

[35] Kein Rechtsmißbrauch: *LG Köln*, VersR 1983, 403; *Uhlmannsiek*, MDR 1996, 114.

[36] Einzelheiten zur Widerklage: *Lorff*, JuS 1979, 569.

[37] S.o. I, 2, a.

[38] *BGHZ* 134, 201 = NJW 1997, 870; *BGH*, NJW 1993, 2609.

[39] *BGHZ* 40, 185 = NJW 1964, 44 m. Anm. *Putzo*, NJW 1964, 500 u. Anm. *Hofmann*, NJW 1964, 1026; *BGH*, NJW 1981, 2642; 1996, 196; hierzu *Schröder*, AcP 164, 517; *Nieder*, ZZP 85, 437; *Wieser*, ZZP 86, 36; *Uhlmannsiek*, JABl. 1996, 253; *Luckey*, JuS 1998, 499. – Zur Zuständigkeit siehe *BGH*, NJW 1981, 2642; 1991, 2838; NJW-RR 1996, 65.

[40] S.o. Fußn. 35.– *Schneider*, MDR 1998, 21.

7. *Fristenwahrung*

a) Die Einreichung der Klage

Obwohl die Unterbrechung der Verjährung die „Erhebung der Klage“ (§ 209 I BGB) und damit deren Zustellung voraussetzt (§§ 253 I, 261 II ZPO), genügt für die Unterbrechung die Einreichung der Klage bei Gericht, wenn die Zustellung derselben „demnächst“ erfolgt (§ 270 III ZPO).[41]

Die Zeitspanne zwischen Klageeinreichung und Zustellung der Klage muß zur Erfüllung dieses Erfordernisses möglichst gering gehalten werden, wobei geringfügige Überschreitungen ohne Bedeutung sind.[42] Für die Bestimmung der Frist kommt es allerdings bei einer „verfrüht“, d.h. vor Ablauf der Verjährungsfrist eingereichten Klage, nicht auf den Zeitpunkt der Klageeinreichung, sondern auf den letztmöglichen Zeitpunkt vor Ablauf der Verjährungsfrist an.[43]

b) Pflicht zur Prozeßförderung

Für den Kläger bedeutet die Wahrung der „demnächstigen Zustellung“ die Pflicht zu einem prozeßfördernden Verhalten.

Er hat vor allem für die alsbaldige Einzahlung des angeforderten Kostenvorschusses zu sorgen.[44] Bei gleichzeitigem Gesuch betreffend Prozeßkostenhilfe obliegt ihm die rechtzeitige Vorlage der Unterlagen über die persönlichen und wirtschaftlichen Verhältnisse (§ 117 II, IV ZPO) und zur unverzüglichen Erfüllung der ihm im Prüfungsverfahren erteilten Auflagen.[45] Die eingereichte und die zugestellte Klageschrift müssen „im wesentlichen“ identisch[46] und die zugestellte Klageschrift von dem bei dem die Zustellung veranlassenden Gericht zugelassenen Rechtsanwalt unterschrieben sein.[47] Außerdem muß die Klage bei dem richtigen Gericht eingereicht und die Zustellungsadresse des Beklagten in der Klageschrift richtig angegeben sein.[48] Ein etwaiges Verschulden seines Prozeßbevollmächtigten ist dem Kläger zuzurechnen (§ 85 II ZPO),[49] nicht aber das Verschulden des Büropersonals des Rechtsanwalts.[50]

c) Verzögerung durch das Gericht

Das Gericht kann durch verzögerliche Bearbeitung dem Kläger keine Nachteile im Sinne des § 270 III ZPO schaffen.

---

[41] Überblick über die umfangreiche Rechtspr. bei *Baumbach/Hartmann*, § 270 ZPO, Rdnr. 7 ff.; *Thomas/Putzo*, § 270 ZPO, Rdnr. 4 ff.

[42] *BGH*, NJW 1993, 2811 (Richtlinie: 14 Tage).

[43] *BGH*, NJW 1969, 928; 1972, 209; 1986, 1347.

[44] *BGH*, NJW 1966, 2211 m. Anm. *Redeker*; BGH, NJW 1977, 779; *BGHZ* 69, 361 = NJW 1978, 215; *BGH*, NJW 1972, 1948 (Streitwertanfrage).

[45] *BGH*, NJW 1974, 57; *Baumbach/Hartmann*, § 270 ZPO, Rdnr. 29, 30.

[46] *BGH*, NJW 1978, 1058.

[47] *BGHZ* 90, 249 = NJW 1984, 1559.

[48] *BGH*, FamRZ 1988, 1154; *Baumbach/Hartmann*, § 270 ZPO, Rdnr. 31.

[49] *BGH*, NJW 1991, 1745.

[50] *OLG Köln*, NJW 1967, 887.

Nach der Rechtsprechung sind *interne* Verzögerungsgründe für die Wahrung der „demnächstigen Zustellung“ ohne Bedeutung.[51] Es bedarf deshalb bei einer längeren Zeitspanne zwischen Klageeinreichung und Klagezustellung jeweils der Feststellung inwieweit dieser Zeitraum von dem Kläger und inwieweit er von dem Gericht zu vertreten ist.[52]

II. Die Klärung des Anspruchsgrundes

1. Die Vorprüfung

Gewisse Punkte müssen bzw. sollten vorab geprüft werden, bevor in die Klärung eingetreten wird, ob dem Kläger aus dem Unfall ein Ersatzanspruch zusteht.

a) Materielle Rechtskraft

Einem prozessualen, von Amts wegen zu beachtenden Umstand kommt ein vorangegangenes Urteil zu, das bereits rechtskräftig über den Anspruch entschieden hat (§ 322 I ZPO).

(1) In Frage kommen sowohl klageabweisende Leistungs- und Feststellungsurteile sowie Urteile, in denen zugunsten des Geschädigten das Bestehen des Anspruchs festgestellt wurde.

Hauptfall ist ein Feststellungsurteil, durch das die Ersatzpflicht dem Grunde nach für Zukunftsschäden festgestellt wurde.[53]

(2) Nach § 3 Nr. 8 PflVG wirkt ein den Anspruch *verneinendes* Urteil zwischen Geschädigten und Versicherer auch zugunsten des Versicherungsnehmers (Halters, Fahrers), ebenso ein zwischen dem Geschädigten und Versicherungsnehmer ergehendes abweisendes Urteil zugunsten des Versicherers.[54]

Diese von § 425 II BGB statuierte Ausnahme wirkt auch, wenn der Geschädigte Versicherer und Versicherungsnehmer im gleichen Prozeß verklagt[55] und die Klage gegen alle Beklagten abgewiesen wird;[56] der Geschädigte muß in diesem Fall das Rechtsmittel gegen *alle* Beklagten einlegen, wenn er eine Entscheidung zu seinen Gunsten erreichen will.[57]

Dagegen gilt § 3 Nr. 8 PflVG nicht bei stattgebenden Urteilen, da „eine am Verfahren nicht beteiligte Person nicht zur Erfüllung eines Anspruchs gezwungen werden soll, gegen den sie sich nicht verteidigen konnte.“[58]

---

[51] *BGH*, NJW 1988, 1980; VersR 1995, 361.
[52] *BGH*, NJW 1972, 209; 1978, 1058.
[53] S.o. I, 4, a.
[54] *BGH*, NJW 1971, 940.
[55] S.o. I, 5, a.
[56] *BGHZ* 71, 339 = NJW 1978, 2154; *BGH*, NJW 1982, 999.
[57] *Bauer*, Rdnr. 805; *Dannert*, r + s 1990, 1.
[58] *Bauer*, Rdnr. 803.

Von § 3 Nr. 8 PflVG gibt es aber Ausnahmen. Die rechtskräftige Abweisung der Direktklage gegen den Versicherer steht einer Klage des Geschädigten gegen den Versicherungsnehmer bei einem abweichenden Sachverhalt nicht entgegen.[59] Außerdem muß bei § 3 Nr. 8 PflVG über den gleichen Anspruch entschieden worden sein; das ist nicht der Fall, wenn die Klage des Geschädigten gegen den Halter abgewiesen worden ist und nunmehr der Fahrer bzw. der Versicherer aus dessen Haftung in Anspruch genommen wird.[60]

b) Prozeßökonomischer Vorrang

Es gibt eine Reihe von Punkten, die den Prozeß aufgrund unstreitigen Parteivorbringens oder einer leicht durchzuführenden Beweisaufnahme entscheidungsreif werden lassen, ohne daß es einer Klärung des Unfallhergangs bedarf. Für die Aufklärung dieser Punkte eignen sich Auflagen nach § 273 II Nr. 1–4 ZPO, aber auch eine vorgezogene Beweisaufnahme im frühen ersten Termin. Im einzelnen handelt es sich um folgende Punkte:

(1) Die Aktivlegitimation

Sie sollte unter Beachtung der Ausführungen im 1. Teil[61] vorab geprüft werden. So kann vor allem der Übergang der Ansprüche nach § 67 VVG, § 116 SGB X, § 87a BBG zu einem Wegfall der Aktivlegitimation führen und ein weiteres Eingehen auf das Vorliegen eines Anspruchs erübrigen.

Wichtig ist dies vor allem bei § 116 SGB X, wenn die Höhe der von dem Kläger bezogenen Rente feststeht oder sich – durch Vorlage der Rentenbescheide bzw. eine nach § 273 II Nr. 2 ZPO einzuholende Auskunft des Rentenversicherungsträgers – unschwer klären läßt und gleichzeitig ein bereits feststehendes Mitverschuldeten (bzw. Mithaftung nach §§ 7, 17 StVG) einen etwa verbleibenden Restanspruch auf Verdienstausfall aufzehrt. In diesem Fall darf kein Grundurteil mehr ergehen; die Klage ist vielmehr abzuweisen.[62] Ein Grundurteil ist vielmehr nur zulässig, wenn in diesem Anfangsstadium des Prozesses die maßgebenden Faktoren – Höhe des Verdienstausfalls, von der Sozialversicherung bezogene Renten und eine etwaige Mithaftungsquote – noch nicht feststehen und deshalb nach Klärung dieser Fragen für den Kläger noch etwas herauskommen kann;[63] in diesem Fall wird der Übergang der Ansprüche nach § 116 SGB X im Grundurteil vorbehalten und die Klärung der Restansprüche des Klägers erfolgt im Betragsverfahren.[64]

(2) Die Passivlegitimation

Auch sie sollte vorab geprüft werden.

---

[59] *BGH*, NJW 1982, 996; *OLG Oldenburg*, NJW-RR 1993, 677.

[60] *BGHZ* 96, 18 = NJW 1986, 610 m. Anm. *Prölss*, JZ 1986, 345; *Bauer*, Rdnr. 804.

[61] S.o. 1. Teil, VI.

[62] *BGH*, NJW 1956, 1236; *Geigel/Schlegelmilch/Kolb*, Kap. 39, Rdnr. 39.

[63] Nach Einführung der „relativen Theorie" (§ 116 III SGB X, s.o. 1. Teil, VI, 4, f, Fußn. 499) dürften diese Fälle nicht mehr häufig sein. Eine „Aufzehrung" i.S. der Fußn. 62 kommt in Frage bei Annahme einer für den Geschädigten hohen Mithaftungsquote in Verbindung mit einer die Erfüllung bewirkenden Zahlung des Haftpflichtversicherers (s.u. (4)).

[64] S.u. I, 3, a, (3), Fußn. 156.

Dies gilt vor allem für die Haltereigenschaft § 7 I StVG,[65] die Verantwortlichkeit des Halters für Unfälle bei Schwarzfahrten (§ 7 III StVG)[66] und für die bei Amtshaftung zuständige Behörde.[67]

(3) Ersatzfähigkeit der Schadenspositionen und Kausalzusammenhang

Es kann im Einzelfall vorkommen, daß die Ersatzfähigkeit einer geltendgemachten Schadensposition in abstracto[68] oder der notwendige Kausalzusammenhang zwischen Unfall und Schaden[69] bereits nach dem Vorbringen des Klägers oder aufgrund einer leicht durchzuführenden Beweisaufnahme zu verneinen ist.

Eine Klageabweisung sollte aber nur vorgenommen werden, wenn damit der gesamte Anspruch erledigt werden kann; wird nur die Ersatzfähigkeit *einer* Schadensposition verneint, so ist es wenig zweckmäßig, diesen Teilanspruch durch Teilurteil vorweg abzuweisen.

(4) Einwendungen und Einreden

Ein gesetzlicher oder rechtsgeschäftlicher Haftungsausschluß[70] kann dem geltendgemachten Anspruch ebenso entgegenstehen wie ein Abfindungsvergleich[71] oder die erhobene Verjährungseinrede.[72]

Sie können oft verhältnismäßig leicht vorab geklärt werden. Hat die Haftpflichtversicherung den Kläger teilweise durch Zahlung befriedigt und streiten die Parteien nur noch um die Restforderung im Hinblick auf ein Mitverschulden des Klägers (bzw. die Mithaftung aufgrund §§ 7, 17 StVG) so kann oft eine Mithaftung des Klägers bereits aufgrund des beiderseitigen Parteivorbringens bejaht und damit der Prozeß zu Lasten des Klägers entschieden werden.

(5) Schuldanerkenntnis

Je nach der rechtlichen Relevanz des Anerkenntnisses[72] kann im Einzelfall der Anspruch ohne Beweisaufnahme bejaht bzw. verneint werden oder sich zumindest die Beweislast umkehren.

Soweit das Anerkenntnis allerdings nur als Indiz für die Beweiswürdigung in Frage kommt,[73] wird bei Streit über die Abgabe der Erklärung sich eine Beweisaufnahme hierüber in der Regel mit der Beweisaufnahme über den Unfallhergang verbinden lassen, zumal die hierfür benannten Beweismittel meist mit denjenigen für den Unfallhergang identisch sind.

---

[65] S.o. 1. Teil, II, 2, b, (1).

[66] S.o. 1. Teil, II, 6. – Zur Beweislast: *BGH*, NJW 1954, 392; *OLG Hamm*, NZV 1995, 320; *Hofmann*, Kap. 1.11., Rdnr. 69.

[67] S.o. 1. Teil, I, 4, a, Fußn. 242.

[68] Beispiel: Schutzzweck der Norm: 1. Teil, I, 1, e; 2. Teil, IV, 2, a, Fußn. 265.

[69] S.o. 1. Teil, I, 1, d; 3. Teil, I, 1.

[70] S.o. 1. Teil, VII, 1 + 2.

[71] S.o. 1. Teil, VII, 7.

[72] S.o. 1. Teil, VII, 5.

[73] S.o. VII, 5, a, (2), Fußn. 721.

2. *Die Klärung des Unfallhergangs*

a) Aufklärungsbedürftige Punkte

Je nach konkretem Ablauf des Unfalls ist das Augenmerk auf die Klärung folgender Punkte zu richten:

(1) die räumliche Beschaffenheit und verkehrstechnische Ausgestaltung der Unfallstelle. Hierzu können gehören: der Verlauf der Straße, die Beschaffenheit einer Kreuzung, die Breite der Straße, die Neigung der Straße, ihre Einsehbarkeit für Gegenverkehr und Einbieger, die aufgestellten Verkehrszeichen und Verkehrseinrichtungen, die Beschaffenheit der Straßendecke, die vorhandene Beleuchtung.

(2) der genaue Zeitpunkt des Unfalls und daraus folgende Konsequenzen: Dunkelheit oder Helligkeit, trockene, nasse oder glatte Fahrbahn, Verkehrsdichte.

(3) die Fahrweise der an dem Unfall beteiligten Fahrzeuge. Hierzu gehören: Geschwindigkeit, Beleuchtung (Abblendlicht, Fernlicht, Standlicht, Nebelscheinwerfer, Rückleuchten), die benutzte Fahrbahn, Fahrbahnwechsel, Betätigung der Blinkleuchten, Bremsen, Schleudern, Ort des Zusammenstoßes, Art des Zusammenstoßes.

(4) Verhalten eines beteiligten Fußgängers. Hierzu können gehören: Ort und Zeitpunkt des Betretens der Fahrbahn, vorheriges Warten am Fahrbahnrand, Gehweise (schnell oder langsam), Erkennbarkeit als Kind bzw. alte oder gebrechliche Person.

(5) nach dem Unfall getroffene Feststellungen. Hierzu gehören: Endstand der Fahrzeuge, Brems- und Blockierspuren, örtliche Lage eines Toten oder Verletzten, örtliche Lage von Fahrzeugteilen (Glassplitter, Blechteile), Art der Beschädigungen an den Fahrzeugen, festgestellte Defekte, Anzeichen für eine Fahruntüchtigkeit der beteiligten Fahrer.

(6) nach dem Unfall abgegebene Erklärungen. Hierzu gehören Erklärungen der beteiligten Fahrer, aber auch der Insassen über Fahrweise und Ursachen des Unfalls, Schuldanerkenntnisse und Verzichtserklärungen.

(7) Verhalten der Unfallbeteiligten gegenüber ihren Versicherern (Unfallschilderung) und Verhalten der beteiligten Haftpflichtversicherer (Anerkenntnis durch Schadensregulierung).

(8) Ergebnisse durchgeführter Straf- oder Bußgeldverfahren.

b) Maßnahmenkatalog

Für die Aufklärung vorstehend unter (1) genannten Punkte kommen folgende Maßnahmen in Betracht.

(1) Das Parteivorbringen

Im Vordergrund steht zu Beginn des Prozesses der Vortrag der Parteien, den das Gericht auf seine rechtliche Relevanz zu untersuchen hat.

Es ist Aufgabe des Klägers, die für die Begründung seines Anspruchs notwendigen Tatsachen substantiiert[74] und der Wahrheit gemäß[75] vorzutragen (§ 138 I ZPO). Der Beklagte hat sich hierzu ebenfalls konkret zu äußern (§ 138 I, II ZPO).[76] Er hat seinerseits die für ein Mitverschulden des Klägers bzw. seine Mithaftung sprechenden Umstände substantiiert vorzutragen, wozu dieser sich wieder konkret zu äußern hat. Gegebenenfalls sind die Parteien hierzu im Wege der prozeßleitenden Anordnung (§ 273 I 2, II

---

[74] *BGH*, NJW 1991, 2702; NJW-RR 1995, 722; 1995, 724.

[75] Hierzu *Tempel*, Mustertexte, Bd. II, § 16, Vorbem. I, 5, d; *BGH*, NJW 1995, 966.

[76] Das gilt auch für den Kfz-Haftpflichtversicherer: *OLG Frankfurt*, NJW 1974, 1473; *OLG Hamm*, NJW-RR 1997, 156.

Nr. 1 ZPO) anzuhalten, wobei das Gericht auch gezielte Fragen zu den unter a) erwähnten Punkten stellen wird, wenn hierzu nach dem bisherigen Vortrag der Parteien Anlaß besteht (§ 139 ZPO). Fehlende Substantiierung des Vorbringens kann bei der behauptungspflichtigen Partei zur Verneinung der Schlüssigkeit, bei dem Gegner zur Folge des § 138 III ZPO führen, d.h. die nicht substantiiert bestrittenen Tatsachen gelten als zugestanden.

(2) Gerichtliche Aufklärung von Amts wegen

Neben das eventuell zu ergänzende Parteivorbringen tritt eine Aufklärungstätigkeit des Gerichts.[77]

Dies gilt vor allem für die räumliche Beschaffenheit der Unfallstelle, die konkreten Straßen- und Beleuchtungsverhältnisse, die vorhandenen Verkehrszeichen und die nach dem Unfall seitens der Polizei getroffenen Feststellungen. Dies geschieht vor allem durch Beiziehung der Straf- oder Bußgeldakten nach § 273 II Nr. 2 ZPO (deren Aktenzeichen die Parteien anzugeben haben) und eine zweckmäßigerweise vor dem Termin erfolgende Durchsicht dieser Akten. Von Bedeutung sind aus diesen Beiakten der Unfallbericht der Polizei, der sich über die Straßen- und Beleuchtungsverhältnisse, die Verkehrszeichen und die bei dem Unfall getroffenen Feststellungen äußert, eine von der Polizei angefertigte Unfallskizze, von der Unfallstelle und den beteiligten Fahrzeugen hergestellte Fotos, eingeholte Gutachten über Defekte an den Fahrzeugen, Gutachten über den Blutalkoholgehalt der beteiligten Fahrer sowie sonstige sichergestellte Beweismittel (Fahrtschreiberblatt, defekte Reifen etc.).

Nach Einsichtnahme in die Straf- bzw. Bußgeldakten können weitere Aufklärungsmaßnahmen notwendig sein. So kann das Gericht die Parteien gemäß § 273 II Nr. 1 ZPO auf gewisse aus den Strafakten ersichtliche Erkenntnisse hinweisen und sie zu einer Erklärung über diese Punkte nebst Beweisantritt veranlassen, z.B. zur Vorlage von in ihren Händen befindlichen Fotos, Privatgutachten, zur Benennung weiterer Zeugen. Das Gericht kann weiterhin nach § 273 II Nr. 2 ZPO Auskünfte einholen und um die Mitteilung von Urkunden ersuchen. So kann die Polizeibehörde um Vorlage einer maßstabsgerechten Skizze der Unfallstelle ersucht werden, in die gegebenenfalls noch weitere, von ihr noch festzustellende Maße (z.B. Straßenbreite) oder sonstige Punkte (z.B. Verkehrszeichen) einzutragen sind. Bei Streit um die Zeitpunkte von Lichtzeichen (bei Kreuzungszusammenstößen) kann die Polizei um die Mitteilung des im Unfallzeitpunkt geltenden Ampelschaltplanes ersucht werden. Neben der Polizeibehörde kommen als Auskunftsbehörde in Frage: das Wetteramt bezüglich der im Unfallzeitpunkt herrschenden Wetterverhältnisse, das zuständige staatliche technische Überwachungsamt über die bei einem Unfallfahrzeug anläßlich einer Inspektion festgestellten Mängel.

c) Beweisaufnahme

Bei einer dann notwendigen Beweisaufnahme kommen drei verschiedene Schritte in Frage: Ortsbesichtigung, Personenvernehmung, Sachverständigengutachten.

(1) Ortsbesichtigung

Zunächst sollte das Gericht sich darüber schlüssig werden, ob und wann es eine Ortsbesichtigung der Unfallstelle vornehmen will.

Dies hängt einmal von dem Streitstand, zum anderen davon ab, inwieweit es die örtlichen Verhältnisse aus bereits vorliegenden Unterlagen (Unfallskizze, Fotos) oder et-

---

[77] Hierzu *Schneider*, Beweis, Rdnr. 17 ff.; *Tempel*, Mustertexte, Bd. I, § 1, Vorbem. I, 2, b.

waigen von den Parteien noch anzufertigen Fotos als genügend geklärt ansieht. Die Ortsbesichtigung – eine nach § 144 I ZPO auch von Amts wegen zu treffende – Maßnahme kann durchgeführt werden

– vor dem frühen ersten Termin, oder dem Haupttermin aufgrund eines Beweisbeschlusses nach § 358a Nr. 5 ZPO (Fall 1);

– während des frühen ersten Termins oder des Haupttermins, wobei der Termin von der Gerichtsstelle nach dem Unfallort verlegt wird (§ 219 I ZPO) (Fall 2);

– durch eine im Anschluß an den frühen ersten Termin oder an den Haupttermin erfolgende, durch Beweisbeschluß nach § 358 ZPO angeordnete, besondere Beweisaufnahme (Fall 3).

Soweit es sich um eine Beweisaufnahme (Fall 1 und 3) handelt, kann das gesamte Gericht die Ortsbesichtigung durchführen (§ 355 I 1 ZPO), sie aber auch dem Berichterstatter oder einem ersuchten Richter übertragen (§ 372 II ZPO). Im Falle 2 muß die Kammer, falls der Rechtsstreit bei ihr und nicht vor dem Einzelrichter anhängig ist, die Ortsbesichtigung durchführen, da ja gleichzeitig verhandelt werden soll; eine Alternative wäre die Durchführung des Ersttermins durch den Berichterstatter mit anschließendem schriftlichen Verfahren nach § 128 II ZPO.

Die Ortsbesichtigung kann mit drei weiteren Maßnahmen verbunden werden:

– Die Ortsbesichtigung kann nach § 375 I Nr. 1 ZPO mit der Vernehmung der Zeugen an Ort und Stelle verbunden werden; dies kann im Einzelfall zweckmäßig sein, da dann die einzelnen Zeugen ihre Aussage durch örtliche Hinweise demonstrieren können. In diesem Falle kann es auch zweckmäßig sein, das persönliche Erscheinen der Parteien nach § 141 I ZPO anzuordnen, so daß auch diejenige Partei, die als Fahrer an dem Unfall beteiligt war, eine Unfallschilderung mit konkreten Hinweisen auf die örtlichen Verhältnisse abgeben kann.

– Zu dem Ortstermin kann auch ein Sachverständiger geladen werden (§ 372 I ZPO), der im Anschluß an diesen Termin ein Gutachten erstatten soll. Er erhält auf diese Weise Gelegenheit, die Unfallstelle ebenfalls in Augenschein zu nehmen, sachdienliche Fragen an die erschienenen Parteien und Zeugen zu richten und auf sonstige für die Aufklärung wesentliche Punkte hinzuweisen.

– Schließlich kann die Ortsbesichtigung zu einer Rekonstruktion des Unfalls genutzt werden. Hierzu gibt man den Parteien auf, die am Unfall beteiligt gewesenen Fahrzeuge – eventuell, falls nicht mehr vorhanden, solche gleicher Bauart – mitzubringen. Im Regelfall ist es dann notwendig, die zuständige Polizeibehörde zu benachrichtigen, damit sie die Unfallstelle gegenüber dem sonstigen Verkehr absichert.

(2) Personenvernehmung

Im Anschluß an die Ortsbesichtigung erfolgt die Anhörung und Vernehmung der beteiligten Fahrer und sonstigen Zeugen, im Regelfall durch eine Beweisaufnahme vor dem Prozeßgericht (§ 355 I ZPO).[78] Dies kann die Kammer, ein Mitglied derselben (§ 375 I a ZPO) oder der Einzelrichter (§ 348 ZPO) sein.

Vorangestellt werden sollte die Vernehmung der beteiligten Fahrer, da sie am besten über ihre Fahrweise Auskunft geben können und deren unterschiedliche Darstellung des Unfallhergangs dann Anlaß für die entsprechenden Fragen an die Augenzeugen ist.

---

[78] Ausnahme: § 375 I Nr. 1–3 ZPO.

Soweit ein Fahrer infolge seiner Parteistellung[79] nicht als Zeuge vernommen werden kann, sollte er – unabhängig von dem Vorliegen der Voraussetzungen für eine Parteivernehmung nach §§ 445 ff. ZPO – zumindest als Partei nach § 141 ZPO angehört werden.[80] In vielen Fällen stellt sich erst nach mündlicher Anhörung der beteiligten Fahrer heraus, was von dem Unfallhergang streitig ist und was noch einer Aufklärung durch Zeugen oder Sachverständigengutachten bedarf.

Bei der Vernehmung aller Personen ist zunächst festzustellen, in welcher Weise sie in das Unfallgeschehen einbezogen waren, bzw. von welchem Standort sie es wahrgenommen hatten; dies ist unabdingbare Voraussetzung für eine richtige Würdigung der Aussage.[81] Ferner ist darauf zu achten, daß die Zeugen echt wahrgenommene Tatsachen bekunden und nicht nur Schlußfolgerungen aus anderen Tatsachen oder gar nur Vermutungen wiedergeben: stets ist zu fragen, ob der Zeuge die mitgeteilte Tatsache selbst wahrgenommen hat oder sie nur aus anderen Wahrnehmungen schließt.[82]

Erleichtert werden kann die Vernehmung durch Vorhalt von Unfallskizze und Fotos, anhand deren die Zeugen ihren Standort und ihre Wahrnehmungen demonstrieren können. Gelegentlich kann es auch angebracht sein, einen Zeugen selbst eine Skizze anfertigen zu lassen, die dann als Anlage zum Protokoll genommen wird. Soweit ein Zeuge geschätzte Entfernungen angibt, kann es zur Kontrolle dienlich sein, die von ihm für richtig gehaltene Entfernung an einem von der Gerichtsstelle aus einsehbarem Objekt zu demonstrieren.

Etwaige frühere, von dem Zeugen gemachte Aussagen sind ihm vorzuhalten, soweit sie abweichende Angaben enthalten. Soweit ein Sachverständigengutachten eingeholt werden soll, ist auf die Aufklärung der sogenannten Anknüpfungstatsachen besonderes Augenmerk zu richten.[83]

(3) Sachverständigengutachten

Es kann im Unfallprozeß regelmäßig erst erstattet werden, wenn die übrige Beweisaufnahme bereits durchgeführt ist, da der Sachverständige auf diesem Beweisergebnis aufbauen muß.

Etwas anderes gilt nur, wenn der Sachverständige eine von der Beweisaufnahme unabhängige Fragestellung zu erarbeiten hat, z.B. Begutachtung eines Unfallfahrzeugs auf technische Mängel, Auswertung eines Fahrtschreiberblattes auf die gefahrene Geschwindigkeit. Im Einzelfall kann sich natürlich ein Gutachten erübrigen, wenn sich in den beigezogenen Straf- oder Bußgeldakten bereits ein Sachverständiger geäußert hat und die dort genannten Ergebnisse in die zivilrechtliche Beurteilung übernommen werden können. Dies ist allerdings nicht immer der Fall: oft hat sich der Sachverständige im Strafverfahren nur zur Frage einer Schuld des dortigen Angeklagten und nicht zur Frage des Mitverschuldens geäußert; außerdem kann die unterschiedliche Beweislast (s.u. 3) zu einer anderen Beurteilung der Haftungsfrage führen.

Soweit der Sachverständige – wie in der Regel – den Unfallhergang rekonstruieren soll, sind vorab die hierfür notwendigen Anknüpfungstatsachen vom Gericht zu klären. Dies sind:

---

[79] S.o. Fußn. 33, 35, 40.

[80] *Geigel/Schlegelmilch/Kunschert*, Kap. 25, Rdnr. 189.

[81] *Schneider*, Rdnr. 1253.

[82] *Schneider*, Rdnr. 1223; *Bender/Nack*, Tatsachenfeststellung vor Gericht, 2. Aufl. Bd. I, Rdnr. 62.

[83] S.u. (3).

- Unfallörtlichkeit (einschl. Verkehrszeichen);
- Fahrspuren, Brems- und Blockierspuren;
- Endstand der Fahrzeuge nach dem Unfall;
- Lage von Splittern und Schmutz im Bereich der Unfallstelle;
- Erstaufschlagstelle und Endlage der angefahrenen Person;
- Zeitpunkt des Unfalls;
- Witterungs- und Beleuchtungsverhältnisse;
- Fahrbahnverhältnisse;
- Fahrtschreiberaufzeichnungen;
- Feststellungen über technische Fahrzeugmängel;
- Schaltplan einer Ampelanlage.

An den Sachverständigen sind konkrete Fragen zu stellen; die pauschale Frage, wer von den Beteiligten den Unfall „verschuldet" habe, ist unzulässig, da sie dem Sachverständigen die rechtliche Beurteilung des Falles übertragen würde, die allein dem Richter zukommt. Zu fragen ist vielmehr:

- Hatte das Fahrzeug technische Mängel? Wenn ja, waren sie für den Fahrzeugführer vorher erkennbar; haben sich die festgestellten technischen Mängel auf den Unfall ausgewirkt?
- Wie ist der Unfallverlauf gewesen? Wo sind die Fahrzeuge gefahren? Wo war die Anstoßstelle? Wo befand sich das Fahrzeug A, als das Fahrzeug B in die vorfahrtberechtigte ... straße einbog?
- Wie war die Geschwindigkeit der beteiligten Fahrzeuge?
- Wie lang waren Bremsweg und Anhalteweg bei der gefahrenen Geschwindigkeit?
- Wie lang wären Brems- und Anhalteweg gewesen bei einer (zulässigen) Geschwindigkeit von x km/h?

Dem Sachverständigen können außerdem konkrete Hinweise und Anweisungen gegeben werden, z.B.:

- welche der oben erwähnten Anknüpfungstatsachen er bei der Erstattung seines Gutachtens als feststehend zugrundelegen soll, welche er dagegen aufgrund seiner Sachkunde selbst überprüfen und feststellen soll;
- eine Ortsbesichtigung durchzuführen und hierzu die Parteien nebst Prozeßbevollmächtigten rechtzeitig zu laden;
- sich zur inneren Wahrscheinlichkeit einer von einem Beteiligten oder Zeugen gegebenen Unfallhergangs zu äußern;
- sich mit einem vorliegenden Privatgutachten, einem in den Straf- oder Bußgeldakten befindlichen Gutachten oder einer bestimmten Argumentation einer Partei auseinanderzusetzen;
- inwieweit der Sachverständige bei Beantwortung bestimmter Fragen auf die Beweislast Rücksicht zu nehmen hat.

d) Beweiswürdigung

Die Beweiswürdigung hat nach § 286 ZPO den Inhalt der Verhandlungen einzubeziehen; der Richter hat nach freier Überzeugung zu entscheiden, ob er eine bestrittene Tatsache als bewiesen ansieht oder nicht.[84]

---

[84] Zur Beweiswürdigung siehe *Schneider*, Rdnr. 20 ff.; *Tempel* (Fußn. 77), § 4, Vorbem. IV, 4.

(1) Im Vordergrund stehen die objektiven Beweismittel: die Unfallörtlichkeit, wie sie sich aus einer Ortsbesichtigung, vorgelegten Fotos und einer Unfallskizze[85] ergibt, festgestellte Bremsspuren, festgestellte Anstoßstellen an den Fahrzeugen und deren Endstellungen, Aufzeichnungen im Fahrtschreiber.[86]

(2) Bei Zeugenaussagen und Angaben der Parteien[87] ist je nach Einzelfall eine kritische Wertung angebracht.

Einmal sind die üblichen Fehlerquellen einer Zeugenaussage in Rechnung zu stellen, wie sie sich aus den beschränkten Möglichkeiten zur Wahrnehmung und Wiedergabe ergeben,[88] vor allem bei Schätzungen von Geschwindigkeiten[89] und Entfernungen[90] sowie falschen optischen Eindrücken.[91] Eine besondere Aufmerksamkeit verdienen bewußt oder unbewußt falsche Aussagen, die sich aus der Stellung der Aussageperson ergeben, vor allem hinsichtlich des in den Unfall verwickelten Fahrers,[92] des Insassen[93] und der Angehörigen.[94] Entgegen anderweitigen Tendenzen[95] darf den Aussagen dieser Personen nicht von vornherein jeglicher Beweiswert abgesprochen werden.[96] Vielmehr bedarf es auch hier einer Überprüfung ihres Wahrheitsgehalts anhand objektiver Gesichtspunkte unter Einbeziehung früherer Aussagen[97] und Erklärungen.[98] Will das Gericht in der Berufungsinstanz von der Beweiswürdigung der ersten Instanz hinsichtlich der Glaubwürdigkeit abweichen, muß es den Zeugen nochmals anhören.[99]

(3) Bei einem Sachverständigengutachten bezieht sich die Beweiswürdigung vor allem auf zwei Punkte:

ob der Sachverständige sein Gutachten auf objektiv für das Gericht feststehende Tatsachen aufgebaut hat[100] und ob es in seiner Gedankenführung logisch und überzeugend ist.[101] Bei etwaigen Unklarheiten ist es zweckmäßig, daß der Sachverständige sein (schriftliches) Gutachten mündlich erläutert.[102] Will das Gericht unter Berufung auf ei-

---

[85] *BGH*, VersR 1967, 875.

[86] *BGH*, NJW 1963, 586.

[87] Ohne Rücksicht darauf, ob sie im Rahmen einer Parteivernehmung (§§ 445 ff. ZPO) oder einer Anhörung (§ 141 ZPO) erfolgt sind. – S.o. Fußn. 80.

[88] Eingehend *Schneider*, Rdnr. 928 ff., 1000 ff.

[89] *OLG Koblenz*, DAR 1959, 111; *BGH*, VersR 1963, 241; *OLG Hamm*, NJWE-VHR 1996, 144; *Schneider*, Rdnr. 936.

[90] *BGH*, NJW 1985, 3078.

[91] *OLG München*, NJW 1982, 708; *Schneider*, Rdnr. 944; *Stimpfig*, MDR 1995, 451.

[92] S.o. II, 2, c, (2), Fußn. 80; *OLG Frankfurt*, VersR 1978, 259.

[93] *OLG Hamm*, MDR 1970, 337.

[94] *KG*, VRS 53, 253; *Schneider*, Rdnr. 1054.

[95] *AG München*, NJW 1987, 1425; *LG Köln*, NZV 1988, 1420.

[96] *BGH*, NJW 1988, 566 m. Anm. *Walter;* im Anschluß an *BGH*, NJW 1974, 2283 m. Anm. *Schneider*, MDR 1975, 297; ferner *BGHZ* 128, 307 = NJW 1995, 955; *BGH*, NJW-RR 1995, 1210; *OLG München*, NJW 1982, 708.

[97] *OLG Karlsruhe*, VRS 77, 100.

[98] Z.B. in der Schadensanzeige gegenüber dem Versicherer, in der Vorkorrespondenz, oder auch an der Unfallstelle.

[99] Hierzu *Tempel*, (Fußn. 75), § 13, Vorbem. II, 1, d, (2), m.Nw.

[100] *Schneider*, Rdnr. 1433, 1437.

[101] *BGH*, NJW 1993, 269; NJW-RR 1995, 914.

[102] Hierzu *Tempel*, (Fußn. 77), § 3, Vorbem. II, 2, h.

gene Sachkunde dem Gutachten nicht folgen, muß es dies in den Entscheidungsgründen darlegen und seine eigene (bessere) Sachkunde begründen.[103]

e) Beweislast

Soweit eine eindeutige Klärung des Unfallhergangs nicht möglich ist, muß das Gericht auf die Beweislast abstellen.

(1) So gehen Zweifel im Rahmen des Deliktanspruchs zum Nachteil des Klägers,[104] Zweifel im Rahmen des Entlastungsbeweises nach § 7 II StVG zum Nachteil des Beklagten.[105] Ein Mitverschulden hat der Beklagte zu beweisen, während der Kläger im Rahmen der Ausgleichspflicht (§ 17 StVG) den Entlastungsbeweis nach § 7 II StVG führen muß. Bei der Ausgleichung nach § 17 StVG ist dann nur auf die nachgewiesenen Umstände abzustellen.[106]

(2) Im Einzelfall, z.B. bei vorsätzlicher Beseitigung von Unfallspuren, kann eine Umkehr der Beweislast unter dem Gesichtspunkt der Beweisvereitelung in Frage kommen.[107]

(3) Besondere Grundsätze hat die Rechtsprechung für die Fälle der Unfallmanipulation entwickelt.

Der Geschädigte muß den äußeren Tatbestand der Rechtsgutsverletzung, insbesondere die Kollision beweisen; dagegen muß der Haftpflichtversicherer beweisen, daß der Geschädigte mit der Verletzung einverstanden war bzw. daran mitgewirkt hat.[108] Hinsichtlich dieses vom Versicherer zu führenden „Indizienbeweises" hat die Rechtsprechung inzwischen „Indizienkataloge" entwickelt.[109]

f) Anscheinsbeweis

Für die Beweisführung spielt der Anscheinsbeweis im Bereich des Verkehrsunfalls eine besondere Rolle.[110] Bei Darlegung eines typischen Verkehrsablaufes werden entsprechend dem aufgestellten Erfahrungssatz Kausalität bzw. Verschulden vermutet; es ist dann Sache der Gegenpartei, den gegen sie sprechenden Anscheinsbeweis zu erschüttern, indem sie darlegt, daß ein anderer Verlauf als der typische ernsthaft in Betracht kommt, wobei sie die Tatsachen, die für diesen atypischen Verlauf spre-

---

[103] *BGH*, NJW 1989, 2948; 1997, 1446; hierzu *Schneider*, Rdnr. 1481 ff.

[104] *Geigel/Schlegelmilch/Rixecker*, Kap. 37, Rdnr. 55, 56; Einzelfragen bei *Baumgärtel*, Handb. der Beweislast, 2. Aufl. (1991), § 823 BGB, Rdnr. 3 ff.

[105] *Coester/Waltjen*, Jura 1996, 608.

[106] S.o. 1. Teil, VII, 4, c, Fußn. 704, 705.

[107] *LG Düsseldorf*, DAR 1990, 62; *LG Hechingen*, VersR 1987, 319; *OLG Köln*, NZV 1992, 365; *Paulus*, AcP 197, 136.

[108] *BGH*, VersR 1978, 865; 1979, 281; *OLG Hamm*, NJW-RR 1987, 1239; *OLG Köln*, NJW-RR 1995, 546.

[109] *OLG Frankfurt*, MDR 1991, 951; *OLG Hamm*, NZV 1994, 227; NJW-RR 1995, 224; *Beyer*, VersR 1989, 882; *Verheyen*, ZfS 1994, 313; *Geigel/Schlegelmilch/Kunschert*, Kap. 25, Rdnr. 10 m.w.Nw.; *Schneider*, Rdnr. 400.

[110] *Greger*, VersR 1980, 1091; *Hofmann*, Kap. 1.1., Rdnr. 72, 99; *Lepa*, NZV 1992, 129; *Sanden*, VersR 1966, 201; *Schneider*, Rdnr. 322 ff.; *Stück*, JuS 1996, 153.

chen, zu beweisen hat.[111] Dieser Anscheinsbeweis führt über den Rahmen der Beweiswürdigung hinaus zu einer Veränderung der Behauptungslast: der Kläger genügt seiner Last zur schlüssigen Darlegung, wenn er die Anwendungstatsachen für den Erfahrungssatz behauptet; der Beklagte verteidigt sich erheblich, wenn er diese Anwendungstatsachen bestreitet, den Erfahrungssatz in Abrede stellt oder selbst Tatsachen vorträgt, die einen anderen Unfallhergang als den typischen in den Bereich des Konkret-Möglichen rücken.[112]

Dementsprechend ändern sich dann auch die Gegenstände der gerichtlichen Aufklärung und die gegebenenfalls in der Beweisaufnahme zu klärenden Punkte: die Anwendungstatsachen für den Erfahrungssatz sind daraufhin zu untersuchen, ob sie unstreitig oder bestritten sind,[113] gegebenenfalls ist über sie Beweis zu erheben.[114] Den Erfahrungssatz kann das Gericht in den meisten Fällen einer gefestigten Rechtsprechung entnehmen; im Einzelfall kann es einen neuen Erfahrungssatz aufstellen und hierzu auch den Sachverständigen befragen.[115]

Als Beispiele für den Anscheinsbeweis im Verkehrsunfallrecht seien hervorgehoben:

(1) Bei einem Auffahrunfall spricht der Anscheinsbeweis für ein Verschulden des Auffahrenden (zu schnelles Fahren, zu geringer Abstand zum Vordermann oder zu spätes Reagieren).[116] Das gilt auch bei Kolonnenfahrt auf der Autobahn[117] sowie bei Auffahren auf ein unbeleuchtetes Hindernis bei Dunkelheit.[118] Der Anscheinsbeweis wird entkräftet, wenn der Auffahrende beweist, daß der Vordermann ohne zwingenden Grund stark gebremst (§ 4 I 2 StVG),[119] bei einem Wechsel des Fahrstreifens gegen § 7 IV StVO[120] oder bei einem Einfahren in die Autobahn gegen § 18 III StVO[121] verstoßen hat.

(2) Bei einem Abkommen von der Fahrbahn spricht der Anscheinsbeweis für ein Verschulden des Fahrers (zu hohe Geschwindigkeit, unaufmerksames Fahren oder fehlerhaftes Bremsen).[122] Gleiches gilt bei einem Begegnungszusammenstoß für den Fahrer desjenigen Fahrzeuges, das *nachgewiesenermaßen* auf die Gegenfahrbahn gekommen

---

[111] *BGHZ* 2, 1 = NJW 1951, 653; *BGHZ* 8, 239 = NJW 1953, 584; *BGHZ* 39, 103, 107 = NJW 1963, 953; *BGH*, NJW 1978, 2032; 1996, 1828; *Schneider*, Rdnr. 469, 502.

[112] *BGH*, NJW 1978, 2032; NJW-RR 1989, 670; *Schneider*, Rdnr. 342; *Stück*, JuS 1996, 157.

[113] *Schneider*, Rdnr. 341.

[114] *BAGE* 19, 66 = NJW 1967, 269; *BGH*, NJW 1952, 1137; VersR 1982, 1145.

[115] *Geigel/Schlegelmilch/Haag*, Kap. 27, Rdnr. 16; *Schneider*, Rdnr. 332.

[116] *BGH*, VersR 1969, 900; *KG*, DAR 1977, 20; *OLG Oldenburg*, NZV 1991, 156; 1991, 428; *Geigel/Schlegelmilch/Haag*, Kap. 27, Rdnr. 147 + Kap. 37, Rdnr. 42; einschr. *OLG Düsseldorf*, NZV 1998, 203; *OLG Hamm*, NZV 1998, 115.

[117] *BGH*, VersR 1964, 263; *OLG Köln*, DAR 1971, 241; *Schneider*, Rdnr. 473.

[118] *BGH*, NJW 1960, 99; VersR 1963, 1026; *OLG Celle*, VersR 1986, 450; *Schneider*, Rdnr. 501, 530.

[119] *OLG Köln*, VersR 1974, 761; r + s 1996, 17; *LG Stuttgart*, VersR 1975, 165; *Schneider*, Rdnr. 487.

[120] *OLG Düsseldorf*, VersR 1983, 40; *LG Hildesheim*, NJW-RR 1986, 253; *OLG Oldenburg*, VersR 1992, 842; *OLG Bremen*, VersR 1997, 253; *Geigel/Schlegelmilch/Haag*, Kap. 27, Rdnr. 149; *Schneider*, Rdnr. 479.

[121] *BGH*, NJW 1982, 1595; *OLG Celle*, DAR 1992, 219.

[122] *BGH*, NJW 1953, 584; 1994, 941; *Geigel/Schlegelmilch/Haag*, Kap. 27, Rdnr. 108, 116. – Zur Entkräftung: *BGH*, NJW 1996, 1828.

ist bzw. die Mittellinie überfahren hat.[123] Ein gleicher Anscheinsbeweis gilt bei Schleudern infolge Aquaplaning.[124]

(3) Bei einem Zusammenstoß an einer Kreuzung oder einer Einmündung spricht der Anscheinsbeweis für ein Verschulden des Wartepflichtigen, wenn sich der Zusammenstoß im Bereich der Kreuzung bzw. der Einmündung abgespielt hat.[125] Das gilt auch, wenn die Fahrzeuge sich nicht berührt haben, sondern nur gefährlich nahe gekommen sind und damit eine psychische Reaktion des vorfahrtsberechtigten Fahrers naheliegt.[126] Der Anscheinsbeweis wird nicht bereits durch ein verkehrswidriges Verhalten des Vorfahrtberechtigten entkräftet;[127] eine erhöhte Geschwindigkeit kann allerdings ab einer gewissen Grenze den Anscheinsbeweis entkräften.[128] – Ein ähnlicher Anscheinsbeweis kommt zum Zuge, wenn ein PKW aus einer Grundstückseinfahrt,[129] beim Wenden[130] oder beim Einfahren in die Autobahn (§ 18 III StVO)[131] mit einem Fahrzeug im fließenden Verkehr zusammenstößt.

(4) Bei einem Überholvorgang richtet es sich im Hinblick auf die unterschiedlichen Pflichten der beteiligten Fahrzeuge (§ 5 II, IVa, VI StVO) nach den Umständen des Einzelfalles, ob der Unfallhergang für ein Verschulden des überholenden Fahrers spricht.[132]

(5) Bei Vorliegen von erheblichem Blutalkohol spricht der Anscheinsbeweis für die Unfallursächlichkeit der Alkoholbeeinflussung, wenn der Unfall sich unter Umständen ereignet hat, die ein nüchterner Kraftfahrer hätte meistern können.[133]

(6) Zuwiderhandlungen gegen die Beleuchtungsvorschriften begründen den Anscheinsbeweis für die Ursächlichkeit des Verstoßes.[134]

(7) Wird ein Fußgänger bei Überschreiten der Fahrbahn *von rechts nach links* von einem Kraftfahrzeug angefahren, so spricht der Anscheinsbeweis nur für eine Unaufmerksamkeit des Fußgängers.[135] Dagegen spricht der Anscheinsbeweis für ein Verschulden des Kraftfahrers, wenn der Fußgänger die Fahrbahn von *links nach rechts* überschreitet[136] oder auf einem Fußgängerüberweg angefahren wird.[137] Gleiches gilt, wenn ein Kraftfahrzeug beim Vorbeifahren an einem anderen Fahrzeug dieses streift und dabei ein dicht neben diesem Fahrzeug stehender Mensch verletzt wird,[138] oder wenn der Kraftfahrer bei Dunkelheit einen auf der Fahrbahn gehenden oder sitzenden Fußgänger anfährt.[139]

---

[123] *BGH*, NJW-RR 1986, 383; zur Entkräftung siehe *Geigel/Schlegelmilch/Rixecker*, Kap. 37, Rdnr. 43.

[124] *BGH*, VersR 1968, 670; *OLG Düsseldorf*, VersR 1975, 160; *Schneider*, Rdnr. 453.

[125] *BGH*, NJW 1976, 1317; 1982, 2668; *OLG München*, NZV 1989, 438; *Geigel/Schlegelmilch/Haag*, Kap. 27, Rdnr. 256; *Schneider*, Rdnr. 573, 677.

[126] *BGH*, VersR 1964, 1195. – Zu § 7 I StVG s.o. 1. Teil, II, 2, a, (1).

[127] *KG*, DAR 1984, 85; *Schneider*, Rdnr. 679.

[128] *BGH*, NJW-RR 1986, 384; *Schneider*, Rdnr. 680.

[129] *KG*, VersR 1975, 664; *OLG München*, NZV 1990, 394; NJWE-VHR 1996, 211; *Geigel/Schlegelmilch/Haag*, Kap. 27, Rdnr. 311.

[130] *BGH*, NJW-RR 1986, 384; *Geigel/Schlegelmilch/Haag*, Kap. 27, Rdnr. 304 m.Nw.

[131] *OLG Koblenz*, VersR 1994, 361.

[132] *BGH*, NJW 1975, 312; *OLG Hamm*, NJWE-VHR 1996, 144; 1996, 186; *OLG Köln*, NJWE-VHR 1997, 129; *Schneider*, Rdnr. 653 ff.

[133] *BGHZ* 18, 311 = NJW 1956, 21; *BGH*, NJW 1976, 897; *OLG Karlsruhe*, NZV 1992, 321; *Hoffmann*, NZV 1997, 57; *Schneider*, Rdnr. 421 ff.

[134] *BGH*, VersR 1964, 296; 1967, 178; *OLG Köln*, VersR 1988, 751; *Geigel/Schlegelmilch/Haag*, Kap. 27, Rdnr. 428; *Schneider*, Rdnr. 504, 505.

[135] *BGH*, NJW 1953, 1066 L; VersR 1968, 804; *OLG Düsseldorf*, DAR 1977, 268.

[136] *OLG München*, DAR 1968, 14; *OLG Köln*, ZfS 1993, 258 (str.).

[137] Arg. § 26 StVO.

[138] *BGH*, LM § 286 (C) ZPO; Nr. 9.

[139] *BGH*, VersR 1957, 257; *OLG München*, VersR 1987, 317; *Schneider*, Rdnr. 530.

(8) Bei einem Zusammenstoß zwischen einem vom Fahrbahnrand anfahrenden Fahrzeug und einem im fließenden Verkehr befindlichen Fahrzeug spricht (arg. § 10 StVO) der Anscheinsbeweis für ein Verschulden des Anfahrenden.[140]

(9) Wer ohne Fahrerlaubnis fährt, setzt sich dem Vorwurf aus, daß er zu einem Unfall schuldhaft beigetragen hat.[141]

(10) Die Verletzung der Gurtanlegepflicht (§ 21a StVO) kann nicht immer, aber bei typischen Gruppen von Unfallverläufen, bei denen die Gefahr von Verletzungen naheliegt, den Anscheinsbeweis für ein Mitverschulden des Verletzten begründen.[142]

(11) Bei Verstößen gegen ein Schutzgesetz, das bestimmten typischen Gefährdungsmöglichkeiten entgegenwirken soll, spricht der Anscheinsbeweis für die Ursächlichkeit des Schadenseintritts, wenn im Zusammenhang mit dem Verstoß gerade dasjenige Schadensereignis eingetreten ist, dessen Verhinderung das Schutzgesetz bezweckt.[143]

3. Das Grundurteil

In Verkehrsunfallsachen wird häufig ein Grundurteil in Frage kommen.

a) Voraussetzungen

(1) Ein Grundurteil darf nach § 304 I ZPO nur erlassen werden, wenn Grund *und* Betrag eines geltendgemachten Anspruchs streitig sind.[144]

Aus § 300 I ZPO folgt zusätzlich, daß auch bei Streit über die Höhe des Anspruchs der Erlaß eines Grundurteils nicht mehr in Frage kommt, wenn die Höhe entscheidungsreif geklärt ist. Die Rechtsprechung fordert außerdem, daß nach dem jeweiligen Prozeßstand ein Schaden des Klägers im Bereich des Wahrscheinlichen liegt.[145] In Betracht kommt ein Grundurteil bei allen Zahlungsklagen,[146] und zwar auch bei einer unbezifferten Schmerzensgeldklage.[147]

(2) In der Sache erfordert der Erlaß des Grundurteils die Prüfung sämtlicher zum Grund des Anspruchs gehörenden Voraussetzungen.

Zu ihnen gehören: die Aktivlegitimation,[148] die Passivlegitimation, die Anspruchsgrundlagen,[149] die generelle Ersatzfähigkeit der geltendgemachten Schadenspositio-

---

[140] *OLG Düsseldorf*, VersR 1977, 60; *OLG Frankfurt*, VersR 1982, 1079; *Schneider*, Rdnr. 448.

[141] *BGH*, VersR 1976, 531; 1978, 183; *LG Leipzig*, NJW-RR 1997, 25; *Schneider*, Rdnr. 526.

[142] *BGH*, NJW 1980, 2125; 1983, 1380; *OLG Zweibrücken*, VersR 1993, 454; *OLG Koblenz*, NZV 1992, 278; *Schneider*, Rdnr. 562, 563.

[143] *BGH*, NJW-RR 1986, 1350; NJW 1994, 945; *v. Gerlach*, DAR 1994, 234 m.Nw.; *Schneider*, Rdnr. 634.

[144] *BGH*, NJW-RR 1987, 756; 1989, 1149; 1991, 1896; 1994, 319.

[145] *BGH*, NJW 1968, 2105; 1991, 230; *OLG Düsseldorf*, NJW-RR 1996, 1182.

[146] Zur Teilklage *BGH*, NJW 1993, 1779.

[147] *OLG Bremen*, NJW 1966, 781; a.A. *OLG Celle*, NJW 1965, 1338; 1967, 1514. – S.u. Fußn. 169.

[148] *BGH*, VersR 1968, 69; 1979, 281.

[149] *BGHZ* 72, 34 = NJW 1978, 1920; *BGH*, NJW 1970, 608. – Zur Kausalität siehe *Geigel/Schlegelmilch/Kolb*, Kap. 39, Rdnr. 58; ferner u. Fußn. 157.

nen,[150] sämtliche Einwendungen (Haftungsausschluß,[151] Mitverschulden nach § 254 I BGB, Betriebsgefahr),[152] die Einrede der Verjährung.[153] Bei einer geltendgemachten Aufrechnung (mit einer konnexen Gegenforderung) ist zu prüfen, ob bei summarischer Prüfung entsprechend dem jeweiligen Prozeßstand die Klageforderung die zur Aufrechnung gestellte Forderung übersteigt.[154]

(3) Der Prüfung im Betragsverfahren können dagegen vorbehalten bleiben:[155]

der Anspruchsübergang auf Sozialversicherungsträger (§ 116 SGB X), Dienstherr (§ 87a BBG) und Arbeitgeber (§ 6 EFG) unter der Voraussetzung, daß nach summarischer Prüfung für den Kläger etwas an eigener Forderung übrigbleibt,[156] die Kausalität zwischen Unfall und einzelnen Schadenspositionen,[157] die Höhe der einzelnen Schadenspositionen einschließlich Vorteilsausgleichung,[158] der Einwand des Mitverschuldens nach § 254 II BGB,[159] die Frage „Kapital oder Rente",[160] die Dauer einer Rente,[161] die Frage der Verzinsung.[162]

(4) Die Rechtsprechung läßt auch die Überweisung anderer den Anspruchsgrund betreffender Fragen in das Betragsverfahren zu, wenn dies im Tenor oder den Entscheidungsgründen des Grundurteils kenntlich gemacht wird.[163]

(5) Ob das Gericht ein Grundurteil erläßt, steht im – nicht nachprüfbaren – Ermessen des Tatrichters.[164]

Für den Erlaß eines Grundurteils können sprechen: die Trennung der Prüfung von Grund und Höhe des Anspruchs bei einem verwickelten Streitstand unter prozeßökonomischen Gesichtspunkten: das Gericht hat mit Erlaß des Grundurteils einen Teil des Streitstandes erledigt, weiteres Vorbringen zum Grund des Anspruchs bleibt – wegen der Bindung des Gerichts nach § 318 ZPO[165] unberücksichtigt. Bei zweifelhaftem Anspruchsgrund besteht für die Parteien die Möglichkeit, das Grundurteil im Instanzenzug nachprüfen zu lassen (§ 304 II ZPO), bevor Arbeit und Geld an die Klärung der

[150] *BGHZ* 89, 383 = NJW 1984, 1226; vgl. jedoch *BGH*, NJW 1968, 1968; 1993, 1793.

[151] Zum Einwand der Unfallmanipulation *OLG Hamm*, NZV 1995, 403.

[152] *BGH*, NJW 1978, 544; 1979, 1933; *Geigel/Schlegelmilch/Rixecker*, Kap. 3, Rdnr. 82. – Siehe jedoch u. Fußn. 163.

[153] *BGH*, NJW 1968, 2105.

[154] *BGHZ* 11, 63 = NJW 1954, 73; *BGH*, NJW 1954, 1197; 1962, 1618; *OLG Köln*, NJW-RR 1994, 917.

[155] Überblick bei *Schilken*, ZZP 95, 45.

[156] *BGH*, NJW 1951, 195; 1956, 1236; 1968, 2105.

[157] *BGHZ* 108, 256 = NJW 1989, 2745.

[158] *BGH*, NJW 1991, 380.

[159] *BGH*, VersR 1974, 1172; *OLG Hamm*, NJW-RR 1993, 915.

[160] *BGHZ* 59, 131 = NJW 1972, 1943; teilw. abw. *Geigel/Schlegelmilch/Kolb*, Kap. 39, Rdnr. 59.

[161] *BGHZ* 11, 183 = NJW 1954, 1716; *BGH*, VersR 1967, 1002.

[162] *OLG Köln*, JMBlNRW 1963, 144.

[163] *BGH*, NJW-RR 1996, 700; *OLG Hamm*, NJW-RR 1993, 915.

[164] *BGH*, NJW 1995, 1093.

[165] Ausnahmen: Verweisung in das Betragsverfahren (o. Fußn. 163); spätere Erhöhung der Klage im Betragsverfahren: *BGH*, NJW 1985, 496; *OLG Stuttgart*, NJW-RR 1996, 1085.

Anspruchshöhe verwendet wird. Gegen den Erlaß des Grundurteils spricht vor allem die bei seiner Anfechtung eintretende Verfahrensverzögerung, da der Geschädigte zunächst keinen Leistungstitel und damit kein Geld erhält. Das Gericht wird diese Gesichtspunkte gegeneinander abzuwägen haben. Je klarer die Rechtslage hinsichtlich des Anspruchsgrundes liegt und je kürzer die Klärung der Höhe des Anspruchs voraussichtlich dauert, desto mehr Gründe sprechen gegen den Erlaß des Grundurteils. Ist der Anspruch der Höhe nach teilweise zugunsten des Klägers entscheidungsreif, kann das Grundurteil mit einem Teilurteil verbunden werden.

b) Der Tenor des Grundurteils

Ist die Klage dem Grunde nach voll gerechtfertigt, so lautet der Tenor des Grundurteils dahin, daß der Klageanspruch dem Grund nach gerechtfertigt ist, bzw. für gerechtfertigt erklärt wird. Bei einer komplizierten Rechtslage kommen zusätzlich hinzu:[166]

(1) eine Mithaftungsquote unter dem Gesichtspunkt des Mitverschuldens und/oder der Betriebsgefahr.

Bei einer Teilklage ist klarzustellen, daß sich die ausgeworfene Quote auf den Gesamtschaden und nicht auf den eingeklagten Teilbetrag bezieht.[167] Bei der Klage eines Sozialversicherungsträgers (§ 116 SGB X), des Dienstherrn (§ 87a BBG) oder Arbeitgebers (§ 6 EFG) ist klarzustellen, daß sich die Quote auf den übergangsfähigen Anspruch unter Berücksichtigung des Quotenvorrechts bezieht, nicht auf die Höhe der Aufwendungen des Rechtsnachfolgers.[168] Bei einer unbezifferten Schmerzengeldklage ist ebenfalls die Quotelung auszusprechen,[169] nach der Rechtsprechung des BGH zur Bedeutung des Mitverschuldens beim Schmerzensgeld[170] allerdings dahin, daß das Schmerzensgeld im Betragsverfahren unter Berücksichtigung der Mitverschuldensquote zu bemessen ist.[171]

(2) eine höhenmäßige Beschränkung des Anspruchs, wenn bloß ein Anspruch aus Gefährdungshaftung bejaht wird (§ 12 StVG)[172] oder eine Beschränkung der Schuld des Kraftfahrzeughaftpflichtversicherers nach §§ 3 Nr. 4, 6 KfzPflVersG i.V. mit § 158c III VVG in Frage kommt.[173]

(3) ein Vorbehalt des Anspruchsübergangs auf Sozialversicherungsträger nach (§ 116 SGB X) bzw. auf den Arbeitgeber (§ 6 EFG) oder den Dienstherrn (§ 87a BBG), soweit ein solcher Anspruchsübergang im Zeitpunkt der letzten mündlichen Verhandlung in Betracht kommt.[174]

(4) der Vorbehalt einer Haftungsbeschränkung nach § 305 ZPO.[175]

---

[166] Hierzu *Türpe*, MDR 1968, 453, 627.

[167] *Reinicke*, NJW 1951, 93; *Wittmann*, NJW 1967, 2389.

[168] Hierzu *Reinicke*, NJW 1951, 95; *Behmann*, MDR 1950, 601.

[169] S.o. Fußn. 147.

[170] S.o. 3. Teil, V, 1, c, Fußn. 250.

[171] *BGH*, VersR 1961, 711; 1981, 1181; *OLG Celle*, NJW 1968, 1785; *OLG Köln*, MDR 1975, 148; *OLG Düsseldorf*, VersR 1975, 1052.

[172] *BGHZ* 72, 34 = NJW 1978, 1920; *Bötticher*, JZ 1960, 240.

[173] *BGH*, NJW 1979, 1046; VersR 1986, 565; zur Ergänzung des Urteilstenors gemäß § 321 ZPO: *BGH*, NJW-RR 1996, 1238.

[174] *BGH*, NJW 1982, 447.

[175] *OLG Köln*, VersR 1968, 380; *OLG Schleswig*, SchlHA 1969, 231.

Dagegen sollten im Tenor Hinweise auf die Bejahung oder Verneinung einzelner Anspruchsgründe unterbleiben,[176] ebenso Hinweise auf geleistete Vorschußzahlungen.[177] Eine teilweise Abweisung der Klage in den oben unter (1) bis (4) genannten Fällen sollte man nur in Einzelfällen vornehmen, wo eine Verwirrung im Betragsverfahren ausgeschlossen ist, z.B. bei über die Höchstgrenze des § 12 StVG hinausgehenden Ansprüchen,[178] bei einzelnen unschlüssigen Klagepositionen.[179] Eine Bedeutung hat die Klageabweisung ohnehin nicht, da das Gericht aufgrund der Bindungswirkung des Grundurteils (§ 318 ZPO) im Betragsverfahren zur Klageabweisung gezwungen ist. Eine Kostenentscheidung enthält das Grundurteil als Zwischenurteil nicht, ebensowenig einen Ausspruch über die vorläufige Vollstreckbarkeit.

c) Verbindung mit Feststellungsurteil

Hat der Kläger neben dem Zahlungsantrag einen Feststellungsantrag hinsichtlich des Zukunftsschadens gestellt,[180] so kann bei Erlaß des Grundurteils gleichzeitig ein Teilurteil über den Feststellungsantrag ergehen, wenn insoweit Entscheidungsreife vorliegt.[181]

Vorausgesetzt wird, daß das Feststellungsinteresse bereits jetzt bejaht werden kann.[182] Die Bestimmung eines Mitverursachungsanteils darf allerdings nicht vorbehalten bleiben.[183] Da in diesem Fall ein Grund- und Teilurteil vorliegt, enthält der Tenor des Urteils den Ausspruch, daß die Kostenentscheidung dem Schlußurteil vorbehalten bleibt.

4. Tatbestand und Entscheidungsgründe bei Entscheidung über den Grund des Anspruchs

Die nachfolgenden Ausführungen gelten sowohl für den Erlaß eines Grundurteils als auch für den Erlaß eines Urteils, das über Grund und Höhe zusammen entscheidet; in letzterem Falle ist wegen des weiteren Inhalts auf die Ausführungen unter III, 6 und IV, 6 zu verweisen.

a) Der Tatbestand

Bei seiner Abfassung ist der Beschränkung der Entscheidung auf den Grund des Anspruchs hinsichtlich Ordnungs- und Beweisfunktion Rechnung zu tragen.[184]

---

[176] a.A. *BGH*, NJW 1959, 918.

[177] a.A. *OLG Celle*, NdsRPfl 1973, 181.

[178] Für Teilabweisung: *BGH*, NJW 1985, 1959; *Schmitt*, NJW 1968, 1127; dagegen *Wittmann*, NJW 1967, 2387.

[179] *BGH*, NJW 1989, 2757; *BGHZ* 122, 363 = NJW 1993, 2173; a.A. *Huber*, Das Zivilurteil (1995), Rdnr. 148.

[180] S.o. I, 4.

[181] *BGH*, NJW 1953, 184; DRiZ 1965, 97.

[182] *OLG München*, NJW 1997, 1642.

[183] *BGH*, NJW 1997, 3176.

[184] *Huber* (Fußn. 179), Rdnr. 171.

(1) Zweckmäßigerweise wird der Tatbestand eingeleitet durch eine nähere Kennzeichnung des geltendgemachten Anspruchs.[185]

Diese Kennzeichnung sollte enthalten: die Bezeichnung des Verkehrsunfalls nach Datum und Ort, bei Rechtsnachfolge auf der Aktivseite die nähere Bezeichnung des Klägers mit dem Grund der Rechtsnachfolge, auf der Passivseite die Bezeichnung der Beklagten nach dem Grund ihrer Inanspruchnahme (Halter, Fahrer, Haftpflichtversicherer etc.).

(2) Der unstreitige Sachverhalt besteht aus einer kurzen Schilderung des Unfallhergangs.

Anzugeben sind die Unfallörtlichkeit und die Fahrweise der Fahrzeuge,[186] Straßen- und Beleuchtungsverhältnisse, die Art des Zusammenstoßes, die Mitteilung, welche Fahrzeuge beschädigt und welche Personen verletzt wurden. Im Hinblick auf das Gebot der Kürze des Tatbestandes (§ 313 II ZPO n.F.) sollten dagegen einzelne Umstände, mit denen die Parteien das Verschulden der Gegenseite begründen oder sich selbst entlasten, wegbleiben, auch wenn sie unstreitig sind.

(3) Der Klagevortrag besteht in einer Wiedergabe der vom Kläger vorgebrachten Angriffsmittel. Dies ist eine *nach rechtlichen Gesichtspunkten* geordnete Aufzählung des Tatsachenvortrages des Klägers hinsichtlich der Tatbestandsmerkmale, auf die er seinen Anspruch stützt.

Im Hinblick auf das Gebot der Kürze sollten nur übergeordnete Gesichtspunkte (z.B. überhöhte Geschwindigkeit, zu geringer Abstand, unterlassenes Blinken, plötzliches Ausscheren etc.) angegeben werden, nicht dagegen Einzelheiten der Argumentation des Klägers in den Schriftsätzen. Der Begründung der Anspruchsgrundlage kann sich eine kurze Wiedergabe desjenigen Klagevortrages anschließen, mit dem der Kläger ein eigenes Mitverschulden ausschließt oder sich auf ein unabwendbares Ereignis beruft; auch hier kann es sich – ebenso wie bei der Anspruchsgrundlage – nur um eine prägnante Kurzfassung, nicht aber um eine Wiedergabe der ganzen Argumentation handeln. Schließlich sollte die Wiedergabe des Klagevortrages eine Aufzählung der geltendgemachten Schadenspositionen mit dem jeweils verlangten Betrag, zumindest aber die Angabe der verlangten Endsumme mit einer Verweisung auf den die Berechnung im einzelnen enthaltenen Schriftsatz des Klägers enthalten.

(4) Es folgen die – eingerückten – wechselseitigen Anträge der Parteien.[187]

(5) Der Beklagtenvortrag enthält eine kurze Wiedergabe des Verteidigungsvorbringens. Auch er ist nach *rechtlichen Gesichtspunkten*, nämlich den einzelnen Verteidigungsmitteln geordnet; die Reihenfolge sollte nach Möglichkeit spiegelbildlich zu dem Klagevortrag sein.

Das bedeutet, daß zunächst eine kurze Stellungnahme des Beklagten zu den vom Kläger vorgetragenen Schuldvorwürfen zu bringen ist; in der Regel – nämlich bei einem substantiiertem Bestreiten – wird dies zur Wiedergabe der gegenteiligen Angaben über den Unfallhergang führen. Ihm schließen sich kurze Angaben zum Mitverschulden und zur Mithaftung nach § 17 StVG an. Anschließend folgen die Verteidigungsmittel des

---

[185] *Steines*, JuS 1978, 34.
[186] Bezugnahme auf eine Verkehrsunfallskizze: *Huber*, (Fußn. 179), Rdnr. 159.
[187] Im Hinblick auf die Beschränkung der Bindungswirkung (s.o. Fußn. 165) m.E. zweckmäßig; a.A. *Huber* (Fußn. 179), Rdnr. 171.

Beklagten unter kurzer Kennzeichnung ihres Wesens: Haftungsausschlüsse, fehlende Aktiv- oder Passivlegitimation, Einrede der Verjährung. Zur Schadenshöhe ist kurz anzugeben, ob und welche Schadenspositionen der Beklagte bestreitet.

(6) Eine Replik des Klägers zu dem Beklagtenvortrag wird sich in der Regel erübrigen. Das gilt vor allem hinsichtlich des Einwands des Mitverschuldens und der Betriebsgefahr, wenn man – entsprechend den Ausführungen unter (3) – diesen Vortrag des Klägers bereits in den Klagevortrag einbezogen hat.

Nur in Einzelfällen wird eine Replik in Frage kommen, wenn sich z.B. der Kläger gegenüber der Einrede der Verjährung auf ein Anerkenntnis beruft oder der Beklagte mit einer Aufrechnung oder einer Widerklage seinerseits Gegenansprüche geltendmacht.

(7) Die Wiedergabe des Beweisverfahrens besteht aus zwei Teilen: dem Gegenstand und dem Ergebnis der Beweisaufnahme. In beiden Fällen erfolgt in der Praxis eine Bezugnahme.

So kann der Gegenstand der Beweisaufnahme entweder kurz bezeichnet (Unfallhergang) oder durch Verweisung auf einen Beweisbeschluß erwähnt werden. Das Ergebnis der Beweisaufnahme wird grundsätzlich durch eine Verweisung auf die gerichtlichen Niederschriften und ein eventuell eingeholtes Sachverständigengutachten dargestellt.

(8) Am Schluß erfolgen meist noch Hinweise über die beigezogenen Akten unter Angabe der genauen Aktenzeichen.

b) Die Entscheidungsgründe

(1) Unter Beachtung des § 313 III ZPO müssen die Entscheidungsgründe sich sowohl über die rechtlichen Erwägungen als auch über die tatsächlichen Feststellungen des Gerichts über den Unfallhergang, soweit er für die rechtliche Beurteilung relevant ist, äußern.

Anspruchsgrundlagen und Einwendungen sind zu erörtern, soweit sie die Entscheidung tragen. Dabei sind entsprechend dem jeweiligen Sach- und Streitstand ausführlichere Erörterungen bei den Schwerpunkten des Streitfalles angezeigt. Bei Begründung der Fahrlässigkeit ist neben der Erwähnung des Verstoßes gegen bestimmte Normen des Straßenverkehrs bei den vom Gericht aufgestellten Maßstäben der verkehrserforderlichen Sorgfalt auch das vom Gericht vermißte Alternativverhalten anzugeben, das den Unfall verhindert hätte.

Hinsichtlich der Beweiswürdigung sind nach § 286 I 2 ZPO die *leitenden* Gründe anzugeben. Das bedeutet eine nähere Bezeichnung der Beweismittel, aus denen das Gericht für die einzelnen Feststellungen seine Überzeugung herleitet, bei einzelnen widersprechenden Beweismitteln auch eine Stellungnahme, aus welchen Gründen das Gericht dem einen Beweismittel mehr Glauben als einem anderen schenkt. Bei einem Gutachten ist entscheidend, ob das Gericht den Darlegungen und dem Ergebnis des Gutachters folgt oder nicht: Schließt sich das Gericht dem Gutachter an, so sollte angegeben werden, daß das Gutachten in sich logisch und überzeugend ist, an der Sachkunde des Gutachters nicht zu zweifeln ist und das Ergebnis durch andere Beweismittel gestützt wird. Folgt das Gericht dem Gutachter nicht, so bedarf es einer näheren Begründung, weshalb dies geschieht, z.B. Bedenken gegen die Sachkunde, logische Fehler, nicht bewiesene Anknüpfungstatsachen, Überschreiten der Kompetenz des Gutachters infolge Stellungnahme zu einer Rechtsfrage. In diesem Fall muß dann noch angegeben werden, aus welchen Gründen das Gericht – sei es von Amts wegen oder trotz Antrag der beweisfälligen Partei – von der Einholung eines weiteren Gutachtens absieht.

(2) Der Umfang der Entscheidungsgründe ergibt sich aus einer Beschränkung auf die tragenden Gründe und die vom Gesetz geforderten Tatbestandsvoraussetzungen. Die Reihenfolge der Abhandlung folgt dem logischen Aufbau der Tatbestände des Gesetzes.

Wird die Klage abgewiesen, so sind entweder alle möglichen Anspruchsgrundlagen zu verneinen oder aber ein gegenüber allen Grundlagen durchgreifender Einwand zu bejahen. In letzterem Falle bedarf es keines Eingehens auf die Anspruchsgrundlagen im einzelnen; sie können dahingestellt bleiben. Davon gibt es jedoch Ausnahmen. Wird die Klage wegen Verjährung abgewiesen, so bedarf es zumindest einer Feststellung, welcher Anspruch in Frage kommt, um die Dauer der Verjährungsfrist zu bestimmen. Wird die Klage wegen überwiegenden Mitverschuldens oder überwiegender Betriebsgefahr (§ 17 StVG) abgewiesen, so bedarf es meist auch einer Feststellung oder zumindest einer Unterstellung des Verschuldens des Beklagten, um dann die erforderliche Abwägung vorzunehmen.

Wird der Klage stattgegeben, so ist zunächst eine Anspruchsgrundlage festzustellen. Anschließend sind etwaige Einwendungen und Einreden zu verneinen. Soweit sich der Beklagte auf Mitverschulden oder mitwirkende Betriebsgefahr beruft, kommen verschiedene Möglichkeiten in Betracht. Einmal kann das Gericht ein Mitverschulden nicht als bewiesen ansehen. Hinsichtlich der Betriebsgefahr kann das Gericht ein unabwendbares Ereignis (§ 7 II StVG) feststellen, mit der Folge, daß eine Abwägung und Quotelung des Schadens nach § 17 StVG auszuscheiden hat. Schließlich kann das Gericht ein beiderseitiges Verschulden oder eine beiderseitige Haftung nach § 7 I StVG als Ausgangspunkt für eine Abwägung nach § 17 StVG nehmen und dann wegen überwiegender Verursachung die volle Haftung des Beklagten feststellen. Soweit ausnahmsweise Einwendungen der Prüfung im Betragsverfahren vorbehalten bleiben sollen, ist ein entsprechender Vorbehalt aufzunehmen.

Wird der Anspruchsgrund teilweise bejaht, so ist zunächst die Anspruchsgrundlage zugunsten des Klägers festzustellen. Daran schließt sich die Feststellung des Mitverschuldens des Klägers bzw. – bei Verneinung desselben – der Ausschluß des unabwendbaren Ereignisses (§ 7 II StVG) an. Zum Schluß ist die Abwägung nach § 17 StVG vorzunehmen.

III. Die Klärung des Sachschadens

1. Der Sachschaden im engeren Sinne (Fahrzeugschaden)

a) Klärung der Berechnungsart

(1) Bei dem Sachschaden im engeren Sinne ist zunächst zu klären, ob der Schaden auf Reparaturkosten- oder Totalschadensbasis abzurechnen ist.[188] In den meisten Fällen ist die Frage eindeutig zu entscheiden oder wird von den Parteien übereinstimmend beurteilt. Dann erübrigt sich eine weitere Aufklärung und Entscheidung dieser Ausgangsfrage durch das Gericht.

(2) In streitigen und zweifelhaften Fällen ist nach den obigen Ausführungen zu klären:

---

[188] S.o. 2. Teil, I, 2, a.

– der Verkehrswert des Fahrzeugs vor dem Unfall;[189]
– der Verkehrswert des Fahrzeugs nach dem Unfall;[190]
– die voraussichtlichen Reparaturkosten;[191]
– der voraussichtlich verbleibende merkantile Minderwert.[192]

In diesem Fall legt der Geschädigte meist ein eingeholtes Privatgutachten oder einen Kostenvoranschlag der Werkstatt vor; die beklagte Haftpflichtversicherung kann ebenfalls ein Gutachten vorlegen. Werden die in diesen Gutachten bzw. dem Kostenvoranschlag enthaltenen Wertfaktoren nicht bestritten, so kann das Gericht anhand dieser Unterlagen die Ausgangsfrage entscheiden. Das gleiche gilt auch, wenn diese Wertfaktoren nur unerheblich voneinander abweichen (§ 287 I ZPO).

Nur wenn die Angaben der Parteien über die obigen Wertfaktoren erheblich differieren, bedarf es der Einholung eines Sachverständigengutachtens; dann wird man dem Sachverständigen jedoch, um ein zweites Gutachten zu vermeiden, gleichzeitig die Fragen vorlegen, die zur Berechnung des Schadens nach beiden Alternativen notwendig sind (unten b und c).

b) Reparaturkostenabrechnung

Ist auf Reparaturkostenbasis abzurechnen, so sind die notwendigen Reparaturkosten, ein etwaiger Abzug „neu für alt" und der verbleibende merkantile Minderwert festzustellen.[193]

(1) Es ist zunächst Aufgabe des Klägers, diese Schadenspositionen substantiiert darzulegen. Dies kann geschehen durch Vorlage eines Kostenvoranschlages,[194] eines Sachverständigengutachtens[195] oder der Reparaturkostenrechnung.[196]

Es ist sodann Aufgabe des Beklagten, hierzu stubstantiiert Stellung zu nehmen, also zu sagen, ob er die angegebenen Arbeiten als unfallbedingt ansieht, ob die eingesetzten Preise angemessen sind und ob in bestimmten Punkten ein Abzug „neu für alt" vorzunehmen ist. Unterläßt dies der Beklagte, wird das Gericht in der Regel die dargelegten Reparaturkosten als notwendig anerkennen, wenn sich nicht aus besonderen Umständen Anhaltspunkte ergeben, daß die Rechnung übersetzt ist.

(2) Soweit der Beklagte substantiiert bestreitet, muß das Gericht zu den angeschnittenen Fragen Stellung beziehen.

In einem Teil der Fälle wird es dies aufgrund eigener Sachkunde selbst tun und den erforderlichen Betrag nach § 287 ZPO schätzen. Andernfalls ist ein Sachverständigengutachten zu diesen Fragen einzuholen. Soweit es um die Unfallbedingtheit einzelner Rechnungspositionen geht, hat das Gericht vor Abgabe der Akten an den Sachverstän-

---

[189] S.o. 2. Teil, I, 2, a, (1).
[190] S.o. 2. Teil, I, 2, b, (2).
[191] S.o. 2. Teil, I, 1, b.
[192] S.o. 2. Teil, I, 1, c.
[193] S.o. 2. Teil, I, 1, b + c.
[194] Dies gilt vor allem für die sog. Bagatellschäden; s.o. 2. Teil, II, 2, a, (2).
[195] Zu den sog. „fiktiven Reparaturkosten" s.o. 2. Teil, I, 1, d.
[196] Zur umstr. Vorlagepflicht s.o. 2. Teil, I, 1, d, (3), Fußn. 50–52.

digen aufklärende Vorarbeit zu leisten: es hat zu klären, wo die Anstoßstellen bei dem Unfall waren (Beiziehung der Strafakten, Fotos, Zeugen) und ob etwa weitere Unfälle als mögliche Schadensursachen in Frage kommen. Ferner sind die Parteien zu einer Stellungnahme aufzufordern, ob, gegebenenfalls wo das Unfallfahrzeug besichtigt werden kann. Soll der Sachverständige zur Höhe des merkantilen Minderwerts Stellung nehmen, ist zu beachten, daß die Art der Berechnung eine Rechtsfrage ist, die nicht der Sachverständige, sondern das Gericht zu entscheiden hat. Das bedeutet, daß sich der Sachverständige in erster Linie zu den vom Gericht für maßgebend erachteten Faktoren, insbesondere zur Art der Unfallschäden (Beschädigung tragender Teile) zu äußern hat.[197]

c) Totalschadenabrechnung

Bei Abrechnung auf Totalschadensbasis[198] ist der Verkehrswert des Fahrzeugs vor dem Unfall und nach dem Unfall zu klären.

(1) Hierzu legt der Geschädigte meist das Gutachten eines Sachverständigen vor. Hierzu hat sich der Beklagte zu äußern. Geht dieser von anderen Werten aus, so wird das Gericht zunächst folgende Umstände klären, soweit sie nicht aus dem vorgelegten Gutachten ersichtlich sind: Baujahr, km-Leistung, Erhaltungszustand (Fotos), eventuelle Vorschäden, Anschaffungspreis und Anschaffungsdatum für den Geschädigten (Kaufvertrag), eventuell zusätzliche werterhöhende Aufwendungen (Belege). Sodann muß der Beklagte zu diesen Umständen Stellung nehmen.

(2) Bei geringfügig abweichender Bewertung durch die Parteien kann das Gericht den Verkehrswert des Fahrzeugs selbst schätzen und durch einen Aufschlag den zu ersetzenden Wiederbeschaffungswert ermitteln. Es kann hierbei auf gebräuchliche Listen über die auf dem Gebrauchtwagenmarkt üblichen Preise zurückgreifen (Schwacke-Liste).[199] Andernfalls ist über den Verkehrswert des Fahrzeugs vor und nach dem Unfall ein Sachverständigengutachten einzuholen. Dabei ist es wichtig, daß der Sachverständige nach Möglichkeit das beschädigte Fahrzeug besichtigen sollte. Außerdem sind ihm die von dem Geschädigten vorgelegten Belege über Anschaffung und werterhöhende Aufwendungen zugänglich zu machen.

2. Der Sachschaden im weiteren Sinne (Abschleppkosten, Sachverständigenkosten, Auslagen)[200]

Hierzu hat der Geschädigte zunächst die entsprechenden Rechnungen vorzulegen. Auslagen werden von dem Gericht – auch ohne die Vorlage entsprechender Belege – bis zu einem bestimmten Pauschbetrag anerkannt.[201] Nur in Ausnahmefällen wird es notwendig sein, hier eine weitere Aufklärung vorzunehmen; z.B. wenn Abschleppkosten für eine größere Strecke verlangt werden (Darlegung der Notwendigkeit dieser Art des Abschleppens).

---

[197] S.o. 2. Teil, I, 1, c, Fußn. 26.

[198] Zu den Voraussetzungen s.o. 2. Teil, I, 2, a; 4. Teil, III, 1, a.

[199] S.o. 2. Teil, I, 2, b, (1).

[200] S.o. 2. Teil, II, 1–3.

[201] S.o. 2. Teil, II, 3, b.

3. Der Nutzungsschaden

a) Dauer der entgangenen Nutzung

Es bedarf zunächst als Ausgangspunkt der Festlegung der Dauer der entgangenen Nutzung.[202]

(1) Bei der Abrechnung auf Reparaturkostenbasis ist die Dauer der Reparatur festzustellen; sie ergibt sich meist aus der vorgelegten Reparaturkostenrechnung, bei Geltendmachng fiktiver Reparaturkosten[203] ist sie – gegebenenfalls nach Anhörung eines Sachverständigen – zu schätzen.

Da es bei durchgeführter Reparatur auf die tatsächliche Reparaturdauer ankommt[204] und der Geschädigte für ein Verschulden der Werkstatt bei verzögerlicher Reparatur nicht einzustehen hat,[205] wird es nur in Ausnahmefällen auf die Feststellung eines Auswahlverschuldens (Auftrag an eine überlastete Werkstatt) und eine Schätzung der angemessenen Reparaturzeit ankommen.

(2) Bei Abwicklung auf Totalschadensbasis kommt es auf die mutmaßliche Dauer für die Beschaffung eines Ersatzfahrzeugs an. Diese wird das Gericht meist selbständig schätzen können.[206] Nur in Ausnahmefällen, z.B. bei der Beschaffung eines Spezialfahrzeugs wird ein Sachverständiger gehört werden müssen.

b) Mietwagenkosten

(1) Den notwendigen Fahrbedarf[207] wird das Gericht vorab zu klären haben.

Meist genügt hierzu die Anhörung des Klägers (§§ 141 III, 287 ZPO), während eine zusätzliche Beweisaufnahme nur in Ausnahmefällen in Betracht kommt (Beispiel: Einholung einer ärztlichen Auskunft über eine vorliegende Behinderung; Zeugenvernehmung über besondere Notwendigkeiten betr. die Inanspruchnahme eines Mietwagens).

(2) Die Höhe der Mietwagenkosten ist durch Vorlage der Mietverträge und Quittungen zu belegen.

Das Gericht wird dazu den Beklagten zur Stellungnahme auffordern und sodann prüfen, ob der Zeitraum, für den der Mietwagen genommen wurde, mit dem Zeitraum der Reparatur bzw. der Ersatzbeschaffung übereinstimmt. Außerdem ist zu prüfen, ob der Mietwagen ein gleichwertiger, nicht ein besserer Wagentyp als das beschädigte Fahrzeug war.[208] Die Höhe der Mietwagenkosten ist – von Ausnahmefällen (§ 254 II

---

[202] S.o. 2. Teil, III, 1.
[203] S.o. 2. Teil, I, 1, d.
[204] Zu den Ausnahmen s.o. 2. Teil, III, 1, b, Fußn. 133–136.
[205] S.o. 2. Teil, III, 1, b, (1), Fußn. 132.
[206] S.o. 2. Teil, III, 1, b, (2), Fußn. 137 ff.
[207] S.o. 2. Teil, III, 2, b.
[208] S.o. 2. Teil, III, 2, c, Fußn. 164.

BGB) abgesehen[209] – nicht angreifbar. Der Abzug wegen Eigenersparnis[210] wird in der Regel vom Gericht gemäß § 287 ZPO geschätzt.

c) *Entgangene Gebrauchsvorteile*

Sie werden in der Praxis der Tabelle von *Sanden-Danner*[211] entnommen.

4. *Mittelbare Vermögensschäden*

a) *Verdienstausfall*

Der Verdienstausfall bei Beschädigung eines gewerblichen Nutzfahrzeugs ist von dem Geschädigten näher dazulegen.[212] Der Kläger hat mithin Art und Dauer des Ausfalls des Fahrzeugs zu substantiieren und sodann im Rahmen einer Vergleichsrechnung die Einnahmen und Ausgaben für einen – eventuell vom Gericht zu bestimmenden – Zeitraum vor dem Unfall und für die Zeit des Ausfalls anzugeben. Erst wenn der Beklagte diese Angaben bestreitet, ist das Gutachten eines Sachverständigen (meist eines Buchprüfers) einzuholen, der sodann nach Einsicht in die Unterlagen des Klägers eine Aufstellung über die entgangenen Einnahmen und die ersparten Betriebskosten zu machen hat.

b) *Kreditkosten*

Bei den Kreditkosten[213] hat der Kläger Zeitpunkt und Höhe des aufgenommenen Kredits durch Vorlage des Kreditvertrages und eine Aufstellung der angefallenen Zinsen (Bankbestätigung) darzulegen. Außerdem muß der Kläger die Notwendigkeit der Kreditaufnahme und deren Androhung an den Schädiger bzw. dessen Versicherer vortragen.

Das Gericht hat sodann zu prüfen, ob der Zeitraum, für den Zinsen verlangt werden, nach Ablauf der der Gegenseite gesetzten Frist zur Vorschußzahlung liegt und etwaige geleisteten Vorschüsse auf die Forderung des Klägers angerechnet worden, bzw. auf die Darlehensschuld zurückgezahlt worden sind. Insgesamt darf der aufgenommene Kredit die Höhe des vom Gericht errechneten Schadensersatzes nicht übersteigen. Soweit das Gericht nur die Aufnahme eines kleineren Kredites für notwendig hält, wird es die dann angefallenen Zinsen neu errechnen müssen.

---

[209] S.o. 2. Teil, III, 2, b, (2), Fußn. 169 ff.
[210] S.o. 2. Teil, III, 2, c.
[211] S.o. 2. Teil, III, 3, c, Fußn. 229, 230.
[212] S.o. 2. Teil, IV, 1, c.
[213] S.o. 2. Teil, IV, 3.

5. *Anspruchsübergang nach § 67 VVG*

Soweit eine Kaskoversicherung bestand, ist der Anspruchsübergang nach § 67 I VVG im Rahmen der sachlichen Kongruenz zu berücksichtigen.[214] Zunächst ist festzustellen, welche Leistungen der Kaskoversicherer erbracht hat. In der Regel wird man dem Kläger aufgeben, das Abrechnungsschreiben des Versicherers vorzulegen. Soweit der Kläger dem nicht nachkommt oder noch Unklarheiten bestehen, ist auf einen entsprechenden Beweisantrag des Beklagten bei dem Versicherer eine Auskunft in Form einer schriftlichen Zeugenaussage (§ 377 III ZPO) einzuholen.

Der so ermittelte, von dem Versicherer bezahlte Betrag ist sodann von dem Anspruch auf Ersatz des unmittelbaren Sachschadens (zuzüglich Abschleppkosten und Sachverständigenvergütung) abzuziehen. Ein etwaiges Quotenvorrecht des Versicherungsnehmers ist zu beachten.

6. *Tatbestand und Entscheidungsgründe*

Bei ihrer Abfassung ist zu beachten, daß es sich insoweit um eine sogenannte Postensache handelt.

a) Der Tatbestand

Er ist in der Regel so aufzubauen, daß eine Trennung des Parteivorbringens in unstreitige und streitige Tatsachen nicht stattfindet, da sonst die Übersicht verloren gehen würde. Vielmehr werden sämtliche geltendgemachten Positionen unter fortlaufender Numerierung zusammenhängend im Streitstand dargestellt.[215]

Dies geschieht zunächst im Klagevortrag, wobei bei jeder Schadensposition diese kurz gekennzeichnet und der verlangte Betrag, eventuell der dazu vorgelegte Beleg (unter Hinweis auf das entsprechende Blatt der Gerichtsakte) angegeben wird. Nähere Ausführungen, wie der Kläger die einzelne Schadensposition begründet, können im Interesse der Kürze weggelassen werden. Bei dem Beklagtenvortrag wird zweckmäßigerweise zunächst gesagt, welche Positionen der Beklagte anerkennt. Bei den bestrittenen Positionen kann jeweils mit einem Stichwort gesagt werden, aus welchen Gründen heraus der Beklagte die Ersatzfähigkeit nicht anerkennt.

b) Die Entscheidungsgründe

Sie sind nach den einzelnen Positionen zu gliedern.

Dabei hält man sich zweckmäßigerweise an die im Tatbestand angegebene Bezifferung; möglich wäre auch, die vom Gericht zuerkannten Positionen voranzustellen und erst anschließend die abgelehnten Positionen zu behandeln. Bei jeder einzelnen Position ist kurz mitzuteilen, welchen Betrag das Gericht für ersatzfähig hält und aufgrund welcher Erwägungen es zu diesem Betrag gekommen ist.

---

[214] S.o. 1. Teil, VI, 3, c.
[215] *Huber* (Fußn. 179), Rdnr. 188.

IV. Die Klärung des Personenschadens

1. Der Umfang des Personenschadens

Es sind zunächst Art und Umfang der erlittenen Verletzungen, Art und Dauer des Heilungsverlaufs sowie das Vorliegen und der Umfang von Dauerschäden zu klären. Der Kläger muß deshalb substantiiert vortragen,

– welche Verletzungen er erlitten hat;
– ob er stationär in einem Krankenhaus behandelt wurde, gegebenfalls in welchem Krankenhaus, wie lange und von welchen Ärzten;
– ob er ambulant behandelt wurde, gegebenenfalls wie lange, von welchem Arzt; ob und wie lange er Bettruhe einhalten mußte;
– wann der Heilungsverlauf abgeschlossen war;
– ob und inwieweit er in der Zukunft durch bestimmte Schäden beeinträchtigt ist.

Der Kläger kann diesen Vortrag durch Vorlage ärztlicher Atteste, Privatgutachten, Rentenbescheide, Fotos etc. belegen. Das Gericht wird ihn zur Vorlage derartiger Unterlagen nach § 273 II Nr. 1 ZPO auffordern. Sodann muß der Beklagte zu diesem Vorbringen Stellung nehmen. Soweit der Beklagte die vom Kläger zum Umfang des Personenschadens vorgetragenen Tatsachen bestreitet, muß das Gericht hierüber Beweis erheben.[216] Als Beweismittel kommen in Frage:

(1) Auskünfte der behandelnden Ärzte nach §§ 377 III ZPO.

Die Auskünfte werden von den Ärzten als sachverständige Zeugen, nicht als Sachverständige erteilt. Dementsprechend werden sie auch als Zeugen, nicht als Sachverständige entschädigt.[217] Im Hinblick auf ihr Aussageverweigerungsrecht (§ 383 I Nr. 6 ZPO)[218] muß sie der Kläger von der ärztlichen Schweigepflicht entbinden (§ 385 II ZPO).

Der Arzt kann zu der schriftlichen Zeugenaussage nicht gezwungen werden. Gibt er die gewünschte Aussage nicht ab, so wird er zu seiner mündlichen Vernehmung als Zeuge geladen; darin liegt ein mittelbarer Druck: eine Androhung dieser Folge (§ 377 III S. 2 ZPO n. F.) hat meist die Folge, daß die schriftliche Aussage abgegeben wird, da der Arzt die mit der mündlichen Vernehmung verbundene Zeitversäumnis vermeiden will.

(2) Beiziehung der Krankengeschichte des behandelnden Krankenhauses und der Akten von Sozialversicherungsträgern.

Der Kläger hat nach neuerer Rechtsprechung einen Anspruch auf Vorlage der Krankengeschichte.[219] Neben der Krankengeschichte kommt auch die Vorlage sonstiger Be-

---

[216] Zur Abfassung siehe den Beweisbeschluß bei *Tempel*, Mustertexte Bd. I, Muster 39.

[217] Vgl. jedoch Nr. 4 der Anlage zu § 5 ZuSEG.

[218] Zum Fortbestehen des Aussageverweigerungsrechts nach dem Tode siehe *BGHZ* 91, 392 = NJW 1984, 2893; *BayObLG*, NJW 1987, 1492.

[219] *BGHZ* 85, 327 = NJW 1983, 328; *BGHZ* 85, 339 = NJW 1983, 330; *BGH*, NJW 1983, 2627; 1985, 674; 1989, 764; aus der Literatur: *Ahrens*, NJW 1983, 2609; *Laufs*, Arztrecht, 5. Aufl. (1993), Rdnr. 457 ff.; *Steinmayer*, DRiZ 1983, 469; *Wasserburg*, NJW 1980, 617.

fundberichte (EKG, Röntgenaufnahmen etc.)[220] in Frage. In den Akten der Sozialversicherung befinden sich Berichte des Durchgangsarztes und oft auch Gutachten, in denen zur Frage der Erwerbsminderung Stellung genommen wird.

(3) Die Vernehmung von Zeugen über den Umfang des Personenschadens wird nur ausnahmsweise in Betracht kommen.

Einmal kann dies notwendig werden, wenn die Auskünfte der behandelnden Ärzte (oben 1) zu dürftig sind. Außerdem kann es Fälle geben, in denen der Verletzte keinen Arzt aufgesucht hat und der Umfang des Personenschadens jetzt nur durch Zeugen geklärt werden kann.

(4) An letzter Stelle steht die Einholung eines Sachverständigengutachtens: Es kommt in Frage, wenn die Auskünfte der Ärzte und des Krankenhauses zur Beurteilung durch das Gericht nicht ausreichen, vor allem bei umfangreichen Schäden, bei denen über den Umfang und die Unfallbedingtheit der Schäden gestritten wird.[221]

Hierbei kommt der Auswahl des Sachverständigen entscheidende Bedeutung zu. Der Sachverständige muß die erforderliche Sachkunde haben, so daß bei umfangreichen Personenschäden in der Regel nur ein in einer Klinik beschäftigter Arzt mit leitenden Befugnissen in Frage kommt.[222] Der Sachverständige darf außerdem nicht in irgendwelchen Beziehungen zu den Parteien und auch nicht zu den Vorgutachtern stehen, um die Objektivität des Gutachtens zu gewährleisten.[223]

Nach h.M. darf das Gericht nur eine bestimmte Person als Sachverständigen bestimmen, nicht dagegen einfach eine Universitätsklinik mit der Erstattung des Gutachtens beauftragen.[224] Hierfür spricht auch die durch das Rechtspflege-Vereinfachungsgesetz vom 17.12.1990 eingeführte Neuregelung in § 407a I S.1 ZPO.[225] Der Sachverständige ist regelmäßig anzuweisen, den Kläger persönlich zu untersuchen, da er für das von ihm erstattete Gutachten auch bei Einschaltung anderer Ärzte und Hilfskräfte die volle Verantwortung zu übernehmen hat (§ 407a II ZPO n.F.).[226]

Außerdem sind dem Sachverständigen konkrete Fragen zu stellen. Dazu gehören außer den bereits oben[227] erwähnten Fragen nach den Verlet-

---

[220] *LG Aachen*, NJW 1986, 1551.

[221] *BGH*, NJW 1995, 1619; 1997, 1640.

[222] *BGH*, NJW 1953, 659; *BVerwGE* 69, 70 = NJW 1984, 2645.

[223] Hierbei sollte man höhere Anforderungen stellen, als die Rechtsprechung für die Befangenheit aufgestellt hat; zur Befangenheit im Sinne des § 406 ZPO siehe *OLG München*, NJW 1992, 1569; *OLG Koblenz*, NJW-RR 1992, 1470; vgl. hierzu noch *Tempel*, Mustertexte, Bd. II, Muster 261.

[224] *OLG München*, NJW 1967, 202; *BSG*, NJW 1965, 368 m. Anm. *Friederichs*, NJW 1965, 1100; *Stern*, NJW 1969, 2259; *Thomas/Putzo*, § 404 ZPO, Rdnr. 8; a.A. *BVerwG*, NJW 1969, 1591 m. Anm. *Friederichs*, NJW 1970, 1991; *OLG Koblenz*, NJWE-VHR 1998, 88; *Hanack*, NJW 1961, 2041.

[225] Zur nachträglichen Verwertung siehe *BGH*, NJW 1978, 2602 L = VersR 1978, 1105; *BGH*, NJW 1985, 1399.

[226] *BVerwGE* 69, 70 = NJW 1984, 2645; *BVerwG*, NVwZ 1987, 48; *OLG Hamburg*, MDR 1983, 849.

[227] S.o. IV, 1.

zungen, dem Heilungsverlauf und dem Vorliegen eines Dauerschadens folgende Fragen:

– ob und inwieweit einzelne körperliche oder seelische Schäden auf den Unfall kausal zurückzuführen sind;
– ob und inwieweit einzelne Schäden bei Anlegen des Sicherheitsgurtes bzw. Tragen des Schutzhelms vermieden worden wären;[228]
– ob der jetzige Zustand durch weitere medizinische Eingriffe noch verbessert werden kann;
– ob und mit welcher Wahrscheinlichkeit mit einer Verschlimmerung der Unfallfolgen zu rechnen ist;
– ob einzelne Unfallfolgen auch ohne den Unfall – aufgrund krankhafter Anlage oder Vorleiden – *mit Sicherheit* eingetreten wären, bejahendenfalls wann;[229]
– ob eine Rentenneurose vorliegt,[230]
– ob eine Konversionsneurose vorliegt.[231]

Weitere Fragen sind bei den einzelnen Schadenspositionen noch zu erörtern.

2. Heilungskosten und vermehrte Bedürfnisse

Der Kläger wird diese Kosten regelmäßig durch Vorlage von Belegen substantiiert vortragen. Bei vermehrten Bedürfnissen kann er, da sie schon bei Notwendigkeit zum Ersatz fiktiver Aufwendungen führen,[232] auch einfach die Notwendigkeit dieser Mehraufwendungen darlegen.[233]

Bei Vorlage von Belegen wird die Höhe der Heilungskosten und vermehrten Bedürfnissen meist nicht bestritten werden. Dagegen geht der Streit oft um die Notwendigkeit dieser Positionen. Hierzu muß das Gericht entweder selbst Stellung nehmen oder aber einen Sachverständigen hören, der sich zur Frage der Notwendigkeit einzelner Behandlungsmaßnahmen bzw. Aufwendungen und deren Unfallbedingtheit zu äußern hat.

3. Erwerbsschaden

a) Grundlagen

Der Erwerbsschaden baut im Regelfall auf den Feststellungen des Personenschadens (oben 1) auf.

(1) Es bedarf zusätzlich der Klärung, inwieweit der Kläger gehindert war, seiner bisherigen beruflichen Tätigkeit (bzw. der Haushaltstätigkeit) nachzugehen.

---

[228] S.o. 3. Teil, I, 2, g, (1); zum Anscheinsbeweis siehe *Hofmann*, Kap. 1.11., Rdnr. 162d ff., 163a; *Wussow/Küppersbusch*, Rdnr. 387.
[229] S.o. 3. Teil, I, 2, c.
[230] S.o. 3. Teil, I, 2, d, (2).
[231] S.o. 3. Teil, I, 2, d, (3).
[232] S.o. 3. Teil, III, 3, b, Fußn. 109.
[233] *BGH*, NJW-RR 1992, 792.

Die Frage der Erwerbsminderung kann zunächst durch eine Auskunft des behandelnden Arztes geklärt werden, der insbesondere zu befragen ist, ob und für welche Zeit er den Kläger krankgeschrieben hat. Außerdem kann die Tatsache, für welche Zeit die Krankenkasse Krankengeld, die Unfallversicherung Verletztenrente gezahlt hat, ein Indiz für das Vorliegen einer Erwerbsminderung sein. Dies wird sich den beigezogenen Akten der Sozialversicherungsträger entnehmen lassen.

An letzter Stelle steht auch hier das Sachverständigengutachten. Der Sachverständige muß sich hier dazu äußern, ob und inwieweit der Kläger in der Erwerbstätigkeit gehindert war, eventuell nach einzelnen Zeiträumen gestaffelt, ob und wie weit die Erwerbsfähigkeit in der Zukunft gemindert sein wird, gegebenenfalls auch, ob dem Kläger durch eine Umschulung auf einen anderen Beruf eine Erwerbsmöglichkeit geschaffen werden kann. Erst nach Klärung des Umfangs der Erwerbsminderung kann in eine vermögensmäßige Bewertung des Erwerbsschadens eingetreten werden.

(2) Soweit der Verletzte nach dem Ergebnis der Beweisaufnahme, insbesondere dem eingeholten Sachverständigengutachten in der Lage ist, nach Umschulung einen anderen – geeigneten – Arbeitsplatz einzunehmen, bedarf es zunächst der rechtlichen Klärung, ob ein solcher Arbeitsplatzwechsel dem Verletzten zumutbar ist.[234]

Wird dieses bejaht, bedarf es einer tatsächlichen Aufklärung, welche Schritte der Verletzte unternommen hat, um eine seinen Kenntnissen und Fähigkeiten entsprechende Tätigkeit zu finden, gegebenenfalls ob er bei entsprechenden Schritten eine solche Stelle hätte finden können. Zu einem dahingehenden Vortrag ist der Kläger durch Auflage anzuhalten,[235] eventuell kommt auch eine Anhörung des Klägers nach § 141 I ZPO oder eine Parteivernehmung nach § 287 I 2 ZPO in Betracht. Über die Möglichkeiten einer anderweitigen Beschäftigung sind sodann Auskünfte der zuständigen Arbeitsämter einzuholen.[236] Wird eine entsprechende Einsatzmöglichkeit bejaht, ist der daraus mögliche Erwerb zu schätzen und gemäß § 254 II BGB von dem tatsächlichen Verdienstausfall abzusetzen. Hinsichtlich der Rehabilitationsmaßnahmen wird es in erster Linie auf das Verhalten der dafür zuständigen Sozialbehörde ankommen;[237] nur wenn diese bereit ist bzw. gewesen ist, eine entsprechende Umschulung zu übernehmen, kann dem Kläger bei Weigerung ein Mitverschulden angelastet werden.[238] Die zuständige Behörde ist insoweit um eine Auskunft zu ersuchen.

b) Lohn- und Gehaltsempfänger

Bei ihnen besteht der Erwerbsschaden nach Ablauf der Sechswochenfrist des § 1 EFG in der Differenz zwischen dem tatsächlich gezahlten Lohn und derjenigen Vergütung, die bei weiterer Vollbeschäftigung gezahlt worden wäre.[239] Diese beiden Zahlungsposten hat der Kläger zunächst darzulegen. Bei Bestreiten dieser Posten durch den Beklagten ist sodann Beweis zu erheben:

(1) durch eine Lohnauskunft bei dem bisherigen Arbeitgeber nach § 377 III ZPO.

---

[234] *BGH*, NJW 1979, 2142; 1991, 1412; *OLG Frankfurt*, NZV 1991, 188.
[235] *BGH*, NJW 1967, 2053; VersR 1969, 538.
[236] *BGH*, NJW 1991, 1412; 1996, 652.
[237] S.o. 3. Teil, IV, 1, a, (2).
[238] Anders bei dem auf SVT übergegangenen Anspruch; s.o. 3. Teil, I, 1, g, (3).
[239] S.o. 3. Teil, IV, 2, a, (1).

Der Arbeitgeber ist zu befragen, was der Kläger – bei teilweiser Weiterbeschäftigung – tatsächlich an Verdienst erhalten hat und was er erhalten hätte, wenn er ohne den Unfall weiter beschäftigt worden wäre. Bei Unternehmen wird zweckmäßigerweise hinzugefügt, daß die Auskunft durch den zuständigen Sachbearbeiter der Lohnbuchhaltung (heute EDV) erteilt werden soll, der ihre Richtigkeit an Eides Statt zu versichern hat.

(2) bei Fehlen eines Arbeitgebers durch Auskünfte über den jeweiligen Tariflohn bei den zuständigen Sozialpartnern (Gewerkschaft, Arbeitgeberverband). Das Gericht muß in diesem Fall den entgangenen Nettolohn anhand der erteilten Auskünfte unter Schätzung der voraussichtlich geleisteten Arbeitsstunden frei schätzen (§ 287 ZPO).

Die von dem errechneten Schaden abzuziehende Sozialversicherungsrente (§ 116 SGB X) klärt das Gericht durch Vorlage der Rentenbescheide durch den Kläger oder durch Einholung von Auskünften bei den einzelnen Leistungsträgern. Bei dem Auskunftsersuchen ist wegen des Grundsatzes der zeitlichen Kongruenz[240] darauf zu achten, daß die Auskunft sich auf die jeweils monatlich gezahlte Rente bezieht und nicht nur ein Gesamtbetrag angegeben wird, der auf einen größeren Zeitraum entfällt.

c) Beamte

(1) Bei Beamten kommt ein Erwerbsschaden erst bei verfrühter Zurruhesetzung in Frage.[241] In diesem Falle ist durch eine Auskunft des Dienstherrn zu klären, was der Beamte an Nettogehalt bezogen hätte, wenn er nicht vorzeitig in den Ruhestand getreten wäre.

Ebenso wie bei dem verletzten Arbeitnehmer[242] ist in gleicher Weise zu klären, inwieweit der vorzeitige Ruhestandsbeamte gesundheitlich und entsprechend der Arbeitsmarktlage in der Lage gewesen wäre, eine vorhandene teilweise Arbeitskraft – eventuell nach Umschulung – noch einzusetzen.[243]

(2) Klagt der Dienstherr wegen vorübergehender Dienstunfähigkeit den nach § 87a Nr. 1 BBG auf ihn übergegangenen Anspruch auf Ersatz der Dienstbezüge ein[243a], so wird er die ohne Gegenleistung gezahlten Bruttobezüge durch eine Aufstellung seiner Besoldungskasse belegen.

Sie wird im Regelfall nicht bestritten werden können.

d) Freiberuflich Tätige

Die Berechnung des Erwerbsschadens ist unterschiedlich je nachdem, ob entgangener Gewinn oder Erstattung der Kosten für eine Ersatzkraft verlangt wird.

---

240 S.o. 1. Teil, VI, 4, d, (2).
241 S.o. 3. Teil, IV, 2, b, (2).
242 S.o. 3. Teil, IV, 1, 2, g, (2).
243 S.o. 3. Teil, IV, 2, b, (2), Fußn. 180.
243a S.o. 3. Teil, IV, 2, b, (1).

(1) Wird entgangener Gewinn verlangt,[244] so hat der Kläger für den vom Gericht als ersatzfähig ermittelten Zeitraum[245] und einem vom Gericht genannten Vergleichszeitraum vor dem Unfall[246] seine Vermögensverhältnisse darzulegen.[247]

Dies geschieht regelmäßig durch Vorlage von Bilanzen, sowie Einkommen- und Umsatzsteuererklärungen, bei Handelsvertretern durch Vorlage von Provisionsabrechnungen. Zu diesen Unterlagen hat der Beklagte zunächst Stellung zu nehmen.

Werden die Angaben des Klägers nicht bestritten, kann das Gericht möglicherweise den entgangenen Gewinn nach § 287 ZPO frei schätzen. Werden die Angaben des Klägers bestritten, ist Beweis zu erheben.

Dies kann einmal geschehen durch Beiziehung der Einkommensteuerakten des Finanzamtes (wobei der Kläger dieses von dem Steuergeheimnis entbinden muß), durch Vernehmung von Zeugen (Sachbearbeiter für Lohnfragen, Steuerberater), vor allem aber durch Einholung des Gutachtens eines vereidigten Buchprüfers. Dieser hat die Aufgabe, anhand der Bücher des Klägers dessen Angaben über die bisherige Entwicklung auf ihre Richtigkeit zu überprüfen und außerdem den entgangenen Gewinn zu schätzen. Der Sachverständige muß in diesem Fall eine Prognose über die voraussichtliche Entwicklung des Betriebes unter Berücksichtigung seiner Eigenart und der Marktentwicklung abgeben. Deshalb kommt es darauf an, einen geeigneten Buchsachverständigen zu finden, der Betriebe der gleichen Branche betreut und deshalb einen Einblick in die entsprechende Abwicklung der Geschäfte und ihre Marktentwicklung hat.[248] Der Beklagte hat ein Recht auf Einsicht in die von dem Sachverständigen benutzten Schätzungsunterlagen.[249]

(2) Wird Erstattung der Kosten für eine angestellte Ersatzkraft verlangt,[250] so hat der Kläger für den vom Gericht als ersatzfähig ermittelten Zeitraum[251] die Kosten der eingestellten Ersatzkraft zu belegen (Bruttolohn), was durch Vorlage der Lohnabrechnungen geschehen und zusätzlich durch Zeugenbeweis bekräftigt werden kann.

e) Kinder und Jugendliche

Bei dieser Personengruppe bedarf es zunächst ebenfalls der Klärung, ob für einen in der Zukunft liegenden Zeitraum infolge Dauerschadens eine Erwerbsminderung bejaht werden kann.[252] Hinsichtlich der Höhe des Erwerbsschadens ist im Hinblick auf die schwierige Zukunftsprognose[253] eine alternative Entscheidung möglich:

---

[244] S.o. 3. Teil, IV, 2, c, (1).

[245] S.o. IV, 1.

[246] S.o. 3. Teil, IV, 2, c, (1), Fußn. 191.

[247] Zur Substantiierungslast: *BGHZ* 6, 62 = NJW 1952, 978; *BGHZ* 54, 55 = NJW 1970, 1411; *BGH*, NJW 1993, 2673; 1995, 1023; 1995, 2227; 1998, 1633; 1998, 1634.

[248] Auskünfte geben die Industrie- und Handelskammern sowie die Steuerberaterkammern.

[249] *BGH*, NJW 1988, 3016 m. Anm. *Gottwald*, NZV 1988, 134.

[250] S.o. 3. Teil, IV, 2, c, (2).

[251] S.o. IV, 1.

[252] S.o. 3. Teil, IV, 2, d.

[253] S.o. 3. Teil IV, 2, d, (2).

(1) Läßt sich – vor allem bei älteren Jugendlichen, bei denen eine bestimmte Berufslaufbahn in ihrer Tendenz schon erkennbar ist – ein bestimmter Erwerbsschaden nach §§ 252 BGB, 287 ZPO schätzen, so könnte ein Zahlungsurteil ergehen.[254]

(2) Ist dies – besonders bei Kindern – nicht möglich, kommt zunächst nur eine Feststellung der Ersatzpflicht dem Grunde nach in Betracht, während die Höhe des Erwerbsschadens auf einen späteren Zeitpunkt zurückgestellt wird, bei dem die spätere Entwicklung des Kindes in beruflicher Hinsicht berücksichtigt werden kann.[255]

f) Beeinträchtigung der Haushaltstätigkeit

In diesen Fällen[256] sind vor allem drei Punkte zu klären:

(1) In welchem Umfang ist der (die) Verletzte durch den Unfall gesundheitlich beeinträchtigt?[257]

(2) Inwieweit war der (die) Verletzte an bestimmten bisher von ihr (ihm) durchgeführten Hausarbeiten gehindert?[258]

(3) Wurde zum Ausgleich eine Ersatzkraft eingestellt oder nicht?[259]

(4) War die eingestellte Ersatzkraft zur Beseitigung des ersatzfähigen Aufwands nach Qualifikation und Zeitaufwand notwendig?[260]

Der Kläger hat diese Tatsachen vorzutragen und Belege für die Bezahlung der Ersatzkraft vorzulegen. Bei Bestreiten ist Beweis über das Ausmaß der Beeinträchtigung[261] und die Aufwendungen über die Ersatzkraft zu erheben. Als Beweismittel kommen in Frage die sonstigen Familienangehörigen, die eingestellte Ersatzkraft, aber auch die Vernehmung der klagenden Partei nach § 287 I S. 3 ZPO. Wurde keine Ersatzkraft eingestellt, so ist die Einstufung der erforderlichen Ersatzkraft ebenso zu schätzen wie deren erforderliche Vergütung.[262] Über die Höhe der Vergütung könnte auch eine Auskunft eingeholt werden.[263]

4. Das Schmerzensgeld

a) Die Schätzungstatsachen

Die für das Schmerzensgeld maßgebenden Schätzungstatsachen[264] bedürfen zunächst einer substantiierten Darlegung durch den Kläger.[265] Daran schließt sich meist eine Beweisaufnahme an, die sich zumindest

---

254 *OLG Karlsruhe*, VersR 1989, 1101.

255 *Geigel/Schlegelmilch/Kolb*, Kap. 4, Rdnr. 155.

256 S.o. 3. Teil, IV, 2, f.

257 S.o. IV, 1, a.

258 S.o. 3. Teil, IV, 2, f, (1).

259 S.o. 3. Teil, IV, 2, f, (2).

260 S.o. 3. Teil, IV, 2, f, (2), Fußn. 232.

261 Zu den Tabellen s.o. 3. Teil IV, 2, f, (1), Fußn. 229.

262 S.o. 3. Teil, IV, 2, f, (2), Fußn. 236.

263 In Frage kommt das Institut für Hauswirtschaft Hohenheim sowie hinsichtlich der Tariflöhne die Sozialpartner.

264 S.o. 3. Teil, V, 2.

265 Die beabsichtigte Verwendung des zugesprochenen Betrages braucht der Kläger nicht darzulegen; *BGH*, NJW 1991, 1544.

teilweise mit der sonstigen Aufklärung des Personenschadens deckt. Hinsichtlich Art und Umfang der Verletzungen, des Heilungsverlaufs, der Frage des Dauerschadens und sonstiger Beeinträchtigungen kommen auch hier als Beweismittel in Frage:

(1) Parteivernehmung des Klägers (§ 287 I S. 2 ZPO);
(2) Auskünfte der behandelnden Ärzte;
(3) Beiziehung der Krankengeschichte;
(4) Einholung von Sachverständigengutachten;
(5) Einnahme von Augenschein (Narben, Gehbehinderung);
(6) Vorlage von Fotos.

b) Ermittlung des Betrages

Nach Feststellung der Schätzungstatsachen ist das Schmerzensgeld unter Beachtung gleichgearteter Fälle und unter Zuhilfenahme von Schmerzensgeldtabellen[266] nach § 287 ZPO zu schätzen. Dabei ist auch die zukünftige Entwicklung zu beachten, soweit sie sich *mit Sicherheit* voraussehen läßt.[267] Da ein Schmerzensgeld für „Spätschäden" nachträglich nur zugebilligt werden kann, wenn diese nicht voraussehbar waren,[268] kann das Gericht bestimmte mögliche Schadensfolgen, deren Eintritt ungewiß ist, von der Bemessung des Schmerzensgeldes ausschließen (sogenannter immaterieller Vorbehalt).[269]

c) Ne ultra petita

Bei einem unbezifferten Klageantrag ist das Gericht trotz § 308 I ZPO nicht gehindert, dem Kläger einen Betrag zuzusprechen, der über die von ihm angegebene Größenordnung[270] hinausgeht.[271]

Dagegen ist es nicht zulässig, dem Kläger im Gegensatz zu dem gestellten Antrag auf Kapital bzw. Rente die jeweils andere Zahlungsart zuzusprechen.[272]

5. Beerdigungskosten

Dieser Posten ist von dem Kläger durch Vorlage der entsprechenden Belege zu substantiieren. Bei Bestreiten einzelner Positionen kann der

---

[266] S.o. 3. Teil, VI, 3, b.

[267] *Wussow/Küppersbusch*, Rdnr. 221. – Zur Zubilligung eines Schmerzensgeldes für bestimmte Zeiträume s.o. I, 2, b.

[268] *BGH*, NJW 1976, 1149; 1995, 1614; *OLG München*, NZV 1999, 46.

[269] *BGH*, NJW 1980, 2754; 1988, 2300; *OLG Hamm*, NJWE-VHR 1994, 164; 1997, 226; *Slizyk*, Einl. VIII, 3, b; *Wussow/Küppersbusch*, Rdnr. 221. – Zur Notwendigkeit eines Feststellungsantrages s.o. I, 4, b, Fußn. 29.

[270] S.o. I, 3, b, Fußn. 16.

[271] *BGHZ* 132, 341 = NJW 1996, 2425; zust. *Slizyk*, Einl. IX, 1, c; a.A. *OLG München*, NJW 1986, 3089; VersR 1996, 63.

[272] S.o. I, 3, b, Fußn. 18.

Kläger nach § 287 I 3 ZPO als Partei vernommen werden. Anschließend sind die Kosten unter Berücksichtigung der obigen Ausführungen zur Ersatzfähigkeit[273] frei zu schätzen. Der etwaige – von dem Beklagten vorgetragene – Anspruchsübergang auf Sozialversicherungsträger (bzw. Dienstherrn, Privatversicherer)[274] kann durch eine Auskunft bei den Zessionaren geklärt werden.

6. *Hinterbliebenenrenten*

a) Entgangener Barunterhalt

Das Gericht hat die Klärung entsprechend der oben[275] mitgeteilten stufenweisen Errechnung vorzunehmen. Deshalb haben zunächst die klagenden Hinterbliebenen vorzutragen,

- was der Getötete im Zeitpunkt des Unfalls verdient hatte;
- was der Getötete voraussichtlich in Zukunft verdient hätte, wobei etwaige Veränderungen des Verdienstes nach oben anzugeben und näher zu begründen sind;
- welche fixen Kosten in Frage kommen (Vorlage von Belegen);
- wie das Einkommen bei Fortleben des Getöteten auf die Hinterbliebenen verteilt worden wäre (sonstige Unterhaltsberechtigte, deren Einkommen; Eigenanteil des Getöteten).
- welche Ersparnisse durch den vorzeitigen Tod eingetreten sind.
- welche Renten die Hinterbliebenen von der Sozialversicherung (oder Dienstherrn) beziehen.

Das Gericht wird das bisherige und das zukünftige Einkommen des Getöteten durch eine Verdienstauskunft bei dem bisherigen Arbeitgeber,[276] bei Freiberuflichen durch ein Sachverständigengutachten[277] zu klären haben. Etwaige berufliche Aufstiegschancen sind durch Vernehmung des bisherigen Arbeitgebers (Personalsachbearbeiters) oder Auskunft des bisherigen Dienstherrn zu klären. Die fixen Kosten lassen sich anhand der vorgelegten Belege meist schätzen.[278] Ebenso ist die Aufteilung des Einkommens nach § 287 ZPO vorzunehmen,[279] wobei allerdings das Einkommen der Hinterbliebenen durch Verdienstauskünfte im einzelnen aufzuklären ist. Die Höhe der gezahlten Renten ist durch Auskünfte bei den Sozialversicherungsträgern bzw. dem Dienstherrn festzustellen.[280] Die Dauer der Rente ist nach § 287 ZPO zu schätzen.

---

[273] S.o. 3. Teil, VI, 1, b.
[274] S.o. 3. Teil, VI, 1, c.
[275] S.o. 3. Teil, VI, 2, b.
[276] § 377 III ZPO.
[277] S.o. 3. Teil, IV, 3, c, (1).
[278] S. auch oben 3. Teil, VI, 2, a, (4), Fußn. 363.
[279] S.o. 3. Teil, VI, 2, b, (5), Fußn. 364.
[280] Zur Beachtung der zeitlichen Kongruenz s.o. IV, 2, b, (11), Fußn. 383.

b) Entgangene Betreuung

Die für den Umfang der weggefallenen Haushaltsführung maßgeblichen Umstände[281] sind in der Regel durch eine Vernehmung der Hinterbliebenen als Zeugen bzw. als Partei nach § 287 I 3 ZPO festzustellen. Für die Bewertung des Anspruchs gilt im übrigen das zur Verletztenrente Gesagte entsprechend.[282]

7. Das Urteil

a) Der Urteilstenor

Da es sich durchweg um die Verurteilung zu einer Zahlung handelt, ergeben sich keine besonderen Schwierigkeiten. Bei einer Verurteilung zur Zahlung einer Rente ist anzugeben:

(1) der jeweils zu zahlende Betrag;
(2) die Zahlungsweise (monatlich oder vierteljährlich);[283]
(3) die Dauer der Rente (lebenslänglich;[284] zeitlich beschränkt[285]).

b) Die Kostenentscheidung

Sie richtet sich nach den allgemeinen Vorschriften (§§ 91 ff. ZPO).[286] Besonderheiten ergeben sich bei der Behandlung des unbezifferten Schmerzensgeldbetrages.[287] Hier ist die enge Verflechtung von Streitwert mit der Frage von Obsiegen und Teilunterliegen von Bedeutung.

(1) Hat das Gericht das Schmerzensgeld aufgrund *aller*[288] von dem Kläger vorgetragenen – entweder unstreitigen oder bewiesenen – Schätzungstatsachen zugebilligt, so liegt ein volles Obsiegen des Klägers vor: es erfolgt keine Teilabweisung, der Beklagte trägt die gesamten Kosten (dieser Position), Streitwert ist der zugebilligte Betrag.[289]

---

[281] S.o. 3. Teil, VI, 2, c.
[282] S.o. IV, 6, a.
[283] Siehe §§ 843 II S. 1 i.V. mit § 760 II S. 2 BGB.
[284] Dagegen *Geigel/Schlegelmilch*, Kap. 8, Rdnr. 29.
[285] S.o. 3. Teil, IV, 2, a, (3); IV, 2, c, (4); VI, 2, b, (13); VI, 2, c, (9). – Bei hinterbliebenen Witwen ist die Begrenzung der Rente auf die Zeit bis zur Wiederverheiratung jedenfalls beim entgangenen Barunterhalt wegzulassen: *BGH*, VersR 1969, 424; *OLG Celle*, VersR 1967, 14; a.A. *Wussow/Küppersbusch*, Rdnr. 657; anders m.E. bei entgangener Betreuung; s.o. VI, 2, c, (9), Fußn. 445.
[286] Hierzu *Tempel*, Mustertexte, Bd. I, Muster 90.
[287] S.o. I, 3.
[288] Geringfügige Abweichungen können allerdings nach § 92 II ZPO außer Betracht bleiben; vgl. *OLG Köln*, NJW 1989, 720; *OLG Koblenz*, DAR 1990, 138.
[289] *BGH*, VersR 1965, 48; *OLG München*, VersR 1974, 374; *OLG Köln*, AfP 1979, 278 m.unr. Anm. *Koppehele*.

(2) Bleibt dagegen der Kläger mit einzelnen Schätzungstatsachen beweisfällig, so liegt ein teilweises Unterliegen vor: die Klage wird – teilweise – abgewiesen, die Kosten werden nach § 92 ZPO gequotelt, Streitwert ist in diesem Falle der schlüssige Schmerzensgeldbetrag, d.h. derjenige Betrag, der bei vollem Nachweis aller Schätzungstatsachen zugesprochen worden wäre.[290]

(3) Soweit der BGH im Anschluß an die Rechtsprechung einzelner Instanzgerichte[291] auch bei einer Abweichung des zugesprochenen Betrages von der vom Kläger angegebenen Größenordnung[292] ein teilweises Unterliegen mit entsprechender Kostenquotelung bejaht,[293] kann ihm nicht gefolgt werden.[294]

Dadurch wird die eigentliche Funktion des unbezifferten Antrags, dem Kläger das Risiko der richterlichen Schätzung abzunehmen, wieder aufgehoben. Der Kläger wird genau so behandelt, als habe er einen bezifferten Antrag gestellt.[295]

(4) Hat der Kläger allerdings in dem unbezifferten Antrag gleichzeitig einen festen Mindestbetrag eingesetzt und wird dieser von dem Gericht nicht zugebilligt, so liegt insoweit ein teilweises Unterliegen des Klägers vor. Er ist gemäß § 92 I ZPO teilweise mit den Kosten zu belasten. Maßgebender Streitwert für die Kostenquotelung ist der angegebene Mindestbetrag.

c) Vorläufige Vollstreckbarkeit

Hier ist bei Renten § 708 Nr. 3 ZPO zu beachten. Das Urteil ist hinsichtlich der auf die Zeit nach Klageerhebung und das vorausgehende Vierteljahr zugesprochenen Renten ohne Sicherheitsleistung für vorläufig vollstreckbar zu erklären.

Der dann normalerweise nach § 711 S. 1 ZPO anzuordnende Vollstreckungsschutz würde den Kläger daran hindern, das Urteil ohne Sicherheitsleistung vollstrecken zu können. Auf Antrag des Gläubigers kann unter den in § 710 ZPO bestimmten Voraussetzungen der Vollstreckungsschutz in Wegfall kommen (§ 711 S. 2 ZPO). Auf einen solchen Antrag sollte das Gericht hinweisen (§ 139 ZPO).

d) Der Tatbestand

Auch hier ist – ebenso wie beim Sachschaden[296] – in der Regel eine Trennung von unstreitigen und streitigen Parteivorbringen zu vermeiden.

---

[290] *OLG Bamberg*, JurBüro 1977, 91; 1977, 851; *OLG Nürnberg*, VersR 1977, 262; *OLG München*, NJW 1968, 1937; *Schmidt*, MDR 1968, 886.
[291] *OLG Celle*, NJW 1977, 343; *OLG Frankfurt*, MDR 1982, 647; einschr. *KG*, DAR 1990, 138.
[292] S.o. I, 3, b, Fußn. 16.
[293] *BGH*, NJW 1984, 1807; 1810; zust. *Mümmler*, JurBüro 1985, 649.
[294] *Husmann*, VersR 1985, 715; NJW 1989, 3126.
[295] S.o. I, 3, b, Fußn. 22.
[296] S.o. III, 6, a.

Die einzelnen Positionen werden vielmehr unter fortlaufender Numerierung zusammenhängend jeweils unter Angabe der betreffenden Position, des betreffenden Betrages und der dazugehörenden Begründung dargestellt. Soweit allerdings der Personenschaden für Begründung für mehrere Positionen herangezogen wird, kann es zweckmäßig sein, ihn vor die Aufzählung der einzelnen Positionen zu setzen. – Der Beklagtenvortrag ist sodann „spiegelbildlich" in gleicher Reihenfolge darzustellen.

e) Die Entscheidungsgründe

Sie sind – ebenso wie beim Sachschaden[297] nach einzelnen Positionen zu gliedern. Soweit der Umfang des Personenschadens allerdings für mehrere Positionen von Bedeutung ist, kann es auch hier zweckmäßig sein, vorab diesen von dem Gericht festgestellten Umfang zu begründen.

(1) Bei der Begründung der einzelnen Schadenspositionen ist jeweils die rechtliche Norm, die die Ersatzfähigkeit regelt, anzugeben. Ihm schließt sich eine Wiedergabe der Bewertungsfaktoren für die einzelne Schadensposition unter Angabe der Beweismittel und deren Würdigung an. Aus den angegebenen Zahlen muß für die Parteien klar ersichtlich sein, wie das Gericht zu dem zugesprochenen Endbetrag gekommen ist. Bei einzelnen Positionen, die hinsichtlich einzelner Zeiträume eine unterschiedliche Berechnung erfahren (z.B. Verdienstausfall, Hinterbliebenenrente) kann es zweckmäßig sein, zunächst nur die Berechnungsmethode mit den unterschiedlichen Zeiträumen darzustellen, die eigentliche Berechnung dagegen in einer besonderen Tabelle zu erfassen.

(2) Bei der Zubilligung einer Rente hat das Gericht in den Entscheidungsgründen klar darzulegen, welche Umstände im Rahmen der Zukunftsprognose bei der Höhe der Rente berücksichtigt worden sind; eine Abänderungsklage (§ 323 ZPO) kann dann hierauf nicht mehr gestützt werden, sondern nur auf weitere, noch nicht berücksichtigte Umstände.[298]

(3) Bei der Begründung eines Schmerzensgeldes hat das Gericht zunächst die Schätzungstatsachen darzulegen, die es seiner Bewertung des Betrages zugrundegelegt hat. Soweit diese Schätzungstatsachen bestritten waren, ist anzugeben, aufgrund welcher Beweismittel das Gericht den Beweis als geführt ansieht.[299] Daran anschließend hat das Gericht auch eine Begründung für die von ihm vorgenommene Bewertung zu geben; sie besteht in einer Mitteilung der Gewichtung der maßgebenden Umstände und gegebenenfalls der Verweisung auf andere, aus den Schmerzensgeldtabellen ersichtlichen ähnlichen Fälle.[300] Dabei gilt: je umfangreicher die Unfallfolgen und das zugebilligte Schmerzensgeld sind, desto ausführlicher hat diese Begründung zu sein, während sie bei kleineren Beträgen gering ausfallen kann.

8. Die Streitwertfestsetzung

a) Beschluß

Die Festsetzung des Streitwerts erfolgt nicht im Urteil, sondern in einem zusätzlichen Beschluß (§ 25 I, II GKG).

Meist erfolgt die Festsetzung erst nach Erlaß des Urteils. In zwei Fällen ist jedoch der gleichzeitige (oder frühere) Erlaß notwendig: einmal bei einer Teilabweisung, wenn

---

[297] S.o. III, 6, b.

[298] *BGH*, NJW-RR 1990, 962; *OLG Hamm*, ZfS 1993, 80; *OLG Köln*, ZfS 1997, 134.

[299] S.o. IV, 4, a.

[300] *BGH*, NJW 1989, 773; 1991, 2340; *OLG Celle*, NJWE-VHR 1997, 138.

gleichzeitig ein Feststellungsantrag vorliegt; zum anderen bei Entscheidung über einen unbezifferten Schmerzensgeldbetrag. In beiden Fällen hängt die Quotelung der Kosten von der Bewertung dieser Anträge ab.[301]

b) Höhe des Streitwerts

Die Höhe des festzusetzenden (Gebühren-) Streitwerts richtet sich nach den § 12 ff. GKG, sowie §§ 3 ff. ZPO, soweit im GKG keine abweichenden Vorschriften enthalten sind (siehe § 12 I GKG).

(1) Bei Rentenanträgen ist § 17 GKG zu beachten.[302] Maßgebend ist der fünffache Jahresbetrag der Rente, es sei denn, der verlangte Gesamtbetrag ist geringer (§ 17 II GKG).[303] Rückstände aus der Zeit vor Klageerhebung sind hinzuzurechnen (§ 17 IV GKG).

(2) Bei dem unbezifferten Schmerzensgeldantrag ist Streitwert r.A. nach der Betrag, der bei Zugrundelegung aller von dem Kläger vorgetragenen Schätzungstatsachen angemessen ist.[304] Bei einer Teilabweisung wegen nicht nachgewiesener Schätzungstatsachen liegt er demgemäß höher als der zugebilligte Betrag.[305] Hat der Kläger in den unbezifferten Antrag einen Mindestbetrag eingebaut, so darf der Streitwert nicht niedriger als dieser Betrag liegen.[306]

(3) Der Wert eines nicht bezifferten Feststellungsantrags ist nach § 3 ZPO zu schätzen, wobei auf die Höhe des drohenden Zukunftsschadens und die Wahrscheinlichkeit seines Eintritts abzustellen ist.[307] Von dem so ermittelten Wert ist dann im Hinblick darauf, daß die Feststellung hinter einem Leistungsurteil zurückbleibt, ein Abschlag von 20 % vorzunehmen.[308]

---

[301] S.o. 7, b, (2) + (3).

[302] Die Vorschrift gilt auch für den Direktanspruch des Geschädigten gegen den Versicherer: *BGH*, NJW 1982, 1399.

[303] Einzelheiten bei *Madert*, Der Gegenstandswert in bürgerlichen Rechtsangelegenheiten, 3. Aufl. (1993), Rdnr. 379.

[304] *BGHZ* 45, 91 = NJW 1966, 780; *BGH*, NJW 1982, 340; 1983, 332; – a.A. (auf die vom Kläger angegebene Größenordnung abstellend): *OLG Karlsruhe*, Justiz, 1985, 167; *OLG München*, AnwBl. 1985, 649; – Überblick bei *Madert* (Fußn. 302), Rdnr. 438.

[305] S.o. 7, b, (2).

[306] S.o. 7, b, (4).

[307] *BGH*, NJW-RR 1991, 509; *Geigel/Schlegelmilch/Kolb*, Kap. 41, Rdnr. 10.

[308] *BGH*, NJW 1965, 2298; NJW-RR 1989, 689; *OLG Köln*, VersR 1992, 1028.

Stichwortverzeichnis

(Zahlen = Seiten)